LE JUBILÉ DE 1700. SOUS LE PONTIFIC...

X. 89 Hammer

Hunc librum Friderico
amico meo, decico.

Communiter contra ignorantiam
et superstetionem pugnemus!

Titelbild:
„Teufel mit Sackpfeife"
Polemisches Flugblatt gegen das Mönchstum:
Der Teufel hält einen Dudelsack, der als
Mönchskopf ausgestaltet ist.
Einblattholzschnitt, koloriert, von
Erhard Schön, um 1530

Hans-Jürgen Wolf

Neuer · Pfaffenspiegel

Sünden der Kirche
Das Geschäft mit dem Glauben

Lizenzausgabe 1990 für
Manfred Pawlak Verlagsgesellschaft mbH,
Herrsching
© by Historia Verlag, Dornstadt
Alle Rechte vorbehalten
Umschlaggestaltung: Bine Cordes, Weyarn
Umschlagmotiv: Archiv für Kunst und Geschichte, Berlin
Printed in Hungary
ISBN 3–88199–734–2

»... zu irgendeinem Zeitpunkt des Lebens stolpern die meisten Menschen einmal über die Wahrheit. Der größte Teil von ihnen springt auf, klopft sich den Staub von den Schultern und eilt seinen Geschäften nach, als wäre nichts geschehen«[1]

»... ihr werdet die Wahrheit erkennen, und sie wird Euch freimachen«[2]

»... wer zur Quelle gehen kann, der gehe nicht zum Krug«[3]

Vorwort

Dieses Buch soll als bescheidener Beitrag für eine menschenwürdigere Welt ohne Haß, Intoleranz, Gewalt, Unterdrückung, Folter, Diskriminierung und Glaubenszwang verstanden werden. Es soll wachrütteln, um über unsere Mängel in Geschichte und Gegenwart nachzudenken. Es soll eine Diskussion entfachen, die ermöglicht, die Zusammenhänge zwischen Verstand und Glaube besser zu verstehen. Sinn ist überdies, dem „alten" Pfaffenspiegel des Otto v. Corvin ein „aktuelles" Werk entgegenzusetzen. Deshalb bietet es Hintergrundinformationen, ein tief gegliedertes Inhaltsverzeichnis und einen größeren Quellenteil. Es soll nicht die Religiosität des Einzelnen verletzen.

Ich habe dieses Buch geschrieben, um das historische Geschehen der Kirche transparenter zu machen. Die landläufige Vorstellung der Christen ist die, daß die ihnen vermittelten Glaubenslehren wahr sind. Das ist nicht der Fall. Naivität und historische Unkenntnis zeichnet fast alle tributpflichtigen Christen aus. Die Kirche hat große Schwierigkeiten, sich in die Karten sehen zu lassen: Es handelt sich um eine autoritäre Institution, deren fossile Bastionen es zu verteidigen gilt. Man ist sich des angetanen Unrechts bewußt. Die Kirche führt Millionen an einem geistigen Gängelband, dessen Fäden im wesentlichen aus Unwahrheiten, Geschichtskittungen und realisierten Machtgelüsten bestehen. Die Spitze des Eisberges soll hier analysiert werden.

Ich möchte die Leser animieren, sich mit der von ihnen gewählten Religion auseinanderzusetzen und ihr kritischer zu begegnen. Eine rationalere Grundlage kann helfen, sich vom autoritären Selbstverständnis zu lösen, um nicht noch länger einem fremdbestimmten, auf egoistische Ziele ausgerichteten Glauben ausgeliefert zu sein. Die Kirche sollte zum Guten und zu den evangelischen Grundsätzen zurück: Dazu gehört eine Aufklärung ihrer historischen Mißgriffe. Dieses Buch soll eine Brücke zur Verständigung sein.

Die Verfolgung einzelner, Gruppen und/oder Völker hat bis heute nicht aufgehört. Der Mensch ist bei all seinen Fortschritten auf einer relativ niedrigen Stufe stehengeblieben. Immer und immer wieder hat die Kirche den geistigen Fortschritt gehemmt, weil sie Angst hat, ihren zu Unrecht erworbenen Machtanspruch ganz oder teilweise aufgeben zu müssen.

Kapitel

Inhaltsverzeichnis

Der leidende Jesus v. Nazareth. Gemälde von Albrecht Dürer. Öl auf Holz. Karlsruhe. Staatl. Kunsthalle. Niemand weiß, wie der Religionsgründer ausgesehen hat. Vielleicht so, wenn er wissen würde, daß seine Nachfolger die Abfassung eines solchen Buches ermöglicht haben.

Einführung

Mir fiel das Büchlein »Historische Denkmale des christlichen Fanatismus« in die Hände, das 1845 in der Gebauer'schen Buchhandlung (Leipzig) erschienen ist. Hinter ihm verbirgt sich Otto v. Corvin und sein Pfaffenspiegel. Er berichtet in erfrischendem Ton, ohne Quellen und von der Polemik die Feder geführt, Dinge, die dem seinerzeitigen Klerus **und** den gutgläubigen Christen kaum zur Ehre gereichen. Dieses kleine Buch erreicht -wenn auch bei umstrittenem Ruhm - legendäre Auflagen. Ich habe mich darangemacht, es zu überarbeiten.

Corvin will nachweisen, daß das Papsttum auf Betrug gegründet ist und verbrecherische Mittel eingesetzt hat, um die Welt tributpflichtig zu machen[4].

Corvin kritisiert **nicht nur** die Kirchenführung, sondern - **noch mehr** - die Christen, denen er Einfalt vorwirft. Er meint dazu: »... die Statthalter Gottes mochten es noch so arg treiben, den dummen Menschen gingen die Augen nicht auf. Fürsten und Völker ließen sich von den Päpsten das Fell über die Ohren ziehen und küßten dafür den Tyrannen (noch) demütig den Pantoffel«.

Die Ethik des christlichen Evangeliums stammt aus der philosophischen Struktur der Antike; sie beinhaltet Widerprüche und zeigt ein ausgeprägtes Freund-Feind-Denken. Jesus verbietet Mord, Eid, den Krieg und das Töten. Er verlangt den Gewaltverzicht. Die praktizierende Kirche tut das Gegenteil. Es gehört nicht zur Aufgabe meines Buches, die oft in größter Schärfe geführten Kontroversen um die Lauterkeit des Christentums zu schildern oder eine damit verbundene Wertigkeit abzugeben. Es ist jedoch auffallend, daß das Handeln eines Jesus v. Nazareth genannten Mannes im schroffen Gegensatz zu dem steht, was daraus geworden ist.

Ist Christus ein Gottessohn der Liebe oder nicht? Es ist merkwürdig. Gottes Liebe wendet sich prinzipiell an alle, meint in der Praxis aber nur die Christen. Gegnern gegenüber offenbart er sich als unbarmherziger Richter. Nur **der** wird als selig erklärt, der an den göttlichen Sohn und (an) den Erlösertod glaubt. Wie verhält sich der Christengott gegenüber Andersdenkenden? Ein Blick in die Kirchengeschichte verdeutlicht es! Ist er ein liebender Vater oder ein Tyrann, der an denen Rache nimmt,die ihm nicht vorbehaltlos folgen? Die Aussagen der Bergpredigt stehen im Gegensatz zur Kirchengeschichte, die sich nicht verleugnen läßt, weil sie an »weltliche« Fakten gekoppelt ist. Es genügt nicht, mit dem erhobenen Finger auf Andere zu zeigen; sie erheben **nicht** den Anspruch, ewige Hüterin von Sitte und Moral zu sein. Sie sind weit davon, sich als »irrtumslos« zu bezeichnen!

Selbst der Katholik Adolf Hitler wirft dem Vatikan vor: »... die Kirche sollte nicht die Moral des Staates kritisieren, wenn sie genügend Grund habe, vor der eigenen Tür zu kehren.«

1984 wurde die Göttinger Atheistin Birgit Römermann wegen »Beschimpfung des religiösen Bekenntnisses« (166 StG) angeklagt, weil sie in einer Aufklärungsbroschur unter Hinweis auf die Mordbilanz der römisch-katholischen Kirche die Schlußfolgerung gezogen hat, daß es sich bei dieser Institution um »eine der größten Verbrecherorganisationen der Geschichte« handelt. Der sie verurteilende Richter meinte: »... es sei zwar bekannt, daß die Kirche im Lauf ihrer Geschichte Verbrechen begangen hat. Aufgrund ihrer allgemeinen Formulierung habe die Angeklagte jedoch unterstellt, daß sich der Vatikan nicht geändert und (auch) in der Neuzeit Verbrechen begangen habe. Dies ist nachweislich unwahr und stelle deshalb eine Beschimpfung dar[5]. Es bleibt festzustellen, daß am dortigen Amtsgericht ein Bildungsdefizit besteht.

Meine Ausarbeitung soll zur Schließung dieser Lücke beitragen. Im übrigen hat Birgit Römermann keine Straftat begangen, sondern nur eine Meinung vorgetragen: sie hat die Auffassung verfestigt, die in vielen Büchern offener ausgesprochen worden ist. Im übrigen sagen Thomas und Gertrude Sartory in ihrem Buch »In der Hölle brennt kein

Feuer« das Gleiche. Gegen sie wurde **kein** Verfahren angestrengt.

Die Kirche mischt sich seit Jahrhunderten mit der größten Selbstverständlichkeit in nahezu alle Lebensbereiche und mischt überdies die Karten der europäischen Politik, während sie sich selbst einen optimalen Freiraum geschaffen hat. Warum sollte sie sich plötzlich geändert haben?

Historische Aspekte

»Ecclesia non sitit sanguinem« (= die Kirche dürstet nicht nach Blut) kann nicht aufrecht erhalten werden, denn es entspricht nicht der geschichtlichen Wahrheit.

Es ist eine Tatsache, daß man in Kirchenkreisen über Tausende von Leichen gegangen ist, um seine Ziele zu verfolgen. »... der katholische Kirchenhistoriker darf die unübersehbare Schar jener nicht übersehen, die Opfer des Papsttums geworden sind; die zahllosen an Leib und Seele Geschundenen, Gefolterten und Verbrannten, die in kirchlichen Kerkern dahindämmern mußten, die als Kinder der Kirche Übergebenen und im Namen eines erbarmungslosen Kirchenrechts oft ein Leben lang Vergewaltigten. Noch im 19. Jh. wurde bei Ordensprozessen auf die Folter erkannt. Nicht zu reden von der Verweigerung der Gewissensfreiheit[6].

»... einen furchtbaren Weg sind wir gegangen, einen Weg des Grauens und Entsetzens. Rechts und Links ist er gesäumt von tausenden Scheiterhaufen und Blutgerüsten. Prasselnd schlagen die Flammen zum Himmel. Unser Fuß überschreitet rinnende Bäche von Menschenblut. Leiber krümmen sich in der Glut und Köpfe rollen über den Weg. An unser Ohr dringen furchtbare Laute, Wehklagen, Angst und Verzweiflung, Flüche, Hilferufe und Todesröcheln. Die Luft ist erfüllt vom qualmenden Rauch, vom scheußlichen Gestank verbrannten Menschenfleisches ... an uns werden Jammergestalten vorübergeschleppt. Ihre Augen sind erloschen vom langen Dunkel des Kerkers. Ihre Glieder sind von der Folter verrenkt. Ihre Seelen sind geknickt, entehrt und geschändet ... beladen mit dem Fluch der Gottlosigkeit, mit dem ange-

dichteten Unflat einer entarteten Phantasie. Verlorene in jeder Beziehung, als der Auswurf des Menschengeschlechts betrachtet ...

... dieser Weg führt an den Brennpunkten der christlichen Frömmigkeit vorbei. Über Städten und Ortschaften lagert der Druck des Schreckens, des Bangens vor der Zukunft. Mißtrauen und Argwohn sind an die Stelle des Vertrauens und der Liebe getreten«[7].

Tausende verlassen Haus und Hof. Sie flüchten vor der entfesselten Grausamkeit. Sie flüchten vor dem Christentum, um Schutz vor dem religiösen Wahnsinn und der christlichen Mordlust zu finden. Folter, Scheiterhaufen und Schwert sind die Apostel der christlichen Religion geworden. Männer, die sich der Vollkommenheit geopfert haben, üben unter Lobpreisungen Gottes Verbrechen. Nicht zu reden von der Rolle, die der Vatikan beim Zustandekommen der großen Kriege und ihrer unmenschlichen Durchführung übernommen hat[8].

Vladimir Dedijer führt 1988/89 den Nachweis, daß unter Billigung des Vatikans in Jasenovac - dem jugoslawischen Auschwitz - ein Todeslager bestand, in dem etwa 800.000 Andersgläubige umgebracht worden sind[9]. »... die grauenhaftesten Metzeleien, das Zerhacken und Verstümmeln, Aufschlitzen und Lebend-Verbrennen von ungezählten Tausenden geschah unter der Parole des Glaubens«[10].

Es sind **nicht** die Päpste allein, die die Verantwortung für die Verbrechen zu übernehmen haben. Es sind (auch) unzählige Christen, die sich als williges Werkzeug gebrauchen lassen. Aber die Päpste waren es, die vorgegeben haben, in Glaubensdingen »unfehlbar« zu sein. Das Dogma der Unfehlbarkeit bricht angesichts der Kirchengeschichte zusammen. Ein Blick auf die »alten« Griechen hätte die Kirchenleitung vor dem akrobatischen Akt der Unvernunft abhalten können. Plato sagt in seinem Gastmahl: »... vollwissend ist nur der Tor, der zu wissen glaubt. Der wahre Denker bewegt sich zwischen den Polen, ewig unterwegs und nie im Lernen ermüdend«[11].

Im Bereich dieser Verantwortung liegen die gewaltsam durchgeführte Christianisierung, die gewaltsam inszenierten Kreuzzüge, die Hunderttausenden das Leben gekostet und nichts gebracht haben[12], die Ketzer- und Inquisitionsprozesse, die ob der Aufrechterhaltung einer fragwürdigen Idee ausgefochten worden sind, die Anwendung der Folter und die Billigung der Todesstrafe, die Hexen- und Judenverfolgungen, sowie die von Andersdenkenden, die permanente Unterdrückung von Freiheit, Lehre und Forschung, wenn sie ihren Interessen widersprach und der Irrglaube an die Wirksamkeit von Dämonen (Engel/Teufel). Erst der Zusammenhang mit der tatsächlichen **und** dogmatischen Stellung des Papstes, einerseits mit seinen Ausflüchten, Lügen und Entstellungen zu seiner unmöglichen Rechtfertigung, läßt die Macht der Schuldbeweise zur Geltung kommen«[13].

»... die Geschichte keines noch so schlecht verwalteten weltlichen Reiches ist derart erfüllt mit so vielen Verrätereien, hinterlistigen Giftmorden und blutigen Kriegen, als von den Päpsten des 15. und 16. Jh. angezettelt und verübt worden sind ... das Papsttum sank auf den niedrigsten Stand der sittlichen Verkommenheit. Habgier, Herrschsucht, Mordlust und Unzucht werden an die Banner des Christentums geheftet. Burchardus sagt über Alexander VI. »... wollte ich all die in Rom vorkommenden Mordtaten, Räubereien und Greuel aufzählen, so fände ich kein Ende. Wieviel der Vergewaltigung und Blutschande. Wieviel Verdorbenheit macht sich im päpstlichen Palast breit ... ohne Scheu vor Gott und den Menschen. Welche Herden von Kupplerinnen und Prostituierten treiben sich in St.Peter herum«.

Es haben sich zwei venezianische Giftringe erhalten, die mit den Borjas in Zusammenhang gebracht werden. Es sind zierliche Siegelringe mit einem kleinen Schieber auf der Emailplatte, der verrückt werden kann. In einem winzigen Fach befand sich das Gift. Der Sohn des Papstes soll es von hier unbemerkt in das Weinglas eines Feindes haben gleiten lassen, den er damit töten wollte. Ein anderer Ring soll aus dem päpstlichen Besitz stammen- hatte die Form eines alten römischen Schlüsselringes. Er war innen hohl und konnte mit flüssigem Gift gefüllt werden. Ein Federdruck setzte ihn in Bewegung und ließ die Spitze einer Hohlnadel hervortreten.

Da das Papsttum die Herrschaft über die ganze Welt beanspruchte, erhob er Macht- und Besitzansprüche auf die von Kolumbus entdeckte »neue« Welt. Die Missionierung dieser Landesteile war von unglaublichen Grausamkeiten begleitet. Papst Alexander wurde am 18. August 1503 vergiftet.

Die Kirche huldigt dem krassen Aberglaube. Ein treffendes Beispiel veranschaulicht der sog. »Taxil-Vaugham-Schwindel«[14]. Hier führt Papst Leo XIII. einen Schriftwechsel mit einem weiblichen Pseudonym, empfängt den Schriftsteller privat und muß später kleinlaut beipflichten, daß man ihn mit den gleichen Waffen hereingelegt hat, die das kuriale Regiment seit Jahrhunderten nutzt. Der Aberglaube macht vor der Kirchentür nicht halt, sondern kommt (oft) aus ihr heraus.

Die Kirche geht zu weit. Sie unterstützt Publikationen hysterischer Weiber, die teilweise als Schwindlerinnen entlarvt wurden, ja die selbst von der Kirche ertappt worden sind. Z. B. die Mutter-Gottes-Erscheinungen in Mettenbuch bei Regensburg und Dietrichswald in der Diözese Kulm[15].

Noch im späten 19. Jh. -und weiter bis heute- gibt es eine Reihe katholischer Publikationen, die pausenlos abenteuerliche Wundermärlein auftischen, um den Teufels-Aberglaube im Volk wachzuhalten. Dazu gehören der »Sendbote des göttlichen Herzens«, das »St.Antoni-Glöcklein«, die »Benediktus-Stimmen« und im speziellen der »Pelikan«. Er erscheint bis 1988 und **muß** dann im Zusammenhang mit dem Taxil-Vaugham-Schwindel (einer Blamage für die Kirche) eingestellt werden. Der Pelikan war ein Organ der »Erzbruderschaft der ewigen Anbetung«, der eine Abonenntenzahl von 90.000 auf sich vereinigt hat, deren geistiger Habitus nicht zu hoch eingeschätzt werden sollte. Kardinal Steinhuber sagt dazu. »... ich hege die Überzeugung, daß diese Zeitschriften viel Gutes stiften«. Er war Jesuit und langjähriger Rektor am »Collegium Germanicum« (Rom). Schauen wir kurz in den Pelikan hinein:

»... die zwei Kinder von La Saletta, Melanie und Maximin, hatten jeder ein Geheimnis, das sie niemand als dem Papst anvertrauen wollten ... die heiligste Jungfrau hat ihre Erscheinungen mit zahlreichen Wundern und plötzlichen Heilungen begleitet. U.a. soll sie zu den Kindern gesprochen haben: »... die schlechten Bücher werden zahlreich auf der Erde sein ... die Geister der Finsternis werden allenthalben eine große Erschlaffung verbreiten für alles, was den Dienst Gottes betrifft ... es wird Kirchen geben, um diesen Geistern zu dienen. Einzelne Personen werden durch die bösen Geister von einem Ort zum anderen getragen; sie werden Tote und selbst Gerechte wieder aufwecken ... die Auferstandenen werden nichts anderes sein, als Teufel in verschiedenen Gestalten; sie werden ein anderes Evangelium predigen, das dem wahren Christus entgegen ist, und die das Dasein des Himmels leugnen«[16].

In jesuitischen Ausbildungsstätten werden die Novizen noch heute mit abgeschmackten Märchen gefüttert. Im Buch »Übung der christlichen Vollkommenheit« des Jesuiten Alphons Rodriguez steht:

• »... ein Mitglied, ein Mönch, der von der Eßlust versucht wurde und sie nach einem langen Kampf überwand, sah aus dem Korb, in dem das Brot aufbewahrt wurde, Rauch aufsteigen und durch das Fenster ziehen. Es war der Teufel, der ihn versucht hatte«.

• Als ein Mönch sein Kloster verlassen und in die Welt zurückkehren wollte, sah er einen schrecklichen Drachen auf sich losfahren, um ihn zu verschlingen.

• Ein Heiliger sah, wie sich kleine Teufel an die Augenlider hingen, um sie zum Schlafen während des Gebetes zu veranlassen.

Der Jesuit Ludwig de Ponta sagt im Leben der »ehrwürdigen Maria von Eskobar«:

• Die Menschen führten mich in einem aschfarbenen Kleid vor den Herrn, wo ich nach einem auf den Rücken empfangenen Streich zu Boden fiel. Der Herr sprach: »... führe sie

in die Löwengrube. Und ich verstand: »... daß ich einigen Teufeln zur Züchtigung übergeben werden sollte«.

• Der Teufel erschien mir in der Gestalt eines schwarzen Mannes. Er hatte Füße wie ein Tier, schlanke Arme, viele kleine Hörner auf dem Kopf und einen langen, die Erde berührenden Schweif ... ein anderesmal sah ich, wie er den Leib zusammenzog und mit dem behörnten Kopf durch die Brust dringend, ihn zum Rücken herausstreckte.

• Zu anderen Zeiten erschien mir der Teufel gleich einem mit weißen und schwarzen Flecken an Kopf und Hörnern gesprengtem Stier ... er faßte mich auf die Hörner und warf mich aus dem Bett.

1878 wird in den »Stimmen von Maria Laach« publiziert:

• Auch mit den Menschen stehen die Geister in einem natürlichen Bezug. Sie können durch angeborene Kraft vorübergehend Luftleiber annehmen und sich dem Menschen wahrnehmbar machen.

• (1295) Im Dekanat Bozen wurde ein totes Mädchen geboren, in dessen mißgestaltigem Gesicht weder Augen noch Nase waren. Zwei Personen trugen es zur wundertätigen Muttergottes nach Riffian mit der festen Hoffnung, in der dortigen Wallfahrtskirche Lebenszeichen für sie zu erbitten. Dies geschah: am 13. August zeigten sich erste Lebenszeichen. Sie trugen das tote Kind zum Pfarrer, um es taufen zu lassen ... konnten aber kein Lebenszeichen mehr wahrnehmen. So wurde das Kind begraben. Am 18. ließen sie es wieder ausgraben ... die Lebenszeichen wurden immer schöner und verschwanden erst allmählich wieder.

• In Stilfs ertrank am 3. Juli eine schwangere Frau. Die Leiche wurde am 5. Juli untersucht und geöffnet, und das Kind als tot befunden. Abends kamen viele Leute bei der Leiche zusammen, um durch die Fürbitte Marias die Taufgnade zu erbitten. Sie sahen, wie das Gesicht des Kindes Lebensfarbe erhielt, sich die Lippen und Wangen röteten und daß sich der Mund öffnete. Das Kind wurde bedingungsweise (!) getauft. Bald danach schloß es den Mund und wurde bleich wie Wachs.

Es ist Polemik und hat mit Geschichte nichts zu tun. Die Kirche geht der Wahrheit aus dem Weg und beharrt auf fossilien, aus der Antike geschöpften Positionen.

Moralische Aspekte

Es steht der Kirche nicht zu, sich in menschlich-intime Bereiche zu drängen und beispielsweise darüber zu befinden, welche Stellung beim Beischlaf läßlich, schwer oder gar todsündhaft ist. Mit unerhörter Kühnheit erörtern katholische Moraltheologen Dinge,die weitab ihrer zölibatären Kompetenz angesiedelt sind.sagt doch schon das Konzil von Trient in seiner Weltfremdheit: »... die Ehe ist ein Sakrament, wodurch sich ein Mann und ein Weib gegenseitig ihre Leiber übergeben ... zum gemeinschaftlichen Leben, zur Kindererzeugung und als Heilmittel gegen die Begierlichkeit«.

Die wirkliche Liebe, die Wärme und Geborgenheit, die ein Partner vermitteln **kann**, spielen keine Rolle. In der Ehe-Enzyklika von Pius XI. heißt es 1931: »... Gott verkündet erneut durch unseren Mund, daß jeder Gebrauch der ehelichen Rechte, bei denen der Akt, wie auch immer,durch menschliche Manipulationen seiner natürlichen Kraft, Leben hervorzurufen, beraubt ist, einen Angriff auf das Gebot Gottes und der Natur darstellt ... und daß diejenigen, die dies tun, sich einer schweren Sünde schuldig machen«.

1968 erscheint die Enzyklika »Humanae vitae«, die die bewußte Geburtenkontrolle kirchlicherseits unterbindet. Am 29. Dezember 1975 veröffentlicht die päpstliche Kongregation für die Einhaltung der Glaubenslehre eine Erklärung zur Sexualethik. Darin wird jede sexuelle Betätigung,die sich außerhalb des kirchlich abgesegneten Rahmens der »heiligen« Ehe vollzieht, als »Unzucht« oder »wider die göttliche Ordnung« gebrandmarkt. Wir lesen darin: »... Homosexualität und Masturbation bedürfen der seelsorgerischen Betreuung ... es wäre (die) Aufgabe der Kirche, über Sexualität und Ehe zu wachen,

zu richten und darüber zu bestimmen, welche als abwegig einzustufen sei«[17].

Die tausendfachen eigenen Verfehlungen (vergl. Kapitel »Zölibat« und »Moraltheologie auf Abwegen«) werden sittsam unter den Tisch des Herrn gefegt. Immerhin war (ist?) nach der jesuitischen Moral Sodomie eine verzeihlichere Sünde als ein Diebstahl[18].

Dieser Standpunkt bleibt nicht unkritisiert. Der Schweizer Jesuit Peter Merz sagt dazu: »... wer könnte jemals den Anspruch erheben, den Allmächtigen zu einem Untersuchungsrichter machen zu wollen, der sich um die lächerlichsten Angelegenheiten kümmert und der sich nicht scheut, zu den geringsten Einzelheiten des Geschlechtslebens hinabzusteigen«[19].

1973 verfaßt der Wiener Universitätsprofessor Hubertus Mynarek das Buch »Herren und Knechte der Kirche«, das auf Betreiben deutscher Bischöfe zurückgezogen wird. Er hat dem Papst mitgeteilt: »... er werde von ihm keine Erlaubnis für seine Ehe einholen, weil es grotesk ist, für unantastbare Menschenrechte eine Lizenz zu beantragen«[20]. Stephan Prüntner, der an der Universität Freiburg (Schweiz) den Lehrstuhl für theologische Ethik innehat, vertritt die Auffassung: »... daß keine Kirche oder Gesellschaft das Recht hat, in die Geschlechtsfreiheit des Menschen einzugreifen«[21]. Die Kirche hat selbst bei der Mischehe einen besonderen Eid vorgesehen. Hier **müssen** der katholische und nichtkatholische Teil schwören, sämtliche aus dieser Verbindung stammenden Kinder katholisch taufen zu lassen und sie in diesem Sinne zu erziehen«[22].

1968 entzieht der Vatikan dem US-amerikanischen Moraltheologe Charles E.Curren die kirchliche Lehrerlaubnis, weil er über die Unauflöslichkeit der Ehe, künstliche Empfängnisverhütung, voreheliche und homosexuelle Beziehungen freier als die »Amtskirche« denkt[23]. Der Tenor ist unüberhörbar; die Kritik innerhalb der eigenen Reihen wächst. 1972 gibt Professor Hermann, Ordinarius für Kirchenrecht an der Universität Münster, das Buch »Ehe und Recht« heraus.

Er wirft der Kirche in puncto Zölibat eine doppelte Moral vor.

Es steht der Kirche aufgrund ihrer historischen Vergangenheit **nicht** zu, über den § 208 zu reden. Die Welt leidet an einer Überproduktion von Menschen. Um künftigen Hungerkriegen zu entgehen, spricht vieles für eine Geburtenregelung, wie sie in fortschrittlichen Ländern praktiziert wird. Der Statthalter Gottes auf der »sündigen« Erde gebietet momentan etwa über 700 Millionen Menschen mit in der Regel schwach ausgebildeter Intelligenz. Er könnte, wollte er etwas konstruktives zum Weltfrieden tun, hier einen wirksamen Riegel vorschieben. Er kann es nicht, weil ihn politische Gründe daran hindern und weil er einen permanenten Parteikampf führt, der mit Religion nichts gemeinsam hat. So hat man im Vatikan eine »höllische« Angst vor der weiteren Ausbreitung der anderen Weltreligionen, insbesondere des Islam. Deshalb geht es heute darum, unterentwickelte Länder für das Papsttum zu mobilisieren. Man braucht sich nur die Reiserouten der päpstlichen Diplomaten einschließlich ihres Oberhauptes anzusehen.

Er möge, bevor er den Zeigefinger hebt, erst die sexuellen Ausschweifungen im eigenen Lager beseitigen. Aus dieser Sicht wird die heutige Position der Kirche zum Schutz des ungeborenen Lebens fragwürdig. Hinzu kommt die Tatsache, daß man in Kirchenkreisen (schon) anders über diese Dinge gedacht hat.

Dazu einige Beispiele: Das Verbrechen gegen das keimende Leben und die Verleitung dazu im Beichtstuhl ist erlaubt. »... eine ehrsame Jungfrau, die gegen ihren Willen von einem jungen Mensch geschändet (worden) ist, darf, wie viele sagen, den Fötus vor seiner Beseelung entfernen, damit sie ihre Ehre, die ihr mehr wert als das (ungeborene) Leben ist, nicht verliert«[24].

»... wenn eine Frau im Begriff ist, Hand an sich zu legen, um der Schande der Schwangerschaft zu entgehen, ist es dann erlaubt,ihr zum Abortus zu raten? Der Kardinal de Lugo sagt Ja, wenn sie auf keine andere Weise von ihrem Entschluß abgebracht werden kann.

Weil das nicht heißt, sie zu einer Sünde zu verführen, sondern nur sie zur Wahl des kleineren Übels zu verleiten«[25]. »Es ist erlaubt, vor der Beseelung des Fötus den Abortus herbeizuführen, damit das Mädchen durch die Schwangerschaft nicht getötet oder entehrt werde«[26].

Geistige Aspekte

Noch heute ist die Freiheit der Katholiken zu Lesen, was ihnen beliebt, eingeschränkt. Werke, die sich kritisch mit dem Katholizismus auseinandersetzen, soll er nicht zur Kenntnis nehmen. Die Auswirkungen der Zensur sind verheerend. Unter dem Einfluß der Jesuiten war es schon 1599 so weit gekommen, daß Katholiken von Studien zurücktreten mußten, denn man durfte Wörterbücher, Sammelwerke und Indicees nicht mehr gebrauchen ... hatte man doch selbst den Bischöfen das Lesen aller von Rom verbotener Bücher untersagt. Sie sollten über den Stand der Dinge, über vieles, was jetzt aufgedeckt worden war, in Unkenntnis gehalten werden!

Früh geht man an das Verbrennen unliebsamer Literatur. 325 schließt das Konzil von Nicäae den als Häretiker bezeichneten Arius aus der kirchlichen Gemeinschaft und verbietet die Verbreitung seiner Schriften. Das zweite Konzil von Nicäae (787) verfügt die Konfiskation und Verbrennung aller Bücher, die gegen die Verehrung der heiligen Bilder verfaßt worden sind und werden.

Im Verbund mit der Reformation zeigt sich ein Ansteigen der als häretisch bezeichneten Schriften. Papst Paul IV. veranlaßt die Herausgabe des »Index der verbotenen Bücher«. Die Indexpraxis stellt nicht nur einen Verstoß gegen die Menschenrechte und die Meinungsfreiheit dar. Sie verhindert den notwendigen Dialog und ist darum ein klassisches Eigentor. 1572 hat Gregor XIII. die Index-Kongregation installiert.

Mit Dekret vom 5. März 1616 werden alle Bücher verboten, in denen die Unbeweglichkeit der Sonne verteidigt wird. Es ist vor allem gegen Kopernikus gerichtet, von dem heute jedes Schulkind weiß, daß er recht hatte. Darin wird verboten:

- Die von Nichtkatholiken veröffentlichten Ausgaben der Originalfassung und der alten katholischen Übersetzungen der hl. Schrift.

- Die Bücher von Schriftstellern, in denen versucht wird, die Fundamente der Religion auf irgendeine Weise zu unterhöhlen.

- Die Bücher, in denen die (katholische) Religion bekämpft wird.

- Die Bücher, in denen eines der katholischen Dogmen angefochten und lächerlich gemacht werden soll ... die die Zehn Gebote herabsetzen und die versuchen, die kirchliche Disziplin zu unterhöhlen ... die die kirchliche Hierarchie, den Priestern und Mönchen vorsätzlich Böses nachsagen.

- Die Bücher, in denen Aberglaube, Zauberei, Wahrsagerei, Magie und andere Dinge dieser Art gelehrt und empfohlen werden.

Philosophische Aspekte[27]

Wenn man unter der Philosophie die wahre und letzte oder besser höchste Wissenschaft von den Dingen versteht, muß gesagt werden, daß die Jesuiten im Allgemeinen und die Geistlichen im besonderen unwissend sind. Übertriebener Intellektualismus ist ein Hindernis auf der Suche nach der Wahrheit. Der Mensch besteht nicht nur aus Verstand und Religiosität; er lebt nicht nur, um zu denken; die Wirklichkeit ist das Leben selbst. Die katholische Philosophie ignoriert es und verdreht das Bild der Geschichte.

Sie ist ein Instrument zur Stützung eines dogmatischen Anspruchs der Religion und der politischen Herrschaft des Vatikans. Die katholische Lehre ist unfähig, neue Forschungsergebnisse neutral zu interpretieren. Die Wissenschaft entwickelt sich weiter, nicht aber die katholische Philosophie. Sie ist bei Aristoteles und Thomas v. Aquien stehengeblieben. Und: sie ist auf parteipolitische Zwecke ausgerichtet; gebunden an einen jahrhundertealten dogmatisch-verstaubten Apparat ... sie ist eine Verfälschung des Lebens«. Sie ist gezwungen, Natur und Leben zu verdrehen. Indirekt ist es ein Beweis für die Unhaltbarkeit des Systems.

Der Vatikan bedarf dieser »falschen« Philosophie, dieses unheimlichen Apparates, denn er hilft ihm, das Unrecht voranzutragen. Nur Geblendete können nicht erkennen, daß die Kluft zwischen der Wirklichkeit und der katholischen Philosophie offensichtlich ist. Nur **sie** können von einer Übereinstimmung zwischen den Aussagen des Evangeliums und der praktischen Kirchengeschichte sprechen.

Der Dozent für Ethik und Soziologie, Pater Charon, gesteht gegenüber dem Jesuit Aligiero Tondi, dessen Ausführungen ich folge: »... unsere Philosophie ist nun einmal so; ein Nichts, das sich im Nichts bewegt. Die katholische Philosophie läßt sich auf Nichts zurückführen. Glauben und beten Sie. Etwas anderes können Sie nicht tun«.

Der Priester stürzt sich kopfüber in Abstraktionen. Er wandelt auf Wolken oder schwebt durch den Äther. Er stützt sich auf haltlose Argumente und ist bemüht, die Existenz einer transzendenten, von der Welt getrennten Gottes nachzuweisen. Ist so ein Wesen erforderlich? Die katholische Kirche behauptet: Gott ist das allervollkommenste Wesen ... er ist unveränderlich. Er wandelt sich in keiner Weise. Gott ist die höchste Autorität. Gott ist unermeßlich groß. Diese Worte sind grandios. Doch sie sind eine Schutzwand, hinter der nichts zu finden ist. »... ein großer Sumpf, wohin man den Eimer wirft. In jedem Fall ziehen wir ein leeres Gefäß heraus, höchstens gefüllt mit dem gewohnten endlosen Geschwätz, Gewäsch und bekannten Nichtigkeiten«.

Die katholische Philosophie steht außerhalb des Lebens. Es ist ihr gelungen, ein harmonisch wirkendes und sorgfältig durchdachtes Scheingebäude zu errichten. Muß man die Geistlichen philosophischer Ignoranz bezichtigen? Ihre Lehre ist abstrakt, unbewiesen, unbeweisbar und wenig einleuchtend. Der philosophische Lehrkörper stellt sich ein erbärmliches Zeugnis aus. Es ist eine Verschwörung des Schweigens. Die Ursache liegt in der Furcht vor entgegengesetzten Meinungen, denn man ist sich des Unrechts bewußt.

Die katholischen Philosophen begegnen neuen Erkenntnissen mit Angst. Die wenigen guten Wissenschaftler unter ihnen sitzen auf heißen Kohlen. In dem verstaubten Klima ersticken selbst hervorragende Köpfe. Ihre Lehre war tot, ehe sie geboren wurde. Wie konnte man sie zur einzigen Wahrheit emporstilisieren, sie drohend der Welt aufzwingen und die Mühen Anderer verspotten?

Den Studenten wird eingeredet, gegnerische Theorien seinen falsch und gefährlich; folglich sei es nutzlos, ja schädlich, sich mit ihnen zu beschäftigen. Es wird ihnen untersagt, die von der Kirche verurteilten Bücher zu lesen. Da es außerdem nur eine Wahrheit geben kann (= eben die der römisch-katholischen Lehre) sind feindliche Theorien (!) schon darum automatisch widerlegt, ohne daß sie erst untersucht werden müssen. Diese Vorstellung ist naiv.

Den Priestern wird eingeredet (und: die meisten glauben es!), ihre autoritäre Mission direkt vom Himmel erhalten zu haben. Als Bewahrer und Verkünder der einzigen Wahrheit dulden sie keine gedankliche Auseinandersetzung, denn sie **müssen** recht haben. Wer nicht mit ihnen ist, ist gegen sie und wird als verdammenswerter Gegner betrachtet. Toleranz ist ihnen fremd. Es liegt in ihrer merkwürdigen Psychologie begründet. Sie gehen davon aus, Vertreter einer höheren Ordnung zu sein. Sie sind davon überzeugt, daß ihnen Gott die höchste Macht über alles verliehen hat. Es ist eine Illusion. Wenn die Toleranz eines kleinen und mäßig bezahlten Landpfarrers schon solche Formen der intellektuellen Überheblichkeit annimmt, können wir uns vorstellen, wie es im Vatikan zugehen muß!

1925 wird in Rom das »Heilige« Jahr gefeiert, wobei den Pilgern dem Papst gegenüber folgendes Verhalten vorgeschrieben wird: »... bei der Privataudienz, wenn man allein vom hl.Vater in seinem Zimmer empfangen wird, geschieht die Einführung durch einen geistlichen Kammerherrn. Sobald man des Papstes ansichtig wird, kniet man mit dem rechten Fuß nieder, macht einige Schritte vorwärts und wiederholt die Kniebeugung.

Dann kniet man mit beiden Knien vor dem Heiligen Vater und küßt ihm den Fuß. Während der Unterredung bleibt man knien. Nach der Audienz geht man rückwärts, den Blick auf den Papst gerichtet, unter Wiederholung der doppelten Kniebeugung hinaus«.

Meines Wissens ist es der einzige hochrangige Politiker, dem man so servil zu begegnen hat. Hier spiegeln sich frühmittelalterliche Strukturen und es bleibt unverständlich, weshalb sich Menschen so verherrlichen lassen (müssen!).

Die Geistlichen stehen im Dienst eines dogmatisch festgeschriebenen Gebäudes. Die Folge ist unweigerlich eine Verarmung des Geistes ... sie müssen Huldigen und sollen nicht Denken. Der einzige Daseinszweck ist, der Theologie als ergebene Magd Handlangerdienste zu leisten ... zu dienen und zu schweigen.

Ein Wettiner Mönch predigte einst über die Priesterwürde und die sakramentale Gewalt der Geistlichen . Um die Hoheit seines Standes zu unterstreichen, stellte er heraus: »... der Geistliche ist mehr als ein Kaufmann, denn er handelt mit ewigen Waren. Er ist mehr als ein Kriegsmann, denn er streitet mit dem Satan. Er ist mehr als ein König oder Kaiser, denn er ist der Stellvertreter des Königs der Könige. Er ist mehr als ein Heiliger, denn vor ihm, wenn er erscheint, müssen sich die Knie aller beugen; im Himmel und auf Erden. Die Hoheit des geistlichen Standes ist unaussprechlich ... seht, welche Gewalt der katholische Priester hat«[28].

Am 28. August 1868 sagte Anton Häring in der Pfarrkirche von Ebersberg: »... mit der Absolutionsgewalt hat Jesus den Priestern eine Macht verliehen, die der Hölle furchtbar ist, der selbst Luzifer nicht widerstehen zu vermag. Eine Macht, die in die unermeßliche Ewigkeit hinüberreicht. Eine Macht, die die Fesseln zu brechen vermag, die für die Ewigkeit geschmiedet und für begangene Sünden geschmiedet waren. Die Macht der Sündenvergebung macht den Priester gewissermaßen zu einem zweiten Gott. Und doch ist das nicht die Spitze der priesterlichen Macht. Wenn er zum Altar schreitet ... erhebt sich gleichsam Jesus Christus, der da sitzt zur Rechten des Vaters, um auf einen Wink des Priesters hin bereit zu sein. Kaum beginnt er mir der Konsekration, da schwebt auch schon Jesus, umgeben von himmlischen Scharen, vom Himmel zur Erde auf den Opferaltar nieder und verwandelt auf die Worte des Priesters hin Wein und Brot in sein seliges Fleisch und Blut ... Fürwahr, eine solche Macht übertrifft selbst die Himmelsfürsten, ja sogar die der Himmelskönigin. Deshalb pflegte der hl. Franz v. Asissi mit Recht zu sagen: »... wenn mir ein Priester und ein Engel zugleich begegnen würden, so würde ich erst den Priester grüßen und dann den Engel, weil der Priester eine viel größere Macht und Hoheit besitzt«. Unser Gewährsmann sitzt auf einem Irrtum; niemand kann Sünden vergeben und es gibt keine Engel.

In einer Sitzung der katholischen Vereine Deutschlands vom 24. August 1862 spricht sich Professor Hettinger aus Würzburg über diese Beziehungen so aus: »... die Kirche hat alle Wandlungen überlebt und wird alle überleben. Keine Religion hat die Stürme der Zeit überdauert, die zerstörende Zeit und die Kritik an ihr. Descartes, Galilei und Newton sind gekommen mit ihren Naturgesetzen; die Kirche scheint mit ihnen aufzuleben. Sie wird ewig leben, weil sie den Begriff erfüllt, der in dem Wort Zivilisation liegt. Die Kirche war die Quelle aller modernen Wissenschaft«.

Unser Professor stellt die Realität auf den Kopf wie der katholische Moraltheologe Mausbach in seinem 1.000-seitigen Werk, indem er sich mit einer halben Seite der Hexenfrage zuwendet. Er versucht die diesbezügliche Schuld der Kirchen zu vertuschen und sagt: »... die wahrhaft großen Zeiten des Mittelalters und aller Zeitalter mit einem kräftig ausgebildeten Glaube haben den Hexenwahn nicht aufkommen lassen«[29]. Weltfremder geht es nicht!

Auf den Index-Listen stehen berühmte Namen, denen kirchliche Autoren und ideologische Verherrlichungsschreiber nie das Wasser reichen können, denn der Glaube selbst hat sie ihrer wichtigsten Zierde beraubt; der Meinungsfreiheit. Das Spiel ist stets das Gleiche; dickleibige Folianten müssen herhalten, umUnwahres abzusichern. Ströme von Tinte werden vergossen; man schreibt an der Ehrlichkeit vorbei. Ihre Werke -und mögen sie noch so albern wie die Höllendarstellungen von Bautz und v. Görres, noch so frivol und schlüpfrig wie die Moraltheologie des Redemptoristen Alphons Maria de Liguori oder noch so gehässig wie der »malleus maleficarum« (= Hexenhammer) der Dominikaner Sprenger und Krämer sein; sie werden auf Hochglanz poliert und mit klingenden Approbationen versehen, während man sich gleichzeitig den Werken der Kritiker verschließt.

Es war ein folgenschwerer Irrtum, dessen Zündstoff vorauszusehen war. Dadurch unterbindet die Kirche zu ihrem Nachteil notwendige Diskussionen und somit den Fortschritt der auf der Stelle tretenden Theologie in der notwendigen Auseinandersetzung mit der Realität.

Ab der 2. Hälfte des 15. Jh. erwächst dem Klerus ein Feind und Freund noch unbekannter Größe; das »gedruckte« Wort kommt auf. Sofort wird das zweischneidige Schwert geschmiedet.Der Kirche entsteht langfristig ein gefährlicher Gegner. Er wird sie besiegen, denn **selbst sie** kann sich der Wahrheit nicht für immer verschließen.

Die Einführung der Index-Kongregation war ein Fehler und ein Eiserner Vorhang. Hätten wir ein redliches System vor uns, würde es nicht Tausende von Büchern und Opfern geben, die sich kritisch damit auseinandergesetzt haben. Die Kirche hat stets gegen die Massen gewonnen, doch ist an der Intelligenz Einzelner gescheitert. J. v. Hontheim schreibt das Buch »Über den Zustand der Kirche und von der rechtmäßigen Gewalt des Papstes«. Im Alter von 80 Jahren wird er zum Widerruf gezwungen; er tut es, um Ruhe zu haben«[30].

Warum verbietet die Kirche den Gläubigen, Gegenargumente kennenzulernen? Es ist ein despotischer, auf Ängsten beruhender Willkürakt, der auf der Furcht der Kirche ruht, ihre Herrschaft ganz oder partiell aufgeben zu müssen. Es ist die Angst des ob von ihr angerichteten Unrechts! Sie war es, die die Menschen über Jahrhunderte in ein geistiges Joch gezwängt hat und die es noch heute versucht!

Anachronismus und Wissen prallen aufeinander, denn die Kirche vertritt rückschrittliche Ansichten. Die Forschung hat das kirchliche Wissen überholt. Es ist absurd, wenn sie behauptet, daß Geschichte und Philosophie Mägde der Theologie seien; sie sind ihr nicht nur ebenbürtig, sondern überlegen.

Pius IX. versteigt sich in der Enzyklika »Oui pluribus« vom 9. November 1846 zu der Behauptung, daß die Theologie die »echte« Offenbarung Gottes sei. Dies könnte man so sehen, wenn die Echtheit der Offenbarung bewiesen wäre; dem ist nicht so. Tatsache ist, daß sich die Theologie mit Spekulationen beschäftigt und daraus höchste Ansprüche ableitet. Sie könnte aus dem Konsens der ernsthaften Wissenschaften gestrichen werden, denn es wäre für die Menschheit mit keinem Nachteil verbunden.

Naturwissenschaftler, Historiker und Archäologen tragen -verstärkt seit der Aufklärung- Steinchen für Steinchen des Trümmerfeldes beiseite, das sich Kirchengeschichte nennt. Immer deutlicher werden die »antiken« Strickmuster des Christentums, immer deutlicher schälen sich die Fakten heraus, auf der es errichtet ist. Die Forschung reißt immer weitere Teile aus der sicher geglaubten Beute, die aus Träumen, Illusionen und Spekulationen besteht. Längst ist der Nachweis erbracht, daß schon antike Priester Leichtgläubige hinters Licht geführt haben. Bemerkenswert sind u. a. die Funde über die Sekte der Essener, denn sie lassen das Frühchristentum in einem völlig »neuen« Licht erscheinen.

Die Christen werden ständig mit Unwahrheiten berieselt. Jahrhundertelang bedeutet es für die Kirche Sicherheit, Ansehen und Prosperität. Was aber, wenn die Masse erfährt, wie geschickt und einfältig zugleich sie den tausendfältigen Machenschaften auf den Leim gegangen ist?; die Konsequenz wäre unvorstellbar[31]. Immer mehr wenden sich vom Regiment des Krummstabes (der über-

dies aus der Antike stammt) ab. Z. Zt. treten jährlich etwa 80.000 aus dieser kirchlichen Gemeinschaft aus!

Den vom Papsttum ausgehenden geringen Wohltaten stehen eklatante soziale und kulturelle, stehen fundamentale Verletzungen der Menschenrechte gegenüber. Überblickt man den Werdegang der Menschheit, wird deutlich, daß die wesentlichen Hemmnisse zu ihrem Fortschritt in der geistigen Bevormundung und der damit verwobenen Intoleranz (auch) der Kleriker zu suchen sind. Sie halten die Menschen im Aberglauben gefangen, denn sie sind selbst abergläubisch. Sie ersticken jede freie Gedankenregung außerhalb ihres eigenen (engen) Horizontes. Die freie Wissenschaft ist den verstaubten Dogmen überlegen, denn sie akzeptiert die Kritik.

Alle sozialen Einrichtungen der Neuzeit wurden **nicht** durch die Kirche, sondern gegen sie geschaffen. Fast alle humanen Formen und Gesetze des Zusammenlebens verdankt die Menschheit außerkirchlichen Kräften. Das Christentum ist eine Religion der Intoleranz und Frauenfeindlichkeit; es läßt sich mühelos dokumentieren. Alle Versuche, das Elend der Massen auszurotten und grundlegende soziale Verbesserungen zu schaffen, wurden von der Kirche sabotiert und als ein Aufbäumen gegen die »gottgegebene« Gesellschaftsordnung verstanden; eine solche gibt es nicht!

Überblickt man das Europa des 18. Jh., so ist zu konstatieren, daß in all den Ländern, wo Reformatoren (der Kirche) aktiv waren (Wyclef, Waldus, Huß, Luther, Calvin u. a.) die religiöse Freiheit zunächst Fortschritt gemacht hat, daß dagegen in rein katholisch gebliebenen Ländern alles wissenschaftliche Leben aufgehört hat. Dazu sagt der Historiker Oncken[32]: »... als der Bourbone Karl III. im Januar 1734 die Königreiche beider Sizilien eroberte, fand er himmelschreiende Zustände vor. Der Klerus war der eigentliche Landesherr. Im Königreich Neapel gab es bei einer Bevölkerung von 4 Millionen 22 Erzbischöfe, 118 Bischöfe, 56.500 Weltgeistliche, 31. 800 Mönche und 25.600 Nonnen. In Neapel gab es 16.500 Geistliche ... dies war für das wirtschaftliche Leben unerträglich«, denn nahezu alle taten nichts und lebten auf Kosten des Glaubens«.

Ähnlich sieht es um 1867 in Rom aus. Es hat ca. 200.000 Einwohner. Unter ihnen befinden sich 74 Kardinäle und Bischöfe, über 1.800 Priester und Seminaristen, 2.600 Mönche und 2.000 Nonnen, darunter allein 500 Franziskaner. Es bestehen 56 Mönchs- und 71 Nonnenklöster ... also kam auf 30 Seelen ein Geistlicher. Sie arbeiteten nichts und wollten so gut wie möglich versorgt sein.

Der Glaube hat die Menschen versklavt und hindert sie daran, ihren Verstand zu gebrauchen, bzw. sich eine eigene Meinung zu bilden. Stets galt es, die berechtigte Auflehnung gegen das doktrinäre System zu unterdrücken. Zunächst mußte man die Massen in Unwissenheit belassen. Wer sich dagegen stellte, wurde in die nichtexistente Hölle gewiesen. »Die Kirche hat immer wieder das Unsinnige des Morgen auf sich genommen, um die Gefahr des Heute zu bannen«!

Um die Entwicklung der Machtfülle war das Papsttum stets besorgt, aber für die Anhebung des allgemeinen Bildungsgrades hat es ebensowenig getan wie für die Reinerhaltung der christlichen Ideale[33], für Sitte und Moral. Die Kirche proklamiert die Gewissensfreiheit, wenn sie unterdrückt wird und sie proklamiert den Zwang, wenn sie die Möglichkeit dazu hat. Hat sie es nötig, die staatliche Gewalt zu unterwerfen, beruft sie sich auf den Kirchenlehrer Athanasius. Bedarf sie des Gegenteils, erinnert sie sich an den Kirchenlehrer Augustin. Pater Joseph Grisar, ein hervorragender Jesuit und Historiker, bekennt:

«... die katholische Theologie ist ein Kerker, in den sich die Kirche eingeschlossen und dessen Schlüssel sie in einem Fluß versenkt hat ... getrieben von der Gier nach (der) Macht über die Gläubigen und aus Intoleranz gegenüber den Gegnern hat die »allein-seligmachende« Kirche die sog. »Unfehlbarkeit« mißbraucht, indem sie eine Anzahl von Glaubensartikeln genannt und diese (später) als glaubenswahr erklärte, die heute in einem

tiefen Widerspruch zu Vernunft und Wissenschaft stehen ... einmal gezwungen, falsche Vorsätze zu verteidigen, zahlreiche andere gutzuheißen, die wiederum neue Zugeständnisse erforderlich machten. Es ist klar, daß die Kirche nicht mehr umkehren konnte und daß sie heute nicht mehr umkehren kann. Dann würde sich die sog. Unfehlbarkeit in Rauch auflösen. Also sieht sich die Kirche gezwungen durchzuhalten ... sie wandelt auf einer imaginären Straße ... wer sie verleugnet, ist ein Ketzer«.

»Würde sie zugeben, daß das Dogma der von ihr in die Welt gesetzten Unfehlbarkeit haltlos ist, würde die doktrinäre Festung zusammenstürzen; die Kirche ist an erster Stelle Kerkermeisterin ihrer selbst; und sie ist die der anderen«.

Die Kirche behauptet, um sich aus der Schlinge zu ziehen, die päpstliche Unfehlbarkeit sei seit den frühesten Zeiten als offenbares Faktum anerkannt worden. Das Gegenteil ist der Fall. Nie erwähnte Petrus in den ihm zugeschriebenen Briefen das Unfehlbarkeitsprimat. Die Frage bleibt bis 1870 umstritten und viele hochrangige Theologen sprechen sich dagegen aus. Selbst führende Katholiken hegen in diesem Punkt Zweifel. So kann man feststellen, daß das Dogma von der päpstlichen Unfehlbarkeit den Tatsachen widerspricht. Warum wird es als Glaubensgegenstand und als »göttliche« Offenbarung gehandelt. Beides gibt es nicht!

Mit rein menschlichen Mitteln wurden die Beratungen und Beschlüsse des Konzils vom Papst und seinen jesuitischen Beratern gelenkt, obgleich man das Walten des »Heiligen Geistes« im Munde führte. Der französische Gesandte spottete, daß dieser jeden Freitag mit dem Postsack aus Rom komme.

Der katholische Lord Akton, der Beobachter und Geschichtsschreiber des Konzils, nennt »es eine lange, mit List und Gewalt ausgeführte Intrige«. Der Bischof Hefele von Rottenburg sagt im November 1870: »... ich kann mir nicht verhehlen, daß das neue Dogma einer wahrhaften, biblischen und traditionellen Begründung entbehrt und die Kirche in unberechenbarer Weise schädigt, so daß letztere nie einen herberen und tödlicheren Schlag erlitten hat als am 18. Juli 1870«.

Allein die Anmaßung der Päpste, Stellvertreter eines Gottes zu sein -dessen Existenz nach wie vor umstritten ist (dies ist keine Gotteslästerung, sondern eine entgegengesetzte Meinung) hätte von vornherein jeden Versuch der Anwendung von Gewalt als »teuflische« Versuchung aufdecken müssen.

Die Kirche zog die politische Beherrschung der Welt vor, statt dem Evangelium zu folgen. Freilich sind es legendäre Bücher, aber wer sich deren Inhalte auf die Fahnen heftet, sollte ihnen folgen. Die Evangelien können **nicht** in allen Teilen als glaubwürdig betrachtet werden. Über die Echtheit der verschiedenen Stellen wird bis ins Unendliche gestritten. Eines steht fest; so wie sie die Kirche anbieten will, sind sie **keine** historisch verwertbaren Dokumente, auf die sich ohne weiteres wissenschaftliche Untersuchungen stützen können. Es wirkt unbegreiflich, wenn die Kirche behauptet, die genannten Bücher seien in jedem einzelnen Teil wahrheitsgetreu und gegen den Irrtum gefeit ... auf derart haltlosen Pfählen haben die Geistlichen einen riesigen Palast errichtet ... dessen Fundamente haltlos sind«.

»Das Evangelium wurde durch eine Prozession von Gespenstern, durch ein erstickendes, inhaltloses und vernunftwidrig-doktrinäres Labyrinth ersetzt. Wir haben ein Phantom vor uns. Das tiefe Erfülltsein, das durch die Verkündigung des Evangeliums in die Seele dringt, hat die Kirche durch eine äußere Organisation, einen Kodex, einen hierarchischen Apparat ersetzt, durch eine Staatsregierung, durch Gerichte und Strafen, Etikette, prunkvolle Gewänder, diplomatische Zeremonien, scharlachrote und goldene Throne, durch Ströme von Geld und die Freuden des Lebens ... schließlich durch ein auf Zwang beruhendes, erstarrtes und unverständliches Lehrgebäude. Ein Zuchthaus für die Seele, in dem selbst Christus ein Gefangener ist ... anstelle des Evangeliums tritt uns ein unbegreifliches Durcheinander entgegen«.

Zum Teufel mit dem Teufel

Der Dialog mit dem hochstilisierten Teufel ist der eines Gegengottes, der dem als richtig angesehenen den Thron streitig macht. Im Grund ist es der aus der Kirche herübergerettete zoroastrische Dualismus zwischen Gut und Böse. Wir haben eine naive Vorstellung vor uns, wie sie allen Weltreligionen zugrundeliegt. Es ist absurd, noch heute an Fegefeuer, Hölle und an die Wirksamkeit von Teufeln zu glauben.

»... die auf die ständige Vermehrung der Teufelsfurcht bedachten Päpste und Kirchenfürsten begnügen sich nicht damit, den Aberwitz durch Wort und Schrift zu verbreiten. Maler und Zeichner stellen den fiktiven Teufel immer vehementer in seiner grausamen Gestalt heraus und inszenieren vor den Gläubigen den Höllensturz, während sich die Bildersprache der Kirchenfenster stets von unten nach oben bewegt. Gewiß ist es kein Zufall. Zahllose Holzschnitte mit plastisch dargestellten Höllenstrafen werden im Volk verbreitet. Der Teufel erscheint als Frau in der ihr zugedichteten Rolle einer Verführerin, an Sterbebetten oder er schickt sich an, nach den aus Sterbenden fliehenden (angenommenen) Seelen zu heischen.

Nichts ist leichter für Geistliche, als »unnötige« Höllenqualen von der Kanzel herunter zu posaunen »... bald witterte man in jeder Krankheit und Versuchung, in jedem Mißgeschick eine teuflische List. Um den Klauen des Fabelwesens zu entgehen, stürzte das toll gemachte Volk an die Altäre und es verschrieb sein letztes Hab und Gut an die gütige Mutter Kirche. Sie war und ist stets liebevoll bereit, es anzunehmen.

Aus dieser Quelle fließen ihr Milliarden zu! Durch die Erfindung der aberwitzigsten Andächteleien und tausend lächerlicher Torheiten wird der gesunde Menschenverstand vernichtet, alle Freiheit des Denkens (gewaltsam) unterdrückt ... Einfalt und Aberglaube florieren. Dazu Christian Thomasius: »... **ich halte vielmehr dafür, daß die Geistlichen und Prediger, die anstatt der seligmachenden Lehre auf der Kanzel und in ihren Schriften lauter alte Weiber-Lehren und** abergläubische Märchen erzählen, schuldig sind, daß viele Leute, die wenig Verstand und etwas von den fünf Sinnen übrig haben ... sich gern von dem Schandfleck des Aberglaubens reinigen wollen«.

»... hinter einer schützenden Nebelwand ist ein phantastisches Ungeheuer, ein Trugbild, ein Gespenst, ein Monstrum, eine Schimäre, ein theologisches Untier entstanden. Es ruht auf Spekulationen, Phantasmen und Phantasien. Allein durch das immerwährende Hochhalten des Teufelswahns hat sich das Christentum ins geistige Abseits gestellt und gerichtet«[34].

»Der christliche Teufelsglaube war zu einer unzertrennlichen Einheit mit dem Gottglauben geworden, so daß es zu einer Katastrophe für die Theologie führen mußte, sobald ein Stück dieser Einheit zerbrach«[35]. Es wird durchaus gesehen denn der Osservatore Romano sagt: »... wenn man einen Pfeiler des Kirchengebäudes wegnimmt und die Existenz des Teufels abstreitet, bricht die Konstruktion zusammen«. Entsprechend wird das Nest verteidigt!

Loos, Bekker, Thomasius

An erster Stelle ist Cornelius Loos zu nennen, den man wegen seiner korrekten Ansichten über den Teufel 3x verhaftet hat. 1691/92 erscheint in Amsterdam das Buch »De betooverde Wereld« des Balthasar Bekker. Es erregt »ungeheures« Aufsehen und wird konfisziert. Bekker wird seines Amtes enthoben und ergreift die Flucht, denn er hat es gewagt, die teuflische Macht in Zweifel zu ziehen. Für ihn ist er lediglich ein unsichtbares Wesen, das weder einen menschlichen Leib annehmen kann noch ein Hagelwetter anzurichten imstande ist. Die Vorstellung des Teufelsbundes und der -buhlschaft (dem Herzstück vieler Hexenprozesse) bezeichnet er als das, was es ist, als Ausgeburt einer krankhaften Phantasie.

Christian Thomasius gilt als einer der bedeutendsten Rechtsgelehrten aus der Zeit des frühen 18. Jh.; einer Epoche der literarischen Auseinandersetzung und des Streites zwischen Theologie und Aufklärung. Thoma-

sius steht in der Reihe der wenigen, die oft unter großen Schwierigkeiten, manchmal unter dem Einsatz ihres Lebens, den Mut aufgebracht haben, gegen die Hexenverbrennungen aufzutreten und damit Obrigkeit, Recht-sprechung **und** Theologie in Frage zu stellen.

Thomasius übernimmt für seine Beweisführung die Ansätze Bekkers und erschüttert dadurch das gängige Fundament der Hexenprozesse. Mit seinen Schriften versetzt er dem Hexentreiben **und** klerikalen Obrigkeitswahn einen tödlichen Hieb und trifft (auch) in das Herz der Theologen. Ungerechtigkeiten beim Verfahren gegen eines der schlimmsten, doch fiktiven (Schein) Verbrechens konnte man zur Not als Justizirrtum in Kauf nehmen; erhebliche Zweifel an der Grundlage dieses Verbrechens jedoch nicht. Hierin unterscheidet sich Thomasius von seinen Vorgängern und Mitstreitern. Er bringt den seither angenommenen Teufelspakt ins Wanken, indem er dem Teufel jeden Einfluß in materiellen Dingen abspricht.

Er trägt vor: »... ich leugne, daß Hexen und Zauberer Verträge mit dem Teufel aufrichten ... was nützt ein Bündnis mit ihm? Es ist nicht der geringste Effekt dabei, weder auf der Seite des Menschen noch auf der des Teufels, ... nie hat er einen Leib angenommen. Es scheint, daß der Irrtum in den Evangelienbüchern seinen Ursprung hat«.

»... ich leugne und kann es nicht glauben, daß der Teufel Hörner, Klauen und Krallen habe, daß er wie ein Pharisäer, Mönch oder wie ein Monstrum oder wie man ihn sonst abmahlet aussehe ... ich kann es nicht glauben«.

Für Thomasius war die Konfrontation mit der Geistlichkeit unvermeidbar, wenn er einen seiner fundamentalen Gedanken, der juristisch exakten Trennung von Kirche und Staat, verwirklichen wollte. Rasch erkennen die Theologen seine Gefährlichkeit und versuchen zu kontern. Am 16. Oktober 1694 beschwert sich die theologische Fakultät über ihn wegen seiner »Eingriffe in theologische Angelegenheiten bei der Verteidigung mystischer Schriftsteller«.

Der Konflikt dringt bis zum Kurfürst und endet mit dessen Mahnung: »... künftig besser miteinander in Eintracht zu leben«. Die Gotteskundler stempeln den Jurist zum Atheist und Ketzer ab, weil er sie widerlegt und ihre intelektuelle Schwäche blosgelegt hat. Später wird ihm bei »Strafe der Absetzung« verboten, in seinen Vorlesungen theologische Angelegenheiten zu behandeln«.

1702 greift ihn der Geistliche Joachim Lange mit einer »nothwendigen Gewissensrüge« an. Sie wird ein Jahr darauf anonym beantwortet und mit widerlegenden Antworten versehen. Die Polemik gegen Thomasius wird in die Liturgie getragen, denn am dritten Ostersonntag 1703 wird in der Leipziger Nikolaikirche gesungen:

»... die Jünger sind nicht Thomas Art,
Zu zweifeln; Obs Gespenster gäbe!
Wenn andre mehr der Jünger Geist bekämen,
... ich zweifle, daß sie viel Theil am
Irrthum nähmen«.

Thomasius kontert: »... ich muß mich nicht wenig wundern, daß ich hin und wieder fast nichts als unnützes Geschwätz und Fabeln, nirgends aber ein gründliches Werk angetroffen habe. Der törichte Aberglaube muß den einfältigen Pöbel vor Augen geführt werden. Die papistischen Irrtümer, die seither aller Leute Gedanken eingenommen, müssen ausgerottet werden. Heute wird niemand mehr daran zweifeln, daß das Papsttum nichts anderes als eine aus dem Heiden- und Judentum zusammengesetzte Fabel ist.

Papisten haben den Unsinn zusammengetragen, um die breite Masse auszunutzen. Die vergangenen Autoren haben ohne Unterschied die wahren und falschen Begebenheiten wie Kraut und Rüben hingeschmiert ... ich bin sicher, daß alles, was diesfalls geglaubt wird, nichts als eine Fabel ist, die man aus dem Juden- und Papsttum zusammengelesen hat; die Päpstler haben ohne Verstand abgeschrieben«.

Der 1093 verstorbene Papst Leo XII. soll eine Vision gehabt haben, derzufolge »... dem Satan eine letzte Frist von 75 Jahren für seine Herrschaft über die Welt eingeräumt wird, ehe die Zeit der Abrechnung mit dem Bösen kommt«. Es bleibt festzustellen, daß bislang keine religiöse Prophezeiung eingetroffen ist.

»... die Hölle ist nicht so heiß, wie sie der Pfaff macht. In Frankreich predigte ein Missionar, freilich ohne zu sagen, woher er es so genau wisse: »... es stehen dort Millionen Kessel voll siedenden Wassers, dazu bestimmt, die verdammten Juden, Protestanten, Philosophen und Literaten weich zu sieden; die Wände der Hölle wären mit feurigen Zungen böser Weiber austapeziert«.

Der Jesuit Raderus versichert seinen Zuhörern, »... daß, wenn sie Fleisch ohne Fastendispens äßen, in der Hölle siedendes Pech ihre Suppe, Basilisken, Krokodile und Drachen ihr Rindfleisch und Braten, Schlangen und Forellen sein würden. Danach scheinen die Jesuiten als Köche in der Hölle angestellt zu werden, wenn sie die dortige Speisekarte so gut kennen«.

1967 beschimpft der Prälat Janik, Chefredakteur des Passauer Bischofsblattes, (= Bistumsblattes) seine eigene Presseagentur und hebt hervor: »... daß sie durch die Negierung der tatsächlichen Existenz des Teufels ketzerische Auffassungen mit dem Ziel verbreitet haben ... systematisch die gesamte katholische Glaubenslehre aufzuweichen«.

Im gleichen Jahr veröffentlicht der Tübinger Bibelexperte Haag sein Buch »Abschied vom Teufel«, in dem er den Höllenfürst als Fiktion nachweist. Er sagt: »... man soll sich endlich vor Augen führen, zu welchen Verzerrungen der christlichen Botschaft der Teufelsglaube geführt und welch unermeßliches Leid er über die Menschheit gebracht hat«.

Spottblatt auf die katholische Geistlichkteit. Der Teufel, in dessen geöffnetem Rachen Ordensleute tafeln, sitzt auf einer päpstlichen Bulle. Ein Fuß steckt in einem Weihwasserkessel. In der rechten Hand hält er eine Almosenbüchse.
Holzschnitt. Unbekannt. 1. Hälfte 16. Jh.
Kunstsammlungen der Veste Coburg

Von Paul VI. liegt eine »eindeutige« Erklärung über die Existenz des Teufels und seine Tätigkeit vor. Anläßlich einer Pontifikalmesse im Petersdom beklagt sich der 264. Papst der Kirchengeschichte über die Abkehr von Gläubigern und Priestern: »... wir haben das Gefühl, daß durch irgendeinen Spalt der Rauch des Satans in den Tempel Gottes eingedrungen ist. Es ist zum Angriff einer feindlichen Macht gekommen; ihr Name ist Teufel«.

Am 15. November 1972 sagt er anläßlich einer Generalaudienz: »... wir stehen unter einer finsteren Herrschaft, der des Satans, des Fürsten dieser Welt, des Feindes Nummer Eins ... dieses beunruhigende Wesen gibt es wirklich ... und zwar zugleich in einer furchtbaren Vielzahl«.

Will er die lädierten Bastionen des Teufelsglaubens aktivieren? Hat sie ihm Schweißperlen auf die Stirn getrieben, hat ihm die Angst den Unsinn in die Feder diktiert oder glaubt er wirklich an die Wirksamkeit von antiken Dämonen?

Die Zeiten haben sich geändert und der heutige Kenntnisstand ist ungleich besser. Es läßt sich mühelos nachweisen, aus welcher Quelle das Christentum den Teufelsglauben gefischt hat (vergl. das Kapitel »Im Bann des ewigen Aberglaubens«). Für die Theologie wird es zum Problem, denn sie geht der Realität aus dem Weg. Wie soll sie heute den sorgsam hochgepäppelten Teufel verändern? Sie kann **nicht** zugeben, daß sie sich in diesem fundamentalen Punkt getäuscht hat und doch ist es so. Sie ist einem antiken Märchen aufgesessen. Analog der Strömungen zur Sexualität nimmt (auch) in diesem Punkt die innerkirchliche Kritik zu.

Die Südwest-Presse (Ulm) berichtet am 21.8.1986: »Kritik an den Aussagen des Papstes über die Gegenwart des Teufels und die Möglichkeit der Besessenheit hat der Vize-Direktor der italienischen Jesuitenzeitschrift »Civilta Cattholica« Pater Guiseppe de Rosa (JS) geübt. Gegenüber der linksliberalen Tageszeitung »La Republica« erklärt de Rosa, der Satan sei zwar eine Realität, aber nur eine geistiger Ordnung. Es sei falsch anzu-

nehmen, daß der Teufel in Tiergestalt als Schlange oder Drache auftrete; dies gehöre in den Bereich der Fabel oder des Volksglaubens«.

Kritisch äußerte sich der Jesuit zu den Aussagen des Papstes über die Möglichkeit der Besessenheit »... es sei schwierig, ihren Ursprung festzustellen. In den meisten Fällen handle es sich um psychische Krankheiten, die von Ärzten behandelt werden können«(KNA)[36].

Johann Semler (1752-1791), ein Protestant, Professor der Kirchengeschichte in Halle, beschuldigt die Kirche des Satanismus »... der längst den Gottesglauben überflügelt hat«.

Die Kieler Zeitung berichtet im März 1981 »... die 24-jährige Doris S. aus Neumünster war vor kurzem in einem Verhör geständig, ihre 6-jährige Tochter Daniela erwürgt zu haben, um ihr den Satan auszutreiben. Beim Verhör schrie sie immer wieder »Der Teufel muß weichen«. Die junge Frau, die bis vor einiger Zeit bei den Zeugen Jehovas engagiert war, dann jedoch den Kontakt zu der Sekte abgebrochen hat, gab als Erklärung an, sie sei in den Bann einer Nachbarin geraten, die spiritistische Sitzungen hielt, weil sie glaubte, die kleine Daniela sei »vom Bösen befallen«, schüttelte sie das Kind erst kräftig, um den Satan aus ihr herauszubringen, und würgte es danach, bis es sich nicht mehr rührte, wie sie es zu Protokoll gab. Nachbarn, die zu diesem Vorgang befragt wurden, erklärten, daß Doris S. in letzter Zeit wie geistesabwesend gewesen sei und immer wieder vom Garten Eden und dem Paradies gesprochen habe.

Im Frühjahr 1989 macht sich der Teufel erneut in der Bundesrepublik bemerkbar. Magdalena Kohler wird in einen zweiten Prozeß der »Teufelsaustreibung mit Todesfolge« verwickelt. Das Gericht sah es als erwiesen an, daß die Angeklagte zusammen mit der inzwischen verstorbenen Schwester, die 66 Jahre alte Witwe Anna Wermuthäuser unter dem Vorwand, ihr den Satan auszutreiben, zu Tod gequält hat. Die mit Blutergüssen übersäte Leiche der auf 40 Kilogramm abgemagerten Frau hatte die Polizei nach einem anonymen Hinweis am 7. Februar 1989 im Haus der Angeklagten in Singen gefunden. Nach den Untersuchungsergebnissen wurde sie jahrelang durch Fußtritte sowie Schläge mit der Hand und einem Teppichklopfer mißhandelt; sie starb an den Folgen dieser Schläge. Die Angeklagte wurde zu einer Freiheitsstrafe von 6 Jahren und zur Einweisung in eine psychiatrische Klinik verurteilt.

Wie ernst erscheint die Mahnung, nunmehr (endlich) den Teufelsglauben zu den Akten zu legen. Stellungsnahmen der wirklich Schuldigen scheinen nicht erforderlich, denn sie pochen vehement auf ihrem Dogma. Sie können sich nicht vorstellen, im Unrecht zu sein. Der Tübinger Professor Haag sagt dazu: »... ich protestiere dagegen, daß Christen im Namen der heiligen Schrift verpflichtet werden, an den Teufel zu glauben. Eine Kirche, die ihre vordringlichste Aufgabe darin sieht, Menschen von heute auf den Teufelsglauben zu verpflichten, ist nicht glaubwürdig«.

Schlecht informierte Christen ... Finanziers des Vatikans

Es wäre ungerecht, nur eine Seite zu sehen. Das Spiel der Kirche -in dieser Vehemenz und Perfektion- ist nur möglich, wenn es gelingt, die Tributpflichtigen (auch weiterhin) in geistiger Knechtschaft zu halten. Leon Taxil spricht 1885 - kurz vor Corvin: »... von der bekannten und unergründlichen Dummheit der Katholiken, was ihm von dem Kirchenkritiker Graf v. Hoensbroech bestätigt wird[37].

Goethe sagt kurz vor seinem Tod zu Eckermann »... es ist viel Dummes am Glauben der Kirche. Sie will herrschen und dazu braucht sie ein borniertes Volk«. Otto v. Corvin, der Autor des heute als unkritisch anzusehenden »alten« Pfaffenspiegels sagt das gleiche mit derberen Worten: »... die Kirche ruht auf dem Fundament der Dummheit ... deshalb wird sie ewig bestehen und **alle Kriege** überdauern«.

Der entscheidende Punkt ist nicht das klerikale Mißverständnis von Geschichte und Wahrheit, sondern die Tatsache, daß die meisten Christen nicht in der Lage sind, sich mit der Geschichte der von ihr finanzierten Religion auseinanderzusetzen; man hat es ihnen seit Jahrhunderten verwehrt.Nach einer allgemeinen Hochrechnung sind von den zur Zeit etwa 30 Millionen Katholiken und etwa gleichviel Protestanten in unserem Land etwa 5 % gläubig; die anderen sind Mitläufer (= sog. Taufscheinchristen). Durch die stete Zuwanderung von Angehörigen anderer Staaten nehmen dortige Religionsvarianten bei uns überproportional zu. Auch sie erkennen selten die Grundlagen -auf denen Weltreligionen errichtet sind. Sie wissen zu wenig von dem Leid und Unrecht, das die römisch-katholische Kirche - mit Abstrichen (auch) die protestantische - auf den Wink fehlbarer Menschen hin angerichtet hat. Sie erkennen selten die Willkürakte, Agressionen und Egoismen, die zum Rüstzeug der Religion zählen. Sie begreifen nicht, daß sie »nur« ein Rädchen mit vorbestimmten Funktionen sind.

Die Kirchen haben es verstanden, seit Jahrhunderten ihre Schäflein in geistiger Abhängigkeit zu halten. Sie wollten und mußten es tun, um zu überleben. Fast alle Menschen sind denkfaul. Lieber tun sie, als ob sie glauben und zahlen dafür. Hier kommen erhebliche Summen zusammen. Die Kirchensteuerzahlung allein der Katholiken liegt p. a. deutlich über 5 Milliarden. Die Kirchenleitung hat Angst, daß sich dies einmal ändern könnte.

»... viele Menschen sind zu naiv, um zu erkennen, daß die Kirche lediglich **ihre** Ziele verfolgt. Sie geht nicht den Weg der Wahrheit und den meisten ist es egal. Churchill sah es so: »... an irgendeinem Zeitpunkt ihres Lebens stolpern die meisten Menschen einmal über die Wahrheit. Der größte Teil von ihnen springt auf, klopft sich den Staub von den Schultern und eilt seinen Geschäften nach, als wäre nichts geschehen«.

»... die Menschen haben im allgemeinen nicht die Zeit und den Willen, noch die Fähigkeit, gründlich zu denken. Sie »wollen« glücklich sein, ohne den geringsten Beitrag zu leisten; man hat sich der Kirche anvertraut, denn sie hat vorgedacht; der Priester, der Vatikan und der Papst entscheiden. Sie werden euch sagen, was ihr denken **sollt**, wann ihr beten **sollt**, wie ihr beten **sollt**, wem ihr glauben **sollt**, wem ihr bei den Wahlen die Stimmen geben **sollt**, wie ihr euch im Intimbereich eurem Partner gegenüber verhalten **sollt**. Die Kirche schreibt euch vor, was gut und schlecht ist ... der Kirche **müßt** ihr vertrauen, denn **sie** ist die »ewige Richtschnur«. Schon lange hätte der Einfältigste sehen müssen, daß davon keine Rede sein kann. Der kirchliche Apparat ist ein künstliches Gebilde!

»... die Menschheit liegt seit 20 Jahrhunderten im Schlaf, sie schläft und will nicht erwachen. Niemand will daran denken. Das katholische Christentum hat alles gelöst, alles geregelt und darum ist der Schlaf noch tiefer geworden. Vielleicht hat die Kirche übertrieben?«.

Kurzum: überall auf der Welt wird der Leichtgläubige unterdrückt. Im Grund genommen ist er selbst daran schuld. Auch der römisch-katholische Priester darf sich nicht über das zölibatäre Mäntelchen beschweren, denn er selbst hat es angezogen. Die Christen glauben in der Regel alles - doch nur, was ihnen zu glauben befohlen ist. Noch 1825 verkündet Leo XII. ein Jubeljahr und lädt die Gläubigen ein. »... die Milch des Glaubens unmittelbar aus den Brüsten der römischen Kirche zu saugen«[38].

Die Milch ist abgestanden und vertrocknet; somit ungenießbar. Würden die Katholiken schlauer sein oder werden, würde das Kurialgebäude in sich zusammenbrechen, denn sein größer Feind -die Intelligenz- wäre erwacht. Dies bedeutet keinesfalls den Untergang des Christentums. Doch es geht darum, seine wirklichen Werte (wieder) herauszustellen; dazu ist ein dogmatischer Apparat überflüssig.

Es fällt auf, daß die Bücher des Neuen Testaments unterschiedlich über das Leben Jesu berichten und daß sich bereits innerhalb der ersten zwei christlichen Jahrhunderte unterschiedlich orientierte, christliche Sekten herauskristallisieren, die voneinander abweichen. Wie die Person Christi, so ist der Ursprung der ersten christlichen Gemeinden von Legenden umwoben. Die griechische Bezeichnung »Chrestus« oder »Krestos« kommt mehrfach vor. Beispielsweise nennen sich in Ägypten die Verehrer des Gottes Serapis »Christians«. Osiris wird »Chrestos« (= gütiger Gott) genannt. Nach den Acta Apostolorum (XI.26) wurde die Bezeichnung »Christen« von einer in Antiochien entstandenen Sekte angenommen, deren Mitglieder sich als Brüder betrachteten.

»Die Katholiken werden vom Klerus getäuscht, der mit Gleichmut und Seelenruhe die Lehre des Evangeliums als Deckmantel für seine politischen Interessen nutzt. Die einfachste Logik genügt, um es zu durchschauen. Es ist ein Wunder, daß es auf breiter Front bis heute verhindert werden konnte. Die Quellen stehen Jedermann zur Verfügung und es ist kein Vorrecht der Theologie, sie einseitig zu interpretieren. Wer mein Buch aufmerksam gelesen hat, wird feststellen, daß es überwiegend Theologen sind, die ihr Regiment in Frage stellen. Hinzu kommen anerkannte Wissenschaftler wie Darwin, Galilei und Newton. Hinzu kommen die größten Geister unserer Kulturgeschichte, Goethe, Schiller und viele andere.

Am 1. Juni 1502 führt Alexander die Bücherzensur ein, was mit dem Erstarken der Buchdruckerkunst zusammenhängt. Bemerkenswerterweise gehört zu den zum Lesen verbotenen Büchern (auch) die Bibel, vor allem Übersetzungen von ihr aus dem Urtext in die verschiedenen Sprachen der christlichen Länder. Schon 860 hat Papst Nikolaus VIII. das Lesen der Bibel verboten. Gregor VII. erneuert 1073 das Bücherverbot.

Innocenz III. erläßt 1198 den Befehl, daß alle Laien die beim Lesen der Bibel angetroffen werden, mit dem Tod zu bestrafen sind. Das 1229 in Toulouse abgehaltene Konzil verbietet den Besitz der heiligen Schrift. Das gleiche geschah durch das von 1545-1568 abgehaltene Konzil von Trient.

Die Begründung ist so interessant, daß ich sie wiederholen möchte. »... da viele der

Übersetzungen noch ungenau wären, könne man das wahre Wort Gottes nicht richtig interpretieren. Es könnten falsche Zweifel und Interpretationen entstehen. Außerdem benötige man ein Studium, daß das Verstehen der Bibel ermöglicht. Es wäre bereits dem Dümmsten aufgefallen, wie armselig der Bibel zufolge Jesus Christus gelebt hat und wie hurerisch, prasserisch, gierig und geil die zeitgenössischen Kirchenfürsten lebten und handelten«.

Mit dem Freisetzen des Humanismus erhöht sich schlagartig für den fossligen Kirchenstaat die Gefahr der Blosstellung; es wird durch die lutherischen Aktivitäten eskaliert.

Nicolo Machiavelli, ein bedeutender Staatsmann und Geschichtsschreiber der Epoche, meint, durch dieses Leben stehe der Untergang der Kirche bevor. Infolge der von den Päpsten und Geistlichen gegebenen üblen Beispiele seien in Italien die Begriffe von Moral und Religion abhanden gekommen«.

Dem ist nicht nur dort so. Auch bei uns wird das Treiben der Geistlichen argwöhnisch registriert. Sebastian Frank sagt in seinem 1534 in Tübingen gedruckten »Weltbuchspiegel und Bildnis des ganzen Erdbodens«: »... Deutschland (Germania) hat jetzt viele Länder und vornehme Stände. Zuerst Geistliche und Pfaffen. Die Pfaffen tragen lange und weite Röcke, zirkelrunde Barette (= paret); auch Kappenzipfel genannt von seidenem und wollenem Tuch. Sie gehen üblicherweise müßig in Pantoffeln einher, ehrlos, unnütze Leute, die wenig studieren, die ihre Zeit mit Spielen, Essen, Trinken und schönen Frauen zubringen. Von den Päpsten haben sie große Freiheiten; niemand darf sie strafen oder antasten. Nur wär es viel zu sagen von ihren mehr denn heidnischen Privilegien, Leben, Rechten und was Gewalt und Listen sy alle Welt sich unterworfen; so gar, daß auch der Kaiser dem Babpst zu Füß fallen und diese küssen ... von welcher Büberei das geistliche Recht und alle ihre Bücher voll sind ... wie in allen Ländern wird auch hier den Geistlichen wenig getraut. Dadurch

sind beim gemeinen Mann viele böse Sprichwörter entstanden; es kumpt nimant von eim Pfaffen unbetrogen heim «... (usw).

Z. B. »Pfaffenrath streut üble Saat«. Dieser Spruch ruht auf dem Streit zwischen den Herzogtümern Gotha und Meiningen. Er hat seine Ursache darin, daß im Oktober 1746 eine Frau von Pfaffenrath **vor** der Frau von Gleichen in den Speisesaal trat, worüber sich zwischen ihnen ein Rangstreit entspann. Die noch vorhandenen, im Staatsarchiv von Gotha aufbewahrten Nachrichten über den daraus entstandenen sog. »deutschen Damenkrieg« füllen 30 Foliobände.

Der einfache Bürger der seit Generationen gewohnt ist »katholisch« zu denken und zu handeln, wird mehrfach getäuscht. Fast scheint sich der sarkastische Ausspruch »... wer einem Pfaffen glaubt, ist seiner Sinne beraubt« zu bewahrheiten:

- Er geht davon aus, daß die ihm übermittelten Lehren wahr sind. Es wird heute von namhaften Theologen angezweifelt. Die Bibel steht der gesamten Forschung uneingeschränkt zur Verfügung. Theologische Deuteleien sind keine Fakten.

- Er **muß** an Engel, Götter, Dämonen und Teufel glauben. Dies ist ein künstlich inszeniertes Trugbild, das die Christen aus der Antike aufgenommen, modifiziert und hochstilisiert haben. Es war notwendig, um Leichtgläubige in Angst, Furcht und Schrecken zu halten; es ist das grausame Rezept aller Diktaturen.

- Er **muß** glauben, daß der Papst in Glaubensdingen unfehlbar ist. Es ist eine Illusion, die durch die Kirchengeschichte widerlegt ist. Jeder Mensch ist fehlbar; es gibt keine Ausnahme.

- Er **muß** die ihm übermittelten Glaubenssätze verteidigen. Es besteht Anlaß zum Zweifel. Gibt es tatsächlich eine Auferstehung, ein Ausgießen des hl. Geistes? eine Schöpfung im christlichen Sinn mit Adam und Eva. Gibt es eine jungfräuliche Geburt und die wirkliche Verwandlung von Brot und Wein? Es sind gleichfalls aus der Antike herübergelockte Versprecher, die man nachträglich als glaubenswahr hingestellt hat. Die Theologen mögen das Gegenteil beweisen.

- Er **muß** an die Erbsünde glauben.Jesus kennt sie nicht. Bereits um das Jahr 400 wettern der irische Mönch Pelagius und sein Freund Coelestinus dagegen. Nach ihrer Meinung stempelt sie die Menschen zu Marionetten ab, »... sie diene lauen Christen als Entschuldigung«.

Aus dieser Kontroverse entsteht der sog. »pelageanische« Streit, der keinen sittlichen Nährwert hat, weil er sich mit einem Phantom beschäftigt. Dann tritt Augustin(us) auf den Plan. Wir haben den Vater des Erbsündendogmas vor uns. Kühn behauptet er, daß seit dem Sündenfall Adams (der nie erfolgte), die Menschen nicht mehr in ihrer ursprünglichen Reinheit geboren werden, sondern von diesem Zeitpunkt an eine »Erbsünde« mit sich herumtragen, »... denn in Adam habe die ganze Menschheit gesündigt«.

Er verdient Entlastung, denn er schöpft aus der Geschichte. Vielleicht erinnert er sich an den sumerischen Dichter, der um das Jahr 2.000 v. u. Z. schreibt: »... nie war aus einer Mutter ein sündloses Kind geboren«.

Seitdem die legendäre Eva ihrem Partner Adam den berühmten Apfel angeboten hat, steckt er den sündigen Menschenkindern als »Adamsapfel« im Hals.

Ähnlich wie die Spekulationen mit der Erbsünde verhält es sich mit der Lehre von der Prädestination (= Vorbestimmung). Man kann es leicht sagen, aber schwer dokumentieren.

- Er **muß** an die lossprechende Wirkung nach der Beichte glauben und er nimmt an, daß der ihm zugesprochene Trost guten Willens ist. Es mag an der Nahtstelle des einfachen Priesters zum einfachen Gläubigen oder gar im Schatten des Beichtstuhles durchaus sein, doch beide werden getäuscht; sie sind **nicht** die Kirche!

- Er glaubt, daß seine Interessen im Konsens der Kurialpolitik gewürdigt werden und bezahlt dafür Milliarden. Tatsächlich wird hoch

über seinen persönlichen Belangen Politik betrieben.

Der katholische Kirchenrechtler Horst Hermann, dem 1974 die Lehrerlaubnis entzogen wird, gelangt zu der Einsicht: »... ich war davon überzeugt, daß den Menschen nichts mehr verbessern könne, als die Kirche. Doch im Lauf der Zeit habe ich bemerkt, daß sie dazu ungeeignet ist. Statt ein Sammelbecken der Entfaltung zu sein, terrorisiert sie ihre Mitglieder mit selbstgestrickten Zwängen. Ihre Struktur ist unmoralisch«.

»... die mißverstandene christliche Religion hat Europa über Jahrhunderte in ein Narrenhaus verwandelt ... die vom Klerus zu verantwortenden Gewalttaten haben nichts mit Religion zu tun[39], denn sie ist gewaltlos. Gottfried Arnold verwirft die rigorosen Religionsmethoden des Christentums und sagt: »..jeder hat das Recht, den eigenen Weg zu wählen ... ein Irrweg sei nicht todeswürdig«[40]. Er erwähnt die unseligen Wortkriege der Theologen, die immer nur Bosheit, Irrtum, Unfug und Verderben bewirkt haben«. Den Priestern schreibt er ins Stammbuch: »... daß sie sich untereinander wie Fleischerhunde beißen«.

Nach Pierre Bayle (1647-1716) steht der Atheismus auf einer höheren Erkenntnisstufe. Er trägt vor: »... viel verächtlicher als Religionslosigkeit ist eine abergläubische Religionspraxis, die Fanatismus und Grausamkeit erzeugt und die Jahrhunderte Scheiterhaufen geschürt hat«[41]. Dem ist nichts hinzuzufügen!

Der Jesuit Tondi gelangt zu der Erkenntnis: »... die katholische Religion ist in ihrem innersten Kern falsch. Sie weist keine Grundlagen auf, auf denen eine rationale Lehre errichtet werden kann ... die Lehre entspricht nicht der Wahrheit. Es wird durch die Kirchengeschichte bestätigt. Das Verhalten der Päpste, des Vatikans im Verlauf der Jahrhunderte, die verkrampften Anstrengungen, die Welt politisch zu beherrschen, die Verfolgungen der Unschuldigen, der Andersdenkenden, die christlichen Scheiterhaufen, die Inquisition, das Verfolgen der Hexen, die gegenwärtige Politik des Klerus, des katholischen Laientums ... alles erschien mir logisch in einen einzigen grundlegenden Irrtum eingeschlossen und verkettet ... es ist eine unumstößliche Tatsache, daß die Christen nicht in Frieden leben können ... der Vatikan ist im Gegensatz zur religiösen Botschaft gegen die Interessen der Völker gerichtet, auf die Vereinigung des Katholizismus ... und auf die Vorbereitung eines Atomkrieges«.

Der Jesuit Gerlach, zeitweilig Professor und Rektor an der Gregoriana, sagt im Frühjahr 1959 »... die Anwendung eines atomaren Krieges ist nicht absolut unsittlich ... der Papst sei sich sehr wohl über die Tragweite und deren Tatsachen bewußt«. Dies war vor 30 Jahren.Wer möchte bezweifeln, daß wir dem tödlichen Schlag ein erhebliches Stück näher gekommen sind?

»... die katholische Hierarchie verteidigt die Interessen der Besitzenden und nicht die der Armen. Die Päpste lehren das Gegenteil von dem, was der biblische Jesus gesagt haben soll. Sie prozessieren bereits in vorkonstantinischer Zeit um ihren Besitz und treiben unnachsichtig Steuern ein.

Tondi erhält von einem Ordensbruder die Antwort: »... Arme hat es immer gegeben. Das lehrt selbst der Papst ... wir müssen die Seelen erleuchten. Die Körper kommen später. Es ist besser, eine halbe Million (Lire) für eine Vortragsreise nach dem Ausland auszugeben, als sie Bedürftigen zu schenken«.

In derEnzyklika an das Episkopat der Vereinigten Staaten, die am 1. November 1939 verkündet wurde, unterstreicht Pius XI.: »... die Erinnerung bezeugt, daß es immer Arme und Reiche gegeben hat ... der Ehre würdig sind die Armen, die Gott fürchten, denn ihrer ist das Himmelreich ... die Reichen helfen als Werkzeuge der göttlichen Vorsehung den Bedürftigen ... so können sie hoffen ... Gott, der in höchster Güte für alles sorgt, hat bestimmt, daß es zur Ausübung der Tugend und zur Erprobung der menschlichen Verdienste in der Welt Reiche und Arme geben soll«. Welch kühne Behauptung! Es ist eine Bestätigung der klerikalen Ausbeutungstheorie.

Großmütig läßt Leo XIII. wissen: »... die Reichen können behalten, aber sie **müssen** Almosen geben«. Offensichtlich ist die Kirche bei uns in größeren Finanzschwierigkeiten, denn das Bistum Augsburg verklagt 1982 »von Amts wegen« einen Bauer zur Zahlung von DM 18,-, was dem Wert von »12 Laib Brot« entspricht, der ihr nach altem Herkommen zusteht. Dazu muß man wissen, daß der Betroffene nicht nur 1.500,- Mark Kirchensteuer auf den Tisch des Herrn gelegt hat, sondern auch das »zwielichtige« Kirchgeld,das es noch in Bayern gibt. Der Etat des betreffenden Bistums beträgt zum gleichen Zeitpunkt 258 Millionen. Wo ist die evangelische Armut geblieben?

Die Summen , die der Vatikan für Arme ausgibt, sind trotz ihrer enormen Höhe nicht mehr als ein Tropfen auf den heißen Stein ... und stets wurden sie von anderen zur Verfügung gestellt ... der heilige Stuhl gab nie eine eigene Lire aus. Ich kenne diese Dinge sehr genau (Tondi). Er wird ob seiner realistischen Erkenntnisse auf eine spektakuläre Weise seines Amtes enthoben und auf die Straße geworfen. Man versucht, ihn mundtot zu machen und in eine Irrenanstalt einzuweisen; widerlegt ist er nicht!

Mehr als 700 Millionen - mit steigender Tendenz - leben am Rand oder unter dem Existenzminimum; es wäre ein unerschöpfliches Reservoir für die Christenheit, diesem zu begegnen; nicht mit Illusionen, sondern mit Taten! Die Kirche hat keinen Grund zur Selbstverherrlichung[42] ... sie ruht auf einer krassen Unwissenheit der Fakten[43]. Wenn sie dennoch verherrlicht wird, so liegt es im Wesentlichen an der Kunst ihrer politischen Verflechtungen und an der mangelhaften Intelligenz der Tributpflichtigen.

Zusammenfassung

Man wird behaupten, das Material sei von vornherein einseitig auf eine Kritik an den Kirchen ausgerichtet. Man wird - wie es üblich ist - so kontern: »... dies Buch stelle lediglich ein dichterisch überhitztes Phantasieprodukt der unverbindlichsten Art dar«.

Wer an die Bewertung von Ursachen tritt, die erhebliche Teile der europäischen Bevölkerung über Jahrhunderte in Schach gehalten haben und die es heute noch tun, kann nicht darauf verzichten, theologische Quellen und Autoren zu nennen. Sobald die Geistlichen die theologische Brille abnehmen und gegenüber der wissenschaftlichen Forschung ehrlich sind, werden sie zum gleichen Ergebnis kommen; alles was an der Institution des Christentums historisch faßbar ist, alle ihre Gedanken, Riten und Illusionen, geht auf vorchristliche Formen der Religion **und** Philosophie zurück. Es ist keine Schande, die historische Herkunft zuzugeben, denn wir alle schöpfen aus der Geschichte.

Meine Ausarbeitung reiht sich bescheiden neben die glänzenden Arbeiten eines v. Hontheim, v. Döllinger, Karlheinz Deschner und Vladimir Dedijer ein, der 1988 ein »schauerliches« Kapitel der Kirchengeschichte aufgedeckt hat. Mein Buch soll aufklären und nicht verketzern; es soll zur Versachlichung beitragen. Mein Buch soll wachrütteln, soll helfen, über die Religion im Guten wie im Schlechten nachzudenken; ich lehne den blinden Autoritätsglaube ebenso wie den an Dämonen (= Teufel/Engel) ab. »... ich will weder schmeicheln noch verletzen, sondern dienen, so gut ich kann und glaube, daß einmal die Zeit kommen wird, wo man der Betrachtung der objektiven Wahrheit näher kommen wird«.

»... Legenden sterben langsam, historische Legenden aber werden manchmal Teil der Geschichte. Sie haben das gewisse Etwas, das den kalten Tatsachen gewöhnlich fehlt; die Menschen **wollen** an sie glauben - oft aus unterschiedlichen, ja gegensätzlichen Gründen. Eine dieser Legenden ist der Glaube an die Wahrheit der römisch-katholischen Kirche, bzw. deren »historischer« Kern.

Ich schreibe keinesfalls gegen die Religion und will **nicht** die religiöse Überzeugung irgend eines Menschen angreifen. Auch wenn das Credo Roms unwahr ist, so ist religiöse Überzeugung keine Schande. Mein Buch wendet sich **nicht** gegen den Glauben des Individuums, denn dieser liegt im Toleranzbereich des Menschen begründet und ist unantastbar. Ich schreibe gegen die Unwahr-

heit, den normierten Zwangsglaube, der auf Irrtümern und Spekulationen ruht.

Die Kirche sollte zurück zum Guten und zu den wirklichen Lehren des Evangeliums. Das Herausfiltern der Wahrheit würde nicht den Untergang des Christentums bedeuten, sondern seine Werte hervorkehren; es wäre der Untergang der politischen Kirche, der Aristokratie des Klerus, die unnötig ist

Da ich **nicht** gegen die religiöse Überzeugung schreibe, kann von Gotteslästerung keine Rede sein. Im Grunde genommen gibt es diesen Termini nicht. Es stehen sich zwei Meinungen gegenüber und nur eine davon ist strafbar. Das Ablehnen Gottes kann nicht strafbar sein, weil seine Existenz unbewiesen ist; es stehen sich Thesen gegenüber.

Der Jurist Thomasius verdeutlicht dies im Zusammenhang mit der Anwendug der Folter und sagt: »... ihr Zweck ist, eine zweifelhafte Sache zu bestätigen ... sie ist ungerecht, denn ihre Anwendung setzt ein tatsächliches Verbrechen oder Unrecht voraus. Solang jemand zur Folter geführt wird, liegt kein unzweifelhaftes Verbrechen vor und es kann deshalb nicht als solches bezeichnet werden«.

Wer den vom Christentum proklamierten Gott ablehnt, lästert nicht und stört **nicht** das religiöse Empfinden der Anderen. In einem Land, das die Meinungsfreiheit im Grundgesetz definiert hat, kann eine Meinung nicht strafbar sein. Deshalb gehört dieser Paragraph ersatzlos gestrichen und alle diesbezüglichen Verfahren revidiert.

Die bei den zehnjährigen Recherchen gewonnenen Erkenntnisse haben mich bewogen, der römisch-katholischen Kirche den Rücken zu kehren. Man kann auch so anständig durch das Leben gehen. Ich folge dem Rat der Mutter des Jesuiten Tondi. »... mein Sohn, Du bist getäuscht, überlege doch, es gibt 1.000 Religionen ... alles verändert und wandelt sich. Das ist Menschenwerk. Es genügt, wenn man ehrlich ist«.

Ich plädiere für ein Zusammengehen Aller, um nach der geschichtlichen Wahrheit zu forschen. Muß die Kirche (auch) Fehler eingestehen, so wird ihr Nutzen größer als die stete Hinhalte- und Vertuschungspolitik sein »... so bin ich mir im Klaren, daß meine Untersuchungen Ablehnung und Angriffe seites derer geben wird, die erkennen, daß das, was sie als unantastbare Wahrheit aufgefaßt haben, in Wirklichkeit eine Vielzahl von Irrtümern ist. Ich fordere alle Historiker, Theologen und sonstigen Fachleute zur sachlichen Widerlegung meiner Ergebnisse auf. Ich möchte die Sonde der Kritik ansetzen, wo der blinde Glaube über Jahrhunderte eine exakte Forschung verhindert hat«[44].

Jede Darstellung der Kirchengeschichte wäre unvollständig, die es unterließe, den von ihr mitzuverantwortenden Hexenwahn sowie die Ketzer- und Inquisitionsprozesse zu dokumentieren. Ich tue dies hier nicht, sondern verweise auf mein Buch »Hexenwahn. Hexen

in Geschichte und Gegenwart« (Anzeige auf dem hinteren Buchdeckel).

Ich schicke mein Buch mit der Hoffnung auf den Weg, daß es kritisch beurteilt und verbessert wird. Es soll eine Diskussion entfachen, die es ermöglicht, die offenen Fragen über den Glauben der römisch-katholischen Kirche und ihrer Ableger besser und gerechter zu verstehen und zu beurteilen; vor allem um herauszufiltern, ob er aufgrund seiner blutüberströmten Geschichte »glaubhaft« ist. Ich lege es insbesondere dem Richter ans Herz, der Brigitte Römermann zu Unrecht verurteilt hat.

Folgen Sie mir auf dem kurzen Streifzug durch die Geschichte der römisch-katholischen Kirche.

Geistlicher und Teufel am Bett eines Sterbenden. Zum letztenmal im Leben eines Menschen entspinnt sich der Kampf zwischen Gut und Böse. Aus dem zeitlichen Rahmen fällt die merkwürdige Darstellung des Teufels. Holzschnitt von Hans Weiditz. 16. Jh.

Pedro Arbues verurteilt eine Ketzerfamilie zum Feuertod. Nach einem Gemälde von Wilhelm von Kaulbach.

Sünden der Kirche

Die Kirche hat über Jahrhunderte mit Selbstverständnis Andere kritisiert und sich unter die menschlichen Lebensformen gemischt. Sie selbst hat sich optimalen Schutz und Freiraum beigemessen. So erschien mir gerechtfertigt, einmal auf »ihre« Sünden aufmerksam zu machen. Ich verfechte ein demokratisches Prinzip, wende mich **nicht** gegen den Glaube und nicht gegen den angenommenen Gott. Ich möchte lediglich einige Ränke nachweisen, die zur geistigen Knechtschaft der Christen geführt haben.

Blinder Gehorsam

Was die Kirche braucht, ist der blinde Gehorsam, dem Rezept aller Diktaturen. Toleranz und Nächstenliebe sind (hier) wenig gefragt. Dieser Gehorsam erinnert an militärische Strukturen. Jede Abweichung oder Verweigerung ist mit Schwierigkeiten und Zwang verbunden. Der »blinde« Gehorsam macht (auch) den Geist blind und stumpf. Es ist kein Wunder, wenn es zu Stilblüten kommt und Otto v. Corvin sagen konnte: »... man öffnete die Rumpelkammer des päpstlichen Zeughauses ... und heraus flatterten mittelalterliche Fledermäuse und Eulenprozessionen, Heiligenbilder und wie der Gaukelapparat sonst heißen mag«[(1)]. Hier genügt der Hinweis, daß die heutige Forschung turmhoch über dem spekulativen Wissen der Theologie steht und daß Gehorsamseide im biblischen Widerspruch stehen, denn wir lesen unter Mt. 5.34: »... ihr sollt nicht schwören«.

Schon in der »alten« Kirche entsteht der Brauch, daß der Metropolit seinen Suffraganbischöfen einen Obödienzeid (= Gehorsamseid) abverlangt. Heute gibt es kaum ein kirchliches Amt, das ohne ihn auskommt. Nach dem seit 1981 geltenden Codex Iuris Canonici[(2)] ist jeder Kleriker in besonderer Weise verpflichtet, seinem Bischof Ehrfurcht und Gehorsam zu erweisen«.

Für Gregor VII. war es selbstverständlich, daß die Bischöfe dem römischen Kollegen - der sich den Titel »papa universalis« zulegte, zum bedingungslosen Gehorsam verpflichtet waren. Eine Beschränkung der päpstlichen Macht scheint ausgeschlossen. **Alle** Glieder der Kirche sind ihm verpflichtet. Er steht über den Kirchengesetzen. Gekrönt wird seine Stellung durch die sich selbst zugeschriebene Unfehlbarkeit[(3)].

Entsprechend wird der Papst in den Himmel gelobt. Der Jesuit Liberator sagt: »... die lehramtliche und jurisdiktionelle Autorität der Kirche wird im Römischen Pontifex zusammengefaßt. Von seinem Stuhl aus sprüht das Licht, das sich zerstreut und verbreitet, um das Universum zu erleuchten. Von seiner Tiara, mit der seine Schläfen umgeben sind, gehen die Strahlen aus, die die Infuln[(4)] aller Bischöfe erhellen«[(5)]. Dies steigert sich bis zur Farce.

Gotteskundler und -lämmer

Geistliche haben zu allen Zeiten Andersdenkende unterdrückt und versucht, ihnen ein Joch um den Hals zu hängen. Die Priester betrachten sich aufgrund der Ordination als halbgöttliche Wesen. Sie halten sich für auserkoren, am Steuerhebel eines göttlich-gedachten Willens zu sitzen. Davon kann keine Rede sein. Seit Jahrtausenden halten sie an unbeweisbaren Spekulationen fest und verteidigen sie mit Gewalt.

Solange es ihnen gelingt, die Masse in Unkenntnis, Bann und Schrecken zu halten, haben sie ein leichtes Spiel. Sie wissen, daß nur wenige in der Lage sind, gegen den »intelektuellen« Strom zu schwimmen und zu erkennen, wie naiv das religiöse Konzept in Wirklichkeit ist. Schon antike Denker machen sich über religiöse Wesensinhalte lustig und werden dafür bestraft. Ein griechischer Sophist erklärt, daß er nicht wisse, ob es wirklich Götter gebe und wie sie beschaffen sind. Er muß fliehen und findet den Tod. Sokrates wird angeklagt, von der Staatsreligion abgefallen zu sein. 399 v. u. Z. wird er gezwungen, den todbringenden Schierlingsbecher zu leeren.

41

Die christlichen Priester übernehmen dieses Rezept aus der Antike. Die römisch-katholische Kirche hat es bislang durch alle Wirrnisse verstanden, **ihre** Ideen und Interessen zu vermarkten. Die Entfaltung des Einen bedeutet zugleich die Einschränkung des Anderen. Daraus resultiert: Der Kirche ist es gelungen, den Geist des Individuums zu knebeln; vor allem die weitgehend rechtlose, gesellschaftlich und finanziell abhängige Geistlichkeit und die Frauen. Kann dies eine Religion der Toleranz und Nächstenliebe sein?

»Die Freiheit der katholischen Theologen gleicht der eines Vogels im Käfig. Die Dogmen sind die Gitter und der Käfig gehört dem kirchlichen Lehramt. Der kleine Spatz darf von einem Stäbchen zum anderen hüpfen. Er trällert auf Kommando die geheimnisvolle Zaubermelodie der Kirche. Ruht ihr verführerischer Gesang auf Illusionen?«[6].

Die Geistlichen sind Gefangene des Vatikans. Bis heute haben sich die Theologen in Widersprüche verrannt, ohne daran zu denken, nur einen auszumerzen. Sie **müssen** von der generellen Richtigkeit der ihnen aufoktroierten Thesen ausgehen, dürfen weder wanken noch zweifeln. So hat sich im Lauf der Jahrhunderte ein Berg von Ungereimtheiten aufgetürmt. Ist ihr Pulver verschossen? Ignorieren, Niederschreien, Ausrotten, Exkommunizieren, Interdikt, Bann und das Verwerfen nachweisbarer Fakten sind falsche Waffen in einer geistigen Auseinandersetzung.

Es gibt keinen Sinn, wenn sich die Professoren kirchlicherseits am 29. Juni 1901 zum sog. »Antimodernisteneid« verpflichten mußten. Wir haben eine Knebelung der Geistesarbeiter vor uns[7]. Sie **mußten** schwören, alle Entscheidungen (auch künftige) der Bibelkommission zu akzeptieren. Hier ließ sich ein Papst Blancoschecks auf die Zukunft unterschreiben. Gleichzeitig unterbindet er die historische Forschung. Sie kann nicht darauf ausgerichtet sein, den Katholizismus einseitig zu verherrlichen und ein eigenes Geschichtssüppchen zu kochen.

Gleich einem dressierten Pferd dreht sich der Geistliche im Zirkuszelt des Vatikans um die eigene Achse. Alle Nummern sind einstudiert. Scheuklappen hindern ihn, nach Rechts und Links zu sehen. Der stete Trott in den gleichen Bahnen hat ihn müde, blind, gehorsam und seinen Geist stumpf gemacht. Hat er einem Phantom zu dienen? Erst einem anzubetenden antiken Herrscher aus Fleisch und Blut, dann der Kurie und erst dann der Menschheit? Die Familie wurde ihm genommen. Wird er erst geistig in die Enge getrieben, dann sexuell unterdrückt (= Zölibat) und erst dann auf die sündige Menschheit losgelassen?

1773 stirbt in Frankreich der katholische Geistliche Jean Meslier. Nach seinem Tod findet man in seinem Nachlaß die von ihm verfaßte Schrift »Le Bon sens« (= Der gesunde Menschenverstand) und einen Umschlag, auf dem geschrieben steht, daß er es nicht gewagt hat, die Erkenntnisse, zu denen er während seiner Tätigkeit als Priester gekommen ist, auszusprechen, dies aber nun sterbend tun wolle:

Er sagt: »... als Priester muß ich meine Amtspflichten verrichten, aber wieviel habe ich an mir selbst gelitten, wenn ich gezwungen war, euch fromme Lügen zu predigen, die ich im Herzen verabscheute. Wie sehr habe ich mein Amt gehaßt und welche Gewissensbisse hat mir eure Leichtgläubigkeit verursacht? Tausendmal hatte ich die Absicht, euch die Augen zu öffnen, aber eine Furcht, die meine Kraft überwog, hielt mich zurück, bis zu meinem Tod zu schweigen«[8].

Ein weiterer trägt vor: »... Gott sei Dank stehe ich am Ziel meines mühsamen Tagewerkes ... der ehelose Stand der Geistlichen ist eine verderbliche Sache, ein ohnmächtiges Gebäude verrosteter Mißbräuche, hinter deren Schutt nichts zu finden ist[9].

Ein anderer: »... Gott, ich zittere, mein graues Alter läßt mich nach der Ruhestätte meiner Väter sehnen ... für viele meiner jüngeren Brüder bedeutet der Zölibat Millionen stummer Sünden. Wie lange kann es die Politik des römischen Hofes wagen, sich über die Rechte der Natur zu erheben?[10]

Um 1780 schreibt ein junger Geistlicher: »... der ehelose Stand ist eine verderbliche Sache. Mir ist eine Frau versagt, weil ich ein Priester bin. Ich **muß** mein Leben gleich einem Unfruchtbaren verstreichen lassen: O, wie grausam waren meine Eltern, da sie mich zum geistlichen Stand erzogen?

Die zölibatären Aspekte erwähne ich, weil sie eng mit der geistigen Entfaltung des Einzelnen verwoben sind. In einem geschundenen Körper kann sich kein gesunder Geist entwickeln. Gymnasiasten lernen dies heute am ersten Schultag.

Die kirchliche Geschichtsschreibung ist eine unter dem gleißenden Schein der Wissenschaft organisierte »planmäßige« Verschwörung gegen die Wahrheit. Sie ist heute selten und so kostbar wie das Gold der Bankiers. Wenn man sie immer mit derselben Leidenschaft und Sorgfalt gesucht hätte, sähe unsere Welt anders aus.

Ein höherer Wille **zwingt** die überzeugungstreuen Söhne der römisch-katholischen Kirche, sich die Vergangenheit so vorzustellen, wie sie sich sie vorzustellen haben«[11]. Salvador de Madrigala sagt mit Überzeugung: »... in einem totalitären Staat sind die Historiker mächtiger als der liebe Gott; sie können sogar die Vergangenheit ändern«. Bezieht sich dies (auch) auf den Kirchenstaat?

Die Theologen sind nicht in der Lage, ihre Geschichte nahtlos und korrekt in die umgebende zu integrieren; sind sie unfähig, ihre Bibel zu erforschen? Sie ringen leidenschaftlich um unwichtige Details (z. B. was mit einer Maus zu geschehen hat, die Weihwasser getrunken hat), doch sonst paddeln sie im vorgeschriebenen und streng überwachten Glaubensstrom[12]. Sie haben nur Ausgelegtes stets neu ausgelegt; haben sie Halbwissen im Brustton einer aufgezwungenen Überzeugung der nächsten Theologengeneration vermittelt, so, als wäre ihr Wissen vollendet und nicht mehr verbesserungsfähig?[13]

Mit merkwürdiger Naivität klammern sie sich an die Worte der ihnen als wahr aufgetischten Bibel. Zitieren sie ein »menschliches« Glaubensbuch? Macht sie die Interpretation von nachträglich zusammengeschriebenen Texten zu Stümpern? Spielen sie mit sich und ihrer Geschichte Versteck? Verschwenden sie ihre Zeit ob der Erörterung von Spitzfindigkeiten? Werden sie angehalten, den Zugang zu einer Lösung zu erzwingen, die vatikanischen Absichten entspricht? Halten sie sich zum Narren?

Wenn man die theologische Tarnkappe abnimmt und das dünne Mäntelchen der christlichen Nächstenliebe beiseite legt, kommt ein weltliches Gebilde zum Vorschein, dem die Religion neben der Vermarktung ihrer Glaubensbücher Mittel zum Zweck ist. Der Zweck des kurialen Gängelbandes besteht nicht darin, dem Einzelnen den Weg in einen gedachten Himmel zu weisen oder ihn im logischen Umkehrschluß von gedachten Teufeln braten zu lassen, sondern darin, der Kirchenführung Mittel an die Hand zu geben, die sie benötigt, um **ihre** Interessen durchzusetzen. Es sind **nicht** die des kleinen Mannes, der pünktlich seine Kirchensteuer bezahlt. Es geht um Macht: um was sonst auf dieser Welt[14]. Warum erkennen es junge Menschen in den Priesterseminaren nicht?

Deschner gibt eine Erklärung: »... viele sind von dem, was sie sagen, überzeugt. Fast alle stammen aus einem katholischen Elternhaus. Sie werden früh auf die Bahn des Irrtums gelenkt, auf der sie festhalten. Sie glauben, was schon die Großeltern glaubten. Fast alle zeigen eine übertriebene Achtung vor der Autorität. Es ist ihnen untersagt, die von der Amtskirche verurteilten Werke zu lesen. Diskussionen um heikle Themen werden unterbunden. Endlich werden i h r e Publikationen von einer Druckerlaubnis abhängig gemacht, deren Maschen so eng sind, daß nur Linientreue durchschlüpfen können. Sie liefern Tendenzdarstellungen, die zur Selbstbefriedigung geschrieben werden und außerhalb der eigenen vier Wände wertlos sind«.

Warum erkennen es bestallte Geistliche nicht? Ist es ihre enge Bindung an den Hort der Kirche, sind es materielle Verluste, die Angst um den »sicheren« Arbeitsplatz für Linientreue?, oder ist es die Furcht, sich in einem »normalen« Leben nicht zurechtzufinden. Ist es Leichtgläubigkeit, oder gehen sie in der Vorstellung auf, Mittler zwischen einem Menschengott und -kindern zu sein? Haben sie Identifikationsprobleme? Unbestritten wird heute die Kritik am kurialen Regiment in den eigenen Reihen hörbarer; es gibt eine hohe Dunkelziffer von unzufriedenen Geistlichen, was nicht nur die zölibatären Reglementierungen anbelangt.

Die römisch-katholische Kirche kann - wie andere Weltreligionen - nur bestehen, wenn es ihr weiterhin gelingt, Andersdenkende davon abzuhalten, sich mit ihr und ihrer Geschichte zu beschäftigen; es besteht im Wesentlichen aus geistiger Knechtschaft! Gutes kann man auch als sog. »Ungläubiger« oder »Ketzer« tun.

Die Kirchenführung und die daran geketteten Geistlichen bilden die Spitze des Eisberges. Die wirklichen Finanziers des Vatikan sind das religiöse Fußvolk. Geschickt nutzt der Klerus seit Jahrhunderten den Hörigkeitswahn und die menschliche Trägheit, wodurch sich nahezu alle auszeichnen: »... sie haben im allgemeinen weder den Willen noch die Fähigkeit, in religiösen Dingen gründlich zu denken. Sie wollen glücklich sein und nichts dafür tun. Sie vertrauen auf die Kirche und die Kirche vertraut auf sie. Dort wird vorgegeben, was man wem zu glauben hat und wem man nicht über den Weg trauen soll. Darum gelangt ein hoher Geistlicher zu der Formulierung: »... die Menschheit liegt seit 20 Jahrhunderten im Schlaf, denn das katholische Christentum hat alles geregelt ... deshalb wurde er noch tiefer«. Schon Corvin hebt in seinem Pfaffenspiegel hervor, daß die Gläubigen das Kapital der Kirche sind; er drückt es krasser aus.

Der Einzelne erkennt nur selten seine Funktion als Spielball kurialer Interessen. »Niemand würde daran denken, daß das demütig sanfte Mönchlein, das durch ein merkwürdiges Gelübde Armut und evangelische Barmherzigkeit zu verbreiten gezwungen wird, letztendlich Wahlpropaganda betreibt«. Nahezu alle verschließen ihre Augen vor dem Licht der Wahrheit oder wollen das mit ihrer Hilfe zustande gekommene Unrecht nicht zur Kenntnis nehmen.

Wer war es, der die Andersdenkenden zusammengetrieben, gefoltert, denunziert, verdorben und vernichtet hat? Wer hat die Hexen gejagt und vor den Todesbunkern des Dritten Reiches gestanden? Waren es Christen oder nicht?

Streng religiöse Menschen sind oft physisch angeschlagen und auf fremde Denkansätze angewiesen. Sie spüren nicht die daran gekoppelte und (erwartete) Intoleranz. Sie sind bereit, für etwas so individuelles wie den Glaube, sich »normen« zu lassen und in der weiteren Konsequenz Andere umzubringen. Dies führt das religiöse Denken ad absurdum.

Viele Christen sind Vasallen vatikanischer Ränke. Sie richten auf den Wink eines Oberen hin Verwüstung, Verheerung und Verzweiflung an. Die Kirchengeschichte ist mit solchen Beispielen gut versorgt. Nur so sind heute dem allgemeinen Kirchenkonto anzulastende Schandtaten erklärbar. Sie reichen von Inquisitionsprozessen des 13. Jh. über die Hexenverfolgungen des 16./18. Jh., über den 30-jährigen Glaubenskrieg (der die europäische Bevölkerung um 75 % reduziert hat) bis zu gezielten Massenmorden des frühen 20. Jh.

Die Masse erstaunt beim sonntäglichen Gottesdienst ob des tiefen Geheimnisses, das sich hinter den »biblischen« Geschichten verbirgt. Ist es eine Fassade, hinter der sich Unwahrheiten türmen? Der Kirchgänger bemerkt den Schwelbrand kaum, denn er bekommt stets (nur) Fragmente aufgetischt, die ihm den Blick der Zusammenhänge verwehren. Bei der Denkfaulheit der meisten ist es kein Wunder, wenn der Hörung des göttlichen Wortes kaum Beachtung geschenkt wird.

Wirklich zuhören tun schon in der zurückliegenden Zeit nicht alle. Es gibt eine Reihe von »Verordnungen gegen den Kirchenschlaf«. So die von 1698: »... wenn einer schläft, sollen ihn die beiden Benachbarten vom Schlaf erwecken und in Unterlassung dessen, wenn nämlich der Schlafende

44

schnarcht und mit dem Kopf hin- und her-
wanket, jeder gleichergestalt drei Albus zur
Strafe geben. Damit sich aber einer des
Schlafes desto besser enthalten könne, soll
derselbe, den der Schlaf ankommen will, sich
aufrichten und der Predigt stehend zuhören«[15].

In religiösen Dingen ist der Mensch sensibel. Über viele Jahrhunderte hat man den
Glaube an die Realität von Göttern in ihm
verankert. Seine Angst vor Begriffen wie
»Götterzorn«, »Hölle«, »Sünde(n)« und »Fegefeuer« sind künstlich injizierte Schreckmittel; wir haben spekulative Begriffe aus der
theologischen Trickkiste vor uns, um Leichtgläubige bei der Stange zu halten. Es war
längst vor dem Einsetzen des Christentums
so und wird so bleiben, denn es ist ein probates Mittel. Bemerkenswert ist, daß eine so
umfassende Organisation wie die der römisch-katholische Kirche gezwungen ist, zu
unlauteren Mitteln zu greifen und trotzdem
vorgibt, »unfehlbare« Hüterin von Sitte und
Moral zu sein.

»Die Kirche hatte Grund genug, dem Volk
die Bibel so lang vorzuenthalten. Was sollte
ein armes Gemeindemitglied von der fürstlichen Pracht eines Bischofs denken, wenn er
im Evangelium die Bedürftigkeit Christi
sieht, der mit seinen Jüngern zu Fuß geht,
während der Bischof in einer von sechs Pferden gezogenen Karosse daherbrauset?«[16]

Pro und kontra Gott[17]

Es ist reizvoll, die hl. Schrift einmal unbe-
fangen vom theologischen Ballast und des
»an sie glauben müssens« zu analysieren, zumal das Vatikanische Konzil am 24. April
1870 in der dritten Sitzung hervorhebt, daß
der Glaubensakt der Vernunft zu entsprechen hat. Gleichzeitig wird eingeworfen, daß
er nicht ausschließlich mit dem menschlichen
Verstand begründbar ist, sondern mit göttlicher Hilfe hervorgerufen wird. Was ist das?
Theologisch **gilt** Gott als vollkommenes
Sein, an Verstand und Willen unendlich, der
einzige Gott und das höchste Gut, zugleich
von absoluter Heiligkeit und Güte; er steht
ewig und unvergänglich außerhalb der von

ihm geschaffenen Zeit; er ist allwissend und
allmächtig. Er ist gerecht und barmherzig; er
ist der Schöpfer der Welt ... alles Irdische ist
nach seinem ewigen Heilsplan geordnet«.

Das kann man leicht in den Raum stellen.
Die Theologen mögen den sachlichen Beweis
für die Richtigkeit ihrer Ansichten beibringen. Sie haben verstanden, es bis heute zu
vertuschen. Sitzen sie einem Irrtum auf? Das
Christentum verlangt in seiner grundlegenden Aussage den unbeirrbaren Glaube an außergewöhnliche Ereignisse und stützt sich dabei auf eine selbst zugewiesene Autorität[18].

Die Rückführung auf die Sachverhalte
zeigt überall Zwänge und herrschaftliche (=
göttliche) Willensbekundungen. Was als Wille eines religiös gedachten Gottes hingestellt
wird, **kann** der eines Menschen sein! Stützt
man sich auf haltlose Argumente, um die Existenz eines transzendenten, von der realen
Welt getrennten Gottes nachzuweisen? Liegt
es im Interesse der Kirchenführung, das Falsche zu hegen?[19]. Verteidigt man ein Luftschloß?

»Das Phantasiebild des göttlichen Lehramtes fällt zusammen, wenn man einen Blick auf
die geschichtlichen Realitäten wirft«. Die
Kirche wünscht keine Kritik, denn sie ist sich
ihrer Schwäche bewußt. Auf dem Segment
der Geschichtsforschung gibt sie ein klägli-
ches Bild ab (vergl. Kapitel »Fälschungen
und Legenden«).

Antike Quellen dokumentieren, daß seinerzeitige Großkönige mit dem Herrschafts-
titel »Gott« belegt werden. Im 3. Jahrt. v. u.
Z. begegnet uns in Ägypten die Vergottung
des regierenden Königs; zugleich **gilt** er als
Inkarnation des Sonnengottes Re. Er **gilt** als
»Gott Horus in Menschengestalt ... von Göttern erzeugt und aufgegangen«.

»Gott« wird nachweisbar zur Zeit Sargons
I. von Akkad (um 2.350-2.294) als Titel geführt. Der altbabylonische Herrscher Ham-
murabi (1.995-1.912) nennt sich »... ewig lebender königlicher Sproß ... Sonnengott von
Babel ... der Licht aufgehen ließ über das
Land der Sumer und Akkad«. Um das Jahr
2.000 v. u. Z. preist man den König Amenem-
het I. von Theben als »Heiland der Welt«. In

der Alexandertheologie wird der historische Alexander als »wahrer Gott in Menschengestalt« erwähnt und als »Sohn Gottes« bezeichnet. Sicher ist, daß das Aufkommen des menschengestaltigen Gottes in das 4. Jahrt. v. z. Z. reicht und eng an Herrscherkulte geknüpft ist.

Noch im 19. Jh. wird Pius IX. von Katholiken mit folgenden Titeln belegt: »König, Papst, Souverain und Cäsar«. Sie machen ihn nicht nur zum »erhabenen König«, zum »geliebtesten unter ihnen«, zum »herrlichsten Fürsten und Regenten«. Einer spricht von ihm als »Vizegott der Menschheit«. Schlagen hier nicht Hörigkeitswahn, Imponiergehabe und Eitelkeit durch? Sind nicht alle Menschen gleich?

In der Gestalt eines herrschenden Königs, dem man besondere Attribute zuerkennt, spiegelt sich die Vorstellung des sog. »Heilsbringers«. Selbst in spätmittelalterlichen Darstellungen - und weit darüber hinaus - erscheint der bildliche (nicht = der biblische) Gottvater in der Gestalt eines Greises. Damit gleichzeitig als der eines weisen und erfahrenen Herrschers. Er steht an der Spitze der Befehlsgewalt und zwingt den Untertanen seinen (= göttlichen) Willen auf. Er regiert »von oben«. Daraus entsteht im Lauf der Zeit der Begriff »Gott im Himmel«, hinter dem sich ein menschliches Wesen verbirgt.

Es ist üblich, daß er seine wichtigsten Gefolgsleute kennzeichnet. Dazu gehört die Beschneidung, die im Alten Testament Erwähnung findet[20]. Sie ist die einem kleinen Personenkreis auferlegte Verpflichtung[21]. Der assyrische Großkönig Tiglapilesar III. führt sie 734 v. z. Z. für die den Provinzen seines Reiches vorstehenden Statthalter ein. Die Beschneidung hat mit religiösen Verpflichtungen wenig zu tun. Deshalb ist bemerkenswert, daß die Katholiken (noch) zu Beginn des 20. Jh. in der Nähe Roms (= Calcata) eine der angeblich 13 Vorhäute von Jesus Christus als »hochheilige« Reliquie angebetet haben.

König David gibt eine Kleiderordnung für die Priesterkaste heraus. Sie tragen beim Betreten des inneren Tempelhofes leinene Kleidung und einen Kopfschmuck. Zudem werden sie zu einer besonderen Haartracht verpflichtet. Daraus entstehen Talar und Tonsur. Sie treiben Tribute für den Herrscher ein, übernehmen Teile der Rechtsprechung und unterrichten das Volk. Die Verbreitung der religiösen Lehren ist ein Teil der ihnen **zugewiesenen** Aufgaben.

Der Begriff Jehova (= Jahwe = Herr = Gott) steht parallel und hat die gleiche Bedeutung. Der bibelgeschichtliche Begriff Jehova existiert etwa seit 540 v. u. Z. und bezieht sich auf eine mögliche Unterredung zwischen dem Perserkönig Kyros II., der als göttlicher Herrscher angesehen wird und dessen Grab noch heute in Pasargadae im iranischen Hochland steht - und einer Moses genannten Person[22].

Dieser Herrscherkult geht auf römische Machtstrukturen über. Der auf Jesus übertragene Kyrios-Titel findet sich schon in der vorchristlichen Zeit, denn **vor** der biblischen Christusgestalt tragen ihn einige römische Kaiser, so Claudius[23] und Nero[24]. Unter Domitian genießt die Prädikation »Unser Herr und Gott« für den Kaiser offizielle Bedeutung.

Das hebr. Wort »Messias« entspricht dem grch. »Christos«[25] und bedeutet sinngemäß »Der Gesalbte«. Die Salbung eines antiken Herrschers ist gewöhnlich. Er wird entweder bei seiner Anwartschaft auf die Thronfolge oder bei seinem Amtsantritt gesalbt, d. h. im Rang erhöht und symbolisch von den übrigen getrennt. Also gibt es **nicht nur den einen** oder **den** Messias. So gesehen ist der Messias Jesus (v. Nazareth) das Glied in einer Kette. Die ihm nachträglich beigelegten Symbole

Jüdischer Oberpriester und seine Hilfspriester. Nach einer Darstellung in den Kostümbilderbogen von Braun & Schneider. Hirnholzschnitt aus dem 19. Jh.

46

KNILLING

Szepter, Weltkugel und Thron entstammen antiken Kaiserkulten.

Aus der Geschichte ist zu folgern, daß **jede** auf einen übermenschlichen Gott abgestellte Religion ein künstliches Produkt ist, das von Einbildungen genährt wird. Gegen die theologische These steht, daß man sich über die Anzahl der Götter uneinig ist[26], daß die Gottesvorstellungen im Lauf der Geschichte wanken, daß eine religionsgeschichtliche Einordnung unmöglich ist und daß die christliche Form des sog. »Hochgottglaubens« jung ist[27].

Weltweit bekämpfen sich unterschiedliche Religionssysteme und -parteien ob des von **ihnen** ersonnenen Gottes. Kann dies die »höchste unendlichste Vollkommenheit« sein?

Mit dem Glaube an einen Gott stehen und fallen die sog. Offenbarung und Schöpfung. Damit die Grundlagen der römisch-katholischen Kirche. Wenn es keinen Gott (im Himmel) gibt, gibt es keine »Gottesschwüre«, keine »Gotteslästerung«[28] und kein »Gottesvolk« im realen Sinn. Wenn während des zweiten Vatikanischen Konzils (1962-65) den Christen diese Bezeichnung auferlegt wird, beinhaltet es eine Tendenzbewertung zugunsten des Christentums.

Die »historische« These, derzufolge ein Gott ein menschliches Wesen ist, verweist alle Theologie in das Reich der Spekulation. So gesehen hat nie ein überirdischer Gott den Menschen Zwänge, Verherrlichung, Lob und Strafen auferlegt. Dann wird vieles verständlicher. Es ist wahrscheinlich, daß man irdische Verhältnisse auf eingebildete Gottheiten impliziert hat. Jetzt wird der »menschliche« Gottglaube verständlich.

Das Vorbild ist in schöner Regelmäßigkeit ein mächtiger Despot. Verhält sich die Kirche nicht ebenso? Wer gefügig und gehorsam ist, darf sich des kostenlosen Lobes eines antiken Menschengottes erfreuen. Wer anderer Meinung ist, ist 1) ein Ketzer, Ungläubiger, Apostat und/oder Kirchenfeind und 2) wird verachtet, verfolgt und (wenn möglich) für seine Haltung bestraft. Haben wir nicht im logischen Umkehrschluß das klassische Rezept der Willkürherrscher vor uns?

Anmerkungen zur Offenbarung

Wenn es keinen Gott im Sinn der Theologie gibt, dann ist der daran geknüpfte Begriff der Offenbarung eine Farce[29]. Trotzdem oder gerade darum muß es den Katholiken schmackhaft gemacht werden; es werden alle Register der Verführung gezogen. »Der Glaube an die Offenbarung bedeutet nicht Verengung oder Täuschung unseres Wissens, sondern Erweiterung und Erhöhung weit darüber hinaus, was wir wissen und erkennen können[30]. Ich vermag diesen Ausführungen Brenningmeyers im Berliner Petrusblatt nicht zu folgen.«... es ist notwendig, daß wir uns diesem Geheimnis demütig nähern, indem wir ihm **nicht** mit menschlichen Vernunftgründen folgen, sondern mit fester Überzeugung der göttlichen Offenbarung anhangen. Bei der Begründung dieses Geheimnisses **muß** man dem Lehramt der Kirche folgen, dem der göttliche Erlöser das überlieferte Wort Gottes anvertraut hat, damit sie es bewahre und auslege ... bei der Offenbarung vermischen sich ein göttliches **und** himmlisches Element«[31]. Ich kann diesen geschraubten Ausführungen des Weihbischofs Kampe nicht folgen, der voraussetzt, daß man dem Lehramt der Kirche folgen **müsse**; davon kann keine Rede sein«.

»Der Papst ist der oberste Künder der göttlichen Offenbarung. (Er) ist der Lehrer der Wahrheit. Von Petri Hirtenamt kommt Segen in unsere Zeit ... darum steht er unter dem besonderen Schutz des hl. Geistes und hat für die endgültige Entscheidung in Glaubens-und Sittenfragen die Gabe der Unfehlbarkeit«[32]. Ich vermag es nicht zu akzeptieren und verweise auf das Kapitel »Unfehlbarkeit«.

Nun schaltet sich Papst Johannes XII. in den Dialog. »... die katholische Kirche **befiehlt**, all das treu und fest zu glauben, was von Gott geoffenbart ist, d. h. was in der hl. Schrift, in der mündlichen und schriftlichen Überlieferung enthalten ist, und was im Lauf der Jahrhunderte, von den apostolischen Zeiten angefangen, von den Päpsten auf den rechtmäßigen Konzilien bekräftigt und definiert worden ist«[33]. So kann man es nicht stehen lassen; ich verweise auf die kirchenkritischen Werke, vor allem auf die Bücher der Autoren v. Hontheim[34], v. Döllinger und Karlheinz Deschner, die zur Meinungsbildung herangezogen werden können.

Was, wenn die Kirche ein Täuschungsmanöver inszeniert? Das kuriale Ansinnen wird nach dem 18. November 1965 nicht haltbarer, als man während der letzten Tage des 2. Vatikanischen Konzils die »dogmatische Konstitution« über die »göttliche« Offenbarung verkündet, wobei sie (erneut) zum unabdingbaren Glaubensgut der Christen erhoben wird.

Folgern wir weiter: wenn es keine Offenbarung gibt, ist jede als »heilig« bezeichnete Schrift das Produkt des menschlichen Geistes und seiner Phantasie. Jede Verbal-Inspiration gleicht einer Wahnvorstellung, denn es gibt sie nicht[35]. Heilige Schriften sind Bestandteil **aller** Religionen, um selbstgestrickte Ansprüche zu verteidigen[36].

So tritt jede »neue« Variante in die Fußstapfen der vorausgehenden, indem sie ihre Ideen modifiziert und sie danach schriftlich - möglicherweise im Sinne eines definierten Auftrages fixiert und/oder fixieren läßt. Daraus ist zu folgern, daß **alle** als heilig bezeichneten Schriften nachträglich einem breiteren Publikum als »glaubenswahr« vermittelt werden. Daraus folgt, daß dies mit eiserner Faust zu verteidigen ist, denn es ist das religiöse Herz. Warum sollte sich die römisch-katholische Kirche anders verhalten?

Aus dem Konflikt der religiösen Parteien entstehen Verdrängungswettbewerbe um die Gunst des Einzelnen, die an die umfassenden Glaubenskriege gekoppelt sind. Sie dienen der Verherrlichung der Kirchen, eines stets modifizierten, doch (vielleicht) in realita nicht existenten Wesens (= Gottes). Die Aufrechterhaltung dieser Theorie hat Millionen das Leben gekostet.

Innerhalb der ägyptischen Geschichte reichen die göttlich inspirierten Schriften weit zurück. Die Perser schreiben dem Avesta, die Inder den Veden und die Mohammedaner dem Koran göttlichen Ursprung zu[37]. Wir haben glaubensverpflichtende Zuschreibungen vor uns. Wahr müssen sie darum nicht sein! Die Vorstellung des Himmelsbriefes ist geläufig. Mehrfach wird behauptet, heilige Schriften wären vom Himmel auf die sündige Erde gefallen. Es ist verständlich, wenn (auch) das Christentum mit einer ähnlichen Theorie aufwartet.

Die wesentlichen Aussagen von Bromme sind:

- Was heute als Altes Testament bezeichnet wird, bietet keinen religiösen Ansatzpunkt, sondern beinhaltet politische Geschichte. Ein Ausfluß davon sind die sog. "Gebote", die das damalige israelitische Straf- und Zivilrecht wiedergeben. In ihnen wird ein harter Sittenkodex verfochten.

- Im Mittelpunkt des Alten Testaments steht der Achämenide Kyros II. Er lebt von 559 bis 529 und wird der vergotte Mensch der Bibel.

- Der historisch gesicherte Zeitraum des Alten Testaments umfaßt 651 Jahre: er reicht von 926 bis 275 v. u. Z.

- Wir sind gezwungen, von der seitherigen biblischen Geschichte, die für die Zeit vor 926 v. u. Z. hinzugenommenen 1.000 Jahre ersatzlos zu streichen, denn die biblische Geschichte beginnt erst mit dem Jahr 926.

- Weder Kyros II. noch Moses, noch deren Auftragsschreiber haben eine Religion gegründet.

Anmerkungen zu Moses

Hier geht die historische Forschung voran und rückt Steinchen um Steinchen des theologischen Traditionsballastes beiseite. Moses[38] gilt als Zentralfigur des Alten Testamentes[39]. Die Theologen haben ihn nicht enträtselt, sondern an ihm herumgedeutet. Die heute bekannten Lebensdaten verbieten, in ihm einen Religionsführer zu sehen[40]. Die Forschung hat erkannt, daß der Pentateuch **nicht** von ihm stammt. Trotzdem hält die Kirche unbeirrt daran fest. Möglicherweise haben wir in Moses einen mit militärischen Aufgaben betrauten jüdischen Königssohn vor uns.

Wie bei jedem Held bilden sich (auch) um ihn Legenden, die die wirklichen Leistungen überwuchern. Das nachbiblische Judentum hat sein Leben mit Legenden geschmückt. So verfaßte bereits Philo ein Mosesbuch »de vita Mosis«. Zahlreiche Sagen überliefert Josephus Flavius[41] - Moses wird bereits in vorchristlicher Zeit für einen Magier gehalten und man sagt ihm nach, daß er einen Zauberstab besessen haben soll.

Für mittelalterliche Alchemisten gilt er als Verfasser geheimer Schriften[42] oder als Erfinder besonderer Elixiere. Noch heute kaufen Leichtgläubige das sog. 6. und 7. Buch Moses, das ein plumpes Machwerk alberner Redensarten ist. Die interessanteste Legende über Moses ist die um seine Auffindung gewobene.

Er **soll** im Alter von drei Monaten in ein Kästchen aus Schilf gelegt worden sein, das Jungfrauen der Pharaonentochter am Rand eines Flusses entdeckt haben. »... sie sahen das Kästlein, öffneten es und erblickten das Baby«. Wie rührend. Es wird großgezogen und zur Tochter des Pharaos gebracht. In der Bibel steht: »... es war ihr Sohn, sie hieße ihn Moses, denn sie sprach: » ich habe dich aus dem Wasser gezogen«[43].

Wir haben eine Geburtslegende vor uns, die auf das Märchen von der Geburt des Königs Sargon I. v. Akkad (um 2.350-2.294) zurückgeht[44]. Die Parallelen sind offensichtlich. Auch er wird »heimlich« geboren. Seine Mutter, eine Gottesdienerin, legt ihn in ein Gefäß aus Schilf, dichtet es mit Erdpech ab und setzt es auf das Wasser«. ... der Strom trug es fort und brachte (ihn) zum Wasserschöpfer Akki. Dieser nahm (ihn) als Sohn an und zog ihn groß. Es gibt mehrere ähnliche Legenden. So die Geburtslegende des Krischnan[45], die der Zwillinge Romolus und Remus[46], die von Perseus und seiner Mutter Danaea[47]. Hinzu gesellt sich die Verfolgungslegende des (späteren) Jesus von Nazareth, dessen Eltern wegen eines nie befohlenen Kindermordes nach Ägypten fliehen[48].

Die Mühe, die sich biblische Autoren machen, um Moses zu heroisieren, trägt schlechte Früchte. Der damit ersonnene »Auserwähltenanspruch« beschert den heute in alle Welt verstreuten Angehörigen des jüdischen Glaubens, sonderlich seitens der Christen, widrige Überraschungen. Aufgrund der historischen Lüge vom Gottesmord[49] sind sie seit Jahrhunderten grausamen Verfolgungen ausgesetzt.

Anmerkungen zum Alten Testament/Grundlage oder Irrtum?

Gleich Moses ist das Alte Testament sagenumwoben. Sein Umfang hat lang geschwankt. Offiziell wird er auf der jüdischen Synode von Jamnia um das Jahr 100 u. Z. festgeschrieben; demzufolge ist er relativ jung. Der Terminus »alt« wird erst notwendig, als sich das »neue« Testament hinzugesellt.

Zwischen beiden zeigen sich verblüffende Parallelen. 1802 hebt Schelling in einer Vorlesung über das Studium der Theologie hervor: »... viele neutestamentliche Erzählungen wären »jüdische Fabeln, erfunden nach der Anleitung messianischer Weissagungen des Alten Testaments«[50].

Die Autoren stiften **keine** Religion. Sie haben keine Ahnung von dem, was ihnen spätere Theologen zumuten. Nach den Recherchen des Althistorikers Bromme verfolgt die Abfassung einen politischen Zweck und wird als historische Tendenzschrift von unbekannten Verfassern zwischen den Jahren 332 und 275 v. u. Z. aufgezeichnet[51]. Im Jahr 332 unternimmt König David[52] mit Unterstützung von Alexander d. G. einen Staatsstreich und setzt sich dadurch gewaltsam an die Stelle des letzten persischen Großkönigs Daraios III. So entsteht aus der ehemaligen persischen Reichsprovinz Kanaan das Königreich Israel[53]. Ist das Alte Testament der Versuch diesen Staatsstreich historisch abzusichern?[54] Muß man den »neuen« Machthaber heroisieren, ihm Glaubwürdigkeit und Ansehen verschaffen? Es ergibt sich von allein, daß der eigene König in den Himmel gehoben (= vergottet) wird und daß man die anderen verdammt.

Nach Brommes Untersuchungen bestehen die Schriften des Alten Testamentes im wesentlichen aus zwei in sich geschlossenen Komplexen, die durch eine erfundene Reichsteilung verbunden und chronologisch vertauscht sind. Dieser Ansatz stellt seitherige Daten auf den Kopf. Zur Vereinfachung fasse ich sie in der beigefügten Tabelle zusammen. Brommes 5 Bände »Untergang des Christentums« werden sofort nach ihrem Erscheinen auf den Index gesetzt; widerlegt sind sie nicht!

Das erste Werk behandelt die Geschichte der Zwangsumsiedlungen im arabischen Raum (Kanaan) und der Statthalterschaften unter assyrischer, chaldäischer und persischer Hoheit. Sie beginnt um das Jahr 765 und reicht bis zur Regierungszeit Salomons um 275 v. u. Z. Zwei historische Daten sind markant:

- Der persische König Kyros schafft 538/37 die Provinz Kanaan.

- König David unternimmt 332 den erwähnten Staatsstreich, wodurch das Königreich Israel entsteht[55].

Das zweite Werk umfaßt die politische Geschichte der Königreiche Israel und Juda. Der Zeitraum beginnt um 926 und reicht bis 721 bzw. 587 v. u. Z. Mit der Evakuierung der Bevölkerungsreste (= babylonische Gefangenschaft) tritt das altjüdische Volk aus der Geschichte. Nach Bromme ist die Reichsteilung erforderlich, um die Schriften des Alten Testamentes zusammenzukoppeln.

So verlegen die Auftragsschreiber die biblische Geschichte an einen unbiblischen Ort und erlauben sich einen geographischen Sprung über Arabien nach Westen. Sie vertauschen die geschichtsträchtigen Länder Ägypten und Babylonien und manipulieren den Geschichtsverlauf[56]. Es handelt sich möglicherweise um eine »sensationelle« Fehldatierung[57]. Bestallte Schreiber inszenieren eine »Urlüge«[58]. Ist sie der Humus für die Religion der römisch-katholischen Kirche?

Die 10 Gebote

Die christliche Theologie schreibt Moses die Ausstellung der sog. »Gebote« zu. Auch in diesem Punkt kann man über eine Verwechslung nachdenken, denn im Zusammenhang mit dem politischen Umsturz ist der Inhalt dieser Gesetze (nicht: Gebote) bekannt. Es handelt sich um Teile des israelitischen Straf- und Zivilrechts auf der Basis eines zeitgemäßen (= strengen) Sittenkodexes. Es handelt sich um das sog. »Herrenrecht« für die unterworfenen und bebundeten Völker. Die Herrscher manifestieren politische Ziele. Es ist unkorrekt, sie als das sittliche Fundament der Menschheit hinzustellen, denn sie ist zu diesem Zeitpunkt schon Hunderttausende von Jahren alt.

Sie können nicht auf Steintafeln gestanden haben. Das damalige Schreibmaterial besteht aus kleinen Tontäfelchen von einigen Zentimetern Länge. Für besondere Zwecke werden Tonzylinder verwendet, in die man mit einem spitzen Griffel Zeichen ritzt. Erst dann werden sie »steinhart«. Es könnte sich um eine Vielzahl solcher Täfelchen gehandelt haben. Die Herrscher verfügen über Schreiber (Schriftgelehrte). Von persönlichen Aufzeichnungen kann keine Rede sein.

Die alten Gesetze haben einen hohen moralischen Stellenwert. Es wäre das Beste, wenn sie die Geistlichen den Gläubigen vorgelebt hätten: ein Blick in die Kirchengeschichte lehrt uns das Gegenteil.

Chronologie Zur Geschichte des Alten Testaments*

926 765 - 275	Eintritt der Königreiche Juda und Israel in die Geschichte. **Beginn der biblischen Geschichtsschreibung.** Bedeutende Zwangsumsiedlung im arabischen Raum (Kanaan) und der Statthalterschaften in diesem Gebiet unter assyrischer, chaldäischer und persischer Oberhoheit.
758 (?) - 724 bzw. n. 715 721 - 701 kurz vor 701 - nach 681 vor 701 - 681	**Abram/Abraham:** assyrischer Statthalter in Kanaan. **Isaak:** assyrischer Statthalter in Kanaan **Esau:** Heerführer in Kanaan **Jacob:** Heerführer und Statthalter in Kanaan
587	Das Königreich Juda erlischt nach der Einnahme und Zerstörung durch Nebudkadnezar II.
586 - 537 ab 582	**Lebenszeit von Moses** Einsetzen der Hauptphasen der sog. babylonischen Gefangenschaft. Zwangsevakuierung der restlichen Bevölkerungsteile. Dadurch verschwindet das jüdische Volk aus der Geschichte.
559 - 529 12. August 539 - Ende März 332	**Lebenszeit von Kyros II.** Dauer des Alten Bundes. Er deckt sich mit dem der Perserherrschaft von der Vernichtung des Chaldäerreiches und der dadurch erfolgten Befreiung der Gefangenen ... bis zu ihrem Ende im März 332.
538/37 332	Kyros II. schafft die Provinz Kanaan. König David unternimmt einen Staatsstreich mit Hilfe von Alexander d. G. David setzt sich gewaltsam an die Stelle des letzten persischen Königs Dareios III.
zwischen **332 - 275**	**Abfassung der Schriften des Alten Testaments.**

*) Zusammengestellt nach Bromme. Alle Angaben vor unserer Zeitrechnung.

Antike Vorbilder des Christentums

Die antiken Religionsformen, das zusammengetragene Wissen und die damit verbundenen Machtstrukturen haben über weite Teile die Anschauungen der frühchristlichen Lehren beeinflußt. Es gibt ein Bündel von Ansatzpunkten: babylonische Religionsvorstellungen (Adapa-Mythos, Mythraskult, buddhistische Legenden, Berichte über die anderen »Erlösergötter« wie Asklepios, Herakles und Dionysos). Dazu gesellen sich andere Standardwunder.

Hinzu kommen die religiösen Vorstellungen der Essener von Qumran und die Auffassungen der Gnostiker, die dem Christentum unmittelbar vorausgehen.

Berücksichtigt man die zur Ausprägung einer Folgereligion notwendigen Vorformen, bleibt wenig Originäres am Christentum. Die Abfassung der biblischen Texte entspricht üblichen Aufzeichnungsmethoden, wobei das Erzählen und (Nach)erzählen wichtige Rollen einnehmen. Die Autoren biblischer Schriften saugen sich das Wissen **nicht** aus den Fingern; sie schöpfen aus **ihrer** Umwelt und **historischen Vergangenheit. Sie verfassen ein Stück »menschlicher« Geschichte, die mit Religion, Heiligkeit, Inspiration und Göttlichkeit nur bedingt in Zusammenhang gebracht werden kann. Die historischen Parallelen sollten nicht vertuscht und/oder unter den Tisch des Herrn gefegt werden. Jesus erscheint - so gesehen - als Glied einer langen Kette. Warum sollen die ihm zugeschriebenen Fähigkeiten nicht nachträgliche Deutungen sein?**

Babylonischer Einfluß

Nahezu alles, was im Christentum unter einer »neuen« Flagge aufgezogen weht, ist in den religiösen Lehren der Babylonier und Akkader vorgezeichnet. Sie verfügen über zehn Urgötter, die den zehn - viel späteren - Urvätern der biblischen Legende entsprechen. Der babylonische Gott Marduk **gilt** als Weltschöpfer, als Gott der Weisheit, der Heilkunst und des Beschwörungswesens, als (der) von einem Vater gesandte Erlöser und

Erwecker der Toten. Er **gilt** als Herr aller Herren und Könige. Wie Christus in der - viel späteren - Bibel wird er gefangen genommen, zum Tod verurteilt, gegeißelt und zusammen mit einem Verbrecher hingerichtet. Eine Frau wischt sein Herzblut ab, das aus einer Speerwunde quillt: Marduk fährt gleichfalls in die Hölle und erlöst die Gefangenen[59].

Haben wir nicht eine Kopie der »ursprünglichen« Heilsidee vor uns?

Bereits im 3. Jahrt. v. u. Z. wird auf die Höllenfahrt der Ischtar aufmerksam gemacht, und dem um 3.150 v. u. Z. verstorbenen Urnia von Gagasch bringen die Babylonier göttliche Ehren entgegen.

Im 14. Jh. v. u. Z. bestürmt der Gott Nergal die Unterwelt und besiegt deren angebliche Heere. Die Babylonier glauben an die Wirksamkeit von Schutzengeln und an die Auferstehung nach drei Tagen. Schon damals beschwört man Dämonen mit Pomp und Hokuspokus. Von besonderem Interesse sind die babylonischen Vorstellungen von der Sintflut und der Schöpfung der Welt, denn sie kehren in der Genesis des Alten Testamentes wieder.

Der babylonische Mythenbereich kennt den Lebensbaum und die »unsterblich machende Speise«. Der Adapa-Mythos führt zum christlichen Adam[60]. Die Rolle der Schlange als Verführerin stammt aus ähnlichen Vorstellungen. Die Legende vom Sündenfall ist eine Variante des babylonischen Mythos von der Entstehung des Todes[61].

Die babylonische Schöpfungsgeschichte kennt die Urflut (= Tiamat) und die biblische Schöpfungsgeschichte kennt die Sintflut. Die Aufschlüsselung scheint nicht kompliziert: Noah, der sich aus einer Arche rettet, entspricht dem babylonischen Utnapitschim[62]. Im wesentlichen lautet der alte Text: »... Xisusthros (christlich umgedeutet = Noah) erhält vom Gott der Wassertiefe den Befehl, ein Schiff von einer bestimmten Größe zu bauen, es gut zu verpichen um dann seine Familie und allen lebenden Samen darin zu bergen. Dann stößt das Schiff hinaus in die alles vernichtenden Wogen ... schließlich strandet es auf einem Berg«.

Diese Legende ist 3.000 Jahre vor dem Einsetzen der christlichen Heilsidee bekannt. Sie verbreitet sich im Vorderen Orient und wird weiter ausgesponnen[63]. Es ist kein Wunder, wenn man sich zur Zeit der Gründung des Christentums, bzw. in der Folgezeit, an antike Geschichtsverläufe erinnert, die lang aus dem allgemeinen Bewußtsein entschwunden sind.

In der christlichen Schöpfungsgeschichte haben wir eine modifizierte Wiederholung des altbabylonischen Mythos »enuma elisch« vor uns. Auch hier haben wir ein Chaos, die Finsternis der Tiefe, den Ur-Ozean und einen schwebenden Geist Gottes. Über ihm befindet sich die Himmelsfeste (mit dem damals darüber gedachten Himmelsozean). Es heißt: »... Marduk fuhr der Urflut entgegen und stellte Wächter hinein ... ihre Wasser nicht hinauszulassen befahl er ihnen«.

Auch in der christlichen Schöpfungsgeschichte - die in zwei unterschiedlichen Versionen vorliegt - werden erst die Wassermassen zur Erschaffung von Himmel und Erde getrennt. Wem fallen die Parallelen nicht auf?

Bromme vermutet, daß dem möglicherweise entschlüsselten Alten Testament ein Stück der verlorengeglaubten »babylonischen Chronik« zugrundeliegt. Dieser Gedanke bedarf weitergehender Forschungen mit dem Ziel, die Wahrheit zu erfahren.

Christliche Schöpfungsgeschichte

In der Genesis finden sich zwei entgegenstehende Lesearten der sog. »Schöpfung« der Erde durch ein göttliches Wesen, was strittig ist. Einmal schafft Gott in Mühsal und Anstrengung dieses Werk. Jahwe bildet den ersten (?) Mensch aus einem Erdkloß, bläst ihm den Odem in die Nase, dann pflanzt er einen Garten (Eden = späteres Paradies) und setzt ihn hinein. Nun folgt die Erschaffung des Weibes aus einer krummen männlichen Rippe, daraufhin den Baum der Erkenntnis und die Tiere ... schließlich folgt die Übertretung des »göttlichen« Verbotes und daraufhin die Vertreibung[64]. Schon von der Anlage her wirkt es wie eine Legende.

Nach der anderen Version entsteht die Erde im Verlauf von sechs Tagen. Am fünften schafft Gott die Fische, Kriechtiere und Vögel. Am sechsten gleichzeitig Mann und Frau[65].

Welche Variante ist die Richtige? Die von den Theologen pflichtgemäß verteidigte »göttliche« Schöpfungslehre entbehrt der sachlichen Grundlage. Haben wir ein Märchen vor uns? Es ist angebracht, auf die eklatanten Widersprüche zwischen der naturwissenschaftlich orientierten Antrophologie und der vatikanischen Abweisungspflicht aufmerksam zu machen.

Immer wieder hat man in klerikalen Kreisen versucht, naturwissenschaftliche Forschungsergebnisse zu untergraben und/oder - wenn es nicht gelang - sie wenigstens so umzupolen, daß man sie den Christen (noch) schmackhaft machen kann. Die Entschärfung ist wertlos, denn es gibt nur **eine** Wahrheit. Aus wissenschaftlicher Sicht erweist sich der überirdische Gott als handfeste Spekulation[66].

Dies ist für die Theologie prekär. Wie sollen sie sich ob solch frevlerischen Ansichten verhalten? Ihre Argumente scheinen wenig stichhaltig:

»... im Kampf gegen die christliche Schöpfungslehre wird häufig behauptet, die Arten entstehen kraft eigener stammesgeschichtlicher Gesetzlichkeit; eines Gottes bedarf es dazu nicht. Eine solche Auffassung steht im Widerspruch zur christlichen Lehre. Gott ist es (allein), der den gesamten Kosmos ins Dasein gerufen hat, der ihn erhält und lenkt«[67]. Dies kann falsch sein.

Scharf kontert Charles Darvin: »Der katholische Glaube verpflichtet, daran festzuhalten, daß die Seelen unmittelbar von Gott geschaffen sind. Deshalb ist der Mensch als Leib-Seele-Ganzheit keine fortentwickelte Amöbe, nicht der Urenkel eines hypothetischen Urwurms, keine überspannte Tierart[68], kein modifizierter Großaffe, kein tapferes und listiges Raubtier[69], sondern ein von Gott geschaffenes Wesen.«

Auf dem Gebiet der Antrophologie muß die Kirche Federn lassen. Darwin muß nicht nur darum Recht haben, weil Gott die Erde nicht geschaffen hat, sondern (auch) weil es seit 600.000 Jahren aufrecht gehende Kulturmenschen gibt, aber erst seit 2.000 Jahren uneinige Christen. Unsere Vorgänger waren ebenso religiös, sind aber ohne Bibel, Unbefleckte Empfängnis, Kirchensteuer, Index und Meinungseinschränkung ausgekommen.

Zur kirchlichen Ablehnung gehört die Darwin'sche Lehre, weil sie einen ihrer unhaltbaren Glaubenssätze gefährdet. Es ist merkwürdig; die Priester versuchen noch heute, nach 2.000 Jahren gelebter Geschichte, die unglaublichsten Dinge mit der größten Hartnäckigkeit zu verbreiten; die von ihnen vorgetragenen Entwicklungslehren basieren auf antiken Vorstellungen.

Ihrer Ansicht nach steht den »teuflischen« Irrlehren der unwiderlegbare Schöpfungsbericht entgegen, über den allein zu zweifeln eine Todsünde ist[70]. Die Christen müssen an die Legende glauben, die vor Tausenden von Jahren unwissende orientalische Nomaden beim Lagerfeuer entworfen haben; von der Erschaffung des ersten Menschen aus einem Erdkloß; dies wird von den Priestern als allein feststehende Tatsache zementiert und ist bar jeder Logik.

In Cleveland (Ohio) tagt 1925 die Generalversammlung des »Catholischen Central-Vereins« und nimmt folgende Resolution an: »... es ist die Pflicht eines christlichen Staates, die fundamentalen Prinzipien der Christenheit intakt zu halten ... wir sehen mit Besorgnis den Versuch, sich zum Dolmetscher der Ergebnisse der Wissenschaft und der Offenbarung zu machen. Das Problem der Evolution hat bis jetzt noch keine beweisbaren Momente gefunden, daß die Welt ihre Theorie als feste Tatsache hinnehmen kann.

Wir ruhen in der Überzeugung, daß die Tatsache der Schöpfung nicht durch ihre Art zerstört werden kann. Wir bezeugen unseren Glauben an Gott und an die Erschaffung des Menschen nach seinem Ebenbild. Wir verurteilen jene falschen Wissenschaftler, welche aus der reinen Theorie eine Tatsache machen wollen (Anmerkung; was machen die Theologen; es ist ebenfalls eine Theorie), damit die Religion untergraben und die Kühnheit zu behaupten haben, daß sich Religion und Wissenschaft unversöhnlich gegenüberstehen[71].

1926 wird in Darton der Professor Johan Scopes in einen Prozeß verwickelt, weil er es gewagt hat, seinen Schülern einen Abschnitt über die Darwinsche Entwicklungslehre vorzulesen.

Im März 1926 wird der holländische Pastor J. H. Geelkerken von der in Amsterdam tagenden Generalsynode als Ketzer verstoßen, weil er es aufgrund einer Predigt gewagt hat, die Versuchung Evas im Paradies durch eine Schlange anzuzweifeln[72].

1925 wird der Bischof der protestantischen Episkopalkirche, William Montgomery Brown seines Amtes enthoben, weil er sich gegen die theologische Lehre erklärte, wegen der von Adam begangenen Sünden wäre die gesamte Menschheit verflucht[73]. Er hat Recht, denn einen solchen hat es nie gegeben; er wird mit 95 gegen 11 Stimmen abgesetzt.

Während seiner Verteidigungsrede hebt er hervor: »... die Konzilien haben nicht das Recht, ihre Priester an Glaubenssätze zu binden, die mit der modernen Wissenschaft und Lebensanschauung nicht im Einklang stehen. Die Welt sei der Meinung, daß die Theologen an alte Phrasen glauben, für die nicht einmal (die) göttliche Autorität beansprucht werden kann, gebunden seien und sich unnützen Wortklaubereien gegenüber den Forderungen der Gegenwart taub verhalten ... derjenige der Richter möge den ersten Stein auf ihn werfen, der behaupten könne, von allen Zweifeln frei zu sein, wenn man ihm die Frage vorlege, ob Gott den ersten Menschen aus Erde formte; ob Gott einer Schlange erlaube, seine Pläne über den Haufen zu werfen und ob ein gütiger Gott Billionen von Menschen für alle Ewigkeit zu den Qualen der Hölle verurteilt hat[74].

Vieles deutet darauf hin, daß die Wiege der Menschheit auf dem afrikanischen Kontinent zu suchen ist; sie hat sich in Millionen von Jahren aus einfachsten Organismen entwickelt. In der Oldoway-Schlucht (Nord-Tansania) entdeckte der Forscher Louis Leaky (geb. 1903) vor wenigen Jahren die Überreste eines Frühmenschen, den er als »homo habilis« bezeichnet. Seine Lebenszeit wird 1,8 - 2 Millionen Jahre vor dem Einsetzen des Christentums angenommen. Er kann aufrecht gehen und einfache Werkzeuge benutzen.

Herakles, Dionysos, Buddha, Pythagoras

Wir haben antike Erlösergottheiten vor uns, die von Menschen als solche definiert worden sind. Vor allem Herakles schält sich als eines der frappantesten Vorbilder der biblischen Christusgestalt heraus[75].

Das »philosophische« Heraklesbild entsteht im 5. Jh. v. u. Z. Hölderlin bezeichnet Christus als Bruder von ihm: Ähnliche Parallelen ergeben sich zu Dionysos, einem Lieblingsgott der Antike, wie zu den angenommenen Lehren des Buddha und Pythagoras. Der Übersicht wegen habe ich dies in Tabellen zusammengefaßt.

Es wird deutlich, daß wesentliche Elemente des Christentums keine Kreationen von Jesus sind, sondern dem Fundus antiker Religionsvorstellungen entsprechen. Das Schema ist das gleiche; die Vorzeichen haben sich geändert. D. h. die Autoren der christlichen Bibel besinnen sich auf lang zurückliegende und im Orient umlaufende Legenden.

Weltuntergang und Himmelstaube

Der »christliche« Weltuntergang steht in einer Traditionskette, denn schon Zarathustra spielt mit den gleichen Gedanken. Es gibt keinen Weltuntergang im biblischen Sinn: die Geschichtsforschung hat es längst ad absurdum geführt. Wäre er je eingetroffen, hätte er (auch) das Christentum mit sich in die Tiefe gerissen. Und doch löst das stete Vorantragen dieser Legende Konflikte aus!

Bereits das Urchristentum sieht sich getäuscht und man hält den Religionsführern vor: »... das haben wir schon in den Tagen unserer Väter gehört. Und siehe da, wir sind alt geworden und nichts von alledem ist uns widerfahren[76].

Die Erwartungshaltung ob des nahenden Weltunterganges nimmt um das Jahr 1.000 dramatische Formen an. Doch wieder täuscht der

Klerus seine Schäflein. Dieses Faktum ist von entscheidender Bedeutung -ja ein Auslöser- für die auf breiter Front einsetzenden Ketzerbewegungen, die der Kirche Unglaubwürdigkeit vorhalten. Sie reagiert weder nach den Gundsätzen der Nächstenliebe oder der Wahrheit; sie inszeniert umfassende Vernichtungskampagnen gegen ihre Gegner oder diejenigen, die dadurch erst zu solchen werden.

Als mit der Verwirklichung der »antiken« Gedanken in Kirchenkreisen nicht mehr zu rechnen ist, greift man zum Federkiel. Aus der Nah- wird eine Fernerwartung konstruiert. Die Kirche hat die Wiederkehr Christi auf einen unbestimmten Zeitraum verschoben. Sie begründet es mit einem klassischen Beispiel theologischer Gelehrsamkeit: »... beim Herrn sind (eben) tausend Jahre wie ein Tag«.

Der Hamburger Orientalist Hermann Reimarius (gest. 1769) verfaßt ein 1.400 Seiten starkes Manuskript mit dem Titel: »Vom Zwecke Jesus und seiner Jünger«. Er schält den Widerspruch heraus, demzufolge das »neue« Reich bislang nicht eingetroffen ist. Man erkennt, daß sich Jesus, bzw. dessen spätere Interpretatoren in dieser Frage geirrt haben. Ist es der Grund, weshalb die heutige Kirche offiziell das Gegenteil ihrer früheren Ansicht lehren **muß**? Der christlich proklamierte Weltuntergang mit der daran gekoppelten Auferstehung und einem sog. »Jüngsten Gericht« sind Wortspielereien.

Ähnlich ist es mit der »göttlichen« Taube und dem Pfingstfest: Wir haben eine Anlehnung an antike Berufungssagen vor uns, nach denen z. B. die Königswahl durch einen sich auf eine bestimmte Person niederlassenden Vogel bestimmt wird[84].

Die altjüdischen Theologen denken sich den Geist Gottes (noch) als Taube und geben deren Stimme für die eines Geistes aus. Doch lange vor dem synoptischen[85] Jesus schweben Tauben über den Häuptern der ägyptischen Herrscher, sie kommen bereits in der babylonischen Sintflut-Legende vor. Dort wird gesagt: »... am siebten Tag nahm ich eine Taube heraus und entließ sie«. Sie flog hin und her, aber da ein Ruhepunkt nicht vorhanden war, kehrte sie wieder zurück«[86].

Historische Parallelen zwischen Herakles und Jesus

Herakles[77]	Jesus
Der menschliche Vater wohnt mit der jungfräulichen Alkene in Mykenai.	Der menschliche Vater Josef wohnt mit der jungfräulichen Maria in Nazareth.
Herakles wird aus Angst von seiner Mutter ausgesetzt und später wieder zurückgebracht.	Josef flieht mit Maria nach Ägypten, und er kehrt später zurück.
Herakles verläßt Vater und Mutter: er geht einen Weg des Leidens.	Jesus verläßt Vater und Mutter: er geht einen Weg des Leidens.
Er wandelt auf dem Wasser.	Er wandelt auf dem Wasser.
Er wird Heiland genannt und überwindet (angeblich) den Tod.[78]	Er wird Heiland genannt und überwindet (angeblich) den Tod.
Bei seinem Tod befiehlt er scheidend seinem Gott: »...ich bitte Dich ...nimm hin meinen Geist ...zu den Sternen auf ...siehe, mein Vater ruft mich und öffnet den Himmel ...ich komme.«	Im Lukasevangelium heißt es: »...da rief Jesus mit lauter Stimme die Worte aus: »Vater, in Deine Hände befehle ich meinen Geist.«[79]
Bei seinem Tod sind seine Mutter und der Lieblingsjünger Hyllos anwesend.	Bei seinem Tod sind seine Mutter und der Lieblingsjünger Johannes (?) anwesend.
Herakles sagt: »...klage nicht Mutter ...ich gehe nunmehr in den Himmel ein.«	Der auferstandene (johanneische) Christus sagt: »...Frau, warum weinest du, ich fahre auf zu meinem Vater.«
Er stirbt mit den Worten: »...es ist vollbracht.«	Er stirbt mit den Worten: »...es ist vollbracht.«
Bei seinem Tod bebt die Erde und eine Finsternis tritt ein.	Bei seinem Tod bebt die Erde und eine Finsternis tritt ein.
Er schwebt zum Himmel empor und wird vom göttlichen Vater für alle Mühen belohnt.	Er schwebt zum Himmel empor und wird vom himmlischen Vater für alle Mühen belohnt.

Historische Parallelen zwischen Dionysos und Jesus	
Dionysos	**Jesus**
Er ist ein Sohn von Zeus und einer sterblichen Frau.	Er ist ein Sohn Gottes und einer sterblichen Frau.
Als Kind liegt er in einem hl. Korb.	Als Kind liegt er in einer Krippe.
Er ist ein leidender, sterbender und wieder von den Toten auferstehender Erlösergott.	Er ist ein leidender, sterbender und wieder von den Toten auferstehender Erlösergott.
Er wird gekreuzigt.[80]	Er wird gekreuzigt.
Er wird über einem Altartisch mit Weingefäßen am Kreuz verehrt.	Er wird über einem Altartisch verehrt. Ihm zu Ehren wird (angeblich) Wasser zu Wein verwandelt.
Die Dionysosmysterien bringen das Wunder von der Verwandlung von Wasser in Wein. [81]	Hochzeit von Kanaan.
Bei den Dionysiden ist der Esel das Tier des Friedens.	Jesus reitet auf einem Palmesel.
Er ist der Lieblingsgott der Antike.	Er wird zum Lieblingsgott der Christen emporstilisiert.

Historische Parallelen zwischen Pythagoras und Jesus	
Pythagoras	**Jesus**
Vor seiner Geburt wird dem Vater verheißen, sein Kind werde der ganzen Menschheit zum Segen gereichen.	Verkündigung an die Jungfrau Maria.
Er kommt auf einer Reise der Eltern zur Welt, beginnt seine Lehr- und Wundertätigkeiten mit einem Fischwunder, heilt Kranke an Leib und Seele, stillt einen Sturm auf dem Meer, wird verspottet und verfolgt. Er fährt zur Hölle und steht dann wieder von den Toten auf.	Analogien in den sich widersprechenden Evangelien.
Er besitzt für seine Jünger unbedingte Autorität.	Er besitzt für seine Jünger unbedingte Autorität.
Er ist ein Reformer, Prophet, Sittenlehrer und Wundertäter.	Er ist ein Reformer, Prophet, Sittenlehrer und Wundertäter.

Historische Parallelen zwischen Buddha und Jesus	
Buddha	**Jesus**
Er wohnt vor seiner Herkunft als Geistwesen unter den Gottheiten im Himmel und begibt sich zum Heil der Welt freiwillig auf die Erde.	Er wird vom Gottvater auf die Welt geschickt, um ihre Sünden zu sühnen. Später kehrt er in den Himmel zurück.
Wunderbare Geburt.	Wunderbare Geburt.
Engel verkünden ihn als Erlöser.	Engel verkünden ihn als Erlöser.
Der Mutter wird verheißen: »...alle Freude kommt über dich, Königin..., jauchze und sei froh, denn dieses Kind, das du geboren hast, ist heilig.«[82]	Verkündigung an Maria.
Er kennt in der Schule alle Schriftarten.	12-jähriger Christus im Tempel.
Er beginnt etwa 30-jährig seine Tätigkeit.	Er beginnt etwa 30-jährig seine Tätigkeit.
Er wird vom Bösen versucht, das er mit dem Guten überwinden will.	Er wird vom Bösen versucht, das er mit dem Guten überwinden will.
Er verbietet das Töten, Stehlen, Lügen und den unerlaubten Geschlechtsverkehr.	Er verbietet jede Anwendung von Gewalt.
Er sagt: »...nur die, die an mich glauben und mich lieb haben, sind dereinst des Paradieses und der Erlösung gewiß.«	Jesus sagt: »...wer an mich glaubt, der wird leben.«
Er schreitet über den Ganges.	Er schreitet über den See.
Er zieht in freiwilliger Armut mit einer Jüngerschar umher, hat 12 Hauptjünger und einen Verräter. In Pataliputra kommt es zu einem Apostelkonzil. Er wird vergöttlicht.	Analogien in den sich widersprechenden Evangelien.
Scherflein der Witwe. In der buddhistischen Erzählung spenden Reiche bei einer religiösen Versammlung kostbare Gaben. Eine arme Witwe hat nur zwei Geldstücke und opfert sie mit Freude. Der Oberpriester erkennt ihre gute Tat und rühmt sie, ohne die Geschenke der anderen zu achten.	Scherflein von der Witwe. Im Markusevangelium heißt es: »...als er sich dem Opferkasten gegenübersah, sah er wie das Volk Geld in den Kasten warf und viele Reiche taten viel hinein. Da kam eine arme Witwe und legte zwei Scherflein hinein. Er sagte zu ihnen: »...wahrlich, ich sage euch, dieses armselige Weib hat mehr eingelegt, als alle... die etwas in den Opferkasten getan haben.«[83]

Die Vorstellung, daß ein hl. gedachter Geist herabkommt, ist sehr alt; bereits die asiatischen Schamanen kennen ihn »... bei einer nächtlichen Beschwörungsszene in der nur durch ein düsteres Feuer erhellten Jurte tobte der alte Schama im wilden Stampfen und heftigen Springen im Kreis herum, indem er die Geister in einem monotonen Gesang unter Wiederholung rythmischer Kadenzen zitiert hatte, und so oft er sich dem Platz seiner Jünger näherte, fielen diese, mit gefalteten Händen vor ihm nieder, worauf er ihr Haupt mit den beiden Stäben berührte, die er gleichförmig in seinen Händen umherschwang«.

Zur Darlegung eines göttlichen Sachverhaltes bedient sich die römisch-katholische Kirche einer antiken Legende, die als wahr hingestellt und darum für alle Katholiken glaubensverpflichtend ist.

Antike Standardwunder

Während Celsus (noch) sagt, Jesus habe die Wunder in Ägypten erlernt[87] meint Strabon: »... Weiber und das niedere Volk muß man durch Wundergeschichten zur Gottesfurcht bringen«. Es fällt auf, daß alle antiken Erlösergötter mit den gleichen Wundern aufwarten.

Längst weiß die historische Forschung, daß es in der antiken Literatur zahlreiche Gegenstücke zu den evangelischen Wundern gibt. Die meisten »typischen« Züge kehren natürlicherweise in den Krankheitsgeschichten des Neuen Testamentes wieder[88].

Man kann sich des Eindrucks nicht erwehren, daß die dem »neuen« Religionsgründer zugeschriebenen Wunder nur darum so hoch geschaukelt werden, um darzulegen, daß **er** antiken Heilanden überlegen ist.

Dazu einige Beispiele: Asklepios (5. Jh. v. u. Z.) heilt Lahme, Stumme und gibt Blinden das Augenlicht; er soll Tote erweckt haben. Appolonius v. Tiana tritt als Gottgesandter auf und erweckt in Rom ein verstorbenes Mädchen. Er vermag »böse« Geister auszutreiben, stillt einen Sturm auf dem Meer, heilt Blinde, Lahme und Gebrechliche. Empedokles aus Agrient (Sizilien) bezeichnet sich als »unsterblichen«

Gott; er heilt Pestkranke und weckt Tote auf. Hinzu kommt das längst bekannte Bauchreden, das Auflegen der Hände und das Austreiben von angenommenen Dämonen.

Etwa 300 Jahre v. u. Z. verkündet eine Inschrift von Epidauros, daß der von einer Schlange gebissene Midas nach seiner Rettung ein Bett aufnimmt, es wegträgt und daraufhin wieder gehen kann. Wer denkt nicht an die Parallelen im christlichen Lager?

Bekannt sind (auch) die »wunderbaren« Speisungen. Hier haben wir ein Beispiel aus dem Alten Testament: »... es erschien ein Mann von Baal-Salisa und brachte dem Manne Gottes Erstlingsbrot, nämlich 20 Gerstenbrote und zerstoßene Körner in einem Quersack. Dann befahl Elisa: »... gib den Leuten, daß sie essen«. Er aber sprach: »... wie kann ich das hundert Männern vorlegen?«. Dann sprach Jahwe: »... essen werden sie und noch übriglassen«. Da legte er ihnen die Brote vor uns sie aßen und ließen noch übrig, wie (ihnen) Jahwe verheißen hatte[89].

Aus dem Fundus der antiken Standardwunder ist kein Beweis für das Wunderwirken eines Jesus v. Nazareth ableitbar.

Auferstehung und Kreuztragung

Wir haben zwei Angelpunkte des christlichen Lehrgebäudes vor uns, mit denen versucht wird, das »gewohnte« Jesusbild aufrecht zu erhalten. Schon der babylonische Tammuz, der syrische Adonis, der phrygische Attis, der ägyptische Osiris und der thrakische Dionysos sind auferstanden. Mit jeder Auferstehung ist der Glaube an die menschliche Unsterblichkeit verbunden: wir haben eine jener triebhaften menschlichen Sehnsüchte vor uns ... diese Vorstellung ist sehr alt[90]. Mußte man Jesus v. Nazareth mit den gleichen Attributen auftreten lassen?

Die Wiederkehr der antiken Erlösergötter ist nichts besonderes. Der auferstandene Appolonius v. Tiana zeigt sich zweien seiner Jünger. Ein römischer Prätor beteuert unter Eid: »... er habe die Gestalt des verstorbenen Augustus bei seiner Himmelfahrt gesehen«[91].

Die Kreuzigung ist eine damals lang bekannte Strafart. Nach Cicero ist sie »... die grausamste und scheußlichste Todesstrafe«. Seit dem 2. Jh. v. u. Z. wird nachweislich in Palästina gekreuzigt. Im Jahr 89 v. u. Z. läßt Alexander Jannai anläßlich seines Siegerbanketts vor den Augen seiner Mätressen 800 aufständische Pharisäer kreuzigen. Im Jahr 71 v. z. u. Z. werden unter M. Licius 6.000 Sklaven entlang der Via Appia gekreuzigt.

Bei den konkreten Rechstvorstellungen der Römer ist unwahrscheinlich, daß man Unschuldige ans Kreuz geschlagen hat. Im Alten Testament steht: »... wer am Kreuz hängt, ist ein von Gott Verfluchter«. Wie konnte Gott seinen Sohn verfluchen, den er eigens auf die Erde gesandt hat? Das Drama, das sich um die »denkbare« Kreuzigung eines Jesus v. Nazareth rankt, ist unbewiesen. Die christliche Leidensgeschichte hat ein Vorbild im umrätselten 53. Kapitel des Jesaja. Die Texte stammen nicht von ihm. Sie sind jünger und deren Verfasser ist unbekannt. Hier wird erzählt, wie der Gottesknecht verachtet und gemartert wird. Er hat zur Vergeltung der Sünden Blut vergossen. Sind die Parallelen nicht offensichtlich?

Einzelne Forscher bezweifeln die Kreuzigung des Jesus (Christus): Deschner meint: »... daß die Leidensgeschichte des Herrn aus dem Alten Testament erdichtet ist[92]. Nicht einmal die Gestalt des Kreuzes ist nachweisbar, denn der griechische Begriff erwähnt lediglich einen Pfahl. Die ältesten Berichte sagen nichts darüber, ob man den Herrn daran gebunden oder genagelt hat.

Hierher gehört die Legende vom Grabtuch Christi. Noch 1980 versucht man, es den Christen als »glaubenswahr« zu verkaufen. 1988 gelingt der Nachweis, daß es sich definitiv um eine Fälschung handelt.

Unter solchen Sachverhalten **müssen** alle christlichen Darstellungen zur Leidensgeschichte - vor allem die Kreuzigung - vorsichtig interpretiert werden. Sie haben eher einen kulturell-künstlerischen, denn realen Wert.

Hat man die grausame Kulisse bewußt (nachträglich) geschaffen, um den sündhaften Menschen den Erlöserwillen vorzugaukeln, sie mit »erfundenen« Sünden weichzukochen und ihnen darum das Geld leichter aus der Tasche ziehen zu können? Millionen von Menschen aller Altersklassen und Bildungsgrade beugen sich vor diesem Phantom.

Wie stellen sich die religiösen Gemeinschaften unmittelbar **vor** dem Eintritt des Christentums dar? Die Nähe zum Mithraskult, die Vorstellungen der Essener v. Qumran und die Ansichten der Gnostiker sind so frappierend, daß man bestenfalls von einem Abkupferungsprozeß sprechen kann.

Historische Parallelen zwischen dem Oberhaupt der Essener und Jesus

Beide strahlen eine große Frömmigkeit aus und **beiden** wird ein lauterer Charakter nachgesagt.

Beide gelten als Auserwählte und treten als Lehrer auf.

Beide stehen im Mittelpunkt ihrer Gemeinde. Sie predigen Buße, Demut, Keuschheit und Nächstenliebe.

Beide gelangen in einen scharfen Konflikt zu offiziellen politischen Kreisen.

Beide werden vor ein Gericht gestellt, unschuldig(!) verurteilt und gekreuzigt. [97]

Beide kennen ein Führerkollegium von zwölf Männern und die sakramentale Taufe zur Vergebung der Sünden.

Beide glauben an die Naherwartung des Gottesreiches.

Mithraskult und Gnostizismus

Mithras ist eine Personifikation der Sonne und dadurch ein alter Kult. Er gilt als »Gott des himmlischen Lichtes« und soll bei seiner Geburt von den Hirten angebetet worden sein. Man sagt ihm nach: »er wäre in den Himmel aufgefahren«. Der Tag des Sonnengottes, der »dies solis« wird als erster Tag der Woche gefeiert. 312 u. Z. erhebt ihn Kaiser Konstantin zum gesetzlichen Feiertag[94]. Aus ihm wird der Sonntag.

Die Mithrasreligion beruft sich auf eine Offenbarung. Sie setzt eine Sintflut an den Anfang ihrer Geschichte und ein Jüngstes Gericht an deren Ende. Die Anhänger glauben an die Unsterblichkeit und an die Auferstehung des Fleisches[95]. Sie unterziehen sich einem strengen Sittenkodex und verfügen über eine straffe Organisation.

Ihr Oberhaupt wird »Vater der Väter« genannt. Sie kennen sieben Sakramente, zu denen Taufe, Firmung und Kommunion gehören. Die Hostien sind mit einem Kreuz versehen. Der Gottesdienst wird von Priestern zelebriert. Auf ihren Altären brennt eine Vorform des sog. »ewigen« Lichtes.

Um die Mitte des 4. Jh. v. u. Z. ist der Mithraskult verbreiteter als das Christentum, »... von der Kirche aufgestachelt, haben Christen die Mithras-Anhänger verfolgt, ihre Priester getötet und sie in geschleiften Tempeln vergraben«.

Der Mithraskult hat im deutschsprachigen Raum Stützpunkte. Die gewaltsame Zerschlagung seiner Kultstätten spricht für die Kammeier'sche These, die besagt, daß es bis zur Begründung des Papsttums »romfreie« Kirchen gegeben hat. Die geistigen Querverbindungen zwischen dem Mithraskult und dem Christentum sind zu eng, um übersehen zu werden; es muß von einer Weiterführung religiöser Denkweisen gesprochen werden.

Schließlich wird die geringe Originalität des Christentums, was seine geistigen Ansätze betrifft, mit der ihm unmittelbar vorausgehenden Religionsform der Gnostiker deutlich. Im Grund genommen verfassen sie die ersten ethischen Lehrbücher und Kommentare der christlichen Religion.

Sie lehren die Herabkunft des erstgeborenen Sohnes, eines Gottes, eines Hades, **und** die Himmelfahrt. Der gnostische Mythos vom Heilsmenschen wird auf die Person von Jesus übertragen. Die Gnostiker fühlen sich als Fremdlinge auf dieser Welt, als Gefangene der Finsternis. Das Heil erwarten sie von einer Preisgabe alles Irdischen, dem Aufstieg der Seele in ein Lichtreich, entweder nach dem Tod oder durch mystische Ekstase. Wem fallen die Parallelen nicht ins Auge?

Später zeigen sich Kompetenzrangeleien und daraus resultierende Konflikte. Der erstarkende Katholizismus verschmäht den Gnostizismus, so als ob er nichts mit ihm gemeinsam habe. Er bestreitet ihn und verwirft ihn als Häresie, obwohl h i e r die Grundlagen des Christentums programmiert werden. Auch hier strafen inzwischen Wissenschaftler das Kirchendenken der Unwahrheit. Im frühen 20. Jh. gelingt der Nachweis, daß der Gnostizismus[96] eine eigenständige Religionsform gewesen ist. Die Verdammung seitens der römisch-katholischen Kirche ist unhaltbar. »Die katholische Kirche sucht die Zersplitterung in christliche Sekten damit zu erklären, als daß sie allesamt von der **allein** seligmachenden abgewichen seien. Aber **sie** war es, die im Verbund mit der weltlichen Macht jeden vernichtete, der etwas anderes glaubte, als das Papsttum ihm vorschrieb. Das Blut von Hunderttausenden ist im Namen des katholischen Christentums geflossen«.

Der Antrophologe Charles Darvin, der wegen seiner Abstammungstheorie von der Kirche verteufelt wird. Das hier gezeichnete Spottbild spricht für sich. Seit 600.000 Jahren gibt es aufrecht gehende Kulturmenschen und seit 2.000 Jahren ein »uneiniges« Christentum. Warum sollte Darwin nicht recht haben? eingespiegelt: Charles Darvin im Alter von 40 Jahren. Zeichnung von T. Magire. 1849.

Israelitisches Sektenwesen

Eine wesentliche Erscheinung der israelitischen Religion ist das ausgeprägte Sektenwesen, in dem wir die unterschiedlichen Anschauungen und deren religiöse Varianten erkennen[99]. Flavius erwähnt die Pharisäer, Sadduzäer und Essener. Über die Sekte der Sadduzäer ist wenig bekannt. Sie leiten sich von einer Priesterfamilie der Zadoquiden ab. Nach Josephus gehören sie der israelitischen Oberschicht an und haben im Volk wenig Anhänger[100]. Sie verfügen über Schriftgelehrte und leugnen die Auferstehung. Sie bestreiten den Glaube an Engel und Geister[101]. Nach der Zerstörung des Tempels von Jerusalem treten sie aus dem Blickfeld und verlieren an Bedeutung[102].

Die Pharisäer bilden sich erst um die Mitte des 2. Jh. v. u. Z. Paulus bezeichnet sie als die strengste Sekte[103]. Des öfteren wird ihre Treue zum Gesetz hervorgehoben. Der Pharisäismus vertritt eine gemäßigte Haltung. Tokarew bemerkt: »... die Sekte ist bei der Masse angesiedelt, doch in Wirklichkeit sind sie Demagogen, die auf die gläubigen Teile der Bevölkerung durch eine zur Schau getragene heuchlerische Frömmigkeit und durch ein demonstratives Innehalten der rituellen Vorschriften wirken. Sie stehen mit den Synagogen in Verbindung, legen

Gesetze aus und unterrichten das Volk. Sie glauben an ein Leben nach dem Tod[104]. Die Essäer (= Essener) bilden sich aus den untersten Volksschichten. Aramäisch nennt man sie »die Frommen«, man kann sie als legitime Nachfolger der Asidäer bezeichnen[105]. Die Glaubensgemeinschaft separiert sich um 150 v. u. Z. und besteht bis zum Jüdischen Krieg. Unsere Kenntnis über sie geht teilweise auf Philo v. Alexandria und Josephus Flavius zurück. Was verbirgt sich dahinter?

Unter Simon oder Johannes Hyrkan entsteht die Gemeinschaft der sog. »Qumran-Essener«. Sie geben ihre Tätigkeit in Jerusalem auf, ziehen in die Wüste Juda und errichten am Nordwestufer des Toten Meeres ein Gemeinschaftshaus von beachtlichen Dimensionen. Das Ordenshaus ist eine Pflegestätte des messianischen Geistes. Die Essener zeichnen sich durch eine esoterische Grundhaltung aus und ergehen sich in der Hoffnung an eine Auferstehung. Sie wollen einen Messias einsetzen und führen ein streng asketisches Leben; sie verstehen sich als Erwählte der Endzeit. Die Sekte ist straff organisiert und untersteht einem »Lehrer der Rechtschaffenheit«.

Josephus erwähnt, daß sich die Essener verpflichtet hätten, den Brüdern »nichts zu

Widerspruchsvarianten				
1	2	3	4	5
Joh. 8.1. ff	Luk 7.36. ff.	Matth. 26.6.	Joh. 12.1	Luk. 10.38 ff.
Eine Sünderin wird von Pharisäern und Schriftgelehrten vor Jesus gebracht und verklagt, von ihm aber losgesprochen und nicht mehr zu sündigen ermahnt.	Eine Sünderin salbt Jesu die Füße; ein Pharisäer mißbilligt dies; Jesus aber nimmt sie in Schutz und verkündigt ihr Vergebung ihrer Sünden.	Eine Frau in Bethanien salbt Jesu das Haupt, wird von den Jüngern angefochten, von Jesus aber in Schutz genommen.	Maria, Martha's und des Lazarus Schwester salbt in Bethanien Jesu die Füße, Judas tadelt sie, Jesus nimmt sie in Schutz.	Maria, Martha's Schwester sitzt Jesu zu Füßen, wird von ihrer Schwester darüber getadelt, von Jesus aber in Schutz genommen.
(*) Zusammengestellt nach den Recherchen von David Friedrich Strauß				

verheimlichen«, bzw. den anderen »keine Geheimnisse zu offenbaren«. Die eintretenden Novizen schwören: »... erst Gott (= dem Ordensoberhaupt, einem Wesen aus Fleisch und Blut) treu zu dienen und erst dann gegenüber den Menschen Gerechtigkeit zu zeigen. Es herrscht Gütergemeinschaft und teilweise Ehelosigkeit.

Den Höhepunkt ihrer Zusammenkünfte bildet ein kultisches Mahl, wobei ein Priester Brot und unvergorenen Wein zelebriert. Die essenische Gemeinde soll mehr als 4.000 Mitglieder umfaßt haben. Im Land bestanden mehrere Niederlassungen; eine von ihnen auf dem Ölberg im Osten von Jerusalem[106].

Im Jahr 66 u. Z. beginnt der sog. »Jüdische Krieg«[107]. Münzfunde bestätigen, daß die Ordenszentrale von Qumran um 68 vernichtet wird. Kurz vorher werden Teile der Bibliothek in Sicherheit gebracht. Die Archäologie hat die Geschichte der Essener seit 1947 zu »neuem«Leben erweckt. Damals suchen Beduinenkinder aus dem Stamm der Tá amire eine verirrte Ziege. In einer zwei Kilometer vom Nordwestufer des Toten Meeres gelegenen Höhle finden sie per Zufall Handschriften in hebräischer, aramäischer und griechischer Sprache: in Leinwand gehüllt und in Tonkrügen verschlossen. »Plötzlich fiel auf die Essener und vor allem auf ihre Beziehungen zur »Jesus-Sekte« das grellste Licht[108].

Diese Funde sind eine wesentliche Quelle zur Erforschung der israelitischen Religionsgeschichte, denn sie gestatten Einsichten in die damaligen Lebensformen und die damit verbundenen religiösen Ansichten. Sie schaffen eine neue Basis für die Textkritik an der christlichen Bibel. Bedeutend ist vor allem eine Sektenrolle, in der die Regeln für die Gemeinde in »den Letzten Tagen« aufgezeichnet sind. Hinzu kommt eine Sammlung von Hymnen, eine Darstellung des Krieges zwischen den »Söhnen des Lichts« mit den Söhnen der Finsternis«, die 1896 in der Genia der Synagoge von Kairo entdeckt wird und die 1919 veröffentlichte »Damaskusschrift«, sowie zwei ausgerollte Tafeln aus getriebenem Kupfer mit einem Verzeichnis märchenhafter Gold- und Silberschätze.

Durch die unterschiedliche Interessenlage der Sekten entstehen natürliche Spannungen[109]. Ein neuralgischer Punkt ist die diametral gelagerte »messianische« Hoffnung. Sie wird durch ein politisches Faktum (mit)bestimmt, denn im Jahr 63 unterwirft Pompejus gewaltsam die Makkabäer und Hasmonäer. Kurz danach beginnt der Jüdische Krieg. Danach rückt die Einsetzung eines israelischen Messias in weite Ferne. So werfen die Essener den Pharisäern vor, daß sie nicht mehr an das unmittelbar bevorstehende Weltende glauben und bezeichnen sie als »Heuchellehrer«[110].

Die widersprüchliche Kreuzigung anhand der Evangelien				
Angeblicher Vorgang	Mk.	Mt.	Lk.	Jo.
Kreuzigung	1	1	1	4
Teilung der Kleider	2	2	4	3
Inschrift am Kreuz	3	3	2	2
Kreuzigung der Schächer	4	4	5	8
Spott der Priester	5	5	3	9
Schmähen der Schächer	6	6	6	-
Finsternis	7	7	7	-
Soldat mit Essig	8	8	10	-
Tod des Jesus	9	9	9	-
Zerreißen des Vorhanges	10	10	-	-
Die Ziffern bedeuten die in den Evangelien gebrachte Reihenfolge.				

Die Essener beißen sich an »Ihrer« Sehnsuchtshoffnung fest. Es ist nicht abwegig, die These aufzustellen, daß in der Ordenszentrale von Qumran Grundelemente des Christentums vorgezeichnet werden[111]. Der Lehrer der Rechtschaffenheit erweist sich als das autokratisch regierende Oberhaupt des Ordens[112]. Vermutlich erblickt die Qumrangemeinde in ihm einen eschatologischen Prophet[113].

Es ist denkbar, daß die sog. »Evangelien« in diesem Umfeld entstehen. Lukas spricht von einer Belagerung Jerusalems. Es mag sein, daß einzelne Mitglieder des Ordens (später) als Jünger (wieder) auftauchen, ja daß sie Zeitgenossen dieser kriegerischen Auseinandersetzung waren. Nicht nur David Friedrich Strauss hält an der Behauptung fest, daß den Evangelien geschichtliche Ereignisse zugrundeliegen. Damals gehören sie keinesfalls zum Glaubensgut der Kirche, denn es gibt sie nicht.

Theorie von Bromme

Bromme gelangt nach seinen Recherchen zu dem Ergebnis, daß die Evangelien in verschlüsselter Form die vier essenischen Aufstände beschreiben. Diese Ansicht bedarf einer weitergehenden Analyse, keinesfalls die der Verdammung. Brommes Schlußfolgerungen erscheinen in sich logischer als die theologischen Interpretationsversuche.

Der erste essenische Aufstand wird niedergeschlagen, was Josephus Flavius bestätigt[114]. Beim zweiten wird der Tempel von Jerusalem bewaffnet angegriffen. Er endet mit einer Niederlage. Nach dem Tod von Herodes d. G. wird ein Publicus Quintilius Prokurator in Syrien. Er schlägt einen weiteren Aufstand nieder und richtet u. a. den Essener (?) Simeon hin. Was die späteren christlichen Autoren als Johannes d. Täufer bezeichnen, **kann** ein essenischer Aufstandswerber gewesen sein. Er wird - noch unter Herodes - gefangen und auf die Festung Machareus gebracht. Hier wird er um die Mitte des Jahres 28 enthauptet. Sein unrühmliches Ende mahnt zur Vorsicht!

Dann hat sich ein Jesus v. Nazareth in die politische Szene geschaltet[115]. Er **kann** mit dem »Lehrer der Rechtschaffenheit« identisch sein. Jesus war kein Christ. Er ist weder Religionsgründer, noch Wohltäter oder Sozialrevolutionär. Nach Bromme ist er der maßgebliche Anführer des letzten großen Esseneraufstandes. Jesus hat keine Kirche begründet. »Die Bibel ist eine Schöpfung der Kirche und nicht die Kirche eine Schöpfung des Neuen Testamentes«[116].

Dieser Ansicht nach kann Jesus nur kurze Zeit politisch aktiv gewesen sein. Der von ihm inszenierte Aufstand wird von Flavius beschrieben[117]. Er wird gefangen und vor ein römisches Tribunal gestellt. Nach dem geltenden Recht ist er ein Hochverräter, denn er hat einen bewaffneten Aufstand geleitet. Man sollte seine Verhörer nicht als Naivlinge hinstellen. Die römischen Machthaber stehen im Land und haben das politische Geschehen im Griff. Man macht Jesus den Vorwurf, daß er ein Christus, ein Gesalbter (= Messias) sein wolle, weil die Israeliten von ihm die Befreiung der Fremdherrschaft erwarten: er wäre ein Feind des römischen Statthalters.

Das literarische Tauziehen um Barrabas und ihn kann als Ausschmückung übergangen werden. Jesus wird von den Römern rechtmäßig zum Tod verurteilt und gekreuzigt. Zu behaupten, es wäre in der dritten Stunde geschehen, sagt nichts, denn es gibt keine Zeiteinteilung im heutigen Sinn. Die Geschichte mit Maria Magdalena ist unwichtig. Der Aufstandsführer Jesus soll mit dem plötzlichen Schrei »es ist vollbracht« gestorben sein. Wir können es übergehen, weil schon Herakles mit den gleichen Worten gestorben sein soll.

Es ist unbekannt, wo man den damaligen Aufstandsführer (vielleicht Jesus) begraben hat. Vielleicht auf dem inzwischen von den Archäologen entdeckten Friedhof der Essener von Qumran. Mit dem Ableben von Jesus treten andere Personen auf den Plan, die später als »Jünger« deklariert werden. Nun hat sich die Lage verändert.

Erst **danach** entsteht das »Urchristentum« und nach langen und merkwürdigen Umwegen das »Christentum«. Bewußt spricht Flavius von den »Christianern«[118]. Erst **danach** werden die entscheidenden Veränderungen eingeleitet. Und erst danach geht man an die Abfassung der sog. »christlichen Bücher«. Sie beinhalten keine geschlossene Darstellung des Glaubensgutes. Dies **mußte** Kirchenlehrer auf den Plan rufen, die versuchen, ihre Interessen nunmehr (auch) literarisch durchzusetzen. Diese Unsicherheit, dieses Suchen nach den geistigen Grundlagen kennzeichnet die ersten Jahrhunderte u. Z. weit über den Zeitpunkt hinaus, wo man das Christentum zur Staatsreligion erhoben hat. Dies bedeutet: die »absolut sicheren« Aussagen der Kirche ruhen auf einem »absolut unsicheren« Fundament. Folglich ist das Ergebnis der Bibelfoschung ein Chaos!

Die christlich verpflichtende Glaubenslehre besteht aus vielfältigen Interpretationen der Kirchenväter und -lehrer und der daraus abgeleiteten konziliaren Ab- und Ansichten. Trotz aller Bemühungen ist es Stümperwerk geblieben. Die Christen haben Gewalt, Mord, Zwang, Unterdrückung und Drohungen zu Rate gezogen, um das wenige, was sie als Glauben bezeichnen, hochzuhalten. Die Einheit der römisch-katholischen Kirche ist nie zustandegekommen, sondern immer nur ein Ziel geblieben. Manche Fälschung mußte sich diesem Zweck unterordnen[119].

War es der Wille Christi, daß seine Lehre niedergeschrieben und weltweit verbreitet wird? Warum hat er es nicht selbst getan? Es wäre ein leichtes gewesen, seine Glaubensauffassung einem Schreiber zu diktieren. Oder hat er es getan?

Evangelische Widersprüche

Die Theologen vertreten pflichtgemäß die Auffassung, daß die vergleichende Betrachtung der evangelischen Texte ein harmonisches Gesamtbild ergibt. Es ist nicht so. Mit dieser exklusiven Auffassung stehen sie fast allein im Raum[120]. Es wird früh erkannt, daß die Ungereimtheiten den gesamten Schriftbestand auszeichnen. Dies wirft einen tiefen Schatten über den ihnen zugesprochenen Wahrheitsgehalt.

Die Widersprüche umfassen die gesamte Palette und reichen vom Abendmahl über die Taufe, von den Wirkungsplätzen bis zur Kreuzigung, von der Auferstehung über die Aktivität der Jünger und betreffen vor allem die Apostelgeschichte. Folgerichtig wird seit langem der evangelische Unterbau bezweifelt.

Die Theologen bestätigen ihre Unsicherheit direkt und indirekt, denn im streng gehüteten Glaubensstrom bilden sich im Lauf der Zeit viele »Evangelientheorien« heraus, von denen eine widersprüchlicher als die andere ist[121]. De Wette hebt hervor: »... um die Glaubwürdigkeit eines Berichtes zu prüfen, muß man zuerst die Tendenz des Erzählers untersuchen«[122].

Treffend bemerkt David Strauß: »... den gelehrtesten und scharfsinnigsten Theologen fehlt die Grunderfordernis: die innere Befreiung des Gemüts und Denkens von gewissen religiösen und dogmatischen Voraussetzungen«[123].

Hinzu kommen theologische Ausflüchte und sophistische Rechthaberei-Versuche. Nicht nur Wilhelm Kammeier bemerkt[124], daß man bei der Vergleichung der Texte willkürlich mit den wesentlichen Glaubensweisheiten umspringt.

Englische Deisten und Naturalisten bestreiten schon im 17. Jh. die Echtheit und damit die Glaubwürdigkeit der Bibel[125]. Toland[126] und Bolingbroke erkennen in ihr eine Sammlung unechter Schriften. Kant[127] erkennt hinter den biblischen Schriften wohldenkende Volkslehrer, die die Inhalte mit den allgemeinen moralischen Glaubensansätzen übereinstimmen machen (wollen). Er deutet wesentliche Teile der christlichen Glaubenslehre im ethischen Sinn um und zieht sich dadurch die Ungnade seines Landesfürsten zu.

Es steht die grundsätzliche Frage ins Haus, weshalb man bei einer so wichtigen Angelegenheit denn nicht auf **ein** verbindliches, historisches, prüfbares, wahres und nicht von Widersprüchen durchwobenes Dokument zurückgreifen kann.

Die Entstehungszeit der hl. Bücher ist unbekannt. Kritisiert wird vor allem das Johannesevangelium. »Tatsache ist, daß die wisssenschaftliche Forschung das Johannes-Evangelium seit über hundert Jahren verwirft[128]. Es wird erst durch mehrfache Überarbeitungen kirchenfähig[129]. Es stammt von einem meditierenden Theologe und wird Jahrzehnte nach den anderen verfaßt. Es ist wegen seiner krassen Widersprüche ersatzlos aus dem Konsens der biblischen Schriften zu streichen.

Die Theologen irren sich selbst an handfesten historischen Orientierungen und stempeln antike Landesherren zu blutrünstigen Tyrannen ab. Beispielsweise den König Herodes.

Anmerkungen zu Herodes

Herodes d. G. (geb. 72 v. u. Z.) wird 23-jährig Statthalter von Galiläa. Mit vierzig wird er zum König von Judäa ausgerufen. Nach der Erstürmung von Jerusalem regiert er von 37 v. bis 4 n. u. Z. Wenngleich er seinem Land einen langen Frieden sichert, geht er rücksichtslos gegen innere Widerstände vor[130]. In seine Regierungszeit fällt vermutlich die Geburt des Jesus (v. Nazareth).

Man sagt Herodes nach, er habe zu sehr unter dem Einfluß seiner zweiten Frau Herodia gestanden. Spätere Päpste können ihm daraus keinen Vorwurf machen, denn etliche von ihnen waren vom weiblichen Geschlecht nicht nur beeinflußt, sondern abhängig. Im 10. Jh. wird Rom streckenweise von Huren regiert; Alexander VI. überträgt seiner Tochter Lukrezia im 16. Jh. vorübergend die Amtsgeschäfte im Vatikan.

Von christlicher Seite aus wird Herodes d. G. als blutrünstiger Tyrann hingestellt, der den Kindermord in Bethlehem auf dem Gewissen hat. Selbst hier gibt es eine historische Parallele[131]. Pausianus berichtet von einem Kindergrab in Kaphay. Die Kinder hätten sich einst an einem Götterbild vergangen und seien darum von den Bewohnern gesteinigt worden. Als (daraufhin) eine Krankheit über die Frauen hereinbrach, befahl die Pythia, die Kinder zu begraben und ihnen jährlich ein Heroenopfer zu bringen[132].

Die Kirche hat Herodes ohne sachliche Berechtigung abgekanzelt. Selbst wenn er den Kindermord veranlaßt haben sollte, so wäre dies nichts im Vergleich zu den Hunderttausenden, die die römisch-katholische Kirche im Lauf **ihrer** Geschichte in Religionskriege verwickelt und aus dem Leben geschafft hat. Es ist bemerkenswert, daß man weit bis in das 18. Jh. hinein den Christen abortierte Kinderleichen als angebliche Reliquien der angeblich unter Herodes unschuldig umgebrachten Kindlein verkauft hat.

Zur Zeit Jesus (v. Nazareth) ist Herodes Antipas, ein Sohn von Herodes d. G. Landesfürst. Unter ihm wird Johannes der (angebliche ?) Täufer hingerichtet. Herodes Agrippa I. ein Enkel des Herodes, läßt Petrus in ein Gefängnis werfen und einen Jacobus hinrichten. Sicher nicht ohne Grund. Doch zurück zur theo-logischen Widerspruchsgeschichte!

Herrengebet, Abendmahl, Taufe

Das Herrengebet (= Vater Unser) findet sich **nur** bei Lukas und Matthäus. Die anderen Evangelisten halten es nicht für nötig, darauf einzugehen[133]. Verzweifelt haschen die Theologen nach einer plausiblen Erklärung, als man ihnen vorhält, daß eine der alten Handschriften nur fünf von den sieben Bitten enthält. Sie proklamieren: »... hinsichtlich des Vater(s) Unser(s) liegt die Annahme (!) vor, daß Lukas, der auch sonst oft gekürzt hat ... in der Erkenntnis (!), daß Jesus nur ein kurzes Gebet habe formulieren wollen, in der dritten und siebten Bitte Ausführungen der zweiten und ersten erblickt«[134]. Mit so laschen Argumenten kann man heute niemand mehr hinter dem Ofen hervorlocken!

Das Abendmahl - Herzstück des Christentums - wird von Johannes mit keiner Silbe gewürdigt. »Das Variantenbündel des christlichen Abendmahlberichts ist ein aus dogmatisch-theologischen Spannungen erwachsenes Kunstprodukt«[135]. Wie kann man sich nur so herausreden?

»... der Text des Neuen Testamentes habe während der ersten beiden Jahrhunderte noch nicht unanfechtbar (!) festgestanden. Einzelne Kopisten haben sich unkorrekt verhalten. Sie haben nicht bloß mechanisch die Vorlagen abgeschrieben (welche?), sondern sie aufgrund eigenen Nachdenkens (?), verbessert, verdeutlicht und sie dadurch verständlicher gemacht. Die Abschreiber dachten keinesfalls an die Zukunft ihrer Schriften, denn nach ihrer Ansicht stand das nahe Weltende bevor. Weshalb sollten sie dann auf »wörtliche« Treue bedacht gewesen sein«[136].

Die Taufe ist ein wesentlicher Angelpunkt des christlichen Glaubens. Warum heißt es dann nur am Schluß des Matthäus-Evangeliums: »... geht und machet alle Völker zu Jüngern, indem ihr sie taufet auf den Namen des Vaters, des Sohnes und des hl. Geistes?«[137]

Hier kommen die Theologen in Verlegenheit und tragen vor: »... wir haben erkannt (!), daß die synoptischen Evangelisten keinen geschichtlichen Bericht geben wollten, sondern nur (!) Momentbilder aus dem Leben von Jesus (!) in ein konstruiertes Rahmenwerk stellen, das teilweise ein reines Verlegenheitsprodukt ist«[138].

Kreuzigung, Auferstehung, Himmelfahrt

Wie sieht es mit der Kreuzigung aus? Lediglich die Evangelisten Markus und Matthäus stellen sie einheitlich dar. Lukas bringt eine Verzerrung und Johannes tanzt aus der Reihe. Er schweigt von der Finsternis und vom Zerreißen des Vorhangs. Dafür wartet er mit einer Anmerkung auf, von der die Synoptiker nichts wissen. Er sagt, daß die Mutter von Jesus am Grab ihres Sohnes gestanden hat. Am einfachsten gewinnt man einen Überblick an der beigefügten Tabelle.

David Friedrich Strauß bringt gleichfalls ein treffendes Beispiel, denn das »Bethanische Mahl« kommt in fünf Variationen vor.

Ähnlich konfus wird die Auferstehung geschildert. Nach den Aufzeichnungen der Evangelisten hat ein Josef von Arithmäa den Gekreuzigten abgenommen und beigesetzt. Im Widerspruch dazu behauptet man in der Apostelgeschichte, die Kreuzabnahme und Grablegung sei durch Juden erfolgt[139]. Matthäus erwähnt die Grabwache: doch Markus nicht. Nach Matthäus fährt ein Engel vom Himmel herab und die Wächter fallen »wie tot« um[140]. Bei Markus treffen die Frauen zwar den gleichen Engel, doch nun sitzt er »still am leeren Grab«. Nach dem Johannes-Evangelium verwenden die Frauen Spezereien, um den Herrn zu salben. Bei Markus besorgen sie sie einen Tag nach dem Sabbath und bei Lukas einen Tag davor[141]. Nach dem einen Bericht erscheint zuerst Maria am Grab und nach einem anderen Jacobus.

Nach wieder anderen Nikodemus oder seine Mutter. Nach dem unechten Markusschluß und dem Johannes-Evangelium erscheint der Auferstandene erst Maria-Magdalena. Bei Matthäus den beiden Marien und bei Lukas den Emmausjüngern[142]. Nach dem Lukasevangelium erfolgt die Himmelfahrt Christi bei Bethanien. Laut der Apostelgeschichte vom Ölberg aus. Das Matthäus-Evangelium kennt die Himmelfahrt nicht.

Markus nennt als erste Brüderpaare Petrus und Andreas, bzw. Jacobus und Johannes. Die Tradition des Johannes-Evangeliums erwähnt einen namentlich Unbekannten, dann Petrus, Philippus und einen Nathanael; diesen kennen die anderen Evangelisten nicht. Paulus erwähnt im 1. Korintherbrief, daß Christus nach seiner Auferstehung erst einmal Petrus und dann den anderen Jüngern erschienen ist. Markus weiß von dem nichts, sondern bemerkt, daß Jesus seinen Jüngern auf einem ungenannten Berg in Galiläa erschienen sei; nach dem Lukasevangelium haben die Erscheinungen in Judäa stattgefunden.

Nach Matthäus schlagen die Mitglieder des Synedriums Christi während dem Verhör. Nach Lukas sind es die Knechte des Hohen Rates. Wie steht es mit der Heilung des Blinden? Markus sagt, sie wäre beim Verlassen der Stadt Jericho erfolgt und Lukas sagt, das Wunder wäre geschehen, als sich Jesus der Stadt genähert hat.

Es steht der Nachweis aus, ob die biblischen Texte wahr oder unwahr sind. Ist das Christentum ein Sammelbecken antiker Religionsformen, gesteuerter Manipulationen (= Fälschungen und/oder Unwahrheiten) oder ist es eine »glaubwürdige« Religion? Wenn man die Todesängste und Schrecken abzieht, die mit seiner teilweise gewaltsamen Verbreitung verbunden waren, bleibt wenig übrig, was tolerant und sittlich als hochstehend zu bezeichnen ist.

Verbrennung von Ketzern (Juden?) in einer Grube. Derber Holzschnitt (Nürnberg) aus dem Jahr 1494.

Christlicher Judenhaß

Mach Mores, Jud[1]

Durch den in jeder Weise ungerechtfertigten Judenhaß stellen sich die Christen und ihre Wortführer ein Armutszeugnis höchster Potenz aus. »Leider hat der fanatisierte Aberglaube nur allzuoft die Anlässe der Pestbrände wahrgenommen, um Lynchjustiz an Juden, Ketzern und Hexen zu üben, denn man hat ihnen eingeredet, Gott habe Strafen über sie verhängt, weil er die Ungläubigen und Frevler gestraft wissen wollte«.

Schon immer waren die Juden den »rechtgläubigen« Christen ein Dorn im Auge, wenngleich es dazu weder einen Grund noch Veranlassung gibt. Kaum eine andere Illusion hat mehr Grauen, Verbitterung und Verwüstung in der Geschichte des Christentums verursacht. »Die Juden wurden zu Tausenden erschlagen, lebend verbrannt, gehenkt, zerhackt, erwürgt und verscharrt. Die christliche Kirche hat seit ihrem Bestehen in zahllosen Traktaten, päpstlichen Schreiben und konziliaren Beschlüssen den Judenhaß geschürt.

Die 449 in Ephesus gehaltene Kirchenversammlung erhielt den Namen »Mörderversammlung«, weil man den Glauben »erzwingen« wollte. Cyrillus von Alexandrien ruft zur Judenhetze auf. Er läßt ihre Synagogen niederreißen und »... jeden niederhauen, der in ihre Hände kam«.

Am Rhein stachelt der Mönch Radulph im 12. Jh. zu einem Kreuzzug gegen die Juden auf. Im 14. Jh werden sie innerhalb kurzer Zeit im süd- und mitteldeutschen Raum so gut wie ausgerottet. Im 17 Jh. haben die Christen Unschuldige in sog. »Hexenöfen« verbrannt, die sich lediglich im Brennmaterial von den Krematorien des frühen 20. Jh. unterscheiden. Vor den Todesbunkern der KZ's verrichteten sich Christen Nennende die religions-entwürdigende Arbeit, während der hohe Klerus seinen Tagesgeschäften nachging.

Sie wurden mit Stricken und an Haaren zum Taufbecken gezerrt. Schon bei den merowingischen Franken kommt es zum Ende des 6. Jh. zu Zwangstaufen und Massenausweisungen, zur Niederbrennung, zur Zerstörung von Synagogen und jüdischen Häusern.

Pius IX. gibt 1858 der päpstlichen Polizei den Befehl, der jüdischen Familie Mortara (Bologna) den siebenjährigen Edgar wegzunehmen und ihn in ein christliches Internat zu stecken, weil er kurz nach seiner Geburt von einer christlichen Magd getauft worden ist. Später führt er ihn im Seminaristengewand den Juden Roms vor. Im Kichenstaat müssen die Juden - bis auf eine zweimalige Ausweisung - bis zum Einmarsch der italienischen Truppen - in Ghettos leben!

Von Paulus bis Hitler haben die Christen - bis auf wenige Ausnahmen - in ununterbrochener Reihenfolge - gegen Juden polemisiert. Noch am 21. Januar 1933 wettert der Linzer Bischof Gfölner in einem Hirtenbrief gegen das »entartete« Judentum und beklagt seinen »überaus schädlichen Einfluß auf fast allen Gebieten des modernen Kulturlebens«. Er fordert einen starken Damm gegen den geistigen Unrat und die sittliche Schlammflut, die vorwiegend vom Judentum aus die Welt zu überschwemmen droht«[2] Wie konnte ein Mann mit einer so primitiven Gesinnung Bischof werden?

Paulus beschuldigt sie, »... daß sie stehlen, ehebrechen und die Tempel plündern«. Ihren geistigen und religiösen Besitz nennt er Dreck. Paulus hält den Juden den Tod Jesu und die Verfolgung der Propheten vor[3]. Dies zieht sich wie ein roter Faden durch die christliche Literatur und entbehrt jeder Grundlage.

Es ist kein Wunder, was im 1.000 - jährigen Reich passiert. Die Hitler'sche Judenausrottungsmaschinerie wäre so wenig wie die gegen die orthodoxen Serben in Jugoslawien denkbar, ohne das von der Kirche über Jahrhunderte gelegte Strohfeuer. Der Theologe Küng gelangt zu dem Schluß: »... der Nationalsozialismus wäre unmöglich gewesen, ohne den jahrhunderte alten Antisemitismus der christlichen Kirchen«[4].

Für den Katholik Hitler sind die Juden Untermenschen. Er bezeichnet sie als Internationale Schlangen, Urheber allen Leidens und als Todfeind der Christenheit ... getragen von bestialischer Grausamkeit und unerläßlicher Lügenkunst[5]. Hitler atmet den Geist seiner inquisitorischen Vorgänger und wirft sich zum Streiter Gottes auf. Er proklamiert: »... ich glaube im Sinn des allmächtigen Schöpfers zu handeln. Indem ich mich der Juden erwehre, kämpfe ich für das Werk des Herrn«[6].

Die Tatsache, daß ein Mann mit so geringer Intelligenz die Staatsführung übernehmen konnte, wirft einen tiefen Schatten auf seine Wähler und die klerikalen Einflüsse, die immer deutlicher hervortreten .

Unter dem Volk wird die Meinung verbreitet, daß die Juden »Christus« umgebracht hätten und darum zu verachten (und) zu töten sind. Jesus wurde - wahrscheinlich wegen seiner religiösen Ansichten - die der offiziellen Glaubenslehre diametral entgegenstanden - verurteilt. Dieses Urteil hat - wenn man den Quellen Glauben schenkt - ein römischer Statthalter (Pontius Pilatus) gefällt. Wenn schon, dann ist er an seinem Tod schuld und nicht seine Handlanger.

Die jüdische Religion bringt den Monotheismus mit sich. Jehova oder Jahve gilt als Erschöpfer und Erhalter der Welt. Die Bedeutung seines Namens ist unklar. Ursprünglich handelt es sich (wohl) um einen Berggott der Sinaihalbinsel. Die geistige Leistung, nur noch einen Gott zu verehren und in logischer Konsequenz Unter- und Nebengötter auszuschließen, reichte nicht hin, um gleichzeitig den Glaube an Dämonen auszurotten.

Vielen Christen ist unbekannt, daß das Christentum über weite Strecken aus dem Judentum hervorgeht. Die Christen entwenden den Juden das »Alte« Testament und gebrauchen es gegen sie. Sie setzen ihm demonstrativ ein »Neues« gegenüber. Fast der gesamte christliche Wortgottesdienst kommt aus der Synagoge. Das Vater Unser setzt sich aus einem alten Synagogengebet zusammen. Das Handauflegen wird übernommen. Ostern und Pfingsten gibt es im Jüdischen Festkalender. Das Fasten wird gleichen Vorbildern abgekupfert. Die jüdischen

Engelheere werden zu christlichen Erzengeln umfunktioniert[7].

Wo liegt die Wurzel des nichtigen Hasses? Vielleicht ist es der Glaube an die Auserwähltheit »eines« Volkes. Nach Deschner münzte man den Absolutionsanspruch des jüdischen Messianismus zur Wiederkehr Christi um. Messias ist eine Umformung des Wortes »Der Gesalbte«. Der Messiasglaube tritt in Form eine Weissagung auf. Man erwartet von ihm die Befreiung vom Joch der fremden Herrschaft, die Wiederherstellung des Monotheismus, eine Umbildung der politischen Lage und die Übernahme der Weltherrschaft; just das, was man Jesus v. Nazareth später in die Sandalen geschoben hat. Ob er es wollte, ist unbekannt.

Weil »zwei« auserwählte Völker undenkbar sind und die Juden ihren älteren Anspruch nicht aufgaben, die Christen aber weiterhin auf ihrem »konstruierten« bestehen, stellten sie die Fakten auf den Kopf und erklärten, daß die Juden den Bund mit Gott gebrochen hätten. Diese primitive Geschichtsfälschung behielt die römisch-katholische Kirche bis heute bei[8]. So gesehen ist das Judentum ein »religiöser« Nebenbuhler, den es aus ideologischen und intoleranten Gründen auszurotten gilt. Dazu bedient man sich der Einfalt des einfachen Volkes. Es dürfte die bittere Wahrheit sein!

Frühe Polemik

Die Apostelgeschichte schimpft die Juden Verräter und Mörder. Das umstrittene Johannesevangelium ist die judenfeindlichste Schrift des Neuen Testaments. Darin erscheinen die Juden als Inbegriff der Schlechtigkeit. Das Johannesevangelium steckt voll Polemik. Der johanneische Christus bestreitet die Abstammung der Juden und setzt an seine Stelle den Teufel. Auf der einen Seite die Kirche, auf der anderen die Synagoge. Auf der einen Seite die Kinder Gottes, auf der anderen die des Teufels. Auf der einen Seite Gott, Wahrheit und Licht, auf der anderen Finsternis, Lüge und Ketzerei.

Der um 130 entstandene Barnabasbrief ist die schärfste antijüdische Schrift des Urchri-

Repressalien gegen Juden

506 Verbietet in Frankreich die Synode von Agde den Christen unter Androhung der Exkommunikation das Essen mit Juden.

538 Die dritte Synode von Orleans untersagt den Juden in der zweiten Hälfte der Karwoche das Betreten der Straße.

581 Während der Synode von Macon wird verlangt, daß die Juden devot die Priester zu grüßen und vor ihnen aufzustehen haben.

589 Das Konzil von Toledo verbietet den Juden die Sklavenhaltung, die man den Christen gestattete (c. 14). Sie mußten daraufhin ihren Landbesitz verkaufen.

633 Das 4. Konzil, von Toledo beschäftigt sich ausführlich mit den Strafzumessungen für getaufte, doch wieder abgefallene Juden, mit deren Bestrafung der Bischof beauftragt wird. Kinder von Abgefallenen, die beschnitten waren, mußten den Eltern weggenommen und in christlichen Familien erzogen werden.

Das 6. Konzil von Toledo befiehlt die Taufe aller in Spanien lebenden Juden (can. 3).

694 Das 7. Konzil von Toledo erklärt alle Juden wegen staatsfeindlicher Umtriebe und wegen der Beleidigung des Kreuzes zu Sklaven (can. 8). Ihr Vermögen wird eingezogen. Die Kinder vom 7. Lebensjahr an werden ihnen genommen; später werden sie als Christen verheiratet.

1179 Das 3. Laterankonzil droht denjenigen Christen die Exkommunikation an, die mit Juden oder Sarazenen zusammenwohnen[15].

1182 Der katholische König Philipp August vertreibt die Juden aus Frankreich und beschlagnahmt deren Eigentum; dieser Erlaß wird 1394 wiederholt.

1215 Das 4. Laterankonzil schließt die Juden von öffentlichen Ämtern aus. Juden und Sarazenen müssen sich von da ab jederzeit in der Öffentlichkeit durch das Tragen einer bestimmten Kleidung auszeichnen[16] (man denke an den Hitler'schen Judenstern, der hier seine geistige Grundlage hat). In unserem Sprachbereich kommt dieser menschenunwürdige Beschluß erst durch das Agieren des Kardinals Nikolaus v. Kues zum Tragen (gest. 1468). Den Juden wird bei großen kirchlichen Festen das Betreten der Straße verboten.

1337 Ermorden aufgrund eines angeblichen Hostienfrevels die Katholiken von Deggendorf (Niederbayern) sämtliche Juden der Stadt[17].

1331 Das Konzil von Zamora befiehlt die Verknechtung aller Juden und fordert die Durchführung dieses Beschlusses von den weltlichen Behörden unter Androhung des Kirchenbannes.

1349 Werden in Straßburg 2.000 Juden verbrannt und ihr Vermögen unter den Christen geteilt. Damals töten Katholiken in mehr als 350 deutschen Gemeinden nahezu sämtliche Juden, meist durch lebendes Verbrennen.

1378 (etwa seit) stachelt der stellvertretende Erzbischof Martinez zur Judenverfolgung auf. 1391 werden unter seiner Führung in Sevilla 4.000 Juden getötet und 25.000 versklavt. Er befiehlt: »...diejenigen Juden, die nicht Christen werden wollen, totzuschlagen«[18].

1426 Vertreibt man »...zur Ehre Gottes und der Heiligen Jungfrau« die Juden aus Köln.

1458 Vertreibt man die Juden aus Erfurt.

1487 (Erscheinen des Hexenhammers) Alle ungetauften Juden werden aus Spanien vertrieben; 1492 aus Portugal.

1519 Rottet man die Juden in Regensburg aus.

1648 Werden in Polen bei einer antisemitischen Welle etwa 20.000 Juden aus dem Leben geschafft.

stentums. Der Verfasser spricht den Juden den Bund mit Gott ab und meint: »... sie wären wegen ihrer Sünden nicht würdig, ihn zu empfangen«. Er spricht den Juden das »heilige« Buch ab, »... weil sie es nicht verstanden hätten«.

Justin verfaßt um 160 die Schrift »Dialog mit dem Jude Tryphon«. Darin nennt er sie schlimme Menschen, seelisch krank, Götzendiener, verschmitzt und verschlagen, blind und lahm, ungerecht und sündhaft, hartherzig und verständnislos. Sie hurten und seien voller Schlechtigkeit ... ihre Sündhaftigkeit steigere sich ins Maßlose ... alles Wasser des Meeres würde nicht reichen, (um) sie zu reinigen. Sie hätten die Propheten getötet und die Anhänger von Jesus ermordet ... sie hätten andere Völker gegen die Christen aufgehetzt. Einer der ersten Bischöfe, Victor (192-201) verlangt, daß die Christen das Osterlamm am Auferstehungstag von Jesus und nicht (mehr) am jüdischen Passahfest zu sich nehmen sollen[9].

Der Kirchenlehrer Chrysosthomus attakiert vom Jahr 386 an in acht Predigten die Juden, die nach ihm nicht besser als Böcke und Schweine sind. Er vergleicht ihre Synagoge mit einem Hurenhaus, einer Mördergrube, einer Herberge wilder Tiere und meint: »... ihre Herbergen seien aber auch die Seelen der Juden. Mit ihnen dürfe man ebensowenig verkehren wie mit dem Teufel. Die Juden töteten ihre eigenen Kinder ... außerdem haben sie - was noch schlimmer ist - Christus getötet[10].

Justin zitiert das Alte Testament, um die Juden abzukanzeln. Er erkennt in der Niederlage der Juden gegen die Römer ein göttliches Strafgericht und lobt die Verwüstung Palästinas, die Zerstörung seiner Städte und das Gesetz, das den Juden das Betreten Jerusalems verbietet. Er sagt: »... es ist recht, daß euch dieses zugestoßen ist, ihr verkommenen Söhne, ehebrecherisches Gezücht, Dirnenkinder«[11]. Nach Tertullian kommen die Juden nicht in den Himmel und haben nicht mit den Christen den Gott gemeinsam.

Bischof Cyprian ist der Auffassung, daß der Teufel der Vater der Juden sei. Nach dem Kirchenlehrer Ephräm sind die Juden gotteslästerlich, schmutzig und so gefährlich wie eine ansteckende Krankheit, Sklavennaturen, Teufelsdiener und Mörder mit einem unersättlichen Blutdurst. Er sagt: »... fliehe vor den Juden, denn nichts gilt ihnen dein Tod und dein Blut ... ihre Führer sind Verbrecher und ihre Richter Schurken ... sie sind 99 x schlechter als die Nichtjuden«[12].

Konstantin - der erste von einem Arianer getaufte Kaiser - nennt die Juden ein »verworfenes Volk« und »blutbefleckte Menschen«. Immer wieder wirft er ihnen den Mord an Jesus vor. Er untersagt ihnen das Halten von christlichen Sklaven, »... weil es ein Unrecht sei, wenn Christen unter der Knechtschaft von Prophetenmördern und des Herrn litten. Er meint: »... wir wollen nichts gemeinsam haben mit dem verhaßten Haufen der Juden«. An dieser Stelle wird der Einfluß auf seine Gesinnung durch christliche Zuträger deutlich.

Von Konstantins Söhnen wird der Übertritt eines Christen zum Judentum mit der Einziehung seines Besitzes geahndet. Die Heirat eines Juden mit einem Christ, wie die Beschneidung von Sklaven wird unter Todesstrafe gestellt. 404 entfernt man die Juden aus dem Heer.

Nachdem das Christentum zur Staatsreligion avanciert, wird der Antijudaismus »handgreiflich«.

Christliche Kaiser wie Theodosius (gest. 450) und Justinian (gest. 565) schränken die Freiheit der Juden weiter ein. Sie folgen dem Einfluß der Kirchenführer. Bereits zu Beginn des 4. Jh. verbietet die Synode von Elvira Mischehen zwischen Christen und Juden. Klerikern wie Laien wird der Umgang mit ihnen unter der Anordnung vom Ausschluß der Kommunion untersagt.

Nach dem Kirchenlehrer Isodoros Pelusiotes (gest. um 435) sind fast alle Juden Verbecher. Der Diognetbrief verhöhnt das jüdische Fasten, die Beschneidung und die Sabbatgebote. Er bezeichnet die Juden als dumm, abergläubisch, heuchlerisch und lächerlich. Selbst der edle Basilios sagt: »... zu Schanden werde der Jude«.

Origenes ereifert sich: »... die Juden haben ihn ans Kreuz genagelt ... mit der Verfolgung von Jesus begingen sie den allerschlimmsten Frevel. Daher sei Jerusalem mit Recht bis auf den Grund zerstört und das jüdische Volk seiner Wohnsitze beraubt worden«. So kann man das nicht stehen lassen, denn die (späteren) Christen haben Hunderttausende sinnlos hingemetzelt; oft unter päpstlichen Verheißungen. Bislang ungestraft.

Die ersten Synagogen werden auf Anweisung christlicher Bischöfe angezündet. Nach erhaltenen Dokumenten wurde die erste Synagoge des 4. Jh. in Norditalien von Bischof Innocentius v. Dertona zerstört, wobei man vermutlich (auch) den jüdischen Besitz beschlagnahmte. Die Niederbrennung einer Synagoge erfolgte 388 am Euphrat auf Befehl des Bischofs von Kallinikon. Als Kaiser Theodosius die Bestrafung der Brandstifter und den Wiederaufbau des Gebäudes forderte, verteidigte Bischof Ambrosius die christlichen Synagogenstürmer und leugnete deren verbrecherische Tat mit der Anmerkung: »es wäre recht geschehen ... damit es keinen Ort mehr gäbe, wo Christus geleugnet wird«[13].

Um das Jahr 415 beschlagnahmt in Ägypten der Erzbischof Kyrill sämtliche Synagogen und macht christliche Kirchen daraus. Im 6. Jh. brüstet sich Johannes v. Ephesus, der Bischof von Asien, sieben Synagogen in Kirchen verwandelt zu haben; lauter illegale, mit List und Gewalt vollzogene Aktionen[14]. Papst Gregor d. G. untersagt den Juden den Bau weiterer Synagogen und das Halten von christlichen Sklaven. Seit 453 durfte keine Synagoge ohne kirchliche Erlaubnis errichtet werden.

1938 werden in der Reichskristallnacht in Deutschland 191 Synagogen von Christen in Brand gesteckt und 76 weitere demoliert. Wer sieht nicht die Parallele? 1961 antwortet ein Kölner Synagogenschänder auf die Frage des Gerichtsvorsitzenden, was ihn an den Juden so ärgere?: »... daß sie keine Deutschen sind und daß sie Christus ans Kreuz geschlagen haben«. Hier schließt sich der teuflische Kreis!

Hostienschändung, Ritualmorde, Brunnenvergiftung

Ein zentraler Vorwurf gegen die Juden ist die ihnen unterstellte Hostienschändung. Die Juden von Röttingen (Bayern) beschuldigt man 1298 einer Hostienschändung. Ein von Gott beauftragter Edelmann namens Rind-

fleisch sammelt daraufhin Gleichgesinnte und tötet nicht nur alle Juden Röttingens, sondern vergiftet bis zum Herbst des gleichen Jahres beinahe 140 jüdische Siedlungen. Man schloß bald darauf christliche Knechte und Diener der Juden von der Kommunion aus und setzte die Todesstrafe auf den Diebstahl von Hostien.

1370 sollen in Brüssel zwei Hostien gefunden worden sein, aus denen Blut tropfte. Juden werden verdächtigt, doch es kommt kein Geständnis zustande. Jetzt läßt der Klerus, aufgestachelt und vom Pöbel unterstützt, die in der Stadt lebenden Juden verhaften und foltern; mehrere Hundert werden lebend verbrannt; die übrigen aus der Stadt getrieben[19].

Unter Joachim I. hat 1510 ein Kirchendieb von Knobloch, einem Dorf im Havelland, eine Monstranz mit zwei Hostien gestohlen, und, wie er aussagt, eine von ihnen an einen Juden verkauft, der sie mehreren anderen gegeben haben soll. Sie werden eingezogen und gefoltert. Die Sache wird so weit getrieben, daß 38 Juden **und** der Kirchendieb verbrannt werden und zwei, die sich bekehrt hatten, zur Enthauptung begnadigt werden. Ein weiterer, den man für einen Augenarzt hielt, hatte sich in das Mönchskloster begeben, die Religion verändert (!), und war daselbst angenommen. Dadurch bleibt er am Leben. Andere werden nach dem Schwören der Urphede aus dem Land gewiesen: ihre Aussagen übertreffen jede Glaubwürdigkeit.

Verschiedene gestehen(!), daß sie Christenkinder von fremden Leuten gekauft und ihr Blut haben auslaufen lassen. Sie haben es teils wegen Krankheiten getrunken, teils mit Paradiesäpfeln, Ingwer und Honig eingemacht. Andere haben das Christkind im Backofen gesehen, worin ein Kuchen eingelegt war, in dem ein Stück einer Hostie eingebacken schien. Wieder anderen ist die Jungfrau Maria mit vier weiteren erschienen.

Dies ist so absurd wie die Behauptung des Erzbischofs v. Lyon, daß die jüdischen Ältesten mit dem Geschmack prüfen würden, ob das Blut der Menstruierenden unrein sei. Auf ihn geht die nationalsozialistische Parole:

»Kauft bei keinem Juden« zurück[20]. Noch bis zur Mitte des 18. Jh. wirft man den Juden Hostienschändungen vor. Als auf ihr Ersuchen Papst Benedikt XIV. ein Gutachten in Auftrag gibt, läßt der Papst das für sie günstig lautende Dokument nicht veröffentlichen.

1891 kommt es zum »Xantener« Ritualmord, bei dem selbst die Staatsanwaltschaft für Freispruch plädiert. Hier behauptete ein Vertreter der Kirche, der Berliner Hofprediger Stöcker: »... keiner, der die Geschichte kennt, wird leugnen, daß Christen, vor allem Kinder, jahrhundertelang durch die Hand von Juden aus Fanatismus oder Aberglauben umkamen«[21].

Hier sehen wir das Phänomen. Die Geistlichen verschließen sich der realen Geschichtsforschung und glauben »blind« an das ihnen Aufoktroierte. Kann man geschichtsfremder argumentieren? Welches Niveau will man von den tributpflichtigen Christen erwarten, wenn das ihrer Wortführer so schlecht ist?

Weitere Vorwürfe zirkulieren darum, die Juden hätten Brunnen vergiftet[22]. Rasch verbreitet sich das Gerücht und man folgert daraus, so wäre eine verheerende Pest entstanden. Die Limburger Chronik berichtet: »... doch will ich der Juden Bosheit nicht verfärben, denn sie sind unserer Frauen und aller Christen Feind«. Innerhalb kurzer Zeit werden sie im süd- und mitteldeutschen Raum so gut wie ausgerottet. Aus dem Jahr 1348 hat sich folgende Notiz erhalten:

»... aus der Zeit, als die Polen die Stadt Lissa (Schlesien) gebrannt haben, erhält das Stadtbuch einen von dem Stadtrat Fellinger herrührenden Bericht, nachdem »infolge des Zusammenströmens vieler fremder Leut, Christen und Juden ... ein allgemeines Wegsterben, eine »Staupe« entstanden ... und unter den Gestorbenen auch drei Totengräber gewesen. Nun mußte man einen neuen, Adam Henning, und zu seiner Unterstützung seine Frau Anna, die nach dem Pestgeruch »sich nie recht bei Verstand befand« (= d. h. ständig betrunken war) annehmen. Sie sollen das Herz einer Kinderleiche gepulvert haben, dieses auf Straßen und in Brunnen gestreut

und so die Verbreitung der Pest bewerkstelligt haben«. Beide wurden verbrannt.

Wir müssen eine Parallele sehen. Am 4. Juni findet in Nürnberg ein sog. »Auflauf« statt, einer jener revolutionären Bewegungen der Zünfte gegen die Patrizier und Stadtherren, wie sie seit dem Vorgang in Straßburg aus dem Jahr 1332 in vielen deutschen Städten üblich werden. Das erste, was man nach der Vertreibung der Geschlechter unternimmt, ist, die Juden zu brandschatzen. Schon 1348 erteilt Karl IV. die Erlaubnis zum Abbruch der Judenhäuser. Es ist denkbar, daß man seitens der städtischen Obrigkeit bemüht ist, sie »auszugrenzen«, was wiederum ihre spätere Ghettoisierung erklärbar macht.

Der »Schwarze Tod« erscheint zu Beginn des Jahres 1348. Nach einer Notiz in einem Kodex der Wiener Stadtbibliothek werden die Juden in einer ungenannten Stadt der Provence in der Woche vom 11. - 17. Mai verbrannt. 1348 wird ein Jude am Genfer See per Folter zu einem Geständnis gezwungen.

In Zürich wird am 21. September der feierliche Beschluß gefaßt, in Zukunft keine Juden mehr aufzunehmen. Doch schon im November erhitzen sich die Gemüter. Judenbrände finden in Solo-thurn, Zofingen, Stuttgart und Augsburg statt. Im Dezember des gleichen Jahres werden sie in Landsberg, Buren, Memmingen, Lindau und Esslingen verbrannt. Im Januar des folgenden Jahres in Basel, Freiburg, Speyer und Ulm.

Fritz Klotz schreibt in seiner Stadtgeschichte: »... zu Speyr haben sich die Juden in ihren Häusern versammelt, dieselben angesteckt und sich sampt Weib, Kind und Gut verbrennt. Etliche seynd durch den gemeinen Pöbel hingerichtet worden. Solches ist geschehen am Samstag nach der Heiligen Drey Könige Tag Anno 1349. Die Toten sind hin und wieder in den Straßen gelegen.

Im Februar werden sie in Sraßburg, Schaffhausen, St. Gallen, Eisenach, Arnstadt, Ilmenau, Frankenhausen und Dresden umgebracht. Im März in Worms und Konstanz, wo sie bereits seit Anfang Januar in Haft sitzen. Dann in Baden und Erfurt. Im August in Mainz und Köln.

1349 werden in Colmar: »...unndt in andern stetten die Juden verbrandt,und gieng ein sterben durch alle landt«. Straßburg wird im Juli 1349 erreicht. In Frankfurt findet am 24.Juli 1349 ein Judenbrand statt. Gleichzeitig halten sich Geißler in der Stadt auf. Johann Latomus berichtet aus Originalaufzeichnungen des Bartholomäus-Stiftes, daß am 14. September eine allgemeine Bittprozession wegen des schrecklichen Wütens der Pest abgehalten worden ist«.

Der Rat der Stadt Lübeck schreibt 1349/50 dem Herzog von Lüneburg in Sachen der Juden: »... daß der Rat von Stralsund, Wismar und Rostock mit den Juden peinliche Verhöre vorgenommen hat. Der Rat der Insel Gothland habe einen Juden mit dem Tod durch das Feuer bestraft. Am 5. Dezember 1349 bekundet Johann v. Wesel, Vogt des Markgrafen Ludwig, auf Befehl des Letzteren und mit der Unterstützung des Rates, sämtliche in Königsberg (in der Mark) wohnenden Juden zu verbrennen und deren Vermögen

einzuziehen. In Polen werden auf diese Weise etwa 10.000 Andersgläubige »ausgerottet«.

Und doch gibt es (auch) positive Stimmen. Am 26. November 1349 gebietet der Markgraf Ludwig dem Rat von Spandau, die in der Stadt wohnenden Juden zu hegen und sie vor ungerechten Beleidigungen zu schützen. Am 6. April verschreibt er ihnen das Recht, fremde Juden bei sich aufzunehmen. Er gewährt ihnen Handlungsfreiheit und Rechtsschutz. Die Päpste sehen es anders. Schon im 15 Jh. fordern sie die Absonderung der Juden, erwarten wirtschaftliche Einschränkungen seitens der ihren hörigen Weltlichkeit und das Verbrennen jüdischer Literatur.

Im deutschsprachigen Raum nahmen die Judenverfolgungen eklatante Formen an; wir haben das »klassische« Land des Katholizismus vor uns.

Sie lassen sich weit zurück datieren und beginnen mit den Kreuzzügen. Die Kreuzfahrer haben in Metz, Trier, Worms, Mainz, Regens-

Marterung von Juden, die zum Richtplatz gefahren werden. Ihr Erkennungsmerkmal ist der typische Judenhut. Derber Holzschnitt aus dem Jahr 1475.

Marterung von Juden, die auf ein Rad geflochten werden. Ein christlicher Scherge legt brennende Scheite unter sie ... derber Holzschnitt aus dem Jahr 1475.

burg, Prag und anderweitig Tausende von Juden umgebracht. Im 14. Jh. haben sich die Deutschen - selbst durch die Religion beängstigt-durch das widersinnige Morden und Brennen der Juden in die Annalen der Geschichte eingeschrieben. Im 17. Jh. haben sie Unschuldige in sog. »Hexenöfen« verbrannt, die sich lediglich im Brennmaterial von den Krematorien des frühen 20. Jh. unterscheiden. **Immer** waren es Christen, die die religiös-entwürdigende Arbeit ausgeführt haben. Auf Tausenden von christlichen Kanzeln wurden sie dazu animiert. Der Jesuit Spee trifft den Nagel auf den Kopf: »... Pfui, was ist das für ein Eifer, der an den Deutschen zu loben ist«.

Die Ausgrenzungsversuche werden unter klerikalem Einfluß immer deutlicher. In Straßburg wird während der Pest verboten, Tote in Kirchen zu begraben oder sie bei Nacht im Haus zu halten. In Wien werden sie außerhalb der Stadt in Gruben beigesetzt, d.h. hinein geworfen und mit Kalk überschüttet. Die Pesten sind von unglaublichen Hungerperioden begleitet. So scharren hungernde Hunde und Katzen das Erdreich fort und fressen die Verstorbenen. Noch eines ist herauszustellen wichtig: zur gleichen Zeit werden Luxusgesetze gegen die herrschende Üppigkeit und Prosperität erlassen. Die Sinnlichkeit und das Laster scheinen die unbeschreibliche Not übertünchen zu wollen.

Man glaubte, daß durch das gängige Hausieren und den Handel mit alten Kleidungsstücken das Pestgift rascher verbreitet wird. So werden bestimmte Berufe unter eine strenge behördliche Aufsicht gestellt. So entstehen früh die für die anwachsenden Städte wichtigen Markt-Müll- und Sanitätsgesetze. Es ist denkbar, daß in diesem Zusammenhang die Ghettos aufstehen, die eine Kulturschande und dem Kirchenkonto zu verbuchen sind.

Der Jude Pfefferkorn

»Ein getaufter Jude, der in Halle bei Kardinal Albrecht in Dienst und Gnade steht. Er hat sich den Haß der Hofbediensteten und vornehmlich den des Hofnarren zugezogen. Er will 1514 gesehen haben, daß Pfefferkorn eines morgens, »... in des Kardinals und Kur-

fürsten Albrechts Vorkammer gewesen und dort am Ofen gestanden ... in das Fenster dieses Zimmers hineingefahren wäre, worüber der Herr erschrocken und geschrieen: »... wo führet dich der Teufel zum Fenster hinein, kannst du nicht herauf gehen?«

Der abergläubische, von der Korruption und dem unwürdigen Ablaßhandel lebende Kurfürst und gleichzeitige Erzbischof hat hier Konfekt stehen, von dem er hin und wieder nascht. Pfefferkorn hat den Hofnarr des öfteren dabei erwischt, wie er seinem Günstling Konfekt gestohlen hat. Der Narr dreht den Spieß geschickt und berichtet dem Kardinal von dem Vorfall.

Nun wird der Argwohn erregt, daß Pfefferkorn die Konfitüre habe vergiften wollen. Die Richter zeigen sich besonders sinnig. »Sie führen den Narr in den Weinkeller und lassen sich ihn tüchtig vollsaufen, und wie er, seiner Trunkenheit ohnerachtet, noch immer bei seiner Rede bleibt, wird seine Aussage als wahr angesehen«. Daraufhin wird der Beklagte gefänglich eingezogen und peinlich befragt. Man foltert ihn solang, bis er alles gesteht, was die Peiniger zu hören wünschen:

- Er habe den Konfekt vergiftet und wollte dadurch den Kardinal aus der Welt schaffen.
- Man habe ihm einen verbrannten Teufel für 5 fl. verkauft, der einem fränkischen Priester gestohlen worden sei.
- Er habe sämtliche Untertanen des Erzbistums Magdeburg und des Bistums Halberstadt vergiften und ihre Häuser verbrennen wollen.

Pfefferkorn wird zu einem bestialisch anmutenden Tod verurteilt, wenngleich er

---

Der Tübinger Professor und Theologe Matthias Hafenreffer läßt den Astronom Johannes Kepler wissen: »... Gott verhüte es, daß Du Deine Hypothesen mit der hl. Schrift in Übereinstimmung zu bringen suchst. Ich fordere von Dir, daß Du lediglich als Mathematiker handelst und die Ruhe der Kirche ungestört läßt.
Im 16. Jh stellt sich die Kirche noch in voller Breite gegen die neuen und zunehmend fundierten Erkenntnisse der Naturwissenschaft.

MATTHIAS HAFENREFFER S. TH. D. PROFESSOR ET ACAD. TUBINGENS. CANCELLARIUS.

Melchior Haffner Sculpsit Aug.

nichts getan hat. Er wird mit glühenden Zangen gerissen und an eine lange Kette geschmiedet, die an einem Pfahl festgemacht ist. Um ihn herum wurde ein Kohlefeuer angelegt, in dem er sich durch ständiges Herumlaufen selbst braten mußte, »... welches den Richtern und Geistlichen ein erbauliches und rechtsbegründetes Trauerspiel verursacht ... bis er seinen Geist aufgegeben ... die Geistlichen sahen dergleichen Grausamkeiten der Richter mit kaltem Blute an und waren mit ihrem Rat und Beistand behilflich«.

Anderweitig sitzt der Münzjude Lippold in Untersuchung. Die Chronik berichtet: »... sein eigenes Weib brachte ihm das Verderben. Einmal besuchte sie ihn im Gefängnis, wo die beiden in Streit gerieten. Plötzlich vernahm der Wachhabende von der grellen Stimme der Jüdin folgende Worte: »... ja, wüßte der Kurfürst (Joachim II.) was du für ein Schelm bist, so würdest du schon lange (hin)gerichtet sein«. Er zeigt es der Obrigkeit an und das Übel nimmt seinen Lauf.

Luther und der Judenhaß

Luther sagte, wenn er ein Jude wäre und ihre Behandlung durch die Christen mitansehen müßte, wäre er lieber ein Schwein. Doch später wird er zum Antisemit und man merkt, daß er analog seiner Ansichten zum Brennen der Hexen und der Anwendung der Folter (nur) ein Kind seiner Epoche ist; er vermag sich von den eingeimpften Glaubenszwängen **nicht** zu befreien. Mit verführerischer Beredsamkeit tischt er alte Lügen auf, die bereits von Katholiken ausgetreten worden sind. Schließlich ist er der Meinung, daß die Juden schlimmer wären als eine Sau«[23].

1543 verfaßt er die Schrift »Von den Juden und ihren Lügen«. Darin fordert er: »... daß man ihre Synagogen oder Schulen mit dem Feuer anstecke, und was nicht brennen will, mit Erde überhäufe und beschütte, so daß kein Mensch mehr einen Stein davon sehe ewiglich. Und solches soll man tun unserem Herrn und der Christenheit zur Ehre, damit Gott sehe, wie wir Christen ... solch öffentlich Lügen, Lästern und Fluchen seines Sohnes und seiner Christen nicht wissentlich geduldet oder bewilligt haben

... daß man ihre Häuser dergleichen erbreche und zerstöre ... daß man nehme alle ihre Betbüchlein und Talmudisten, darin solche Abgötterei, Lügen und Lästerungen gelehrt wird ... daß man ihnen verbiete, bei uns öffentlich Gott zu loben, (ihm) zu danken, zu beten, bei Verlust ihres Leibes und Lebens«.

Die Protestanten stimmen in die Zaubermelodie der Kirche ein. »Es gehört zu den bemerkenswertesten Zügen unserer kulturellen Entwicklung, daß die christlichen Konfessionen, die sich sonst als feindliche Brüder gegenüberstehen (obwohl es dafür eigentlich keinen Grund gibt) auf dem Sektor des Teufelswahnes, des Judenhasses und der Hexenverfolgungen in schauerlicher Eintracht verharren; ja in der Verfolgung wetteifern«.

Widersprüche

Aus der Gesamtsicht ist unbestritten, daß die Kirche zu einem scharfen Kampf gegen die Juden gedrängt hat [24]. Papst Hadrian I. tadelt im 8. Jh. Gläubige, die mit den Juden speisen oder Umgang mit ihnen haben. Der Versuch, Christen zum jüdischen Glauben zu bewegen, wird mit dem Tod und dem gleichzeitigen Vermögenseinzug bestraft [25].

Papst Leo d. G. spricht von den »ungeheuren« Verbrechen der Juden. Er nennt sie fluchwürdig und hassenswert. Im 9. Jh. diffamiert sie Papst Stephan als Hunde. Innocenz III. bezeichnet sie 1205 als »gottverdammte« Sklaven.

Gregor I. zeichnet sich (auch) dadurch aus, daß er zugunsten der Juden einen Schutzbrief (Sicut Judais) erlassen hat. Doch zugleich verteufelte er sie in seinen über Jahrhunderte gelesenen 35 Büchern »Moralia«. Obgleich er prinzipiell ihre Unterdrückung ablehnt, akzeptiert er die grauenhaften Judenverfolgungen, die im westgotischen Spanien unter dem katholisch gewordenen König Rekkared begonnen haben und die in der Lex Visigothorum kodifiziert sind: Dazu zählt (auch) die Aktivität des Kirchenlehrers Isidor v. Sevilla, der ein Freund des Papstes war.

Eine bedenkliche Rolle spielte Alexander II. der den kirchlich verfolgten Juden zu helfen suchte, in der Geschichte der Vorkreuzzüge.

Einem Heer französischer Kreuzzugsmaradeu-re erteilt er im voraus Absolution für einen Überfall auf die spanische Stadt Barbasto, wo Christen und Mohammedaner friedlich zusammenlebten und etwa 6000 abgeschlachtet worden sind.

Und doch ist der Funke der Menschlichkeit nicht erloschen. Einzelne Päpste sind für das Wohl der Juden eingetreten. Martin V. (gest. 1431) sagt: »... wir verbieten euch, allen hohen Weltgeistlichen und besonders den Oberen der Orden, Hetzpredigten gegen die Juden zu erlauben. Wir wollen, daß jeder Christ mit menschlicher Milde handelt und ihnen weder an Leib noch an Gut Unrecht zugefügt wird«. Martin V. erläßt 5 Bullen zum Schutz gegen sie.Er verbietet Zwangstaufen und dehnt die bürgerliche Gesetzgebung für die Juden aus.

Papst Nikolaus V. (gest. 1454) bildet eine rühmliche Ausnahme im Konsens der allgemeinen Kurialpolitik. Er verbietet provozierende Reden gegen die Juden und warnt in einer Bulle davor, Blutbeschuldigungen gegen sie zu erheben[26]. Wir haben eine gebildete, gütige, tolerante und liberale Persönlichkeit vor uns, die im Vatikan Seltenheitswert hatte. Er legt den Grundstein zur Bibliotheca Vaticana und konzipiert den Neubau der Peterskirche anstelle der alten konstantinischen Basilika.

Er krönt Friedrich III. mit der Eisernen Krone der Lombardei. Stefano Porcaro, dem er viele Wohltaten erwiesen hatte, wollte ihn und seine Kardinäle ermorden und sich selbst zum Tribun erheben. Der Plan flog auf. Der Anstifter wurde mit seinen Helfern hingerichtet. Der tief gekränkte Papst versank in Niedergeschlagenheit, Argwohn und Einsamkeit.

Dies ist ein Beweis für die Fehlbarkeit in Glaubensdingen, denn man kann nicht auf der einen Seite Andersgläubige verdammen und sie gleichzeitig in Schutz nehmen. Der christliche Judenhaß ist ein schlagendes Beispiel für die Intoleranz dieser Glaubensvariante und für den geringen Intelligenzgrad der Leichtgläubigen; er spricht gegen sie. Die Doppelbodenpolitik läßt sich (auch auf diesem Feld) dokumentieren:

1891 schüren die Deutschen (schon wieder) den Judenhaß.Das katholische Würzburg führt den Reigen an. Wir sehen es an folgender Proklamation: »... Brüder in Christo. Auf, sammelt euch, rüstet euch mit Mut und Kraft gegen den Feind unseres Glaubens, es ist Zeit, das Geschlecht der Christusmörder zu unterdrücken, damit sie nicht Herrscher werden über euch und eure Nachkommen, denn stolz erhebt sich schon die Juden Rotte ihre Häupter ... nieder mit ihnen, ehe sie unsere Priester kreuzigen, unsere Heiligtümer schänden und unsere Tempel zerstören. Noch haben wir die Macht über sie. Darum laßt uns jetzt ihr selbst gefälltes Urteil an ihnen vollstrecken. Auf, wer getauft ist ... es gilt der heiligen Sache. Nun auf zur Rache. Unser Kampfgeschrei sey Hepp, Hepp, Hepp. Aller Juden Tod und Verderben ... ihr müßt fliehen oder sterben [27].

Während des 2. Vatikanischen Konzils wurde (auch) über die Juden diskutiert; es kommt zu dramatischen Szenen inder Konzilsaula. Dies verdeutlicht, wie weltfremd und auf ausgerichtete Ziele fixiert hochrangige Katholiken sind. Die ein Jahr danach verabschiedete Erklärung bringt eine Mitschuld an den unübersehbaren unrühmlichen Ausschreitungen nur indirekt zum Ausdruck. Es wird lapidar vorgetragen: »... die Kirche beklagt alle Haßausbrüche, Verfolgungen und Manifestationen, die sich gegen die Juden gerichtet haben«[28].

Das erste Drittel des 20. Jh. bringt ein Versagen der Kirchenführung mit sich. Es hat sich bereits um die Mitte des 19. Jh. abgezeichnet. Die Öffnung der Staaten, die Bismark'sche Kulturpolitik, die Revolutionen und der bürgerliche Drang nach Freiheit waren ein Schlag in das autoritär - fossile Kontor der Kirche.

Der Unsinn gipfelt im sog. »Arierparagraph« aus dem Jahr 1933. Er legt fest: »Personen nichtarischer Abstammung können nicht als Geistliche oder Beamte in die allgemeine kirchliche Verwaltung berufen werden«[29]. Nirgends zeigt sich der Schulterschluß zwischen weltlichen und kirchlichen Interessen deutlicher. Ich verweise auf das Kapitel »Ein Volk, ein Krieg, ein Glaube ... Vatikanische Politik auf Abwegen«.

»Die Verführung« Zeitgenössischer Holzschnitt aus der »Historia sapientu Romae«. Druck von Johannes Koelhoff. Köln, 1490.

Christlicher Frauenhaß

Schon in der Antike geht man davon aus, daß die Frauen empfindsamer für das Zauberwesen sind. Immer wieder wird hervorgehoben, daß sie eine stärkere Neigung zum Mystischen, Phantastischen, Übersinnlichen und Geheimnisvollen haben; gleichzeitig wird ihr größeres Schutzbedürfnis deutlich. Es wird ihr seitens der Kirche nicht gewährt; hier wird lediglich der Mann als Ebenbild Gottes bewertet. Wir haben einen eklatanten Verstoß gegen die Menschenrechte vor uns. Es bleibt dem Christentum vorbehalten, den Frauen das Brandmal der Teufelsbuhlschaft aufzudrücken und sie zur »Schlange der Lust« zu degradieren.

»... es waren die weiberfeindlichen Mönche und Theologen, die die Verführung der Frauen mit den Teufeln auf eine Stufe stellten ... nur so konnten die Begriffe zusammenfließen «. Das Christentum unternimmt grauenhafte Versuche, um die natürliche Sexualität zu unterbinden, bzw. um sie innerhalb der eigenen Reihen zu vertuschen. Masters zählt den Hexenwahn zu den Ausflüssen dieser Politik und bezeichnet ihn als »Wahnidee mit ungeheuerlichen Folgen«.

Die Verteufelung des Weiblichen und die Unterdrückung der Sinnlichkeit gehen über weite Strecken auf das Kirchenkonto.

Die heutige Emanzipationswelle ist ein Aufschrei der über Jahrhunderte unterdrückten Frau. Eines fällt besonders auf. Die Geistlichen und Herren Doktoren reden **immer** nur vom Sex, den sie mit der Weiblichkeit in Verbindung bringen. Macht sich hier ihr Sexualneid bemerkbar? Geistige Leistungen, künstlerische und literarische, scheinen sie den Frauen erst gar nicht zuzutrauen.

Der frauenfeindliche Zug bewegt sich durch alle christlichen Lager. Er umfaßt, ausgehend von der römisch-katholischen Kirche, deren Töchter Protestantismus und Calvinismus. Daneben blasen Juristen, Mediziner und die weltliche Obrigkeit in das gleiche Horn; so wird das Kesseltreiben deutlich.

Es ist eine Zangenfunktion. Auf der einen Seite wird der Frauenhaß geschürt und auf der anderen das teuflische Dogma nach oben gefegt: in der Mitte sitzen die sog. Hexen. Bemerkenswert ist das Agieren der protestantischen Geistlichen. Sie verachten den Zölibat und führen dadurch eine Liberalisierung der Klosterzucht herbei. Umso befremdlicher ist, daß sie Jahrhunderte genau wie ihre katholischen Amtsbrüder gegen die Frauen wüten. Unbestritten ist, daß die Geistlichen durchaus an den Frauen Gefallen gefunden haben. »... gar manchen hat man tagsüber auf der Kanzel über Sitte und Moral sprechen hören und ihn nachts in den Armen einer Dirne angetroffen«.

Keiner Religion ist es gelungen, die Sexualität zu reglementieren; alle Polarisierungsversuche laufen in eine Sackgasse, denn der sexuelle Hunger im Mensch (siehe dazu die Verfehlungen der Geistlichen) ist unstillbar. Jede Verklemmung löst Sehnsüchte, Spekulationen und Erwartungen aus.

Anfänge

Die christliche Religion stellt sich zunächst als tolerant, modern und aufgeschlossen vor, doch unter der Oberfläche brodelt es. Schließlich gibt es sechzig sich rivalisierend gegenüberstehende Gruppierungen. Bei den frühchristlichen Sekten zeigt sich eine Spaltung in prosexuelle und enthaltsame. So setzen sich die Nikolaiten für die Abwerfung jeder geschlechtlichen Scham ein und behaupten, daß Ausschweifungen heilsam sind. Die Karpokratianer und Valensianer setzen sich für die Promiskuität ein. Ephiphanias schreibt, daß sich die Adamiten nackt versammeln und so ihre Handlungen praktizieren. Hieronymus berichtet, daß die Sarabiten an den Festtagen Ausschweifungen nachgehen und Jungfrauen verfolgen.

Die Valentianer (nicht zu verwechseln mit den Valesianern) meiden alle Anreize der sinnlichen Lust und geben sich philosophischen Spekulationen hin. Ihr Gründer, der Araber Valesius behauptet, daß wahre Keuschheit nur in einem verstümmelten Körper möglich ist. Die Marcioniten nehmen die geschlechtliche Enthaltsamkeit auf sich. Zu den enthaltsamen Sekten zählen (auch) die Enkraiten.

Dies soll verdeutlichen, daß das Problem der Sexualität damals viele Gemüter bewegt; auch die der Kirchenführer. Es wurde zum Verhängnis der Frauen, daß sie die negative Komponente herausstellen.

Heilige Dirnen / Sündige Frauen

Im Verbund mit den hochgespielten Christenverfolgungen werden Christinnen zur Prostitution gezwungen. Zu ihnen gehören (auch) die sieben Jungfrauen von Ancyra, die zwischen 70 und 80 Jahren alt gewesen sein sollen. Viele Heiligenlegenden bieten Beispiele von Kurtisanen, die ihr Seelenheil in der Änderung ihres seitherigen Lebenswandels verdanken. Z. B. Maria Magdalena (im Mittelalter die Schutzheilige der Freudenmädchen), Maria die Ägypterin, Thais und die hl. Pelagia.

Der Jesuit Theophil Raynauld hat eine Geschichte über die »ägyptische« Maria hinterlassen. Sie soll dem Abt Zosimus gestanden haben: »... in meinem 12. Lebensjahr kam ich nach Alexandrien, wo ich 17 Jahre in einem öffentlichen Haus (= Bordell) war. Als Leute aus der Gegend eine Reise nach Jerusalem antreten wollten, um die Religion des Kreuzes anzubeten, bat ich sie, mich mitzunehmen. Als sie mich fragten, welchen Preis ich für die Überfahrt zu zahlen bereit sei, sprach ich zu ihnen: »... ich habe nichts, was ich euch geben könnte, außer meiner Gunst, mit der ich die Reise bezahlen will«.

»Als wir in Jerusalem ankamen und ich mich mit den anderen an die Pforte der Kirche begab, fühlte ich mich plötzlich durch eine unsichtbare Hand zurückgewiesen, während die anderen ohne Schwierigkeiten eintraten. Ich überdachte mein vergangenes Leben und ward inne, daß meine zahllosen Sünden die Ursache (der Zurückweisung) waren. Ich begann Reue zu empfinden und meinen Körper zu kasteien. Daraufhin legte ich das Keuschheitsgelübde ab, ließ mich taufen und floh in die Wüste, wo ich 47 Jahre einsam lebte«.

Thais lebt ebenfalls in Ägypten. Ihre Schönheit ist so betörend, daß sie sich etwas darauf einbildet und einzelne Liebhaber ihre Habe verkaufen, nur um ihre Gunst zu erlangen. Wer wundert sich, wenn der Abt Paphnutius den Vorsatz faßt, sie zu bekehren. Siegessicher führt er sie in eine Klosterzelle. «... später stirbt sie wie eine Jungfrau«.

Der ehemaligen Schauspielerin und später hl. Pelagia erscheint ein Einsiedler. Er führt sie zu einer einsamen Kirche. «... dort hätten sie ein neugeborenes Kind gefunden und es wie ihr eigenes angenommen». Als das Gerücht entsteht, es handle sich um ihres, trägt sie zum Beweis der Unschuld glühende Kohlen im Gewand. Wir haben ein frühes »Gottesurteil« vor uns. Pelagia stirbt mit der hl. Afra, einer Augsburger Dirne, während der Christenverfolgung unter Licinus um das Jahr 308.

In den Listen der Heiligen finden wir den Kuppler Leno-Gesimus. Er soll um 619 gelebt und eine Jungfrau namens Agneflede in seine Zelle gelockt bzw. veranlaßt haben, den Schleier zu nehmen. »Von Stund an lebten sie zusammen«. Diese Beispiele zeigen, wie wichtig der ägyptische Einfluß auf die junge Staatsreligion wird; zumindest in diesem Segment.

Weil nicht alle Menschen heilig sind, geht man kirchlicherseits bald gegen Unliebsame vor. Predigten gegen die Gelüste des Fleisches sind ein permanentes, fast könnte man sagen, Lieblingsthema der niederen und hohen Geistlichkeit. Origenes bezeichnet die Existenz des weiblichen Geschlechts als unnütz und will wissen, daß nur das männliche von den Toten aufersteht. Der hl. Augustin wendet das Blatt und stellt die Behauptung auf: »... Gott wird alles von den Auferstandenen nehmen, was lasterhaft ist, aber ihr Geschlecht wird er ihnen lassen, zumal er es selbst geschaffen hat«.

Tertullian trägt vor: »... das Weib ist die Einfallspforte des Teufels. Sie hat zuerst das göttliche Gesetz im Stich gelassen. Sie ist es, die diejenigen betört hat, denen der Teufel nicht zu nahen vermochte. So leicht hast du den Mann, das Ebenbild Gottes, zu Boden geworfen. Wegen deiner Schuld mußte der Sohn Gottes sterben und da kommt es dir noch in den Sinn, über deinem Rock Schmuckstücke anzulegen«. Fernab dieser Sophisterei geht es auf der übrigen Welt normal zu.

St. Cyprian schreibt um das Jahr 320. »... es gibt keine Frömmigkeit mehr unter den Christen, keine Disziplin in ihren Sitten. Die Männer kämmen sich den Bart und die Weiber pudern ihr Gesicht. So verunstaltet man das göttliche Ebenbild, daß man sich sogar die Haare färbt. Man verheiratet sich mit Ungläubigen und die Prostitution ist im Gang«.

Folgerichtig sagt der Rechtsgelehrte Ulpian: »... die Kurtisane ist ein Weib, das sich den Lüsten mehrerer Männer hingibt«. In den apostolischen Konstitutionen, die im Jahr 67 Clemens zugeschrieben werden, finden wir Verhaltensmaßregeln für christliche Jungfrauen, die sie einzuhalten haben, um sich von Heidinnen zu unterscheiden.

Man untersagt ihnen, sich die Haare künstlich aufzustecken, sich mit Pomade zu salben, hohe Schuhe und goldene Ringe zu tragen oder mit lüsternen Blicken um sich zu werfen«. Zeigt sich nicht schon hier der paulinische Frauenhaß; die christliche Weltfremdheit? Der christliche Glaube unterschätzt die Eitelkeit, durch die sich, der Hinweis sei gestattet (auch) viele Kirchenfürsten auszeichnen!

Immer mehr wird gegen das Treiben der christlichen Jungfrauen gewütet und immer absurdere Maßstäbe werden angelegt. Man sagt: »... wenn sich ein Priester einen Fehltritt zuschulden kommen läßt, müsse er sein Amt niederlegen und an der Abtötung seines Fleisches arbeiten«. Der hl. Basilius fordert für Ehebruch, Blutschande und Sodomie eine 15-jährige Buße.

Die Frauen sind nicht sonderlich gut angesehen und sicher haben einige von sich aus zu dieser negativen Entwicklung beigetragen. Die Idee der - vor allem **ihrer** - sexuellen Enthaltsamkeit wird mehr und mehr in den Vordergrund geschoben.

Das Pönential von Angers sieht Strafen für diejenigen vor: »... die an Sonntagen, Feiertagen, drei Tage vor der Kommunion und vier Wochen vor Ostern und Weihnachten nicht enthaltsam sind«. Verschiedene konziliare Beschlüsse geben über die widersinnigen Reglementierungen Auskunft.

Während des Konzils von Mailand unter dem Episkopat von Karl Borromäus wird festgeschrieben: »... damit die Prostituierten von den ehrbaren Frauen zu unterscheiden sind, sollen die Bischöfe darauf achten, daß sie beim öffentlichen Auftreten in einem besonderen Gewand, das ihren schimpflichen Stand kennzeichnet, bekleidet sind. Die Behörden sollen ihnen den Gebrauch kostbarer Stoffe, silberner Schmucksachen und das Tragen seidener Kleider untersagen«.

Immer stärker wird der Trend, Frauen schlechter und Männer besser zu machen als sie sind. Sukzessive wird die Frau zur Verführerin deklariert; wehren kann sie sich kaum! Es trägt dazu bei, in christlichen Kreisen einen latenten Haß zu schüren, dem die Frauen ausgesetzt sind. Er hält sich über Jahrhunderte und in konservativen Kreisen bis heute. In kirchlichen Gesetzen und während zahlloser Predigten werden sie diffamiert. Die Kirchenleitung scheint sich ihrer Machtfülle bewußt.

Sie hat den Mut, die Hälfte aller Menschen »auszugrenzen«, nur weil es ihrer Ideologie entspricht! Sie kaschiert, daß es ein klassischer Beweis von Intoleranz ist.

So schlimm können die Frauen nicht gewesen sein, denn es haben sich Hunderte von Beispielen erhalten, die die sittlichen Eskapaden der Geistlichkeit dokumentieren (vergl. das Kapitel »Zölibat«). Sie lassen an Deutlichkeit keine Wünsche offen, ja sie sind so eklatant, daß eine ausgemachte Engelmacherin erröten würde: über die sexuellen Ausschweifungen der Priester deckt man das hauchdünne Mäntelchen der christlichen Nächstenliebe.

Ich möchte an Beispielen zeigen, wie negativ man in Kirchenkreisen im Lauf der Jahrhunderte über die Frauen gedacht hat.

»... man dürfe nicht vergessen, daß das erste Weib aus einer krummen Rippe gemacht und darum ein unvollkommenes Geschöpf ist ... sie wird immer betrügen ... alle Hexerei kommt von der Fleischeslust ... der Schoß einer Frau ist unersättlich ... um ihre Lust zu stillen, verkehrt sie (auch) mit dem Teufel«.

»... das Weib ist die Pforte zur Hölle, der Weg zur Unzucht, der Stachel des Skorpions, ein unnützes Geschlecht«.

»... auf der Welt würde ein göttliches Leben sein, wenn es ohne Weiber bestehen könnte.

Alexander v. Hales, eine scholastische Leuchte und zudem Lehrer von Thomas v. Aquien, sagt über die Frauen: »... der Gang, wie sich die göttliche Lehre verbreitet, ist folgender. Sie stieg von Gott zu Christus, von Christus in den Mann und von diesem in das Weib hinab. In umgekehrter Weise verbreitete sich die teuflische Lehre; sie kam zuerst in das Weib, das weniger Unterscheidungsvermögen besitzt«.

Er wirft die Frage auf, weshalb das Zaubern häufiger von Frauen als von Männern betrieben wird. Er findet die biblische Antwort und sagt: »... wie schon Eva wegen ihrer geringeren Unterscheidungskraft vom Teufel verführt worden ist, so sind darum auch die Weiber der Zauberei gegenüber aufgeschlossener«.

Thomas v. Aquien sagt: »... wenn eine Seele heftig zur Bosheit erregt wird, wie es zumeist bei den Weibern geschieht, wird ihr Anblick giftig und schädlich, besonders für Knaben, deren Körper zart und für Eindrücke leicht empfänglich ist ... es ist dabei (auch) möglich, daß sie in einem geheimen Bündnis mit dem Teufel stehen«.

Chrysosthomus wird der Satz unterstellt: »... es ist nicht gut, ehelich zu werden«.

Kurz danach betont Wilhelm v. Paris (gest. 1249), daß die Frauen von Natur aus empfänglicher für himmlische und teuflische Einsprechungen sind«.

Die 1404 in Langres gehaltene Diözesansynode betont: »... daß die Weiber schwächer als die Männer sind und darum leichter vom Teufel verführt werden können«. Ähnlich argumentiert Johann v. Frankfurt, ein Heidelberger Professor der Theologie, in einer 1412 veröffentlichten Schrift.

An ihn schließt sich Johannes Nider (gest. 1438) an. Er gelangt zu der Auffassung: »... daß die Weiber leichtgläubig, wegen der Beweglichkeit ihres Naturells dem Einfluß der Geisterwelt zugänglicher und außerdem geschwätzig, schwach und rachsüchtig sind ... da sie von Natur aus zu schwach zur Rache sind, suchen sie es durch Zauberei zu erreichen«.

In seinem Ameisenbuch deutet er an, daß die zauberlieben den Weiber auf der Bahn des Bösen den Vortritt haben ... man dürfe sich nicht wundern, wenn sich das schwache Geschlecht im Verkehr mit den Teufeln vermessen zeige, denn drei Dinge wären es, die, wenn sie die Schranken überschreiten, den Gipfel des Guten und Bösen erreichen; die Zunge, der Geistliche und das Weib«.

Im 14 Jh. bezeugt der Schriftsteller Nikolaus von Lyra, daß die größere Beteiligung der Frauen an der Hexerei in den mosaischen Büchern bezeugt ist«, über deren Realitätsgehalt wir heute besser unterrichtet sind.

Etwa 20 Jahre nach dem Tod von Nider (1456) schreibt Johann Hartlieb, der Leibarzt von Herzog Albrecht II. v. Bayern, das Buch der verbotenen Künste. Er betont, daß die Weiber leichtgläubiger sind, weshalb sich der Teufel eher zu ihnen mische«.

Der westfälische Augustiner Gottschalk greift diesen Faden auf und der spanische Minorit Alfons de Spina weist in einer 1459 verfaßten Schrift auf die gleichen Symptome. Bernhard Basin stellt sich in seiner 1482 erschienenen Schrift hinter Nider.

1486 erscheint das Buch des Rechtsgelehrten Ambrosius de Vignarte (Lodi) mit der Bemerkung: »... der Teufel besuche besonders die Frauen, während dies bei den Männern gewöhnlich nicht der Fall ist. In Italien bezeugt Antonin v. Florenz: »... daß der Teufel mehr die Frauen denn die Männer durch Zauberkunst verführe«.

1487 erscheint der Hexenhammer der beiden Dominikaner Sprenger und Krämer. Er zeichnet sich durch eine extrem frauenfeindliche Haltung aus: »... fromme Kirchenlehrer meinen zu wissen, daß die Weiber eine schlüpfrige Zunge haben und die eigene Schande nicht verschweigen können, wenn sie es mit ihresgleichen zu tun haben. Wenn es ihnen an Kräften gebricht, sich heimlich zu rächen, nehmen sie Zuflucht bei der Zauberei. Deshalb sagt Salomo: »... es ist besser bei den Löwen und Drachen zu wohnen, als bei einem bösen Weib. Eva spielte den ersten Betrug, deshalb kann man von ihren Töchtern alles erwarten. Sie wurde aus einer krummen Rippe erschaffen. Als ein unvollkommenes Tier betrügt sie immer. Das Weib taugt von Natur aus nichts, es zweifelt geschwinder und verleugnet den Glauben leichter »... wenn sie böse ist, verstellt sie ihre Gebärde und wird schließlich wie ein Sack. Alle Bosheit ist gering gegen die der Weiber. Es geschehe ihr, was mit den Gottlosen geschieht. Die Sünde kommt von einem Weib ... deshalb müssen wir alle sterben«.

»... die Schlechtigkeit eines Weibes wird schon im Ecclesiasticus XXV. erwähnt. »... es gibt kein Haupt über dem der Schlange und keinen Zorn über dem eines Weibes. Lieber würde ich bei einem Drachen wohnen, als das Haus mit einem Weibe teilen. Alle Sündhaftigkeit ist gering im Gegensatz zu der eines Weibes ... was ist es sonst als ein Feind der Freundschaft, eine unentrinnbare Strafe, ein notwendiges Übel, eine Versuchung der Natur und ein begehrliches Unglück? Wenn es eine Sünde ist, eine Ehe zu brechen, bleibt es eine notwendige Folter sie zu halten, denn entweder wir brechen sie, indem wir uns vom Weib scheiden oder wir müssen täglich Hader auf uns nehmen«.

Paul Grillandus spricht von der größeren Schwäche der Frauen und stellt deren Neugier heraus. Er habe als Richter in Erfahrung gebracht. »... die Frauen frönen gern der Hexerei, um dadurch besser der Fleischeslust nachgehen zu können«. Aus den mittelalterlichen Teufelsbüchern spricht ein abgrundtiefer Frauenhaß.

Der hl. Anselm von Canterbury verfaßt das Gedicht von der Eitelkeit der Welt. Die Frauen schneiden nicht gut ab. »... das Weib ist ein süßes Übel. Es zerbricht die männliche Kraft durch ränkevolle Liebkosungen. Als teuflische Hefe geht es einher mit schönen Kleidern geschmückt, das Haar gekämmt, um zu verderben, mit Schminke gefärbt seine Äugelein. Nichts Schändlicheres gibt es als das Weib, durch nichts richtet der böse Feind mehr Menschen zugrunde als durch das Weib.

Fliehe, heiliger Mann, der Unterhaltung der Frauen. Alle Feuer der Leidenschaft entzündet das Weib. Könntest du in sie hineinsehen, so würdest du sehen, welchen Schmutz ihre weiße Haut bedeckt. O Hirten, haltet die Wölfinnen von euren Herden fern. Das Weib ist der Tod der Seele. Glaube mir, Bruder, jeder Verheiratete ist unglücklich; hat er ein häßliches Weib, so haßt er sie. Hat er ein schönes Weib, so fürchtet er den Ehebrecher. Wird sie schwanger, so fürchtet er, daß das Kind nicht seines ist. Das Weib schreckt vor nichts zurück, was immer ihr die Sinneslust eingibt. Verurteile also die Bündnisse des Ehebettes. Nein, für die vollkommenen Männer ist sie nichts«.

Der Augustinermönch Antonius Rampignollis sagt: »... die Weiber sind stets begierig nach verbotenen Sachen ... aber sie können kein Geheimnis bewahren. Die Weiber sind begehrlich nach Rache ... sie sind voll Trug und verleiten die Männer zu allen Lastern. Trügerisch sind die Weiber, indem sie durch Lügen täuschen. Viele Künste wenden die Weiber an, um die Männer zur Unzucht zu bringen. Die Weiber kleiden sich schön, um die Männer zu verderben«.

Der Jesuit Sarasa: »... das weibliche Geschlecht ist bei weitem minderwertiger als das männliche; es ist weichlicher und unbeständiger. Der weibliche Verstand ist schwächer«.

Der Jesuit Laymann: »... die Weiber sind vorwitzig und wegen ihrer geringen Urteilsfähigkeit leichtgläubiger als die Männer. Die Weiber sind neugierig; sie sind zur Unzucht und Verschwendung geneigt; sie sind kleinmütig und schwach.

Jean Bodin, einer der bedeutendsten europäischen Philosophen des 17. Jh. sagt über die Frauen: »... viehisches Tun treibt das Weib dahin, daß es seine Begierden genugtue ... weshalb es vielleicht Plato zwischen die Menschen und das Vieh setzt ... denn man sieht, daß die inneren Eingeweide bei den Weibern größer als bei den Männern sind ... hingegen sind aber der Mannsbilder Häupter größer ... darum haben sie mehr Verstand denn die Weiber«.

Der Dominikanermönch Concina: »... von Natur aus sind die Frauen hochmütig. Sie verlegen sich darauf, die Männer in ihre Netze zu ziehen und sie zu unterjochen. Weil sie ferner in der Betörung der Männer sehr getrieben sind und aus Erfahrung wissen, daß die Entblößung ihrer Brüste und noch mehr die Berührung derselben geeignet ist, so geben sie auch mitten im kalten Winter ihre Brust den Blicken der Männer preis. Sie überschreiten die Grenze der Scham und schnüren ihre Seiten ein, damit die Brust noch mehr hervortrete, um durch solche schändlichen Künste die Männer zu bezaubern«.

Der Domprediger Geiler v. Keysersberg (gest. 1510) sagt: »... zum ersten hüte dich vor den Mönchen. Wenn du einen semmelfarbigen siehst, so zeichne dich mit dem heiligen Kreuz, und ist der Mönch schwarz, so ist es der Teufel. Ist er weiß, so ist es seine Mutter. Ist er grau, so hat er mit beiden teil. Zum anderen hüte dich vor den Pfaffen, die mache dir nicht geheim, besonders (nicht) die Beichtväter, Leutpriester, Helfer und Kapläne. Ja, sprichst du, meine Frau hasset Mönche und Pfaffen, sie schwört, sie habe sie nicht lieb. Es ist wahr, sie wirft es so weit weg, daß es einer in drei Tagen nicht mit einem Pferd errennen möchte. Glaube ihnen nicht, denn der Teufel treibt die Frauen ... da sie der geweihten Lust begehren«.

Luther äußert sich zu diesem Thema: »... wer mag alle leichtfertigen und abergläubischen Dinge erzählen, welche die Weiber treiben ... es ist ihnen von der Mutter Eva angeboren, daß sie sich äffen und betrügen lassen«. Am 14. Mai 1523 führt er in einer Predigt aus, daß der Teufel mit Vorliebe die Frauen zu verführen sucht. Da er die aus dem Kloster entsprungene Nonne Katharina Bora

geheiratet hat, kann er ein so schlimmer Weiberfeind nicht gewesen sein!

Der Pastor Adam Schubert sagt in seinem »Hausteufel« »... daß die Weiber drei Häute hätten; eine Hundshaut, eine Sauhaut und eine Menschenhaut«. Er beschäftigt sich ausführlich mit der körperlichen Wesensart der Frau und meint, sie müßte schon allein deshalb unter der Herrschaft des Mannes stehen, weil Eva erst nach Adam geschaffen worden sei; und zwar aus einer seiner Rippen«.

Andreas Musculus ist der Verfasser des »Eheteufels«. Darin lesen wir: »... ein Eheweib ist nichts anderen im Haus, als ein schwarzes und ungestümes Wetter am Himmel ... kein Weib ist gut, auch das allerbeste nicht ... ein Weib heiraten bedeutet, des Unglücks Hosen anziehen«. Danach werden die Laster aufgezählt, zu denen der Teufel die Ehefrauen verführt; sie wären putzsüchtig, aufsässig, ungehorsam usw. Aber: wenn die Männer saufen würden, würfelten und sich mit anderen Frauen einließen, so geschehe es nur wegen der Boshaftigkeit der angetrauten Ehefrau«.

Die Quintessenz seines geistigen Elaborates ist: »... Weiber sollten nicht vergessen, das einst Eva den Adam zur Sünde verführt habe und darum mit ihren Töchtern von Gott degradiert worden sei. Deshalb hätten sie gegenüber den Männern das Joch der Untertänigkeit zu ertragen«.

Nicolaus Schmidt, Amtsbruder des Musculus in Christo, verfaßt das Buch: »Von den zehn Teufeln ... von denen die bösen Weiber besessen sind«. Aufgezählt werden: Nichtbesuch der Kirche, Putzsucht, geschminktes Gesicht, falsche Haare, Schmutz und Unordnung in der Wohnung usw... Der Saufteufel veranlasse die Weiber, sich heimlich Bier holen zu lassen. Das ihres Mannes überdrüssige Weib ließe sich sogar vom Mordteufel zur Beseitigung ihres Gatten überreden«.

Pastor Schmidt sieht die ideale Ehefrau so: »... gottesfürchtig, gehorsam, demütig, züchtig, keusch und nüchtern (den Alkoholgenuß betreffend) und treu. Er hält »weibliche« Tugenden für unmöglich und stempelt die Frau als immer während Lockmittel und Instrument des Teufels ab«.

Kaplan Ellinger propagiert die Prügelstrafe für die unfolgsame Ehefrau und doziert: »... wenn der Mann aus Zorn schlägt, dann müsse das Weib eben ihren Schmerz hinunterschlucken und ihn verdauen«.

Andreas Happenrodt schreibt den »Hurenteufel«. Darin stellt er heraus, daß das vom Teufel inspirierte Weib die Verführerin zur Unzucht ist, wobei von vornherein feststeht, daß die körperliche Liebe erstens Sünde und zweitens Teufelswerk sei«.

Der lutherische Prediger Kaspar Huberinus widmet in seinem »Spiegel der Hauszucht« dem bösen Weib ein Kapitel und hebt hervor: »... da spüret man erst recht ihre Bosheit, wenn sie auch die anderen Leute vergiften, schießen, verderben, Hagel und Wetter machen ... wie der Satan sie zu seinen Werkzeugen braucht und sie etwas böser denn der Teufel sind ... es ist gütlich zu glauben, daß die alten Weiber zu Unholden werden ... denn da sie in ihrer Bosheit geübet und getrieben sind, kann sie Gott nicht höher strafen ... der Satan macht sie sich zur höllischen Braut, so daß sie ihm den Hintern küssen müssen, bis er ihnen (endlich) den Hals bricht und den Henker, einen Brautführer, an den Strick gibt ... und daraufhin im höllischen Feuer das Bett mit ihnen einnimmt«.

Celichius sagt: »... sie sind wild und fürwitzig, von Natur aus stolz und üppig. Das »ihr werdet sein wie Götter« steht ihnen noch im Kopf ... ihre Putzsucht und stinkende Hoffahrt tun dem höllischen Levithian Tor und Türen auf ... überdas sind alle Weibspersonen mehr auf die teuflische Zauberei verstürmet denn die Männer«.

1561 behandelt Jacob Ballik, ein Pfarrer aus Großen im Herzogtum Cleve die Frage: »... wie es kommen kann, daß viel mehr Weiber Zauber'sche werden als die Männer?« Dessen sind drei Ursachen. Erstens weil sie leichter glauben. Man sagt gemeiniglich: » ... wer leichtlich glaubt, wird leichtlich betrogen«. Zweitens, weil die Weiber neufindig sind; sie wollen alle Dinge wissen und erfahren. Drittens sind die Frauen rachgierig. Sobald es ihnen an etwas mangelt, wollen sie sich rächen. Und da es ihnen an der Macht

fehlt, ist alsbald der Satan dabei und lehrt sie solches. Die Weiber sind gemeinlich geizig. Deshalb wollen sie reich sein, alle Dinge haben und mit der Pracht leben ... solches verheißt ihnen der Satan«.

Der protestantische Arzt Weyer meint, daß der Teufel vornehmlich das weibliche Geschlecht zu täuschen sucht und daß er mehr Erfolg bei den Frauen hat. » ... das Weib ist von Natur aus unbeständig, leichtgläubig, seiner selbst nicht mächtig, neige zur Melancholie und ist (darum) teuflischen Einflüssen eher zugänglich«.

Eine ähnliche Auffassung vertritt sein Landsmann Johann Ewich, erst Arzt in Duisburg und dannach in Bremen. Er betont in einer 1584 erschienenen Schrift: »... daß die der Hexerei anhängigen gemeiniglich weiblichen Geschlechts sind ... meistens sind die Weiber damit behaftet ... welches denn geschieht in der Schwachheit ihrer Natur, in der des Alters oder in der Unerfahrenheit ihrer Jugend. Böse Auferziehung, unfleißiger Bericht in Gottes Wort, ein gottloses und unbändiges Leben, Haß und Angst wider Andere, Armut und Verzweiflung kommen hinzu. Der Satan habe mit der gleichen Kunst schon Eva angefochten ...«

Der calvinistisch gesinnte Hermann Wilken, Professor der Mathematik in Heidelberg, ist ebenfalls der Ansicht, daß sich vorzugsweise Frauen mit der Hexerei beschäftigen. » ... sie wären leichtsinniger und würden darum öfters das göttliche Gebot übertreten ... zudem wären sie über die Maßen rachgierig, schwätzig und könnten nichts verhehlen (= für sich behalten).

Der Rostocker Gelehrte Gödelmann teilt diese Meinung. Er zitiert und wiederholt Martin Biermann, einen Professor der Medizin aus Helmstedt. Der italienische Arzt Condrochinus anerkennt die zahlreichere Beteiligung der Frauen am Hexentreiben als Tatsache. Der französische Richter Pierre de Lance schließt sich dieser Meinung an.

Der Baseler Doktor Jacob Wecker setzt sich für eine strenge Bestrafung der Hexen (= er meint damit die Frauen) ein, »... weil sie von blöderer Natur denn die Männer sind«. Spizelius hebt die »... sündigen Lüste und Neigungen der Weiber hervor« und sagt: »... allzu willig und gern gehen die dummen Hurenvögel in das ihnen gelegte Netz ... so fliegen die Mücken haufenweise in das Gewebe der teuflischen Spinnerin, bis er sie zuletzt verschluckt und frißt«.

So schließt sich der Kreis; so beurteilen Männer die Frauen, an denen sie sich sonst gütlich tun. Es sind überwiegend Theologen und Gelehrte, Juristen und Ärzte, die eine christliche Erziehung auf sich vereinigen. Kaum einer gelangt zu der Idee, das Zaubern und Hexen anzuzweifeln. Keiner kommt darauf, die Frau als gleichwertig und -berechtigt anzusehen. **Die Tatsache, daß das Christentum die Frauen über Jahrhunderte ausgegrenzt hat, bestätigt seine Unaufrichtigkeit.**

In der römisch-katholischen Kirche haben die Frauen bis heute so gut wie nichts zu sagen.

Damals kam keine Schriftstellerin zu Wort; und wenn, so hätte man sie ausgelacht. Der von der Geistlichkeit warm gehaltene Frauenhaß basiert auf einem antiken Märchen, denn eine Eva im biblischen Sinn hat es nicht gegeben.

Ein Blick der römisch-katholischen Geistlichen ins Lager ihrer protestantischen Kollegen hätte sie darüber belehren können, daß die Ehefrauen und Partnerinnen eine Bereicherung für ihre Arbeit sein können. Es hätte sie von tausend sexuellen Eskapaden abgehalten. Der Frauenhaß der römisch-katholischen Kirche entbehrt jeder Grundlage und ist ein beschämendes Armutszeugnis.

Erschaffung des ersten Menschenpaares nach der Auffassung der Kirche und der Sündenfall; symbolisierte Schlange. Eva wird nach der christlichen Auffassung aus der Rippe Adams gemacht.

Und sie bewegt sich doch

Unter den astrologischen Werken der Chaldäer findet sich eine Tafel über die Sonnen- und Mondfinsternis. Sie wissen, daß das Sonnenjahr 365, 25 Tage hat und daß die Umlaufzeit des Mondes 30 Tage beträgt. Dieser Erkenntnis legen sie ihre Zeiteinteilung zugrunde. Es ergeben sich 12 Monate zu 30 Tagen. Sie wissen, daß sich nach 223 Mondumläufen oder 18 Sonnenjahren Sonnen- und Mondfinsternis wiederholen. Das sind erstaunlich exakte Kenntnisse, wenn man berücksichtigt, daß sie 3.000 Jahre zurückliegen.

Der heilige Augustin bezeichnet das Suchen nach den Gesetzen des Himmels und den Bau der Welt als »unziemliche« Neugier, die vom Heil der Seele ablenke. Es ist Anachronismus, denn lang vor seiner Zeit machen sich bedeutende Geister auf, um nach der Wahrheit zu suchen.

Jahrhunderte war man der durch Thales v. Milet und seinem Schüler Anaximander vertretenen Ansicht, daß der Himmel eine große, über die Erde gespannte Kristallglocke ist, an der die Sterne mit güldenen Knöpfen befestigt sind. 600 Jahre v. u. Z. gelingt Parmenides (ein Schüler von Pythagoras) der Nachweis, daß die Erde keine Scheibe, sondern eine Kugel ist. Philolaus lehrt im 5. Jh. v. u. Z., daß die Erde nicht der Mittelpunkt der Welt ist. Hiketas folgert später, daß sie sich um ihre Achse dreht. Demokrit erwähnt den »unendlichen« Raum und spricht aus, daß die Milchstraße aus einem Gewimmel »ferner« Sterne beruht.

300 Jahre v. u. Z. bestimmt Aristill die Lage der hauptsächlichen Sterne am Himmel. Der Naturphilosoph Anaxoras behauptet, die Sonne sei eine feurige Masse und 1000 x größer als Griechenland. Er vertritt die Ansicht, daß es einen von der Materie gelösten Weltgeist gibt. Er landet ob seiner Anschauungen in der Verbannung und hat es Perikles zu verdanken, daß er nicht hingerichtet wird.

Aristiarchus v. Samos versucht, die Entfernungen von Sonne und Mond zu berechnen. Er äußert um 250 v. u. Z. den Gedanke, daß die Erde drehend um die Sonne kreist.

Etwa 140 v. u. Z. stellt Ptolemäus, ein in Ägypten geborener Gelehrter (er lehrt in Alexandria) sein Werk über alles, was man damals von den Sternen wußte, zusammen. Er berechnet die Sonnen- und Mondfinsternis und stellt ein Weltsystem auf, das zum Mittelpunkt unsere Erde hat. Sonne, Mond und Planeten umkreisen sie.

Nach der mittelalterlichen Weltanschauung ist die Welt nicht geworden, sondern fertig erschaffen; es ist der »sichtbare« Hauch Gottes. Sie steht im Mittelpunkt des Weltalls. Sonne, Mond und fünf Planeten bewegen sich in sieben übereinandergelagerten Himmeln in verschiedener Geschwindigkeit um die Erde, die als Kugel in ihrem Zentrum schwebt. Die anderen leuchtenden Sterne sind unkörperlich und ohne Schwere. Sie hängen frei im himmlischen Raum der 8. Sphäre. Über ihm ist der 9. kristallinische Himmel, das »primum mobile«. Über diesem das Empyrium: die stillstehende Atmosphäre. Hier thront Gott mit seinem Sohn und den Auserwählten. Andere Selige sind auf anderen Sphären verteilt.

Der Mensch ist der höchste Zweck der Schöpfung und ein Meisterwerk Gottes. Seinetwegen ist die Welt erschaffen, für ihn leuchten Sonne, Mond und Sterne. Um ihn dreht sich die Geisterwelt. Der Mensch schwankt unaufhörlich in seiner Haltung zwischen dem Guten und dem Schlechten. Gott und Teufel streiten um seine Seele. Obwohl der Mensch das letzte Glied der Schöpfung ist, so ist er nicht für die Erde geschaffen. All sein Sehnen ist in und nach dem Himmel gerichtet. Sein Dasein auf der Erde hat den Zweck, daß er sich büßend den Himmel verdiene. Deshalb hat Gott seinen eingeborenen Sohn zu den Menschen geschickt, damit er den Teufel besiege und ihm zur Seligkeit verhelfe.

Im 12. Jh. erklärt Johann von Salisbury die Sternkunde für eine von der Kirche verbotene, strafwürdige Kunst, weil sie den Menschen den Glauben an ein blindes Geschick einimpft und den Hang zum Götzendienst begünstigt, indem sie die Allmacht des Schöpfers auf seine Gesetze überträgt. Dies wird allmählich zur Ansicht der Kirche in der von Thomas v. Aquien auseinandergesetzten Form.

Alfons der Weise von Kastilien (1252-1284) rechnet die Astrologie zu den freien Künsten. Es ist beachtenswert, daß sie während des 13. und 14. Jh. **nicht** zu den verbotenen Künsten gehört, die in den Verhörsprotokollen der Inquisition erwähnt sind.

1290 wird vom Pariser Bischof im Einklang mit dem Erzbischof von Sens und Magistern der Universität ein Verdammungsurteil erlassen. Es wendet sich gegen das Buch »Zehn Ringe der Venus«, die Bücher des griechischen und germanischen Babylon, das Buch der Bilder des Ptolemäus und das des Zauberers Hermes an Aristoteles«.

Das Zeitalter der großen Entdeckungen im 14./15. Jh. zwingt (auch) zu neuen Überlegungen über das Weltganze. Kopernikus lehnt das Weltbild des Ptolomäus ab und macht die Sonne zum Mittelpunkt des Sternensystems. Die Erde wird zum »gewöhnlichen« Planet und umkreist - wie andere - die Sonne. Kopernikus gelangt nach langen astronomischen Studien und einer ausgedehnten Lehrtätigkeit in Italien zu seinen Erkenntnissen. Er stibt 70-jährig als Domherr zu Frauenburg.

Kopernikus entlarvt die angebliche Weisheit der heiligen Schrift und versetzt dem »alten« System des Ptolomäus den Todesstoß.

In der Kirche **muß** man anders denken. Die Verfasser des Hexenhammers gehen vom wirksamen Einfluß der himmlischen Körper aus und sagen: »... ihr Einfluß kann nicht verworfen werden, denn sie werden von geistigen Substanzen bewegt und regiert, wie dies von allen Theologen und Philosophen angenommen wird. Die Seelen der Himmels-

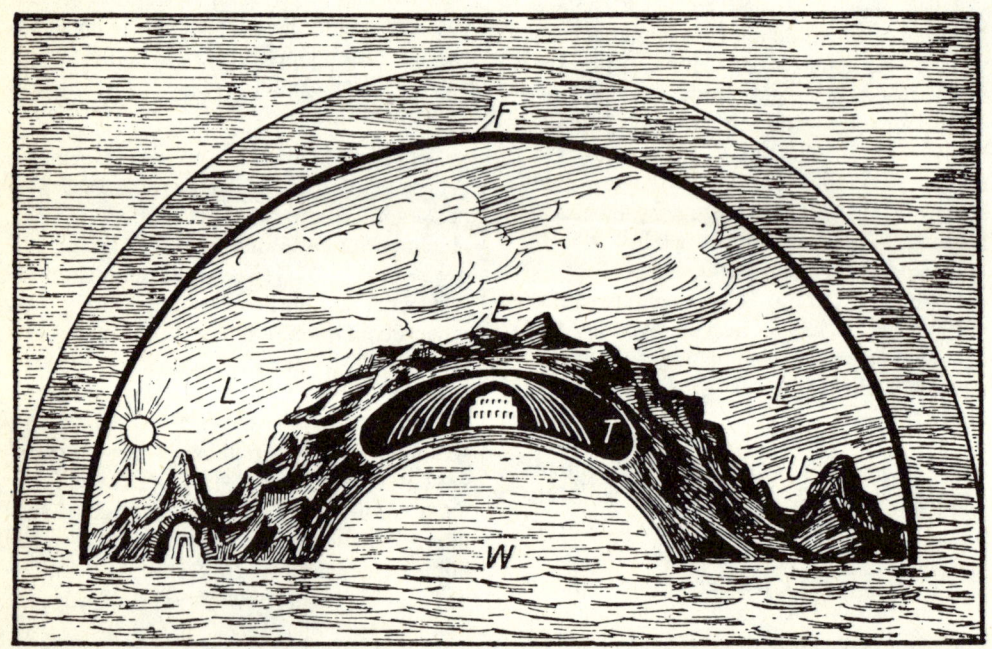

Weltbild der Babylonier. W = Weltmeer, E = Gewölbe der Erde, L = Luftraum, F = Feste des Himmels mit den darüber gedachten Himmelswasser. A/U = Anfangs- und Untergangstore der Sonne, T = Totenreich.

körper sind größer als die unsrigen; folglich können sie in uns wirken«.

Selbst Freunde von Kopernikus halten nichts von dessen Lehre, denn sie steht im Widerspruch zur klerikalen Ansicht. Luther betont dies, und nennt ihn - mangels wirklichen Wissens - einen Narr. Der Index prohibitorum verbietet mit Dekret vom 5. März 1661 alle Bücher, in denen die Unbeweglichkeit der Sonne verteidigt wird.

Außer Nikolaus Kopernikus finden wir viele berühmte Schriftsteller darauf. Die Kirche bäumt sich auf und akzeptiert die Lehre des Naturforschers lediglich als Hypothese. Bis 1758 steht sein Werk auf dem Index der verbotenen Schriften. Welch stümperhaftes Eigentor!

Nun tritt ein Mönch aus Nola, Giordano Bruno auf. Er gilt als Anhänger der »neuen« Lehre und verbreitet die Ansicht, daß die Sterne der Erde ähnliche Welten sind. Viele wären von uns ähnlichen Geschöpfen bevölkert. Dieser denkbare Standpunkt ist für Rom untragbar, denn damit steht und fällt die Lehre vom Mensch als Mittelpunkt der christlichen Schöpfung; die Erlöser - Eigenschaft des Gottessohnes kommt ins Wanken!

Der italienische Dominikaner, der gedanklich seiner Zeit vorauseilt und sich über die antiquierten biblischen Gedanken hinwegsetzt, wird sieben Jahre in einen Kerker gesteckt. Seine Meinung über die Unbefleckte Empfängnis der Mutter Gottes und über die Eucharistie decken sich nicht mit der fabulösen der Kirche. Weil er den geforderten Widerruf verweigert, wird er - zum Ketzer deklariert - am 17. Februar 1604 in Anwesenheit von 50 Kardinälen und des Papstes Clemens VIII. auf dem Campo de Fiori, dem Blumenplatz von Rom, öffentlich verbrannt. Um zu verhindern, daß er nicht durch ein Wunder zu neuem Leben erwacht, wird seine Asche in einen Fluß geworfen.

Regiomontan, ein Deutscher namens Müller, gründet 1471 in Nürnberg eine Sternwarte und macht ausgezeichnete Beobachtungen. Die etwa parallel laufende Erfindung der Buchdruckerkunst wirkt sich günstig auf die Verbreitung der Wissenschaften aus. Wenngleich sich dies ebenso positiv auf die Verbreitung der christlichen Lehre auswirkt, so entsteht durch das »gedruckte« Wort der Kirche ein Feind von immenser Bedeutung und es wird verständlich (auch wenn es sinnlos ist) daß sie sich dagegen stellt. Ihre Zensurpolitik ist nicht geeignet, den Wahrheitsgehalt der von ihr verbreiteten Lehren anzuheben!

1609 hört Galilei von der Erfindung des Fernrohrs durch Brillenmacher in den Niederlanden. Zum erstenmal sieht ein menschliches Auge Gebirge auf dem Mond; die Milchstraße wird zu einem Sternenstrom. Galilei sieht dunkle Flecken auf der Sonne (der Pater Scheiner in Ingolstadt erkennt sie gleichzeitig). Am 7. Januar 1610 erkennt Galilei in Padua die Monde, die den Planeten Jupiter umkreisen; Kopernikus hat recht; man kann die Erde **nicht** mehr isoliert betrachten.

Galilei schreibt an Kepler: »... Du bist fast der Einzige, der meinen Angaben Glauben beimißt. Als ich den Professoren am Florenzer Gymnasium die Trabanten des Jupiter durch mein Fernrohr zeigen wollte, wollten sie weder dieses noch das Fernrohr sehen. Sie verschlossen die Augen vor dem Licht der Wahrheit. Diese Menschengattung glaubt, in der Natur sei keine Wahrheit, sondern nur in der Vergleichung der Texte. Ich denke, wir lachen über die Dummheit des Pöbels«.

Nun tritt Galilei offen für die Lehre des Kopernikus ein. Damit beginnen seine Schwierigkeiten. Redondi entdeckt 350 Jahre nach der Verurteilung Galileis in den Archiven der Inquisitionsbehörde ein versteckt gehaltenes Dokument. Es weist nach, daß man Galilei offiziell wegen seiner Symphatie für die Lehren des Kopernikus angeklagt hat, um ihn vor der Überführung der Ketzerei und dem damit verbundenen »sicheren« Todesurteil zu bewahren.

Er endet nicht auf einem Scheiterhaufen, denn der schon halb erblindete Greis - er muß sich 1615 vor dem Inquisitionstribunal verantworten - schwört am 23. Juni 1633 in der Klosterhalle von Santa Maria sopra Minerva ab, daß die Welt anders sein könnte, als es die Schriften der Bibel belegen.

Sein Ausspruch »Und sie bewegt sich doch« ist nicht verbürgt, wenngleich es heute jeder weiß. Die Verbreitung seiner Schriften wird untersagt und damit wird der Widerstand forciert.

Im Lauf der Zeit wird selbst im Vatikan erkannt, das Galilei recht hat und daß das Heilige Offizium mitsamt dem unfehlbaren Papst einem Irrtum aufsitzt. Mit unendlicher Bitterkeit gesteht die Kirche ein, daß sie sich geirrt hat. Sie rechtfertigt sich durch eine lächerliche Logik und sagt: »... der Papst habe die Verurteilung zwar gebilligt, aber er habe nicht vorgehabt »ex cathedra«zu sprechen. Überdies habe die Schuld allein Galilei. Dieser halsstarrige Mensch sei spitz und aufreizend gewesen ... er habe in drei Worten sechs Albernheiten gesagt«. Kann man ärmlicher argumentieren?

Johannes Kepler, 1571 in Weil d. Stadt geboren, war sein Leben lang auf der Suche nach dem »großen« Weltgesetz. Er vermutet im Lauf der Sterne eine »göttliche« Harmonie und macht sich deren Erforschung zur Lebensaufgabe. Seine Eltern wünschen, daß er ein »geistlicher« Herr werde und so kommt er an die Klosterschule von Maulbronn. Er darf ohne Entgelt das theologische Seminar von Tübingen besuchen. Er wendet sich von der Theologie ab und betreibt naturwissenschaftliche Studien; er schuf damit der Freiheit eine Gasse. Nicht mit dem Schwert, sondern mit dem Geist. Zusammen mit seinem italienischen Zeitgenossen Galilei durchdringt er die verstaubten Dogmen der Kirche. Er entdeckt die Gesetzmäßigkeiten der Planeten. Damit bricht das von der römisch-katholischen Kirche geprägte Weltbild zusammen.

Der Theologe Hafenreffer trägt ihm zu: »... Gott verhüte es, daß Du Deine Hypothesen mit der heiligen Schrift in Übereinstimmung zu bringen suchst. Ich fordere von Dir, daß Du lediglich als Mathematiker handelst und

die Ruhe der Kirche ungestört läßt«. Hört man nicht die Unsicherheit der Kirche zwischen den Zeilen; in diesem Fall der protestantischen!

Isaac Newton (1642-1727) beweist, daß alle Himmelskörper mechanischen Gesetzen unterliegen. Sie kreisen nach mathematischen Gesetzen und nicht nach dem göttlichen Willen. In seiner »Allgemeinen Naturgeschichte und Theorie des Himmels« hat Kant 1775 der Vorstellung des Weltalls als einem göttlichen Schöpfungsakt ein Ende bereitet. Hinzu kommt der Astronom Pierre Laplace (1749-1827). In seinem Werk »Darlegung des Weltsystems« werden alle theologischen Vorstellungen von einem einmaligen göttlichen Schöpfungsakt in das Reich der Fabel verwiesen. John Locke (1632-1704) und David Hume (1711-1776) haben den christlichen Gott aus dem Weltlauf verbannt.

In Kirchenkreisen sieht man es für lange Zeit nicht ein, bzw. will es nicht wahrhaben. Bis 1797 wird an der von Jesuiten beherrschten Universität Löwen gelehrt, daß sich die Sonne um die den Mittelpunkt des Weltalls bildende Erde dreht. Erst im frühen 19. Jh. erlaubt (!) die christliche Kirche die Verbreitung von Büchern, die sagen, wie die wirkliche Bewegung der Erde ist; inzwischen weiß das jedes Schulkind.

1941 steigt der Marburger Theologe Rudolf Bulthaupt von der Himmelsleiter und verkündet: »... erledigt ist durch die Erkenntnisse der Kräfte und Naturgesetze der Geister- und Dämonenglaube. Man kann nicht elektrisches Licht einschalten und gleichzei-

Der Astronom Galileo Galilei schreibt an Kepler: »... die Professoren am Gymnasium von Florenz verschlossen die Augen vor dem Licht der Wahrheit ... diese Menschengattung glaubt, in der Natur sei keine Wahrheit, sondern nur in der Vergleichung der Texte. Ich denke, wir lachen über die Dummheit des Pöbels«.
Nach dem Gemälde von Justus Susermans. Florenz. Uffizien.

tig an die Wunderwelt des Neuen Testamentes glauben.

Göttlicher Zorn ... Klerus und Medizin

Die aus heutiger Sicht falsche Beurteilung des Weltganzen der mittelalterlich geprägten Menschen wirkt in alle Lebensbereiche; auch an der Stelle, wo sie besonders empfindlich sind. Bei ihrer Gesundheit und ihrem Erwerb, überwiegend in der Landwirtschaft. »... wie Gott die Welt geschaffen, so regiert er sie auf seine direkte Weise durch Eingriffe in den Lauf der Natur. Er läßt Sterne und Zeichen am Himmel erscheinen, macht Regen und Schnee, Hagel und Ungewitter, er schickt Erdbeben, Wasserfluten und Heuschreckenschwärme; er leitet die Schicksale der Menschen, ihre Sinne und Gedanken, ihre Kämpfe und Schlachten. Er schickt Seuchen, Pest und Hungersnöte«[30].

»Gott der Allmächtige hat seine Allmacht und Kraft wider die Pestilenz wunderlich versteckt, in Wurzeln, Kräutern, Samen, edlen Gesteinen, Holzwerk ... und (in) unvernünftigen Tieren allerlei Gattung mehr. Dieses theologische Denken verhindert, - da es bis in höchste Universitätskreise reicht - sinnvolle Entwicklungen.

Das Laterankonzil von 1215 verbietet Ärzten unter Anordnung von Strafen, Kranke zu behandeln, die vorher nicht gebeichtet haben. Anatomie, Chirurgie, das Sezieren von Leichen wie das Erkennen von Krankheitsherden gelten bis in das 18. Jh. hinein als Sünde, ja als todeswürdig[31]. Hebammen durften nur praktizieren, wenn sie fromm waren und selbst ein Kind geboren hatten. Sie konnten ohne bischöfliche Sentenz keiner Schwangeren beistehen[32]. Jahrhundertelang durften Ärzte Unterleibskranke nur unter verhüllenden Decken »touchieren«. Noch 1850 gab es einen Proteststurm, als der amerikanische Gynäkologe P. White vor Medizinstudenten die Entbindung einer nackten Frau vollzogen hat[33].

Nach Cassidor, einem Schüler des hl. Benedikt (560) der in seiner »Cura fratrum infirmium« den Benediktinern das Studium des Hippokrates (Lehre von den vier Säften und ihrer gesunden Mischung), des Galenus, Coelius, Aurelianus und Discorides empfiehlt, ist der später hl. gesprochene Isodor v. Sevilla (gest. 636) die bedeutendste Erscheinung seiner Zeit. Seine 20 Bücher »De Origene« und sein Werk »De Natura rerum« geben Zeugnis von seiner ärztlichen und wissenschaftlichen Bildung.

Rhabanus Maurus (780-856) erwähnt die Mondsucht als Krankheit. Damals soll es so viele Mäuse gegeben haben, daß sie sogar seine Bibel - neben anderen Büchern - aufgefressen haben (sollen). Schon um 630 wird erkannt, daß es vor allem vier Dinge sind, die den Körper zugrunde richten:

- Überfüllung des Magens
- Das Bad mit vollem Magen
- Das Essen von schweren Speisen
- Der Beischlaf mit abgelebten Weibern

Hauptsächlich verrennen sich die philosophierenden Ärzte des Mittelalters in Spekulationen und in der kanonischen Auslegung des Hippokrates und Galenus. Chalinde Vinario führt die Merkmale der Pest auf astralische Ursachen zurück. » ... Zusammenstoß der Wandelsterne, Entstehung der Kometen, feurige Erscheinungen am Himmel, Irrlichter an jenen Orten, an denen die Pest zu beginnen droht. Für ihn ist Avignon ein Rattennest, das er als Ausgangspunkt der Pest hinstellt. Vincenz Swofheim von Liegnitz verlangt noch um 1430 in erster Linie die Reinigung der Seele und nicht die der Luft im Zusammenhang mit den großen Pestausbrüchen.

Pest und Syphillis

Unsere Geschichte bestätigt, daß sich die Menschen in Notzeiten verstärkt der Religion zuwenden, von der sie Trost und Hoffnung erwarten. Die Geistlichen verstehen es, das Böse mit dem angeblich Guten aufzuwiegen, und dadurch das Übel zu vergrößern; anstatt aufklärend zu wirken, bleiben sie auf Traditionen sitzen. Mit Schreckbildern und Trugmitteln wird das verängstigte Volk eingeschüchtert. Man redet ihnen ein: «... bösen und leichtfertigen Menschenkinder hätten durch ihre Verfehlungen den Zorn des »gerechten« Gottes heraufbeschworen; somit wäre dies eine »gerechte« Strafe für ihren Leichtsinn. Sicher gilt es (auch) für Hunderte von Geistlichen, die sich eine Geschlechtskrankheit zugezogen haben.

In dieser Zeit fließen der Kirche unermeßliche Schenkungen, Stiftungen und Vermächtnisse zu. Auf die damit verbundenen Rechtsunsicherheiten habe ich anderweitig aufmerksam gemacht. Es geht nicht immer mit lauteren Mitteln zu:

In einer um 1400 ausgebrochenen Pestepidemie stellt sich in Stralsund die Sitte ein, daß Bürger für geistliche Amtshandlungen übermäßig große Opfer bringen und am Altar niederlegen. Weil die Zahlung ärmeren Schichten schwerfällt, läßt der Stadtrat eine geringere Münze schlagen. Die Geistlichkeit ist darüber aufgebracht, denn es schmälert ihren Beutel. Der Priester Conrad v. Bonow verläßt die Stadt, sammelt 300 Reiter, kehrt zurück und fängt außerhalb Beschäftigte ein, die er an Händen und Füßen verstümmeln läßt. Die über den Gewaltakt verbitterten Untertanen sperren daraufhin 16 Geistliche ein und verbrennen drei von ihnen.

Bann und Interdikt sind die natürliche Folge. Nach einem langen und harten Kampf muß sich Stralsund zur Sühne bekennen. Die wirklichen Übeltäter, die habgierigen Geistlichen, gehen straflos aus. Man denkt unwillkürlich an das Verhalten der Kirche gegenüber den Stedingern, wobei sich die Geschichte mit dem Beichtgroschen als Legende entpuppt hat.

Geistliche reden den Leichtgläubigen ein, daß die Pesten, Sorgen und Nöte Folgen des »göttlichen« Zornes sind, den man nur durch fleißiges Beten, besseren Lebenswandel und höhere Opfer zur Milde bewegen kann.

Die medizinische Fakultät der Pariser Universität gibt folgendes Gutachten ab: »... wir, die Mitglieder des Kollegiums der Ärzte zu Paris, haben nach reiflicher Überlegung und Beratung über das jetzige Sterben, den Rat unserer alten Meister in dieser Kunst eingeholt ... und wollen hiermit die Ursachen der Pestilenz deutlich und offen an den Tag legen, als es nach den Grundsätzen der Astrologie **und** der Naturwissenschaft geschehen könnte«.

Sie erkennen die Ursache in der Sonnenenergie und Wärme des himmlischen Feuers ... so entstehen Dämpfe, die die Sonne verhüllen und ihr Licht in Finsternis umwandeln. Es wiederholt sich ständig und so wird ein Teil unserer Gewässer verdorben. Dies kann das Sonnenlicht nicht verzehren. Der Dampf breitet sich in allen Weltgegenden aus und hüllt sie in Nebel ... wir sind des Dafürhaltens, daß sich die Gestirne mit Hilfe der Natur bestreben, durch ihre göttliche Macht das Menschengeschlecht zu schützen und zu heilen.

Der Weiber muß man sich bei Todesgefahr enthalten, und denselben weder beiwohnen noch mit ihnen in einem Bett schlafen; das soll sich jeder wohl gesagt sein lassen«.

Das englische Schweißfieber (= Franzosenkrankheit = Syphillis) kommt im letzten Jahrzehnt des 15. Jh. also etwa zur Zeit des Erscheinens des Hexenhammers auf.

Seine Bekämpfung liegt lange im Dunkel; man vesucht es außer Gebeten mit dem Allheilmittel Theriack. Die Geistlichen bemühen sich, die Lustseuche mit einem anderen Namen zu kaschieren als dem üblichen »sacre mal«. Sie nennen sie »ardentes«, Krankheit der Brennenden (d. h. der Lüstlinge und Ausschweifenden). Der Volksmund macht daraus ein »mal du saint Main« und ein »feu de saint Antonie«, weil die beiden Heiligen im Begriff stehen, gute Pesthelfer zu sein.

Die eigentlichen Pestpatrone sind der hl. Rochus und Sebastian. Papst Urban II. der von den Wundertaten des hl. Antonius hört, gründet unter seiner Anrufung einen Orden, der sich die Bekämpfung dieser Krankheit zur Aufgabe macht. Die Antoniter stellen vor der Reformation den beliebtesten und volkstümlichsten Spitalorden dar. Nachdem die Bekämpfung des sog. »Antoniusfeuers« eingedämmt werden kann, geht man zur Heilung anderer Krankheiten über und befaßt sich (auch) mit der Syphillis.

Sofort greift der wildeste - von der Geistlichkeit gesteuerte - Aberglaube um sich. 1606 spielt sich in Aschaffenburg folgendes ab: »... also haben sich in der höchsten Not die 200 übriggebliebenen Bürger auf den negsten Freytag vor Michaelis(tag) zu Gott dem Allmechtigen gebeten und geschrieén um Abwendung der grossen Plag und die Feuer all gelöscht im Flecken, ein Zugfeuer gemacht und diesen abgedachten Freytag Gott gelobt zu einem heil. Feyer zu ewigen Tagen zu fasten und zu feyern«.

»Frauen geloben, an Sonn- und Feiertagen schwarze Joppen mit schwarzen Röcken und die Männer graue Kleider zu tragen[34]. In der Grafschaft Hohenberg (Rottenburg am Nekkar) faßt die geistliche und weltliche Obrigkeit das Gelübde, am 20. Januar jährlich eine Betstunde zur Abwendung der Seuche zu halten[35]. Die Bürgerschaft von Kraiburg verlobt sich wegen der Todesgefahr mit dem hl. Sebastian in Ebersberg, wo man aus dessen angeblicher Hirnschale, Rettung erhoffend, mittels eines gehöhlten Pfeiles gesegneten Wein schlürft[36].

Man kann sich vorstellen, welchen Einfluß dieses Gebaren beim einfachen Volk auslöst; dies in einer abergläubischen und von Kritiklosigkeit geschwängerten Zeit wie heute. »... im bayrischen Wald nimmt der Aberglaube derart zu, daß die Regierung 1642 Volkskomissionen durch Jesuiten und Kapuziner zur Aufklärung des Volkes aussendet«; jene, die den Aberglauben wachhalten. Die Obrigkeit wirft mit dem Schinken nach der Schwarzwurst.

Anton Klump zitiert zu Beginn des 16. Jh. »... der Engelisch Schweyss wirt darum genant: In dem Künigreich Engellandt ist die kranckheit schnelliglich endet in dem schweiss, entweders zum leben oder todt ... ist auch ein vrsach dieser kranckheit eyn verborgen neigung des gestirns von den Planeten, dieselbigen mit etlichen Influss die sie habent in die cörper hernieder, bringen sie anzündung in das Blut«.

»... darnach ist auch diss jahr (1496), dass Gott darinne ein new Exempel seines grausamen Zorns wider die Sünde der Menschen, sonderlich aber wider die Vnzucht und Vnkeuschheit erzeiget hat. Spanier haben den Frantzosen mit List und Behendigkeyt beykommen müssen ... und schicketen aus ihrem Lager den Frantzösischen Kriegsleuten, die zur Vnzucht geneiget. Spanische Bälge (= Dirnen) zu. Dadurch nahm diese

schreckliche Kranckheyt in ganz Europeam ... schnell und behende vberhand«[37].

»... 1496 ist die schreckliche und unerhörte Krankheit, die Franzosen genannt, oder die flechtende indianische Seuche, die in Schlesien zum erstenmal eingeschlichen und vermerket worden. Die Jahr zuvor brachte sie ein Weib, so von Rom gewallet, gen Krakau; zwei Jahre zuvor war sie in Spanien, Welschland und Frankreich gemein und bekannt«[38].

Sigmund Kröll beschreibt die Ursache so: »... haben geursachet, Finsternuss des Mondes vnd der Sonnen, geuerliche vnd swere Coniunction oder Zusammenfügung der Planeten, grosse Nebel, dicke Finstere wolcken durch die winde von Mittag vnd Niedergang der Sonne versamelt«.

Sebastian Frank sagt. »... umd die Herbst Mess in Frankfurt a. M. im M. D. XXIV. jar Erstund auss verschulter sünde vnd billichem zorn Gottes, ein unerhört, nuew, erschrecklich plag und krankheit, welche man an die Englisch such(t) oder Krankheyt nennet«.

Noch 1617 bezeichnet der Glöckner in der Gegend von Naumburg eine hereinbrechende bösartige Ruhr als »Zornwut Gottes«. Von den Kanzeln predigen die Geistlichen gegen die »letzte Brut und Frucht des Teufels« und versagen den Kippern und Wippern das ehrliche Begräbnis. Wegen der permanenten Verteuerung und Münzverschlechterung werden Münzen eingeschmolzen und an deren Stelle geringwertiges Kupfergeld (= sog. Hilpertlein) geschlagen.

In Italien verbreitet sich das Gerücht, daß vom Teufel verführte Bösewichter mit vergifteten Salben und Pülverlein die Eingänge der Kirchen und Wohnungen, die Schlösser und Türklinken, Stühle, Fenster und die Kleider infiziert haben ... und daß die geringste Berührung damit unweigerlich den Tod herbeiführt. In diesem Zusammenhang werden in Lyon einige Fettschmierer (= Ingraisseurs) bei einem solchen Vorhaben ertappt. Sie werden mit glühenden Zangen gezwickt, die rechte Hand wird ihnen abgehauen, sie werden lebend auf ein Rad geflochten und verbrannt.

Aus ähnlichen Motiven entstehen die »mittelalterlichen« Marienbruderschaften, die letztlich eine Art Abwehrzauber darstellen. Es ist die Zeit der Flaggelanten, Geißler und Nollbrüder. Eine Spätfolge sind die von Jesuiten geprägten »Marianischen Kongregationen«.

Die Annalen der Innsbrucker Kongregation berichten 1596: »... daß die Soldaten Karfreitag und -samstag in schwarzen Bußsäcken mit Ruten bewaffnet zu den verschiedenen Kirchen zogen, um sich zu geißeln«.

1601 kommen in Konstanz am Karfeitag 28 vornehme Männer im Jesuitenkolleg zusammen. Sie hüllen sich in Säcke und ziehen mit Geißeln in der Hand abends im tiefen Schweigen zu den Kirchen der Stadt. Überall werden sie von Trauermusik empfangen. Die Zahl der Geißler wächst in der Folgezeit. 1603 gibt der Domprobst Jacob Fugger Geld zur Bezahlung der Säcke, er geht selbst mit, »... schwarz gekleidet und begleitet von den Domherren«[39].

Mainz 1613: »... hier werden von der marianischen Kongregation zwei Prozessionen gehalten. Die bischöfliche Behörde bezeichnet den Zweck: Abwendung der Pest, glücklichen Ausgang des Reichstages und Ausrottung der grassierenden Zauberei. Im Programm der zweiten Prozession werden aufgeführt: König David im Bußgewand, dem drei Engel eine Geißel, ein gezücktes Schwert und einen hohlen Menschenkopf vorantragen, während drei Knaben mit königlichen Insignien folgen. Dann erscheint der hl. Bonifazius; Mädchen stellen verschiedene Heilige dar. Die Kongregation tragen die Statuten ihrer Patrone. Dem Allerheiligsten folgt die Geistlichkeit und die Bürgerschaft«[40].

Hier schließt sich der Kreis. Man will den »grassierenden« medizinischen Aberglauben ausrotten und lebt ihn durch eine religiöse Variante vor.

Folterkammer im 16. Jht. im Vordergrund wird ein Liegender gestreckt und erfährt dabei die Wasserprobe. Rechts im Hintergrund das Strecken mit einem angehängten Stein. Links der sog. »Eiserne Stier«, in dessen Hohlraum der Deliquent langsam zu Tode gequält wird. Der Stier wird von unten glühend gemacht, was mit unterträglichen Schmerzen verbunden ist.

Friedrich I., Barbarossa, trifft 1177 in Venedig mit Papst Alexander III. zusammen.
Stich und Karton von Julius Schnorr v. Carolsfeld.

Das Christentum im Spiegel der historischen Kritik

Fälschungen und Legenden

Einführung

»Das Papsttum verdankt seine Bedeutung einer Reihe von Wahnideen, sowie umfangreicher Geschichts - und Urkundenfälschungen. Hinter der Maske wird Selbstsucht deutlich«[1]. Es besteht keine Schwierigkeit nachzuweisen, wieviel Unmenschlichkeit im Lauf der Geschichte von der Kirche gedeckt, angestoßen und verteidigt worden ist[2].

Offene Einsicht in die Problematik der Kirchengeschichte - vor allem in die der Dogmen - ist nicht erwünscht. Mit der kritisch - historischen Theologie ist auch heute nur ein winziger Teil der Geistlichen vertraut. Es hat gute Gründe[3]. Es ist die Angst vor der Wahrheit.

Jede Religion liefert geschichtliche Verirrungen. Auch innerhalb des Christentums haben sich die giftigen Dünste ausgebreitet. Die Geschichte zerstört das Bild der »Mütterlichen Fürsorge« und zeigt die darunter liegenden Strukturen. Die frühe Zeit hatte keine Vertuschungsaffairen nötig. Die Kirche stand im Bewußtsein ihrer Macht. Sie machte keinen Hehl daraus und vernichtete ihre Gegner.

»Nicht Leben und Licht sproßte unter ihren Schritten auf, sondern der Tod in seiner grausigsten Gestalt haftete an seine Fersen«. Die Päpste haben Jahrhunderte an der Spitze eines Mord - und Blutsystems gestanden, das mehr Menschenleben als irgendein Krieg oder eine Seuche gekostet hat«[4].

Die Kirchengeschichte zeichnet sich dadurch aus, daß man sie nach allen Seiten drehen kann. »... manche Theologen verfahren mit ihr wie ein Taschenspieler mit seinen Karten ... ein witziger Einfall und eine Wendung genügen, um die wichtigsten Tatsachen

zu beseitigen[5]. Voltaire ermittelt die bis zu seiner Zeit von den Christen beseite Geschafften auf 9 1/2 Millionen. Es ist insofern bemerkenswert, da Europa z. Zt. des 30-jährigen Krieges insgesamt etwa 17 Mio. Menschen zählt.

»...im Namen des biblischen Gottes kann man Scheiterhaufen preisen oder verwerfen, Juden verfluchen oder segnen, Heiden zwangstaufen oder ihnen Gewissensfreiheit gewähren, Kreuzzüge verklären und verabscheuen«[6].

Die Geschichte der Kirche dokumentiert, daß sie ihre angenommenen Autoritäten Gott und Christus mißbrauchten[7]. Ihre Macht ruht auf der Unkenntnis ihrer Geschichte[8].

Sie verweist das Papsttum in die Reihe menschlicher Institutionen. Man hat dort Schwierigkeiten mit dem Zählen, denn mit Johannes XVII. beginnt die falsche Zählung der Johannes Päpste. Johannes XVI. war ein Gegenpapst. Er wie seine beiden Nachfolger waren lediglich Schattenfiguren des allmächtigen Patricius Johannes Crescentius[9].

Hinzu kommt, daß die frühen Theologen leichtsinnige Übersetzungsfehler in die Welt setzen. Nicht einmal die Katholizität ist am Christentum originell. Andere Weltreligionen saugen ebenfalls die religiöse Umwelt auf, so daß man (auch) sie »allgemein« (= katholisch) nennen kann, etwa den Islam oder den Buddhismus.

Auch nur eine vom Papst begangene und festgehaltene Irrung auf dem Gebiet der Wahrheit, des Glaubens und der Moral (es gibt Hunderte Beispiele), erweist den göttlichen Geburtsschein als Fälschung. Das Papsttum mit seinem Anspruch, eine göttliche, von Christus herrührende Einrichtung zu sein, ausgestattet mit göttlicher Irrtumslosigkeit in allen Fragen des Glaubens und der Sitten, ist der größte Irrtum der Weltgeschichte«[10].

Die Unfehlbarkeit bedeutet, daß ein Papst nicht nachgeben **kann**, denn jede Konzession ist die Herausnahme eines Steines aus dem künstlich zusammengesetzten Gebäude der römisch-katholischen Kirche, und daher eine selbstmörderische Handlung[11].

Umso bemerkenswerter ist, daß Papst Leo d. G. (440 - 461), um den sich die Leo - Legende rankt,[12] dem damaligen Kaiser Unfehlbarkeit zuschreibt. Er versichert ihm, daß er vom heiligen Geist erleuchtet sei und darum im Glauben nicht irren könne. In einem zweiten Schreiben bescheinigt der Papst dem Monarch, daß er keiner menschlichen Belehrung bedürfe und daß es die Aufgabe des Papstes sei, auszusprechen was der Kaiser erkenne und zu lehren, was er glaube. Später erzählt die Kirche das Gegenteil!

Das Papsttum ist **keine** göttliche Einrichtung; wie keine zweite Macht der Welt hat es Fluch und Verderben in die Religion getragen. Das Wesen des Papsttums trägt lediglich einen religiösen Stempel. Millionen vertrauen ihm und werden getäuscht. Mit der geschichtlichen Wahrheit hat es nichts zu tun. Die Entwicklung des »römischen« Bischofs zum Papst ist »weltlich« zugegangen, was sich nachvollziehen läßt.

Früh wird versucht, das junge Pflänzlein des sich abzeichnenden Feudalsystems auf Kosten der Ehrlichkeit zu gießen. Die Lüge wird zum Wesensteil der katholischen Religion, denn das Fälschen gehört zum Handwerkzeug der Päpste[13].

Das Gebäude der kurialen Machtfülle ruht auf Fiktionen und daraus abgeleiteten Schlüssen und Konsequenzen[14]. Eine endlose Reihe **bewußter** Manipulationen kennzeichnet ihren Weg. Es ist eine fast zwangsläufige Erscheinung, denn die sich (selbst) zugeordnete - und mit Illusionen begründete - Macht zwingt zur Verdrehung der Fakten.

. Die Gier nach Rechtstiteln zur Absicherung von herrschaftlichen Gelüsten führte zu erstaunlichen Entstellungen der Wahrheit. Daraus **mußte** ein fossiler Apparat werden. Es fällt selbst in Kirchenkreisen auf, denn der Venetianer Marsaglio gibt zu bedenken: »... im Lauf der Zeit werde man den Schriften keinen Glauben mehr beimessen ... die Kirche werde untergraben«[15].

Die Kirche fürchtet das Licht, denn sie ist sich der Güte und Wahrhaftigkeit ihrer Lehre

nicht sicher. Die Schlußfolgerung kann nur sein; eine Lehre, die mit solchen Methoden gestützt wird, kann nicht wahr sein.

Ein Fehler der katholischen Geschichtsschreibung ist es gewesen, bestimmten alten Werken den Mantel der angeblichen Göttlichkeit zu verleihen, sie als inspiriert, göttlich und frei von Irrtümern hinzustellen. Es war die größte Unvorsichtigkeit, da die Probleme vorauszusehen waren. Also hat die Kirche geirrt. Also ist sie nicht unfehlbar. Also löst sich das Lehrgebäude des Katholizismus in ein Nichts auf.

Die wenigen guten Gelehrten erkannten, daß die heiligen, als frei von jedem Irrtum hingestellten Bücher voll Zusätze und Übertreibungen, voll tausend Dinge sind, die nicht der Wahrheit entsprechen.

»... es ist ganz natürlich zu fragen, welches die wahre Ursache für eine Verhaltensweise ist, die die Unklugheit bis zum höchsten Grad der Torheit treibt und dabei, um einem Insekt nachzujagen, in den Bergen endet« (Zit. nach dem Jesuit Aligiero Tondi).

Über den »blinden« Glaube der Gläubigen triumphiert der gesunde Menschenverstand gemäß dem möglichen Christuswort: »... an den Früchten werdet ihr sie erkennen, denn ein guter Baum kann keine schlechten Früchte tragen«.

Das Mittelalter ist die klassische Zeit der Geschichtsfälschungen[16]. Überall war man geneigter zu glauben als zu prüfen. Fast niemand trägt Bedenken, vorhandene Zustände durch erdichtete Geschichten oder (eingeschobene) Urkunden salonfähig zu machen. Manchem Aberwitz wurde dadurch ein »biblisches« Alter verliehen.

Es versteht sich von selbst, daß sich (auch) der Klerus zur Bereicherung solcher Machenschaften bedient. Sie betreffen die geistigen Grundlagen des Christentums. Später treten die staatlichen Machtmittel in den Dienst der Kirche: aus wenigen Verfolgten werden viele[17] Verfolger.

Der Unterschied ist, daß sich die weltlichen Staaten im Lauf ihrer Geschichte dem Bürger und der Forschung (= hier im Sinn der notwendigen Wahrheitsfindung) gegenüber geöffnet haben. Bei dieser Gelegenheit werden je nach Wissensfortschritt neue Erkenntnisse abgeleitet.

Die Kirche tut dies nicht. Sie hat **ihre** Unwahrheiten wacker durch die Zeiten getragen und ob ihrer Aufrechterhaltung Kriege inszeniert; dadurch hat sie sich selbst gerichtet. So konnte Machiavelli (1469 - 1527) sagen: »... die Kriege, die von den Barbaren in Italien geführt wurden, waren zum größten Teil von den Päpsten verursacht ... alle Barbaren, die Italien überschwemmten, wurden von den Päpsten gerufen ... dies wird Italiens Schwäche erhalten«[18].

Die Theologen erkennen den Fremdkörper nicht in **ihrer** Lehre, sondern in der realen Geschichtsschreibung. Ihr Argument: »... Die Geschichtswissenschaft wäre eine Magd der (göttlichen) Theologie, ist haltlos. Aus dieser Fehlinterpretation haben sich nahezu alle Konflikte des Christentums ergeben. Die Kirche hat sich zu früh zu »konstruierten« Glaubensunwahrheiten bekannt und sie den tributpflichtigen Christen als »glaubenswahr« aufgezwungen. Darum lebt die römisch-katholische Kirche nicht aus einem »inneren Glaube«, sondern aus einem »Zwangsglaube«.

Das Papsttum ist nicht das Reich des Friedens. In seinem Namen wurden grausame Kriege ausgefochten. In seinem Namen flossen Ströme von Blut[19]. Nachgerade lächerlich ist die Formulierung: »... selbst unechten Dokumenten kommt eine übernatürliche Authentizität zu, sobald sie von der Kirche rezipiert sind«[20].

Das Ziel der Kirchenführung liegt auf der Hand und wird seit ihren Anfängen beharrlich verfolgt. In dieser Beständigkeit liegt - selbst bei Unlauterkeit - eine enorme Stärke:

- Man möchte spekulative Akten römischer Märtyrer beglaubigen.

- Man will übernommenen liturgischen Gebräuchen ein höheres Alter - und dadurch mehr Wahrheitsgehalt - verschaffen.

- Man will Papstfabeln als wahr hinstellen.

- Man will die Kompetenzen der morgenländischen Kirche und die anderer Glaubensgemeinschaften - unter denen der römisch-katholischen Kirche ansiedeln.

- Die Päpste sollen als **über allen** angeordnete - da von einem Gott eingesetzte Gesetzgeber fungieren. Die weltliche Macht steht unter ihnen.

- Das Papsttum verlangt die Oberherrschaft über Wissenschaft, Kultur und Erziehung.

- Das Papsttum strebt die Unfehlbarkeit an.

Bevor wir uns mit einigen Fälschungen befassen, werfen wir einen Blick auf den ehemaligen Katholik Martin Luther, der im frühen 16. Jh. zu den schärfsten Kritikern des Papsttums zählt. Wir erkennen, auf welch niedrigem und von Polemik getragenen Niveau gepokert wird. Es war beider Parteien unwürdig.

In seinem Buch »Das Papsttum vom Teufel gestiftet« nennt Luther die Kirche »die Lerche« und den Papst einen »Kuckuck«, der Eier fresse und dafür Kardinäle hinscheiße. Er nennt seine Heiligkeit einen Gaukler, das Leckerlein von Rom, päpstliche Höllischkeit und Spitzbube, ein epikureisch Schwein, das vom Teufel hintenaus geboren ist und will, daß man ihm den Hintern küsse, einen beschissenen und furzenden Papstesel«[21].

Er sagt über den Erzbischof von Trier, Richard v. Greiffenklau: »... er wäre leibhaftig vom Satan in die Hölle geschleppt worden ... er und die anderen wären jämmerlich gestorben ... wie die unvernünftigen Säue«.

Seine Gegner bleiben ihm nichts schuldig. Dr. Eck nennt den Reformator Dreck und Dr. Sauhund von Wittenberg. Der Jesuit Weislinger sagt über seine Tischreden: »Luther ist Zeremonienmeister bei Hofe, wo man Mist ladet, Advokat von Sauheim, wo nicht gar Stadtrichter von Schweinfurt«[22].

Die Gehässigkeiten überdauern seinen Tod. In einem anonymen Brief, der 1606 im Buch eines Franziskaners in Antwerpen gedruckt wird, steht: »... als er erst wenige Jahre tot war, als schon das Gerücht von seinem Selbstmord umging, erzählte man ... unseren

Herrn Martin am Bette hängend und erwürgt gefunden zu haben«.

Von katholischer Seite aus verbreitete man, Luther sei in der Nacht vor seinem Tod eine Nonne erschienen. Katharina Bora habe ihn erdrosselt, der Teufel in der Gestalt eines großen Schäferhundes habe Luther umgebracht und seine Leiche habe so gestunken, daß man den Sarg auf dem Wege stehen lassen mußte«.

Doch zurück zu den Anfängen des Christentums. Viele Fragen beginnen bei der Schlüsselfigur.

Umstrittener Jesus[23]

Charles Guignebert, ein anerkannter Exeget, räumt ein: »... die Armut an Zeugnissen über die Person und das Leben von Jesus ist unbegreiflich. Angesichts dieser Tatsache behaupten nicht wenige, er habe nicht existiert. Diese Ungewißheit wird durch jüdische Zeugnisse erhärtet«. Wichtige Zeitgenossen berichten nichts über ihn; der ihm zugeschriebene soziale Aufbruch in die Gerechtigkeit kann nicht mehr als ein Aufschrei gewesen sein.

Seine Lehre war - und ist - unrealistisch und darum zum Scheitern verurteilt. Die Menschen sind anders, als er sie gern gesehen hätte. Er tritt als Besitzloser auf. Krüppel, Gezeichnete und Bettler versammeln sich um ihn. Er fordert den Verzicht auf allen Besitz ... einen Narr nennt er den, der sich seiner Schätze rühmt.
Er soll gesagt haben:

- Geh hin und verkaufe was du hast und gib es den Armen ... umsonst habt ihr empfangen, umsonst sollt ihr es weitergeben ... wenn einer der Erste sein will, so sei er der Letzte und aller Knecht.

- Richtet nicht, damit auch ihr nicht gerichtet werdet.

- Liebet eure Feinde, tut Gutes denen, die euch hassen, segnet, die euch fluchen und bittet für jene, die euch schmähen.

Ob Jesus v. Nazareth umfassende Kenntnisse hatte, ist nicht erwiesen. Wahrscheinlich nicht, denn er war vermutlich der Sohn eines dörflichen Handwerkers und ging nicht durch höhere Schulen. Es ist albern, wenn im 17. Jh. der Wiener Jesuit Imhofer das Lateinische zur Muttersprache Jesus macht: »... denn dies sei die Sprache der Seligen im Himmel und deshalb könne der Herr auf Erden nicht anders gesprochen haben«. Fest steht, daß seine Muttersprache das galiläische Aramäisch war.

Seine religiösen Ansichten waren - soweit rekonstruierbar - nicht mit wissenschaftlichem Ballast beschwert. Sie waren nicht mit wirtschaftlichen, politischen, sozialen und philosophischen Problemen geschwängert. Sie waren nichts als reine Religion; die einfachste und höchste«[24].

»Ein gewissenhaftes Zuhören auf seine Botschaft hätte jede Form von Zwang und Gewalt als Verstoß gegen den Willen Gottes und als Verrat am Geist Christi erkennen lassen müssen«[25].

Seine Idee war unrealistisch. Wer sieht nicht den Widerspruch zwischen Damals und Heute! Aus dem wagemutigen Pflänzchen der Nächstenliebe ist eine gigantische Ausbeutungsmaschine geworden«. Jesus Gesellschaftslehre würde gleich einer Dynamitbombe in die bestehenden Staaten dreinfahren, sobald dort ernsthaft das Christentum eingeführt werden würde«[26].

So dramatisch können seine Lebensumstände nicht gewesen sein, wenn man sich erst Jahrhunderte (abgeschwächt: Jahrzehnte) nach ihm ausrichtet. Das Weltbild ist das seiner Generation; mit ihr teilt er den Glaube und den Aberglaube.

Wie steht doch in der Bibel[27]: »... da nahm Pilatus Wasser und wusch die Hände vor dem Volk und sprach: »ich bin unschuldig an dem Blute, sehet ihr zu, nehmet und richtet ihn nach eurem Gesetze«. Doch dies ist eine Fälschung. Der römische Statthalter war im Recht, als er den Aufwiegler verurteilte. Überdies sind die Umstände zum Tod des Religionsführers beweislastig. So wie es die Kirche hinstellt kann, **muß** es jedoch nicht gewesen sein.

Der antike Staat verlangte die Verehrung der Staatsgötter. Opferte ein Angeklagter vor dem Richter diesen, ging er straffrei aus; blieb er bei seinem (z. B. christlichen) Bekenntnis, wurde er zum Tod verurteilt. Dieses grausame Konzept der Intoleranz übernehmen später die Christen von den »weltlichen« Machthabern.

Ein Beweis für seine Existenz ist unerbringlich, sofern nicht neue Quellen hinzukommen. »... für eine zusammenhängende und umfassende Lebensbeschreibung reichen die Quellen nicht aus. Sie sind Jahrzehnte nach seinem Tod niedergeschrieben und schöpfen aus der mündlichen Überlieferung. Die Evangelisten berichten nicht neutral, aus objektivem historischem Interesse, sondern wollen durch ihre Schilderungen den christl. Glauben begründen. Unter diesem Gesichtspunkt wählen sie aus.

So zeichnen sie kein Bild der Persönlichkeit Jesus, weder seines Aussehens, noch seines Charakters, noch seiner inneren Einstellung. Die einzige Erzählung aus der Zeit vor seinem öffentlichen Auftreten, die Geschichte des 12-jährigen [28] ist eine Legende. Sie kann **nicht** als Quelle für die psychologische Durchleuchtung des Jesus v. Nazareth verwendet werden«[29].

Anton von Dale schlägt in seinen 1696 erschienenen »Dissertationes« vor: »... die Bibel genauestens dahingehend zu untersuchen, ob sich nicht durch Fälschungen und Dummheiten Teufelsgeschichten eingeschlichen hätten, die auszumerzen wären«[30]. Es war bereits zu spät!

Anton Mayer, Katholik und Professor der Soziologie, hat die Bibel ebenfalls (vor wenigen Jahren) untersucht. Er gelangt zu einem verblüffenden Ergebnis[31]. Bei seiner Analyse ging er von den Forschungsergebnissen neutestamentlicher Wissenschaftler aus. Katholische und protestantische Theologen hätten in den letzten 60 Jahren herausgefunden, daß von den zahlreichen, Jesus in den Mund gelegten Aussprüchen nur etwa 70 von ihm stammen könnten(!). Wozu das dicke Buch, wenn ein Blatt Papier genügen würde? Ist der Rest (?) wahr oder nicht?

Philo v. Alexandrien und Justus Tiberias - sein Zeitgenosse -äußern sich nicht. Josephus Flavius, der die Geschichte Palästinas während der später auf Jesus zurückgeführten - Zeitenwende niederschreibt, hüllt sich in Schweigen. In seinen »Jüdischen Altertümern«, die in den Jahren 93 / 94 verfaßt werden[32], nennt er Christus einen Bruder des Jacobus. Doch ist die Stelle von einer christlichen Hand überarbeitet oder ein späterer Einschub.

Plinius d. J. spricht lediglich vom »Christentum«. In seinen »Annalen«[33] berichtet Tacitus über den Brand von Rom und die partielle Christenverfolgung. Er sagt: ... der Urheber dieses Namens (= der Christen) war während der Regierung des Tiberias durch den Prokurator Pontius Pilatus hingerichtet worden«. Es könnte ein ernst zu nehmender Hinweis sein, wäre die Quelle echt. Sie liegt in einer Handschrift aus dem 11. Jh. vor.

Die »christliche« Zeitrechnung ist ein Produkt des 6. Jh. In unseren Zeittafeln wird 7 / 6 v. u. Z. als das Geburtsjahr von Jesus angegeben und hier wird in Erinnerung gebracht, daß der einst in Rom lebende skytische Mönch Dionysius Exiguus 533 beauftragt wird, das Geburtsjahr von Jesus und damit den Beginn unserer Zeitrechnung festzulegen.

Er ermittelt das Jahr Plus / Minus 1. Bestätigt wird es durch den russischen Forschungsgelehrten Nikolas Notivitch, der im Kloster Himis am Rand der Stadt Leh, der Hauptstadt Ladakas im Nordbereich des Himalaja, eine Schrift entdeckte, wo hinsichtlich der Beendigung der angeblichen Reise von Jesus nach Indien gesagt wird: »... Jesus war 29 Jahre alt, als er in Israel ankam«.

Dennoch läßt sich das Geburtsjahr nicht exakt bestimmen. Es läßt sich (auch) mit astronomischer Hilfe **nicht** errechnen. Die um ihn gewobenen Geburtslegenden können als wertlos übergangen werden. Die Sache mit der Krippe und dem Jesuskindlein kann als Legende übergangen werden, denn ein eben geborener Säugling kann nach der Sitte der Zeit nicht in einem Stall liegen. Die Nomaden der Region halten ihre Tiere (noch heute) im Freien.

Mit Jesus steht und fällt das Christentum[34]. Bis heute ist es nicht gelungen, eine realistische Lebensgeschichte zu rekonstruieren[35]. War er eine Schlüsselfigur, eine moralische Größe oder ein Nichts? Kontrollierbare Berichte über die Geschichte von Jesus fehlen[36].

Friedrich Pszillas, ein katholischer Geistlicher, trennt sich von der Kirche und wird nach seiner Promotion Nachtwächter in Bonn. Er verfaßt ein kritisches Buch zur Kirchengeschichte und sagt darin: »... die fragwürdige Person des Jesus ist wie die des Adam, Apollo und anderer ein legitimes Objekt der geschichtlichen Forschung. Die Tatsache seines Wegfalles würde das monströse Gebäude zum Einsturz bringen«.

Seine Geschichtlichkeit wird selbst in den eigenen Reihen angezweifelt. Tertullian (ca. 150 - 225), ein Vater der abendländischen Christenheit, spricht mehrfach von der »Christus-Fabel«[37].

Papst Leo X. (1513 -1521) soll davon gesprochen haben! »... wieviel uns (= der Kirche) die Fabel von Christus genützt hat«[38]. Sagte nicht schon der Grieche Kritias: »... die Religion sei von einem klugen Mann zur Wahrung des Rechts und der Gesetze erfunden worden«.

Goethe schließt sich an und konstatiert: »... nicht Jesus ist der Gründer unserer Religion gewesen, sondern einige weise Männer haben sie unter seinem Namen verfaßt. Die christliche Religion ist nichts anderes, als eine vernüftige politische Einrichtung«[39]. In einem Brief vom Mai 1774 an Herder spricht er vom »Christusmärchen«. Trifft er den Nagel auf den Kopf? Für Friedrich Schiller ist der christliche Gott »... eine aus vielen gebrechlichen und schiefen Vorstellungen zusammengeflossene Mißgeburt«[40].

»... wie sich von einem berühmten Mann Anekdoten bilden, so wurde Jesus in Dunkelheit verlebte Jugend, da er später so berühmt und endlich durch seinen Tod noch mehr verherrlicht war, mit den wunderhaftesten Erzählungen ausgeschmückt«[41]. Längst weiß die Forschung: »... die wirkliche Überlieferung ist bereits vom ersten Tag der urchristlichen Gemeinde an von Legenden durchwoben; Jesus (v.) Nazareth wird glorifiziert ... es muß als Tatsache angesehen werden, daß an seiner Botschaft wenig Singuläres ist, denn man hat sie ihm nachträglich in die Sandalen geschoben«[42].

1799 erscheint eine anonyme Schrift über das Leben von Jesus. Darin lesen wir: »... das Leben Christi war lang vorher in der Idee und den Anschauungen der Juden vorgezeichnet. Jesus als Individuum war nicht da, lebte nicht wirklich, wie er nach den Erwartungen des Volkes gelebt haben sollte«.

Selbstverständlich haben die Theologen davon auszugehen, daß die Jesus-Geschichte **nicht** als weltlicher Tatsachenbericht gesehen werden **kann**, weil es ihnen verwehrt ist, sich objektiv mit dieser Frage auseinanderzusetzen. Sie sind gegen das Erscheinen kritischer Publikationen, denn an **ihrer** Version **soll** nicht gedeutet werden. Hat Jesus nun gelebt oder nicht? Streuen sie sich Sand in die Augen? Meinen sie Konflikten aus dem Weg zu gehen, wenn sie sie verdrängen? Kühn wird behauptet:

»... in Deinem Inneren findest Du dennoch einen festen Glaubensboden. Prüfe also Dein Herz. Wer sich als verlorener Sünder (!) erkannt hat und plötzlich (!) die rettende Gnade (!) des auferstandenen (!) Christus erfährt, dem ist es nicht nur eine Wiedergeburt. Er verspürt (!) gleichzeitig (!) die Gewißheit (!), daß Jesus lebt (!) und wirkt (!).

Spricht nicht aus diesen Worten eine Demütigung vor Unbekanntem? Sie **müssen** davon ausgehen, daß man das Christentum in den Strudel der geschichtlichen Entwicklung gerissen hat und daß es dabei verfälscht wurde[43].

Die Theologen proklamieren: »... die hohe Gestalt von Jesus und der religiöse Gehalt seiner Verkündigung sind unerfindlich. Hätte nicht die erschütternde Wirklichkeit dieses Leben auf den Boden Galiläas gemalt, hätte sie nie ein menschliches Hirn ersinnen können«.

Sie irren sich, denn wenn Menschen in der Lage sind, sich ihre Götter selbst zu schaffen, ist es ein Leichtes, eine »neue« Person in

Szene zu setzen. Man braucht sich lediglich umzudrehen, die Religion und Philosophien der übrigen Welt zu betrachten und einige stilistische Korrekturen anzubringen.

Über Jesus Eltern weiß man fast nichts, denn es fällt schwer, sich mit dem späteren Marienkult anzufreunden. Die Quellen sind unübersichtlich. Die Eltern **sollen** mit ihm nach Ägypten geflohen sein.

Bis zu seinem 12. Lebensjahr **soll** er bei den Eltern gelebt haben, dann **soll** er in einem Tempel aufgetreten sein, dann **soll** er nach Galiläa gegangen sein und dann **soll** er wieder aufgetaucht sein. Niemand weiß, wo und wann er geboren ist und wie sich seine Familie zusammensetzte. Es ist nicht nachweisbar, ob er Geschwister hatte. Der einzige Ansatzpunkt ist die biblische Stelle. »... Jesus war, da er anfing, etwa 30 Jahre alt«[44]. Schließlich **soll** er in den Himmel aufgefahren sein. Die Legende des leeren Jesusgrabes hat eine historische Parallele, denn es ist denkbar, daß sie auf den Roman »Chairea und Kallihoe« zurückgeht[45]. Der Karlsruher Philosoph Drews[46] bestreitet in seinem Buch »Die Christusmythe« die historische Existenz von Jesus.

J. G. Fichte verfaßt 1798 einen kritischen Aufsatz zum Thema: »... über den Grund unseres Glaubens an eine göttliche Weltregierung«. Kurz nach dem Erscheinen wird er des Atheismus bezichtigt und aus dem Amt gedrängt[47]. Feuerbach deutet die Gottesidee und die damit verbundenen Jenseitsvorstellungen als Projektionen menschlicher Wünsche und Ängste[48].

Zum Ende des 19. Jh. verkündet Haeckel eine atheistische Naturreligion als Ergebnis der Wissenschaft. Sein Buch »Welträtsel« erreicht 1899 eine Auflage von 400.000 Exemplaren. Pierre Bayle fordert Toleranz gegenüber Andersdenkenden und sagt: »... es sei ein Irrtum, das Verhalten der Menschen auf theologische Ideen, etwa die Gottesvorstellung zurückzuführen. Sittlichkeit sei auch ohne Glauben an die Existenz Gottes möglich«.

Aus welcher Quelle schöpft das heutige Christentum die Wahrheit? Die Geistlichen sind Bedienstete des Vatikans und den dort geprägten Meinungen unterworfen. Haben sie fälschliche Prophetenweisheit und damit verbundene Irrtümer wachgehalten? Huldigen sie verstaubten Dogmen und: gehen sie am wirklichen Leben vorbei?

Heute stehen wir vor einem vielfach gespaltenen Christentum und vor zahlreichen Religionsgemeinschaften, die **alle** nuanciert das Gleiche vortragen und sich **alle** auf himmlische Botschaften berufen.

Zeigen die Evangelien Jesus so wie er war oder wie ihn die Christen sehen sollen (= müssen)? Wird ein »gewolltes« Gottesbild hochgeschaukelt? Wer sieht nicht den Widerspruch? Bei Marcus ist die Gottes-Sohnschaft erst von seiner Taufe an datiert. Bei Matthäus wird Jesus bereits als göttliches Kind von einer Jungfrau geboren. Bei Lukas huldigt Johannes d. T. schon im Mutterleib und bei Johannes wird Jesus regelrecht »vergottet«.

In kritischen Schriften wird sein Charakter nicht geschont[49]. Vor allem wird seine Auferstehung bestritten. Thomas Wollston[50] greift das »Göttliche« und die damit verbundenen Wunder in seinen Ausarbeitungen an. Er tritt als Gegner des Christentums hervor und beschäftigt sich gleichzeitig mit der allegorischen Auslegung der hl. Schrift[51].

In der Wolfenbüttel'schen Bibliothek befindet sich das Fragment eines Unbekannten, das Lessing der Öffentlichkeit zugänglich gemacht hat[52]. Der Fragmentist vertritt die Auffassung, daß Jesus einen »politischen« Plan verfolgt hat. Für den Rechtsanwalt Kammeier ist die Gründung des Christentums eine mittelalterliche Fälschung; dies beinhaltet in sich die Leugnung der Schlüsselfiguren und -argumente.

»Die religiöse Kernidee (= Erlöserdrama) liefert den scheinbar geschichtlichen Kern und damit die Wirbelsäule für das erdichtete Jesus-Drama. Wundersamer Anfang und zugleich tragisches Ende der geschichtlichen Laufbahn eines Jesus v. Nazareth. Die Geburts- und Kindheitsgeschichten, die Kreuzigung, Auferstehung und die Palette der Wundererzählungen werden künstlich inszeniert, um die angebliche Göttlichkeit von Jesus zu beweisen. Entsprechen sie nicht der Wirklichkeit[53]?

Paulus verfaßt 1828 eine Schrift über das Leben von Jesus[54]. Nach ihm ist er ein weiser und tugendhafter Mensch. Er vollbringt keine Wunder, sondern Taten. Auch Venturini tendiert dahin, im Leben von Jesus alles natürlich hinzustellen[55].

Eichhorn[56] räumt viele um Jesus gesponnenen Erzählungen, vor allem die Versuchungsgeschichte, die von ihm verrichteten Wunder, die Auferstehung der Heiligen bei seinem Tod, die Wache an seinem Grab usw. aus dem Weg. Es bleiben viele Fragen offen!

David Friedrich Strauß, ein überzeugter Katholik, Dr. der Philosophie und Rependent am evangelisch-theologischen Seminar in Tübingen, deckt 1835 die Geschichtlichkeit Jesus auf und verfaßt dazu ein zweibändiges Werk[57]. Bereits als Vikar von Kleiningersheim verfaßt er eine Schrift über die »Auferstehung des Fleisches«, die von der philosophischen Fakultät Tübingen angenommen wird. Gewiß war Strauß ein kluger Kopf. In seinem »Leben Jesu« stellt er heraus: »... mögen die Theologen die Voraussetzungslosigkeit meines Werkes (auch) unchristlich finden, ich finde die gläubigen Voraussetzungen der ihren unwissenschaftlich«.

Im Vorwort seines Buches verpflichtet er sich zu sagen: »... daß es an der Zeit wäre, an die Stelle der veralteten Geschichte Jesu eine »neue« zu setzen ... weil die »alte« der fortschreitenden Bildung nicht mehr genüge«.

Sofort nach dem Erscheinen erregt das teure Werk heftige Diskussionen. Ein Zeitgenosse erinnert sich: ».. ein elektrischer Schlag durchzuckte die deutsche Theologie ... das Aufsehen, welches dieses Werk vor allem in Tübingen und Württemberg erregte, verbreitete sich, lawinenartig anschwellend, durch ganz Deutschland und weit über die Grenzen hinaus«. Es wurde in mehrere Sprachen übersetzt. Selbst in den römischen Jesuitenkollegien gehörte das »Leben Jesu« vor anderthalb Jahrhunderten zu einem wichtigen Gegenstand der theologisch-historischen Diskussion.

Die Berliner Sicherheitsbehörden erwägen ein Veröffentlichsverbot. In einem Gutachten, ausgestellt von einem Mitglied der Berliner theologischen Fakultät, heißt es: »... man verkenne nicht die großen Gefahren, die mit einem Umgreifen der Strauß'schen Ansichten verbunden sind, doch kann eine Widerlegung nur auf dem Gebiet der Wissenschaft erfolgen«. Den öffentlichen Bibliotheken im Königreich Bayern - auch in der Pfalz - wird das Ausleihen des »gefährlichen« Buches untersagt.

Die Kirchenbehörde erwog - noch vor dem Erscheinen des ersten Bandes - die Entlassung des Herrn Stiftsrepentenden und verfügte seine Versetzung als Lehrer an das Gymnasium seiner Heimatstadt Ludwigsburg. Er wird gemaßregelt und lebt als freier Schriftsteller. Dann forscht er über Ulrich von Hutten und Nikodemus Frischlin. Er schreibt ein Buch über Voltaire und beschäftigt sich mit der Hegel'schen Philosophie.

Von öffentlichen Ämtern wird er ausgesperrt. Wilhelm Hofacker forciert durch einen Aufruf gegen Strauß, Vischer und deren Gesinnungsfreunde einen »Kampf für die Sache des Herrn«. Dagegen steht Mörike fest auf seiner Seite. Er nennt Strauß einen »tapferen und feinen Geist und sagt: »... es sei immer eine Freude, ihn in den Streitschriften zu hören«.

1904 / 05 stellt die katholische Fakultät in München eine Preisfrage zum Thema »Die Dauer der öffentlichen Wirksamkeit von Jesus«. Es werden drei Arbeiten vorgelegt. Fendt ermittelt (1906) **ein** Jahr. Zellinger kommt unter der Verwendung der gleichen Quellen (1907) auf **zwei** Jahre und Homanner unter Verwendung der gleichen Quellen (1908) auf **drei**. Wer schüttelt nicht den Kopf ob einer solchen Gelehrsamkeit im frühen 20. Jh. ?

Anmerkungen zum Marienkult

Der katholische Heiligenkult kulminiert in der Verehrung Marias. »Ihre Vereehrung ist eine Geschichte des kindlichsten Aberglaubens, der kecksten Fälschungen, Verdrehungen, Auslegungen, Einbildungen und Machenschaften aus menschlicher Kläglichkeit und Bedürftigkeit, aus jesuitischer Schlauheit und kirchlichem Machtwillen zusammengewoben«[58]. In Wirklichkeit hat die römisch-katholische Kirche (nur) eine altheidnische Auffassung modernisiert. In der klerikalen Vorstellung gilt **nur** die »entsexualisierte« Frau (= Maria) als rein.

Heidnische Jungfernschaften, Isis

Die göttliche Zeugung aus einer Jungfrau geht auf alte Kulte zurück. Man kennt sie in Ägypten, Babylonien, Persien, Griechenland und Rom. Schon im 3. Jh. v. u. Z. wohnte Ré-Amon - der ägyptische Sonnengott -, der Königin in der Gestalt ihres Gatten bei. In Babylonien behauptete um 2850 Sargon von Akkad in der Absicht, als Sohn einer Gottheit aufzutreten: »... meine Mutter war Jungfrau, mein Vater unbekannt«, obgleich Jedermann über seine Herkunft Bescheid wußte. In Indien hielt man Buddha für den Sohn einer Königin und der Jungfrau Majy. Im alten Persien wird Zarathustra als Sohn einer Jungfrau verehrt.

Verbreitet war die Sage von der wunderbaren Geburt Platons. Sein Vater Aristol soll mit seiner jugendlichen Gattin Peritikone auf göttlichen Befehl nicht verkehrt haben, bis sie den von Gott (Apollon) gezeugten Knabe geboren hätte. Ähnliches wird von Alexander d. G. berichtet, auf dessen Mutter bereits die Bezeichnung »Gottesmutter« übergegangen ist. Die Göttin Hera brachte den Hephästos jungfräulich zur Welt und im Herakleskult galt die Mutter Gottes als Jungfrau und Mutter.

Dem hellenistischen Judentum sind Jungfrauengeburten bekannt. Der jüdische Philosoph Philon (20. v. - 50 . n. u. Z.), der auf das entstehende Christentum Einfluß nimmt, überliefert die biblische Geschichte, derzufolge Gott Sara, Lea, Rebekka und Zippora den Schoß wunderbar geöffnet und befruchtet habe, den von Sara noch im Alter von 90 Jahren. Diese hellenistisch-jüdische Vorstellung wird von den Christen auf die Geburt von Jesus übertragen. Das religionsgeschichtliche Vorbild der christlichen Gottesmutter ist die Göttin Isis.

Wir haben eine berühmte Gottheit vor uns. Bereits um die Mitte des 2. Jh. v. u. Z. sog ihre Religion alle anderen weiblichen Kulte in sich auf. Die griechische Welt beeinflußte sie vom 4. vorchr. bis zum 4. nachchr. Jh. Die letzte Isisprozession wird 394 in Rom abgehalten und der Isistempel auf Philai wird (erst) 560 geschlossen.

Wie beim späteren Katholizismus gab es in der Isisreligion eine Offenbarung, heilige Schriften, Traditionen, eine alle Tempel umfassende Kirchenorganisation, eine hierarchische Gliederung nach Laien, Geweihten und Priestern. Man kannte Fasten, Litaneien und Andachtszeiten. Wer erkennt nicht die Parallelen?

Isis wird - gleich der christlichen Maria - Gnadenwirkung zugesprochen, sie verspricht Hilfe und spendet Trost. Frauen und Mütter pflegen sie in ihrer Not anzurufen. Die große Dankbarkeit ihr gegenüber wird durch Inschriften, Votivtafeln, Gliedmaßen, Amulette und Weihgeschenke aller Art bezeugt. Statuetten der Isis waren im alten Ägypten ein Massenartikel.

Wie Maria gebar Isis unterwegs als Jungfrau. Sie hält das Gotteskind - hier Harpokrates oder Horus - auf dem Schoß und reicht ihm die Brust. Ihre Empfängnis legt man in die gleiche Jahreszeit. Selbst ihren blauen und mit Sternen geschmückten Mantel vererbt sie ihrer Nachfolgerin.

Die Attribute der Isis sind (bereits) Halbmond und Stern. Lange vor Maria verehrt man Isis als »Liebe Herrin«, »liebreiche Mutter«, »thronende Göttin«, »Himmelskönigin«, »sancta regina« und »Mutter Gottes«. Vom 3. Jh. an wird dieser Begriff auf die »christliche« Maria überschrieben (Origenes).

Nach einem absurden dogmatischen Streit während des Konzils von Ephesus (431) muß die »alte« Isis den Titel an die »neue« Maria abtreten. Daß Maria schön gewesen sei, behaupten alle Kirchenväter, obwohl sie niemand zu Gesicht bekommen hat. (Otto v. Corvin).

Datum	Angenommener Vorgang der marianischen Verehrung *
23. Januar	Verlobung Marias mit Joseph.
2. Februar	Mariä Reinigung.
25. März	Mariä Verkündigung.
26. März	Das Sieben-Schmerzen-Fest.
2. Juni	Mariä Heimsuchung durch acht Tage.
16. Juli	Mariä vom Berge Camel.
5. August	Mariä Schnee.
21. August	Mariä Himmelfahrt durch acht Tage.
11. September	Mariä Geburt durch acht Tage.
18. September	Fest des allerheiligsten Namens Mariä.
19. September	Das Sieben-Schmerzen Fest (nochmals).
2. Oktober	Allerheiligstes Rosenkranzfest.
6. November	Präsentation Mariä.
5. Dezember	Empfängnis durch acht Tage.
19. Dezember	Erwartung der Geburt Mariä.

* Entnommen aus dem Breslauer Directorium

Die »christliche« Jungfrau wird stilisiert

Katholische Theologen verschleiern oder ignorieren die Realitäten des Lebens, denn sie paddeln im vorgeschriebenen Glaubensstrom. In der abendländischen Kirche gibt es bis zur Mitte des 4. Jh. keinen Zeuge für den Glaube an Marias immerwährende Jungfräulichkeit. Noch im 4. Jh. erklärt der Bischof Bonsius von Sardica, Maria habe außer Jesus andere Kinder geboren. Helvidicus (auch: Jovinian) schreibt um 385 zur Verteidigung des Christentums ein Buch, in dem er beiläufig sagt: »... daß Maria nach der Geburt von Jesus mit Josephus noch Kinder hatte«[59]. Der als heilig angesehene Hieronymus ist über diese Anmaßung verbittert.

Jetzt erhebt sich ein nichtiger Kampf über die angebliche Jungfernschaft Marias. Jovinian wird mitsamt seiner Anhänger aus der christlichen Gemeinschaft geschlossen. Ihre realistischen Ansichten werden als »ketzerisch« niedergewalzt und gehen im Glaubenswahn unter.

Mit den Disputen wachsen die theologischen Spitzfindigkeiten. So handelt der Pater Suarez darüber: »... ob Maria mit oder ohne Nachgeburt geboren habe«. Er erzählt, daß Fromme verschiedentlich Speisen in der Form von Nachgeburten gegessen hätten. Dennoch meint er, daß es nicht der Fall gewesen sein kann, denn unter Berufung auf den Prophet Ezechiel hieße es: »... diese Tür wird verschlossen sein und nicht aufgemacht werden«[60].

Die Kirche versucht später solche Interpretationen zu kaschieren, wenngleich nichts natürlicher als eine Familie ist. Auf einer falschen Übersetzung von Jesaja 7. 14. ruht bei Matthäus 1. 23 das Wort Jungfrau für Maria. Das dort stehende »alma« muß korrekt als »junge Frau« übersetzt werden. Lediglich Matthäus und Lucas verkünden an je einer Stelle Jesus wunderbare Geburt. Namhafte Forscher halten es für eine Interpolation und erklären so den heillosen Widerspruch zu den Stammbäumen der Evangelien.

Bruno, Giordano (eigentl. Filippo). Ital. Philosoph. 1548. Rom, 17.2.1600. Er wird nach Wanderjahren durch Italien, Frankreich, England und Deutschland von einer Inquisitionsbehörde zum Tod auf dem Scheiterhaufen verurteilt. Es war ein Glaubensmord.

Eine alte syrische Bibelhandschrift sagt: »... Joseph, dem die Jungfrau verlobt war, zeugte Jesus«. Bei Lucas 2. 5 nennt das syrische Palimpsest Maria nicht »Verlobte«, sondern »Ehefrau« des Joseph. So schimmert selbst in Codices des Matthäus- und Lukasevangeliums die geschichtliche Wirklichkeit durch. Das Johannesevangelium, der Hebräerbrief und die Apostelgeschichte erwähnen die Jungfräulichkeit nicht.

In der christlichen Bibel spielt Maria eine untergeordnete Rolle. So soll Jesus auf der Hochzeit zu Kanaa (Joh. 2. 4.) zu seiner Mutter gesagt haben: »Weib, was habe ich mit dir zu schaffen«[61]. Aus dem Neuen Testament ergibt sich, daß Maria weder etwas von der übernatürlichen Geburt noch von einem höheren Beruf ihres später so berühmten Sohnes gewußt hat. Ist doch selbst der Kirchenlehrer Irenäus, der Vater der kirchlichen Dogmatik, der Meinung, Maria sei lediglich bis zur Geburt Jesu eine Jungfrau gewesen, danach aber die Ehefrau von Joseph. Tertullian pflichtet ihm bei. Über die Position Marias ist man sich uneinig. Vestorius, der Patriarch von Konstantinopel, vertritt die Auffassung, daß man die Jungfrau nicht »Gottesgebärerin« nennen darf.

Seit dem 3. Jh. besitzt man Bilder Marias und nennen Christen ihre Töchter so. Im 4. Jh. entsteht unter Papst Liberius die erste Marienkirche (Rom). Mit dem ausgehenden 4. Jh. wird sie anderen Heiligen gleichgestellt und im 5. Jh. entsteht das erste kirchliche Mariengebet. Seit dem 5. Jh. besinnt man sich auf das Fest »Mariae Himmelfahrt«, das noch heute begangen wird. Am gleichen Tag feierten die Heiden die Himmelfahrt der Astraea, der Göttin der Gerechtigkeit.

Mit dem 5. Jh. dringt ihre Verehrung in die christliche Theologie. Der Kirchenvater Augustin erklärt Maria für sündenrein. Die Marienvisionen beginnen im 5. Jh.. Jedenfalls soll sie sich damals während der Nacht in der Anastasiuskirche von Konstantinopel Kranken gezeigt haben, die darauf gesund geworden sind. Seit dem 6. Jh. weist man ihr Reliquien zu. Eine der ältesten ist vermutlich ein Stein, auf dem sie während ihrer beschwerli-

chen Reise nach Bethlehem gerastet haben **soll**.

Um die Mitte des 6. Jh. entsteht die Legende von Theophilus, in der Maria eine entscheidende Rolle spielt. Die dichtende Nonne Roswitha von Gandersheim hat sie im 10. Jh. in Verse gekleidet. Aus der Brust Marias soll im 11. Jh. Fulbert v. Chartres Milch gekostet haben. Ein Jahrhundert später gelangt der Mönch Bernhard v. Clairveaux in den gleichen Genuß.

Jetzt wird Maria der Titel »Mutter Gottes« oder »Gottesgebärerin« beigelegt. Ab nun beginnt man, ihre »ewige« Jungfernschaft als unanfechtbare Glaubenslehre zu verfechten und die als Widersacher zu deklarieren, die mit gesundem Menschenverstand an die Sache gehen.

Jahrhunderte bleiben zwei strittige Fragen stehen: wie hat sie als Jungfrau geboren und wie ist sie in den Himmel aufgefahren? Basilius stützt das Dogma (Orient = 431 Konzil von Ephesus; Abendland 649, Laterankonzil) von der Geburt der Jungfrau ohne leichteste Verletzung ihrer Jungfernschaft durch den Hinweis auf die Geier, die »größtenteils ohne Begattung« Junge bekämen, sogar noch im Alter von 100 Jahren.

Mittelalterliche Schriftsteller neigen eher zu der Ansicht, daß die Empfängnis durch das Ohr erfolgt sei. Ja, nach einer 831 verfaßten Schrift des hl. Abtes Radbertus vollzog sich Jesu Geburt bei geschlossenem Leib (= utero clauso) der Jungfrau Maria.

St. Damiani (gest. 1059) erzählt: »... daß Gott selbst durch die Schönheit der hl. Jungfrau in heftiger Liebe zu ihr entbrannt ist. In einem hierauf einberufenen himmlischen Konvent habe er den verwunderten Engeln von der Erlösung des menschlichen Geschlechts und der Erneuerung aller Dinge erzählt und ihnen (auch) von Maria Kunde gegeben. Sogleich erhielt der Engel Gabriel einen Brief, in dem ein Gruß an die Jungfrau, die Fleischwerdung des Erlösers, die Art der Erlösung, die Fülle der Gnade, die Größe der Herrlichkeit und die Größe der Freuden enthalten waren. Gabriel kam zu Maria, und sobald er mit ihr gesprochen hatte, fühlte sie den in ihre Eingeweide hineingefallenen Gott und in der Enge des jungfräulichen Bauches seine Majestät«[62].

Man streitet darüber, ob Maria nach der Geburt noch Jungfrau gewesen ist. St. Ambrosius verteidigt diesen Standpunkt mit folgender Begründung: »... da er (Jesus) gesagt hat ... ich mache alles neu, so ist er auch von einer Jungfrau auf unbefleckte Weise geboren worden; damit man ihn desto eher dafür ansehe; als Jungfrau habe sie ihn empfangen, aber nicht als Jungfrau geboren. Denn die Empfängnis geht voraus und die Geburt folgt nach. Man soll den Worten des Engels glauben, daß kein Ding unmöglich sei«[63].

Das Neue Testament schweigt sich über die Himmelfahrt Marias aus; ebenso die Kirchenväter bis in das 6. Jh. hinein. Erst im 7. Jh. sprechen sich die Theologen Johannes von Thessalonich, der Erzbischof von Jerusalem und im 8. Jh. Andreas von Kreta, Johannes von Damaskus, Germanus von Konstantinopel u. a. für diese Lehre aus, und zwar gestützt auf einen Roman des 5. Jh. die sog. »Transitus-Legende«.

Sie wird im »Decretum Gelasianum«, dem ältesten Index der verbotenen Bücher, verurteilt. Breviere der katholischen Kirche enthielten jahrhundertelang Abschnitte, die energisch vor der Annahme einer leiblichen Himmelfahrt Marias warnten.

Die alljährlich am Fest »Maria Himmelfahrt« verkündeten Mahnungen wurden aus der römischen Liturgie erst im 16. Jh. durch Pius V. und in Frankreich erst zum Ende des 17. Jh. beseitigt.

Papst Alexander V. führt die Marienandachten zu ihrer Verherrlichung ein. Der Mitverfasser des Hexenhammers, der Dominikaner Jacob Sprenger, gründet eine Marienbruderschaft. Inzwischen ist Maria zum professionellen Gegenspieler des nicht - existenten Satans emporstilisiert. Folgerichtig werden der Gottesmutter immer mehr Wunder gegen den imaginären Teufel zugeschrieben. Bald entsteht eine Flut von Marienandachten. Um einen Einblick in die Vielfalt der Marienmessen zu bekommen, genügt ein Blick in das »Breslauer Directorium«

Große Kirchenleuchten haben dies seit dem 8. Jh. als Aberglauben bekämpft. Sixtus IV. ein ehemaliger Franziskaner, untersagt 1482 den Glauben an die Unbefleckte Empfängnis. 1568 verbietet Pius V. ihre Feier aufs Neue, doch der katholische Glaube ist zäh. 1848 beweist (!) der Jesuit Peronne die Unbefleckte Empfängnis aus der Bibel, dem unergründlichen Reservoir vieler Spekulationen.

Seit 1861 sollen dem Vatikan über 8 Millionen Unterschriften vorgelegt worden sein, mit der Ergebenheitsformel, wie »hingestreckt zu den Füßen Eurer Heiligkeit«, um die Dogmatisierung der leiblichen Himmelfahrt der Assumpta zu erflehen. Darin werden die, die in Jesus Geschwistern Kinder aus der Ehe Marias mit Joseph sehen, Tiere genannt, die sich im Schmutz wälzen.

Sechs Jahre später, am 8. Dezember 1854 verkündet Pius IX. durch die Bulle »Ineffabilis Deus« die Lehre von der »immaculata conceptio«, der Unbefleckten Empfängnis der seligsten Jungfrau Maria als »von Gott geoffenbart«; so **müssen** Millionen daran glauben.

Nachdem Pius IX. das Dogma der Unbefleckten Empfängnis durchpeitscht, entstehen neue Marien-Wunderstätten. So in Lourdes und Fatima. Noch 1950 will Pius XII. das Wunder von Fatima erlebt haben. 1954 verkündet er das Dogma von der leiblichen Auffahrt der jungfräulichen Gottesmutter in den Himmel[64].

Das Dogma der »assumptio corporalis« stützt sich auf den »consensus ecclesiae«, eine fromme Meinung des Mittelalters. Die Kirche produziert damit eine Glaubens- (un)wahrheit, die nicht nur mit dem Glauben der Urchristenheit nichts gemeinsam hat, sondern auch nichts mit der der Kirchenlehrer in einer entscheidenden Phase ihrer Geschichte.

Der Apostelfürst Petrus[65]

Die Institution des Papsttums wird auf die Worte zurückgeführt, die der unbekannte Verfasser des Matthäus-Evangeliums im 16. Kapitel[66] überliefert: »... Du bist Petrus und auf diesen Felsen will ich meine Kirche bauen ... dir werde ich den Schlüssel des Himmelreiches geben ... und die Pforten der Hölle werden sie nicht überwinden«.

Sie zieren in vergoldeten Lettern die Kuppel des Petersdoms (Rom). Es ist unbekannt, ob Jesus einen solchen Satz gedacht und / oder formuliert hat, denn er ist widersprüchlich. Nach Ansicht der frühen Christen wird das nahe Weltende mit der daran gekoppelten Auferstehung erwartet. Warum sollte man sich auf die Zukunft kaprizieren? Selbst der Brockhaus konstatiert: »... ein besonders heftig umstrittenes Problem stellt das Wort Jesus an Petrus dar. Die protestantische Forschung bezweifelt, daß es sich um ein echtes Jesuswort handelt«[67].

Über Petrus ist so gut wie nichts bekannt. Zur Zeit seiner Berufung war er verheiratet und wohnte in Kapernaun[68]. Er unternimmt verschiedene Reisen nach Judäa und Samaria. Es ist unbekannt, ob er »das« oder »ein« Evangelium predigt. Um 43 wird er von König Herodes Agrippa I. zum Tod verurteilt. Mit Gleichgesinnten wird er durch einen Engel aus dem Gefängnis befreit. Durch die Fürsprache des einflußreichen Pharisäers Gamali entgehen sie dem Tod[69].

Später wirkt er außerhalb Palästinas, so in Antiochia am Orontes, wo er wegen seines widersprüchlichen Verhaltens von Paulus getadelt wird[70]. Die Evangelisten berichten über sein Versagen nach der Gefangennahme Jesus[71]. Er dringt mit Gleichgesinnten in einen Tempel und führt Streitgespräche. Daraufhin wird er von bewaffneten Sadduzäern gefangen[72].

Um die Mitte des Jahres 48 treffen möglicherweise in Jerusalem einige Apostel zusammen. Überheblich konstatiert die römisch-katholische Kirche daraus das »erste« Apostelkonzil. Davon kann keine Rede sein. Petrus wird bei dieser Gelegenheit letztmalig erwähnt. Zeit und Umstände seines weiteren Lebens sind so unbekannt wie seine Todesursache. Nach der Überlieferung wird er zwischen den Jahren 64 und 67 während der neronischen Verfolgung[73] hingerichtet. Nach Ansicht der Kirche erleidet er den Tod eines Märtyrers.

Sicher war es überzeichnet, ihm dieses Mäntelchen umzuhängen. Für Bromme war er ein Unruhestifter, der mit religiösen Ambitionen nichts zu tun hat. Petrus **soll** als erstem der »auferstandene« Jesus erschienen sein[74].

In den Apostelverzeichnissen steht Petrus an erster Stelle, was auf eine gewisse Dominanz schließen läßt oder (nur) ein Zufall ist. Der »Liber Pontifikalis« wird erst um das Jahr 160 u. Z. verfaßt. Petrus ist zu diesem Zeitpunkt etwa 100 Jahre tot. Obwohl davon auszugehen ist, daß Christus seine Botschaft **allen** Aposteln mit auf den Weg gegeben hat, wird Petrus der geschichtliche Stifter der römisch-katholischen Kirche.

Nach dem heutigen Kenntnisstand hat er in Rom keine Funktion ausgeübt. Petrus hat die römische Gemeinde weder begründet noch geführt. Es entspricht nicht der Wahrheit, wenn ein katholischer Theologe hervorhebt: »... der Aufenthalt des Petrus wird heute von der gesamten Forschung, wie von allen katholischen Gelehrten anerkannt«[75].

1940 wird versucht, das Petrusgrab unter dem Petersdom zu finden. Dieser Versuch ist gescheitert und man gibt abgeschwächt zu: »... die Stelle, an der Petrus begraben wurde, ist gefunden; doch die Reliquien des Apostels konnten nicht mehr identifiziert werden«. Vielleicht handelt es sich um die sterblichen Überreste eines völlig Unbekannten! Warum sollte es ein Apostel gewesen sein?

Selbst wenn Petrus dort begraben worden ist, hat er nicht auf der »Cathedra Petri« gesessen, denn er fungiert **nicht** als römischer Bischof. Das Papsttum ist zu seiner Zeit unbekannt und alle historischen Daten sind verschwommen; sie werden erst um die Mitte des 3. Jh. präziser. Die päpstliche Würde entwickelt sich mit dem Ende des 4. Jh. So steht von allein die Frage im Raum, ob sich das Christentum nicht schon zu Beginn seiner Geschichte mit einer Fälschung in Szene gesetzt hat.

Das hohe Ansehen, das Petrus seitens der Kirche und den verpflichteten Gläubigen entgegengebracht worden ist, führte zur Bildung eines Legendenschatzes wie zum Bau vieler Petrus (und Paulus gemeinsam) geweihter Kirchen. So war Petrus der Patron des karolingischen Hauses. Er entwickelte sich zum Schutzheiligen der Fischer, Schiffer, Schlosser, Steinbrucharbeiter, Metzger und Uhrmacher. Im Volksglauben gilt er als Wettermacher und Portier an der himmlischen Pforte. (Otto v. Corvin).

Der Apostelfürst Paulus[76]

Was über ihn bekannt ist, stammt aus seinen Briefen und sich widersprechenden Angaben der Apostelgeschichte. Nach der christlichen Lehre bezeichnet man ihn als »Heidenapostel«. Geb. in Tarsos (Kikilien) um etwa 10. u. Z. Er entstammt einer jüdischen Familie und war von Beruf möglicherweise Zeltmacher. Er erbte das tarsische **und** römische Bürgerrecht. Zur theologischen Ausbildung kam er nach Jerusalem und studierte bei dem Pharisäer Gamaliel.

Anfangs war er ein Verfolger der christl. Kirche, durch die er die jüdische Religion in den Grundlagen angegriffen sah. Ein Wunder läßt ihn - wie später Luther - zum Prediger werden. Während eines Marsches in der Wüste wird er durch ein überirdisches Licht zu Boden geschleudert und erblindet. Danach erscheint ihm der »erhöhte« Christus und beruft ihn zum Missionar der Heiden (= sog. Damaskuserlebnis).

Nach einer Durchsicht der Quellen spielt nicht Petrus die entscheidende Rolle, sondern sein Gegenspieler Paulus. Es ist unmöglich, sie als »friedfertiges« Apostelpaar hinzustellen - wie es in tausenden Kirchen symbolisch geschieht - denn sie waren sich uneinig. Paulus bezeichnet seinen Glaubensbruder als »Heuchler«. Wenn überhaupt, so ist Paulus der Initiator des Frühchristentums. Mit ihm haben wir eine heftig umstrittene Figur der Kirchengeschichte vor uns.

Schon Bauer[77] hebt hervor, daß der »Ur-Evangelist« der Schöpfer des Christentums sei. Von den sog. »Paulusbriefen« sind mehrere gefälscht und / oder gestückelt[78]. Die Paulusbriefe erhalten erst nachträglich wie andere Fälschungen - den Glorienschein; erst sie machen aus ihm einen Mann der römisch-

katholischen Kirche. Nach dem Theologe Camphausen ist die Fälschung in der 1. Hälfte des 2. Jh. angesiedelt.

Bei Paulus, der gebildeter als Jesus war, läßt sich der Einfluß der griechischen Philosophie nachweisen. Er entlehnt den Termini des Gewissens der griechisch - römischen Popularphilosophie. Dennoch ist umstritten, ob er bereits im vollen Umfang die schlichte Lehre von Jesus in ein (so) kompliziertes Gedankengebilde verwandelt hat. Doch immer deutlicher wird die hellenistische Philosophie, was sich vor allem im Johannesevangelium bemerkbar macht.

Später gelangt Paulus nach Pozzuoli (= Puetoli / Neapel). Er wird von kaiserlichen Vertretern nach Rom gebracht und dem Statthalter Caesarena überstellt. Sein weiteres Schicksal ist nicht zu erschließen. Er gelangt nach Rom. Möglicherweise bleibt er bis zu seiner wahrscheinlichen Hinrichtung im Jahr 63 inhaftiert.

Wenn Clemens [79] feststellt, Paulus habe als Missionar die ganze Welt bekehrt, ist das übertrieben. Die Päpste Innocenz und Gelasius I. sprechen sich gegen seine spanische Reise aus[80]. Genauso falsch ist, wenn in den »Acta Vercelliana«, die man etwa auf das Jahr 200 ansetzt, behauptet wird: »... daß die römischen Christen klagen, daß sie den Apostel Paulus verlieren und ihn bitten, nicht länger als ein Jahr fortzubleiben ... und dann eine himmlische Stimme antwortet: »... es sei ihm bestimmt, in Rom unter Nero zu sterben«[81].

Theologen stellen heraus: »... durch **seine** Leistung als Missionar, kirchlicher Organisator und Theologe sei Paulus die bei weitem bedeutendste Gestalt des Urchristentums«. Es ist bemerkenswert, denn er weicht in wesentlichen Aussagen von den Jesus unterstellten ab. Paulus macht die Regierung zur verkörperten Gerechtigkeit, und das, obwohl sie Jesus zum Tod verurteilt hat. Der Kontrast zum biblischen Jesus ist eklatant. **Es ist Paulus, der im Christentum fortlebt und nicht Jesus.**

Es ist anzunehmen, daß nach der Zerschlagung der christlichen Urgemeinden diametrale Strömungen entstehen; eine hellenistische und hebräische Gruppe mit eigenen Wortführern. Der führende Kopf der jerusalemitischen Gemeinde ist Jacobus. Er wird in den gefälschten Bischofslisten als erster Bischof von Jerusalem genannt. Der hellenistische Christ Stephanus schwört durch offenherzige Reden eine Katastrophe herauf.

Er wird von der aufgebrachten Menge 62 gesteinigt, weil er es gewagt hat, die künftige Geltung des jüdischen Gesetzes und die damit verbundenen Tempelkulte abzustreiten. Nach ihm übernimmt ein Simeon die Leitung der Gemeinde. Danach beginnt das Christentum zu keimen; und zwar in einer Ausprägung, die von der urchristlichen Lehre abweicht.

Fest steht, daß die Urgemeinde über kein in sich geschlossenes Glaubensbekenntnis verfügt. Ihr ursprünglicher Text, das »Symbolum Romanorum« wird erst im späten Mittelalter dogmatisiert. Mehr als 1.000 Jahre hat man es als bare Münze hingenommen. Ein Mann aus den eigenen Reihen, der Kurialbeamte und Humanist Laurentius Valla, deckt die Fälschung auf.

Paulus ignoriert den geschichtlichen Jesus. Nach der einmütigen Feststellung der »kritischen« Forschung ist das von Paulus gekennzeichnete Christusbild von den ursächlich Jesus zugeschriebenen Ansichten abweichend. Paulus erscheint in seinen wesentlichen Aussagen als Schöpfer der christlichen Theologie. Mit ihm setzt der Übergang vom »ursprünglichen« zum »sakramentalen« Christentum ein. Der Gegensatz wird bereits von dem englischen Philosoph Bolinbroke (gest. 1715) beschrieben. Er erkennt im Neuen Testament **zwei** Religionen; die von Jesus und die von Paulus. Welches ist die Richtige?

Paulus radikalisiert die christliche Lehre und polt das Christentum ins Negative. Nietzsche nennt ihn einen Apostel der Rache. Paulus lehrt Haß und sagt im 1. Korintherbrief: »... wer den Herrn nicht liebt, der sei verflucht«. Dieser Gedanke verwandelt die spätere abendländische Kirche in ein loderndes Feuer. Die Differenzierung nach Recht - und Ungläubigen (nebenbei: ein eklatanter Verstoß gegen die Menschenwürde) führt zu

grausamen Morden, den Kreuzzügen, dem Judenhaß, den Ketzer- und Inquisitionsprozessen, den Folterkammern und den Hexenbränden[82]. Diese von **einer** persönlich gefärbten Denkweise bestimmte Meinung provoziert den christlichen Verfolgungswahn ob einer illusionären Idee.

Mit Paulus rückt der Frauenhaß in die christlichen Kirchen. Nach ihm wird das Fleisch zum »Sitz der Sünde«. Paulus befielt die Verschleierung der Frauen bei Gebet und Gottesdienst. Nach seiner Version ist nur der Mann ein Abglanz Gottes.

Paulus macht die Frauen zu Menschen zweiter Klasse. War er ein Frauenhasser? Die Ehe bedeutet ihm nicht mehr als eine Konzession an das »sündige« Fleisch. Diese Ansicht diskriminiert bis heute das weibliche Geschlecht und knechtet über Gebühr die katholische Geistlichkeit. Der Zug der sexuellen Neurotik zieht wie ein roter Faden durch die Geschichte des Katholizismus.

Paulus rückt die Lehre von der sündhaften Verderbnis der Menschen in den Vordergrund seiner Überlegungen. Nach ihm sind sie von »Natur aus böse«, »Kinder des Zorns« und Knechte der Sünde«. Sie stecken in »Schmutz und Unsittlichkeit« sowie in »schandbaren Leidenschaften«. Sie sind »Ohrenbläser, Verleumder, gottfeindlich, gewalttätig und hoffärtig«.

Ist die katholische Welt einem unduldsamen, rechthaberischen und fanatisierten Bekehrungseiferer, einem geistig Unreifen auf den Leim gegangen? Erkennen wir nicht einen Bigottling und Besserwisser, der sich selbst nicht leiden kann? Wie war es möglich, auf seinen Schultern die christliche Lehre auszubreiten? Wie war es möglich, die humanitären Ideen eines Jesus v. Nazareth so schnell zu vergessen?

Anmerkungen zur Apostelgeschichte

Seitens der historischen Forschung werden an der landläufigen Vorstellung Abstriche gemacht. Die Apostelgeschichte täuscht eine friedlich-harmonische Entwicklung vor, doch in Wirklichkeit prallen die Meinungen aufeinander. Wir haben einen lückenhaften Bericht über den Ablauf der Reisen und die damit verbundene Propagandatätigkeit vereinzelter Christen aus den Jahren 58 - 92 u. Z. vor uns. Über die Reisetätigkeit der »Jünger« liegen voneinander abweichende Berichte vor. Es steht die Frage im Raum, welche die richtigen sind!

Zu ihren Lebzeiten kann von einem intakten Christentum keine Rede sein. Die apostolische Tradition ist von Fälschungen, Mißverständnissen und Irrtümern durchwoben. Goethe formuliert es so: »... die Apostel haben Dinge geschrieben, die die christliche Kirche bis heute nicht versteht«.

Der Terminis »Apostel« ist späterer Prägung und die Apostellisten des Neuen Testamentes stimmen **nicht** überein. Zwar kehren 11 Namen bei den Synoptikern wieder, aber ein 12. heißt bei Matthäus »Thaddäus«, bei Marcus »Lebäus« und bei Lukas »Judas Jacobi«.

Durch das Tor der Apostelgeschichte betreten wir das Wunderland des Christentums. Der Verfasser Lukas schildert, daß er über die von ihm berichteten Wahrheiten genaue Nachforschungen unter zuverlässigen Zeugen angestellt hat. Wir kennen sie nicht. Im wesentlichen wird gesagt: »... daß die Apostel vom Pfingstfest an öffentlich agieren und vor der Stadt Ansprachen halten (und) daß sie alles in Bewegung setzen, um das Andenken ihres Meisters wachzuhalten[83]. Dies führt zu Konflikten mit der Obrigkeit. Einige werden verhaftet und es wird ihnen untersagt, (so) weiter zu predigen.

Die Apostel verharren am Krisenherd. Die Jünger klagen öffentlich das Syndedrium des Justizmordes an einem Unschuldigen an und erklären, »daß ihr Meister vom Tod auferstanden sei und lebe: er sei von Jahwe in den Himmel geholt worden und sitze nun zur Rechten Gottes«. Sie behaupten: »... nur der könne von der ewigen Verdammnis gerettet werden, der an den gekreuzigten, auferstandenen und erhöhten Jesus glaubt«. Damit greifen sie die »offizielle« Glaubenslehre an, indem sie eine »neue« theoretische Variante hinzufügen.

Warum werden nicht (auch) sie gekreuzigt? Man bringt nicht den Führer um, um zuzusehen, wie seine Gefolgsleute für eine von Staatswegen auszurottende Idee propagieren. Es kann keinem Zweifel unterliegen, daß man in der rauhen Wirklichkeit die Bewegung im Keim erstickt hätte«[84]. Das Gegenteil zeichnet sich ab!

Das Frühchristentum entsteht frühestens mit dem Ende des 2. Jh. Schon unter Tertullian werden einige Irrlehren angeprangert. Merkwürdigerweise zählt Lukian die Christen zu den Atheisten.

Celsus schreibt im 2. Jh.: »... seit die Christen zu einer Menge angewachsen sind, entstehen unter ihnen Parteien und Spaltungen ... jeder will seiner Ansicht Geltung verschaffen«. Irenäus nennt zu Beginn des 2. Jh. 20 christliche Konfessionen. Hippolyth zu Beginn des 3. Jh. 32. Im ausgehenden 4. Jh. bekämpft der Kirchenvater Epiphanias 60 sich rivalisierend gegenüberstehende katholische (= allgemeine) Sekten. So beginnt das Christentum mit einem Verhängnis.

Von einer geltenden Bibel kann keine Rede sein. Der Katholizismus hat sich nicht wegen der von ihm behaupteten Rechtmäßigkeit durchgesetzt, sondern weil er den Konkurrenzkampf gewonnen hat und weil er fundierte Beziehungen zum kaiserlichen Hof unterhielt. Erst »danach« entsteht die Kirche »Von Amts wegen« mit hierarchischen Strukturen, Ämtern und den mit jeder großen Organisation verbundenen Schwächen: von nun an wird die Entscheidung über Glaube und Unglaube durch Machtverhältnisse geregelt. Doch zuerst mußte etwas anderes passsieren; ein für **alle** geltendes Glaubensbuch **mußte** geschaffen werden. Sehen wir uns die Grundlagen an!

Anmerkungen zur christlichen Bibel

Die Bibel **gilt** als Fundament der römisch-katholischen Kirche. Den gleichen Anspruch erheben andere Glaubensgemeinschaften auf **ihre** als »heilig« definierten und verteidigten Bücher. Für alle ist es existentiell, am jeweils zugeschriebenen Wahrheitsgehalt festzuhalten. Stellt sich heraus, daß die schriftlich fixierten Fundamente brüchig sind, bricht das darauf gebaute Haus zusammen.

Dementsprechend wird die Position verteidigt: »... die Kirche empfängt in der hl. Schrift das Wort Gottes und die Wahrheit. Das kann nicht geändert werden, weil die Kirche sonst aufhört, sie selbst zu sein«[85]. Stimmt dies?

Die Bibel **gilt** für die Christgläubigen als die von Gott geoffenbarte Weisheit. Infolgedessen müssen die Kirchenführer den unanfechtbaren **und** lückenlosen Nachweis führen, daß der Inhalt dieser Aufzeichnungen eine Kundgebung Gottes ist[86]. Dieser Nachweis kann nicht erbracht werden.

Ob Jesus etwas aufgezeichnet hat - und, wenn dem so wäre, wie er es gemeint hat, ist unbekannt. Die Verfasser der neutestamentarischen Schriften wissen nichts von der übernatürlichen Einwirkung bei der jeweiligen Niederschrift. Lukas erklärt, daß er seinen Bericht in »menschlicher« Weise zusammengestellt hat[87]. Es ist vorauszusetzen, daß die Autoren aufgrund ihres »menschlichen« Wissens die Evangelien niedergeschrieben haben; die Schriften sind demzufolge **nicht** inspiriert. Das Wort Evangelium ist Homer bekannt und bedeutet das Überbringen einer guten Nachricht. Ob Jesus diesen Terminus gekannt hat, ist sekundär!

Die Autoren der Evangelien sind unbekannt. Keiner der Apostel kann gesichert als »Evangelist« bezeichnet werden. Wer weiß, ob es Schwärmer oder Realisten waren? Wer weiß, ob sich hinter den Texten reales Geschehen oder orientalische Begeisterung verbirgt? Der exakte Zeitpunkt der Niederschriften läßt sich nicht ermitteln.

Die ersten Aufzeichnungen gelten **nicht** von Anfang an als heilig und unantastbar. Es wird permanent ergänzt, neue Wunder werden eingefügt und Standardwunder gestrichen. Die Verwirrung der Inhalte macht sich breit und bis zur Mitte des 3. Jh. hat die noch junge christliche Gemeinschaft **kein** einheitliches Glaubensbuch. Es besteht keine Einigung über den Umfang und die Bedeutung der Texte. Die ältesten Aufzeichnungen datieren Jahrzehnte, wenn nicht Jahrhunderte nach dem Ableben des mutmaßlichen Religionsgründers und dessen Jünger; über sie schweigen die Quellen.

Die Exegeten besitzen kein Original, sondern ungefähr 3.000 unvollständige Abschriften und Teile von solchen, von denen nicht zwei miteinander übereinstimmen. Jede Handschrift hat verschiedene Lesearten, indem Worte durch Überschreiben entstellt sind und damit geändert wurden. Darum vermag niemand anzugeben, was an diesen Fragmenten mit den denkbaren Originalen der unbekannten Verfasser des Neuen Testamentes übereinstimmt.

Kein Buch der Welt hat im Lauf seiner Geschichte so viele Änderungen und Fälschungen erfahren, als die christliche Bibel[88]. Welche Worte, Sätze und Kapitel darin von Kopisten ab - oder unabsichtlich ausgelassen, übersehen, falsch gelesen, falsch verstanden, nach eigenem Gutdünken geändert oder absichtlich gefälscht worden sind, kann selbst der beste Kenner nicht mit Bestimmtheit angeben. Hinzu kommt, daß keiner der Schreiber im Besitz des »urspünglichen« Textes war, sondern jeder nur Abschriften von Abschriften vor sich hatte.

Die Verschiedenheiten beziehen sich keineswegs auf sekundäre Passagen des biblischen Textes, sondern berühren in zahlreichen Fällen die Grundlagen des Glaubensbekenntnisses[89]. Nachweisbar werden falsche Übersetzungen angefertigt[90]. Es ist zu fragen, ob es überhaupt eine daraus ableitbare Glaubenswahrheit gibt, bei der man sich mit dem Gefühl der Sicherheit auf die Bibel berufen kann, zumal die Lehre von ihrer Inspiration eine kühne Behauptung ist.

Treffend formuliert Kammeier[91]: »... handelt es sich um konstruierte Unwahrheiten, sind wir in einem Märchenland oder handelt es sich um gelebte Geschichte? Kann ein solches Sammelsurium von Widersprüchen das Fundament einer Weltreligion sein? ... tritt die römisch-katholische Kirche mit einem Betrugsmanöver in das Rampenlicht der Geschichte?«[92]

Früh regt sich die Kritik. Schon um das Jahr 140 u. Z. bezweifelt der Bischof Papias die Echtheit der als heilig bezeichneten Schriften. Eine Generation später erkennt der Philosoph Celsus die merkwürdige Mixtur aus stoischen, platonischen, jüdischen, persischen und ägyptischen Elementen, aus denen sich die christlich-biblischen Inhalte zusammensetzen. Er entlarvt die Jesus unterstellten »wunderbaren Leidens- und Todesweissagungen« als nachträgliche Erfindungen. Er erkennt die Ungereimtheiten und betont: »... ihr widersprecht euch selbst«.

Vielleicht nennt ihn darum Origenes, eine Leuchte am Himmel des Christentums, einen »Wirrkopf ersten Ranges«. Schon regt sich die geistige Unterdrückung, ohne die Weltreligionen nicht auszukommen scheinen.

Porphyrius (233 - 304), ein Schüler des Origines, ist **nicht** von der christlichen Lehre überzeugt. In seinen »15 Büchern gegen die Christen« bezeichnet er die Evangelisten als Lügner und Fälscher. Mit Sachverstand zeigt er auf innerkirchliche Widersprüche»[93].

Mit dem Moment, wo die Christen in einem politischen Ränkespiel den Status einer Staatsreligion erhaschen, wendet sich das Blatt; aus Toleranz wird Organisation und aus Nächstenliebe Gewalt. Porphyrius wird mit seinen Schriften verdammt; die letzten Exemplare seiner Bücher landen im 5. Jh. unter Theodosius auf einem Scheiterhaufen.

Wir haben ein frühes Beispiel der geistigen Zensur vor uns, auf die ich zurückkomme. Anstatt den notwendigen Dialog in einer geistigen Auseinandersetzung zu fördern, hat ihn die Kirche stets in ihrem Sinn interpretiert.

Pflichteifrig bezeichnen spätere Kirchenlehrer Porphyrius als «tollen Hund». Die Geschichte hat ihm recht gegeben. Sagte nicht schon Augustinus: »...wäre es nicht wegen der Autorität der katholischen Kirche, würde ich den Evangelien keinen Glauben schenken«.

Hieronymus schreibt die Vulgata

Um den schädlichen Widersprüchen ein Ende zu bereiten, beauftragt 370 der Papst Damasus den Dalmatiner Hieronymus[94] mit der Vereinigung der bis dahin gestauten biblischen Texte in die lateinische Sprache.

Freimütig gesteht Hieronymus: »... es sei eine gefährliche Anmaßung, eine Bibel schreiben zu wollen, die den richtigen Text wiedergebe, denn die vorhandenen Abschriften des Urtextes wichen voneinander ab ... würde er nun eine Bibel herausgeben, so würde sie von den übrigen abweichen und die Folge würde sein, daß man ihn einen gotteslästerlichen Fälscher nenne, weil er Worte und Sätze geändert, hier etwas ausgelassen, dort etwas hinzugesetzt und sonstige Verbesserungen vorgenommen habe; so wie die Bibel jetzt vorliege, könne von einer göttlichen Wahrheit keine Rede sein[95].

Also liefert der Kirchenvater auftragsgemäß Flickwerk. Man gibt dieser Übersetzung den Namen »Vulgata« (= die allgemein Verbreitete). Der päpstliche Sekretär ändert dabei den Wortlaut der Vorlagen, die er für seine Berichtigung benutzt, an etwa 3.500 Stellen[96]. Es gehört zu den Ungeheuerlichkeiten der römisch-katholischen Kirche, daß sie die Vulgata während des Konzils von Trient als »inspiriert« erklärt und ihr den Wert eines Originals beimißt[97].

Professor Louis de Leon von der Universität Salamanca (Spanien) war der Meinung, daß der hebräische Urtext der Bibel höher als die im Auftrag der Päpste veranstaltete »Vulgata« sei. Ob dieser Ansicht wird er 5 Jahre in den Kerker gesteckt.

Es lohnt sich, einen Blick auf Damasus (366 - 384) zu werfen. Die Quellen bezeichnen ihn als schwer durchschaubaren, harten und skrupellosen Charakter ... auf unklare Weise Papst geworden (sein Gegenkandidat war Ursinus) erkannte er den Wert der Macht. Ihm gelingt der Schachzug, daß die Imperatoren auf ihren Titel »Pontifex Maximus« verzichten und ihn den Bischöfen von Rom übertragen. Damit wird der Papst zum ersten Repräsentant einer neuen Kaideridee.

Zudem legt er die Lehre von der Trinität endgültig fest. Mit einer neuen umfassenden Definition des Primats schuf er auf einer weiteren Synode eine breite und haltbare Basis für kommende Machterweiterungen. Den

»primus inter pares« machte er illusorisch, als er den römischen Bischofssitz »Sedes Apostolico« nannte.

Er stellt die Behauptung auf, die Kirche Roms sei von den Aposteln Petrus **und** Paulus gegründet worden, wovon keine Rede sein kann, denn beide leiteten lediglich eine bescheidene Gemeinde. Damasus erläßt eine Dekretale von der gesetzgebenden Gewalt des Papsttums. Mit ihm gerät der historische Apostel Petrus allmählich in Vergessenheit. Zurück zu Hieronymus:

Vorab sei auf zwei Ungereimtheiten aufmerksam gemacht. So hatte beispielsweise Hieronymus die für die katholische Trinitätslehre so wichtige Stelle im 1. Johannesbrief: »... drei sind im Himmel, die Zeugnis geben«, nicht in seine Vulgata aufgenommen, denn keine der ihm vorliegenden Abschriften enthielt diese Aussage. Doch in der Version, die dem Konzil von Trient zur Prüfung vorlag, ist sie enthalten. Inzwischen erkennen selbst Theologen darin eine Fälschung. Wer wundert sich, wenn die Indexkongregation am 15. Januar 1897 im päpstlichen Auftrag ausdrücklich erklärt, daß diese Feststellung einen integrierenden Bestandteil des Neuen Testamentes bilde und darum als vom hl. Geist inspiriert anzusehen sei«. Hier wird eine Unwahrheit manifestiert.

Um 1740 findet der Mailänder Bibliothekar Muratori den nach ihm benannten »Kanon Muratori«. Er stammt aus der Zeit um 200 u. Z. und gestattet einen realistischen Einblick in die noch verschwommenen Glaubensabsichten der jungen Christenheit. Die römische Gemeinde zählt folgende Schriften **nicht** zum Glaubensbestand: Hebräerbrief, 1. und 2. Petrusbrief und den 3. Johannesbrief. Im Kanon des Kirchenlehrers und Bischofs von Lyon (gest. 202) fehlt außer den vorgenannten der sog. »Judasbrief«.

Es ist merkwürdig festzustellen, daß diese Schriften heute zum Glaubensbestand des Neuen Testamentes zählen[98]. Auf der anderen Seite rechnet Clemens v. Alexandria, der zwischen den Jahren 190 und 210 u. Z. schreibt, zur hl. Schrift das Hebräer- und Ägypterevangelium, den 1. Clemensbrief,

den Barnabasbrief und die Didache[99]. Es ist merkwürdig, daß diese Schriften im »heutigen« Neuen Testament fehlen[100].

Ungeachtet dessen wird an den biblischen Texten weitergestrickt. Wesentliche Teile werden von der Kirchenleitung über Jahrhunderte abgelehnt. Erst um die Wende zum 5. Jh. wird der Umfang des Neuen Testamentes bestimmt. Von nun an gelten (!) 27 Schriften als vom hl. Geist (!) inspiriert (!), als göttlich (!), und irrtumslos (!). Erst zu diesem Zeitpunkt proklamiert man auf breiterer Basis ihren »göttlichen« Ursprung (!).

Es ist darauf aufmerksam zu machen, daß der Terminus »Neues Testament« erst im Jahr 192 u. Z. auftaucht, erst, als man es vom »alten« begrifflich abzusetzen sucht.

Innerkirchliche Wirren halten die seinerzeit schwache Kirchenleitung ab, diesen Faden zu verfolgen. Simonie, Ämterschacher, Nepotismus, Gewaltakte und sexuelle Ausschweifungen beherrschen die kuriale Politik. Nur wenige Päpste zeigen sich stark genug, um die »alten« Ideen weiter auszubauen.

Seit dem 12. Jh. wird die erweiterte Bekanntschaft mit der bis dorthin mehrfach umgestalteten Bibel, vor allem die Kenntnis des »Neuen« Testamentes, als die »gefährlichste« Ursache der Ketzerei angesehen, denn man ist sich der intelektuellen Schwäche bewußt. Folgerichtig beginnen um diese Zeit große Kampagnen gegen Andersdenkende (= Ketzer- und Inquisitionsprozesse). Gleichzeitig setzt eine massive oppositionelle Bewegung ein, die den Untergang des mittelalterlichen Katholizismus einläutet.

Wiclef sagt: »... und wenn es hundert Päpste gäbe und alle Bettelmönche Kardinäle würden, dürfe man ihnen in Glaubensdingen nur insoweit beipflichten, als sie mit der hl. Schrift übereinstimmen. Manche Geistliche kennen die hl. Schrift nicht; andere veheimlichen alles, was darin über die Armut des Klerus gesagt wird. Es ist für die Kirche das Beste, wenn sie die Gläubigen über den Sinn der hl. Schrift aufklären ... das muß in der Sprache geschehen, die sie verstehen. Auch Christus und die Apostel haben zum Volk in der Landessprache gepredigt. Deshalb muß

Gottes Wort wieder lebendig und in beiden Sprachen verkündet werden; in der Lateinischen für die Gelehrten und in Englischen für die kleinen Leute«.

»... freilich behaupten manche: Laien können leicht irren. Aber ach, welche Grausamkeit ist es, einem Reichen alle Lebensmittel zu nehmen, weil einige Toren gefräßig sind und sich durch unmäßigen Genuß Schaden antun könnten; gerade so kann ein stolzer Priester dem lateinisch geschriebenen Evangelium zuwider irren, als ein einfacher Laie dem englisch geschriebenen. Ist es vernünftig, Kinder nicht lesen zu lehren, bloß weil sie am Anfang Fehler machen? Jeder muß das Evangelium lesen, damit er selig werde«. Folgerichtig übersetzt es Wiclef ins Englische!

1486 droht der Mainzer Erzbischof Berthold all denen die Exkommunikation an, die es wagen, biblische Bücher in der Landessprache zu übersetzen. Eine Generation später macht ihm der einstige Augustinerchorherr Luther einen Strich durch die Rechnung. Er beginnt 1521 auf der Wartburg mit der breit angelegten Übertragung der Bibel und schließt die Arbeit 1534 ab.

Wußte er, daß das ihm zur Verfügung stehende Material in sich widersprüchlich ist? Im übrigen war er nicht der Einzige, der sich an diese Aufgabe gemacht hat; zu seiner Zeit liegen 20 ähnliche Versionen - wenn auch von geringerem Umfang - vor.

Pius IV. (1559 - 1565) erkennt die damit verbundene Gefahr. Mit der »professio tridentina« legt er dem Klerus einen Glaubenseid auf, der sie verpflichtet, die hl. Schrift nie anders, als nach dem eindeutigen Konsens (!) der Väter auszulegen[101]. Es ist eine Anmaßung, denn einen solchen hat es nie gegeben.

Wer verbirgt sich hinter diesem Papst? In erster Linie sucht er seine etwa 20 Nepoten abzusichern; um seine eigenen drei Kinder kümmert er sich weniger. Der Papst eröffnete (erneut) und schloß das Konzil von Trient, dessen letzte Periode aus neun Sitzungen bestand. Unter seinem Pontifikat beginnen acht französische Religionskriege, während sich die Verhältnisse in Deutschand nach dem Augsburger Religions(un)frieden vorläufig beruhigten. Die französischen Religionskriege währten, von Waffenstillständen unterbrochen, 36 Jahre. Der Entwicklung der Glaubenspaltung und den Katholikenverfolgungen in England und Schottland stand der Papst machtlos gegenüber.

Ein pikanter Schachzug

Nun leistet sich die römisch-katholische Kirche einen bemerkenswerten Winkelzug, denn sie verfügt - 50 Jahre nach Luther - noch immer nicht über eine authentische Version der christlichen Bibel. Diese wird 1590 von Sixtus V. geliefert und erscheint mit der unverkennbaren Drohung:

»... die von ihm eigenhändig korrigierte Ausgabe **muß** als die einzig wahre und echte bei der Strafe des Bannes von Jedermann (allein) gebraucht und allen folgenden Auslegungen zugrunde gelegt werden. Jede Änderung, und sei es nur die eines Wortes, werde mit der Exkommunikation belegt«[102].

Der Unfehlbare bringt etwa 2.000 (weitere) Änderungen ein. Zum Bedauern der Geistlichkeit dringt dieser Eklat an das Licht der Öffentlichkeit[103]. **Sollte dies nicht reichen, um das Glaubensbuch der Christen kritisch zu beurteilen?**

Wir haben einen Franziskaner - Papst vor uns. Er wendet sich gegen das seinerzeit umfassende Banditenwesen und setzt die Todesstrafe auf Abtreibung, Diebstahl, Blutschande, Sodomie und Kuppelei. Seine Hauptfeindin waren die Gegenreformation und vor allem Elisabeth von England. Mit seiner Hilfe sollte die spanische Armada über England siegen. In Frankreich bannte der Papst die Hugenottenführer und löste damit den 8. Religionskrieg aus, der 13 Jahre dauerte.

Auf der positiven Seite seines Pontifikates stehen ökonomische Überlegungen wie die Trockenlegung der Pontischen Sümpfe und seine staatsmännische Klugheit. Er führte das schlichte Leben eines Ordensmannes und begünstigte die Juden (in der Bulle »Christiana pietas«). In seine Zeit fällt die Hinrichtung von Maria Stuart. Außerdem wird unter seinem Pontifikat der letzte Stein in die Kuppel der Peterskirche eingefügt.

Daß die Bibel nicht jedermanns Sache ist, wird von der Kirche eingestanden. Der Papst Agatho (678 - 681) meint: »... im römischen Klerus ist das rechte Verständnis für die hl. Schrift nicht zu finden«. Innozenz X. gab zu, daß er von der Theologie nichts versteht. Ungeachtet dessen begründet er einen 100 Jahre anhaltenden Streit mit der Anmaßung: »... er habe eine so große Geistesöffnung empfangen, daß ihm (plötzlich) der Sinn der hl. Schrift klar geworden sei«[104].

Innozenz X. (= Giambattista Pamfili) stammte von einem Bastard Alexanders VI. ab. Er stand zeitlebens unter dem würdelosen Einfluß seiner Schwägerin Olympia Maidalchini. Da die Protestanten in Münster Rechte zugesprochen bekamen, erklärte der Papst den Westfälischen Frieden in der berüchtigten Bulle »Zelus domini« für »null und nichtig«, für verdammt, ohne allen Einfluß und Erfolg für die Vergangenheit, Gegenwart und Zukunft«.

Es wirft einen tiefen Schatten über sein historisches Verständnis. Vor seinem Tod konnte der Papst gerade noch daran gehindert werden, einen siebenjährigen Nepoten zum Kardinal zu erheben.

Als er tot war, raubte die Maidalchini die beiden letzten noch vorhandenen Kisten mit Gold, nachdem sie vorher alle greifbaren Werte aus dem Vatikan und Quirinalspalast fortgeschleppt und von sich aus zahlreiche Pfründe verkauft hatte. Tagelang ließ man den Toten in einem Abstellraum liegen.

Der Spanier Alfons de Catro sagt: »... denn es ist bekannt, daß viele unter den Päpsten nicht einmal die Grammatik, geschweige denn von der Bibel etwas verstehen[105]. Was will man dann von untergeordneten Geistlichen verlangen?

Balthasar Bekker (1654 - 1698) tritt der damaligen Teufelsvorstellung entgegen. Er gehört zu den Bibelkritikern, denn er sagt: »... vieles sei nur sinnbildlich zu vestehen. Matthäus, Marcus, Lucas und Johannes hätten sich dem Geisteszustand, den Anschau-

ungen und Vorstellungen jener biblischen Zeit anpassen müssen, um verstanden zu werden und um ihr Heilswerk durchsetzen zu können«. Nach dem Erscheinen seines Buches wird er des Amtes enthoben und man untersagt ihm die Teilnahme am kirchlichen Abendmahl.

Es ist kein Geheimnis, daß sich der Klerus über Jahrhunderte in tiefer Unkenntnis befindet. Viele Priester sind des Lesens ohnmächtig:»... in den Häusern der Kleriker findet man Waffen, Konkubinen und Kinder ... der Gebrauch der Sakramente ist verlorengegangen«[106]. Auch die protestantischen Pfarrer sind nicht schlauer. Die Reformation bringt allein wegen ihrer »zu raschen« Ausdehnung Probleme mit sich.

Luther ordiniert Buchdruckergesellen und weist sie an, an den Orten wo er sie als Pfarrer hinschickt, die Bibel (= freilich die protestantische) zu verlesen[107]. Kurz danach sieht sich der sächsische Kurfürst J. Georg zu folgendem Befehl veranlaßt:»... daß zum Predigeramt nicht - wie bis dahin geschehen - Schneider, Schuster und andere verdorbene Handwerker und Lediggänger, die ihre Grammatikam nicht studiert, viel weniger recht lesen können und allein, weil sie ihren Beruf nicht gewartet und nirgends hinaus gewußt, Noth halber Pfaffen geworden wären ... sollten gestattet noch aufgenommen werden«[108].

Schon immer hat man sich Mühe gegeben, den korrekten Wortlaut der altbiblischen Texte auszufiltern. So entstand die Sparte der »Bibelforscher« und Exegeten, die sich oft in den unnützesten Haarspaltereien austobten. Letztlich ist es eine sinnlose Tüftelei, die für das Wohl der Menschheit wertlos ist[109].

Die Theologen haben die biblischen Texte entstellt. An vorgeschriebenen Fixpunkten orientiert, haben sie das Links und Rechts der Geschehnisse nicht erkannt.»... so verliert die Theologie die aus Spekulationen positionierte Basis und der gewaltsam verbreitete Gottglaube seine Existenzberechtigung«[110].

Es ist nicht damit getan, alte Texte einfach zu übersetzen und so zu tun, als würde man sie verstehen; sie **müssen** aus der Zeit heraus verstanden **und** interpretiert werden; dies ist nahezu unmöglich. **Das theologische Geplänkel um eventuelle Glaubenswahrheiten hat im Lauf der Jahrhunderte eher zu einer Verzerrung denn zu einer Bereinigung geführt. Geistliche Sophistereien, mit denen sie Tausende dickleibige Folianten gefüllt haben, sind als unwesentlich - ja aus historischer Sicht oft als dilletantisch - zu übergehen; sie haben nichts zur Klärung beigetragen.**

Wir haben einen Dschungel von politischen, sittlichen, sozialen und vielleicht religiösen Ansatzpunkten vor uns; selbst die Theologen verirren sich in ihm. Das hl. Buch der Christenheit strotzt von Widersprüchen, gegeneinanderstehenden Lesearten, Zusätzen und Auslegungen. Die reale Erforschung des Textes ist ungewöhnlich schwer, weil man ihn mehrfach umgearbeitet hat[111]. **Die unberechtigte Tabuierung dieses Themas hat eine sachgerechte Aufarbeitung verhindert.** Hinzu kommen offensichtlich Schreibfehler und unterschiedliche Darstellungen in Kernaussagen.

Was bleibt übrig, als die altkirchliche Literatur zu bemühen? Sie bietet keine historische Sicherheit, denn es handelt sich um Sekundarquellen. Die sog. Lehre der Apostel (= Didache) wird erst 1875 von Theopil Bryennis, dem Bischof von Nikomedia, entdeckt. Ihr Verfasser ist ebenso unbekannt, wie der des sog. »Damaskusbriefes«. Der sog. »Brief an die Korinther« wird dem römischen Bischof Klemens zugeschrieben; Gewißheit gibt es darüber nicht!

Es ist merkwürdig, wenn die Kirchenleitung bei einer so schwachen Ausgangsposition den Mut hat, die Lehre von der Inspiration der Bibel - die bekanntlich irrtumslos sein soll - zu einem Dogma zu erheben[112]. Papst Leo XIII. verbietet 1897 die Übersetzung der hl. Schrift zusammen mit dem Lesen von unzüchtigen Schriften[113].

In der Enzyklika »providentissimus Deus« verteidigt er die Ansicht: »... daß die Bibel unter der Eingebung des hl. Geistes verfaßt ist und einen Gott zum Urheber hat ... der hl. Geist habe die Bibelschriftsteller mit seiner übernatürlichen Kraft zum Schreiben angeregt und ihnen so zur Seite gestanden, daß sie alles, was er ihnen sagte, im Geist richtig aufgefaßt und (dieses) mit unfehlbarer Weisheit ausgedrückt haben[114].

Er zeichnet sich durch historische Inkompetenz aus. Sicher scheint sich die Kirchenspitze ob seiner Entscheidung nicht zu sein, denn inzwischen nimmt die theo-logische Forschung einen menschlichen **und** göttlichen Verfasser der hl. Schriften an[115].

Pius X. erläßt den sog. »Antimodernisteneid« (1969 wieder zurückgezogen) und zwingt mit ihm die Geistlichen, sich an die Vorstellungen der päpstlichen Bibelkomission zu halten. Ein weiterer Widerspruch besteht darin, daß das Zweite Vatikanische Konzil unter Pius XII. die Erforschung der biblischen Inhalte lehramtlich anerkennt[116]. Er kann es auf die »interne« Forschung **nicht** bezogen haben, denn diese wird seit Jahrhunderten mehr oder weniger einseitig betrieben. Nach dem geltenden Kirchenrecht dürfen (!) die Katholiken die Bibel **nur** in der amtlichen Version benutzen.

Andere Ausgaben werden ihnen zu Lesen nur gestattet (!), wenn sie keine dogmatischen Irrtümer enthalten. Welch Elendszeugnis wird hier mit welcher Überheblichkeit ausgestellt! Warum spricht man nicht zuerst davon, eigene Irrtümer auszumerzen, mit denen die christliche Bibel reich gesegnet ist?

In einem solchen Klima **muß** Kritik gedeihen. Der Jesuitenpater Tondi sagt es deutlich: »... Tatsache ist, daß man in den Zeiten blinden und unwissenden Glaubens der Kirche festgesetzt hat, daß die Schriften des Neuen Testamentes vollständig, authentisch und wahrhaftig sind. Heute kann sie nicht mehr umkehren. Deshalb müssen die Ergebnisse der modernen Wissenschaft abgelehnt und als falsch bewiesen werden. Die falschen Entscheidungen der Kirche müssen als wahr hingestellt werden. Deshalb muß man glauben, daß schwarz = weiß ist.

»... was ist das für eine Religion, die sich die Menschen mit der Hilfe eines Buches zurechtgelegt haben? Wer steht dafür, daß ihr eure Gedanken nicht den Göttlichen unterschiebt? Der Heide schnitzt sich einen Gott aus Holz ... der Christ aus der Bibel[117].

Wir haben keine Gewißheit, ob die in der Bibel abgeleiteten Deutungen Menschengedanken enthalten[118] ... für den pietätvollen Bibelleser ist es ein natürliches Bestreben, die (erkannten) Widersprüche aufzudecken. Es gibt keine andere Chance, als sich der Kritik zu stellen«[119]. Heute ist die christliche Bibel in über zweihundert Sprachen und Dialekte übersetzt und in alle Welt verbreitet. Es ist mehr ein verlegerischer Erfolg, denn ein Beweis für die Lauterkeit ihrer Inhalte.

Es ist jedoch ein Beweis für die Leichtgläubigkeit der Massen. Fast scheint es, als ob mit jedem verkauften Exemplar - und es sind Millionen - die theo-logische Unwissenheit hinausposaunt wird. Deschner sagt dazu: »... im Christentum gibt es nur ein Buch, das aufgrund seiner Geschichte, seines Charakters, seiner Entstehung und Überlieferung, wie der Fülle seiner Ungereimtheiten unglaubhaft ist, einen solchen Glaube hervorgerufen hat«[120].

Den Christen wird glaubhaft **gemacht**, daß die christliche Bibel die Grundlage des einzig wahren Glaubens sei. Steht doch in ihr: »... wer da(s) glaubt und (wer) getauft wird, der wird selig werden«[121]. Doch was ist das? Es steht ebenso in der hl. Schrift: »selig sind die, die nicht sehen und doch glauben«[122]. Es kommt der Realität schon näher!

Die Bibel soll unter Außerachtlassung aller wissenschaftlichen Gesichtspunkte gelesen werden. Die Masse der Bibelleser vesteht davon ohnehin nichts. Wer die Fülle der Widersprüche und die daraus resultierenden Ungereimtheiten kennt, weiß, warum die Kirchenleitung den unbedingten Glaube an sie verlangen **muß**«[123]. So gesehen irrt selbst der Große Brockhaus, wenn darin festgeschrieben ist: »... in einer Fülle von Kommentaren und wissenschaftlichen Untersuchungen sind durch die Jahrhunderte alle Bücher der Bibel mit großem Scharfsinn untersucht worden«[124].

Dieser Scharfsinn ist stumpf, weil man die geistige Auseinandersetzung mit Andersdenkenden scheut. Lassen wir nochmals den Insider Alighiero Tondi [125] zu Wort kommen. Er war 16 Jahre lang Professor an der Päpstlichen Hochschule (= Gregoriana), bevor man ihn ob seiner realen Ansichten mit Schimpf und Schande davongejagt hat:

»... wenn man die Dokumente analysiert, ist es alles andere als leicht, zu positiven Ergebnissen für die Kirche zu gelangen ... wohin man den Eimer wirft ... immer zieht man ein leeres Gefäß heraus ... bestenfalls gefüllt mit dem gewöhnlichen Geschwätz und längst bekannten Nichtigkeiten. Die Kirche hat das Evangelium durch eine Prozession von Gespenstern, durch ein erstickendes, inhaltloses und vernunftwidriges Labyrinth ersetzt...

... es war ein Fehler, die alten Dokumente als frei und inspiriert hinzustellen. Die katholische Theologie ist ein Phantom, die kirchliche Lehre von Anfang an auf parteipolitische Zwecke ausgerichtet. Ihre politischen Tugenden sind mit den evangelischen Grundsätzen unvereinbar. Niemals würde Jesus ein Reich begründet haben, dessen Fundamente auf Mord, Betrug, Habgier und Totschlag ausgerichtet sind. Es ist absurd, den Armen das Evangelium zu predigen, wenn man vielfacher Milliardär ist und Beteiligungen an Rüstungsfabriken hält...

... die Lehre des Katholizismus entspricht nicht der Wahrheit. Das despotische Verhalten der Päpste, die Verfolgungen seitens der Katholiken, die von ihnen entzündeten Scheiterhaufen und die gegenwärtige Politik des Vatikans ... erscheinen mir in sich logisch und in einen grundlegenden Irrtum eingebunden«.

Wenn man 1.500 Jahre an **einem** für die Christenheit existentiellen Buch herumdeutelt, wenn es Hunderte von Gegenstimmen provoziert, kann dann die Basis stimmen?

Das Unvermögen, ihrer Geschichte einen ordentlichen Anstrich zu geben, mußte dazu führen, Alternativen aufzuzeigen, wie beispielsweise das Engagement von Luther. Doch ist dies kein Einzelfall. Der Theologe David Strauss legt im letzten Jh. eine grundlegende Schrift zu dieser Sache auf den Tisch des Herrn[126]. Dann gibt es Grebner, der eine eigene Bibel schreibt und meint, daß die Geisterwelt Gottes die einzige Quelle der Wahrheit sei[127], die von Kammeier[128], der in den evangelischen Aufzeichnungen eine bewußt eingeschobene Fälschung des Mittelalters erkennt oder die des Althistorikers Bromme[129], der hinter den evangelischen Texten politische Winkelzüge vermutet.

Kein Kritiker hat den Glaube kritisiert, sondern **nur** die damit verbundenen Strukturen; alle warten bis heute auf eine Antwort. Die Theologen scheuen den Dialog und versuchen nach wie vor, ihre literarischen Gegner mundtot zumachen. Welche Blamage für eine weltumspannende Organisation, die sich die Wahrheit, Toleranz und Nächstenliebe an die Fahnen geheftet hat. Das Recht der Meinungsfreiheit wird unterdrückt und hier wiederum kommt der Kirche zugute, daß sie die tributpflichtigen Massen über Jahrhunderte auf einen intelektuell niedrigen Stand gezwungen hat.

Die Kirche kommt immer wieder wegen ihres despotischen Verhaltens in die Schlagzeilen. So z. B. anläßlich der Kölner Bischofswahl 1989. Stets sucht und findet sie den Fehler bei den Anderen. Ist sie darum unfehlbar? Nein: sie **kann** sich dem Dialog nicht stellen, weil feststeht, wer aus der Diskussion als Verlierer hervorgeht! Der Katholik Strauss stellt schon vor 150 Jahren die entscheidende Frage: »... zählt die Bibel zu den Spezies der eitlen Unterhaltungslektüre, die selbst den Namen Geschichte nicht verdient?«[130].

Marginale Fälschungen

Trinitätsprobleme

Die Theologen sitzen einer falschen Übersetzung und Interpretation auf, wie es ihnen (ja auch) bei der theologischen Begründung der Jungfrau Maria und anläßlich der Hexenverfolgungen unterläuft[132]. Was dokumentiert ihre Unkenntnis und Fehlbarkeit besser als dies? Trinität heißt keinesfalls Dreieinigkeit, sondern lediglich Dreiheit; es ist etwas völlig anderes. Überspitzt formuliert ist es kaschierter Polytheismus. Jesus kennt keine Trinität und sein späterer Konkurrent, Mohammed, lehnt sie ab.

Die Vorstellungen der Trinität stammen aus dem Heidentum, das zahlreiche Götterdreiheiten verehrt. Aristoteles sagt: »... die Dreiheit ist die Zahl des Ganzen, sofern sie Anfang, Mitte und Ende umschließt«. Xenokrates (4. Jh. v. u. Z.) setzt eine Dreieinigkeit an die Spitze des Weltganzen.

Alle hellenistischen Religionen besitzen eine Trinität. In Italien gibt es die kapitolinische Trias, Jupiter, Juno und Minerva. Man kannte die Theologie des Hermes Trismegistos, des dreimal großen Hermes, der dreieinigen Weltgottheit. Der Götterbote Hermes galt als vom Himmel gesandter Logos, als Offenbarer, Erlöser, Hirt, Heilbringer, Lehrer und als Mittler zwischen Gott und Mensch. Das Symbol der Dreigottheit ist dem Hinduismus und Buddhismus geläufig. Es ist naheliegend, daß (auch) das Christentum auf diesen Fundus zurückgreift.

Der johanneische Christus hebt hervor: »... der Vater ist größer als ich«. Im 2. und 3. Jh. ist die Identität von Jesus und Gott weitgehend unbekannt. Jesus wird deutlich unter Gott angesiedelt. Irenäus und Tertullian meinen gleichlautend: »... der Vater stehe über allem und sei größer als der Sohn«.

»... noch während der zweiten Hälfte des 2. Jh. betete man in gebildeten Kreisen zum Vater (= Gott), während sich die Masse (bereits) dem Sohn (= Christus) zuwandte. Origenes hält Jesus für einen geringeren Gott. Theophilus von Alexandrien verdammt ihn darob 399 unter dem Druck von mit Knüppeln ausgerüsteter Mönchshaufen. Seine endgültige Verurteilung erfolgt - lediglich weil er eine andere Meinung verfochten hat - während des 5. allgemeinen Konzils im Jahr 553.

Auch hier geht es theo-logisch zu. Cyrillus, der Bischof von Alexandria, betont, daß die menschliche **und** göttliche Natur in Christo so vermischt seien, daß man sie nicht unterscheiden kann. Eutyches, der Abt von Konstantinopel, meint, daß Christus mit einem

Leib »höherer« Art geboren worden ist. Eine vorläufige Entscheidung zu dieser spekulativen Erörterung wird durch einen Brief des Bischofs Leo von Rom herbeigeführt und das Konzil von Chalcedon setzt 451 fest: »... daß in Christus zwei Naturen unvermischt und unverändert, aber auch ungeteilt und ungetrennt erhalten seien«. Dies **muß** man glauben!

Der aus Alexandria kommende Athanasius setzt sich für die volle Gottheit Christi ein. Der Streit dreht sich um eine nichtige Sache: ist Jesus dem Gottvater **wesensgleich** oder **-ähnlich.** Für die Geistlichen ein unerschöpfliches Reservoir an suspekten Haarspaltereien. Die göttliche Existenz unterstellen sie und die Figur des Jesus haben sie so stilisiert, wie sie ihren Zwecken am dienlichsten ist.

Dann entsteht ein Streit, wie es mit dem Heiligen Geist zu halten ist, an den zu glauben dem Denken primitivster Volksstämme entspricht. Manche Kirchenväter halten ihn für einen Gott zwar gleichstehende, doch ihm untergeordnete Persönlichkeit, für ein Einzelwesen. Andere denken sich ihn als einen besonderen Gott aus, wieder andere betrachten ihn als eine von Gott ausgehende Wirkung, die von Ewigkeit an durch den Willen Gottes bestanden habe. Auf jeden Fall gelingt es während der endlosen Debatten nicht, betreffend all dieser Theorien eine definitive Entscheidung zu fällen. Es gäbe nur eine, doch sie ist für die römisch-katholische Kirche nicht relevant.

Während des Konzils von Konstantinopel (381) kommt es zum Streit. Als der Bischof Macedonius meint, daß der hl. Geist **nicht** Gott gleich dem Sohn sei, und daher nicht »Herr« genannt und verehrt werden könne; er sei ein Geschöpf und Diener des Vaters. Das Konzil bestimmt. »... der heilige Geist sei lebendigmachend vom Vater ausgegangen, darum Herr und ebenso wie der Vater anzubeten und zu verehren«.

Den vorläufigen Abschluß erhält die Lehre vom heiligen Geist durch den von Augustinus ausgesprochenen Satz, daß der heilige Geist nicht blos von Gott, sondern auch vom Sohn

ausgehe. Dieses Ausgehen habe man sich als ein Aushauchen von Seiten des Vaters und des Sohnes (= spirativo activa) im Gegensatz zu der Zeugung des Sohnes durch den Vater vorzustellen. Auf diese Weise wird die unnötige Auseinandersetzung um das große Mysterium der Christenheit geschmiedet und damit die »Lehre« von der Dreieinigkeit - beigelegt. Was hat es mit dem Glauben zu tun? Eine solche Lehre ist überflüssig!

Überdies finden wir auch hier eine Fälschung versteckt, denn das Wort »filioque« (= und vom Sohn) wird nachträglich eingefügt. Hier geht es um die Frage, ob der heilige Geist nur vom Vater ausgehe. Später setzt man die Behauptung in die Welt, daß Hosius 325 im Auftrag des Papstes das Reichskonzil geleitet hat; es geht an der Wahrheit vorbei.

Auf jeden Fall wird die dritte göttliche Person im Christentum erst spät entdeckt. Der Matthäus in den Mund gelegte Befehl: »... zu taufen im Namen des Vaters, des Sohnes und des Heiligen Geistes«, wird von der kritischen Forschung als Fälschung betrachtet. Im 4. Jh. kommt es zu gewagten Interpolationen, dem »Comma Johanneum«, einer in mehrere Codices eindringenden Fälschung. Man ändert die Stelle im 1. Johannesbrief: »... drei sind, die da zeugen im Himmel, der und das Wort und der heilige Geist, und die drei sind eins«. Die Lehre vom Glauben an den heiligen Geist entsteht erst im Lauf des 2. Jh. Zum Dogma erhoben wird die theologische Tüftelei 381 auf der 2. ökumenischen Synode in Konstantinopel.

Die Trinitätslehre der römisch-katholischen Kirche wird zum Staatsgesetz erhoben; sie widerspricht in allen Punkten der Vernunft. Noch 1553 rekapituliert der Spanier

Isaac Newton. Engl. Physiker und Mathematiker. Geb. 1643. gest. 1727. Prof. der Mathematik in Cambridge. Mit Newton wird deutlich, daß alle Himmelskörper mechanischen und nicht göttlichen Gesetzen unterliegen.

Michael Servet in seiner Schrift »Wiederherstellung des Christentums« mit großer geistiger Kraft alle entscheidenden Argumente **gegen** die Lehre von der Dreieinigkeit und starb dafür, vergebens zum Widerruf gezwungen, im gleichen Jahr auf Betreiben Calvins auf einem Scheiterhaufen.

Arianischer Streit, Konzil von Nicaea

Die antiochenische Synode war ein Auftakt zu der vom Kaiser Konstantin zunächst in Ankyra (= heute Ankara) geplanten, dann aber 325 in seiner Sommerresidenz zu Niceae, im nordwestlichen Kleinasien abgehaltenen Kirchenversammlung, dem ersten allgemeinen Konzil, das sich durch ein niederes Niveau auszeichnete. Hier geschieht nichts gegen den kaiserlichen Willen. Vermutlich geht es ihm um die Wiederherstellung der kirchlichen Eintracht, denn eine gespaltene Kirche ist ein schlechtes Werkzeug in seinen Händen. Der Kaiser bestimmt den Verlauf der Debatten. Als ihm die Bischöfe zu Beginn der Veranstaltung gegenseitig ketzerische Bitt- und Klageschriften überreichen, bestimmt er zur Verhandlung einen Tag, an dem alle Schreiben ungeöffnet verbrannt werden, »... damit keinem der Streit der Priester bekannt würde«.

Hier wird den Erzbischöfen das Nicaeanische Glaubensbekenntnis aufgetischt. Es müßte eigentlich das Konstantinische heißen, denn der Kaiser hat es durchgesetzt. Es proklamiert die **Identität** der göttlichen Substanz **in beiden** Personen (= homousios = Wesensgleichheit von Vater und Sohn). Konstantin versichert: »... was 300 Bischöfe miteinander beschlossen haben, ist nichts anderes als das Urteil Gottes«, was in sich unschlüssig ist, denn Bischöfe sind gewöhnliche Menschenkinder.

Neben Arius aus Alexandria, der die Wesensähnlichkeit (= homoisios) behauptet und damit die Gottheit des Sohnes bestreitet, verweigern zwei arianische Bischöfe, Secundus von Ptolemais und Theonas von Marmarika das ihnen aufoktro-ierte Glaubensbekenntnis. Sie werden während des konziliaren Verlaufs verurteilt. Arius droht

neben seiner Absetzung die Verbannung und Verfluchung[133]. Es muß mit den in Niceae exkommunizierten Episkopaten nach Illyrien ins Exil.

Im Spätherbst 327 wird eine weitere Synode in Niceae abgehalten. Hier hat man Arius , Eusebius und Theonas (wieder) in die Kirche aufgenommen. Athanasius, der Patriarch von Alexandria, weigert sich, Arius (wieder) in sein kirchliches Amt einzusetzen.

Athanasius, in jungen Jahren Diakon und Begleiter seines Bischofs Alexander auf dem Konzil von Niceae, besteigt nach dessen Tod am 8. Juni 328 den alexandrinischen Bischofsstuhl; er wird unter Eidbruch von 7 der 54 Bischöfe gewählt und geweiht. Man stellt einen Gegenbischof und es kommt zu Straßenschlachten. Bald nehmen die Ausschreitungen dermaßen zu, daß sich Athanasius 332 am Hof und vor der Kirchenversammlung verantworten muß.

Nachdem der Patriarch auf einer 334 in Caesarena zusammengetretenen Synode nicht erschienen war, zieht ihn Konstantin ein Jahr später durch eine Synode in Tyrus zur Rechenschaft. Nach anfänglichem Zögern erscheint der Patriarch mit seinem Gefolge. Man konfrontiert ihn mit seinen Schandtaten; es kommt zu skandalösen Szenen. In Alexandrien stellt man gegen den von der Synode in Tyrus rechtmäßig abgesetzten Athanasius zwei Bischöfe auf. Es kommt zu blutigen Tumulten, bei der die Kirche des Dionysius in Flammen aufgeht. Schließlich flieht er 339 auf einem Schiff nach Konstantinopel.

Athanasius droht mit der Aushungerung der Hauptstadt, indem er Kornlieferungen zu unterbinden sucht. Am 6. November 336 muß er auf Befehl Konstantins seine Verbannung nach Trier antreten.

Als 336 Kaiser Konstantin dem Bischof von Konstantinopel befohlen hat, den aus der Verbannung zurückgekehrten Arius zum Abendmahl zuzulassen, wird er von seinen Gegnern vergiftet. Sie bezeichnen seinen Tod als gerechtes Gottesurteil. Es entstehen Parteikämpfe, die mit Blutvergießen verbunden sind. In einer Kirche in Konstantinopel sollen darob 350 Menschen gestorben sein. »... das Blut glich einem Bach ... das aus dem Gotteshaus in den umgebenden Hof gelaufen sei«[(134)].

Arius stirbt 336 in Konstantinopel. Seine Gegner verbreiten alberne Gerüchte um ihn: ... bei einem Stadtbummel soll es ihm plötzlich übel geworden sein. Er barst, wie der Verräter Judas nach der biblischen Version, mitten entzwei. Unter Qualen lösten sich Mastdarm, Leber und sein Ketzerherz von ihm ... endlich schrumpfte er immer mehr zusammen, bis er durch die Öffnung des Aborts mit einem Plumps in der Jauche verschwand«. Gregor v. Tours führt den Tod des Arius als Beweis für dessen schlechte Lehre an. Es ist taktisches Geplänkel.

In einem Brief überschüttet Athanasius Arius mit einer Flut von Schimpfwörtern. Er nennt ihn Galgenstrick und Lügenmaul. In einem Brief, den Athanasius auf Konstantins Namen gefälscht und etwa 15 Jahre nach dessen Tod - um 350 - publiziert, wollte der Kirchenlehrer alle Menschen mit dem sofortigen Tod bestraft sehen, die auch nur eine Schrift des Arius aufbewahrten. In einer weiteren Urkundenfälschung veranlaßt er die ihm später übel genommene Gegnerschaft des ersten christlichen Kaisers.

Unter dem Namen von Konstantins Sohn (Konstantin II.) richtet der Patriarch einen Brief an die katholische Gemeinde von Alexandrien, worin er ihr durch den jungen Kaiser mitteilt, Bischof Athanasius sei von seinem Vater nur scheinbar verdammt worden, um ihn den Angriffen seiner Gemeinde zu entziehen«.

Konstantin II. hat die Verbannung im Juni 337 aufgehoben und der Bischof konnte nach dem Tod Kostantins zurückkehren. Der Patriarch benutzt die Rückreise, um Intrigen zu spinnen; mit ihm kehren die übrigen verbannten orthodoxen Bischöfe zurück, was mit dem Ausbruch neuer Unruhen verbunden ist. Im Herbst erscheint er in Rom.

Auf der Synode von Sardica (342) (heute Sofia), an der etwa 80 Bischöfe aus dem Osten und etwa 90 aus dem Westen teilnehmen, ziehen die Orientalisten ab und tagen in Philliopel (?) weiter. Jede Partei bekennt sich zu »ihrem« Glauben und verketzert den anderen; man bedroht einzelne Bischöfe mit dem Tod. Die Synode hätte Frieden stiften sollen, hat aber Feindschaften vertieft. Hier zeigt sich der Bruch der Systeme, der zur endgültigen Trennung zu Beginn des 2. christl. Jahrt. führt; er ruht auf Illusionen, Intoleranz, Besserwisserei und rechthaberischem Getue: mit Religion hat er nichts gemeinsam!

In Rom ist inzwischen Julius gestorben. Als Liberius Papst wird, erreichen die Auseinandersetzungen zwischen den Arianern und Athanasianern den Höhepunkt. Der Arianer Constantinus II. verfolgt die Kirche. Auf Wunsch des Liberius rief er 353 zur Klärung des Streites ein Konzil nach Arles ein, wo er gerade Hof hielt. Hier ließ er Athanasius und das Niceanum verurteilen. Der Papst setzte die Synode von Mailand durch, zu der ihn der Kaiser gewaltsam aus Rom herbeibringen ließ.

Hier haben über 300 Bischöfe, meist aus dem Abendland, unter kaiserlichem Druck die Verurteilung des alexandrinischen Patriarchen gebilligt. Sechs Teilnehmer weigern sich und werden nach Beroea / Aleppo verbannt. Zu ihnen gehört Liberius. Als ihn der Kaiser vor die Alternative stellt, entweder zu unterschreiben oder zu gehen, bleibt der Katholik standhaft und erklärt: »... die kirchlichen Ordnungen sind wichtiger als mein Verbleib in Rom«.

Die Position des Papstes während der Verbannung ist nicht eindeutig. Er schreibt kleinlaute Briefe an Gleichgesinnte, anerkennt die Lehre der Arianer und bittet sie, sich für seine Rückkehr nach Rom zu verwenden. Seine Haltung ist so jämmerlich, daß katholische Kirchenhistoriker die Echtheit seiner Briefe bestritten haben«. Liberius konnte später zurückkehren, was mit der Flucht »seines« Gegenpapstes verbunden ist.

Athanasius - inzwischen vom Papst verdammt - schickt zwei kaiserliche Komissare nachhause, die ihn aus Alexandrien entfernen sollten. Erst als Konstantinus anfang des Jahres 356 die Theonaskirche, die Kathedrale des Athanasius stürmen ließ, verschwand er aus der Stadt. Unter seinem Nachfolger Georg folgen blutige Zusammenstöße mit der Garde des abwesenden Patriarchen. Man belagert Kirchen und sprengt Gottesdienste. Es gibt Schwerverwundete und Tote. 60 Bischöfe werden in diesem Zusammenhang verbannt; 30 ergreifen die Flucht.

Athanasius II. und die Honoriusfrage

Athanasius II. wird der Nachwelt als ein der Häresie zuneigender Mann geschildert, der, obgleich er Papst gewesen ist, rechtmäßig zurücktrat, »... und dessen plötzlicher Tod allein noch größeres Unheil von der Kirche abgewendet hat«.

Nach Gratian wird Athanasius von der römischen Kirche verworfen. So sagt der Anonymus von Zwetl (?) in seiner Papstgeschichte: »... die Kirche verwirft ihn und Gott hat ihn geschlagen«. War er häretisch oder nicht? Er soll gesagt haben, daß die Wirksamkeit der Sakramente **nicht** von der Beschaffenheit des Spenders abhängt. Dies bedeutet im Umkehrschluß, daß ein häretisch gewordener Kirchenmann gültige Sakramente austeilen kann: Dies wird - neben der Figur des Liberius- als Beispiel einer vom Papst falsch ausgegangenen Glaubensentscheidung gewertet[134].

Die Kirchenversammlung zu Basel meint, daß Päpste, die der Kirche nicht angehören, von ihr wie Heiden und Zöllner behandelt werden, »... wie man von Liberius und Athanasius lese«. Domenici von Torcello erwähnt in einer an Calixtus III. (1455 - 58) gerichteten Schrift, »... daß einige Päpste in ihrem Glauben geirrt haben, wie Liberius und Athanasius II., der deshalb von Gott gestraft worden ist«.

Alvaro Pelayo meint, »... ein häretisch gesinnter Papst müsse einem weit schwereren Gericht wie jeder andere unterworfen werden, des Strafgerichts, welches den Athanasius getroffen (hat)«[135].

Während er unverdienterweise und nur am Rand als Häretiker galt, den die Kirchengeschichte hochgeschaukelt hat, wurde das Andenken des Honorius in Ehren gehalten und die Tatsache, daß ihn drei allgemeine Konzile des Ostens, dem von Konstantinopel unter Papst Agatho, dem von Niceae unter Hadrian I. und dem von Konstantinopel unter Hadrian II. wegen seiner nachweisbaren häretischen Gesinnung und Begünstigung der Irrlehre mit dem Bann belegt haben, im Mittelalter und darüber hinaus verdrängt.

Was steckt hinter dem Geplänkel? Um das unaufhaltsam vordringende islamische Reich auszuweiten, pokert der Patriarch Sergius von Konstantinopel mit dem sog. Monotheletismus, der Lehre vom **einen und einzigen** Willen in Christus, was immer man auch darunter verstehen mag. Es geht um den »göttlichen« Willen. Mit dieser gedanklichen Konstruktion gewinnt Sergius (auch) den Papst Honorius. Er stimmt, zweifellos übereilt und ohne detaillierte Kenntnis der komplex kirchlich-politischen Zusammenhänge dieser Auffassung (in Byzanz) zu. Konstantin sagt später in einem Edikt: »Honorius habe nicht nur irrig gelehrt, sondern widerspreche sich selbst«.

Lange Zeit versucht man, Honorius zu entschuldigen: Papst Johann IV. (640 - 42) meint in einer Schutzschrift: »... sein Vorgänger habe nur den Wahn von zwei sich widersprechenden Willen, als ob nämlich Christus auch einen von der Sünde infizierten Willen gehabt hätte, vertreten«.

Auf der Synode von 680 wird Honorius als Teilnehmer an der monothelitischen Ketzerei den anderen schon zu Rom verdammten Prälaten (Theodor von Paran; Cyrus von Alexandrien, Pyrhus und Paulus, Patriarchen von Konstantinopel) während der Synode von 649 gleichgestellt, mit ihnen dem Anathem unterworfen. Die Synode ließ es sich nicht nehmen, den Häretiker Honorius namentlich zu verwünschen; er habe sich in allen Punkten dem Sergius angeschlossen; er habe unter dem katholischen Volk die Häresie des **Einen** Willens verbeitet; er habe es vedient, mit Sergius dem gleichen Anathem unterworfen zu werden«.

Darum ist nicht erwiesen, ob er wirklich häretisch gesinnt war. Es ist merkwürdig; dieser Papst war mehrfach kirchenrechtlich verurteilt. Leo II. hat die Verdammung des Honorius ausgesprochen, der ja die Akten des Konzils aus dem Griechischen übersetzt hatte.

Hincmar v. Rheims erinnert sich: »... Honorius müsse das Anathem wohl im Leben vedient haben, sonst würden die, welche über ihn zu Gericht gesessen, mehr sich als ihm geschadet haben«.

Nach ihm erlischt die Erinnerung an diese für die Unfehlbarkeit peinliche Tatsache. So ist es gekommen, daß keiner der zahlreichen Verfasser von Papstgeschichten und Kataloge auch nur die geringste Andeutung von diesem so bedeutsamen Ereignis - dem einzigen in seiner Art - gemacht hat.

Erst im 16. Jh. sinnt man (wieder) über den Vorfall nach. Als Ausweg fällt einem ein, daß man vorgeben könne, die Akten der sechsten Synode seien von späteren Griechen verfälscht und alles, was sich auf Honorius beziehe, wäre interpoliert. Wer erkennt nicht die klerikalen Winkelzüge?

Dann mußten freilich auch die Schreiben aus der päpstlichen Kanzlei für untergeschoben erklärt werden. Zu diesem Winkelzug entschlossen sich Baronius, Bellarmin, Hosius, Binius, Duval, sowie die Jesuiten Tanner und Gretser. Wir haben eine Fälschung vor uns.

Die grundsätzliche Frage ist, ob die auf einem vollständigen ökumenischen Konzil repräsentierende Kirche die dogmatischen Schreiben eines Papstes für häretisch erklärt und somit die Fehlbarkeit der Päpste anerkennt. Das kann sie nicht, denn sonst wird sie selbst in diesem Punkt unglaubwürdig.

Papstreihe

Die römisch-katholischen Historiker verweisen auf eine »ununterbrochene« - mit Petrus beginnende - Papstreihe. Bei einer nüchternen Betrachtung hat sie - vor allem in der Frühphase und in den Zeiten, wo es gleichzeitig mehrere Päpste gegeben hat -

Mängel. Ziel dieser Liste ist der Nachweis, daß es - ausgehend von Petrus - bis heute in ununterbrochener Tradition einen Statthalter Gottes auf der sündigen Erde gegeben hat. Um dies zu zementieren, werden Päpste erfunden und andere - die der offiziellen Lehre abweichende Ansichten vertreten - ersatzlos gestrichen.

Ein zweites Ziel war (und ist) zu dokumentieren, daß ein Papst von Niemand gerichtet (verurteilt und / oder abgesetzt) werden kann, weil er seine Aufgabe einem göttlichen Wesen verdankt, das weit über den weltlichen Herrschern steht. Sogleich fällt unser Blick auf das zwielichtige Leben des Papstes Symmachus (498 - 541). Er hat seine Wahl durch die Bestechung einflußreicher Höflinge Theodorichs d. G. aktiviert.

Als Gegenkandidat steht ihm der von Anastasius I. von Byzanz favorisierte Laurentius feindlich in Rom gegenüber. Senat und Klerus sind gespalten. Es kommt zu Unruhen. Vor 505 ist Rom vier Jahre lang Schauplatz eines blutigen Kampfes um die Papstwürde. Die Anhänger des Symmachus und die seines Gegners Laurentius ermorden sich auf den Straßen; es führt die christliche Nächstenliebe und den Verstand ad absurdum.

Symmachus stellt die Behauptung auf, ein Papst könne von Niemand gerichtet werden. Die »symmachischen« Fälschungen sind ein Fabrikat im Dienst des Primats, der Papst - Monarchie und der absolutistischen Machtentfaltung[136].

Sie zeigen in erschreckender Weise die Skrupellosigkeit der Kurie. Sie hat keinen Grund, Tatsachen zu bagatellisieren und zu umgehen, am wenigsten den Silvester I. untergeschobenen Satz: »Prima sedes a nemine judicatur« (= der päpstliche Stuhl ist nicht richtbar).

Symmachus wird von König Theodorich angeklagt; er soll für schuldig befunden und abgesetzt werden. Die Anhänger des Symmachus greifen zu den unlauteren Mitteln der Fälschung und suchen den »angenommenen« Primat zu stützen, »... es ist ein plumpes Gewebe von Absurditäten und Unmöglichkeiten, die man für echt erklärt hat«. Dies ver-

sucht man durch historische Fälschungen abzusichern!

Die Fabelwesen Marcellinus und Cyriakus

Wahrscheinlich wurde zur Absicherung
dieser These das weitgehend unbekannte Leben des Papstes (dessen Existenz umstritten
ist) Marcellinus verzerrt. Er soll im Zusammenhang mit den diokletianischen Verfolgungen dem Herkules, Jupiter und Sa-
turn(nus) im Tempel der Vesta geopfert
haben. Daraufhin sollen 300 Bischöfe ihre
Gemeinden verlassen haben, um sich in Sinu-
essa zu einem Konzil zu versammeln. Zeitgenossen berichten nichts über diese Synode
und auch sonst findet sich keine Spur über
diesen »Märchenpapst«.

Marcellinus wird von 72 Zeugen des Götzendienstes angeklagt. Er bekennt sich für
schuldig und nimmt am 23. August 303 seinen
Hut. Der älteste Katalog der Päpste, der bis
zum Tod des Felix III. reicht - und wohl nicht
nach dem 7. Jh. verfaßt ist, hat die Fabel von
der Apostasie des Marcellinus aufgenomm-
men[137].

So griff man unerlaubt zu dem probaten
Mittel, um nachzuweisen, daß die Unantast-
barkeit eines Papstes anerkannt und »historisch« erwiesen sei. Die »gesta de Xysti pur-
gatione et Polychronii Jerosolytani episcopi
accusationi« ist durch die gleiche Hand und
zum gleichen Zweck angefertigt. Hier wird
der Satz eingeschärft, daß der Papst keinen
irdischen Richter über sich hat; lastet ein
schwerer Verdacht auf ihm oder wird er angeklagt, so müsse er sich selbst für schuldig
erklären, sich selbst absetzen - wie Marcellinus - oder er reinigt sich durch die einfache
Versicherung seiner Unschuld[138].

Um die gleiche Zeit wie die Päpstin Johanna wird der Papst Cyriakus eingeschoben[139].
Die Berechtigung daraus zieht man aus den
hellseherischen Fähigkeiten der Nonne Elisabeth aus dem Kloster Schönau (Trier)[140].
Chronisten des 13. Jh. machen darauf aufmerksam[141] und die Oberrheinische Chronik geht darauf ein[142].

Es ist naheliegend, daß der »erfundene«
Cyriakus, der als 19. Papst fungiert und resi-
gniert haben soll, dazu herhalten muß, um
den »wirklich« resignierenden Coelestin
rechtlich abzusichern. Deshalb bemüht sich
der Verfasser der »glossa ordinaria«, im Dekret des Bonifazius VIII. das den Rücktritt
eines Papstes gestattet, auf das »sichere« Beispiel des Cyriakus, den es nie gegeben hat.

Im 15. Jh. erscheint Cyriakus in allen bedeutenden Geschichtsbüchern und geht in
die ältesten Ausgaben des römischen Bre-
viers ein. Die Kanonisten verharren in diesem Irrtum und selbst Sylvester Prierias
stimmt der Fälschung zu. Sollte hier der
Nachweis erbracht werden, daß ein Papst von
keinem gerichtet werden könne, doch selbst
die Möglichkeit habe, von seinem Amt zurückzutreten?

In Coelestin haben wir den über 80-jähri-
gen weltfremden Einsiedler Pietro Angelari
vor uns, der jahrelang in einer Zelle am Monte Morrone bei Sulmona in den Abruzzen
lebte. Er wehrte sich vergeblich gegen seine
Wahl und entschloß sich nach einer nur 5-
monatigen Amtszeit zu einer »mißlungenen«
Flucht.

Sein Nachfolger, der sich durch Brutalität
auszeichnende Bonifazius VIII. [143]. ließ ihn
auf der Festung Furome einkerkern, weil
man seine Wahl nicht anerkennen wollte.
Coelestin hat im Dezember 1294 abgedankt
und ist im Mai 1296 verstorben. Dante hat ihn
als »Feigling der Hölle« bezeichnet; Petrarca
hat ihn wegen seiner Entsagung gelobt.

Päpstin Johanna

Die Fabel gehört zu den römischen Lokal-
sagen, von denen im Mittelalter **ein ganzer
Zyklus existierte**. Die Sage fällt in die Zeit
der großen Kämpfe zwischen dem Papst- und
dem Kaisertum; vermutlich wird sie um die
Mitte des 13. Jh. aufgezeichnet. Etwa 50 Zeitgenossen und Autoren nehmen sich dieser
Legende an[145]. Der erste, der die Sage aufgenommen hat, ist der Verfasser einer Chronik, die sich ohne nähere Angaben auf
Stephan de Bourbon bezieht[146]. In die Chronik des Martin Polonus wird die Passage mit

der Päpstin Johanna Jahre nach seinem Tod »eingeschoben«[147]. Hinzu kommen die Aufzeichnungen in der Chronik »Flores temporum«[148]. Man findet die Fabel in einigen Handschriften und in Van Maerlant's »Historischem Spiegel«. Er sagt um 1283: »... ich bin nicht sicher, ob es sich um eine Fabel handelt und ob es wahr ist ... aber in der Päpste Chronik findet man sie gemeiniglich nicht«[149].

Der Dominikaner Tolomeo von Lucca sagt, daß die Geschichte um 1312 in keinem der schon vielen bestehenden Papstverzeichnisse enthalten sei. Dies stimmt nicht, denn der Dominikaner Leo von Orvieto trägt zur Verbreitung des Märchens bei, indem er es in die bis auf Clemens V. reichende Geschichte der Päpste und Kaiser aufnimmt.

In der ersten Hälfte des 14. Jh. folgen der Dominikaner Johann v. Paris, Siegfried von Meißen (S. de Banshusin), Occam der Minorit - der die Päpstin in seiner Polemik gegen Johann XXII. verwertet -, der Grieche Baarlam, der englische Benediktiner Ranulph Hidgen, der Augustiner Amalrich Augerii, Boccacio und Petrarca.

Eine Chronik der Päpste von Aimery du Peyrat, Abt von Moissac, verfaßt 1399, hat den »Johannes Angelicus« in die Reihe der Päpste mit der Bemerkung eingeschoben: »... einige sagen, daß dieser Papst eine Päpstin sei. Sie soll 2 1/2 Jahre im Amt gewesen sein und hatte ihre päpstliche Funktion wahrgenommen.

Im 15. Jh. taucht verstärkter Zweifel an der Geschichte auf. Zu Beginn dieses Jh. wird in der Kathedrale von Siena die Büste der Päpstin in der Reihe der übrigen angebracht und keiner stört sich daran. Erst 200 Jahre danach wird auf die dringende Bitte des Papstes Klemens VIII. Johanna in den Papst Zacharias verwandelt[150].

Selbst Huß erwähnt den Vorgang während des Konstanzer Konzils und erhält keinen Widerspruch. Der Kanzler Gerson von der Pariser Universität erwähnt die Päpstin als Beispiel für die Fehlbarkeit der Kirche[151].

Päpstin Johanna bekommt auf offener Straße ein Kind. Aus: Spanheim's Buch über die Päpstin Johanna. Seltene Darstellung ihrer Niederkunft.

Heinrich Korner, Dominikaner in Lübeck (1402 - 1437) nimmt die Sache mit der Päpstin in seine Chronik auf und meint, sein von ihm vielfach abgeschriebener Vorgänger, der Dominikaner Heinrich von Herford, habe um 1350 die Angelegenheit absichtlich verschwiegen, damit den Laien kein Ärgernis gegeben wird.

Aeneas Sylvius, später Papst Pius II., hatte gegenüber den Taboriten erwidert: »... die Geschichte sei doch nicht gewiß«. Aber sein Zeitgenosse, der große Verteidiger der päpstlichen Allgewalt, Kardinal Torremata, nimmt als notorisch an, »... daß einmal ein Weib von allen Katholiken als Papst angesehen worden sei«.

Um die Mitte des 15. Jh. fließt das Märchen in die dogmatischen Auseinandersetzungen der Epoche. Nun bemächtigen sich (auch) die Griechen dieses unmöglichen Ereignisses. Chalcondylas beschreibt die Form der Papstwahl und in diesem Zusammenhang den »angeblichen« Geschlechtersprung; hierbei erzählt er den Vorgang mit der Päpstin. Er dramatisiert die Sache, indem er erwähnt, daß ihr Kind gerade während des von der Päpstin gehaltenen Hochamtes zum Vorschein gekommen sei und vom versammelten Volk gesehen worden ist[152].

Im 15. und 16. Jh. zirkuliert die Geschichte in zahlreichen in Italien verfaßten oder dort abgeschriebenen Chroniken. Gedruckt erscheint sie in der italienischen Papstchronik des Ricobaldo, die Filippo de Lignamine 1474 Sixtus IV. widmet. Zudem erscheint sie in der Papstgeschichte des venetianischen Priesters Stella. Viele weitere - auch Deutsche[153] - flochten die Sage in ihre theologischen Erörterungen ein. Ein Bischof von Chiemsee führt die Katastrophe als Beweis an, daß die Päpste mitunter vom bösen Geist getrieben werden[154].

Die ersten Berichte erwähnen ihren Namen nicht, der ein reines Phantasieprodukt ist. Das Ereignis soll sich um 1100 zugetragen haben. Vielleicht als Erinnerung an die Jahre, als Rom von herrschsüchtigen Huren regiert worden ist. Es ist die gleiche Zeit, in der

zuerst auf den Gebrauch der durchbrochenen Stühle bei der Papstwahl angespielt wird[155].

Es soll sich um eine geschickte Schreiberin oder Konzipistin (artem notandi edocta) gehandelt haben, die sich als Notarius allmählich hocharbeitet. Viele Legenden ranken sich um sie. Sie führt einen frommen Lebenswandel, wird durch gute Nahrung zu üppig, wird dann durch eine satanische Versuchung zu Fall gebracht und von einem Vertrauten geschwängert. Später wirft man ihr vor, sie habe ein Buch über Nekromantie geschrieben.

Stephan de Bourbon meint, daß die Päpstin gleich nach ihrer Wahl und während des Zuges zum Lateran das Kind geboren hat. Das römische Gericht läßt sie an die Füße eines Pferdes binden und aus der Stadt schleifen, worauf sie vom Volk gesteinigt wird. Die übliche Version besteht darin, daß sie bereits über 2 Jahre regiert hat und dann während einer Prozession auf der Straße ihr Kind bekommen hat. Bei Boccacio verliert sie einige Tränen und zieht sich ins Privatleben zurück.

Im »Eulogium historiarum« eines Mönches von Malesbury (1366) ist eine **andere Variante** eingebracht. Hier wird die Geburt des Mädchens nach Mainz verlegt, von seinen Eltern männlichen Lehrern zum Unterricht in den Wissenschaften übergeben. Sie verliebt sich in einen von ihnen und geht dann in männlicher Kleidung nach Rom. Dort wird sie vom Papst Leo zum Kardinal erhoben. Als sie dann Papst (= Päpstin) geworden - bei der Prozession ein Kind verliert, wird sie abgesetzt.

In der handschriftlichen Chronik der Päpste von Kempen steht: »... zu diesem Papst Johannes, der ein Weib war, und hintenach mit einem Kind ging, kam der böse Geist und sprach: »... O, du Papst, der du sollst ein Vater unter allen Vätern sein, du wirst offenbaren in deiner Geburt, daß du eine Päpstin bist, darum werde ich dich mit Leib und Seele zu mir und zu meiner Gesellschaft nehmen[156].

Die Darstellung der Päpstin Johanna, die in jeder Weise **Unsinn** ist, soll verdeutlichen, wie locker man zur Zeit des Mittelalters Geschichte interpretiert hat.

So wird im Missale und Brevier, in dem Gebet am Fest der Cathedra Petri das Wort »Seelen« getilgt, weil es in Rom als anstößig galt, daß die alte römische Kirche die Bindegewalt Petri auf die Seelen beschränkt hatte, während man für den Papst das volle Recht, die Leiber zu binden in Anspruch nahm.

Papst Leo läßt in der Stelle, wo die Verdammung des Honorius durch die 6. Synode erwähnt ist, den Namen des Papstes streichen; denn seitdem die Päpste unfehlbar sein wollten, sollte diese unbequeme Tatsache wenigstens aus dem Gedächtnis des Klerus verschwinden[157].

Gegen Ende des 6. Jh. wird in Rom eine Fäl-schung unternommen, deren durchschlagende Wirkung erst später deutlich wird. Die berühmte Stelle aus Cyprians Buch von der Einheit der Kirche wird in einem Brief des Papstes Pelagius II. an die istrischen Bischöfe mit Zusätzen versehen. Cyprian hatte gesagt: »... alle Apostel haben die gleiche Gewalt und Autorität wie Petrus (von Christus empfangen).

Jetzt schaltete man ein: »... der Primat wird dem Petrus gegeben, um die Einheit der Kirchen und der Kathedra zu zeigen«. Das ist ein greller Widerspruch. Zu Beginn des 13. Jh. behauptet Innocenz III. in einem Brief an die Patriarchen von Konstantinopel und an die Bulgarenfürsten, »... der Herr habe dem Petrus nicht nur die Leitung der Kirche, sondern die der ganzen Welt hinterlassen«. Es ist eine Fälschung!

Donatio Constantini

Wir haben eine Manipulation vor uns, die 800 Jahre als wahr angesehen worden ist und von der heute selbst die Kirche zugibt, einer selbstinjizierten Fälschung »aufgesessen« zu sein. Die Kirche hat Jahrhunderte erheblichen Nutzen aus ihr gezogen[158], so daß es für sie heute kein Verlust ist, die damit verbundenen Eskapaden zuzugeben. »... die berüchtigte, dem Kirchenstaat als ein Geschenk des ersten christlichen Kaisers ausgegebene, mit Datum und Unterschrift versehene Urkunde, spielte als »klassisches« Beweisstück eine hervorragende Rolle im Kampf der Päpste gegen die Kaiser«.

Die »Donatio Constantini« geht in das »Decretum Gratiani« ein. Es galt während des Mittelalters als **entscheidende** Autorität. An den dort genannten Fakten wurde nicht gezweifelt. Eine Kommission empfahl Julius III. "... das Dekretum (Gratians) ist ein gefährliches Buch. Es verringert Dein Ansehen ... es leugnet an vielen Stellen, der Papst könne zur Lehre Christi und der Apostel auch das Geringste hinzutun, Fürwahr, nicht ein Schatten der apostolischen Lehre ist in unserer Kirche (mehr) übrig, und eine andere Lehre und Disziplin haben wir herbeigeführt. Das wichtigste aber ist, dahin zu streben, daß Niemand auch nur das Geringste aus dem Evangelium, vorzüglich in der Volkssprache, zu lesen erlaubt werde. Es genügt das Wenige, was in der Messe gelesen wird. Jeder, der fleißig erwägt, was in unseren Kirchen zu geschehen pflegt, und einzeln betrachtet, der wird finden, daß unsere Lehre von jener des Evangeliums sehr unterschieden, wohl ihr gerade entgegen ist. Vor allem sorge, wie Du es ohnehin zu tun pflegst, daß die erwählenden Bischöfe unwissend und dumm, in den Angelegenheiten der Kurie aber sehr erfahren und für Dich besorgt sind. Ein Konzil meide, so viel Du kannst, mag auch der Kaiser noch so sehr darauf bestehen".

Das Rechtsbuch Gratians war bis 1918 das gültige Gesetzbuch der römisch-katholischen Kirche. Die Vorteile, die der römische Klerus aus der fingierten Schenkung ableitet, habe ich in der kleinen Tabelle zusammengefaßt.

Der Schenkungsumfang ist so groß, daß er unrealistisch ist. Folgekaiser sind sparsamer; Justinus und Justianus sollen im 6. Jh. lediglich Gefäße geschenkt haben. Hinzu kommt das Schweigen der Zeitgenossen.

Einen frühen Hinweis auf die Legende findet sich im Dekretale des Papstes Gelasius I. (492 - 96) »de libris recipiendis et non recipiendis«. Darin heißt es: »... man wisse zwar nicht den Namen des Verfassers, aber man habe erfahren, daß sie (= die Schenkung) von vielen in der Stadt Rom gelesen werde«. Es handelt sich um einen späteren Einschub im Sinn einer beabsichtigten Rückdatierung.

Die geistigen Grundlagen zur Fälschung liegen in diesen Epochen, denn **hier** wird um die Vorstellung gerungen, daß die Päpste »von frühesten Zeiten« Gesetzgeber der **gesamten** Kirche gewesen sind. In dieser Unwahrheit liegt die Verpflichtung für weitere. Schauen wir zurück.

Das Land wird von Königen und Kaisern beherrscht. Geistliche und Bischöfe sind von ihm abhängig. Die Kirche gilt als Glied des Staates und sucht sich von den damit verbundenen Reglementierungen zu befreien. Von einer päpstlichen Macht kann keine Rede sein. Erst um die Mitte des 9. Jh. gelingt es der kurialen Organisation unter Zuhilfenahme weiterer Manipulationen, einen erweiterten Stellenwert zu bekommen.

Ehe ein Papst die Kirche beherrscht, beherrschten Kaiser die Kirche. Bis zur 2. Hälfte des 5. Jh. treten sie kaum hervor. Zunächst fällen die Herrscher ohne Befragung des Konzils Glaubensentscheidungen. Kaiser Basilico verdammt 476 die Beschlüsse des allgemeinen Konzils von Chalcedon und 500 Bischöfe pflichten ihm bei.

Unser Blick fällt auf den Papst Gelasius I. (492 - 496). Bemerkenswert ist, daß er das letzte noch bestehende heidnische Fest, die Luperkalien, abgeschafft hat, an deren Stelle später möglicherweise das Fest Mariä Lichtmeß getreten ist[160].

Anastasius II. folgt auf Gelasius I. Er erlaubt sich gleichfalls einen Schachzug, denn sein »angeblicher« Gratulationsbrief an den vom Heidentum zum Katholizismus konvertierten Frankenkönig Chlodwig ist als Fälschung des Oratorianers Jerome Vignier aus der Mitte des 17. Jh. erwiesen[161].

Auf den zwielichtigen Charakter des dann folgenden Papstes Symmachus habe ich aufmerksam gemacht. Die Fabel von der »römischen« Taufe war schon in den ältesten, bis ins 6. Jh. reichenden Katalog der Päpste eingegangen.

Es dauert noch viele Jahrzehnte bis zu ihrer Realisierung. Sie wird zwischen den Jahren 774 und 750 in Italien von einem römischen Geistlichen fabriziert. Die Urkunde entstand nicht - wie lange angenommen - in Griechenland[162]. Alle inneren und äußeren Merkmale deuten auf die zweite Hälfte des 8. Jh. Hier **muß** die Abfassung erfolgt sein[163]; es hat gute Gründe. Dem Fälscher strebt ein ganz Italien umfassendes Reich unter päpstlicher Herrschaft vor, statt des zwischen Langobarden und Griechen geteilten Landes, in dem Rom den Angriffen beider Seiten ausgesetzt war. Der byzantinische Einfluß ist in Rom (noch) deutlich, was u. a. aus der seinerzeitigen Papstreihe erkennbar ist[164].

Gregor II. macht 728 den Versuch, eine den Griechen wie Langobarden gegenüber sich selbständig behauptende Städte - Konföderation zu bilden, deren Mittelpunkt der päpstliche Stuhl sein wollte. So reift - in sich schlüssig durchdacht - der Gedanke, die päpstliche Gewalt an die Stelle der zerfallenen Griechischen und nur widerwillig ertragenen Langobardischen Macht zu setzen. 752 hat Stephan III. den griechischen Kaiser aufgerufen, daß er mit einem Heer zur Verteidigung Italiens gegen die Langobarden erscheinen möge.

Der Grund zum Kirchenstaat wurde unter Step-han III. (752 - 757) gelegt. Seine Wahl wird zunächst durch zwei aufgestellte Gegenpäpste gestört. Es zeigt sich (wieder einmal) die rohe Gewalt, denn in diesem Zusammenhang werden Bischöfe verstümmelt und geblendet. Stephan III. veranlaßt den fränkischen König Pippin zu zwei Feldzügen gegen die ihn bedrängenden Langobarden. Das daraufhin eroberte Gebiet soll Pippin 756 der Kirche geschenkt haben. Es besteht über den Umfang dieser Schenkungen ebenso wenig geschichtliche Klarheit wie über die darauffolgenden Schenkungsversprechen Karls I.

An dieser Nahtstelle entsteht die Idee zur Realisierung des lang gehegten Planes und darum sucht man die Sache so hinzustellen, als ob eine längst vom Kaiser selbst gewollte Form dahinterstecke.

Die Fälschung **muß** vor 774 entstanden sein, denn nach der Gründung des fränkischen Königreiches Italien fiel jede Möglichkeit der Realisierung eines päpstlichen Ge- samtstaates weg. Eine erste Bezugnahme auf die Fälschung findet sich in einem Brief Ha- drians an Karl d. G. aus dem Jahr 778[165].

Man hält Karl d. G. (dem Sohn Pippins) ein gefälschtes Papier unter die Nase (= sog. Verheißung seines Vaters), aus dem hervor- geht, daß der größte Teil von Italien ohnehin (schon) dem Papst gehört. Dieses Dokument ist der »Donatio Constantini« ähnlich. Hinzu kommt - etwas später - eine dritte Schen- kung; das Paktum von Kaiser Ludwig d. Frommen aus dem Jahr 817. Es trägt innere Kennzeichen der Echtheit, ist aber durch Zu- sätze verfälscht[166]. Sie stammen aus dem Ende des 11. Jh., wobei der Kaiser die Inseln Korsika, Sardinien und Spoleto an Papst Pa- schalis verschenkt haben soll[167]. Um was geht es bei der Konstantinischen Schenkung (= Fälschung)?

Der feierliche Übertritt eines weltlichen Herrschers zum Christentum sollte rückda- tiert konstruiert werden und es ist kein Zu- fall, daß der Blick auf Konstantin, den Allein- herrscher des ost- **und** weströmischen Reiches fällt. Ging es doch (auch) darum, die dortige Religion einzuvernehmen, was glück- licherweise gescheitert ist.

Das Vorhaben setzt eine Taufe und hierfür einen Grund voraus. Ein Kaiser erkennt den »wahren« Glauben, läutert sich, gibt klein- laut bei,läßt sich von einem Kirchenmann taufen, wird von einer Krankheit geheilt und verschenkt daraufhin aus Dankbarkeit we- sentliche Rechte und riesige Ländereien, während er sich bescheiden mit einem Rest- gebiet begnügt[168]. Das Strickmuster ist ein- fach. Es hat den Vorteil, daß man den bedeu- tungslosen Silvester I., der völlig im Schatten des Kaisers steht, aufwerten kann[169].

Konstantinische Schenkung

- Konstantin will den Stuhl Petri über das Reich erheben. Sein irdischer Sitz soll kaiserliche Gewalten und Ehren erhalten.

- Der Stuhl Petri soll über die Patriarchenstühle Alexandrien, Antiochien, Jerusalem und Konstantinopel ... und über allen Kirchen der Welt stehen.

- Er soll die Entscheidungen über Gottesdienst und Glauben treffen.

- Der Kaiser verleiht dem Papst - und dessen Nachfolgern - das Phrygium (= Tiara) und das den kaiserlichen Hals schmückende Lorum, sowie die übrigen farbigen Gewänder und Insignien des Kaisertums.

- Der römische Klerus erhält die Vorrechte des kaiserlichen Senats.

- Die Ämter der Concubari, Cubicularii, Ostiari und Execubiatae sollen für die römische Kirche bestehen.

- Die römischen Kleriker sollen auf Pferden, die mit weißen Decken behangen sind, reiten und sie sollen gleich dem Senat weiße Sandalen tragen [159].

- Wenn ein Mitglied des Senats mit päpstlicher Zustimmung Kleriker werden will, soll ihn niemand daran hindern.

- Der Kaiser überläßt die bleibende Herrschaft über Rom und die Provinzen, die Städte und Burgen Italiens und dem Papst Silvester und seinen Nachfolgern.

Konstantin I. als Staatsmann

Die Figur des Kaisers Konstantin ist im Zusammenhang mit der Festigung des Christentums so wichtig, daß wir näher auf ihn sehen müssen[170].

Konstantin I. (d. G.) wird um 280 in Naissus geboren und stirbt am Pfingstmontag, den 22. Mai 337 zur Mittagsstunde bei Nikomedia. Konstantin zählt zu den Heiligen der armenischen, griechischen und russischen Kirche. Er ist der Sohn des Kaisers Constantinus I., Clorus und der Helena. Erst wird er in der Thronfolgeordnung von 305 übergangen, aber nach dem Tod seines Vaters (27. 5. 306) im britischen Eburacum (= York) von römischen Truppen zum Augustus ausgerufen.

Parallel müssen wir den römischen Kaiser Valerius Licianus (308 -324) sehen. Konstantin bindet - seinen späteren Gegner - Licinus durch die Heirat mit seiner Schwester Konstantia an

sich. Eine typisch politische Heirat, bei der Konstantia einen Knabe adoptieren muß, den Licinus mit einer Sklavin gezeugt hat. Im Einvernehmen mit Licinus schlägt er am 2. 10. 312 vernichtend Maxentius an der Milvischen Brücke (Ponto Molle). Zu dieser Zeit soll er (noch) den Sonnengott verehrt haben.

Wir haben keinen Pazifist vor uns. Er läßt viele - darunter seine Frau - töten, nur weil sie nicht bereit sind, den Göttern zu opfern. Man sagt ihm nach, daß er die Schlacht unter dem Zeichen der Christen gewonnen habe. Nach den Aussagen von Lactanz ist ihm das christliche Symbol im Traum erschienen und nach Eusebius am Tageshimmel. Er läßt es auf den Schilden seiner Soldaten anbringen. Von da ab **soll** er sich zum christlichen Glauben bekannt haben.

Nicht so Licinus. Er aktiviert die »alte« Religion. Der Konflikt zwischen den beiden Herrschern steigert sich und wird durch un-

Stifter der mittelalterlichen Welt: Konstantin und Silvester

terschiedlich religiöse Ansichten vertieft. Das Jahr 323 / 24 führt zum offenen Bruch. Nach der Schlacht bei Chrysopolis wird Licinus mit seinem Sohn gefangen. Zwei Schlachten (3. Juli und 18. September) enden mit einer Niederlage des Licinus. Auf Fürbitte seiner Schwester schont Konstantin den Schwager. Er sichert ihm das Leben zu und schickt ihn nach Thessaloniki. 325 wird er dort zusammen mit seinem Sohn Licinianus umgebracht.

Noch zehn Jahre davor haben die Herrscher zusammen in Mailand ein Edikt erlassen, das jedem Untertan Religionsfreiheit zusichert. Damit verbunden war eine Rückgabe aller kirchlichen Gebäude und Grundstücke. Aufgrund der widersprüchlichen Interessenlage, die **jede** Glaubensgemeinschaft für sich behauptet und verteidigt, entstehen Rangeleien und »neue« Glaubensableger, z. B. die Arianer, Athanasianer und Nestorianer.

Folgerichtig entschließt sich Hilarius v. Tours, an den Kaiser folgende Klage zu richten: »... wir haben gegenwärtig so viele Glaubensbekenntnisse als Meinungen, weil wir sie ebenso willkürlich aufstellen wie Schiedssprüchen unterwerfen. In jedem Jahr erfinden wir neue Glaubensbekenntnisse und neue unbegreifliche Mysterien. Wir bereuen, was wir soeben getan haben, und verteidigen, was wir soeben bereuten. Wir verdammen die, die wir in Schutz genommen haben. Wir bekämpfen unsere eigenen Anschauungen, sobald wir sie bei anderen finden. Kurz: wir reißen uns gegenseitig in Stücke und verursachen dadurch alles Unheil«.

Durch die Beseitigung des Licinus wird Konstantin Alleinherrscher; dies bedeutet zugleich den Sieg (und den moralischen Untergang) des Christentums im römischen Reich. An Stelle des »alten« Byzanz wird Konstantinopel zur »neuen« kaiserlichen Residenz ausgebaut.

Der Kaiser lebte mit seinen Söhnen Konstantin, Constantinus (= Konstantinos) und Konstans verschwenderisch. Er liebte orientalischen Prunk und unermeßlichen Luxus. Günstlinge und Schmarotzer umschwirrten ihn wie die Motten das Licht. Wie immer man

persönlich seinen Glauben interpretiert; in erster Linie war er ein politisch denkender und handelnder Staatsmann.

Kaiser Konstantin teilt den Aberglauben seiner Epoche. Er setzt harte Strafen auf diejenigen, die unter dem Schein der Gesundheit Anderen Schaden zufügen, bzw. in ihnen »böse« Begierden wecken. Das römische Recht bestraft **nicht** das Zaubern, sondern nur den dadurch vermuteten Schaden. Im gleichen Atemzug erklärt der Kaiser die Anwendung zauberischer Mittel zur Heilung von Kranken, bzw. um Felder und Fluren zu schützen, für erlaubt. Plinius erwähnt den »Kornzauber«. Giftbereiter und »böse« Verwünscher werden mit dem Tod bedroht.

Der Historiker Zosimus schreibt: »... Konstantin war eine Last für die Steuernden. Er machte Leute reich, die untauglich waren. So konnte man bei jeder neuen Vierteljahresfrist, an der die Steuern bezahlt werden mußten, Wehklagen hören, Geißelhiebe und Folterungen derer vernehmen, die sie nicht bezahlen konnten. Schon verkauften Mütter ihre Kinder und Väter prostituierten ihre Töchter, um aus deren Erwerb Geld für die Eintreiber der Steuerschuld zu beschaffen«.

Konstantin schafft sich eine »Reichskirche« und sucht dies mit Hilfe der Christen zustande zubringen. Er bekämpft die christlichen Sekten zugunsten der Idee einer Großkirche, die den alten Götterkult ersetzen soll. Er führt die Sonntagsheiligung ein. Er kommt der katholischen Kirche mit Rechten, Gütern und Geschenken entgegen. 312 / 13 vermacht er dem römischen Bischof einen seit Cäsars Zeiten bekannten, einst dem Geschlecht Laterani, dann seiner Frau, der Kaiserin Fausta, gehörenden Palast, den Lateran.

Fausta, die vermutlich mit ihrem Stiefsohn Ehebruch begangen hat, läßt er in einem Bad ersticken. Er sorgt dafür, daß sein Schwiegervater, Maximian erdrosselt wird. 313 befreit er den katholischen Klerus von den Personallasten. 316 bevollmächtigt er die Bischöfe zur Freilassung von Kirchensklaven. 318 wird die geistliche Rechtssprechung der staatlichen gleichgestellt und 321 erlaubt der Kaiser jedem, der Kirche Stiftungen zu machen.

Ein Mann wie er tut nichts ohne Berechnung, Überlegung und Verstand. Seit 312 regiert der Kaiser über die Kirche wie über seinen Staat. Konstantin besucht Synoden und beeinflußt sie. In den Bischöfen sieht er beratende Diener. Sein Bemühen um die kirchliche Einheit läßt ihn 313 in den afrikanischen Donatistenstreit eingreifen. Zur Schlichtung des arianischen Streites beruft er 325 das Konzil von Nicäea. Er befördert Christen in hohe Staatsstellungen. Zugleich läßt er Geldstücke prägen, die den kaiserlichen Helm und ein christliches Symbol tragen.

Freilich interpretiert die Kirche »ihren« Förderer anders. Nachdem man einen »christlichen« Kaiser hatte, wird er ebenso wie seine Mutter in den Himmel gelobt. Sie begann ihre Karriere als Schankwirtin (= stabularia) und als Konkubine ihres späteren Mannes. Später hat er sie verstoßen, um Theodora, die Stieftochter des Kaisers Maximians, zu heiraten. Noch geht es weltlich zu auf dieser Welt.

Tatsache ist, daß Konstantin I. - erst ein Feind der Christen - ein Gewaltherrscher im Sinn früherer heidnischer und folgender christlicher war. Die wesentlichen Quellen zur Geschichte des 4. Jh., die »historia tripartia«, die Chronik des Hieronymus und des Isidors, sagen, daß Konstantin **nicht** in Rom, sondern auf einem Schloß in Nikomedien, **nicht** vom Papst, sondern von dem arianischen Bischof Eusebius, **nicht** bei seiner Abkehr vom Heidentum, sondern an seinem Lebensende, und **nicht** christlich, sondern »arianisch« getauft worden ist. Daß er je etwas verschenkt haben soll, entspricht nicht seiner Rechtsauffassung, denn die Aufgabe eines Kaisers ist nicht, das Reich zu teilen. Und wenn: dann rechtmäßig unter seine Nachfolger.

Daß er - vom Aussatz behaftet - sich, um zu genesen, in einem mit frischem Knabenblut gefüllten Teich baden soll, aber durch die Tränen der Mütter erweicht, davon abgehalten wird, daß ihn eine himmlische Vision belehrt und er sich folgerichtig der gütigen Mutter Kirche zu-

wendet, können wir als Ausschmückung übergehen.

Kaiser Konstantin untersagt die Ausübung aller magischen Künste unter Androhung harter Strafen. 357 verhängt Konstantinus die Todesstrafe über die, die Astrologen, Zeichendeuter, Auguren, Chaldäer oder Magier nach der Zukunft fragen.

Noch 392 erklärt Theodosius als Verbrechen: »... wenn sich jemand über das Gesetz der Natur erhebt, Unerlaubtes erforscht, Verborgenes erkundet, Verbotenes versucht, einem anderen Verderben bereitet oder die Schädigung desselben einem Dritten zu versprechen sich unterfange«.

Zu Beginn des 5. Jh. wird von Honorius allen Magiern - Mathamatici genannt - das Handwerk gelegt, indem er sie zu vertreiben und ihre Bücher zu verbrennen befiehlt. Durch diese Maßnahme wird der Dämonen - und Teufelsglaube **nicht** ausgerottet, **sondern aktiviert.**

Lactanz berichtet: »... Konstantin habe außergewöhnliche Beispiele von Tugend und Heiligkeit gegeben (Anmerkung: was anläßlich der zahlreichen Mordbefehle im Zusammenhang mit seinen Verwandten und Feinden merkwürdig anmutet!). Eusebius preist den Kaiser als den Idealtyp eines christlichen Regenten, als Liebling und Abbild Gottes; dies zu einem Zeitpunkt, da er zahlreiche Verbrechen auf sich geladen hat.

Legende der Kreuzauffindung

326 u. Z. unternimmt Helena, trotz ihres Alters von 79 Jahren, eine Pilgerfahrt von Byzanz nach Palästina. Hier macht sie wunderliche Entdeckungen. Sie findet die angebliche Geburtsstelle von Christus, sein Grab, in dem er (nach Meinung der Christen) drei Tage geruht hat und dann wieder auferstanden ist. Außerdem findet sie drei intakte hölzerne Kreuze. Sie schließt daraus, daß eines von ihnen das vom Gekreuzigten sein müsse[171].

Findige Priester gebieten ihr, sie solle sich auf die Kreuze legen und das für sie am Bequemste müßte das Richtige sein. Nach dieser theologisch fundierten Beweisaufnahme hat man eines der wichtigsten und wertvollsten Reliquien gefunden. Zum Dank wird Helena 324 in den Rang einer Heiligen erhoben.

Das Kreuz ist sehr begehrt. Weil viele Klöster und Gnadenstätten einen Teil dessen haben wollen, wird es kurz nach der glücklichen Wieder(auf)findung in Partikel zerschnitten. Bereits Cyrill v. Jerusalem klagt, daß die ganze Welt mit den Splittern des Kreuzes erfüllt sei. Der hl. Paulinius versichert: »... es habe sich trotz der Zerstückelung immer wieder von selbst regeneriert(172).

Corvin meint, man könne ein Schiff daraus bauen. Papst Gregor I. (590 - 606) schickt Königen Kruzifixe mit eingelegten Splittern vom »wahren« Kreuz, aber auch mit »echten« Haaren von Johannes dem Täufer. Zudem verschickt er Schlüssel zum Aufhängen gegen Zauberei mit Feilspänen von den Ketten des hl. Petrus, der nie in Rom gewesen ist und der die christliche Kirche **nicht** begründet hat(173).

Infolge der erfolgreichen Reise der Kaiserin - Mutter kommen zahllose Gläubige in das Gelobte Land. Damit blüht ein schwunghafter Reliquienhandel. Der König von Frankreich, der durch zwei Kreuzzüge Unheil anrichtet, bringt einige Splitter vom Kreuz Christi, einige Nägel, den Schwamm, den Purpurrock und die Dornenkrone des Herrn mit. Über Heinrich d. Löwen kommen die Reliquien nach Braunschweig. Für Einzelstücke werden Höchstpreise bezahlt. So bieten die Venezianer für den angeblichen Daumen des angeblichen Marcus 100.000 Dukaten. Knut von England bezahlt für einen Arm des hl. Augustin, der nicht einmal ein Märtyrer war, 100 Silbertaler; doch zurück zu der markantesten Fälschungen der Kirchengeschichte.

Die Kirche erkauft ihre Förderung mit dem Verlust ihrer Freiheit(175). Prosperität und Kriegsgelüste ziehen damit ein. Konstantins Sieg über Licinus wird als Religionskrieg geführt. Der Kaiser rückt mit einem Gebetszelt ins Feld, in dem er vor der Schlacht zu beten pflegte. Bald begleiteten Bischöfe das Heer, und das schon 317 geschaffene Labarum, das Feldzeichen mit den Initialen Christi auf der Fahnenspitze, leuchtete den Soldaten des ersten christlichen Heeres voran. Die damaligen Kirchenväter passen sich der neuen Gangart an. »... es fiel den Bischöfen leichter, den kaiserlichen Truppen den Segen zu geben, als ihnen den Krieg zu verbieten, wie es der (ur)christlichen Idee entsprach.«

Wie man bisher Götter zu Schlachthelfern machte, so tat man künftig unter Anrufung des christlichen Gottes alles, was einem politisch und / oder kirchlich nicht in das Konzept paßte. Selbst Hitler hat seine Rede zu Beginn des Überfalls auf Rußland mit einer Anrufung des Allmächtigen gewürzt und mit einem Zitat der Bibel beschlossen(176). Mit der staatlichen Anerkennung des Christentums kam die Notwendigkeit zum Kriegsdienst, die Notwendigkeit zur Anwendung der Todesstrafe(177). Dies steht in einem krassen Widerspruch zum Frühchristentum, das Mord, Blutvergießen und Krieg ablehnt.

Solange die Kirche am kürzeren Hebel saß, fanden die Christen kein Ende, aus ihrer Not eine Tugend zu machen und aller Welt zu versichern, wie gut sie seien (Deschner). Sobald der Staat das Christentum privilegierte, war es mit den Forderungen nach Toleranz und Religionsfreiheit vorbei. Bereits um 317 verkündet der Kirchenhistoriker Euseb, »daß endlich Christus die Christen vor aller Welt verherrlicht habe«. Die erste im Namen der Kirche durch den Staat ausgeübte Christenverfolgung ist die des Bischofs Cäcilian gegen die Donatisten und Circumcellionen.

Mit dem Tod von Konstantin gelangt das ungefestigte Christentum in eine weitere Krise. Sein Sohn Konstantinus favorisiert die arianische Glaubensvariante. Innerhalb weniger Stunden nach dem Ableben seines Vaters ließ er seine beiden Onkel und sieben Vettern umbringen. Zwei Brudersöhne läßt er am Leben, den 12-jährigen Gallus und den 7-jährigen Julian (den späteren Kaiser). Jetzt teilen sich die Söhne das Reich, wodurch die Schenkungsurkunde ad absurdum geführt ist(178). Der junge

Kaiser stirbt 341 im Alter von 24 Jahren. Damit bricht sein Werk zusammen.

Dann gelangt ein Neffe Konstantins, Julian, an die Macht, dem er seinerzeit das Leben gelassen hat. Er ist zunächst christlich gesinnt und wendet sich dem Studium der griechischen Philosophie zu. Er meint, daß die christliche Theologie nur darin bestehe: »... die bösen Geister durch Pfeifen zu erschrecken und das Kreuz zu schlagen«. Die enthüllte Mordtat an seinem Vater bestätigt seine ablehnende Haltung gegenüber dem Christentum.

So strebt er eine Reform des Priesterwesens an und zu Beginn des Jahres 362 versucht er, den Sonnenkult (wieder) zur Reichsreligion zu erheben. Er verbietet den Christen die Ausübung des Lehramtes. Es kommt zu Plünderungen, Mißhandlungen und der Profanisierung als heilig angesehener Gefäße.

Kaiser Julian stirbt am 26. Juni 363 um Mitternacht im 32. Lebensjahr in einem Zelt während des Feldzuges gegen die Perser an einer Speerwunde. Die Christen in Antiochien feiern seinen Tod mit Schmähungen und Tanzveranstaltungen. Die ihm zugeschriebenen Schauertaten sind Haßtiraden[179].

Die Fälschung wird manifestiert

Zunächst macht man sich keine Mühe, das Dokument gezielt zu verbreiten. Gregor v. Tours (gest. 598) und Beda (gest. 729) spielen auf die Fabel an. Beda lenkt durch seine Chronik die Taufe Konstantins in die abendländischen Jahrbücher. Von Hadrian I. bis Leo IX. (776 - 1053) findet sich in den päpstlichen Schreiben keine Spur davon. Pseudo-Isidor nimmt die Legende als (bereits) älteres Dokument auf und so verbreitet sich ab 840 deren Kenntnis außerhalb Italiens.

Bonizo, Bischof v. Sutri und Piacenza (gest. 1089) sagt in seiner Geschichte der Päpste: »... Konstantins Taufe durch Silvester glaubt die katholische Kirche«[180]. Aeneas,

der Bischof von Paris und Hincmar v. Rheims nehmen sie bereitwillig an.

Ado (gest. 875) geht in seiner Weltchronik auf das Ereignis ein und Hugo v. Fleury (1109) erwähnt sie in seinem weltgeschichtlichen Werk. Italienische Chronisten greifen die Fabel auf und tragen zu ihrer Verbreitung bei; sie durchzieht wie ein roter Faden das gesamte Mittelalter.

Papst Leo IX. beruft sich auf die »Donatio Constantini«. Er gestattet sich - vermutlich in Unkenntnis - einen pikanten Formfehler. Er teilt 1054 dem Patriarch Michael Kerularios von Konstantinopel fast den gesamten Text der angeblichen Schenkung mit, »... damit er sich von dem himmlischen und irdischen Imperium des römischen Stuhles überzeuge, und ihm keinerlei Spur des Verdachts bleibe, daß man sich durch abgeschmackte und altvetterische Fabeln Gewalt anmaßen wolle«. Erst so wird die Kritik an diesem Dokument provoziert[181].

Schauen wir kurz auf diesen Papst. Seine Wahl erfolgte auf einer Synode der deutschen Bischöfe in Worms und auf Weisung Heinrichs III., mit dem er verwandt war. Der Papst wird während einer Schlacht gegen die Normannen gefangengenommen. In seine Regierungszeit fällt ein wichtiges Ereignis; die formelle Trennung der Kirche von By-

Hinrichtung der Jungfrau v. Orleans (Jeanne d'Arc). Geb. zwischen 1410 und 1412, gest. Rouen 30.5.1431. Eine Tochter wohlhabender Landleute. Sie fühlte sich durch Stimmen »berufen«, den franz. König Karl VII. nach Rheims zur Krönung zu führen und Frankreich von den Engländern zu befreien.
Sie wird 1430 gefangen genommen und gegen eine hohe Summe an die Engländer ausgeliefert. Der franz. Hof tat nichts für sie. In dem vom Bischof vom Beauvais, Pierre Cauchcon, in Rouen geleiteten kirchl. Prozeß (seit Febr. 1431) verteidigt sich die Jungfrau unerschrocken gegen die Anklage der Zauberei und Ketzerei, widerrief aber am 24.5. angesichts des drohenden Feuertodes ihre Sendung. Zu lebensanger Haft verurteilt, zog sie den Widerruf zurück und wurde als rückfällige Ketzerin verbrannt.

zanz. Kardinal Humbert von Silva-Candida, Mönch zu Cluny, Geschichtsphilosoph, Rechtstheoretiker der Reform und Wortführer des Primats, steht dem Patriarch Michael Kerularios unversöhnlich gegenüber. Als offizielles Datum der Trennung gilt der Tag, an dem der Kardinal die päpstliche Bannbulle gegen den Patriarch auf dem Altar der Hagia Sophia niederlegt. Die Patriarchen Roms ließen sich künftig »papa« (= Vater = Papst) nennen. Leo IX. war zu diesem Zeitpunkt verstorben.

Auffallenderweise macht - soweit bekannt - Gregor d. G. keinen Gebrauch von der Schenkung, wenngleich gerade er potentielle Gegner hatte. Urban II. stützt 1091 das Eigentumsrecht der römischen Kirche darüber ab. Er konnte das von seinem Gegenpapst mit Hilfe der Normannen besetzte Rom erst nach neun Monaten betreten. Sein Herrschaftsbereich war (nur) die Tiberinsel, wo er von frommen Gaben lebte. Später mußte er in der Stadtfestung der Frangipani gegen die Anhänger des Gegenpapstes Zuflucht suchen und konnte erst sechs Jahre nach seiner Wahl zum erstenmal vom Lateran Besitz ergreifen.

Zum weltgeschichtlichen Verhängnis wurde sein Pontifikat, als ihn Kaiser Alexios I. Komnenos v. Byzanz um Hilfe gegen die Türken rief. So wird das Zeitalter der Kreuzzüge begründet, die als »heilige Kriege« zu einer der massivsten Hypotheken für Papsttum und der Kirche geworden sind[182]. Man steigerte sich in die Vorstellung, das Grab Christi in Jerusalem **müsse** von den Christen zurückerobert werden, obwohl Jerusalem bereits 4 1/2 Jahrhunderte in der Hand des Islam war und dort Christen, Moslems und Juden friedlich zusammenlebten.

Die Kreuzzüge wurden zur Repräsentanz eines militanten Glaubensbegriffs und eines ebensolchen Papsttums, einer Eroberungskirche (die den Angriffskrieg gestattet), die mit nie zu begründenden territorialen Ansprüchen mordend und raubend an der Stätte von Christi Lehren und Leiden erschien[183]. Um den ersten Kreuzzug zu rechtfertigen und um ein wirksames Propagandamittel bei der Hand zu haben, ließ man im Kloster Saint Pierre de Moissac eine Kreuzzugsbulle fälschen, sie in das Jahr 1009 zurückdatieren und Segius IV. unterschreiben.

Wir dürfen nicht vergessen, daß die großen Kreuzzüge von »Nebenkreuzzügen« begleitet sind. So beginnt der erste Kreuzzug mit unbeschreiblichen Judenmassakern vom Rhein bis Prag. So beginnt der kirchliche Antisemitismus in seiner exekutiven Form. Seine Auswirkungen reichen bis zur Mitte unseres Jahrhunderts.

In die Zeit des Pontifikates von Urban II. fällt die Gründung des Zistersienserordens durch Robert von Molesne.

Auch in Neapel versucht der Klerus, die Urkunde im kirchlichen Sinn auszuschlachten. In einer Chronik der Kirche S. Maria del Principio wird berichtet: »... Constantin habe dem Papst Silvester nebst den übrigen Besitzungen das ganze Königreich Sizilien diesund jenseits des Frao geschenkt. Konstantin sei mit Silvester nach Neapel gekommen; hier habe der Kaiser Landgüter und Besitzungen verschenkt«[184].

Gottfried meint in seinem dem Papst Urban III. gewidmeten »Pantheon«: »... um der Kirche größere Ruhe zu gewähren, sei Konstantin mit seinem Pomp nach Byzanz zu den Griechen gezogen und habe dem Papst die Regalien und Kraft derselben, wie es scheine, Rom, Italien und Gallien geschenkt«.

Im Ganzen gesehen steigt das Ansehen der Schenkung im 12. Jh. Die Päpste reagieren engagierter als vordem, sie werden sich - ab Gregor VII. ihrer selbst zugeschriebenen Machtfülle bewußt (er) und schon erlaubt sich Gregor IX., dem Kaiser Friedrich Vorhaltungen zu machen[185].

Seitdem das harmonische Verhältnis zwischen dem Kaiser - und Papsttum zerrüttet war, also seit dem Tod von Friedrich II. bis zum Tod Ludwig d. Bayern (1250 - 1346) wird die Schenkung oft erwähnt. Clemens V. bezieht sich in der dem Kaiser Heinrich VIII. 1312 auferlegten Eidesformel [186] darauf und Innocenz erwähnt sie im Zusammenhang mit der Absetzung Friedrichs auf der Synode von Lyon[187].

In den »otia imperialia« (= Mußestunden), die Gervanius v. Tilbury um 1211 für Otto IV. schreibt, wird ausgeführt: »... Konstantin habe die königliche Gewalt über die westlichen Länder Silvester verliehen, ohne ihm damit das Reich selbst übertragen zu wollen. Der Gebende sei höher als der Nehmende ... so sei Gott der Urheber des Kaisertums, der Kaiser aber der Urheber der päpstlichen Unfehlbarkeit«[188]. Der Dominikaner Tolomeo zieht den frappanten Schluß, »... daß die Schenkung Konstantins einer förmlichen Abdankung zugunsten Silvesters entsprochen habe, d. h. daß alle Fürstengewalt ihre Kraft von der Wirksamkeit der Päpste habe«.

Um die Wende vom 13. zum 14. Jh. drücken zwei päpstliche Hoftheologen, Agostino Trionfo und Alvaro Pelajo, jener ein italienischer, dieser ein spanischer Minorit, die Theorie aus: »Christus ist der Herr des Erdkreises. Bei seinem Hingang habe er die Herrschaft seinem Stellvertreter Petrus ... und seinen Nachfolgern hinterlassen. Somit liege die Fülle der geistlichen und zeitlichen Gewalt in den Händen der Päpste«.

Die Spitze setzen zwei weitere Geistliche auf. Nikolaus Tudesci, den man seinerzeit für den größten Kanonisten hielt, sagte: »... wer die Schenkung läugne, sei der Ketzerei verdächtig«. Das meinten auch der Kardinal P. Parisus und der spanische Bischof Albert: »... wer die Schenkung für ungültig erkläre, komme der Ketzerei schon nahe. Aber wenn man behaupte, sie habe nicht stattgefunden, so sei das noch schlimmer«[189].

Gegenstimmen

1152 schreibt der Arnoldist Wetzel an Friedrich I.: »... jene Lüge und ketzerische Fabel, daß Konstantin dem Papst Silvester die kaiserlichen Rechte in der Stadt (Rom) abgetreten habe, sei nun so aufgedeckt, daß selbst Tagelöhner und Weiber die Gelehrten zu überführen möchten ... und daß sich der Papst mit seinen Kardinälen vor Scham nicht mehr zu zeigen getraue«[190]. Schon im 12. Jh. hat ein Anhänger Arnolds von Brescia den Betrug erkannt.

Der französische Advokat Petrus Dubois von Coutances äußert sich in einem Gutachten über eine Bulle von Bonifazius VIII. an Philipp (d. Schönen): »... die Schenkung sei von Anfang an rechtlich ungültig gewesen ... alle Rechtsgelehrten würden dies einmütig behaupten«.

Der Pariser Theologe Jacob Almain hebt hervor: »... es sei die gemeine Lehre der Doktoren, daß Konstantin dem Reich nicht wirklich entsagt hat«. Im 14. Jh. sagt Ludwig von Bebenburg in seiner dem Erzbischof Balduin v. Trier (1307 - 1354) gewidmeten Schrift »Vom römischen Reich«.

»... alle Kanonisten behaupten, daß die Schenkung rechtskräftig unwiderruflich sei«. Doch er durchschaut deren Ungeschichtlichkeit; er weiß, daß die Kaiser nach Konstantin wie früher über ihr Reich geherrscht haben, doch er wage nicht, in dieser Sache zu entscheiden«.

Jetzt, nach 800 Jahren, waren die Tage der Konstantinischen Schenkung gezählt. Um 1443 hatte Enea Silvio Piccolomini, später Papst Pius II., damals Sekretär Friedrichs III. diesem die Berufung eines neuen Konzils empfohlen, auf dem u. a. die »viele Geister verwirrende Frage« der Konstantinischen Schenkung auf Friedrichs Antrag zur Entscheidung gebracht werden sollte. Er ist von ihrer Unechtheit überzeugt.

Um die gleiche Zeit erheben sich Jh. Reginald Pecock, Bischof von Chicester, der Kardinal Cusa **und** Lorenzo Valla, um historisch zu dokumentieren, daß es sich um eine Fälschung handelt. Er veröffentlicht 1440 seine Schrift über die fälschlich als wahr angesehene Schenkung des Kaisers. Er wendet sich mit unerhörter Kühnheit gegen die päpstlichen Ansprüche[191]. Seine Schrift ist ein teoretisches Kunstwerk. Es ist bemerkenswert, daß sie keinen Widerspruch erfährt. Nachdem der Kardinal Baronius die Unechtheit zugegeben hat, läßt man die Sache auf sich ruhen.

Es ist mehr als Ausrutscher zu betrachten, wenn der Straßburger Pfarrer Johann Hugo von Schlettstadt in seiner dem Kardinal Raymund von Gurk (1493 - 1505) gewidmeten

»Wagenfuhr der heiligen Kirche und des römischen Reiches« die Konstantinische Schenkung verteidigt.

Pseudo - Isidorische Dekretalen

Um 845 - 850 werden in Rheims die Pseudo - Isidorischen Dekretalen in die Welt gesetzt. Die fingierte Sammlung beinhaltet - neben der erwähnten »Donatio Constantini« etwa 100 angebliche Niederschriften der ältesten Päpste, zugleich mit anderen Schreiben und Synodalakten. Die Urheberschaft wurde irrtümlich dem Bischof Isidor v. Sevilla zugeschrieben, der 636 verstorben ist.

Die gezielt eingesetzte Fälschung bringt eine Umgestaltung der kirchlichen Verfassung und Verwaltung mit sich. »... es dürfte in der gesamten Geschichte kaum ein zweites Beispiel einer so vollständig gelungenen und dabei so plump angelegten Fiktion geben«. Es ist unrichtig zu behaupten: »... die Pseudo - Isidorischen Dekretalen sind eine harmlose Dichtung und haben keinen Einfluß gehabt[192]. Das Gegenteil ist der Fall. Die Kirche zieht Jahrhunderte Nutzen daraus.

Die Echtheit dieser Dokumente wird im 15. Jh. durch den in Cues an der Mosel geborenen späteren Kardinal Nikolaus von Cues in Zweifel gezogen.

Ab 1660 beginnen französische Gelehrte, den Schleier zu lüften. Pseudo-Isidor steht unter dem Schutz des Index. Als der Kanonist Contius den Nachweis der Unechtheit führt, wird die Vorrede, in der er dies berichtet, von der Zensur unterdrückt. Doch als das berühmte Werk von Blondel, die vollständige Zergliederung der Dekretalen erschien, war der letzte Zweifel über den Charakter dieses »gigantischen« Betruges beseitigt. Dennoch unternimmt 1682 der spanische Benediktiner Aguirre den Versuch, Pseudo-Isidor zu retten.

Schon damals bestand kein Zweifel mehr, daß es sich um ein kirchliches Machwerk handelt. Aguirre wird mit der päpstlichen Würde belohnt. Im Lauf des 18. Jh. erkennt man in Rom, daß es unmöglich geworden ist, den

Betrug als »wahr« zu deklarieren. Er wird 1789 von Pius VI. eingestanden.

Der Jesuit Peter Regnon konstatiert: »... der Betrüger hat sein Ziel erreicht, er hat die Disziplin der Kirche verändert, doch er hat den allgemeinen Verfall nicht aufgehalten. Gott segnet nicht den Betrug. Die falschen Dekretalen haben nur Böses hervorgebracht«[193].

Zweck der Fälschung ist die Sicherung des päpstlichen Stuhles, »... so daß die Kirche die Gestalt einer absoluten Willkürherrschaft annehmen mußte und (dadurch) ein Grundstein zum Gebäude der päpstlichen Unfehlbarkeit gelegt wird[194]. Folgerichtig läßt Pseudo-Isidor die alten Päpste sprechen: »... die römische Kirche bleibt bis zu ihrem Ende vom Makel des Irrtums befreit[195]. Die Kernaussagen der Fälschung sind:

- Jede Synode bedarf der Genehmigung oder Bestätigung ihrer Beschlüsse durch den Papst.

- Die Fülle der Macht steht dem Papst zu.

- Die Bischöfe sind dienende Gesellen.

Papst Nikolaus I. (858 - 867) greift die Formulierungen in Rom auf und versteht sie als »echte« Dokumente. Zur Zeit dieses Papstes regte sich die christliche Welt über die wilde (Doppel)ehe Lothars II. (v. Lothringen) auf. Er hatte seine rechtmäßige Frau Theutberga verstoßen und lebte mit der Maitresse Waldrada zusammen, mit der er mehrere Kinder zeugte. Papst Nikolaus - ein strenger Gegner der Folter - lenkt sein Interesse auf die Christianisierung Bulgariens, die mit der Taufe des Khan Michael-Boris einsetzt. Eng verwoben sind damit Auseinandersetzungen mit Byzanz.

Der Reformpapst Gregor VII. zieht einen Grundpfeiler seiner Machtfülle aus den falschen Dekretalen. Pseudo-Isidor hatte den Papst Julius (etwa 338) an die östlichen Bischöfe schreiben lassen: »... durch ein singulares Privilegium hat die römische Kirche die Macht, die Pforten des Himmels zu schließen und zu öffnen, wem sie will«[196].

Damit läßt sich das »neue« Glaubensimperium zimmern und Gregor VII. ist der erste, der daran geht, weltliche Monarchen kaltzustellen. Er konstruiert die Formulierung: »... mir ist die Gewalt zu binden und zu lösen gegeben«. Ein Mann wie er wußte das Privilegium der »Unfehlbarkeit« zu nutzen, denn daraus leitete er weltherrschaftliche Ansprüche ab«[197].

Das Gewicht der Fälschung wird dadurch unterstrichen, daß die mittelalterlichen Theologen meinten, Augustin habe die Dekretalbriefe den biblischen Schriften gleichgesetzt. Folgerichtig berufen sich die Kardinäle Turrecremata und Cajetan um 1450 und 1516 auf das »ehrliche« (?) Zeugnis des Augustin, als sie die Lehre von der päpstlichen Unfehlbarkeit in eine Schulform zwängen.

Schon der Jesuit Bellarmin erkennt: »... daß es ohne die Fälschungen und die späteren des anonymen Dominikaners unmöglich gewesen wäre, auch nur den Schein eines traditionellen Beweises zustande zu bringen«. Für Bellarmin steht fest, daß alle erdichteten Sätze bereits im 1. und 2. christlichen Jahrhundert in voller Blüte gestanden haben.

Zusammen mit Baronius geht er daran, weitere historische Entstellungen zugunsten des von ihm verherrlichten Papsttums zu verbreiten. Baronius benutzt dazu die Ausgabe eines römischen Martyriologiums, ... er will beglaubigen, daß die römische Kirche die Stammkirche für die übrigen ist.

So macht er gedankenlos aus dem Bischof Chalons Memmius einen Bürger und läßt ihn dann eigens von Petrus zum Bischof weihen. Dionysius v. Paris lehrt nach der Mitte des 13. Jh. in St. Gallen. Baronius sieht das anders. Nach ihm wird er vom Apostel Paulus zum Bischof von Athen geweiht. »... dann habe er sich vom Papst Clemens in Rom als Bischof nach Gallien senden lassen«. Gleichzeitig erklären Bellarmin und Baronius alle Dokumente über das 6. Konzil, aus denen die Verdammung des Papstes Honorius abgeleitet wird, als gefälscht. Tatsache ist das Gegenteil. »... sie verfälschen mit leichter Hand, was andere als richtig geschrieben haben«.

Erdichtete Traditionsketten

Um die Mitte des 13. Jh. wird eine weitere Fälschung fabriziert. Sie dringt in die dogmatische Theologie und beherrscht deren Schulen[198]. Ein lateinischer Theologe, vermutlich ein Dominikaner, stellt eine fiktive Traditionskette von griechischen Konzilien und Kirchenvätern zusammen, in denen die »neuen« päpstlichen Ansprüche ihre dogmatische Basis erhalten. Sie werden 1261 Papst Urban IX. vorgelegt. Dieser Sohn eines Schusters aus Trojes, bleibt in Viterbo und hat Rom nie betreten. Einer seiner Mißgriffe war, daß er Karl von Anjoi-Merie-Provence, den unmenschlichen Bruder Ludwig IX. von Frankreich, das päpstliche Lehen Sizilien überschrieben hat. Somit leitete er als erster französischer Papst eine Bindung an Frankreich ein. Außerdem führt er mit der Bulle »Transiturus« für die Kirche das Fronleichnamsfest ein.

Man sucht stümperhaft zu beweisen, daß die gefälschten Texte angeblich schon 800 Jahre alt wären und daß der apostolische Thron »die einzige und alleinige Autorität der Lehre ist«. Urban, vermutlich selbst getäuscht, stellt die Schrift Thomas v. Aquien vor, der das den Primat betreffende Stück in seine Schrift gegen die Griechen einrückt, ohne Verdacht zu schöpfen. Er führt die Lehre vom Papst und seiner Unfehlbarkeit, wie er sie zum Teil mit den gleichen Worten aus den fingierten Beweisstücken ableitet, in die christliche Dogmatik ein. Ein Schritt, dessen Wichtigkeit und vollständiger Erfolg kaum übersehen werden kann«[199].

Thomas v. Aquien leitet daraus ab:

- Christus hat Petrus die Gewaltfülle bestätigt, so ist (es) der Papst allein, der zu gebieten, zu lösen und zu binden hat. Ihm gehorcht Jedermann, geradeso, als ob er selbst Christus wäre. Was er entscheidet, ist zu beachten.

- Der apostolische Stuhl regiert allein und unerschütterlich im Glauben Petri stehend, während andere Kirchen durch den Irrtum beschimpft sind. Die römische Kirche ist die

Sonne, von der die anderen Kirchen das Licht empfangen.

- Ein Konzil hat seine Autorität vom Papst. Wer sich der päpstlichen Autorität nicht unterwirft, ist ein Häretiker. Dem Papst steht zu, jede Frage in der Lehre zu entscheiden.

Als man späteren Theologen die Unwahrheiten vorhält, klammern sie sich daran, daß man Thomas v. Aquien hintergangen habe[200]. Sie machen es sich zu leicht, den Thomas gilt als einer der bedeutendsten Kirchenmänner.

Papst Johann XXIII. versichert in einer Bulle: »... Thomas habe seine Werke nicht ohne spezielle Eingießung des göttlichen Geistes geschrieben«. Innocenz VI. meint zu wissen: »... wer eine Lehre des Thomas bestreitet, werde allein dadurch verdächtig«[201]. Tatsache ist, daß er der Fälschung eines unbekannten Theologen auf den Leim gegangen ist.

Die Pariser Universität deckt einige Irrtümer dieses Kirchenvaters auf. Ihrer Ansicht nach habe jeder Bischof nach göttlichen **und** menschlichem Recht die Befugnis, in Glaubenssachen zu urteilen. Demzufolge verwirft 1388 die einflußreichste wissenschaftliche Körperschaft, die angesehene Pariser Universität, die päpstliche Unfehlbarkeit[202].

Martin von Troppau

Der Dominikaner Martin v. Troppau wird 1278 von Nikolaus III. zum Erzbischof von Gnesen erhoben. Er unterzieht sich der Aufgabe, das päpstliche System abzufangen. Juristen und Kanonisten sollten sein Werk mit Gratian und den Dekretalen, die Theologen mit der biblischen Geschichten des Petrus Comestor zusammen binden. Selbstverständlich erscheinen darin die Päpste als Gebieter und Gesetzgeber der **gesamten** Kirche. Die pseudo-isidorischen Fiktionen und Gratian sollen bestätigt werden; die päpstliche Hoheit über den Kaiser sollte zum Ausdruck kommen«

Er schreibt eine synchronistische Geschichte der Päpste und Kaiser anhand kritiklos übernommener biographischer Notizen.

Allein wegen der Stellung des Verfassers, der lang am päpstlichen Hof als Kaplan und Pönentiar tätig war, bekam sein Buch eine erhebliche Wertung. Es galt, obwohl es von Fehlern, Entstellungen und Übertreibungen wimmelt, gewissermaßen als offizielle, von der Kurie selbst ausgegangene Papstgeschichte.

»Dieses Buch ist von allen Geschichtswerken des Mittelalters das verbreitetste, unwahrste und fabelhafteste. Viele der darin erthaltenen Dichtungen sind Erzeugnisse des Mangels an historischem Sinn und der zeitbedingten Leichtgläubigkeit. Das Buch ist auf dem Gebiet der Geschichtsschreibung ein Rückschritt. Die Tatsache, daß ein so kläglich-schlechtes und lügenhaftes Werk, wie das des Martinus, zu einer so allgemeinen Geltung gelangt, ist der treffende Beweis für den geistigen Verfall der europäischen Kultur, dem (auch) die Kirche unterliegt, sofern sie ihn nicht selbst herbeigeführt hat.«

Thomas Tolomeo von Lucca, Bibliothekar des päpstlichen Stuhles, den Johann XXII. 1318 zum Bischof von Torcello ernennt, unternimmt den Versuch, die Geschichte im Sinn des Papsttums zu fälschen. Seine Kirchengeschichte reicht bis 1313.

Für die ersten 12 Jahrhunderte ist sein Buch der Versuch, die Dichtungen und Fälschungen des Pseudo-Isidor, des Gratian und der falschen Dekretaliensammlung zusammenhängend umzusetzen. Er sucht den Nachweis der Machtfülle der Päpste über die weltlichen Herrscher. Tolomeo ist der erste, der die Fabel der Einsetzung der Kurfürsten durch Gregor V. um das Jahr 995 im päpstlichen Interesse verbreitet.

Ernst Haeckel gibt folgende Beurteilung: **» ... während eines Zeitraumes von 1200 Jahren, vom 4. - zum 16. Jh. hat das Papsttum das geistige Leben Europas fast vollständig beherrscht. Die Weltherrschaft des Papismus prägte dem Mittelalter seinen finsteren Charakter auf; sie bedeutete den Tod allen freien Geisteslebens, den Rückgang aller wahren Wissenschaft, den Verfall aller reinen Sittlichkeit. Von der glänzenden Blüte, zu der sich das Geistesleben im klassischen**

Altertum erhoben hatte, sank dasselbe unter der Herrschaft des Papsttums bald zu einem Niveau herab, das mit Bezug auf die Erkenntnis nur als Barberei bezeichnet werden kann. Die gesamte Kulturtätigkeit befand sich im Dienst der herrschenden Kirche und wurde nicht zur Hebung, sondern zur Unterdrückung des freien Geistes eingesetzt ... eine durchgreifende Wandlung zum Besseren brachte zu Beginn des 16. Jh. die Reformation«[203].

Der »religiöse« Aberglaube durchzieht die Geschichte der christlichen Kirchen wie ein roter Faden. Mehr davon im nächsten Kapitel.

Robert Fleury: Die Befragung durch den Inquisitor (Gemälde im Salon von Paris, 1841)

Werwölfe und Hexen im Fürstentum Jülich (1591). Titelkopf eines Augsburger Flugblattes. Die Vorstellungen des reißenden Wolfes sind in einzelnen Phasen dargestellt. In der Bildmitte werden Hexen auf dem Scheiterhaufen verbrannt.

Zum Teufel mit dem Teufel

Hölle, Fegefeuer, Teufel und Engel

Früh beginnt das Individuum über die Ursachen, Zusammenhänge und Wechselfälle des Lebens nachzudenken. Man kann davon ausgehen, daß es in seiner frühen Entwicklung Steuerungsmechanismen erkennt. Sein Umfeld **und** die Natur in ihren vielfältigen Erscheinungen sind **nicht** einem Ungefähr und Willkür überlassen, sondern unterliegen für die wahrnehmbaren Veränderungen. Er legt belebten **und** unbelebten Wesen, von denen er sein Schicksal beeinflußt sieht, übernatürliche Kräfte bei. Sie wohnen in der Luft, im Feuer, Wasser und der Erde. Hinter jeder nicht deutbaren Erscheinung vermutet er ein Wesen seiner Art und erkennt das Produkt **seines** Geistes. Er umgibt sich mit einer differenten Geisterwelt.

Wo Bewegung ist, da ist die Seele. Der Tod bedeutet die Trennung von ihr. Die Seelen der Verstorbenen führen als unsichtbare Geister eine selbständige Existenz. Es ist die Geburtsstunde von Polytheismus, Polydämonismus und Aberglaube. Die Naturvölker entwickeln präzise Vorstellungen vom Aufenthalt der Geister, die sie sich in der Luft schwebend vorstellen; so wie sich die Christen noch heute das Wirken der Engel und Teufel. Verderbliche Naturerscheinungen werden ihnen zugeschrieben. Überall wähnt man die Elemente von Geistwesen erfüllt. Sie lauern auf die Schädigung des Menschen; damit verbindet sich die Vorstellung mit der in realita gedachten Seele. Bald sucht man die Geister (= Seelen) durch Kulthandlungen günstig zu stimmen. Früh kommen theologische Spekulationen hinzu.

In der weiteren Folge werden Einzelne als Deuter der unklärbaren Ereignisse gewählt oder fühlen sich - aus welchen Gründen auch immer - dazu berufen. Diese Aufgabe übernehmen Magier und später Priester. Diese primitive Geschichtsauffassung führt zu Verzerrungen und Millionen von Toten. Eine Deutung solcher Einflüsse

ist spekulativ und überflüssig. Schon bei den ältesten Völkern läßt sich eine Priesterschaft nachweisen. Wir überschätzen es, wenn wir ihr die Entdeckung oder Erfindung der Kultbegriffe zuschreiben[2]. Die ersten Kulte werden ohne priesterliches Zutun ausgeübt. Der Kult wird zur Grundlage des Priestertums und nicht andersherum. Zunächst überwiegen Heilkulte, ihnen schließen sich u. a. Totenkulte an. Das Priestertum ist bei den Völkern jeder Kulturstufe in der Lage, sie zu modifizieren oder mit mehr oder weniger Autorität zu beherrschen; daraus leitet sich ein weltgeschichtlicher Kampf mit verheerenden Folgen ab[3].

Frühe Priester schreiben die Erschaffung des Menschen Göttern zu. Demzufolge »mußten« sie ihnen das Leben »geben«, d. h. den Odem (= Atem) einblasen. Folgerichtig steht im 1. Buch Moses (Kap. 2. 7.): »... und Gott der Herr schuf den Mensch aus einem Erdkloß ... er blies ihm den (lebenden) Odem in die Nase«, was jedoch **nur eine** Version - überdies eine späte - zur Erschaffung des Menschen darstellt.

Folglich mußte der Odem mit dem Tod (wieder) aus dem Körper weichen. Doch wohin? Daraus ergibt sich ein Zurückkehren der angenommenen Seele in das Reich der gedeuteten Götter. Früh entsteht die Symbolfigur des Seelsorgers, des Anwalts der gedachten entwichenen Seelen;

Die Priester aller Zeiten werden von der Erkenntnis geleitet, daß der Fortbestand ihres Ansehens, ihrer Macht und Einkünfte in erster Linie davon abhängt, daß unter den Mitmenschen der »unbedingte« Glaube an Geister, Götter und Dämonen erhalten bleibt. Jedes an einem Priester begangene Unrecht, jede Schmälerung des Kirchenvermögens, ja selbst die Verminderung seiner Zunahme unterliegt Strafen in der imaginären Unterwelt.

Der Glaube an Dämonen ist allen orientalischen und Naturvölkern gemeinsam und (auch) heute glauben nahezu alle an die Wirksamkeit von Geistern. Moderne Religionsformen nutzen den antiken Hokuspokus. Schwindet die abergläubische und unrealistische Vorstellung, sinkt die sich selbst umgehängte Machtvollkommenheit. Es ist merkwürdig, daß sich Einzelne an solche Ideologien klammern. Ein Priester ist ein gewöhnlicher Mensch; damals wie heute. Und: es ist umstritten, ob es Geistwesen gibt. Die Priester kehren »übersinnliche« Einflüsse nach vorn. Der Tenor ist die Furcht vor Unbewiesenem, Unbeweisbarem und Unbekannten[4]. Die Geistlichen (worin das Wort Geist bereits steckt) verfolgen den Zweck, Täuschungen aufrechtzuhalten und lassen sich dafür honorieren. Eine Beweisführung ist ihnen untersagt.

Sie haben als Vertraute der angenommenen Gottheit, als Vermittler zwischen himmlischen Mächten **und** irdischen Menschen, das Monopol des Druckes ... weil sie von der inneren Einrichtung des Jenseits nichts wissen können, sind alle von ihnen unter das Volk getragenen Details tendenziös.

Der Glaube an eine ausgleichende Gerechtigkeit und an die Trennung zwischen Körper und Geist ist alt[5]. Um die Sache zu stählen, werden die Qualen und Leiden der Verdammten d. h. die gegen den Klerus Ungehorsamen, im furchtbaren Jenseitsgericht, im Fegefeuer und in der Hölle dramatisiert und in schlimmen Ausmalungen hervorgehoben, »... ungefähr so, wie sich die Quacksalber in der Schilderung von Krankheiten ergehen, von denen sie keine Ahnung haben .... es ist eine raffinierte Gnade zu Trösten und / oder zu Verdammen(6). Die Grundlage ist spekulativ.

Die Vorstellung der Himmelsbewohner wird ins Positive gekehrt. Nach der ägyptischen Vorstellung ist das Elysium der Ort ewiger Glückseligkeit. Es ist das Reich des Sonnenlichtes, in dem goldstrahlende Blumen schimmern und kühle Seelüfte wehen; es ist das Reich der Jugend und des Glücks.

Später entsteht die Idee der sog. Auferstehung und damit verbunden die Verbalisierung des »Letzten« Gerichts; mit ihm kühne Vorstellungen von Lohn und Strafe im irdischen Leben. Am Schalthebel der Legende sitzen Geistliche. Es sind die einzigen, die

sich daran bereichern; sei es aus Gutgläubigkeit oder Eigennutz. Sie zimmern ein furchtbares Schrecksystem, weil sie die natürliche menschliche Angst vor dem Tod vor ihren Karren spannen. Diese Spekulationen haben unendliches Leid verursacht und sind ein Beweis für die Haltlosigkeit der falschverstandenen Religion.

Die Priester verbreiten irreführende Ansichten über das Fortleben und lügen nachweisbar. Sie sagen z. B.: »... wer das Geld für einen Tempel Krischna stifte, dessen Erbsünden (die es nicht gibt), sind von sieben Geburten an getilgt; obendrein werden alle seine Vorfahren aus der Hölle (die es nicht gibt), gerettet. Sie behaupten: »... **wir** können dem Teufel widerstehen, denn **wir** sind im Besitz wirkungsvoller Abwehrmittel«. Dies ist unwahr und bar jeder Vernunft. Die Priester sind darauf bedacht, die Völker in beständiger Angst, im Bann des »ewigen« Aberglaubens zu halten, weil sie selbst abergläubisch sind.

Besonders gefährlich ist der theologische Aberglaube, weil er meint, das Heil der Seelen sei systemabhängig. Das theokratische, das sich die römisch-katholische Kirche gebaut hat, ist mit seinen positiven **und** negativen Erscheinungen ein Beispiel für die Ohnmacht der Religion und für die gesteuerte Intoleranz des Menschen.

Im frühen 15. Jh. berichtet Hartlieb: »... die Geistlichen darf ich nicht nennen, sie wollen strafen und ungestraft sein. Ich weiß gar vieler Prälaten, Erzbischöfe, Äbte, Pröbste und Priester, die dem Aberglauben anhängen. Sie glauben selbst an die Wirkung des Gänsebeins. Dieser Unglaube ist ein Gespenst des Teufels«. Der Richter Hans Vintler betont: »... viele, die Zauberei betreiben, sprechen: »... das hat mich der Pfaff gelehrt, wie möcht(e) es böse sein? ... einen solchen soll man hart strafen«.

Schauen wir uns die Linie an. Sie führt zwangsweise zum christlichen Teufel. Es gibt viele Parallelen zwischen der Zauberpriesterschaft der Indianer, den gestifteten Priesterschaften der Ägypter und den organisierten der römisch-katholischen Kirche. Es ist keiner gelungen, die Macht des Aberglaubens mit seinen Schrecken zu entvölkern.

Sie tun das Gegenteil; die römisch-katholische Kirche braucht die bösen Dämonen (die es nicht gibt) zur Rechtfertigung ihrer Ziele. Die Sucht, das Böse zu integrieren, läuft parallel zum Aus- und Aufbau der kurialen Organisation. »... mit dem christlichen Pflichtglaube an den Teufel ist eine unnötige Traurigkeit in die Welt gekommen. Duckmäuserei und Verkramptheit erscheinen (nun) als Beweis besonderer Frömmigkeit. Es scheint, als wären die wahrhaften Begriffe und Gefühle der vermeintlich frohen Botschaft im aufsteigenden Schwefeldampf der Hölle erstickt«[7].

Dubiose Theorien werden als Traumgespinste verfochten, um sie dann als Krone der menschlichen Unzulänglichkeit zum verbindlichen Glaubensgut zu erheben. Aus dem Ritus der antiken Segens- und Gebetsformeln hat sich ein fratzenhafter Teufelswahn entwickelt.

Die im 17. Jh. an jesuitischen Haaren herbeigezogene Formulierung ist unzutreffend: »... wenn ein Mensch den Glauben besitzt ist er gereinigt. Wenn er aufgrund seiner Intelligenz **und** seines Charakters befähigt ist, ruft ihn Gott in den Priesterstand. Wir sind gewissenhafte und verantwortungsbewußte Menschen. Das Volk glaubt nicht, weil es nichts weiß. **Wir** aber haben das Wissen«.

Wer dieses Buch aufmerksam gelesen hat, kann die »menschlichen« Schwächen der Geistlichen kaum bestreiten. Die Priester sind dazu verdammt, Menschen zu unterjochen, weil sie sich selbst dem Joch des Glaubens gebeugt haben. Sie lenken Einfältige und meinen, daß es nützlich sei. Einzelne Priester halten sich für auserkoren, die »sündige« Menscheit zu bekehren, wobei sie verschweigen, daß sie selbst es waren, die die Sünden im Volk verankert haben; Irrtümer im eigenen Lager werden nicht zur Kenntnis genommen.

Bis zu diesem Punkt wurde die Macht der Kirche durch die unerbittliche Dialektik der Geschichte geführt. Tatsache ist, daß die Priester über Jahrtausende eine schlechte

Ausbildung auf sich vereinen. Die Dichter Äsop und Aristophanes erkennen das Treiben der antiken Priesterschaft und spotten darüber. Plutarch zieht gegen die Unwissenheit in göttlichen Dingen zu Feld und sagt: »... fürchterlich ist es, wenn die Finsternis des Aberglaubens einen Mensch befällt und seine Vernunft verwirrt«. Luther reklamiert im 16. Jh. den schlechten Kenntnisstand der Geistlichen und betont, daß sie weder Lesen, Schreiben noch Denken können, geschweige denn von Theologie etwas verstehen.

Leichtfertige Gläubige

Es ist erstaunlich, wieviel Erfolg Geistliche mit ihren Machenschaften haben. Er ist in der Einfalt der meisten Menschen begründet, die ihr Heil in der geistigen Leistung Anderer suchen, die sich lieber gängeln lassen und die **nicht** in der Lage sind, für sich zu denken, zu handeln und ihrem Leben einen religionsneutralen Sinn zu geben.

Daraus ergibt sich als Grundsatz der Religionsführer, Verstand und Einfluß der Tributpflichtigen begrenzt zu halten. Keine Weltreligion hat die Intelligenz der Massen und deren Fortschritt gefördert. Die Kirchen haben jede Chance wahrgenommen, um die Freiheit in Lehre und Forschung zu untergraben, wenn es **ihren** Interessen entgegenstand.

»... das religiöse Fußvolk wird beständig mit Unwahrheiten berieselt und saugt sie begierlich auf. Jahrhundertelang bedeutet es für antike und moderne Kirchen Prosperität und »trügerische« Sicherheit. Doch was geschieht, wenn sich das Fähnchen im Glauben dreht und die Masse erfährt, wie intensiv sie hinter das Licht der Wahrheit geführt worden ist? Es ist die eine Seite[8].

»... die Pfaffen verdanken ihre Macht und Ohnmacht den menschlichen Schwächen und Neigungen. Ihnen konnte nicht verborgen bleiben, daß fast alle Narren sind und ausgenutzt sein wollen ... sie hätten Engel sein müssen, wenn sie die Dummheit nicht vermarktet hätten ... ihre Unverschämtheit kennt keine Grenzen, denn die Einfältigkeit der Menschen schreitet ihr voran«[9]. Das ist die andere Seite. Corvin trifft den Nagel auf den Kopf: »... alle großen Reiche sind zerfallen, aber die Kirche wird noch lange bestehen, denn sie ruht auf dem sichersten Fundament, auf der menschlichen Einfältigkeit«[(10)].

Schamanen, Geistersteine, Zauberklötze

Zu allen Zeiten waren sich die Priester bewußt, welchen Einfluß die Entfaltung von Pomp auf empfängliche, sinnlich leicht erregbare und einfältige Gemüter ausübt. Das wußten bereits asiatische Schamanen (indisch = cramana = Einsiedler). »... um den Geistern wohlgefällig, dem Volk aber fürchterlich zu erscheinen, staffieren sie sich für ihre Arbeit wunderlich aus. Sie tragen lange, meist lederne Röcke und Strumpfstiefel, häufig mit Blechgötzen, Glöcklein, Ringen und anderem Klimperwerk. Adler- und Eulenfedern, ausgestopften Schlangen, Pelzstiefeln und andere Sachen dieser Art besetzt und fast bedeckt. Die Mütze ist bald einer Kappe, bald einer Panzerhaube ähnlich ... mit ausgestopften Schlangen behangen und mit Federn besetzt ... ihr Hauptwerkzeug ist die Trommel«.

Der Geisterglaube der Schamanen ruht in der Vorstellung, daß die Seelen der Verstorbenen als Gespenster durch die Luft ziehen oder sich über Schneefelder bewegen. Seelen stellt man sich in Gräbern wohnend vor. Der schamanische Priester vertreibt bei der Errichtung eines neuen Hauses, nachdem man ihn entlohnt hat (= Gotteslohn), mit einer Fetischpuppe (das heutige Kreuz in den Wohnungen der Christen) angebliche Geister. Der Schama geleitet die Leiche zum Grab, weil man dem Volk eingeredet hat, daß die in der Erde wohnenden Geister ohne wirksame Verteidigung dem Ankömmling feindlich gegenüberstehen.

Die Schamanen zelebrieren in ihren Hütten einen Gottesdienst. Sie bilden keine in sich geschlossene Kaste; wohl aber eine Zunft, in die sich niemand gegen ihren Willen und Interessen einmischen konnte. Sie plazieren »ihren« kahlköpfigen Vater unter dem First des himmlischen Daches. Diese Vorstellung prägt später den christlichen Gottvater im Himmel.

Bei den Nordamerikanern führen die Geister den Namen Manitu, was **nicht** einem göttlichen Wesen gleichzusetzen ist. Manitus spielen die Rolle schreckerregender Gespenster, die nach Menschenblut dürsten. »... das indianische Leben ist vom Gespensterglaube und der Gespensterfurcht ebenso durchzittert wie das christliche«.

Bei den Columbus-Indianern führen die Geister den Namen »zemes«. Sie entsprechen spukenden Toten. Zudem glauben sie an einen großen Geist und nennen ihn Manitulin oder Kitschi Manitu; er **gilt** als Führer des Geisterreiches. Er sammelt die Seelen der Verstorbenen und wird zum Herr des Totenreiches emporstilisiert. In der Regel wird ihm eine Mutter vorangesetzt, woraus die »böse« Todesgöttin entsteht. Sie ist allem Lebenden feindselig und bemüht, ihnen das Blut auszusaugen. Die isrealitische Lilith hat hier eine Parallele.

Die Indianer leiten den ersten Mensch von der Vorstellung ab, er wäre aus der Sonne, dem Mond und Menschen geschaffen. Dies steht im Gegensatz zur - viel späteren - christlichen Auffassung. Die alten Indianer kennen zwar nicht die Legende vom Adam und Eva, doch die Vorstellung von der »verbotenen« Frucht. Es war die aprikosenartige des Mammaibaumes (= Mammae americana L.). Sie ist den nachts von den Höhen herabkommenden Geistern vorbehalten und darf von Menschen nicht gepflückt werden. Die Seelen der Ertrunkenen wohnen nach Meinung der Kariben auf dem Grund eines Sees.

Die Gräber im freien Feld kennzeichnen die Indianer mit einem Stein oder Pfahl. Vereinzelt werden »Geistersteine« bemalt. Brasilianische Indianer stecken einen Pfahl in die Erde und legen an ihm Speisen für Geister nieder. Wir haben sog. »Zauberklötze« vor uns. Im Abendland läuft die Entwicklung ähnlich. Das Aufkommen der Leich(en)steine, aus denen sich die Grabplatten entwickeln, haben zuerst (auch) den Zweck, den Toten das Aufsteigen aus den Gräbern unmöglich zu machen. Stirbt ein Häuptling, wird dessen Asche zu einem Trank vermischt und zu sich genommen. Noch im 18. Jh. haben Christen aus der angeblichen Hirnschale des angeblichen Pest-heiligen Sebastian getrunken, um Böses abzuwenden.

»Magie nenne ich eine gewisse verborgene Kenntnis der Geheimnisse der Natur, wenn man sie, ihre Eigenschaften, die Kräfte, Sympathien und Antiphatien erkannt hat, Dinge hervorrufen kann, die demjenigen, der mit ihnen nicht vertraut ist ... seltsam und wunderbar erscheinen«[11].

Die Magie verliert sich in den ältesten Zeiten und in den verstecktesten Winkeln des Orients; er wird zur Heimat der magischen Künste. Sie werden bei Akkadern, Indern, Persern, Chaldäern und Ägyptern betrieben. Ursprünglich bedeutet das Wort Magier = Philosoph **und** Priester. Die Magier studieren die Kunst, mit Geistern zu verkehren. Sie fungieren als königliche Berater oder stehen ihm nahe. Jeremias gebraucht das Wort zur Bezeichnung babylonischer Priester.

Sie legen Kulthandlungen und damit verbundene Zeremonien fest. Zu ihren Aufgaben gehört das Heilen der Kranken im übergeordneten Sinn. Zustände von extatischen Affektionen und des Somnambulismus sind bekannt und gelten als unmittelbarer Einfluß des göttlichen Willens. Bekannt sind das Hellsehen, Visionen, prophetische Träume und das Bauchreden; sicher (auch) die Anwendung von Narkotikas. Eine wichtige Rolle spielt das Auflegen der Hände. Diese »Heilmethode« beherrschen nicht nur die christlichen Jünger, sondern - vor ihnen - Inder, Ägypter und Hebräer.

Hinzu kommen das Anhauchen, Anblasen, das Tragen von Amuletten und geweihten Ringen; der Exorzismus nimmt seinen Anfang. Die Magier legen theosophische Begriffe aus.

Früh werden hohe Anforderungen im Bezug auf Sittlichkeit, Gerechtigkeit und Neutralität an sie gestellt, denn sie nehmen (auch) Rechtsaufgaben wahr. »Kambyses läßt einen Magier, der sich bestechen ließ, hinrichten, dessen Haut abziehen und über einen Stuhl spannen, auf dem sein Sohn und Nachfolger als Richter zu sitzen hatte«.

Es war eine Frage der Zeit, bis die Magie ausartet und zu dubiosen Zwecken eingesetzt wird; sie wird im Dienst unredlicher Handlungen mißbraucht. Sie zerfällt in die Gruppen Theurgie und Goetik; in eine legitime (= himmlisch / göttliche) und in eine satanische (= diabolische) Variante.

So bildet sich das dualistische Prinzip heraus, das noch heute die Weltreligionen beherrscht. Nun gerät die Magie in Mißkredit und öffnet ihre Pforten dem Betrug. Es entstehen Wahrsager, Propheten **und** Zauberer. Die theosophischen Systeme arten aus; Götzendienste florieren. Man versucht, Unrecht mit Unrecht zu kitten.

»... sooft der Szythenkönig krank wird, läßt er drei Wahrsager kommen. Sie sagen ihm, der oder jener habe bei der Herde des Königs falsch geschworen. Der Bezeichnete wird festgenommen, verhört und vorgeführt. Wenn er leugnet (!),läßt der gerechte (!) König noch einmal Wahrsager kommen. Wenn auch sie aufgrund ihrer Deutung den Betroffenen verdammen, wird ihm der Kopf abgeschlagen. Kommen sie zu einer anderen Auffassung, werden die ersten drei getötet«.

Sicher ist, daß Anachoreten oder Eremiten (= von Eremos = Wüste (Einöde) lang vor dem Christentum in Ägypten, Indien, Persien, Babylonien und anderen orientalischen Ländern auf sich aufmerksam gemacht haben . Bereits in den ältesten orientalischen Schriften finden sich Mitteilungen über Personen, die sich in der Sucht »nach Heiligkeit« Torturen und Kasteiungen unterwerfen. Unter einer religiösen Maske sitzend, wirkend, Almosen sammelnd, lenken sie die Aufmerksamkeit auf sich. Durch beständiges Grübeln über die Rätsel des Lebens um den Verstand gekommen, gehen sie als »Heilige« umher. Manche haben einen Menschenschädel in den Händen, nagen aus ihm verdorbenes Fleisch oder kratzen aus den Höhlungen Augen und Ohren heraus, oder sie holen mit den Fingern dessen Gehirn hervor. Als Speise nehmen sie Unrat und Kadaver zu sich. Yogis unterwerfen sich unbeschreiblichen Martern. Manche zerfleischen ihren Körper mit Rutenstreichen oder lassen sich mit einer Kette an einen Baumstamm schmieden. Einige verbringen ihr Leben stehend, lassen sich einen Rost um den Hals schmieden, stehen stundenlang auf einem Fuß, verharren tagelang kniend usw., gehen über spitze Nägel und schlafen auf Dornen. Hinter all dem steckt religiöser Wahnsinn und die Erkenntnis, daß es zahllose Leichtgläubige gibt, die in einem solchen Aberwitz etwas Besonderes sehen, darum ist es kein Wunder, wenn es ihnen »christliche« Heilige gleichtun!

Akkader, Babylonier, Chaldäer

In den Schriften der Akkader findet sich als Religionssystem eine ausgebildete Lehre von den personifizierten Naturkräften. Auf akkadischen Priesterschulen wird »alte« Magie gelehrt. Dazu zählen Zauberknoten und -tränke, und der Einsatz von Talismanen. Die Magie der Akkader ruht auf einem vollständigen mythologischen System. Ihre Dämonen haben eine definierte Rangordnung. Sie bewohnen Berggipfel, Sümpfe und die Wüste. Sie greifen in menschliche Schicksale ein und werden als Ursache von Stürmen, Unwetter, Sonnen- und Mondfinsternissen, Unfruchtbarkeit und Krankheiten angesehen. Nach ihrem Verhältnis zu den Menschen zerfallen sie in zwei Klassen: gute und böse. Der mit bösen Geistern geschlossene Bund gilt als Inkarnation des höchsten Verbrechens.

Hier ist die Urform der nachmittelalterlich gedachten Teufelsaustreibung, dem Herzstück nahezu aller Hexenprozesse. Schon damals werden einzelne Züge des Hexenwahns programmiert. Dazu gehört das Ausreiten auf einem Stück Holz[12], gemeinsame Versammlungen und der Vampyrismus[13].

Über den Magiern der Akkader stehen Priester **und** Schriftgelehrte. Die Akkader betrachten die Sterne nicht nur als Lenker des Weltalls, sondern auch als Verkünder besonderer Vorkommnisse.

Der Mondgott der Babylonier heißt Sin (später = Anu). Enlil **gilt** als Götterherr. Enki, der Gott des unterirdisch gedachten Süßwasserozeans, lebt als Ea, Vater des Marduk, Gott der Weisheit und Gelehrsamkeit, weiter. Schamasch wird der Herr der Weissagung

und des Gerichts. Er repräsentiert die segenspendenden Kräfte der Sonne.

Die zerstörenden werden dem Feuergott Gibil zugeschrieben. Der Sturm- oder Gewittergott heißt Ischkur. Er wird als Afdas oder Mer, Bringer der Fruchtbarkeit, verehrt. Marduk wird gegen Ende des 2. Jahrt. zum babylonischen Reichsgott erhoben.

In Chaldäa und Babylonien gestalten sich verschiedene Kulte. Sie werden unter König Sargon I. (um 2.000 v. u.Z.) zu einem einheitlichen Religionssystem zusammengefaßt und später revidiert. Die Staatsreligion nimmt die alten akkadischen Beschwörungsformeln und den damit verbundenen Dämonismus in den Kanon ihrer heiligen Schriften auf.

Die religiösen Vorstellungen der Chaldäer lassen sich rekonstruieren. Man hat eine Tafel mit 28 Zaubersprüchen und Bücher magischen Inhalts gefunden. In den ältesten Quellen werden die Priester des Landes Sinear Chasdim (= Chaldäer) genannt. Es herrschen dynastische Verhältnisse.

Ein Mitglied der chaldäischen Priesterschaft, Berosus (ca. 280 - 270 v. u. Z.) unter Antiochus Soter, verfaßt eine babylonische Chronik. Sie beginnt mit der Erschaffung der Welt und teilt die kosmogonischen und kulturellen Mythen der Babylonier mit.

Im Anfang hat das All aus Finsternis und Wasser bestanden. Es war voll ungeheuerlicher Geschöpfe, die von einem weiblichen Urwesen, Homoraka (= Welt- oder Allmutter) beherrscht wurden. Eine männliche Urkraft gestaltete den chaotisch gedachten Urstoff. Bel, der Sonnengott, zerteilt Homoraka in Himmel und Erde, Tag, Nacht, Sonne, Mond und Sterne.

Dann gehen die weltlichen Ungeheuer zugrunde, denn sie können das Licht nicht ertragen; so wird die Erde entvölkert. Nun beißt sich Bel den Kopf ab und befiehlt den Göttern, sein Blut mit Erde zu vermischen; daraus werden Menschen und Tiere geformt.

Der chaldäische Götterglaube ist weit entwickelt. Die Götter führen im Himmel, Wasser und auf der Erde das Regiment. Der Gott des Himmels heißt Anu. Die Chaldäer verfügen über ein ausgeprägtes Beschwörungswesen. Ihre Religion ist eine konsequent durchgeführte Geisterlehre: die Geister bewirken das Gute und Böse. Sie wohnen in den Elementen und stehen untereinander in einem unversöhnlichen Kampf. Die Chaldäer kennen magische Handlungen, das Verwünschen und das »böse« Auge. Daraus entsteht der sog. »böse« Blick, der noch heute in südlichen Regionen verbreitet und doch nur Aberglaube ist.

Zusätzlich kommen bei ihnen Gnome und Kobolde vor, die in der Nähe der Menschen hausen. Andere halten sich an öden Stellen, in der Wüste oder auf Bergspitzen auf. Einige von ihnen werden die »nächtlich« Bezwingenden genannt, aus deren Umarmungen sich Menschen nicht befreien können«. Hier liegen die Anfänge unserer Vorstellung vom Nachtmahr.

Die Chaldäer beobachten nach mantischen Regeln den Vogelflug und die Eingeweide der Opfertiere, sie kennen das Wahrsagen nach der Wolkenbildung und den Strahlen des Blitzes, nach dem Bewegen und Rauschen der Bäume und Sträucher, nach den Bewegungen der Schlangen, Hunde, Fliegen und Frösche, nach dem Vorkommen von Mißgeburten und überraschend klingenden Worten (wie die späteren Römer).

Zur Zeit des Königs Sargon I. findet eine Reform statt. Damals gewinnen die Chaldäer durch astronomische Studien und geschichtliche Aufzeichnungen eine veränderte Auffassung von der Leitung der Welt. Der religiöse Grundgedanke ist der, daß **nicht** Dämonen, sondern Himmelskörper die Ursache dessen sind, was in der Welt geschieht.

Die Chaldäer identifizieren ihre Götter mit den Sternen. Die beweglichen Himmelskörper und die hellsten Fixsterne bekommen die Namen der 12 höchsten Götter und werden eins mit ihnen. Sie behalten ihre Herrschaft unverändert in der Gestalt der Gestirne bei. Zwar bleiben die Dämonen die Ursache allen Übels, können aber **nur** mit Einwilligung der Gestirne (= Götter) tätig werden. Dies bedeutet eine Umschichtung des seitherigen Dämonenglaubens. Zudem

finden sich in Chaldäa frühe Formen der »religiösen« Prostitution (= Melittakult), aus der sich die »weltliche« entwickelt hat.

Babylonien wird 331 von Persern erobert. Die Kulthandlungen pflanzen sich fort und erobern das persische Volk. Nach der Eroberung durch Alexander d. G. wird Griechenland von Magiern überschwemmt.

Indische Seher

Die ältesten theologischen Bücher der Hindus sind die Bedas und der Codex des Menu. Nach dem letzten kennt die Seele drei Zustände: Wachen, Schlafen (Träumen) und die Extase. In den Aufzeichnungen ist die theologische Absicht des indischen Volkes aufgezeichnet. Sie enthalten ihre philosophische Doktrin und die Berücksichtigung der magischen und magnetischen Seelenzustände. Der indische Seher steht mit der Sonne und dem Mond in Verbindung; er wird von ihnen heraufgezogen, bzw. herabgelassen. Die religiösen Vorstellungen der Inder liegen nah bei denen der Chaldäer und Perser. Die Inder wahrsagen mit der Hilfe von Geistern; sie lehren eine weiße und schwarze Magie. Die Gesetze des Manu erklären: »... je aufrichtiger und freiwilliger der Mensch seine Sünden bekennt, desto vollkommener wirft er sie von sich, wie eine Schlange ihre Haut«[14].

Die Priester der Bramanen drohen dem Volk, daß Ungläubige und Zweifler an einen nie von der Sonne erleuchteten Ort kommen, der acht Stockwerke übereinanderliegende Räume hat. Im ersten müssen die Verdammten barfuß für unendliche Zeiten rotglühende Hügel hinaufsteigen. Im zweiten wird ihnen die Haut sorgsam vom Körper gefeilt und die wunden Stellen mit einer ätzenden Flüssigkeit übergossen. Im dritten werden ihnen Haare, Nägel und Augen ausgerissen. In der vierten Abteilung geht es um »bittere« Selbstvorwürfe.

In der fünften macht sich Jamir (= der Satan) das Vergnügen, die linke Körperhälfte und die Köpfe der Verdammten zu rösten. In der sechsten reißt man ihnen die Arme aus und wirft sie in ein bereits mit früher ausgerissenen Augen, Nägeln und Haaren gefülltes Faß, in dem die Masse zu einem scheußlichen Brei zerstampft wird. In der siebten Abteilung brät man (auch) die rechten Körperhälften und Füße der Ketzer, worauf sie endlich im achten Stock in den bodenlosen Abgrund der Verfluchung geschleudert werden. Hier bemühen sich die Verdammten, an den Eisenwällen des Höllenrandes emporzuklettern ... sie fallen stets in das bodenlose Meer zurück, werden zerfressen, entstehen aufs Neue, klettern wieder empor und fallen zurück«.

Ägypter

Die ägyptische Theurgie ist aus Papyri rekonstruierbar, vor allem aus dem Totenbuch und dem sog. »magischen Papyrus Harris«. Hinzu kommen Schriften, die unter dem Namen »Hermes Trismegistus« gesammelt sind. Unter die medizinische Zauberliteratur gehören die »Karynaden«.

Die ägyptische Magie ist die abergläubische Verzerrung einer hochentwickelten Religionslehre. In der ältesten Geschichte Ägyptens sind Medizin, Theologie und religiöse Kulte eng verwoben. Unter der Magie verstehen die Ägypter eine »höhere« Wissenschaft. Dazu zählen sie neben der Religionsphilosophie die Astronomie. Ihre Kenner werden als »Weise« bezeichnet. Herodot berichtet, daß sie darüber grübeln, welchem Gott jeder Tag heilig sei, welches Schicksal einem Mensch der an diesem oder jenem Tag geboren ist, bevorsteht, woran er stirbt und welche Gemütsart er hat. Das Wahrsagen wird bei den Ägyptern in Tempeln gepflegt. Moses erzählt, wie ägyptische Zauberer durch Beschwörungen Stäbe in Schlangen und Nilwasser in Blut verwandelt haben (wollen). Außerdem sollen sie Frösche hervorgebracht haben. Die Ägypter vertreten die Auffassung, mit magischen Worten Dinge verwandeln zu können; das Christentum tut es ihnen nach!

Die alten Ägypter kennen bereits das »Vater Unser« (= Herrengebet). Seit der 12. Dynastie kennen sie die Gebetsformel »Sutenhotepta« und vertreten die Auffassung,

»... daß der reine und gerechte Mensch zugleich ein Einzelwesen und der höchste Gott selber sei, aber nur freiwillig die Existenz und Form des einzelnen Menschen angenommen habe, mit dessen Tod aber in seine göttliche Existenz zurückkehre.«

Die alten Ägypter kennen eine Art des Melittakultes. Osiris und Isis sind ursprünglich die einzigen Gottheiten. Osiris ist der männliche Sonnengott und Isis die weibliche Erdgöttin. Der Isiskult erfolgt in unterirdischen Räumen, zu denen Eingeweihte Zutritt haben. Um Osiris spinnen sich Mythen. Der böse Set hat ihn einmal in einen Kasten gezwungen und ihn daraufhin den Nil aufwärts schwimmen lassen. Set nahm den Leichnam heraus und zerschnitt ihn in 14 Stücke, die er überall im Land herumtrug und zerstreute. Isis, seine Gattin suchte sie und begrub sie an der Stelle, wo sie sie gefunden hatte ... daher stammen die vielen Gräber im Land«.

Die Ägypter verfügen über einen ausgedehnten Dämonenglaube. Sie unterscheiden gute und böse Geister. Die bösen gelten als Verursacher von Krankheiten und werden mit Hilfe der Guten vertrieben. Die Gespenster, die Menschen erschrecken, sind nach ihrer Vorstellung die Seelen der Verdammten, die auf die Erde zurückgekommen sind; sie verursachen (auch) das Besessensein.

Nach der ägyptischen Auffassung steigt der Mensch in sein Grab, um wieder aufzustehen, denn seine Seele - die Khou heißt - ist unsterblich. Sie gelangt nach dem Tod in die Unterwelt und wird von Osiris empfangen. Hier wird sein Leben »gewogen«. Das Herz wird auf eine Waagschale gelegt, die von Horus, dem Gott der Zeit, gehalten wird. Auf der anderen Seite steht Thot, der Gott der

David Friedrich Strauß. Dr. d. Philosophie und Pependent am evangelisch-theologischen Seminar in Tübingen. Verfasser des Buches »Das Leben Jesu ... kritisch beleuchtet«. Er sagt im vorwort seines Buches: »... daß es an der Zeit wäre, an die Stelle der veralteten Geschichte Jesu eine neue zu setzen, weil die »alte« der fortschrittlichen Bildung nicht mehr genüge«.

Weisheit und Gerechtigkeit. Er hält das Resultat der Wägung fest. Verurteilte werden vernichtet und auf dem Schafott (= Nemma) hingerichtet, wo ihnen ein Nilpferd den Kopf abbeißt.

Die bösen Mächte, gegen die die Ägypter kämpfen, sind der Gott Set, seine Begleiter und die »zweimal« Gestorbenen, die bis zu ihrer Hinrichtung auf der Erde wandeln. Teufel im Sinn des Christentums scheinen die Ägypter nicht gekannt zu haben.

Früh stellt man in den Raum, es wären Opfer notwendig, um Götter zum Wohlwollen zu bewegen. Folgerichtig führen die ägyptischen Priester - und nicht nur diese - das Totenopfer ein. Die Aufgabe des ägyptischen Totenkultes ist es, die Seele durch alle Gefahren des menschlichen Lebens zu geleiten. Von Schreibern verfaßte Papyrusrollen (= Totenbücher) haben sich erhalten. Sie beinhalten Beschwörungsformeln, die die Toten vor Anschlägen der bösen Geister schützen sollen und ihnen (darum) in den Sarg gelegt worden sind.

Man sagt: »... versage deinem Vater und deiner Mutter nicht das belebende Wasser des Totenopfers, sondern erneuere es. Unterlasse es nicht, selbst dann nicht, wenn du dich fern deiner Wohnung befindest. Dein Sohn wird es in gleicher Weise für Dich tun«.

Früh kommen diesbezügliche Gebete auf: z.B. »... Lob und Ehre Dir, göttlicher Vater Osiris. Ich preise Dich und bitte, daß Du mich nicht verderben läßt. Komm, mach meinen Odem stark und gestatte mir, in das Land des ewigen Seins einzugehen. Überlasse meinen Körper nicht den Würmern, sondern erhalte ihn, wie Du Dich selber erhältst. Ich flehe Dich an, daß, wenn meine Seele ihr irdisches Haus verläßt, mein Leib nicht in Fäulnis übergehe und zum Fraß für allerlei Tiere und Reptilien werde. Laß meine Glieder nicht zerfallen, mein Fleisch nicht zu einer stinkenden Masse und übelriechender Flüssigkeit werden oder sich in eine Unzahl häßlicher Würmer verwandeln.

Überantworte mich nicht jenem Schlächter, der in den Marterkammern haust, die Glieder zerschlägt und sie dem Verderben

überläßt. Gib mich nicht in seine Hände. Laß mich nicht durch allerlei kriechendes Getier ein Ende finden. Laß mich leben und ich will Dich immerdar preisen, denn ich stehe unter Deiner Macht. Herr aller Götter«.

Oder »... O Herr des großen Wohnorts, höchster König der Götter, rette diesen Toten vor jenem Unhold, der das Gesicht eines Hundes hat, der die Herzen verschlingt und sich von Verfluchtem ernährt«. Die ägyptischen Priester meinen, die Unglücklichen würden von Shesmu, den über die Seelen zu Gericht sitzenden Gottheiten, in unzählige Stücke zerhackt und zerrissen, dann in einen See von giftigen Schlangen geschleudert, aus dem es kein Entrinnen gibt. Die Herzen der Verdammten werden einem »Verschlinger« dargeboten, einem scheußlichen Ungetüm.

Aus einem ähnlichen Denken entstehen die sog. Stiftungen. Hier wird bis ins Detail bestimmt, wann und in welcher Form Opfer aufzubringen sind. Der Ägyptologe Brugsch veröffentlicht in seiner Geschichte Ägyptens unter den Pharaonen, den Text einer solchen, derzufolge Ramses II. für seinen Vater in Abydos das Geld für einen vollständig eingerichteten königlichen Haushalt aussetzte, mit Äckern, Viehweiden, Geflügelhöfen, Schiffen, Handwerkern, Knechten, Mägden und Einkünften aller Art.

»... um Dir darzubringen, was Dir gehört, setze ich eigene Einkünfte für Dich und Deine tägliche Verehrung ein. Ich stelle einen besonderen Priester für Dich an, der mit allem, was er benötigt, versehen ist und täglich das Weihwasser auf den Boden sprengen wird. Ich weihe Deiner Seele die Länder des Südens und Nordens. Sie sollen Dir ihre Gaben vor Dein schönes Antlitz bringen.

Alle Deine früheren Dienstboten brachte ich zusammen und überwies sie Deinem Priester. Ich weihte Dir Schiffe samt ihrer Mannschaft auf dem großen See. Ich bestimmte die von den Feldern zu entrichtenden Abgaben und versah die Äcker mit Feldmessern und Ackersleuten, um das für Deine Seele bestimmte Getreide zu liefern. Ich weihte Dir die Barken samt ihrer Bemannung; ferner Arbeiter zum Fällen des Holzes, auch Herden und allerlei Vieh und Opfer, Geflügel und Fischen. Desgleichen versah ich Deinen Tempel mit Handwerkern aus allen Zünften, sowie mit männlichen und weiblichen Sklaven zum Bestellen der Felder«.

Ramses III. übertrifft seinen Vorgänger, denn er soll gestiftet haben:

113.433 Sklaven, 490.398 Ochsen, Kühe, Kälber und Schafe. 160 Ortschaften in Ägypten und neun in Syrien. 514 Wein- und Obstgärten, 426.965 Gänse und Enten. 2.382.650 Säcke mit getrockneten Früchten. 1.933.766 Krüge voll Honig. Außerdem empfing der Tempel des Ra in Heliopolis 215 Pfund Gold und 461 Pfund Silber.

In der äyptischen Tempelstadt Abydos wird der Kopf des Osiris (des ägyptischen Totengottes) aufbewahrt. Ihm zur Ehre inszeniert man Passionsspiele, die an neuzeitliche Wallfahrtspektakel erinnern. Auch Theben wird Wallfahrtsort. In Bubastis, der hl. Stadt der katzenförmigen Göttin Pascht oder Sechet haben sich an den Jahresfesten Hunderttausende versammelt. In der indischen Stadt Dschaggerneut ist der in Sandelholz verwandelte »wahre« Körper Krischnas als »Herr der Welt« zu sehen. Er wird gleichzeitig in der Nähe von Kalkutta verehrt. In Kandy, der Hauptstadt der Insel Ceylon, wird ein angeblicher Zahn des Gautama Budda, des Messias des Orients, angebetet. Er hat einen Konkurrenten in der Zahnstadt Dantapura (Hindostan). Man hat sich bereits um die Gebeine von Alexander d. G. gezankt und mit den Körperteilen Buddahs gehandelt; warum sollte es bei den Christen anders sein?

Perser und Araber

In der persischen Magie wird die Lehre ausgebildet, die für **alle** Folgereligionen von zentraler Bedeutung ist. Es sind die dem Zoroaster[15] (etwa 553 - 630 v. u. Z.) zugeschriebenen Dogmen von einem guten **und** bösen Prinzip, das in den herrschenden Geistern Ormuzd und Ahriman personifiziert wird. Ein Prinzip wird durch das Licht (= das Gute) das andere durch die Finsternis (= das Böse) dargestellt. Zwischen beiden herrscht

bis zum Ende der Welt Rivalität. Später tritt eine veränderte Anschauung ein.

Man lehrt das Dasein **eines gemeinsamen Prinzipes**. Ihmzufolge ist seit Ewigkeit ein höchstes, unabhängiges und existierendes Wesen vorhanden (die Christen bezeichnen es später als ihren Gott). Unter ihm sind zwei Engel, der des Lichts und der der Finsternis. Sie schaffen aus der Mischung von Gut und Böse alle Dinge und bekämpfen sich. Der Kampf dauert bis zum Ende der Tage (bei den Christen später: Jüngster Tag). Diesem schließt sich die gedachte Auferstehung an.

Der Engel des Lichtes geht mit seinen Anhängern in eine eigene Welt ein (bei den Christen später: der Himmel). Hier empfangen sie den Lohn für ihre guten Taten. **Die persische Lehre stellt die Aufhebung des Gegensatzes, den Sieg des Lichtes über die Finsternis auf.** Wir haben das dualistische Prinzip des Christentums und anderer Weltreligionen vor uns, des gedachten Kampfes zwischen Christus (mit seinen Engeln) und Satan (mit seinen Geistern).

Nach der altpersischen Vorstellung ist der Schreckensort abgrundtief schwarz (= Duzakk). Hier wohnt der Geist der Lüge, der Finsternis und der Zerstörung. Die Perser glauben an »Ahriman«, den Herrn der Finsternis. Er gilt als Inbegriff des Bösen, der Lüge, Mißgunst und des Betrugs. Er geht (später) in die religiösen Vorstellungen der Juden über. Im Alten Testament wird er zum Widersacher Gottes (= Jahwe). Im Neuen Testament tritt er (wieder) unter dem Namen Luzifer (= der aus dem Himmel Ausgestoßene) als Belial (= der Nichtswürdige) und als Belzebub (= der Gott der Fliegen und allen Ungeziefers) auf. Aus ihm wird (später) der christliche Teufel in seiner verderblichen, doch spekulativen Wirkung.

Die Perser halten an den zoroastrischen Versionen fest. Sie glauben an Dämonen, das Erscheinen von Göttern und Toten, an Eingebungen und prop-hetische Verzückungen, an das Wahrsagen und an die Kraft der Gebete.

Auffallend ist die Bestrafung sexueller Vergehen, bzw. deren Verbindung mit der

Religiosität. »... Arde Viraf sah eine Ehebrecherin mit einem eisernen Kamm ihren Busen zerreißen, andere sind an den Brüsten aufgehängt. Holzpflöcke werden ihnen in die Augen getrieben, Frösche und Schlangen (die Schlange ist das Symbol Ahrimans) und Ungeziefer dringen in die innersten Teile ihres Körpers. Frauen, die ihren Männern die eheliche Pflicht nicht leisten und davonlaufen, stehen auf den Köpfen, während Igel mit eisernen Stacheln in ihren Körper ein- und ausgehen. Aus ihren Nasen dringt Unrat«. Unter Xerxes gewinnt die Magie am persischen Hof Einfluß.

Über die religiösen Vorstellungen der Araber ist wenig bekannt. Sie verfügen über den Dualismus zwischen guten und bösen Geistern und glauben an Dämonen (= Dschinnen), die sie sich auf Straußen reitend vorstellen. Die heidnischen Araber wissen nichts von einem Paradies und einer Hölle. Ihrer Vorstellung nach hat der Mensch nach seinem Tod nichts mehr zu hoffen und zu (be)fürchten.[16]

Griechen

Griechische Philosophen reisen zur Erweiterung ihrer Kenntnisse nach Indien und Ägypten; hier werden sie mit der Religiosität, der Magie und dem Aberglauben dieser Völker vertraut. Die bedeutendsten waren Pythagoras und seine Schüler Empedokles und Plato. Pythagoras rühmte sich, in die Zukunft schauen zu können. »... große Magier waren Phytagoras und seine Schüler, die einen vertrauten Umgang mit Göttern und Geistern suchten. Sie befragten Tote, legten Zahlen und geometrischen Figuren geheime Kräfte bei, ... gewöhnlich gilt Empedokles als der erste, der den Dualismus von guten und bösen Geistern gelehrt hat; allein schon Hippokrates spricht von abergläubischen Leuten, die sich Tag und Nacht von übelwollenden Dämonen umgeben sehen«.

Sicher ist, daß die Griechen mit Beginn der Perserkriege ein mit den Etruskern übereinstimmenden System der Haruspicien besitzen[17]. Durch kriegerische Wirren vermischen sich religiöse Vorstellungen. **Mit der griechischen Kultur gewinnt die auf Illusionen gebaute Dämonenlehre praktische Bedeutung.** Es zeigt sich in zwei Phasen. Einmal in der chronologischen und dann, als die Abendländer im Umfeld des Humanismus die Antike »neu« entdecken (= z. B. kabbalistische Umtriebe). Durch die Integration des dann schon »alten« Kulturgutes kommt es zu weiteren Verzerrungen.

Während der Perserkriege gelangt ein Zauberbuch nach Griechenland, das Plinius so beschreibt: »... es habe bei den Griechen nicht nur eine heftige Begierde, sondern einen rasenden Heißhunger hervorgerufen«. Die Griechen kennen den Somnambulismus und nennen in diesem Zusammenhang die »Hypobatheia«. Sie kennen die Nekromantie (= Totenbeschwörung), worüber der 11. Gesang der Odysse berichtet. Polybius lobt den Glaube der Alten an die Götter und die Hölle, »... weil sie den Leidenschaften der Menschen einen Zaum angelegt und die Menge zu einem ehrbaren Lebenswandel angefeuert haben«.

Dionysium Halicarnassum schreibt: »... er wolle nicht urteilen oder entscheiden, ob den Erscheinungen und Taten, die man falschen Gottheiten zuschreibt, Glauben beizumessen ist und ob zwischen Göttern und Menschen eine vermittelnde Natur angenommen werden kann«. Nach Demokrit sind Versionen und Träume vorüberziehende Bild-Idole. Aristoteles erklärt alle Traumbilder als Produkte der Sinn-Empfindungen und der Phantasie. Nach Hippokrates ist die »hinfallende« Krankheit keine göttliche. »... man könne sie weder mit Beschwörungen noch mit Zaubergesängen heilen«.

Aristoteles und Epikur widersetzen sich den abergläubischen Vorstellungen der Griechen. Aristoteles leugnet die Wirkung der magischen Künste. Epikur verwirft alle Gottheiten. Er bestreitet die magischen Künste zusammen mit den Wundern. Dagegen spricht Hesoid vom Dasein unsterblicher Dämonengeschlechter, die zwischen Göttern und Menschen vermitteln; schon sitzt der Stachel tief im Volk und in den Hirnen der antiken Geistlichkeit.

Dann bildet Plato die Lehre von der göttlichen Einheit und sagt: »... wenn der Knabe zweimal sieben Jahre alt ist, nehmen ihn diejenigen zu sich, welche (die Perser) königliche Erzieher nennen. Einer von ihnen lehrt ihn die Magie des Zoroasters, des Sohnes des Oromazas ... dieses ist der Dienst der Götter ... er lehrt (auch) die anderen königlichen Wissenschaften«. Nach seiner Version sind die Dämonen Mittelwesen, wobei der höchste Gott mit dem höchsten Dämon identisch ist. Er nennt die Geister das »Luftgeschlecht« und schiebt ihnen die Rolle der Dolmetscher zu. In der Philosophie Platos nehmen die religiöse Schwärmerei und der nähere Umgang mit Schutzgeistern (später = Schutzengeln) eine begünstigende Gestalt ein. Dämonen tragen die Gebete und Opfer der Menschen zu den Göttern, bzw. sie übermitteln deren Befehle.

Der griechische Glaube an Personaldämonen reicht weit zurück. Schon Phokylides, Pindar und Meneander sprechen von Schutzdämonen. Daraus entstehen Verzerrungen, die die abendländische Religion mitgestalten und bis heute anhalten. **Die Lehre von den guten und bösen Dämonen wird allgemeines Kulturgut; damit tritt ihre Bedeutung als Schicksalsmacht in den Vordergrund.** Von Plato hat sich eine Jenseitsdarstellung erhalten. Er berichtet: »... von einem Paphylier, des Sohnes des Armenicos, der in einer Schlacht gefallen und zur Bestattung in seine Heimat zurückgebracht worden sei. 12 Tage nach seinem Tod erwachte er in dem Moment, in dem man seinen Scheiterhaufen anzünden will. Er erzählt, was er in der Unterwelt alles gesehen und gehört hat«.

Nach Xenokrates bewohnen die Dämonen die Regionen unter dem Mond. Die Guten sind Urheber aller guten Ereignisse und des Nützlichen. Die Bösen aller Widerwärtigen und für den Menschen Unheilvollen.

Wie alle Völker des Altertums unterhalten die Hellenen einen ausgeprägten Gespensterglaube. Sie haben sich die Götter in der Gestalt von Tieren und schreckhaften Ungeheuern vorgestellt. Zu ihnen gehören die Lamien, die thessalischen Weiber und die Mondgöttin Hekate. Sie wird zur Beschützerin der Hexen und der Beherrscherin des Zauberwesens. »... sie erscheint, gerufen in finsterer Nacht mit Schwert und Fackel, mit Drachenfüßen und Schlangenhaar, von Hunden umbellt«.

Es gibt die Eryinnen (= Rächedämonen) und Telchinen, die für Regen und Schnee verantwortlich sind. Es gibt die Empusen. Sie haben ein feuriges Gesicht, einen ehernen und einen Eselsfuß. Sie verführen Jünglinge und saugen ihnen das Blut aus. Gelluden fressen die Leber getöteter Kinder. Sie können fliegen und durch geschlossene Türen dringen. Hinzu kommen die Lemuren und vogelartigen Strigen, die ihre mit vergifteter Milch gefüllten Brüste Kindern reichen. Die Larven sind spukende Geister der Verstorbenen. Die griechischen Heldensagen veranschaulichen uns, wie intensiv der Geisterglaube im Volk verankert ist.

Thales v. Milet (650 - 560) sieht die Welt von Dämonen belebt. Er stellt in Kleinasien die Frage nach dem Urstoff der Welt und sucht ihn im Wasser nachzuweisen, während ihn Heraklit (um 500 v. u. Z.) im Feuer zu finden glaubt.

Stoiker versuchen, den religiösen Glaube zu wahren und ihn mit der griechischen Philosophie zu verbinden. Die Stoa will Glaube und Vernunft versöhnen und scheitert daran. Die Stoiker verteidigen die Lehre von der Unsterblichkeit der Seele.

Der Verfall der »alten« Welt, die Auflösung ihrer religiösen und sittlichen Werte führt zum Skeptizismus. Nun formieren sich die Neu-Phytagoreer, dessen wichtigster Vertreter Appolonius von Tyana ist; aus diesem Denken schält sich der Neu-Platonismus heraus.

Appolonius von Tyana lebt unter den Kaisern Vespasian, Titus und Domitian. Er sucht im Sinn der phytagoreisch-neuplatonischen Philosophie das sinkende Heidentum zu schützen. Er will es durch Verherrlichung, geistige Deutung seiner Kultformen und durch religiöse Symbole, durch Magie und Wunder aufpolieren. Appolonius von Tyana soll den Tod bestimmter Personen und deren

Krankheiten vorausgesehen haben. Bei seinem Tod sollen sich die Pforten des Tempels von Kreta allein geöffnet haben[18].

Die Neuplatoniker betrachten das leiblich-sinnliche Wesen als das Nichtige und Böse. Der Neuplatonismus ist der letzte Versuch der antiken Welt ein philosophisches System zu liefern[19]. In sich selbst, nicht durch die Vermittlung des Denkens, durch mystisches Sichversenken, soll das Individuum zum unmittelbaren Erfassen und Anschauen des Grundes allen Seins gelangen. Die Wirkung des Neuplatonismus führt zur Auflösung des griechisch-römischen Bewußtseins. An die Stelle der »alten« Mythologie tritt ein religionsphilosophisches System; es bringt eine Aktivierung des religiösen Lebens mit sich und wirkt (auch) auf das sich damals abzeichnende Christentum mit seinem Gründer Paulus. Als Hochburg der wissenschaftlichen Zauberlehre fungiert Alexandria. Von hier aus senden Plotin, Plutarch und Philo ihre Schriften in die Welt.

Der Jude Philo von Alexandria erwähnt die Welt-Seele. Nach ihm gibt es ein Heer unkörperlicher Geister, die zwischen Göttern und Menschen vermitteln. Der Mensch kann in vertrauten Umgang zu ihnen kommen, wenn er die gehörigen Mittel anwendet.

Plotin (205 - 270) begründet die schwärmerische Philosophie und rühmt sich des wahrsagenden, in die Zukunft schauenden Blickes. Er hält die Seelen der Dämonen für größer und stärker als die der Menschen. Sie sind mit einer großen Macht begabt und verwalten im Auftrag der All-Seele die einzelnen Teile des Weltalls. Er verliert sich im Gebiet der Magie und der alten orientalischen Theologie, spricht von Engeln und Erzengeln; er weiß von in der Luft wohnenden Dämonen. Er teilt sie in irdische und feurige ein. Unter der Theosop-hie versteht er die höchste Glückseligkeit und die reinste Erkenntnis der Dinge.

Jamblichius (gest. um 330 - 333) systematisiert die Theurgie und arbeitet darauf hin, der heidnischen Religion durch seine Geisterlehre eine edlere Gestalt zu geben. Es wurde behauptet, daß er sich zum Beten zehn

Fuß vom Boden abgehoben hat. Er geht von der realen Verbindung mit Göttern, Engeln, Dämonen und Geistern aus. Nach ihm besteht die Theurgie in der Lehre von den geheimnissvollen Handlungen, Zeremonien, Worten und Zeichen; so erreicht die neuplatonische Schule ihre Ausprägung.

Der Tartaros (= Hades) der Hellenen ist ein grauenhafter Ort. Er liegt so tief unter der Erde, daß ein eherner Amboß zehn Tage und Nächte lang fallen muß, bis er den Boden erreicht. Der Strafort wird von Pluto regiert. Hier liegt Tityos, an dem sich die Göttin Latona versündigt hat. Zwei Geier hacken die ihm immer wieder nachwachsende Leber aus. Die dort Liegenden müssen unendliche Angst erdulden. Man muß, vom brennendem Durst gepeinigt, bis zum Kinn im kühlen Wasser stehen, das verschwindet, wenn man Trinken will. Hier muß der Verräter des Zeus, Sisyphos, unter Anwendung aller Kraft einen gewaltigen Felsblock bewegen ... aus seinen Gliedern fließt Angstschweiß. Furchtbar war die Strafe des Ixion, der mit vermessenem Gelüst nach der Liebe der Götterkönigin strebte und zur Strafe an ein geflügeltes Rad geflochten wurde, das sich rastlos im Kreis drehte; ein erschreckendes Bild ruheloser Begierde und Leidenschaft.

Orakel, Wallfahrten und (antike) Kulte

Während die Philosophen spekulieren, gibt es eine aktive Priesterschaft. Die damit verbundenen Wallfahrten spielen im Leben aller antiker Völker eine Rolle und sind bereits - wie die Reliquienverehrung - den »alten« Indianern bekannt. Dazu einige Beispiele, um die Parallelen zum »späteren« Christentum zu verdeutlichen. Die griechischen Orakel nehmen bedeutenden Einfluß auf die damalige Welt. Die Epikuräer leugnen ihre Wirksamkeit und halten sie für Gaukelei. Plutarch führt sie auf natürliche Ursachen zurück. Christliche Autoren erklären sie als Dämonenwerk und betreiben das Gleiche unter veränderten Vorzeichen. Es wird deutlich, daß antike Priester das Volk betrogen haben.

Delphi: das antike Rom

»... die Großen der Welt türmen in Jahrhunderten einen gigantischen Jahrmarkt der Eitelkeit auf; einer sucht den anderen zu übertreffen. Wohin man blickt; vergoldete Eitelkeit, ein Panoptikum menschlicher Prahlsucht, legendärer Überlieferung und religiöser Naivität; das antike Rom. Ganz Delphi lebt vom Betrug der Priester, Geschäftsleute, Andenkenverkäufer, bestallten Fremdenführern und Dirnen. Schon damals fertigt man Körperteile wie Arme, Beine, Ohren, Augen, Zungen, Herzen nach. Damit behängen »antike« und »moderne« Gläubige Götterbilder und erwarten eine Verbesserung ihrer Probleme. »... kaum haben sie sich entfernt, tragen die Priester die Dinge fort, um sie dem Nächsten aufzuschwatzen«[20].

In Delphi leiten zwei als Propheten verkleidete Priester eine verschleierte Pythia zur Quelle Kastalia. Hier nimmt das keusche Mädchen ein kultisches Bad. Daraufhin trinkt sie von einer zweiten Quelle; so erhält sie die Fähigkeit der Weissagung. Ein Zicklein wird auf einem Opfertisch geschlachtet und auf dem Altar verbrannt. Der aufsteigende Rauch ist für die staunende Menge das Signal; das Orakel ist eröffnet.

Wer erinnert sich nicht an die Wahl der Päpste? Auch hier versammelt man sich auf dem Petersplatz, um auf den aufsteigenden Rauch zu achten, der die Wahl eines »neuen« Papstes anzeigt.

In Delphi muß der Klient unmittelbar vor der Befragung einen Honigkuchen opfern, der ihm vom Orakelpriester verkauft wird. Zudem muß er einen Assistenten ordern. Der Preis wird nach Stand und Ansehen errechnet. Der Betrug ist so plump und offensichtlich, daß der Fabeldichter Äsop im 6. Jh. dagegen wettert. Er wird den Geistlichen so gefährlich, daß sie eine Gelegenheit suchen, ihn aus dem Weg zu räumen. Sie inszenieren ein »göttliches« Verbrechen. Sie schieben eine goldene Schale aus dem Tempelschatz in sein Gepäck und verbreiten die Nachricht des Diebstahls. Plötzlich findet man sie bei ihm. Nach Ansicht der Geistlichen hat er den Tod verdient und wird vom Hyampischen Felsen gestürzt.

Die Priester reden der Menge ein, daß **sie** zwischen Gott und ihnen zu vermitteln in der Lage sind. Sie drohen Leichtgläubigen mit der Götterrache. Es ist merkwürdig: sie haben schon damals Erfolg.

Als man 1925/26 das Heiligtum des Tanit aufdeckt, findet man eine Stelle, auf der die Gestalt eines Priesters zu sehen ist, der warnend die Hände hebt. Darunter steht in punischer Schrift: »... daß derjenige, der es wagt, die heilige Stätte und (die) Stille des Tempels zu stören, verflucht sei und von Gott Bal zerschmettert wird«.

In Pythien folgen die sybillinischen Schicksalsbücher, diesen die Auguren und diesen die Vorzeichendeuter (= Haruspex). Sie verfügen über »Blitzbücher« und leiten daraus absurde Entscheidungen ab. Dieses interessante Verfahren wird später von einem Papst beansprucht (wenngleich damals dieser Termini unzulässig ist). Etrurische Haruspices geben im Jahr 408 u. Z. bei der Einschließung Roms unter Alarich Innocenz das Versprechen, die Stadt durch herabgeschleuderte Blitze zu schützen[21].

Der nächste Schritt ist so einfach wie folgerichtig. Priester reden dem Volk ein, daß es nicht nur die in den Tempeln aufgerichteten Götter zu verehren hat, sondern auch die von ihnen aufbewahrten Überreste. Schon die »alten« Indianer trockneten Leichen auf Holzgerüsten und nahmen später Knochen oder die getrocknete Mumie zur Verwahrung herab.

An anderen Orten begnügte man sich, aus Haaren, Knochen und Nägeln der Toten Gegenstände zu formen, die die Seele fesseln sollten; so entstehen die Reliquienbilder. Schon die Indianer bewahren Gebeine in Kürbisschalen auf. Daraus entsteht **ihr** Fetisch; darunter vor allem die »Zauberflasche« oder »Zauberkalebasse«. Sie enthält in einem ausgehöhlten, mit Federn geschmückten Kürbis ein klapperndes Phanteon von Fetischkörperchen. Hier wird vorgezeichnet, was die Christen später in »ihre« Reliquienbehälter schließen.

Die Überreste sind wegen ihres (unbekannten doch: mustergültigen) Lebens als Teile von Heiligen zu betrachten, »... wer zu den Aufbewahrungsorten solcher Wundertäter pilgert und hier zahlreiche Opfer bringt ... wird nicht nur Genesung finden, sondern (auch) die Vergebung aller Sünden erlangen«[22]. Wer erkennt nicht die Parallelen zum Christentum?

Bei all den Schrecken, den Geistliche seit Jahrtausenden der Masse einreden, beim Vorantragen höllischer Strafen **und** göttlicher Strafgerichte, ist es kein Wunder, wenn das Volk vor Furcht erstarrt und das ihm Vorgegaukelte als »wahr« ansieht. So entstehen (auch) Wallfahrtsorte; damals wie heute. Auch wenn die daran geknüpften Verheißungen aus der Luft gegriffen sind, glaubt man an die daran geknüpften Wohltaten und finanziert damit sowohl den Aberglaube wie geschäftstüchtige Imperien.

Von Ägypten und Indien übertragen sich die Anschauungen auf die hl. Stätten der Perser, Griechen und Römer. So ist die bewaffnete Göttin Pallas-Athena vom Himmel gefallen. Etwas später wird ihr Speer und der Schild des Kriegsgottes Mars nachgereiht. Die Priester des Apollotempels in Kroton brüsten sich, die Waffen des Herkules zu besitzen. Im Tempel der Athena von Phaselis wird die Lanze des Archilles aufbewahrt. Im Tempel von Engynon zeigt man den Helm des Odysseus.

Das Schiff der Argonauten ist in Korinth zu sehen. Haare vom Kopf der Medusa in Tegea. Die Gebeine des Orpheus in Dios (Mazedonien). Von ihm haben sich zwei Köpfe erhalten. Außerdem ist er im Besitz von zwei Leiern; eine wird im Apollotempel von Lesbos und die andere in Heraklia (Bythien) verehrt[23].

Die Königstochter Lea hat zwei Eier zur Welt gebracht. In einem befindet sich Kastor und im anderen Pollux, die sich heute als Sterne am Himmel bewegen. Pausianus sagt, daß diese berühmten Eier in Sparta gezeigt werden[24]. Vermutlich handelt es sich um Straußeneier[25]. Das Ei der Leda muß als Tierreliquie betrachtet werden.

Schon in der Antike hortet man Tempelraritäten und Reliquienschätze. Schon in der Antike werden Tierreliquien verehrt. Der frühe Kultraum ist in der Regel eine Sammelstätte von Kuriositäten. Es kann keine Frage sein, daß viele alte Tempel Raritäten aufbewahrt haben[26]. So wird das Gerippe eines Seeungeheuers nach Rom gebracht[27]. Frühchristliche Kirchen übernehmen diese Vorstellungen. In ihren Kirchen werden gleichfalls Tierüberreste als Weihegaben aufbewahrt[28]. Außerdem werden seit alters her Kuriositäten geweiht. So Gebeine und Panzer von Krokodilen, die man als Überreste von Lindwürmern ansieht.

Von Ägyten aus verbreitet sich die Sitte, an geweihten Orten Figuren hinzulegen bis zu den Juden, Römern und Christen. Steht doch bereits in der Bibel: »... daß die Philister dem Gott fünf aus Gold gefertigte Mäuse und ebensoviele goldene Beulen als Weihegaben brachten, um dadurch sowohl von der für ihre Felder so verderblichen Mäuseplage, wie von der Beulenpest verschont zu bleiben«[29].

»... der Wundertäter Äskulapios wird in der Nähe der Hafenstadt Epidauros geboren und verehrt. Die Ruinen des Heiligtums und Inschriften werden gefunden. Wir lesen: »... Heräus war kahlköpfig ... während er schlief, erschien Gott an seinem Lager und rieb ihm den Kopf, worauf Heräus beim Erwachen prächtige Locken besaß«.

Dem Valerus Apes, einem blinden Soldat, wird geheißen: »... das Blut eines weißen Hahnes mit Honig zu vermischen und sich mit dieser Salbe drei Tage hintereinander die Augen zu bestreichen. Dadurch wird er sehend und sagt den Göttern Dank«.

Trug- und Schreckmittel

Die Archäologen tragen durch wissenschaftliche Forschungen dazu bei, Teile des antiken **und** frühchristlichen Religionsmythos bloszulegen. Sie führen parallel zu den Historikern den Nachweis, daß bereits im Altertum die Masse der Gläubigen von egoistisch orientierten Geistlichen übergangen wird. Es werden umfassende technische Mittel konstruiert und eingesetzt.

Hinzu kommt das Halbdunkel der alten Tempel, die Verschleierung durch Weihrauch, das lang bekannte Bauchreden und andere bewußt eingesetzte Täuschungsmittel. In verschiedenen Tempeln hat man verborgene Sprachrohre gefunden. Hier läßt sich problemlos der staundenden Menge etwas vorgaukeln. Die Priester des Altertums - bis weit in die Neuzeit hinein - beschäftigen exellente Technokraten. Das gesamte damalige Wissen steht ihnen zur Seite. Sie erzeugen künstliche Stimmen, das Rollen des Donners, konstruieren bewegliche Fußböden und schaffen verborgene Lichtquellen.

Aus den »pneumatica« genannten Schriften des Hero von Alexandria wird ersichtlich, daß die Dampfmaschine prinzipiell bekannt ist und zu diversen Zwecken eingesetzt wird. Damit lassen sich automatisch Türen öffnen ud schließen. Man kann mit der Hilfe des Dampfes Trompeten schallen lassen. Außerdem ist man in der Lage, wassergefüllte Figuren Wein, Wasser, Blut (= gefärbtes Wasser) oder Milch spenden zu lassen. Aus den Brüsten der Cybele fließen Milchstrahlen. Andere Götter läßt man schwitzen. Lucian beschreibt ein Götterbild, dessen Augen einem überall hin folgen; die optische Täuschung wird bis zur Perfektion gehandhabt. Mit dem technischen Inszenarium des Altertums läßt sich eine Menge machen. Dazu ein Beispiel:

Totenorakel von Ephyra, Stimmen von Dodona

Beim Totenorakel müssen sich die Klienten 29 Tage in unterirdischen Räumen aufhalten[30]. Hier werden sie für den anstehenden Betrug gefügig gemacht. Man redet ihnen ein, mitgebrachtes Blut von Opfertieren in eine Grube zu gießen. Dies müssen die Seelen der Verstorbenen trinken. Dadurch würden sie ihr Bewußtsein zurückerlangen und können so die an sie gerichteten Fragen beantworten. Das eigentliche Orakel besteht darin, daß nach einem furchtbaren Krachen und menschenähnlichen Stimmen in einem Saal ein bauchiger Kessel heruntergelassen wird, in dem eine verschwommene Gestalt (= der angebliche Verstorbene) ist. Er

spricht das Orakel; danach geht der Kessel (wieder) langsam nach oben. Man hat ihn und Teile der technisch ausgereiften Hebemaschine gefunden, womit die priesterlichen Machenschaften erschlossen sind. Tausende sind auf den Betrug hereingefallen.

In Dodona werden ein halbes Jahrtausend v. u. Z. künstliche Stimmen erzeugt. Hier gibt es ein funktionables Windspiel. Zwei Säulen stehen nah beieinander. Sie tragen einen Broncekessel und die Statue eines Knaben. Er hat eine Peitsche in der Hand, jedoch anstelle des Riemens eine Kette. Schon bei einem leichten Windstoß schlägt sie an den Kesselrand und bringt das Gebilde zum Tönen. Von diesem Wunderwerk leitet sich das Sprichwort ab: »... du redest wie die korkyräische Peitsche«. Auch hier wetteifern Gläubige, um das Spektakel zu erleben. Jeder will den Stimmen lauschen, die keine sind und viele sind bereit, ihren Obolus dafür zu entrichten. Es ist bemerkenswert, daß frühe Christen auf den Trümmern des antiken Heiligtums eine dreischiffige Basilika errichten und aus einem antiken Wallfahrtsort einen katholischen Bischofssitz machen.

Geheimgänge, Röhrensysteme

In zahlreichen alten Tempeln werden Geheimgänge entdeckt. In erster Linie dienen sie dazu, Kultstätten unerkannt zu begehen und zu verlassen. Allein dies geht an der Aufrichtigkeit vorbei. Dazu einige Beispiele:

Der babylonische Gott Bal erhält reichlich Opfer. So täglich 12 Malter Weizen, 40 Schafe und 3 Eimer Wein. Sie werden von Gläubigen bereitgestellt. Selbst der König unterwirft sich diesem Kult. Nun erhebt sich die Frage, ob Bal tatsächlich die Opfer verschlingt oder ob Betrug dahintersteckt, was die Priester als »Stellvertreter Gottes« selbstherrlich von sich weisen. Darum wird ein Test durchgeführt, von dem die Tempelpriester nichts ahnen.

Man opfert, streut Asche in den Kultraum und versiegelt von außen die Tür. Nachts kommen die Geistlichen mit ihren Weibern und Kindern durch einen Geheimgang in den Tempel. »... nach ihrer Gewohnheit schleppen sie alles weg, bzw. fraßen und soffen es aus«. Am kommenden Morgen erkennt der König den Schwindel an den Fußspuren in der Asche. Er läßt sich den Gang zeigen und daraufhin alle Priester mit ihren Familien töten. Der Tempel wird zerschlagen.

Auch Jungfrauen läßt man auf eine ähnliche Weise verschwinden. So wird den von den Phöniziern verehrten Baal alljährlich eine der schönsten Jungfrauen des Landes zugeführt. Sie wird vor dem versammelten Volk der im Hintergrund eines Tempels stehenden Bildsäule des Gottes auf den Schoß gesetzt. Daraufhin entfernen sich die Priester und lassen zur Demonstration ihrer angeblichen Macht einen Löwe in den Tempel. Freilich wäre es schade um das Mädchen. In ihrer Todesangst öffnet sich hinter ihr ein Türchen. Priesterhände zerren die Jungfrau die Trep-

pen hinab in ihre Gemächer. Anstatt von einer Bestie gefressen zu werden - was die Gläubigen annehmen - muß sie es vorziehen, den sinnlichen Lüsten der Priester zu dienen, bis sie durch die nächste Gottesbraut abgelöst wird.

Römer und Etrusker

Die Römer werden im 3. Jh. u. Z. mit der griechischen-orientalischen Kultur vertraut; sie übernehmen und verzerren angestaute kultisch-religiöse Vorstellungen. Die Grundlage ihres Götterglaubens ruht auf der Naturreligion. So weichen altitalienische Gottheiten fremden Mythen. Der korbantynische Kult der Cybele kommt aus Kleinasien; der Isisdienst wird von den Griechen abgekupfert.

Wie die Priester Baals die ihm geweiten Bräute verschwinden ließen.
A. Versammlungsort für das gläubige Volk. Angesichts desselben wurde die Gottesbraut das kleine Treppchen hinabgeführt und zum Schoß des Gottes emporgehoben.
B. Geheimes Schiebetürchen im Innern der Bildersäule, durch welches die Braut in den mit
C. bezeichneten Gang und in die mit
D. bezeichneten Gemächer der Priester geführt wurde.

Die Römer übernehmen ihre berühmteste Zaubergestalt, Medea, der griechischen Mythologie. Ihre Taten und Verwandlungen werden in Ovids Metamorphosen beschrieben[31]. Medea fährt in mondheller Nacht auf einem vom geflügelten Drachen gezogenen Wagen durch die Lüfte und sammelt auf weit entlegenen Bergspitzen und in schaurigen Klüften Kräuter, die sie für Zauberzwecke benötigt. Wer denkt nicht an die Fahrten »unserer« Hexen?

Bereits Numa Pompilius fragt die Götter um Rat. Plinius d. Ä., Gelius, Porperz, Tibull, Petronius, Lucan u. a. beschäftigen sich mit magischen Dingen. Zur Kaiserzeit herrscht in Rom der krasse Aberglaube. Scharfe Gesetze werden gegen Zauberer erlassen.

»... wer abergläubische, in einem feierlichen Ton vorgebrachte Worte in der Form einer Verwünschung gegen einen Dritten ausstößt, wer ein wirkliches oder schlechtes Gift zubereitet oder einem anderen beibringt, soll des Todes sein«[32].

Die Römer bestraften nicht das Zaubern, sondern nur den damit angerichteten Schaden. Kaiser Konstantin läßt ein Gesetz ausarbeiten, das die bestraft, die jemand mit zauberischen Mitteln schaden oder böse Begierden in ihnen wecken. Im gleichen Atemzug erklärt er die Anwendung zauberischer Mittel zur Heilung eines Kranken, oder um die Felder zu schützen, für erlaubt[33]. Cicero verfaßt ein Buch über das Wahrsagen und stellt heraus: »... die Wunder der Zauberer und Ägypter muß man mit den Irrtümern der Dichter vergleichen, denn es ist eine Torheit der gleichen Art«[34].

Die Römer glauben an die Seelen böser Menschen, die zur Strafe für ihre Schlechtigkeit auf der Erde wandern. Petronius erwähnt die »Herumschweifenden« (= stridentes). Die Seelen der guten Menschen werden als Laren verehrt, die schlechten als Lemuren gefürchtet. Viele Römer beschäftigen sich mit der Beschwörung von Toten und betreiben Skyomantie; hier wird aus dem Blut von Leichen geweissagt. Die Römer kennen den Tempelschlaf (= incubatio). Man verbringt eine Nacht im Tempel des Jupiter bzw. Äsku-

lap und erwartet, daß der Gott durch Traumeingebungen das gewünschte Heilmittel bezeichnet. Um den Zorn der Götter zu besänftigen, fragen die Römer sie »sybillinischen« Bücher, deren Existenz umstritten ist.

Die Römer hegen eine Vorliebe für Weissagungen und Prophezeiungen; sie entwikkeln eine fanatische Vorliebe für das Okkulte. Das Nießen wird einem Schutzgott zugeschrieben; obszöne Worte gelten als negative Vorzeichen. Man achtet auf das Klingen der Ohren, das plötzliche Zittern des Körpers (= sallisationes) und auf willkürliche Bewegungen. Nach Plinius ist das Ohrenklirren das Echo von Gesprächen Abwesender; selbst dem Flackern einer Lampe gibt man einen besonderen Sinn.

Die Etrusker stehen im Ruf einer vorzüglichen Gottesverehrung. Die Herkunft der etruskischen Mantik aus dem Orient ist unbestritten. Römische Jünglinge reisen nach Etrurien, um sich in der Seherkunst ausbilden zu lassen. Sie beobachten den Vogelflug, den Blitz und die Leber. Bei ihnen erscheint der Totenführer als wilde, halb tierische Greisengestalt, mit vorstehenden Zähnen, rollenden Augen, Ohren und Sporen an den Füßen. So erscheint er später bei den römischen Kampfspielen, um Leichen aus der Arena zu schaffen.

Die römische Kultur zeigt bereits typische Verfallserscheinungen, die (auch) in deren Macht und Prosperität begründet sind. »... zur Zeit, als das Christentum in Rom bekannt wird, ist Italien ein Sammelbecken syrischer, ägyptischer, armenischer, phrygischer und indischer Magier, Astrologen und Priester, die sich bettelnd herumtreiben, Sünden vorgeben und vergeben, Anweisungen erteilen und Frauen betrügen. Der festgefügte Glaube an eine in realita gedachte Geisterwelt bedeutet eine Splitterung nach guten und bösen Mächten, über denen ein Weltschöpfer gedacht wird; wir sehen den antiken Ansatzpunkt. Die »neue« Religionsvariante konnte nicht umhin, diesen Aberglauben zu transferieren.

Betrachtet man die Vorstufen, ergibt sich eine in sich logische und schlüssige Entwicklung. Zu berücksichtigen sind (noch) die Einflüsse der jüdischen Religion (wegen des satanischen Einflusses) und die der germanischen Kultvorstellung: **sie runden das Bild ab.**

Hebräer, Judentum

Die jüdische Religion bringt den Monotheismus mit sich. Jehova (= Jahwe) **gilt** als Erschöpfer und Erhalter der Welt; er ist der Lenker der Geschichte. Die geistige Leistung, nur noch einen Gott anstatt einer Vielzahl anzubeten, reicht nicht hin, den Glaube an Dämonen - gute wie schlechte - auszurotten. In die jüdische Dämonologie fließen Elemente des chaldäischen Aberglaubens. Nach den Überlieferungen des Alten Testamentes **gilt** Moses als Stifter der Jahwereligion, als eines **gedachten** Bundes zwischen Gott und Israel.

Er **gilt** als der Befreier der Israeliten aus der ägyptischen Knechtschaft. Das nachbiblische Ju- dentum hat sein Leben mit Legenden geschmückt.

Bereits der Prophet Jesajas warnt: »... Gehorchet nicht euren Weissagern, Traumdeutern, Tagwählern und Zauberern«[35] und verschweigt, daß (auch) die Priester Wahr- und Weissager sind, die mit Spekulationen hausieren gehen. In der mosaischen Gesetzgebung wird der Ungehorsam gegen Priester als Gotteslästerung verstanden und mit Steinigung bestraft[36]. Selbst geringe Übertretungen werden als Lästerung empfunden[37].

»... der Mann oder das Weib, das vorgibt, einen pythonischen Wahrsagegeist zu haben, sollen des Todes sterben, mit Steinen sollen sie bedeckt werden. Ihr Blut sei über ihnen. Die Seele, die sich zu Zauberern und Wahrsagern wendet, soll getötet werden«[38]. »... der Wahrsager, der vom Hochmut verführt, in meinem Namen (= Jehovah) jenes, was ich ihm nicht befohlen, oder auch im Namen fremder Götter zu weissagen sich erfrechen wird, soll getötet und umgebracht werden«[39].

Die älteste jüdische Jenseitsvision beinhaltet das Buch Henoch, das vermutlich vor der Zerstörung des Tempels (= Jerusalem) erscheint. Eine Abschrift enthält die Schilderung unter der Führung eines Engels. In diesem Zusammenhang wird der jüdische Totenengel erwähnt, der den zu Tötenden die Haare schneidet. Die hebräischen Religionsvorstellungen tangieren das spätere Hexenwesen in unserem Sprachraum, weil die Idee eines Satans als zentralem Widersacher vorgeprägt wird, weil Exodus 22. 18 zu beachten ist und Talmud und Kabbala entstehen.

Das Buch Henoch enthält eine ausführliche Darstellung vom Fall der Engel: »... es begab sich in den Tagen, als sich die Menschen vermehrt hatten, daß herrliche Töchter unter ihnen geboren wurden. Und da die Engel, Söhne des Himmels, dies sahen, entbrannten sie in Liebe zu ihnen und sagten: »... kommt, laßt uns Weiber wählen unter den Nachkommen der Menschen und mit ihnen Kinder zeugen«. Da sprach Samjaza, ihr Anführer: »... ich befürchte, daß ihr euch von diesem Plan abschrecken laßt und ich allein ein so schweres Verbrechen leiden muß«. Aber sie erwiderten: »... wir schwören alle und verpflichten uns durch gegenseitige Eide, unser Vorhaben auszuführen«.

Ihre Zahl betrug 200, die hinabstiegen auf Ardis, den Gipfel des Berges Armon. Da nahmen sie Weiber, und ein jeder wählte für sich. Sie näherten sich den Frauen und wohnten mit ihnen. Sie lernten sie Zauberei, Beschwörung und die Anwendung von Wurzeln und Bäumen. Die Gottlosigkeit nahm zu, Hurerei breitete sich aus ... sie sündigten und verdarben alles auf ihrem Weg. Amazaral lehrte allen Zauberei und den Gebrauch der Wurzeln. Amers das Lösen des Zaubers, Brakajal die Beobachtung der Sterne; Akibeel die Zeichen«.

Kabbala und Talmud

Die Kabbala ist eine Religionsphilosophie, deren geistige Heimat im babylonischen Raum angesiedelt ist. Es ist eine antike Geheimlehre, die das Ziel hat, die »alten« Schriften zu entziffern. Die Kabbala soll Gott Moses auf dem Berg Sinai mitgeteilt haben. Nach ihr ist Adam Kadmon, der Urmensch, der erstgeborene Sohn Gottes. Nach dieser

Lehre liegt es in der menschlichen Natur begründet, in das Reich des Übersinnlichen zu schauen. Die Kabbalisten teilen ihre Lehre in die Breschnith, die von den natürlichen und in die Marcavah, die Lehre von den göttlichen Dingen ein. Gott regiert in einem **gedachten** Lichtäther. Von ihm gehen, wie verschiedene Glieder, Strahlen oder göttliche Wirkungen aus. Es sind die zehn Numerationes oder Sepirot.

Die Überlieferung umfaßt das Geheimnis Gottes, die Entstehung der Finsternis, das Chaos, die erneuerte Ordnung der Welt an sechs Tagen, die Schöpfung des sichtbaren Menschen, seinen Fall, die Fügungen Gottes zu seiner Erlösung, die Wiederherstellung der gestörten Harmonie und seine Zurückbringung zu Gott. Die Kabbalisten erfüllen die Räume der Schöpfung mit guten und bösen Geistern, teilen sie in Ordnungen, setzen ihnen Oberhäupter vor und weisen ihnen Ämter an.

Nach der Kabbala zerfallen die magischen Übungen in drei Klassen, die unterschiedlich gewichtet sind. Man kennt eine Variante des Hexen-sabbats und sagt: »... es gibt Weiber, die einen Bund mit dem Schedin machen und zu gewissen Zeiten mit ihnen zusammenkommen, mit ihnen tanzen und den Geistern beiwohnen, die ihnen als Böcke erscheinen«.

Man kennt eine Ordnung der Engel und der sog. Elementargeister, denen teilweise eine bösartige Natur unterstellt wird. Die bösen Dämonen heißen Schedim, Seirim, Malache oder ChaBalla (= Engel des Verderbens). Die Vermutung daß die Seirim aus Ägypten kommen, scheint annehmbar, da der Widderkopf bei der Darstellung mythologischer Figuren häufig angewendet wird. Die bösen Dämonen halten sich in einem düsteren Raum unter dem Mond auf. Als Zwischenwesen leben sie in der Luft, in Flüssen, Moorasten und auf Bergspitzen - wie schon ihre etwas angestaubten akkadischen Kollegen. Das Volk nennt sie »falsche« Götter oder Feldteufel. Sie können sich in einem Augenblick von einem Ende der Welt zum anderen bewegen. Sie essen und trinken wie Menschen und pflanzen sich ebenso fort. Je-

saja 34. 14 erwähnt die »nächtliche«, ein weibliches Nachtgespenst. Talmudisten geben ihr die Gestalt eines geputzten Weibes mit langen Haaren, das Kindern nachstellt. Daraus wird Lilith, das jüdische Nachtgespenst.

Nach der kabbalistischen Auffassung hat Gott vier weibliche Teufel geschaffen; es **soll** am zweiten Tag geschehen sein. Namah **gilt** als die Frau des Teufels Schereon. Macolath **soll** über 470 Rotten von bösen Geistern befohlen haben. Der Teufel Iglereth **soll** mittwochs und freitags nachts mit jeweils 1.800 Geistern herumschwärmen und den Menschen schaden. Nach einer anderen Vision **soll** Gott die Teufelin Lilith geschaffen haben, damit sie mit Adam weitere Teufel zeuge.

Wie es neun Engelsordnungen gibt, so auch neun teuflische (= Pseudothei). Sie gelten als Wahrsagegeister, Erfinder der Würfel, Karten, Geschosse und der tödlichen Werkzeuge. An ihrer Spitze steht Belial. Die Ehestandstörer, Anstifter des Neides und der Rache werden von Asmodes geführt. Nach Eliser sind sie auf die Menschen eifersüchtig und werden darum aus dem Paradies gewiesen. Nach einer weiteren Version widersetzen sich die beiden Engel Schamusai und Usael, als Gott den ersten Menschen schaffen will. Gott verstößt sie und im Fall halten sie sich an den Flügeln des Erzengels Michael fest. Die Teufel leben noch heute und zeugen mit menschlichen Töchtern weitere.

Ein Unbekannter fügt der Mischna einen Kommentar bei, woraus der Talmud entsteht. Nach ihm bilden Teufelspakte und Buhlschaften die wesentlichen Bestandteile der jüdischen Magie. Aus dem Talmud ist zu entnehmen, daß die Hölle eines der sieben Dinge ist, die Gott vor der übrigen Welt erschaffen hat. Dazu heißt es: »... dem Sünder kommen drei Scharen von Teufeln entgegen und rufen ihm zu: »... keine Ruhe dem Frevler, er liege in Qualen«.

Talmud und Kabbala halten ein gutes und böses Prinzip aufrecht. Das späte Mittelalter fühlt sich von den Kabbalisten angezogen, zumal im deutschsprachigen Raum prominente Männer dafür eintreten; es eskaliert in der ersten Hälfte des 16. Jh. Weil satanische Vorstellungen in diesen Spekulationen enthalten sind, hat man versucht, den Hexenglauben daraus abzuleiten. Richtig ist das nicht, denn es liegt eine wechselseitige Befruchtung vor.

Hölle und Satan im alten Testament

In deutlichen Umrissen erscheint Satan im Buch Hiob; er hat bestimmte Funktionen wahrzunehmen. Er erscheint inmitten der Gottessöhne, **nicht** als Widersacher des göttlichen Willens; er ist ein ohnmächtiges Werkzeug in seinen Händen und kann lediglich mit seiner Zustimmung tätig werden. Hier erscheint Satan als Versucher, um die Lauterkeit eines Mannes zu prüfen.

Bei Zacharia tritt Satan als Ankläger in Erscheinung, als Widersacher, dem daran gelegen ist, Strafe und Unglück herbeizuführen. Er ist Strafengel **und** Vollstrecker des göttlichen Zorns.

Weiter entfaltet ist die satanische Idee in den apokalyptischen Büchern, wo er außer Sirach (21.27) und dem Buch der Weisheit (2. 24) auftritt. Hier findet sich bereits die Vorstellung, daß mit ihm der Tod in die Welt gekommen ist. Als Motivation wird Neid angegeben. Immer stärker wird sein Einfluß auf die Menschen. Diese Auffassung ist zur Zeit des Jesus von Nazareth gängig und wird von älteren jüdischen Lehrern festgehalten. Fest steht, daß das jüdische Volk der Zeitwende vom Dämonenglaube erfüllt ist und da ist es naheliegend, daß die frühen Christen diesen Fundus aufnehmen. Im Alten Testament ist das Element des Satans nicht das des moralisch Bösen. Er veranlaßt lediglich äußeres Übel und nährt sich (deshalb) dem Mensch.

Im Alten Testament findet sich keine Beschreibung vom Aufenthaltsort der Verstorbenen; es kennt die Feuerhölle nicht. Im 5. Buch Moses (32. 32) heißt es lediglich: »... daß ein Feuer ausgehen wird von Gott, das bis zum tiefsten Scheol brennen wird«. Gewöhnlich wird Scheol als Hölle übersetzt. Es bezeichnet einen düsteren und traurigen Ort unter der Erdoberfläche, im Gegensatz zu

dem über der Erde gespannten Himmelszelt. Später tritt der Ge-Hinom, als scharf abgegrenzter Strafort, als Hölle im jetzt üblichen Sinn des Wortes auf. Die Bezeichnung ist einem südlich von Jerusalem gelegenem Tal entlehnt, wo abgefallene Juden dem Baal oder Moloch Kinder geopfert haben sollen.

Es zeigt sich ein fundamentaler Unterschied zwischen dem jüdischen Ge-Hinom und dem griechischen Hades. In Sabbath 104a spricht der Talmud von einem Fürst der Hölle, der Gott um Seelen bittet. Nach dem Traktat »Von der Hölle« und dem Orchtah Chajim hat jede Höllenabteilung 6.000 Räume mit je 6.000 Nischen. In jeder stehen 6.000 Gefäße voll Gift für Schmäher und ungerechte Richter[40].

Analog der persischen Höllenvorstellung fällt bei den Hebräern die harte Bestrafung bei sexuellen Vergehen auf. Nach jüngeren Höllenvorstellungen sind Ehebrecher an ihrem Geschlechtsteil aufgehängt. Frauen, die sich auf dem Markt entblösen, um Kindern die Brust zu reichen und dadurch Männer anlocken, sind an Haaren und Brüsten aufgehängt[41]. Ausführlich werden in der Tundal-Vision die sexuellen Sünden beschrieben: »... sowohl Männer als Frauen werden von Teufeln geschwängert. Sie gebären unter furchtbaren Qualen, durch Brust und Arme, Scheusale mit glühenden Köpfen, scharfen eisernen Schnäbeln und nach rückwärts gekrümmten Stacheln an den Schweifen, mit denen sie Gebärende durchbohren und zerreißen«. Diese Qualen - bemerkt der Chronist - treffen vorzüglich Nonnen und Pfaffen, die Gott mit dem geistlichen Habit zu täuschen vermeinten[42].

Im Islam haben wir eine parallele Strömung. Voraussetzung seiner Lehre ist der unbedingte Glaube an Allah, den einzigen Gott und an seine ihm untergebenen Engel, an seine geoffenbarten Bücher und an das Weltgericht. Er schildert plastisch in Sura 81 die schrecklichen Höllenstrafen:

»... die Frevler werden an Haaren und Füßen ergriffen und müssen im sengenden Wind, im siedenden Wasser und erstickendem Rauch wohnen. Die Kleider der Ungläubigen sind aus Feuer gewebt. Auf ihre Häupter und Leiber wird siedendes Wasser gegossen ... sie werden mit eisernen Keulen erschlagen«.

Im Gegenzug schildert er in Sura 56 die den Gläubigen zuteil werdenden Wonnen des Paradieses: »... die Gläubigen werden in wundervollen Gärten wohnen und auf mit Gold- und Edelsteinen geschmückten Polstern sitzen. Blühende Knaben werden sie mit Kannen schäumenden Weines bedienen. Die köstlichsten Früchte stehen zur Auswahl. Als Gefährtinnen sind die schönsten Jungfrauen vorhanden mit großen schwarzen Augen, die gleich Perlen in eben geöffneten Schalen schimmern. Noch unberührt, in unverwelklicher Schönheit und stets gleich geliebt, dienen sie den Seligen zur Freude«.

Germanen, Druiden, Walküren

Die Germanen glauben an Allvadur (= Allvater), ein göttliches Urwesen, das alle deutschen Mundarten als Gott bezeichnen[43]. Lang vor den römischen Eroberungsfeldzügen verfügen die germanischen Volksstämme über eine eigenständige Religion und Magie. Kriegerische Auseinandersetzungen führen zu einer Umschichtung im sozialen, religiösen und rechtlichen Bereich; hinzu gesellt sich die nicht stets liberal durchgeführte Christianisierung.

Vermutlich hat der druidische Kult seine Grundlage in Großbritannien, dem germanischen Totenland. Die Druiden (Irisch: druid = Hochweise) sind die Priester der keltischen Völker und entsprechen den indischen Bramanen. Sie bilden zur Zeit Cäsars in Gallien einen Stand, der mit Freien die Herrschaft über das Volk ausübt. Die Druiden deuten religiöse Dinge und nehmen an öffentlichen wie privaten Opfern teil. Sie kennen Mittel zur Erzeugung der Extase, üben die Kunst der Weissagung und bewahren als Priester eine religiöse Geheimlehre. Sie übernehmen stern- und heilkundliche Aufgaben. Pomponius schreibt ihnen bedeutende Kenntnisse zu.

Kaiser Claudius hebt den druidischen Gottesdienst auf, weil er mit Menschenopfern verbunden ist. Er tritt langsam aus dem Bewußtsein, hält sich aber weit über das 3. Jh. hinaus; dann wird er vom aufkeimenden Christentum verdrängt.

Es ist denkbar, daß aus einer Wortverschiebung die Bezeichnung Drude entsteht (Truten oder Truden got. = trudan), Man versteht darunter nächtliche Druckgeister. Sie ängstigen im Schlaf, schädigen Haustiere und können zaubern. Noch im 18. Jh. werden vereinzelt in unserem Sprachraum Hexen als »Druden« oder »Trutten« bezeichnet. Als Schutzmittel gelten - schon bei den germanischen Volksstämmen - der Drudenfuß und -stein. Der Drudenfuß ist ein mystisch-magisches Zeichen der Gesundheit. Bei den gnostischen Sekten gewinnt er an Bedeutung.

Tacitus spricht von einem Fruchtbarkeitskult jütischer Germanen, bei dem ein Bild der Göttin Nerthus, der »Terra Mater« (= Erdmutter) in einem Wagen vorangezogen wird. Die Germanen pflegen ein reichhaltiges mythologischen Kulturgut. Es reicht von der Weltschöpfung durch die Götter aus den Gliedmaßen des Riesen Ymir, über die Erweckung des ersten Menschenpaares Ask und Embla, vom Krieg der Wanen bis zu ihrer Versöhnung.

Die germanischen Hauptgötter tragen die Namen römischer Gottheiten. Donar (altsächsisch; Thunas, altnord. Thor) ist der bedeutendste. Er stammt aus dem Göttergeschlecht der Asen. Römische Schriftsteller nennen ihn Herkules oder Jupiter. Donar hilft und schützt. Odin (altnord. Idin, ahd. = Wuotan) ist der oberste Gott der Asen. Sein Name ist abgeleitet von Wut (= Erregung). Er erscheint als Gott der Extase, als Toten- und Kriegsgott. Der Sage nach hat er sich selbst umgebracht. »... neun Nächte hing er im »windigen Baum« (Galgen) ... mit einem Speer geritzt«. Odin kann seine Gestalt verwandeln; er reitet das achtbeinige Totenpferd Sleipnir.

Gottes Sohn Fro, ist der frohmachende, schöne und heilige Herr. Er verfügt über die schöpferische Kraft des Odins. Fro ist der Gott der Liebe und des Friedens, der Ehe und der Fruchtbarkeit. Er ist der Gott der

Sonne; er führt das von Odin geschaffene Sonnenlicht den Sterblichen zu. Mit Tieropfern versucht man seinen Zorn zu besänftigen.

Sein Gegensatz ist Hellia, die alle an Krankheiten Verstorbenen verschlingt. Ihre Wohnung liegt tief im Dunkel der Erde. Hier thront sie in einer furchtbaren Gestalt, halb schwarz, halb menschenfarbig. Nach der Edda ist Hellia Loki, des Unheil-stifters, und einer Riesin Tochter, die Schwester des Wolfes Fenrir und der erdumgürteten Schlange.

Ihr Saal heißt Elend, ihre Schwelle Einsturz, Unglück ihr Bett. Träge heißt ihr Knecht und Langsam ihre Magd. Sie ißt von der Schüssel des Hungers und schneidet mit dem Messer der unersättlichen Gier. Sie kennt keine Barmherzigkeit und läßt das Erfaßte nicht los«. Aus der Vorstellung der Hellia entsteht der spätere deutsche Höllenbegriff.

Die Walküren (eigent. Valkyrien = Totenwählerin) sind nach der altnordischen Mythologie überirdische weibliche Wesen, die als Dienerinnen Odins in den Kampf eingreifen. Sie sind eine Variante der sonst geläufigen Engel. Sie bringen die von Odin bestimmten Toten nach Wallhall und bewirten sie mit Met. Wallhall (altnord. Valhöll) ist die Totenhalle. Hier warten die im Kampf Gefallenen und Helden, um gemeinsam mit Odin am Weltende in die Ragnarök zu ziehen. Wir haben eine Parallele zur christlichen Auferstehungs-Idee vor uns.

Die Germanen kennen Holda und ihr Gefolge, die Elben. Es sind übernatürliche Mächte, die vermittelnd in menschliche Schicksale greifen. Die Snorra-Edda unterscheidet zwischen Licht- und Dunkelelfen.

Sie erscheinen bald als Totenseelen, bald als Schutz- oder Hausgeister. Sie verkünden bevorstehendes Unglück, haben eine sinnberückende Macht, können mit Blicken zaubern und Erblindung verursachen. Mehrfach wird ihr verführerischer Gesang (= Alblaich) erwähnt. Ihr Hauch (= Elbhauch) bedeutet Gliedergeschwulst. Sie haben Verlangen nach kleinen Kindern und legen an deren Stelle Wechselbälge in die Wiegen.

Die Germanen sind der Auffassung, daß die Seelen unsterblich sind. Die Toten essen in den Gräbern und führen (dort) ihr irdisches Leben weiter. Sie bleiben mit den Lebenden in Verbindung, um sie zu trösten, zu beschützen, zu belehren und zu beruhigen. Die Germanen lassen ihre Toten in das Totenland Britannien schaffen. Claudius [44] spricht darüber. Der Fuhrlohn für den Schiffer besteht oft in einem Körperteil des Toten. Deshalb legt man in den Totenbaum hölzerne Hände und / oder Beine. Nach Lucans Pharsalia[45] haben die Druiden das Fortleben in einer anderen Welt (= orbe Alio) gelehrt und er sagt: »... die Gallier haben den Tod nicht gefürchtet«.

Vergleicht man die germanische Mythologie mit den religiösen Vorstellungen z. B. der Perser und der orientalischen Völker des Alterstums, erkennt man viele Parallelen. Ein schaffender Gott, verschiedene Untergötter und der stete Dualismus zwischen Gut und Böse. Auffallend sind die verschiedenen Theorien zur Erschaffung des ersten Menschen(paares). Hinzu kommen die spekulativen Einflüsse der griechischen Kultur und die Verzerrungen innerhalb des römischen Imperiums.

Zieht man eine Strich unter diesen Vorspann und die angelaufenen religiösen Deutungsversuche, erkennt man, daß es der Nährboden des Christentums ist. Es werden lediglich taktische Korrekturen und stilistische Feinheiten angebracht; originär ist nur eines; seine gewaltsam und unnatürliche Verbreitung. Zudem ist dokumentiert, daß der christliche Teufelsglaube auf Spekulationen ruht. Es läßt sich mühelos nachvollziehen.

Johann Wolfgang von Goethe.
Er sagt kurz vor seinem Tod zu Eckermann: »... es ist viel Dummes am Glauben der Kirche. Sie will herrschen und dazu braucht sie ein borniertes Volk ... sie hatte Grund genug, dem Volk die Bibel so lange vorzuenthalten«. Gemälde nach dem 1829 entstandenen Bildnis von Joseph Karl Stieler.

»... der neutestamentarische Satan ist als spezifisches Produkt der veränderten Anschauung zu betrachten und steht im Zusammenhang mit der messianischen Idee und der Vorstellung eines messianischen Reiches«. Das polytheistische Heidentum hat sich überlebt. Der Götterglaube wird von Gebildeten zur Fabel herabgewürdigt oder zur Einkleidung philosophischer Ideen herangezogen.

Die griechische Bildung hat das menschliche Bewußtsein empfindsamer gemacht; die Frage der Selbsterkenntnis steigt. Die satanische Idee hat das religiöse Bewußtsein durchdrungen und wir sehen einen weit entwickelten Teufelsglaube. Die Frage, ob Jesus die Vorstellungen seiner Zeit geteilt hat, ist sekundär, denn der seinerzeitige Glaube an die Wirksamkeit von Dämonen ist im Bewußtsein des Volkes verankert[46]. Jesus **mußte** ihn aufgreifen.

Hölle und Satan im Neuen Testament

Im Neuen Testament zeigt sich der Teufel als gefallener Engel, als früherer Inhaber der Herrlichkeit in seiner glanzvollen Herrscherwürde, der mit unzähligen Engeln, die sich verführen ließen, aus dem Himmel gestürzt worden ist. Der Fall des Teufels ist in der widersprüchlichen Bibel nicht erwähnt. Er reduziert sich auf Vermutungen einer Analogie zu dem der Engel.

Die Bedeutung der Dämonen wird bei den Sy-noptikern in der Apostelgeschichte hervorgehoben. Entscheidend ist, daß in der neutestamentarischen Dämono logie das satanische Reich klar erfaßt ist[47]. Hier sehen wir eine organisierte Macht, an deren Schalthebel Satan sitzt. Der Name des Teufels stammt aus dem Griechischen (= Diablos), woraus im Altdeutschen Tiuval und im Hochdeutschen Teufel wird. Es bedeutet Verleumder, Durcheinanderwerfer und Täuscher[48]. Jetzt tritt er als Oberhaupt des Bösen auf; diese Vorstellung kennt das Alte Testament nicht.

Von einem Äußeren des Teufels ist zunächst keine Rede. Die christlichen Kirchenväter geben ihm eine körperliche Gestalt, die sich im Glauben der Leichtgläubigen verwurzelt und dennoch - oder gerade darum - keine Basis hat. Der christliche Teufel wird systematisch mit negativen Merkmalen ausgestattet. Er bekommt Schlitzohren, Fledermausflügel, spitze Hörner, lange Ohren, einen übelriechenden Bart, Geierkrallen, dürre Beine und einen Pferdehuf. Dann schreibt man ihm die Fähigkeit zu, bestimmte Gestalten anzunehmen. »... man dichtet ihm einen feinstofflichen, fast durchsichtigen astralhaften Körper an, (denn) auf diese Weise könne er die Menschen leichter verführen«.

Zunächst erscheint es als Versucher der Frommen und Ankläger der Menschen; er wird dem Tod und der Sünde in Verbindung gebracht[49], zum speziellen Feind Christi und damit zum Verderber und Widersacher der Christgläubigen erklärt. Der Teufel verfinstert den Verstand und verkehrt den Willen der Menschen[50]. Er sucht der Stiftung und Ausbreitung seines Feindes Christi entgegenzuwirken[51]. Auf diesem Phantom wird der Glaube der römisch-katholischen Kirche errichtet. Als von Christus Abgefallene werden nicht nur Sünder[52], sondern (auch) Irrlehrer[53] bezeichnet. Irrlehrer sind solche, die hinter die Kulissen der christlichen Religion sehen und deren Machenschaften kritisieren. »Wer an Christus glaubt, entrinnt der Gewalt des nichtexistenten Teufels und wird in das gleichfalls spekulative göttliche Reich versetzt«[54]

- Der Teufel bedient sich der List, gibt sich den Anschein des Guten. Er verstellt sich zu einem Engel des Lichts[55].

- Er sucht die Schwachen durch Zeichen zu bewältigen[56].

- Als Feind Gottes ist der Teufel der Feind des Guten. Er sucht ohne Unterlaß den Samen des Bösen auszustreuen[57] und das Wort Gottes aus den Herzen zu reißen.

- Seine erste Tat ist die Verführung der Eva zur Sünderin. Seine zweite die Verleitung Kains zum Brudermord. Daher ist er der Urmörder. Er ist der Urheber der Sünde und des Todes[58].

Auf solchen Spekulationen errichtet die römisch-katholische Kirche eine Säule ihre Macht. Freilich ist Christus - der Gute - stärker als Satan - der Böse. Über den Zeitpunkt der Bewältigung gehen die Ansichten christlicher Autoren auseinander. Nach einigen Stellen ist Christus von vornherein der Stärkere; wohlgemerkt. Ob er dies selbst wollte, ist offen, denn man hat ihm die christliche Religion nachträglich in die Sandalen geschoben. Nach Johannes ist der Fürst der Welt gerichtet. Die Apokalyptiker erwarten seinen Sturz in der Zukunft.

Nach einer weiteren Version geht der Teufel wie ein brüllender Löwe herum; bald ist er durch den Tod Christi besiegt, bald dauert sein Kampf bis zu seiner Wiederkunft; wo so viele Widersprüche sind, kann die Basis nicht stimmen.

Das wird der Wendepunkt, infolgedessen das Verhältnis zwischen dem Erlöser gegenüber dem Teufel aus dem Gesichtspunkt des Rechtsverhältnisses betrachtet wird. Nach der Ansicht des Irenäus ist der Mensch durch die Übertretung des göttlichen Gebotes in die Gewalt des Teufels gekommen. Origenes ist der Meinung, daß sich die Dämonen in einem stetigen Kampf mit dem Christentum und dem Reich Gottes befinden. Nach ihm sind die Menschen Werkzeuge der Dämonen, deretwegen er aus dem Himmel gestoßen worden ist.

Tertullian stellt die Behauptung in den Raum: »... daß fast kein Mensch ohne unreine und böse Dämonen sei«. Irenäus, ein Bekämpfer des Gnostizismus, setzt am die Stelle des Demiurg den Teufel und den von den Häretikern übernommenen Begriff von seiner Versöhnung nach dem Prinzip des Rechtes auf dem Boden der christlichen Dogmatik. Bemerkenswert ist, daß während des 2. Konzils von Brega (561) die These der Priscillianisten verworfen wird, derzufolge der Teufel kein von Gott geschaffener Engel ist; er wäre aus der Finsternis aufgetaucht und habe keinen Schöpfer gehabt«[59].

Die relativ milde Lehre, daß in ferner Zukunft die Qualen der Sünder, selbst die der Teufel, ein Ende nehmen und die Dämonen und Gottlosen in ihren Urzustand zurückversetzt werden, wird vom 7. Konzil von Konstantinopel verworfen. In diesem Zusammenhang wird die Irrlehre des Origenes erwogen und 553 durchgesetzt.

Der nächste Schritt ist logisch, da die Kirchenväter behaupten, daß der Mensch von bösen Dämonen umgeben sei- und (folgerichtig) ausgetrieben werden muß. Gegen die von allen Seiten auf ihn einwirkende böse Macht (der Dämonen) ersinnen die Kirchenväter sinnlose Gegenmittel; bald kämpft Aberglaube gegen Aberglaube. Hermes erkennt in der Gottesfurcht die nötige Sicherheit: »... der Teufel flieht vor dem Gebet des Christen«[60], vor dem ausgesprochenen Namen Jesu[61] und vor dem Zeichen des Kreuzes[62]. Origenes spricht von der Wirksamkeit des Gebetes und der Gaben. Er beruft sich auf die Stelle des Makkabäerbuches: »... Judas Makkabäus habe 2.000 Drachmen gesammelt und diese in den Tempel als Sühneopfer für die Verstorbenen geschickt«.

Teufel und Engel = siamesische Zwillinge

Es ist naheliegend, sich die imaginären Wesen körperlich vorzustellen, wie es bereits die ältesten Kulturmenschen getan haben. Nach Tatian sind die dämonischen Leiber von der Art der Luft oder des Feuers. Ohne Körper, heißt es in den Auszügen des Theodoret, während die Dämonen für keine Strafe empfänglich sind, heißen sie jedoch unkörperlich im Vergleich mit den geistigen Leibern der Seligen, wogegen sie lediglich ein Schatten sind. Die bösen Dämonen werden gleichzeitig mit den guten geschaffen. Sie wirken dem göttlichen Willen entgegen, unterliegen aber seiner Machtfülle.

Aus der Vorstellung der Leiblichkeit folgt die Erfordernis ihrer Nahrung. Deshalb läßt sie Origenes den Dampf des Weihwassers und der Opfer einsaugen. Ähnlicher Meinung sind andere Kirchenlehrer. Sie sind davon überzeugt, daß Dämonen von menschlichen Leibern Besitz ergreifen. Dennoch macht Origenes die Anmerkung, daß manche Ärzte solche Zufälle als natürlich ansehen. Nach Cyprian sind die Teufel die Erfinder der Ketzerei und der Schismen.

Tertullian weiß, daß der Teufel beim Götzendienst die Sakramente nachahmt, seine

177

Getreuen tauft und sie an der Stirn kennzeichnet. Daraus entsteht 1300 Jahre später im Zusammenhang mit den Verfolgungen der Hexen das »stigma diabolicum«. Andere erklären das höllische Reich als eine in seinen Ordnungen, Würdenträgern und Abstufungen nachgeahmte Monarchie des Teufels. Diese naive Auffassung prägt das Volksbewußtsein des Mittelalters und wirkt weit darüber hinaus.

Wie Gott die Welt geschaffen hat, so umgibt er sie (sich) mit dienenden Geistern. Sie bewegen die himmlische Sphäre und leiten die Bahnen der Sterne; sie bestimmen das Geschehen am himmlischen Zelt ... erkennen die (göttliche) Weisheit, können Fliegen, Wasser treten, durch Mauern gehen, Kranke heilen und sich unsichtbar machen. Die Engel stehen über den Menschen und haben Rangstufen. Man nennt sie Seraphim, Cherubim, Thronen, Herrscher, Tugenden, Mächte und Erzengel.

Wie die Engel eine »engelgleiche«, so verfügen die Teufel über eine »höllische« Weisheit. »... sie machen Donner, Schauer, Hagel, Schnee, Regen, Wind, Wolkenbruch, Erdbeben und seltsame Figuren am Himmel, und viel dergleichen Stücke mehr (Paracelsus).

Die Teufel sind Stifter der Abgötterei und lassen sich von den Heiden als Götter verehren. Ihr Ansinnen ist darauf gerichtet, Menschen zu verderben. Der oberste der bösen Geister ist Satan, Luzifer, Beelzebub, Belial, Levithian oder Samael, wodurch sie ihre geistige - doch theoretische - Herkunft verdeutlichen. Meist erscheinen die Teufel in Tiergestalten ... einige der untergeordneten Geister haben besondere Kostüme. »... auch sind Teufel in ganzen Provinzen. Wie denn in Welschland der Hoffartteufel, in Teutschland der Freß- und Saufteufel, in Griechenland der Lügenteufel, in Frankreich und Hispanien der Huren- und Meineidsteufel reitet und regiert, so hat jeder Mensch eines jeden Lasters seinen«.

Es kommt hinzu, daß man den menschlichen Schwächen dämonische Einflüsse beilegt. Clemens Alexandrinus hält den leckermaulingen Bauchteufel für den bösartigsten

Dämon, der mit den in Bauchrednern wirksamen identisch ist [63]. Aus dem gleichen Denken entstehen - auf der positiven Seite - die Schutzengel. Später setzt sich die Auffassung durch, daß sie verschieden sind. »... daher hat der Fürst (und: wäre er der Schlechteste) noch immer einen größeren und stärkeren denn der gemeine Mann«).

Die dämonische Natur ist über der menschlichen erhaben. Es werden ihnen luft- und lichtartige Körper beigemessen. In den Clementinischen Homilien hat ihnen Gott einen »feinen« Lichtkörper von unermeßlicher Schönheit gegeben. Hermes berichtet, daß ein Mensch von zwei Genien, einem Guten und Schlechten, begleitet wird. Die Schutzengel bewachen die Frommen und aktivieren die göttlichen Tugenden. Nach Origenes hat Raphael die Aufsicht über die Kranken, Gabriel über die Kriege und Michael über die Gebete. Der Erzengel Gabriel soll zu Maria gesagt haben: »... der heilige Geist wird über Dich kommen und die Kraft des Höchsten wird Dich überschatten[64]:

Nach Origenes sind die bösen Dämonen im Besitz geheimer Kenntnisse. Ihren Aufenthalt erkennt er in der »dicken« Luft. Athenagoras leitet die Unordnung der Welt von teuflischen Dämonen ab. »... sie suchen dem Mensch allerhand Übel zuzufügen, indem sie Landplagen, Mißwachs, Dürre, Pest, Viehseuchen, Krankheiten und sonstige Übel hervorbringen«[65].

Thomas v. Aquien, Otto Hophan

Thomas v. Aquien hält es für wahrscheinlich, daß Gott die Engel in seiner heiligmachenden Gnade erschaffen hat. Nach ihm verwalten sie im Auftrag des göttlichen Schöpfers das Universum, die Himmelskörper und halten das Planetarium in Ordnung. Nach dem Ordensgeneral der Franziskaner, Bonaventura, einem Zeitgenosse von Aquien, sind die Menschen unterhalb der Engel angesiedelt, »...wenn sie einst im Himmel wandeln«.

Es ist wichtig, hier auf Thomas v. Aquien zu sehen, den »Fürst der Theologen«. Er führt nicht nur die Engellehre, sondern auch den Teufelsspuk in das christliche Denken ein, d. h. er verankert es unauslöschlich. Papst Leo XIII. stellt in einem Schreiben an alle Patriarchen, Primaten, Erzbischöfe und Bischöfe Thomas v. Aquien als (vorbildlichen) Lehrer für die gesamte Philosophie und Theologie hin. Er stellt heraus: »... der Sonne gleich hat er den Erdkreis mit dem Glanz seiner Lehre erfüllt. Man kann sagen, daß er mit unwiderstehlicher Kraft die Irrtümer der Ketzer und Rationalisten bekämpfte. Die Väter des Konzils zu Trient haben aus seiner »Summa« Rat, Beweise und Aufschlüsse gezogen«[66]. Innocenz IV. unterstreicht es: »... die Lehre des hl. Thomas zeichnet sich von allen anderen aus ... durch die Wahrheit der Lehrsätze, so daß diejenigen, die ihnen folgen, nie in einem Irrtum betroffen werden«[67]. Es ist in doppelter Hinsicht falsch.

Thomas v. Aquien war - wie alle - ein Kind seiner Zeit; d. h. den damit verbundenen Irrtümern verbunden. Er schöpft aus der nebulösen Vergangenheit der Geschichte und es kann keine Rede davon sein, daß **er** »irrtumslos« gewesen ist. Bei Licht betrachtet, hat er durch das Manifestieren seiner antiquierten Ansichten einen Schatten über die Christenheit gelegt; es besteht kein Grund zu seiner Verherrlichung. Er meint: »... wenn aus dem Beischlaf der Teufel mit Menschen Kinder geboren werden, so sind sie nicht aus dem Samen des Teufels entstanden, sondern aus dem, den er sich von einem wirklichen Mensch verschafft hat ... derselbe Teufel, der sich als Weib mit einem Mann geschlechtlich vergeht, kann dies auch als Mann mit einem Weib tun«. Von hier zum Verfolgen der »christlichen« Hexen / Hexer ist es nur ein Schritt. Dieser absurde Gedanke hat Tausenden das Leben gekostet. Nach Thomas v. Aquien gibt es tausendmal tausend Millionen Engel[68]: Einer leuchtet dem anderen; er teilt ihm Wahrheit und Erkenntnis mit[69]. Es stimmt nicht, denn es gibt keine Engel!

Nach der Ansicht frommer Katholiken sind sie noch heute mitten unter uns, die die frühen Kulturmenschen seit Hunderttausenden von Jahren in modifizierter Form erschaffen haben. Otto Hophan sagt im 20. Jh.

»... sie sind den Bildern in einem Film ähnlich. Die Engelsgestalten scheinen wie Darsteller auf einer Leinwand zu agieren. Sie reden, aber nicht mit dem Mund. Durch die Kraft des Geistes bewirken sie Schallwellen, die sich zu einer menschlichen Stimme formen. Sie gehen, aber nicht mit den Füßen, sondern wie bewegbare Erscheinungen[70]«... wir werden sie einmal schauen, mit einem weißen Streifen an einem weißen Gewand«.

Nach Hophan vollziehen sie am Tag der christlichen Auferstehung die Mobilmachung der Toten: »... sie blasen die Posaune, schlagen die Bücher auf, in denen alle Sünden verzeichnet sind. Nach einer Prüfung der Akten wird das Urteil gesprochen (Himmel, Fegefeuer oder Hölle)[71]. Ungetauft verstorbene Kinder läßt unser Gewährsmann umherirren.

»... nicht die Bibel selbst, doch beachtenswerte Auffassungen mancher (!) kirchlicher Schriftsteller behaupten (man beachte die logische Beweisführung!), daß es Engel sind, die eine Durchglühung der noch nicht gereinigten Seelen vornehmen. Mitleidig, aber unbestechlich spenden sie Ungeklärten die Feuertaufe oder die letzte Läuterung«[72]: Hophan phantasiert.

Sicher scheint man sich mit der Auferstehung nicht zu sein. Abgeschwächt konstatiert der Katechismus der Bistümer Deutschlands 1967: »... bei der Auferstehung werden die Leiber der Toten für immer mit ihren Seelen vereinigt. Die der Bösen werden häßlich sein; sie werden Bosheit und Verzweiflung widerspiegeln. Die Leiber der Guten werden herrlich sein, denn sie werden dem verklärten Leib Christi (der unbekannt ist!) gleichen. Welch kühne Behauptung!

Im Apostolischen Glaubensbekenntnis steht im 5. Artikel: »... abgestiegen zur Hölle (und) am dritten Tage wieder auferstanden von den Toten«. Demzufolge hat Christus einen Kurzbesuch in der Hölle gemacht, bevor er in den Himmel aufgefahren ist. Doch selbst in diesem nicht unwesentlichen Punkt widersprechen sich die Evangelien. In Luk. 23.43. heißt es: »... Wahrlich, ich sage Dir, heute noch wirst Du im Paradies sein«.

Dies schließt die höllische Stippvisite aus. Laut Apostelgeschichte folgt die Himmelfahrt erst 40 Tage nach der Auferstehung; ein zusätzlicher Widerspruch zu der Tatsache, daß niemand in die Hölle hinab - oder in den Himmel hinaufsteigen kann, denn beides gibt es nicht.

Heute scheinen die Geistlichen einige Formulierungen des nie de facto existierenden »Apostolischen« Glaubensbekenntnisses nicht mehr präzis genug zu sein. So soll es ab dem 1. Advent 1974 heißen: »... nicht mehr abgestiegen zur Hölle«, sondern lediglich: »... in das Reich des Todes« und statt »Auferstehung des Fleisches«, soll man »Auferstehung der Toten« sagen. In der Coburger Neuen Presse vom 24. November hat Pater Mickeluhn unter der Überschrift »Bekenntnis mit Spickzettel« den Kirchgängern empfohlen, einen solchen in ihr Gesangsbuch zu legen, damit sie nicht (mehr) die alte Formel hersagen, die bar jeder Grundlage ist.

Ignis purgationis (= Fegefeuer)

Schon Zoroaster hat eine Wanderung der menschlichen Seelen durch 12 Stufen angenommen, ehe sie vollständig gereinigt sind. Nach Plato werden sie so lang an einem dunklen Ort zurückgehalten, bis sie makellos sind. Die Ausformung des »christlichen« Fegefeuers, das seine antiken Grundlagen nicht verleugnen sollte, erfolgt unter Gregor I., der sein Amt von 590 - 604 bekleidet. Er sagt: »... die Leider der Sünder bestehen in einem unauslöschlichen Feuer der Sehnsucht nach Gott; Neid auf die Seligen, Furcht, Verzweiflung und Mitleid mit den Qualen ihrer Angehörigen«. Er gestaltet den Läuterungsprozeß zu einem kirchlichen Reinigungsfeuer, durch das jede Seele für kürzere oder längere Zeit hindurchgehen müsse, um »unbefleckt« das »ewige« Leben zu erlangen.

Die Lehre vom Fegefeuer ist verhältnismäßig jung. Erst auf dem Konzil von Florenz (1439) erhält sie kirchenamtliche Bedeutung. Danach unterliegt das Fegefeuer einem göttlichen Urteil und wird als zeitlich begrenzter Strafort angesehen.

Ein Kirchenlexikon stellt heraus: ... im Abendland ist es eine ziemlich allgemeine Annahme der Theologen, daß die Strafe des Fegefeuers in einem wirklichen Feuer besteht. Die Kirche hat sich hierüber nicht ausgesprochen. Sie lehrt über die Art der Strafe nichts weiteres, weil sie hierüber keine näheren Aufschlüsse empfangen hat; darum bleibt dieses Gebiet dem freien Spielraum überlassen.

Es schält sich die Vorstellung heraus, daß man das unnötige Reinigungsverfahren durch Gebete, Opfer und Messen beeinflussen kann. Dir Kirche spielt sich zum Retter und Erlöser der Seelen auf, sie spricht Lob und Tadel; freilich nicht umsonst.

Das katholische Priestertum verwendet das »Fegefeuer« als wirksames Mittel, um Leichtgläubige von ihren Gütern und Ersparnissen zu befreien. Noch heute werden Seelenmessen gelesen, die den Charakter primitiver Naturvölker wiedergeben. Die römisch-katholische Kirche hat aus diesem Märchenfundus Milliarden gezogen.

Ein weiteres Positivum kommt hinzu: der Aberglaube wird wach gehalten. 1878 verbreitet die Bonifaziusdruckerei das Buch des Jesuiten Rosig-noli »Wunderbare Ereignisse aus dem Jenseits ... ermahnt euch der armen Seelen aus dem Fegefeuer«. Darin wird gesagt: »... eine Tante des Kaisers Otto IV. hörte es an der Tür klopfen ... sogleich öffnete sie sich von selbst ... der Kaiser, der sehr fromm gestorben war, trat als Bittender ein und sagte: «... ich schmachte in den Flammen des Fegefeuers ... und fordere die Klöster auf, für mich zu beten«. Noch heute glauben Millionen von Christen an diese Wunderwaffe!

Teuflische Visionen

Augustin sucht zu beweisen, daß die Sünder ewig in der Hölle brennen müssen, ohne verzehrt oder vollständig vernichtet zu werden, »... wie dieses (auch) bei Vulkanen, Pfauenfleisch (Phönix) und gebranntem Kalk der Fall ist«. Er nennt die Hölle »ewiges Sterben«. Johannes soll in seinen Offenbarungen gesagt haben: »... ich sah einen Engel vom Himmel fliegen, der den Schlüssel zum Abgrund und eine große Kette in seinen Händen hatte. Er hat den Drachen, die alte Schlange ergriffen, die der Teufel in seinen Händen hat und hat ihn auf tausend Jahre gefesselt«[73]. Kaum eine andere Legende hat soviel Unheil gestiftet wie diese. U.a. die großen Ketzerbewegungen des Mittelalters beeinflußt, wenn nicht ausgelöst. Sie ist aus der Luft gegriffen.

Eine frühchristliche Jenseitsvision ist die sog. Apokalypse des Petrus[74], die aus der 2. Hälfte des 2. Jh. stammen soll. Ihrzufolge werden »Verfertiger von Götzenbildern und Apostaten in schrecklichen Flammen gebraten«. Im 4. Jh. erwähnt Sazozemus in seiner Kirchengeschichte eine Apokalypse des Apostels Paulus, die angeblich in seinem Haus in Tarsus gefunden worden ist. Und selbst, wenn dem so gewesen wäre, hätte sie keine Bedeutung, denn jede Teufelsvorstellung ist absurd.

Nach seiner Vision (= Version) stecken die Seelen der Ungläubigen in einer unendlich tiefen Blutgrube, in die sie immer tiefer sinken, ohne je auf den Grund zu gelangen. Sie flehen vergeblich um Erbarmen. Etwa aus der gleichen Zeit stammt die Vision des Patriarchen oder Einsiedlers, des hl. Antonius. In seiner, wegen der Widmung an den Hofbeamten Lausus, Lausiakon genannten Sammlung von Heiligen- und Einsiedlerbiographien, hat er, nachdem er Kämpfe mit Dämonen bestanden hat, ein volles Jahr zu Gott gebetet: » ... er möge ihm die Aufenthaltsorte der Gerechten und Sünder offenbaren ... er sah nur einen schwarzen, großen, bis zu den Wolken reichenden Riese mit ausgestreckten Händen, unter dem sich ein ungeheurer See ausdehnte«.

Nach der Vision des Alberich müssen Eheleute, die an Sonn- und Feiertagen fleischlich miteinander verkehren, eine 360 Ellen hohe, glühende und eiserne Leiter hinaufsteigen, von der sie in einen Kessel mit siedendem Öl, Pech und Harz stürzen«[75].

Der Mönch Wetti aus dem Kloster Reichenau hat nach Aufzeichnungen kurz vor seinem Tod (3. Oktober 824), von einem Engel geleitet, Himmel, Hölle und das Fegefeuer durchwandert und gesehen, wie Karl d. G. und Geistliche für ihre geschlechtlichen Sünden gepeinigt worden sind. Er berichtet, daß der Kaiser unter Berücksichtigung seiner sonstigen Frömmigkeit und der der Kirche geleisteten Dienste später in das Paradies gelangen wird.

In einer weiteren Vision erkennt er eine arme Frau. Sie hat im Fegefeuer Karl d. G. und die unter der Last von 3 Mühlsteinen jammernde Kaiserin Irmgard gesehen (gest. 818).

Dann gibt es noch die angeblich von Hinkmar selbst aufgezeichnete, wahrscheinlich von ihm verfaßte, aber einem Berthold (Bürger von Rheims) zugeschriebene Vision. Er sieht an einem finsteren Ort Karl den Kahlen in Schmutz und Fäulnis liegen. Er bittet den Erzbischof Hinkmar, sich für ihn zu verwenden und sagt: » ... ich leide so, weil ich seine wohlmeinenden Ratschläge nicht befolgt habe«.

Der wundersüchtige Cäsarius v. Heisterbach (gest. 1244) behauptet in seinem Dialogus. » ... ein Pilger hat sich so betrunken, daß man ihn für tot hielt. Nachdem er seinen Rausch ausgeschlafen ... berichtet er, in der Hölle gewesen und dort gesehen zu haben, wie man den Abt von Corvey dahin brachte, und dem »Fürst der Finsternis« einen feurigen Kelch heißen Schwefels zum Trinken gab«[76].

Allerseelentag

Wenngleich die römisch-katholische Kirche über Jahrhunderte im Kampf mit anderen Religionsvarianten steht, **muß** sie ihnen gegenüber Verbeugungen machen; sie **muß** heidnische Bräuche aufgreifen, d.h. christianisieren. Als Beispiel dazu haben wir den sog. »Allerseelentag«. Im Anschluß an den seit vielen Jahren üblichen und 835 u.Z. von Gregor IV. allgemein gemachten Allerheiligentag (1. November) hat Abt Odilo des Benediktinerklosters Cluny die Feier mit einem bestimmten Ritual eingeführt. Innerhalb von 2 Jahrhunderten wird daraus ein zweiter Feiertag, der sog. »Allerseelentag«. Es geht aus der Lebensbeschreibung Odilos (gest. 1049) hervor, die der hl. gesprochene Petrus Damiani verfaßt hat.

»... ein von Jerusalem heimkehrender Pilger wird auf dem Meer von einem Sturm überrascht und auf eine felsige Insel gespült, auf der ein frommer Eremit lebt. Dieser erzählt dem Angeschwemmten, daß sich in seiner Nähe ein feuerspeiender Berg befindet, in dem Verdammte Strafen erleiden. Zur Vollziehung derselben wären viele Teufel angestellt ... sie peinigten die Seelen bis zur Erschöpfung ... den meisten Abbruch täten ihnen der Abt und die Mönche von Cluny«.

Schließlich bittet der Eremit den Pilger, sich nach Cluny zu begeben und die dortigen Mönche zu noch reicheren Almosen zu bewegen. Daraufhin verfügt Odilo, daß man einen Tag nach Allerheiligen einen Gottesdienst mit Geläute, Almosen und Bewirtung der Armen abhalten soll ... zum Heil aller Seelen seit der Erschaffung der Welt«[77]. So entwickeln sich die Seelenmessen, die Seelgeräte (und die Bedefahrten) und (auch) die sog. »Seelen«, die noch heute täglich bei den Schwaben verspeist werden.

Der dazu gespendete Meßwein darf nicht sauer sein; er schadet sonst dem Verstorbenen. Wie der Bischof Gregor v. Tours erklärt, hatte ein kinderloses Ehepaar aus Lyon sein Vermögen der Kirche vermacht. Nach dem Tod des Mannes läßt die Witwe ein Jahr lang täglich eine Messe für ihn lesen und liefert dazu guten Wein. Der Subdiakon behält den edlen Tropfen für sich und schüttet Essig in den Abendmahlskelch. Da erscheint der Verstorbene und sagt: «... habe ich mein ganzes Leben schwer gearbeitet, um jetzt Essig zu trinken?«. Die Sache wird aufgedeckt. Die Frau geht in die Kirche, um von dem Wein zu kosten. »Er ist so sauer, daß sie glaubt, es reiße ihr die Zähne heraus«[78].

Teufelsglaube im Volk, bei Geistlichen und Jesuiten

Die teuflischen Vorstellungen werden ab 1300 unter dem Einfluß der Scholastik(er) konkreter; der Teufelswahn wird polarisiert. Es bilden sich sog. Mirakelspiele heraus, in deren Mittelpunkt das »Erlöserdrama« steht, dessen Ausgang vorab fixiert ist; eine geniale Erfindung. Der fiktive Kampf zwischen einem angenommenen Teufel und Christus, also zwischen Gut und Böse. In der logischen Entwicklung entsteht das mittelalterliche Teufelsdrama und daraus der nachmittelalterliche Hexenhaß. Immer und immer wieder wird von Kanzeln suggeriert, wie schlecht das Böse sei und wie unabdingbar notwendig es ist, an die »einzig-wahre« Religion zu glauben[79].

Melanchthon sagt: «... ich trage keinen Zweifel, daß der Tanz der Ziegen, der Flug der Drachen und ähnliches die Spiegelfechterei böser Geister seien, um entweder die Leute zu erschrecken oder um sie zu betrügen. Das Schiffsvolk meint, das an den Masten sichtbare Feuer sei Castor und Pollux. Bisweilen erscheint Licht über den Ohren der Pferde. Es ist gewiß, daß dies alles Zauberwerk der Dämonen ist«.

»... als ich in Tübingen war, sah ich jede Nacht Flammen, die so lang brannten, bis sie in einem gewaltigen Rauch aufgingen. Gleichfalls erschienen mir in Heidelberg Gestalten wie fallende Sterne, die jede Nacht kamen. Das sind ohne Zweifel Teufel, die immerfort unter den Menschen umherschweifen«. Außerdem spricht er in seiner Schrift »De anima« von teuflischen Träumen; er sieht die nächtlichen Hexenfahrten als Realität an.

Luther erzählt in seinen Tischreden: »... daß ein Torgauer Pfarrer zu ihm gekommen wäre, heftig klagend, daß der Teufel des Nachts ein Polterstürmen, Schlagen und Werfen in seinen Haus hatte, daß er ihm Töpfe und Schüsseln an den Kopf werfe und sie zerbreche, plaget ihn und lachet noch fein dazu, daß er oftmals den Teufel lachen höre, er sehe jedoch nichts«.

Noch heute zeigt man auf der Wartburg sensationshungrigen Touristen den Tintenfleck, der dadurch entstanden sein **soll**, daß Luther dem ihn peinigenden Teufel ein Tintenfaß nachgeworfen haben soll. Er sagt selbst: «... er habe auf der Wartburg einen Sack mit Haselnüssen verschlossen ... als ich des Nachts zu Bette ging, zog ich mich vorher in der Stube aus, löschete das Licht und ging in die Kammer ... da kommt ein Poltergeist über die Nüeß und hebt an und quitzt eine nach der anderen an die Betten mächtig hart, rumpelt mir am Bett, aber ich fragte nichts danach. Wie ich ein wenig schliefe, da hebt an der Treppe solch ein Poltern an, als würfe man einem Schock Fässer hinunter ... so ich doch wußte, daß ich die Treppe mit Ketten wohl verwahrt (hatte) ... so daß niemand heraufkommen konnte. Ich stand auf und ging, um zu sehen, was sei; da war die Treppe zu«. Vielleicht hat er seinerzeit ein Glas zuviel von dem sauren thüringischen Wein getrunken.

Die Lehre von der Macht des Satans und seines Gesindels über alle natürlichen Dinge, besonders über die Menschen, tritt als lutherische Fundamentallehre überall und stets in den Vordergrund, denn sie sollte in der Schule gelehrt und von den Kanzeln gepredigt werden[80]. Die Volksschule war ein Kind in den Windeln und läßt neben dem lutherischen Katechismus kaum noch ein Plätzchen für Lesen und Schreiben. Schwager (1783) bemerkt: «... der Glaube an einen beinahe allmächtigen Teufel herrscht noch in den meisten Köpfen der Christen. Geistliche sind es, welche ihn gewöhnlich unterhalten und fördern«[81].

Aus Meißen berichtet 1563 ein Prediger: «... allhier glaubt schon Jung und Alt mehr an den Teufel als an Gott und sein heiliges Evangelium«[82]

Im Herzogtum Preußen wird in einem Bericht veröffentlicht: «... weil das Volk bei allen Predigten fast nichts mehr höre, als vom Teufel reden und von seinen Anschlägen, wie er Ungewitter und Hagel stifte, Verderben des Getreides, Vergiftung der Luft, Mord, Totschlag, in dem einer den Hals breche, glaube er allgemach, daß nicht mehr Gott, sondern der Teufel die Welt regieret«.

»... wir sind alle mit Leib und Gut dem Teufel unterworfen und ein Fremdling in der Welt, dessen Fürst und Gott er ist. So das Brot, welches wir essen, den Trank, den wir nehmen, die Kleider, die wir gebrauchen, ja die Luft und Alles, von dem wir leben, ist in seiner Herrschaft«.

»... Außerdem schreibt Luther 1521 in einem Brief an Spalatin: »... wir sind endlich hier angekommen, obwohl der Satan es durch mehr als eine Krankheit zu verhindern gesucht ... denn den ganzen Weg von Eisenach bis hierher bin ich immer schwach gewesen und bin es noch auf (eine) solche Art, die ich früher nicht erfahren«. oder: »... als man den Prediger Oecolampadius eines morgens tot im Bett findet und die Leute sagen, daß er an der Pest gestorben ist, ruft Luther aus: »Nein, am Teufel ist er gestorben, der hat ihm den Hals umgedreht und singt (nun) ein Lob- und Dankenslied«.

Luther schreibt an den Kurfürst Johannes: «... ich glaube, daß meine Krankheiten nicht alleweg natürlich sind, sondern daß Junker Satan seinen Mutwillen an mir übet durch Zauberei ... keine Krankheit kommt von Gott, der Gut ist und Jedermann alles Gute tut; sondern (sie) ist vom Teufel, der alles Unglück stiftet und anrichtet, und der sich in alle Spiel und Künste mengt, schließt aus Pestilenz, Franzosenfieber usw.«.

»Zauberei ist des Teufels Werk, damit den Leuten, wenn ihm Gott verhängt, nicht allein Schaden tut, sondern auch ganz und gar dadurch erwürget und umbringt, ja wir sind dem Teufel unterworfen«. »... er ficht mich oftmals so gewaltig an und überlässet mich so plötzlich mit schweren und traurigen Gedanken, daß ich meines lieben Herrn Christo ganz vergesse oder ihn anders ansehe, denn er anzusehen ist«[84].

»der Teufel ist ein solcher Meister, der aus einem Baumblättlein kann den Tod machen; er hat mehr Gefäß und Büchsen voller Gift, da er die Leute mittötet, mehr denn alle Apotheker in der ganzen Welt«.

Nach Luther gibt es vor dem Jüngsten Tag keine Hölle, die gefallenen Engel wohnen in der Luft und in der Welt, wie die Wolken und die Hummeln. »... die Teufel haben nicht ihre Strafe und Pein, sondern gehen in einem verzweifelten Wesen umher als zum Unheil verdammt. Bis zum Jüngsten Tag ist kein Ort, da sich die Verdammten aufhalten ... die Teufel sind nicht in der Hölle«[85]. Diese Auffassung steht im Widerspruch zur kirchlichen Lehre.

1723 hat Professor Schuppart aus Gießen unter dem Teufel zu leiden: «... er rumort im Haus, wirft Möbel durcheinander, zerbricht Fenster, öffnet Türen und wirft sie wieder zu. Er bewirft den Professor mit Steinen, Messern und Gabeln, schlingt ihm Stricke um den Hals und sucht ihn zu erwürgen. Außerdem will er ihn gebissen und so hart geschlagen haben, daß es die Leute klatschen hörten. Die Spuren der Mißhandlung waren an ihm sichtbar ... der Teufel soll ihm Blätter aus der hl. Schrift gerissen haben«.

Wer wundert sich, wenn der Teufelswahn - auch von protestantischer Seite aus - im 16. Jh. auf das einfache Volk überspringt. »... in Melchendorf, einem erfurtisch-katholischen Pfarrdorf, kam eine Frau ins Kindbett. Einige Tage nach der Niederkunft hörte man des abends in der Mitternachtsstunde eine Kuh im Stall blöken. Der Mann stand auf um nachzusehen, ob sich vielleicht ein Ochse losgerissen hatte«. Was, sagte die Frau, willst Du nachts zwischen 11 und 12 Uhr in den Stall gehen? ... können wir da nicht das größte Unglück haben? ... wer weiß, ob nicht der böse Feind die Kühe blöken macht, um dich zu überfallen, wenn du hinauskommst ... und mich könnte der Kobold bedüstern und mir einen Krüppel für mein gesundes Kind hinlegen ... wie es schon viele Exempel gibt«. Der Mann hörte auf seine (kluge) Frau und geht erst am kommenden Morgen in den Stall. Ein Christ hatte ihm den Ochsen gestohlen.

»Köln, den 27. August ... zu Itzehohe läßt sich der Teufel leibhaftig sehen. Er hat über 20 Ochsen die Hälse umgedreht und vielen von ihnen die Hörner in die Erde gedrückt. Es wurden alle tot gefunden ... er hat ihnen an etlichen Marketenderwägen die Deichseln zusammengeflochten, (so) daß man sie auseinanderhauen mußte ... er hat das Stadttor aufgehoben und ist etliche hundert Schritte in die Stadt gekommen ... den Wachen hat er stark zugesetzt ... weitere Erfahrung gibt die Zeit«.

»Augsburg, 30. Mai ... diesen Tag ist allhier ein Bayrisches-Bauern-Mensch verbrannt worden, so eine Hexe gewesen, und ihr Kind umgebracht, nachgehends (hat sie) solches dem Teufel zum Lohn gegeben, weil er ihr für eine Hebamme gedienet«.

»Köln, vom 27. November ... zu Etzdorf, unweit Ahrweiler, hat der leidige Teufel dieser Tage einen Sohn von 18 Jahren, der seine Mutter geschlagen, in solcher Tat hoch durch die Luft hinweggeholet ... und ist nimmermehr gesehen worden«.

»London, 30. April ... dieser Tage duellierten sich zwei Priester in Hydepark. Jeder feuerte seine zwey Pistolen richtig ab, doch ohne den Gegner zu treffen ... bei der Aufklärung des Streites zeigte es sich, daß ein bloßer Mißverstand zu dem Zank Anlaß gegeben hat. Einer hatte sich nämlich unter dem Teufel ein Ding vorgestellt, das Hörner, Klauen und einen langen Schwanz hatte, der andere aber eine andere Figur«.

»... täglich höret man von greulichen Taten, die alle der Teufel hat zugericht; da werden etliche Tausend erschlagen, da geht ein Schiff unter auf dem Meer, da versinket ein Land, ein Dorf, da ersticht sich einer selbst, da erhänget sich einer, da ertränket sich ein anderer, da fällt einem der Hals ab, da tut sich einer selbst den Tod an; diese Morde richtet der leidige Teufel an. Er ist uns Feind, darum stellt er uns nach Leib und Leben. Nicht ermordet er allein die Menschen, sondern auch das Vieh, verderbt alles, was zu der Menschen Notdurft dient, mit Hagel, Pestilenz, Krieg, Verräterei, Aufruhr und so weiter«.

Der betrogene Bauer

»... in einem gewissen Dorfe wohnte ein wohlhabender aber herrlich einfältiger Bauer. Er kam einmal in ein Dorf in eine Schenke ... in dieser wurde gerade vom Teufel erzählt. Er glaubte alles, geriet in Angst und kam so in Furcht, daß er nicht allein nachhause gehen wollte. Ein paar abgefeimte Burschen suchten sich den Einfältigen zunutze zu machen. Der eine verkleidete sich, wie der Teufel in der Schenke beschrieben worden ist, und kam des nachts zu der Tür des Bauern und kratzte daran und brüllte durch ein altes

Horn, so daß es fürchterlich anzuhören war. Der erschrockene Bauer lief zum Fenster: »... ach, wahrhaftig, der böse Leibhaftige ... und schlug geschwind das Fenster zu. Drei Nächte trieb der verkappte Teufel sein Spiel mit dem Bauer, bis sich dieser auf dem Weg zu einem Kapuzinerkloster machte, um den vermeintlichen Teufel bannen zu lassen. Rechtzeitig erfahren es die Betrüger. Einer davon stellt sich, als wisse er nichts und verspricht, gegen eine gewisse Summe Geldes den Teufel zu bannen. Wer war froher als der einfältige Mann? An der Türe werden drei Kreuze gemacht. Da tat der Kerl, als murmle er einige Worte, dann riß er die Tür auf und peitschte auf den Teufel Schlag auf Schlag...

... ach, wie bedankte sich der Bauer und wie gern gab er das versprochene Geld. Doch die Regierung erfuhr es und ließ einen von ihnen in seinem Teufelshabit an den Pranger stellen«.

»... in einem in der Nähe von Halle gelegenen Dorf Sennewitz zeigt man einen großen Stein von Petersberg, der etwa eine Meile davon entfernt ist. Ihn soll der Teufel auf die seinerzeit hier errichtete erste lutherische Kirche geworfen haben. In Straßfurth, einer kleinen Stadt im Magdeburgischen, wird die Mütze des Teufels dem leichtgläubigen Volk gezeigt. An dieser Stelle soll er einen lutherischen Schlosserjungen zur Hölle hinabgeführt haben,»... weil er über die katholische Religion gespottet«.

Immer wieder wird die Polarität zwischen Maria - der Himmelskönigin - und dem Teufel herausgestellt; es versteht sich von selbst, daß das Gute siegt, wenngleich noch niemand die Phantome zu Gesicht bekommen hat.

Dazu einige Beispiele:

»Ein Jüngling aus Perugia versprach dem Teufel, daß, wenn er ihm die Mittel verschaffte, eine Sünde, die er vorhatte, zu begehen, ihm dafür seine Seele übergeben wolle. Dazu gab er mit Blut unterschrieben sein Versprechen. Später, als der Teufel seine Seele wollte, sollte sich der Jüngling in einen tiefen Brunnen stürzen ... allein weil er das Skapulier der schmerzhaften Mutter Gottes trug,

sprach der Teufel zu ihm: »... wirf zuerst das Skapulier weg, dann will ich dich hinunterstürzen«. Nachdem sie eine zeitlang gestritten, verließ ihn der Teufel ganz beschämt«.

»... als der hl. Domenikus in Carcasonne (Frankreich) predigte, wurde ein Albingenser zu ihm geführt, der vom Teufel besessen war, weil er öffentlich eine Rosenkranzandacht verspottet hatte. Daraufhin befahl der Heilige dem Teufel, er solle erklären, was er über den Rosenkranz gepredigt hat. Die Geschichte endet so: »... ich bin der Teufel und diene schon seit 14 Jahren zu diesem gottlosen Mann und warte nur daß er je einmal sieben Ave Maria, welche er täglich zu beten pflegt, unterlasse, um ihn alsdann zu ersticken oder ihn mit mir in die Hölle zu ziehen«. Da befahl der Ordensmann dem Teufel sogleich diesen Ort zu verlassen, worauf er plötzlich verschwand. Der Hauptmann fiel auf die Kniee, bekehrte sich und führte daraufhin ein erbauliches Leben«.

»... ein Soldat führte einmal seine Frau in den Wald, wo er sie dem Teufel übergeben wollte, der ihm Geld dafür versprochen hatte. Da geschah es, daß beide an einer Muttergotteskirche vorbeikamen, wo die arme Frau ihren Mann bat, er solle ihr doch erlauben, die göttliche Mutter in der Kirche zu begrüßen. Allein kam bald anstatt der Frau die allerseligste Jungfrau, die ihre Gestalt angenommen hatte, heraus, und bestieg ein Pferd. Den beiden begegnete nun der Teufel, der sprach: »... du Schelm, was hast du da gemacht, daß du mir anstatt deiner Frau meine größte Feindin, die Mutter Gottes, herbeibringst«. Darauf antwortete Maria: «... ich befehle Dir sogleich, daß du in die Hölle zurückfährst ... dann verschwand die göttliche Mutter. Der Sünder ging indes und änderte sein Leben«[87].

»... an einem gewissen Orte in Deutschland geschah es, daß ein junges Mädchen, welches Agnes hieß, eine schreckliche Sünde mit ihrem eigenen Vater beging. Hierauf begab sie sich in die Wüste und brachte daselbst das Kind zur Welt. Daraufhin erschien der Teufel in der Gestalt eines Ordensgeistlichen und brachte sie dahin, daß sie ihr Kind ins Wasser warf. Die Jungfrau rief aus: »Maria hilf mir ... und sogleich verschwand der Teufel«.

Den Jesuiten ist es nach außen hin gelungen, den Glauben zu verbreiten, als stünden sie den tausendfachen lächerlichen und dummgläubigen Hexen-, Geister-, Gespenster- und Spukgeschichten septisch gegenüber. Das Gegenteil ist der Fall. Sie sind allein von ihrer Ausbildung und Einstellung her Sklaven der Ordenssatzungen und somit teufelshörig. Es läßt sich mühelos dokumentieren, daß die Jesuiten zu den aktivsten Verbreitern des religiösen Aberglaubens gehören.

Ihnen folgt ein Heer kleingeistiger Autoren. Sie überschwemmen das Volk mit ihren Elaboraten und stürzen dadurch sich und die Masse in den noch tieferen Aberglauben. Kaum eine christliche Erbauungsvorschrift kann von der Sache her ernst genommen werden. Dazu einige Beispiele:

Der Franziskaner Ignatius Feiler zählt zu den bedeutendsten Theologen aus der 2. Hälfte des 19. Jh. Er ist der Vater des Buches: »Leben der ehrwürdigen Klosterfrau Crescentia Höß«, das letztendlich auf deren Seligsprechungsakten ruht. Darin schildert er die obligatorische Teufelsaustreibung. »... eines abends bemerkte die Schwester Beatrix auf dem Gang des Schlafhauses eine schauerliche Gestalt, die in der Verkleidung eines Jägers, aber ohne Kopf, in die Zelle der Crescentia trat ... nicht selten wurde sie mit Gewalt aus dem Bett gerissen und geschlagen.«

Eines Nachts drang aus ihrer Zelle ein Höllenlärm von Pfeifen, Kettengerassel und Peitschenknall. Einst hatte sie ein Gefäß in den Händen, in dem kochende Milch mit Nudeln war. Da sah die Schwester Johanna, daß ihr eine unsichtbare Macht das Gefäß entriß und ihr den Inhalt über den Kopf goß ... ein anderesmal wollte Crescentia Weinsuppe aufgeben. Da kam eine Gestalt, schwarz wie ein Neger, und begann, das Gefäß wegzutragen. Doch die unerschrockene Jungfrau eilte, mit ihrem Kochlöffel bewaffnet, dem Räuber nach, schlug herzhaft auf ihn ein und entriß ihm das Gefäß«[88].

1873 erscheint in der 2. Auflage das »Leben der gottseligen Anna Katharina Emmerich«. Verfasser ist der Redemptorist Schmöger. Sein Buch enthält die Approbation des Bischofs von Limburg. Er hält es »Zur Förderung des religiösen Sinnes und Lebens für geeignet«[89]. Er trägt vor: »... der Teufel suchte sie durch Gepolter, ja durch Schläge und Mißhandlungen vom Gebet abzuhalten. Sie fühlte sich manchmal von eiskalten Händen an den Füßen gepackt, zu Boden geschleudert oder in die Höhe geworfen. Als ich, erzählte Katharina, einmal früh vor Tagesanbruch mit einer Freundin zu beten über ein Feld ging, trat uns der Satan in Gestalt eines dunklen Hundes in den Weg und wollte uns nicht vorüberlassen«.

Katharina Emmerich hatte am 9. Oktober 1819 die Erscheinung einer armen Seele aus dem Fegefeuer. Papst Leo XIII. hat sie inzwischen selig gesprochen.

Scheeben, ein bedeutender katholischer Theologe des 19. Jh. sagt in dem von ihm veröffentlichten »Leben der ehrwürdigen Dienerin Gottes Anna Maria Taigi«. »... wenn Anna Maria in der Nacht allein war ... ihr Mann kehrte gewöhnlich erst gegen Morgen aus seinem Dienst zurück, sah sie ihr Zimmer oftmals mit schrecklichen Dämonen angefüllt, die sich herumbalgten und äußerten, es wäre Zeit, sie zu erwürgen. Dann fielen sie über sie her und suchten sie auf die verschiedenste Weise zu martern. Auf diese grausame Behandlung folgten die lockendsten Versuchungen. Der Satan nahm die Gestalt eines schönen jungen Mannes an und suchte sie zu unlauteren Handlungen zu verlocken[90] ... ihre Kammer füllte sich mit Teufeln, die ihr in den scheußlichsten Gestalten erschienen und sie unter Geheul, Geschrei und Verwünschungen überhäuften«[91].

Caesarius v. Heisterbach, Gebete gegen den Teufel

Die Ausbreitung des Klosterwesens trägt abergläubischen Unsinn unter das Volk. Die Heiligenlegenden bringen zahlreiche Passagen über teuflische Aktivitäten; sie werden geschickt genutzt, um die Stärke des Christentums darzutun. Die Scholastik trägt dazu bei, allerlei »teuflische« Spitzfindigkeiten zu ersinnen. Das teuflische Hauptquartier, die Hölle, wird in grausamen Farben gemalt. Zu den Verbreitern des religiösen Aberglaubens zählt - freilich im Zug der - der Zisterziensermönch Caesarius v. Heisterbach (1180 - 1240). Er veröffentlicht das erste praktikable Teufelsbuch der Kirche, den »Dialogus miraculorum« (etwa: Gespräche über Wunder). In gewisser Weise ist er ein Vorläufer des 1487 in Köln erschienenen Hexenhammers (= malleus maleficarum).

Bei Caesarius erscheint der Teufel unter Windgeheul und dem Krachen der Bäume als Pferd, Katze, Bär, Affe, Rabe oder Geier. Seine rauhe Stimme kommt daher, daß er innerlich brennt. Er kann viele Vorteile verschaffen: Schönheit, Geld, Ehre, Ruhm und Wissen; all die Dinge, die den meisten Menschen fehlen. Neben dem Teufel ordnet er jedem Mensch einen Schutzengel bei.

»... wie denn, daß der Mensch eine verderbte Natur in sich selber hat, so neidig, hässig, hoffärtig und zu allen anderen Lüsten des Fleisches und der Sünde geneigt. Dies alles weiß der Teufel, (er) siehet fleißig zu und freuet sich, wenn es im Menschen hervorquellet, wächset und zunimmt, bis er damit endlich kommt auf den höchsten Grad. Wenn er dann befindet, daß er ihm dienstlich und ein geschickt(es) Instrument zu aller Bosheit sein kann, so gibt er ihm ein: Haß, Hoffart, Geiz, zauberische Werke nach Art und Gelegenheit bei Personen und natürlichen Zuneigungen und Gewohnheiten, bis (es) ihm gelingt ... und (er) den Spieß in die Hand erwischet«.

Er stellt heraus, daß der Teufel eine Vorderseite, aber keinen Rücken hat. Dazu ein Beispiel: »... der Teufel erscheint einer frommen Jungfrau und will sie zur Unzucht verführen. Sie widersteht und fragt: »... warum willst du die fleischliche Verbindung, die der Natur widerspricht?«. Der Teufel antwortet: »... ich will nur Deine Zustimmung«. Er hatte keinen Rücken und betete das Vater Unser mit Fehlern«. In späteren Hexenprozessen findet sich die absurde Vorstellung wieder.

Der Teufel könne die Menschen durch die Fleischeslust quälen und wäre in der Lage, sexuelle Wunder zu vollbringen. »... wenn es ihm gelänge, sich im Mensch festzusetzen und ihn zu beherrschen, so säße er nicht in seiner Seele, sondern in den Höhlungen des Leibes, dort, wo sich der Unrat befände«. Wenn ein vom Teufel Besessener in die Hölle geführt werde, spielten die Teufel vom Dienst mit seiner Seele im Schwefelpfuhl Ball»[92].

Zuweilen belebt er jahrelang Leichen, so daß jeder glaubt, es mit einem Lebenden zu tun zu haben[93]. Aber: der Herrgott lasse es zu, daß der Mensch die Gelegenheit zum Kampf um seine Tugend erhalte; sich also den Himmel verdienen könne«[94]. Als Heilmittel kann er empfehlen; Ausspeien, sich Bekreuzigen, geweihtes Wachs bei sich tragen, Weihrauch einatmen, sich zu Reliquien flüchten bzw. die Gottesmutter Maria anflehen.

Seiner enormen Sachkenntnis nach trieb ein Teufel sieben Jahre lang mit einer Frau Unzucht, während ihr Mann neben ihr im Bett gelegen hat. Der hl. Bernhard v. Clairveaux konnte sie von dem widrigen Liebhaber befreien«.

Das Missale, das Gebetbuch der Kirche über Jahrhunderte, enthält einige den Teufel betreffende Passagen. Am Sonntag nach Pfingsten wird gebetet: »... verleihe, o Herr, auf unsere Bitten (hin), deinem Volk (die Kraft) die teuflische Ansteckung zu vermeiden, (um) Gott mit einem reinen Herzen zu folgen«.

Die Secreta vom 15. Sonntag nach Pfingsten lautet: »... Deine Sakramente, o Herr, mögen uns beschützen und (uns) gegen alle teuflischen Anläufe für immer sicherstellen«. Ein Gebet vom 16. Mai lautet: »... verleihe (uns) durch die Fürbitte des hl. Ubaldus, daß du gegen alle teuflischen Bosheiten deine gnädige Hand über uns ausstreckest«.

Bei der Weihe des Weihwassers wird gesprochen: »... ferner weiche also von hier ... auf deinen Befehl, o Herr, jeder unreine Geist, es fliehe die ganze Bosheit des teuflischen Truges, keinen Platz finde die Annäherung einer feindlichen Macht, sie fliege nicht, Nachstellungen bereitend umher, nicht schleiche sie verborgen herbei, sie verderbe nichts durch ihre Ansteckung«.

Teufelsbündnisse

Das Frühchristentum kennt den Glaube an Teufelsbündnisse nicht; die Vorstellung vom Geschlechtsverkehr mit dem Teufel ist nicht ausgeprägt[95]. Aber schon 829 beschäftigt sich ein Konzil mit dieser Frage, Es wird herausgestellt: »... es sei außer Zweifel, daß es Zauberer gebe, die mit der Hilfe des Teufels die Menschen behexen, die Hagel und Ungewitter erregen können ... solche sind schwer zu strafen«[96]. Vielleicht ist es ein Griff auf den Kirchenvater Augustin, der die verderbliche Gemeinschaft zwischen Menschen und Dämonen immer wieder hervorkehrt.

Und doch haben sich Beispiele von Teufelsverschreibungen erhalten, die bis in das 4. Jh. zurückreichen. Sie gehören in den Bereich der Fabeln.

»... in den Zeiten des Kaisers Julianus, im Leben des hl. Basislius, des Erzbischofs von Cäsarae und Kappedonien ... erhält ein Jüngling von einem Zauberer einen Empfehlungsbrief an den Satan, den er nachts auf dem Grabmahl eines Heiden emporhalten soll. Er wird hingeführt, wo Satan, von seinen Geistern umgeben, auf einem Thron sitzt. Schließlich entsagt er Gott und legt seinem neuen Herrn das Gelöbnis ab. Später bereut er den Schritt und der hl. Basilius betet 40 Tage für ihn ... da kam der Dämon und wollte seine Beute wiederhaben ... der Heilige rang mit ihm und entriß sie ihm aus den Klauen«.

Der hl. Caprian verschreibt sich dem Teufel, um die schöne Justine zu erringen. Als er nicht in der Lage ist, die Christin zu bezwingen, sagt er sich von ihm los. Dann sendet ihr Cyprian eine Schar böser Geister und schließlich den Höllenfürst ... welche sie durch den lockenden Zauber zu verführen suchten ... aber sie überwand denselben durch ihr frommes Gebet«. Als Cyprian sah, daß selbst die Teufel nichts gegen die Christin vermochten, wurde er ein Mann der Kir-

che und erlitt den Märtyrertod. Wir haben ein christliches Märchen vor uns.

Ein frühes Beispiel bietet die Geschichte des Theophilus. Nach einer Legende des Eutychianos lebte Theophilus, der ein überaus frommer Mann war, in einer Stadt in Cicilien (= Cicilia secunda) als Oeconomus oder Vendeominus der Kirche ... zur Zeit der Persereinfälle. Nach dem Tod des Bischofs wird er gewählt, lehnt das Amt jedoch zunächst aus Demut ab, so daß es auf einen anderen fällt. Der neue Inhaber entsetzt Theophilus seines Amtes. Dies kränkt ihn so, daß er sich an einen »gewaltigen« Zauberer wendet, durch dessen Hilfe er seine Tätigkeit zurück erlangen will. Der Zauberer führt Theophilus in den Zirkus der Stadt und mahnt ihn, vor keiner Erscheinung zu erschrecken, und sich ggf. mit dem Zeichen des Kreuzes zu schützen.

Dort treffen sich Männer mit brennenden Fackeln ... umherziehend und Loblieder singend. In ihrer Mitte trohnt Satan, der die Huldigung seiner Getreuen gnädig entgegennimmt. Theophilus fällt auf die Kniee und küßt die teuflischen Füße. Er sagt: »... er wolle seinen Befehlen gehorchen«. Der Satan streicht Theophilus über den Bart und begrüßt ihn freundlich. Daraufhin sagt er Jesus und Maria ab; er wendet sich dem Teufel zu; eine von ihm geschriebene und mit Wachs versiegelte Urkunde überreicht er dem Fürst in der Hölle. Bereits am kommenden Tag wird er ehrenvoll eingesetzt und führt fortan »als des Teufels Lehnsmann« ein übermütiges Leben ... doch packt ihn die Reue...

... Er fleht 40 Tage und Nächte in der Kirche der Panhagia um göttlichen Beistand. Maria läßt sich erweichen, schafft die Urkunde herbei und legt sie ihm auf die Brust, während er in der Kirche eingeschlafen ist. Er erwacht, bekennt öffentlich Reue, rühmt die Gnade der Gottesmutter und stirbt drei Tage danach eines seligen Todes«[97].

Gregor IX. erläßt am 13. Juni 1233 die Bulle »Vox in rama«, in der er den angeblichen Teufelskult im deutschsprachigen Raum beschreibt.

Johann XXII. (1361 - 1334) sagt in der Bulle »Super specula«: »... auf der erhabenen Warte stehend ... mit den göttlichen Tugenden geschmückt ... haben wir schmerzlich bemerkt und erwähnen es mit innerster Erregung, daß viele nur dem Namen nach Christen sind, daß sie so verwirrt sind, daß sie mit dem Fürst der Hölle ein Bündnis eingehen. Sie opfern Teufeln und beten sie an; sie machen sich Bilder, Spiegel und Fläschchen und schließen darin zauberisch den Teufel ein. Diese scheußliche Pest verwüstet die Herde Christi. Da wir Kraft unseres Hirtenamtes die irrenden Schafe zum Schafstall Christi zurückführen müssen, so ermahnen wir ... den Kardinälen durch diesen für ewige Zeiten geltenden Erlaß, alle durch die Taufe Wiedergeborenen in Kraft des heiligen Gehorsams und unter der Androhung des Bannes, daß niemand etwas von den genannten Scheußlichkeiten lehren und lernen soll. Wir verhängen über alle, die entgegen unserer heilsamen Ermahnungen und Befehlen, etwas von dem Genannten tun, die Exkommunikation. Wir setzen fest, daß gegen die, die sich gebessert haben, außer der Vermögensbeschlagnahme die übrigen für die Ketzer bestimmten Strafen von den zuständigen Richtern verhängt werden sollen ... gegeben in Avignon«.

Am 19. September 1398 spricht sich die theologische Fakultät der Pariser Universität über Zauberei und Teufelei aus und sagt: »... es muß als Tatsache hingestellt werden, daß teuflische Bündnisse eine Realität sind ... und daß man Verträge, Ringe oder Steine verwendet, in die man den Teufel einschließen kann ... um sich seiner Hilfe zu bedienen«. 1437 erläßt Eugen IV. ein Rundschreiben an die Inquisitoren, in dem Verträge mit dem Teufel und dessen Anbetung als Tatsache hingestellt werden.

Georg Sabellicus alias Faust d.J.

Die historische Grundlage der späteren Version von Goethe bildet ein herumziehender Taschenspieler und Scharlatan, Georg Sabellicus, der sich »Faust der Jüngere« nannte und nach der Volksmeinung ein Bündnis mit dem Teufel geschlossen hat. Tritheim und der Arzt Johann Weyer (= Wier) bezeichnen ihn als einen Mann, »... den sie persönlich gekannt haben und von dem viel gesprochen worden sei«. Melanchthon sagt in seinen Tischreden, er habe Faust gekannt, »... derselbige sei in Württemberg von Knittlingen (eine Stunde von Bretten, dem Geburtsort Melanchthons), 1540 von einem Teufel getötet worden.

Die älteste Darstellung der Faustsage erscheint 1587 in Frankfurt am Main, »... zu einer Zeit, wo fast niemand die Existenz des Teufels bezweifelte«. Damals entwickelt sich aus ihm ein verbreitetes Erbauungsbuch; gerade in den Epochen der Hexenverfolgungen. In einer weiteren Ausgabe des Faustbuches von 1599 sind die Päpste Silvester II., Gregor VII., Leo IX., Alexander VI., der Bischof Heinrich von Basel und Cornelius Agrippa (v. Nettesheym) als Zauberer und Schwarzkünstler erwähnt.

Wichtig ist lediglich der angeblich mit dem Teufel geschlossene Bund: »... ich, Johannes Faustus, bekenne öffentlich mit meiner Hand und bestätige es Kraft dieses Briefes; nachdem ich mir vorgenommen, die Elemente zu spekulieren ... aber aus den Gaben, die mir von oben herab beschert und gnädig mitgeteilt werden, solche Geschicklichkeit in meinem Kopf nicht befinde ... und solches von den Menschen nicht zu erlernen vermag ... so habe ich (den) gegenwärtigen gesandten Geist, der sich Mephistoles nennt, einen Diener des höllischen Prinzen im Orient, mich ergeben, auch den selbigen mir solches zu berichten und zu lehren mir erwählet, der sich (auch) gegen mich versprochen in allem untertänig und Gehorsam sein. Dagegen ich mich hinwieder gegen ihn versprochen und verlobt, so daß er 24 Jahre, vom Datum dieses Briefes ab herum und früüber gelaufen, er mit mir nach seiner Art und Weise seines Gefallens zu schalten, Walten, Regieren, Führen, gut Macht haben soll, mit allem ... es sey Leib, Seele, Fleisch, Blut und Gut. Und das auf alle Ewigkeit: Hierauf absage ich all denen, so da Leben, allem himmlischen Heer und allen Menschen ... und das muß sein. Zu festen verkundt und mehrer Beschäftigung habe ich diesen Receß mit eigener Hand geschrieben, unterschrieben und mit meinem hierfür gedrückten eygen Blut. Meines Sinnes (Koüffs(?), Gedanken und Willen, verknüpft, versiegelt und bezeuget. Suspert. Johann Faustus, der Erfahrene der Elementen und der Geistlichen Doktor«.

Das Aufkommen einer nationalen Zaubergestalt ist nicht auf den deutschsprachigen Raum beschränkt. So haben die Spanier den Arzt Toralba, der im 16. Jh. lebt und behauptet (hat), einen Dämon namens Zechiel zu haben und die Zukunft offenbaren zu können. Er kenne die Heilmittel und er habe ihn durch die Luft hinweg von Spanien nach Rom und dann von dort nach Venedig geführt, ihn aber dennoch nicht vor der Inquisition schützen können. Die berühmteste italienische Zaubergestalt des 13. Jh. war Guido Bonatta.

Die Verschreibungen werden immer aberwitziger, wobei eines entscheidend ist: die Großen machen es den Kleinen vor und in den Netzen des verfänglichen Glaubens bleiben die als Hexen / Hexer Bezichtigten hängen, denen man von Amtswegen und mit kirchlicher Billigung eine Teufelsbuhlschaft an den Rockzipfel hängt. Ich verweise auf mein Hexenbuch. Selbst der Herzog von Luxemburg soll sich dem Teufel verschrieben haben: Hier liegen unterschiedliche Versionen vor.

- Der Teufel soll ihm 100.000 Livres auszahlen nach (einer weiteren Version 10.000 Reichstaler).

- Jeden ersten Dienstag des Monats soll er ihm zusätzlich 1.000 Livres geben (nach einer weiteren Version 100 Reichstaler).

- Das Geld soll gut und gangbar sein, und sich nicht in Stein, Kohlen usw. verwandeln (nach einer weiteren Version soll dieses Geld, so er ihm bringen würde, nicht falsch und betrüglich, noch von einer solchen Materie sein, welches unter der Hand verschwindet oder zu Steinkohlen werde, sondern es soll dasselbe von einem solchen Metall sein, welches von Menschenhänden geprägt worden ist und in allen Orten und Landen, wo es auch hinkommen mag, gültig und gangbar

sein ... auch die, denen er es gäbe, sollen es mit Nutzen verwenden können).

- Sollte den Kontrahenten eine starke Extraausgabe treffen, so soll der Teufel gehalten sein, nicht etwa blos einen verborgenen und vergrabenen Schatz auszuweisen, sondern er solle ihn (auch) selbst heben und ihm diesen Schatz dahin bringen, wo er sich gerade aufhalten werde.

- Der Teufel soll den Kontrahenten nicht allein an seinem Leib nicht schaden, sondern ihm auch seine Gesundheit 50 Jahre vor aller menschlichen Schwachheit unversehrt erhalten (nach einer weiteren Version 36 Jahre).

- Sollte er dennoch in eine unvermutete Krankheit verfallen, so soll der Teufel sogleich die bewährtesten Arzneimittel herbeischaffen.

- Die Jahre, auf die der Vertrag geschlossen wird, sollen ordentliche Jahre sein, mit dem Jahr 1676 beginnen und mit Dato 1727 enden.

- Nach Ablauf derselben soll ihn der Teufel ohne Schmerz und Qual, ohne Schimpf und Schande eines natürlichen Todes sterben lassen und nicht verhindern, daß er ehrlich begraben wird.

- Zudem soll ihn der Teufel bei Königen und Großen, Weibs- und Mannspersonen beliebt machen.

Höllische Geographie

Über den Ort der Hölle liegt keine dogmatische Entscheidung vor. Dennoch sehen es

Der Kirchenvater Hieronymus (354 - 430) wird vom Papst Damasus (370) beauftragt, die »Vulgata« zu verfassen. Freimütig gesteht er: »... es sei eine gefährliche Anmaßung, eine Bibel schreiben zu wollen, die den richtigen Text wiedergebe, denn die vorhandenen Abschriften des Urtextes weichen voneinander ab«. Es gehört zu den Ungeheuerlichkeiten der römischkatholischen Kirche, daß sie die Vulgata während des Konzils von Trient als »inspiriert« erklärt und ihr den Wert eines Originals beimißt.

Kirchenväter und spätere Theologen so, daß es sich um einen abgeschlossenen Ort innerhalb der Erde handelt [98], in dem unaussprechliche Qualen erduldet werden müssen. Zodiakus klagt Pluto: »... daß es bei ihm schon übervoll sei und doch Türken, Juden und die Mehrzahl der Christen, Priester, Mönche und andere Kirchendiener in Mengen täglich hinzukommen, während die wenigen Seelen unermeßlichen Wohnsitz im Himmel haben«[99].

Trotz der Entdeckungen eines Kopernikus und Galilei suchen Unzählige den Aufenthaltsort der Verstorbenen, soweit sie nicht in den Himmel emporgestiegen sind, an dem Ort, wo sich die alten Germanen Skandinaviens ihr Niflheim, die Ägypter ihr Amenta, die Juden ihr Scheol und die Griechen ihren Hades dachten; die Christen haben nur die Vorzeichen geändert.

Nach der christlichen Lehre ist die Hölle ein Gefängnis, in dem gefallene Engel und Verdammte zum Leiden eingeschlossen sind. Dazu heißt es in einem »modernen« Katechismus: »... die Seelen der Verdammten werden in einem furchtbar grauenhaften und finsteren Kerker im ewig-unauslöschlichen Feuer zugleich mit den unreinen Geistern gequält«[100]. Beweise dafür sind unerbringlich!

Nach Papst Gregor d. G. ist die Hölle so tief unter der Erde, wie diese unter dem Himmel. Sie besteht aus zwei Abteilungen. Die Scholastiker behaupten, daß sich die Hölle - wenn auch nicht ganz sicher - so doch höchst wahrscheinlich im Erdinneren befindet[101].

Es kommt zu zahllosen Höllenschilderungen, was durch Druckwerke, Bilder, Predigten, Umgänge und im 17. / 18. Jh. durch Hexenverfolgungen im Volk verankert wird.

1621 erscheint das Werk »Fünf Bücher von der Hölle und dem Zustand der Dämonen vor dem Ende der Welt«. Verfasser ist der Doktor des ambrosianischen-theologischen Instituts in Mailand, Anton Ruska. Es ist dem »Erlöser und der Menschheit« gewidmet. Eine kirchliche Zensurbehörde betont: »... es wäre ein gelehrtes und gründliches Werk, in dem nichts gegen den rechten Glauben und die guten Sitten stehe«[102]. Es ist mit Plänen und Grundrissen der Hölle ausgestattet.

Der hochwürdige und gelehrte Hieronymus Vitalis erklärt 1669 für unbezweifelbar, »... daß die feuerspeienden Berge nichts anderes als die Eingänge, gleichsam die Schornsteine der Hölle sind«. Neu ist es nicht, denn fast das gleiche geht aus der Lebensbeschreibung Odilos (gest. 1049) hervor.

Allen diesen profunden Zeugnissen theologischer Intelligenz gegenüber behauptet der Mathematiker und Theologe William Whiston (1667 - 1752): »... die Hölle befindet sich in einem Komet ... dessen größere oder geringere Entfernung von der Sonne verursache die in manchen Höllenvorstellungen erwähnte Abwechslung von schrecklicher Kälte und Hitze[103].

Dagegen nimmt der englische Theologe Swinden, Pfarrer von Cuxton an,: »... die Hölle befindet sich in der Sonne, weil es keinen anderen Ort gibt, der genügend Raum für die unendliche Zahl von Teufeln und sonstigen Verdammten bietet ... und weil die Sonne das Zentrum des Universums ist«[104].

Die Prof. v. Görres und Bautz

Görres war ordentl. Prof. an der Münchener Universität. Sein Hauptwerk ist die in katholischen Kreisen angesehene »Christliche Mystik«. Görres widmet sich vor allem dem Dämonismus und zeichnet sich durch Spezialkenntnisse aus. Schauen wir kurz hinein:

• Groß war das Getümmel, das ein Spukgeist gegen Ende des Jahres 1746 in der Labarthischen Buchdruckerei in Konstanz angerichtet hat. Die Sache hat mit einem Seufzer in der Ecke angefangen. Man bat einen Kapuziner, diesen Geist zu beschwören ... in anderen Fällen aber tritt das Dämonische nackter und entschiedener hervor«.

• der Vertrag mit dem Teufel ist ein solcher, den die Rechtskundigen den Unbenannten nennen; zur Abschließung ist es keinesfalls nötig, daß sich beide Teile in Sicherheit gegenüberstehen. Die Angelegenheit kann (auch) schriftlich behandelt werden.

Görres ist der Meinung, daß ein Scherz Besessenheit hervorrufen kann. Er befaßt sich mit dem »dämonischen« Fliegen und der sicheren Gegenprobe für die Heilung von Besessenen. Die Ausfahrt des Teufels kennzeichnet bisweilen der »Schall eines Glöckleins«. Wenn er erscheint, ist er entweder schwarz, unsauber, stinkend, furchtbar oder doch wenigstens erdunkelnd; dabei häßlichen Angesichts, mit schnabelartig gebogener platter Nase, flammenden Augen, krallenden Händen und Füßen, die Beine haarig, davon das eine oder andere lahm ... dem Geruch der Heiligkeit auf der guten Seite steht voller Wahrheit der Gestank der Unheiligkeit gegenüber«[(105)].

Ein Spezialist für Höllenfragen ist Professor Josef Bautz, Verfasser des 1882 erschienenen Buches »Die Hölle«. Er lehrt an der Universität Münster. Er steckt ungetauft verstorbene Kinder in einen Limbus, einen Vorraum oder (zunächst) in eine unterirdische Wohnung. Er beschimpft die »Einfältigen« als Glaubens- und Kirchenfeinde, die ihn wegen »seiner« Höllentheorie verlachen.

Nachdem er bestätigt hat, die ewige Hölle sei ein absolutes Dogma der Kirche, scheint er zu wissen: »... es sind in der Hölle Schlote, die vor unseren Augen giftig qualmen ... es sind Riesenmengen eines ewigen Feuermeeres aus der Tiefe der Erde, die uns trägt, welche uns in banger Angst erzittern macht ... die Glut des Höllenfeuers wird durch Gott gemacht und durch seinen Hauch in Tätigkeit gehalten ... das Feuer hat ewige Dauer. Seine Glut ist so groß, daß kein Mensch es denken oder sagen kann«.

Bautz bezeichnet die Aktivität der Teufel auf der Erde als Teil des göttlichen Heilsplanes. Als »Werkzeuge Gottes« würden die Teufel die Verdammten der Hölle verspotten und ihre Leiden ständig zu vergrößern suchen«.

- Die Hölle befindet sich nicht in weitgelegener Ferne, sondern im Inneren der Erde, wie im Anschluß an die hl. Schrift Väter und Theologen in großer Übereinstimmung lehren.

- Die Vulkane sind die Schlote der Hölle (wohl abgekupfert von Vitalis). Die Erdbeben stammen aus der Brandung des feurigen Höllenmeeres.

- Es ist eine Lehre der Theologen, daß es vier unterschiedliche Räume gibt, die zur Aufnahme der Seelen bestimmt sind. Auch der Standpunkt des vernünftigen Denkens entspricht dieser Lehre.

- Für hochmütige Sünder geziemt sich ein tiefer Fall in die entlegendste dunkelste Tiefe.

- Daß die eigentliche Hölle am tiefsten, dem Zentrum der Erde am nächsten liege, oder mit diesem identisch ist, wird von allen Theologen eingeräumt. Das Fegefeuer befindet sich in unmittelbarer Nähe der Hölle. Gegen die Annahme, daß in einem Teil des Erdinneren Feuer sei, kann die moderne Wissenschaft keinen Widerstand erheben und sie tut es (auch) nicht.

- Vom Standpunkt der Wissenschaft aus läßt sich annehmen, daß das Höllenfeuer durch gewisse chemische Prozesse verursacht wird, in dem Kraft göttlicher Einrichtung Verbindungen zustandekommen. Wie dem auch sei, das Feuer der Hölle ist ein materielles Feuer ... durch Gottes Hauch entzündet.

- Es ist nicht unwahrscheinlich, daß jedem Teufel ein besonderes Arbeitsfeld zugewiesen ist.

- Durch die Kondensierung des Wasserdampfes erzeugt der Teufel Regenwolken und Regen ... entzündet Feuer durch elektrische Bewegungen und läßt es vom Himmel fallen ... daß derartige Dinge vorkommen, kann ohne Irrtum im Glauben nicht geleugnet werden[(106)]

- Die Hölle wird lediglich von Geistern bewohnt. »... sollten ihre Dimensionen nach der Auferstehung der Leiber unzulänglich sein, wird unser Schöpfer Sorge tragen[(107)].

Prof. Mausbach, ein katholischer Moraltheologe [(107)] ist der Auffassung, daß sich der Teufel lediglich innerhalb der Naturgesetze bewegen kann. Drexel [(108)] sagt »... die Hölle hat sieben Gemächer und drei Pforten. In jeder Wohnung sind sieben Flüsse und Hagel. In jeder Wohnung befinden sich 7.000 Löcher und in jedem Loch 7.000 Risse. In jedem von ihnen 7.000 Skorpione, deren jeder sieben Gelenke hat und außerdem sind in jedem Gelenk 1.000 Tonnen Gift. Die Hölle hat Raum für 100 Millionen Seelen. Zur Zeit der Rabbiner war der Scheol etwas bescheidener ausgestattet.

Giovanni Papini schreibt 1955 das Buch »Der Teufel ... Anmerkungen für eine künftige Teufelslehre«. Er beruft sich auf den Säulenheiligen Origenes, der der Ansicht gewesen ist, daß Gott den abgefallenen Engeln einmal verziehen hat, um sie danach wieder aufzunehmen. Es steht im Gegensatz zur offiziellen Lehre der Kirche. Darum wird Papini als Irrlehrer der Kirche verdammt.

Die Bestätigung der teuflischen Existenz und die Schandtaten der angeblichen Hexen werden von der Kirche zur Kenntnis genommen, nicht aber das Aufwärmen der alten Lehre des Origenes. Thadeus Breza, damals Kulturattachee bei der polnischen Botschaft, sagt in seinem 1956 erschienenen Buch »Römische Aufzeichnungen« ... »... erklärten die Zensoren des Heiligen Offiziums Papinis Teufelsbuch ... es beschäftigte sich **nicht** mit dem Dogma der Kirche, sondern stelle lediglich ein dichterisches Phantasieprodukt der unverbindlichsten Art dar«.

Ein französischer Teufelstheologe stellt 1963 die Höllenlehre als unumstößliche Wahrheit hin und sagt: »... wer Gott, die unendliche und erhabene Majestät der Sünden beleidige, die vom Teufel injiziert seinen, würde sich eines Verbrechens von so ungeheuerlichem Ausmaß schuldig machen, daß nur das Brennen im ewigen Höllenfeuer als einigermaßen gerechte Strafe anzusehen sei«.

Zusammenfassung

1966 schreibt die Katholikin Anette di Rocca das Buch »Über den Teufel und sein Wirken«. Sie bedauert, daß die heutigen Menschen nicht mehr recht an den Teufel glauben wollen; das sei früher anders gewesen. Frühere Generationen glaubten noch an den Teufel als Wesen, als leibhaftige Person.

Die große Mehrheit war (damals) gläubig. Die wenigen Freidenker zählten nicht. Heute hat sich das Verhältnis ins Gegenteil verkehrt. Die große Masse sei ungläubig ... nie habe der Teufel so ungestört wie heute arbeiten können ... gerade die Intelligenzberufe seien besonders teufelsanfällig. Der Teufel trete als »Giftmischer und -spritzer« auf ... er spiele diese Rolle mit einer unübertroffenen Meisterschaft; Dummköpfe kann er für seine Tätigkeit nicht gebrauchen«.

Sie propagiert u. a. für die Prügelstrafe der Jugend und trägt vor: »... ein paar tüchtige Ohrfeigen würden manchem zügellosen Mädchen ihr Wildwuchsköpfchen zurechtsetzen und ihre rosinengespickten Träume daraus vertreiben. Solange der Lehrer kein Züchtigungsrecht besitzt, vermag er sich inmitten einer Horde von Wilden und Halbwilden nur dann zu behaupten, wenn er gleichzeitig der geborene Raubtierbändiger ist«[109].

Der protestantische Pastor W. C. van Dam verfaßt 1970 das Buch »Dämonen und Bessenene«. Er zitiert als Kronzeugen v. Görres und Adolf Rodewyk. Er sucht die teuflische Existenz nachzuweisen und stellt heraus: »... heute habe der Teufel viele Gesichter. Er habe es heute leichter... auch wenn die Teufelstaten nicht mehr so sichtbar wären, wie in jenen schönen (?) alten Hexenzeiten, so sei das doch nur eine listige Tarnung des Satans, und desto gefährlicher.

Er postuliert: »... meistens verläßt der Dämon sein Opfer durch den Mund. Es kommt vor, daß dabei Blut, Eiter und schwere Gegenstände ausgestoßen werden. Bei unreinen Mädchen gibt es Speien, Geifern und Erbrechen, bei Angstmächten Schluchzen und Gejammer, bei Lügengeistern starkes Schnauben, beim Rauchteufel Hüsteln und Keuchen ... wenn der Dämon aus der Nase oder aus dem Ohren geht, kommt oft ein starkes Nasenbluten vor. Dieses Blut ist schwarz und hat Schwefelgeruch ... wenn der Dämon auf dem unteren Weg verschwindet, treten heftige Schmerzen im Unterleib auf. Oft bleibt ein schwefelartiger Gestank zurück«.

»... es gehört zu den Lehren der Kirche, daß es den Teufel als personifiziertes Wesen gibt. Bei allen Übeln hat er seine Hand im Spiel, denn er ist vonhause aus schöpfungsfeindlich«[110].

»... wir stehen alle unter einer finstern Herrschaft, der des Satans, des Fürsten dieser Welt, des Feindes Nummer Eins«[111].

Die christliche Theologie zimmert aus den angestauten antiken Ansätzen ein merkwürdiges Lehrgebäude und stellt es als glaubenswahr hin. Die Aufrechterhaltung dieser waghalsigen Konstruktion kostet Hunderttausende das Leben und hält Millionen in Schach, Bann, Angst und Schrecken. Anstatt die Kirche nunmehr endlich die Gläubigen und ihre Geistlichen über den teuflischen Hokuspokus aufklärt, hält sie aus Eigennutz wacker am Teufelsglaube fest. Dadurch hat sie sich ins geistige Abseits gestellt.

Sie war damit so erfolgreich, daß die Angst vor allerhand unsichtbaren Dämonen gleich einem lähmenden Fluch auf allen Christen lastete, ihr Dasein vergiftete, ihren Fortschritt und Aufstieg hemmte und ihnen unendliche Opfer an Geld und Gut aufbürdete.

Der christliche Teufelsglaube ist menschenunwürdig und vergeistigt. Mit dem Christentum beginnen Spekulationen mit überirdischen Symbolen. Die Theologie wird abstrahiert.

Zwangsweise **mußte** der Teufelsglaube immer unmenschlichere Züge annehmen. Das Papsttum hat die Teufelslehre zu einer Wissenschaft umgestaltet, die keine ist. **Es sitzt einem antiken Phantom auf. Der christliche Teufel wird zu einem Moloch. Die Kirche bezeichnete Tausende des illegalen Umgang mit einem nichtexistenten Wesen.**

Ein Teufel entführt die Seele eines Sterbenden. Nach einem Holzschnitt aus dem Jahre 1508.

Festnahme, Verhör und Hinrichtung von sog. Hexen. Hier wird die sog. »Wasserprobe« demonstriert. Hände und Füße der Delinquentin werden zusammengebunden; danach wird sie mit einem Seil ins Wasser gelassen. Ging sie nicht unter, wurde sie als Hexe angesehen, wenngleich die Ansichten darüber erheblich schwankten. Derber Holzschnitt aus dem frühen 17. Jh. (1613)

Die Zaubermelodie
der Kirche

Im Bann des »ewigen« Aberglaubens

Heiligenkult und Reliquienhader

Die römisch-katholische Kirche übernimmt den Heiligenkult, die Verehrung der Reliquien, das Wallfahren, den Dämonenglaube - insbesondere den an Teufel - und die Trug- und Schreckmittel aus einem antiken Fundus, modifiziert sie (geringfügig) und hält so Millionen in Schach. Sie verfolgt und erreicht zwei Ziele: neben der Verherrlichung des Aberglaubens schafft sie sich eine nie versiegende Geldquelle. Der Heiligen- und Reliquienkult ruht auf Illusionen.

Kirchenbilder, Weihrauch und Gesang werden integriert. Die christlichen Geistlichen folgen selbst hier antiken Vorläufern. Das Tragen des Kreuzes ist ein aufgewärmter antiker Abwehrzauber. Aus dem Ritus der antiken Segens- und Gebetsformeln entwickelt sich ein fratzenhafter Teufelswahn. Die Geistlichen lassen sich das Haupthaar schneiden (= Tonsur) und nur einen schmalen Kranz von Haaren stehen (= Korona). Der Weihrauch zum Vertreiben angeblicher Geister wird (wieder) hervorgeholt und das »ewige« Licht kommt hinzu. Die Christen haben es dem römischen Aberglaube entnommen; dort brannte es in einem Heiligtum der Gemeinde und wurde in der Gestalt der Göttin Vesta personifiziert. Glocken- und Grabgeläute runden die religiösen Vorstellungen ab. Hinzu kommen geweihte Kerzen.

Uralt und aus dem Orient übernommen ist die Sitte des Rosenkranzes (= Rosarium). Die bei den »alten« Indern und Ägyptern gebräuchlichen Umzüge mit Bildern und Symbolen werden durch christliche Priester eindrucksvoll zur Schau gestellt. Daraus entstehen noch heute übliche Prozessionen zur Verdeutlichung von Spekulationen; das Kircheninnere wird immer prächtiger, denn die Gläubigen haben es bezahlt.

»... im Mittelalter wetteifern Mönche, Bischöfe und Kirchenpatrone untereinander, um das arme Volk zu betrügen und ihm unter Mißbrauch der Reliquien mit heuchlerischen, von Frömmigkeit triefenden Redensarten ihr sauer verdientes Geld abzuknöpfen«[1]. »... ich würde all diese Wunder als abgeschmackt übergehen, wenn man sie allein in jenen finsteren Zeiten geglaubt hätte ... (aber) noch heute halten sie Millionen für wahr«[2]. Es gilt selbst für 1980, wo erneut versucht wird, das in 20-facher Ausfertigung vorhandene Grabtuch Christi als echt hinzustellen. 1988 gelingt der Nachweis, daß alle, die an dieses Tuch geglaubt haben, einer Illusion aufgesessen sind.

Am 15. April 1981 teilt mir die Informations- und Öffentlichkeitsstelle des Bischöflichen Ordinariates Limburg mit: »... daß manche Reliquien durch ihre lange Verehrung einen spirituell-zeichenhaften Charakter und Wert erhalten haben«.

Die Kirche läßt sich bestenfalls dazu herab, in wenigen Fällen die historische Unechtheit einzelner Stücke zuzugeben. Ihr Problem ist, daß sie die Verehrung solcher Dinge zu lang wachgehalten hat. Heute ist es schwierig, auf den schmalen Pfad der Wahrheit zurückzukommen. Wer betet heute noch mit Inbrunst die angebliche Vorhaut Jesus Christus an, die sich in 13 Ausfertigungen erhalten hat? Wer interessiert sich für einen der 20 angeblich erhaltenen Röcke von ihm, den er auf seinem unergründlichen Weg nach Golgatha getragen hat?

Die christliche Reliquienverehrung setzt im 3. Jh. ein. Schon kurz danach erkennt man ihren Wert zur Aufrechterhaltung des Glaubens. Das Zweite nicäanische Konzil verlangt, daß jeder Altar mit einer Reliquie zu versehen ist. Das Konzil von Trient schleudert gegen alle, die der Verehrung nicht nachkommen, den Fluch der Kirche zu. Heute ist der Reliquienkult durch Dekrete geregelt.

Die Theologen machen bemerkenswerte Unterschiede. Sie differenzieren nach Reliquien und Partikeln. Unter »reliquiare insignes« verstehen sie ganze Körper oder we-

197

sentliche Teile davon, wie Kopf, Arme oder Beine. Die »reliquiare non insignes« zerfallen in »notabiles« (= Hände und Füße) und »exiguae« (= Zähne und Finger). Es ist eine sophistische Haarspalterei, die den Kirchgänger wenig interessiert.

Im Verbund mit dem Reliquienhandel ist festzustellen, daß immer mehr gleiche Teile an verschiedenen Gnadenstätten verehrt werden. Beispielsweise ist der vollständige Körper des hl. Dionysius in St. Denis und St. Emmeran zu sehen. Außerdem rühmen sich die Kathedralen in Prag und Bamberg, Köpfe von ihm zu besitzen. Einer seiner fünf Hände wird in München verwahrt. Der Kopf von Johannes dem (denkbaren) Täufer ist zweimal vorhanden. Die hl. Ursula muß eine vierköpfige Mißgeburt gewesen sein, denn ihr vollständiger Leichnam wird in St. John d'Angely verehrt, während ihre Schädel in Köln, Mons, und Bergerac zu bewundern sind. Der hl. Sebastian ist viermal vorhanden und der hl. Lazarus hat drei Leichen hinterlassen. Die Schädel der hl. Drei Könige werden in Köln und Mailand verehrt. Das Skelett des hl. Georg ist in 26 Exemplaren greifbar, obwohl 494 u. Z. Papst Gelasius das irdische Dasein des Drachentöters als Legende bezeichnet hat.

Die Hinweise werfen Fragen auf, das Ganze nicht als unglaubwürdig abzutun. Merkwürdigerweise glauben die meisten römisch-katholischen Gläubigen an den Wert solcher Stücke. Deshalb kann es sich die Kirche erlauben, Dinge als Reliquien hinzustellen, die »an den Haaren herbeigezogen sind«. Dazu einige Beispiele:

- Etwas vom Hauch Christi in einer Schachtel.

- Einen Sack voll ägyptischer Finsternis.

- Etwas Schall von den Glocken, die geläutet wurden, als Jesus in Jerusalem einzog.

- Ein Strahl von dem Stern, der den Weisen aus dem Morgenland den Weg geleuchtet hat.

- Etwas von dem zu Fleisch gewordenen Wort Christi.

- Einige Seufzer von Josef ... usw.

Damit nicht genug. Die hereinbrechende Flut angeblicher Reliquien stellt die Geistlichkeit vor immer größere Probleme. Immer mehr wird über Nichtigkeiten debattiert, immer gewagtere Zuordnungs-Kunststücke werden zelebriert; immer mehr Absurditäten müssen erfunden werden, um das sensationslüsterne Volk bei Laune zu halten, bzw. um ihre Spendenbereitschaft zu aktivieren. Weil nach der Auffassung der Theologen ein gewöhnlicher Mensch nicht in der Lage ist, Reliquien zu erkennen und zu beurteilen, streiten sie sich bald über den schlimmsten Aberwitz. Sie schießen über das Ziel hinaus und bringen dadurch ihre Kirche in Verruf. Sie fragen sich z.B.:

- Ob Adam einen Nabel hatte?

- Ob sich Pilatus mit Seife gewaschen hat, als er das Urteil über Jesus sprach?

- Ob Gott wie ein Hund bellen kann?

- Ob eine Entjungferte von ihm wieder zur Jungfrau gemacht werden kann?

- Ob man notfalls mit Wein, Bier oder Sand taufen kann ... oder ob das blose Anspucken genügt?

- Ob eine Maus, die Taufwasser getrunken hat, als getauft anzusehen ist?

- Was zu tun sei, wenn ein Kind das Taufwasser verunreinigt hat? usw.

Dies ist lediglich ein Mosaiksteinchen des theo-logischen Wissens[3]. Hier zieht selbst die eigene Argumentation nicht mehr: »... wer das nicht glaubt, (der) hat ein Herz aus Stein und gehört zu den verworfendsten Leuten«[4]. Nicht umsonst ist der »ungläubige« Thomas der Schutzpatron der Theologen!

(Schein)heilige

Der von der römisch-katholischen Kirche vertretene Heiligenkult ist die Fortführung antiker Totenkulte. Ihnen liegt die Auffassung zugrunde, daß zu Lebzeiten besonders Begabte die Fähigkeit nach ihrem Tod beibehalten.

Die Reliquienverehrung entwickelt sich aus den Heiligenkulten und die Verehrung von Heiligen entspricht antiken Wanderungssagen. Das Christentum schaut weit in die Geschichte zurück; es übernimmt vieles aus dem großen Wundertopf des antiken Aberglaubens. Den Blumen- und Kranzschmuck, die Salben und den Weihrauch, die brennenden Kerzen und die Totenmessen.

Später kommen Pilger als Informationsträger und Fabulanten dazu. Früh organisierte Wallfahrten zur Verbreitung des Heiligenkultes tragen dazu bei: »... es gibt eine Vielzahl von Heiligen, an die die Christen genauso fest glauben, wie die Griechen an ihre Hereonen, die nicht lebten und die ihr mystisches Dasein undurchsichtigen Bestandteilen verdanken «.... um die Heiligen, die gelebt haben (sollen), hat sich im Lauf der Jahrhunderte ein Schwall von Legenden gelegt«[5]. Um sie am Leben zu erhalten, werden ihnen nachträglich Wunder beigelegt.

Der Heiligenkult ist ein von der römisch-katholischen Kirche mitgeschlepptes und künstlich aufrecht erhaltenes Trugbild. Die Geistlichkeit nimmt sich liebevoll der Heiligenpflege an; sie werden in schöner Regelmäßigkeit poliert, denn es bringt dem Klerus Millionen ein. Nahezu alle Kirchenheiligen werden erst spät als solche anerkannt. Heute ist es schwierig geworden, denn heute muß ein Christ mindestens 50 Jahre tot sein, um in den Genuß einer Seligsprechung kommen zu können.

Papst Alexander III. (1159 - 1182) hat ein bis heute bei allen Kanonisierungen geübtes Verfahren eingeführt, nachdem ein Anwalt des Teufels (= advocatus diaboli) Einwände gegen den Himmelskandidaten vorbringen kann. Es ist Anarchronismus in höchster Potenz. Dieser Anwalt wird von der Kirche ernannt und es handelt sich in der Regel um einen Kardinal. Dieses Amt gehörte einst dem Kardinal Salvatore Natuzzi, der am 16. Dezember 1971 im gesegneten Alter von 100 Jahren und 8 Tagen verstorben ist. Ihm folgte der Augustinerpater Perez Raffael als Teufelsanwalt. Bei seinem Amtsantritt lagen ihm etwa 200 Anträge auf Heiligsprechungen vor.

Während der ersten christlichen Jahrhunderte ist die Heiligsprechung von bestimmten Personen unbekannt. Man reiht zusammen, was sich irgendwie hervorgetan haben will und / oder soll; Apostel, Evangelisten, Johannes d. Täufer, Makkabäer, einige nachträglich ernannte Kirchenlehrer und weltliche Herrscher, falls sie dem Christentum zu Füßen gelegen haben. Die Verehrung im kurialen Sinn setzt mit dem 3. / 4. Jh. ein, denn ab hier kann von einer Festigung des Katholizismus gesprochen werden. Der christliche Glaube wird »Staatsreligion«.

Anfangs steht den Bischöfen das Recht zu, Heilige zu ernennen, nachdem sie ihr Gewissen erforscht haben. Später bemächtigen sich die Päpste dieser lukrativen Handlung. Seit dem 12. Jh. ist eine päpstliche Erlaubnis Vorbedingung zur Verehrung. Sie bestimmt, ob der Betreffende ein »sancti«, »beati«, »Märtyrer« oder nur ein »Bekenner« ist[6]. Immer mehr Heilige werden zu Mittlern zwischen Gott und den Menschen hochstilisiert, wie es prinzipiell bereits bei den Chaldäern gewesen ist. Bald reichen die Engel für diese Tätigkeiten nicht mehr hin. Die Prüfung der meisten Legenden stellt unter Beweis, daß sie historisch unhaltbar sind. Endlose Fabeleien und Ausschmückungen reihen sich an einen möglichen winzigen Funken einer möglichen Lauterkeit.

Der Verehrungspflichtige muß in ein helles Licht gerückt werden; alles andere ist sekundär. Die Legenden der sog. Heiligen stecken voll Widersprüche und Ungereimtheiten.

Sprünge der hl. Dreifaltigkeit

An historisch gesicherten Gräbern baut man Tempel und Kirchen, bringt Kranke hin und erwartet deren Heilung durch Gott. So entstehen in rascher Folge Wallfahrtsorte. Wie ehedem bei heidnischen Götzentempeln hängt man an christliche aus Wachs, Silber und Gold geformte Nachbildungen der erkrankten Körperteile als Weihegaben. Es versteht sich von selbst, daß daraus ein schwunghaftes Geschäft entsteht. Der Handel mit Devotionalien blüht, doch es ist makaber, wenn aus einer Kuckucksuhr anstatt dem Vögelchen die Jungfrau Maria kommt und »Ave Maria« trällert.

Bekannte Wallfahrtsorte sind stets mit Schaubuden umsäumt. Hier wird aus dem Glauben Geld gemacht. Ist deshalb die Gnadenwirkung größer? Wir haben nicht nur ein religiöses, sondern eher ein psychologisches Phänomen vor uns.

Die Legenden der Heiligen, Schutzheiligen und die der Märtyrer, sind über weite Strecken Erfindungen religiöser Fanatiker oder blinder Nachbeter. Verdrehungen innerhalb der Kirchengeschichte lassen sich hundertfach nachweisen; nicht nur auf diesem Feld!

Nehmen wir als Beispiel die Hinrichtung des Apostels Paulus durch Nero. »... er habe, nachdem man seinen Kopf bereits mit dem Schwert abgeschlagen hat, den Namen Christus ausgerufen und drei weite Sprünge zu Ehren der hl. Dreifaltigkeit gemacht ... aus seinen Adern sei Milch geflossen«.

Eine andere Quelle berichtet: »... Paulus habe in seinem Haus in Rom gelebt und das Reich Gottes verkündet, ohne daß ihn jemand dabei gestört hat«[7]. Die nächste Quelle geht davon aus, daß der hl. Antonius den 113-jährigen Paulus in der Wüste begraben hat. Zwei Löwen haben ihm bei der Zubereitung des Grabes geholfen«.

Märtyrer- und Christenverfolgungen

Die meisten Märtyrerakten sind gefälscht und mit ihnen die Aufzeichnungen über die Verfolgungen der frühen Christen. Wir haben maßlose Übertreibungen von Schreiber-Fabulanten vor uns. Steht doch schon in der Bibel: ».... wenn man euch aber in der einen Stadt verfolgt, so flieht ihr in eine andere«.

Die Christenverfolgungen sind unter dem Einfluß christlich gefärbter Geschichtsschreiber überzeichnet; Kämpfe zwischen Christen und Löwen im Kolloseum hat es nicht gegeben«.

Wem fällt nicht auf, daß die sog. Kirchenväter in das gleiche Horn blasen. Alle wollen den Eindruck zementieren, als habe man die kleine aufrichtige Christenschar brutal ver-

folgt und zerschlagen. Doch: »... sieht man von dem Brandstifterprozeß unter Nero ab, lassen sich mit Sicherheit nur bei 5 von 50 römischen Kaisern zwischen Nero und Konstantin staatliche und nennenswerte Verfolgungen nachweisen ... sie dauern nur kurze Zeit und erklären die geringe Zahl der echten Märtyrer. Glaubenshelden sind damals so selten wie heute. Die Zahl der echten Märtyrer in den Jahren bis um 250 wird zwischen 20 und 1.500 angesiedelt.

Origenes gesteht freiweg: »... die Zahl der christlichen Blutzeugen sei klein und leicht zu zählen gewesen«. Aber er spricht in seiner Ermunterung zum Märtyrertum: »... wer würde nicht gern die zahllosen irdischen Plagen erdulden, um dann den Lohn der ewigen Seligkeit zu erlangen? Damit provoziert er eine Ungerechtigkeit, denn dies beinhaltet eine Verfälschung der moralischen Werte.

Als erster römischer Bischof wird Fabian das Opfer einer Verfolgung. Er kann **nicht** zu den Märtyrern gezählt werden, denn er stirbt am 20. Januar 250 in einem Gefängnis. Der »Liber Pontifikalis«, der am Ende des 2. Jh. Viktor zum Märtyrer macht, ist eine Fälschung. Die Akten, die Kornelius als Märtyrer enthauptet wissen wollen, sind wertlos und die den römischen Bischof Stephan I. als Opfer der valerianischen Verfolgung nennen, sind gefälscht. Das Martyrium des Polycarp unter der Regierung des Kaisers Antonuis im Jahr 156 gilt als ältester Augenzeugenbericht über den Tod eines christlichen Märtyrers.

Die Darstellung ist unglaubwürdig, weil alle Märtyrerakten das gleiche Schema zeigen. Sie zielen auf die Verherrlichung des christlichen Glaubens ab. So enthält eine im 8. Jh. angefertigte Abschrift der Annalen des Tacitus einige von unbekannter Hand eingebrachte Zusätze über die Verfolgung von Christen unter Nero[8]. Tatsache ist, daß bislang nur von einer Handvoll »christlicher« Märtyrer schriftliche und glaubhafte Überlieferungen vorliegen, die mit Vorsicht zu interpretieren sind. Es ist übertrieben, wenn die Geistlichkeit noch heute mit Martyrien hausieren geht, denn dies allein besagt nichts. Tatsache ist, daß die Christen im Verlauf ihrer Geschichte die Verfolger und **nicht** die Verfolgten gewesen sind.

Rasch erinnert man sich an die widersprüchlichen Evangelien. Cyprian meldet kleinlaut: »... daß die hl. Schrift keine Einwendungen erhebe, wenn sich ein Christ der Verfolgung durch die Flucht entzieht«. Sicher ziehen viele (angebliche) Märtyrer die Flucht einem sinnlosen Tod vor; damals wie heute. Es wäre ein völlig normales Verhalten und kein kluger Kopf stirbt allein wegen des Glaubes.

Cyprian geht »ins Versteck« und schickt von hier Trost- und Durchhaltebriefe an eingekerkerte Kollegen geringeren Grades, gratuliert zu ihrer Standhaftigkeit und wünscht ihnen die Erlangung der unnötigen Märtyrerkrone. Warum geht er nicht leichten Herzens voraus? Kann daraus geschlossen werden, daß die Säulenheiligen des Christentums eher Feiglinge den Helden sind, die man später mit einem Glorienschein versehen hat?

Tatsache bleibt, daß es vor allem die Christen selbst gewesen sind, die im Blut der Andersdenkenden und -gläubigen gewatet haben. Man erinnere sich »nur« an die Hexenverfolgungen und an die sog. »Kinderkreuzzüge«. Der katholische Herzog Alba läßt über 20.000 Protestanten hinrichten.

Die Christen haben nachweisbar Hunderttausende getötet. Die gegen sie gerichteten Verfolgungen nehmen sich dazu bescheiden aus, womit ich sie keinesfalls rechtfertigen will. Sie könnten als unwesentlich übergangen werden, wären sie nicht für die Verherrlichung einer Institution von zentraler Bedeutung.

Christenhelden

Daß es bei der Verehrung der Heiligen »menschlich« zugeht, stellt der Theologe Leipolt fest: »... man schwatzt, trinkt und lacht nicht nur, hurt und mordet ... überall herrscht Trunk-

Albrecht Dürer. Domitian läßt den heiligen Johannes, den Evangelisten, in kochendes Öl werfen. Apokalypse. 1498.

Lucas Cranach d. Ä. Die Marter des heiligen Erasmus, dem mit einer Winde - bei lebendem Leib - die Gedärme herausgedreht werden. Holzschnitt. 1506.

sucht, Ausschweifung und Zank ... dem Laster größer Sinnlichkeit huldigt man an heiliger Stätte. Jung und alt salbt sich den Kopf und schminkt sich die Augen, wenn man zur Kapelle des Märtyrers zieht ... die Gräber und die dunklen Winkel der Kirche zeugen von Vielen, die verbotenen Umgang haben«[9]

Wenn man sich mit den Legenden der Märtyrer beschäftigt, überkommt einen bisweilen das Grausen. Gleichzeitig staunt man ob deren blendenden Gesundheit, mit der sie - gleichsam lächelnd - Strapazen auf sich nehmen, die unvorstellbar sind.

Blandina soll um 177 unter der Regierung des römischen Kaisers Marc Aurel wegen ihres christlichen Glaubens zu Tod gefoltert worden sein. Erst haut man sie in Stücke, dann wird sie Torturen unterworfen, die selbst die Folterknechte ermüden. Dies trägt sie geduldig und bleibt bei dem Bekenntnis: »... ich bin eine Christin und unter uns wird nichts Böses getan«. Wie gern würde man

diese einfache Formel dem Papsttum in das Stammbuch schreiben! Darauf hin wird sie weiteren Qualen unterworfen. Ihr Körper wird in einer glühend gemachten Pfanne gebraten. In einem Amphitheater wird sie an einen Pfahl gebunden.

Wilde Bestien werden auf sie losgelassen, doch sie rühren die Heilige nicht an. Schließlich wickeln sie aufgebrachte Peiniger in ein Netz, das sie einem wilden Stier vorwerfen. Wiederholt stößt er sie mit seinen Hörnern in die Höhe. Ihr macht dies nichts; sie empfindet keine Schmerzen. Bis zu ihrem letzten Atemzug steht sie in einem »innigen« Verkehr zu Christus«[10].

Ähnliche Wohltaten erfährt der hl. Sanctus. Er wird an empfindlichen Körperstellen mit glühenden Kupferplatten bedeckt. Dessen ungeachtet steht er treu zum christlichen Glauben. Schmerzen hat er keine, denn ein himmlischer Tau fällt auf ihn herab. Weitere Qualen können seinen Tod nicht herbei-

Antonio Tempesta: Verbrennung christlicher Märtyrer. Aus: dem Werk von R. P. Gallonio

.Antonio Tempesta. Christliche Märtyrer werden mit glühenden Fackeln gefoltert. Aus dem Werk von R. P. Gallonio.

führen. Das Gegenteil ist der Fall. Er wird in seinen Leiden bestärkt und kann nach den Torturen seine Glieder wieder frei bewegen.

Ein klassisches Beispiel heldenhaften Christentums zeigt die Legende der hl. Agnes[11]. »... Agnes, eine junge und schöne Römerin hat sich mit Christus (platonisch) verlobt. Als sie 13 Jahre alt ist, verliebt sich der Statthalter Sempronius in sie und begehrt sie zur Frau. Sie weist den Antrag zurück.

Nun stellt ihr der ergrimmte Vater die Bedingung: »... entweder eine Vestalin zu werden oder in ein Frauenhaus einzutreten«. Sie läßt sich nicht erweichen. So befiehlt der Vater, sie nackt auszuziehen und (sie) in ein öffentliches Haus (= Bordell) zu schaffen. Ihr himmlischer Bräutigam läßt ihr plötzlich die Haare lang wachsen, das sie wie ein Mantel umgibt. Außerdem empfängt sie ein himmlisches Kleid, so daß die Besucher vor Ehrfurcht ergriffen werden. Der Sohn des Statthalters stürzt sich mit geiler Lust auf sie ... fällt (jedoch) tot zu Boden, als er sie berühren will. Durch ihr himmlisches Gebet wird er (wieder) erweckt. Später wird sie zum Feuertod verurteilt, doch statt ihr verbrennen die Henker und Zuschauer. Schließlich wird ihr der Kopf abgeschlagen ... sie wird von himmlischen Jungfrauen umgeben und in den Himmel getragen«[12].

Es fällt auf, daß die christlichen Märtyrer über ihre Peiniger spotten. Sie bedauern das schnelle Ermatten der Folterknechte und bitten darum, doch wenigstens auf beiden Seiten gebraten zu werden. Maria ruft aus der Tiefe des Kessels, man möge das Feuer besser unterhalten«[13].

Eine große Rolle spielen Jungfrauen und Huren, denn an ihnen kann man plastisch die Glaubenstreue dokumentieren, bzw. sie mit erotischen Vorstellungen kombinieren. Man schneidet als heilig angesehenen Jungfrauen die Brüste ab, die rasch nachwachsen. Im christlichen Mittelalter gilt die hl. Maria Magdalena als Schutzpatronin der Dirnen. Daß die Geistlichkeit der Weiblichkeit keinesfalls abgeneigt sind, dokumetieren die Kapitel »Zölibat« und »Moral auf Abwegen« in diesem Buch.

Im Lauf der Jahre werden die Heiligenlegenden immer weiter ausgeschmückt; sie rücken ins Spekulative und Phantastische, ja ins absolut Unreale. Dazu ein Beispiel aus dem 17. Jh. das für das Christentum zentrale Bedeutung hat.

Der Missionar Francis Xavier

Der Spanier Xavier hält sich in der zweiten Hälfte des 16. Jh. als Missionar in Indien auf. Spätere Legenden dichten ihm tolle Wunder an:

- Durch das Schlagen des Kreuzes habe er das Wasser des Meeres in süßes Trinkwasser verwandelt.

- Er habe ein Erdbeben verursacht, das sämtliche Bewohner unter einem vulkanischen Aschenregen begraben hat.

- Lampen, die weihwassergefüllt vor seinem Bild gestanden haben, »... hätten gebrannt, gleich als ob sie mit Öl gefüllt gewesen wären«.

- Einmal habe er während einer Fahrt über das Meer ein Kreuz verloren, das in die Fluten gefallen sei. Bei seiner Landung hat es eine Krabbe zurückgebracht.

- Einmal wird er beim Abendmahl vermißt. Man findet ihn freischwebend in einem tiefen Gebet versunken ... mit zum Himmel gerichteten Augen und von einem wunderbaren Glanz umgeben«[14].

Aufgrund dieser Wunder (über die man sich nur »wundern« kann), wird er am 19. Januar 1622 von Gregor XV. heilig gesprochen. Wer sich näher informieren will, dem sei das umfangreiche Werk des Johann von Bolland empfohlen, das 1643 begonnen wurde und an dem bis heute gearbeitet wird. Es ist eine Fundgrube theologischen Wissens, das für den Rest der Welt wertlos ist.

Freilich nehmen nach seiner Heiligsprechung die Wunder zu. 1682 verfaßt Pater Dominic Bonhours eine Lebensbeschreibung des Xavier. Ihr- zufolge hat er 14 Tote zum Leben erweckt; damit keinesfalls genug. Der Jesuitenpater Colderidge sagt in seiner 1872 erschienenen Lebensbeschreibung über den Sonderling:

- Er hätte eines Abends vor den Angehörigen verschiedener Stämme gepredigt, und jeder habe ihn in seiner Landessprache verstanden, »...woraus zu ersehen ist, daß bei einem wirklichen Heiligen nichts unmöglich ist«.

- Seine Leiche strömte noch nach Monaten einen süßlichen Wohlgeruch aus und konnte selbst durch den in den Sarg gestreuten Kalk nicht zerstört werden. Das Fleisch blieb unversehrt ... (und) stets blieb der himmlische Geruch erhalten.

Soviel Ehre wird nur einem wirklichen Heiligen entgegengebracht. Ein anderes Beispiel ist das Leben des unbekannten Judas. Viele kennen die Geschichte, derzufolge er sich ob seiner (nie bewiesenen Schandtat) erhängt hat. Es ist lediglich **eine** Version, und zwar die des Evangelisten Matthäus. An anderen Stellen berichtet die Bibel: »... Judas habe von seinem Sünderlohn einen Acker gekauft ... ist aber kopfüber zu Boden gestürzt und mitten auseinandergeborsten ... so daß seine Eingeweide herausgetreten sind«.

Wer sieht nicht den Widerspruch? Schon im 2. Jh. bestreitet der Bischof Papias, daß Judas erhängt worden sei. Nach seiner Version ist er, »... so dick geworden, und habe Würmer und Eiter ausgeschieden ... und sein Schamglied sei überaus gewachsen und der Ort, wo er nach namenlosen Qualen gestorben ist, sei fortan öde und unbewohnt gewesen. Keiner könne (dort) vorübergehen, ohne sich die Nase zuzuhalten«.

Das Rezept ist erkennbar; einmal positiv, wenn es um die Verherrlichung der Kirche geht; einmal negativ, wenn es darum geht, definierte Kirchenfeinde zu brandmarken, die es vielleicht nie gewesen sind, denn das Christentum ist eine in sich widersprüchliche Zwangs-Glaubens-Gemeinschaft.

Ähnliches beinhalten die Legenden vieler von der Kirche als heilig angesehenen Männer und Frauen. Der Tenor ist der gleiche: Verherrlichung des einzig wahren und selig machenden christlichen Glaubens. Herausstreichen der sexuellen Enthaltsamkeit und Verdammung all derjenigen, die anders darü-

ber denken. Der Zug der sexuellen Neurotik durchzieht die Geschichte der römisch-katholischen Kirche.

Es ist nicht verwunderlich, wenn es in kirchlichen Kreisen immer wieder zu sexuellen Eskapaden, Hysterien und Exzessen kommt. Dies schlägt sich (auch) in der Heiligenverehrung nieder. Das Wunder ist, daß noch heute Hunderttausende dies als »glaubenswahr« ansehen. Immer und immer wieder wird das tugendhafte Leben der Heiligen demonstriert und immer wieder wird hervorgekehrt, welche Allmacht Gottes aus ihnen spricht.

Wir müssen eine parallele Strömung sehen, die Herausschälung des abendländischen Mönchtums. In der zwischen dem Niltal und dem roten Meer gelegenen Einöde hausend, habe sich Antonius unter unmenschlichen Peinigungen der Beschaulichkeit hingegeben; bis zu seinem 105. Lebensjahr haben sich Tausende nach ihm gerichtet. Einer seiner Jünger war Pachomius. Er soll auf der im Nil gelegenen Insel Tabenä eine größere Zahl von Gleichgesinnten vereinigt haben. Sie lebten in einzelnen Hütten und bildeten lange Gassen, weshalb die ersten Mönchssiedlungen »Laurai« (= Gassen) genannt wurden.

»... um sich unbeirrt von dem sinnlichen und sündigen Treiben der Welt selbstbeschaulichen Betrachtungen hingeben zu können und sich vom (göttlichen) Geist bezaubern zu lassen, verkrochen sich viele dieser angehenden Heiligen gleich den Asketen Tibets und Indiens in unterirdischen Höhlen und verbrachten jahrelang in denselben. Der aus Theben stammende Paulus soll 90 Jahre in der Lybischen Wüste gehaust haben und im Jahr 340 von Antonius von Koma angeblich in betender Haltung tot aufgefunden worden sein«.

Im ausgehenden 3. Jh. ging der ägyptische Kopte Antonius (gest. um 365) als Eremit in die Wüste. Er zieht Gleichgesinnte nach und so entstehen die ersten Mönchskolonien. Im 1. Drittel des 4. Jh. baut Pachomius (gest. um 346) nördlich von Theben das erste Kloster. Von der in Zellen lebenden Gleichgesinnten wird unbedingter Gehorsam erwartet. Es fällt eine militärische Struktur auf. Sie zeigt sich in der gleichen Kleidung, den gemeinsamen Mahlzeiten, gemeinsamen Gebeten und dem gemeisamen Schlafsaal. Schenute, der bedeutendste koptische Christ, soll seine Mönche eigenhändig geprügelt und gefoltert haben. Mit dem ausgehenden 4. Jh. bürgert sich das Mönchstum im Abendland ein.

Erst später entstehen größere Anwesen, sog. Klöster (von claustrum = geschlossener Raum). Ein Abt an ihrer Spitze schreibt die Regeln vor. Pachomius soll das erste Nonnenkloster begründet haben, in dem seine Schwester als Äbtissin fungiert. Der heilige Benedikt von Nursia sucht die felsige Wildnis der Abruzzen auf. Er kleidet sich in Tierfelle und lebt in einer Höhle. 529 gründet er auf Monte Cassino ein Kloster, deren Mönchen er ein dreifaches Gelübde abverlangt: Keuschheit (= Ehelosigkeit), Armut und Gehorsam. Aus diesem geistigen Fundus haben sich die merkwürdigsten Legenden erhalten. Dazu einige Beispiele:

- St. Marcius setzt sich zur Unterdrückung des ihm zusetzenden Wollustteufels mit dem nackten Hintern in einen Ameisenhaufen. Eines Tages kommt eine Hyäne zu ihm und legt ihm ein blindes Junges vor. Der Heilige macht es gesund.

- Hilarion läßt sich in Pelze nähen, um besser in der glühenden Hitze schmoren zu können. Er vollbringt ein exzellentes Wunder. Zu ihm kommt eine junge Frau, die von ihrem Mann verachtet wird, weil sie ihm keine Kinder schenkt. Sie bittet um seinen Rat. Er betet mit ihr und nach neun Monaten kam sie wirklich mit einem kleinen Heiligen zurück.

- Der hl. Eusebius soll ständig 260 Pfund Eisen mit sich herumgetragen haben.

- St. Bernhard quält sich dadurch, daß er lediglich Buchenblätter und elendes Gerstenbrot zu sich nimmt. Genoß er einmal zur Stärkung seines ruinierten Magens etwas Mehlbrei mit Öl und Honig vermischt, dann weinte er bitter über diese Schwachheit.

- Der hl. Benedikt hat im Leib seiner Mutter Psalmen gesungen. Wenn er als Kind weinte,

brachten ihm die Engel Bischofsstäbe und Breviere als Spielzeug; außerdem hat er einen zerbrochenen Krug zusammengebetet.

- Der irländische Mönch Kewton erhebt sich zum Beten einige Meter über den Erdboden. Er betet so intensiv, daß eine Schwalbe in seine gefalteten Hände Eier legt, um sie in aller Ruhe auszubrüten.

- Der hl. Bernhard war die Seele des Zweiten Kreuzzuges. »... dieser großartigen Narrheit, die Tausenden von Menschen das Leben gekostet hat. Bei seinem Gebet haben sich Steine erbarmt.«

- Der hl. Franz von Assisi wälzt sich nackt auf Dornen und steigt bis zum Hals in gefrierende Teiche. Er predigt in seiner Demut Gänsen, Hühnern und Enten.

- Den Höhepunkt erreichen Thalaäus und Simeon. Thalaäus vereinigt zwei Wagenräder zu einer Art Faß, an dem lediglich der Raum zwischen den Speichen offenbleibt. Da hinein zwängt sich der Wundermann, so daß sein Kopf auf den Knien ruht ... so bringt er Jahre zu, bis er von Theodoret, dem Bischof von Cyrus, gesehen wird und in dessen Kirchengeschichte Erwähnung findet.

Simeon war ein Sohn eines ägyptischen Schafhirten; entsprechend war sein Verstand. Gleichfalls vom religiösen Fanatismus befallen, schnürt er sich den Leib mit starken Stricken zusammen. Es bilden sich Geschwüre, die so stinken, daß sich niemand in seiner Nähe aufhalten kann. Der Abt läßt ihn reinigen und kaum daß er geheilt ist, brütet er weitere zum göttlichen Wohlgefallen aus. Er steigt auf Säulen ... auf einer 40 Ellen hohen Säule soll er über 30 Jahre gestanden haben. Theodoret berichtet über ihn. Seiner wunderbaren Leistung verdankt er die Bezeichnung »Stylitos«, (= der Säulenheilige). Das wundersüchtige Volk pilgert ihm ehrerbietig entgegen.

Hinzu kommt der sog. »heilige« Geruch, durch den sich ja (auch) die 1976 von bundesdeutschen Exorzisten »totgebetete« Anneliese Michel ausgezeichnet haben soll. So preist St. Jerome den hl. Hilarius, weil dieser sein ganzes Leben lang im körperlichen Schmutz und Unrat verbracht hat. St. Antonius soll nie seine Füße gewaschen haben. St. Afra soll sich innerhalb von 50 Jahren kein einziges Mal gewaschen haben. Die hl. Sylvia habe niemals einen Teil ihres Körpers gewaschen. Die hl. Euphrasia gehörte einem Kloster an, dessen Nonnen das Gelübde abgelegt hatten, für immer auf die Annehmlichkeit des Bades zu verzichten. Die hl. Maria von Ägypten sei wegen ihrer körperlichen Unsauberkeit weithin berühmt gewesen.

Freilich wollen es die heiligen Frauen den männlichen Kollegen auch in den anderen Punkten gleichtun. Dazu einige Beispiele:

- Eine der ältesten Heiligen ist St. Afra. Ihre Mutter unterhält in Augsburg ein Bordell. Hier arbeitet die tugendhafte Tochter. Ein Zufall führt den spanischen Bischof Narzissus in das noble Haus. Er bekehrt die Venuspriesterin zum Christentum und macht aus ihr die vorerwähnte Heilige. Später soll sie als Märtyrerin verbrannt worden sein.

- Der hl. Therese fliegt im Karmeliterkloster von Alvila eine Hostie des Bischofs in den Mund. Nach ihrem Tod erscheint sie einer vertrauten Nonne und gesteht: »... daß sie mehr aus Inbrunst der Liebe als aus Heftigkeit ihrer Krankheit verstorben sei«.

Nonnen ihrer Zunft tranken aus Spuknäpfen, aßen tote Mäuse, tranken Blut, tauchten ihr Brot in faule Eier und durchstachen ihre Zunge mit Nadeln, wenn sie das Schweigen gebrochen hatten.

- Die hl. Katharina von Cadone lebte in einer Höhle. Sie trug ein Kleid aus Ginster, das mit Dornen und Eisendraht durchflochten war. Sie fraß Gras wie ein Tier, ohne sich der Hände zu bedienen und fastete 40 Tage lang.

- Die hl. Katharina von Genua wurde aus Liebe zu Christus toll.

- Die hl. Passidia, eine Zisterziensernonne aus Siena, quält sich gleichfalls ab: Sie geißelt sich mit Dornen. Sie wäscht ihre Wunden mit Essig, Pfeffer und Salz. Sie schläft auf Kirschkernen und Erbsen. Sie trägt ein Panzerhemd mit einem Gewicht von 60 Pfund. Sie steigt in gefrierende Teiche. Sie hängt sich mit dem Kopf nach unten in einen Schornstein.

Zur Belohnung drückt ihr Jesus fünf Wundmale auf. »... zwei Nonnen sahen durch ein Schlüsselloch, wie sie Jesus drückte ... und ihre Wunden bluteten«.

- Beim Tod der hl. Klara (Aissisi) findet man in ihrem Herz kleine Passionsinstrumente und in ihrer Blase »geheimnisvolle« Steinchen.

- Die hl. Rosa von Lima (eine Dominikanerin) schläft auf knorrigem Holz oder Scherben. Als Nachttrunk wählt sie einen Schoppen Galle.

Einen besonderen Status nehmen die Schutzheiligen ein. Sie haben reichlich zu tun. Sie unterstützen die Engel, denn sie übernehmen vermittelnde Aufgaben zwischen Gott, Dämonen (= Engel) und leichtgläubigen Menschen.

Die »sündige« Menschheit **muß** nach Ansicht der Theologen vor satanischen Anfechtungen geschützt werden, deren Grausen sie ihnen vorher eingeredet haben. Ein altbewährtes Mittel ist das Anflehen eines sog. Schutzheiligen oder einem dazu Auserkorenen. Dies hat sich bereits vor Tausenden von Jahren bewährt. Warum sollten die Christen dieses probate Rezept negieren?

Im Christentum entsteht eine umfassende Patronatsverehrung. Bald schließen die Schutzheiligen wie Pilze aus dem Boden. Sie werden liebevoll gehätschelt und großgezogen. Dazu einige Beispiele:

Papst Sixtus V.
Er modifiziert die christliche (= katholische) Bibel 50 Jahre nach Luther an etwa 2.000 Stellen und erläßt die Drohung: »... die von ihm eigenhändig korrigierte Ausgabe muß als die einzige wahre und echte Bibelversion bei der Strafe des Bannes von Jedermann gebraucht und allen Folgeausgaben zugrundegelegt werden«.
Zum Bedauern der Geistlichkeit dringt dieser Eklat - der die gesamte Bibelforschung in Frage stellt - an die Öffentlichkeit.

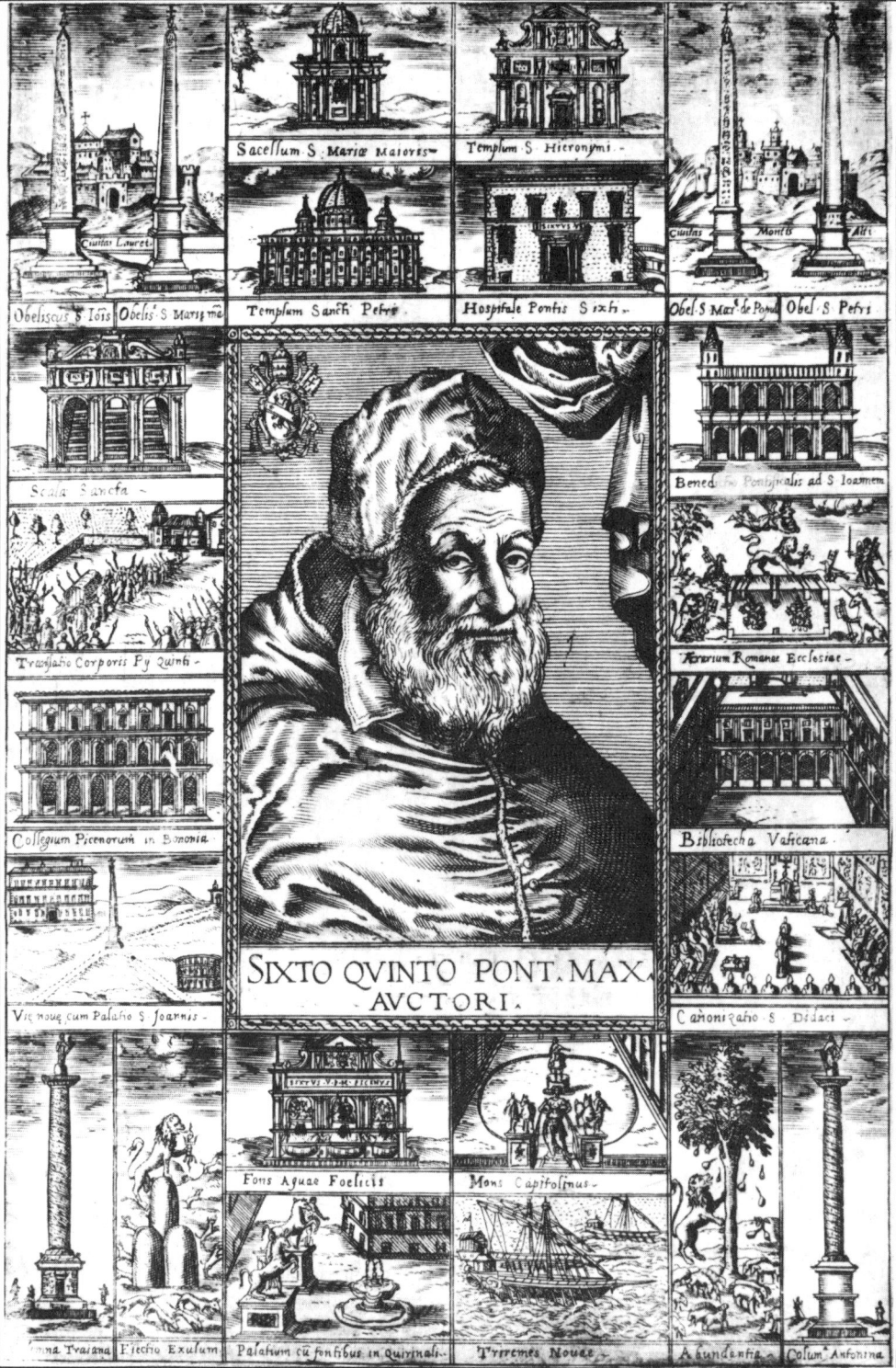

Sacellum S. Mariæ Maioris

Templum S. Hieronymi

Ciuitas Laureti

Obeliscus S. Iois | Obelis. S. Mariæ mé | Templum Sancti Petri | Hospitale Pontis Sixti | Ciuitas | Montis | Alti | Obel. S. Mar. de Populo | Obel. S. Petri

Scala Sancta

Benedictio Pontificalis ad S. Ioannem

Translatio Corporis Pÿ Quinti

Ærarium Romanæ Ecclesiæ

Collegium Picenorum in Bononia

Bibliotheca Vaticana

Viæ nouæ cum Palatio S. Joannis

SIXTO QVINTO PONT. MAX.
AVCTORI.

Canonizatio S. Didaci

Columna Traiana | Fiectio Exulum | Fons Aquæ Foelicis | Mons Capitolinus | Palatium cu fontibus in Quirinali | Tyrremes Nouæ | Abundantia | Colum. Antonina

207

- St. Lukas ist der Schutzheilige der Maler.

- St. Gertrude ist für die Rattenfänger zuständig.

- Die hl. Maria Magdalena für die Dirnen[15].

- St. Zita für die Küchenmägde.

- Peter von Mailand für die Bierbrauer.

Versetzen wir uns in die Zeit. Viele Krankheiten plagen die Menschen, denen sie zusammen mit der Geistlichkeit und den Ärzten machtlos gegenüberstehen. Die Priester nutzen ihre Chance und deklarieren die menschlichen Übel als teilweise selbstverschuldet, da sie die christlichen Gebote nicht gebührend beachtet haben. So gesehen ist es nicht verwunderlich, wenn es bald Schutzheilige zur Abwendung von Krankheiten gibt:

- Erasmus hilft gegen Schmerzen im Unterleib.

- St. Gumprecht gegen den Biß der tollen Hunde.

- St. Petronella gegen das Fieber.

- St. Rochus gegen die Pest.

- St. Margaretha gegen die Schwangerschaft.

- St. Blasius bläst das Halsweh weg.

Andere wenden sich Tieren zu. Es ist verständlich, denn die damaligen Menschen leben fast ausschließlich von der Landwirtschaft. Tierkrankheiten oder deren Tod konnten zu empfindlichen Einbußen führen, was u. a. beim späteren Wüten gegen die als Hexen und / oder Hexer Verfolgten deutlich wird.

- Der hl. Antonius schützt die Gänse.

- Der. hl. Stephanus schützt die Pferde.

- Johannes der Täufer kümmert sich um die Lämmer.

- Der. hl. Antonius um die Schweine.

- St. Leonhardt ist der Vieharzt im Himmel.

Aus der Patronatsverehrung resultieren u. a. religiöse Bruderschaften. Die Kirche erhebt den Anspruch, daß Heilige und Reliquien verehrungspflichtig sind. Der Heiligenkult gipfelt in der Verehrung Marias[17].

Reliquien und Partikel

Die ältesten Spuren des Reliquienkultes führen zu den Grabkulten der Antike. Die Perser und Lyder heben - wie die Indianer - Leichen aus der Erde, um sie zu verehren. Dann setzt das Ausschmücken des Reliquienbehälters ein und dann wird eine weitere Sitte aus dem Orient übernommen; das Teilen der Reliquien, bzw. der Leichen.

Im Lauf der Zeit kommt der Reliquienhandel auf, das Ausstellen im Reliquiar, das Tragen von Reliquien als Amulett usw. Dies ist (auch) zur Zeit der Zeitwende so. Der Reliquienkult ist im 4. Jh. verbreitet. Seit dieser Zeit werden christliche Reliquien fabrikmäßig hergestellt[18]; der Handel damit weitet sich aus, wodurch Aberglaube und Wundersucht bestärkt werden. Bald ist das christliche Abendland mit Reliquien überschwemmt; so nimmt das Unglück seinen Lauf.

Man stellt die Forderung auf: »... daß fortan in jedem zum Gottesdienst verwendeten Altar der katholischen Kirche die Reliquie eines Heiligen einzuschließen ist«. Ohne Vorhandensein einer solchen dürfe keine Messe gelesen werden[19]. Früh melden sich Zweifler und Kritiker. So verurteilt Vigilantius in einer um 420 verfaßten Schrift die Verehrung Toter und ihrer Überreste als einen aus dem Heidentum übernommenen Götzendienst. Seine Stimme verhallt im Glaubenswahn.

Dann beginnt das Schachern. Die Kirche schaltet sich in das Geschäft, beherrscht es bis zur Perfektion und ihre Rechnung geht auf. Man erkennt: je zahlreicher man auf Reliquien verweisen kann, desto größer ist der Zulauf der Masse; desto schneller füllen sich die Kassen. »... denn umsonst waren Reliquien nirgends zu sehen«[20].

Die Einkünfte dienen zur Aufrechterhaltung der Prosperität, dem Halten von Konkubinen und dem Ernähren der priesterlichen Familien samt ihrer Kinder. Sie dienen der prunkvollen Ausstattung von Kirchen, Klöstern und Abteien. Haben Leichtgläubige dafür Geld hinterlegt?

Doch Überfluß macht leichtsinnig. Bald streiten sich einzelne Kirchen, wer denn nun das jeweils »echte« Stück besitzt, und wäre es nur eine der 13 erhaltenen christlichen Vorhäute. Die Angelegenheit wird makaber. So werden die ekelhaftesten und unscheinbarsten Reste zersetzter Leichen zu gefragten Handelsobjekten. Die Kirchen werden zu Sammelbecken von Heiligen, bzw. deren angeblichen Resten. Daß sie sich gegenseitig zu überbieten suchen, steht außer Frage. Ein Blick in die phantastischen Sammlungen zeigt die Verblendung, mit der dieses Spiel getrieben wird.

Kuriose Kirchenschätze

Das Liebfrauenkloster in Aachen weist auf folgende Schätze:

- Die Windeln unseres Herrn und Heilandes Jesus Christus.
- Das Schürzen- und Lendentuch desselben.
- Der Gürtel unseres Herrn und Heilands.
- Ein Stück von der Geißelsäule des Herrn.
- Ein Stück von dem Rohr, das ihm bei der Dornenkrönung als Szepter diente.
- Ein Teil des Strickes, womit der Erlöser an die Geißelsäule gebunden war.
- Ein Stück vom Purpurmantel des Herrn.
- Mehrere Partikel vom heiligen Kreuz.
- Ein Stück des Kreuznagels.
- Ein Teil des Schweißtuches vom Herrn.
- Haare von der allerseligsten Jungfrau Maria.
- Das Kleid der Mutter Gottes.
- Einen Teil des Gürtels von der allerseligsten Jungfrau Maria.
- Das Enthauptungstuch von Johannes dem Täufer.
- Ein Glied von der Kette, mit dem der hl. Petrus im Kerker zu Rom gefesselt war.
- Rippen des hl. Stephan ... usw.[21].

Die Wittenberger Schloßkirche weist etwa 5.000 Reliquien auf, die kurz vor dem Ausbruch der Reformation dort eingestapelt sind. Das Heiltumsbuch hat sich erhalten[22].

In seinem Vorwort wird gesagt: »... es sollen alle christgläubigen Menschen zur Ablaß und Auslöschung der Sünden, auch zur Erlangung ewiglicher Seligkeit gereizt und bewegt werden ... es möge auch ein jeder Mensch, der die Stiftskirche besucht, mit seinem innigen Gebet und vor jedem Altar einen merklichen Ablaß verdienen«.

In Wittenberg ist der Schwindel so lukrativ, daß aus den Einkünften Professoren bezahlt werden. Hier werden die »Heiltumsschauen« jährlich am Montag nach dem Sonntag Misecordis durchgeführt, womit ein großes Spektakel verbunden ist. Von Wittenberg aus überspannt die Reformation das Abendland. Die interessantesten Reliquien der Wittenberger Schloßkirche dürften gewesen sein:

- Die Gesichtshaut des Bartholomäus.
- Teile von der Krippe Christi sowie Heu und Stroh.
- Ein Sack ägyptischer Finsternis (wohl = eine Exklusiv-Reliquie)
- Wachs von der Kerze, die die sel. Jungfrau Maria in ihrer Sterbestunde gehalten hat ... usw.

Der Kurfürst Friedrich der Weise hat in Kardinal Albrecht von Brandenburg einen ernsthaften Nebenbuhler. In seiner Residenz Halle stapelt er Tausende von ihnen. Darunter befinden sich:

- 42 vollständige Leichname.
- Der »wahre« Körper Christi, den er zur Löschung der Sünden der Menschen dargebracht hat.
- Eine Flasche Milch aus den Brüsten der Jungfrau Maria.
- Einen Krug von der Hochzeit von Kanaa.
- Einen Teil der Erde, aus der Adam geschaffen wurde.
- 20 Fragmente des Dornbusches, den Moses brennen sah.
- Proben jenes Manna, das den Kindern Israels als Speise diente.

- Ein Stück vom Stab Josephs, der wunderbare Knospen getrieben hat[23].

1645 bringt der Kölner Probst Gelenius (Galenius?) eine Schrift heraus, in der die im Dom aufbewahrten Reliquien der hl. Drei Könige und die Reliquienschätze von 15 weiteren Kirchen und 6 Klöstern der Stadt Köln beschrieben sind[24]. Hier finden wir die Überreste von sämtlichen Aposteln und Evangelisten, Haare und Milch Marias, Steine, mit denen man Stephanus gesteinigt haben will usw. sowie eine Zehe des mongolischen Riesen Christopherus.

Hinzu kommt eine umfassende Sammlung von weiblichen Zähnen[25]: vielleicht sind es die Überreste und Gebisse der 11.000 Jungfrauen, die es nie gegeben hat. Als Reliquienreste kommen gelegentlich Maulwurfszähne, Mäuseknochen und Bärenfett in Umlauf[26]. In der wundersüchtigen Zeit - die in nichts von der unsrigen zu unterscheiden ist - wird immer mehr als Reliquie ausgegeben, was keine ist. Es tauchen tolle Dinge auf. So erhöht man zur Reliquie:

- Die hl.Lanze, mit der der römische Ritter Longinus Jesus in die Seite gestochen hat.

- Die Smaragdschüssel, aus der Jesus sein Opferlamm verspeiste.

- Den Kelch Christi, den er beim Abendmahl benutzt hat.

- Einen der 20 Silberlinge und die Laterne, die Judas benutzt hat.

- Das Waschbecken, in dem sich Pilatus die Hände gewaschen hat.

- Die Ketten von Petrus.

- Den eingetrockneten Arm des hl. Antonius, der sich als Brunstrute eines Hirsches erwies[27].

- Viele Knochen der in Bethlehem getöteten Kinder.

Hier drängt sich die Frage auf, ob das Geschäft höher als die Verehrung geschätzt wird. Oft wird innerhalb der christlichen Literatur herausgestellt, wie grausam und ungerecht der Kindermord in Bethlehem gewesen sei. Sitzen hier die Christen einem antiken Volksmärchen auf? Bemerkenswert ist, daß

der in diesem Zusammenhang genannte Sultan an Gläubige abortierte Kinderleichen als »Leichen der unschuldigen Kindlein« verkauft hat[28].

Eine frühe Pilgerreise

Die Pilgerreisen setzen parallel zur Heiligenverehrung und dem Reliquienkult ein. Ein Pilger aus Aquitanien berichtet im Jahr 333 u. Z. über seine Reise: »... in Kasseira wird ihm das Bad des Hauptmannes Cornelius gezeigt. Bald darauf sieht er die Quelle, durch deren Wasser Frauen, die darin baden, schwanger werden«. Dezidierter berichtet er über den sagenträchtigen Ort Jerusalem.

In Sichem wird er an das Opfer Abrahams erinnert. Er sieht das Grab von Joseph, dessen Gebeine man aus Ägypten herbeigeschafft hat. Er sieht den Brunnen Jacobs, an dem Christus mit der Samariterin gesessen hat. In Jericho sieht er den Maulbeerbaum, auf dem der Zöllner Zachäus gesessen hat. Außerdem besichtigt er die Quelle, die Elias gesund gemacht hat. In der Nähe von Jericho wird der Ort gezeigt, wo Josua das Volk beschnitten hat und die 12 Steine, die an den Übergang im Jordan erinnern. Am Jordan erhebt sich der Hügel, an dem Elias entrückt ist. In Bethlehem fließt die Quelle, mit deren Wasser Phillipus den Eunuchen der Königin Kandaka getauft hat.

Bruderschaft zum hl. Leder

Eine gute Reliquie ist besser als ein Klosterschatz. Sie bedeutet für wenige Scharlatane Wohlstand auf Kosten der einfältigen und sensations- lüsternen Masse. Sie glaubt an den Betrug und finanziert ihn; sie betet und himmelt ihn an. Innerhalb der Klöster kommt es darum zu vielen Überschneidungen, zu Überbietungssucht und Leichtsinn. Als Beispiel mag das Verhalten der Nonnen von Macon gelten.

Das dortige Kloster rühmt sich, die Haut des hl. Dorotheus zu besitzen, den man einer Legende zufolge geschunden hat. Auf Umwegen gelangt die Reliquie in den klösterlichen Besitz. Die Nonnen stopfen die Haut mit

Baumwolle aus und stellen so den Heiligen wieder her. Später schenkt die Äbtissin die merkwürdige Gestalt den Jesuiten. Rasch erkennen sie den Wert und beginnen mit der Vermarktung. Jetzt wenden sich die Nonnen eifersüchtig an den Papst: »... er soll dafür sorgen, daß man den Heiligen zurückgibt«.

Inzwischen haben die Jesuiten eine »Bruderschaft zum heiligen Leder« gegründet; es lockt Christen an und diese bringen Geld. Im Disput mit den Nonnen verstümmeln die Jesuiten den verehrungswürdigen Leichnam und geben ihn nicht vollständig zurück. Die ehrgeizigen Nonnen wollen (auch) den Rest haben und appelieren an das Oberhaupt der Kirche, »... man möge das Fehlende doch herausgeben«. Als Ersatz schickt er den Nonnen zwei geweihte Muskatnüsse«[29].

Die »hochheilige« Vorhaut Christi

»... der Fund hat die Kleriker peinlich berührt. Alle Vertuschungskünste werden aufgeboten, um die Sache zu verharmlosen«. Die kirchlichen Behörden **müssen** von jedem Verdacht reingewaschen werden, einen so tollen Unsinn geduldet und gefördert zu haben. Dennoch tragen sie die Verantwortung für die unerhörte Schande«[30].

Die ganze Welt wird im 20 Jh. auf das »päpstliche« Raritätenkabinett aufmerksam. Es zeigt sich, welch krasse Blüten religiöses Irresein hervorzubringen imstande ist. Vermutlich kommt das Paradestück zwischen 1073 - 1118 mit anderen Reliquien in den Lateran. Es ist in ein Kreuz geschlossen, das jährlich am Fest der Kreuzerhöhung (14. September) gesalbt wird. Der Prälat Marangoni sagt dazu in einem dem Papst Benedikt XIV. gewidmeten Werk: »... weit angebrachter ist es, daß unser Kirchlein »Sancta Sanctorum« genannt wurde, denn in ihm verwahrt man einen Teil des wahren und wirklichen Fleisches Christi, des wahren Gottesmenschen ...; es ist eine Reliquie, die über jede andere erhaben ist«[31].

Zu Beginn des 16. Jh. werden die Reliquien unter Leo. X. zum letztenmal öffentlich gezeigt, dann hüllt sie die Geschichte in das Dunkel der Jahrhunderte[32]. Selbst Alphonsus Maria de Liguori beschäftigt sich mit der Frage der christlichen Vorhaut und sagt: »... da das Dogma lehrt, der ganze Christus, mit allen seinen Gliedern, werde in der Kommunion gegessen, erörtern einige Theologen die Frage, ob Christus als Jude beschnitten worden ist ... ob er in der konsekrierten Hostie die Vorhaut besitzt oder nicht«.

Eine »Hexenprozession« trägt eine Katze auf einer Leiter voran. Nach einem Holzschnitt von Ulrich Molitor. 1544. Schon im 12. Jh. wurden Kezter von der römisch-katholischen Kirche beschuldigt, Luzifer in der Gestalt einer Katze zu verehren.

1903 kommt der jesuitische Professor Jubarn von Paris nach Rom. Er ist ein Spezialist, denn er sucht den Nachweis zu führen, ob die hl. Agnes, deren Kopf ebenfalls zu diesen Schätzen zählt, bereits als Kind, wie es die Tradition will, oder erst als geweihte Jungfrau den Märtyrertod gestorben ist[33]. 1905 wird sein Ordenskollege Grisar in das Raritätenkabinett gelassen. Er legt einen schriftlichen Bericht über die eingelagerten Kostbarkeiten der Pfalzkapelle (im Lateran) vor. Es finden sich:

- **Die Vorhaut und die Nabelschnur Christi (= praeputium et umbulicus)**

- Ein Brot und 13 Linsen vom letzten Abendmahl.

- Ein Stück des Feigenbaumes, auf dem Zachäus gesessen hat.

- Kohlen, vom Blut des hl. Laurentius besprengt, und etwas Fett von seinem Körper.

- Das Rohr und den Schwamm, mit dem Christus am Kreuz Essig gereicht worden ist.

Später kommen hinzu:

- Ein Stück vom Schleier Marias.

- Einige Haare von ihr.

- Milch von der allerseligsten Jungfrau.

- Der Bußgürtel aus Kamelhaaren von Johannes dem Täufer.

Unter der Mensa des Hochaltars befinden sich folgende »alttestamentarische« Reliquien:

- Der siebenarmige Leuchter.

- Der Schaubrottisch.

- Das goldene Rauchfaß.

- Die Bundeslade.

Exkurs: Die Bundeslade der Juden hat eine bemerkenswerte Parallele. »... inmitten der Südsee hat sich ein merkwürdiger Lasten- oder Kastenkult erhalten. Man trägt an langen Stangen ein stuhlartiges Gerüst, mit Hörnern und Büscheln des Yak-ochsen behangen, von Dorf zu Dorf, indem man daselbst Kultspenden einsammelt«. Dies berichtet der Missionar Dr. Prochow in der Sitzung der Gesellschaft für Erdkunde am 8. April 1882 in Berlin.

- Die goldene Urne mit dem Wüstenmanna.

- Die Rute Aarons, die geblüht hat.

- Die Rute, mit der Moses Wasser aus dem Felsen schlug ... und

- Die Gesetzestafeln.

Dann weitere Reliquien:

- Ein Stück von der Krippe des Herrn.

- Ein Stück vom Abendmahlstisch.

- Das Tuch, mit dem Jesus die Füße seiner Jünger abgetrocknet hat.

- Der ungenähte Rock Christi.

- Sein Purpurmantel.

- Zwei Flaschen mit Blut und Wasser aus der Seite des Herrn gefüllt.

Ich gehe lediglich auf drei Funde ein.

- Die christliche Vorhaut.

- Den ungenähten Rock und

- Das angebliche Grabtuch Christi.

Im Lauf der Zeit wird die Vorhaut in Charroux (Poitiers), Antwerpen, Paris, Brügge, Boulogne, Besancon, Nancy, Le Puy, Conques, Perugia, Hildesheim und Calcata (Nähe Roms) verehrt. Erst stößt der wertvolle Fund auf dogmatische Bedenken. Doch der theologische Scharfsinn genügt, dies zu entkräften. Schwieriger als die Vorhaut gestaltet sich die Begründung zur Nabelschnur, da Jesus, »... ja gleichsam wie ein Sonnenstrahl durch das Fenster« hervorgegangen ist. Die aufgefundene Nabelschnur drohte das gekünstelte und komplizierte - in allen Teilen unhaltbare Dogma - zu erwürgen«[35].

Fest steht, daß Ablässe verliehen worden sind, um die Verehrung der Jesus-Vorhaut anzukurbeln. Fest steht, daß es in Antwerpen regelrechte Vorhaut-Kapläne gegeben hat und daß man hier die Vorhaut, »... die freilich im Lauf von ca. 1.500 Jahren ledern geworden war«, in einem feierlichen Umzug durch die Straßen geführt hat. Fest steht, daß schwangere Frauen zur hochheiligen Vorhaut nach Charroux gepilgert sind, »... um ihrer schwersten Stunde ohne Besorgnis entgegenzusehen«.

Fest steht, daß man noch zu Beginn des 20. Jh. in Calcata, unter der Billigung eines Papstes öffentlich eine der Vorhäute angebetet hat. Es ist keine Lapalie.

Weibliche Befürworter

Ein Reliquienführer des Lateran wird nach 1073 veröffentlicht. Die Beschneidung Christi wird bei Lukas 2. 21 erwähnt. Folgerichtig nehmen sich die Theologen dieser Problematik an. Nahezu 500 Jahre vertritt man die Meinung: »... es ist unnütz zu fragen, wo dieses abgeschnittene Partikel ist. Denn worüber die Schrift schweigt, sollen wir keine Nachforschungen anstellen«[36].

Doch mit Scharfsinn wird das Dogma von der unversehrten Auferstehung umgedeutet und emporstilisiert. In Schriften, Gedichten und Predigten wird die Echtheit der Vorhaut zementiert. Unter den besonderen Verehrern tun sich einige Frauen hervor.

Brigitta v. Schweden u.a.

Brigitta v. Schweden **gilt** als bedeutende Heilige. Sie ist am 23. Juni 1373 verstorben und wird bereits kurze Zeit danach (1391 von Bonifazius) heilig gesprochen. Ihre Offenbarungen gehören zu den sichersten, auf die die römisch-katholische Kirche verweisen kann: »... sie wurden zu allen Zeiten als wahr, fromm, nützlich und den Anforderungen der katholischen Kirche genügend angesehen und von allen Gläubigen mit Ehrfurcht gelesen«[37].

Sie sagt in diesem Zusammenhang: »... und Maria sprach. Als mein Sohn beschnitten wurde, bewahrte ich die Membran(e) mit der größten Ehre auf, wo ich (auch) hinging. Wie hätte ich sie der Erde übergeben können, die von ihr ohne Sünde gezeugt worden ist. Als die Zeit der Abberufung kam, übergab ich sie dem hl. Johannes, meinem Beschützer, zugleich mit dem gebenedeiten Blut, das an seinen Wunden geblieben war, als wir ihn vom Kreuz genommen haben. Die Gläubigen versteckten später diese Dinge an einem reinen Ort unter der Erde. Lang bleiben sie unbekannt, bis sie endlich der Engel Gottes

den Freunden offenbart. Rom, wenn du weinen könntest, würdest Du ohne Unterlaß weinen, weil du einen so teuren Schatz hast und ihn nicht verehrst«[38].

Die zweite bedeutende Verehrerin ist die 1315 in Wien gestorbene Agnes Blannbekin. Ihre Offenbarungen werden 1731 von B. Bez in Wien herausgegeben. Das 37. Kapitel trägt den Titel: »Vom Praeputium (= der Vorhaut) des Herrn«. Tiefsinnig bemerkt unser Gewährsmann: »... die fromme Person pflegte fast von Jugend an am Fest der Beschneidung innig den Blutverlust zu beweinen, den Christus so früh zu erleiden sich herabgelassen hat. Das tat sie auch, als sie ihre Offenbarung hatte, nachdem sie am Fest der Beschneidung ihre Kommunion empfangen hat ... so fing sie an, darüber nachzudenken, wo die Vorhaut ist. Und siehe da! Bald fühlte sie auf der Zunge ein kleines Häutchen, gleich dem eines Eies, voll übergroßer Süße ... und sie schluckte es hinunter ... da fühlte sie wiederum das Häutchen mit seiner Süßigkeit auf der Zunge. Dann wurde sie versucht, es mit dem Finger zu berühren. Als sie dies wollte, ging es von selbst die Gurgel hinab.

Es wurde ihr geoffenbart, daß die Vorhaut mit dem Herrn auferstanden ist. »... Die Süßigkeit war beim Hinunterschlucken so groß, daß sie an allen Gliedern und Muskeln eine Umwandlung fühlte ... innerlich war sie voll Licht. Später hat sie das Geheimnis einem Kaplan erzählt«.

Jeder Kommentar würde die plastische Schilderung abschwächen. Ist es ein hysterisch-sexueller Fluchtversuch? »Das Sich-Vertiefen in geschlechtliche Dinge unter dem Vorgeben, die kirchliche Lehre zu stabilisieren, ist nichts weiter als geistige Onanie, ein Schwelgen in erotischen Gefilden, geboren aus einer verdrängten sexuellen Begierde ... die sich (auch) die Ohrenbeichte zur Befriedigung des sinnlichen Verlangens schuf«[39].

Agnes Blannbekin hat eine Vorgängerin in der hl. Roswitha von Gandersheim (935 - 975). Teile ihrer enthaltenen Dramen lesen sich wie ein pornographischer Bestseller. Sie beschreibt Notzuchtszenen, das Treiben im Bordell, das Leichenschänden und Spielarten des Masochismus. »... sie habe sich nicht gescheut, auf eben die Art, wie die Geilheit unzüchtiger Weiber erzählt wird, auch die löbliche Keuschheit christlicher Jungfrauen zu schildern ... oft sei sie von Schamröte übergossen worden, wenn sie den abscheulichen Wahnsinn unerlaubter Liebe habe darstellen müssen«.

Oder: »... Kallimachus, ein schöner heidnischer Jüngling, drang in die kaum geschlossene Gruft der von ihm geliebten Christenfrau Drusiana ... um sie noch nach ihrem Tod zu genießen, da sie sich ihm zu Lebzeiten verweigert hat ... eine aus der Gruft dringende Giftschlange verhinderte rechtzeitig das Verbrechen«[40].

Die Kirche interpretiert die Situation anders: »... sie könne sich gegenüber der gewagten Situation mit dem Gedanken trösten; je größer die Anfechtung,umso schöner der endliche Triumph des Guten«. Ihre Werke werden zur sittlichen Erbauung in zahlreichen Klöstern vorgetragen!

Jesuiten schützen die Vorhaut-Theorie

Mit der Reformation setzt u. a. eine massive Kritik an der Reliquienverehrung der römisch-katholischen Kirche ein. So macht sich Calvin in seinem »Goldenen Büchlein« über die Reliquien lustig[41]. Eine Generation danach treten die Jesuiten auf den Plan. Sie nutzen geschickt die Epoche der religiösen Verunsicherung zur Durchsetzung ihrer politisch-religiösen Interessen. Sie halten die Verehrung der Vorhaut-Reliquie hoch und bestärken das Volk.

Der gepriesene Salmeron, ein Licht der Gesellschaft Jesu, bezeichnet die Vorhaut als Verlobungsring, den Christus seiner Braut geschickt hat. Zudem trägt er vor: »... endlich wurde diese Vorhaut, wie aus seiner äußerst sicheren Tradition hervorgeht, zur ersten Braut Christi d. h. der römischen Kirche gebracht, die die Mutter und Lehrmeisterin aller anderen Kirchen ist. Im Tempel des Laterans wurde sie viele Jahrhunderte treuestens und auf das Religiöseste aufbewahrt«.

Sein besonderes Interesse für diese Kostbarkeit zeigt sich in seinem mystischen Erguß: »... des fleischlichen Beschneidungsringleins höchst elegante Beschreibung«. Am Rand sei erwähnt, daß (auch) Perugia mit religiöser Ehrfurcht den besagten Verlobungsring aufbewahrt[42].

Überzeugt ist (auch) sein Ordensbruder Johannes Ferrandus: »... die Sektierer (= Protestanten) wollen die alte Verehrung für dieses göttliche Unterpfand untergraben ... anders denkt darüber die katholische Kirche. Unter Berufung auf den Kardinal Toletus, auf päpstliche Aktenstücke, die jährlichen Ablässe am Beschneidungstag und die vorkommenden Wunder ist es sicher, »... daß die von Christus der Welt zurückgelassene Vorhaut noch heute vorhanden ist, und zwar unversehrt und unverwest, durch keinen Makel beschmutzt, so daß, was vom ganzen Körper gilt, auch auf die Vorhaut Anwendung findet. Du wirst nicht zugeben, daß Dein Heiliges die Verwesung schaue«.

Der Jesuit Franz Suarez untersucht, ob sich die Vorhaut in der konsekrierten Hostie befindet. Er kann es mit gutem Gewissen bejahen, »... da in der Eucharistie mit der Vorhaut (auch) Christus gegessen werde ... denn eine Vorhaut gehöre zur Vollkommenheit des menschlichen Lebens«[43]..

Der Jesuit Franz Costerus sagt in seinem »Betrachtungsbuch über das Leben der seligsten Jungfrau Maria«[44] »... Maria habe bei der Beschneidung die Vorhaut Christi mit großer Sorgfalt an sich genommen und diese aufbewahrt ... sie sei bis 1566 in Antwerpen fromm verehrt worden, dann wäre sie durch die Wut der Ketzer (= Protestanten) verloren gegangen«[45].

Ein weiteres Mitglied der Gesellschaft Jesu aus der zweiten Hälfte des 17. Jh., der Theologe Reynaldus sagt: »... daß Erzählungen um die Vorhaut Christi falsch sind, geht nicht an ... wegen der christlichen Bescheidenheit und der Wunder, die an manchen Orten zur Förderung der Frömmigkeit von Gott gewirkt werden«[46].

Der Dominikaner Billuart (gest. 1757) erklärt: »... nach der allgemeinen Meinung der Theologen hat Christus die Vorhaut auf der Erde zurückgelassen damit sie der Verehrung der Gläubigen dient«[47]. Der Bischof Sarnelli von Biseglis ist der gleichen Auffassung: »... sicher ist, daß sich die Vorhaut unseres Herrn erhalten hat«[48].

13 Vorhäute, was nun?

»... mag Italien sie besitzen, Deutschland sie zeigen, Belgien und Lothringen sie für sich beanspruchen, Frankreich sich ihrer rühmen. Je mehr Teile des göttlichen Karbunkels an den verschiedenen Orten gezeigt werden, umso herrlicher und verschwenderischer unter den Menschen wird das Unterpfand der Liebe Christi aus seiner ersten Kindheit dastehen und von dieser Liebe zeugen, solang die Welt bestehen wird«[49]. Ein Jesuit ist der Meinung, »... daß es durchaus möglich sei, daß Gott auf »wunderbare« Weise die Vorhaut vervielfältigt hat, was er nach der hl. Schrift auch mit Wein, Brot und Fischen getan hat«.

Aufgrund der Fakten kann die Kirche den Zwischenfall nicht vom Tisch kehren. Noch in der Mitte des 18. Jh. erteilt Benedikt XIII. einen Ablaß zur Förderung der Vorhaut-Andacht. Um die Sache auf die Spitze zu treiben, schreibt er: »... was immer andere über den Aufbewahrungsort der Vorhaut Christi glauben ... in Italien ist es eine fromme Tradition, daß sie sich bis auf den heutigen Tag in der Kirche des Städtchens Calcata befindet«[50].

Bislang sind mehr als 10 Vorhäute aufgetaucht, deren Finder behaupten, daß ihre die »echte« sei. Ich gehe lediglich auf die Funde von Charroux und Antwerpen ein.

Etwa zehn Jahre nach dem Erscheinen des ersten lateranischen Reliquienführers (1073) fabrizieren Benediktiner in Charroux (Poitiers) dieses Zugstück mit anderen Reliquien nach. Die Abtei fällt 1022 einem Brand zum Opfer und die Mönche kommen in finanzielle Schwierigkeiten. Durch das Vorzeigen falscher Reliquien ist man in der Lage, dieses Loch zu stopfen, denn der menschlichen Torheit ist nichts teuer genug. Das Nachbarkloster St. Jean d' Angely (= Angeriacum) ist das verführerische Vorbild, denn es bewahrt einen der zwei Köpfe von Johannes dem Täufer auf.

Der Abt gesteht schon damals: »... von wem, wann und woher der Kopf übertragen worden ist ... ob es überhaupt seiner ist, steht nicht fest«[51]. Ungeachtet dessen strömen Tausende von Pilgern dorthin, um ihre Phantasie auszuleben. Unter ihnen befinden sich Könige, Herzöge und Grafen. Rasch blüht die Abtei auf und gelangt zu Wohlstand. Es ist naheliegend, daß die Mönche des Nachbarklosters Charroux neidisch herübersehen.

Sie erfinden und fälschen bestehende Quellen, um nachzuweisen, daß **ihre** Vorhaut-Reliquie die echte ist. Dies erfolgt zwischen 1082 / 83. Die Fälschung gelingt: »...mit ein bisschen Propaganda läuft das Geschäft«. Schwangere Frauen pilgern zu ihr, um sich einen vorhautlichen Segen zu erbitten«.

Die Fälschung der Vorhaut von Antwerpen

entsteht vermutlich zum Ende des 15. Jh. oder zu Beginn des 16. Jh. Hier läßt sich der Bischof v. Chambray, dem Antwerpen untersteht, während einer Messe die »hocheilige« Vorhaut zeigen und, um sie besser betrachten zu können, auf ein Kelchtum legen. Jetzt beten Bischof und Volk um ein himmlisches Zeichen der Echtheit. Und siehe da: auf einmal rinnen drei Topfen Blut aus ihr. Wir haben ihn wieder: den klassisch-theo-logischen Beweis!

Weitere Christus-Reliquien

Es ist verständlich, daß sich der christliche Reliquienkult auf den Religionsgründer konzentriert. Im Lauf der Jahrhunderte ergibt es sich, daß die meisten Habseligkeiten wieder zum Vorschein kommen; dies ist ein Beweis **gegen** die Echtheit von Reliquien.

Ungenähte Röcke

»... die alten und beiseite gestellten Dogmen und Reliquien wurden wieder aus der römischen Rumpelkammer vorgesucht und mit mitleidsvollem Zorn sah der Genius des 19. Jh. die gläubige Herde zu Hunderttausenden nach Trier wallfahren, um einen vom dortigen Bischof ausgestellten, angeblichen Rock Christi anzubeten ... diese Rockfahrt empörte selbst die gebildete katholische Welt«[52].

Christus soll diesen Rock auf dem Weg zu seiner Hinrichtung getragen haben. Vom Stand der Webtechnologie ist es um das Jahr 30. u. Z., wo Jesus gestorben sein **soll**, undenkbar. »... man hat den alten Lumpen so hochstilisiert, daß bereits ein Blick auf ihn den vollen Ablaß, ja selbst bei Schwerverbrechen, herbeiführt«. Auf viele strenggläubige Christen wirkt diese Reliquie - ob der Lockspeise des absurden Ablasses - magisch.

Papst Leo X. bestimmt, daß der Rock in Zeit-spannen von sieben Jahren ausgestellt werden soll. Später wird der Zeitraum vergrößert. Während des 19. Jh. gelangt der wertvolle Fund zum Leidwesen der Gläubigen nur dreimal zur Ausstellung (1810, 1844, 1890). 1844 bemühen sich eine Million Pilger zum Gnadenort. Die Forscher Gildemeister und Siebel führen den Nachweis, daß ein solcher Rock außer in Trier in 20 anderen Städten verehrt wird, darunter in Rom, Friaul, St. Jago und Moskau. »Wahrscheinlich ist der in Rom deponierte der Echte. Ein Georgier soll ihn mitgebracht haben. Alle ungenähten Röcke haben eine Bulle hinter sich. Da nur einer echt sein kann, entlarvt sich das Spiegelfechten von selbst«[53].

Träne Christi

In Vendome wird eine Träne von Christus, die er über den Tod des Lazarus vergossen hat, als hochheilige Reliquie verehrt. Das betreffende Kloster veröffentlicht ein Buch, das folgende Geschichte erzählt: »... ein Engel hat sie an der Wange Christi aufgefangen, sie in ein kostbares Gefäß geschlossen und dieses Maria Magdalena zur Aufbewahrung übergeben. Sie bringt die Träne nach Frankreich, als sie sich mit ihrem Bruder in der Nähe von Aix niederläßt. Bei ihrem Tod schenkt sie die Reliquie dem Bischof von Aix. Von hier aus gelangt sie nach Konstantinopel. Zur Zeit der Kreuzzüge erhält sie der Graf Geofroy von Vendome als Geschenk. Er übergibt sie dem ihm gehörenden Kloster zur »heiligen Dreifaltigkeit«[54].

Grabtücher / Veronika-Legende

1980 hat Ian Wilson ein Buch über das Turiner Grabtuch verfaßt. Mit Akribie sucht er dessen Echtheit nachzuweisen[55]. Sicher ist er nicht, denn er schränkt ein: »... basierend auf der Theorie, daß das Grabtuch dasselbe ist, wie das »Mandylion« oder das Bild von Edessa, das 1204 von Konstantinopel verloren ging. Weitere Ungereimtheiten ergeben sich von selbst aus der von ihm zitierten Chronologie:

- Ca. 30. u. Z. Kreuzigung eines Jesus Christus genannten Mannes. Einer der Jünger reist nach Edessa und bringt ein »geheimnisvolles« Portrait mit, das kurz danach im Dunkel der Geschichte verschwindet.

- 525 wird es in einer Nische über dem Westtor von Edessa (wieder) entdeckt. Wilson dazu: »... doch niemand erkennt die wahre Natur«.

- Ohne den geringsten Disput wird es als Original identifiziert und folgerichtig als »heilig« angesehen.

- 1011 wird eine Kopie des Mandylion nach Rom gebracht. Papst Sergius weiht ihm einen Altar. Die Kopie wird in der Folgezeit als Veronika bekannt. Daraus entwickelt sich die Veronika-Legende.

- Historische Lücke. Angebliche Gegenstücke tauchen in Rom, Genua und Paris auf.

- 1357 erste bekannte Aufstellung des Grabtuches in der ganzen Länge von den Stiftsherren von Livrey. Massen von Pilgern werden angezogen. Damit kann die kostspielige Stiftskirche unterhalten werden. Der Bischof Henry v. Poitiers verlangt die Einstellung der Ausstellung, weil er von der Echtheit des Grabtuches nicht überzeugt ist.

- Ab 1389 begünstigt der Papst weitere öffentliche Ausstellungen, indem er den Bischof von Trojey, Pierre d' Arcis, zu »ständigem Stillschweigen« verpflichtet. Seine Appelation, daß das Grabtuch betrügerisch hergestellt worden sei, bleibt unbeachtet. Der Papst droht mit der Exkommunikation, falls er sich nicht nach dieser Weisung richte.

- 1506 setzte Papst Julius II. den 4. Mai als jährliches Fest des heiligen Grabtuches an, obgleich er keinerlei Beweise für die Richtigkeit seiner Entscheidung hat. 1535 wird das Grabtuch in Turin und 1536 in Mailand ausgestellt.

- 1578 (12. September). Das Grabtuch wird nach Turin überführt.

- 1670. Die Ablaßkongregation gewährt den »vollkommenen« Ablaß, nicht für die Verehrung des Tuches, sondern für die Betrachtung seiner Passion, (Borromäus) seines Todes und Begräbnisses.

- 1902 ein französischer Professor für vergleichende Anatomie hält an der Sorbonne Vorträge über die Echtheit des Grabtuches.

- 1933 wird es auf Verlangen von Pius IX. ausgestellt und

- 1978 wiederum in Turin anläßlich der 400-Jahr-Feier seiner Überführung.

- 1988 wird die Unechtheit des Tuches auf wissenschaftlicher Basis festgestellt. Damit steht fest: die Gläubigen sind einem Trugschluß aufgesessen. Kirchlicherseits zeigt man sich bedeckt - wie immer in solch peinlichen Situationen, denn man weiß, daß bei der Leichtgläubigkeit der Masse dieses Tuch noch in Hunderten von Jahren als echt angesehen und verehrt werden wird.

Das sog. Grabtuch Christi gewährt einen Seitenblick auf den sog. »Bilderdienst« innerhalb der römisch-katholischen Kirche. Darüber hat sie erbittert Jahrhunderte gestritten, obgleich die Auseinandersetzung sinnlos ist; Kaiser Konstantin erklärt 741 alle Bilder für Götzenbilder. Der Bischof Claudius von Turin findet das Ei des Kolumbus und sagt treffend: »... wenn man das Kreuz anbetet, an dem Christus gestorben ist, muß man auch den Esel anbeten, auf dem er geritten ist«[56].

Andere Kleriker sind gegenteiliger Meinung. Ihnen zufolge hat der Bilderdienst seinen Stellenwert. »Ein Mönch hatte, um den Unzuchtteufel zu besänftigen, das Gelübde abgelegt, das tägliche Gebet in seiner Zelle zu unterlassen. Im Zweifel darüber, ob er eine Sünde begangen hat, beichtet er dem Abt und bekommt die Antwort: »... ehe du das Gebet vor den heiligen Bildern unterläßt, gehe lieber in ein Bordell«[57].

Niemand weiß, wie der Begründer der christlichen Religion ausgesehen hat. Und doch gibt es Tausende von Abbildungen von ihm. Wenn man berücksichtigt, daß die Maler erst mit dem 16. Jh. lernen, Personen realistisch und wirklichkeitsnah darzustellen, ergibt sich, daß es sich um Phantasieprodukte handelt. Es ist eine positive Variante im Protestantismus, daß sie von der Anbetung der Bilder Abstand nimmt, denn sie ist sinnlos!

Das Blut Christi ... eine antike Geburtslegende

Es konnte nicht ausbleiben, daß sich eine Geburtslegende von Christus erhalten hat. Ihrzufolge begibt sich Jesus mit seiner Mutter Maria, die unterwegs in Muree (= Pakistan) begraben werden muß, und seinem Zwillingsbruder (!) Thomas, der in Südindien missioniert haben soll, direkt nach Schrinagar in Kashmir, »... wo er viele Jahre lebte und lehrte, bis ihn der Tod nach einer erspießlichen Tätigkeit im 117. Jahr einholte«.

Er soll sich in Indien im göttlichen Wort vervollkommnet und zu den armen Volksschichten gepredigt haben. In Mohalla Anzmarah, wird noch heute sein Grab in einem hölzernen Sarkophag gezeigt. Einheimische, Mohammedaner und Buddhisten nehmen an, daß es sich um die Grabstätte Christus handelt; dann könnte er jedoch nicht auferstanden sein!

Eine der größten Raritäten der römisch-katholischen Kirche ist das Blut des Religionsgründers. Der Legende zufolge hat Nikodemus etwas davon aufgefangen, als er Jesus vom Kreuz genommen haben will, wie es die Legende darstellt. Doch die Juden verfolgen ihn und er sieht sich gezwungen, das heilige Blut in einem Vogelschnabel zu verbergen und mit einer schriftlichen Nachricht versehen ins Meer zu werfen. Der Vogel schwimmt bis zur Küste der Normandie. Eine in der Nähe jagende Gesellschaft vermißt plötzlich die Hunde und den gejagten Hirsch; man findet sie knieend vor dem wundersamen Schnabel, der an das Ufer gespült wurde. Sogleich läßt der Herzog an dieser Stelle ein Kloster erbauen, das Bec (= Schnabel) genannt wird. Es hat dem dortigen Klerus Millionen eingebracht.

Anmerkungen zur Herzandacht

»Das Meßbuch ist ein reichhaltiges Magazin des Unglaubens, Aberglaubens und religiösen Afterdienstes ... es enthält zahlreiche Messen, die sich auf historische Irrtümer, Legenden und Märchen gründen«[58]. Dazu gehört die sog. »Herzandacht«. Sie wird von Thomas Godwin in England erfunden. Ihm hat sie Pater Colombiara, ein Jesuit, abgesehen und nach Frankreich verlagert. Ihre Grundlage soll eine göttliche Offenbarung gewesen sein, die der Nonne Alcoque[59] widerfahren ist. Aufgrund dieser fundierten Basis verlangen die Jesuiten 1679 und 1726 von Rom ein »Fest zum Herzen Jesu«. Auf Gesuch des nachmaligen Papstes Benedikt XIV. wird dieses Anliegen aus triftigen Gründen abgelehnt. 1764 wenden sich die Jesuiten an Clemens XIII; hier gelangen sie ans Ziel. Per 6. August 1765 wird der Feiertag »zum fleischlichen Herzen« offiziell eingesetzt.

»... so führen die Jesuiten einen neuen Afterdienst in die katholische Religion ein ... teilen Skapuliere aus, die Tag und Nacht auf der Brust zu tragen sind und vertreiben fieberschützende Zettel zum Schlucken ...

halten Passionen und neuntägige Andachten zum »Herzen Jesu«. Das leichtgläubige Volk erkennt darin für sich eine Chance, ihren falschverstandenen (Aber)glauben zu dokumentieren, freilich nicht umsonst.

Außerdem gibt es eine Messe von der Versetzung des Hauses, in dem Jesus und Maria gewohnt haben sollen. Hier liegt die Legende zugrunde, daß es von Engeln in Nazareth ausgehoben, über das Meer nach Dalmatien und von hier nach Loretto (Italien) getragen worden sei. Wir haben einen berühmten katholischen Wallfahrtsort vor uns, der auf einem architektonischen Wunder ruht.

Eindrückung der Wundmale

Die Messe von der Eindrückung der Wundmale des hl. Franz ist auf eine historische Unkorrektheit der Franziskaner zurückzuführen. Gregor IX. legt den Gläubigen zur Tilgung ihrer Sünden auf, an die Wundmale zu glauben, bzw. von all denen, die das Gegenteil behaupten, die Ohren abzuwenden[60].

Außerdem erteilt er dem Bischof Friedrich von Olmütz einen Verweis, weil er in einem besonderen Hirtenbrief verboten hat, an dieses Spektakel zu glauben[61]. Papst Alexander IV. befiehlt 1255 allen Bischöfen, die Wundmale des hl. Franz »bestmöglich« zu fördern. Wer wundert sich, wenn 1602 unter Clemens VIII. die »Erzbruderschaft der heiligen Wundmale« eingerichtet wird.

Schneider von Zurzach

Damit die Franziskaner nicht allein in den Genuß kommen, einen mit den Wundmalen Christi versehenen Leib zu besitzen, verüben die vier Oberen des Berner Dominikanerklosters 1507 ein unerhörtes Bubenstück. Sie nehmen den einfältigen Schneider unter die Laienbrüder des Klosters auf, werfen ihm bereits in der ersten Nacht Steine ins Zimmer, bestärken den Geängstigten im Glaube an böse Geister ... und erscheinen ihm in der folgenden

Nacht vermummt und ächszend: wie im Fegefeuer winselnde Seelen. Ein anderesmal erscheinen sie ihm als hl. Jungfrau Maria und als hl. Barbara. Als sie ihren teuflischen Plan genügend abgestützt haben, stößt ihm eines nachts eine vermummte Maria auf Christi Befehl einen Nagel durch die Hand. »Da das Opfer vor Schmerzen schrie, gaben sie ihm Schlafmittel und ätzten (ihm) die anderen Wundmale ein«.

Nun erzählen sie auf der Kanzel von den Wundern; sofort strömt das Volk scharenweise in die Kirche. Nun wird der Schneider Jetzer überredet, die sorgfältig vorbereiteten Stellungen und Gebärden des Erlösers nachzuahmen, von denen niemand weiß, ob es wirklich so gewesen ist. Um dies zu erreichen, schließt man ihn tagsüber mit einem Gemälde aus der angenommenen Leidenszeit Christi in eine Kammer, läßt ihn fasten und solange beten, bis er das ihm Vorgegaukelte als wahr ansieht. Mit diversen Tränklein fördert man sein Halluzinationsvermögen. Damit nicht genug.

Um dem Volk zu gefallen, lassen sie einen ge-tauften Jude, dessen sich sie bereits zum Färben einer Hostie verwendet hatten, einem Marienbild herabfließende Tränen aufmalen. Dann stellen sie Jetzer vor Tagesanbruch vor diesen Altar ... wo er kniend das Bild zu umarmen hat. Hinter einem Vorhang steht der gütige Beichtvater und fragt, den »echten« Christus simulierend, warum seine Mutter weine, worauf Jetzer mit veränderter Stimme sagt: »... ihre Tränen rühren daher, daß er solang zögere, die Sache zu vollenden«.

Durch gedungene Weiber wird das Gerücht in der Stadt verbreitet, »Maria habe geweint«. Wie ein Magnet Eisen anzieht, strömen Einfältige in das abergläubische Gotteshaus. Und doch gelingt der Plan nicht im Sinn der Mönche. Jetzer verschmäht eine vergiftige Hostie, die ihm die Mönche vor dem Altar reichen, damit er wie ein Heiliger aus der Welt scheide ... und sie vor der Entdeckung ihrer Schandtat sicher sind.

Jetzt den Gipfel der Frechheit erklimmend, bereiten die Betrüger einen schrecklichen Sturz. Jetzer gelingt es, ihre Beratungen zu belauschen. Während sich die Mönche im Kloster die Zeit mit Dirnen und Beten vertreiben, ergreift er die Flucht. Doch wird er eingeholt; mehrfach versucht man, ihn aus der sündigen Welt zu schaffen. U. a. setzen ihm die christlichen Brüder eine vergiftete Suppe vor. Ihr Verbrechen läßt sich nicht realisieren. Daraufhin schmieden ihn die Mönche an eine Kette und peinigen ihn solang, bis er verspricht, alles zu verschweigen. Er bleibt seiner Zusage ein Weilchen treu, dann gelingt ihm erneut die Flucht aus dem frommen Haus. Der Vorfall gelangt an die Öffentlichkeit.

Das Resultat der nun eingeleiteten Untersuchung ist, daß vier Mönche zum Tod verurteilt werden. Man hat sie am Mittwoch vor Pfingsten des Jahres 1509 lebend verbrannt. Die Natur scheint sich an ihrem qualvollen Tod zu ergötzen.

»... ein heftiger Wind läßt die Flammen nicht emporsteigen und verhindert, das frühe Ersticken der Gotteskundler, so daß der untere Teil ihrer Körper vom Feuer verzehrt wird, ehe der Tod ihre Leiden beendet. Deutsches Volk, tue Deine Augen auf«[62].

Blutmirakel von Walldürn

Einer Legende zufolge liest der Priester Heinrich Otto eine Messe. Aus Unachtsamkeit stößt er den Kelch mit dem konsekrierten Wein um. Zu seinem Schreck wird er rot und formt auf einem darunterliegenden Korporale (= Kelchtuch) das Bild des Gekreuzigten, umgeben von mehreren Christushäuptern mit der Dornenkrone. Aus Besorgnis versteckt der Geistliche das Tuch hinter dem Altarstein. Auf seinem Sterbebett packt ihn die Reue und er gesteht das Wunder.

Vermutlich ereignet sich dieser in der Kirchengeschichte nicht einzige Verfall um 1408. Auch hier wird gefälscht, denn man sucht das »Blutwunder« auf 1330 zurückzudatieren; so kann man dem ohnehin Unwahrscheinlichen ein »höheres« Ansehen verschaffen und es dadurch als »glaubenswahrer« hinstellen. Es ist ein probates Mittel.

Unter diesem Gesichtspunkt ist die 1980 erfolgte Zuordnung »650-Jahre Wallfahrt zum Heiligen Blut nach Walldürn« unkorrekt. Es scheint dem Bürgermeister bei der Abfassung seiner lesenswerten Broschur entgangen zu sein[63].

Der Papst hat das Blutwunder feierlich bestätigt. Es genügt, um Leichtgläubige anzulocken. Die erste Bulle stammt vom 31. März 1445 und ist von Eugen IV. erlassen. Er stellt das Blutkorporale einer besonderen Verehrung aus und schreibt außerdem einen Sündenerlaß von drei Jahren aus, »... damit die Christgläubigen desto lieber zur Andacht in dieser Kirche zusammenkommen«. 1846 wird der Ablaß von Rom erneuert. Papst Johann XXIII. hat die Wallfahrtskirche 1962 zu einer Basilika erhoben.

Im übrigen gibt es auch anderweitig heilige Blutwunder. Selbst Johannes dem Täufer wird eines zugeschrieben. »... eine fromme Frau von St. Mauritius hat ihn zu ihrem Lieblingsheiligen auserkoren. Sie bittet drei Jahre um ein Teilchen von seinem Leib, aber Johannes läßt sich nicht erweichen. Die Frau geht in den Hungerstreik. Als sie sieben Tage gehungert hat, findet sie auf dem Altar einen Daumen des Täufers. Bedächtig legen drei Bischöfe die kostbare Reliquie auf eine Leinwand ... da fallen drei Blutstropfen heraus«.

Es ist denkbar, daß sich Klingenberg / Main zu einem Wallfahrtsort entwickelt. Hier liegt seit 1976 die von exorzistischen Praktikern zum Tod gebrachte 26-jährige Pädagogikstudentin Anneliese Michel begraben. Aufgrund der Erscheinung einer Nonne noch nach 1 1/2 Jahren unverwest. Christen wollen an diesem Wunder teilhaben und legen Rosenkränze nieder. Ich komme im Kapitel »Exorzismus« darauf zurück.

Religiös-hysterische Tänze

»Daß sich die Kirche die allgemeine Todesangst zunutze macht, davon legt eine Vielzahl von Testamenten Zeugnis ab. Selbst bei Seuchen und Pesten nutzt der Klerus geschickt die Position zu dessen Gunsten. Sie erkennt darin einen Fingerzeig Gottes und bezeichnet das Unglück als durch die Verdorbenheit der Menschen selbstverschuldet ... gerade jetzt gelte es durch erhöhte Opfer und Stiftungen den göttlichen Zorn zu besänftigen[64], den es nicht gibt und den die Priester den Christen eingeredet haben. Im Zusammenhang mit den großen Volkskrankheiten entstehen zwei bemerkenswerte Formen von religiösen Tänzen, an deren Kumulationspunkt jeweils die Verehrung eines christlichen Heiligen steht.

St. Johannes und St. Veits-Tänze

Der St. Johannestanz tritt 1374 erst in Aachen in Erscheinung. Männer und Frauen beginnen in Gotteshäusern wie in Straßen ein seltsames Schauspiel darzubieten. Die Anfälle beginnen mit fürchterlichen Zuckungen. Die Behafteten bekommen Schaum vor dem Mund, fallen schnaubend und bewußtlos zu Boden. Dann springen sie auf und beginnen unter schrecklichen Verrenkungen und in geschlossenen Kreisen einen Tanz, der sich bis zur Raserei steigert. Währenddem rufen sie beständig den hl. Johannes an, dem man - falls es ihn gegeben hat - vor Jahrhunderten wegen agitatorischer Umtriebe den Kopf abgeschlagen haben soll. In ihrer Extase berichten die Tänzer von merkwürdigen Erscheinungen.

Manche wollen in den Himmel gesehen haben, andere sehen den Heiland im Glorienschein. Von Aachen aus verbreitet sich die Tanzwut nach den Niederlanden. Schon versucht man durch die Bittgebete zu verhüten, daß sie auf »höhere« Stände übergreift.

Kurz danach werden in Köln 500 Personen von der Epidemie befallen. Weitere Opfer gibt es in Metz. »Landleute, Handwerker, Dienstboten, Knaben und Mädchen, verheiratete und unverheiratete Frauen schließen sich diesem unheimlichen Reigen an, der bald zur Brutstätte wilder Begierden und Leidenschaften wird. Erst nach vier Monaten gelingt es, der Sache Herr zu werden«[65].

Der St. Veits-Tanz trägt in sich ebenfalls eine Variante des religiösen Wahnsinns. Er tritt 1418 in Straßburg auf und geht von hier auf andere rheinische Städte über. »In einer heftigen Form hätten sich viele die Köpfe angeschlagen und sich in Flüsse gestürzt, um dort den »gerechten« Tod zu finden. Lebhafte Musik steigert die Erregung der Kranken, die nicht anders gebändigt werden können, als daß man die Rasenden mit Tischen und Stühlen umstellt und sie dadurch zu so hohen Sprüngen zwingt, daß sie vor Erschöpfung zusammenbrechen. Um sie zu besänftigen, mieten einzelne Gemeinden Musikanten, die einzelne Haufen zu den Kapellen des hl. Veit nach Zabern und Rotenstein leiten«.

In diesem Zusammenhang denkt man an die sog. Springerprozession von Echternach. Der Willibord-Forscher Professor Georges Kiesel teilt mir schriftlich mit, daß die Behauptung, bei der Echternacher Springerprozession würde vor- **und** rückwärts gesprungen, falsch ist; man hüpfe nur vorwärts. Ich danke für diesen wichtigen Hinweis!

Weinende Madonnen, bewegliche Figuren, Sprachrohre

Zahlreiche Klöster waren durch unterirdische Gänge verbunden, die verschiedene Funktionen hatten. Doch damit nicht genug. Es ist bekannt, daß in zahlreichen Klöstern Sprachrohre installiert worden sind. Als man die Kathedrale von Trondheyn in Norwegen renoviert, stellt man etwas Merkwürdiges fest. Im Mittelalter wird hier eine wundertätige Quelle umschlossen, die dem Gotteshaus erhebliche Einnahmen verschafft. In Ihrer Umgebung werden Engelstimmen gehört. Dafür findet sich eine einfache Erklärung: ein versteckt angebrachtes Sprachrohr.

Als vor einiger Zeit in dem württembergischen Kloster Maulbronn Renovierungsarbeiten anstehen, entdeckt man hinter alten Heiligenfiguren künstliche Röhrensysteme, die zur Vermutung Anlaß geben, daß die Holzheiligen zu gegebener Zeit weinen konnten[66].

Im ehemaligen oldenburgischen Kloster Rastede befand sich ein wundertätiges Muttergottesbild. Als 1461 die beiden oldenburgischen Grafen Moritz und Gerd die Waffen gegeneinander erheben, weint die Gottesmutter so stark, daß die Tränen über ihr Kleid herunterlaufen; zudem wird sie vor Zorn rot im Gesicht[67].

Die in Bern seßhaft gewordenen Dominikaner stellen 1549 zur Förderung verschiedener Angelegenheiten ein Marienbild auf, das blutende Tränen weinen kann. Außerdem zitieren sie Heilige mit Himmelsbriefen herunter[68].

Zur Zeit der Reformation zerbricht Hilsey, der Bischof von Rochester, öffentlich in der Londoner St. Pauls Abbey, ein dort aufbewahrtes Kruzifix. Die Figur kann den Kopf bewegen, mit den Augen rollen und mit einem hinterbrachten Schwamm Tränen vergießen[69]. Kopf, Augen und Lippen bewegen sich. Außerdem verliert sie Flüssigkeit, die ihr zwischen Hals und Brust herabströmt. Der dortige Pfarrer gibt am 29. April 1927 eine schriftliche Erklärung ab, aus der hervorgeht, daß diese Erscheinung vier Jahre lang täglich festgestellt worden ist. Mehr als 4.000 Personen haben sich davon überzeugt. Vielleicht eine Tücke der Technik. Bei so vielen Wundern ist es denkbar, daß der Mechanismus infolge Überanspruchung versagt hat.

Ein Kloster, das sich in der Nähe der Grafschaft Glochester gelegenen Stadt Hales befunden hat, rühmt sich einer besonderen Reliquie. Sie besteht aus mehreren Tropfen vom Blut Christi. Als das Kloster aufgelöst wird, gestehen zwei Mönche den Betrug und sagen. daß es sich um Taubenblut handelt, das wöchentlich erneuert wird.

Ein ähnliches Blutwunder spielt sich in der Kapelle des hl. Januarius in der Kathedrale von Neapel ab. Hier stehen neben der angeblichen Reliquie dieses Heiligen zwei mit einer dunklen Flüssigkeit gefüllte Fläschchen. Man redet der Masse ein, es sei getrocknetes Blut des Heiligen, das bei feierlichen Anlässen flüssig wird. Wieder einmal ist es soweit, aber mit der Verwandlung des Blutes geht es nicht richtig voran: »... plötzlich zeigt sich beim Wenden, daß der Inhalt flüssig geworden ist. Nun erklingt das Läuten der Glocken, das gemeinsame Te Deum und außerdem das Donnern von Kanonen.

Rasch formiert sich die Prozession, in deren Mitte die Reliquie feierlich durch die Straßen der Stadt getragen wird. Gläubige bestreuen den Weg mit frischen Rosenblättern und knien an Straßenrändern. Dennoch handelt es sich um kein Wunder. Die Erklärung ist einfach; der Schmelzpunkt des Inhalts im Fläschchen, vorher sorgsam ausprobiert und berechnet, zwischen den dunklen Klostermauern und dem freien Himmel während des Umgangs führen dazu, daß sich die Masse verflüssigt. **Es kann** kein Blut sein, denn dies verkrustet aufgrund seiner chemischen Zusammensetzung.

Eiserne Jungfrau, Madre dolorosa

Bis jetzt ist das kirchliche Gepläkel ja »nur« Betrug, doch die Kirche setzt auch technische Hilfsmittel ein, um Unliebsame aus dem Leben zu schaffen. Zum Töten bedient man sich eines besonders ausgewogenen Instrumentes, das (auch) im weltlichen Bereich eingesetzt wird. Hier ist es die »eiserne Jungfrau«, dort ist es die »madre dolorosa«; die schmerzensreiche Gottesmutter.

»... vormals bestand die Todesstrafe darin, daß der Verurteilte einem weiblichen Automat entgegenschreiten mußte, der ihn umarmte und in eine von Messern und Spießen starrende Tiefe riß. Nach den meisten Überlieferungen ist die Jungfrau ein künstlich zusammengesetztes Werk aus Eisen in der Gestalt einer stehenden Jungfrau mit beweglichen Armen und Schwer-

tern in den Händen. Sie steht in einem Gewölbe über einer durch eine Falltür verdeckten Öffnung.

Darunter befand sich ein Schacht, möglichst mit fließendem Wasser. Wurde der zum Tod Bestimmte gezwungen, sich der Figur zu nähern, so breitete die Jungfrau die Arme aus und umschlang den Delinquent, den sie dabei gleichzeitig mit ihren Schwertern durchbohrte. Der zerstückelte Leichnam fiel in die Tiefe, wo ihn das Wasser fortschwemmte«[70].

1808 berichtet der Oberst Lasall über das Inquisitionsgefängnis von Toledo: ... in einem Gewölbe steht in einer Mauerblende eine hölzerne Bildsäule, die Mutter Gottes darstellend. Ein vergoldeter Strahlenkranz umgibt ihr Haupt. Bei genauer Untersuchung ergibt sich, daß die Vorderseite dieser Statue mit einer Menge, mit den Spitzen nach außen gekehrter Nägel und Messerklingen besteht.

Arme und Füße verfügen über Gelenke. Eine hinter der spanischen Wand angebrachte Maschine leitete ihre Bewegungen. Der Gefangene wird zu ihr geführt ... dann beginnt die Bildsäule ihre ausgebreiteten Arme zu heben. Allmählich, kaum merkbar, dringen die Spitzen mehr und mehr in den Körper ... die Diener der Religion nennen diese Maschine »madre dolorosa«[71].

Es sollte aufgezeigt werden, zu welchen Verzerrungen der christliche Dämonenglaube geführt hat und es sollte dokumentiert werden, wo seine historischen Grundlagen

sind. Die Behauptungen der Kirche sind auf vorbestimmte Ziele gerichtet und gipfeln in der Verherrlichung eines Phantoms. Ein Abweichen der fossilen Ansicht wird nicht gewünscht.

Die römisch-katholische Kirche **kann** heute nicht mehr umkehren und die Verehrung ihrer Heiligen und die Anbetung deren Reliquien zu den Akten legen.

»Der Heiligenkult und die Verehrung von Reliquien ruht auf handgreiflichen Fälschungen, die dem vertrauenden Volk als Wahrheit aufgetischt werden und bar jeder Grundlage sind[72]**.**

Hexenzauber. Aus: Cicero's »Officina«. Augsburg. 1531. Im Zeichen der Zeit ein typisches »Mehrfach-Bild«, bei dem gleichzeitig verschiedenes vorgeführt wird. Oben rechts das Wettermachen. Im Hauptfeld wohl die Bezauberung durch eine Hexe unter teuflischem Einfluß.

Reformen

Viele sehen die Dinge so, als habe Martin Luther das »privilegium exklusivum« des Glaubenswandels herbeigeführt. Davon kann keine Rede sein. Entscheidungen von einer solchen Tragweite reichen weit zurück und sind - wie beispielsweise die Realisierung der Druckpresse - nicht das Werk eines Einzelnen. Luther vollendet, was Vor-Reformatoren Jahrhunderte vor ihm begonnen haben. Bemerkenswert ist der Starrsinn der römisch-katholischen Kirche, die die in der Reform **und** Kritik liegenden Chancen **nicht** zu nutzen. Im Grund genommen hat **sie** die Spaltung injiziert; umso ungerechter erscheint es heute, daß sie den Mut hat, ihre Glaubensgegner (dennoch) mit Schwert und Scheiterhaufen zu verfolgen. Hätten wir eine lautere Religionsavariante vor uns, würde sie des Schreckmittels des Todes nicht bedürfen.

Unter den Vorreformatoren versteht man üblicherweise Petrus Waldus (Frankreich), John Wiclif (England), Johannes Hus (Böhmen) und Hieronymus Savonarola (Italien). Sie alle - und viele ungenannte - bauen dem späteren Augustinerchorherr Martin Luther die Brücke. Die Kritik am damaligen Kirchenregiment beschränkt sich keinesfalls auf den deutschsprachigen Raum; es zeigen sich vielmehr »europäische« Tendenzen; just in all den Ländern, wo die päpstliche Politik Fuß zu fassen sucht oder zulange Fuß gefaßt hat.

Petrus Waldus

lebt um 1170 als reicher Mann in Lyon. Er entscheidet sich zur Armut, überläßt seiner Frau den Grundbesitz und den Armen sein Vermögen. Um tiefer in die Lehre Jesu einzudringen, läßt er sich von zwei befreundeten Geistlichen die Bibel in die Landessprache übersetzen. Rasch findet er Anhänger und Mitläufer. Waldus schließt sie 1177 zu einem Verein zusammen. In evangelischer Armut ziehen sie in wollenen Gewändern und Holzsandalen hinaus, um dem Volk das Evangeli-

um zu verkünden. Folgerichtig nennt man sie die »Armen von Lyon«.

Ihr im Unterschied zum sittlichen Treiben vieler Priester vorbildliches Leben vermehrt ihren Anhang **und** ihre Probleme. Der Erzbischof von Lyon verbietet ihnen, da sie keine Priester waren, das Predigen. Der Papst weist sie ab und legt den Bann auf sie. Die Waldesier setzen unerschrocken ihre Mission fort. Sie wenden sich scharf gegen die Mißbräuche der Kirche, verwerfen den Ablaß, das Fegefeuer und die Verehrung der Heiligen. Vor allem bemühen sie sich, die Bibel zu verbreiten; dem steht entgegen, daß die »offizielle« Kirche ein Bibelverbot gegen Laien erlassen hat. Die Angriffspunkte der Waldesier und der wichtigsten oppositione Neugruppen habe ich in der kleinen Tabelle zusammengefaßt. Sie gewinnen in Südfrankreich, Spanien, Oberitalien und Süddeutschland an Boden.

Die Verfolgung der Waldesier setzt relativ spät ein. Sie findet um 1380 auf Betreiben des in Avignon residierenden Papstes Clemens VIII. durch den Inquisitor Franz Borelli aus dem Orden der Franziskaner ein und dauert dreizehn Jahre. Ein Teil von ihnen wird grausam umgebracht. 1 / 3 ihrer Güter fallen dem Landesherrn zu und 2 / 3 der Inquisition. Bei einer Verfolgung um 1400 wird die Behauptung aufgestellt: »... die Kinder der Talleute würden mit einem Auge auf der Stirn und vier Reihen schwarzer Zähne geboren«.

Unter dem Herzog Karl von Savoyen setzen 1454 neue Verfolgungen ein. Der französische König Franz I. mahnt: »... sie sollen den Gesetzen der römischen Kirche gemäß leben, widrigenfalls als hartnäckige Ketzer bestraft werden; er lasse die Ketzer nicht in Frankreich verbrennen, um sie in den Alpen zu dulden«.

1460 rollt eine zweite Verfolgungswelle unter Pius II. an und Innocenz VIII. setzt dem Wüten die Spitze der Ungerechtigkeit auf. Unter seinem Legat Albert von Capatanien werden sie 1488 bewaffnet angegriffen.

Die Waldesier werden auch in Gallien verfolgt. Daniel Specklin schreibt: »... anno 1230 regt sich der Waldesier Ketzerei wieder hie, und war der fürnembst, Johannes Guldin, ein

Angriffspunkte oppositioneller Gruppen

	Mani-chäer	Albin-genser	Wal-desier	judai-sier. Ketzer
Die römische Kirche stammt nicht von Jesus, sondern von Übeltätern ab. Mit dem Papst Sylvester dringt das Gift der zeitlichen Güter in sie.	•			
Der Papst ist das Haupt aller Irrtümer.	•			
Wegen der von ihm und seinen Bischöfen geführten Kriege ist er (sind sie) als Totschläger zu bezeichnen.	•			
Die römische Kirche ist eine Hure der Offenbarung. In ihr herrschen Sünden und Laster.	•			
Gott hat die Welt nicht geschaffen. Himmel und Erde sind ewig und haben von Anfang an bestanden.	•			
Die kirchliche Lehre vom dreieinigen Gott ist zu verwerfen.	•	•		•
Christus wurde nicht von einer Jungfrau geboren.				
Christus hat nicht für die Menschen gelitten. Er lag nicht im Grab und ist nicht von den Toten auferstanden.	•	•		
Das Anrufen von Bekennern ist überflüssig.	•	•		
Die Verwandlung von Brot und Wein in den Leib und Blut Christi sind zu verwerfen. Desgleichen alle kirchlichen Zeremonien.	•	•		
Nach dem Tod nützen weder Bußübungen, Gebete, Almosen und Meßopfer.	•	•		
Kirchliche Begräbnisse an geweihten Orten sind ohne Bedeutung.	•	•		
Johannes der Täufer ist ein Dämon.		•		
Die äußere Kirche ist verdorben und verfallen.		•		
Die kirchlichen Einrichtungen sind unnütz. Ihre Sakramente haben keinen Sinn.		•		
Das Taufwasser ist gewöhnliches Flußwasser.		•		
Beichte und Konfirmation sind frivol und unnötig.		•		
Ein Leib kann nicht auferstehen.		•		
Beichte und das Vergeben von Sünden gegen Bezahlung sind zu verwerfen.			•	
Alle äußeren Zeremonien der Messe sind ungültig.			•	
Bei der Taufe sind der Exorzismus, das Anblasen, das Zeichen des Kreuzes, der Gebrauch des Salzes, das Weihen des Wassers, das dreimalige Eintauchen sowie die Befragung des Taufpaten unnötig.			•	
Das mosaische Gesetz ist strikt zu beachten. Sabbath und Beschneidung sind gesetzlich.				•
Christus, der Sohn Gottes, ist nicht dem Vater gleich. Die drei Personen sind nicht Gott und ein Wesen.				•

Priester aus Straßburg, verbrannt: andere büßten im Gefängnis und wurden aus der Stadt gewiesen«[2].

1650 wird in Turin eine Gesellschaft zur Ausrottung der Waldesier ins Leben gerufen. Es handelt sich um die »propagande fide extirpandis haereticis«. Ihre christlichen Mitglieder ersinnen **alle** erdenklichen Verführungskünste, um Andersgläubige zu diskriminieren. Der Ansatzpunkt liegt in der Vertreibung der Mönche von Villard (1653). Hier dringen über 5.000 Mann unter Führung des Grafen Tedesco ein, um Villard zu überfallen und das Kloster abzubrennen. 1694 wird den Waldesiern Religionsfreiheit zugestanden, nach dem sie nahezu 700 Jahre von der römisch-katholischen Kirche verfolgt worden sind. Die Glaubensgemeinschaft der Waldesier hat sich bis heute sporadisch erhalten. Der Lebensausgang des Stifters ist ungewiß. Er soll nach Böhmen geflüchtet und dort als Märtyrer verstorben sein.

Anmerkungen zur Kirchenspaltung / Avignon und Rom

Ein Franzose wird zum Papst erhoben und verlegt seine Residenz nach Avignon. Die in Italien zurückbleibenden Kardinäle wählen am 9. April 1378 Urban VI. mit Sitz in Rom. Dadurch führen sie eine Kirchenspaltung (= Schisma) herbei, das 40 Jahre lang Bestand hat. In dieser dubiosen Zeit werden die in Avignon residierenden Päpste von Frankreich, Schottland, Spanien und Portugal anerkannt, doch die weltlichen und geistlichen Behörden Italiens und Deutschlands stehen hinter den in Rom residierenden Statthaltern. Die Päpste sind nun soweit, daß sie sich **gegenseitig** bannen, verfluchen und bekämpfen.

Um dem Spektakel ein Ende zu bereiten, wird 1409 eine Kirchenversammlung in Pisa einberufen. Die versammelten Kardinäle, Erzbischöfe, Bischöfe und Äbte verstehen sich als eine **über** den derzeitigen Päpsten bestehende Institution. Sie sollen das Recht haben, Päpste ein- und abzusetzen. Deshalb werden die christlichen Statthalter (von Avignon und Rom) aufgefordert, abzudanken und

die weitere Entscheidung dem Konzil zu überlassen. Beide weigern sich und erklären das Konzil für nicht existent.

Man schreitet zur Wahl eines »neuen« Papstes. Die in Avignon und Rom sitzenden ignorieren die konziliaren Beschlüsse. Es geschieht ein Wunder; wir haben gleichzeitig **drei** Päpste.

John Wiclif

Es versteht sich von selbst, daß diese Bewegungen argwöhnisch beobachtet werden, denn sie fordern zur Kritik heraus. John Wiclif lebt in der Epoche des Schismas. 1366 fordert der Papst vom englischen König die Zahlung eines Tributs, den einst Johann ohne Land (1213) nach Rom entrichtet hatte, um sich Reich und Krone zu erhalten, den aber England seit 33 Jahren nicht mehr bezahlt hat. Dieser Rückstand soll nun beglichen werden. »... englischer Stolz bäumte sich gegen die Herrschsucht und ausbeutende Habsucht des Papsttums auf«.

In diesem Zusammenhang erhebt der Theologieprofessor Wiclef (Oxford) seine Stimme gegen das Papsttum. Er entwickelt sich zum Wortführer **und** Vorkämpfer in dieser nationalen Angelegenheit. 1374 finden Verhandlungen mit päpstlichen Abgeordneten in Flandern wegen der Abstellung von Mißbräuchen und Übelständen in der englischen Kirche statt. Hier gewinnt Wiclef Einblick in die verdorbenen Zustände der päpstlichen Kreise.

Er verwirft das Papsttum in seinen wesentlichen Zügen. Den Papst bezeichnet er als Antichrist. Er greift die Bettelmönche wegen ihrer Trägheit, Heuchelei und offensichtlichen Laster an. Er bekräftigt die Ansicht, daß die Laien ein Recht auf die ihnen bislang vorenthaltene Bibel haben und beginnt die lateinische Bibel ins Englische zu übersetzen. Er bekämpft die göttliche Einsetzung des Papsttums und die Ehelosigkeit der Priester, die Heiligen- und Reliquienverehrungen ebenso wie Ablässe und Wallfahrten. Von ihm ausgesandte Wanderprediger verbreiten Abschriften der Wic-lef'schen Bibel(übersetzung).

Er erkennt die Widersprüche zwischen der christlichen Botschaft und dem Walten der Päpste, bzw. der von ihnen geleiteten Kirche. Er gelangt zu der Auffassung, daß Priester als Vermittler zwischen den Menschen und Gott unnötig sind, daß die päpstliche Hierarchie mit ihrem Stolz, Gier nach Macht, Herrschaft und Geld ein die Kirche überwucherndes Gewächs sei. Seine Ansichten legt er in der Schrift »Dreiergespräch« (= Trialogus) nieder.

Durch die Kritik setzt sich Wiclef Ermahnungen aus. Er muß seine Professur aufgeben und sich auf sein Pfarrstelle (Luttersworth) zurückziehen.

Dann setzt die Geistlichkeit die Lüge in Umlauf, Wiclef wäre am Bauernaufstand von 1381 schuld. Nun zieht sich der Adel von ihm zurück. Dann bestreitet er die Lehre von der Brotverwandlung und erregt erheblichen Anstoß. Eine Londoner Synode verurteilt einen Teil seiner Lehrsätze als ketzerisch. Kritiker titulieren Wiclef bereits als den »größten Ketzer des Mittelalters«.

Kurz vor seinem 1384 durch einen Schlaganfall herbeigeführten Tod wird er durch die päpstliche Anordnung überrascht, sich in Rom wegen der von ihm verbreiteten ketzerischen Ideen zu verantworten. Das Konzil von Konstanz erklärt dreißig Jahre nach seinem Tod Wiclef feierlich als hartnäckigen Ketzer, befiehlt seine Bücher zu verbrennen, seine Gebeine auszugraben und zu verbrennen. Dies geschieht 1418. Dennoch halten sich in England oppositionelle Gruppen. Zu ihnen gehören die Lollarden (= Unkrautsäer; von lolium = Unkraut). Sie werden um 1400 verfolgt und fallen in unzählbaren Scharen Henkern in die Hände.

Johann Malkaw

ist Weltgeistlicher und Magister der Theologie, »... gelehrt und gewandt in der Debatte«. Er läßt sich 1392 an der Kölner Universität immatrikulieren und bleibt der römischen Obedienz treu. Mit der Begeisterung seiner feurigen Natur vertritt er die Sache der Päpste gegen ihre Rivalen in Avignon. Er unternimmt eine Pilgerfahrt nach

Rom und macht in Straßburg Halt. Dort hat man sich für Urban VI. und seinen Nachfolger erklärt. Der Gegenpapst in Avignon ist Clemens VII. Malkaw predigt: »... Clemens VII. sei weniger als ein Mensch und schlimmer als ein Teufel ... sein Platz wäre beim Antichrist ... seine Anhänger wären verurteilte Schismatiker und Ketzer«. Mit schonungsloser Strenge wettert er gegen die sittliche Verkommenheit des Straßburger Klerus, der Welt- und Ordensgeistlichen. Automatisch zieht er sich Feinde zu.

Nun wird eine Verschwörung gegen ihn angezettelt, um ihn heimlich in Rom anzuschwärzen, damit er bei seiner Ankunft eingezogen und vor ein Inquisitionstribunal gestellt wird. Seine Anhänger vereiteln den Anschlag; so kommt er unbescholten zurück. Als er auf der Rückreise den St. Bernhard-Paß überschreitet, verliert er seine Papiere. Die Nachricht gelangt nach Basel und man hat den Aufhänger: Bettelmönche fordern Bischof Imerius auf, »einen, der ohne Erlaubnis reise« zu verhaften, was geschieht. Doch gelangt er nach Straßburg, wo er unter dem Schutz des Bürgermeisters Johann Bock von Neuem zu predigen beginnt.

Nach drei Predigten wird er ohne Vorladung von Inquisitoren verhaftet und in ein Gefängnis geworfen. Von hier aus führt man ihn in Ketten in das bischöfliche Schloß Benfeld, wo man ihm Bücher, Papier und Tinte entzieht. 1391 wird er während einer Versammlung für schuldig befunden und soll sich für seine Verbechen entschuldigen, das darin besteht, eine Meinung vorzutragen und die Sitten der Geistlichen gerügt zu haben. Er wird verbannt; über den weiteren Verlauf des Verfahrens ist nichts bekannt. Er wird durch den Kardinal Johann von Ragusa, den Legat Grefors, auf dem Konzil von Konstanz von der Anklage der Ketzerei freigesprochen.

Johannes Hus

Die Verbindung zwischen England und Böhmen liegt nah; des Böhmenkönigs Schwester wird Königin von England. Böhmische Studenten studieren in Oxford und bringen Wiclefs Schriften nach Prag. Hus, Professor der Philosophie an der Prager Universität und Prediger an der Bethlehemskapelle, greift die Idee Wiclefs auf. Er wendet sich leidenschaftlich gegen die Reliquienverehrung, das Fegefeuer, letzte Ölung, gegen das Verbot, den Laien den Kelch beim Abendmahl zu reichen und gegen den Papst als Oberhaupt der Kirche.

Er verurteilt die Haltung der Päpste und weist auf die gravierenden Mißstände und auf die Sittenlosigkeit des Klerus hin. Er wendet sich gegen die Ohrenbeichte und den Ablaß, weil diese Einrichtungen weder mit der hl. Schrift noch mit dem Geist des Christentums vereinbar seien. Er bestreitet die von den Päpsten vorgegebene Fähigkeit, Sünden vergeben zu können. Hus faßt dies später in der Schrift »Von der Kirche« zusammen.

Der Erzbischof Sbynko von Prag ernennt Hus zum Synodalprediger. Hier geißelt er schonungslos die sittliche Entartung des geistlichen Standes; später wird er Rektor der Universität.

Die Geistlichen beschweren sich beim Erzbischof wegen der scharfen Angriffe; Hus wird seines Amtes enthoben. Als der Erzbischof vom Papst den Auftrag erhält, gegen die Wiclisten in Böhmen einzuschreiten, läßt er trotz Einspruchs der Universität und ausdrücklichen königlichen Verbotes gegen 200 wertvolle Handschriften im Schloßhof verbrennen. Er verbietet Hus das Predigen.

Hus weigert sich, diesem Befehl nachzukommen. Dafür verhängt der Erzbischof den Bann über ihn. Das Volk steht treu auf seiner Seite und legt beim König Fürbitte ein. Nun verhängt der Erzbischof das Interdikt über die Stadt, stirbt aber bald darauf. 1412 läßt Johann XXII. in Böhmen den Kreuzzug gegen seinen Gegner, den König von Neapel, predigen und stellt den Teilnehmern einen Ablaß in Aussicht. Hus erhebt seine Stimme dagegen. Der Papst belegt ihn unter Verfluchungen mit dem großen Bann und Prag mit einem Interdikt.

Auf Wunsch des Königs verläßt Hus die Stadt. Kaiser Sigismund, der künftige Erbe der böhmi-schen Krone, wollte, daß diese Böhmen beunruhigende Sache auf dem be-

vorstehenden Konzil von Konstanz entschieden wird.

Konzil von Konstanz

Vergeblich bemüht sich Johannes XXII. auf einem Konzil in Italien die kurialen Streitigkeiten beizulegen.

Am 9. Dezember 1413 veröffentlicht er eine Bulle, die die Versammlung auf den 1. November des folgenden Jahres dorthin bestimmt. Es sollten nicht nur alle Bischöfe und religiösen Körperschaften vertreten sein, sondern auch die Fürsten und Herrscher persönlich oder deren Bevollmächtigte.

Das Konzil wird 1414 eröffnet. »... hier waren aus allen Himmelsrichtungen die Geistlichen zusammengeströmt, um über die zum Himmel schreienden, unhaltbar gewordenen Mißstände der Kirche zu beraten; die Auseinandersetzungen beanspruchten vier Jahre. Als Schwerpunkte wurden aufgestellt:

- Die Sache des Glaubens (= causa fidei)
- Die Einheit der Kirche (= causa unionis)
- Verbesserung der kirchlichen Zustände (= causa reformationis)

Dann ist die Frage der Päpste zu klären. Der in Rom residierende Gregor XII. versteht sich freiwillig zum Rücktritt. Der momentan in Spanien weilende (doch in Avignon residierende) Benedikt XIII. kann nach langwierigen Verhandlungen zum Abdanken gezwungen werden. Nun muß man den auf dem Konzil von Pisa gewählten Johann XXII. - der persönlich nach Konstanz gekommen war - für abgesetzt erklären, nachdem 37 Zeugen ausgesagt und geschworen haben, daß er nicht nur den scheußlichsten Ämterschacher, sondern auch Ehebruch, Blutschande und Sodomie getrieben hat. Er soll mehr als 100 Nonnen verführt haben.

Zu allem Übel hält man ihm vor, er habe seinen Vorgänger Clemens II. vergiftet. Niem, sein persönlicher Sekretär, sagt aus: »... der Papst habe in Bologna einen Harem von 200 Mädchen unterhalten«.

Daraufhin bequemt er sich, am 1. März 1415 öffentlich seine Abdankungsformel zu verlesen. 20 Tage danach zeigt sich sein wahres Gesicht; er denkt nicht mehr an den Rücktritt und übergeht die ihm angelasteten Verbrechen. Als Postknecht verkleidet flieht er nach Schaffhausen, widerruft seine Abdankung und erklärt kraft seines Amtes alle Beschlüsse des Konzils für nichtig, weil **er** der **rechte** Papst sei. Nun entsteht eine »grenzenlose« Verwirrung. Dem Markgraf von Brandenburg gelingt es, den Entflohenen einzufangen. Das Konzil verhängt zum zweitenmal seine Absetzung. Aber wieder verursacht die Wahl eines neuen Papstes große Schwierigkeiten, weil sich nationale Interessen anbahnen.

Erst nach 40 Sitzungen nimmt ein aus 23 Kardinälen und 30 Mitgliedern des Konzils gebildetes Wahlkomitee die entscheidende Wahl vor. Am 11. November 1417 wird ein Mitglied der römischen Fürstenfamilie Colonna auserkoren; der Neugewählte nennt sich Martin V. Er eignet sich die rauhe Tradition seiner Vorgänger an; die große Politik rutscht ihm durch die päpstlichen Finger. Er ist ein schwacher Papst gewesen.

Ein Chronist berichtet, daß außer den Mitgliedern des Konzils 60.500 Personen, darunter etwa 16.000 Männer adeligen Blutes vom Knappen über den Ritter bis zu Fürsten vertreten waren. In diesem Umfeld tummeln sich Hunderte von Freudenmädchen.

Verurteilung von Hus

König Sigmund sichert Hus freies Geleit nach Konstanz zu, denn hier soll er sich verantworten. Hus bricht am 11. Oktober unter dem Schutz der Brüder Johann und Heinrich von Clum und Wenzels von Duba auf. Der Reiterzug besteht aus mehr aus 30 Pferden und Wagen. Er erreicht am 3. November Konstanz und wird von 12.000 Menschen begrüßt. Bald nach seiner Ankunft wird Hus von einem seiner Landsleute als Ketzer gebrandmarkt; der Ketzerprozeß gegen ihn wird eingeleitet. Auf angeblichen Fluchtverdacht hin wird er gefangen und sieben Monate zuerst in einem Dominikanerkloster in einem Kerker, später im Obergemach eines

Turmes im Gewahrsam gehalten. 39 Artikel seiner Lehre werden als ketzerisch erkannt.

Im Juli 1415 erfolgt ein dreimaliges öffentliches Verhör vor dem Konzil. In einem Brief aus der Gefangenschaft schildert er: »... welches Geschrei, welches Toben, welches Lachen und Schmähen ...von der Versammlung beim ersten Verhör gegen ihn erhoben wurde«. Hätte er jetzt geschwankt, hätte er sein Lebenswerk zunichte gemacht und zugegeben, daß er es nicht wagt, der Kirche kritisch zu begegnen; so hätte er sich selbst erniedrigt!

Am 6. Juli, seinem 46. Geburtstag, wird er in einer feierlichen Sitzung des Konzils im Dom in der Gegenwart des Kaisers als hartnäckiger Ketzer zum Verbrennungstod verurteilt. Ein Bischof hält eine Predigt, in der er die Pflicht, die Ketzerei auszurotten, in den Vordergrund stellt und den Kaiser auffordert, sich dadurch einen unsterblichen Namen zu sichern. Daraufhin werden Hus die Klag(e)punkte vorgelesen. Durch einen italienischen Prälat wird ihm dann der Richterspruch verkündet. Der Ketzer Hus ist des Priesterstandes zu entsetzen, seine Bücher sind zu verbrennen.

Daraufhin legen ihm sieben Bischöfe auf einem Gerüst in der Kirche Meßgewänder an. Sie werden ihm wieder abgerissen, seine Tonsur wird zerstört und man setzt ihm eine Schandmütze mit der Aufschrift »Dies ist ein Erzketzer« auf den Kopf. Die Geistlichen tragen vor: »... die Kirche hat mit Dir nichts mehr zu schaffen ... sie übergibt deinen Leib dem weltlichen Arm, deine Seele dem Teufel«. Daraufhin wird Hus zur Richtstätte, einem Platz zwischen dem Graben und der Stadtmauer geführt.

Ein Augenzeuge berichtet: »... Hus muß sich auf Reisigbündel stellen und wird mit Stricken an einen dicken Pfahl gebunden. Als man merkt, daß er nach Osten blickt, was sich für einen Ketzer nicht geziemt, wird er nach Westen gedreht. Mit Stroh vermischte Reisigbündel werden bis zu seinem Kinn angehäuft. Dann nähert sich der Pfalzgraf Ludwig, der mit dem Marschall von Konstanz die Hinrichtung leitet und fordert Hus zum letztenmal auf, zu widerrufen. Als er sich weigert, ziehen sie sich zurück und geben durch Händeklatschen dem Henker das Zeichen, den Holzstoß anzuzünden.

Mit erhobener Stimme singt Hus auf dem schon brennenden Scheiterhaufen »Christus, Du Sohn des lebendigen Gottes, erbarme Dich meiner«. Als er so zum drittenmal anhob, schlug ihm der Wind die Flammen ins Gesicht und erstickte seine Stimme«. Später nimmt man den halbverkohlten Leichnam, zerstückelt ihn, bricht die Knochen und wirft die Überreste auf einen neuen Holzstoß, um sie vollständig zu vernichten«.

Ein Jahr nach diesem Mord lodert ein zweiter Scheiterhaufen in Konstanz. Ein Freund von Hus, Hieronymus von Prag, war als Ketzer verhaftet worden. Nach einer langen Kerkerhaft und zurückgenommenem Widerspruch folgt er dem Führer in den Tod.

Verbittert über den Mord an Hus verjagen seine Anhänger die katholischen Priester aus Böhmen, besetzen die Stellen mit hussistischen Predigern und erklären Hus zum Märtyrer.

Nun wird vorgeschlagen, auf Böhmen das Inquisitionsverfahren anzuwenden. Martin V. ist erbost und verlangt vom böhmischen König Wenzel, die in seinem Land schwer beleidigte Kirche zu stützen, da man sonst zu einem Kreuzzug gegen die Böhmen aufrufen werde. Martin V. versucht die böhmische Ketzerei zu unterdrücken, indem er 1421 / 22 den Kardinal Branda als Legat nach Prag sendet. Es vergehen 5 Jahre ohne Ergebnis; es gelingt ihm, weder die Ketzerei zu unterdrücken noch die Kirche zu reformieren. Nun soll das 1432 zusammengerufene Konzil von Siena Abhilfe schaffen. Hier werden die Fürsten der Christenheit aufgefordert, unverzüglich ihre Hilfe bei dem guten Werk anzubieten, falls sie der Rache Gottes entgehen wollen. Jeglicher Handelsverkehr mit den Ketzern wird verboten, besonders der Tausch und Handel mit Lebensmitteln, Bekleidung, Waffen, Pulver und Blei. Jeder, der sich mit ihnen in Verbindung setzt, soll den verfügten Strafen unterliegen«. In diesem Umfeld beginnen die Hussitenkriege. Erst 1433 mit dem

Konzil von Basel gelingt es, Frieden herzustellen. Die moralische Verantwortung für die dabei Umgekommenen hat die römisch-katholische Kirche ob der Aufrechterhaltung ihrer Theorien.

Georg v. Heimberg

Bereits im 15. Jh. sehen wir die Vorzeichen für den anstehenden Zusammenbruch der römisch-katholischen Kirche, denn sie ist unfähig, aus ihren Glaubensfehlern zu lernen. Georg v. Heimberg, von einigen der »bürgerliche« Luther des 15. Jh. genannt, tritt auf. Er wird 1430 in Schweinfurt geboren und tritt auf dem Konzil von Basel in Erscheinung. Er befindet sich im Dienst des Aeneas Sylvius. Heimberg, ein Vorläufer der Humanisten, sieht eine wichtige Aufgabe darin, den Samen der klassischen Bildung auszustreuen. Dies ist ein seither wenig gewürdigter Aspekt. Das Faß des religiösen Übermutes läuft nicht **nur** deshalb über, weil es Reformatoren gibt, sondern (auch) darum, weil durch die Wiederentdeckung des antiken Gedankengutes eine Aktivierung des Denkens und der Kritik eingetreten ist.

Girolamo Savonarola (1452 - 1498)

war einer der bedeutendsten Sittenprediger des späten Mittelalters. Der Dominikaner fühlte sich durch göttliche Stimmen und Visionen dazu berufen. Seine Prophezeiungen eines bald hereinbrechenden Strafgerichts schienen in dem Sturz der Medici-Herrschaft in Florenz (1494) und im Siegeszug Karls VIII. von Frankreich (1494 / 95) erfüllt. Savonarola mitgestaltet das städtische Leben von Florenz und sucht es nach streng asketisch-kirchlichen Grundsätzen auszurichten. Mit rücksichtsloser Strenge wendet er sich gegen den sittlichen Verfall am päpstlichen Hof. Dies führt zu einem Konflikt mit Papst Alexander VI. der ihm 1495 zu Predigen verbietet. Savonarola lehnt den Gehorsam unter Berufung auf sein Gewissen ab und wird 1497 exkommuniziert. Jetzt erklärt Savonarola die Exkommunizierung für ungültig und verschärft seine Angriffe auf das Papsttum (Vorwurf der Simonie und des Unglaubens). Auf

Betreiben seiner Gegner wird er gestürzt, in Haft genommen und auf der Folter zu Geständnissen gezwungen, die er (später) widerrufen hat; die Akten über diese Ereignisse sind gefälscht. Danach wird Savonarola als Schismatiker und Häretiker gehängt und verbrannt.

Martin Luther ... Wittenberger Nachtigall

stammt aus einem thüringischen Bauerngeschlecht (Möhra) und ist ein Kind seiner Zeit. Trotz juristischer Kenntnisse spricht er sich später für die Anwendung der Folter und das Verfolgen der Hexen aus. »Unstreitig bildet der Protestantismus eine neue Epoche in der Geschichte des Christentums, der keine andere an Ursprünglichkeit und weitgreifender Bedeutung gleichkommt[3].

Die römisch-katholische (= mittelalterlich überlebte) und die protestantische (= reformierte) Kirche stehen sich als zwei verschiedene, ja in vielen Punkten kaum berührende Lebenskreise gegenüber. Dennoch bleibt der Ableger ein rechtmäßiges Kind der Mutter; wir haben zwei geschichtliche Erscheinungen des Christentums vor uns. »... es gehört zu den traurigen Zügen der Entwicklung, daß die christlichen Konfessionen, die sich lang schroff gegenübergestanden, auf dem Feld des künstlich hochgehaltenen Hexenwahns und in der Diskriminierung von Juden in schauerlicher Eintracht verbunden haben, um etwas auszurotten, was es nicht gibt«.

Trotzdem schwelt im Hintergrund die Polemik. Es dauert nicht lange, da wird behauptet, Luther wäre des Kind eines Teufels und seine Mutter sei eine Hexe gewesen. Weyer verteidigt Luther [4]. Dagegen hebt ihn Ohle in den Himmel: »... nein, hier konnte nur ein Mann helfen, der weder Tod noch Teufel fürchtete, der zwar ein Sohn der Renaissance war und mit ihr die scholastischen Autoritäten verachtete, aber doch mit seinem Herzen tief im Christentum verwurzelt war«[5]. »Luther ist ein Dorfkind, geringer Leute Sohn, unter der strengen Zucht und der geistigen Atmosphäre seines Elternhauses aufgewachsen«[6]. Betrachten wir sein Lebenswerk.

Sein Vater ist Bergmann und läßt sich mit seiner Frau Margarete, geb. Ziegler, 1483 in Eisleben nieder. Hier wird den Eltern am 10. November 1483 ein zweiter Sohn geboren. Am folgenden Morgen wird er in der Peterskapelle nach dem Heiligen des Tages auf den Namen Martin getauft. Die Kinder werden streng erzogen. Luther dazu: »... mein Vater stäupte mich einmal so sehr, daß ich floh und ward ihm gram, bis er mich wieder zu sich gewöhnte«.

Mit 4 1/2 Jahren kommt er in die städtische Schule, lernt Lesen, Schreiben, Singen, die Zehn Gebote, das Glaubensbekenntnis, das Vater Unser, Ave Maria und Anfangsgründe des Lateins. Später geht er nach Magdeburg; vermutlich in die dortige Domschule. 1497 sehen wir ihn als Schüler in Eisenach. Seinerzeit haben die Kinder wohlhabender Eltern (es waren die, deren Kinder die Schule besuchen konnten) vor den Türen der Bewohner um Brot gesungen (= Kurrendesingen), damit sie später nicht die Wohltätigkeit vergessen.

Im April 1501 bezieht er als Student die Universität Erfurt und wendet sich auf väterlichen Wunsch der Jurisprudenz zu. Durch die Geisteshaltung des Humanismus befreundet er sich mit lateinischen Schriftstellern. Im Januar 1505 wird er Magister. Während eines Spazierganges soll ihn in der Nähe von Stotternheim ein heftiges Gewitter überrascht haben. Er soll verängstigt gerufen haben: »Hilf, liebe Sanct Anna« ... ich will ein Mönch werden«. Konsequent begibt er sich am 17. Juli zur Pforte des »Schwarzen Klosters« der Augustiner-eremiten.

Im April 1507 erhält er die Priesterweihe. Am 2. Mai 1507 ließt er seine erste Messe. Dr. Johann v. Staupitz, Generalvikar des Ordens, soll zu ihm gesagt haben: »... man muß den Mann ansehen, der da heißt Christus«. Dankbar schreibt ihm Luther später: »... durch Dich ist mir das Licht des Evangeliums aus der Dunkelheit in meinem Herzen aufgegangen«. Im Herbst 1508 wird Luther von Kurfürst Friedrich d. Weisen von Sachsen auf Veranlassung v. Staupitz an die neugeründete Universität Wittenberg berufen, um dort zunächst Philosophie zu lehren. Ende 1510 tritt er eine Reise nach Rom an und kommt im Spätsommer des folgenden Jahres in das Wittenberger Kloster zurück.

Staupitz empfiehlt ihm später: »... ihr müßt Doktor und Prediger werden«. 1512 sehen wir Luther als Dr. der Theologie; er erhält den silbernen Doktorring und einen Lehrstuhl für Bibelwissenschaft. Er erkennt: »... da war es mir, als wäre ich von ganz neuem geboren und durch geöffnete Türen in das Paradies getreten. Die Bibel hat für mich auf einmal ein anderes Gesicht«. Hier ist die Schnittstelle in seinem Leben, denn er erkennt, daß er sich bislang einer anderen Illusion gewidmet hat.

In Jüteborg im Brandenburgischen an der Grenze des Kurfürstentums Sachsen vertreibt der Dominikaner Johann Tetzel seit 1517 den Ablaß. Er handelt im Auftrag des Erzbischofs von Mainz.

Der sächsische Kurfürst hat sein Land vor der Ausbeutung Tetzels verschlossen; so holen sich die frommen Bürger und Studenten Wittenbergs aus dem nahen Städtchen die »neue« Gnade, indem sie dafür bezahlen, um ihrer Sünden ledig zu sein.

Luther spürt im Beichtstuhl, welche Leichtfertigkeit Tetzels Ablaßhandel im Volk hervorruft. Er wendet sich mit der Bitte an einige Bischöfe, den Unfug des Ablaßpredigers zu steuern. Vergeblich. Darum schlägt er am Sonnabend, dem 31. Oktober 1517 vor Allerheiligen, dem Kirchweihfest, in Begleitung eines seiner Studenten, 95 Thesen an die nördliche Eingangstür der Kirche. Er will eine Disputation über den Ablaßhandel bewirken.

Mit der Kirche und dem Papsttum will er **nicht** brechen. Am gleichen Tag schickt er die Thesen an seinen Bischof und an den Mainzer Erzbischof. Zu einer Disputation mit Luther meldet sich niemand, und doch erregen die Thesen ganz Deutschland; im Guten wie im Schlechten. Der Bischof von Merseburg erklärte,: »... er freue sich, wenn sie an vielen Orten angeschlagen würden, damit das arme Volk vor Tetzels Betrug gewarnt werde«.

Freilich wird ihm das Lutherische Agieren zugetragen. Er frohlockt wie so viele einfache Menschen: »... der Ketzer (= Luther) soll mir in drei Wochen ins Feuer geworfen werden«. Er läßt sich von einem Professor 106 Gegenthesen verfassen.

Erzbischof Albrecht von Mainz wendet sich mit einer Eingabe an Rom, in der er Luther der Verbreitung »neuer« Lehren beschuldigt. Leo X. hält dies für »Mönchsgezänk« und ordnet an, seine Ordensoberen sollen Luther warnen. Erst als Tetzels Ordensbrüder Luther wegen des Verdachts auf Ketzerei in Rom anzeigen, läßt Leo X. den Prozeß gegen ihn eröffnen. Anfang August 1518 erhält er den Befehl, innerhalb von 60 Tagen in Rom zu erscheinen, um sich zu verantworten. Sein Landesherr verhindert es und bewirkt, daß sich Luther in Augsburg vor dem Kardinal Cajetan verantworten kann. Luther ist nicht sonderlich zumute, denn er soll gesagt haben: »... ständig hatte ich den Scheiterhaufen vor Augen. Nun muß ich sterben ... welche Schande werde ich meinen lieben Eltern sein«.

Cajetan wohnt im Fuggerhaus. Ein Italiener sucht vor Beginn der Verhandlungen als »Mittelsmann« Luther im Karmeliterhof St. Anna auf und meint, es müsse ihm ein Leichtes sein, die sechs Buchstaben revoro (= ich widerrufe) auszusprechen. Daraus kann geschlossen werden, wie verblendet die römisch-katholische Kirche damals (noch immer) ist. Ein Widerruf löst nicht das Problem. Am Vorabend des Verhörs schreibt Luther einen Abschiedsbrief an Melanchthon. Nach dem Eintreffen des kaiserlichen Geleitbriefes begibt sich Luther zu Cajetan. Es kommt zu keiner Einigung und schließlich schickt er ihn mit dem Bemerken fort: »... geh und komm mir nicht wieder vor die Augen, es sei denn, daß du widerrufen willst«.

Anderen gegenüber äußert er: »... ich mag nicht weiter mit der Bestie reden, denn sie hat tiefliegende Augen und wundersame Spekulationen im Kopf«.

Luther legt in den nächsten Tagen vor einem Notar und Zeugen Berufung ein. Cajetan schreibt er, er wäre krank und sein Gewissen erlaube ihm nicht, zu widerrufen. Staupitz soll geplant haben, Luther zur Flucht nach Paris zu verhelfen. Ein Jahr nach dem Thesenanschlag trifft er wieder in Wittenberg ein.

Damit ist die Sache keinesfalls erledigt. Mitte November wird der päpstliche Kammerherr Karl von Miltitz vom Papst nach Deutschland geschickt, um dem sächsischen Kurfürst die goldene Tugend-rose zu überbringen, wohinter sich ein politischer Schachzug versteckt. Er soll vor der Auszeichnung den »Sohn der Bosheit« ausliefern oder aus dem Land jagen. Friedrich d. Weise lehnt es ab. Dann kommt es zu einem verfänglichen Gespräch zwischen Miltitz und Luther.

Der Ingolstädter Professor Dr. Eck verfaßt gegen die Luther'schen Thesen eine Streitschrift. Er veröffentlicht zum Zweck einer Disputation mit Luthers Kollegen, dem Wittenberger Professor Andreas Bodenstein aus Karlstadt (= Karlstadt) 12 Thesen. Er will sich Eck persönlich in Leipzig stellen, um mit ihm zu diskutieren. Vorher betreibt er historische Studien über das Papsttum und gelangt zu der Auffassung, daß es keine göttliche, sondern eine weltliche Institution ist.

Er erkennt, daß sich Konzilien und Päpste geirrt haben. Es wird ihm zur Gewißheit: der Papst ist der Antichrist. Die Disputation wird in der großen Hofstube der herzoglichen Pleißenburg (27. Juli 1519) eröffnet. Tetzel fehlt, denn er liegt krank in Leipzig.

Der Streit zwischen Luther und Eck dreht sich vor allem um das Ansehen des Papsttums. Dabei verteidigt Luther seinen Vorgänger Hus und stellt heraus: »... unter seinen Artikeln seien viele durchaus nützlich, christlich und evangelisch. Ein gläubiger Christ könne nicht gezwungen werden, gegen die heilige Schrift etwas anzunehmen. Eck müsse (ihm) beweisen, daß ein Konzil nicht irren kann, noch wirklich irre«.

Hochmütig - doch kleingeistig - verkündet (!) Eck: »... Hochwürdiger Herr Pater, wenn ihr glaubt, daß ein gesetzmäßig zustandegekommenes Konzil geirrt habe oder irren könnte, so seid ihr wie ein Heide und Zöllner. Was ein Ketzer ist, brauche ich hier nicht

auszuführen«. Nach drei Wochen wird das Religionsgespräch beendet. Es ist klar, ein Vergleich mit der offiziellen Kirche war nicht mehr möglich. Der Disput endet mit einer schweren Niederlage von Eck, wogegen Luthers Stellung gestärkt ist; er steht auf der Höhe seiner reformistischen Erkenntnis und entfaltet eine reiche Tätigkeit als Schriftsteller. Vor allem geht es um drei 1520 veröffentlichte Schriften:

Luthers Schriften

Luther gibt in kurzer Aufeinanderfolge drei geharnischte Reformationsschriften heraus; es sind Kriegserklärungen an Rom. Er sagt: »... die Zeit des Schweigens ist vergangen und die zu reden ist gekommen«.

An den christlichen Adel deutscher Nation

Darin zeigt sich Luther als vaterländischer Patriot. Rom habe sich mit drei Mauern umgeben, durch die es sich seither schütze, so daß eine durchgreifende Reform unmöglich war. Zum ersten behaupte Rom, daß den weltlichen Obrigkeiten keine Gewalt über die Kirche zustehe, daß aber die Kirche Gewalt über die weltlichen Machthaber habe. Zum anderen habe niemand als der Papst das Recht, die heilige Schrift auszulegen. Zum dritten dürfe keiner außer ihm ein Konzilium einberufen.

Das Amt des Geistlichen ist lediglich Auftrag, den die christliche Gemeinde gibt und **kein** besonderer Stand. Nach Luther steht die Heilige Schrift über dem Papst. Die Stände des Reiches sollen das Recht haben, freie Konzilien einzuberufen, in denen die Mißstände abzustellen sind, die sich im Lauf der Zeit in der Kirche eingeschlichen haben.

Den Päpsten müsse verwehrt werden, in Deutschland Kirchenämter mit im Ausland geborenen Fremden zu besetzen, die nur Ölgötzen seien. Ein kaiserliches Gesetz soll verbieten, daß sich ein Bischof den Mantel (= Pallium) und seine Bestätigung aus Rom holen müsse. Weltliche Angelegenheiten des Reiches sollen nicht länger Rom zur Entscheidung unterbreitet werden. Außerdem soll der Papst nicht über dem Kaiser stehen. Er soll dem Papst nicht huldigen, ihm die Füße küssen und treue Untertänigkeit schwören ... so wie es die Päpste unverschämt fordern; sie hätten kein Anrecht darauf!

Luther fordert die Abschaffung des Götzendienstes, eine Reform des Papsttums, eine Beseitigung seiner Vorrechte, die Abschaffung der Wallfahrten, der Bettelklöster, des Interdikt, der vielen Messen, eine Neuordnung der Universitäten und die Errichtung von Mädchenschulen. Er erkennt die Geldgier der Päpste. Er wendet sich gegen klerikale Mißbräuche und nennt in diesem Zusammenhang: »... den überschwenglichen Überfluß und Kosten der Kleidung, den Mißbrauch des Fressens, Saufens und die Unkeuschheit«.

Mit dem Zorn seines Herzens zieht er den Papst zur Rechenschaft, weil er durch seinen Ablaß eine edle Nation treulos und meineidig mache. Man soll alle päpstlichen Gesandten aus dem Land jagen. »... laßt unser Land frei sein von allen unerträglichen Schätzen und Schindern, gebt uns wieder die Freiheit, Gut, Gewalt, Ehre, Leib und Seele und laßt ein Kaisertum sein, wie es einem Kaisertum gebührt«.

Herzog Georg schreibt über die erste lutherische Kampfschrift nach Rom: »... es ist nicht alles unwahr, was darin steht, und auch nicht unnötig, daß es an den Tag kommt. Wenn sich niemand getraut, von den Übeln der Kirche zu reden und jedermann schweigen muß, so werden schließlich die Steine reden«.

Von der babylonischen Gefangenschaft der Kirche

Hierin sagt er: »... wohlan, ich weiß noch ein Liedlein von Rom«. Hier fegt er vier römisch-katholische Sakramente vom Tisch; er anerkennt lediglich Taufe, Abendmahl und Buße und: er wendet sich **gegen** die Verwandlungslehre. Luther verurteilt den Mißbrauch des Gottesdienstes und der Sakramente, wodurch das Papst das Gewissen der Christen knechte«. Diese Schrift klang »... wie eine Sturmglocke durch die abendländische Welt

und erregte Entsetzen und Verbitterung«. Manch einer zog sich jetzt, da der Bruch immer deutlicher wurde, wie Erasmus von Rotterdam, von Luther zurück. Der kaiserliche Beichtvater hat beim Lesen der Schrift das Gefühl ... einer haue ihm den Kopf bis zu den Füßen mit einer Peitsche durch«. Mit dieser Publikation greift Luther das Herz der römisch-katholischen Kirchen(lehre) an.

Von der Freiheit des Christenmenschen

Dies ist keine Streitschrift. Er läßt sie Leo X. zugehen und betont, daß seine Angriffe nicht persönlich gegen ihn gerichtet sind. Er sagt: »...daß ein wahrer Christ ein freier Herr aller Dinge und niemand untertan sei ... aber dennoch durch seine freiwillige Liebe Jedermann dienstbar sei«. Dies bedeutet die Erkenntnis, daß die hierarchische Struktur des Papsttums überflüssig ist: es waren Keulenschläge in das fossile Kontor der Kirche. Der angeschlagene Glaubensriese **mußte** handeln.

Heiliger Fluch und »Septemberbibel«

Jetzt wird Dr. Eck zur persönlichen Berichterstattung nach Rom geordert. Auf sein Betreiben werden in einer päpstlichen Bulle - erlassen am 16. Juni 1520 - 41 Sätze von Luther als ketzerisch verdammt. Die Schrift beginnt mit den Worten: »... erhebe Dich, Herr... ein Wildschwein will deinen Weinberg verwüsten«. Alle Schriften Luthers sollten verbrannt und keine neuen gedruckt werden. Luther wird mit seinen Anhängern mit dem Bann bedroht, falls er nicht innerhalb von 60 Tagen widerrufe.

Eck hat die Bulle in Deutschland zu vollstrecken. Es klappt nicht wie er will, denn in nur drei Städten gelingt ihm die Veröffentlichung des »heiligen Fluches«. Luther schreibt an seinen Freund Spalatin: «... ich verachte die Bulle und befehde sie als gottlose, lügnerische, ganz und gar Eck'sche ... für meine Person bin ich ohne Furcht. Gottes Wille geschehe».

Dann erfährt Luther, daß der päpstliche Gesandte in den Niederlanden, wie in Köln und Mainz, Schriften von ihm hatte verbrennen lassen. Am frühen Morgen des 10. Dezember ließ Luther durch Melanchthon einen Anschlag an der Tür der Wittenberger Pfarrkirche anbringen, der »alle Freunde der evangelischen Wahrheit einlud, sich um 9 Uhr bei der Kreuzkapelle außerhalb der Stadtmauer einzufinden, wo selbst nach altem apostolischem Brauch die gottlosen Bücher des päpstlichen Rechts verbrannt werden würden«.

Gesagt: getan. Zuerst werden die päpstlichen Rechtsbücher dem Feuer überantwortet (was überdies die römisch-katholische Kirche in vielen anderen Fällen vorpraktiziert hat) und dann die Bannbulle mit den Worten: »... weil du die Wahrheit Gottes verdorbt hast, verderbe dich heute der Herr mit diesem Feuer«. Dieses bedeutet den Bruch mit Rom. Der päpstliche Gesandte meldet: ».... ganz Deutschland ist im hellen Aufruhr ... für

neun Zehntel ist das Feldgeschrei »Luther« ... für die übrigen, falls er ihnen gleichgültig ist, wenigstens »Tod der römischen Kurie«. Am 3. Januar 1521 spricht Leo X. den Bann über ihn.

Luthers Landesherr folgt den damit verbundenen Konsequenzen nicht. Er beabsichtigt, Luther mit nach Worms zu nehmen, damit die Sache dort - unter dem Schutz des Reichstages - durch unparteiische Sachverständige - erörtert wird. Kaiser Karl V. läßt Luther - im Widerstand zu kirchlichen Bestrebungen - unter der Zusicherung des freien Geleites, laden. Sein Beichtvater Clapio sucht Luther in einem plumpen Winkelzug in eine Falle zu locken, indem er ihn vom Weg abbringen will. Luther läßt antworten: »... des Kaisers Beichtvater etwas mit mir zu reden, so mag er es in Worms tun« ... wenn noch so viele Teufel in Worms wie Ziegel auf den Dächern wären, so wollte ich doch hinein«.

Monogammist HR. Geistliche Narrenmühle. Holzschnitt. Kupferstichkabinett Berlin. Katholische Geistliche werden von einem in den polemischen Darstellungen der Reformation immer wieder verwendeten Mühlrad zermahlen.

Für die katholische Geistlichkeit war das kaiserliche Zugeständnis nicht angenehm, denn sie fürchteten eine unausweichbare Konfrontation, und daraus resultierend; einen größeren Flächenbrand. Immerhin hat der päpstliche Gesandte Luther als »großen Ketzerobersten« bezeichnet. Der Reichstag hält seine Sitzungen in der bischöflichen Pfalz. Der bekannte Landsknechtsoberst Frundsberg soll Luther auf die Schulter geklopft und ihm gesagt haben: »... Mönchlein, Mönchlein, du gehest einen schweren Gang, dergleichen ich und mancher Oberst auch in unserer allerschwersten Schlachtordnung nicht getan haben. Bist du aber rechter Meinung und deiner Sache gewiß, so fahre in Gottes Namen fort und sei getrost, Gott wird dich nicht verlassen«.

Luther wird gefragt, ob er sich zu den unter seinem Namen veröffentlichten Schriften bekennt und ob er davon etwas zu widerrufen geneigt sei. Luther erbittet zur zweiten Frage Bedenkzeit. Er erhält sie bis zum nächsten Tag. Dann steht Luther zum zweitenmal - im entscheidenden Moment - vor dem streng katholisch erzogenen Kaiser Karl V.

Mutig trägt er vor: »... er könne die gegen das Papsttum und dessen vorgetragenen Lehren nicht widerrufen, da er sonst die päpstliche Tyrannei stärke und dem »gottlosen« Wesen nicht allein die Fenster, sondern auch Tür und Tor auftue ... er könne nicht der Gottlosigkeit Vorschub leisten ... er bitte darum, ihn aus der Bibel zu widerlegen ... er glaube weder dem Papst noch den Konzilien allein, da es am Tage ist, daß sie öfters geirrt und sich widersprochen haben. Daher kann und will er nicht widerrufen ... Gott helfe mir. Amen«.

Damit ist die Entscheidung gefallen. Der Kaiser gibt einen Wink, um Luther abzufüh-

Unbekannt um 1540/50. Der geistliche Schafstall. Spottblatt auf das Papsttum. Christus als guter Hirte, neben ihm Petrus unter der Tür eines Schafstalles. Geistliche Würdenträger verwehren dem Volk den direkten Zugang zu Christus. Holzschnitt. Germanisches Nationalmuseum Nürnberg.

ren. Er hatte gesagt: »... er sei entschlossen, gegen ihn als wahren und überführten Ketzer vorzugehen«. Spanische Knechte rufen zu: »... ins Feuer, ins Feuer«.

Am kommenden Tag versucht man ihn umzustimmen und er sagt: »... ich kann nicht weichen, es gehe mir, wie Gott will«. Zehn Tage nach seiner Ankunft verläßt Luther ohne Aufsehen Worms.

Kurz vor seiner Abreise läßt ihn der Kurfürst Friedrich von Sachsen wissen: »er werde ihn irgendwo unterwegs »eintun«, um ihn dadurch vor der erwarteten Reichsacht zu schützen. Am 4. Mai wird abends plötzlich sein Wagen im Thüringer Wald in der Nähe des Schlosses Altenstein von einer Schar Reiter umringt; ein Überfall wird konstruiert. Luther wird aus dem Wagen gerissen und muß einen Teil der Strecke zu Fuß gehen. So gelangt er zur Wartburg. In Worms sprach man einige Wochen später die Reichsacht über ihn aus. Das kaiserliche Edikt besagt:

»... daß ihr nach Ablauf von zwanzig Tagen den Martin Luther nicht hauset, hofet, atzed, tränket, noch erhaltet (= bewirtet), noch ihm mit Worten und Werken, heimlich oder öffentlich Hilfe, Anhang, Beistand oder Vorschub leistet, sondern ihn, wo ihr seiner mächtig werdet, gefangen nehmen und uns wohl bewahret zusendet. Wer ihn - und seine Anhänger - diesem Schicksal überliefere, soll deren Güter behalten dürfen«.

Die Reichsacht weckt den Denunziationscharakter im Volk. Damit ist Luther vogelfrei, diesen Status behält er 25 Jahre - bis zu seinem Tod. Er bleibt zehn Monate auf der Wartburg. Empört wendet er sich an den Erzbischof Albrecht von Mainz, der den Ablaßhandel (wieder) aufgerichtet hat. Er widmet seinem Vater eine Schrift über die Nichtigkeit der Klostergelübde. Er übersetzt das Neue Testament vom Griechischen ins Deutsche. 1522 geht das Werk als sog. »Septemberbibel« mit einer ungewöhnlich hohen Auflage von 5.000 Exemplaren in Druck. Sie ist in drei Monaten vergriffen. Der Meißner Domherr Cochläus - ein erbitterter Gegner Luthers - sagt: »... Luthers Neues Testament war in so großer Zahl ausgesprengt, daß auch

Schneider und Schuster, Weiber und andere Einfältige, so viel derer dies Evangelium angenommen, die auch nur einiges weniges Deutsch gelernt, dasselbe gleich als einen Brunnen aller Wahrheit mit der höchsten Begier lesen; etliche trugen dasselbe mit sich im Busen herum und lernten es auswendig«.

Karlstadt

lebt in einer Welt theologischer Spitzfindigkeiten. Er wird 1504 nach Wittenberg gerufen und beschäftigt sich mit Aristoteles und Thomas v. Aquien. »... er verbindet mit dem Studium, der scholatistischen Philosophie das des kanonischen und römischen Rechts«. Dr. Scheurl, der Vielredner und Rechtsgelehrte, bezeugt in einer feierlichen akademischen Rede die Verdienste von Karlstadt: »... nennt ihn einen großen Philosophen, einen noch größeren Theologen und den größten Thomisten«. Diese gerade bei Scheurl auffallende Lobhudelei läßt zugleich die Oberflächlichkeit erkennen, mit denen der seinerzeitige Humanismus gehandhabt wird.

Karlstadt wird 1510 Archidiakonus an der Wittenberger Stiftskirche. Mit dem Amt ist eine Professur der Theologie an der Universität verbunden. Das Stift umfaßt 12 Kanonikate, deren Inhaber Universitätslehrer sind. Die sieben oberen sind Theologen vorbehalten, die vier nächsten für Juristen bestimmt, die ein theologisches Studium absolviert haben und schließlich die fünf niederen den Professoren der Philosophie und der freien Künste vergeben; selbst sie müssen Bakkalaureus der Theologie sein. So werden einige Verzerrungen verständlich.

Luther kommt erst 1512 nach Wittenberg und es ist verständlich, daß sich (auch) Karl-

J. G. Fichte verfaßt 1798 einen kritischen Aufsatz zum Thema: »... über den Grund unseres Glaubens an eine göttliche Weltregierung«. Kurz danach wird er des Atheismus bezichtigt und aus dem Amt gedrängt.
Friedrich Burg. Kreidezeichnung um 18000 (58 x 34 cm). Universitätsarchiv der Friedrich-Schiller-Universität Jena.

stadt an ihm orientiert. Karlstadt geht 1515 nach Rom und wird im gleichen Jahr wegen einer Summe von 12 fl. rückständiger Hauszinsen in einen Streit verwickelt; das Stiftsgericht verurteilt ihn zur Zahlung und der Gekränkte wendet sich wegen dieser Lapalie an den Papst. Als ihm dies vom Kurfürst versagt wird, kommt er mit der Bitte ein, eine Romreise antreten zu wollen. So wird er vier Monate freigestellt.

In einer späteren Schrift beruft er sich auf die Pracht und Üppigkeit des römischen Hofes. Als er von Italien zurückkommt, scheint er wie verwandelt. Er wendet sich von der Scholastik zur hl. Schrift und bemerkt, daß er sie früher nicht recht verstanden hat. Durch die Lossagung von der römisch-katholischen Kirche (neben Luther wird Karlstadt durch die Bulle verdammt) stellt sich bei ihm die Polemik gegen viele seitherige Bräuche ein.

Bartholomäus Feldkirch verlobt sich und heiratet. Karlstadt folgt ihm am 20. 1. 1522. Karlstadt richtet im Oktober 1521 eine neue Form der Abendmahlsfeier ein und findet einen Mitkämpfer in dem Augustinermönch Gabriel Didymus. Dann schließen sich massive Auflösungstendenzen an, die Luther argwöhnisch von der Wartburg aus beobachtet und die ihn zum Handeln zwingen.

Wittenberger Unruhen / Hans Böhm v. Niklashausen

Während Luther auf der Wartburg Bücher schreibt, zeigen sich in Wittenberg religiöse Auflösungstendenzen. Priester heiraten, Mönche wie Nonnen verlassen ihre Klöster. Karlstadt führt eine Reform des Gottesdienstes ein. Man bricht Kirchen auf, reißt Bilder herunter, zerstört Altäre und Kreuze. Melanchthon und Luther sind ratlos und verängstigt, denn diese Entwicklung behindert ihr Werk. Luther kommt für einen Tag nach Wittenberg und verfaßt daraufhin die Schrift »eine treue Vermahnung zu allen Christen, sich zu verhüten vor Aufruhr und Empörung«.

Etwas später kommt er nochmals nach Wittenberg, um mit kraftvollen Worten die Dinge zu regeln; es war ein gefährliches Unterfangen, denn er ist geächtet. Er predigt

acht Tage von der Wittenberger Kanzel gegen die Schwarmgeister und verurteilt deren gewaltsames Vorgehen. Bald danach weichen die »Zwickauer« Propheten aus Wittenberg, das sich rasch zu einem reformatorischen Zentrum entwickelt. Die Widertäufer setzen in Süddeutschland ihre Aktivitäten fort«.

Dann tritt der Prophet Thomas Münzer auf den Plan der Geschichte. In glühender Erregung setzt er sich für die Errichtung eines kommunistisch-republikanischen Gottesreiches ein. Später wird er gefangen und hingerichtet.

Seit langem kämpfen die Bauern um eine Verbesserung ihrer Rechte und der damit verbundenen Lebensqualität. Dadurch tangieren sie die Interessen der weltlichen und vor allem der geistlichen Obrigkeit. Einzelne Bauern erheben sich mit prophetischem Sinn gegen ihre permanente Ausbeutung. 1525 führt die Unzufriedenheit zu großen Bauernbewegungen. Luther hat in seiner Schrift »An den christlichen Adel ...« auf die schlimme Lage der Bauern hingewiesen. Sie velangen die Aufhebung von Leibeigenschaft und Frondienst, freie Jagd, Fischerei und Waldbenutzung ... sie erwarten die lautere Predigt des Evangeliums. Sie ziehen sengend und brennend durch das Land, zerstören Burgen und Klöster und verüben Gewalttaten. Luther bezeichnet sie als »mörderische und räuberische Rotten«. Entsprechend grausam ist die Rache der Obrigkeit.

Dann erhebt sich Hans Böhm von Niklashausen und trägt vor:

- Die hl. Jungfrau habe ihm verkündet, daß Christus nicht länger den Stolz und die Sinneslust der Priesterschaft dulden kann, bzw. daß die Welt infolge der Verderbnis des Klerus zugrundegehen wird.

- Zehnten und Zölle müßten freiwillig sein; Steuern und Abgaben sind abzuschaffen. Die Geistlichkeit soll sich mit dem Zehnten von Korn und Getreide zufriedengeben.

- Die Zahl der Stifte und Klöster ist zu verringern. Nicht rechtmäßig erworbene Wälder sollen (wieder) an den Besitzer zurückgegeben werden.

- Die ewigen Kriege haben aufzuhören und ein der ganzen Christenheit dienender Friede sei anzubahnen. Wer sich dagegensetze, sei zu töten oder zu den Türken (= sinngemäß die Heiden) zu schicken.

- Rom habe kein Vorrecht auf den Vorrang des Glaubens ... das Fegefeuer sei nur eine Erfindung.

Er wird von bischöflichen Wachen ergegriffen und auf die Festung Marienberg (Würzburg) gebracht, gefoltert und zum Tod auf einem Scheiterhaufen verurteilt. Seine Beichte ist kurz und sinnlos. Auf dem Hinrichtungsplatz warten Anhänger auf das Einschreiten Gottes; es bleibt aus. Um einer etwaigen Zauberei vorzubeugen, schneidet ihm der Henker die Haare ab und um zu verhindern, daß seine Asche als Reliquie verwertet wird, sammelt man sie und wirft sie in den Main. Später erläßt der Bischof Rudolf v.

Würzburg mehrere Verbote gegen die zunehmenden Wallfahrten nach Niklashausen.

Es ist die Zeit, wo Luther die Mönchskutte ablegt. Mit 42 Jahren entschließt er sich zur Heirat. Am 13. Juni, inmitten der Wirren des Bauernkrieges, läßt er sich mit Katharina von Bora, einer aus dem Kloster entsprungenen Nonne - von seinem Freund Bugenhagen - im Beisein weniger Freunde trauen. Er sagt über seine Ehe: »... wir haben treu in guten und bösen Tagen zusammengehalten und Freud und Leid miteinander geteilt«.

Kirchliche und schulische Reformen

Luther schafft die lateinische Sprache im Gottesdienst, die Heiligenverehrung, den Zwang zur Ohrenbeichte und die Meßopfer ab. In den Mittelpunkt des priesterlichen Wirkens stellt er die Predigt in der deutschen Sprache. Dazu wird es notwendig, die Bibel zu übersetzen, was etwa zehn Jahre beansprucht. Es gibt damals (schon) 14 hochdeut-

Der Pfeifer Hand Böhm von Niklashausen predigt zum Volk. Zu seinen Füßen die andächtigen Zuhörer. Auf dem Bild die Alte Kirche, die im frühen 16. Jht. durch einen protestantischen Neubau ersetzt wird. Die Zahl der Zuhörer soll zwischen 20.000 bis 30.000 (einige Quellen nennen 70.000) geschwankt haben. (Freundl. Auskunft des Meßdieners Hrn. Flegler).

sche Bibelübersetzungen,aber sie waren Übertragungen aus der lateinischen Vorlage (= Vulgata; auf deren Wahrheitsgehalt ich anderweitig eingegangen bin) aber keine Direktübertragung des hebräischen Urtextes.

Luther sieht - wie schon der hl. Hieronymus - die Schwierigkeit der korrekten Übersetzung und sagt: »... kaum einer wird gewahr, wieviel Wacken und Klötze da gelegen sind, da er jetzt darübergeht wie ein gehobelt Brett ... es ist gut zu pflügen, wenn der Acker gereinigt ist ... aber den Wald und die Stöcke roden und den Acker zu richten, da will niemand an ... man muß nicht nach den Buchstaben in der lateinischen Sprache fragen, wie man deutsch reden soll, sondern man muß die Mutter im Hause, die Kinder auf der Gasse, den gemeinen (= im Sinn von einfach) Mann auf dem Markt darum fragen und denselbigen auf das Maul schauen, wie sie reden, und danach dolmetschen. So verstehen sie es denn und merken, daß man deutsch mit ihnen redet«.

1534 ist seine Bibelübersetzung fertig. Der Wittenberger Drucker Hans Lufft verkauft in 40 Jahren 100.000 Exemplare; eine unwahrscheinlich hohe Auflage. Kurz danach erfolgen weitere Übersetzungen in Dänemark, Schweden und Holland. Luther verfaßt das evangelische Gesangbuch. Deshalb preist der Nürnberger Hans Sachs die »Wittenberger Nachtigall, die man jetzt überall höret«.

Hinzu gesellt sich eine Reform des Schulwesens. 1520 hat Luther die Forderung aufgestellt, daß die Heilige Schrift »in den höheren und niederen Schulen die vornehmste und gemeinste Lektüre« sein sollte. 1524 schreibt er an die Ratsherren aller Städte des deutschen Landes, daß sie Schulen aufrichten und halten sollen«.

»... meine Meinung ist, daß man die Knaben des Tages eine Stunde oder zwei lasse zur Schule gehen und die andere Zeit im Hause schaffen, Handwerk lernen und wozu man sie haben will. Ebenso kann ein Maidlein soviel Zeit haben, daß es des Tages eine Stunde zur Schule gehe und dennoch seines Geschäftes im Haus wohl warte. Es fehlt allein daran, daß man nicht Lust noch Ernst dazu hat, das

junge Volk zu ziehen ... die Obrigkeit ist schuldig, die Untertanen zu zwingen, ihre Kinder zur Schule zu halten, daß Prediger, Juristen, Pfarrherren, Schreiber und Ärzte und dergleichen bleiben; denn man kann derer nicht entbehren«. In rascher Folge entstehen zahlreiche Lateinschulen (Z. B. Melanchthongymnasium 1526 in Nürnberg und Hof).

Es stellt sich eine enorme Unkenntnis in religiösen Dingen heraus. Die Unwissenheit der Pfarrer ist unbeschreiblich. »... Hilf, lieber Gott. Wie manchen Jammer habe ich gesehen, daß der gemeine Mann doch so gar nichts weiß von der christlichen Lehre, sonderlich auf den Dörfern ... und leider viele Pfarrherren sehr ungeschickt und untüchtig sind zu lehren ... sie kennen weder das Vater Unser noch den Glauben noch die Zehn Gebote«.

Melanchthon schreibt: »... mein Herz blutet, wenn ich diesen Jammer sehe. Ich gehe oft beiseite und weine meinen Schmerz aus, wenn wir mit der Untersuchung eines Ortes fertig sind« (damit meint er die allgemeine Visitation des Kirchen- und Schulwesens im Kurfürstentum Sachsen). Folgerichtig verfaßt Luther kurze Zeit darauf den »kleinen« Kathechismus für Laien und den »großen« für Pfarrer und Lehrer.

An die Stelle der Bischöfe treten einzelne Landesherren als »Notbischöfe«. Dann werden landesherrliche Kirchenbehörden (= Konsistorien) eingerichtet. Ihnen unterstehen die Superintendenten, die wiederum die Pfarrer beaufsichtigen. Das »evangelische« Pfarramt tritt an die Stelle des »katholischen« Priestertums.

Politische Religionsbündnisse

Auf dem Nürnberger Reichstag 1522 erklären die Fürsten die Durchführung des Wormser Ediktes für unmöglich und fordern ein deutsches Konzil. Bayerische Herzöge und süddeutsche Bischöfe schließen sich (1524) zur Unterdrückung der Reformation zum »Regensburger Bündnis« zusammen, dem 1525 das »Dessauer Bündnis« als Zusammenschluß der norddeutschen katholischen Fürsten zur Seite tritt. Daraufhin tun sich die evangelisch gesinnten Fürsten, voran der sächsische Johann der Beständige, der Nachfolger von Friedrich d. Weisen, und der junge, politisch kluge und weitschauende Landgraf Philipp v. Hessen zum »Torgauer Bündnis« (1526) zusammen. Schon ein Jahr zuvor hat Albrecht v. Preußen und der Rat der Stadt Nürnberg nach einem Sieg der »Neugläubigen« die Reformation in Nürnberg eingeführt.

Ab 1526 wendet sich Karl V. »wieder« der deutschen Politik und den aufgestauten Religionswirren zu. Er geht daran, die Ketzerei in Deutschland zu unterdrücken, die keine ist. Er kann sich nicht durchsetzen. Nach dem Reichstagsabschied von Speyer (1526) entstehen zahlreiche evangelische Landeskirchen. In der Markgrafschaft Brandenburg-Ansbach hält die Reformation Einzug.

Der zweite Speyrer Reichstag (1529) scheint die evangelische Sache zu bedrohen. Die katholische Mehrheit des Reichstages, erbittert über die Ausbreitung der lutherischen Lehre, beschloß, daß die Messe in den evangelisch gewordenen Ländern wieder hergestellt werden soll und alle kirchlichen Neuerungen bis zu einem Konzil zu unterlassen sind. Gegen diesen ungünstigen Beschluß erheben die evangelischen Stände, sechs Fürsten und vierzehn Reichsstädte, am 19. April feierlich Einspruch. In Sachen der Religion könne man sich keinem Mehrheitsbeschluß unterwerfen, jeder müßte für sich selbst Gott Rechenschaft abgeben; seitdem nennt man die Anhänger der Reform(ation) = Protestanten. Dann soll das für 1529 anberaumte Religionsgespräch von Marburg Einigung in den Fragen des Glaubens herbeiführen; es kommt nicht zustande.

1530 kommt Karl V. von seinen spanischen Besitztümern zurück. Die religiöse Frage sollte auf dem nach Augsburg ausgeschriebenen Reichstag entschieden werden. Karl V. hat dem Papst eidlich zugesichert, die Ketzerei zu bekämpfen. Der kaiserlichen Forderung, daß den protestantischen Geistlichen das Predigen verboten werden sollte, verweigerten die Fürsten den Gehorsam, falls nicht auch den Gegnern das Predigen untersagt werden würde. Der Markgraf Georg von Brandenburg-Ansbach sagt dem Kaiser: »...er wolle lieber den Kopf verlieren als Gott und sein Evangelium verleugnen«.

Dann arbeitet Philipp Melanchthon das sog. »Augsburgische Bekenntnis« (= Confessio Augustana) in lateinischer und deutscher Sprache aus, das den Nachweis bezweckt, daß die Evangelischen im Punkt der christlichen Lehre **nicht** den Boden der katholischen Kirche verlassen haben.

Karl V. befiehlt den katholischen Theologen, vor allem Dr. Eck, die Konfession zu widerlegen. Nach Umarbeitungen kam eine Gegenschrift (= Confutatio) zustande. Damit war für den Kaiser die Sache abgetan. In Augsburg kommt ein strenger Reichstagsabschied zustande, nachdem die Evangelischen den Reichstag unter Protest verlassen haben. Die katholische Mehrheit erneuert das Wormser Edikt. Eine Vernichtung des Protestantismus scheint bevorzustehen. »... die feindselig- drohende Haltung des Kaisers gegen die Evangelischen bewirkt, daß sich diese 1531 zu einem Kriegsbündnis, dem »Schmalkaldischen Bund«, zunächst für sechs Jahre, zusammenfinden.

Sie verpflichten sich zur gemeinsamen Verteidigung gegen jeden, der einen von ihnen wegen ihres Glaubens angreifen würde. Dies bringt den Kaiser zum Einlenken und führt 1532 zum »Nürnberger Anstand« (= Waffenstillstand), in dem zum erstenmal - bis zum nächsten Konzil, den Evangelischen Duldung zugebilligt wird. Darum dringt im folgenden Jahrzehnt die evangelische Bewegung unaufhaltsam weiter. Im Norden halten sie die Mehrheit und um 1570 ist fast ganz Deutschland evangelisch. Das in Aussicht gestellte Konzil kommt nicht zustande.

Dennoch gelingt es den Katholischen, ihre Gegner in die Kiee zu zwingen. Der ehrgeizige Herzog Moritz von Sachsen tritt gegen das Versprechen der Kurwürde auf die Seite des Kaisers und handelt sich die Bezeichnung »Judas von Meißen« ein.

Der Kurfürst von Sachsen wird bei Mühlberg 1547 vom Kaiser überrascht und gefangengenommen. Der Landgraf von Hessen unterwirft sich freiwillig. Karl V. steht im Zenit seiner Macht und am Ziel seiner Wünsche. Luther ist bereits tot. Er ist kurz vor dem Ausbruch der Religionswirren verstorben (15. 2. 1546). Im tiefen Schmerz berichtet Melanchthon: »... ach, dahingegangen ist der Wagenlenker Israels, der die Kirche in diesem letzten Weltalter geleitet hat«.

Der Kaiser zwingt den Protestanten 1548 das Augsburger Interim auf. Nur Priesterehe und Laienkelch werden ihnen vorläufig gestattet. Gewaltsam führt man das Interim im Süden durch. Der Norden wehrt sich gegen seine Annahme, vor allem Magdeburg, »unseres Herrgotts Kanzlei«, das 1550 - 51 eine Belagerung über sich ergehen läßt.

Kurz danach wird der Augsburger Religionsfriede geschlossen. In ihm wird den »Verwandten der Augsburger Konfession«, also den Lutheranern, noch **nicht** den Reformierten, endgültig Religionsfreiheit zugesprochen. Es gilt der Grundsatz Cuius regio, eius religio (= der Landesherr bestimmt die Religion seines Landes) was einem neuen Willkürakt entspricht, denn keinesfalls bleibt es dem Individuum überassen, was es glauben darf (!); Andersdenkende sollten auswandern dürfen. Eine Einschränkung bedeutet der sog. »geistliche« Vorbehalt, nach dem geistliche Fürsten beim Übertritt zum evangelischen Bekenntnis ihr Gebiet verlieren sollten. Fortan ist das deutsche Volk in zwei Bekenntnisse gespalten.

Die albernen Sticheleien unter den Geistlichen gehen weiter. Bruder Cornelius Adriansen kommt 1549 nach Brügge in ein Franziskanerkloster und entwickelt sich zu einem geschätzten Prediger. Am 15. Dezember 1560 ereifert er sich, weil einige angesehene deutsch-protestantische Prediger und Anhänger der Augsburgischen Konfession nach Antwerpen gekommen waren: »... bah, ich möchte beinahe vor Zorn und Tollwut aus der Haut fahren ... da sind in Antwerpen nun wieder neue Verräter, Betrüger, neue Schelme und Bösewichte aus dem verdammten und verfluchten Deutschland angekommen und vermeinen, in den edlen Niederlanden

ihre Augsburgische Konfession einzuführen und fortzupflanzen. Seht doch, wie diese verfluchten die Religion verändern wollen«[7].

Unterschwellig geht die Auseinandersetzung um den »rechten« Glaube bis heute weiter, denn 1953 erklärt der Kurienkardinal Alfredo Ottaviani in Bezug auf die protestantischen Minderheiten in Italien und Spanien: »... in den Augen eines wahren Katholiken ist die sogenannte Duldsamkeit **nicht** am Platz«.

Reformatorische Bewegungen in der Schweiz

Neben der deutschen (= lutherischen) Reformation entsteht in der Schweiz eine vergleichbare Bewegung, sie ist ungleich schärfer und darum weniger erfolgreich. Die beiden Reformatoren der Schweiz sind Huldreich Zwingli und Johannes Calvin.

Huldreich Zwingli (1484 - 1531)

ist knapp zwei Monate jünger als Luther und wird am 1. Januar 1484 in dem Alpendorf Wildhaus des heutigen Kantons St. Gallen geboren. Der musikalisch Begabte kommt zehnjährig nach Basel zur Schule; daraufhin nach Bern, wo er in die griechischen und lateinischen Schriftsteller des Altertums eingeführt wird. Seine humanistische Ausbildung wird auf den Universitäten Wien und Basel vertieft. Die Gemeinde von Glarus wählt den 22-jährigen zum Pfarrer. Von hier aus zieht er mehrfach als Feldprediger für den Papst (gegen die Franzosen) in den Krieg. Immer deutlicher erkennt er die Notwendigkeit einer kirchlichen Reform.

Zehn Jahre später wird Zwingli Pfarrer im Wallfahrtsort Mariä Einsiedeln. Er wendet sich vor Tausenden von Zuhörern gegen den Aberglauben, die Wallfahrten und den Ablaßhandel, der in der Schweiz vor allem durch den Franziskaner Bernhard Samson betrieben wird. Ohne Scheu predigt Zwingli, daß die Vergebung der Sünden nicht von der Jungfrau Maria, sondern von Jesus Christus komme. Seit 1519 sehen wir ihn am Großmünster von Zürich als Leutpriester. Seine Tätigkeit beginnt mit fortlaufenden Predigten über das Matthäusevangelium. Von Zürich aus verbreitet sich die Reformation nach Basel, St. Gallen, Schaffhausen, Solothurn, Bern und weite Teile der deutschen Schweiz.

Zwingli kennt die lutherischen Aktivitäten und wird mit ihnen fortgerissen. Auf seine Anregung hin brechen einige Bürger die bestehenden Fastengebote und erregen dadurch Anstoß. Dann schreibt Zwingli die Schrift zur Rechtfertigung »Vom Erkiesen (= Erwählen) und Freiheit der Speisen, »... wer im Fasten und anderen äußeren Werken seine Gerechtigkeit sucht, zeigt Mangel am rechten Vertrauen zu Gott«. Bald darauf reihen sich zehn weitere schweizerische Geistliche um sie; sie richten an den zuständigen Bischof von Konstanz eine Schrift, er möge die Predigt des Evangeliums nicht hindern und die Priesterehe gestatten. Der Rat schließt sich seinen »67 Thesen« an; dies bedeutet den Sieg der Reformation in Zürich.

Im Herbst 1523 beginnt ein Vorstoß gegen die Bilder in den Kirchen und den Meßdienst. Nicht nur die Messen und Prozessionen werden beseitigt, die Reliquien und Heiligentage werden abgeschafft. Aus den Kirchen verschwinden die Kreuze und Bilder, Mauern werden übertüncht. Das Orgelspiel hört auf. Die Gottesdienste bestehen aus Gebet, Schriftlesung und Predigt. Beim Abendmahl gehen hölzerne Schüsseln mit ungesäuertem Brot von Hand zu Hand.

Der Rat der Stadt übernimmt das Kirchenregiment und sorgt für eine strenge Kirchenzucht. Karten- und Würfelspiele werden untersagt, die Wirtshäuser werden abends um 9 Uhr geschlossen. Das Tragen von Silber- und Goldschmuck, wie das von Samt, Seide und ausgeschnittenen Schuhen wird verboten. Unordentlicher Lebenswandel wird mit dem Verlust aller kirchlichen und bürgerlichen Rechte geahndet.

Die Klöster werden aufgehoben und diejenigen, die an Traditionen kleben, werden in die Ecke gestellt. Es ist klar, daß sich Zwingli dadurch Feinde schafft. Im April 1524 läßt er sich mit Anna Reinhard, einer Witwe, trauen, wie denn (auch) andere Priester, Mönche und Nonnen in den Ehestand treten.

Rasch verbreitet sich die Reformation in der Schweiz. Überall treten Gesinnungsgenossen auf und ziehen mehr oder weniger Mitläufer nach. In Basel predigt Johann Oekolampadius die »neue« Lehre. In St. Gallen verkündet Joh. Keßler das Evangelium. Zwinglis Idee ist wohl eine Vereinigung aller evangelischen Staaten gegen die katholisch-habsburgische Macht. Sie scheitert u. a. am Marburger Religionsgespräch von 1529, das keine Einigung in der Abendmahlslehre bringt.

Die am Vierwaldstätter See gelegenen Urkantone Schwyz, Uri, Unterwalden und (auch) Luzern beharren am »alten« Glauben und schließen mit Ferdinand von Österreich ein Bündnis zum Schutz des Katholizismus. Es kommt zu unnötigen Konflikten, z. B. indem 1531 die Evangelischen ihren Gegnern die unentbehrliche Lebensmittelzufuhr abschneiden. Diese überfallen am 31. Oktober 1531 die unvorbereiteten Züricher bei Kappel und hier erleiden sie eine vollständige Niederlage.

Zwingli ist dabei und wird durch einen Steinwurf zu Boden geworfen. Ein Söldner versetzt ihm den Todesstoß mit den Worten: »... so stirb, Du verstockter Ketzer«. Am Tag darauf wird seine Leiche geviertelt, verbrannt und in den Wind verstreut.

Ein glühender Idealist legte sein Leben auf die Schlachtbank des Glaubens. Dadurch wird die Reformation in dieser Region gestoppt, setzt sich aber in der französischen Schweiz unter Johann Calvin fort.

Johann Calvin (1509 - 1564)

wird am 10. Juli 1509 in Rouen (Nordfrankreich) geboren. Sein Vater ist bischöflicher Beamter. Calvin wird in einer adeligen Familie erzogen. Zunächst soll er Geistlicher werden, wendet sich aber dann mit großem Eifer dem Studium der Rechte zu. Er besucht die Universitäten von Paris, Orleans und Bourges. Mit 19 Jahren ist er Doktor.

Nach dem Tod des Vaters kehrt Calvin nach Paris zurück, um das Studium der Theologie fortzusetzen. In diesem Umfeld lernt er die Schriften Luthers kennen. Calvin sieht ein: »... ich war dem abergläubischen Wesen des Papsttums hartnäckig ergeben ... da hat Gott plötzlich meine Bekehrung erwirkt«. Nun setzt er sich offen für die »neue« religiöse Überzeugung ein.

Weil er in Frankreich Verfolgungen ausgesetzt ist, verläßt er sein Heimatland und wendet sich nach Basel. Hier veröffentlicht der 27-jährige 1536 ein Buch, das ihn in der protestantischen Welt berühmt macht. Es ist die »Instiutio religionis Christianae« (= Unterricht in der christlichen Religion). Er widmet es dem französischen König Franz I., der die Evangelischen seines Landes verfolgte, damit er erkennen kann, wie wenig gerechtfertigt seine Handlungen sind. In der Einteilung des Buches lehnt sich Calvin eng an Luthers kleinen Katechismus.

Calvin verfocht den Gedanke der unumschränkten Selbstherrlichkeit und Ehre Gottes. Aus dieser Auffassung - des uneingeschränkten göttlichen Machtwillens - ergibt sich Calvins Lehre von der Prädestination (= Vorbestimmung).

»Gott erbarmt sich, wessen er will, und wen er will, den verstockt er«. Welch kühne Behauptung! Das Bewußtsein, Gottes Auserwählte zu sein, erfüllte Calvin und seine Anhänger mit einem un-beugsamen Willen und Tatendrang. Sie werden von der eigenen Religion fanatisiert, denn sie schrecken ob ihrer Durchsetzung keinesfalls von der Anwendung der Folter zurück.

Eigentümlich an Calvins Anschauungen ist seine Abendmahlslehre. Zwinglis Auffassung scheint ihm zu profan ... Wie Luther lehrt Calvin die Gabe der Sündenvergebung im Sakrament: »... in ihm ist Christus, das Lebensbrot, welches die Seele zum ewigen Heil nährt«. Aber im Unterschied zu Luther läugnet er die Gegenwart Christi in den leiblichen Elementen. Wir haben sophistische Haarspaltereien und theologischen Intellektualismus vor uns, der die Gläubigen nicht interessiert, weil er überflüssig ist.

Calvin wird nach einem Aufenthalt am Hof der evangelisch erzogenen Herzogin Renate von Ferrara auf der Rückreise nach Genf vom dortigen Prediger Wilhelm Farel festgehalten; er will in Calvin eine Stütze haben. Er beginnt mit »biblischen« Vorträgen, drängt jedoch immer mehr auf eine Reform der Sitten- und Kirchenzucht.

Die Bürger Genfs müssen feierlich einen Eid auf das von ihm verfaßte Glaubensbekenntnis ablegen. Öffentlicher Tanz wird verboten und die Schauspielhäuser werden geschlossen. Wer zuhause heimlich Karten spielt und erwischt wird, wird öffentlich an den Pranger gestellt. Sittenlose sollten vom Abendmahl ausgeschlossen werden. Die Mehrzahl der Bürger widersetzt sich dem strengen Regiment: so erfolgt die Absetzung und Verbannung von Farel und Calvin. Calvin geht nach Straßburg. Als Abgesandter zu den Religionsgesprächen von Worms und Regensburg tritt er in eine dauernde Freundschaft mit Melanchthon. In Straßburg heiratet er im August 1540 die Witwe Idelette von Büren.

Calvin wird nach Genf zurückgerufen, um die dortigen Unruhen zu meistern (wir haben eine Wittenberg vergleichbare Situation vor uns). Er sagt: »... aber nur in der Überzeugung, daß ich um des Gewissens willen dazu verpflichtet sei, trat ich 1541 wieder als Hirte unter die Herde, freilich in großer Betrübnis, unter Tränen und mit großer Herzensangst«. Daraufhin errichtet er seine »Genfer Kirchenordnung« und somit einen »Gottesstaat á la miniature«. Vier Ämter werden eingerichtet.

Die Pfarrer, die Lehrer, die Ältesten und die Diakone. Dem aus Pfarrern und zwölf Ältesten gebildeten Konsistorium wird die Überwachung des sittlichen Lebens bis ins Detail (= Hausvisitationen) und der Kirchenzucht anvertraut. Mit harten Strafen schreitet man gegen Übertretungen ein.

Wer nicht zur Kirche geht, erhält eine Geldstrafe. Wer beim Abendmahl fehlt, muß öffentlich Buße tun, ebenso wer drei Tage krank im Bett liegt, ohne einen Geistlichen rufen zu lassen. Ehebruch wird mit einem eisernen Halsband und doppelter Ehebruch mit dem Tod bestraft. Ein Mädchen, das seine Mutter schlagen wollte, wird öffentlich gepeitscht und ausgewiesen. Kann dies der Sinn einer Religion sein? Calvin geht in der Vorstellung auf, Gottes Werkzeug zu sein. Ist er einer Illusion aufgesessen? Bald regt sich massiver Widerstand gegen sein Handeln. Er läßt regelmäßig die Folter anwenden und die Todesstrafe verhängen.

Auf der anderen Seite bleiben positive Folgen nicht aus. Im Großen und Ganzen bildet sich das Muster eines auf sittlich-religiösen Grundlagen errichteten Staatswesens. Calvins Einfluß reicht bald weit über Genf hinaus. Er bildet »evangelische« Missionare und schickt sie in deren Heimatländer; er führt einen ausgedehnten Schriftwechsel mit Fürsten und Staatsmännern, Predigern und Gemeinden. Seine besondere Fürsorge gilt der Entfaltung und Organisation der Hugenottenkirche in Frankreich. Calvins Lehre dringt in die Niederlande und nach England; später kommt sie nach Amerika.

In Ungarn, Siebenbürgen, Polen, Mähren und Böhmen findet der Calvinismus Anhänger. In Deutschland vor allem in der Pfalz. Bedeutungsvoll ist, daß Weihnachten 1613 der Kurfürst von Brandenburg zur reformierten Kirche übertritt.

Calvin setzt sich rast- und ruhelos für seine Aufgabe ein. Er stirbt am 27. Mai 1564, vermutlich an Überarbeitung. Er wird ohne Gepränge begraben; einen Denkstein lehnt er ab.

Hugenotten

In Frankreich verbinden sich 1559 während einer in Paris abgehaltenen Synode die Hugenotten zu einem calvinistischen Bekenntnis mit einer repräsentativen Verfassung, die die Selbständigkeit der Gemeinden und die Einheit der Kirche betont.

Zu ihnen gehören führende Männer, darunter der Admiral Coligny. Nachdem der Humanist Theodor Beza 1561 vor den versammelten Mitgliedern des französischen Hofes in Poissy in einer Besprechung über die verschiedenen Bekenntnisse des »neuen« Glaubens gegen den Prälaten

Frankreichs ergreifend verteidigt hat, wird den Hugenotten im Januar 1562 das Recht des öffentlichen Gottesdienstes zugestanden.

Und doch setzen in Frankreich blutige Verfolgungen ein. Sie richten sich im wesentlichen gegen die Hugenotten. Als man im August 1572 in Paris die Vermählung der Schwester des Königs Karl IX. feiert, werden die zur Teilnahme an den Feierlichkeiten geladenen Führer der Hugenotten in der Nacht zum Sonntag, den 24. August (= Bartholomäusnacht) überfallen und umgebracht. Das Gemetzel zieht sich über Frankreich fort. Drei Tage und Nächte tötet man Andersdenkende zum Ruhm des christlichen Gottes. 4.000 fallen durch das Schwert; mehr als 25.000 Menschen werden sinnlos getötet. Bemerkenswert ist die Reaktion über das Gemetzel im Vatikan.

Als die Nachricht Gregor XIII. erreicht, läßt er zur Feier der Feinde Christi in der Peterskirche ein feierliches Tedeum singen. Gregorio Vasari wird beauftragt, ein riesiges Gemälde für den Vatikan anzufertigen, als »Denkmal« der gerächten Religion und als Siegeszeichen für die zu Boden geschlagene Ketzerei. Der Papst läßt wissen: »... dieser reichliche Aderlaß schlechten Blutes wäre der Gesundung des erkrankten Königreiches heilsam«. Um die Ermordung Colignys zu vertuschen, wird die Lüge verbreitet, die Hugenotten hätten einen Anschlag auf den frnzösischen König im Sinn gehabt. Im Vatikan erscheint eine Denkmünze, auf der ein göttlicher Engel mit dem Schwert gegen einen angeblichen Ketzer kämpft. Als der Papst die Nachricht vom überwältigenden Erfolg der Bluthochzeit erreicht, »war seine Heiligkeit höchst befriedigt und voll Freude über die Verlesung dieser Nachricht«. Er spricht den Wunsch aus, man möge doch ganz Frankreich von der hugenottischen Pest säubern. Anfang 1572 läßt er den französischen König durch seine Legaten mahnen: »... daß er versprochen habe, binnen kurzer Zeit werde es keinen einzigen Hugenotten mehr in Frankreich geben«[11].

Opfer der Glaubenspolitik

?   Der Karmelitermönch Peter Recordi wird durch die Inquisitoren Heinrich von Chambray und Peter Bruni verurteilt. »...er habe verschiedene Wachsbilder angefertigt und dabei unter Beschwörungen den Teufel angerufen. Die Wachsbilder habe er mit Giftstoffen und Krötenblut vermischt, nächst dem Teufel geopfert, indem er sie in der Bauchgegend mit Blut und Speichel besprengte und sie unter die Schwellen der Häuser gelegt, in denen Frauen wohnten, mit denen er in geschlechtlichen Verkehr habe treten wollen. Er habe dieses Mittel erfolgreich benutzt. Er wird zu ewigem Kerker bei Wasser und Brot und mit eisernen Arm- und Beinfesseln begnadigt.

1323   In Paris wird ein Priester verbrannt, der, in der Absicht, einen Schatz zu heben, eine Katze mit Weihwasser und Charisma gefüttert hat, um sie dann zu töten und aus ihrem Fell Riemen zu schneiden, die dazu bestimmt waren, zu einem Zauberkreis verbunden zu werden. Der Teufel soll ihm gesagt haben, daß er damit den Fundort des Schatzes erkenne.

1415   (6. Juli) Johannes Hus wird in Konstanz verbrannt.

1416   Hieronimus von Prag stirbt auf einem Scheiterhaufen.

1418   Die Gebeine von Wiclef werden - 30 Jahre nach seinem Tod - ausgegraben und verbrannt.

        Thomas Münzer wird im Umfeld der - ? Robhelm hingerichtet.

1431   (30. Mai). Jeanne d'Arc (= Jungfrau v.Orleans) wird von einem geistlichen Gericht, an deren Spitze der Bischof v.Beauvais und der vom Papst eingesetzte Inquisitor stehen, zum Tod auf einem Scheiterhaufen verurteilt[8].

1453   Der Benediktiner Prior von St.Germaine en Laye, ein Mönch aus Poitiers, predigt, daß die satanischen Versammlungen Hirngespinste sind. Dafür wird er zu »ewigem« Gefängnis verurteilt. »...weil sich ergeben, daß er selbst mit den Teufeln ein Bündnis geschlossen (hat)... wodurch (er) viele Richter zur Milde bewogen und (darum) das Unwesen so überhand genommen«.

1460   (um) Johann Ruchrat aus Oberwesel, ein bekannter Theologe, wettert wie Luther gegen den Ablaßhandel. Veranlassung ist vermutlich das Jubeljahr 1450. Die Kirche verbrennt seine Schriften und er wird zu einer lebenslänglichen Haft im Mainzer Augustinerkloster begnadigt(!). Er stirbt 1481, einige Jahre vor dem Erscheinen des Hexenhammers.

1498   (23. Mai) der Dominikaner Girolamo Savonarola, der sich für eine Reformation der Kirche einsetzt, wird mit dem Bann belegt und bald danach den rächenden Flammen des Christentums übergeben.

1523   Auf dem Marktplatz von Brüssel werden die beiden ersten protestantischen Märtyrer, die ehemaligen Augustinermönche Heinrich Voes und Johann Esch, verbrannt.

1527   (7. Februar). Georg Wagner, genannt Carpentarius, wird im Münchener Falkenturm eingekerkert. Er hat bestritten, daß ein Mensch Sünden vergeben kann. Kurz danach wird er als »evangelischer« Glaubenszeuge auf einem Scheiterhaufen verbrannt.

1527   (11. Juli). Leonhard Kaiser, ein Pfarrer aus Raab (Nähe von Passau) bekennt sich zum Protestantismus. Im Sommer 1524 wird er vom Passauer Bischof vorgeladen und in ein Gefängnis gesteckt. Später wird er wegen seines Glaubens zum Tod verurteilt und dem weltlichen Arm übergeben.

1531   (31.10.) Huldreich Zwingli wird erschlagen und verbrannt.

?   Matthias Weibel, der »Reformator des Allgäus« wird von Glaubensfanatikern an einer Buche aufgehängt. Er verkündet als Pfarrer von St. Lorenz (Kempten)-ohne äußeren Bruch mit der Kirche die reine Lehre des Evangeliums. Er greift den Ablaß und die Pracht des Papsttums wie der Geistlichen an.

1542-   In Genf finden 57 Hinrichtungen statt. Der Arzt Bolsec, der Calvins Prädestina-
1546   tionslehre angegriffen hat, wird verbrannt. Der spanische Arzt Michael Servet, der die Dreieinigkeitslehre mit Spott bekämpft, wird auf Calvins Befehl verhaftet und wegen Gotteslästerung verbrannt.

1550   (um) Bernhardino Ochio (4187-1565), ursprünglich Generalvikar der Kapuziner, tritt mit seinen »30 Dialogen« für die bedingungslose Freiheit der religiösen Überzeugung ein. Er gerät als Volksprediger in die Hände von Inquisitoren. Jesuiten ergreifen ihn in Augsburg und drohen ihm die Auslieferung nach Rom an. Er kann fliehen und so entsteht unter der Bezeichnung der »Sozianer«[9] für nahezu 2oo Jahre in Deutschland eine Pflegestätte des liberalen Geistes[10].

1619   In Toulouse wird der Italiener Vanini des Atheismus angeklagt. Man reißt ihm die Zunge aus dem Hals und läßt ihn von weltichen Schergen verbrennen.

1631   (9. Dezember) Liborius Wagner soll unter der Amtszeit des Würzburger Bischofs Hatzfeld zum Protestantismus bewegt werden. Er stirbt den unnötigen Glaubenstod mit den Worten ». . . ich lebe, leide und sterbe päpstlich-katholisch«. Ein solcher Tod lohnt sich nicht!

1685   Der Erzbischof Maximilian zwingt mehr als 1.000 evangelische »Salzburger«, die nicht katholisch werden wollen, auszuwandern, sowie ihr Eigentum und ihre Kinder zurückzulassen.

1830   (um) der katholische Philosoph Rosmini (1797-1855) »...ein Priester, der sich durch Frömmigkeit und Geist auszeichnete, war gerade im Begriff, Kardinal zu werden. Da veröffentlichte er zwei kleine Werke, in denen er mit Fakten die Mißstände in den führenden Kreisen des Klerus anprangerte. Daraufhin wird er per Dekret (30. Mai 1849) verurteilt. Seine Bücher gelangen auf den Index. Die Verurteilung Rosminis und das gegen ihn verhängte Scherbengericht sind durch das gleiche Motiv bedingt: Angst vor Wahrheit und Wirklichkeit.

1918/19 Dem estländischen Pastor Hesse wird ein Schreiben vorgelegt; er soll unterschreiben, daß alles, was er gepredigt hat, gelogen sei. Er zerreißt das Papier und wirft es vor die Füße der Richter. Dann wird er geblendet, zu einem Fluß geführt und erschossen.

Unabhängig- englische Kirche

In England kommt es zu einem weiteren Bruch mit dem Papsttum. Heinrich VIII. verlangt vom Papst die Zustimmung zur Scheidung von seiner Frau, die er ihm zu verweigern sucht. Dann heiratet er Anna Boylen. Der Papst belegt ihn mit dem Bann. Jetzt sagt sich Heinrich VIII. vom Papsttum los, läßt die Kirchen und Klostergüter einziehen und gründet mit Zustimmung des Parlamentes und des Erzbischofs von Canterbury eine unabhängige englische Kirche, als dessen Oberhaupt er sich anerkennen läßt.

Doch in England leitet nach dem Tod des nur zehnjährigen Königs Edward VI. dessen streng katholisch erzogene Schwester Mary, die mit dem bigotten Phillip II. von Spanien verheiratet war, während der Jahre 1553 - 1558 eine völlige Reaktion ein. Sie erneuert die kirchliche Oberhohheit des Papstes. Sie läßt Massenhinrichtungen der reformierten Bürger veranstalten. Unter ihnen befindet sich Cranmer, der Erzbischof von Canterbury, der 1556 einem Scheiterhaufen überstellt wird. Der »bloody Mary« folgt 1558 ihre Schwester Elisabeth, unter der die Reformation (wieder) zum Zuge kommt. Hier kommt es zu einigen Komplikationen.

Mordanschlag Pius V. auf die englische Königin

Pius V. ein inzwischen kanonisierter Heiliger, hat durch die Bulle »Regnans ex exelsis« per 25. Februar 1570 die englische Königin wegen angeblicher Ketzerei abgesetzt. Ihr Nachfolger, Jacob I. sagt später dazu: »... wieviele Machinationen und Nachstellungen sind gegen das Leben der verstorbenen Königin gemacht worden, und zwar von Meuchelmördern, die dazu von ihren Beichtvätern im Auftrag des Papstes veranlaßt waren«. Was verbirgt sich dahinter?

Der päpstliche Legat Ridolfi wird mit Aufträgen des Papstes an Philipp II. von Spanien geschickt. Herzog Alba sagt in diesem Zusammenhang in einem Schreiben vom 7. Mai 1571: »... daß Elisabeth eines natürlichen oder anderen Todes sterben werde« und in einem weiteren Brief vom 14. Juli 1571 an Alba spricht er offen aus: »... Ridolfi habe ihm Briefe und Instruktionen des Papstes übergeben und Mitteilungen gemacht über die Einzelheiten der Verschwörung. Der günstigste Zeitpunkt wäre, wenn die Königin London verlasse, um auf das Land zu gehen. Diese Gelegenheit könnte man dazu nutzen, eine Person zu bestimmen, die sie tötet. Der hl. Vater habe dem König geschrieben und ihm durch Erzbischof von Rossano sagen lassen: »... daß er die Sache als sehr wichtig für den Dienst Gottes ansehe und ihn ermahne, ihn zu unterstützen. Das Ziel wäre, die Königin zu töten oder wenigstens gefangenzunehmen. Der Papst habe vorgeschlagen, daß dieses Unternehmen in seinem Namen erfolgen solle[12].

Zudem hat sich der Schriftwechsel zwischen dem päpstlichen Nuntius in Paris, Castelli und dem Kardinalsekretär, Kardinal Como, erhalten. Castelli schreibt am 2. Mai 1583: »... der Herzog von Mayenne habe ihm mitgeteilt, daß sie den Plan gefaßt haben, die Königin von England durch die Hand eines Katholiken ermorden zu lassen. Sie sind übereingekommen, ihm oder seinen Söhnen 100.000 Francs dafür zu zahlen. Der Papst wird froh sein, wenn Gott in irgendeiner Weise seine Feindin straft«.

Der Kardinalsekretär antwortete am 23. Mai: »... da seine Heiligkeit es nur billigen kann, daß dieses Königreich von der Unterdrückung befreit und Gott und seiner heiligen Religion zurückgegeben wird, so erklärt seine Heiligkeit, daß, wenn die Sache zur Ausführung kommt, die 80.000 Kronen ohne Zweifel gut angelegt sind«[13].

Man kommt der von Jesuiten inszenierten Verschwörung auf die Schliche, deren Ziel es war, die streng katholische Maria Stuart auf den Thron zu setzen. Folgerichtig läßt Elisabeth von England die damalige Königin von Schottland am 8. Februar 1587 enthaupten.

In England entstehen einige religiöse Sekten. Unter ihnen die Puritaner und Independenten. Oliver Chromwell, ein starker Führer der Puritaner, scheut sich nicht, den Nachfolger der Königin Elisabeth, der dem Katholizismus ergebene Stuart Charles I. wegen Hochverrats und der Anstiftung zum Bürgerkrieg anzuklagen, was am 29. Januar 1649 zu seiner Enthauptung führt. Als nach dem Tod Chromwells die katholischen Stuarts (wieder) an die Macht gelangen, werden die Puritaner und Intepenten scharf unterdrückt, ja zur Auswanderung nach den Niederlanden und Nordamerika gezwungen. Zur religiösen Ruhe gelangt England erst, als die Stuarts vertrieben werden und 1689 William von Oranien, damals der mächtigste protestantische Fürst auf den englischen Thron gerufen wird.

Auch die Niederlande zeigen damals Glaubenskämpfe. Kaiser Karl V. überträgt seinem Sohn Philipp (seit 1544 Mann der »bloody Mary«) das Königreich Spanien und die Niederlande. Philipp II. beauftragt in den Niederlanden den Henkersknecht Herzog Alba. Er läßt innerhalb von sechs Jahren in den niederländischen Provinzen Seeland und Friesland mehr als 18.000 Menschen hinrichten. Die standhaften Niederländer kämpfen 80 Jahre, bis ihnen am 24. Oktober 1648 der Westfälische Friede die Unabhängigkeit bringt.

In Schottland wird die Reformation im calvinistischen Sinn durch John Knox herbeigeführt. In Schweden durch den im Jahr 1521 zum König ausgerufenen Gustav Wasa.

Cranach d. J.: Gegenüberstellung der rechten und der falschen Kirche. Um 1550. Holzschnitt.

Rechts: Viele kirchenrechtliche Bestimmungen waren in Dekretalschreiben enthalten, Antwort-
briefen der Päpste auf spezielle Fragen, meist von Bischöfen. 1230 ordnete Gregor IX. (1227 - 1241)
an, daß das ganze Gesetzeswerk in logischer Ordnung neu gefaßt werden sollte. Raphaels Fresko
im Vatikan zeigt, wie der Papst das vollendete Buch einem Kirchenjuristen übergibt.

Blinde Intelligenz ... der »schwarze« Papst und die Jesuiten[(1)]

Jünger der Finsternis

»... Entstehung, Aufstieg, Blüte, Verfall, Zusammenbruch und erneute Aktivierung des Jesuitismus, sind eines der interessantesten Schauspiele, die die abendländische Kirche zu bieten hat. Und doch ist eine allseits gerechte Beurteilung der Gesellschaft Jesu[(3)] schwierig, denn die um sie gesponnenen Schauermärchen, Fabeln und/oder Hymnen dürfen nicht überbewertet werden. Dies betrifft (auch) ihr Agieren im Umfeld des Hexenwütens und vor allem deren moralische wie politische Aktivitäten.

Der Jesuitenpater Jacob Grätzer sagt: »... was (die) Lehre der Jesuiten ist, kann nicht aus unklarem Geschwätz, sondern nur aus ihren eigenen Büchern, die durch Gottes Gnade bereits in großer Zahl vorhanden sind, beurteilt werden«[(4)].

Es bleibt eine schmerzhafte Ironie der Weltgeschichte, daß sich jeder katholische Priester, der seinen Namen mit dem Zusatz »Societas Jesu« zu schmücken keine Bedenken trägt, zu einer Tradition und Moral bekennt, die das Verbrechen entschuldigt[(5)].

»... am 15. August 1543 als religiöse Studentenverbindung auf dem Montmatre (Paris) gegründet, trat die »Kompagnie Jesu« in der zweiten Hälfte des 16. Jh. einen Eroberungs- und Siegeszug durch Europa, ja über die ganze Welt an, wie er glänzender und großartiger nicht gedacht werden kann. Durch seine Beichtväter beherrschte der Orden um die Wende zum 17. Jh. die katholischen Fürsten Europas und damit deren Politik. Durch zahllose Schulgründungen, die Überflutung der Universitäten und Lehranstalten mit jesuitisch gesinnten Professoren, sicherte er sich die Vormachtstellung im geistigen Leben der Völker. Seine Missionstätigkeit in Ost und West trug die jesuitischen Ideen in die fernsten Erdteile...

... der märchenhafte Reichtum, den die Gesellschaft im Lauf der Zeiten angenommen hatte, setzte sie in die Lage, dem Willen ihres Generals Geltung zu verschaffen. So entstand eine Weltmacht, übervölkisch wie die Kirche, nur einheitlicher, beweglicher und schlagkräftiger ... eine Macht, die ihren Einfluß in Indien, China, Japan und Südamerika so wie in den europäischen Kulturstaaten ausübte. Die kleine - doch agile - Gemeinschaft hat in einem kurzen Zeitraum mehr bewegt wie der fossile Koloß der römisch-katholischen Kirche in Jahrhunderten ... der jesuitische Gehorsam und deren Disziplin bilden ein festes Bollwerk gegen Andersgläubige, ... sie stellen ihnen eine schlagkräftige Armee gegenüber[(6)]...

... bis die französischen Königsmörder um 1600 die öffentliche Aufmerksamkeit auf die Geheimtätigkeit der jesuitischen Politik richteten, nachdem der spanische Jesuit Mariana 1599 in seinem Buch »Der König« gelehrt hatte, der Fürst dürfe wegen Tyrannei abgesetzt und getötet werden, falls er sich eine Verletzung der Interessen des katholischen Glaubens zuschulden kommen läßt, und bis der Jansenist[(7)] Pascal[(8)] in seinen »Lettres provinciales« (1656) die zweideutige Theologie und Moral dem Gespött und der Verachtung der Gebildeten preisgab ... und die beginnende Aufklärung die mittelalterliche Seelenhaltung, aus der die jesuitische Ideologie geflossen war, von Grund aus umwandelte ...

... um 1600 ist der Orden in allen katholischen Ländern vertreten. Um 1710 fühlen sich etwa 20.000 Anhänger dem Jesuitismus verpflichtet. 1968 zählt der Orden 35.573 Mitglieder. Sie leben in 63 Provinzen. Darunter 3 deutsche mit 983 Mitgliedern in Deutschland und 254 im Ausland, 26 Vizeprovinzen und 25 Missionsgebieten. In der Mission sind etwa 7.500 Jesuiten beschäftigt; wir haben die größte katholische Missionsgesellschaft vor uns. Heute unterhalten die Jesuiten etwa 100 kirchliche Hochschulen, 60 Universitäten wie zahlreiche Gymnasien. Daraus wird ihre intelektuelle Stoßrichtung erkennbar.

Ausbildungsstufen der Jesuiten

- Kandidatur

- Noviziat: zweijährig, schließt mit der Ablegung ewiger Gelübde ab. Es gibt Brüder- und Scholastikernovizen, je nachdem, ob der Weg zum Laienbruder oder Priester bestritten wird.

- Philosophiestudium: zwei bis drei Jahre.

- Interstiz: ein- bis dreijähriges Praktikum.

- Theologiestudium: vier Jahre, Priesterweihe nach dem 3. Jahr.

- Weitere Studien: je nach dem Ausbildungsziel, vier bis mehr Jahre.

- Dritte Probation (Terziat):Abschließende geistliche Ausbildungszeit.

- Letzte Gelübde: Als Profese oder Coadjutor spiritualis; je nach Studienerfolg.

Der Erfolg ihrer Arbeit bringt sie in zahlreiche inner- wie außerkirchliche Konflikte. Allein der Terminus »Schwarzer« Papst für den jeweils auf Lebenszeit gewählten Ordensgeneral macht deutlich, daß sich die Jesuiten zu Drahtziehern des Vatikans aufspielen, bzw. daß schwache Päpste ihren Wünschen entsprochen haben; die Jesuiten ringen dem Papsttum schrittweise Präreferenzen ab:

- Am 27.Oktober 1540 bestätigt Paul III. den Orden mit der Anmerkung, daß die Zahl seiner Mitglieder nicht über 60 hinausgehen soll.

- Am 14.März 1543 gestattet er ihnen, so viel Mitglieder aufzunehmen, »... wie es dem General richtig erscheine«.

- Am 3. Juni 1545 gibt er dem Orden die Bestätigung, überall zu predigen, zu lehren, die Beichte zu hören und vor allen Sünden, selbst den sonst dem hl. Vater vorbehaltenen Fällen, loszusprechen[9].

- Durch eine päpstliche Bulle vom 31.Juni 1548 bestätigt Paul III. die uneingeschränkte Gewalt des Ordensgenerals.[10]

Ohne Zweifel ist die Gesellschaft Jesu das bedeutendste Instrument des Vatikans zur Durchsetzung seiner politischen Interessen[11]. Das grundsätzliche Ziel der Jesuiten ist die Ausbreitung und Festigung des katholischen Glaubens; vor allem die zweite Hälfte des 16.Jh. vermag es zu dokumentieren. Papst Gregor XIV. hat in einer Bulle von 1591 den Vorzug des Ordens als eines trefflichen Werkzeuges anerkannt[12].

Der Orden konnte von seiner Bestimmung her nicht auf dem halben Weg nach der Frage der päpstlichen Unfehlbarkeit stehen bleiben, denn er sieht seine Aufgabe in der passiven Hingabe der Intelligenz. Das Opfer seines eigenen Verstandes ist das edelste, Gott wohlgefälligste Opfer, daß gemäß der Ordenslehre ein Christ erbringen kann; noch mehr ein Jesuit[13]. Ein solches Opfer ist unmenschlich, weltfremd und bedeutet eine geistige Folter, denn die Aufgabe des Verstandes ob einer zwielichtigen Theorie ist menschenunwürdig.

Jesuitische Stimmen verdeutlichen die Haltung: »... es wäre herrlich für die Kirche, wenn alle Bistümer von umserem Orden besetzt wären, ja selbst der apostolische Stuhl in seiner Gewalt stände, besonders wenn der

**Johann Christoph Friedrich v. Schiller (1759-1805). Historiker und Dichter. Seit 1794 bahnte sich seine Freundschaft zu Goethe an.
Für Schiller ist der christliche Gott »... eine aus vielen gebrechlichen und schiefen Vorstellungen zusammengeflossene Mißgeburt«.**

Papst weltlicher Fürst aller Güter würde ... es ist keine Hoffnung, es soweit zu bringen ... so suche man nach der Zeit und Umständen, die politische Lage der Staaten zu ändern und die Fürsten zu gegenseitig ungünstigen Kriegen anzureizen, damit unsere Gesellschaft überall angefleht ... und mit Wohltaten und Würden überhäuft wird«[14].

»... der Könige und Fürsten Gunst und Zutrauen durch uns zu verschaffen, sei das Hauptwerk unserer Bemühungen, damit niemand wage, wider uns aufzutreten, sondern daß vielmehr alle von uns abhängen müssen«[15].

In den »secretis monitis«, einer Schrift zum geheimen Gebrauch der Jesuiten, heißt es unter der Überschrift: »Wie es anzufangen sei, um die Gunst der Fürsten zu erlangen«: »... darauf sei eine große Mühe zu verwenden. Wenn die Regenten nach verbotenen Heiraten gelüsten, sind sie dazu aufzumuntern und es sind ihnen die Gründe darzulegen, die ihre Begierden steigern. Wenn beispielsweise ein Fürst eine Ehe eingehen oder einen Krieg beginnen will, so ist sein Tun zu loben und sein Willen zu unterstützen. Die Großen des Reiches müssen überredet werden, den Fürsten zu willfahren ... durch Geschenke sind ihre Vertrauten zu verpflichten ... damit sie getreulich die Unsrigen über die Sitten und Launen (der Fürsten) unterrichten. Wenn sie unvermählt bleiben, sind ihnen Prinzessinnen vorzuschlagen, die unserem Orden zugetan sind«[16].

Stets vertreten sie die Interessen der Glaubensmutter und sagen: »... objektiv ist unter allen Kirchen die katholische allein daseinsberechtigt«[17]. Oder: »... zweifellos betrachtet die katholische Kirche alle Religionsgemeinschaften der Ungläubigen und alle nichtkatholischen Sekten als illegitim und bar jeder Daseinsberechtigung. Die gültig getauften Mitglieder der nichtkatholischen christlichen Sekten sind formelle Rebellen der Kirche, wenn sie hartnäckig in ihren Irrtümern verharren«[18].

Man bezeichnet die Jesuiten als: »... geschickte Schmeichler der Schwäche anderer, aber unbeugsam in ihrem Innern. Sie tragen eine große, vornehme Gedankenfülle und nachsichtige Toleranz zur Schau. Aber in Wirklichkeit sind sie nicht so .. sie geben nicht nach. Der größte Teil von ihnen glaubt, durch ihr Verhalten zum Sieg Christi beizutragen. Der Orden hat einen entscheidenden Einfluß auf die führenden Klassen der westlichen Gesellschaft«[19].

»... die Jesuiten führen einen nie endenden Kampf gegen die geistige Freiheit die sie selbst nicht beanspruchen. Der Jesuit war Gelehrter, Staatsmann, Krieger, Künstler, Erzieher und Kaufmann. Er verstand sich mit den Königen und Fürsten, um schon Morgen mit einem Dolch auf sie loszugehen. Er brachte das Gewissen der Herrscher zum Schweigen, die mit der Tochter Blutschande getrieben, wie für vornehme Damen, die mit dem Diener Ehebruch begangen und ihre Stiefkinder vergiftet hat. Er weiß für alle Trost, Mittel, Wege und Rat. Er führt an der einen Hand Dirnen an das Lager der prinzlichen Zöglinge, während er mit der anderen die Drähte einer geheimnisvollen Maschinerie die Staatsgeschäfte leitete ... er bewegte sich sicher auf dem Parkett der Paläste und atmete gleichzeitig die Luft der Lazarette ein ... er war Engel und Teufel zugleich, wie es der Zeitgeist erforderte ... er war überall zuhause, denn sein Vaterland war der Orden.

Die Jesuiten lehren: »... der moderne Staat ist atheistisch, antichristlich und unsittlich, er protegiert alle Laster. Nie und nimmer werden die Jesuiten aufhören, ihn in Wort, Schrift, Lehre und Geist zu bekämpfen«[21]. Oder: »... Toleranz ... ein schönes Wort für oberflächliche Leute ... sooft dieses Wort angewendet wird, erweckt es in mir einen unsäglichen Widerwillen, es packt mich wie eiskalt am Herzen. Es muß geheimen Haß und tückischen Groll in sich bergen. Die Erfahrung zeigt es (auch). Fort mit der Toleranz. Du aber, göttliche Charitas, weiche nie aus unserer Mitte«[21].

Der große Einfluß ihrer Tätigkeit, die in Westeuropa zunächst die Durchführung der Gegenreformation und eine damit verbundene Stärkung des Katholizismus bedeutet, bringt den Orden in Konflikte. Im jesuiti-

schen Lager lassen sich zahlreiche staats-
feindliche Ideen, Intrigen, politisch gefärbte
Morde und Verleumdungen großen Stils
nachweisen[23]. Nie hat die Menschheit ein
gefährlicheres Instrument geschaffen, als den
Jesuitismus[24].

Daraus erwächst eine Gegenbewegung seitens der weltlichen Herrscher mit dem Ziel
der Eingrenzung des jeuitischen Wollens. Bei
ihrer Beurteilung ist ein negativer Touch unüberhörbar. Dazu einige Beispiele:

»... möge der Himmel geben, daß der abscheuliche Jesuitenorden in jeglicher Gestalt
vom Erdball verschwinde[25] ... sie schleichen
wie lichtscheue Vögel im Finstern herum und
verstreuen als marianische Brüder Gift ... sie
bringen eine gräßliche Verheerung über die
Menschen; es sind Heuchler, denen Egoismus der höchste Nutzen ist[25] ... sie sind
Feinde der Fürsten und Völker ... zernagen
den Wohlstand und verderben die Jugend[26]
... sie verführen Frauen und Mädchen, schänden Knaben ... es sind Menschen ohne Gesetz
und Moral[27] ... ihre Religion ist eine Larve,
denn sie heischen nur nach ihrem Vorteil[28]
... 100 Folianten reichen nicht hin, um ihre
Schändlichkeiten zu erfassen[29] ... es sind
Jünger der Finsternis[30].

Nahezu alle bedeutenden Orden der römisch-katholischen Kirche sind - wie sie
selbst - diesen Weg gegangen und haben dokumentiert, daß ihnen das angeblich von Jesus Christus vorgegebene Evangelium Mittel
zum Zweck ist. Es wird innerhalb ihrer eigenen Reihen erkannt.

Ein Spanier, der Jeuit und Bischof Hieronymus Bapstista de la Ruz erinnert sich an
die Prophezeiung der hl. Hildegard, derzufolge ein heuchlerischer Bettelorden kommen
würde, der den Armen Almosen entzieht,
sich in Schmeichelei, Verleumdung und
Mord nach oben schwingt ... dessen Mitglieder Weiber verführen und Zwietracht säen«.
Er sagt: »... es sei durch die Jesuiten in Erfüllung gegangen[31].

1583 melden sie Papst Sixtus: »... die Bosheit und Verwegenheit einiger Ordensmitglieder gehe so weit, daß sie die Verfassung
des hl. Ignaz verachten[32]. Der Spanier Franz

v. Borgia, 3.Ordensgeneral, gelangt zu der
Feststellung: »... es wird eine Zeit kommen,
wo der Orden die Grenzen seines Stolzes und
Ehrgeizes überschreitet und nur noch nach
Schätzen heischt[33].

Verbannungswellen

Seit der Gründung des Ordens sind die
Klagen über die jesuitischen Ränke unüberhörbar. Der preußische König Friedrich d.G.
hat sie verachtet[34] und die Tochter von König Adolph, Christina v. Schweden, sagt: »...
ihr Bigottismus führt alle ins Verderben«[35].
Schon 1570 schleudert Pius V. eine Bannbule
gegen die Königin Elisabeth v. England, in
der sie als Abtrünnige und faules Glied bezeichnet wird, das vom Körper der christlichen Kirche abgehauen werden müsse[36]. Sie
erläßt unter dem 15.November 1602 ein
Edikt, in dem gesagt wird: »... daß die Jesuiten eine Verschwörung (sog. = Pulververschwörung) gegen sie inszeniert haben.

Joseph II. der deutsche Kaiser, schreibt an
den Erzbischof Rubertus v. Salzburg: »... die
Jesuiten sind die gefährlichsten und unnützesten Untertanen im Staat, da sie sich der
Beoachtung der königlichen Gesetze zu entziehen suchen«[37]. Der Bischof von Nanking
teilt Benedikt XIV. mit: »... daß sich die jesuitischen Missionare im Beichtstuhl und vor
der Messe fleischlich mit Mädchen einlassen«[38].

Die deutschen Stände wenden sich bereits
1599 mit einer Bittschrift an den Kaiser, in
der sie herausstellen: »... die Jesuiten sind
schändliche Leute, die sich unter dem Deckmantel der Religion zu bereichern suchen«[39]. Kaiserin Maria Theresia stimmt
der Aufhebung des Ordens zu, hat es jedoch
später bereut. Vermutlich hätte ihre Weige-
rung angesichts der Konstellation der Mächte
und Charaktere der Verantwortlichen, vor allem des Papstes, das Schicksal des Ordens
nicht mehr aufzuhalten vermocht.

Tatsache ist, daß die Beschuldigungen gegen die Gesamtheit der Jesuiten Spaniens,
Portugals und der Kolonien übertrieben sind.
In Frankreich wurden die bedenklichen Han-
delsgeschäfte der Jesuiten Antoine Lavaletta

und Martinique Anlaß zu Verfolgungen. Begreiflich war der Feindschaft anderer Orden gegen die sich an ihr Schulmonopol klammernden Jesuiten ... auch haben sie als Beichtväter an den Höfen von Paris, Madrid und Lissabon verhängnisvolle Rollen gespielt, doch in der Regel zum Nutzen der Monarchen, die sie einst gerufen haben, um sie nun zu verfolgen«[40].

Den weltlichen Herrschern bleibt nicht verborgen, daß eine dritte - höchst brisante - Macht dem Staate entstanden ist. Sie versuchen, sich dieser Bürde zu entledigen. Dies führt in mehrmaligen Säuberungswellen zur vorläufigen Aufhebung des Ordens in den wichtigsten katholischen Ländern. Die Kampagnen bleiben jedoch - aus heutiger Sicht - erfolglos, denn die jesuitischen Gegner unterschätzen deren Intelligenz. Die Jesuiten gehen aus allen Auseinandersetzungen gestärkt hervor.

Wegen nachgewiesener politischer Ränke hat der portugiesische Staat am 3.September 1759 unter Pombal den Orden für sein Reich verboten und dessen Vermögen beschlagnahmt. Am 6.August 1762 beschloß das Pariser Parlament die Aufhebung des Ordens für Frankreich und der König deklarierte die Ordensgüter zum Staatseigentum. Am 2.August 1768 folgt Spanien mit der gleichen Maßnahme und verhaftete 6.000 der schwarzen Streiter Lojolas.

Ähnlich stellt sich die Situation in Italien dar. Ein Edikt des Königs Ferdinand IV. v.Neapel aus dem Jahr 1767 verbannt die Jesuiten aus seinem Reich. 1768 folgt ihre Ausweisung aus dem Königreich beider Sizilien und Malta; 1768 aus Parma.

Ein Chronist berichtet: »... zu dieser Zeit beschäftigten die Streitigkeiten über den Orden ganz Europa ... sein unnatürlicher Reichtum, sein Ehrgeiz, seine Macht, seine verderblichen Lehren und Laster haben selbst denkfaule Christen in hartnäckige Positionen geteilt ... schon wurde der Orden (erneut) angegriffen, um seine Vertilgung einzuleiten«[41].

Das Wappen der Jesuiten. Links der Papst mit einem Schlegel, rechts ein Kardinal mit dem Beil. In der Mitte die Kanone. Antijesuitische Darstellung, um auf die Ränke und Intrigen einzelner Jesuiten - wie die des Ordens - aufmerksam zu machen.

Nachdem Clemens XIII. den Orden zu halten versucht hatte (von ihm stammt der Ausspruch »sint ut sunt aut non sint« = sie mögen bleiben wie sie sind oder gar nicht sein), unterzeichnete sein Nachfolger Clemens XIV. am 21.Juli 1773 in Rom die Bulle »Unser Herr und Erlöser«, die über den mächtigsten Orden, den die Kirche je gesehen hat, das vorläufige Todesurteil sprach[42]. Er läßt den damaligen Ordensgeneral Lorenzo Ricci, einen Florentiner, in ein Gefängnis der Engelsburg werfen, wo er gestorben ist. Durch diese Maßnahme hatte der Orden nach einer etwa 200-jährigen Tätigkeit vorübergehend aufgehört zu existieren.

Am 7.August 1814 wird die Gesellschaft nach 41-jähriger Geheimtätigkeit durch die von Pius VII. erlassene Bulle »Sollcitudo omnium ecclesiarum« wieder hergestellt. Seitdem hat sich der Orden regeneriert und erneut profiliert, sich aber auch neuen Schwierigkeiten ausgesetzt. Es führt zu weiteren Konflikten. 1847 werden die Jesuiten aus der Schweiz gewiesen und aus Deutschland durch das Jesuitengesetz von 1872. Es wird 1904 gemildert und am 19.April 1917 aufgehoben. Damit ist der Orden erneut in Deutschland zugelassen.

Es ist interessant, sich im Rahmen dieses Buches ein wenig mit den Jesuiten zu beschäftigen, denn die Macht des Katholizismus ist ohne sie undenkbar:

Ignatius v.Lojola

ist der Begründer der Gesellschaft Jesu, die am 27.Oktober 1540 von Papst Paul III. bestätigt wird. Es bedeutet im logischen Umkehrschluß: jeder religiöse Orden, der sich mit der Verbreitung der katholischen Lehre beschäftigt, muß sich die geistige Zwangsjacke des Vatikans anziehen, um anerkannt zu werden. Deutlich wird es u.a. am Gelübde, das jesuitische Professoren der Kirchengeschichte anzulegen haben:

- Er muß sich bemühen, die Geschichte der Kirche sorgfältig abzuhandeln, um seinen Schülern das Studium der Theologie zu erleichtern ... und um in ihrem Geist die Glaubensdogmen und Statuten fester einzuprägen.

- Er bemühe sich nachzuweisen, daß die Rechte der Kirche und ihres Oberhauptes alte Fundamente haben ... er mache ersicht-

---

Regeln zur Erlangung der kirchlichen Gesinnung*

- Wir haben in allen Dingen der wahren Braut unseres Herrn Christus (= der Kirche) zu gehorchen ... dazu gehören die Riten, Sitten und Gebräuche unserer Vorgesetzten.

- Die Beichte ist zu loben und die hl. Sakramente sind regelmäßig zu empfangen.

- Die Mönchsgelübde der Keuschheit, Armut und des Gehorsams sind zu beachten.

- Ebenso die Religion der Heiligen, die Pilgerfahrten, Ablässe, Jubeljahre und die Kerzen, die in den Kirchen angezündet sind.

- Das Fasten und die gebotene Enthaltsamkeit sind zu beachten.

- Die Gebote der Kirche sind zu beachten. Es sind bereitwillig Gründe zu suchen, um sie zu verteidigen.

- **Um in allen Dingen der Wahrheit zu dienen, müssen wir glauben, daß das, was ich für weiß halte, stattdessen schwarz ist, wenn es die hierarchische Kirche so bestimmt ... denn man muß ohne jeden Zweifel glauben, daß zwischen Christus unserem Herrn, dem Bräutigam und der Kirche, die seine Braut ist, derselbe Geist herrscht, der uns regiert und unsere Seelen zum Heile führt**

---

* Die seinem Buch der Übungen beigefügt sind.

lich, daß das, was die Neuerer schreiben, reine Erfindung ist.

• Höchstes Ziel ist es, die Kirchengesetze gebührend zu erklären und deren Gerechtigkeit und Autorität zu verteidigen[43].

Eine solche Denkweise ist mittelalterlich, bar jeder Vernunft und weltfremd. Hier wird die reale Geschichtsforschung ad absurdum geführt und theologische Schönfärberei getrieben.

Das Ziel von Ignatius war u.a., dem Vatikan einen klerikalen Organismus zu schaffen, der militärisch strukturiert ist; mit einheitlicher Befehlsgewalt und der Verpflichtung zum Gehorsam; mit Wendigkeit in den Bewegungen und einer starken intelektuellen Schlagkraft[44]. Auf ihre Fahne schreiben sie: »Omnia ad maiorem Dei gloriam« (= alles zur größeren Ehre Gottes). Keiner stellt sich die Frage, ob er auf einem weltlichen Irrtum sitzt.

Ignatius berichtet an seine Ordensbrüder in Portugal: »... die untersten Wesen hat Gott nach den höheren, die höheren nach den höchsten bemessen, alles seinem Zweck entsprechend. So besteht zwischen den Chören der Engel eine Rangordnung. So sind bei den Sternen und allen bewegten Körpern die unteren auf die oberen und diese auf einen obersten und letzten Lenker abgestimmt, nach festen innewohnenden Gesetzen. Die nämliche Erscheinung ist nicht zuletzt in der Hierarchie der Kirche zu beobachten, die im Papst, dem Statthalter Christi gipfelt«. Hier proklamiert er das geläufige Weltbild seiner Zeit, von dem heute jedes Schulkind weiß, daß es überholt ist.

Wir haben ein Abbild des absolutistisch orientierten Papsttums vor uns. Die Soldaten Christi werden einem aufwendigen Erziehungsprozeß unterworfen und blinder Kadavergehorsam zeichnet sie aus. Es ist bedauerlich, daß es so viele Menschen gibt, die sich freiwillig geistigem Terror beugen.

Vor seiner Läuterung ist Ignatius Offizier im spanischen Heer. Dies spiegelt sich im späteren Aufbau des Ordens wieder. Die tragenden Elemente sind Gehorsam, Eliminierung des (eigenen) Verstandes und eine straffe Gliederung. Darum konnte er sagen: »... das wichtigste für das Heer und Kirche, so verschieden sie auch sein mögen, ist eine Vorspiegelung (= Illusion), daß ein Oberhaupt da ist. In dieser Täuschung liegt alles. Läßt man sie fallen, dann zerfallen sofort, soweit es der äußere Zwang gestattet, Kirche und Heer«.

Hier schließt sich der Kreis, denn es wird deutlich, was die Aufgabe des Verstandes bedeuten kann. Marschieren Tausende geistige Nullen im monotonen Schritt und einer trällert vorn die geheimnisvolle Zaubermelodie der Kirche? Und doch: was haben die Jesuiten in der abendländischen Kultur und darüberhinaus - alles bewegt!

Die jesuitische Religiosität entspricht dem Entwicklungsstand primitiver Völker. Im Grunde genommen lehren sie religiösen Fanatismus und sagen: »... der Mensch ist von Gott geschaffen und sein Eigentum. Gott ist der oberste Herr und Wohltäter. Zweck des menschlichen Lebens ist es (darum) Gott zu dienen, seine Befehle und seinen Willen auszuführen, um sich nach dem Tod seiner ewigen Liebe zu erfreuen«[45]. Diese naive Erkenntnis ist das Fundament des jesuitischen Glaubens und einer Weltreligion, wobei Gott und Satan als permanente Gegenspieler als existent vorausgesetzt werden.

Die Erziehung der Novizen vollzieht sich in einer Atmosphäre erstickender Mittelmäßigkeit. Männer werden zu Kindern gemacht, indem man ihnen die Frömmigkeit abergläubischer Weiber und eine erniedrigende Lektüre aufzwingt. Im Noviziat wird ein mittelalterlicher Pietismus vorgetragen ... durch den Zwangsglaube an das Unglaubliche wird der Intellekt ausgeschaltet. Zunächst rebelliert der Mensch gegen dieses System, aber wenn der Druck anhält, unerbittlich und zäh, wenn der Mensch aus vielen Gründen nicht mehr den Mut aufbringt, um sich ihm zu entziehen, verliert er immer mehr ... er wird künstlich irregleitet; ein solcher Mensch ist ein Jesuit«[46] ... an die Stelle seiner natürlichen Persönlichkeit wird eine gekünstelte irrationale, sektiererische und fanatische

Handlungsweise gesetzt ... sie wird ihm aufgezwungen: zeitlebens **muß** er daran festhalten.

»In einer solchen Umgebung kann niemand atmen und leben. Jeder ist ein Nichts; das persönliche Leben ist der Gnade der Vorgesetzten ausgeliefert. Der Jesuit lebt in einer imaginären Welt. Jede freie Regung würde das Schiff zum Sinken bringen ... es sind blinde Soldaten. Legt er die Eigenschaften des religiösen Fanatismus ab und begreift er »wieder« sein »eigener« Herr zu sein ... wird er dem Vatikan gefährlich, zur Last, zum Störenfried und Hindernis ... man stößt ihn aus. Der Mensch gelangt ans Tageslicht ... denn mit einem solchen weiß man in der Gesellschaft Jesu nichts anzufangen«[47]. Nach der Ansicht des Jesuiten Tondi sind die Jesuiten Sklaven des Vatikans[48].

Dies wirft einen Blick auf den jesuitischen Teufels- und Dämonenglaube: »... sie haben Visionen, Madonnenerscheinungen und Erscheinungen von Engeln ... überall wittern sie satanische Einflüsse, ohne zu registrieren, daß es einen solchen nicht gibt. Sie behaupten: »... die Kirche wäre da, um seine Werke zu zerstören ... sie sei stärker als das (nicht-existente) satanische Reich«[49].

Der Ingolstädter Jesuit Georg Eberhard hat in seiner »Consilia« (1618) ein charakteristisches Beispiel jesuitischer Intelligenz gegeben. Er sagt über einen schwarzen Hahn, der um das Gefängnis flattert: »... wer dies gewesen sei, ist so klar, daß es nicht erläutert zu werden braucht ... der teuflische Buhle der Verhafteten ... wenn diese auf der Folter läugnet, ist sie lebend wilden Tieren vorzuwerfen, wenn diese Strafe dort nicht üblich ist, sei sie dem Scheiterhaufen zu übergeben, sofern sie der Herzog nicht zum ewigen Gefängnis begnadigen will«[50].

Ignatius v. Lojola wird 1491 auf dem Schloß Lojola in der Provinz Guipuzcoa geboren. Er erhält eine höfische Erziehung und ist von 1518-21 Offizier des spanischen Vizekönigs von Navarra. Am 20.5.1521 wird er bei der Verteidigung Pamplonas gegen die Franzosen verwundet. Die Quellen bezeichnen ihn als eitlen Höfling, der sich zur Innerlichkeit durchgerungen hat.

Nun scheint er sich innerlich zu wandeln. Die religiöse Lebensführung wird deutlich. Er zieht das Gewand eines Bettlers an. Zunächst in Montserrat (1522) dann in Manrese durch mystisches Erleben geformt, entwirft er die Grundzüge seiner Exerzitien. Vor dem Bild der Muttergottes hält er Nachtwache. Bei Manrese verkriecht er sich in eine feuchte Höhle und unterzieht sich Kasteiungen. Er lebt in Hospitälern, läßt sich Bart und Nägel wachsen. Diverse himmlische Erscheinungen werden ihm zugeschrieben.

Auf sie ist hier ebenso wenig einzugehen, wie auf die um ihn gesponnenen Legenden, Betteltouren und Wunder. Deutlich ist ein schwämerischer Zug. So gesehen ist er ein Nachfolger der Anachoreten, die sich bereits im 3.Jh. u. Z. in syrischen Wüsten und anderswo geplagt haben, um sich des »ewigen« Heils zu versichern, das es nicht gibt.

1523-24 wallfahrt er nach Palästina. Er studiert in Barcelona, Alcala und Salamanca (1524-27), wo man ihn als Alumbrados verhaftet[51]. In Paris (1528-1535) promoviert er zum Magister artium, hört Theologie bei den Dominikanern, sammelt erste Gefährten und verbindet sich durch ein Gelübde vom 15.8.1534 mit ihnen. Die Priesterweihe erhält er 1537 in Venedig.

Am 15.August 1534 läßt er im Nonnenkloster Montmatre (bei Paris) durch den schon als Priester geweihten Jünger Lainez in einer unterirdischen Kapelle eine Messe lesen, das Abendmahl reichen und feierlich geloben, daß sie nach Jerusalem ziehen wollen, um die dortigen Heiden zu bekehren und allen Gütern bis auf das Entbehrlichste zu entsagen ... für den Fall einer Verhinderung aber dem Papst ihre Dienste anzutragen[52].

Die gelobte Wallfahrt und Seelsorgearbeit in Palästina läßt sich nicht realisieren. So geht er Ende 1537 mit seinen Freunden nach Rom und stellt sich dem Papst Paul III. zur Verfügung. Er genehmigt 1540 den Grundstatut und damit die Gründung des Ordens der Gesellschaft Jesu. Ignatius wird der erste General des Ordens. Er arbeitet die Verfassung der schnell wachsenden Organisation aus, begründet Sozialwerke und berät römische Reformkreise. Er stirbt am 31.Juli 1556 an Entkräftung und wird bald in den Himmel gelobt. Er wird 1609 selig gesprochen und 1622 kanonisiert. Der ihm zugewiesene Tag ist der 31.7.

»... ein Mann von durchdringendem Verstand, seltener Beharrlichkeit, einem Kopf voll Berechnung und einer alles durchschauenden Politik, dem Gründer eines Gebäudes, dessen Größe bald alle ähnlichen zu zertrümmern drohte[53]. Bald entsteht eine geistige Monarchie, denn die Anhebung der päpstlichen Macht und die Bekämpfung des Luthertums mußten auf den Papst günstig wirken«[54].

Der Jesuit Tondi beurteilt ihn anders: »... der hl. Ignatius ist eine starke und interessante Persönlichkeit. Sein Charakter ist ein Gemisch aus Licht und Finsternis. Menschliche Größe und Fähigkeiten stehen neben den Handlungen eines Geistesgestörten«.

Es ist denkbar, daß sich ihre Beziehung von den »Jesuaten« ableitet, einer um 1360 gegründeten und 1668 aufgehobenen Laiengenossenschaft zur Krankenpflege und der Beerdigung von Toten. Die Jesuatinnen waren eine italienische Genossenschaft und wirkten von 1367 bis 1872.

Unter den geistlichen Bruderschaften ragt der kurz zuvor gegründete Orden der Theatiner hervor: »... mit ihm tritt zum erstenmal der »neue« Geist der »katholischen« Reform in Erscheinung; streng in den Grundsätzen, der Welt ein Beispiel von Tatkraft und Aufopferung zu geben, leisten sie in den Spitälern hingebungsvoll Krankenpflege«.

So (auch) die Jesuiten. Sie beschäftigen sich mit der Pflege von Aussätzigen und venerisch Kranken: »... sie saugen ihnen die Geschwüre aus ... und sollen die ansteckendsten Kranken ohne Furcht und Scheu in ihre Betten aufgenommen und von dem Wasser, mit dem sie ihre Wunden wuschen getrunken haben[55], was ohne Zweifel eine Übertreibung ist.

Ignatius gründet ein Asyl für gefallene Frauen. In diesem Marthahaus leben Prostituierte unter Aufsicht. Sie können die Anstalt nur verlassen, wenn sie gelobt haben, in ein geordnetes Leben zurückzukehren. Pietro Aretino sagt in diesem Zusammenhang über die Kupplerinnen: »... wie Uhus und Schleiereulen kommen sie des abends aus ihrem Nest hervor und klopfen Klöster, Höfe, Bordelle und Schenken ab; hier holen sie eine Nonne ab, dort einen Mönch, diesem führen sie eine Kurtisane zu, dem eine Ehefrau, dem anderen eine Jungfer; die Lakayen befriedigen sie mit der Zofe ihrer Herrschaft ... der Haushofmeister bekommt zum Trost seine Gebieterin«.

Bald verlassen die Jesuiten das soziale Umfeld und wenden sich lukrativen Geschäften zu[56].

Ignatius bringt den »freien« Willen in das theokratische Gebäude ein. Es bedeutet eine Umwälzung der traditionellen katholischen Denkweise. Diese Auffassung macht den vorherrschenden Glaube an die besondere Berufung auserwählter Menschen zunichte. Jesus ist (nicht mehr) der in einer Glorie gedachte und thronende Herr des Himmels. Er erscheint als streitender König, der im Kampf um sein Reich begriffen ist ... er wendet sich an den Mensch und fordert seine Hilfe im Feldzug gegen Luzifer. Die Jesuiten lehren, daß man durch Strenge und Mühe zur Vollkommenheit vordringen kann [57], wobei die höchste Vollkommenheit eine irrationale Verehrung eines fiktiven Wesens ist.

Der Jesuitismus ist bemüht, innerhalb des Glaubenssystems die Lehre von der Willenskraft hervorzuheben. Das Individuum entscheidet frei zwischen Gut und Böse, also zwischen Christus und Luzifer. Demzufolge wird es gemäß seinem Tun entweder in den Himmel oder in die Hölle gerufen. Bei aller Akzeptanz dieser Theorie ist es bislang weder der christlichen Kirche noch der Ordensleitung gelungen, den von ihnen seit Jahrhunderten proklamierten und teilweise gewaltsam verbreite-

262

ten Wunschvorstellungen den Anstrich der Wahrheit zu verleihen; man arbeitet mit Spekulationen.

Blinder Gehorsam/Exerzitien

Der Gehorsam - nicht der Glaube - ist die Grundlage der religiösen Vereinigungen und aller militärischen Organisationen. Sagte doch schon Basilius, ein Begründer des Mönchtums: »... der Ordensmann müsse in der Hand des Oberen liegen, wie eine Axt in der des Holzfällers«. In der Regel der Karthäuser steht: »... der Mönch müsse seinen Willen opfern, wie wenn ein Schaf geschlachtet wird«. Die Karmeliter sehen Widerstand gegen den Befehl des Vorgesetzten als schwere Sünde an und Franz von Asissi verpflichtet seine Brüder zum bedingungslosen Gehorsam. Folgerichtig nennt Ignatius v.Lojola als Beispiel für den vollkommenen Gehorsam[60]:

- daß man einen Stein, der nicht einmal von mehreren fortbewegt werden kann, wegschieben soll, wenn es der Subprior anordnet.
- Man soll in einen tiefen See springen, auch wenn man nicht schwimmen kann.
- Man soll gehen und eine wilde Löwin fangen.

»... der Jesuit soll, vom äußeren Widerstand zu schweigen, nicht einmal innerlich Bedenken aufkommen lassen, ob der Vorgesetzte recht hat«. Ist es nicht so, daß dieses despotische und unnatürliche Verhalten die Würde des Menschen untergräbt?

Ignatius sagt über den Gehorsam[58]: »... ich wünsche, daß durch wahren und vollkommenen Gehorsam und durch den freiwilligen Verzicht auf das eigene Urteil die hervorleuchten, die in der Gesellschaft Jesu unserem Herrn dienen ... daß sie nie die Person ansehen, der sie gehorchen, sondern in ihr den Herrn Christi ... weil der Vorgesetzte die Stelle einnimmt und die Gewalt Gottes hat, der da sagt: »... wer euch hört, der hört mich und wer euch verachtet, der verachtet mich«[59]. Es ist unwahrscheinlich, daß wir ein originales Zitat vor uns haben ... alles was der Subprior anordnet, ist eine Anordnung Gottes unseres Herrn und damit sein heiliger Wille; ihm ist blindlings, ohne irgendeine Untersuchung, mit Schnelligkeit und der Bereitwilligkeit des Willens zu gehorchen«.

Die Ordensgenerale werden auf Lebenszeit gewählt und fungieren als Herrscher. Widerstand gegen sie ist mit Schwierigkeiten verbunden. Der Jesuit Sigmund Kripp bringt dazu in seinem Buch »Als Jesuit gescheitert« treffende Beispiele. Tondi sagt dazu: »... in dieser Umgebung kann niemand atmen. Jeder ist ein Nichts. Das persönliche Leben ist der Gnade der Vorgesetzten ausgeliefert«. Die Jesuiten sind Krückstöcke in den Händen ihres Vorgesetzten. Der schöpferische Geist des Individuums wird zur Unfruchtbar-

Jesuitische Gehorsamspflicht	
Regel	Handlungsweise
31/33	Es ist ersprießlich, daß sich alle einem vollkommenen Gehorsam beugen.
32	Alle sollen die freie Verfügung über sich und ihre Angelegenheiten dem Subprior überlassen.
35	All unser Sinnen und Trachten im Herrn gehe dahin, daß in uns stets der heilige Gehorsam vollkommen sei, indem wir mit Freude alles tun, was uns aufgetragen wird. Jede entgegengesetzte Meinung wollen wir in einer Art blinden Gehorsams verleugnen.
36	... jeder sei überzeugt, sich von der göttlichen Vorsehung durch die Subprioren so führen und leiten zu lassen, als wäre er ein Leichnam, der sich auf jede Weise drehen und wenden läßt. Oder der Stab eines Greises, den der, ihn in der Hand hält, überall und zu seinem beliebigen Gebrauche dient.

keit verurteilt ... es sind Werkzeuge von Tyrannen und es ist unglaublich, wie Menschen in einem solchen Klima leben können; ein Ansatzpunkt, um ihre Intelligenz in Frage zu stellen.

Die jesuitische Ausbildung unterliegt einem strengen Drill, in dem Denunziation und Hörigkeitswahn keine Fremdworte sind. Fast alle verfügen über eine philosophische Schulung, mehrere Jahre praktische Erfahrung und ein theologisches Studium. Ich habe es in der Tabelle zusammengefaßt.

Die Gesellschaft Jesu wählt den Weg der Verinnerlichung und Meditation zur Ausbildung der Schlagkraft. Im Vordergrund stehen Gedächtnis, Verstand und Wille; die drei jesuitischen Potenzen, die in Exerzitien ausgeprägt werden.

Benediktinische und protestantische Kreise haben versucht klarzulegen, daß das Exerzitienbuch auf frühere, asketisch-mystische Schriften zurückgeht. U.a. auf die »Vita Christi« des Karthäusers Ludolf v.Sachsen, das Exerzitienbuch des Benediktinerabtes Garcia de Cisneros oder die »Imitatio Christi« des Thomas v. Kempen.

Der Gründer des Ordens systematisiert die vorliegende Höllendramatik. Er stärkt die Einbildungskraft seiner Schüler durch Übungen und sucht ihnen ihr Handeln durch bildhafte Vorstellungen zu verdeutlichen.

Sie zielen auf die Möglichkeit ab, sittliches Handeln von unsittlichem zu unterscheiden. Ignatius will psychologische Effekte hervorrufen und das Gewissen mechanischen Regeln unterwerfen. Dazu dienen ihm graphische Kontrollsysteme und Linienraster. Er bezeichnet sie als »Examen particulare«. Die jesuitischen Exerzitien werden von Anderen argwöhnisch beachtet und beurteilt:

Die Prostestanten, gestärkt durch die aktuellen Auswirkungen der Reformation, bezeichnen die jesuitischen Praktiken als Teufelswerk. Sie sprechen von »heimlich zauberischen Künsten, durch welche die Jesuiten zu gewissen Tagen seltsame Sachen zuwege bringen, in sonderlichen Gemächern, daraus sie nach verrichteter Zauberei gar

bleich und gleichsam von einem Geist verstört wiederkommen«.

»... die Jesuiten verführen viele zu sonderlichen Übungen, die sie Exerzitien nennen. Da werden die Opfer, wie glaublich berichtet, mit Dampf und anderen Mitteln berauscht, daß sie den Teufel leibhaftig zu sehen vermeinen, brüllen gleich einem Ochsen, müssen Christo abschwören und dem Teufel dienen«[61].

Die von Lojola einberufenen Übungen gelten noch heute. Der Jesuit hat sie im Leben zweimal 40 Tage durchzustehen ... so wie er sie jedes Jahr acht Tage durchführen muß ... hier werden Gedächtnis, Verstand und Wille für die Ordensziele gefügig gemacht ... durch den suggestiven Mechanismus erhält der Jesuit den letzten Schliff; die Aufgabe seiner Persönlichkeit ist die Folge, die Ausschaltung des Ichs, das Unterordnen unter eine dubiose Ideologie. Er wird zu einer Puppe, der (nur noch) der bürgerliche Tod bleibt«.

Rekatholisierung

Mit dem Konzil von Trient (1545) beginnt sich der angeschlagene Glaubensriese zu sammeln und ab diesem Zeitpunkt trägt der Orden der Jesuiten maßgeblich dazu bei, ihn am Leben zu erhalten. Die Jesuiten beginnen systematisch und mit überzeugend vorgetragenen Argumenten. Sie erreichen eine Anhebung der verfallenen Kirchenzucht. Ohne deren Aktivitäten und die Versuche der Kurie, wenigstens die schlimmsten Fehler innerhalb der eigenen Reihen auszumerzen, wäre der römisch-katholische Glaube möglicherweise in der Versenkung verschwunden, aus der man ihn herausfabuliert hat.

Wir haben eine Bestätigung, daß in der ersten Hälfte des 16.Jh. von einem »katholischen« (=allgemeinen) Glaube keine Rede sein kann. Zu allen Zeiten des Christentums gibt es oppositionelle Gruppen. Wenn die Kirchenleitung Homogenität proklamiert, geht es an den geschichtlichen Fakten vorbei.

Der Katholizismus ist angeschlagen und hat erhebliche Einbußen hinzunehmen. Wieder einmal werden die Leichtgläubigen in ihrer Zwangsjacke herumgeschüttelt; ein schlagender Beweis für die Haltlosigkeit der biblischen Aussagen. Viele Kanzeln sind verlassen und der katholische Glaube hat beim Volk einen Tiefstand erreicht: »... die Bischöfe weilen fern von ihren Diözesen und lassen sich durch Mietlinge vertreten. Die Pfarrer betrachten ihr Amt als bequemes Gewerbe. Sie beschränken sich darauf, gegen Bezahlung Kinder zu taufen, Brautpaare zu trauen und Tote einzusegnen ... sonst leben sie vergnügt mit ihren Konkubinen, ohne sich um die religiösen Zustände zu kümmern[62]. Nicht umsonst bezeichnet der Kardinal Contarini die Nonnenklöster als Bordelle[63]. Der Kontakt zu den Menschen erfolgt vor allem durch die inzwischen groß gewordenen Bettelorden. Kardinal Caraffa, der spätere Papst Paul IV. erscheint persönlich auf den Kanzeln, um das Volk vor dem bevorstehenden Strafgericht zu warnen, das nie eintreten wird, denn der christliche Gott ist eine Fiktion.

Rasch gewinnen die Jesuiten an Einfluß. Die entscheidende Leistung der Gesellschaft im Lauf des 16.Jh. ist die Rückgängigmachung der lutherischen Kirchenreform, eines zentralen Anliegens Roms, denn es legt seine geschichtliche Schwäche offen; vor allem im süddeutschen Raum, in Böhmen und Österreich. Im deutschen Norden behauptet sich der Protestantismus unter Glaubenskämpfen.

Daß das Vorgehen gegen die Reformierten ein Anliegen der römisch-katholischen Kirche ist, wird aus der Kanonisationsbulle von Urban VIII. deutlich, die er 1623 für Ignatius erlassen hat. Darin wird herausgestellt: »... die unaussprechliche Güte und Barmherzigkeit Gottes, die im wunderbaren Ratsschluß für jede Zeit passend sorgt, hat ... als Luther, das scheußliche Ungeheuer (= monstrum teterrium) und die übrigen gotteslästerlichen Zungen die alte Religion ... in den nördlichen Gegenden zu verderben und zu verwüsten strebten, den Geist des Ignatius v. Lojola erweckt«.

Es ist nicht schwer, den geschichtlichen Nachweis zu führen, daß es nicht die »alte« Kirche, sondern der planmäßige Aufmarsch

der »Kompagnie Jesu« gegen das ewig ketzerische Deutschland zuwege gebracht hat, daß sich zum Ende des 16.Jh. (wieder) Rom über Wittenberg erheben konnte. Wie rasch erinnert man sich an den Ausspruch auf dem Wormser Reichstag, wo der päpstliche Nuntius Luther zugerufen hat: »... wenn ihr Deutschen das römische Joch abschütteln wollt, werden wir dafür sorgen, daß ihr euch untereinander totschlagt«[64].

Oder: »... neulich war das Jahr 1617. Die Lutheraner zählten es als 100-jährige Zählung ihrer gottlosen Religion, weil damals die ersten Funken der pestilenzischen Flammen erschienen, welche später durch den trostlosen Brand zuerst Deutschland, dann einige nachbarliche Provinzen im Sturm durcheilte ... ziehmt gegenüber Ignatius, dem Luther, dem Schandfleck Deutschlands, dem Schwein Epikurs, dem Verderben Europas, dem für den Erdkreis unheilvollen Ungeheuer, dem Auswurf Gottes und der Menschen ein Jahrhundertjubiläum«[65].

So konnte Pater Andreas (Wien) von der Kanzel verkünden: »... es sei besser, mit dem Teufel eine Ehe einzugehen, als mit einem lutherischen Weib, weil jenes durch den Exorzismus zu vertreiben sei, an diesem aber Salböl und Taufe verloren gehe ... so wie Luther der Sohn Satans und sein Spießgeselle sei«[66].

Es wird entscheidend, daß die streng antievangelische Politik der bayerischen Wittelsbacher und der östereichischen Habsburger unter jesuitischem Einfluß erfolgt ist.

Fanatisch unduldsame Ausländer, wie die Franzosen Pierre Favre und Lejay, die Spanier Bobadilla und Salmeron, der Italiener Morone und der Holländer Canisius, sowie zahlreiche weitere Jesuiten überschwemmten, von den hiesigen Fürsten gerufen, seit 1550 die süd- und westdeutschen Höfe und Universitäten wie Ingolstadt, Dillingen, Wien, Prag und Köln, um sie vom »Gift der Ketzerei« zu befreien.

1542 lassen sich die Jesuiten in Deutschland nieder. Die bayerischen Herzöge Wilhelm V. und Albrecht V. errichten jesuitische Kollegien und vertreiben, den Weisungen jesuitischer Seelenführer folgend, die Protestanten und deren Gesinnungsgenossen mit unnachsichtiger Härte; sie erreichen im Verlauf eines Menschenalters den fast vollständigen Sieg der katholischen Reaktion.

Durch jesuitischen Einfluß wird in Bayern der Protestantismus unterdrückt. Es versteht sich von selbst, daß hier mehr politische denn christliche Gesichtspunkte im Vordergrund stehen. Katholische Stifte schließen sich an[67]; die Festigung im katholischen Lager ist beachtlich.

1570 und 1571 treten die Markgrafen Phillip II. und Eduard Fortunat v.Baden dem Katholizismus bei. 1585 wird unter dem Jesuitenzögling Phillip II. an der Rückführung der Markgrafschaft Baden zu katholischen Glauben gearbeitet. Der Jesuit Vermat unterstützt diese Bemühungen durch ein Wunder, indem er in der Stiftskirche von Baden in Gegenwart hoher und niedriger Zuschauer aus einer Lübecker Predigerstochter 7 Teufel vertreibt. Sie hinterlassen beim Ausfahren einen Schaum, der an den Kirchenfenstern hängenbleibt und von allen Anwesenden gesehen wird«[68].

Noch auffallender läuft die Kurve der Sendlinge des Ignaz in den österreichischen Ländern. Hier scheint nach dem Tod des Kaisers Ferdinand I. (1564) der Sieg der Evangelischen nur eine Frage der Zeit zu sein. Lediglich 1/30 der Bevölkerung war (noch) dem Katholizismus ergeben[69]: In der Steiermark, in Kärnten und Krain fanden sich nur noch Fragmente der »alten« Glaubensform. Graz war eine protestantische Stadt. Der Erzherzog Ferdinand - fünf Jahre in Ingolstadt von Jesuiten erzogen - sagte einst: ».. ich will lieber ein verwüstetes als ein verdammtes Reich«. Folgerichtig ist um 1630 der Protestantismus in Österreich vernichtet; verbunden mit eklatanten Ungerechtigkeiten.

Die Schlacht am weißen Berg, die die Habsburger wieder zum Herrn über Böhmen machte, befreite das Land für immer von der »lutherischen« Pest.

Wir haben zu fragen, wie die Jesuiten innerhalb so kurzer Zeit eine solche Leistung vollbringen konnten; selbst deren systematische Erziehung und Aushöhlung der geistigen Freiheit reichen nicht hin, um die Phänomene der Rekatholisierung Europas zu erklären.

So sorgfältig die Methodik ihrer Schulung auch gewesen sein mag ... auch nichtjesuitische Priester und Beichtväter haben die Kunst der psychologischen Beeinflussung im Beichtstuhl und auf der Kanzel beherrscht. Die Schulungsmethoden erklären **nicht** das »geheimnisvolle« Etwas der Jesuitenherrschaft über die ungefestigten Menschen. Eine andere denkbare - in sich schlüssige - Erklärung liegt jedoch in der jesuitischen Beichtpraxis und in der Charakteristik deren Moraltheologie, die ich in einem anderen Kapitel behandle.

Jesuitische Beichtpraxis
Jesuitische Moral

Nach der jesuitischen Moral kommt es bei der Urteilsfindung zur Sünde **nicht** auf die Gesinnung, sondern auf die äußere Legalität der Handlung an. Die Moral der Jesuiten beweist ihre Popularität mit sittlichem Tiefstand[70], durch den sie sich die Welt erobert hat. Eine hohe Ethik erobert nie die Welt; darum mußte u.a. das Christentum scheitern. Eine religiöse Ethik, die die Welt erobern will, muß es dem Menschen leicht und bequem machen und ihn schmeichlerisch umgeben. So wird die Entscheidung sittlicher Fragen der subjektiven Willkür des Einzelnen überlassen; er wird zum Selbstbetrug angehalten. Dies kommt den weltlichen Herrschern entgegen, denn sie konnten ungerecht sein, ohne ihren Glauben zu verletzten. Vielleicht haben wir darin die Lösung des Phänomens »Jesuitismus«.

Die »Läßlichkeitsmoral« des jesuitischen Probabilismus erlaubt eine freizügige Umdeutung der Sünden zugunsten des Beichtenden. Dies heißt im Umkehrschluß; eine Sanktion der Unsittlichkeit und des Verbrechens.

In gewisser Weise geben die Jesuiten Anlaß zu moralischen und gesetzlichen Übertungen, ohne den Buchstaben des Gesetzes zu verletzten. Noch heute definiert man unter

»jesuitischer« Schläue Zweideutigkeiten, die mit Überzeugung vorgetragen werden.

Von jesuitischer Seite wird geltend gemacht: die Moraltheologien von Escobar u.a. seien nicht für Laien geschrieben, sondern für Beichtväter. Eine Darstellung der christlichen Tugendlehre sei in ihnen nicht geplant; es komme in diesen Büchern lediglich darauf an, den Beichtvätern einen brauchbaren Kommentar zum kirchlichen Strafrecht in die Hand zu geben. Daher rühre es, daß in diesen Büchern weit mehr von unmoralischen Dingen die Rede sei. Die Verfasser solcher Kommentare seien ehrenwerte, meist in strenger Askese lebende Männer, denen man ein geheimes Wohlgefallen am Bösen nicht zutrauen dürfe«.

Hier werden Fakten auf den Kopf gestellt, denn es stimmt nicht, daß die Moraltheologien »nur« für Beichtväter bestimmt und geschrieben waren.

Manche von ihnen, wie die Medulla des Jesuiten Busenbaum, waren in zahllosen Auflagen verbreitet und wurden (auch) von Beichtkindern, insofern sie die notwendige Bildung besaßen, gelesen und oft genug verschlungen, so daß der unmoralische Inhalt dieser Bücher - und die Form ihrer Bewertung - in weiteste Volkskreise gedrungen sind, um ungeheuren Schaden anzurichten«[71]. Die Literaturgattung der jesuitischen Moral hat über Jahrhunderte zur sittlichen Fehlerziehung und -interpretation der Menschen beigetragen.

Der andere Ansatz wirkt sich tiefer aus. Die von den Jesuiten proklamierte und gehandhabte Beichtpraxis unterscheidet sich sehr wohl von der konventionell - katholischen, denn sie gibt sich wesentlich liberaler. Vielleicht haben die jesuitischen Patres darum so viel Zulauf seitens der weltlichern Herrscher, Möchtegern- Herrscher und Machthaber bekommen.

Der Probabilismus ist die von den Jesuiten zwar nicht erfundene, aber angewandte und zur höchsten Vollendung entfaltete Lehre, daß man ohne Gewissensbedenken eine Handlung begehen darf, die man für wahrscheinlich erlaubt hält, und für die man eine Autorität aus der jesuitischen Moraltheologie zitieren kann, daß man aber nicht gehalten sei, sich in zweifelhaften Fällen für die wahrscheinlichere Meinung zu entscheiden, da es zur Sittlichkeit genüge, wenn eine Handlung als wahrscheinlich erlaubt erscheint.

Nach der jesuitischen Ansicht liegt eine Todsünde vielleicht beim unentschuldigten Fernbleiben von der Messe vor, aber nicht, wenn Kinder ihre Eltern wegen Ketzerei auf den Scheiterhaufen bringen.

Eine Todsünde liegt vielleicht beim Ungehorsam gegen einen Priester vor, jedoch nicht, wenn ein vornehmer Lüstling die Opfer seiner Lüste im Stich läßt. Eine Todsünde liegt vielleicht vor, wenn man den Kirchenzehnten nicht bezahlt, jedoch nicht, wenn man einen Meineid leistet[72].

Die Dubiositäten werden deutlich, wenn man den Probabilismus, die Lehre von der Heiligung der Mittel durch den Zweck, die von der Erlaubtheit einer zweideutigen Rede (= Amphibologie) und die von den Mentalstreitigkeiten betrachtet. Zur Ordensdoktrin gehört die Lehre vom geistlichen Vorbehalt (= Reservatio mentalis oder: Traciti mentis restrictio), wodurch jede Lüge und jeder Meineid möglich d.h. im jesuitischen Sinne verantwortbar hingestellt wird. Das gleiche betrifft die Lehre von der Zweideutigkeit, wodurch jede Art von Unwahrhaftigkeit als erlaubt hingestellt und den Beichtvätern als probal empfohlen wird. Daraus ist abzuleiten, daß jede Art von Verbrechen wie Diebstahl, Hehlerei, Ehebruch, Meineid, Mord, Abtreibung, Kindesausetzung, Sodomiterei usw. in den Bereich der erlaubten Handlungen reicht[73].

Selbst einer der Generäle der Jesuiten, der Spanier Gonzales de Santalla (1624-1705) hat den Probabilismus wegen seiner sittlichen Gefahren mißbilligt und versucht ihm - leider erfolglos - entgegenzuwirken.

Politischer Probabilismus

Er stammt keinesfalls vom Gründer des Ordens, sondern wurde von Nachfolgern in ihn hineingetragen. Religiös war Lojola und der von ihm gegründete Orden keineswegs von tiefer Schöpferkraft; künstlerisch ebensowenig[74]. Es wird deutlich, wie einfach Machtmißbrauch unter dem Deckmantel der christlichen Nächstenliebe möglich wird. Der politsche Probabilismus der Jesuiten erlaubt beliebige Umdeutungen; eine jedoch nie. Man verficht die These: Das Papsttum steht **über** den weltlichen Herrschern.

Salmeron, ein Zeitgenosse und Freund von Lojola, behauptet um 1542: »... ein König verspricht, indem er die Taufe empfängt und der Welt und der Herrlichkeiten des Satans entsagt, daß er nie eine weltliche Macht gegen die Kirche wende; wenn er einen solchen Mißbrauch begeht, muß er gestehen, daß er mit Recht seines Reiches beraubt wird ... er ist der Taufe und des hl. Abendmahls unwert«.

Der Jesuit Santarelli[75] sagt: »... dem Papst wird das Recht gegeben, ungerechte Fürsten (= principes iniquos) mit der Kirchenstrafe und ketzerische Monarchen mit weltlichen Büßungen zu züchtigen, sie ihres Reiches zu berauben und ihre Untertanen des Huldigungseides zu entlassen, den Kaiser wegen seiner Unbillen (= inquitates) abzusetzen und unfähigen Fürsten Curatoren zu geben, sowie aus eigener Macht den Kaiser wegen seiner Vergehen(= pro delictis) abzusetzen, weil der Richterstuhl des Heilandes und des Papstes ein und derselbe sei; daß der Papst Obermonarch sein müsse, um die Fürsten zu zügeln, und daß derselbe gegen den Kaiser, wenn er die Kirche nicht beschütze, der Regierung für unwürdig erklären und das Kaisertum einem anderen übergeben müsse, so wie er ihn zum besseren Beispiel für Andere durch die Todesstrafe aus dem Weg räumen dürfe«[76].

In einer Schrift von 1762)[77] wird ausgeführt: »... der Nachfolger des hl. Petrus, der Papst zu Rom, kann zum Heil seiner Herde, wo andere Mittel nicht ausreichen, mit einem Wort das körperliche Leben nehmen. Er hat die Gewalt, durch die katholischen Fürsten die Ketzer und Schismatiker zu bekriegen und sie zu verderben. Denn, indem ihm Jesus Christus befohlen hat, seine Schafe zu weiden, hat er ihm die Macht gegeben, die Wölfe zu zügeln und zu töten, wenn sie den Schafen schädlich werden ... also muß es ihm (auch) erlaubt sein, die Führer einer Herde, wenn er die anderen Schafe ansteckt, zu entfernen«[78].

Molina, eine Leuchte am Jesuitenhimmel, sagt: »... der Papst habe das weltliche **und** geistliche Schwert, er könne die Gesetze und Verordnungen der Monarchen umstoßen und einen König entthronen; doch müsse er sich zu diesem Zweck weltlicher Fürsten bedienen«[79]. Sein Ordensgenosse Suarez führt aus: »... der Papst hat die Gewalt, die Könige einzuschränken und (sie) zu zwingen, ja sie ihrer Kronen zu berauben, wenn es nötig ist. Sobald ein König gesetzlich entfernt ist, hört er auf, gesetzmäßiger Fürst zu sein ... er fängt an, den Namen eines Tyrannen zu tragen ... und kann von da an von jedem Privatmann ermordet werden«[80]. Daraus resultiert die jesuitische Auffassung, daß es erlaubt sei, einen Tyrann mit Gift zu töten[81] oder: »... wenn es die christliche Liebe anrät«[82]. Ihre Lehre gipfelt in der Formulierung, daß ein Königsmord nicht nur erlaubt, sondern ruhmvoll sei[86]. Der 19-jährige Johann Castel, ein Jesuitenschüler, stach am 27. Dezember 1594 den König Heinrich IV. in die Lippen, indem er, wegen seiner Verneinung des Königs, dessen Kehle verfehlte. Nach eigenen Geständnissen hatten ihn die Jesuiten gelehrt, den Königsmord als verdienstliches Werk zu betrachten.

Immer und immer wieder stellen die Jesuiten heraus, daß die Geistlichen den Staatsgesetzen nicht unterworfen sind[83], jedoch wären es alle christlichen Fürsten dem Papst und der Kirche[84]. Zudem könne ein weltlicher Eid jederzeit durch kirchliche Autoritäten gelöst werden[85].

Dazu sagen sie: »... wenn er (der Fürst) das Heilmittel (der Religion) verschmäht und keine Hoffnung zur Besserung zeigt, so ist die Kirche befugt, das Urteil über ihn zu sprechen und ihn der Regierung zu entsetzen ... wenn es die Sache mit sich bringt, und der Staat nicht anders geschützt werden kann, den Fürst für einen öffentlichen Feind zu erklären und (ihn) mit dem Schwert aus der Welt zu schaffen. Dasselbe Recht steht jedem Privatmann zu[87] ... es ist ruhmvoll, das verderbliche Geschlecht der Fürsten aus der menschlichen Gesellschaft fortzuschaffen[88]). Oder:

»... nachdem der König rechtmäßig vom Papst abgesetzt ist, ist er nicht mehr legitimer Fürst. Wenn er nach der gesetzlichen Absetzung in seiner Hartnäckigkeit verharrt und die Regierung mit Gewalt festhält, fängt er an, dem Namen nach ein Tyrann (= in titulo) zu sein. Mithin kann er von diesem Zeitpunkt an als ein solcher behandelt werden und und von Jedem ums Leben gebracht werden«[89]. Oder:

»... es ist gewiß und eine Glaubenslehre, daß jeder christliche Fürst, der vom katholischen Glauben abweicht und auch andere davon abbringen will, augenblicklich aller Macht und Würde nach dem menschlichen und göttlichen Recht verlustig geht; und zwar ohne vorherige Erkenntnis des Papstes als oberstem Richter. Daß sämtliche Untertanen vom Eid der Treue, wenn sie ihm demselben geleistet haben, entbunden sind; daß sie solch einem Mensch als Abtrünnigen, Ketzer, Desserteur des Herrn Christus und (als) einen Widersacher und Feind des Gemeinwesens von der Regierung über Christenmenschen nicht nur verjagen **dürfen**, sondern auch **müssen**«[90].

Daraus wird die jesuitische Haltung gegenüber der sog. Ketzerei verständlich. Grisar lehrt z.B. ... die Todesstrafe gegen die Ketzer wird von den weltlichen Gerichten vollstreckt, aber im Auftrag und auf Befehl der kirchlichen Gewalt ... diese Strafe gilt nicht nur gegen die Ketzer, die früher katholisch waren, sondern auch gegen die, die die Ketzerei mit der Muttermilch eingesogen haben und sie hartnäckig verteidigen. Dies ist die allgemeine Lehre. Das das Lebendigverbrennen den weichlichen Christen als Grausamkeit erscheint und dennoch die gerechte Bestrafung für Ketzerei ist, zeigt die alte Praxis[91]

... dem Ketzer geschieht kein Unrecht, wenn er von der Kirche zum Tod verurteilt wird, oder auch durch eine geistliche Hand getötet wird. Daß die Ketzer die Todesstrafe verdienen, ergibt sich aus der Schriftstelle: »... das Böse sollst Du aus Deiner Mitte vertilgen«. Die Ketzer **müssen** dem weltlichen Arm übergeben und von diesem getötet werden. Durch die Halsstarrigkeit ihres eigenen Willens zogen sich die Unglücklichen selbst die Todesstrafe zu«.

»Man unterscheidet formale (materielle) Ketzerei und Schismatiker; von den formalen Ketzern gilt: sie sind fest davon überzeugt und zweifeln nicht, daß jeder Schismatiker mit dem Teufel und seinem Anhang das ewige Feuer teilen wird«[92].

Der Staat hat die Pflicht, den Ketzer auf Befehl und Auftrag der Kirche mit dem Tod zu bestrafen. Der Todesstrafe verfallen nicht nur diejenigen, die als Erwachsene vom Glauben abgefallen sind, sondern all die, die der Ketzerei hartnäckig anhangen«[93].

Oder: »... wir haben gesehen, daß die kirchliche Inquisition mit den modernen Ideen über Toleranz, Aufklärung und Humanität unvereinbar ist; aber dessen ungeachtet rufe ich aus: »... es lebe die kirchliche Inquisition; denn jene Ideen sind nicht blos unchristlich, sondern auch unterwürfig«[94].

Es sind keine leeren Worte. In zahllosen Büchern sind die politischen Ränke der Gesellschaft beschrieben. Die Feder sträubt sich, hier einiges zu wiederholen. Als Beispiel diene die Tötung einiger Könige, die Pulververschwörung und der Giftanschlag auf den Papst Gregor XIV.

Situation in Frankreich

Hier hat der Orden wenig Glück. Der Bischof von Paris stellt sich gegen ihn und die Sorbonne vertritt die Auffassung: »... die Gesellschaft schände den Mönchsstand ... entziehe den Frommen den Gehorsam ihrer rechtmäßigen Seelsorger, beraube weltliche **und** geistliche Obrigkeiten ihrer Rechte und verursache in beiden Ständen Unruhen ... beim Volk aber Streitigkeiten und Zwiespalt;

kurz: sie seien zur Gefährdung des Glaubens, zur Beunruhigung der Kirche, zur Untergrabung der Mönchszucht und mehr zum Einreißen als zum Aufbauen bestimmt«[95].

Der Advokat du Mesnil sagt: »... sie verderben die Sitten und Gesetze Frankreichs und behaupten, an keinen bischöflichen Befehl gebunden zu sein, sondern das Recht zu haben, die Gesetze nach Belieben zu entwerfen[96]. Der französische Gesandte Cany schreibt an den König Heinrich IV. »... man habe Schriften bei den Jesuiten gefunden, die sich mehr auf die Entrichtung einer weltlichen Monarchie als auf das Himmelreich beziehen ... sie hätten sich des Beichtstuhles bedient, um (die) Geheimnisse des Staates zu erforschen«[97].

Frankreich zählte um 1598 etwa 1 Million Protestanten und 8 Millionen Katholiken. Die Rekatholisierung ist ein Werk der Jesuiten, nicht zuletzt die des Jesuitenpaters Lachaise, des Beichtvaters von Ludwig XIV. unter dessen Einfluß der Träger der Krone am 17.Oktober 1685 das Edikt von Nantes und auf einen Teil seiner (protestantischen) Landeskinder, die mit ihrem Vermögen ins Ausland gingen, verzichtete.

Die Jesuiten werden bereits am 14. Juli 1606 als Störer der öffentlichen Ruhe aus Frankreich verbannt: ».. sie hätten die Republik, die ihnen Wohltaten erzeige, mit Undankbarkeit überschüttet, hätten im Beichtstuhl die Geheimnisse der Familien, den Vermögensstand und die Gesinnungen der Leute untersucht ... und alle sechs Wochen den General informiert ... die Wahrheit dieser Anmerkungen würde durch die zu Bergamo und Padua aufgezeigten Jesuitenbriefe bestätigt«[98].

In diesem Zusammenhang müssen wir die Bulle des Papstes Sixtus V. gegen den König von Navarra und den Prinz von Conde sehen: sie ist in die Weltgeschichte eingegangen. Darin werden die Fürsten zu ohnmächtigen Vasallen des Papstes erniedrigt. Sixtus V. befiehlt dem König Heinrich III., der Bulle nachzukommen, doch er weigert sich. »... so wurde er plötzlich am 31.Juni 1589 durch den Mönch Clément mit einem Dolch erstochen und es besteht kein Zweifel, daß die schändliche Tat auf Anstiften von Jesuiten verübt worden ist«.

Wir erkennen es an ihrer Rechtfertigung: »... Jaques Clément ... ein Dominikaner, studierte im Kollegium seines Ordens Theologie. Als er auf eine Anfrage erfahren hatte, daß man einen Tyrann zu recht umbringen dürfe, brachte er Heinrich III. v. Frankreich mit einem Messer, welches er mit dem Saft giftiger Kräuter bestrichen und mit der Hand bedeckt hatte, im Landhaus St. Cloud am 1.August 1589 eine tiefe Wunde im Unterleib bei. O ausgezeichnete Dreistigkeit des Geistes, o denkwürdige Tat (o insignem animi confidentiam, facinus memorabile). Wirklich hat er (Clément) der sogleich von Höflingen erstochen wurde, sich durch den Mord des Königs einen außerordentlichen Namen gemacht. So endete dieser, 24 Jahre alt, ein Jüngling von einfachem Charakter und ohne körperliche Stärke, aber eine größere Macht stärkte seine Kräfte und seinen Geist«[99].

Suarez sagt: »... durch des Königs Ermordung habe er sich einen unsterblichen Namen gemacht. Mord sei durch Mord gesühnt ... er hat eine edle, ungemein denkwürdige und bewunderswerte Tat begangen, durch die er die Fürsten der Erde lehrte, daß ihre gottlosen Wagstücke nie ungestraft bleiben[100].

Heinrich IV. wird am 14.Mai 1610 durch Franz Navaillac ermordet. Die Jesuiten deklarieren es so: »... gibt es keinen gerechten Grund, den Franzosen zu beseitigen? Der

Graf Paul von Hoensbroech, der vierzehn Jahre lang Jesuit gewesen ist. Hoensbroech ist der wohl fundierteste und somit schärfste Kritiker des Papsttums in der Auseinandersetzung um die »aus der Luft gegriffenen« Unfehlbarkeit.

König ist ein Tyrann und Unterdrücker der Freiheit. Gibt es gegen dieses Raubtier keine Soldaten? Wird kein Papst dieses edle Reich mit dem Beile befreien und dem Leben zurückgeben«?[101].

In einem Beschluß des Pariser Parlaments vom 6.August 1762 heißt es:

»... dieses verworfene Institut kann in keinem gebildeten Staat aufgenommen werden, indem es dem Naturrecht und außerdem aller geistlichen und weltlichen Macht Hohn spricht und danach strebt, in Kirche und Staat, unter der Hülle eines religiösen Institues, nicht einen Orden von evangelischer Vollendung, sondern eine politische Gemeinschaft zu bilden ... um auf krummen Wegen, heimlich und öffentlich, erst eine völlige Unabhängigkeit zu erreichen, dann aber Mißbrauch zu betreiben«.

Pulververschwörung

Sie unternimmt der englische Edelmann Robert Catesby. Er zeigt seinen Mitverschworenen an, daß nur dann der katholischen Kirche wahrhaft genützt würde, »wenn er den ganzen Hof, alle Vornehmen und Behörden auf einmal vertilge, indem er das Parlamentsgebäude zur Zeit einer Sitzung in die Luft sprenge«. Er wendet sich an den Jesuitenprovinzial Garnet und dieser erklärt: »... es sei zum Heil der Religion erlaubt, sofern es zum Vorteil der Katholiken wäre, und die Zahl der Schuldigen die der Unschuldigen weit übertreffe, sie alle gleichzeitig zu ermorden«.

Daraufhin schworen sie einen Eid der Verschwiegenheit, nachdem ihnen der Jesuit Gerard, dem sie gebeichtet, das Abendmahl gereicht hatte. Thomas Perca mietet zur Anlegung der Mine ein Haus in der Nähe des Parlaments. Am 7.Februar 1605 wird die Bombe fertig und man schafft 36 große Pulverfässer und eine Menge Brennstoff wie Steine dorthin.

»... schließlich konnte einer der Mitverschworenen nicht länger die Sorge um seine Freunde zurückhalten. Er schreibt an den Baron Mouneagle, daß er nicht an der Sitzung teilnehmen solle: »Gott wolle mit Hilfe der Menschen die Bosheit dieser Zeit strafen, das Parlamentsgbäude würde einen furchtbaren Schlag bekommen, ohne die Hand des Täters zu sehen«.

Nun wurde dieser Brief dem König vorgelegt. Man untersuchte das Gebäude und fand die Pulverfässer. Viele der Verschworenen wurden auf der Flucht getötet und andere gefangen. Sie gestanden ohne Folter. Garnet wurde am 3.Mai 1606 bewiesen, daß er die Verschworenen aufgemuntert hat. Er wurde zum Richtplatz geführt, gehängt und in Stükke gehauen. Der Jesuit Oldecorne sagte später: »... die Pulververschwörung sei darum, weil sie mißlungen sei, noch kein strafbares Verbrechen, indem man vom Ausgang einer Sache (noch) nicht auf die Löblichkeit und Strafbarkeit derselben schließen könne«[102]. 1610 werden die Jesuiten aus England verwiesen.

Neben diesen eklatanten Fällen des poltischen Machtmißbrauchs finden sich in den jesuitischen Aufzeichnungen weitere Hintertürchen.

Der Jesuit Benedikt Sattler lehrt noch um das Jahr 1791 in seiner »christlichen Moral«: »... daß der Notleidende das Recht habe, dem Reichen heimlich oder durch öffentliche Gewalt Dinge abzunehmen«. Nach seiner Version dürfen Verleumdner heimlich ermordet werden, wie man in dieser Weise einem möglichen Beleidiger zuvorkommen kann«[103]. Gott verbietet nur den Diebstahl, wenn man ihn als böse, nicht aber, wenn man ihn als gut erkannt hat«[104]. Außerdem sei das Aussetzen von Kindern erlaubt[105]; Meuchelmord wird entschuldigt[106].

Der Jesuit Leonhard Leß[107] sagt: »... man könne zur Rettung seiner Ehre zur Ächtung von Kränkungen einen Gegner meuchlings töten. Dieses Recht stehe Geistlichen wie Laien zu[108]«. Der Jesuit Esobar lehrt: »... man könne, wenn man einen Dieb sähe, der einen Bedürftigen berauben wolle, diesen davon abhalten und ihm einen Reichen nennen, den er statt dem Armen ausplündern möchte«[109].

Und: ... was man sich durch einen Meuchelmörder erworben habe, brauche man nicht zurückgeben[110] ... außerdem sei Sodomie kein Verbrechen«[111].

Nach sehr probabler Meinung und gewöhnlicher Ansicht ist es erlaubt, den Dieb einer kostbaren Sache zu töten. Man darf ihn auch töten wenn er die Sache schon in Sicherheit gebracht hat und sie nicht herausgeben will; auch Geistliche und Ordensleute dürfen in diesem Fall den Dieb töten«. »... man darf jemand anraten, der entschlossen ist, einen anderen zu töten, diesem beizustehen oder Unzucht zu treiben ... um ihn von einer größeren Sünde abzuhalten«.

Nach der jesuitischen Lehre heiligt der Mittel den Zweck[112]. Dies bedeutet, daß z.B. unkeusche Lieder, wenn sie zu einem guten Zweck geschehen, keine Sünde sind[113].

Ist es erlaubt, Jemand zum Sich-Betrinken zu verleiten, um ihn von einer größeren Sünde, z.B. einem Mord, abzuhalten? Ich halte es für hinreichend probabel, da es erlaubt ist, einen anderen zu einer geringeren Sünde zu verleiten, damit er an der Ausführung einer schwereren gehindert wird«. »Wer trotz des Trinkens noch zwischen Gut und Böse unterscheiden kann, obwohl er sich erbrechen muß und seine Zunge lallt, seine Augen doppelt sehen und die Häuser zu tanzen scheinen, so ist er eigentlich nicht betrunken ... er sündigt nur läßlich«.

Der Jesuit Fangduez: »... es ist einem Sohn erlaubt, sich über den in der Trunkenheit verübten Vatermord zu freuen, wegen der reichen Erbschaft, die ihm dadurch zufällt«. »... es ist erlaubt, etwas Falsches zu schwören, indem man mit leiser Stimme etwas hinzufügt, was das Falsche wahr macht. Es ist dann erlaubt, wenn es die anderen zwar irgendwie wahrnehmen können, aber den Sinn nicht verstehen«

Diese Zweideutigkeit wird (auch) in die Lehre getragen, denn die Jesuiten sagen: »... niemand lehre etwas, was nicht übereinstimmt mit dem Geist der Kirche und den hergebrachten Überlieferungen. Niemand verteidige eine Meinung, von der die meisten Männer urteilen, daß sie gegen die einmal angenommenen Lehrsätze der Philosophen und Theologen oder gegen die allgemeine Meinung der Schulen verstößt[114].

»Die Lehrer oder Rektoren eines Lehrstuhles sind nicht gehalten, zu lehren, was ihnen wahrscheinlicher erscheint. Denn oft pflegt solches nicht genügend rezipiert und geprüft zu sein und würde (darum) Anstoß erregen. Den Professoren würde ein schweres Joch auferlegt werden, wenn sie die Verpflichtung hätten zulesen, was **ihnen** wahrscheinlicher erscheine«[115].

Exkurs

Die politischen Aktivitäten der Jesuiten gehören keinesfalls der Vergangenheit an, wie der ausgestoßene Jesuit Alighiero Tondi nachweist. Im Vorfeld des II. Weltkrieges werden in etwa 40 Kollegien jesuitische Anwärter auf ihre spätere Aufgabe vorbereitet. Unter diesen Institutionen gibt es eine, die besonders aktiv auf dem politischen Feld tätig ist. Es handelt sich um das »Russische Päpstliche Kollegium di Santa Teresa del Bambin Gesu«, das am 15. August 1929 installiert wird. Die Organisation hat ihren Sitz in Rom und wird von der Gesellschaft Jesu geleitet.

Außerdem zeichnen sie verantwortlich für das päpstliche Ostinstitut, das Institut des Heiligen Johannes v. Damaskus, und für das päpstliche Kollegium für Polen.

Der Jesuit Tondi wird 1949 beauftragt, die nebenamtliche Leitung einer hinter dem Eisernen Vorhang bereits in Angriff genommenen Arbeit zu übernehmen; er sollte politische Aktivitäten kontrollieren. Die Zentrale der Organisation der politischen Emigranten befand sich im Rom, im »Collegium Russicum«, das den harmlosen Namen »Hilfskomitee für die russischen Emigranten in Italien« trägt. 1960 wird es von dem Jesuit Theophil Horácek geleitet, der zur Großprovinz Polen gehört. Man beschäftigt sich mit der Organisation und Zusammenfassung der verschiedenen antisowjetischen Gruppen; langfristig soll erreicht werden, die Regierungen hinter dem Eisernen Vorhang zu stürzen (Tondi).

Das Russische Kollegium beschäftigt sich nicht nur mit geistiger Materie. Hier erscheint wöchentlich die Zeitschrift »Lettres de Rome«, ein offensichtlich politisches Organ einer antisowjetischen und antikommunistischen Aktion. Die Finanzierung solcher Aktivitäten erfolgt durch führende Kirchenorganisationen, Banken und Privatleute, die sich die Verherrlichung des Katholizismus auf das Banner geschrieben haben.

Also wird noch im frühen 20.Jh. Zersetzungsarbeit unter dem Deckmantel der römisch-katholischen Kirche betrieben. Dazu werden verschiedene Zeitschriften herausgegeben. So in russischer Sprache die »Russkaja Ideja« und die »Otovsiuda«, ein Bulletin für vertrauliche und geheime politische Informationen, das aus wenigen Exemplaren besteht.

Ich verweise in diesem Zusammenhang auf das Kapitel »Ein Volk, ein Krieg, ein Glaube«. Doch nun zurück zur Geschichte des Jesuitismus.

Scipio v. Ricci

Scipio v. Ricci wandte sich einst mit Enthusiasmus den Jesuiten zu[116] und sagte später: »... doch es fehlte mir die gehörige Einsicht, um die Eitelkeit und Nichtigkeit eines solchen Pfandes zu erkennen. Später sah ich die Klippen dieser Laufbahn ... da ich mich über die Intrigen des römischen Hofes unterrichtet hatte, fühlte ich, daß es nirgends auf der Welt schwieriger sein würde, als hier sein Glück zu machen, zu hohen Stellen zu gelangen und gleichzeitig ein ehrlicher Mann zu bleiben ... ich verabscheute die Umtriebe, von denen ich täglich Zeuge war[117] ... ich glaube, daß die Liebe zur Wahrheit und Gerechtigkeit das Niederschreiben erfordert ... ich will keine Ungerechtigkeit begehen, indem ich die Wahrheit unterschlage, die die Nachwelt wissen muß, damit sie jeden nach seinem Verdienst würdigen kann«(118).

Der Jesuit und spätere Bischof von Pistoja, Scipio v. Ricci[119] ist in gewisser Weise mit dem späteren Ordensbruder Alighiero Tondi vergleichbar. Auch er wird ein Opfer der ihn verfolgenden Geistlichkeit und auch er bringt Dinge ans Tageslicht, deren Verheimlichung für die Kirche von Interesse ist; so die Originalpapiere des letzten Ordensgenerals; er lüftet das Geheimnis um den Tod von Clemens XIV.[120] und eine »cronique scandaleuse« innerhalb der toskanischen Klöster, auf die ich anderweitig eingehe. Er sucht den Nachweis zu führen, daß Clemens XIV.[121] von Jesuiten beiseite geschafft worden ist, weil er ihren Orden aufgehoben hat. Jesuiten sollen (auch) versucht haben Kaiser Leopold I. und Innocenz XIII. zu vergiften. Aus der Gesamtbeurteilung heraus, vor allem wegen der von den Jesuiten verbreiteten staatsfeindlichen Ideen, scheint es denkbar.

Klemens XIV. geb. 31.1.1705 in Sant 'Angelo (Rimini), am 19.5.1769 zum Papst erhoben (vorher = Lorenzo Ganganelli), erlag am 22.9.1774 einem Giftanschlag. Der mäßig gebildete Papst verbarg unter der Maske der Liebenswürdigkeit einen schwächlichen Charakter, ängstliche Geheimniskrämerei und einen ungewöhnlichen Ehrgeiz. Er war unfähig, den auf ihn zukommenden Problemen zu begegnen. »... seine einzigen Vertrauten waren die Getreidewucherer und der korrupte Sohn eines Kochs, zwei Blutsauger«.

Als er erkannte, daß man als Feind der Jesuiten schneller vorankam, begann er mit ihrer Verfolgung. Er hebt am 21.7.1773 mit dem Breve »Dominus ac Redemptor« den Orden auf und liefert den schon greisen Ordensgeneral Ricci mit seinen Konsultoren dem sadistisch veranlagten Geistlichen Alfani aus. Ricci ist im Keller der Engelsburg gestorben (vergl. dazu das Bild im hinteren Buchdeckel). Heute ist erwiesen, daß das berüchtigte Breve als Diktat des spanischen Botschafters festgesetzt wurde und daß der Papst lediglich seine Unterschrift gegeben hat; es war der billige Triumph über den Orden - der ihm aus heutiger Sicht - nichts gebracht hat[122].

Unser Chronist unterhält zu Ricci einen ausgedehnten Schriftwechsel und bezeugt ihm gegenüber am 2.Juli 1775 sein Leid. Hierin wird betont, daß er sich nichts habe zuschulden kommen lassen und vor allem, daß er nicht den mindesten Grund seiner Verhaftung gegeben hat[123]. Außerdem hat sich ein Verhörsprotokoll erhalten, das auf der Engelsburg niedergeschrieben wird. In einer Kongregation bittet der General um seine Freilassung, denn: »... er sei bereits 71 Jahre alt, kränklich und unschuldig«. 1775 wird der gegen ihn geführte Prozeß öffentlich in Rom bekannt. Über sein kurz danach erfolgtes Ableben hat sich ein interessanter Brief erhalten[124] und ein Schriftstück, das über die Verteilung seiner Habe berichtet[125].

Zum Tod des Papstes Clemens XIV.

»... 1770 begann man die Prophezeiungen der Bäuerin Bernhardino Beruzzi aus Valentano zu diskutieren, die sie über die Jesuiten machte. Sie sagte: »... daß die Gesellschaft nicht aufgehoben würde, das Clemens XIV. einem berühmten Jesuit den Purpur übergeben und daß in kurzem die Jesuiten wieder in die Staaten zurückgerufen würden, aus denen man sie verjagt hat ... ja, daß der Papst seine Meinung über die Aufhebung des Ordens ändern würde ... für den 24.März kündigte die Betrogene den Tod des den Jesuiten verhaßten Papstes an«.

Wie kann eine einfältige Bäuerin um solche Dinge wissen, wenn man sie ihr nicht vorher aufgeschwatzt hat? Die Prophezeiung geht nicht in Erfüllung und auch nicht die folgende, die besagt, daß der Orden im August 1773 aufgehoben wird. Nun schalten sich weitere Verleumder ein. Man munkelt, daß sich die Jesuiten wieder begründen, und daß der Papst und die Fürsten, die an seiner Aufhebung schuld sein, sterben werden. Die Verbreiter dieser Nachrichten waren Jesuiten, die die Gerüchte mit trefflicher Berechnung ausstreuten[126].

Ungeachtet der Ränke bleibt der Papst 1 1/2 Jahre nach Auflösung der Gesellschaft bei bester Gesundheit, wenngleich er um die um ihn gesponnenen Spekulationen weiß.

»... der Papst hatte ein starke Konstitution, er war nur bisweilen Blähungen unterworfen, die sich in den starken Milzen bildeten. Er hatte eine sonore und starke Stimme, ging mit der Leichtigkeit eines Jünglings zu Fuß, hatte immer eine muntere Laune und war leutselig .. er besaß eine große Lebhaftigkeit des Geistes, aß mit Appetit und schlief nachts nur selten einige Minuten länger als fünf Stunden.

Einige Tage in der hl. Woche des Jahres 1774 empfand er während dem Mittagessen eine Art Erschütterung in der Brust und im Magen, gleichsam, als wenn es die Wirkung einer inneren Kälte wäre. Er schrieb es dem Zufall zu und dachte bald nicht mehr daran. Doch fing man an, eine Abnahme der Stimme des hl. Vaters wahrzunehmen, die durch einen Katarr von besonderer Art belegt schien. Jedermann fiel des Papstes sonderbare Heiserkeit auf. Hierauf klagte der hl. Vater über Entzündung und Brennen im Mund und in der Gurgel. Man bemerkte, daß er fast immer den Mund offenhielt. Von Zeit zu Zeit folgten Erbrechungen, stechende Schmerzen im Unterleib, Zurückhaltungen des Urins und eine immer weiter steigende Schwäche im Körper und in den Beinen.

Er war davon überzeugt, daß man ihm ein tödliches Gift beigebracht hatte, zumal man in seinem Zimmer Pillen von Gegengift fand, von denen er Gebrauch gemacht hatte. In diesem Zustand lebte er die Monate Mai, Juni und Juli. Überall verbreitete man, daß er bald sterben würde. Einige bestimmten den 16.Juli als Todestag. Als er vorüber war, sagten sie, daß der Papst nun im Oktober sterben würde.

Im Juli fing er eine Kur abführender Wasser an, die er jedes Jahr brauchte, um sich von den bösen Säften zu befreien, die sich auf seine Haut warfen und ihn jedes Jahr inkommodierten. Dieser Ausschlag trat im August verstärkt hervor. Dessen ungeachtet dauerte das Brennen in der Gurgel, die Gewohnheit den Mund offen zu halten und das außerordentliche Schwitzen fort. Ende August empfing er die Minister. Während dieser Zeit schrieb der General-Vikar von Padua dem Sekretär der Kongregation »de rubus jesuitarum« (= die Sache der Jesuiten), daß mehrere Ex-Jesuiten bei ihm gewesen seien, die heftige Ausfälle auf den Papst gemacht hätten und ihm erklärten, daß er Ende September sterben würde«.

Den 10. September abends bekam der Papst Fieber nebst einer Ohnmacht und eine gänzliche Erschlaffung aller Kräfte; man fürchtete, daß er sein Leben verlieren würde. Am gleichen Abend zapfte man ihm ungefähr 10 Unzen Blut ab, doch man fand kein Zeichen von Entzündung ... auch bei seinem Atemholen, am Urin und an der Brust bemerkte man nichts Beunruhigendes. Man sah, daß das Blut die gehörigen wässrigen Teile bildete, obgleich der Arzt erklärt hatte, daß die Krankheit aus Mangel an diesem entstanden wäre. Der Papst hatte am anderen Morgen um 11 Uhr kein Fieber mehr, und so blieb es den ganzen Tag. Den folgenden 12. September, stellten sich seine Kräfte wieder ein, so daß er am 14. und 15. Spaziergänge machen konnte und glaubte, nach Castel Gandolfo reisen zu können.

Den 15. September verfielen seine Heiligkeit in die vorige Schwäche, zu der sich außerordentlicher Schlaf gesellte ... der bis zum 18. September dauerte. Am 19. bekam er wieder Fieber, eine Geschwulst am Unterleib und Zurückhaltungen des Urins. Man ließ ihn zur Ader ... aber das Blut zeigte keine Spur von Entzündung. Die Brust und der Atem waren frei. Dann stellten sich Entzündungen ein, so daß man es für nötig hielt, ihm das Abendmahl zu geben. Die Nacht verbrachte der Papst in großer Unruhe. Am 21. ließ man ihn nochmals zur Ader. Am gleichen Abend gab man ihm die hl. Ölung ... er gab am 22. September, gegen 13.00 Uhr, seine Seele in exemplarischer Frömmigkeit auf«.

Ungefähr zur selben Stunde am folgenden Tag nahm man die Öffnung und Einbalsamierung des Leichnams vor. Ehe man dazu schritt, hatte man wahrgenommen, daß sein Gesicht bleifarbig, die Lippen und Nägel schwarz waren. Fast alle Teile des Körpers hatten blaue Flecken unter der Haut ... die Eingeweide, die krebsartig angefressen waren und entsetzlich rochen, hatte man in ein Gefäß getan, das um ein Uhr nachts sprang und das Zimmer mit einem abscheulichen Gestank erfüllte ... ungeachtet, daß man einige Stunden vorher alles einbalsamiert hatte. Den folgenden Morgen (24. September) war man genötigt, einige Ärzte kommen zu lassen ... denn der Leichnam gab einen fürchterlichen Gestank von sich.

Das Gesicht war geschwollen und hatte jene schwärzliche Farbe bekommen, die Hände waren schwarz und hatten auf der äußeren Seite zwei Finger dicke Blasen. Außerdem lief eine wässrige Materie mit verdorbenem Blut vermischt beständig in großer Quantität vom Körper längst dem Bett auf den Fußboden herab, so daß er damit ganz bedeckt war. Über dieses Pänomen staunten die Ärzte, besonders in den ersten 24 Stunden nach seinem Ableben, nachdem man den Körper gereinigt, die Eingeweide herausgenommen und alles mit Sorgfalt einbalsamiert hatte. Man wollte ihn in einen Sarg legen, was aber der Major Domus nicht zugeben wollte ... wegen des üblen Eindrucks, den dies auf das Publikum machen konnte; und (er) traf neue Vorkehrungen.

Als man dem Leichnam päpstliche Kleider anzog, blieb ein Teil der Wundbinde und der Haut daran hängen und man merkte, daß der Nagel des rechten Daumens lose war; man berührte den anderen, um zu sehen, welche Wirkung es hervorbringen würde und man überzeugte sich im Beisein vieler Personen, daß eine leichte Berührung hinreichte, um alle Nägel abzulösen.

Außerdem bekam er am ganzen Körper, Schenkel und Beine ausgenommen, einen Ausschlag. Viele seiner Haare blieben am Kopfkissen hängen. Endlich mußte der

Leichnam, ungeachtet aller angewandten Mittel und den Einbalsamierungen, auf eine Bahre gelegt werden.

Vieles von diesen merkwürdigen Vorfällen drang in das Publikum. Das römische Volk war aufs höchste skandaliert, in der Überzeugung, daß der Papst mit dem »Aquetta« vergiftet worden sei, das in Calabrien und Perugia angefertigt wird und das ... nach der allgemeinen Meinung, einen langsamen Tod herbeiführt, gerade auf die Art, wie es hier erzählt worden ist.

Nun verglichen die Beobachter die Prophezeiungen, die man verbreitet hatte, und die gewiß nicht von Gott ausgingen. Wenn man zu den falschen Verkündungen die Drohungen, die zu dieser Zeit erschienen und die sich auf diese Begebenheit beziehenden Bilder nimmt ... ferner die Entzündungen in der Gurgel und im Mund ... dieses allmähliche Schwinden seiner Kräfte, das Aufschwellen seines Unterleibes, die Zurückhaltungen des Urins, die Heiserkeit seiner Stimme, die Erbrechungen, die blau-schwarze Farbe des Leichnams, das Abfallen der Nägel und Haare, so kann man nicht begreifen, wie eine Entzündungskrankheit (wie es die Ärzte nannten) das Blut ohne sichtbare Merkmale gelassen und das Fieber neun Tage versteckt gehalten habe. Man deutet es auf die charakteristischen Zeichen desjenigen Giftes, das Paul Zachia, ein römischer Arzt, bezeichnete.

Fast alle Gifte verursachen ein Brennen in der Gurgel, Hitze und Entzündung, sagt Dardan. Sobald man das Gift genommen hat, entstehen Unruhe und Ekel. Wenn die Symptome mit großen Schmerzen im Magen, mit Herzklopfen, Verzückungen und ähnlichen Zufällen begleitet sind, ist dies ein untrügliches Zeichen eines tödlichen Giftes. Hierauf kommen stinkende Blähungen, ein unerträglicher Geruch aus dem Mund und von Zeit zu Zeit Erbrechungen. Auf diese folgt Husten, Aufschwellen des Bauches, Beängstigungen, ein schnelles Dahinschwinden der Kräfte, Aufhören des Pulsschlages und Herzstiche. Jetzt stellt sich kalter Schweiß und allgemei-

ner Frost ein, die Nägel werden blau, der Körper wird blaß, dann wechselt die Röte mit Blässe ab, die Zunge und die Lippen werden schwärzlich, ein nicht zu löschender Durst mit Heiserkeit der Stimme begleitet, stellt sich ein. Bei einigen bemerkt man einen ungewöhnlichen Hang zum Schlaf, die Zurückhaltung des Urins und dessen Brennen, einen Gestank am ganzen Körper. Das Essen erfolgt mit besonderer Schwerfälligkeit ... hinzu kommen rote und bleifarbene Flecken und eine außerordentliche Zerrüttung des Geistes«.

Die Beweise des Giftes nach dem Tod des Papste sind vielfältig. Galilea bemerkt besonders die blau-schwarzen Flecken auf der Haut, sowie einen pestilenzisch-unausstehlichen Geruch. Cardan legt besonderes Gewicht auf die schwarzen, leicht abfallenden Nägel und die Haare, die von selbst abfallen[127].

Nach der Vergiftung des Papstes wird der Kardinal Breschi zum Statthalter Gottes auf der sündigen Erde erhoben. Es haben sich einige Briefe erhalten, die Licht auf seine zwielichtige Wahl werfen[129]. Er verdankt seinen Erfolg Lorenzo Ricci, der ihm noch unter der Regierung von Clemens XIV. den Posten eines Schatzmeisters verschafft hat[129].

Die Jesuiten und der Hexenwahn

Die Stellung der Jesuiten in den deutschen Hexenprozessen ist bald zu einseitig glänzend, bald zu schwarz gezeichnet worden. »... es wäre unbegreiflich, wenn eine religiöse Genossenschaft, die mitten im Volkswahn und der daran geketteten Hinrichtungswut lebt, nicht von diesen Ideen infiltriert geworden wäre. Ein solches Wunder darf man selbst von den Jesuiten nicht erwarten, denn (auch) sie Kinder ihrer Zeit, d.h. den herrschenden Irrtümern ausgesetzt und unterworfen. Offiziell hat der Orden zu den Hexenprozessen nicht Stellung genommen. Das Wort Hexe oder Zauberer kommt in den Konstitutionen, den Dekreten der Generalkongregation und in den allgemeinen Verfügungen nicht vor[130].

Die Jesuiten greifen nicht direkt in die Hexenprozesse ein, denn die Beschäftigung mit der Hexerei tangiert sie am Rande. Ich verweise auf mein Hexenbuch, in dem die unter der Mitwirkung von Jesuiten zustandegekommenen Hexenprozesse behandelt sind. Es handelt sich im wesentlichen nur um zwei; einen gegen die Kölnerin Katharina Hennot und den anderen gegen die Nonne Renata Maria Sänger aus dem Kloster Zell bei Würzburg.

Unter ihnen gibt es Verteidiger, Fanatiker und Gegner. Als Gegenpol ist z.B. auf Martin DelRio und Friedrich Spee zu verweisen[131]. So übt das Buch des Jesuiten Martin DelRio »Disquisitiones magiae« einen großen und negativen Einfluß auf die Hexenprozesse aus, dessen Spur sich das 17. und 18.Jh. nachvollziehen läßt. Es erscheint 1599 in Löwen. Die folgenden Ausgaben 1600 und 1603 in Mainz. Die Ordensapprobation datiert vom 6.Juli 1598 (Lüttich). Der belgische Provinzial Olivierus Manareus hat sie unterzeichnet. Die königliche Approbation trägt das Datum: Löwen 8.Februar 1599.

Peter Canisius, nach Faber der erste auf deutschem Boden tätige Jesuit, schreibt am 20.November 1563 aus Augsburg: »... (hier) bestraft man die Hexen, welche sich merkwürdig vermehren. Ihre Freveltaten sind entsetzlich. Sie beneiden die Kinder um die Taufe und berauben sie derselben. Kindermörderinnnen finden sich in großer Armut darunter, ja einigen haben sie das Fleisch aufgezehrt, wie sie eingestehen. Man sah früher niemals so viel Leute so sehr sich dem Teufel ergeben und verschreiben. Unglaublich ist die Gottlosigkeit, Unkeuschheit und Grausamkeit, welche diese verworfenen Weiber unter der Anleitung Satans offen und insgeheim treiben ... an vielen Orten verbrennt man die verderblichen Unholdinnen des menschlichen Geschlechts ... und ... Freundinnen des christlichen Namens. Sie schaffen viele durch die Teufelskünste und Kräfte hinweg. Der gerechte Gott läßt das wegen der schweren Vergehen des Volkes zu, welche man durch keine Buße sühnt«. Es ist unbestritten, daß sich Canisius in den Fußstapfen des Hexenhammers bewegt.

Die Annalen des Jesuitenkollegs von Aschaffenburg berichten 1612: »... schreckliche Scharen von Hexen erfüllen hier alles mit Furcht; sie drohen nicht allein, sondern verursachen in der Tat Unfruchtbarkeit für die Äcker. Um ihre verderbliche Zauberei abzuwenden, hat der Mainzer Erzbischof ein dreitägiges Fasten und eine feierliche Prozession verordnet, wobei er selbst das Allerheiligste getragen hat«[132].

Der protestantische Prediger Lechios Leonhard sagt 1599: »... die Jesuiter wissen sich oftmals der Hexen und Zauberer öffentlich anzunehmen und wollen Barmherzigkeit für das Teufelsgesind, aus keiner anderen Ursache, als daß man ihnen selbst nicht den Prozeß mache und daß sie nicht zu Meister Hämmerlein und Auweh unter die Finger kommen«[133].

Von hier aus ist es ein Leichtes, den Jesuiten Zauberei zu unterstellen. Der Superintendet von Riga sagt 1626 in der ersten seiner »neun auserlesenen« Hexenpredigten: »... die Jesuiten sind gleichfalls in der Zauberei erfahren ... wie Danaeus bemerkt, daß ein vornehmer Jesuit mit Namen Maldonatus auf der Reise von Paris so ausführlich von der Zauberei gesprochen, daß seine Glaubensgenossen, welche ihm zugehört, ein Schrecken angetreten sei ... er habe nicht einmal, sondern etlichemale hören erzählen, daß die Bauern den Jesuitenpater Jan für einen Zauberer gehalten, denn wenn er sie zur Bäpstlerei nicht hat bewegen können, so hat er ihnen gedroht, dies und das solle ihnen und dem Vieh widerfahren ... und von Stund an ist's geschehen«[134].

Wegen der vielen Fälle von Bessesenheit, die Canisius 1569 in Augsburg beobachtet hat, erbittet er von seinen Oberen Verhaltensmaßregeln. Er treibt aus Anna Bernauerin, einer Dienerin im Fugerschen Haus, zehn Teufel aus, »... den letzten freilich erst nach einem harten Kampf in der Liebfrauenkapelle von Altötting«[135].

Von Rom aus ergeht an ihn die Mahnung: »... er solle keine Stunde mit Besessenen verlieren, da eine solche Beschäftigung nicht dem Institut entspreche und andere nützliche Arbeiten dadurch verhindert werden«.

Unsterbliche Jesuiten

Um die Jesuiten rankt sich das Gerücht, daß sie der besonderen Gnade Gottes sicher seien. Noch um 1632 herrscht in Italien die Ansicht vor, der Ordensgründer habe für die Jesuiten von Gott erwirkt, daß keiner von ihnen in der Todsünde sterben und verdammt werde, bis dreihundert Jahre verflossen seien«.

Dieser Aberwitz ruht auf einer Offenbarung von Franz Borgia, der von 1564-72 General der Gesellschaft gewesen ist, und den man 1671 heilig gesprochen hat. Sein Diener Melchior Marcus fand ihn einmal in seiner Zelle vor Freude weinend. Auf seine Frage antwortete er: »... wisse Bruder Marcus, daß Gott unsere Gesellschaft innig liebt, und ihr dieselbe Gnade erwiesen hat, wie früher dem Orden des hl. Benedikt, daß in den ersten dreihundert Jahren niemand, der in ihr bis zu seinem Tod verharrt, verdammt werden wird«.

Die gleiche Offenbarung soll Vincenz Caraffa, der von 1646-49 als General fungierte, gehabt haben. Im Kolleg von Neapel hielt er eine Exhortation über die Frage, ob einer, der als Jesuit sterbe, in die Hölle kommen könne. Er verneinte es. Dieselbe Offenbarung erfuhren P. Antonio Ruis, der Apostel von Paraguay, P. Castillo zu Lima und M. Paul de Salcedo. Als Eberhard Mecurian Provinzial von Flandern war (er war von 1573 an General) starb dort plötzlich ein Coadjutor. Als man die schon kalte Leiche in den Sarg legen wollte, wurde der Tote (wieder) lebendig und schrie: »... ich komme aus der Hölle ... die Teufel trugen mich (bereits) in die Tiefe; da erschien die hl. Jungfrau und gebot ihnen: »... lasset ihn los, denn er ist aus der Gesellschaft meines Sohnes und hat Gehorsam geübt«. Gleichzeitig sei mit ihm ein sittenloser Priester gestorben und

in die Hölle gekommen. Er selbst berichtet und starb darauf(hin) ein zweitesmal«.

Außerdem erhielt Alphons Rodriguez (gest. 1617, 1825 selig und 1888 heilig gesprochen), im Oktober 1599 während eines Gebetes nach Tisch die Offenbarung, daß nicht nur alle im Refektorium Anwesenden, sondern (auch) alle damals lebenden Jesuiten, die bis zu ihrem Tod in der Gesellschaft bleiben, selig werden«. Die gleiche Offenbarung widerfährt ihm nochmals 1614.

Zudem gibt es eine dritte Geschichte. Pater Matrez wird zu einem sterbenden Kapuziner gerufen, der im Ruf der Heiligkeit steht. Es war Pater Laurentius de Mola, (1857 in Bari gest.). Er sagte zu ihm: »... ich habe Sie rufen lassen, um ihnen mitzuteilen, was mit Gott zu verkünden befohlen hat; daß alle, die in der Gesellschaft Jesu sterben, in den Himmel kommen ... die Sache verhält sich, wie ich es Ihnen gesagt habe ... Gott hat es mir zu sagen aufgetragen«.

Überdies bestätigt die hl. Theresia aufgrund ihrer Vision das Privilegium exklusivum. Einmal sah der Pater Martin Guttierz die hl. Jungfrau mit einem weiten Mantel bekleidet und schloß kühn daraus: »... woraus zu ersehen, daß es den Söhnen der Gesellschaft Jesu ergeben ist, unter dem Mantel der hl. Jungfrau zu leben und zu sterben«.

Die neapolitanische Jungfrau Johanna Alexandro hatte am 7.Juli 1598 in der Jesuitenkirche eine Offenbarung, über die sie einen Bericht verfaßt hat. Christus soll zu ihr gesagt haben: »... ich wünsche, daß alle die Gesellschaft besonders lieben, weil es meine ist und ich sie beständig im Herzen trage ... der wahre Gehorsam ist mir am liebsten, weiteres verlange ich nicht ... daß ich Dir Unwürdigen die Vision habe zuteil werden lassen, ist eine Belohnung für den Gehorsam, den Du dem Pater Ludwig geleistet hast; diesem sollst Du alles erzählen und (weiterhin) seinen frommen Befehlen gehorchen.

Der Pater Terrien behandelt die Absurdität - denn die göttliche Existenz ist keinesfalls nachgewiesen - fast wie einen Glaubensartikel und macht sich anheischig, sie theologisch durch Offenbarungen, historisch durch die Zeugnisse von Heiligen und expertiell, durch authentische Tatsachen, zu beweisen. Er hebt hervor, was schon Cienfuegos bemerkt hat: »... daß Franz Borgia geoffenbart worden sei, bis zum Jahr 1840 werde kein Jesuit verlorengehen. Aber unter Verweis auf Terriens Buch bezeichnet ein anderer Jesuit den Glauben, daß alle Jesuiten selig werden, als eine begründete (= fundatissima) Meinung, die als probabel bezeichnet werden würde«[136]

Die politischen Aktivitäten der Jesuiten ziehen sich ab dem 16. Jh. wie ein roter Faden durch die Kirchengeschichte. Ich verweise auf die Kapitel »Moral auf Abwegen« und »Ein Volk, ein Krieg, ein Glaube« wo einige Fragmente des jesuitischen Treibens herausgearbeitet sind.

Fresko aus dem 13. Jh. Dargestellt ist ein Teil sog. Konstantin-Legende. Von 314 bis 335 war der als heilig angesehene Sylvester Papst (!). Kaiser Konstantin, der aussätzig gewesen sein soll - daher die Flecken auf seinem Körper -, erschienen im Traum zwei Gestalten, die ihm sagen, er solle sich von Sylvester erklären lassen, wer sie seien. Dieser verkündet dem Kaiser, es seien die Apostel Petrus und Paulus. Konstantin bekehrt sich und ist geheilt.

Moraltheologie auf Abwegen

In seiner ursprünglichen Form bedeutet die christliche Lehre eine Domäne von Glaube, Sitte und Moral. Als selbst deklarierte »unfehlbare« Hüterin in Glaubens- und Sittenfragen kann sich die Kirche (ihrer eigenen Ansicht zufolge) nicht irren. Stimmt dies? Und: was ist daraus geworden? Die moraltheologischen Vorstellungen reichen weit zurück. Bereits der Wormser Bischof Burchardus[1] äußert sich zu diesem Thema. Nach ihm soll man den Mädchen folgende Fragen stellen:

- Hast du getan, was gewisse Weiber zu tun pflegen, hast du irgend einen frevelhaften Anreiz oder ein Instrument nach der Art des männlichen Gliedes an die feine Haut deiner Wollust ... als dessen Ersatz an den Ort deiner Schamteile oder an den einer anderen gebracht, damit du Hurerei triebest mit andern Frauen oder diese mit demselben Instrument mir dir?

- Hast du getan, was gewisse Weiber zu tun pflegen, damit du mit dem soeben genannten Mittel zur Erregung oder irgend einem anderen Instrument selbst mit dir allein Hurerei triebest?

- Hast du getan, was gewisse Weiber zu tun pflegen, wenn sie die sie plagende Begierde befriedigen wollen, welche sich dann verbinden, soweit sie können, gleich, als wollten sie sich begatten und gegenseitig ihre Schamteile aneinanderbringen ... und so durch Reiben ihre Geilheit zu befriedigen streben?

- Hast du getan, was gewisse Weiber zu tun pflegen, daß du dich unter ein Tier gelegt und dieses durch irgendwelche Kunstgriffe zur Begattung gereizt hast ... damit es sich mit dir begatte?

So sieht ein Kirchenmann das vor 1.000 Jahren. Schon zeichnen sich die späteren Irrwege ab. Eine Grundlage findet die christliche Moraltheologie im 21. Kanon des 1215 unter Innocenz III. gehaltenen 4. Laterankonzils. Es bringt die Bestimmung der jährlichen Ohrenbeichte mit sich[22], dessen nega-

tive Auswirkungen bis heute anhalten. Zudem die Verpflichtung, an Sonn- und Feiertagen die Messe zu hören. In der weiteren Folge entstehen Buß- und Beichtbücher als Arbeitshilfe für die in der Regel ungebildeten Geistlichen. Der Kirchenlehrer Thomas v. Aquien widmet in seinem Büchlein »Beichtpraxis« ein Kapitel dem »Ausfluß des Samens ohne Lustgefühl«.

Raymund von Pennaforte (gest. 1245), der von Klemens VIII. heilig gesprochen wurde, will mit seinen Ausführungen, »... die Beichtväter bezüglich des Urteils über die Seelen unterstützen und sie in den Stand versetzen, ratend **und** urteilend die Sünden zu erkennen, bzw. diese »gerecht« zu beurteilen«. Nach dem Konzil von Trient(1245 - 63) steigt die Beichte zu einem besonderen Kontrollorgan und zum Prüfstein der Rechtgläubigen auf.

Die Beichte ist das machtvollste Instrument, über das die Kirche verfügt, um die Gläubigen zu kontrollieren und sie in einen geistigen Kerker zu zwingen. Ihre Einführung kann aus den sich widersprechenden Evangelien **nicht** abgeleitet werden.

Schon antike Priester reden der Masse ein, was Sünden sind und was sie zu glauben haben. Sie wollen sie ihnen danach »wieder« austreiben, um daran zu verdienen. Es dürfte die bittere Wahrheit sein. Der leichtgläubige Katholik erkennt im Priester einen Diener Gottes, einen Hüter und Lehrer der christlichen Religion, den Seelenhirte der Herde Christi. Diese Denkweise wird im Lauf der Zeit durch das Fehlverhalten der Geistlichkeit von selbst aufgeweicht und ad absurdum geführt.

Die katholische Moral unterscheidet wegen des notwendigen Sündenbekenntnisses die Sünden nach Art und Zahl. Nach dem Jesuit Lehmkuhl, »... sind sie nach der Art verschieden, wenn der Gegenstand, worauf sie sich erstrecken, verschieden ist«. Dazu hat sich ein bestimmtes System herausgeschält, nach denen Beichtväter vorzugehen haben. Vor allem unterscheidet man nach läßlichen und Todsünden. »... hier zeigt sich der pharisäisch-widerchristliche Geist. Die materielle

Unterscheidung der Sündengewichtigkeit wird für viele zur Quelle quälender Ängstlichkeit und zum Grab der christlichen Sittlichkeit«.

Kardinal Gousset, Erzbischof von Rheims, sagt: »... Sünden kann man begehen durch Gedanken, Begierden, Worte, Werke und Unterlassungen. Hinsichtlich der Gedankengänge unterscheidet man die verweilende Lust, die Begierde, Freude und das Wohlgefallen«. Die Sünden der vollendeten Unzucht zerfallen in natürliche und unnatürliche. Widernatürlich sind alle, bei denen wegen des Aktes die Kindererzeugung ausgeschlossen ist und wo der menschliche Samen gegen seine Bestimmung vergeudet wird. Der katholische Moraltheologe Heribert Jones teilt die menschlichen Körperteile in ehrbare, weniger ehrbare und unehrbare ein.

Nach Auffassung der katholischen Moraltheologie darf man nie formal zu einer Sünde beitragen, jedoch materiell, »... wenn (die Sünde) an sich nicht schlecht ist und wenn ein verhältnismäßig triftiger Grund dazu vorliegt«. Hier entstehen absurde Wortklaubereien[3] und auch hier kann man sich auf den Kirchenvater Thomas v. Aquien berufen[4].

Ab dem 16. Jh. wird der Beichtstuhl als unentbehrliches Requisit in den Dienst der Kirche gestellt[5]. Zu Beginn des 16. Jh. verfaßt der Mönch Jacob Philipp sein »Fragebuch vom Beichtstuhl«, das etwa 1.300 Fragen (des Beichtvaters) enthält. Schauen wir kurz hinein:

- Ob jemand seine Frau so brennend liebe, daß er, auch wenn sie nicht seine Frau wäre, mit ihr den Beischlaf ausführen wollte?

- Ob eine Frau mit ihrem eigenen oder einem anderen Mann sodomitisch verkehrt habe?

- Ob Frauen unter sich Unzucht getrieben haben?

- Ob eine Frau mit der Hilfe eines Instrumentes Unzucht treibe, oder ob sie zu unzüchtigen Zwecken einen Hund zu sich mit ins Bett nehme?

- Ob sich eine Frau ihrem Mann nackt gezeigt hat? usw.

Immer mehr entwickelt sich die Moraltheologie zur »Jurisprudentia divina« und artet in tausendfältige Spekulationen aus. Man will erreichen, daß eine Linie in diese Vorstellungen kommt, daß die Geistlichen und schließlich die Gläubigen lernen, im Sinn der Kirche das richtige Verständnis zum Thema »Sünden« zu bekommen. Im Lauf der Zeit entwickelt sich ein Formalismus, der mit Religiosität und einem **frei** wählbaren Glaube nichts mehr gemeinsam hat. Dazu zwei Beispiele:

- Fällt beim Austeilen der Kommunion eine Hostie zu Boden, so muß die Stelle abgewaschen und das benutzte Wasser in einen dafür bestimmten Behälter gegossen werden. Fällt sie auf den Busen einer Frau, so ist die Waschung besser zu unterlassen. Die Frau ist in die Sakristei zu führen. Dort muß sie die Hostie aus dem Busen holen, sie dem Priester geben und die Hände, mit denen sie die Hostie berührt hat, waschen«.

- »... fällt ein Tropfen des konsekrierten Weines in ein ganzes Faß nicht konsekrierten Weines, so darf der Inhalt dieses Fasses nur als Meßwein benutzt werden, obwohl einige sagen, er könne auch von Laien getrunken werden. Der Priester darf die konsekrierte Hostie nur mit dem Daumen und Zeigefinger anfassen«.

Bald ereifern sich die Moraltheologen - die sich von den gewöhnlichen spalten - mit nahezu allem, was das menschliche Leben und Zusammenleben betrifft: Kinderstillen, chirurgische Eingriffe, Wilddieberei, Abtreibung, Schwangerschaft, dem Gerichtsvollzieher, Kaiserschnitten, dem Geschlechtsleben in- und außerhalb der Ehe, Zins(wucher), Vorschriften für Kaufleute, Regeln für Buchhändler, Buchdrucker, Gastwirte usw.[6] Deutlich wird es u.a. an der Moraltheologie des Jesuiten Lehmkuhl[7].

Die größte Entfaltung erfährt die christliche Kasuistik in der nachtridentinischen Zeit und gelangt hier zu unglaublichen Auswüchsen; die Jesuiten haben sich mit »ihrer« Kasuistik die Möglichkeit geschaffen, jedwedes Ding von mehreren Seiten zu betrachten, und es dann so auszulegen, wie es ihren Zwecken am ehesten entsprach. Der Jesuit Sanchez gibt unumwunden zu: »... es ist von großem Nutzen, um vieles verdecken zu können, wenn nicht diese Art und Weise gestattet wäre ... man hat gerechte Ursache, sich solcher Zweideutigkeiten zu bedienen, sooft dies notwendig und nützlich ist, um das Heil des Körpers, die Ehre und das Vermögen zu schützen; oder zur Übung irgendeiner Tugend«.

So sagt der Dominikaner und Moralist Zanardus: »... wer unter ein und demselben Wollustantrieb mit mehreren Frauen oder mit derselben Frau mehrmals sündigt (der) begeht nur **eine** Sünde«.

Der Theologe Rousselot erwähnt: »... unter den Theologen ist es eine Streitfrage, ob, wer eine Jungfrau im After mißbraucht, dieses in der Beichte angeben muß, da sie eine mißbrauchte Jungfrau ist«. Der Kampf um die christliche Moral wogt durch das gesamte 18. Jh.; fast scheint es, als wäre sie ein Lieblingsthema der Jesuiten. Manch unnötige Wortschöpfung **muß** sich diesem Wollen stellen.

Moraltheologischer Probabilismus

Wir haben einen »jesuitisch« geprägten Begriff vor uns, der in der christlichen Kasuistik begründet ist. Da es mitunter schwer ist, »gerecht« über Sünden zu urteilen, wird die haarspalterische Dialektik des kirchlichen Probabilismus ersonnen. Was ist das?

Probabel nennt man, was gute Gründe hat und einem darum die Zustimmung nahelegt, ohne gleichzeitig die Besorgnis zu haben, das Gegenteil könne wahr sein, zu beseitigen. Bald unterscheidet man mehrere Varianten solcher Denkmodelle[(8)]; doch in der klerikalen Praxis gewinnt der Probabilismus die Überhand, während der Tutiorismus zurückfällt. Der Probabilismus weitet sich (leider rasch) in den theologischen Gefilden und über ganz Europa aus und ereicht im 17. / 18. Jh. suspekte Höhepunkte des menschlichen Aberwitzes.

Als Grundsatz wird erkannt: »... wo die Erlaubtheit oder Unerlaubtheit zweifelhaft sind, darf man der Ansicht, die betreffende Handlung oder Unterlassung seien erlaubt, folgen, wenn diese Ansicht probabel ist, obwohl es die entgegengesetzte auch - oder wenn sie sogar noch probabler ist«.

In manchen Fällen ist keine volle Gewißheit über eine Handlung zu erlangen; es stehen sich zwei Ansichten gegenüber. Jede davon ist möglich (= probabilis). Auf diesem schmalen Pfad wird ein monströses Lehrgebäude errichtet, an dem sich geschulte und gescheit wähnende Theologen Jahrhunderte festbeißen; daraus entstehen ausgeklügelte Verdrehungen. Bald unterscheidet man zwischen einer mehr oder minder möglichen Meinung, einer sicheren, einer dem Gesetz und / oder der Freiheit günstigeren. »... wer einen Vertrag abschließt, für dessen Erlaubtheit stärkere Gründe sprechen als dagegen, folgt der »opinio probabilor«; wer einen Vertrag abschließt, für dessen Erlaubtheit schwächere Gründe sprechen, folgt der »opinio minus probabilis« usw. Wann darf man nun der sicheren, weniger sicheren oder eher unsicheren Meinung folgen? Daraus konnte nichts Gescheites werden und doch durchzieht der Probabilismus das 18. Jh.; fast scheint es, als würden einzelne Jesuiten ihren ohnehin kanalisierten Verstand daran wetzen. Es versteht sich von selbst, daß sich diese »Klügeleien« haushoch - wenn nicht himmelweit - über den Köpfen der tributpflichtigen Christen abspielen.

Man erkennt die Schwierigkeit, zu vernünftigen Ergebissen zu kommen. Darum wird vorgetragen: »... das Urteil über die Probabilität steht allein gelehrten Männern zu, die in der Moraltheologie bewandert sind. Ungelehrte sollen sich nach dem Urteil der Beichtväter richten ... (aber) ... auch ein einziger Theologe kann durch sein Ansehen, trotz entgegengesetzter Meinung vieler, eine Ansicht probabel machen, wenn er gelehrt, rechtschaffen und klug ist«. Man erkennt die Haarspalterei, denn das Leben spielt sich nicht nur in theologischen Seminaren ab.

Die sachgerechte Umsetzung des Probabilismus ist kompliziert. So sagt der Kardinal Aguirre: »... in unserer Zeit gibt es kein göttliches, menschliches, natürliches oder positives Gesetz, dem viele unter dem hohen Schein des Porbabilismus ausweichen«. Der Dominikaner Vincenz Cotensen gelangt zu der Auffasung: »... es gibt für sittlich schlechte Menschen kein günstigeres, erwünschteres System als den Probabilismus. Aus ihm fließen täglich unzählige Irrtümer und Schandtaten. Nichts in der Sittenlehre steht durch ihn fest«[9].

Der ehemalige Kapuziner und spätere Kardinal Antonio Casini ruft: »... darauf laufen die verschiedenen in der Moral vorgetragenen Meinungen hinaus; den Vergehungen des gewöhnlichen Volkes Ernst und Strenge, den Verbrechen der Großen gegenüber Milde. Für jede ihrer Schandtaten findet sich eine milde Meinung und ein Prophet, der Nachsicht übt. Alle Welt wendet sich an den bieg-samen Richter, den nachsichtigen Theologe, den gefälligen Beichtvater und findet durch sie einen Vorwand, um zu sagen: »... wir wissen, daß es eine Meinung gibt, die uns gestattet, dies zu tun«.

1700 überreicht Bousset eine Denkschrift, in der er über den Probabilismus sagt: »... die laxe Moral tritt offen hervor. Die angebliche Probabilität macht so große Fortschritte, daß sie die Kirche mit dem Untergang bedroht. Das Übel ist umso gefährlicher, als es zu Urhebern Priester und Ordensleute hat, die das schlechte Mittel gewählt haben, um sich zu entschuldigen und die sich einbilden, sie leisten Gott einen Dienst, indem sie die Seelen durch falsche Milde gewinnen«.

Abbé de Rance, der Stifter des Trappistenorden, meint: »... was meine Ansichten über die christliche Moral betrifft, bekenne ich offen, daß ich mich ausschließlich an das halte, was uns Christus in seinen Evangelien gelehrt hat und wie es die heiligen Väter erklärt haben. Ich kann es weder billigen noch begreifen, daß man heilige Wahrheiten abschwächt, um die Neigungen der Natur zu stärken und um deren Gelüste zu begünstigen«. In ähnlicher Schärfe spricht sich später (1869) der Mainzer Bischof Ketteler gegen die Moraltheologie des Jesuiten Gury aus[10].

Der Dominikaner Concina wendet sich scharf gegen den Probabilismus[11], »... seit mehr als 1/2 Jahrhundert hat die christliche Sittenlehre den Ansturm schlechter Lehren ertragen ... diese Methode durchströmt den ganzen Leib der kasuistischen Theologie und es gibt fast kein Glied, dem sie keine Wunden beibringt. Es gibt nichts Laxes, Unrechtes, Schändliches, um nicht zu sagen Gottloses, was nicht mit dem wunderbaren Pinsel einer schrankenlosen Probabilität als fromm und heilig hinzustellen wäre. Es ist das Schlimmste aller Übel, die pestbringende Quelle, die den Seelen Verderben bringt«.

Selbst der Jesuit und gleichzeitige Kardinal Bellarmin gesteht: »... es würde heutzutage nicht so viel gesündigt, wenn die Lossprechung nicht so leicht gemacht würde. Der Probabilismus bietet ungezählte Möglichkeiten, sich an Sünden vorbeizujonglieren ... er wird von der Spitzfindigkeit der Theologen entschieden«. Otto v. Corvin, der Verfasser des legendären »Pfaffenspiegels« stellt Bellarmin ein anderes Zeugnis aus und sagt ihm nach: »... er habe selbst eine Geliebte gehabt und sich nebenbei zur Sodomiterei vier schöne Ziegen gehalten. Mehr könne man von einem Kardinal billigerweise nicht verlangen«.

Moralische Irrwege

»... wer sich mit Überwindung und würgendem Ekel durch den Unflat der katholischen Moraltheologie gearbeitet hat und wieder sittlichen Boden unter den Füßen trägt, stellt die Frage: »... wie war es möglich, daß eine Moral, die sich zum Christentum bekennt, so tief sinken konnte? Welchen Schmutz enthalten nicht die moraltheologischen Lehrbücher und: welche Schändlichkeiten breiten sie aus? Lodovico Sergardi, römischer Prälat und Vertrauter des Papstes Alexander VIII. schreibt: »... die Moraltheologie ist so, daß sich sittenreine Jünglinge hüten sollten, mit ihr in Berührung zu kommen ... sie wenden sich sonst der Schlechtigkeit zu«. Realität ist, daß sich innerhalb der römisch-katholischen Kirche ein Moralsystem entwickelt hat, dessen Inhalt in einem schneidenen Gegensatz zum Christentum und zur natürlichen Sittlichkeit steht. Dazu ein Beispiel:

Ein Zeitgenosse Liguoris, der Trappist Debreynne, hat die in vielen Auflagen erschienene Schrift »Essay sur la Theologia morale« verfaßt, in der er die sog. »Selbstbefleckung« bei Männern und Frauen pastoralmedizinisch erörtert. Sie ist vom bischöflichen Orinariat Mecheln approbiert und den Beichtvätern gewidmet. Maslowski: »... es ist das Ekelhafteste, was mir unter der theologischen Literatur unter die Augen gekommen ist«. Schauen wir kurz hinein. Der Autor über sich:

»... ich bedaure lebhaft, der Öffentlichkeit nicht ein neues einfaches Mittel gegen den Samenerguß mitteilen zu können. Ich wende es seit Jahren an und es hat mir gute Dienste geleistet. Gründe der Schickerlichkeit hindern mich daran, es zu veröffentlichen ... ich mache mir (aber) ein Vergnügen daraus, es Geistlichen und anderen vertrauenswerten Personen mitzuteilen, jedoch nur mündlich«.

Weiter: »... die Geschlechtsteile junger Mädchen sind von Natur aus mit einem vorherrschenden Drang nach Betätigung versehen, der alle (ihre) Neigungen beherrscht und sie dahin führt, die Teile ständig zu kitzeln, die Sitz der größten Reizbarkeit sind. Doch decken wir den Schleier über die Schändlichkeiten ... aus Rücksicht auf meine Leser enthalte ich mich, scheußliche Einzelheiten vorzuführen«.

Weiter: »... ein anderes Mittel, um sich bei Frauen zu vergewissern, ob ein gewisser Reiz an ihrem Geschlechtsteil krankhaft oder wollüstig ist, ist die Anwendung einer medizinischen Waschung, die meistens Erleicherung verschafft. Das Rezept ist: 5 Gramm Quecksilber, aufgelöst in einem Kaffeelöffel Alkohol. Man vermischt die Lösung mit einem halben Liter heißem Wasser und wäscht damit am Tag mehrmals die betreffenden Teile«[12].

Weiter: »... eine häufige Ursache sind die von verbrecherischen Händen leidenschaftlicher Wesen vorgenommenen Berührungen, wodurch unschuldige Kinder dem Unglück überantwortet werden. Die Kinderverderbe(rinnen) sind meistens Kinderfräulein, junge Dienstboten oder Ammen, die den kleinen Kindern beiderlei Geschlechts das traurige Geheimnis des Onanismus enthüllen«.

Er leitet den Abschnitt über den Onanismus beim weiblichen Geschlecht mit folgenden Worten ein: »... kennst du das herrliche Geschöpf Gottes und zugleich das Verderben der Natur? Kennst du das Weib, das strahlende, das herrliche, das so stolz ist auf ihre gebrechlichen Reize ... sie hatte sich selbst bewundert und an der Macht ihrer Schönheit Gefallen gefunden ... ihr Geist wurde gefesselt durch die Nichtigkeit, ihr Herz gefangen durch die Laster. Die Törichte; sie hat den Becher verbrecherischer Freude getrunken ... ihre Empfänglichkeit ist allzu häufig bemerkenswert durch ihre Verirrung und Entartung«. Haben wir nicht einen klassischen Frauenhasser - gleich Paulus, dem Begründer der römisch-katholischen Kirche - vor uns?

Der Trappist haut auf die sündigen Menschlein ein, vergißt aber, die peinliche Seite des Geschlechtslebens der Geistlichen zu berühren; die geheime Selbstbefleckung, die widernatürliche Befriedigung der Triebe, die u. a. Damiani 1049 in seinem »Liber Gomorrhianus« ans Tageslicht zieht. Papst Leo IX. gibt diesem Buch eine Bulle als Geleitbrief mit, wobei er Damiani lobt und die Wahrheit seiner Angaben bestätigt. Warum also haben wir zu fragen, kehrt man in klerikalen Kreisen nicht zuerst den eigenen Hof?

Ich verweise auf das Kapitel »Zölibat«, wo Fragmente zu diesem Thema zusammengetragen sind. Steht nicht in der Bibel: »... was siehest du aber den Splitter in deines Bruder Auge und wirst nicht gewahr des Balkens in deinem?«.

Alphons Maria de Liguori ... Fürst der Moraltheologie[13]

Was Thomas v. Aquien für die »katholische« Dogmatik ist, bedeutet (ungerechterweise) v. Ligouri für die »katholische« Moral, wenngleich sie diese Bezeichnung kaum verdient. Liguori wird zum intelektuellen Beherrscher des Beichtstuhles. Von einem Wert seiner Schriften kann keine Rede sein. Sie stellen einen Tiefstand moraltheologischer und asketischer Anschauungen dar[14]. Seine Ausführungen wimmeln von schriftstellerischen Liderlichkeiten. Seine Zitate sind der wunde Punkt. Er arbeitet unzuverlässig, vor allem in seiner Moral und in der Marienlehre.

Er zitiert unechte Kanons und verwendet Fälschungen, auf die bereits Thomas v. Aquien hereingefallen ist[15]. Hinzu kommt, daß wir über weite Strecken keinen »originären« Schreiber vor uns haben, denn sein achtbändiges moraltheologisches Werk ist (nur) eine Erweiterung und Fortsetzung der Arbeiten des Jesuiten Hermann Busenbaum (geb. 1600), die man später in Paris wegen der darin enthaltenen Unflätigkeiten durch einen Henker öffentlich verbrannt hat[16].

Es wird eine Moral vorgetragen, die mit wirklicher Sittlichkeit nichts gemeinsam hat[17]. Rücksichtslos wird die Frau in die Enge getrieben. »... sie muß dazu herhalten, um dem Mann Genüge zu tun ... denn die »Begattung« ist nach jesuitischer Lehre das beste und sicherste Heil- und Schutzmittel gegen die Begierde«[18]. Liguori behandelt den fleischlichen Akt der Begattung auf 72 Seiten. Er und seine Schüler kennen in der Ehe nur die tierische Vereinigung; sie wissen nichts vom Band der Liebe und der gegenseitigen Verantwortung.

Diesem kritischen Standpunkt steht die noble Meinung der Kirche gegenüber. Vielleicht mehr, weil Liguori vom Katholizismus durchdrungen ist und seine eigene Meinung an den Nagel der Unvernunft gehängt hat. Sein Leitspruch war »Gehorche dem Papst«. Er sagt: »... ich will nicht für mich denken, weder widersprechen noch sündigen. Ich glaube, was die Kirche lehrt und hoffe, mich zu retten durch die Verdienste Jesu Christi und der seligsten Jungfrau Maria (Anmerkung: die beide unbekannt sind) ... wer auf dem Weg Gottes fortschreiten will, unterwerfe sich einem gelehrten Beichtvater und gehorche diesem. Man soll ihm glauben, denn Gott wird nicht zulassen, daß er sich »irrt«. In dieser Formulierung liegt die Schwäche der geistigen Knechtschaft, die nahezu die

gesamte Kirchengeschichte auszeichnet und die in eine Sackgasse führen **mußte**.

Liguori gilt als Gegner von Voltaire und Rousseau. Als er von ihrem Tod erfährt, sagt er: »... Gott sei Dank, der in kurzer Zeit zwei Hauptfeinde der Kirche vernichtet hat[19]. Seine Schriften wenden sich (auch) gegen einige Gelehrte; so gegen Leibnitz und dessen kirchenkritische Arbeiten. Liguori äußert sich im Sinn der Kirche über die Bücherzensur. »... damit ein Buch vom kirchlichen Verbot getroffen werde, muß es über Religion handeln oder eine Ketzerei enthalten. Wieviel darf man in einem solchen Werk lesen, ehe man das Verbot übertritt? Einige sagen, eine Seite, einige sagen drei oder vier. Besser ist: stößt du beim Öffnen des Buches auf eine Stelle, die gegen den Glauben ist und liest du sie, so entgehst du der Exkommunikation nicht ... die kirchliche Strafe kann bereits denjenigen treffen, der lediglich das Inhaltsverzeichnis eines solchen Buches ließt ... diejenigen, die ketzerische Bücher besitzen, ohne sie zu lesen, verfallen der Kirchenstrafe, wenn sie die Bücher nicht ausliefern«.

Er verurteilt die Einwände derjenigen, die der Kirche das Recht der Bücherzensur absprechen[20]. Schon 1471 werden von den Franziskanern der strengen Observanz die Buchdruckerkunst und die Alchemie für tadelnswert erklärt und ihre Ausübung bei Strafe der Ungnade oder Entlassung verboten.

In der großen Moraltheologie Liguoris - schon in der ersten 1748 erschienenen Aufla-

Der Reformator Philipp Melanchton. Ein überzeugender Teufelsanbeter. Er sagt: »... ich trage keinen Zweifel, daß der Tanz der Ziegen, der Flug der Drachen und ähnliches die Spiegelfechterei böser Geister seien, um entweder die Leute zu erschrecken oder um sie zu betrügen. Das Schiffsvolk meint, das an den Masten sichtbare Feuer sei Castor und Pollux. Bisweilen erscheint Licht über den Ohren der Pferde. Es ist gewiß, daß dies alles Zauberwerk der Dämonen ist«. Gemälde von Lucas Cranach d. Ä. Frankfurt/Main.

ge - steht eine Abhandlung über die Unfehlbarkeit des Papstes und wird seine Vorrangstellung über das Allgemeine Konzil herausgestellt.

In einem weiteren Traktat handelt er von der römischen Kirche als der unfehlbaren Lehrerin und der einzigen Kirche des Heils schuldigen Gehorsam. Er läßt sich über das Zusammenwirken der menschlichen Freiheit und der göttlichen Gnade aus. Leo XIII. bescheinigt ihm: »... er hat am kräftigsten den Primat und das unfehlbare Lehramt des Papstes vertreten, die Ketzerei, die jansenitischen und febroanischen Irrtümer bekämpft, seine Moraltheologie ist in der ganzen Welt berühmt und bietet eine sichere Norm[21]. Außerdem gilt Liguori als schwärmerischer Marienverehrer. Er ist ein solcher Fanatiker, daß er noch auf dem Sterbebett einen Zettel zum Lobpreis der Unbefleckten Empfängnis verschluckt[22].

Pius VII. bestätigt am 15. Mai 1803 ein Dekret der Riten-Kongregation. »... daß an den Schriften Liguoris nichts Anstößiges zu finden sei«. Leo XII. bezeichnet seine Ausführungen als das »stärkste« Bollwerk gegen alles Schlechte. Pius VIII. sagt: »[23]... der Name Liguoris sei unter allen Völkern bekannt, sowohl wegen seiner vortrefflichen Taten als wegen seiner Schriften von Frömmigkeit und Gelehrsamkeit«. Gregor XVI. hebt hervor: »... es ist bemerkenswert, daß, obschon er ein fruchtbarer Schriftsteller war, seine Werke von den Gläubigen ohne Anstand gelesen werden ... wie es nach einer sorgfältigen Prüfung erkannt worden ist«[24].

Geradezu in den Himmel gelobt wird Liguori von Pius IX., dem die Kirche u. a. die gewaltsame Durchsetzung vom Dogma der Unfehlbarkeit verdankt[25]. In einem Dekret vom 23. März 1871[26] heißt es: »... Liguori hat die von den Ungläubigen und Jansenisten weit verbreitete Finsternis der Irrtümer zerstreut und beseitigt. Er hat ferner das Dunkel aufgehellt, das Zweifelhafte klargestellt, indem er durch die verwickelten, teils laxeren, teils strengeren Meinungen der Theologen einen sicheren

Weg gebahnt hat, auf dem die Christgläubigen ohne Anstoß wandeln können«.

Pius IX. bezeichnet ihn als einen Mann von ausgezeichneter Frömmigkeit ... vom Geist der Einsicht erfüllt ... die Aussprüche seiner Weisheit wie Regenschauer strömen lassen ... er habe seinen Mund aufgetan inmitten der Kirche, um durch gelehrte und fleißige Schriften die aus der Hölle heraufgeholte Pest (= Jansenismus) mit der Wurzel auszurotten und (ihn) vom Acker des Herrn zu vertilgen. Er habe außerdem Bücher voll heiliger Gelehrsamkeit und Frömmigkeit geschrieben. Um die Wahrheit des katholischen Glaubens zu erweisen und gegen Ketzer aller Art zu verteidigen, teils um die Rechte des katholischen Stuhles zu vertreten, teils um die Herzen der Gläubigen zur Frömmigkeit zu entzünden.«

Was über die Unfehlbarkeit des Papstes in den Werken Liguoris gesagt wird, ist klar und mit kräftigen Gründen erwiesen ... von seiner Weisheit werden die Völker erzählen und sein Lob wird verkünden die Gemeinde«[27].

Pius XII. hat Liguori zum himmlischen Schutzpatron aller Moraltheologen und Beichtväter aufgewertet. Noch 1954 ist eine vierbändige Neuausgabe seiner Werke erschienen. Das Leben dieses Mannes ist so bemerkenswert und wirft ein so krasses Licht auf die geistigen Auswüchse der Theologie, daß eine kurze Betrachtung sinnvoll ist.

Es ist erstaunlich, woher er seine Kenntnisse über die Funktion der menschlichen Sexualorgane hat, denn in seinem Heiligsprechungsprozeß wird herausgestellt, daß er sich nie mit Frauen abgegeben hat. Liguori beschäftigt sich u. v. a. mit der Eucharistie. Er sagt: »... eine große Streitfrage unter den Theologen ist, worin ihr Wesen besteht. Die erste Ansicht lehrt, daß ihr Wesen direkt in den Gestalten von Brot und Wein besteht, und daß der Leib und das Blut Christi nur indirekt zum Sakrament gehören, gleichsam als äußerlich Hinzuerwähntes. Die zweite Ansicht lehrt, das Wesen der Eucharistie bestehe gleichmäßig in den Gestalten von Brot und Wein und in dem Leibe und Blute Christi. Beide Ansichten sind probabel«.

Etwa 200 Jahre nach Liguori berichtet der Jesuit Alighiero Tondi, einst Professor an der Gregoriana (um 1940). »... die spitzfindigsten Fragen der Theologen nach den kleinsten Einzelheiten des Geschlechtslebens sind unmoralisch. Einige Professoren haben in ihrem Zimmer anatomische Nachbildungen und Gipsmodelle, um den Zöglingen, die um Aufklärung bitten, den Bau der Geschlechtsorgane zu veranschaulichen ... dies wäre unerläßlich, um das Priesteramt in der Beichte korrekt ausüben zu können«.

Noch nach Tondi erscheint 1944 in Rom die »Theologia moralis« von Aertnys in 2 Bänden. Darin befindet sich das Kapitel »Die Regeln des ehelichen Verkehrs« Schauen wird kurz hinein:

- In der Zeit der Menstruation ist der Koitus eine läßliche Sünde.

- In der Zeit der Schwangerschaft ist der Koitus erlaubt, wenn die Gefahr einer Frühgeburt ausgeschlossen ist.

- In der Zeit der Krankheit ist der Geschlechtsakt an sich unerlaubt, wenn aus bestimmten Gründen befürchtet werden muß, daß der Gesundheit in beachtlichem Maß geschadet wird.

- In der Zeit des Wochenflusses der Frau ist der Koitus nach allgemeinem und wahrscheinlichen Ermessen unerlaubt.

- Die natürliche Lage beim Geschlechtsakt ist die, wenn der Körper der Frau unten und der des Mannes oben liegt ... die unnatürliche Lage ist nach dem allgemeinen Urteil nur eine läßliche Sünde, weil dabei die Frau den männlichen Samen nicht passiv empfängt, sondern ihn aktiv in sich hineinzieht, wobei selten die Gefahr besteht, daß sich der Samen außerhalb der Vagina ergießt ... andere halten die unnatürliche Lage für eine Todsünde.

- Die unvollkommene Sodomie ist der im hinteren Gefäß der Frau vollzogene Koitus, gleichgültig ob der Mann den Samen außerhalb ausstößt oder nicht.

- Darf der Mann seiner Frau die eheliche Pflicht leisten, wenn ihm bekannt ist, daß sie die Vagina in der Nähe des Muttermundes mittels einem Occlusivpessars künstlich verschlossen hat?

- Es wird gefragt, ob der eheliche Beischlaf erlaubt sei, nachdem der Frau die Eierstöcke entfernt worden sind!

Wir sehen daraus, daß die katholische Moraltheologie mit der Zeit geht. Doch zurück zum Moralhüter Nr. 1 der römisch-katholischen Kirche.

Liguoris Leben

Alfons Maria Liguori wird am 27. September 1696 in Marinella, einem Landsitz seiner Familie (bei Neapel) geboren. Sein Vater war Kapitän der Galeeren. Er studiert Recht, wird 1713 mit Altersdispens Doktor und wirkt dann 10 Jahre als Advokat. 1723 verliert er einen Prozeß. Er gibt die juristische Tätigkeit auf und entschließt sich, Geistlicher zu werden.

Er studiert privat Theologie, vor allem unter der Leitung des Kanonikus Giulio Torni, wird 1725 Subdiakon, am 6. April 1726 Diakon und am 21. Dezember 1728 Priester. Schon davor tritt er der Kongregation »della Propaganda« in Neapel bei.

Nun entwickelt er sich zu einem geschätzten Beichtvater und beteiligt sich an der Abhaltung von Missionen. Wir sehen ihn 1729 mit der Ausbildung von Missionaren in China beschäftigt. Er empfängt eine Vision der Nonne Maria Celeste Costarosa. Sie bestimmt ihm, die »Kongregation des Allerheiligsten Erlösers« unter dem Landvolk zu gründen. Das Wappen dieser Vereinigung besteht aus einem Kreuz mit den Leidenswerkzeugen Christi auf drei Bergen, die man ihm nachträglich beigemessen hat. Nonnen und Geistliche wollen sie angeblich in einer heiligen Hostie gesehen haben. Liguori beugt sich diesem Wunsch und stiftet 1732 die »Congregatio Sanctissimi Nostri Redemptoris« (C. Ss. R.). Die Lehre stimmt im wesentlichen mit der der Jesuiten überein; in beiden herrscht der gleiche Geist, die Schlagrichtung differiert.

Am Stiftungstag besteht die Gruppe aus vier Priestern und einem Laienbruder unter der Leitung Liguoris. Er verlangt viel von seinen Mitläufern; Schlafen auf einem harten Strohsack, stets nur fünf Stunden Nachtruhe, Essen von hartem Brot und übermäßig gewürzten Speisen, knieendes Einnehmen der Mahlzeiten, Tragen von Bußhemden und Gewichten, tägliche Selbstgeißelung und strenges Fasten. Er selbst geht vorbildlich voran.

Im Zusammenhang mit visionären Nonnen entstehen Streitigkeiten und es kommt zu Anfeindungen seitens anderer Orden. 1749 wird die Kongregation von Benedikt XIV. bestätigt und Liguori als lebenslänglicher Rektor bestellt.

Schon zwei Jahre danach reicht der ausgetretene Pater Muscari eine Klage ein. Zerwürfnisse und Streitigkeiten bestimmen über weite Strecken das Ordensgeschehen und reichen bis zum Tod des Gründers (1785).

1747 will der König von Neapel Liguori zum Erzbischof von Palermo ernennen; es kommt nicht dazu. 1762 beruft ihn Clemens XIII. auf den Rat des Erzbischofs von Neapel, Kardinal Spinelli, zum Bischof von Sancta Agata 'Got. Das Bistum ist klein und verfügt über 30.000 Seelen. Obwohl sich 60 Kandidaten um dieses Amt bemühen, nimmt es Liguori nur widerwillig an. Er legt das geforderte Examen in der Gegenwart des Papstes ab und wird am 14. Juni präconisiert. Es versteht sich von selbst, daß er sich dieses Amt erkaufen muß. 13 Jahre bleibt er auf ihm sitzen. Zweimal will er wegen Kränklichkeit resignieren; 1775 wird ihm unter Pius VI. der Rücktritt gestattet.

Selbst als Bischof war Liguori mit päpstlicher Genehmigung Rector major der Redemptoristen geblieben. Später geht das Amt in die Hände eines P. Villani über. Liguoris enorme Augenschwäche hinderte ihn, ordentlich zu lesen; sein Gehörschaden erschwerte ihm das Vorlesen: Es machte ihm das Verlesen längerer Aktenstücke unmöglich. Manchmal diktierte er Briefe, hatte sich dabei aber nicht unter Kontrolle, was zu einem folgenschweren Fehler führt.

Die Redemptoristen bemühen sich um eine Anerkennung des Königs von Neapel. Die von Liguori geschickten Consultatoren können sich nicht durchsetzen. Sie nehmen ein neues »Regolamento« an, das die Kongregation der Weltlichkeit unterstellt. Jetzt stehen sie vor der Wahl: Annahme des Staatsfrackes oder Kapitulation! Liguori hat das Dokument leichtfertig unterschrieben. Als er den Mißgriff erkennt, sagt er bereuend: »... ich verdiene es, geschleift zu werden ... als Oberer hatte ich die Pflicht, die Schriftstücke selbst zu lesen, aber ich habe mich auf meinen Beichtvater verlassen«.

Seine Rechtfertigungsversuche stoßen in Rom auf wenig Gegenliebe. Es führt zu einem regelrechten Schisma. Am 22. September 1780 verfügt Pius IV. auf Antrag der Kongregation für die vier Häuser der Redemptoristen im Kirchenstaat einen Präses und sagt: »... die Ordensmitglieder in den Häusern des Königreiches Neapel seien aller Privilegien und Indulte verlustig und so anzusehen, als ob sie nie Mitglieder des Ordens gewesen wären«. Später wird Liguori kaltgestellt. Die Patres in Sizilien sagen sich von ihm los. 1790 nimmt der König die Einschränkung zurück. Daraufhin werden die Neapolitaner (wieder) in den Orden aufgenommen.

Auffallend sind seine Abtötungsmethoden in den Akten des Seligmachungsprozesses. Bereits als Geistlicher in Neapel geißelt sich scharf und rücksichtslos, übernimmt häufig Nachtwachen und fastet bis zur Erschöpfung. Er trägt Steinchen in den Schuhen, um das Gehen beschwerlicher zu machen. 1743 legt er das Gelübde ab, Samstag bei Wasser und Brot zu fasten. An drei Tagen in der Woche ißt er lediglich Suppe und Brot, so daß er vor Hunger kaum stehen kann. Fisch ißt er lediglich vom Kopf. Liguori ißt während seiner in den Kollegien zu Scala und Villa, wo er von 1732 bis 1736 lebt, auf eine besondere Weise: »... einen schweren Stein am Hals hängend, auf dem Boden sitzend und von Katzen umgeben, würgte er seine Speisen mit bitteren Kräutern hinunter ... was vom Essen übrig blieb, wollten nicht einmal die Bettler nehmen«. Selbst als Bischof unterschied sich seine Tafel in nichts von der eines Pfarrers.

Außer den in den Kongregationen üblichen Geißelungen geißelte sich Liguori, solang es sein körperlicher Zustand zuließ; täglich zwei Stunden vor Tagesanbruch und oft Nachts. Er schläft auf dem Boden mit Steinen unter den Bettüchern und hängt sich während des knapp bemessenen Schlafes Steine an die Füße; oft solange, bis das Blut spritzte[28].

Zur Bändigung des Geschlechtstriebes trug er einen Gürtel mit spitzen Nadeln (= cäcilium) um seine Lenden. Ein kleiner Koffer mit Geißelinstrumenten und Marterwerkzeugen befand sich unter seinem Bett[29]. Immer wieder mahnt er seine Pfarrer, den Frauen aus dem Weg zu gehen. Seinem Alter wie zum Spott quälen ihn flammende Regungen der Sinnlichkeit: »... ich alter und gebrechlicher Mann, sagte er während einer Priesterversammlung von Nocera, muß auf dem Weg von S. Michela bis hierher die Augen niederschlagen, um nicht Versuchungen gegen die Reinlichkeit zu bekommen«.

»... wer so lebt, wie er lebte, seine Tage zubringt, wie er es getan, wer so, wie dieser heilige Mann sich krampfhaft bemüht, seine Natürlichkeit zu überholen, der hat Verzükkungen, Visionen und Verklärungen. Die jenseitige Welt neigt sich gnädig zu ihm hinunter und wird zur geschauten Offenbarung«[30].

Die immerwährenden Anstrengungen, verbunden mit den vielen körperlichen Kasteiungen und Abtötungen, schwächten und erschütterten seine Gesundheit auf eine besorgniserregende Weise. Er fiel in eine schwere Krankheit, die ihn an den Rand des Grabes brachte. Der Arzt verlangte, ihm »schleunig« die letzte Wegzehrung zu reichen. Liguori aber begehrte, man solle ihm das Bild der seligsten Jungfrau bringen, vor der er sich dem Dienst Gottes geweiht und vor dem er seinen Degen niedergelegt hat. Sobald das Bild zu seinem Bett gebracht wurde, besserte sich sein Zustand und er erlangte seine vollständige Gesundheit zurück. Es ist ein Wunder, daß er alt geworden ist.

1768 bekommt er einen Gichtanfall, demzufolge sich sein Kopf nach vorn bis zur Brust krümmte, »... so daß ein Beschauer von hinten meinte, einen Mensch ohne Kopf zu sehen. Infolge dieser Krankheit konnte er bei der Messe stehend den Kelch nicht mehr heben. Ab 1783 ist er unfähig, die Messe zu zelebrieren. Außerdem rasierte er sich nicht, sondern schnitt sich die Barthaare mit einer Schere ab[31]. Folglich entzündete sich die Haut und bildete eiternde Wunden[32].

Liguori litt seit seiner Jugend an Skrupeln, die er zeitlebens zu unterdrücken suchte. Er legte sich gegenüber das Gelübde ab, einem Seelenführer zu folgen. Er überträgt sich der Leitung der hl. Jungfrau. Er führt ein Leben voller Angst und Gewissensbisse, »... die dichtesten Finsternisse legten sich um seinen Geist und bewirkten, daß er sich in einem Meer von Sünden versenkt erblickte. Überall gewahrte er Sünden, bei jedem Schritt fürchtete er zu stürzen ... die namenlose Angst, in der Ungnade Gottes zu sein, verfolgte ihn auf allen Wegen«.

Er lebte in einer steten Gewissensangst und immer wieder hörte man ihn beten: »... mein Jesus, laß mich nicht verdammt sein«. Oft kam es ihm vor, in der Hölle zu sein. Wiederholt erscheint dem Überhitzten der Teufel in der Gestalt ihm bekannter Personen und suchte ihn durch allerhand Reden zur Eitelkeit, Verzweiflung und zur Einwilligung in Sünden zu verleiten. Folgerichtig ist er - gleichsam wie alle Jesuiten - vom Teufelswahn befangen. In seiner Moraltheologie geht er darauf ein:

- Zur Bestialität rechnet man das geschlechtliche Vergehen mit dem Teufel. Diese Sünde wird zum Vergehen gegen die Religion, zur Sodomie, zum Inzest und zum Ehebruch, wenn sich die betreffende Person mit sodomitischer, ehebrecherischer und blutschänderischer Gier mit dem Teufel vermischt.

- »... ist ein Vertrag mit dem Teufel unter der Bedingung geschlossen, daß sich der Vertragsschließende nicht mehr mit dem Kreuzzeichen bezeichnen oder waschen darf, ist ihm dies zur Auflösung des Vertrages gestattet«[33].

Liguori brannte in einem heißen Verlangen nach der hl. Kommunion; manchmal rief er weinend: »Gebt mir Jesus«. Seine

Ängste steigerten sich vereinzelt so, daß Zeitgenossen an seinem Verstand zweifelten. Er erlaubte, bei einer Predigt einen Totenschädel zu zeigen, oder, wenn von der höllischen Pein gesprochen wurde, eine bildliche Darstellung einer Seele in den Flammen, bzw. in teuflischer Gesellschaft zu zeigen. Den Leichnam (einer ohne Zeichen der Reue gestorbenen öffentlichen Sünderin, die nicht in geweihter Erde zu liegen verdiente), ließ er hinter einer Gartenmauer verscharren.

Er bemüht sich um eine Einigung in seiner Diözese. Einer wird des Konkubinats beschuldigt und bei einem Handgefecht getötet. »Liguori beweinte den Untergang seiner Seele, wollte aber die Gelegenheit nicht vorübergehen lassen, ohne seinem Volk eine Warnung zu geben. Das Begräbnis des Unbußfertigen, der unter dem Fluch der Kirche gestorben war, sollte in aller Form das eines Gebannten sein. Die Leiche wird auf ein Lasttier gebunden, unter Begleitung von vier Fackeln zum Fluß Martorano gebracht und versenkt; so einfach war es damals mit dem Umweltsch(m)utz!

Liguoris steter Begleiter war der Rosenkranz. Als Bischof ordnete er an, am Schluß jeder Predigt die Zuhörer aufzufordern, um eine besondere Gnade zu bitten und in allen Kirchen samstags und sonntags eine besondere Marienpredigt vor dem ausgestellten Sakrament zu halten. Er hält in seinen Seminaren geheime Spione, um jederzeit über möglichst viel Leute Bescheid zu wissen; allein dadurch hat er sich als Christ disqualifiziert. Zudem vertritt er die Meinung, daß es für Nonnen unpassend sei, das Neue Testament in der Volkssprache zu lesen[34].

Wer erkennt nicht, daß wir einen religiös Kranken, Neurotiker und Psychopath vor uns haben, der von der Kirche hoch verehrt wird. Er war zur Leitung - auch der kleinsten Organisation - ungeeignet. Bereits 1753 muß er wegen zunehmender Schwäche seine persönliche Teilnahme an Missionen einschränken und sie 1759 aufgeben.

Liguori als Schriftsteller

Eine Betrachtung seines literarischen Nachlasses verdeutlicht, wessen Lied er singt. 1734 widmet er eine Geschichte der Ketzereien dem Marche Tanucci. 1748 veröffentlicht Liguori eine kleine italienische Abhandlung für Beichtväter. In mehreren Diözesen von Apulien gehört das Verfluchen von Toten zu den bischöflichen Reservationsfällen.

Liguori glaubte die Überzeugung gewonnen zu haben, daß es diejenigen, die der Sünde ergeben waren, keinesfalls auf die Seelen der Hingeschiedenen abgesehen hätten, sondern auf diese Weise nur ihrem Zorn gegenüber den Lebenden Luft machten und darin lediglich eine »läßliche« Sünde begehen, die sich **nicht** zu einem Reservatsfall eigne. Sofort erscheint in Rom eine scharfe Entgegnung; sie wirft ein helles Licht auf das niedrige Niveau in damaligen (!) Kirchenkreisen.

1749 schreibt er die scholastische Abhandlung über den »Rechten Gebrauch einer wahrscheinlichen Meinung beim Zusammenstoß mit einer wahrscheinlicheren«. Es handelt sich um eine Absage an den sog. »Rigorismus«. Liguori wendet sich (später) vom Probabilismus ab. In seiner Abhandlung »de justa probitione librorum nocuae lectionis«, die in Neapel mit der Approbation des königlichen Zensors, eines Dominikaners, erscheint, spricht er sich gegen verbotene Bücher aus.

Das erste größere Werk, das Liguori veröffentlicht, und das eine enorme Verbreitung gefunden hat, sind die »Glorie di maria«. Es erscheint 1750. Die »Herrlichkeiten Marias« werden im Oktober 1896 nachgedruckt. Darin wird gesagt: »... sie haben so viele Sünder bekehrt, als das Werk Buchstaben hat«. In dieser Publikation verbreitet er die Vorstellung, daß die gesamte göttliche Gnade durch Maria ausgeteilt wird, so daß kein Mensch ohne deren Vermittlung zur Seligkeit gelangen kann. Liguori sammelt die unglaublichsten Belege, um zu dokumentieren, daß die Gottesmutter die einzige und wahre Himmelskönigin ist. Er vermag sich nicht vorzustellen, daß es sich um eine aufgewärmte antike Legende handelt, die sich die römisch-katholische Kirche an das Banner geheftet hat!

Doch wie kommt sein berühmtestes Werk, die Moraltheologie, zustande? Liguori erzählt, daß er erste moraltheologische Studien unter der Leitung von Anhängern der »strengeren« Ansicht gemacht hat. Das erste Moralwerk, daß sie ihm in die Hände gegeben haben, sei das von Fr. Genet (Bischof von Vaison, C gest. 1702) gewesen; eines Verfechters der Probabilisten. Später wandte er sich der »Medulla« des Jesuiten Busenbaum zu. Er stellt in einem Rundschreiben an seine Ordensgenossen heraus: »... er habe zunächst für sie seine Moral geschrieben; er verlange nicht, daß man seinen Ansichten folge. Man möge, ehe man sie verwerfe, seine Gründe erwägen«. Sicher wollte Liguori keine sittliche Verwüstung schaffen.

Er schreibt über seine Moraltheologie »... kein Beichtvater darf das Studium der Moraltheologie unterbrechen«. Wir haben kein theoretisches Gebilde vor uns. Nach seinen - und anderen - Schriften werden die katholischen Priester in Seminaren, Lehranstalten und Universitäten »herangezogen«, »... sie sollen sie täglich studieren, die die Scham verletzenden Fragen sollen sie auswendig lernen«[35].

Nun liegt auf den katholischen Geistlichen (auch noch) die unnatürliche Last des Zölibates und wir haben zu fragen: werden sie nicht durch das tägliche Studium des moralischen Schmutzes zu Verfehlungen animiert? Liegt es nicht nahe, Frauen und Mädchen zum Ehebruch zu treiben, um persönliche Lüste zu befriedigen? ... zumal die Kirche ihre schützende Hand über die Geistlichen hält[36]. »... viele verdorbene Geistliche waren froh, daß sie die Ehe nicht an eine Frau fesselte. So konnten sie ihre Lüsternheit mit Abwechslung befriedigen, und, indem sie die Dirne, die ihnen nicht mehr gefiel, wegjagten, um sich eine andere zu nehmen«. Fischart nennt sie deshalb »Kuttenhengste«.

1762 legt Liguori eine »Kurze Abhandlung über den geregelten Gebrauch der wahrscheinlichen Meinung« vor. 1777 erscheint Liguoris »Regentenspiegel«. Darin will er

dokumentieren, daß sich die Fürsten Gott gegenüber gehorsam verhalten müssen. Als treffendes Beispiel für das rechte Verhalten eines katholischen Königs nennt er die Aufhebung des Ediktes von Nantes durch Ludwig XIV., demzufolge die Hugenotten in Frankreich ausgehoben worden sind. Der französische König Ludwig XIV. hebt am 22. Oktober 1685 die Gewissensfreiheit der Hugenotten auf. Unter allerlei Vorwänden werden deren Kirchen geschlossen und / oder zerstört. Ihre Prediger werden verjagt und den Mitgliedern der Gemeinden wird unter schwerer Strafandrohung das Auswandern verboten. Im September 1572 werden sie nahezu ausgerottet, als sie sich zur Hochzeitsfeier Heinrichs v. Navarra mit der Schwester des Königs, Margaretha, in Paris versammelt haben. König Karl trifft die verhängnisvolle Entscheidung zum Tod der als Ketzer Abgestempelten. Nun folgt die berüchtigte Bartholomäusnacht.

Das Blutbad beginnt am 24. August auf ein vom königlichen Palast mit der Glocke gegebenem Zeichen. Daraufhin werden etwa 30.000 der sich am Calvinismus orientierten Anhänger von fanatisierten Christen umgebracht. Im Vatikan löst dieses Verbrechen Jubel und die Prägung einer Gedenkmünze aus; Liguori sanktioniert im nachhinein den Mord.

Liguori starb unter schweren Gewissensnöten 1785 im gesegneten Alter von 90 Jahren. »Mir ist, als wenn mir Gott jedes meiner Worte ins Gesicht schleudere«, ist eines seiner letzten verbürgten Äußerungen. Unter den Deutschen, die die Ideen Liguoris aufgriffen und zu der ihren machten, ist an erster Stelle Clemens Maria Hofbauer zu nennen, der Vater des österreichischen und deutschen Zweiges der Redemptoristen.

Literarische Gegner

Während sich die Päpste gegenseitig überbieten, seine schriftstellerischen Leistungen hervorzukehren, wird von anderen die Problematik seiner Arbeiten erkannt. In Frankreich haben einige Bischöfe Liguoris Moral für die Geistlichkeit und ihre Seminare verboten. In einem 1827 in Amiens erschienenem Buch heißt es: »... wir schätzen die Moraltheologie Liguoris nicht viel höher als die eines Rigoristen ... wir wundern uns, daß seine Moraltheologie vom Probabilismus durchsäuert ist ... da doch die bessere Lehre der belgischen Theologen von der ligurischen himmelweit entfernt ist. Möchte die Moraltheologie Liguoris, nie oder nur ganz gesäubert das Licht der Welt erblicken«[37].

Der Abbé Jean Joseph Laboarde greift einige Sätze Liguoris an und protestiert 1851 offen gegen seine Heiligsprechung, »... weil die Theologen, die seine Werke geprüft haben, selbst der darin enthaltenen und verdorbenen Moral erlegen waren. Wenn seine Lehre richtig ist, wird der Weg der Christen ins Verderben führen«[38].

1864 erklärt der Kardinal Newmann in seinem Streit mit Charles Kingsley: »... ich erkläre offen, bestimmt und rückhaltlos, daß ich diesem heiligen Mann bezüglich dieses Teiles seiner Lehre nicht folge«[39].

»... diese Beförderung ist das Ungeheuerlichste, was je auf dem Gebiet der theologischen Lehre vorgekommen ist. Mir ist in der Kirchengeschichte kein Beispiel einer so furchtbaren, und verderblichen Wirkung bekannt, wie diese Beförderung zum Doctor ecclesiae, des Mannes, dessen falsche Moral, dessen verkehrter Marienkult, dessen beständiger Gebrauch der krassesten Fabeln und Fälschungen seine Schriften zu einem Magazin von Irrtümern und Lügen macht«[40].

Der Pfarrer Jeremiah Crowley sagt (auf S. 24 seines Buches »The Poe«. Aurora Missouri. 1913): »... die Theologie moralis des unter die Heiligen versetzten Liguori wie auch die des Paters Gury enthalten eine Unsumme sinnlicher Abenteuer, wie sie nur die Hölle hätte als solche vorschlagen können. Der Priester ist verpflichtet, die beichtenden Mädchen und die bußfertigen Frauen in der widerlichsten Weise auszufragen. Nicht nur ihre geheimen Handlungen, sondern auch ihre innersten Gedanken müssen sie in allen Einzelheiten dem im Beichtstuhl sitzenden männlichen Monstrum offenbaren. Liguori und Gury machen die jungverheiratete Frau zur geistigen, oft genug auch zur körperlichen

Sklavin eines listigen und unzüchtigen Beichtvaters. Er befragt sie über die intimsten und heiligsten Beziehungen zu ihrem Gatten, die sie bis ins kleinste Detail beschreiben muß, so als ob sie sündhaft wären ... viele Männer haben keine Ahnung davon, was in den Beichtstühlen ihren Frauen abverlangt wird«.

Liguori hatte schon zu seinen Lebzeiten Gegner. Die Chroniken berichten: »... diejenigen aber, die an der Verleumdung des Gottesmannes teilgenommen haben, fielen der gerechten Strafe Gottes anheim. Mehrere starben plötzlich, andere in der Verzweiflung. Die Zunge eines Weibes, das Al-phons verleumdet hatte, wurde vom Krebs zerfressen. Bei einem schlug am Tag der Abreise des heiligen Mannes der Blitz ein«.

Eine zuverlässige Quelle berichtet[41], daß unter dem Pontifikat von Pius IX. ein Professor für Moral in Rom ein Bordell für Geistliche unterhalten hat. In diesem Zusammenhang steht (vielleicht) die Frage: »... ein Ordensmann hat von seinem Oberen die Erlaubnis erhalten, eine gewisse Summe Geldes auszugeben. Er vertut sie im verbotenen Spiel mit einem Freudenmädchen. Hat er deshalb gegen das Gelübde der Armut gesündigt?

Heiligsprechung

Aus heutiger Sicht erscheint unerklärlich, wie die Kirche einen solchen Mann heilig sprechen konnte. Bald nach seinem Tod (1785) wird seine Heiligsprechung in Aussicht gestellt. Schon 1788 werden die bischöflichen Prozesse über seine Tugenden und Wunder eingeleitet. Die Akten werden 1793 nach Rom gesandt und aufgrund ihrer wird am 9. Juli 1794 die Einleitung des Seligmachungs-Prozesses angeordnet. Ab 1797 werden die Schriften Liguoris von der Riten-Kongregation geprüft. Sie erklärt 1803: »... sie hätten nichts einer Zensur Würdiges gefunden«.

Pius VII. bestätigt am 15. Mai 1803 das Urteil und dispensiert ihn von der Bestimmung, daß die Untersuchungen über seine Tugend erst 50 Jahre nach seinem Tod zu beginnen habe. Sie wird 1807 abgeschlossen, die weitere über seine Wunder 1809, während der Gefangenschaft des Papstes in Frankreich.

Am 15. September 1816 wird Liguori selig gesprochen. Am 28. Februar gestattet Pius VII. die Einleitung des Heiligsprechungsprozesses, bzw. die Untersuchung, über die zwei dazu erforderlichen Wunder. Am 16. Mai unterzeichnet Pius VIII. das Dekret und sagt: »... es könne mit Sicherheit zur Heiligsprechung geschritten werden«. Sein Nachfolger, Gregor XVI. wollte sie erst nach Ablauf von 5 anderen Prozessen vornehmen, »... damit die Verherrlichung der betreffenden Helden der Kirche an einem Tag gefeiert werden könne«.

So muß unser Moralist noch neun Jahre - bis zum 26. Mai 1839 - warten, um »Heiliger« im Sinn der römisch-katholischen Kirche zu werden. Es wird von 39 Kardinälen, 10 Patriarchen, 125 Erzbischöfen, 544 Bischöfen, 25 Ordensoberen und 4 theologischen Fakultäten (darunter Löwen, Bologna und Wien) beantragt, ihn zu einem »doctor ecclesiae« (= Kirchenlehrer) zu ernennen. Daraufhin werden seine Schriften nochmals geprüft. Die Riten-Kongregation spricht sich am 11. März 1871 für den Antrag aus ... so erscheint am 7. Juli 1871 das Breve des »frischgebackenen« Kirchenvaters Alphonso Maria de Liguori.

Die beiden Wunder sind die Heilung einer Antonia Tarzia von einer tödlichen Verletzung und die des Camaldulenser-Laienbruders Pietro Canali von einer fistulösen Wunde[42]. Zu den Akten des Seligmachungs-Prozesses werden viele andere Wunder gezählt. U.a. gab er einer Frau ein Almosen (Anmerkung; es ist deshalb ein Wunder, weil ansonst die Kirche keine Lira uneigennützig ausgibt).

Wie zahlreiche Zeugen bestätigen, sah man ihn längere Zeit in der Luft schweben, »... mit einem übernatürlichen Glanz übergossen«. Er ist mehrfach zugleich an zwei verschiedenen Orten gesehen worden; in der Kirche predigend und gleichzeitig in seinem Haus eine Beichte abnehmend. Zudem soll

er den Todestag des Papstes Clemens XIV. gekannt haben.

Viele Wunderdinge sind von ihm überliefert. Zu Foggia soll er während einer Bußpredigt eine Verzückung empfangen haben. Dem vor einem Marienbild Knienden erscheint die hl. Jungfrau. Ein von ihrem Haupt ausgehender Lichtstrahl läßt sich verklärend auf seinem Kopf nieder. In einer Höhle, in der er zu beten pflegte (wie sein Vorbild Ignatius v. Lojola) erschien sie ihm (noch) mehrfach, um Anweisungen zu erteilen.

Ein besonderes Wunder ist sicher die durch ihn erfolgte Verwandlung eines kranken Huhnes per Kreuzzeichen in einen Seefisch. Sein Diener, Dom. Ant. Janella, hat es gesehen und eidlich bestätigt.

Der totkranke Pater S. Rossi wurde 1775 gesund, nachdem Liguori einen Brief geschrieben hat. »... das Blut, das ein Diener Liguoris, als er vier Jahre vor seinem Tod zur Ader gelassen wurde, in einem Fläschen aufgefangen hat ... wurde zu bestimmten Zeiten flüssig und eignete sich dann umso mehr, (um) weitere Wunder zu bewirken«.

Hinzu kommen seine ungewöhnlichen Tugenden, denn sieben Beichtväter bezeugen: »... sie hätten nie eine Materie für die Absolution gefunden ... er habe nie das Kleid seiner Unschuld verloren ... nie habe er Gott durch eine schwere Sünde beleidigt«. Er trank nicht einmal einen Tropfen Wasser, ohne vorher seinen Beichtvater konsultiert zu haben».

Liguorische Moral[43]

Liguori behandelt - wie andere Moralisten - die gesamte Bandbreite der menschlichen Handlungen durch die Brille der Theologie. Er spricht über die sieben Hauptsünden, theologische Tugenden, vertritt Ansichten über die Zehn Gebote, über Zauberei, Verträge mit dem Teufel, äußert sich zur Eucharistie, über die Ehe, Jungfernschaft und Fehlgeburten, zur Körperhaltung beim Beischlaf und mit der Frage, wann dieser »erlaubt« sei.

Liguoris Argumente fließen in das theologisch-moralische Denken seiner Epoche; ja sie drücken ihr den Stempel auf. Erst so wird begreiflich, welch negativer Einfluß seinen Schriften beizumessen ist. Es ist kein Zufall, wenn Graf v. Hoensbroech den Jesuit Sanchez als »Klassiker der moraltheologischen Pornographie« bezeichnet[44]. Ich greife einige Punkte heraus:

- Zur Unterdrückung unkeuscher Versuchungen ist es zur Bezähmung der geschlechtlichen Regungen nützlich, die erregten Körperteile zu bedecken und zusammenzudrücken.

- Es genügt in der Beichte, den vollkommenen Beischlaf zu bekennen. Berührungen, Küsse und Umarmungen sind nicht als besondere Sünde anzugeben.

- Begehen Frauen eine Todsünde, die um ihre Schönheit hervorzuheben, ihre Brüste zeigen? Ich behaupte, daß, wenn die Entblößung nicht übermäßig ist, dies nicht schwer sündhaft genannt werden kann.

Ein weiterer Moralist: »... verheiratete Frauen oder solche, die zu heiraten wünschen, dürfen bei ihren Kleidern Schmuck und Schönheit berücksichtigen. Auch Ehefrauen dürfen es, damit sie von ihren Männern geliebt werden und diese (von) anderen Frauen ablenken ... auch ... um die Männer durch ihren Anblick zur Vollziehung des ehelichen Werkes anzulocken ... ist der Kleidungsausschnitt zu stark und sieht man die Brüste ... so ist es eine Todsünde.

- Ohne zu sündigen, dürfen Dienstboten ihren Herrn gewisse Dinge leisten. Sie dürfen ihn zum Bordell begleiten, seiner Maitresse Geschenke bringen und ihr die Tür öffnen ... dies hat lediglich entfernte Beziehungen zur Sünde.

- Eine Ehebrecherin kann dem Mann gegenüber den Ehebruch leugnen, indem sie dabei denkt: »... ich habe ihn nicht so begangen, daß ich ihn gestehen müßte«. Wenn sie den Ehebruch gebeichtet hat, kann sie sagen: »... ich bin unschuldig«.

- Wer ein Mädchen verführt, ist nicht verpflichtet, es zu heiraten. Vor allem aus Standesunterschieden, wenn er z. B. ein Adliger, sie aber (nur) die Tochter eines Bauern ist.

- Nach der allgemeinen Ansicht ist es eine läßliche Sünde zur Kommunion zu gehen, wenn man in der Nacht zuvor den ehelichen Beischlaf aus Wollust gepflogen hat; geschah er (aber) der Kindererzeugung wegen, so ist es geraten, an diesem Tag die Kommunion zu erhalten.

- Jede fleischliche Ergötzung, d. h. jede Erregung der zur Zeugung dienenden Triebe ist Selbstbefleckung ... besonders bei Personen, die zum Beischlaf fähig sind.

- Küsse, die lange und mit Inbrunst gegeben werden, sind eine Todsünde.

- Die Geschlechtsteile einer Person des gleichen Geschlechtes ansehen, ist unter Ausschluß der Gefahr fleischlicher Zustimmung nicht schwer sündhaft ... außer man neigt zur Sodomie oder der Angeschaute ist ein schöner (nackter) Jüngling.

- Die Freude einer Witwe an einer ehelichen Umarmung mit ihrem Mann ist an und für sich nicht sündhaft. Sie wird aber leicht sündhaft wegen der damit verbundenen Gefahr. Die Ergötzung am früheren Wollustgefühl ist für eine Witwe sündhaft.

- Ehrbare Teile einer schönen Frau ansehen, geschieht selten ohne läßliche Sünde.

- Scharf zu tadeln hat es der Beichtvater, wenn sich Eheleute gegenseitig an den Geschlechtsteilen lecken.

- Ein Ordensmann, der mit seinen Händen bei einem anderen den Samenerguß hervorruft, begeht ein Sakrileg, selbst wenn er es ohne Ergötzung tut.

- Ehelicher Beischlaf in der Kirche ist ein Sakrileg.

- Wahre Sodomie ist der Beischlaf zwischen zwei Frauen, obwohl einige Theologen diesen Beischlaf, auch wenn er im After vollzogen wird, unechte Sodomie nennen, da ein wirklicher zwischen Frauen nicht stattfinden kann.

- Eine widernatürliche Süde ist die Sodomie. Die vollkommene Sodomie besteht in der fleischlichen Verbindung zweier Personen des gleichen Geschlechts.

- Unvollkommene Sodomie ist vorhanden, wenn sie zwar unter Personen verschiedenen Geschlechts stattfindet, die fleischliche Verbindung aber durch Körperorgane bewerkstelligt wird, die dazu nicht bestimmt sind.

- Erfolgt der Beischlaf zwischen den Beinen, Armen oder anderen Körperteilen, kann dies gewissermaßen als »angefangener« Beischlaf bezeichnet werden.

- Wenn der Mann den Beischlaf im Mund einer Frau vollzieht, so ist das ein »begonnener« Beischlaf, wenn er im Mund eines Mannes erfolgt, Sodomie.

- »... wenn nämlich der Mann sein Geschlechtsteil in den Mund eines Weibes steckt ... hierüber in der Beichte Fragen zu stellen, halte ich für sehr unklug ... und wenn schon, so soll der Beichtvater möglichst keusch fragen: »... ob sie denn ihren Mund mißbraucht habe?«.

- Ist es eine Todsünde, wenn der Mann sein Glied in den Mund einer Frau steckt? ... weil wegen der Wärme des Mundes die Gefahr der Selbstbefleckung vorliegt, und weil diese Handlung eine Art widernatürlicher Unzucht zu sein scheint.

- Was für eine Sünde ist der Beischlaf mit einer weiblichen Leiche? ... er ist Selbstbefleckung mit dem Hang zum Beischlaf.

- Kitzeln an den Geschlechtsteilen gestattet Liguori durch Kratzen und Berühren zu mildern, auch wenn dadurch möglicherweise eine Selbstbefleckung entsteht.

- Küsse und Berührungen unter Brautleuten sind u. U. Todsünden; sie dürfen sich nicht auf den künftigen Beischlaf freuen.

- Eine Braut, die für reich, adelig, schön und jungfräulich gilt, braucht nicht zu sagen, daß sie in Wirklichkeit arm, bürgerlich, häßlich und verführt ist. Sie kann dem Bräutigam zweideutig antworten.

- Eine Braut kann ohne Sünde Kunstmittel anwenden, um zu verhindern, daß der Bräutigam bemerkt, sie sei keine Jungfrau mehr.

- **Die Ehe ist das Sakrament, wodurch ein Mann und ein Weib sich gegenseitig ihre Leiber zum gemeinschaftlichen Leben, zur Kindererzeugung und als Mittel gegen die Begierlichkeit übergeben.**

- Die Samenausgießung außerhalb des ehelichen Beischlafes muß als Todsünde verboten sein.

- Die vollendete Unzuchtsünde besteht in der freiwilligen, fleischlichen Vermischung lediger Personen verschiedenen Geschlechts.

- Einige Theologen sagen, die Leistung der ehelichen Pflicht nach dem Mittagessen sei unerlaubt, weil dies wegen der Verdauung Schaden bringen kann. Der hl. Antonin berichtet, daß jemand aus diesem Grund schwindsüchtig geworden sei. Er sagt aber auch: »... wenn dies wahr wäre, wären fast alle Eheleute schwindsüchtig«.

- Ist es eine Todsünde, wenn ein Mann sein Glied am After der Frau reibt? Eine solche Berührung kann nicht ohne sodomitische Absicht geschehen.

- Sündigt ein Ehemann schwer, der den Beischlaf im After beginnt mit der Absicht, ihn am natürlichen Ort zu vollziehen?

- Sanchez erklärt es als Todsünde, wenn der Mann während des Beischlafes seinen Finger in den After der Frau steckt, weil das sodomitische Begierde sei (übrigens sind Eheleute, die solches tun, in der Beichte heftig zu tadeln).

- Auch den Ekel vor der Häßlichkeit der Frau, die beim Mann, die zum Beischlaf nötige Erregung einem schönen Weib gegenübersteht, kann Grund für die Nichtigkeit der Ehe sein.

- Kann ein Ehemann den Ehebruch seiner Frau zulassen, um durch ihn einen Grund der Ehescheidung zu erlangen? (der Jesuit Castropalo).

- Wann ist die Herbeiführung einer Fehlgeburt erlaubt? Darf eine Mutter in äußerster Lebensgefahr ein Mittel nehmen, um den unbeseelten Embryo abzutreiben? Die direkte Abtreibung ist immer sündhaft. Die Jesuiten Sanchez und Viva lehren (!), es sei einer vergewaltigten Frau erlaubt, den männlichen Samen auszutreiben, um ihre Schande zu vermeiden«.

- Muß die Frau trotz der vom kirchlichen Richter erfolgten Entscheidung, zu ihrem ersten Mann zurückkehren, wenn ihre Geschlechtsteile durch den häufigen Beischlaf mit ihrem zweiten Mann für den ersten passend geworden sind? Manche Theologen bejahen diese Frage.

- Ist eine enggebaute Frau verpflichtet, sich operieren zu lassen, damit sie zum Beischlaf fähig wird?

- Ist die Ehefrau verpflichtet, sich mit einem Werkzeug einen Schnitt machen zu lassen, wenn der Ehemann wegen der Jungfernschaft nicht den Beischlaf mit ihr vollziehen kann? Alle Theologen sind sich darüber einig!

- Die gewaltsame Entführung ist ein Ehehindernis. Damit dies aber eintrete, genügt es nicht, die Frau von einem Zimmer in das andere zu schleppen und sie dort zu vergewaltigen.

- Nackte Statuen, die mit Fleischfarbe bemalt sind, reizen weit mehr zur Unzucht als nichtbemalte. Schwer sündhaft ist es, obszöne Bilder und Statuen zu bemalen, sie photographisch zu vervielfältigen, offen feil zu halten .. (und) sie in Häusern und Gärten aufzustellen.

- Zuweilen ist es erlaubt, uneheliche Kinder auszusetzen, um die Schande für die Eltern zu vermeiden. Man soll aber darauf achten, daß sie nicht durch die Kälte umkommen ... man soll sie vorher taufen und ihnen einen Zettel mitgeben, auf dem die Taufe bezeugt ist[45].

- Kindermädchen, die kleine Knaben berühren, begehen keine Todsünde, da wegen des kindlichen Alters die Gefahr der Einwilligung auf die Lust gering ist. Sehr leicht ist es eine Todsünde, Kinder an den Geschlechtsteilen zu kitzeln.

- Wenn eine Frau ohne Widerstand das längere Berühren ihrer Brust zuläßt, ist dies für gewöhnlich eine Todsünde.

- Der Onanismus setzt sich zusammen bei ledigen Personen aus der Verkehrtheit des unerlaubten Beischlafs und der Pollution.

- Ist der Mann Onanist, soll die Frau trachten, ihn durch Ermahnungen und Bitten von diesem Laster abzubringen. Die onanistische Sünde des Mannes darf die Frau nicht billigen.

- Das Weib sündigt schwer, wenn es nach dem Beischlaf den männlichen Samen durch Waschung oder auf eine andere Weise entfernen will. »... wenn sie gleich nach dem Beischlaf, um eine Empfängnis zu verhüten, sich aufrichtet oder Wasser läßt, sündigt sie schwer«[46].

Jesuitische Moral

Das Aufgelistete erhebt einen erheblichen - doch sehr fragwürdigen - Anspruch. Es steht »krass« im Widerspruch zur »gelebten« Moral innerhalb der Kirche. »... mit unendlichem Eifer haben die Jesuiten zu allen Zeiten der Unzucht, oblegen. Keinen Ort, keine Verkleidung, keine Ränke haben sie gescheut, um ihre Triebe zu befriedigen[47]. Schuld daran sind jedoch nicht sie, sondern die Kirche selbst, denn sie hat ihnen das unnatürliche Zölibat umgehängt.

Der Jesuit Banzi lehrt, daß es erlaubt sei, Nonnen in die Wangen zu kneifen, bzw. deren Brüste zu betasten[48]. 1640 lehrt der Jesuit Hereau in Paris: »... es sei verheirateten Frauen und geschwängerten Mädchen erlaubt, die Leibesfrucht durch Getränke abzutreiben«[49]. Der Jesuit Esobar ist der Auffassung: »... was eine Ehefrau durch Unzucht erwerbe, dürfe sie als rechtmäßig erworbenes Gut ansehen«[50]; außerdem sei einem Priester unbedenklich Sodomie erlaubt. Dies wäre kein Verbrechen«[51].

»Beichtväter oder Theologen, die beim Beichthören oder im Berufsleben durch die unfreiwillige Erinnerung an gehörte Sünden eine Pollution (= Samenerguß) erleiden (!), sündigen nicht, wenn sie nicht einwilligen. Wer wundert sich, wenn das Pariser Parlament 1761 die Schriften von mehr als 20 Jesuiten als unmoralisch, abscheulich und gotteslästerlich verdammt und einen Scharfrichter beauftragt, sie öffentlich auf einem Scheiterhaufen zu verbrennen[52].

».. der Kaufmann Poitevin, ein unbescholtener Mann, kam in die jesuitische Kapelle und vernahm das Ächszen eines Mannes und ein Stöhnen einer Frau, das aus dem Beichtstuhl kam ... er fand, daß ein Jesuit mit einem Mädchen Unzucht getrieben hatte. »... in der gleichen Kirche hat man in der Sakristei des jesuitischen Kollegiums Pater Surin dicht hinter dem Altar mit einer jungen Dame gefunden. »Mädchen haben sich beklagt, daß sie Pater Regnier durch schmutzige Fragen zum Bösen verleite ... indem er sie frage, ob sie bereits diese oder jene Stellung, die er ihnen jeweils vorzeigte, versucht hätten«. Pierre Regnier hatte fast sein ganzes Leben hindurch mit Weibern in der Kirche Unzucht getrieben [53].Oft wurde der Beichtstuhl dazu benutzt, um Mädchen und verheiratete Frauen zu verführen. So hat Insirino, ein Augustinereremit aus Padua, alle seine Beichttöchter verführt. Kein Ort war ihm heilig. So beging ein Kaplan von Solothurn die schreiende Sünde, die Orgel zum Schauplatz seiner unerlaubten Freude zu machen.

Manian, einer der ausgezeichnetsten Redner, die die Jesuiten an der Kirche St. Didier zu Poitiers gehabt haben, hat das Gotteshaus entheiligt, indem er eine nicht allzu fromme Frau in die Kirche gelockt hat und schändete«[54]. Pater Marin soll ihn dabei überrascht haben.

»... Etienne Petiot warf sich als zarte Brünette im Beichtstuhl vor seine Füße ... er entließ sie mit mehr Sünden, als mit denen sie eingetreten war«. Später überredete er sie, in Knabenkleidung zu ihm zu kommen und sie in einem von den übrigen Brüdern entferntem Zimmer zu halten, bei ihm zu leben und den höchsten Taumel der Lüste zu feiern«[55].

Selbst die exorzistische Praxis muß herhalten: »... die Gewohnheit hat sich eingebürgert, daß die Exorzisten junge Mädchen an den besessenen Teilen wie Hals, Arme und Brüste berühren ... manchmal springt der Teufel blitzartig vom Hals auf die Brust über,

wo er sich in den Brüsten verbirgt, die der Exorzist salben und berühren muß ... von dort geht der Teufel in die Geschlechtsteile ... aus christlicher Liebe salbt der Priester (auch) diese. Aber siehe! Aus dieser Berührung läßt der Teufel für das Mädchen plötzlich ein großes Lustgefühl aufkommen .... woraus häufig Vergehungen erfolgen«.

Ich möchte an einigen Beispielen zeigen - und es gäbe Hunderte - wie sich die Moralvorstellungen der römisch-katholischen Kirche in die Praxis umsetzen lassen.

Katharina Cadiere

war die Tochter eines wohlhabenden Kaufmannes aus Toulun. Sie wird am 12. November 1702 geboren und hat drei Brüder. Der älteste heiratet, der zweite wird Dominikaner und der dritte Laienpriester. Die Mutter ist bigott, der Vater früh verstorben; sie neigt aufgrund der strengreligiösen Erziehung zur mystischen Schwärmerei, denkt an Visionen und Offenbarungen ... in ihr entsteht der Wunsch, eine Märtyrerin zu werden.

Als sie 25 Jahre alt ist - kommt 1728 der Jesuit Johann Baptist Girad als Rektor des Königlichen Seminars der Schiffsprediger in Toulun an. Der Ruf eines ausgezeichneten Kanzelredners geht ihm voraus... zahlreiche Mädchen treten dem Orden bei, um unter seiner Leitung Übungen zu veranstalten. »... wie eine Spinne ihr Opfer mit unendlich vielen feinen Fäden umzieht, bevor sie ihm das Blut aussaugt, so war auch der Jesuit bemüht, seine Opfer im Netz der raffiniertesten Sinnlichkeit zu fangen«. Als er merkte, wie die Mädchen immer heftiger für ihn schwärmten, begann er seine Taktik zu ändern.

Die meisten von ihnen ahnten aus Einfalt nichts Böses. So wurde ihm u. a. die Beichttochter »Fräulein Guiol« übergeben und ließ sich nach seinen Vorstellungen gebrauchen. Sie war ein gescheites und durchtriebenes Geschöpf. Zu den Pönitientinnen gehörte (auch) Katharina Cadiere. Das in seiner vollsten Blüte prangende Mädchen erregte seine Sinnlichkeit. Nun macht der Pater die Guiol zu seiner Vertrauten, um so zu versuchen, an die schöne Cadiere heranzukommen. Er rühmt ihre besonderen Anlagen und prophezeit, daß er mit ihr Besonderes vorhabe. Katharina war längere Zeit krank und besuchte Girad im Refektorium der Jesuiten. Er machte ihr zärtliche Vorwürfe, daß sie ihn habe während ihrer Krankheit nie rufen lassen, und er gab ihr einen »glühenden« Kuß.

Katharina mußte ihm in den Beichtstuhl folgen; hier erforschte er ihre Stimmungen, befahl ihr, täglich zum Abendmahl zu gehen und die Kirche fleißig zu besuchen. Er weissagte ihr Visionen und ermahnte sie, ihn ständig davon zu unterrichten. Bald stellt sich dies ein. Sie erhitzten ihr Blut und ihren Verstand. Endlich klagte sie ihm, daß sie nicht mehr imstande sei, ihm die heftige Liebe (zu ihm) zu verbergen.

Er kontert geschickt: »... die Liebe, die ihr zu mir hegt, soll euch keinen Kummer machen, der liebe Gott will, daß wir beide miteinander vereinigt werden sollen. Ich trage euch in meinem Schoße und in meinem Herzen ... so lasset uns denn in dem heiligen Herzen Jesu miteinander brünstig lieben«.

Doch sein Bemühen ist teuflischer, denn er reizt ihre hysterischen Zustände. Bald verfällt sein Opfer in Krämpfe und erlebt wundersame Visionen. Bereits zur Fastenzeit 1729 erlebt sie eine solche. Sie hört eine Stimme, die ihr zuruft: »... ich will dich mit mir in die Wüste führen, wo du nicht mehr mit Menschenkost, sondern mit Engelsspeise genährt werden sollst«.

Katharina verfiel von einer Verzückung in die andere. Auf ihrem Gesicht standen Blutstropfen und an ihrer linken Seite, an Füßen und Händen wurden blutige Stigmen und Wundmale sichtbar. Als ihr der Pater die Haare schnitt, bildete sich um ihr Haupt eine Art Heiligenschein und das Tuch, mit dem er ihr Gesicht abgetrocknet hatte, erhielt davon das Bild des leidenden Christus mit der Dornenkrone.

Der Pater untersuchte die Stigmen, nahm jedoch stets ihren jüngeren Bruder bis zur Haustür mit, der Theologie studierte, und ließ sich nach der Visitation (wieder) von ihm abholen. Er schloß sich mit der Beichttochter ein. Verfiel sie in hysterische Krämpfe und /

oder Ohnmachten - was damals (noch) als Besessenheit galt, befriedigte der Jesuit seine Lüste auf die gemeinste Weise. Wenn das Mädchen erwachte, fand man es unanständig entblöst. Geschickt führte sie der Jesuit in eine weitere Beichte. Sie war bereit, jede Strafe auf sich zu nehmen.

Am anderen Morgen erschien er mit einer sog. Disziplin in ihrem Zimmer und sagte: »... die Gerechtigkeit Gottes verlangt, daß ihr euch jetzt nackt ausziehen sollt. Ihr hättet zwar verdient, daß die ganze Erde davon Zeuge wäre, doch gestatte der gnädige Gott, daß nur ich und die Mauer, die nicht reden kann, Zeugen sind. Vorher aber schwört mir den Eid der Treue, daß ihr das Geheimnis bewahren wollt, denn die Entdeckung könnte uns beide ins Verderben stürzen.

Das Fräulein tat, was ihm befohlen war, und als sie sich bis auf das Hemd entkleidet hatte, gebot er ihr, sich aufs Bett zu legen. Nachdem sie das getan hatte, gab er ihr wenige sanfte Hiebe auf die Hüften ... dann zwang er sie, auch die letzten Hüllen zu entfernen und sich demütig vor ihn hinzustellen.

Das Fräulein wurde ohnmächtig und als sie wieder zu sich kam, erklärte sie, ihm in allem gehorchen zu wollen und kniete sich nackt vor ihm nieder. Dann ließ er seiner Begierde freien Lauf. Katharina setzte ihm keinen Widerstand entgegen und der satanische Jesuit erreichte (so) sein Ziel seiner Wünsche. Von nun an betrachtete er sie als sein Eigentum und verführte sie zu den Handlungen raffiniertester Sinnlichkeit.

Girad merkte, daß seine Dirne schwanger war. Unter einem weiteren Vorwand machte er ihr einen Trank. Es war ein abtreibendes Mittel, das seine Wirkung tat. Durch den hohen Blutverlust riet ihre Mutter, nun einen Arzt zu konsultieren.

Durch die Unvorsichtigkeit einer Magd wäre die Sache fast geplatzt. Jetzt beschließt der Geistliche, Katharina als Nonne im St. Clara - Kloster von Oilioulles unterzubringen. Er schreibt der Äbtissin hinreißend von ihrer Tugend, Frömmigkeit und Gottseligkeit. Sie ist freudig zur Aufnahme des Mädchens bereit, falls ihre Familie die Einwilligung dazu gibt. Es wurde leicht erreicht. Nun weiß der Jesuit von der Äbtissin die Erlaubnis zu erlangen, daß er ihr schreiben dürfe. Er begeht einige Unvorsichtigkeiten und macht dadurch die Äbtissin und einige Nonnen mißtrauisch. Schließlich werden ihm die Besuche untersagt, aber bald durch die Vermittlung eines Freundes (wieder) aufgenommen.

So beobachtet der Jesuit ihre merkwürdigen Visionen. Manchmal schloß er sich stundenlang mit ihr ein. Bald fing der Lüstling an, ihrer überdrüssig zu werden. Er erklärte sie als hinreichend »heilig« und beschloß, sie in ein entferntes Kloster zu bringen. Die Nonnen setzten von diesem Vorhaben den Bischof in Kenntnis, der es nicht dulden wollte, daß ein Mädchen seines Klosters, das bereits als Heilige angesehen wurde, seine Diözese verläßt. Er schreibt Katharina und verbietet ihr, in Zukunft Pater Girad zu beichten oder sich an einen Ort zu begeben, wohin er sie weisen würde. Er stellt ihr frei, zu ihrer Familie zurückzukehren.

So gelangt sie in ein Landhaus in der Nähe von Toulun. Der geile Pater sinnt jetzt darauf, die seinerzeit von ihm verfaßten Liebesbriefe zurückzubekommen; einer wird abgefangen. Daraufhin wird Katharina der Obhut des neuen Priors der dortigen Karmeliter übergeben. In der Beichte vernimmt er merkwürdige Dinge, die ihn aufhorchen lassen. So entdeckt er den niederträchtigen Betrug, womit man das schwärmerisch veranlagte Mädchen betrogen hat. Er macht eine Anzeige beim Bischof. Dieser begibt sich zu ihr, um nähere Erkundigungen einzuziehen: erst jetzt erkennt sie das Spiel der Intrige, dessen Opfer sie war (und ist). Nun bildet sich ein »öffentlicher« Prozeß heraus.

Der Orden bringt zur Bestreitung der Kosten 1 Million Franc auf, was den Stellenwert verdeutlicht. Das Volk hat wieder einen Skandal, der das jesuitische Ansehen schmälert. Nicht beim einfachen Volk, sondern bei hohen Staatsbeamten, die ihm kritisch gegenüberstehen.

Es beginnt eine Reihe nichtswürdiger Ränke und Intrigen, um Katharina als Betrügerin zu deklarieren; sie der Ketzerei und Zauberei zu beschuldigen. Für sie nimmt der prozessuale Verlauf zunächst eine günstige Wendung. Der König gelangt in Kenntnis und fordert durch ein Dekret des Staatsrates eine strenge Untersuchung. So kommt die Sache vor den Gerichtshof (Aix). Die Nonnen von Oilioulles werden durch jesuitischen Einfluß zu ungünstigen Aussagen gegen ihre ehemalige Schwester bewegt ... denn Cadier hatte die besten Argumente, die einstigen Liebesbriefe, aus der Hand gegeben.

Nun wird sie in eine Kammer gesperrt, die vordem einer Wahnsinnigen als Wohnug diente. Sie ist von Moder und Gestank erfüllt. Man foltert sie psychisch und moralisch, gebraucht List, Betrug, Haß und Gewalt, um sie zum Widerruf zu zwingen. Dann steht das Urteil ins Haus; man verbringt sie erneut in ein Kloster. Sie appeliert wegen Mißbrauch der geistlichen Gewalt und nun gelangt der Fall vor das Parlament.

Erneut setzen jesuitische Intrigen ein. Cadiere trägt vor, daß sie der Pater unschuldig mißbraucht hat, das er durch seine Drohungen und Quälereien während des Kriminalverfahrens zum Widerruf gezwungen worden sei. Der königliche Prokurator steht jedoch (und: wahrscheinlich von Jesuiten infiltriert) auf deren Seite. Er plädiert dafür, Pater Girad loszusprechen, die Beichttochter zu foltern und hinzurichten.

Die Richter sind anderer Meinung. Einige wollen den Jesuit wegen geistiger Schwäche entlasten und die Klage gegen ihn abweisen. Andere wollen, daß Johann Baptist Girad zum Tod durch das Feuer verurteilt wird. »... wegen vollkommen erwiesener geistlicher Blutschande, Fruchtabtreibung und Erniedrigung seiner (geistlichen) Würde durch schändliche Leidenschaften und Verbrechen«. Letztlich entscheidet der Gerichtspräsident wegen Stimmengleichheit, daß man beide Parteien ohne Strafe entlassen soll.

Der Jesuit war frei, doch von der öffentlichen Meinung gerichtet. Vor dem Gerichtshof wurden die Richter mit Schimpf und

Schande empfangen; Girad mit Steinwürfen. Cadiere ist kurz danach abgereist und so verläuft die Spur im Sand. Als der fromme Beichtvater ein Jahr später stirbt, gehen die Jesuiten daran, ihn zu einem Heiligen zu deklarieren.

Wir haben keinen Einzelfall vor uns. Eine ähnliche Geschichte trug sich kurz nach der Aufhebung des Ordens in Frankreich zwischen einem seiner Angehörigen und der Tochter eines Parlaments-Präsidenten zu, die ebenfalls mit der Disziplin verführt worden ist. In diesem Fall bestechen die Jesuiten den Wundarzt, um ungeschoren aus der Sache zu kommen.

Vorfälle im Kloster Saint-Louis (Louviers)

Im frühen 17. Jh. ereignet sich im nördlichen Frankreich ein Verleumdungsprozeß. Schauplatz ist das Kloster Saint-Louis in Louviers. Es kommen Verhexungen, dämonische Erscheinungen, sexuelle Verirrungen, Intrigen und dubiose Verhaltensweisen an den Tag. Eine Leiche wird exhumiert und auf den Müll gekippt, ein Priester wird lebend verbrannt, eine Nonne fünf Jahre im bischöflichen Kerker eingesperrt. Der Fall erregt erhebliches Aufsehen.

Die Regentin Anna von Österreich nimmt Kenntnis und schickt ihren Vertrauensmann und Hausarzt, Yvelin, mit einem Ratsmitglied nach Rouen. Die besessenen Nonnen antworten »scheinbar« in fremden Sprachen und haben eine Aversion gegen die hl. Kommunion. Kirchlicherseits gilt dies als untrügliches Zeichen für das Vorhandensein von Dämonen. Insgesamt sind 18 Nonnen befallen, wobei als Hauptdämon Dagon, Putifar und Levithian genannt werden. Hintermänner tragen die Affaire vor das oberste Gericht. Mit Hilfe des Kardinals Mazzarin wird das Verfahren unterdrückt.

Es ist unzutreffend, daß alle Akten dieses Prozesses verbrannt sind. Der Fall läßt sich rekonstruieren und mit Dokumenten absichern. Die Generalbeichte der Nonne Bavent hat sich ebenso erhalten wie einige bischöfliche Urteile und Schreiben des französischen Staatsrates. Es wird berichtet, daß es sich

nicht um Besessenheit, sondern um vorgetäuschten Betrug handelt. Nach der Zerschlagung werden die labilen Nonnen in kirchliche und weltliche Häuser gesteckt.

Die Affaire ist im Zusammenhang mit den Schwarzen Messen und jesuitischen Ränken von Interesse. Hinter den Klostermauern werden illuminatische Ideen gehegt und gepflegt; es kommt zu sexuellen Ausbrüchen. Viele Klosterinsassinnen starben an grausiger Langeweile und litten unter dem neurotisch-despotischen Verhalten ihrer Vorgesetzten, die, um einer Illusion zu frönen, andere tyrannisieren. Oft ist der Beichtvater der einzige Kontakt zur Außenwelt. Er hat freien Zugang zu den Zellen und wird automatisch zum Tröster in allen Nöten, Sehnsüchten, Träumen, Hoffnungen und Begierden[57].

Vorgeschichte

Magdalaine Bavent wird um 1607 in Rouen geboren. Als sie neun Jahre alt wird, sterben ihre Eltern. Bis zum 13. Lebensjahr verbleibt sie bei einem Onkel und nimmt dann eine Lehre als Weißnäherin auf. Sie verliebt sich in einen Franziskaner, der mehrere Näherinnen verführt hat. Offensichtlich wird sie streng-religiös erzogen, denn sie sagt: »... von jungen Jahren an gab mir Gott beständig Gedanken über die Religion ein ... ich fühlte eine besondere Verehrung für den hl. Franziskus und hatte mich darauf versteift, einem Kloster anzugehören, das seiner Regel folgte ... ich schwöre, daß es meine Absicht war, Jesus Christus zu dienen und eine gute Nonne zu werden«.

Augustinus, Aurelius (354-430) Kirchenlehrer. Kath. Heiliger.
Der hl. Augustinus und Johannes d. T. mit dem Stifter. Gemälde des Meisters und der Himmelfahrt Mariae.
Mit freundlicher Genehmigung. AKG. Berlin.

In einem Vernehmungsprotokoll berichtet sie: »... sie sei auf Drängen ihrer Familie eingetreten, da ihre körperliche Gemeinschaft mit einem Mönch als Schuld auf ihr laste«.

Um 1623 gründet die Witwe Hennequin in Louviers ein Kloster und stellt es unter die Regel des Vielgelobten. Sie erklärt sich zur Oberin. Die Päpste Paul V. und Gregor XV. bestätigen es. Bemerkenswert ist der Ablaß der Gründung. Sie will die Seelenruhe ihres Mannes erreichen, den man 1622 u. a. wegen Unterschlagung und anderen Gaunereien aufgehängt hat. Ihr Vertrauter »von der ersten Stunde an« wird Pater David, der unmittelbar nach seinem Amtsantritt seine Geliebte, Schwester Simone Gaugain, in die klösterliche Gemeinschaft führt. Er verfolgt eine dem Zeitgeist entsprechende Strömung antiklerikalen Verhaltens, die der Illuminaten, Luziferianer, Adamiten und Brüder des »freien« Geistes. Einer ihrer Glaubenssätze besagt, daß Sünde (nur) durch Sünde bekämpft werden kann, und daß die Nonne das Gelöbnis der Armut am vollkommensten erfüllt, die den Mönchen alles (inkl. ihres Körpers) zur Verfügung stellt.

Magdalaine tritt mit 16 Jahres in dieses Kloster ein. Es wird zu ihrem Verhängnis. Neben Denunziationen der Nonne Barré treten andere Anschuldigungen. Sie führen zu einer unmenschlichen Behandlung.

Pater David predigt den Novizinnen und jüngeren Nonnen die vollkommene Nacktheit. So wird eine Zügellosigkeit größeren Umfanges eingeleitet. Die Bavent stellt ihrem Beichtvater kein rühmliches Zeugnis aus: »... mein Unglück war, David zu finden ... er war ein schrecklicher Priester und eines so heiligen und göttlichen Standes unwürdig.«

Dieser schlechte Mensch und ekelhafte Priester hat uns scheußliche Praktiken gelehrt. Als die frommsten und tugendhaftesten Nonnen wurden die angesehen, die sich nackt auszogen und in diesem Zstand tanzten, im Chor erschienen und in den Garten gingen. Man gewöhnte uns daran, uns unzüchtig zu berühren und die infamsten Sünden wider die

Natur zu begehen. O Grauen! Ich habe gesehen, wie man die Beschneidung an einem Symbol durchführte, das aus Teig gemacht schien und das einige hinterher nahmen, als sie einmal nackt bis zum Gürtel ausgezogen, kommunizieren wollte.

Ich mußte es dennoch tun. Dadurch galt ich als ungehorsam, störrisch und rebellisch[58]. Vor allem stellte sich die Oberin, die Mutter Vikarin und die Novizinnenmutter gegen mich.

Pater David hat außer seinem Vergnügen mit dem nichts zu tun. Er stirbt 1628 im Ruf der obligatorischen Heiligkeit. Vor seinem Tod bestimmt er Mathurin Picard, den Pfarrer von Mesnil-Jourdain, zu seinem Nachfolger und zugleich zum Beichtvater der Nonnen. Bavent hinterläßt eine Kasette in der sich das von ihm und Picard unterschriebene Papier der Blasphemien befindet. Es wurde während der Messe gelesen und enthielt: ».... nichts als schauerliche Flüche gegen die hochheilige Dreifaltigkeit, das hl. Sakrament und verschiedene Zeremonien der Kirche«.

Die Nonne Bavent kommt vom Regen in die Traufe. Vom Turm der Externen kehrt sie ins Kloster zurück. Picard schwängert sie und betreibt deshalb ihre (Wieder)einweisung, damit sie unbeobachtet entbinden kann. Was mit dem Kind geschieht, ist unbekannt.

Während der Beichte drückt er »für gewöhnlich« ihre Hände auf seine bedeckten Geschlechtsteile, beginnt sie zu streicheln und unzüchtig zu berühren. »Die Nachstellungen dieses Schuftes dauerten an und seine Unverschämtheit war so groß, daß er seine lüsternen Berührungen fortsetzte, als er schon mehr tot als lebendig war. Nur ein einziges Mal ist er zu seinem Ziel gekommen. Es war eher Gewalt, die mich in dieses Verbechen einwilligen ließ ... zu jener Zeit wußte ich nichts von seinen infernalischen Praktiken, die mich in seine unglücklichen Ketten und die verfluchte Sklaverei wickeln würden«. Dennoch bleibt er Beichtvater und einzige Bezugsperson.

Bavent gerät in Abhängigkeit eines frivolen Gottesdieners und zugleich christlichen Teufelsverehrers. Er bezeichnet sich in seinem Testament als »Meister der höchsten Magie«. »... er hielt mich in Höllenbanden und befürchtete, daß ich schwanger sei, nachdem er mich gezwungen hatte. Ich hätte lieber ein normales Leben wählen sollen, als ein so perverses und böses in der Religion«. Später wird sie beschuldigt, auf dem Altar der Kirche geschlechtlich mit ihm verkehrt zu haben.

Einmal hält sie sich mit anderen im klösterlichen Garten auf. Sie hat die Regel und verliert einige Tropfen Blut. Picard fängt sie geschickt mit einer Hostie auf. Dann führt er Magdalaine zum Friedhof und legt die Hostie neben einen Rosenbusch. Später sagen die Nonnen: »... dies wäre ein Zauber, der sie wollüstig mache«.

Picard stirbt 1642. Nach Augenzeugenberichten setzt um diese Zeit die Besessenheit der Nonnen ein. Vermutlich erleidet Magdalaine um diese Zeit einen psychischen Schaden. Sie beginnt, über Erlebnisse mit Dämonen zu sprechen, fühlt sich emporgehoben, verliert das Bewußtsein und wähnt sich auf dem Sabbat. Der Bischof von Evreux, Francois de Pericard, weiß um die exorzistischen Machenschaften, hält es aber nicht für nötig, darauf zu reagieren.

Doch mit dem Tod des Beichtvaters Picard dringen die Vorfälle an die Öffentlichkeit und zwingen ihn zu einer Stellungnahme. Zur Vertuschung schließt er eine hysterische Nonne ein; so steht Aussage gegen Aussage.

Bavents Begegnung mit teuflischen Dämonen

Während der hl. Kommunion greift ihr der geistliche Alois durch den Schleier an den Busen, gibt ihr eine Hostie und sagt: »... du wirst schon sehen, was mit dir geschieht«. Bald danach erscheint ihr ein Dämon in der Gestalt einer Katze, sie beginnt Stimmen zu hören und wird verunsichert. Um 1638 schließt sie Pakte mit dem Teufel. Sie ist der Meinung, sie mit dem eigenen Blut unterschieben zu haben, das ihr der Teufel aus der Vene gezogen hat.

Dämonen treiben sie gewaltsam in die Küche. Am Ende ihres Kopfkissens entdeckt sie

drei zusammengerollte Eichenblätter. »... als ich sie aufklappte, krabbelten mehrere kleine schwarze Tierchen heraus. Ich warf sie aus dem Fenster, doch sie kamen immer wieder durch eine Ritze zurück.

Dämonen verprügeln sie in ihrer Zelle und anderswo. Sie wird auf den Boden geworfen und von einer Katze verfolgt. »... der Kater lag auf meinem Bett in der unzüchtigsten Stellung, die man sich denken kann und hatte alles, was einen Mann verkörpert. Er sprang mich an, warf mich brutal auf das Bett und vergewaltigte mich ... er ließ mich seltsame Qualen fühlen«.

Hier sucht die gewaltsam unterdrückte Natur ihr Recht. Im eintönigen, teilweise stumpf- und widersinnigen Klosterleben verkümmert nicht nur der Geist. Ist es nicht eine Assoziation an die Vergewaltigung durch einen Diener Gottes? Sind es nicht Sexualkomplexe, die die Geschichte des Christentums durchziehen? War sie nicht das Opfer ihrer Phantasie? Ja und Nein zugleich. Im Zeichen der Zeit werden die natürlichsten Erscheinungen teuflischen Einflüssen zugeordnet. Es ist eine furchtbare Waffe in der Hand der Geistlichkeit und der ihr zugeordneten Machtfülle.

Am Todestag Picards zerspringt vor ihr eine Fensterscheibe und sie wird von Dämonen schrecklich verfolgt. »...in der Nacht befand ich mich plötzlich vor seinem Leichnam ... er lag am Rand des Grabes, während er mit mir sprach. Eine Menge Dämonen standen dabei. Sie befahlen mir, seine eiskalten Füße anzufassen ...man ließ mich drei Stufen in das Grab hinabsteigen ... aber da ich schreckliche Flammen bemerkte, stieg ich sofort wieder hinauf... da lag ich dann (plötzlich wieder) in meinem Zimmer«.

1642 besuchte der Bischof von Evreux, »... einer der sanftesten und mildesten Prälaten, die die Erde getragen und die Kirche je gesehen hat«, das Koster in Louviers. Bavent berichtet über ihre Begegnungen, Verfolgungen und teuflischen Pakte. Der Bischof befreit sie von der drückenden Last, indem er das Sakrament in ihre Kammer bringt«. Seitdem ist ihr der Kater nicht mehr erschienen.

Von der Vorstellung leibhaftiger Dämonen ist es nur ein Schritt zum Sabbat. Auch die Nonne Bavent wird in den Bann gezogen. »... ich bin immer nachts transportiert worden, nachdem ich geschlafen hatte ... gewöhnlich vor den Frühgebeten, die bei uns nach Mitternacht gesprochen werden. Ich erhob mich, um der Stimme Antwort zu geben, die mir als Nonne des Hauses erschien, und, sobald ich an der Tür meiner Zelle angekommen war, fühlte ich mich emporgehoben, ohne daß ich erkennen konnte, von wem und wie, denn ich verlor jedes Bewußtsein ... bis ich mich an jenem verfluchten Ort befand. Der Platz schien eher klein als groß, es gab keine Sitzgelegenheiten und es herrschte wegen der vielen Kerzen, die als Leuchter auf dem Altar standen, große Helligkeit. Die Versammelten erschienen nicht besonders zahlreich. Ich habe nur Priester und Nonnen bemerkt. Sie befinden sich im Kreis der Teufel und sprechen schreckliche Beleidigungen gegen die göttliche Majestät und gegen die Kirche aus[59]. Die Teufel erscheinen in unterschiedlicher Gestalt.

Die dort verwendete Hostie ist rötlich und ohne Form. Außer der Kommunion praktiziert man Prozessionen, Abschwörungen, Verhexungen, Bisse in geweihte Hostien und liest aus einer unbekannten Schrift. Die Hostien fertigt man aus Zaubermitteln. Man stellt sie aus dem fallenden Blut und den wichtigsten Innereien von Kindern und anderen Toten her. Sie sind wie kleine Kügelchen. Beispielsweise wurden eines Nachts zwei große, von der Kirche geweihte Hostien an einigen Stellen durchbohrt. Man hat sie aufgefangen und mit der Hostie verrührt... um daraus ein Zaubermittel zu bekommen.

Alle Handlungen, die ich auf dem Sabbat gesehen habe, waren schändlich. Die Priester brachten oft große Hostien mit, legten sie auf den Altar und lasen dann die Messe. Danach entfernten sie aus der Hostie ein rundes Stück (in der Größe eines Vierteltalers), legten sie auf ein gleichermaßen durchbohrtes Pergament und befestigten sie dort mit einer Art Fett. Sodann ziehen sie sie über ihre Schamteile bis an den Bauch und geben sich in diesem Zustand Frauen hin.

Der unglückselige Picard hat mich auf diese Weise fleischlich erkannt. Außerdem hat mich der Vikar Boullé an jenem Ort beschlafen. Während dieser Schandtat hielt er mir die Hände fest. Vier Nonnen aus Louviers haben mit einem Dämon in der Gestalt des toten David Unzuchthandlungen vollzogen«.

»... an einem Karfreitag brachte eine Frau ihr neugeborenes Kind. Man hatte die Absicht, es zu kreuzigen. Man trieb ihm Nägel in Form einer Krone in den Schädel und durchstach ihm die Seite. Dann nahmen sie ihr das Kind ab, um die wichtigsten Körperteile für ihre Untaten zu benutzen ... danach haben sie es verscharrt (vermutlich ist es eine Erinnerung an ihr eigenes im Kloster geborenes Kind). Am Gründonnerstag wurde während des Abendmahls ein gebratenes Kind von der Versammlung gegessen ... ich weiß nicht mit völliger Sicherheit, ob ich davon gekostet habe.

Außer dieser Schilderung gibt sie ihrem Bußpriester während der Kerkerhaft eine detaillierte Beschreibung des Teufels. »... er habe eine unheimliche und schreckliche Gestalt. Die obere Hälfte des Körpers hat Menschengestalt, die Haare wie Hörner hochgesteckt, das Gesicht völlig schwarz.

An den Ellenbogen habe er zwei schwarze Schwänzchen aus schwarzem Haar, jedes ungefähr einen halben Fuß lang. Ansonsten ist er überall nackt. Sein unterer Teil hat die Gestalt einer gewundenen und schwarzen Schlange, ohne die Anzeichen von Schamteilen und ohne Glanz, bis auf die seiner Augen«.

Der Teufel Dagon zeigte ihr die Schamteile. »... ohne daß sie dabei ein fleischliches Empfinden verspürte, (und) obwohl sie ihr wie die eines Mannes vorgekommen sind. Einmal habe sie der Teufel gezwungen, ihm zwei Stunden fleischlich beizuwohnen. Die kleinen Teufel besäßen Menschengestalt. Einige tragen Krallen, Flügel und Fangzähne. Ihre Köpfe seien wie die von kleinen Löwen geformt ... aber immer bleiben sie als Teufel erkennbar.

Verurteilung

Im Dezember 1642 tritt Anne Barré in das Kloster ein und mit ihr eine Verleumdungskampagne nach der anderen. Sie behauptet, von Gott den Auftrag zur Aufdeckung aller Übeltaten empfangen zu haben, empfängt Visionen und sieht den Teufel in der Gestalt eines nackten Mannes. Mehrfach wird sie über die Erhabenheit ihres Gnadenzustandes und über die Vortrefflichkeit ihrer hinreißenden Vollkommenheit befragt.

Die Schwester Barré sagt, Magdalaine Bavent wäre die Wurzel allen Übels ... demzufolge müsse man sie loswerden. Rasch wird eine labile und durchtriebene Nonne zum Mittelpunkt einer weitläufigen Hetzkampagne. Ihr wird vorgeworfen:

- Der Dämon Dragon habe mehrfach mit ihr geschlafen. Sie habe sich mit Teufeln und Hexen die Zeit in ihrer Zelle vergnügt. Sie habe sich verschiedener Zaubermittel bedient, um sich daraufhin mit den Dämonen zu vereinigen. Sie habe ihre Geschlechtsteile während des Sabbat mit dem Blut Christi aus dem Kelch gewaschen und wäre dann zu schamlosen Handlungen übergegangen.

- Sie habe sich körperlich mit einem Bock verbunden und Dämonen fleischlich erkannt. Außerdem wisse sie, daß Boullé jemand beauftragte, von den Schamhaaren anwesender Frauen Haare abzuschneiden, die dann in einen Kelch geschüttet wurden.

- Sie habe mehrere Kinder tot (oder lebendig) zum Satan gebracht ... sie habe Gebärenden zugesehen, bzw. gesehen, wie deren Kinder von den Müttern abgeschlachtet und in der Erde verscharrt wurden. Mit anderen habe sie diese Kinder verspeist.

- Sie habe bei der Herstellung von Zaubermitteln geholfen. Eines davon sei auf dem Sabbat gemischt worden, »... es errege die Sinnlichkeit«. Zudem sei ihr das Zaubermittel »Die spirituelle Hochzeit« bekannt.

- Sie sei mit der Absicht in das Kloster gekommen, um es zu verderben.

Der Bischof reagiert aufgrund der für ihn eindeutigen Indizien unerbittlich. Er läßt ihr den Schleier entreißen. Man behauptet, sie trage ein Teufelsmal. So befiehlt der Bischof den tugendhaften Nonnen, sie zu rasieren, »... denn sie waren gewohnt, sich am sinnlichen Anblick weiblicher Nacktheit zu ergötzen«. Am 22. März kommt sie in das bischöfliche Gefängnis von Evreux.

Magdalaine Bavent soll die Art christlicher Liebe bald am eigenen Leib verspüren. Sie wird von einem Bußprediger gezwungen, die Aussagen der Schwester Barré zu bestätigen. Im übrigen sagt sie: »... gilt diese Niederschrift (ihre Generalbeichte) als öffentliche Beichte. Ich sage nichts, was ich nicht für wahr halte. Ich habe es aufgeschrieben, wie ich es meinem Beichtvater sagte, als er mich auf den Tod vorbereitete«.

Am 12. März erläßt der Bischof das Urteil gegen sie. Er erklärt sie der Abtrünnigkeit, Gotteslästerung und Magie für schuldig. Prinzipiell wiederholt er die Anschuldigungen der Nonnen, ergänzt jedoch, daß sie dem Teufel Schriftstücke und Schuldscheine übergeben hat. Außerdem habe sie das hl. Sakrament mißbraucht und sich mit Hexen und Teufeln prostituiert. Gegenüber den Oberen sei sie ungehorsam gewesen und habe den Mitschwestern ein schlechtes Beispiel gegeben. Die Albernheiten reichen hin, um den hochrangigen Christ zu folgender Strafe zu veranlassen:

».. als Genugtuung für solche Verbrechen soll sie künftig unwürdig sein, den Schleier zu tragen ... sie soll lebenslang eingesperrt bleiben, solange Gott Gefallen daran fände, ihre Tage im Verlies oder Kerker des kirchlichen Gefängnisses des Diözesangerichts zu verlängern ... und ihr ganzes Leben an drei Tagen der Woche bei Wasser und Brot fasten ... nämlich mittwochs, freitags und samstags. Der Kerkermeister wird angehalten, dafür zu sorgen, daß sie das Fasten und die Strafe unter Androhung der Exkommunikation einhalte«[(60)].

Jetzt wird sie in einen Kerker geworfen. Hier wird in probater Weise ihr Lebenswille gebrochen. Sie ist dem Verhungern nah.

Schließlich bekennt sie gegenüber dem Bußpriester alle ihr zur Last gelegten Schandtaten. »... ihr schonungsloser Bericht von dieser Qual, ihre Versuche, sich zwischen den eigenen Exkrementen auf abenteuerlichste Weise das Leben zu nehmen, ihre Verteidigung gegen gefräßige Ratten und aufdringliche Wärter, ihre wechselnde Hingabe und Suche nach Gott oder Dämonen bleiben wohl der nachhaltigste Teil ihrer Bekenntnisse«[61].

Insgesamt hält man sie fünf Jahre gefangen. Davon dreieinhalb in einem Verließ hinter einem unterirdischen Gang. Wochenlang wird sie nicht aus diesem Loch hervorgelassen ... sie liegt in unerträglichem Schmutz und Gestank. Einmal fügt sie sich aus Verzweiflung Messerstiche bei. Ein Messer steckt vier Stunden bis zum Heft in ihrem Bauch. Ab und zu bewegt sie es, um schneller ein Ende zu finden. Sie zermalmt Glas und nimmt es mit einem Löffel ein. Sie versucht, ihre Regel durch Bandagen zu unterdrücken. Dies führt zu heftigen Erbrechen und Erstickungsanfällen. Sie schluckt Spinnen; kleine und dicke, lebende und tote, unbeschädigte und zerdrückte. Sie verweigert mehrfach die Nahrung und leidet an Visionen. Einmal will sie Rattengift einnehmen, da erscheint ihr ein Engel, nimmt das Arsen weg und verbietet ihr, daran zu denken, ihrem Leben ein Ende zu bereiten.

Dann sagt sie: »... ich hatte wieder eine Erscheinung. Ich weiß nicht, ob es ein guter oder böser Engel war ... der mich an die schwärzeste aller Taten in meinem Leben erinnerte ... an die Zeit, da ich eine geweihte Nonne war, hat mich Picard mit ausgebreiteten Armen gegen die Gitterstäbe in der Kapelle gedrückt und im Stehen Geschlechtsverkehr mit mir getrieben«.

Später verschafft ihr der Bischof Hafterleichterung. Nach seinem Tod wird sie in das erzbischöfliche Gefängnis von Rouen verlegt. Noch schlechter geht es ihrem Beichtvater Picard. Die Nonne Barré hatte ihn denunziert und gesagt: »... das Haus werde befreit sein, wenn er exhumiert wird«.

So verfügt der Bischof über den Toten: »... die offenbarten (hinreichenden) Beweismomente, er habe mit der Bavent Mißbrauch und Gotteslästerungen getrieben und mit seinen Zaubereien die Nonnen des Klosters zu Ausschweifungen verführt. Infolgedessen hat er sich der Grabesruhe an einem heiligen Ort als unwürdig erwiesen. Als Strafe dafür, und um die Ruhe unter den Nonnen wieder herzustellen, die durch die Wirkung seiner Grabstelle beunruhigt sind ... ist angeordnet worden, und, um die Angelegenheit geheim zu halten, und, ohne andere vom Recht verlangte Formalitäten zu berücksichtigen (!), da sie sich zu einem Skandal ausweiten und zur Entehrung der Priesterschaft, Religion und zu Vorurteilen gegen das Kloster führen könnten, seinen Leichnam zu exhumieren und insgeheim zu einer profanen Stelle zu bringen[62]

... so ordnen wir an, die Leiche Picards und Boullés am heutigen Tag dem Vollstrecker des Kriminalgerichts auszuliefern, um auf einem Rost über die Straßen und öffentlichen Plätze dieser Stadt gezogen zu werden. Wenn Boullé vor dem Hauptportal der Domkirche gelangt, soll er mit entblößtem Haupt, nackten Füßen, einem Strick um den Hals un einer brennenden Fackel von 2 Pfund Gewicht in der Hand ... öffentlich Abbitte (tun) und Gott, den König und die Gerechtigkeit (!) um Verzeihung bitten. Danach sollen sie auf den Platz des Alten Marktes gezogen ... und Boullé lebend verbrannt und der Leichnam von Picard in das Feuer geworfen werden, bis ihre Körper zu Asche verfallen sind ... die in alle Winde geworfen werde«.

Hier spielt sich ein bigotter Bischof zum Rächer der beleidigten Religion auf. Er ist so verblendet, daß er nicht mehr erkennt, was die Grundlagen des Christentums sind: Nächstenliebe, Toleranz und Gewaltverzicht.

Selbstverständlich erfolgt die Exhumierung der priesterlichen Leiche im Geheimen. Die Eltern Picards beschweren sich beim Parlament, als sie davon erfahren. Es wird eine Untersuchung angeordnet, um die Urheber auszuspüren und man entdeckt, daß der Bischof dahintersteckt. Jetzt wird ein Prozeß gegen ihn angestrengt. Nun erkennt die gütige Mutter Kirche eine Gefahr. Auf Antrag des erzbischöflichen und metropolitanischen Gerichtshofes von Paris gehen die Unterlagen an das kirchliche Gericht über. Noch ist sie so mächtig, zu veranlassen, daß sich der König vor ihre Schande stellt. Am 7. September 1647 entlastet er sie per Dekret und erläßt die strikte Anweisung, die kirchliche Würdenträgerin, Mutter Francois in keiner Weise anzutasten. Er unterzeichnet im logischen Umkehrschluß: »... Philipp Louis, von Gottes Gnaden«.

Sittenskandal in der Toskana[63]

Zu vergleichbaren Vorfällen wie in Frankreich kommt es 1780 in der Toskana, bzw, hier dringt an die Öffentlichkeit, was sich bis mindestens 1642 zurückdatieren und nachweisen läßt. Es handelt sich weder um einen Einzelfall klösterlicher (Un)zucht, noch um eine Novität.

Aus der Zeit um 1642 hat sich eine Replik der Gemeinen an den Großherzog erhalten.»... damit man die Verwaltung der Klöster den Dominikanern abnehmen möge ... wegen der Schandtaten, die sie verüben und über die man schweigen müsse, damit kein (noch) größerer Skandal entsteht«.

Kurz danach bitten die Kirchenvorsteher, 200 Edelleute und Bürger von Pistoja, um »schleunige« Abhilfe der schändlichen Unordnungen ... um die Ehre der Nonnen zu retten«. Um was geht es?

»... seit mehreren Jahren lebten zwei Dominikanernonnen in infamer Sittenverderbnis. Die eine war die Schwester Catharina Irene Bonamici, ein adeliges Fräulein aus Prato, 50 Jahre alt, die andere Clodesind Spighi, 38 Jahre alt«. Daß diese Vorfälle aufgerollt werden können, ist dem Bischof v. Ricci[64] zu verdanken, in dessen Nachlaß sich außerordentliche Dokumente befunden haben.

»Ricci, ein frommer und religiöser Mensch, Bischof von Pistoja und Prato, wird zum Opfer der ihn verfolgenden Geistlichkeit, denn er bringt streng verschwiegene Dinge an den Tag: die Originalpapiere des letzten Jesuitengenerals, den Bericht über die offensichtliche Vergiftung von Clemens XIV., die skandalösen Vorgänge der Sittenzucht in der Toskana und Berichte über den Mißbrauch vieler Priester, den sie im Zusammenhang mit der Ohrenbeichte bei jungen Mädchen treiben. Es kommt wie es kommen muß: Ricci, ein treuer Anhänger des Katholizismus, wird aus den eigenen Reihen gestoßen, weil er auf der Suche nach der christlichen Wahrheit fündig geworden ist«.

Eine wichtige Quelle sind die erhaltenen Briefe von Flavia Perracini, der Priorin des Katharinaklosters von Pistoja, die sie 1774 und 1781 an den Rektor des bischöflichen Seminars, Thomas Comparini, schreibt. Hinzu kommt eine Klageschrift, die zwei Nonnen 1775 dem Großherzog Leopold überreichen. Darin sprechen sie über die »abscheulichen« Grundsätze der dominikanischen Lehren. Es kommt zu Intrigen, Vertuschungsaktionen und christlichem Kompetenzgerangel.

Die Beichtväter beherrschen das Szenario der gekonnten Verführung. Über den verfänglichen Weg der Ohrenbeichte wissen sie um die Intrigen hinter Klostermauern; trotz allem entspinnt sich ein öffentlicher Skandal und die Liebeshändel werden offenkundig. Unter den Nonnen entsteht Streit, wer als Geliebte des Einzelnen anzusehen sei. Der Provinzial bezeichnet eine Nonne als »Frau Gemahlin«. An öffentlichen Orten unterhielt man sich über die Exzesse und gotteslästerlichen Huldigungen, ... die Pfaffen und Nonnen zum großen Ärger der Gläubigen inszenierten«.

Die Nonnen werden als abtrünnig, schismatisch und im teuflischen Bann stehend betrachtet. Mehrfach droht man, sie zu erwürgen oder zu vergiften. Selbst das gemeinste Weib wartete mit einer Anekdote auf, wenn sie aus dem Kloster kam. »... ein Chirurgus mit Namen Santini blieb oft über eine Stunde mit einer älteren Nonne zusammen ... er stand mit dem Kloster in Verbindung, weil er eine vortreffliche Mixtur besaß«.

Jetzt wird die Lage der Beichtväter problematisch. Sie ziehen sich mit einem Trick aus der Verlegenheit, indem sie das Volk von der Sache ablenken. Sie überreden eine Nonne, vor einem

Reliquienkasten, der den Körper der hl. Katharina enthält, in Extase zu geraten. Momentan wissen die Leichtgläubigen nicht, was und wem sie glauben sollen. Handelt es sich um Visionen, Exorzismen oder geht es bei den Dominikanerinnen wirklich so zu? Die Masse wird abgewiegelt, fühlt ein »böses« Omen, sieht sich von einem schrecklichen Unfall bedroht und strömt zur Kirche!

Die Affaire ist weniger von Interesse, weil es zu sexuellen Eskapaden kommt, sondern weil einige Nonnen Grundsätze des christlichen Glaubens in Frage stellen. Nach zahllosen Verhören werden zwei von ihnen nachts in einem besonderen Wagen fortgeschafft und im Narren-Hospital von Florenz eingesperrt.

Ein Vikar schreibt am 19. Juni an seinen Bischof: »... die beiden Nonnen müssen entweder die ärgsten Ketzerinnen oder närrisch sein«. Er kann sich nicht vorstellen, daß ihre Verhaltensweisen bewußt inszeniert worden sind, um ihr freud- und sinnloses Leben im Kloster aufzulockern. Wie oft in der Kirchengeschichte werden die Falschen bestraft.

In speziellen Verhören werden die »Abtrünnigen« nach den christlichen Wahrheiten (!) befragt - die man sich im Lauf der Jahrhunderte zurechtgelegt hat und die bis heute unbewiesen sind. Sie anerkennen lediglich Gott als Schöpfer des Himmels, der Erde und als Inbegriff aller Dinge. Sie sehen manches realistischer und sind ihrer Zeit voraus. Sie sagen:

»... der Sohn Gottes ist **nicht** durch die Jungfrau Maria geboren, sondern aus ihrem geschlechtlichen Umgang mit Joseph. Jesus hat die Sakramente **nicht** eingesetzt. Er ist zwar am Kreuz gestorben, weil man ihn umgebracht hat, aber nicht für die Sünden der Welt. Die Erbsünde bestehe lediglich in der Einbildung und könne durch die Taufe **nicht** reingewaschen werden. In der Hostie ist weder Christus, noch sein Fleisch oder Blut gegenwärtig.

Es gebe weder ein Paradies noch eine Hölle. Das Paradies bestehe im Genuß Gottes, der von jeher geboten habe, Unzucht zu treiben. Das Gelübde der Keuschheit lasse sich

am besten erfüllen, indem man an seinen Schamteilen spielt und sagt: »... heiliger Geist, spaziere in mein Herz hinein«. Man müsse sich mit Männern, vor allem Geistlichen, aber auch unter sich vermischen«.

In gewisser Weise klingen illuminatische Ideen durch; verdrängte Gefühle suchen ihren freien Lauf und man merkt, daß die Nonnen unter der »geistigen« Herrschaft der Mönche stehen. Im Kloster tritt neben diese Knechtschaft zugleich eine sexuelle. Hier besteht eine Naht zum Satans-kult mit seinen Schwarzen Messen.

Der Bischof v. Ricci weist auf den Pater Bargenelli, einen Mönch der konventualen Minoriten, der zusammen mit einem Laienbruder im gleichen Bett schlief, »... wenn sie zur Nachtzeit einem Kranken Beistand leisten sollten«.

In diesem Zusammenhang schreibt der Advokat Zanobatti an den Bischof: »... daß man sich genötigt sah, die Klöster der barfüßigen Karmeliter und Karmeliterinnen bis auf die Grundmauern niederzureißen, die durch unterirdische Gänge verbunden waren und in denen Mönche und Nonnen wie Mann und Frau lebten«.

Die Klageschrift von 1775 vermerkt[65]: »statt (daß) sie uns in ihrer Unschuld belassen, verführen sie uns (die Dominikaer) mit Worten und Werken. Häufig kommen sie in die Sakristei. Sie hegen ihre 1.000 Unanständigkeiten so weit, daß sie ihre Schamteile durch die Löcher des Gitters in der Sakristei stecken und mit den Händen nach den Brüsten der Freundinnen greifen. Bei jeder Gelegenheit kommen sie (auch unter falschem Vorwand) in das Kloster und gehen mit der ihnen zugetanen Nonne auf die Kammer. Sie stoßen schändliche Redensarten aus und sagen, wie glücklich sie wären, daß wir unser Lüste befriedigen könnten, ohne Kinder zu bekommen. Am Sprachgitter werden alle möglichen Ungeschicklichkeiten verübt ... sie predigen ausschließlich die Freuden der Welt«.

Die Prorin Flavia Perracini berichtet, was unter ihren Augen vorgefallen ist:

»... drei oder vier unter den Toten und Lebenden ausgenommen, sind alle Mönche vom gleichen Kaliber. Sie gehen mit den Nonnen in einer größeren Vertraulichkeit um, als wenn sie mit ihnen verheiratet wären. Es ist schon lange gebräuchlich, daß sie, um den Kranken beizustehen, mit den Nonnen zu Nacht speisen, singen, tanzen, spielen und im Kloster schlafen. Ihr Grundsatz ist, daß Gott die Liebe nicht verboten hat, daß der Mann für das Weib - und umgekehrt - geschaffen ist. Sie verführen auch die Unschuldigsten ... es wäre ein Wunder, wenn sie nicht fielen ...

... Die Pfaffen sind die Gatten der Nonnen, die Laienbrüder die der Laienschwestern. Arme Geschöpfe, die sich der Welt entziehen, um ihren Gefahren zu entgehen ... stürzen sich (hier) in weit größere. Hier werden sie von Grund auf verdorben. Die Mönche sind solche Schurken, wie es keine anderen geben kann. So bös Weltkinder auch sein mögen, so können sie doch nie einen solchen Grad der Verruchtheit erlangen und in (eine) solche Betrügerei verfallen, mit denen Mönche die Welt und ihre Oberen betrügen. Es läßt sich nicht beschreiben ...

... ist eine Nonne gestorben, so halten sie ihr in gedruckten Zirkularien eine Lobrede und preisen sie als selig. Wenn sie uns jährlich das Weihwaser bringen, machen sie die tollsten Streiche. Einmal verkleideten sie den P. Manji als Nonne, spielten Komödie und trieben Vergnügungen. Einer macht dem Anderen die Geliebte abspenstig. Dies geht aber nicht nur in unserem Kloster so. Ein Mönch hat mir gesagt, daß, wenn ein Schleier am Südpol und eine Kapuze am Nordpol sei, so wäre die Sympathie immer noch so groß, daß sie sich in der Mitte vereinigten. Einige Nonnen haben die Portraits ihrer Liebhaber in den Zellen ... sie bringen ihnen die schmutzigsten Unterhosen zum Waschen ...

... die Nonnen von St. Vincenz waren in zwei Parteien geteilt, wovon eine in den Pater Lupi und die andere in den Pater Borghiani verliebt war. Der Pater Natta ist eine gute Haut. Er sagt, daß die Nonne, die den Mönchen alles gibt, das Gelübde der Armut am besten erfüllt«.

Im Zusammenhang mit dem sich jetzt ausweitenden Skandal trifft der Großherzog Leopod drei Entscheidungen[66].

- Die Nonnen sind durch einen Polizeileutnant zu verhören.

- Der Bischof Allamanni soll unverzüglich die Leitung der Dominikanerklöster übernehmen ... und

- Den Mönchen wird unter Androhung von Gefängnisstrafen verboten, sich den Nonnen zu nähern.

Die Situation spitzt sich zu und die Verhöre werden fortgesetzt. Bischof Ricci sendet eine Beschreibung der Vorkommnisse an den Statthalter Gottes auf der Erde[67]. Die aufsässigen Nonnen sollen fortgeschafft werden. Beim Verhör kommt folgendes zutage[68]:

- Alle Nonnen und Laienschwestern haben ausgesagt, daß die Bonamici und Spighi von selbst ihren Unglauben zu erkennen gaben, indem sie im Kloster versichert und ausgesagt haben, Jesus Christus sei **nicht** in der hl. Hostie vorhanden ... auch wäre **nichts** an der Jungfernschaft der hl. Maria ... daß die Seele sterblich wäre und mit dem Körper aufhöre, daß zum Heil weder die Taufe, noch die anderen Sakramente etwas betrügen ... daß es **keine** Sünde, Hölle und **kein** Fegefeuer gebe.

- daß sie sich in den letzten Zeiten schändlich betragen haben, indem sie die übrigen Nonnen beschimpft und (sie) mit unanständig-obszönen Handlungen geärgert haben.

- daß sie verdächtige Korrespondenz geführt haben. Erstere mit einem Augustinermönch. Er besuchte sie wöchentlich zwei- bis dreimal ... und schloß sich dabei fast immer mit ihr hinter dem heiligen Gitter ein. Die Spighi mit einem gewissen G. Borthello, einem portugiesischen Ex-Jesuit.

- daß die beiden Schwestern schon mehrfach ihre Irrtümer und Sünden abgeschworen haben ... aber später erklärten, daß sie dies nur zum Schein und um die Freiheit wieder zu erlangen, getan hätten.

- ... geht aus dem Verhör hervor, daß die Baroni von der Bonamici und Spighi verführt wurde, **nicht** an die Menschwerdung Christi zu glauben ... er sei lediglich ein gewöhnlicher Priester gewesen ... daß (Jesus) bei der

Konsekration **nicht** gegenwärtig sie und daß die Seele mit dem Körper stirbt. Außerdem hätten sie beide zu unzüchtigen Handlungen verleitet.

- sagt die Grazzini aus: »... als sie vor sechs Jahren im Klostergarten mit den Bonamici spazierenging ... habe sie ihr gesagt, es gäbe weder Sünde, Hölle noch Fegefeuer. In der Hostie sei nichts vorhanden ... wie wäre es möglich, daß zu gleicher Zeit ein Sünder, ein Büßender und ein Plagegeist Gott auf die gleiche Weise genössen? ... man müsse nur zum Schein beichten. Sie habe es im Vertrauen der Spighi mitgeteilt, und sie habe es gutgeheißen ... sie habe es dem Pater Orlandi gebeichtet. Außerdem habe sie ihm die unzüchtigsten Handlungen geschildert und ihm gesagt, daß sie ihrer Lehrerin schon öfters bemerkt habe: »... dies sei widernatürlich«, worauf diese geantwortet: »... es ist freilich besser, wenn man es mit Männern tut«.

- Zuletzt sagt die Passi aus: »... ich war damals Novize, 16 Jahre alt und der Leitung der Mütter Bonamici und Spighi anvertraut. Als mir erstere eines abends sagte, sie wolle mich unterrichten, wie man zur vollkommenen Vereinigung mit Gott gelange ... wozu ein Gebet unnötig sei, daß man gewisse Handlungen bestünde, die man gewöhnlich unanständig nennt und die man an sich selbst oder mit anderen beiderlei Geschlechts vornehmen könne. Hierauf antwortete die Passi erstaunt: »... wie kann man so beten?

»... du bist ein dummes Gänschen, sagte die Bonamici in Gegenwart der Spighi ... du hast keine Erfahrung ... das sind Dinge, die Priester, Pfaffen, Nonnen, Weiber und alle Menschen tun. Es sei das wahre Gebet«. Sie solle nichts befürchten. Man könne sich nur vermittelst dieser Handlung, mit Männern und Weibern unternommen, vollkommen mit Gott vereinigen. Nur durch die persönliche Erleuchtung gelange man zu dieser Erkenntnis«.

Später begingen die Bonamici und Spighi solche Handlungen in meiner Gegenwart ... und dies fast jeden Tag. Zuletzt forderten sie mich auf, ein Gleiches zu tun ... ich mußte ihnen nachgeben ... und bald mußte ich es selbst mit der einen oder anderen tun. Oft hatte ich Gewissensbisse und suchte die Verführerinnen zu fliehen ... allein sie schalten und ermahnten mich, es jeden Tag mit mir selbst zu tun ... sie seien , müde, mich solange darin zu unterrichten«.

- geht aus verschiedenen Aussagen hervor, daß die Bonamici Novizen und Zöglinge, die damals sieben oder acht Jahre alt waren, zu unzüchtigen Handlungen anführte.

- »... sie habe öfters gesagt, daß die Reden der Geistlichen nur ein albernes Geschwätz seien, um Einfaltspinseln und unwissenden Personen etwas vorzumachen ... daß die Geistlichen niemals nüchtern zu Kommunion gingen, an Festtagen Fleisch äßen und mit ihnen (den Nonnen) die Schandtaten auf die Spitze treiben«.

- Daß sie die Hostie nach der Kommunion aus dem Mund genommen ... (sie) auf ihre Schamteile gelegt und sie dann in das heimliche Gemach geworfen hätten«.

- Aus der besonderen Aussage der Schwester Cäcilie Antonia Salvi, der jetzigen Priorin, geht hervor, »... die Bonamici habe sie vor fünf Jahren mit der Bemerkung zu verführen gesucht ... sie habe mit Jesus Christus als Mensch Umgang gehabt ... und sie habe die Milch der hl. Jungfrau gekostet ... wodurch sie in ein Paradies von Entzücken geraten sei«.

Nach diesen nahezu einheitlichen Vorwürfen folgt eine nähere Untesuchung der Beschuldigten, die sich bereits im Arrest befinden. Das Unglück nimmt seinen Lauf, denn »wer nicht den christlichen Glauben vertritt, verdient keine Schonung«.

Die Bonamici gesteht[69]: »... daß sie mit der hl. Hostie Mißbrauch getrieben ... und sie in das heimliche Gemach geworfen habe. Vor acht Jahren habe ich eine geweihte Hostie in den Mund genommen und sie dann in meine Schamteile gesteckt. Ich glaubte, Jesus stecke (so) darin. Ich tat es aus Liebe zu ihm und wollte, daß er auf diese Weise bei mir ist. Niemals hätte ich Abscheu, es wieder zu tun. Die Beichtväter Gamberini, Orlandi und de Serio haben mich in diesen Dingen unterrichtet«.

Einer Laienschwester lehrte ich das Gelübde der Keuschheit, daß, wenn sie sich an den Schamteilen spiele, wie ich es ihr zeige, indem sie den hl. Geist mit den Worten: »... Heiliger Geist ... spaziere in mein Herz hinein« anrufe. Um die christliche Liebe auszuüben, müsse man sich mit Männern vermischen ... aber auch mit Frauen. Mit der Clodesind habe ich es häufig getan«.

Ihre Freundin Spighi hat ähnliche Ansichten und trägt vor: »... das Paradies in dieser Welt besteht im Genuß Gottes, indem man sich mit ihm vereinigt«. Sie wird gefragt, wie das geschieht. »Wollen Sie, daß ich es Ihnen zeige?« »... hier stand sie auf und hob die Röcke in die Höhe ... außerdem habe ich die Hostie in das heimliche Gemach geworfen. Ich habe sie aus Liebe da (sie zeigte mit der Hand auf ihre Schamteile) hineingesteckt und der Katharina Irena gezeigt, wie man sich gegenseitig mit den Händen die Schamteile berühren müsse. Mit der Passi fanden wollüstigste Umarmungen und Berührungen statt...

... außerdem habe sie beim Gitter die Schamteile des Priesters Botello in die Hand genommen. Bei diesen Berührungen war ich allein. Manchmal kam die Bonamici, um uns Gesellschaft zu leisten. Mit dem dienenden Bruder Joseph Marini haben wir uns gegenseitig an die Schamteile gegriffen. Außerdem habe ich mit den Beichtvätern unzüchtige Reden und Handlungen verübt. Ich habe am Gitter in der Sakristei meine Röcke hochgehoben und von ihnen das gleiche verlangt. Ich vereinigte mich (auch) mit der Schwester Katharina Irene ... um mich mit Gott zu vereinen«.

Die Nonne Alberta[70]

»Zum Ende des 18. Jh. werden in einem deutschen Staat die Klöster aufgehoben. Der damit beauftragte Kommisar hatte die Nonnen eines Karmeliterklosters aufgefordert, dieses zu verlassen. Sie kamen dem Ansinnen nicht nach. Nun begab er sich dorthin und wiederholte vor der Äbtissin und den geistlichen Töchtern den fürstlichen Befehl. Er ließ sich die Personalverzeichnisse geben und

stellte fest, daß eine Nonne fehlte. Die Einflüchte der Äbtissin, sie wäre ernsthaft krank, ja wahnsinnig und könne darum nicht erscheinen, nahm er ihr nicht ab und drang darauf, sie persönlich zu sehen. Nach einigem Hin und Her führten ihn zwei Nonnen zu einem Hintergebäude.

»... der Kommisar war starr vor Erstaunen, als er unter einem Bretterverschlag unter der Treppe die Nonne Alberta entdeckte, die sie dort seit acht Jahren gefangen gehalten und gegeißelt hatten. Aus dem Verschlag trat ein großes, bleichgelbes Mädchen von etwa 35 Jahren, mit blosen Füßen und halbverfaulten Lumpen notdürftig bekleidet. Die langen schwarzen Haare flatterten unordentlich um ihren Kopf und aus den tiefen Augenhöhlen blitzte die unheimliche Glut eines dunklen Augenpaares, dessen Feuer weder Tränen noch Leiden hatten auszulöschen vermocht«.

Ihre Erscheinung erweckte das tiefste Mitleid. Mit einem herzzerreißenden Gewimmer warf sich das Geschöpf dem Kommisar vor die Füße, umklammerte seine Knie und bat, sie nicht wieder so entsetzlich zu geißeln. Dann bat sie um Rettung und Befreiung. Ihre Reden waren abgerissen und verwirrt. Die Leiden hatten den Geist des Mädchens gestört ... sogleich brachte man sie ins Refektorium, ließ ihr reinliche Kleidung und ein ordentliches Bett zuweisen. Am nächsten Tag verließ der Kommisar mit ihr das Kloster und brachte sie in Pflege. Dies hatte Erfolg und die körperliche Gesundheit kehrte zurück; aber nun zeigte sich der Grund ihrer Hysterie, die wohl der Hauptgrund ihres Wahnsinnes gewesen war ... es war die Begierde nach der Befriedigung des Geschlechtstriebes. Er ging soweit, daß sie sich ihr nähernde Männer gewaltsam anpackte. In den lichten Zwischenräumen gab sie Aufschluß über ihre Geschichte.

Sie war aus Würzburg, wo ihr Vater ein bedeutender Weinhändler war. In seinem Haus waren die Pfaffen willkommene Gäste, und dort hatten sich die barfüßigen Karmeliter eingenistet.

Albert war eine auffallende Schönheit. Bald spann sich ein Liebesverhältnis an, das damit endete, daß sie ihre Jungfräulichkeit einbüßte. Nun sind ihre Eltern unzufrieden. Gern nahmen sie den Vorschlag der Karmeliter an, sie in ein Kloster zu schicken. Zuerst behandelte man sie recht gut, zumal der Vater versprochen hatte, das seiner Tochter zukommende Vermögen an das Kloster zu bezahlen. Als sie ihr Gelübde abgelegt hatte und sich die Auszahlung des versprochenen Geldes verzögerte, mußte Alberta büßen; »... die ja ohnehin wegen ihrer Schönheit von den anderen Nonnen gehaßt wurde«. Mit ihr ging die Phantasie durch. Sie hatte vom Baum der Erkenntnis gegessen, und die veränderte Lebensweise in den engen Klostermauern trug dazu bei, ihre Sinnlichkeit anzustacheln.

Alberta suchte ihre rebellischen Sinne durch Mittel zu besänftigen, die das Gegenteil bewirkten ... so daß sie endlich genötigt war, sich dem Klosterarzt zu entdecken. Es war fast zu spät, denn die Hysterie hatte sich schon beinahe in eine Mannstollheit ausgebildet. Er kam mit der Oberin überein, daß man versuchen sollte, sie zu kurieren. Er mußte der Oberin aber bald gestehen, daß er dieser Aufgabe nicht gewachsen sei und riet, es mit der Geißel und häufigem Fasten zu versuchen.

Aber das hieß nur Öl ins Feuer gießen. Die Nonne ging bei diesem Kampf mit ihren Sinnen fast unter und nun beschloß die Oberin, sie von den übrigen abzusondern, damit der Ruf des Klosters nicht leide«.

So kam sie in den Holzverschlag unter der Treppe ... nun ließ man sie täglich geißeln. So ging ihre Krankheit in den beginnenden Wahnsinn über. Alberta wurde nicht wieder gesund ... sie beendete ihr Leben in einem Irrenhaus«.

Der Wundarzt Friedrich Baumann, der in Hornstein in der Nähe einer Prämonstratenserabtei lebte, hatte eine große Vorliebe für die Klöster und dieselbe wurde von seiner Frau geteilt. Deshalb beschlossen sie, ihre jüngste Tochter, Magdalena, »dem Himmel« zu weihen. Der Hausfreund Baumanns war der Abt des benachbarten Klosters und er

bestärkte die Eltern in ihrem Vorhaben, ja er verwendete sich bei den Klarissinnen in der Hauptstadt für die Aufnahme des Mädchens. Nun wurde Magdalena in allen einer Nonne dienenden Schicklichkeiten unterrichtet ... auch in der Wund-arzneikunst.

Sie meldete sich nach dem vollendeten 16. Lebensjahr zur Aufnahme. Sie war hübsch und bezauberte alle Herzen durch ihr anmutiges Wesen. Es fehlte nicht an Freiern. Aber Magdalena hatte den festen Entschluß, in ein Kloster zu gehen, worin sie durch ihre Mutter bestärkt wurde. Nun wurde Magdalena eingekleidet und in die Mysterien des Geißelns eingeweiht. Die kleine Disziplin bestand aus 36 und die große aus 300 Hieben auf Rücken und Hintern.

Das Noviziat ging zur Zufriedenheit vorüber. Sie sah aber bald Dinge, die ihr nicht gefielen und teils befremdlich vorkamen. Dann kam mit dem Fest Maria Himmelfahrt die große Disziplin. Das Zimmer, in dem die Geißelung vorgenommen werden sollte, war verdunkelt. Nur mit dem größten Widerwillen löste die schamhafte Jungfrau den Gürtel und entblöste den untadelhaften wunderschönen Körper, an dem sich die lüsternen Blicke der alten Klosterkatzen und der Äbtissin weideten.

Magdalena geißelte sich mit allem Eifer ... und auch die anderen Nonnen ... die Nonne Griselda geißelte sich so sehr, daß Blut über ihren Körper strömte. Magdalena, die zur Klosterapothekerin ernannt wurde, eilte ihr zur Hilfe und stellt sie in Kürze wieder her. Sie hatte nicht unterlassen, Griselda aufzufordern, sich nicht mehr so hart zu geißeln. Dies kam der Äbtissin zu Ohren. Herrisch fuhr sie Magdalena an. Später wurde ihr (auch) das Schröpfen und Aderlassen zugesprochen.

Sie bemekte, daß sie fast monatlich die 22-jährige Schwester Theodora zur Ader lassen mußte und erkannte, daß ein so großer Blutverlust notwendig die Wassersucht zur Folge hat. Die arme Nonne gestand ihr weinend, daß sie es auf Befehl der Äbtissin tun müsse, um die Wallungen des Blutes und die damit verbundenen wollüstigen Träume und die verbotenen Gelüste, welche Folgen des häufigen Geißelns wären, zu unterdrücken, was ihr auch immer für kurze Zeit nach dem Aderlassen gelänge ... auch diese Unterhaltungen kamen der Äbtissin zu Ohren und erbitterten sie ebenso wie die anderen Nonnen.

Der Beichtvater hatte seine Pläne auf das schöne Mädchen nicht aufgegeben. Er ging systematisch vor, um sein Ziel zu verwirklichen. Auf seine Veranlassung wird sie zur Oberkrankenpflegerin des Klosters ernannt. Nun machte ihr der Schurke allerhand Geschenke, so daß die anderen Nonnen argwöhnisch wurden. Nun suchte sich Magdalena von ihrem Amt loszumachen, um weitere Berührungen mit dem geilen Pater zu vermeiden. Er machte ihr darüber im Beichtstuhl heftige Vorwürfe.

Magdalena war bereits drei Jahre im Kloster. Inzwischen waren ihr die Augen geöffnet. Mit Schauer erkannte sie (zu spät), daß die Rückkehr in eine »normale« Welt für sie verschlossen blieb und so fiel sie in eine tiefe Schwermut ... sie machte immer mehr Fehler. Sie wurde bestraft, was ihre Stimmung weiter verschlechterte. Zu dieser Zeit war die Tochter eines anderen Wundarztes Nonne geworden, und da sie einige Proben ihrer Geschicklichkeit abgelegt hatte, nahm Magdalena ihre bisherige Stellung wieder an. Man begann, sie mit Geringschätzigkeit zu behandeln. Man nannte sie ein lästerliches und unnützes Geschöpf.

Jetzt wurde sie aggressiv. Es kommt, wie es kommen muß. Die Äbtissin pochte auf ihrem Recht und sann nach der Züchtigung der Widerspenstigen. Sie sagte: »... ein solches Benehmen der Bauerndirne könne sie nicht ungestraft hinnehmen ... man müsse ihr den Nacken beugen und sie durch Zwang in die Schranken der Ordnung bringen. Daraufhin wird Magdalena die Bestrafung angekündigt. Die Äbtissin gebietet der Nonne, den Boden zu küssen. Kaum fiel sie auf die Erde, als sogleich eine Laienschwester über sie herfiel und die Rute gebrauchte. Als es vorüber war, mußte Magdalena der Äbtissin die Hände küssen und sich für die gnädige Strafe bedanken.

Die Nonnen standen auf der Lauer und begleiteten sie mit Hohn, als sie in ihre Zelle ging. Sie wurde dann zur Laienschwester degradiert. Nun beging sie die Unvorsichtigkeit, einen Brief an die Eltern zu schreiben. In ihm schildert sie ihre grauenvolle Lage und bittet in rührender Weise um Hilfe. Der Brief wird abgefangen und sie wird gezwungen, einen anderen, lügenhaften, den ihr ein Pater in die Feder diktiert, abzuschicken.

Für das Verraten der Klostergeheimnisse wird sie erneut bestraft; außerdem vier Wochen in den Turm gesperrt. Ihre Lage verschlimmerte sich, als die Äbtissin starb und die Priorin - ihre Feindin - an die Stelle gelangte. Jetzt mußte Magdalena als Laienmagd in der Küche Hilfsdienste verrichten. Für jedes kleine Vergehen bekam sie die Rute. Schließlich landete sie im klösterlichen Gefängnis.

Sie wehrte sich mit der Kraft der Verzweiflung und man mußte einen Franziskanerbruder zur Hilfe rufen ... als ihr Gefängnis ausgebessert werden mußte, wurde sie in ein anderes verlegt, in dem die Schwester Christina bereits 13 Jahre saß. Sie war zu einem Gerippe abgezehrt von dem steten Geißeln dem Wahnsinn nahe.

Die Einkerkerung Magdalenas hatte nun unter Mißhandlungen drei Jahre und acht Monate gedauert, als endlich ein Schornsteinfeger, der ihr Gewimmer hörte, die Sache der Obrigkeit anzeigte. Es wurde eine Komission ernannt, die im St. Klarenkloster eine Untersuchung anstellte. Magdalena wurde aus dem Kloster entfernt und kam in die Behandlung des Leibarztes des Kurfürsten; der Hofwundarzt übernahm ihre Pflege. Ein Gutachten bestätigte die fortlaufenden Geißelungen ... durch das lange Einsperren und die heftigen Schläge auf die muskulösen und tendenziösen Teile der Schenkel und Füße seien diese so entzündet, daß schwerlich Hoffnung bestehe, die in Ordnung zu bringen. Während ihrer ärztlichen Behandlung wurde Magdalena viermal verhört; dadurch kommen die klösterlichen Schandtaten ans Tageslicht.

Eine Nonne namens Paschalia wurde wegen der ihr angetanen Behandlung wahnsinnig und verstarb an einem Nervenschlag; aber einige von den fünf Nonnen, die den Mut zum Geständnis hatten, behaupteten, sie habe sich in der Verzweiflung im Gefängnis an ihrem Busenschleier erhängt ... dennoch wußten sich die Schuldigen aus der Sache zu winden.

Das Kloster wurde verurteilt, Magdalena jährlich 200 Gulden zu geben und ihr die notwendige Ausstattung mitzugeben. Erst nach 5 - 6 Jahren konnte sie wieder gehen und ihr geknickter Körper erholte sich allmählich. Im Kloster gelobte sie für den Fall ihrer Befreiung eine Wallfahrt nach Loreto auszuführen. Diese unternahm sie mit Erlaubnis der Behörde, kehrte aber nicht mehr in die Heimat zurück. Im August 1778 verstarb sie mit 45 Jahren, in einem Hospital zu Narni in Italien.

Anmerkungen zur Beichte[71]

Die Beichte gibt es lang vor dem Einsetzen des Christentums. Sie ist vielen antiken Mysterien bekannt. Man bekennt dabei dem Priester als dem gedachten Stellvertreter eines angenommenen Gottes »seine« Schuld. Im Isiskult gibt es eine ausgeprägte Ablaßpraxis. Dem Buddhismus ist die Beichte gleichfalls bekannt.

Die römisch-katholische Kirche ist der Auffassung, daß das Sakrament der (Ohren)beichte (= confessio auricularis) von Christus eingesetzt worden ist. Sie zitieren die auf wankenden Füßen stehende Bibel[72].

Schon im 4. Jh. wenden sich der Theologe Pelagius und der Jurist Coelestinus gegen die Dogmatisierung und tragen vor: »... dies mache den Mensch zur Marionette und hindere seine freie Entwicklung im sittlichen Handeln«. Sie werden ob ihrer realen Ansichten verdammt.

Jesus v. Nazareth versteht unter Sünde etwas anderes als die auf ihm errichtete Kirche; ein Vergehen gegen die Gesinnung des Her-

zens. Das Urchristentum kennt die nur einmalige Buße. Sie galt als Bad, dem man rein entstieg, denn seit Urzeiten glaubt man an die reinigende Kraft des Wassers. Nach der Taufe war folgerichtig eine zweite Buße ausgeschlossen. Deshalb schoben sie viele bis zu ihrer letzten Stunde auf (z.B. Kaiser Konstantin).

Im 6. und 7. Jh. wird die Beichte lediglich empfohlen. Bis zum 11. Jh. war es Grundsatz in der christlichen Kirche, daß die Bischöfe in ihrer Eigenschaft als Nachfolger der Apostel, kraft ihres Amtes in ihren Diozösen ohne Einschränkung die Befugnis hatten, Beichtende von Sünden loszusprechen. Seit dem 12. Jh. konnte man die auferlegte Buße durch Geld begleichen.

Erfinder der Ohrenbeichte war nicht Christus, sondern Papst Innozenz II. Ein Ziel wird gewesen sein, neben dem Einfluß auf weltliche Machthaber die Gewalt über die Familien - speziell über die Frauen - zu erlangen. Schon der Ketzer Marnix von St. Aldegonde gelangt zu der Erkenntnis: »... die Ohrenbeichte ist unzweifelhaft das paar Augen wert; das eine braucht sie, um alle Heimlichkeiten und verborgenen Anschläge aller Könige und Fürsten dieser Welt zu erfahren ... das andere gebraucht sie, um damit in den Busen junger Mädchen und betrübter Frauen zu sehen und zu tasten ... um dadurch ihre Heimlichkeiten zu ergründen«.

Freilich zählt auch Otto v. Corvin zu den Kritikern: »... wie manchmal haben die Pfaffen und Mönche den betrübten und unfruchtbaren Weibern in der Ohrenbeichte den guten Rat gegeben, daß sie bald danach fröhliche Mütter geworden sind ... und vom selben Zeitpunkt an zu ihren »heiligen« Beichtvätern eine so innige Liebe wie zu ihren Männern bekommen haben[74].

Man geht in der Vorstellung auf, ein Katholik **müsse** vorbehaltlos alles beichten, damit seine Schuld getilgt werden kann. Eine ungesühnte Schuld habe (für ihn) den Nachteil, daß er sie mit seinem Tod in die jeseitige Welt nehme und nach der gedachten Auferstehung dafür bestraft wird. Es ist nachgerade ein Wunder, daß ein so primitiver Gedankengang von Millionen als glaubenswahr angesehen wird. Ist es eine Illusion?

Spätere Theologen leiten daraus ab:

- Christus habe der katholischen Kirche die Vollmacht verliehen, Sünden nachzulassen (davon kann keine Rede sein, denn Christus hat die Kirche nicht begründet!)

- Christus habe es den Sündern zur Pflicht gemacht, ihre Sünden einem Priester zu bekennen, falls sie Vergebung suchen. (Davon kann keine Rede sein. Es ist unbekannt, welche Beziehung der Religionsgründer zum Volk hatte und christliche Priester hat es damals nicht gegeben).

- Christus habe die Beichte als Gesetz eingeführt. Der Beichtvater fungiert als Richter, das Beichtkind als der sich selbst beschuldigende Teil (davon kann keine Rede sein, weil die Beichtpflicht erst zur Zeit des hohen Mittelalters eingeführt wird).

Die Kette der Kritiker an diesem verfänglichen System reißt nicht ab. Johann Hus, den der Klerus am 6. Juni 1415 während des Konstanzer Konzils ob seiner richtigen Ansichten verbrennen ließ, wandte sich u. a. gegen die Ohrenbeichte und den Ablaß, »... weil diese Einrichtungen weder mit der hl. Schrift noch mit dem Geist des Christentums vereinbar seien«. Er bestritt die Fähigkeit der Päpste, Sünden vergeben zu können. »... dies könne nur Gott allein und darauf würden all diejenigen rechnen, die aufrichtig ihre Sünden bereuen und Buße tun«.

Freilich sträubte sich vor allem das Volk gegen diesen Willkürakt. Das Konzil von Trient hat in seiner XIV. Sitzung vom 25. November 1551 alle verdammt, die die Notwendigkeit und Ablehnung der Beichte negieren[75]. Sie ist nach Ansicht der Kirche das notwendige Bekenntnis des Beichtenden aller seit seiner Taufe begangenen Sünden.

Der Beichtstuhl ist der geheimnisvollste Mittelpunkt, von dem aus der Katholizismus in die Herzen der Christgläubigen gegraben wird. »... im Beichtstuhl erscheint der Priester in der erhabendsten Eigenschaft seines Amtes, dort schlägt die Stunde, das Herz vertrauensvoll reden zu lassen und Worte des Trostes, der Ruhe und Versöhnung zu sprechen. Allein von der jetzigen Einrichtung der Beichte behaupte ich, daß durch sie unmöglich die Früchte erhalten werden, die man zu erzielen wünscht. Das Haupthindernis sind elende Beichtväter, ohne Kenntnis, Wissenschaft, Moral, Lust und Liebe. Jünglinge, die kaum die Schule verlassen haben, setzen sich in die Beichtstühle, wollen Andere stärken, da sie selbst der Stärkung bedürfen und Andere leiten, da sie oft im Angesicht des Volkes straucheln ... ich bis fest davon überzeugt, daß die jetzige Beichtpraxis den moralischen Tod der Gläubigen befördert ... und daß unseren Beichtvätern eine schwere Verantwortung vor Gott bevorsteht«.

Die Beichte hat die Unterjochung des Individuums zum Ziel. »... jedes Gramm des menschlichen Wesens wird auf die theologische Goldwaage gelegt und in den Beichtmechanismus integriert. So ist die Beichte der logische Schlußstein des moraltheologischen Lehrgebäudes. Als Beichtvater hat der Priester den Gipfel der - sich selbst zugewiesenen - Übermenschlichkeit (besser = Überheblichkeit) erreicht[76]; er tritt als »göttlicher« Vertreter auf oder er meint es.

Obwohl die Protestanten ebenfalls Christen sind, ersparen sie sich diesen unwürdigen Akt der menschlichen Versklavung. Deshalb konnte Luther sagen: »... die Ohrenbeichte sei von einem Erzhauptbuben erdacht, der darauf aus gewesen sei, der Weiber Herz und Heimlichkeit zu erfahren ... er wäre deshalb würdig, von allen Teufeln in hunderttausend Stücke gerissen und zerpulvert zu werden«.

Luther bekommt im Beichtstuhl zu hören: »... Buße haben wir nicht nötig, denn wir haben (ja) den Ablaß erkauft«. In Streitsätzen wendet er sich scharf gegen die Auffassung, daß den Priestern die Macht zustehe, Sünden zu vergeben. Er wendet sich gegen die Verwendung der gewonnenen Gelder zum weiteren Ausbau der Peterskirche und sagt: »... lieber solle dieser Dom zu Pulver verbrannt werden, als ihn auf eine so unwürdige Weise zu entehren«

Die Lossprechungsformel hat nur Gültigkeit, wenn der Beichtende ein vollständiges Bekenntnis seiner Sünden ablegt, Reue zeigt und Besserung verspricht. Das Konzil von Trient bezeichnet die Reue als »Schmerz der Seele«. Doch der Beichtpriester wähnt sich mächtiger[77]. Er kann selbst aus einer größeren Entfernung die Beichte abnehmen, wenn z. B. jemand vom weitem ins Wasser fällt oder wenn er jemand von einem Dach fallen sieht, soll er die Lossprechungsformel sprechen. Sie ist so wirkungslos wie im Beichtstuhl, da bar jeder Logik, aus der Antike gerettet und wider die Menschlichkeit gerichtet. Ein Geistlicher ist ein Mensch wie jeder andere; er ist weder unfehlbar noch kann er Sünden vergeben. Es wäre angebracht, würde er zunächst selbst Vorbild sein.

Der Beichtstuhl muß (auch) dazu herhalten, die katholische Ideologie warmzuhalten: Dazu werden spezielle Beichtspiegel verfaßt; für einzelne Berufe und für Kinder[77]. So verfaßt der Jesuit Devis 1891 sein Gebets - und Erbauungsbuch für katholische Christen. Schauen wir kurz in ein solches; der Tenor ist stets der gleiche!

- Untersuche, ob du nicht gegen den Glauben gesündigt hast! Durch vorwitziges Grübeln, durch Lesen, Kaufen, Verkaufen und Leihen solcher Bücher, welche den Glauben, die Kirche, den Staat und die guten Sitten angreifen ... durch Scherz oder Tadel über Lehren und Zeremonien der Kirche. Hast du stets festgeglaubt, was Gott geoffenbart hat und (was) er durch die hl. katholische Kirche zu glauben verschreibt?

- Hast du unzüchtige Bücher gelesen?

- Hast du Gott die Vollkommenheit abgesprochen? Hast du über ihn, die Heiligen und ihre Bildnisse gespottet? Hast du gesündigt durch (die) scherzhafte Anwendung der Worte der hl. Schrift? Hast zu gegen gottgeweihte Personen gesündigt? Hast du nachteilig vor den Predigten und vom Gottesdienst gesprochen?

- Sobald ein Kind zum genügenden Gebrauch der Vernunft gelangt ist, also um sein siebentes Lebensjahr, soll es beichten: »...ich habe eine Wahrheit der Religion nicht geglaubt ...

ich habe böse Reden gegen den Glauben angehört ... ich habe Widerwillen und Verachtung gegen Gott und göttliche Dinge im Herzen getragen ... ich habe in unreine Begierden eingewilligt, Unkeusches getan und an mir zugelassen. Ich bin beim Ankleiden nicht schamhaft genug gewesen ...usw.

Von hier zu einigen Moralsätzen der römisch-katholischen Moraltheologie ist es nicht weit:

- Eltern, die durch Bitten ihre Kinder diese vom Eintritt in einen Orden abhalten, begehen eine Todsünde.

- Eine Ehebrecherin, soll ihr uneheliches Kind überreden, Priester zu werden und in einen Orden einzutreten, wenn es dazu tauglich ist[79].

- Eine Frau ist nicht verpflichtet, den Ehebruch ihrem Mann oder dem unrechtmäßigen Kind gegenüber zu offenbaren. Die Mutter tue Buße. Das genügt!

- Die Hände und Brüste einer Frau zu berühren, sie mit den Fingern zu kneifen und zu zwacken, das sind läßliche Sünden, wenn es ein Beichtvater in der Absicht der blosen Ergötzlichkeit tut«[80].

- Wegen der Ketzerei müssen Kinder ihre Eltern - und umgekehrt - anzeigen.

- Ist es erlaubt, in einer ketzerischen Kirche die Orgel zu spielen oder den Gesang zu

Carl Joseph Hefele. Tüb. Prof. Bischof v. Rottenburg (1809-1893).
Er sagt im November 18770 im Zusammenhang mit der Unfehlbarkeitsdebatte: »... ich kann mit nicht verhehlen, daß das neue Dogma einer wahrhaften, biblischen und traditionellen Begründung entbehrt und die Kirche in unberechenbarer Weise schädigt, so daß letztere nie einen herberen und tödlicheren Schlag erlitten hat als am 18. Juli 1870.
In seiner Konzilsgeschichte sagt er: »... verzeiht mir, wenn ich einfältig spreche: die alten Dokumente der kirchlichen Geschichte, die Schriften der Väter und die Akten der Konzilien sind mit bekannt, aber die Lehre von der Unfehlbarkeit ist dort nicht enthalten«.

leiten? Es ist kaum ohne Sünde möglich. Ist das Lied einem ketzerischen Gesangbuch entnommen, so ist es eine Todsünde!

- Es ist nicht erlaubt, die Glocken einer nichtchristlichen Kirche zu läuten, weil dadurch Mitglieder von Sekten zu Predigten gerufen werden.

Der Dominikaner Nider schreibt in seinem »manuale Confesorum« (= Handbuch für Beichtväter; in mindestens 16 Auflagen erschienen). »... da die Fleischessünde aus gewissen Leuten, z. B. aus Weibern, nur mit äußerster Mühe herausgequetscht werden kann, so beginne der Beichtvater mit Fragen allgemeiner Art und frage dann weiter. Wenn es nötig wird, über Unkeusches zu reden, kann er zum Beichtkind sprechen: »... erschrecke nicht, wenn ich über Unkeusches rede, worüber ich außerhalb der Beichte schweigen würde«.

Dann wird empfohlen, daß der Beichtvater (auch) Lügen kann: »... damit nicht die Beichtende erstaunt sei und Argwohn darüber empfinde, woher er die Sünden kenne, die einem Priester fremd sein müßten«, soll er sagen: »... er habe diese Sachen aus medizinischen Büchern oder von den Medizinern selbst erfahren«[81].

Der Geistliche soll, um eine »böse« Neigung oder Gewohnheit zu entdecken, nicht über die Sache selbst, sondern (zuerst) über die Nebenumstände sprechen. So bleibt es der Klugheit des Beichtvaters überlassen, das Beichtkind (z. B.) nach seiner Begierde zum Beischlaf oder über die dabei ausgeübte Körperhaltung zu fragen«. Der Redemptorist Aertnys sagt dazu: »... die Pfarrer und Beichtväter sollen die Eheleute zu gegebener Gelegenheit über Erlaubtes und Unerlaubtes unterrichten «.. Nach der Moraltheologie Liguoris soll der Beichtvater in der Beichte Fragen zur fleischlichen Begattung nur an die Frau stellen: »... unter vier Augen und hinter dem Rücken des Mannes«.

Von einem Beichtgeheimnis kann keine Rede sein. In meinem Hexenbuch bringe ich dazu einige Beispiele. Alle Verordnungen fruchten nichts: »... alle Mittel wurden angewandt, um die natürliche Schamhaftigkeit der Weiber zu untergraben. Weigerte sich eine und wollte nicht daran glauben, daß ein Pfaffe das Recht habe, ihre Entblößung zu verlangen, so beriefen sie sich auf Jesus, der gesagt haben soll: »... Geht hin und zeigt euch den Priestern«.

»Frauen, die an einem starken Kitzel ihrer Geschlechtsteile leiden, sollen die Beichtväter mit großer Vorsicht behandeln«. Die Theologen Rousselot - Sattler tragen vor: »... es gibt Frauen und Mädchen, die, weil sie durch das Lecken kleiner Hunde Wollustgefühle empfinden, sich beängstigt fühlen und es nicht in der Beichte eingestehen. Deshalb ist es gut, sie zu fragen, ob sie etwas Unkeusches mit Tieren vorgenommen, bzw. sie zu sich ins Bett genommen und sich von ihnen haben Lecken lassen«.

Darum sagen Frauen in Montreal in einer Erklärung an den Bischof Bourget über den Greuel im Beichtstuhl: »... daß diese so unglaublich sind, daß es den Frauen unmöglich ist, ohne Erröten daran zu denken ... wenn ihre Männer nur den 10. Teil des Schmutzes ahnten, der aus dem Mund eines Beichtpriesters in die Seelen der Frauen fließe, sie dieselbe lieber tot als so entwürdigt wissen wollten«.

Besonderes Augenmerk schenken die Geistlichen den Jungfrauen. Schon Thomas v. Aquien stellt die Frage, ob eine Geschändete wieder geistig und körperlich zur Jungfrau machen kann[82]. Worin besteht das äußere Zeichen der Jungfernschaft? Die Beantwortung ist schwierig. Basileus sagt, es bestehe in einem fleischlichen Häutchen, das den Jungfrauen eigentümlich ist und das durch den Beischlaf zerrissen wird. Fragosa aber sagt; daß unter 1.000 Frauen kaum eines dieses Häutchen habe, und so ist die richtige Antwort, daß das Zeichen **nicht** das Häutchen ist, sondern in einer gewissen Verfassung des Eingangs des weiblichen Gefäßes besteht, der durch die Annäherung des Mannes erweitert und gleichsam geöffnet wird«.

»Ist derjenige, der zum erstenmal Hurerei treibt, verbunden, diesen Umstand in der Beichte zu entdecken? Jungfrauen sind hierzu wegen der Defloration verbunden; aber

Jünglinge nicht (so der Jesuit Suarez). Jedoch halte ich es mit Velasquez für wahrscheinlicher, daß auch eine Jungfrau nicht dazu verbunden ist, sei es, daß sie noch unter elterlicher Gewalt stehe ... wenn sie freiwillig einwilligt, und ihre Hurerei keine Schändung ist, begeht sie kein Unrecht. Weder gegen sich selbst noch gegen ihre Eltern, da sie die Herrin der Jungfernschaft ist«[83].

Muß eine Jungfrau eher den Tod erleiden, als sich vergewaltigen zu lassen? Die erste Absicht lehrt, sie könne es, brauche es aber nicht, wenn sie sich beim Beischlaf passiv verhält und ihm innerlich widerstrebt. Die zweite Ansicht bestreitet dies. Nach der probablen Meinung ist die Entjungferung nicht spezifisch verschieden vom gewöhnlichen außerehelichen Geschlechtsverkehr ... die nicht gewaltsame Entjungferung enthält keine Ungerechtigkeiten[84].

Wer ein Mädchen gewaltsam entjungfert, ist zum Schadenersatz verpflichtet; nicht aber, wenn die Vergewaltigung geheim geblieben ist. Der Jesuit Tamburin sieht es anders und meint: »... wer ein Mädchen unter Anwendung von Gewalt und List entjungfert, muß sie entweder heiraten oder durch Geld den Schaden gutmachen. Zur Heirat ist er nicht verpflichtet, wenn der Standesunterschied zu groß ist«.

Nach dem Redemptorist Aertnys begeht der Mann mehrere Sünden, wenn er ein Mädchen unehrbar berührt ohne die Absicht zu haben, den Beischlaf mit ihr zu vollziehen. Nach der Ansicht des Jesuiten Tamburini verliert ein Mädchen die Jungfernschaft durch feiwillige Samenergießung und nicht (unbedingt) durch einen äußeren Anreiz. Daraus erfolgt: »... daß ein Mädchen, das zwar schon seinen Samen vergossen, aber sein Jungfernhäutchen unverletzt bewahrt hat, sich einem Orden anschließen kann, der statutenmäßig lediglich Jungfrauen aufnimmt, obwohl sie ihre Tugend der Jungfräulichkeit verloren hat, ist sie dennoch Jungfrau«.

Wir sehen, daß der Probabilismus nicht nach dem Gewissen, sondern nach theologischen Lehrmeinungen fragt; sie liegen zum Aussuchen bereit. Welche Eskapaden man damit treiben kann, soll an einem Beispiel gezeigt werden.

Das Mädchen Bibiana[85]

»Bibiana, ein Mädchen, welches ausgezeichnete Gaben des Leibes und des Geistes hatte, hat viele Augen auf sich gezogen. Es sind mehrere, welche um ihre Hand werben. Doch wird von ihr Sidonius bevorzugt; sie vollzieht mit ihm die Verlobung. Schon ist der Tag für die zu feiernde Hochzeit angezeigt. Bibiana geht zur Beichte und eröffnet dem Priester: »Sie habe die Jungfernschaft durch mehrmaliges Huren verloren und habe ein Kind, wovon niemand wisse außer der Hebamme, mit deren Hilfe sie es in einem Krankenhaus untergebracht hat«. Muß Bibiana diese Fehler dem Bräutigam offenbaren?

Welch Leckerbissen für eine theo-logische Spekulation!

Bibiana ist selbstverständlich nicht gehalten, zu erklären, daß sie in die Hurerei gefallen sei und ihre Jungfernschaft verloren habe, weil dieser Fehler dem Bräutigam nicht schädlich ist. Er ist berechtigt, wenn er diesen Fehler (er)kennt, von der Verlobung zurückzutreten. Dagegen, wenn er keine Einwendungen macht, hat die Braut das aus der Verlobung folgende Recht. Wenngleich sie den Mann nicht täuschen darf, indem sie lügt, daß sie frei von jedem Fehler sei, so ist sie nicht gehalten, jeden Fehler zu offenbaren, sondern kann, auch gefragt, ihn verstecken, indem sie mehrdeutig antwortet. Dann lügt sie nicht, sondern verbirgt nur einen geheimen Fehler«.

Ebenso ist Bibiana nicht gehalten zu erklären, sie habe ein Kind geboren und dieses im Krankenhaus oder an einem anderen Ort geheim untergebracht, sofern sie bezahlt oder geheim hält, wo das Kind ernährt wird wenn hierfür etwas zu zahlen ist. Der Grund ist, weil in diesem Fall dem Bräutigam kein Unrecht geschieht, da er deswegen keinen Schaden erleiden wird. Anders aber ist die Sache, wenn sie nicht so geheim ist, daß sie nicht vom Bräutigam entdeckt werden kann, weil daraus der größte Zank und Uneinigkeit unter den Gatten entstehen kann«.

Sollzitatio

Unter der Sollzitatio vesteht die Moraltheologie die während der Beichte geschehene Reizung des Beichtkindes zur Unzucht. Unzählige Konzilien haben erfolglos dagegen gewettert. Bereits 428 hat Papst Cölestin es für nötig gefunden, eine Strafe darauf zu setzen, wenn Geistliche ihre Beichtkinder zur Unzucht verführen[86]; allerdings spielte sich die Buße damals in einer liberaleren Form als heute ab.

Pius IV. veröffentlicht um 1560 eine Bulle, in der er allen Mädchen und Frauen, die von den Beichtvätern verführt worden sind, befiehlt sie zur Anzeige zu bringen[87]. Papst Benedikt XIV. entbindet im ersten Jahr seines Pontifikates die sollzitierten Beichtväter der Lossprechungsgewalt. Er ist bemüht, durch präzise Angaben der Unzucht im Beichtstuhl ein Ende zu bereiten[88]. Aber noch zum Ende des 19. Jh. hebt der Jesuit Gobat hervor: »... eine Sollzitatio liege lediglich (dann) vor, wenn der Beichtvater mit einem Beichtkind den Beischlaf vollzogen hat«.

Freilich wird den Beichtvätern verboten, Frauen während der Beichte zur Unzucht zu reizen[89]. Es wird eingeschränkt, wenn der Geistliche **danach** unzüchtige Handlungen vornimmt[90]. Ungeschoren geht er aus der Sache, wenn er an einem anderen Tag - außerhalb der Kirche - mit einer Frau geschlechtlichen Umgang pflegt[91]. Wollte dennoch eine Geschändete Anzeige gegen ihn erstatten, solle man ihr nicht glauben[92]. Der Priester brauchte nur zu sagen: »sie habe ihn zur Unzucht gereizt, so ist er frei ... ihr dagegen drohe dann eine Strafe wegen falscher Anklage«[93]. Hoch lebe die christliche Gerechtigkeit!

Folgerichtig wird festgeschrieben: »... muß ein Beichtvater, der sich mit einem Beichtkind unzüchtig vergangen hat ... dieses in der Beichte angeben? Nein. Diese Sünde ist weder eine Blutschande noch ein Sakrileg, da dem Bußsakrament dadurch keine Unehre zugefügt wird«. Oder: »... Bischöfe und päpstliche Legaten, die andere zur Unzucht reizen, brauchen nicht angegeben zu werden, weil sie der Inquisition nicht unterworfen sind«[94].

Laurentius, der Erzbischof von Dublin, schickte einmal 140 unzüchtige Priester nach Rom, um sich die Lossprechung von dort zu holen. Johann Franz Piko, Prinz von Mirandola, der eine Unterredung mit Alexander VI. hatte, schildert in einer Eingabe an Leo X. (1531) den Verfall des Klerus und ist besonders darüber empört, daß Knaben, die höheren Geistlichen zur Befriedigung der unnatürlichen Wollust dienen, zum Kirchendienst erzogen werden[95].

Kaspar Torella, erster Kardinal am Hof Alexander VI., Bischof von St. Juta (Sardinien) und zugleich Leibarzt des Papstes, bat die Kardinäle: »... ja nicht des morgens bald nach der Messe Unzucht zu treiben, sondern des Nachmittags, nach geschehener Verdauung, sonst würden sie ihre Sündhaftigkeit mit Abzehrung, Speichelfluß und ähnlichen Krankheiten zu büßen haben ... dadurch würde die Kirche ihrer schönsten Zierden beraubt«[96].

Daraus folgert: hochgestellte Geistliche, aber auch der niedere Klerus sind weitgehend gegen Anzeigen sittlicher Verfehlungen geschützt. Päpste haben diesen Blancoscheck unterschrieben und damit ihre Fehlbarkeit und Kurzsichtigkeit dokumentiert.

Papst Alexander II. hat (schon) 1180 in einem Schreiben an den Erzbischof von Salerno den Grundsatz aufgestellt: »... Ehebrüche und andere Vergehen, die geringerer Art sind, kann der Bischof den Klerikern nach vollbrachter Buße vergeben«. Papst Alexander IV. (1254 - 61) schreibt den Inquisitoren folgenden Reinwaschungsbrief: »... damit ihr die Sache des Glaubens vorantreiben könnt, erlauben wir, daß ihr euch gegenseitig von der Irregularität lossprecht, wenn ihr dieser Strafe in besonderen Fällen aus menschlicher Schwäche verfallen seid«[97].

Der Fall Lambert

Die moraltheologischen Spekulationen gehen nicht nur nach unten in den Beichtstuhl des Landpfarrers, und von dort zum tributpflichtigen Volk, sondern (auch) nach oben; bis zur »Heiligen Kongregation in Glaubensfragen«.[98]

Am 7. Juli 1891 richtet der bischöfliche Generalvikar von Aix (Provence) folgendes Schreiben an diese Institution: »Maria Lambert verehelichte sich 1881 mit Stefhan Goudin aus Avignon. 1888 hat sie ihr Mann verlassen. Die Scheidung wurde am 13. November 1889 ausgesprochen. Später ging sie eine Zivilehe mit einem älteren Mann ein, mit dem sie den ehelichen Akt vollziehen konnte. Danach packte sie die Reue ... sie wollte (wieder) alles gut machen und ging zum Pfarrer. Ihm sagte sie, das Ehehindernis zu ihrem ersten Mann wären seine übergroßen Geschlechtsteile gewesen .. unzählige Male hätte sie vergeblich versucht, den Geschlechtsakt mit ihm zu vollziehen; »... eure Eminenz können sich über diesen Tatbestand Sicherheit aus verschiedenen Zeugenaussagen verschaffen; der der Maria, der ihres Mannes, den einiger Freudenmädchen, mit denen der geschlechtliche Umgang hatte; endlich die Aussage der Pariser Hebamme. Da die gerichtliche Verhandlungen über dieses Ehehindernis nicht ohne Skandal verlaufen würden, erbitte ich von Eurer Eminenz

eine besondere Anweisung und vom heiligen Stuhl die Dispens«.

Als dem Papst dieser Brief vorgetragen wird, erhält der Erzbischof von Aix die Erlaubnis (!) mit der beigefügten Bestimmung den Prozeß zu führen; durch zwei erfahrene Ärzte die Körper der Betreffenden untersuchen zu lassen«. Die Ehe wurde getrennt.

Dazu gehört (als Ergänzung) ein Hinweis aus dem theologischen Gutachten des Konsultators Alfons Eschbach: »... die Frau bezeugte ... am abend des Hochzeittages legten wir uns in Avignon ins Bett, um die eheliche Pflicht zu erfüllen. Mein Mann fiel wie ein Tiger über mich her, er peinigte mich, um den ehelichen Akt zu vollziehen ... ungeachtet aller Versuche gelang es (ihm) nicht. Am folgenden Morgen war ich ganz blutig«.

Damit verlassen wir die Pfade der christlichen Moraltheologie und Beichte mit dem bescheidenen Hinweis, daß es die gleiche Klientel ist, die sich mit dem 218 beschäftigt.

Kirchliche Skulpturen

Szenen aus dem Leben des Gründers der Societas Jesu, des heiligen Ignatius v. Loyola (1491 - 1556). Auf dem ersten und großten Teil des Bildes ist dargestellt, wie Paul III. die Regel der Jesuiten (1540) bestätigt. Die zweite Szene zeigt den hl. Ignatius, die Regel unter göttlicher Inspiration nieerschreibend, und auf der dritten Abbioldung sieht man Ingatius beim Segen der Ordensmitglieder, die ausziehen, um das Evangelium in den verschiedenen Erdteilen zu predigen, wie es die Regel verlangt.

Simonie und Nepotismus[1]

» ... da aber Simon sah, daß der hl. Geist gegeben ward, wenn die Apostel die Hände auflegten, bot er jenen Geld und sprach: »... gebt (auch) mir die Macht, so daß ich jemand die Hände auflege, derselbe den hl. Geist empfange«. Petrus aber sprach: » ... daß du verdammt werdest mit deinem Geld und meinest, Gottes Gabe werde dadurch erlangt«[2].

Geld macht vor der Kirchentür nicht halt. Der Christus unterstellte Ausspruch, daß man keinen Zins nehmen dürfe, bleibt unbeachtet, denn er widerspricht dem kurialen Interesse nach permanenter Machtentfaltung. Wenn man heute vor dem kirchlichen Imperium steht, kommt man nicht umhin anzunehmen, daß die Verantwortlichen an Jesus v. Nazareth vorbeigewirtschaftet haben. Schon der Kirchenlehrer Johannes Chrysostomus (354 - 407) sagt: »... ohne Unrecht kann man nicht reich werden ... es ist unmöglich, in Ehren reich zu sein«.

Der Begriff der Simonie wird in kurialen Kreisen unterschiedlich interpretiert[3]. Man versteht darunter das Erkaufen einer priesterlichen Befähigung um Geld. Die einfachste Form ist der Verkauf der Priesterweihe oder einer kirchlichen Stelle durch Geistliche. Dies ist Jahrhunderte an der Tagesordnung.

Unter allen Verletzungen ragt die Simonie als besonders schädlich hervor, denn sie zersetzt - wie die Ehen der römisch-katholischen Priester - die Kirchenmacht. In der Praxis kommt es oft zu Veruntreuungen des Kirchengutes. Die Simonie führt zu einer Zerstückelung des Besitzes; wer schließlich leer ausgehen mußte, war die Kirche .

Zahllose kanonische Vorschriften sind tote Buchstaben; keiner kümmert sich darum. Die Simonie ist fest verwurzelt und die Kleinen tun es den Großen nach. Es wird ein Kampf Aller gegen Alle, wobei das Papsttum das Zünglein an der Waage bleibt. Der hl. Bonaventura, Kardinal und zugleich General seines Ordens, erklärt Rom als Buhlerin, die mit dem Wein ihrer Hurerei Fürsten und Völker trunken mache. Dort werden die Kirchenstellen ge- und verkauft; dort kommen die Fürsten und Beherrscher der Kirche zusammen. Gott verachtend, der Unzucht dienend, dem Satan anhängend und den Schatz Christi plündernd. Rom würde durch seine verdorbenen Prälaten den Klerus anstecken ... und wie der Klerus durch sein böses Beispiel, seinen Geist und seine Nachlässigkeit das christliche Volk vergiften und elend verkommen lasse«[4].

Gerbert schildert die Situation: »... allenthalben sehe man in der Kirche Priester, die ohne Verdienst, Würde und Bildung, durch Geld den Priestergrad erräubert haben. Fragt man sie, wer sie dazu gemacht hat, so sagen sie: »... der Erzbischof ... 1.000 Solidi habe ich (ihm) dafür bezahlt; hätte ich sie ihm nicht gegeben, so wäre ich heute nicht Bischof. Mein Geld soll nicht verloren sein. Ich weihe einen zum Priester und bekomme Geld; ich mache einen zum Diakon und empfange Silber ... ebenso gedenke ich aus allen anderen Ämtern, Abteien und Kirchen Geld herauszuschlagen«[5].

Die Kleriker beschönigen ihr Treiben am Beispiel der römisch-katholischen Kirche. Allgemein tragen sie vor: »... es wird uns von Jugend an eingeschärft, daß die römische Kirche die Lehrmeisterin für alle anderen Kirchen ist. Was sie billigt und tut, das **müssen** wir nachahmen; warum sollten wir nicht unsererseits die geistlichen Dinge und (die) Sakramente als Finanzquelle gebrauchen, da wir mit den Pfründen die Vollmacht für teures Geld in Rom erkauft haben und die dort gemachten Schulden **nur** auf diesem Weg abtragen können«[6].

Der deutsche Chronist Burchard von Ursberg sieht im Geld die einzige Gottheit der Kirche: »... freue Dich, o Mutter Rom. Die Schleusen der Schätze der Welt haben sich Dir geöffnet ... von allen Seiten fließt das Geld als ein Strom zu Dir und häuft sich zu Bergen an. Es gibt kein Bistum, keine religiöse Würde und keine Pfarrkirche, um die nicht ein Prozeß geführt würde, der Dir nicht Leute mit gespicktem Geldbeutel zuführte. Die

Schlechtigkeit der Menschen ist die Quelle Deines Wohlergehens. Aus ihr ziehst Du Deinen Vorteil«.

Zuerst stehen die Bischöfe unter königlichem Schutz. Kirchengut ist Reichsgut. Darum entwickelt sich die Gewohnheit, einen Preis für die Erhebung zum Bischof oder Abt zu verlangen. Die Frage ist, wer ihn erhebt. Die Kirche wird zur Ware deklariert. Sie mußte den Kampf um den Besitz antreten; folgerichtig tut sie es[7]. Bald dreht sich die Auseinandersetzung um die existentiellen Grundlagen der Institution.

Die Kirche wird gezwungen, den weltlichen Einfluß auszuschließen, damit sie Herrin im eigenen Haus werden kann, um die Simonie ihrer Geistlichen auszumerzen«[8].

Es ist ein langer Kampf der Zermürbung und Zersetzung. Die Kirche hat ihre Kraft weitgehend verloren. Bald steht ihr Schicksal auf dem Spiel. Stück für Stück fällt das Kirchengut, schwindet die Achtung vor der Geistlichkeit und mit ihm der Einfluß auf allen Gebieten. Erst als man das Chaos der totalen moralischen und wirtschaftlichen Verwüstung mit klaren Augen sah, erhob sich der Schrei nach Rettung. Wäre die Kirche unterlegen, wäre sie von den weltlich-politischen Kräften zermalmt worden. Jetzt entsteht eine »neue« Geistlichkeit. Sie ist nicht das Werk grüblerischer Denker; sie ist aus der Not geboren.

Daraus folgt, daß lange, auf jeden Fall nicht vor dem 2. Jahrt. u. Z. **nicht** von einer einheitlich faßbaren päpstlichen Macht gesprochen werden kann. Die Vorherrschaft Roms ist **nicht** selbstverständlich. Es bedarf Jahrhunderte, bis dieser Prozeß zu einem vorläufigen Abschluß kommt; längst hat man die Pfade der christlichen Tugend verlassen. Immer mehr tritt das Geschäftemachen in den Vordergrund. Argwöhnisch wird das Schachern vom Volk bobachtet.

Ohnmächtig und ohne inneren Einfluß steht sie Laien und Geistlichen gegenüber; nirgends hat sie eine feste Wurzel. War es da nicht natürlich, daß den Menschen die wunderlichsten Dinge in den Kopf gekommen sind? Schon zeigen sich »arianische« Ketze-reien und Auflösungstendenzen ... schon zeigen sich (auf der anderen Seite) Spuren der Unterdrückung und Gewalt.

Bei dieser Betrachtung - anders kann man es nicht sehen - hat die Kirche durch ihr Verhalten die Ketzerbewegungen provoziert. Umso ungerechter scheint es, mit welch brachialischer Gewalt sie dagegen angegangen ist. Verfolgen wir deshalb den Weg der Simonie (eines Fluches für die mittelalterliche Kirche).

Anfänge

Rasch wandelt sich das Bild. Schon Paulus beurteilt den Besitz als positiv. Clemens von Alexandrien verheißt den Kapitalisten das Paradies und weist die Armen zurecht. Er betont, daß die Menschheit nicht existieren kann, wenn niemand etwas hat. Im 4. Jh. faßt Gregor v. Nazianz Reichtum als göttlichen Segen für Fromme auf. Augustinus steht auf der Seite der Besitzenden und sagt: »... die Armen teilen mit den Reichen **nicht** die Welt, sondern (**nur**) den Himmel. Sie sollen sich mit dem begnügen, was sie haben ... sie würden sorgenfreier schlafen als die von Sorgen gequälten Reichen«.

Die Armen sind nach Augustin dazu verurteilt: »... im ewig unverändert harten Joch des niederen Standes zu verharren ... sie sollen arm bleiben und viel arbeiten«. Es war immer so, daß Laien, Einfältige und wenig Besitzende der Kirche das Letzte vermachten, weil sie davon ausgingen, sie würde es für ihr persönliches Heil oder wenigstens zum Nutzen der Menschheit einsetzen. Davon kann keine Rede sein. »Diese landläufige Einstellung förderte die Prosperität der Kirche. Doch: jede andere Institution hätte die Gaben ebenso angenommen«.

Folgerichtig weitet sich der Grundbesitz der Kirche aus. Im 5. Jh. gilt der »römische« Bischof als bedeutender Großgrundbesitzer; doch muß man zu einer reellen Beurteilung genauer hinsehen. Als die Kirche - nach außen - immer reicher wurde, ergreift sie von allein die Partei der Besitzenden, zu der sie noch heute gehört.

Dem steht entgegen, daß der Kirchenlehrer Basilius (um 330 - 379) die besitzenden Christen mit Mördern auf eine Stufe stellt. Er konnte es leicht sagen, denn er verschenkte riesige Besitzungen und lebte - ähnlich wie sein Bruder Gregor von Nyssa (gest. 394) als Bischof bedürfnislos.

Schon im 4. Jh. sieht das Volk im Bischofsamt eine »fette« Pfründe. Der Historiker Ammianus Marcellinus sagt dazu: »... wer Bischof von Rom werde, gewinne leicht Reichtum und könne ein feudales Leben führen ... das sei der Grund für die hartnäckigen Kämpfe um diesen Platz«. Ursprünglich wird aus der Mitte der Gläubigen ein Vorsteher gewählt, dessen Status vordem keine Rolle spielt. Mit der kurialen Machtfülle kommt der Brauch auf, freigewordene Stellen »von oben herunter« neu zu besetzen. Erst nach Vergabe und Bezahlung konnte der im Rang Erhöhte aktiv werden.

Früh werden Klagen laut, daß für die Erteilung eines Palliums in Rom Geld genommen werde. Zwar erklärt der damalige Papst Zacharias es für eine Verleumdung, daß der Apostolische Stuhl (Anm. von dem damals keine Rede sein kann) eine Gabe, die ihm durch die Gnade des hl. Geistes verliehen worden sei, verkauft haben soll«. Er geht an der Realität vorbei. Damasus, dessen Luxus sprichwörtlich war, tätigte finstere Finanzgeschäfte, während der arme Landklerus gelegentlich nach Rom kam, um sich unerkannt zu betrinken.

Seit 475 gibt die römische Gemeinde ein Viertel der kirchlichen Einkünfte an den Bischof ab. Ein weiteres bekommt der Klerus, eines wird an Arme verteilt und das letzte verwendet man zur Erhaltung der kirchlichen Gebäude.

Donatio Constantini

In diesem Zusammenhang müssen wir nochmals auf die »Konstantinische Schenkung« sehen. Immer wieder wird vorgetragen, Konstantin habe dadurch der kirchlichen Armut ein Ende gemacht. Papst Silvester habe durch ihre Annahme dem Klerus ein schlechtes Beispiel gegeben; so wurde (auch) ihm das Streben nach Gewinn und Reichtum eingepflanzt. Das stimmt nicht, denn weder hat Konstantin etwas verschenkt noch Papst Silvester etwas angenommen.

Die Ansicht, daß mit dieser fingierten Schenkung das Verderben in die Kirche eingezogen ist, gestaltet sich zu allerhand Fabeln. So sollen Engel vom Himmel heruntergerufen haben: »... wehe, wehe. Heute ist der Kirche Gift eingeträufelt worden«.

Der Straßburger Chronist Königshofen sagt: »... da ward eine Stimme gehört über alles Rom ... die sprach ... heute wurde die Galle und Vergiftung eingegossen ... in die heilige Christenheit ... und wisset, daß dies eine Wurzel allen Krieges zwischen den Päpsten und den Kaisern sei«[9].

Johannes von Paris schließt daraus, daß die Schenkung Gott mißfallen hat. Dietrich Brie, ein Augustiner aus Osnabrück, meint dazu: » ... freilich sei der Kirche damals Gift eingegeben worden, aber doch nur durch den Mißbrauch der Schenkung ... an und für sich seien Reichtümer für die Kirche keineswegs ein Unglück«[10].

Den großen Sekten des 10. - 13. Jh. gilt die konstantinische Schenkung - von deren Realität man damals ausgegangen ist - und die damit verbundene Bereicherung der Kirche - als der entscheidende Wendepunkt, der ihren moralischen Untergang eingeleitet hat. Mit dem Ende der Armut endet die Existenz der Kirche; der Besitz war Gift für sie, an dem sie gestorben sei.

So gesehen ist Silvester der in Daniel 8. 24 geweissagte mächtige, freche und hinterlistige König, der das Volk zugrunde richtet. Er ist der Antichrist, der Mensch der Sünde und der Sohn des Verderbens, zu dem Paulus geredet haben soll. Die Dulcinisten (Apostelbrüder) zu Beginn des 14. Jh. heben hervor: » ... Silvester ist es, der dem Satan (wieder) die Pforten der menschlichen Gesellschaft und der Kirche geöffnet hat«.

Noch im 14. Jh. klagt der Chronist v. Piacenza: »... es wäre in Wahrheit vor Gott und der Welt besser, wenn die Päpste die weltliche Herrschaft (= dominus temporale) niederlegten, denn seit der Schenkung

Konstantins sind die Folgen des weltlichen Besitzes zahllose Kriege und der Untergang von Völkern und Städten gewesen; sie hätten mehr Menschen verschlungen, als heute in Italien leben ... sie werden nie aufhören, solange die Priester weltliche Rechte behalten«[11].

Dante bezeichnet die Habgier und Simonie als Frucht jener Schenkung. Ottokar von Horneck meint: »... Constantin habe den Pfaffen zu der Stola das Schwert gegeben, das sie jedoch nicht zu führen verständen; damit habe er die Macht des Kaisertums gebrochen«.

Nachdem Bruno von Segni gegen die Verdorbenheit der Welt, die Üppigkeit und Verbuhltheit der Priester wettert, nennt er die Simonie das Schlimmste aller Übel. Dem hl. Ariald geht die Bekämpfung der Simonie über die Priesterehen, denn er meint: »... ob sie Frauen haben, kümmert uns wenig«. Wide von Ferrara sieht in der Simonie die Quelle aller Übel.

Schon die ältesten Sammlungen kanonischer Vorschriften enthalten Bemerkungen über das Verbrechen der Simonie. Papst Gregor d. G. ist gegen Simonisten aktiv. In einer ihm zugeschriebenen Predigt wird von »vielen« Simonisten gesprochen, die sich in der Kirche tummeln. Gregor d. G. ist der erste Mönch auf dem Papstthron.

Er wird 30-jährig Prätor von Rom, legt sein Amt jedoch zwei Jahre später nieder. Er richtet in seinem Palast ein Benediktinerkloster ein, lebt als einfacher Mönch und gibt seinen bis Sizilien reichenden Landbesitz teils für 6 Klostergründungen, teils für wohltätige Zwecke hin.

Lange sträubt er sich, die hohe Würde anzunehmen. Er macht darauf aufmerksam, daß sich nicht einmal Petrus »universalis apostolus« genannt hat. Er versteht sich in erster Linie als Seelsorger. Als kluger Regent und Gesetzgeber verwaltet er das »Patrimonium Petri«, die der Kirche übertragenen Land-

In der Klosterschule

schenkungen, die Vorläufer des Kirchenstaates. Der Gregorianische Choral trägt seinen Namen nicht ganz zu Recht, obwohl er die Messe und die römische »scuola cantorum« reformiert hat.

Zum Ende des 5. Jh. sieht sich Kaiser Glycerius genötigt, festzustellen »... daß der größte Teil der Bistümer für Geld vergeben und nicht durch Verdienste erworben sei«. Die Justinianische Gesetzgebung wendet sich gleichfalls gegen die gottlose Simonie.

Weltlicher Einfluß

In der Öffentlichkeit herrscht (noch immer) die Auffassung, daß die römisch-katholische Kirche vor allem durch Schenkungen bigotter Menschen reich geworden ist. Dies kann am Phänomen der Simonie korrigiert werden. Keinesfalls ist eine Schenkung eine bedingungslose Hingabe. Es ist falsch anzunehmen, daß Schenkungen - in diesem Stadium - ohne Vorbehalt oder Gewinnabsicht erfolgt sind. Wenn z. B. ein Gotteshaus gegründet und / oder ausgestattet wurde, dann ist der Schenker (= collator) Entscheider (= Patron) und **nicht** etwa die Kirche.

In vielen Kirchen hat der Schenker Vorrechte. Er verfügt über das Aufsichtsrecht. Das Eigentums- oder Vorbehaltsrecht ist erblich. Oft werden Kirchen verkauft, getauscht, verpfändet oder vererbt. Damit werden sie, wie Dresdner treffend bemerkt »Gegenstände des privatrechtlichen Verkehrs«. Oft verfügen die Schenker über Befugnisse innerhalb der kirchlichen Verwaltung. So behalten sie sich das Recht vor, den Geistlichen ein Einkommen zu bezahlen, bzw. unliebsame und unqualifizierte zu entlassen oder gegen bessere auszutauschen. Es ist verständlich, wenn der Schenker eine Vergütung für die Übertragung der Stelle und ihrer zeitlichen Vorteile verlangt. Am einfachsten kann man sich dies in der Form eines Pachtverhältnisses vorstellen. Dieser wichtige Aspekt bleibt meistens unbeachtet.

Für die Kirche ist es ein Konflikt, weil ihr Besitz oft nur auf dem Papier steht. Sie **mußte** sich von diesem Joch befreien, um sich entfalten zu können. »... nirgends ist sie alleinige Herrin oder Besitzerin. Die Güter, Kirchen, Zehnten und Oblationen sind vergeben ... dies geht an ihre materielle Substanz. Selbst reiche Schenkungen vermögen nicht, diesen für sie unheilvollen Weg aufzuhalten. Befremdlich ist, daß sie zu unlauteren Mitteln greift. Geschäft ist Geschäft und Glaube ist Glaube.

Die Kirche erweitert den Begriff der Simonie dahingehend, daß sie das Kirchengut zu einem »spirituali ab annexum« deklariert, das untrennbar mit der kirchlichen Würde verbunden ist. Wir haben einen dubiosen Zug vor uns, denn der hl. Geist hat mit dem Kirchengut nichts zu tun.

Jetzt läßt sich die Lanze wenden. Kirchlicherseits werden die deutschen Kaiser bis auf Heinrich IV. als Simonisten verstanden. Donozio sagt: »... die deutschen Könige verkaufen den Bischöfen die Tempel des höchsten Herrn um Geld. Laien verschachern an verruchte Priester die Kirchen Christi«. Der Ämterschacher wird immer gewagter; es entspinnt sich ein Kampf um die Besitzverhältnisse, um Leben und Tod.

Atto v. Vercelli wirft den Fürsten vor, daß sie bei ihren Leuten nicht nach den Kardinaltugenden, sondern nach deren Vermögen, Verwandtschaft und Gehorsam fragen[12]. Der Bischof Notker von Verona rühmt dem König Berengar nach: »... daß er ihn aus Pietät zum Bischof gemacht habe«.

Heinrich IV. versichert bei der Verleihung des Bistums Triest an den Patriarch Heinrich von Aquileia (August 1082), »... nicht Habsucht, sondern die Achtung vor der Freiheit (der Wahl) habe Nehmer und Geber beseelt«[13].

Die Macht der einheimischen italienischen Könige ist erheblich. Sie erstreckt sich über große Klöster und Bistümer. Es besteht kein Zweifel über das dortige simonistische Treiben. Doch wie verhalten sich die deutschen Könige auf ihren dort liegenden Gebieten? Ihr Einfluß erstreckt sich lediglich auf reichsunmittelbare Kirchenstellen, Bistümer und dortige Klöster. Sie sind im italienischen Gebiet schlecht erreichbar.

Unter Konrad II. erreicht die Simonie eine krasse Ausformung. Er sieht in der Kirche ein Mittel zur Erreichung **seiner** Ziele. Er verkehrt mit dem simonistisch verklärten Papst Benedikt IX. Vermutlich überläßt er eine Abtei gegen Bezahlung dem Bischof Alberich von Como (1081 - 1028). Der Kaiser leistet das Gelübde, fortan die Simonie nicht mehr zu stützen. Sein Sohn Heinrich läßt Rudolf Glauber in einer 1046 gegen die Simonie gerichteten Rede sprechen. »... sein Vater könnte durch diese Ketzerei dem Heil seiner Seele geschadet haben«. So vornehm hat man in Kirchenkreisen selten gedacht.

Benedikt IX.

Gerade bei einer Papstwahl zeigt sich das Verhängnis: »Bei den damaligen Papstwahlen war nicht der hl. Geist wirksam, sondern das Geld. Der Vatikan wurde durch die Aufführung frivoler Komödien entweiht«[14]. Die Parteien beschimpfen sich gegenseitig, die jeweils andere habe versucht, durch riesige Beträge den päpstlichen Thron zu besteigen. Mit Sicherheit ist es zu Bestechungsaffairen gekommen[15]. Papst Benedikt IX. empfiehlt sich mehr durch seinen Reichtum, als durch Alter und Heiligkeit. Er ist gerade 10 - 12 Jahre alt, als man ihm die Krone auf den Kopf setzt. Kaiser Konrad II. hat seine Wahl gestützt, »... einer Gestalt, die an Niederträchtigkeit seinem Großonkel Johannes XII. glich ... er führte im Palast des Lateran ungehindert das Leben eines türkischen Sultans ... mit seiner Familie erfüllte er Rom mit Raub und Mord« (Ferdinand Gregovorius).

Kein Papst hat die kanonische Situation so verwirrt wie er. Er hat die Tiara in bestürzender Weise zum Handelsobjekt für Meistbietende gemacht. Später muß er aus Rom fliehen, dann geschieht das Unmögliche. Am 1. Mai 1045 verkauft er den apostolischen Stuhl an Johann, den Erzpriester des Vatikans (später: Papst Gregor VI.). Später wird Benedikt IX. von Leo IX. exkommuniziert. Todesjahr und -ursache des Tyrannen sind unbekannt.

Bei der Erhebung des Kardinalsbischofs von Velletri, Benedikt X. werden große Summen verteilt. Man findet seinerzeit in Rom kaum einen Geistlichen, der sich nicht durch Ämterschacher befleckt hat. Dementsprechend wenden sich viele synodale Bestimmungen gegen die Simonie[16].

Sie fruchteten nichts. Damiani hebt hervor: »... man hätte vergessen, die Simonie als Sünde anzusehen ... höfische Geistliche würden glühender als die Flammen eines Vulkans nach Kirchengütern streben ... sie geraten dann als unterwürfige Sklaven in eine schimpfliche Abhängigkeit der Mächtigen«[17]. Anselm v. Lucca gelangt zu der Auffassung, daß manche jahrelang darauf warten und Hofleute bestechen, um ein geistliches Amt zu erheischen.

Graf Meinard aus Tirol (1288 - 1292) sagt: »... meine Bischöfe sind keine Hirten, sondern Wölfe. Statt zu lehren, suchen sie sich zu bereichern, Bastarde in die Welt zu setzen, zu tafeln und zu zechen. Sie sind schlimmer als die Juden, Türken und Tartaren. Sie blenden das Volk durch Zeremonien; es genügt ihnen nicht, die Schafe zu melken und zu scheren; sie schlachten sie«[18].

Tenzo soll sich gerühmt haben: »... beim Barte des hl. Syrius. Nicht eine Mühle kann einer im Haus meines Herrn ohne Geld bekommen. Geschweige denn ein Bistum erlangen; 3.000 Pfund habe ich ihm auf dem Brett dahingezählt«.

Der Erzbischof Gottfried erwirbt sein Amt vermutlich um 1.000 Pfund. Der Bischof Landulf von Tortiboli (ein Sprengel von Benevent) soll nach der Ablegung seiner Kutte durch Simonie und Ehrgeiz zu einem Bistum gelangt sein. Ohne Scheu wird der Erzbischof Guido von Mailand (1045 - 1075) der Simonie bezichtigt. Der Bischof Hubert I. von Rimini zahlt nach dem Zeugnis seines Nachfolgers 900 Pfund Pavener Münze für sein Bistum. Um 1.000 Pfund gleicher Währung erhandelt der ehemalige Bischof Alberich von Marserland »von einigen pestilenzischen Mönchen und gottvergessenen Laien« die Abtei Monte Cassino.

Zöckler führt den Nachweis[19], daß die Benediktinerabtei Monto Cassino ein jährliches Einkommen von 500.000 Dukaten hatte.

Die unbeweglichen Güter umfassen 54 Bischofssitze, 2 Fürstentümer, 20 Grafschaften, 350 Schlösser, 440 Dörfer, 336 Landgüter, 23 Hafenplätze, 33 Inseln, 200 Mühlen und 1662 Kirchen. Überall wird produziert, etwas bewegt und zu Geld gemacht. Das ist nicht nur in Italien so.

Der Grundbesitz des Klosters Maulbronn beträgt zu Beginn des 16. Jh. 60 Ortschaften im heutigen Württemberg, 40 im Badischen und 17 in Rhein-Pfalz. Dazu kommen umfassende Güter in Worms, Kolmar und Lüneburg. Dazu kommen 137 Morgen an Fischseen, 83 Morgen an Gärten, ausgedehnte Weinberge, Getreidefelder und Waldungen. Um den Überschuß an Wein abfahren zu lassen, konnten die Mönche das ganze Jahr hindurch ein zollfreies Schiff den Rhein befahren lassen. Damals ist Deutschland etwa zu 2 / 3 im Besitz der römisch-katholischen Kirche. Hinzu kommt die Tatsache der schon damals steigenden Grundpreise und die, daß der Klerus von Steuern befreit ist.

In der ersten Hälfte des 11. Jh. versichert Desiderius, »... die Priester hätten die Weihe allgemein um Geld erworben«.Bischof Tedald von Arezzo soll ausgerufen haben: »... er wolle 1.000 Pfund für das Papsttum zahlen ... (um)daraufhin die verfluchten Simonisten hinauszuwerfen«.

Dem Bischof Regimbald von Fiesole wird die simonistische Erlangung des Bistums und die Gewohnheit simonistischer Konsekration vorgeworfen. Wegen der gleichen Vergehen setzt Alexander II. den Bischof Lancius von Nocere ab.

Bereits im letzten Viertel des 8. Jh. ist im Briefwechsel zwischen Karl d. G. und Hadrian I. von simonistischen Weihen die Rede. Ein Kapitular von Lothar (um 825) nennt es eine Gewohnheit, daß die Bischöfe für die Konsekration und für das Einweihen von Kirchen Geld nehmen. Das römische Konzil von 983 unter Benedikt VII. untersagt allen Geistlichen, künftig Kaufpreise anzunehmen; doch der Ausblutungsprozeß geht weiter!

Der Bischof Durand v. Mende stellt heraus: »... die päpstliche Kurie hat alles an sich gerissen ... sie sendet fort und fort sittenlose, von ihr mit Benefizien versehene Kleriker in die Diözesen. Sie preßt fortwährend Geldsummen von den Prälaten, die zwischen dem Papst und den Kardinälen geteilt werden. Durch Simonie verdirbt sich die Kirche alles. Solang es bei der Kurie so zugeht, sind alle Heilmittel verderblich«[20].

Als Leo IX. während der Ostersynode von 1049 die Absetzung aller simonistisch gewählten und geweihten Geistlichen, wie die aller im Konkubinat lebenden Priester fordert, zeigt sich, daß in Rom kein Gottesdienst hätte mehr stattfinden können, hätte man seine Forderungen durchgesetzt.

Mailand, Lucca, Verona

Man glaube nicht, Rom wäre der Mittelpunkt der christlichen Welt. Die mächtige Metropole Mailand steht ihm gegenüber. Schon im 7. und 8. Jh. hat man Rom verspottet und steht dem apostolischen Stuhl ablehnend gegenüber. Man kannte die Liederlichkeit und die sittliche Verkommenheit.

Man kannte die Bestechungsaffairen in der ewigen Stadt, die Liebeshändel und Mordanschläge auf die Geistlichkeit. Das 9. Jh. bringt eine offene Fehde zwischen der Mailändischen Kirche und Papst Johann VIII. Erst in der zweiten Hälfte des 11. Jh. (1059) wird Mailand unter den Gehorsam Roms gezwungen[21].

Auch sonst ist die Autorität Roms geschwächt. Der Erzbischof Leo von Ravenna hält 771 die Städte der Emilia in seiner Gewalt. Er setzt eigene Beamte ein und vertreibt die Hadrians. Eine besondere Erwähnung verdient das Verhältnis des römischen Stuhles zu den unmittelbaren Papst- und Reichsköstern Istriens. Bei den Reichsklöstern beschränkt sich sein Eingriffsrecht auf die Weihe des Abtes; war also mehr als eingeschränkt.

Ein weiterer Tummelplatz der Simonie ist Mailand, wo um die Mitte des 11. Jh. ein Sturmlauf gegen das simonistische Treiben eröffnet wird. Schon bezeichnet man die Kirchen als Ställe, droht die Priester durchzuprügeln und sie von den Kanzeln zu zerren.

Brand, Plünderung, Blutvergießen und Gewalt sind an der Tagesordnung. So klagen die Mailänder in einer Botschaft an ihre Florentiner Gesinnungsgenossen: »... viele Jahre hätten sie nicht beichten können, weil sie mit den Simonisten nichts zu tun haben wollen ... und weil kein katholischer Priester bei ihnen zu finden sei«.

Hier gibt es Taxen zur Erlangung der einzelnen Ämter. Das Subdiakonat kostet 12, das Diakonat 18, das Presbyterat 24 Goldstücke. Darum wird ihre Partei vereinzelt die der »Kirchenverkäufer« bezeichnet. Simonistisch waren vor allem die Erzbischöfe, unter denen das Verhängnis begann. Guido leistet den Eid, fortan aller Simonie zu entsagen.

Daraus wird verständlich, daß Mailand geschlossen **gegen** die Reform gerichtet ist. Ein Durchgreifen hätte ihr korruptes System zunichte gemacht. Der Erzbischof wird von seinen Geistlichen beschämt. Sie werfen ihm Opfergaben vor die Füße und entfernen sich unter höhnischen Gebärden. Die Kirche Sancta Maria Secreta wird um 12 Pfund Silber an den Abt von St. Victor verkauft.

Das mailändische Provinzialkonzil setzt 1098 eine Anzahl wibertinischer Bischöfe als Simonisten ab. Die Metropole Ravenna wird des öfteren von der Simonie heimgesucht. Hier verkaufen Subdiakone den Bischöfen zur Zeit der Konsekration Hostien. Nach der Meinung des Einsiedlers Teuze war es in der Toskana unmöglich, der simonistischen Pest zu entfliehen. In den Sprengeln von Florenz, Pisa, Pistoja und Siena zeigen sich Spuren der Simonie; ganz Italien ist infiziert. Von Gregor VII. liegt eine Notiz vor, aus der erkennbar ist, wie offen die lombardischen Bischöfe die simonistische Ketzerei verteidigen und pflegen.

Die Bischofsstadt Lucca wird simonistisch geführt. Hier scheint sich die Simonie auf alle kirchlichen Ämter ausgedehnt zu haben. Leo IX. richtet sich um 1051 in einer Bulle an das Domkapitel und spricht den Wunsch aus, der Bischof möge die Kanoniker nicht bei der Vergebung von Pfründen belästigen. Alexander II. sticht jetzt in das Wespennest. Er eröffnet einen lebhaften Kampf gegen die Si-

monisten und erläßt mehrere Bullen gegen sie. Darin sagt er u. a.: »... seit langer Zeit sei in der Lucceser Kirche das verabscheute Übel festgewurzelt ... daß man selbst dem religiösesten, kenntnisreichsten und sittenreinsten Geistlichen kein Amt übertrage, wenn er nicht vorher Geld bezahlt ... die Kirche und ihr Besitz waren käuflich wie jede beliebige Ware, die von Händlern zum Verkauf angeboten wird«. Alexander leitet dies von der Vergeudung des Kirchengutes und der daraus resultierenden Armut der Priester ab.

Er weist die Bischöfe an, künftig die Diener der Kirche **ohne** Käuflichkeit zu weihen ... man soll nicht den(jenigen) wählen, der den vollen Beutel bringt, sondern den(jenigen), der reich an Sittenstrenge, Wissen und dadurch imstande ist, die Kirche zu stützen«.

Seine Reformen bleiben im Ansatz stekken. Gregor VII. schaltet sich aktiv in den Dialog, indem er 1076 Lucca besucht. In einem am 11. August 1077 erlassenen Dekret stellt er fest: »... daß die Priester beim Erwerb ihrer Pfründen gegen die apostolischen Vorschriften, vor allem gegen die Bullen Leos IX. gehandelt haben ... zudem seien etliche für zeitlichen Gewinn und der Befriedigung ihrer Begierden rückfällig geworden. Er untersage ihnen das Betreten des Domes und den weiteren Besitz ihrer Kanonikate«.

Selbst dieser Druck bringt nicht den gewünschten Erfolg. Daraufhin verurteilt er die Simonisten am 1. Oktober 1079 zu Sklaven des gräflichen Hofes; die Gräfin Mathilde schreitet zur Vollstreckung des Urteils. Die Kanoniker greifen daraufhin zu den Waffen. Der Bischof Petrus Mezzabarba von Florenz, in der irrigen Meinung, einen Mönch im Kloster S. Salvio zu finden, schickt seine Soldaten dorthin, die nun in der Kirche mit Schwertern hantieren, Mönche verwunden, Altäre zerstören, die Kirche plündern und ein Feuer legen.

Die Veroneser Geistlichkeit geht in den Kirchen mit Fäusten und Knüppeln aufeinander los. Hinzu kommt eine Vorliebe der Geistlichkeit für das Führen von Prozessen. Alexander II. sagt dazu: »... statt sich mit den göttlichen Gesetzen und dem Seelenheil zu beschäftigen, tönt es aus ihrem Mund fortwährend von Prozessen und Streitsachen, von Geschrei und Beleidigungen«.

Auf der anderen Seite hebt er hervor, daß es zu seiner Zeit Bischöfe und Äbte gegeben hat, die ihre Kirchen und Köster in einem ordentlichen Zustand hielten. »... sie wären in Predigt und Charakter vollkommen schicklich«.

Nepotische Simonie

Inzwischen sind Bischöfe, Äbte und »hohe« Geistliche abgrundtief in politische Händel verwickelt: sie vernachlässigen ihre Pflichten. Die Prosperität führt zum Leichtsinn und zur Leichtlebigkeit. Daraus entstehen für die Kirche kaum überschaubare Nachteile. Das Übel weitet sich aus und es zeigen sich simonistische Sonderformen.

Wir haben den Verkauf verschiedener geistlicher Gegenstände und die Vergebung kirchlicher Stellen um der Verwandtschaft willen (= sog. nepotische Simonie) vor uns. Ihr tiefster Grund liegt in der Tatsache, daß die Geistlichen mit beiden Beinen im weltlichen Leben stehen. Es versteht sich von selbst, daß sie ihre Familienangehörigen versorgt wissen wollen. So gesehen ist die Simonie ein sittlicher Streit, denn er spiegelt die Lebensanschauung dieser Epochen wieder.

Immer neue Geldquellen werden erschlossen. Man nimmt Geld für das Salböl, das zur Weihe der Bischöfe noch heute gebraucht wird. Hinzu kommen Abgaben für den Taufhandel und die Tätigkeit bei Begräbnissen. Man verkauft die Stimmen der Geistlichen auf Synoden und Konzilien. Einzelne Äbte erheben ein klösterliches Eintrittsgeld und nehmen Gebühren für das Schleiern der Nonnen. Geschachert wird bei der Bestechung in geistlichen Gerichtssachen. Alexander II. meint dazu: »... selbst von den Toten verlangen sie (der Klerus von Lucca) mit widrigem Geschrei eine Abgabe«.

Die hohen Geistlichen wissen sich zu kleiden. »Man trägt Röcke von feinsten Tüchern, besetzt sie mit Brokatstreifen und ähnlichem.

Wurde darüber ein Gewand angelegt, so ließ man durch einen Schlitz oder durch das dünne Gewebe das darunterliegende kostbare scheinen. Das Unterkleid reicht bis an die Füße; goldene Spangen halten es zusammen. Statt des Priesterhutes bedeckt man sich mit einer pelzgefütterten »ungarischen« Mütze; gegen den Sonnenbrand muß ein Strohhut nach »sächsischer« Art herhalten. Das Pelzwerk war von Hermelin, Fuchs und Marder (= ausländische Maus) gearbeitet. Die Geistlichen tragen Ringe und Schmuck von verschwenderischer Art. Man trägt passende Beinkleider und Schnabelschuhe.

Wie sich die Damen wohlriechende Stoffe in die Zähne rieben, bedienten sich die Geistlichen des Parfüms. Wer wundert sich, wenn ihnen Urban II. 1089 das Tragen prächtiger Kleider untersagt?

Hinzu kommen prächtige Paläste und stolze Burgen. Ein Schwarm von Dienern umgibt die Geistlichen. Ihre Mahlzeiten bestehen aus weltlichem Geschwätz, Völlerei, Saufen und Hurerei.

Vom Bischof Wilhelm v. Turin (1080 - 1089) wird erzählt: »... er habe in der Nacht viermal und ebensooft am Tag nach Speisen verlangt ... es sei für drei Bären genug gewesen«. Hinzu kommen die Spiele: Knöchel, Würfel, Brett und Schach. Hinzu gesellt sich eine Vorliebe für die Frauen und die Jagd. Wo ist die evangelische Armut geblieben?

Die Frauen der Geistlichen beginnen verschwenderisch und eigennützig mit dem Gut der Kirche umzugehen. In Cesena verbrauchen die Kanoniker das Vermögen des Kapitels mit ihren Liebhaberinnen. »... sie wollten nicht nur anerkannt und unterhalten, sondern auch geputzt, beschenkt und verwöhnt werden ... alles hatte (schließlich) die Kirche zu bezahlen«. Papst Johann XII. schenkt seiner Geliebten, der Witwe des Ritters Rainer, zahlreiche Städte, goldene Kreuze und Kelche aus St. Peter. Die Mönche von Farva machten aus den goldenen und silbernen Decken und aus den Kleiderbesätzen ihres Klosters Schmuckstücke für ihre Konkubinen und /oder Frauen.

Neben ihnen gilt das Wohl vor allem der Verwandtschaft. Für die Söhne raffte man nach Gütern, Rechten und Einkünften; freilich auf Kosten der Kirche. Man setzt Kinder testamentarisch als Erbe ein und heischt nach Pfründen, um sie ihnen später zu überschreiben. Töchter werden bei ihrer Verheiratung mit Kirchengütern ausgestattet. Atto meint dazu: » ... um eine Familie zu bereichern, werden die Geistlichen begehrlich, räuberisch, wucherisch, habgierig, neidisch und betrügerisch«.

Bischöfe versuchen, ihren Angehörigen hohe Stellungen zu verschaffen. So sichert der Erzbischof Alfanus von Benevent zu seinen Lebzeiten die Nachfolge seinem gleichnamigen Neffen zu. Hier wird die kanonische Vorschrift umgangen, die besagt, daß ein Bischof zu seinen Lebzeiten keinen Nachfolger wählen darf.

Als Teuerade, die Äbtissin von S. Salvatore (später = Sancta Justina) in Lucca wegen Altersschwäche außerstande ist, das Regiment selbst weiter zuführen, schlägt sie zur Nachfolge ihre Nichte Grimma vor, die schließlich gewählt und vom Bischof Konrad geweiht wird. Der Abt Johannes von Monte Cassino übergibt auf dem Sterbebett das Kloster seinem gleichnamigen Neffen (Rotundulus). Der Bischof von Marserland übergibt seinem Sohn das Bistum. Alexander II. sagt dazu: » ... sie schonen die heiligen Altäre nicht in ihrer Gier; wie Diebe und Tempelschänder legen sie ihre unheiligen Hände an sie ... die Zehnten und die Opferspenden, die nach Recht und Vorschrift den Armen und Kirchenbauten gehören ... werden von ihnen nach Art der Räuber geplündert«.

Kriegerische Bischöfe

Die Not des Tages und der Egoismus drängen die Geistlichen zur politischen Aktivität; daraus entstehen ihr kriegerischer Sinn und ihr streitsüchtiges Betragen: Sie fallen mit Raub und Mord über andere her. Bischöfe setzen Äbten bewaffnet nach und nehmen sie gefangen, um ihre Interessen und die damit verbundenen persönlichen Machtansprüche zu befriedigen. Immer mehr gerät in Ver-

gessenheit, daß es letztlich um »geistlichen« Besitz geht. Manchmal sind die Geistlichen die Herausforderer, die den Krieg beginnen. Arnulf, der gewählte Bischof von Bergamo, entreißt zur Zeit Gregors VII. dem Ritter Gerzo durch Gewalt und List eine Burg und plündert einen Geistlichen.

Es gibt Fälle, wo ein Priester seinen Bischof erschlagen hat, wo Mönche den Abt grausam mißhandeln. So verfolgen Hildebrand und Campo den Abt Ratfred von Farva, obwohl er ihr Wohltäter gewesen ist, um sein Kloster in Besitz zu nehmen. Der Farfeser Abt Dagibert wird von niederträchtigen Mönchen aus dem Weg geräumt. Verwegene und ruchlose Kleriker ziehen nachts herum, um andere mit Messern zu überfallen, sie zu erwürgen und aus dem Fenster zu werfen; die Epoche ist voll verbrecherischer Grausamkeit. Papst Johann XII. umgürtet sich mit einem Schwert, bekleidet sich mit Helm und Panzer[22]. Johann XIII. blendet seinen Beichtvater und daraufhin entmannt ihn ein Subdiakon. Leo IX. setzt sich an die Spitze eines Kriegszuges gegen die Normannen.

Damiani beobachtet argwöhnisch das widersinnige Treiben: »... in diesem Zeitalter könne man nicht ohne Lebensgefahr an der Spitze eines Klosters stehen ... da reitet er (der Bischof) voraus, wie der Heerfürst seiner heidnischen Heerschar, in voller Rüstung. Nach ihm drängen sich die Haufen der Schild- und Lanzenträger. Statt daß er mit

Papst Innocenz VIII. Geb. 1432 in Genua, gest. 25.7.1492. »... es bedurfte des durch Sixtus IV. völlig korrumpierten Kardinalkollegiums, damit Giuliano della Rovere, der spätere Julius II., die simonistische Wahl von Innocenz VIII. durchsetzen konnte, den er sodann beherrschte und der zu den erbärmlichsten Figuren gehört, die je eine Tiara getragen haben«. Innocenz VIII. erläßt die als Hexenbulle bekannt gewordene Vorschrift »Summis desiderantes effectibus«, und legalisiert damit das Wüten gegen Unschuldige; er hat mehrere Kinder, wobei er zeitweise seiner Tochter Lukrezia die Amtsgeschäfte im Vatikan anvertraut. Er läßt u. a. die Waldesier grausam verfolgen.

Zucht im Chor einhergeht, muß er auf das Klirren der Waffen hören«.

Von Hildebrand erzählen die römischen Jahrbücher, er habe den bereits abgesetzten Benedikt X. unter dem Vorsitz des Nikolaus II. auf ein Konzil in der Salvatorkirche führen lassen und ihm eine Schrift in die Hand gegeben, die alle nur erdenklichen Verbrechen enthielt. Er mußte sie vorlesen. Seine Mutter soll mit entblösten Brüsten dabeigestanden haben. Daraufhin wurde er abgesetzt. Ist dies auch eine Legende, so ist sie für den Geist der Epoche kennzeichnend.

Äbte halten sich bewaffnete Leibwachen oder eine Schar von Rittern. Als der Bischof Peter III. wegen der Burg Civitella und einiger anderer Streitgegenstände prozessiert, erklärt er während einer Gerichtssitzung, »... er kümmere sich nicht um solche Befehle. Er sprengt die Verhandlung, zieht mit anderen das Schwert und reitet davon«.

Wo es um die Mehrung des ohnehin unrechtmäßig erworbenen Besitzes ging, vertauschten die Bischöfe nur gar zu oft ihre Meßgewänder mit funkelnden Harnischen und zogen an der Spitze von Landsknechten den sich ihren Forderungen Widersetzenden entgegen. Insbesondere die Gaue des Rheins, die sog. »Pfaffengasse«, hallte beständig wider vom Kriegsgeschrei der streitsüchtigen Erzbischöfe von Mainz, Trier und Köln. Die Kämpfe ziehen sich über Jahrhunderte hin. Der Kölner Erzbischof zeigt sich besonders rührig, denn er verschont nicht einmal die Einwohner seiner Stadt.

Der Kölner Erzbischof Siegfried von Westerburg legt während seiner von 1275 - 1297 dauernden Regierung nur selten Helm und Panzer ab. Er wird von den Bewohnern seiner Länder unter der Beteiligung der Stadt Köln zu einer Verteidigungsschlacht gezwungen, die am 12. Juni 1288 bei Worringen stattfindet. Der Erzbischof segnet in der Frühe seine 5.000 Mann starke Streitmacht, verflucht sei-

Beim Klosterwein

ne Gegner mitsamt der Stadt Köln, belegt sie mit dem Interdikt und stürmt an der Spitze seiner Mannen den Feinden entgegen. Der Tag verläuft keinesfalls in seinem Sinn. Nach einem achtstündigen Ringen wird der Erzbischof in die Flucht geschlagen. Der »geistliche« Kampfhahn wird gefangengenommen. Erst nachdem sich der Gottesmann zur Begleichung aller Schäden bereit erklärt und sich eidlich dazu verpflichtet hat, wird er schmählich freigegeben. Schon kurz danach entbindet ihn der Papst von seinem eidlichen Versprechen und spricht ihn frei[23].

Habsucht ist es, die die römischen Kardinäle zur Zeit Alexanders II. vor Tagesanbruch Messen lesen ließ. Aus Habsucht teilten die Geistlichen in Cesena die Einkünfte der Opferdarbringungen ihrer Kirche »wie eine Beute«. Stephan IX. einst Abt läßt sich den Gold- und Silberschatz eines Klosters bringen, um seinen Bruder Gottfried von Tuscien die Krone zu verschaffen, damit er ihn für politische Zwecke mißbrauchen kann.

Albrecht von Brandenburg war nicht nur Erzbischof von Mainz und Magdeburg, sondern auch Bischof von Halberstadt. Fast durchweg beschränkten sich die frommen Herren darauf, den ihnen besonders zusagenden Ort zur Residenz auszubauen und immense Pfründe einzustreichen, während sie die Verwaltung der ihnen anvertrauten Kirche in die Hände schlecht bezahlter Stellvertreter legten. Dies führte automatisch zum

Verfall der Kirchenzucht

Daraus resultiert der bekannte Ungehorsam der Geistlichen gegenüber den Oberen. Dem Bischof von Valva entlockt dies einen Schrei der Verzweiflung: »... nur einem sehr mächtigen, reichen und harten Bischof, der eher ein Tyrann sei, gestehen die Geistlichen Rechte zu; sie möchten alle Bischöfe unterworfen sehen«. Daraus ist zu schließen, daß den Priestern klar ist, wo der Hase begraben liegt.

Bischöfe und Äbte schalten und walten nach Belieben mit dem Kirchengut, während die Schlechtbezahlten die Arbeit ma-

chen. Daraus entsteht Unmut, der sich nach unten fortsetzt; bis zu den Gläubigen, die die Zeche bezahlen. Es ist kein Wunder, wenn das Verhältnis zwischen den Geistlichen und der Kirche immer turbulenter wird. Die Kirche ist in vielen Fällen eine Versorgungsanstalt und die unzufriedenen Geistlichen vermögen sich - wie heute - kaum von ihr zu lösen. Es zeigen sich viele soziale und persönliche Spannungen, das Geld hat alle verdorben. Dies wird beim hochmütigen Bischof ebenso deutlich wie beim untertänigen Landpfarrer; die Kirche ist in einem Auflösungsprozeß begriffen.

Immer deutlicher zeigt sich der Faktor der Zersetzung. Immer deutlicher setzen sich Geistliche über kirchliche Vorschriften hinweg. Dadurch wird ein neuer Keil in das Gerüst der Kirche getrieben, der geeignet war, ihre Organisation zu zerstören.

Die Kirche leidet aufgrund ihres weitgestreckten Besitzes und der Tatsache der mangelnden Fähigkeit, sich gegen weltliche Eingriffe zu wehren und die eigene Verrohung aufzuhalten. Die Geistlichen werden systematisch ausgebeutet und tun das Gleiche. Die Wegnahme von Vieh und Getreide ist an der Tagesordnung. Den Mönchen von Montamiata fängt Graf Hugo die Esel, die bei ihnen den Wein abführen ... gefangene Kirchensklaven organisiert er zu einer Räuberbande.

Immer deutlicher tritt die Unordnung hervor; wir erkennen eine Verachtung vor allem Religiösen. Humbert äußert sich verbittert: »... indem er auf die halbzerstörten Kirchen und Klöster weist und daran erinnert, wie viele davon menschenleer, schädlichen Tieren und unreinen Vögeln überlassen, und von Unkraut gefüllt sind. Dazu kommt, daß einzelne Kirchen als Viehställe benutzt werden. In der Tat ging in Rom im Kloster St. Paul, ja selbst in der Peterskirche, das Vieh ein und aus, Frauen wirtschafteten im Refektorium.

Im Farfeser Kloster haust der Abt Hubert mit Dirnen und Hunden. Der Markgraf Bonifaz verjagt die Mönche aus dem

Kloster St. Michaela nel Poggio Marturi, der im klösterlichen Gebäude mit Liebhaberinnen und Mägden haust. Er läßt heilige Geräte zu Bechern umarbeiten und verschenkt sie. Pandulf von Capua raubt den Klosterschatz von Monte Cassino. Der Brescianer Raimund vertreibt die Mönche eines Klosters, um mit unzüchtigen Personen darin zu wohnen[24].

Die Geistlichen leben teilweise mit Dirnen zusammen, begehen unnatürliche Verbrechen, hausen mit rechtmäßigen Ehefrauen und in wilden Ehen. In Mailand schleppt man Priester, die sich widernatürlich verhalten unter Schimpf und Schande ins Theater. Dort brennt man ihnen ein Mal auf die Stirn. In Cremona trifft man einen Geistlichen bei einer Dirne und zwingt ihn, mit ihr auf den Schultern durch die Stadt zu gehen. In Benevent peitscht man einen Einsiedler öffentlich aus und schert ihm eine Glatze, weil er mit einer Frau geschlafen hat.

In Oberitalien wird nicht nur die Ernte in den Kirchen angehäuft (was armen Leuten zum Schutz gegen Räuber gestattet war); wir haben regelrechten Marktverkehr. Hier wurde diskutiert, gegessen, getanzt und geschlafen. Hier finden Prügeleien, widerliche Streitigkeiten und weltliches Geschwätz statt. Wenn an Festtagen die Kanoniker von St. Donat in Arezzo in die Kirche kamen oder wenn man ihre Diener schickte, um Spenden zu empfangen, »... entsteht unter ihnen Diebstahl, Raub, Streit, Geschwätz und Teilung ... oft werden die Kerzen und Brote aus Habgier zerrissen. Die Vikare lassen es geschehen, daß die Diener den Landsleuten, die durch die Übertragung der Gebeine von Heiligen zahlreich in die Kirchen geführt werden, die Vorratssäcke abnehmen, sie aufschneiden und daraufhin die Geplünderten verjagen. Der Erzbischof Giudo von Mailand wird einmal in der Nähe seiner Kirche halbtot geschlagen[25]. »... wir hören von geistlichen Tartüffs, die unter der Maske der größten Frömmigkeit einhergehen und nachts bei der Kanzel in den Armen unzüchtiger Frauen schwelgen«.

Manchmal lachen die Bischöfe beim Lesen des göttlichen Wortes. Priester beginnen die Messe an ungeweihten Orten zu lesen. Oft sind die Kirchenkelche verrostet, die Tücher schmutzig und die priesterlichen Gewänder zerrissen. Aus den Kirchen wird gestohlen, was zu stehlen ist: Gewänder und Kreuze, Kronen und Kelche, Siegel und Bücher. Der Bischof Alberich steckt seine Buhlerin beim Nahen der Truppen Ottos III. in Nonnenkleider. Nachdem der Kaiser abgezogen ist, führt er mit ihr seinen liderlichen Lebenswandel fort. Wir sehen eine geringe Achtung vor Geistlichen: läßt sich doch ein Veroneser Diakon vor der Kirchentür von seinem Diener ohrfeigen.

Schon erreicht die Mißachtung den Nullpunkt. Ratker verordnet: »... man soll keinen zum Geistlichen machen, der zum Lernen einen harten Kopf habe, der stammle oder auffallend lisple«. Eine Synode von 1059 setzt fest, daß kein Laie unvermittelt mit einer kirchlichen Würde erhoben wird! Mit sog. »Weihehindernissen« will man dem Übel begegnen. Dazu zählen: nicht tadelloser Lebenswandel, unreifes Alter[26], Unbildung, Schande, Körperschwäche, Verstümmelung der Gliedmaßen, ehrlose Dienstleistung, Habgier und Unzucht. Bigamisten, Hörige und Laien werden ausgeschlossen. Freilich gibt es - wie überall - Hintertüren.

Allein um der Versorgung willen sind viele Geistliche bereit, sich über die kirchlichen Vorschriften hinwegzusetzen. Sie dringen in Privatkapellen, die besonders lukrativ und mit wenig Arbeit verbunden sind. Hier ist man keiner obrigkeitlichen Prüfung und Aufsicht unterzogen, hier fragt kaum jemand, ob der Priester die vorgeschriebenen Weihen abgelegt hat und ob er überhaupt eine hat. 1089 berichtet das Konzil von Melfi: »... sie liefen an die Höfe, sie machten sich ohne jede Scheu zu Dienern vornehmer Männer und Frauen ... sie drängten sich ihnen als Seelsorger auf«[27]. Die Geistlichen werden immer bequemer.

So werden die Stundengebete und Psalmen in Rekordzeiten heruntergerasselt, was zu einer Vernachlässigung der Messe führt. Berechtigt hebt ein Konzil hervor: »... daß die

Bischöfe und Priester schuld daran seien, daß Lehre und Predigt in einem so schlechten Zustand sind«[28]. Geistliche Pflichten werden sträflich vernachlässigt; oft leben die Mitglieder eines Kapitels mit Frauen und Kindern zusammen. Die Kanoniker von St. Donat nehmen sich, als sie zu Wohlstand gekommen waren, Frauen, teilten sich die Kirche untereinander und halten sie im erblichen Besitz. Als man ihnen Schlamperei vorwirft, bequemen sie sich, noch schlechtere Stellvertreter einzuschalten.

Parallele im klösterlichen Bereich

Die Reformisten weisen auf die Klöster. Doch weit gefehlt. Hier geht es nicht besser zu. Mönche zerstören Klosterbauten, um die Rückkehr zur strengen Zucht zu verhindern. Damiani behauptet, daß der Mönchsstand unaufhörlich verfalle ... daß die Mönche unter dem Anschein der Religion zu weltlich leben«. Einige der krassen Übertretungen sind bekannt. Man denke an die drückenden Vorschriften über die Enthaltsamkeit im Essen und Trinken, an die Würde und an das Auftreten in der Kirche, beim Sprechen, Lesen und Hantieren am Altar. Dies alles zählt nicht mehr. Man übertritt die Fasten, treibt weltliche Possen im Kloster, schwatzt herum und besäuft sich. Mönche verfügen über Privateigentum. Die Nachtwachen, das Kniebeugen und das Stillschweigen werden kaum beachtet. Gebete und Psalmen werden unordentlich gesungen. Das Übertreten in einen anderen Orden wird zur Tagesordnung.

Während des 10. und 11. Jh. befinden sich viele Klöster in Unordnung und Verwirrung. Sie zeichnen sich durch den Müßiggang der Äbte und Klosterinsassen aus. Viele Klöster werden zerstört oder verlassen; andere werden zu weltlichen Zwecken umgebaut. In dem kleinen Kloster Maguzani (Gardasee) haust der Abt mit seiner Frau. Manche Klöster verwildern. Also ist der Verweis auf die klösterliche Zucht ungeeignet, um die Religion als leuchtendes Vorbild voranzutragen. Das schlechteste Beispiel jedoch geben nicht die Kleinen der Branche ab, sondern die Päpste selbst.

Simonistische Päpste

Es gibt eine Reihe von Beispielen, die verdeutlichen, wie wenig der christliche Glaube in Rom (und nicht nur dort) bedeutet.

Johann XII. wird nachgesagt, daß er Bischöfe für Geld geweiht hat[29]. Das Konzil zu Rheims sagt (991) über ihn: »... er habe sich in den Lüsten gewälzt«. »... mit dem knapp 16-jährigen wurde eine der erbärmlichsten und niederträchtigsten Figuren Papst und »Principes Romanorum«, die je in der Geschichte Roms und in der Kirche eine Rolle gespielt haben. Unter seiner zynischen Tyrannei wurde der Lateran zum Bordell. Das Ausmaß seiner Laster kannte keine Grenzen. In einem Pferdestall ließ der Ungebildete einen Diakon weihen.

Später plündert er den Kirchenschatz. Otto I. hält in der Peterskirche seine berühmte Synode. Der Unwürdige wird abgesetzt und damit die konstruierte These von Symmachus aus dem 5. Jh. »prima sedes a nemine judicatur« zum erstenmal angesichts des restlos unwürdigen Mannes außer Kraft gesetzt. Man wirft ihm vor: »... wisset denn, nicht wenige, sondern alle, Weltliche und Geistliche, haben Euch angeklagt des Mordes, des Meineids, der Tempelschändung, der Blutschande mit Eurer Verwandten und mit zwei Schwestern. Sie erklären noch anderes, wovor sich das Ohr sträubt ... daß ihr dem Teufel zugetrunken und beim Würfeln Zeus, Venus und andere Dämonen angerufen habt«[30].

Kaum hat der Kaiser Rom verlassen, nimmt Johann XII. grauenhafte Rache an seinen Gegnern. Er leistet sich einen weiteren Ehebruch und wird daraufhin von dem Betrogenen so zugerichtet, daß er innerhalb einer Woche, am 14. 05. 964, stirbt.

Mit Gregor V. haben wir den ersten deutschen Papst. Er wird später in die Flucht getrieben. Er hält sich in der Campagna auf, wo er in einem Turm entdeckt, grauenhaft entstellt und dann nach Rom gebracht wird. Ohne Augen, Ohren, Nase und Zunge, doch in päpstliche Gewänder gehüllt, mußte der Unglückliche auf Befehl des Papstes vor einer Synode erscheinen, wo man ihn formell abgesetzt hat, ehe man ihn, rückwärts auf einem Esel sitzend durch die höhnende Menge zog. Der Verstümmelte wurde in ein Kloster abgeschoben, wo er noch 15 Jahre dahinvegetierte.

Innocenz III. stellte das Axiom auf: »... er sei weniger als ein Engel, doch mehr als ein Mensch«[31]. »Er hat rücksichtslos und unbekümmert den Vorteil der Kirche zu wahren gewußt ... er hat die höchste moralische Autorität zu billigen, politischen Zwecken eingesetzt. Er hat heute gutgeheißen, was er gestern verwarf ... mit der Wahrheit hat er es nicht genau genommen«[32].

Als er mit 37 Jahren zum Papst erhoben wurde, erhob Walter von der Vogelweide seine Klage über die allzugroße Jugend des Papstes, was jedoch ungerecht erscheint, denn er verhielt sich politisch außerordentlich geschickt und im Sinn seines Amtes erfolgreich. Er war ein Mann von »staatsmännischen Fähigkeiten«. Sein gravierender Nachteil war die lebenslange Begeisterung für die Idee der Kreuzzüge. So zeichnet er für den berüchtigten »Kinderkreuzzug« verantwortlich. Er war vor allem ein juristisch denkender, politischer und finanztechnischer Papst, ein Menschenverächter und Theoretiker der Theokratie«[33]. Wenn man sein Pontifikat nach christlichen Elementarformeln mißt, bleibt nicht viel Gutes übrig. Er nannte die Juden »gottverdammte Sklaven«.

Ferdinand Gregovorius charakterisiert ihn so: »... ein vollendeter Herrscher, ein Staatsmann von durchdringendem Verstand, ein Hohepriester voll Glaubensgut und zugleich von unermeßlichem Ehrgeiz und Furcht verbreitender Willenskraft, ein kühner Idealist und doch ein praktischer Monarch, ein kalter Jurist. Dem Papsttum gab er durch die kluge Ausbeutung der geschichtlichen Verhältnisse, durch die geschickteste Anwendung von kanonischen Gesetzen und Erdichtungen und die Leitung des religiösen Gefühles eine so gewaltige Kraft, daß er in seiner Machtströmung die Staaten, Kirchen und die bürgerliche Gesellschaft mit sich riß. Nie mehr hat ein Papst ein so hohes und reelles Bewußtsein seiner Macht gehabt als Innocenz III.; der Heilige Stuhl wurde mit ihm der Thron der dogmatischen und kirchenrechtli-

chen Gewalt, zum politischen Völkertribunal Europas«[34].

Schon 1311 war das zu Vienne abgehaltene Konzil genötigt, über eine Beschwerde zu beraten: »... göttlichen und menschlichen Gesetzen gemäß soll an ein und dieselbe Person nur **ein** kirchliches Amt vergeben werden. Jetzt aber werden 4 - 5, bisweilen sogar 10 - 12 Ämter auf eine Person, und zwar oft an eine unfähige, vergeben, so daß dieselbe alle Einkünfte und Ehren empfängt, die 50 - 60 wohlvorbereiteten und gut geschulten Männern reichlich Beschäftigung geben könnten«.

Diese Eingabe hatte zur Folge, daß Johann XXII. in seiner am 30. Juli. 1332 ausgegebenen Bulle »Execrabilis« verordnete, daß künftig kein Geistlicher mehr als **ein** Amt bekleiden soll. Gleichzeitig trifft er die Entscheidung, daß, wo doch mehrere Ämter auf eine Person fallen, die Einkünfte dieser dem Papst zufallen. Der damalige florentinische Staatsmann und Historiker Villani weist nach, daß er sich durch diese Bestimmung 18 Millionen Goldgulden erschlichen hat und zudem 7 Millionen an Wertgegenständen[35].

Dem von 1342 - 1352 zu Avignon residierenden Clemens VI. wirft Trevelyn[36] vor, daß an seinem lasterhaften Hof von in allen katholischen Ländern Europas gelegenen Pfarreien an die Meistbietenden ausgeboten und dadurch unermeßliche Geldbeträge eingegangen und verpraßt worden seinen. Schon bald nach seinem Amtsantritt hatten sich in Avignon an die 100.000 Personen eingestellt, um sich an dem widerlichen Schacher um die Gunst der Kirchenämter zu raufen.

Urban VI. (1378 - 1389) läßt sechs Kardinäle, die sich gegen ihn verschworen haben, in einer Zisterne versenken, foltern und fast verhungern ... dann schleppt er die Gemarterten mit sich, um fünf von ihnen schließlich, nachdem er mit einem Schiff nach Genua gelangt war, auf bestialische Weise hinzurichten«[37]. Die Hinrichtung erfolgt am 15. 12. 1386. Nach Corvin läßt er sie teils in Säcke stecken und ins Meer werfen, teils lebend verbrennen, erdrosseln und /oder enthaupten. Ein Kardinal soll erwürgt worden sein. Die Leichen von zwei weiteren werden in

Öfen getrocknet und zu Staub gestoßen. Dieser gelangt in Säcke und wird zusammen mit den roten Hüten der Kardinäle bei seinen Reisen auf Maulesel vor ihm geführt, »... den anderen zum schrecklichen Exempel«.

Papst Bonifazius wird vorausgesagt: »... er wird sich einschleichen wie ein Fuchs, regieren wie ein Löwe und sterben wie ein Hund«. Er starb wie ein Hund und lebte wie ein Schwein[38]. Er erklärt öffentlich, daß Hurerei, Ehebruch und Unzucht keine Sünden seien, weil Gott die Weiber und Männer dazu gemacht hat. Er lebte mit einer verheirateten und mit deren Tochter gleichzeitig; er mißbrauchte seine Pagen zur unnatürlichen Wollust, so daß sie sich untereinander »die Huren des Papstes« nannten. Er erfindet das Jubeljahr, und setzt auf die Tiara eine zweite Krone, die Otto v. Corvin sarkastisch als »päpstliche Narrenkappe« bezeichnet. Auf dem Konzil von Rheims (991) wird über Bonifazius gesagt: »... er sei ein schreckliches Vieh gewesen und habe alle Sterblichen an Nichtswürdigkeit übertroffen«.

Dieser völlig ungebildete Neapolitaner war fast nur mit der eigenen Bereicherung und der seiner Verwandten beschäftigt. Er verstand es, hierzu jede nur erdenkliche Geldquelle auszuschöpfen, vor allem den bis zur Schamlosigkeit perfektionierten Ablaßhandel. Um zu Geld zukommen, teilt er die Regionen des Kirchenstaates in sogenannte Vikariate ein die er an zahlungskräftige Familien verpachtet; es war der Beginn der kleinen Erb-Tyranneien.

Papst Martin V. läßt den neunzigjährigen Greis auf seinem spanischen Meerschloß Peniscola vergiften: »Unbegreiflich ist, wie dieser sich in Wollust wälzende Heilige Vater ein so hohes Alter erreichen konnte. Berühmte Geistliche predigen öffentlich gegen sein abscheuliches Leben«.

Zur Wahl von Martin V. bedurfte es 45 Sitzungen. Wir haben einen Bastard des Kardinals Agapita Collona und seiner Maitresse Catharina Conti vor uns. Dem Papst war nichts wichtiger, als eine Festigung des Primats. Er dachte nicht daran, konzilare Beschlüsse zu bestätigen. Daß dem persönlich bescheidenen Papst nicht

viel an Reformen lag, zeigt sich durch seinen Nepotismus. In kürzester Zeit befand sich fast ganz Latinum im Besitz der Collona, die sich aus Feldherren in eine mächtige Dynastie verwandelten und bis zur Mitte des 16. Jh. als Verfolger **und** Verfolgte eng mit dem Papsttum verbunden blieben[39]. Unter diesem Papst setzen 1420 die Hussitenkriege ein, zu denen er den Anstoß gibt.

Sixtus IV. der einstige General des Franziskaner hat sich die Papstwürde mit allen Mitteln simonistischer Umtriebe erkauft; wir haben eine korrupte Gestalt vor uns. Mit ihm setzt der moralische Zerfall des Renaissance-Papsttums ein.

Scharen von Nepoten und zweifelhaften Günstlingen wurden auf Kosten der Kirche versorgt. Sechs Nepoten hat er zu Kardinälen erhoben. Zu ihnen gehörte Pietro Riario, der ein Jahreseinkommen von ca. 2.4 Millionen Francs mit seiner Maitresse verpraßte, vier Bistümer ausplünderte und trotzdem Patriarch von Konstantinopel tituliert wurde. Als er mit 28 Jahren seinen Lastern erlag, trat sein Bruder Girolamo, später Gatte der berühmten Catharina Sforzo, an seine Stelle. Es ist mehr als wahrscheinlich, daß beide Kinder des Papstes waren.

Der Papst fördert die Einrichtung öffentlicher Bordelle in Rom und erhebt aus Jahrestaxen in der Größenordnung von 80.000 Golddukaten. Hierher gehören die Zahlungen, die die Priester an die Oberen zwecks der Haltung ihrer Konkubinen zahlen mußten. An vielen Orten bezahlten Huren und Prostituierte kontinuierlich Abgaben an die Kirche[40]. Nach Corvin hat Sixtus IV. unendlich viele Schandtaten begangen[41].

Bedenkenlos verbarg er seine dynastischen Pläne unter dem Vorwand der päpstlichen Autorität und der Religion. Er trägt die Hauptverantwortung an einer Kette von Kriegen, Morden und Verschwörungen, die Italien während seines Pontifikates heimsuchen[42].

Machhiavelli hat seiner Skrupellosigkeit höchste Anerkennung gezollt. Er sagt über ihn: »... dieser Papst war der erste, der zu zeigen begann, wieviel ein Papst vermochte, und wie viele Dinge, die hinterher als Irrtümer bezeichnet wurden, sich unter der päpstlichen Autorität verbergen konnten«.

Er hat das Papsttum um den letzten Rest seines Ansehens gebracht. Die Korruption nimmt unter ihm abgrundtiefe Formen an. Am Ende sah er die verwegenen Träume seines Nepotenreiches zerrinnen. Das politische Unheil verschlimmerte er durch wahllos ausgesprochene Bannflüche. Kirchenpolitisch machte er bedenkliche Zugeständnisse, denn folgenschwerster sicher die bis 1810 gültige Inquisitionsbulle war, die die katholischen Könige des neuen spanischen Reiches, Ferdinand von Aragonien und Isabella von Kastilien gefordert hatten und die dem entsetzlichen Großinquisitor Thomas v. Torquemada zur Machtergreifung verhalf.

Das vom Papsttum ausschließlich aus politischen und familiären Rücksichten aufgebaute Kardinalskollegium hatte den Tiefpunkt rechtloser Verweltlichung erreicht. Simonie und Korruption unter diesem Papst, der nicht nur die Abgaben (an ihn) sondern auch die käuflichen Ämter verdoppelte, wurde später nur noch durch den Borja-Papst übertroffen. Und trotzdem gibt es im Wesen dieser Machthaber etwas Merkwürdiges. Während sie auf der einen Seite allen nur erdenklichen Lastern frönen, fördern sie auf der anderen Seite Kunst und Wissenschaft. Sixtus IV. ist der Erbauer der Sixtinischen Kapelle der (Neu)begründer der Vatikanischen Bibliothek und der Römischen Museen.

Papst Innocenz VIII. (1484 - 1492) soll gleich nach seinem Amtsantritt 52 neue Sekretariatsstellen geschaffen haben. Jede von ihnen hat er zu einem Preis von 2.500 Goldgulden verkauft.

Schon am Ende des 13. Jh. hatten die Konfirmations- und Bestätigungsgebühren eine enorme Höhe erreicht. Die Erzbistümer Toulouse und Sevilla müssen je 5.000, Chambrai 6.000, Longres 9.000. die Erzbistümer Mainz, Trier und Salzburg je 10.000 und Rouen 12.000 Goldgulden entrichten. In der Folgezeit werden die Gebühren drastisch nach oben gesetzt. Für das Erzbistum Mainz steigen sie auf 30.000 Goldgulden. Da das Bistum innerhalb von 8 Jahren

dreimal frei wird, muß es jedesmal - wie andere - neu erkauft werden.

Mit den Schandtaten des Papstes Alexander VI. könnte man ein Buch füllen. Er soll zu Piko de Mirandola gesagt haben: »... ich fühle wohl, daß ich nicht durch den Glauben, aber durch meine Werke selig werden kann«. Darauf soll der Prinz geantwortet haben: »Ew. Heiligkeit haben ja die Schlüssel des Himmelreiches«. Er wiederum: »... wie ginge es mir dort, wenn ich mit meiner Tochter geschlafen, mich des Dolches und der Carantella (= Gift) so oft bedient habe«[44].

In seinem »Promenades dans Roma« schreibt Stendhal über das Kardinalkollegium des Borja - Papstes: »... Frömmigkeit war selten im Heiligen Kollegium; Atheismus ziemlich allgemein«. Über den Papst sagt er: »... Roderic Borgia, qui a été sur la terre la moins impartfaite incarnation du diable« Deutlicher ist ein Papst nie gekennzeichnet worden.

Er entwickelt sich zu einem »vollkommenen« Verbrecher[45] »... von der Dämonie seines Sohnes Cesare getrieben und versunken in seiner nur als pathologisch kennzeichnenden Erotamie, steuert er auf die völlige Säkularisierung des Papsttums zu. Er war seinem Sohn bis ins Detail jeden verbrecherischen Planes zur Steigerung der Macht hörig. Bis ans Ende blieb er ein Sklave seiner Laster; er hat die Kirche nochmals bis an den Rand des Ruins gebracht[46].

Ein Chronist äußert: »... ein Mann wie er wäre in der »alten« Kirche nicht einmal zur niedrigsten Klerikerstufe zugelassen worden«.

Er hat neun Kinder verschiedener Maitressen; ein Sohn avanciert zum dritten General der Jesuiten (der spätere Heilige Francisco Borja) und seine Tochter Lukrezia verwaltet vorübergehend die Amtsgeschäfte im Vatikan. Zu den versorgten Scharen von Borja, die Rom tyrannisierten, gehörten vier Kardinäle. Vater und Söhne dachten **fast nur** an die Erweiterung der Hausmacht. Der Nepotismus des Papstes wurde zur grenzenlosen Eroberungspolitik. Die Geldmittel zu seinen Unternehmungen verschafften ihm nicht nur das Jubeljahr 1500, sondern (auch) teuer zu zahlende Kardinalsernennungen und -morde, da die Opfer vom Papst beerbt wurden. Die Tyrannis der Borja brach plötzlich zusammen. Dem Papst wurde mit der Absetzung gedroht. Der auch von Neapel im Stich gelassene flieht in die Engelsburg und sieht sich zu einem Vergleich gezwungen. Nach neueren Forschungen muß als erwiesen gelten, daß Vater **und** Sohn durch den Kardinal Adriano Castellis vergiftet worden sind[47]. Cesare konnte gerettet werden und wird später als Gefangener nach Sizilien gebracht.

»Die abermaligen Versuche, den Borja-Papst, dessen Privatmörder ein gewisser Troccius gewesen ist, mit allen Mitteln der Fälschung und Unterschlagung des reichen Materials an authentischen Dokumenten zu einem liebevollen Apostel zu verwandeln, sind wie alle Versuche in dieser Richtung gescheitert. Die Kirche bedeutet für Alexander VI. eine Kostümfrage«.

Leo X. (1513 - 1.12.1521 = Giovanni de Medici) leitete eine der verderblichsten Perioden des Papsttums ein. Auf der einen Seite doppelzüngiges Lavieren und kleinliche Verschwörung in den Fragen der europäischen Politik, auf der anderen Seite aber durch keine noch so verzweifelte Kriegslage zu beirrender Nepotismus im machtpolitischen Interesse des Hauses Medici. Mehr Bankier als Papst, entwickelte der uneheliche Sohn des Lorenzo il Magnifico den Ablaßhandel zum Wirtschaftssystem größten Ausmaßes und bezieht aus 2.550 Benefizien 3 Millionen Goldgulden. Er hat 39 »neue« Kardinalsämter geschaffen, wodurch ihm 511.000 Dukaten zugeflossen sind. Alle hatten nur solange Gültigkeit, wie der der Papst am Leben war. Teuer waren die Lizenzen für die roten Hüte der Kardinäle. Der Preis lag zwischen 10.000 und 30.000 Goldgulden pro Exemplar. Im Rausch seiner krankhaften Vergnügungsgier und seiner wahllosen Verschwendungssucht ließ er die religiösen Fragen untergehen[48].

Er fordert für Ungehorsame die Todesstrafe und wähnt sich unter den Fälschern. Dies wird aus dem von ihm herausgegebenen Dekret »Pastor Aeternus« deutlich. Es beinhaltet Dichtungen **und** Verdrehungen und entlehnt ältere und spätere Fiktionen, zum Teil aus Pseudo-Isidor. Sie schließt mit der Erneuerung der von Bonifazius VIII. erlassenen Bulle »Unam Sanctam«. Diesen Nachweis führt Ignaz von Döllinger; sie werden kirchenamtlich verschwiegen[49].

Seinem Nepot Lorenz de Medici verschafft er das Herzogtum Urbino mit allen Mittel der Verschlagenheit. Er ruiniert die kirchlichen Finanzen aus Eigennutz. Ein Anschlag, sich Ferrara zu bemächtigen, scheiterte am alten Traum aller nepotisch gesinnten Päpste, einem Nepot das Erbrecht der Krone von Neapel zu verschaffen[50]. Während seines Pontifikates kommt es zu einer breit angelegten Kardinalsverschwörung und zur Hinrichtung des Anführers, des 27-jährigen Kardinals Alfonso Petrucci.

Wenn auch das Wort des Papstes zu seinem Bruder, Giuliano, Herzog von Nemours »Laßt uns das Papsttum genießen, da Gott es uns verliehen hat«, nicht verbürgt ist, richtet er doch sein Leben danach aus. Unsummen verschlang sein Hofstaat von 638 Personen. Vom Erzbischof bis zum Elefantenwärter, vom Hoforchester zum Dichterling und Hofnarren.

Ein Dominikaner pries den Papst als Sonnengott. Kein Papst ist je in einem so unnötigen Übermaß durch Verse und Inschriften in den Himmel gelobt worden: Heerscharen von Literaten und Improvisatoren drängten sich um die päpstliche Futterkrippe, holten sich reichen Lohn für ihre Eintagserzeugnisse und wurden Grafen, sie erhielten Titel, Posten und Pfründe. Selbst ein Erasmus von Rotterdam ließ sich zu peinlichen Schmeicheleien für den Papst herab, dem Christen und Atheisten, Könner und Nichtskönner ihre Werke widmeten. In seine Regierungszeit fällt der Reichstag von Worms und die Auseinandersetzung mit Luther.

Als Leo X. 1522 stirbt, werden die von ihm geschaffenen Ämter von seinem Nachfolger Hadrian VI. mit einem Federstrich für vakant erklärt, d. h. sie mußten neu erkauft werden. Es trifft auch den Kardinal Cibo, einen Günstling Leos. Er verfügt über 10 Bistümer. Der Fürstbischof Johann IV. von Lothringen bekleidet gleichzeitig 3 Erzbistümer, 10 Bistümer und 5 Abteien [51].

Hadrian VI. gehört zu den tragischen Gestalten der Kirchengeschichte. Er mußte die trümmerhafte Erbschaft seines sybaritischen Vorgängers antreten. Der ätzende Hohn der Römer ergoß sich über den strengen Papst, der sein Pontifikat Christus unterordnete, während Leo X, sein Leben nach dem von ihm überlieferten Grundsatz »Wieviel uns die Fabel von Christus genützt hat«[52] ausrichtete.

Hadrian VI. hat eine Abscheu gegen den bisherigen Lauf der Dinge, die in Simonie, Nepotismus, gewissenlose Stellenbesetzung und Verschwendung offen zum Ausdruck kam; er möchte das Papsttum zu seinen urspünglichen Aufgaben zurückführen. Er ist vielleicht der einsamste aller Päpste gewesen. Die Kürze seines Pontifikates wurde zum Verhängnis. Nach ihm brach durch die Schuld seines Nachfolgers, des zweiten Medici-Papstes, das Unheil erneut über Rom herein und wieder verstrickten sich die Päpste in den Territorial-Nepotismus. Hadrian VI. starb am 14. 9. 1523 nach den Worten von Jacob Burchardt als »Brandopfer des römischen Hohnes«.

Bei einer bestimmten Veranlassung scheint die Plünderung des Kirchengutes die Regel gewesen zu sein; beim Tod der Päpste und Bischöfe. Sobald ein Papst, Bischof oder Abt gestorben war, scheint der kirchliche Besitz herrenlos ... und zwar so lange, bis ein anderer auf seinem Stuhl saß. Daraus ist zu erkennen, wie zerfressen und verwittert die Grundlagen der Kirche waren; man kann unmöglich von einer gefestigten Struktur sprechen.

Bereits im 6.Jh. redet ein Erlaß des Papstes Deusderit über die Papstwahl und von den vielen Gewalttaten, die die römische Kirche beim Tod eines Papstes zu erleiden hat. Um 900 spricht ein Konzil von der eingeschulten Gewohnheit, daß beim Tod eines Papstes nicht allein der päpstliche Palast geplündert werde, sondern daß sich die Räubereien auf die ganze Stadt erstrecken. Wir besitzen von Leo IX. einen Erlaß, der die fluchwürdigen Gewohnheiten einiger Gemeinden verdammt, nach dem Tod des Bischofs feindlich in sein Haus einzubrechen, seinen Besitz nach Räuberart zu plündern, die Landhäuser

in Brand zu stecken, die Weinberge und Pflanzungen in »mehr als tierischer Rohheit« zu zerstören«[53].

Wenn man die Sache bei Licht betrachtet, so gab es Jahrhunderte eine kleine Clique von Despoten, die an der Religion vorbeigewirtschaftet und nur an sich selbst, an Frauen, Konkubinen, Günstlinge und Familien gedacht hat. Sie haben Milliarden in den Sand gesetzt. Die Zeche haben leichtgläubige Christen bezahlt: der Gegenwert bestand aus Illusionen.

Dubiose Geldquellen

Der unermeßliche Luxus der Päpste, auf Aufrechterhaltung der kirchlichen Organisation, die Finanzierung der Vernichtungsfeldzüge gegen Andersdenkende und -fühlende, all dies kostete Millionen. Woher kamen die astronomischen Summen und woher kommen sie noch heute? Letztendlich werden sie aus den tributpflichtigen Christen herausgequetscht! Um die Menschen gefügig zu machen, wurde ihnen immer wieder das Sündenbewußtsein vor Augen geführt und vor allem eine »teuflische« Angst eingeredet. Wer kennt nicht das Stoßgebet: »Heilige Maria, Mutter Gottes, bitte für mich in der Stunde meines Todes. Amen«.

So ersinnen die Geistlichen immer wieder neue Varianten zur Bereicherung. Dazu einige Beispiele:

Denarius St. Petri

Seit dem 8. Jh. gehört zu den permanenten Einnahmen der Kirche der sog. »Peterspfennig« (= Denarius St. Petri), der ursprünglich von jeder in England liegenden Priesterstelle »freiwillig« (?) abgegeben wurde. Das Geld sollte dem Erhalt und Ausbau der Peterskirche zukommen. Der Peterspfennig geht auf viele christliche Länder über und wird noch heute erhoben. Aus den Pfennigen sind Milliarden geworden.

Dazu kommen die sog. »Zehnten«, eine dem Alten Testament entlehnte Einrichtung, auf die sich schon Kirchenväter des 2. Jh. berufen. Zunächst gelten sie als freiwillige Leistungen. Später wird mit dem Bann bedroht, wer dieser Verpflichtung nicht nachkommt. Karl d. G. wie die englischen Könige Ethelwolf und Edward the Confessor machen auf Ansuchen ihrer Beichtväter die Abgabe des Zehnten zum Staatsgesetz. Daraus erwachsen Millionen.

Karl d. G. macht den Zehnten gesetzlich. Bald darauf dehnen die Geistlichen dieses Recht willkürlich zu ihren Gunsten aus. Sie verlangen den Zehnten von den Feldfrüchten, Ziegen, Hühnern und dem Erwerb, sie wollten ihn selbst für Dinge aufheben, die sich für Geistliche schlecht schicken:

Der Umfang dieser Abgabe erstreckt sich bald auf alle Lebensbereiche und einige gewitzte Priester kommen auf die Idee, von den Ehefrauen im Beichtstuhl (auch) den Zehnten Teil der ehelichen Pflicht zu verlangen.

»... in Brescia belehrte ein Pfarrer die Frauen im Beichtstuhl, daß sie ihm auch den Zehnten der ehelichen Umarmungen schuldig wären. Eine davon hatte sich von diesen Ansprüchen überzeugen lassen. Dann sinnt der gehörnte Ehemann auf die Züchtigung des Mönches. Er veranstaltet ein Gastmahl und lädt den Pfaffen ein. Mitten in der besten Unterhaltung erzählt der Wirt die Nichtswürdigkeit, wendet sich an den Pfarrer und sagt: »... da Du von meiner Frau den Zehnten von allen Dingen verlangst, so empfange nun auch den hier«. Dann überreichte er ihm ein Glas voll Urin und zwang ihn diesen vor der gesamten Gesellschaft zu trinken«.

Hinzu kommen die Dispensgelder der Priester, die Dispensationen von Fasten usw. Da die Kurie Ehen unter Blutsverwandten bis zum 14. Grad herunter verboten hat, konnte es an solchen Dispensationsgeldern nicht fehlen. Papst Johann XXII. ist der Erfinder der schändlichen Listen der für Dispensationen und Absolutionen zu entrichtenden Taxen. Bei seinem Tod hinterläßt er 16 Millionen gemünztes Geld und 17 Millionen in Goldbarren. Hinzu kommt die Kreuzzugs- und Türkensteuer (ganz spät kommt die den tributpflichtigen Christen abgezogene Kirchensteuer, die 1989 die 5 Milliarden-Grenze überschritten hat).

Eine weitere Goldquelle für die Päpste sind die sog. Annaten. Man versteht darunter die erste Jahreseinnahme, die ein Bischof oder Abt

dem Papst zu überlassen hat. Für das Erzbistum Mainz bedeuteten es (einst) 175.000 Gulden. Gewiß hat sie der Bischof nicht selbst verdient. So wird verständlich, wie vehement man den Gläubigen das Geld »herausgepreßt« hat. Man hat hochgerechnet, daß der Kirche aus diesem Fundus bis etwa 1850, 300 Millionen Taler zugeflossen sind; hinzu kommen erschwindelte Ablaßgelder in einer Größenordnung von 150.000 Millionen. Wir müssen berücksichtigen, daß mit dem Wachstum der Kirchen deren Ausgaben ins Unermeßliche wachsen. Der Feudalismus floriert. So mußte man alle nur erdenklichen Quellen anzapfen, um stets flüssig zu sein. Am wenigsten zum Erfüllen von frommen Werken und am meisten für das Verjubeln, Verhuren und Verprassen. Eine korrekte Rechenschaft über diese Gelder wurde nie abgelegt!

Man darf nicht nur die Ausbeuter sehen, sondern muß einen Blick auf die Zeit und die Ausgebeuteten werfen. Die Zeit ist abergläubisch wie unsere. Ab dem frühen 16. Jh. werden mehr und mehr Amulette für die unterschiedlichsten Zwecke verbreitet. Thurneysser fertigt sie für alle Stände; vom Kaiser bis zum Bauer. Es handelt sich um die »Sigilla solis« und die »Sigilla signorum«.

Unter einem Verzeichnis Phillip d. Großmütigen wird ein Jacob Grunnings von Rittmannshausen angeklagt, mit »Erdmännchen« umgegangen zu sein: er soll damit Betrügereien begangen haben.

1676 wird ein Georg Merkel aus Abtrode bei Allendorf gefänglich eingezogen. Er hat sich, wie der Pfarrer der Regierung berichtet, »... die Dummheit der Leute zunutze gemacht, und mit »Glücksmännchen« einen schwunghaften Handel betrieben. Im Grund genommen haben wir eine Verballhornung des Reliquienkults vor uns. Die Zeit wimmelt von Wahrsagern und Schatzgräbern, sowie von religiösen Schwärmern. Die Zeit ist abergläubisch. Der Kardinal Benno ist der Meinung, daß Gerbert ein Zauberer sei, der Dämonen opfert. Außerdem würde der Erzbischof Lorenz von Amalfi (1040 - 1048) Unterricht in der Schwarzen Kunst erteilen und aus dem Gesang der Vögel Schlüsse ziehen.

Benedikt IX. soll verstanden haben, verschiedene Frauen durch Zauberkünste in sich verliebt zu machen. Den Gegnern der Reformbewegung erscheint Gregor VII. als Diener von bösen Dämonen. Benno erwähnt Alexander II. und Hildebrands magische Künste. Hildebrand legt er die Schutzgöttin Medea bei und er schreibt Gregor VII. die Fähigkeit zu, Funken aus den Ärmeln schütteln zu können. Anselm behauptet von Rotiland, er könne seine ihm hinderliche Mutter unbedenklich durch giftige Froschlungen aus der Welt schaffen. An einer anderen Stelle erwähnt er den Liebeszauber.

Am Johannistag tauft man Kraut und Laub. Diese Gebräuche sind zur Zeit Damians in voller Blüte; selbst hohe Geistliche frönen dem Aberglauben. Einen Schritt weiter und wir befinden uns mitten im religiösen Gebiet. So erscheinen die gefährlichen Feinde als vom Teufel besessen und von seinen Heerscharen erfüllt. Die Welt ist voll hineinkonstruierter Teufel, die Zahl seiner Diener ist unendlich. Schon beginnt die Kirche, sich selbst zum Narren zu halten.

Agnus Dei/Länge Christi

Bereits in ägyptischen Grabstätten finden sich Talismane und Amulette. Der Skarrabäus gilt als Symbol des Gottes Khepher, der alltäglich den Sonnenball vom östlichen Horizont über den Himmel bis zum westlichen rollt. Er wird als Gott der ewigen Wiedergeburt verehrt. Die Juden schreiben den Namen ihres Gottes Jahwe auf Pergamentstreifen, die, in kleine Kapseln geschlossen, an den Gewändern befestigt oder an einer Schnur um den Hals getragen werden. Die Griechen und Römer tragen kunstvoll gearbeitete Götterfigürchen. Den Knaben und Mädchen werden nach der Geburt runde oder herzförmige Kapseln (= bulla) um den Hals gehängt. Sie enthalten ein gegen Verhexung und Verzauberung wirksames Amulett (= praebia), das von den Mädchen bis zur Heirat getragen wird.

Unter dem Namen »Agnus Dei« werden seit Jahrhunderten von der Kirche geweihte Stückchen aus Wachs vertrieben. Die Weihe des »Agnus Dei« (= Gotteslamm) findet im ersten Jahr der Regierung des Papstes, und dann in der Regel alle sieben Jahre statt. Das Wachs stammt von Bienen; es muß zuvor an einer Osterkerze gebrannt haben, die in einer Kirche stand. Darauf wird das Bild eines Lammes geprägt.

Bereits 1471 läßt sich Paul II. in einem an alle Gläubigen gerichteten Hirtenbrief über die außerordentliche Wirkung dieses Schutzmittels aus. »... es habe sich nicht nur in allen Gefahren, bei Feuersbrünsten, Schiffsbrüchen, Stürmen, Blitz- und Hagelschlägen bewährt, sondern selbst Gebärenden in schweren Stunden geholfen.« In mehreren Klöstern Frankreich werden »Gürtel der heiligen Margaretha an Schwangere verkauft, um ihnen die Niederkunft zu erleichtern«. Er versäumt nicht darauf hinzuweisen, daß er **sich** und seinen Nachfolgern das alleinige Recht vorbehalte, die wunderkräftigen Talismane herzustellen und vertreiben zu lassen[54].

Papst Leo X. läßt sich die Verbreitung eines Schutzmittels angelegen sein; er empfiehlt den Ankauf von Karten, die mit einem Kreuz gestempelt waren und den Aufdruck trugen: »Vierzigmal vergrößert, entspricht dieses Kreuz der wirklichen Größe des Kreuzes Christi. Wer es küßt, ist für sieben Tage gegen Unfälle, Krankheiten, Schlagfluß und den plötzlichen Tod geschützt«. Dies ist insofern makaber, weil alle Welt glaubt, so wie die christliche Kirche den Tod ihres Religionsgründers darstellt, müsse es gewesen sein. Tatsache ist, daß niemand weiß, wie das Kreuz ausgesehen hat.

»... der katholische Pöbel trägt die Länge Christi, um gegen den Schuß sicher zu sein. Die Länge ist ein elendes Gebet, in ein Tuch von fünferlei Farben eingewickelt, das, wenn es auf dem blosen Leib getragen wird, dem Träger nicht nur Festigkeit und Unverletzlichkeit gewähren, sondern ihm auch, mag er sterben wie er will, die Seligkeit verschaffen soll. Es ist ein Papier eine Hand breit und fünf Fuß lang, denn so groß soll Jesus gewesen sein. Man will es 1665 zu Jerusalem beim hl. Grab gefunden haben. Clemens VIII. soll die Nachricht gutgeheißen und bestätigt haben«.

»... den 3. Juni 1790 auf das Fronleichnamfest der Katholiken wurde ein Bischöflich-Straßburgischer Untertan, der auf Wildschießen ausgegangen war, von einem Markgräflich-Baden'schen Freijäger erschossen. Man fand bei der Leiche die beschriebene Länge Christi mit folgenden Worten: »Gelobet sei der allerheiligste Name Jesu und seine heilige Länge in Ewigkeit«. Eine Variante des »Schußfestmachens« ist das Einnähen von geweihten Hostien im Arm.

Noch 1764 wurde in einer deutschen Universitätsstadt ein Verbrecher zum Galgen geführt, der in der einen Hand eine Zitrone, in der anderen einen versiegelten, vom Pater unterschriebenen Paß an den hl. Petrus hatte (= Himmelspaß). Was er dem Geistlichen dafür bezahlt hat, ist unbekannt.

Jubeljahr / »Heilige« Pforte

Nun setzt Bonifazius VII. das sog. »Jubeljahr« in die sündige Welt. Er erinnert sich, daß sowohl die Juden wie die Römer den Anfang eines neuen Jahrhunderts mit Pomp gefeiert haben. Warum also nicht das Gleiche tun? Mit 1300 wird das Jubeljahr eingeführt. Der Papst läßt verkünden, daß sämtliche Pilger, die in diesem Jahr eine Wallfahrt nach Rom unternehmen und ein Opfer auf dem Altar der Peterskirche niederlegen, vollkommenen Ablaß für alle während ihres Lebens begangenen Sünden empfangen sollten. Mehr als 200.000 Christen strömen nach Rom; sie nehmen eine beschwerliche Reise in Kauf, um sich hinter das Licht der Wahrheit führen zu lassen. Hier werden sie in ihrem Aberglauben bestärkt. Dadurch fließen dem Papsttum unermeßliche Gelder zu, doch ein anderer Vorteil gesellt sich dazu; die Leute werden davon abgehalten, ihren gesunden Menschenverstand zu gebrauchen. Längst hat man erkannt: intelligente Christen sind unerwünscht.

Später wird die Spanne von ursprünglich 100 auf 50 Jahre verkürzt. Deshalb, weil der zwischen Ostern und Pfingsten liegende Zeitraum nur 50 Tage betragen darf. So ordnet Papst Clemens VI. an, daß das nächste Heilige Jahr bereits 1350 gefeiert werden soll. Es werden über eine Million Pilger gezählt und man schätzt den Gewinn auf 22 Millionen Goldgulden.

Daraus resultiert mit der größten Selbstverständlichkeit, daß Urban VI. die Wiederkehr des Heiligen Jahres auf 33 Jahre verkürzt, denn er will auf die lukrative Einnahme nicht verzichten. So wurde denn in Erinnerung zum »Andenken der Lebensjahre Jesu Christi« (er **soll** 33 Jahre alt geworden sein) in Intervallen von 33 Jahren gefeiert. Endlich gelingt es Sixtus IV. »wegen der Kürze des menschlichen Lebens«, die Spanne auf 25 Jahre zu verkürzen. Er läßt verkünden, daß auch diejenigen, die nicht in der Lage sind, eine Romreise anzutreten, einen ebenso vollständigen Ablaß erlangen, wenn sie lediglich den 3. Teil der Reisekosten an die päpstlichen Vertreter zahlen würden. Es gab Tausende, die diesem Wahnwitz gefolgt sind.

Alexander VI. eskaliert den Ausbeutungsmechanismus. Er läßt einen Eingang an der Peterskirche zu Rom vermauern und bestimmt, daß die sog. »Heilige Pforte« bei Beginn jeden Heiligen Jahres durch den jeweiligen Papst mit einem Hammer geöffnet wird (Vergleiche dazu die Bildseite hinter dem vorderen Buchdeckel). »... wer nun während des »Heiligen Jahres« durch diese Pforte in die Peterskirche geht, soll aller Sünden ledig sein. Je nach Hinterlegung einer Geldsumme könne er diese Pforte auch namens seiner Angehörigen passieren und sie dadurch von ihren Sünden befreien. Millionen sind auf diesen Schwindel hereingefallen.

Doch damit nicht genug. Die perfekte Ausformung des unlauteren Gelderwebs bringt der römisch-katholischen Kirche der aus der Antike herübergerettete Ablaßhandel.

Der Ablaß ... ein »katholisches« Handelsmonopol

In der Lehre vom Ablaß steckt bis heute ein ungeheurer Wust des tollsten Aberglaubens[55]. Im Ablaßwesen mit seinen Medaillen, Kreuzen und Skapulieren wuchert ein Fetischismus auf. Allein die Tätigkeit der Kirche im Umfeld des Aberglaubens ist ausreichend, um die angemaßte Göttlichkeit des Papsttums als Lüge zu erkennen[56]. Die Kirche redet den Gläubigen ein, sie sollen dafür bezahlen, um sich aus den angeblichen Qualen von Fegefeuer und Hölle zu befreien. Diese aber gibt es nicht; es sind künstlich hochgehaltene Phantasmen.

Wir haben einen »frommen« Betrug vor uns. Die Kirchenleitung übersieht, daß sie die Toleranzgrenze überschreitet, zu einem Akt der Vergewaltigung und Volksverdummung aufruft, ja daß sie überhaupt nicht berechtigt ist, dies vorzugeben; jeder Mensch ist fehlbar: das christliche Sündenbewußtsein ist in das Volk hineinprojiziert. Für die Geistlichkeit wird der Ablaß zur Goldgrube ... er hat ihm Millionen eingeschwindelt ... er ist so unerschöpflich wie die Dummheit der Menschen[57]. Nach den Recherchen Corvins soll durch den Ablaßhandel im Lauf der 600 Jahre seines Bestehens etwa eine Milliarde Gulden nach Rom geflossen sein[58].

In der päpstlichen Kanzleitaxe war der Preis für die aberwitzigsten Dinge festgesetzt. Taxen für Eltern- und Geschwistermord, Blutschande, Abtreibung, Ehebruch, unnatürliche Wollust und Meineid. »... die schamloseste und frechste Nichtswürdigkeit aber enthält der Schluß der Taxe, denn er besagt: »... dergleichen Gnaden können Arme nicht teilhaftig werden, denn sie haben kein Geld ... also müssen sie des Trostes entbehren«[59].

Früh erkennen die Geistlichen, daß sich aus der Naivität der Menschen ein Geschäft machen läßt. »... vom religiösen Nimbus umgeben, ohne jeden Widerpart und mit einem minimalen Aufwand war der Ablaßbrief eine mit Höchstgewinn vertreibbare Ware. Bei den von den eingeredeten Höllenqualen geplagten Menschen der Zeit mußte sie reißenden Absatz finden«[60]. Ablässe konnten selbst für Verbrechen erkauft werden; ausgenommen für feindliche Anschläge gegen den Papst und die Geistlichkeit. Für willkürliche Abänderungen päpstlicher Verordnungen und Erlasse für den Waffenhandel mit den Feinden der Kirche und für den Vertrieb von Gegenständen, die im päpstlichen Monopolbereich begründet waren.

Dieser Schwindel wird immer weiter ausgebaut[61]. Für die Bezahlung von 12 Dukaten

wird es Geistlichen erlaubt, nach Gefallen Hurerei, Ehebruch, Blutschande und Sodomiterei zu treiben[62], während man die Leichtgläubigen an »ihren« Sünden mißt. Allmählich wird selbst den Fürsten und Herrschern der Hokuspokus zu viel. Einzelne verbieten den Ablaßpredigern den Eintritt in ihre Länder und nehmen ihnen die erschlichenen Schätze wieder ab. Nun wettern die Päpste - deren Machtfülle seinerzeit heftig umstritten ist - mit den probaten doch immer stumpfer werdenden Bannflüchen und Aussperrungen aus der kirchlichen Gemeinschaft. Die Reformation setzt dem Ablaßhandel zunächst den gesunden Menschenverstand entgegen, aber man glaube nicht, es gäbe ihn heute nicht mehr.

Antike Vorläufer

Die Priester des Christentums verstehen es wie ihre Vorläufer, für jede der von ihnen verrichteten Handlungen, die Taufe von Neugeborenen und Erwachsenen, den Kinderunterricht, Aufgaben im Kreis der Erwachsenen, für die Trauung, den geistlichen Beistand in Krankheits- und Sterbefällen, wie für das Lesen von Totenmessen Zahlungen zu verlangen. Schon in der Antike legt man Nachbildungen von erkrankten Körperteilen neben die Altäre und wartet auf ein Wunder. Unfruchtbare Frauen offenbaren ihre Wünsche durch das Darbringen von aus Wachs geformten Wickelkindern.

»... wie die christlichen Priester manches von den ägyptischen, jüdischen und denen aus dem hellenistischen Altertum erdachten und eingeführten Verordnungen, Zeremonien und Einrichtungen übernehmen, haben sie (auch) beim Ablaß aus dieser Quelle gefischt.

Der Handel mit der menschlichen Einfalt ist Jahrhunderte vor dem Einsetzen des Christentums geläufig; die Kirche des Mittelalters hat ihn perfektioniert und rücksichtslos ausgenutzt.

Daß der Ablaß bereits im Altertum bekannt war, ist aus den Schriften Platons zu ersehen, der in den Jahren 428 - 348 v. u. Z. lebt. Er beschreibt das Agieren der damaligen Bettelpriester genau. »... sie und drei Wahrsager kommen vor die Türen der Reichen, vorgebend, daß ihnen von den Göttern die Gabe verliehen worden sei, durch Zaubersprüche und Opfer jedes Vergehen in vergnügtester Weise zu sühnen. Möge das Vergehen von jemanden selber oder von seinen Eltern begangen worden sein«.

»... sie beschwatzen nicht blos einzelne, sondern auch ganze Städte, die sich auf diese Weise durch Opfer von ihren Sünden reinigen wollen. Sie haben nicht nur Sündenerlaß für noch Lebende, sondern auch sogenannte Weihen für bereits Verstorbene, um dieselbigen in der jenseitigen Welt vor allem Bösen zu befreien. Sie behaupten dabei, Schreckliches stehe denjenigen bevor, die sich weigerten, die Opfer zu verrichten. »Die christlichen Priester übernahmen diesen Habitus.

Christlicher Ablaßhandel

Papst Alexander II. (gest. 1073) gewährt den Kriegern, die sich in den Dienst der spanischen Reconquista stellen, erstmal einen Ablaß. Unzählige Christen ziehen mit der Devise in den Kampf: »... wir sind Gottes Mannen, ihm zu Treue und Gefolgschaft verpflichtet. Gott ist unser Herr. Seinem Befehl müssen wir gehorchen. Wir haben seine Sache zu der unsrigen zu machen«. Welch suspekter Standpunkt? Die Christen - damals wie heute - folgen keineswegs einem göttlichen Ruf, sondern priesterlichen Machtgelüsten. Sie erkennen es nicht, denn sie wurden in geistiger Ohnmacht erzogen.

Auch die Kreuzzüge sind im Grund genommen bewaffnete Wallfahrten. Die Päpste begünstigen die Entwicklung, denn sie provitieren in zweifacher Hinsicht; sie stärken den katholischen Glauben des kleinen Mannes **und** sie verdienen dabei. Sie predigen, daß alle Sünden, die ein Mensch je begangen hat - und möchten sie noch so groß sein - vergeben sind, sobald man sich ein Kreuz auf den Rücken heftet und an einem Kreuzzug teilnimmt.

Junge Frau in der Folterkammer, bzw. vor dem Inquisitionstribunal. Um sie herum die Folterinstrumente Streckbank, glühend gemachte Zangen zum Zwicken, Geige und doppelte (?) Daumenschraube. Man hat dieses Motiv überdies für die sexuelle Unausgeglichenheit des römisch-katholischen Klerus beansprucht.

Unser Blick fällt auf Innocenz III. Er führt 1215 die Ohrenbeichte ein, aus der sich der »professionelle« Ablaßhandel entwickelt. Die von den Priestern den Beichtenden auferlegten Bußen bestanden je nach ihrer Schwere in Gebetsübungen, Fasten und Wallfahrten oder in anderen als verdienstlich angesehen Leistungen wie Almosen, Geldspenden, Stiftungen und Vermächtnissen zugunsten der Kirche.

Es dauert nicht lang, da wird die Ablaßlehre mit dem Fegefeuer in Verbindung gebracht. Die Purgation (= Reinigung) wird praktisch zum Katalysator umgemünzt. Im Fegefeuer sollen die menschlichen Seelen geläutert werden, um danach »rein« in den gedachten Himmel zu gelangen. Deshalb bezeichnet Corvin das Fegefeuer als »himmlische Seelenwaschanstalt«. Die Wartezeiten im Fegefeuer sind je nach der beigemessenen Strafe unterschiedlich lang; 100.000 Jahre sind keine Seltenheit. Je nach Zahlung können sie verkürzt oder aufgehoben werden.

Papst Sixtus IV. verkündet 1477 in einer Bulle: »... er sei in seiner Eigenschaft als Vertreter Christi auf Erden (auch) der Verwalter der Gnadenmittel, die armen Seelen zugute kommen sollten ... zwar gehe die Strafe des Fegefeuers auf ein göttliches Urteil zurück ... nach der Strafverbüßung würden die Seelen aus dem Fegefeuer in die ewige Glückseligkeit überführt. Es käme darauf an, ihnen im Purgatorium zu helfen, damit sie sobald als möglich in den Himmel hinaufsteigen können. So könnte man gegen bare Münze einen Ablaß, nämlich Erlaß der Sündenstrafen im zeitlich begrenzten Fegefeuer erlangen.

Ob dieser Idee steigen die zu bezahlenden Seelenmessen für Verstorbene sprunghaft an. Dadurch erhält der Ablaßhandel ungewöhnlichen Auftrieb, denn seine Basis ist das verängstigte Volk. Hinzu gesellt sich die Erfindung des Druckes mit beweglichen Lettern[63], und so gibt es bald »gedruckte« Ablaßbriefe, deren sich eine ganze Reihe erhalten haben.

Dazu ein Beispiel:

»... es möge sich Deiner Erbarmen und Dir vergeben unser Herr Jesus Christus durch seine heiligste und gütigste Barmherzigkeit. Kraft seiner Machtvollkommenheit und seiner glückseligen Apostel Petrus und Paulus, sowie der Kraft der mir übertragenen apostolischen Machtvollkommenheit spreche ich Dich frei von allen Deinen reuig gefühlten, begangenen und in Vergessenheit geratenen Sünden und Ausschreitungen, wie schwer sie auch sein mögen. Desgleichen von jeglichen Strafen der Exkommunikation, des Interdikts und anderer kirchlicher oder vom Gesetz der Menschen verhängten Strafen, in die Du geraten bist. Indem ich Dich in die Gemeinde der Gläubigen und in die Sakramente der Kirche (wieder) einsetze, erlasse ich Dir die Strafe des Fegefeuers und erteile Dir eine vollständige Vergebung aller Deiner Sünden, soweit die Schlüssel der heiligen Mutter Kirche in diesem Teil reichen. Im Namen des Vaters, des Sohnes und des hl. Geistes«[64].

Portinkula-Ablaß

Im Oktober 1221 soll der hl. Franz v. Asissi in der Portinkula-Kirche eine Erscheinung Jesu Christi, der allerseligsten Jungfrau und einer großen Schar himmlischer Geister gehabt haben. Er richtete daraufhin an die erlesene Schar die Bitte, allen, die in dieser Kirche andächtig beten, einen vollkommenen Ablaß zu bewilligen. Der damals regierende Papst Honorius hat es bestätigt. Honorius III. hat 1223 den Ablaß auf »ewige Zeiten« bestätigt. Benedikt XIV. meint dazu, es wäre verwegen, diesen Ablaß anzuzweifeln und die Kirchen, die den Portinkula-Ablaß besitzen, müssen nach einem Dekret der hl. Ablaßkongregation vom 15. November 1878 wenigstens eine italienische Meile (=

Albrecht Altdorfer. Die Floriansfolge. Das wundertätige Brünnlein in St. Florian. Um 1516/18. Privatbesitz. Altdorfer malt auch hier in seiner typischen Manier, aus der sich begrifflich der Malstil der »Donauschule« entwickelte.

1000 Schritte) voneinander entfernt sein. Der Portinkula-Ablaß brachte den Franziskanern Millionen ein.

»Ein Hieronymitenkloster bei Valladolid mit 80 Mönchen hatte das ausschließliche Privilegium, die Kreuzbulle zu verkaufen, was ihm jährlich 12.000 Dukaten eintrug«.

Medaille des hl. Benedikt[65]

Hugo von Egisheim (Elsaß), der später als Papst Leo IX. fungiert und inzwischen als Heiliger verehrt wird, wurde als Jüngling von einem giftigen Tier gebissen ... da sah er auf einmal von seinem Bett eine Strahlenleiter bis zum Himmel reichen und auf ihr einen ehrwürdigen Greis im Mönchsgewand herniedersteigen, der mit einem Kreuz sein giftverschwollenes Antlitz berührte und danach wieder verschwand. Der plötzlich »wunderbar« Genesende erkannte in ihm den hl. Benedikt.

So war es nur eine Frage der Zeit, bis von ihm eine Medaille geprägt wurde. Sie verbreitet sich rasch über das christliche Europa und wird von den Gläubigen als Schutzmittel gegen höllische Geister verehrt. Auf ihr steht die Beschwörungsformel: »... weiche zurück, Satan, nie verlocke mich zu Eitlem. Übel sind es, die du bietest, trinke selbst das Gift hinein«. Unzählige Gnadenerweisungen werden dieser Medaille an Leib und Seele zugesprochen. Um solcher Gnaden anteilig zu werden, genügt, die Medaille andächtig zu tragen. Bestimmte Gebete sind dazu nicht erforderlich.

Papst Benedikt XIV. hat durch ein Breve vom 12. März 1742 die Medaille in der beschriebenen Form gutgeheißen[66]. Zur Gewinnung der Ablässe muß sie von Gold, Silber, Bronce, Kupfer oder sonst einem festen Metall sein. Sind die Beschwörungsworte nicht deutlich ausgeprägt, ist die Ablaßweihe zweifelhaft. Mit dieser Medaille sind mehrere vollkommene Ablässe verbunden. Sie reichen von 40 Tagen bis zu 20 Jahren. Die Medaille wirkt:

- Um Zaubereien und teuflische Einwirkungen zu verhüten.

- Um Zaubereien vom Ort abzuhalten.

- Um Tiere, die von der Pest oder einer Seuche befallen sind, zu heilen.

- Um Menschen, die vom bösen Feind geplagt werden, den notwendigen Schutz zu gewähren.

- Um die Bekehrung von Sünden zu erlangen.

- Für Mütter, damit durch »göttlichen« Beistand deren Kinder zur rechten Zeit und gesund geboren werden.

- Zum Schutz der Menschen vor dem Blitz.

Der Autor verfügt über eine blühende Phantasie, denn er trägt vor: »... eine Frau berührte mit der Medaille die Weinflasche ihres dem Trunk ergebenen Mannes; dieser fand (daraufhin) den Wein abscheulich und ging in eine Schenke, kam aber nach einer Viertelstunde zurück und sagte, daß der Wein dort noch schlechter sei. In den nächsten Tagen trank er nur noch Wasser und die Frau benutzte es, um die Zusage von ihm zu erlangen, daß er hinfort seine religiösen Pflichten erfüllen wolle[67].

Diverse Skapuliere

Papst Clemens VI. gibt 1342 in einer Bulle folgende Erklärung ab: »... das ganze Menschengeschlecht hätte eigentlich schon durch einen einzigen Blutstropfen Jesu erlöst werden können; er habe aber soviel vergossen, daß dieses Blut - das doch gewiß nicht umsonst vergossen worden sei - einen unermeßlichen Kirchenschatz ausmache ... vermehrt durch die gleichfalls nicht überflüssigen Verdienste der Märtyrer und Heiligen.

Benedikt XIV. erklärte, daß er die Erscheinung gern als wahr annehme und daß er (auch) glaube, daß sie Jedermann für wahr ansehen müsse[67]. Bemerkenswert ist parallel das Skapulier »zur baldigen Befreiung aus dem Fegefeuer«. Hier ist die heilige Jungfrau dem Papst Johann XXII. erschienen und habe ihm versprochen: »... die Seelen der Mitglieder des Karmeliterordens sobald als möglich, namentlich am Samstag nach ihrem Hinscheiden, aus dem Fegefeuer zu befreien«.

Papst Johann XXIII. veröffentlicht das sog. »Privilegium Sabbatinum« mit der Bulle vom

3. März 1322. Die hl. Ablaßkongregation hat die Bulle Benedikts gegen Kritiker und Tadler verteidigt. Sie hat am 27. April 1887 bestimmt, daß dieses Skapulier wegen seiner besonderen Bedeutung gesondert getragen und geweiht wird. Die mit seinem Tragen verbundenen Anlässe sind zahlreich.

Mit vielen Ablässen ist das Tragen eines Skapuliers verbunden. Beringer sagt dazu: »... es besteht aus zwei Stücken wollenen Tuches, welche durch zwei Schnüre oder Bänder miteinander verbunden sind, daß der eine Tuchstreifen vorn auf der Brust, der andere hinten zwischen den Schultern herabhängt. Der Stoff des Skapuliers muß aus Wolle sein. Die Farbe ist für verschiedene Skapuliere verschieden. Als man die Ablaßkongregation fragte, ob auch runde, ovale oder viereckige Skapuliere gültig geweiht werden können, lautete die Antwort: «... es sind keine Neuerungen durchzuführen ... man muß das Skapulier immer tragen, Tag und Nacht. Wäre man einen Tag ohne dasselbe, so würde man einen ganzen Tag des Ablasses verlustig sein.«

Das rote Passionsskapulier fand bei vielen Gläubigen Eingang infolge einer Erscheinung, welche der göttliche Heiland 1846 einer barmherzigen Schwester zuteil werden ließ. Pius IX. genehmigte am 25. Juni 1847 das Passionsskapulier und versah es mit vollkommenen und unvollkommenen Ablässen. Das blaue Skapulier der Unbefleckten Empfängnis wurde zu Beginn des 17. Jh. der ehrwürdigen Ursula Berincasa (Neapel) geoffenbart. Papst Klemens X. genehmigte am 30. Januar 1671 dieses Skapulier. Er und andere (Päpste) versahen es mit Ablässen.

Das Herz-Jesu-Skapulier wurde durch die sel. Maria Alacoque unter den Christen bekannt. Benedikt XIV. genehmigte es und Pius IX. stattete es mit Ablässen aus. Vor allem im Deutsch-Französischen Krieg (1870 / 71) soll es vielen Christen beigestanden haben.

Die Andacht zum braunen Skapulier (Karmeliter) verdankt ihren Ursprung einer berühmten Erscheinung der Mutter Gottes, die am Sonntag, den 26. Juli 1251 in Cambridge dem hl. Simon Stock, dem Generaloberen der Karmeliter zuteil geworden ist. Die Jungfrau zeigte dem Heiligen ein Skapulier und

sagte: »... wer mit diesem stirbt, wird das ewige Feuer nicht erleiden«.

Weitere Ablässe

Ein weiterer »frommer« Schwindel wird mit den sog. »Rosenkranzbruderschaften« getrieben. Hierbei gibt es Ablässe bis zu 100 Jahren. Die Mitglieder solcher Bruderschaften gewinnen bei jedem Ave Maria und 5 Quadragenen Ablaß, wenn sie hinterher den Namen Jesus beifügen. Es ist jedoch entscheidend, den Namen Jesu an der richtigen Stelle auszusprechen, weil sonst der Ablaß nicht wirksam wird[69]. Bei den Rosenkränzen sind die Ablässe mit den Körnern verbunden; darum hebt das Zerreißen der Schnur oder Kette die Ablässe des Rosenkranzes nicht auf. Man kann also ohne Bedenken die Körner in eine neue Schnur fassen und / oder die verloren gegangenen durch andere ersetzen; falls einem dies wichtig erscheint.

Sixtus V. errichtet am 19. November 1585 die Bruderschaft vom »Gürtel des hl. Franz v. Asissi«. Ihre Mitglieder tragen beständig einen Gürtel bei sich. Wenn und solange man ihn ablegt, verliert man die Ablässe. Papst Leo XIII. bestätigt am 26. Mai 1883 die Gürtelbruderschaft und stattet sie mit neuen Ablässen aus. Hier gibt es eine Parallele in der »Mariä-Trost-Gürtel-Bruderschaft«, die einen wirksamen Ablaß von 1.000 Jahren besitzt.

Zu allem Übel führt Alexander VI. die privilegierten Altäre ein. »... es sind solche, mit denen der Papst an demselben für die Seele eines Christgläubigen, welcher in der Gnade Gottes aus dem Leben geschieden ist, die heilige Messe ließt, diese Seele aus dem Schatz der Kirche einen vollkommen Ablaß schrittweise erhält, so daß sie um die Verdienste Jesu Christi, der allerseligsten Jungfrau und aller Heiligen willen aus den Peinen des Fegefeuers befreit wird[70]. Hier macht die Ablaßkongregation vom 18. Juli 1840 die Einschränkung: »... die Wirksamkeit des Ablasses hänge vom Wohlgefallen Gottes ab«.

Ein merkwürdiger Ablaß ist der »Ablaß der Spinne«, der u. a. am 13. März 1610 von Papst Paul V. bewilligt worden ist. Als ein Franziskanerpater die Messe laß, fiel eine giftige Spinne in den konsekrierten Kelch. Er überwand aus Ehrfurcht vor dem Blut Christi den Ekel und die Furcht vor der Vergiftung und schluckte die Spinne hinunter. Doch da geschah ein Wunder, die Spinne kam lebend aus seinem Schenkel heraus. Dies veranlaßte einige fromme Bürger, eine diesbezügliche Bruderschaft ins Leben zu rufen.

Bemerkenswert sind die Ablässe, die in Rom zu gewinnen sind. 1491 wird ein Ablaßbuch veröffentlicht, das folgende Ablässe aufführt:

- An den Tagen, an denen die Häupter der Apostel Petrus und Paulus im Lateran gezeigt werden, gewinnen die Römer 3.000 Jahre, die Bewohner der Umgebung von Rom 6.000 und die übrigen Völker 12.000 Jahre Ablaß.

- Als Papst Gregor I. die Laterankirche weiht, bewilligt er so viele Ablässe, als Regentropfen bei einem drei Tage und Nächte anhaltenden Regen fallen.

- Wer in frommer Gesinnung die Stufen von St. Peter hinaufsteigt, gewinnt auf jeder Stufe 1.000 Jahre Ablaß.

- 14.000 Jahre Ablaß gewinnt man am Hochaltar des Chores; zugleich kann man dort seine Seele aus dem Fegefeuer befreien.

- In der Kirche Santa Maria del Popolo steigt der Ablaß auf 555.293 Jahre und 285 Tage an.

- Wer einen Monat die Kirche der hl. Praxedis in Rom besucht, der erlangt einen Ablaß von 360.000 Jahren. Ein diesbezüglicher Denkstein wurde erst 1775 auf Betreiben des fortschrittlich denkenden Papstes Pius IV. von der Kirche entfernt.

Ablaßpächter / Johann Tetzel

Papst Leo X. findet es für angebracht, den Ablaß in einzelnen Bezirken an **große** Unternehmer für bestimmte Summen zu verpachten. Einer dieser Ablaßpächter ist der Markgraf Albrecht von Brandenburg, Bischof zu Halberstadt, Erzbischof von Magdeburg und Mainz. Seines Zeichens ist er abergläubisch. Er zeichnet sich durch eine »gigantische« Reliquiensammlung aus, mit der er dem Kurfürst Friedrich d. Weisen in Wittenberg Konkurrenz zu machen sucht. Albrecht von Brandenburg schuldet dem Papst 30.000 Dukaten Palliengelder und hofft: »... diese Summe wieder dabei zu gewinnen, die ihm gegen Verpfändung des Ablaßerlöses von dem Grafen Fugger in Augsburg vorgeschossen worden ist[71].

Der habgierige Kardinal - und dies ist kein Einzelfall - findet in dem Dominikaner Johann Tetzel aus Pirna ein williges Werkzeug seiner Gelüste. Er ist Wanderprediger und Religionseiferer.

Kaiser Maximilian I. hatte bereits den Befehl erteilt, ihn in einem Sack zu ertränken. Nur auf die dringende Fürbitte des Kurfürsten Friedrich von Sachsen kommt er mit dem Leben davon; er ist der Richtige, um im Namen der Kirche die Leute zu betrügen.

Bemerkenswert ist die Instruktion seines Dienstherrn: »... zuerst sollen die Ablaßprediger dem Kurfürst schwören, daß sie ihn nicht betrügen. Dann gibt er ihnen die Gewalt, nach einem aufgerichteten Kreuz und aufgehängtem Wappen des Papstes in den Kirchen den Ablaß zu verkünden und ihn **den** Personen zu erteilen, die von ihren ordentlichen Geistlichen in den Kirchenbann getan oder mit sonstigen Kirchenstrafen belegt sind.

Dann wird dem Ablaßprediger befohlen, in jeder Predigt dem Volk drei bis vier Stücke aus der Ablaßbulle nach Möglichkeit zu erklären und den Ablaß anzupreisen ... damit die päpstliche Gnade nicht in Verachtung gerät und die Leute nicht einen Ekel vor dem Ablaß bekommen mögen ... ferner möchte der Kurfürst, daß den Leuten gesagt wird, es gelte sein Ablaß in den folgenden acht Jahren; aber durch ihn erlange Jeder die völlige Vergebung seiner Sünden ... er komme zudem nach seinem Tod nicht ins Fegefeuer ... den Kranken zuhause könne der Ablaß auch dort erteilt werden, allerdings erst nach Hinterlegung einer größeren Summe. **Außerdem soll man die Leute zum Kaufen des Ablasses durch allerlei Fangfragen bewegen. Vor allem müsse man den Gläubigen vorreden, daß die Gnade niemals zu teuer bezahlt sei.**

Jetzt kommt der Höhepunkt. Der Kurfürst läßt sich zu folgender Bemerkung herab: »...

weil die Beschaffenheit der Menschen zu sehr verschieden und wir demnach gewisse Taxen nicht bestimmen vermögen, so vermeinen wir doch, daß in der Regel die Taxen also könnten höher gesetzt werden; große Fürsten geben 25 rh. Goldgulden, Äbte, höhere Prälaten, Grafen, Freiherren und ihre Frauen zahlen für jede Person 10 rh. Goldgulden. Andere Leute, die jährlich 500 Goldgulden einzunehmen haben, zahlen 6 Goldgulden; Frauen und Handwerker einen, noch geringere einen halben Gulden ... wenn arme Weiber und Töchter die Taxen von anderen erbetteln können, sollen sie solche ebenfalls in den Ablaßkasten liefern. Wer einen Beichtbrief von den Ablaßpredigern kauft, wird teilhaftig aller Almosen, Fasten , Wallfahrten nach dem hl. Grab, Messen, Reinigung und guten Werke die in der christlichen Kirche verrichtet werden, obgleich er weder bußfertig ist noch ob er gebeichtet hat«[72].

Tetzel führt einen eisernen, mit dem päpstlichen Wappen versehenen Kasten mit sich herum. Damit zieht er von Markt zu Markt und singt: »... sobald das Geld im Kasten klingt, die Seele aus dem (Fege)feuer springt«. Er rühmt sich, durch seine Ablaßpredigten mehr Seelen aus der Hölle gerettet zu haben, als der Apostel Petrus Heiden bekehrt hat.

Ja, er wagt es, Sünden zu vergeben, die noch nicht begangen waren; es gäbe keine Sünde, die nicht durch ihn getilgt werden könne«. »... selbst wenn Jemand vorgab, die Mutter Gottes vergewaltigt oder geschwängert zu haben«. Man erzählt viele von seinen Lausbubereien, die seine grenzenlose Unverschämtheit dokumentieren. So hat er in Sachsen innerhalb von zwei Tagen 2.000 Gulden eingetrieben, sofern die Chroniken zuverlässig sind. In der Schweiz soll er einem reichen Bauern, der einen Mord verüben wollte, dies nach Hinterlegung einer Summe gestattet haben.

Tetzel hat sich zudem in Görlitz ausgezeichnet, wo er innerhalb von drei Wochen 48.000 Taler sammelte, um damit das Dach der Peterskirche eindecken zu können. Hier ist eine Nahtstelle zu Luther. Er gelangt zu

seiner förmlichen Lossagung von Rom, als Leo X. einen Ablaß ausschreibt, um mit dem zurückfließenden Geld die Peterskirche auszubauen. »... sie solle an Pracht und Reichtum und Größe alle anderen Kirchen übertreffen und damit verdeutlichen, welche Macht und welchen Glanz das Papsttum habe«.

Er gefällt sich in nichtswürdigen Reden: »... oh, ihr unsinnigen und verstockten Menschen, die ihr fast den Tieren gleich seid und die große Verschwendung und Ausgießung der päpstlichen Gnade nicht zu würdigen versteht. So viele könnt ihr aus dem Fegefeuer erlösen. Oh, ihr Hartnäckigen und Saumseligen. Ihr könnt mit 12 Groschen euren Vater aus dem Fegefeuer reißen und ihr seid so undankbar, daß ihr selbst euren Eltern in der großen Not nicht beisteht. Ich will am Jüngsten Tag die Schuld davon nicht auf mich nehmen ... er habe den Schlüssel zu diesem Schatz und könne zur Entsündigung der Menschen ablassen, soviel er wolle, ohne Furcht, solchen jemals zu erschöpfen«.

Papst Sixtus V. (1471 - 1484) verschwendete bereits als Kardinal in zwei Jahren 200.000 Dukaten. Aber er verspeiste ja lediglich die Sünden der Christenheit. Außerdem gestattet er den Kardinälen für eine bedeutende Abgabe während der Monate Juni, Juli und August Sodomiterei. Er läßt in Rom öffentliche Bordelle anlegen. Sie bringen ihm jährlich 40.000 Dukaten ein[73]. Leo X. treibt den Ablaßhandel auf die Spitze.

19. und 20. Jh.

Der Ablaß ist (noch) im 19.Jh. wirksam. In den »geistlichen Neujahrgeschenken der Diözese Mans« haben wir um 1820 folgende Rechnung: »... wenn man einen geweihten Rosenkranz hat, sagte die hl. Brigitte, erlangt man 100 Tage Ablaß, sooft man das Credo, das Gloria Patri, das Paternoster und das Ave Maria betet«. Dies macht bei einem gewöhnlichen Rosenkranz 6.600 Tage aus, den man den Seelen im Fegefeuer zuwenden kann«.

Für eine Viertelstunde frommer Betrachtung erhält man 7 Jahre und 289 Tage Ablaß; für die Begleitung des Sanctissimus, wenn es zum Kranken getragen wird, 5 Jahre und 200 Tage, wenn man es aber mit einer Kerze begleitet, erlangt man 2 Jahre und 83 Tage mehr«[74].

Ganz ausgelöscht ist das Spektakel in unserer Zeit nicht, denn 1967 sagt der katholische Katechismus: »... alle 25 Jahre verkündet der Heilige Vater ein heiliges Jahr. Er lädt die Gläubigen ein, in die Ewige Stadt zu kommen, um sich von ihren Sünden zu bekehren und den Leib des Herrn zu empfangen. Allen, die dies tun, wird ein »vollkommener« Ablaß verliehen«.

Aberwitzig erscheint mir eine kleine Notiz, die 1985 in der Rheinpfalz abgedruckt worden ist. »Sündenablaß per Fernsehen und Rundfunk«. Vatikanstadt (dpa). Katholiken können den völligen Ablaß für ihre Sünden auch erhalten, wenn sie »mit Sammlung« den päpstlichen Segen in einer Fernseh- oder Rundfunksendung hören. Der vatikanische Rundfunk berichtet am Dienstag, ein entsprechendes Dekret sei vom Vatikan unterzeichnet worden. Die Bestimmung tritt Weihnachten in Kraft, gilt aber **nur** für Gläubige, die »vernünftige« Gründe haben und nicht zur Messe gehen können«.

Wir sehen daraus, die Kirche geht mit der Zeit und noch immer wollen die Menschen zum Narren gehalten werden.

Ein Frag an eynen Müntzer/wahin doch souil Geltz kumme das man alltag müntzet: Antwort des selben Müntzers/Von dreyen Feinden vnnsers Geltz/wa wir nit acht darauff haben/werden wir den Seckel zum Gelt an.

Wann wir hetten rechten glauben
Gott vnd gemainen nutz vor augen

Recht Elen/darzu maß vnd gwicht
Gut frid vnd auch gleich Recht vn Gricht

Einerlay Müntz vnd kain falsch Gelt
So stünd es wol in aller welt.

Der Zölibat im Spiegel der Kritik

»Dem Pfaffen lacht das Herz im Leib, wenn er sieht ein schönes Weib«[1]. »... sei nicht über Dein Vermögen tugendhaft, damit Du nicht unglücklich werdest«[2]. »... von zweien die in einem Bette schlafen, wird der eine begnadigt und der andere verworfen«[3]. »... gefüllte Schnürbrust ist ein gutes Gericht«.

»... eben gleich wie der Hering und die Tonnen, versammeln sich die Mönche mit den Nonnen«. »... geistlich um den Kopf und weltlich um den Bauch, das ist der Nonnen Brauch«.

»... drei Dinge sind stets in des Pfaffen Hand, das schönste Weib, das schönste Haus (und) das schönste Land«. »Gemalte Nonnen sind die Frömmsten«. »... man muß in einem Kloster viel gesegnetes Fleisch essen, sagte die Tochter, als sie in anderen Umständen aus dem Kloster kam!

Innerhalb der Kirchengeschichte gibt es Hunderte von Verzweifelten, die gegen das Eheverbot wettern und auf seine Folgen aufmerksam machen[4].

Treffend bemerkt Corvin: »... die Befriedigung des Geschlechtstriebes ist eine Naturpflicht wie die des Durstes ... die seltsame und verkehrte Ansicht, wodurch die naturgemäße Befriedigung des Geschlechtstriebes, gleichsam zu einem Verbrechen oder zu einer beschämenden Handlung gestempelt wird ... verdanken wir der mißverstandenen, verunstalteten christlichen Religion«.

Man nennt das Eheverbot »teuflisch«[5], einen »politischen Kunstgriff«[6], als willkürlich, ja als krampfhaften Versuch zur Untergrabung der Menschenwürde. Es wird vorgetragen, daß jede weltliche Macht vor einem so despotischen Akt zurückschrecke[7]. Einer

---

Beispiele aus dem Lasterleben der Geistlichkeit

- Papst Gregor X. wirft 1273 seinem Bischof Heinrich v. Lüttich vor: »... er habe eine Benediktiner-Äbtissin zur Hure gemacht, in seinem Park einen Harem angelegt und sich öffentlich gerühmt, innerhalb von 22 Monaten 14 Söhne gezeugt zu haben«[12].

- Dem Bischof Herrmann v. Augsburg wird bescheinigt: »... er habe Nonnen beschlafen und in der Kirche Ehebruch begangen«[13].

- 1513 wird der in einem Regensburger Bordell randalierende Domherr Zenger festgenommen.

- Augsburger Bürger schleppen den Priester Frischhans vor den Bischof, weil er ein Kind genotzüchtigt hat[14].

- Der Stadtrat von Lausanne befiehlt den Nonnen, den Bordellen keinen Abbruch zu tun.

- 1517 beklagt sich der Bischof Hugo v. Konstanz in einem Hirtenbrief über das Saufen, Spielen und Huren unter den Geistlichen.

- Während des Bauernkrieges weigern sich Würzburger Bürger in das Feld zu ziehen, »... weil sie ihre Weiber daheim nicht vor den geilen Pfaffen sicher wüßten«.

- 1889 klagt ein Geistlicher aus Peru: »... es gibt nur wenige, die nicht im öffentlichen Konkubinat leben. Man muß Bedenken haben, ein 12-jähriges Mädchen zur Beichte zu schicken«[15].

- 1980 wirft das Landgericht Deggendorf dem Zistersienserpater Sauer vor, daß er Spenden für von ihm verführte Jungen verwendet hat[16]

- 1984 steht in der Zeitung, daß ein hoher geistlicher Würdenträger aus Mainz Chorknaben sexuell mißbraucht hat.

theologischen Monatsschrift von 1821 zufolge hat dieses »Fluchgesetz«[8], wie kein anderes die Sittsamkeit untergraben[9].

Daß Geistliche gleichen Trieben wie gewöhnliche Menschenkinder unterliegen, dokumentieren ihre Ausschweifungen, die als Spitze eines Eisberges erkennbar sind; es gibt kein Verbrechen, das vor der Kirchentür bzw. Klostermauer Halt macht. Eine profunde Sammlung klerikaler Verfehlungen haben die Theologen Anton und Augustin Theiner[10] veröffentlicht[11]. Sie schöpfen aus einer Vielzahl interner Aufzeichnungen.

Immer tiefer sinkt der Klerus im Schlamm der Leidenschaften. Freimütig bekennt ein Geistlicher: »... Meineide, Vergiftungen, Abtreibungen und Morde sind die Verwirrungen, die der Zölibat mit sich bringt. Durch dieses Gesetz gehen viele als unwissende Taugenichtse, leidenschaftliche Trinker und unbarmherzige Geizhälse durchs Leben; es endet trostlos. Auch die Wackersten erkennen das Joch als das was es ist, ein Gesetz ohne Zweck und Nutzen«.

Die wenigen, die ernsthaft versucht haben, keusch zu bleiben, sind Sonderlinge geworden, denn »... kein Sterblicher ist in der Lage, die Empörung der Zeugungssäfte zu unterdrücken«[17].

Um 1780 schreibt ein junger Kleriker: »... mir ist eine Frau versagt, weil ich ein Priester bin. Gleich einem Unfruchtbaren **muß** ich mein Leben unnütz verstreichen lassen. O, wie grausam waren meine Eltern, da sie mich zu diesem Stand erzogen«. Der Priester Blanchet verliert wegen der »erzwungenen« Enthaltsamkeit den Verstand und muß (darum) zeitweise an eine Kette gelegt werden[18].

Ein anderer trägt vor: »... Gott, ich zittere, mein graues Alter läßt mich nach der Ruhestätte meiner Väter sehnen. Für meine jüngeren Brüder bedeutet der Zölibat Millionen stummer Sünden; wie lange kann es die Politik des römischen Hofes (noch) wagen, sich über die Rechte der Natur zu erheben«[19].

Ein weiterer bemerkt: »... Gott zum Danke stehe ich (jetzt) am Ziel meines mühsamen Tagewerkes. Der ehelose Stand ist eine verderbliche Sache, ein ohnmächtiges Gebäude

verrosteter Mißbräuche, hinter deren Schutt nichts zu finden ist«[20]. »... Ihr Kenner der Welt und der Menschen, weinet mit mir in der Stille«[21].

Die Verfechter der zölibatären Idee sind frömmlerische Schwärmer, Glaubenshörige und Phantasten, die sich einbilden, einem Gott ein Opfer zu bringen, wenn sie verkrüppeln. Oder es sind Leute, denen die Ungebundenheit ans Herz gewachsen ist, wie Johann von Crema, der während des Konzils (London) den Zölibat predigt und in der gleichen Nacht bei einer Hure im Bett angetroffen wird[22].

Es darf nicht übersehen werden, daß die zwangsweise Durchsetzung des Eheverbotes für die Kleriker ein Produkt des frühen 11. Jh. ist. Die Entscheidung fällt in eine Epoche, in der der sittliche Verfall des Klerus, eingebunden in politische Ränke, Simonie und Nepotismus, kaum zu überbieten war. **Geburtshelfer ist eine gravierende Notlage, denn die ungefestigte Kirche steht am Abgrund und kann nur noch mit eisernen Bandagen zusammengehalten werden.**

Gregor VII. spricht ein verfängliches Gebot aus, das der Natur ins Gesicht schlägt. Dadurch hat er unsagbares Leid und weitere Konflikte verursacht. Seit ihm verlangt der Katholizismus nicht nur die geistige, sondern (auch) körperliche (= sexuelle) Knechtschaft.

Die Linientreuen behaupten: »... diejenigen, die das ehelose Leben nicht verkraften, wälzen sich im Kot der Unreinheit«. Sie glauben, daß ihnen der Herr zur Hilfe kommt, der dieses Gelübde (nie) von ihnen erwartet hat. Voraussetzung wäre jedoch, ihn »vorher« inbrünstig anzubeten.

Altdorfer Werkstatt. Die Votivbilder des Cuntz Seitzt. Hier: »die wundersame Heilung des Cuntz Seitz«. Tafel aus dem frühen 16. Jh.

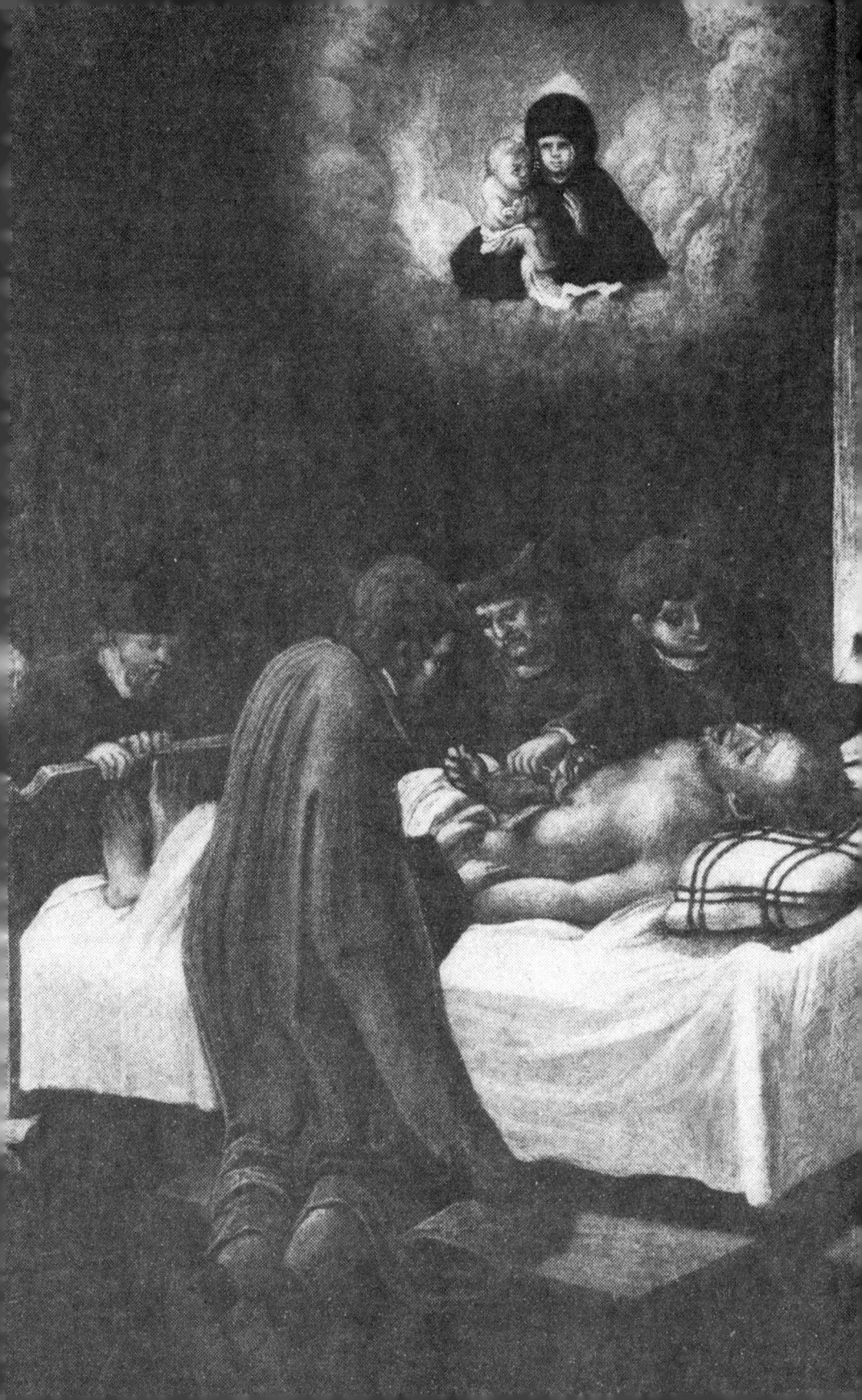

Hieronymus, ein frühchristlicher Gelehrter, meint zu wissen: »... die Priester sind geheiligter als gewöhnliche Menschen, weil sie ihre Triebe beherrschen«. Er sitzt einer Illusion auf und es ist absurd, wenn Zeno, der Bischof von Verona, die Meinung vertritt: »... daß es der größte Ruhm der christlichen Tugend sei, die Natur mit den Füßen zu treten«[23].

Die Kirchenhistoriker wollen ihr eigenes Süppchen kochen, denn nach dem Theologe Schillebeck neigen sie dazu, negative Aspekte zu verschweigen[24]. Köttling gelangt zu der Erkenntnis, daß es schwierig sei, dieses Thema zu erörtern[25]. »... es wäre nicht die Sache der Historiker, sondern derjenigen, denen die Sorge für die Herde Christi anvertraut ist[26]. Ein gänzlich Schlauer verdreht das Geschichtsbild und sagt: »... wer die Zölibatsvorschrift als kirchlichen Machtmißbrauch interpretiert, macht die Geschichte zur Karikatur«[27].

Eine vorurteilsfreie Betrachtung der zölibatären Umstände ist von Interesse, weil sie dokumentiert, wie polar die Aussagen zwischen der gepriesenen Sittsamkeit und den sexuellen Ausschweifungen sind.

Der Zölibat wirft einen Schatten auf die Zehn Gebote und die christliche Nächstenliebe, die hier einseitig ausgelegt erscheint. Die dem Zölibat Verpflichteten sind wegen ihres absonderlichen Lebens von manchen als »sexuelle« Leckerbissen besonders geschätzt. Manche Geistliche verstehen es, diesem Verlangen nachzukommen.

Tausende von ihnen hielten sich in der Vergangenheit Konkubinen, gingen in Bordelle, pflegten die Homosexualität; vergingen sich an Tieren, betrogen Töchter, Ehefrauen und Witwen; und: Tausende tun dies noch heute, weil ihnen eine »offizielle« Frau versagt ist. Das kirchliche Lehramt ist auch hier zur Verzerrung gezwungen und scheut sich nicht, die traurige Angelegenheit anders hinzustellen[28]! Im wesentlichen wird behauptet:

- Die Ehe verunreinige die Priester.

- Zur ungestörten Amtstätigkeit sei der Zölibat unabdingbar.

- Das Einkommen der Geistlichen reiche nicht hin, um eine Familie zu ernähren.

- Schließlich würden die Priester von sich aus der Ehelosigkeit zustimmen.

Bis auf den letztgenannten Punkt haben wir Schutzbehauptungen vor uns; indirekt einen Seitenhieb auf die protestantischen Kollegen und die Geistlichen der anderen (Welt)religionen, die verheiratet oder mit Frauen befreundet sind.

Schon während der 692 erfolgten Trullanischen Synode unter Justinian wird orthodoxen Geistlichen die Ehe erlaubt. Unbestritten sind bei ihnen die sexuellen Ausschweifungen bedeutungslos. Kommen sie den seelsorgerischen Aufgaben schlechter nach als die in die Enge getriebenen »Keuschheitsheuchler« der römisch-katholischen Kirche? [29].

Am 7.Dezember 1965 wird per Dekret das ehelose Leben der Geistlichen (erneut) gutgeheißen. Es versteht den (Amts)zölibat in erster Linie um des »Reiches Gottes willen«[30]. Was darunter zu verstehen ist, haben Geistliche definiert. Ich verweise auf das Kapitel »Fälschungen« und »Bibel« in diesem Buch. Sie **müssen** daran glauben und diesen Glauben verbreiten. Das Kirchenlexikon von Wetzner und Welte bringt eine originale Definition des Zölibates[31] und hebt auf die jeder anatomischen Betrachtungsweise hohnsprechende Jungfräulichkeit ab.

In der Glaubenszentrale Rom befürchtet man, daß durch das Aufgeben des »Fluchgesetzes« die Interessen der Kirche geschädigt werden. Materiell stimmt es; sie sind wichtiger als menschliche Konflikte. Die Geistlichen würden sich dann nicht mehr im gleichen Umfang auf die Machenschaften des Vatikans kaprizieren, sondern sich mehr den »weltlichen« Dingen zuwenden, wie dies bereits während des Konzils von Trient von den Kardinälen Rudolph und Carpi [32] in geheimen Sitzungen angedeutet wird. Überdies würden sie sich dem Wohl ihrer Familien zuwenden.

Meiner Auffassung nach müßte ein Priester eine intakte Familie haben, damit er aus praktischer Erfahrung und nicht über moraltheologisch-theoretisch-theologische Spitzfindigkeiten Zugang zu den Menschen findet. Hier liegt der Kern des Übels.

Die Zulassung zur Ehe bedeutet Erbteilung. Dies schmälert den Kirchenbesitz. Geld war noch nie so schmutzig, als daß es Prälaten nicht angenommen hätten, denn es ist zur Aufrechterhaltung persönlicher Bedürfnisse ebenso wichtig wie zu der des organisatorischen Imperiums »Kirche«.

Nur so wird begreiflich, warum sie die kostbare Gabe der Enthaltsamkeit nach vorn kehrt und keine Veranlassung sieht, ihre traditionelle Anschauung aufzugeben[33]. Die damit verbundenen Unmenschlichkeiten werden in Kauf genommen, denn die Verantwortung schiebt man den Geistlichen in die Schuhe, die sich zu diesem System bekannt haben.

Es ist unmöglich, tausend Jahre einem Unrecht gegenüber der Menschenwürde zuzusehen, um dann kleinlaut beipflichten zu müssen, daß man sich getäuscht hat. Vor allem, wenn es sich um eine Institution handelt, die sich Moral, Sittsamkeit, Unfehlbarkeit und die Nächstenliebe auf das Banner geheftet hat. Dies ist der Virus der Kirche. Würde sie ihre Fehler eingestehen, würde sie gewinnen und nicht weiter an Boden verlieren. Sie scheitert - wenn - dann an **ihrer** Unaufrichtigkeit.

Ungeachtet dessen wird der Unmut der Geistlichen über dieses Vehikel (wieder) spürbar. Fritz Leist, Theologe und Professor für Religionsphilosophie, schreibt die Bücher »Der Gefangene des Vatikans« und »Der sexuelle Notstand und die Kirchen«. Schillebeck spricht offen von der zölibatären Krise und dem daran geknüpften Erbschaftsproblem. Er wird ob seiner gerechten Ansichten suspendiert. Dem inzwischen verheirateten Kirchenrechtler Horst Hermann wird 1975 die Lehrerlaubnis entzogen, weil er es gewagt hat, die katholische Ehelehre zu kritisieren.

Erste Widersprüche

Kein Satz der den Christen als glaubenswahr aufgetischten biblischen Texte dokumentiert, daß Christus die Ehe untersagt[34], von dem man nicht einmal weiß, ob er verheiratet war. Soweit deutlich ist, waren einige Apostel und altkirchliche Würdenträger verheiratet. Was der Papst - damals wie heute - zu diesem Thema sagt, hat nicht mehr Gewicht als die Stimme eines anderen, denn er irrt ebenso[35].

Damals wie heute werden die Glaubensbezirke von Bischöfen regiert. Noch ist das, was man später als Christentum definiert, ungefestigt. Sekte steht gegen Sekte und die Meinungen prallen hart aufeinander. Auch geht es nicht um die Ehe schlechthin, sondern um die Frage, ob die Geistlichen ihre rechtmäßigen Frauen behalten dürfen oder ob sie verstoßen sollen.

Damit verbunden ist eine eklatante Abwertung des Weiblichen, auf das ich zurückkomme. So wird auf der im Jahr 400 gehaltenen Synode von Toledo bestimmt: »... daß die Frauen der Kleriker, die sündigen (= Ehebruch betreiben) von ihnen eingesperrt und gebunden, doch nicht getötet werden sollen. Die Männer sollen das Recht erhalten, ihnen »heilsame« Fasten aufzuerlegen. Schon hier wird die männliche Dominanz in den Vordergrund gerückt und die Frau als zweitrangig, ja minderwertig angesehen. Der männliche Sexualneid treibt Blüten.

Schon frühe Synoden berichten von Frauen, die ihre mit Geistlichen im Ehebruch gezeugten Kinder umbringen[36], von Knabenschändungen[37] und der Unzucht mit Tieren[38].

Die widersprüchlichen Auffassungen werden in konziliaren Beschlüssen deutlich. Fest steht, daß man sich uneinig ist. Während der Synode von Elvira wird beschlossen, daß sich die im Amt befindlichen Bischöfe, Priester und Subdiakone ihrer Frauen enthalten sollen[39]. Den Geistlichen wird das Halten von Konkubinen untersagt[40]. Geistliche, die Unzucht treiben oder ihre rechtmäßige Frau nicht verstoßen, sollen an ihrem Lebensende keine Kommunion empfangen[41].

Ähnlich wird kurze Zeit danach von den Bischöfen der Synode von Neucäsarena, der Hauptstadt der asiatischen Provinz Polemoniachus, argumentiert. Dort wird beschlossen: »... daß ein Priester der nach der Ordination heiratet, abgesetzt werden soll«[42]. Im

Jahr 386 bestimmt ein Synodalschreiben der afrikanischen Bischöfe: »... wer als Laie eine Witwe geheiratet hat, soll nicht mehr zum Klerus zugelassen werden«.

Während des Konzils von Karthago unter dem Vorsitz des Genethlius wird für gut befunden, daß sich die Bischöfe, Priester und Diakone ihrer Frauen[43] und Konkubinen[44] enthalten sollen.

Dieser negativen Strömung steht eine positive entgegen. So wird 324 in Nicäa eine Synode abgehalten, auf der (auch) über die ungeregelten Eheverhältnisse der Geistlichen gesprochen wird. In diesem Zusammenhang meldet sich der ägyptische Priester Panuptius und schlägt vor, man solle keine übertriebene Strenge an den Tag legen. Einem Geistlichen dürfe nicht die Frau genommen werden, die er als Laie geheiratet hat»[45].

Es konnte nicht ausbleiben, daß man diesem vernünftigen Mann später von katholischer Seite aus Lügenhaftigkeit unterstellt. Die sog. »apostolischen« Kanons, die frühestens dem 4.Jh. zuzuordnen sind, bestimmen, daß ein Geistlicher, der unter dem Vorwand der Frömmigkeit seine Frau verläßt, exkommuniziert wird. Z. B. wird gesagt: »... wenn ein Geistlicher in der Ehe Greuel findet, soll er eines Besseren belehrt und aus der Kirche gestoßen werden«[46].

Während der Synode von Gangra, die zwischen den Jahren 340 - 350 anzusetzen ist, wird verschiedentlich die Ehe verteidigt. Hier werden Frauen verdammt, die aus Abscheu vor der Aufrechterhaltung der Ehe ihre Männer verlassen[47]. Scharf wettert man gegen »satanische« Jungfrauen, die sich in die Betten der Priester schleichen.

Im Jahr 348/49 wird eine Synode in Karthago abgehalten. Hier nimmt man einen vermittelnden Standpunkt ein. Auf bischöflichen Antrag wird im 3.Kanon verordnet: »... daß diejenigen, die sich der Enthaltsamkeit gewidmet haben, des Verdachts enthoben sind, falls sie nicht mit anderen zusammenwohnen. Wer nicht heiraten wolle, soll sich (auch) danach richten. Wenn der Übertreter ein Geistlicher ist, werde er abgesetzt«.

Während des Konzils von Carbasussi (Afrika) wird einem Priester Primarius vorgeworfen, daß er den Amtsbruder Demetrius aus der kirchlichen Gemeinschaft geschlossen habe, um ihn zu zwingen, seinen Sohn wegzuschaffen[48].

Allgemein zeigt sich ab der 2. Hälfte des 4.Jh. eine verschärfte Tendenz der zölibatären Entwicklung, denn in mehreren Provinzen werden Priester genötigt, ihre als Laien geheirateten Frauen zu verstoßen, bzw. in der Zukunft enthaltsam zu leben. Einen besonderen Stellenwert nimmt der Jovinianische Streit ein.

Auseinandersetzung mit Jovinian

Nun melden sich einige Kritiker und halten der jungen, noch wenig stabilen Kirche vor, daß Christus (ja) Geschwister hatte, was bedeutet, daß die als heilig angesehene Jungfrau weitere Kinder geboren hat. Jovinian[49] stellt die Frage, ob Jesus seine Zeugungsglieder benutzt hat[50].

Diese harmlosen und zugleich berechtigten Argumente schlagen wie eine Bombe im Lager der Glaubenstreuen ein; denn so etwas dürfen sie nicht glauben! Rasch besinnt man sich der Gegenwehr, denn ein Einzelner kann es nicht wagen, sich gegen die Lehrmeinung aufzulehnen.

Oder doch? Rasch wird der Kirchenbann gegen ihn geschleudert, rasch stempelt man Kritiker zu Ketzern ab, bzw. meint, sie wären Abtrünnige des »wahren« Glaubens. Diesen Stilbruch begeht die Kirchenführung hundertfach ,denn die Toleranz ist ihr fremd ; sie windet sich gekünstelt aus Sachverhalten, widersetzt sich der Forschung und Meinungsfreiheit und stellt sich so ins geistige Abseits. So rückt sie immer weiter von der Wahrheit ab und wird - quasi selbstverschuldet - unglaubwürdig[51].

Papst Sirius verdammt die jovinianischen Ansichten und dringt darauf, daß man ihn samt seiner Anhänger aus der kirchlichen Gemeinschaft schließt. Kühn stellt er in den Raum: »... der alte Widersacher läßt uns keine Ruhe. Er ist ein Lügner und ein Feind der Wahrheit«.

Bei Licht betrachtet, stimmt es nicht, denn der als Widersacher Deklarierte (= Teufel) ist eine Fiktion und der Statthalter des angenommenen Gottes geht selbstredend davon aus, daß **er** die Wahrheit für sich gepachtet habe.

Ambrosius, der während der Mailänder Synode Opportunisten mit dem Bann belegt[52], trägt vor: »... weil Jovinian nicht anerkennt, daß Jesus von einer Jungfrau geboren ist, muß er glauben, daß Christus nicht wahrhaft geboren sei: darum muß er ein Ketzer sein«. Wenn das nicht theo-logisch ist?

Ohne Zweifel wäre das Christentum glaubwürdiger, wenn man ihrem legendären Religionsgründer eine »normale« Jugend, eine »normale« Geburt und »normale« Familienverhältnisse zugesprochen hätte.

Der Kirchenvater Hieronymus sieht die Felle des Christentums davonschwimmen und nennt Jovinian einen Knecht der Laster, der sich rühmt, ein Mensch zu sein. Er wäre vor lauter Wollust so fett geworden, daß er kaum ein verständiges Wort hervorbringe«. Er nennt ihn einen Liebhaber des Fleisches und sagt: »... Du hast in Deinem Lager Amazonen, die mit entblösten Brüsten und nackten Armen zur Wollust reizen«.[53] ... es wäre an Wahnwitz reichende Unvernunft, der weiblichen Schönheit nachzulaufen«. Das weitere Schicksal dieses aufrichtigen und kritischen Christen ist ungeklärt[54].

Als seine Anhänger und Verteidiger gelten die Mönche Sarmatorius und Barbantius, denen die Flucht nach Mailand gelungen ist. Sofort kontert Ambrosius und schreibt an den dortigen Bischof: »... wie ich höre, sind die beiden Lügenredner zu Euch gekommen, die lehren, daß die Sittlichkeit kein Verdienst hat, daß die Jungfräulichkeit keine Gnade sei, daß alle den gleichen Wert haben und daß diejenigen wahnsinnig sind, die im Fasten das Fleisch kasteien. Was ist verworfener, als andere zur Wollust zu reizen?[55] Schwingt hier nicht die Frauenfeindlichkeit durch?

Dann schaltet sich Vigilantius mit seiner Schrift gegen den christlichen Aberglaube ein. Er verwirft die Verehrung der Märtyrer und Heiligen, den Glaube an Wunder, die prunkvollen Zeremonien und den Wahn von der Verdienstlichkeit des Fastens. Hätte man auf ihn gehört, wäre heute das Christentum stabiler. Doch sofort kontert Hieronymus:

»...o, Deine Zunge, die abgeschnitten und in kleine Stücke gehauen werden muß ... einen solchen Frevel hat die christliche Kirche noch nicht gehört. Tue Buße, hülle Dich in Sack und Asche und wische Dein großes Verbrechen mit immerwährenden Tränen ab ... die Ärzte mögen Deinen Kopf heilen, damit derjenige, der nicht zu reden weiß, einmal schweigen lernen möge. Ich wollte einen Rasenden mit den Zeugnissen der Schrift überzeugen. Aber er entfernte sich und schrie gegen mich ...«[56]

... was werden wir tun, wenn sich die Lehre des Vigilantius [57] weiter ausbreitet ... er läßt der Wollust die Zügel schießen. Er löscht die Brunst des Fleisches durch den Beischlaf mit Weibern«. Wer spürt nicht die Unsicherheit der Kirchenführung, das Glaubensschiff in ein ruhiges Fahrwasser zu bringen?

Die Kirchenväter unterdrücken von Anfang an die Ansichten Andersdenkender, anstatt sich ihnen im Dialog zu stellen. Sie verwenden einen Wortschwall schon damals gefälschter Ansichten, und auf Dissonanzen in der christlichen Bibel, auf die Hieronymus ausdrücklich aufmerksam macht. Allmählich dringen die Klagen über das verdorbene Leben der Geistlichen in das Bewußtsein des Volkes. Origenes spricht von Bischöfen: »... die von Hochmut und unerhörten Lastern regiert werden«.

Cyprian klagt über die Einmischung des Klerus in weltliche Angelegenheiten, über seine Betrügereien und Laster[58]. Gregor von Nazianz gibt eine plastische Schilderung. Er spricht von den »schlimmen Bischöfen, die süßes Gift für die Weiber sind, die gegen Geringere wie Löwen, gegen Mächtigere aber wie Hunde sind; es sind die Schändlichsten unter den Schändlichen«. Basilius ermahnt sie, nicht zur Schande des christlichen Namens zu werden und sagt: »... die Schlechtigkeit ist so groß, daß die Bewohner vieler kleiner Städte die Kirchen nicht mehr besuchen, sondern lieber unter (dem) freien Himmel beten«.

Doch es gibt Beispiele, um zu zeigen, wie die Mutter Kirche ihre schützende Hand über Wüstlinge hält. Da haben wir z. B. den Diakon Sabinian, der in Italien Hurenhäuser durchwandert, Jungfrauen vergewaltigt und die Ehebetten vornehmer Familien besudelt. Er wird entdeckt und verfolgt.

Mit einem bischöflichen Empfehlungsschreiben flieht er, wird in ein Kloster verbracht und verliebt sich in eine Nonne, die seinen Wünschen nachzugeben bereit ist. Bald dringen die Gerüchte zum Abt. Daraufhin bittet der Sünder um Gnade. Er erhält sie unter der Bedingung, daß er sich in die Wüste begibt, um dort unter beständigem Weinen Gott um Verzeihung zu bitten«[59]. Einmal wird Priestern verboten, die Sünde des Bischofs zu verraten, »denn er stehe ja über ihnen«.

Das frühchristliche Mönchtum entsteht

Zu keinen Zeiten der Geschichte fehlt es an Eigenbrötlern, Glaubens-Fanatikern, Idealisten und religiösen Schwärmern, die ihren in der Regel geringen Verstand an den Nagel hängen, um Phantomen nachzujagen. Zu ihnen gehören einige der frühchristlichen Mönche, die sich in der Hoffnung peinigen, um für ihre eingeredeten Sünden die Welt um Vergebung zu bitten. Aus dieser Keimzelle bildet sich das (spätere) Klosterleben heraus[60].

».... die heuchlerische Sexualmoral der Kirche wirkte sich vor allem unter den Geistlichen aus ... sie ergaben sich einem Einsiedlerleben in der Einbildung ... hier selbstquälerisch tiefer in die Geheimnisse des »wahren« Glaubens einzudringen, in der irrigen Meinung, sich dadurch einen »höheren« Grad an Gottgefälligkeit zu sichern. Es ist bezeichnend, daß sich bei ihnen die ins Sexuelle abirrenden Teufelsvorstellungen am leidenschaftlichsten entwickelt haben. Vor hier aus gehen die neurotisch veranlagten Vorstellungen den verhängnisvollen Weg in die breite Masse des sensationslüsternen Volkes« (Maslowski).

Zu nennen sind die Einsiedler Paul, Antonius und Hilarius. Manche muten sich Besonderes zu, wohnen in Klüften und kalten Höhlen, setzten sich auf Berggipfeln der Sonne

Angelo Giotto: **Bestrafung eines wollüstigen Mönches (Fresko der Kapelle Srovegni in Padua).**

aus, streifen nackt durch Wälder, schließen sich in verlassene Gräber, hängen sich Gewichte an den Hals oder schleppen riesige Kreuze durch die Gegend, weil sie meinen, auch Jesus v. Nazareth habe dies getan. Vielleicht erinnern sie sich an den ihm untergeschobenen Satz: »... wer das Kreuz nicht auf sich nimmt, ist meiner nicht wert«[61].

Simeon soll eine 40 Ellen hohe Säule errichtet und 30 Jahre darauf gesessen haben. Er ist der »erste« Säulenheilige des christlichen Abendlandes. Auch die frühen Mönche tun so, als würden sie die Frauen verdammen. Sie behaupten: »... daß man sie gleich den vergifteten Schlangen oder wie die Pest zu meiden hat ... das Weib ist eine Torheit, das vernünftige Seelen zur Unzucht reizt«. Auch wenn einige Kirchenväter die Einsiedler hoch leben lassen, so scheinen sie vereinzelt Schwierigkeiten gehabt zu haben.

Einige entmannen sich, um zum Beischlaf unfähig zu sein. Zu ihnen gehören die Mönche Leontius und Jacobus. Über den Letzteren wird folgende Legende in Umlauf gesetzt: »... er habe, weil er häufig Anfechtungen des Unzuchtteufels zu bestehen hatte und im Kampf gegen ihn müde war, mit einem Messer seine Zeugungsglieder abgeschnitten«[62].

Der Mönch Pachon findet keine Ruhe vor dem fleischlichen Verlangen. In seiner Verzweiflung geht er in die sketische Wüste und legt sich nackt in eine Höhle von Hyänen. Als sie kommen, lecken sie ihn (nur) ab. Er erkennt darin ein Wunder und kämpft fortan in seiner Klosterzelle gegen die Macht des Fleisches. Nun erscheint ihm ein äthiopisches Mädchen und setzt sich nackt auf seinen Schoß; sie reizt ihn zur Unzucht. Vor Raserei ergriffen, gibt er ihr eine Ohrfeige, worauf sie verschwindet, die doch nur in seiner Phantasie zugegen war. Dann schweift er in der Einöde herum und findet eine kleine Brillenschlange. Er hält sie an sein Geschlechtsteil, um an ihrem tödlichen Biß zu sterben. Diesmal wird er erhört, denn eine innere Stimme meldet ihm in der Todesangst, daß er künftig Ruhe haben werde«[63].

Das Volk beginnt diese Männer ob ihres unnatürlichen Lebenswandels »anzuhimmeln«. »Die christliche Welt fällt vor ihren Grabstätten nieder und die Zahl der ihnen zugeschriebenen Wunder steigt. Selbst Kaiser beugen sich der Absurdität«. Theodosius bittet den Mönch Abrames an seinen Hof, um ihm zu sagen: »... daß sein derber Bauernkittel kostbarer als sein Purpurmantel sei«[64].

Aus unerfindlichen Gründen macht sich die Auffassung breit, daß sich solche Sonderlinge eher zum Priesteramt als gewöhnliche Kleriker eignen. Zum Grundsatz wird, daß ein schlechter Mönch stets besser als ein guter Kleriker sei[65]. Siricius fordert 385 in einem Dekret an den Bischof Himerius: »... Mönche, die gute Sitten und einen echten Glauben haben, sollen zu Priestern und Bischöfen geweiht werden«. Der ehemalige Mönch Paulinian wird gegen seinen Willen in diesen Rang erhöht; ihm wird der Mund gewaltsam zugehalten, damit er den Schwur auf Christus nicht verweigern kann[66].

Ab dem 4.Jh. besteigen einzelne Mönche Bischofssitze. Oft halten sie an merkwürdigen Gewohnheiten fest. Apothotis, der nach einem vierzigjährigen Einsiedlertum zum Bischof ernannt wird, ernährt sich auch dann von rohen Kräutern und läuft in einem Zottelgewand herum[67].

Abrames, zum Bischof von Karra geweiht, verschmäht (auch) nach seiner Wahl Brot und gekochtes Gemüse. Parallel setzt sich die Auffassung durch, daß der Geschlechtsverkehr sündhaft ist. Justinius ringt sich zu der Meinung durch: »... daß die Befriedigung des Geschlechtstriebes gesetzwidrig sei, weil damit das Stillen einer bösen Lust verbunden ist«.

Sagte nicht schon Hieronymus, daß sich die Menschen während des Beischlafs in nichts von Schweinen und unvernünftigen Tieren unterscheiden?

Ambrosius, der acht Tage nach seiner Taufe ohne Vorkenntnis zum Bischof geweiht wird, betrachtet die Ehe als Schwachheit. Er beruft sich auf die Turteltauben: »... die nach dem Verlust des Gatten (ebenfalls) auf den Beischlaf verzichten«. Gewiß wäre er ein tüchtiger Ornithologe geworden. In glühender Verehrung schildert er die, die sich eher umbringen, als ihre Jungfräulichkeit aufzugeben[68].

Augustinus, erst Jude, dann Manichäer, dann ausschweifender Jüngling, dann zum Christ geläutert und schließlich zum Bischof ernannt, berichtet freimütig über seine jugendlichen Verfehlungen und gesteht, daß er der Unzucht gefrönt hat; so zeugt er den Sohn Adeatus. Später duldet er in seinem Haus keinen Rockzipfel, denn nach seiner Meinung: »... werden die aus dem sündigen Beischlaf gezeugten Kinder erst durch die Sakramente der hl. Kirche aus der satanischen Gewalt befreit«[69].

Hieronymus liebt gleichfalls in jungen Jahren die sexuellen Ausschweifungen. Später ist für ihn die Ehe ein notwendiges Übel. Er meint: »... daß der Bischof als Ehebrecher anzusehen ist, falls er Kinder zeuge«.

Unbestritten waren einige der frühen Bischöfe und zahlreiche Priester verheiratet. U. a. Synesius[70] und Hilarius[71]. Synesius bekennt: »... mir hat Gott eine Frau gegeben. Allen tue ich kund und bezeuge, daß ich mich nicht von ihr trennen werde oder heimlich, wie ein Ehebrecher, mit ihr Umgang pflegen werde. Jenes verträgt sich nicht mit der Frommheit, dieses nicht mit den Gesetzen. Ich will mit ihr gute Kinder zeugen«[72].

Von da ab geistern die Phantome von der »sündigen« Frau und dem ebensolchen Geschlechtsverkehr (dessen angebliche Schlechtigkeit man den Frauen in die Schuhe schiebt) durch die Geschichte des Christentums. Sie werden die Theologen über Jahrhunderte - und darüber hinaus - beschäftigen. Hier verrennen sich die »keuschen Knechte Gottes« in unlauteren Erörterungen und dubiosen Theorien. Mit sophistischer Gelassenheit legen sie ihr Halbwissen auf die Goldwaage ...

Sie reden wie Blinde von der Farbe. So entsteht eine Ecksäule der katholischen Moraltheologie, auf die ich anderweitig eingehe.

Noch hängt die Entscheidung für oder gegen die Ehe vom Einzelnen ab. Deutlich wird der Trend, ein allgemeines Eheverbot für Geistliche durchzusetzen. Man greift nicht die unbeherrschten Kleriker an, sondern die weitgehend rechtlosen Frauen. Zu Beginn des 5. Jh. tritt Innocenz I. auf den Plan der Geschichte. Es haben sich mehrere seiner Schreiben erhalten, die die ehelichen Verhältnisse der Geistlichen betreffen[73].

Einzelne Bischöfe beugen sich dem Joch. Ubicus trennt sich von seiner Frau. Nach der ersten Aufregung eilt sie nachts zu seiner Wohnung und ruft ihm zu: »... wie lange verschließt du, Priester, deiner Frau die Tür. Warum verachtest du die Gattin?«. Durch die Stimme der Natur überwältigt läßt er sie herein ... die Frucht der Vereinigung war eine Tochter«[74].

Der Erzbischof Himerius scheint sich nicht sicher zu sein, ob er seinen Geistlichen das eheliche Leben aufzwingen soll oder nicht. Er versichert sich der Gunst des Papstes und schickt den Priester Bassianus zum Bischof Damasius, um Ratschläge zu erfragen. U. a. soll er erkunden, wie er sich gegenüber Nonnen und Mönchen verhalten soll, die Unzucht getrieben und (die) Kinder gezeugt haben.

Thomas v. Aquino, der bedeutenste Theologe und Philosoph des MA. Geb. um 1225, gest. am 7.3.1274 im Kloster Fossanuova auf der Reise zum Konzil nach Lyon. Er wird um 1243 Dominikaner, lehrt in Paris, viterbo und Rom. Er sird 1323 heilig gesprochen, 1567 zum Kirchenlehrer erhoben und seit dem 15. Jh. mit dem Ehrentitel »doctor angelicus« ausgezeichnet.
Thomas erkannte die Berechtigung des Wissens neben dem Glauben und den Wert einer Philosophie mit eigenen Prinzipien und Methoden gegenüber der Theologie an.
Wie das Wissen seine Grenzen hat und darum zu seiner Vollendung des Glaubens bedarf, der aus der göttlichen Offenbarung schöpft, ist bei ihm die Philosophie der Theologie der Glaubenswissenschaft untergeordnet. Die Verbindung beider stellt für ihn die christliche Wahrheit dar.
Gemälde von Botticelli. Mit freundlicher Genehmigung. AKG. Berlin

Siricius läßt sich zu folgender Antwort herab: »... unzüchtige Personen sollen aus den kirchlichen und klösterlichen Zusammenkünften entfernt werden oder in Gefängnisse (ein)geschlossen werden, damit sie ihre bösen Taten immerfort beweinen ... an ihrem Lebensende soll ihnen aus Barmherzigkeit die Kommunion erteilt werden«[75]. ... die aber behaupten, es wäre ihnen zu heiraten gestattet sollen wissen, daß sie durch die Autorität des apostolischen Stuhles (von dem damals keine Rede sein kann) ihrer kirchlichen Würde entsetzt sind ... sie dürfen die heiligen Geheimnisse nicht mehr verwalten, da sie schändlichen Begierden anhangen. Die römische Kirche wäre das Haupt des gesamten Körpers. Ihren Befehlen sei nachzukommen«.

Geistliche Jungfrauen

Die der menschlichen Natur entgegenstehende Enthaltsamkeit sucht sich ein Ventil und findet es in den Gott geweihten Jungfrauen, die »ewige« Keuschheit geschworen und haben und daraufhin zu Geistlichen in die Betten geschlüpft sind.

Sofort wettern die Kirchenväter gegen die sich aus dieser Ecke abzeichnende Entwicklung. Chrysostomus sagt: »... in unseren Tagen ist eine neue und ungewöhnliche Art von Zusammenwohnen zwischen Mann und Frau entstanden. Viele sind ihrer, die unverheiratete Jungfrauen ins Haus nehmen, mit ihnen leben und sie bis zu ihrem hohen Alter bei sich behalten. Ich preise den glücklichen, der dabei keinen Schaden nimmt«. Er beschwört alle, sich diesem unsittlichen Verhältnis zu entreißen, die teuflische Gewalt zu brechen und die brüllenden Schlangen des Satans davonzujagen«[76].

Hieronymus sagt: »... Scham ergreift mich, wenn ich sehe, wieviel Jungfrauen täglich zu Fall kommen. Wenn sie nicht der schwangere Bauch oder das Geschrei der Kinder verrät, gehen sie mit gestrecktem Hals oder hüpfendem Gang einher. Andere wissen sich unfruchtbar zu machen. Fühlen sie sich in ihrer Ruchlosigkeit schwanger, treiben sie die Leibesfrucht mit Gift ab. Oft sterben sie dabei. Sie sind eines dreifachen Verbrechens schuldig. Sie gelangen als Selbstmörderin, als Ehebrecherin und als Mörder ihrer noch nicht geborenen Kinder in die Unterwelt. Ich schäme mich es zu sagen, aber es ist wahr ... woher brach die Pest der Agapinnen in unseren Kirchen aus? Woher das neue Geschlecht der Konkubinen, woher die Huren, die sich unter dem Vorwand des geistlichen Trostes vereinigen, um danach fleischlichen Verkehr zu pflegen?«[77].

428 schreibt Cölestin an die gallischen Bischöfe der Provinzen Vienne und Narbonne: »... wenn ein Priester mit seiner geistlichen Tochter Unzucht treibt, soll er wissen, daß er einen schweren Ehebruch begangen hat. Er soll 2 Jahre herumreisen und Buße tun. Daraufhin soll er in ein Kloster gehen. Die Bischöfe sollen keine Unzucht mit Beichtkindern treiben«.

Simplizius, Bischof von Autun, sieht im Jahr 364 plötzlich seine Frau als »Schwester« an und geht mit ihr ins Bett. Auf Anstiften des Teufels werden sie verleumdet und das Volk glaubt den Keuschheitsbeteuerungen nicht. »Da ließ sich die Erzbischöfin(!) glühende Kohlen reichen und hielt sie eine Stunde lang unversehrt in ihrem Kleid. Bald glaubte das Volk an das (unglaubliche) Wunder ... innerhalb von sieben Tagen ließen sich Tausende taufen«[78].

Dann gelangt man zur sinnigen Idee, das Alter der die Priester betreuenden Frauen so hoch anzusetzen, daß sie sexuell kaum (noch) interessant sind. Theodosius verordnet, daß sie 60 Jahre alt sein sollen. Auf der Synode von Chalcedonia[79] wird es auf 40 reduziert; Justinian läßt sich auf den Kompromiß von 50 Jahren ein.

»So ging denn in Erfüllung, was der Prophet von den jüdischen Pfaffen sagte: sie treiben Unzucht mit geweihten Huren und das unverständige Volk wird durch sie ins Verderben gerissen«[80]. Steht doch schon im Alten Testament: »... sei nicht über dein Vermögen tugendhaft, damit du nicht unglücklich werdest«[81].

Im späteren Lukasevangelium lesen wir: »... von zweien, die in einem Bette schlafen, wird der eine begnadigt und der andere verworfen«[82].

Beschlüsse im Trullus

Die Justinianische Gesetzgebung macht das Bemühen der jungen Kirche deutlich, ihre Interessen durchzusetzen. Darum verkündet Justinian[83]: »... er werde zur Ehre der hl. Kirche und zum Ruhm der hl. Dreifaltigkeit für eine strenge Kirchenzucht sorgen. Bischof könne nur werden, wer sich ausschließlich kirchlichen Angelegenheiten widmet, d. h. wer keine Kinder und Enkel hat«[84].

Sie dürfen das von der Kirche überlassene Gut nicht zum Vorteil ihrer Verwandten verwenden. Es wird ihnen untersagt, testamentarisch etwas zu vermachen oder zu verschenken, denn der Besitz der Kirche soll erhalten bleiben[85]. Kinder, die in Unzucht gezeugt werden[86], sind erbunfähig. Ihre Väter verlieren die priesterlichen und bürgerlichen Rechte«. 531 und 541 schiebt er ähnliche Bemerkungen nach[87].

Wichtig sind die 13 Beschlüsse, die während eines ökumenischen Konzils unter Justinian II.[88] 692 im kaiserlichen Palast (= Trullus) gefaßt werden. Hier versammeln sich 217 Bischöfe unter dem Patriarch Kallinikus von Konstantinopel. Die wichtigsten Aussagen habe ich in der Tabelle zusammengefaßt!

Die Beschlüsse werden im griechischen Reich eingeführt und haben bis heute Gültigkeit. »Ohne Zweifel hat dieses humane Gesetz unzählige Unzuchtsverbrechen verhindert«[95]. Darum konnte Sokrates sagen: »... im Orient enthalten sich die ordinierten Kleriker freiwillig, durch gesetzlichen Zwang tun sie es nicht. Viele haben der Zeit, als sie Bischöfe gewesen sind, mit ihren Frauen rechtmäßige Kinder gezeugt«[96].

Obwohl »römische« Bischöfe unter den Beschlußfassern sitzen und Trabanten des Papstes die Verordnung unterzeichnet haben, verweigert Sergius die Annahme. Letztlich reißt an dieser Stelle die Verbindung zwischen Rom und Konstantinopel; der Traum von der allein - seligmachenden römisch-katholischen Kirche ist aus. Künftig werden die trullanischen Beschlüsse zur Scheidewand der römischen und griechischen Kirche.

Während die Ostkirche eine Entscheidung zugunsten der Vernunft trifft, gehen bei uns die Rangeleien weiter. Noch zeigen sich in allen Stufen der klerikalen Hierarchie Verheiratete. Die zahllosen Einschärfungen, daß sie ein keusches Leben führen sollen, prallen in der Regel an menschlichen Bedürfnissen ab. Man umgeht die

---

Kernaussagen des Konzils unter Justinian II. (Trullus)

- Der fromme und Christus liebende Kaiser stellt den Antrag, daß die Geistlichen rein, schuld- und tadellos sein sollen. Sie sollen sich von der Schmach reinigen, die sie sich durch eine **unrechtmäßige** Ehe zugezogen haben.[89]
- Wer nach der Ordination heiratet, wird abgesetzt.[90]
- Keiner darf im Klerus sein, der eine Beischläferin, Witwe, Verstoßene, Hure, Sklavin oder Schauspielerin bei sich hat bzw. wer ein zweitesmal geheiratet hat.[91]
- Die Frau dessen, der zum Bischof befördert wird, mit gemeinschaftlicher Einwilligung von ihrem Mann getrennt und in eine fern liegende Wohnung gebracht. Wenn sie würdig ist, soll sie zur Diakonin erhoben werden.[92]
- Nachdem wir vernommen haben, daß es in der römischen Kirche Brauch ist, daß diejenigen, die zu Diakonen und Priestern geweiht werden, zu versprechen haben, daß sie den ehelichen Umgang mit ihren Frauen unterlassen, verordnen wir, daß die rechtmäßigen Ehen der hl. Männer auch dann bestehen sollen. Wir berauben sie nicht der Beiwohnung,[93] damit wir nicht den von Gott eingesetzten und durch seine Gegenwart gesegneten Ehestand schimpflich herabwürdigen, da die evangelische Stimme ruft: » was Gott zusammenfügt, das soll der Mensch nicht trennen.«[94]
- **Wer sich erkühnt, diese Verordnungen zu verachten und einen Geistlichen des Umgangs mit seiner rechtmäßigen Frau beraubt, soll exkommuniziert werden.**

offizielle Ehefrau durch eine Konkubine; schon hat man dem Gesetz formell Genüge getan und ist gleichzeitig der Verpflichtungen befreit; man verbindet das Angenehme mit dem Nützlichen.

Der Klerus ist in seiner Gesamtheit nicht so schlecht wie man ihn hinstellt. Die Geistlichen verlangen nach einem **geregelten** Eheverhältnis. Die Kirchenleitung stempelt dies als Hurerei ab. Geistliche kontern und zitieren die Bibel: »... selbst Christus habe bei der Samariterin am Brunnen gesessen. Darum könne man ihnen den Umgang mit Frauen nicht versagen«. Im übrigen scheinen sich die Theologen über die Realität der Apostelehen unsicher zu sein[97]. Man redet den Geistlichen ein:

- Die Sünde sei durch das Weib in die Welt gekommen. Hätte (Anm. der aus der Antike herübergerettete) Adam dies vorausgesehen, würde er in Sack und Asche Buße getan haben.

- Jede Verbindung zu einem Weib ist feindselig. Die giftigen Nattern hauchen Krankheiten. Das Weib verbreitet die Pestilenz der Begierde. Wer durch die Liebe einer Frau abgelenkt wird, kann nicht mehr an göttliche Dinge denken[98].

Einflüsse der Christianisierung

Parallel zu diesem Kodex machen sich weitere Strömungen bemerkbar:

- Die systematische Christianisierung Europas wird angestrebt und vorangetrieben. Die Kirche stellt es »nachträglich« so hin, als habe sie ein unermeßliches Opfer unter Mühen und Entbehrungen auf sich genommen; quasi als Wohltat für die sündige Menschheit. Dem ist nicht so.

- Parallel schreitet die Ausweitung des Kloster(un)wesens einher. Aus beiden Faktoren greift das sittliche Verderben der Geistlichen um sich.

- Die politische Bedeutung des Bischofsamtes wird erkennbar. Der Abstand zwischen ihnen (bzw. den Äbten) zu den einfachen Klerikern wird beachtlich.

- Das Verhältnis zum Staat (= Weltlichkeit) verschiebt sich zugunsten der Kirchenführung. In einem Schachzug gelingt es der Kurie sich den des »Zehnten« zu versichern und sich über die angeschlagenen »weltlichen« Herrscher zu schieben.

Auf zahllosen Synoden und Konzilien[99] werden gleiche Bedenken vorgetragen. Ich habe sie in der Tabelle zusammengefaßt.

- Niemand kann für würdig gehalten werden, ein Diakon, Priester oder Bischof zu werden, der seine Neigung zu den Weibern nicht bezähmt hat.[100]
- Mägde und freigelassene Frauen sollen vom Schlafgemach der Kleriker entfernt werden. Die Klöster der Nonnen sollen weit von denen der Mönche entfernt sein. Teils wegen der teuflischen Nachstellungen, teils wegen der üblen Nachreden.[101]
- Geistliche, die in der Unzucht gezeugte Kinder nach der Geburt ermorden oder sie schon im Mutterleib durch Gift umbringen, verlieren ihr Amt. Nach der ausgestandenen Buße können sie unter die Sänger aufgenommen werden.[102]
- Weiber, die ihre in Hurerei gezeugten Kinder in der Erde vergraben oder (sie) ins Wasser werfen, sollen Buße tun.[103]
- Kein Kleriker soll ein Frauenzimmer bei sich haben. Wer mit ihnen Umgang pflegt, soll abgesetzt und aus der Kirche gestoßen werden.[104]
- Nonnen, die mit Geistlichen oder Laien Unzucht treiben, sollen durchgeprügelt und in ein Gefängnis gesteckt werden. Es wird ins Gedächtnis gerufen, daß es ein Majestätsverbrechen ist, eine Braut Christi zu schwächen.[105]
- **Da alle Gesetze die Unzucht nicht einzudämmen vermögen, müsse man nicht nur die Urheber der Verbrechen, sondern ebenso ihre Kinder strafen. Die aus einer solchen Befleckung Erzeugten sollen die Erbschaft ihrer Väter nicht erhalten. Sie sollen für immer der Kirche als Sklave angehören.**

Hier wird das Problem deutlich. Mit der Christianisierung fließen der Kirche unermeßliche Schenkungen zu; sie kann es sich über Jahrhunderte leisten, Sklaven zu halten - obwohl dies kontrovers zur christlichen Frohbotschaft steht. Die daraus resultierende Prosperität wird durch eventuelle Erbteilungen gefährdet. Man setzt früh alles daran, es zu unterbinden. Einige der frühen Päpste nehmen sich dieser besonderen Problematik an[106].

Pelagius läßt die Katze aus dem Sack. Die Bewohner von Syrakus haben einen Geistlichen zum Bischof gewählt. Er ist verheiratet und hat Kinder. Pelagius soll die Wahl bestätigen. Er ist unsicher und schreibt an den Patriarch Cethgenus: »... er habe aus Furcht ein Jahr mit der Ordination gezögert, daß durch dessen Familie die Kirchengüter leiden könnten und in der Hoffnung, daß sie eine bessere Wahl treffen mögen. Er habe vom Gewählten verlangt, daß er sein Vermögen aufzeichne und verspreche, den Verwandten nichts zu hinterlassen«.

Hier sehen wir schon die Schere auf sich zugehen. Auf der einen Seite macht sich die christliche Frauenfeindlichkeit als negative Ideologie bemerkbar und zum anderen ist man auf die Wahrung des Besitzstandes aus. Unter die Mühlsteine kommen die Geistlichen.

Gregor I. (590 - 605) ist um die Aufrechterhaltung der Kirchenzucht bemüht. Theiner charakterisiert ihn so: »... er ist streng gegen Untergebene, würdevoll gegen die, die sich zuvorkommend an ihn wenden und unnachgiebig gegen die, die er für seine Zwecke gewinnen will«[107]. Daraus kann geschlossen werden, daß er mehr Politiker denn Geistlicher ist; in dieser Eigenschaft hat er viele Nachfolger. Er sagt zu diesem Thema:

- Gefallene Priester, Diakone, Mönche und Kleriker sollen in Klöster gesperrt werden[198].

- Der Enkel eines Bischofs, der die Tochter eines Diakon geschwängert hat, soll sie entweder heiraten oder genotzüchtigt und in ein Kloster gesteckt werden«[108].

- Nonnen, die Hurerei getrieben haben, sollen nach ihrer Züchtigung in ein Jungfrauenkloster gesteckt werden, um damit den anderen ein erschreckendes Beispiel zu geben[110].

Kurz danach erläßt die Synode in diesem Zusammenhang einige Gesetze und definiert:

- Die Geistlichen sollen keine Unkeuschheit treiben. Bei ihnen sollen keine Konkubinen sein.

- Die bei den Klerikern gefundenen Weiber sollen von den Bischöfen ergriffen und verkauft werden.(!)

Knechte der Wollust

Die ersten Bischöfe im deutschsprachigen Raum nehmen das Glaubensruder fest zur Hand; streng wird die von Rom vorgegebene Linie verfochten. Eine wichtige Position nehmen Bonifazius[111] und Rhabanus Maurus ein, der erst Abt in Fulda, dann Erzbischof in Mainz ist.

Bonifazius ist ein Fürsprech der Ehelosigkeit. Er heftet sich die Weisung Gregors I. an die Fahne: »... die Priester und Bischöfe, die ein beflecktes Leben führen, wieder der Reinheit und kirchlichen Disziplin zuzuführen«.

Pflichteifrig teilt er dem Papst Zacharias mit: »... über 80 Jahre haben die Franken keine Kirchenversammlung gehalten, keinen Bischof gehabt, keine Kirchensatzung aufgestellt, noch eine alte erneuert.Die Bistümer sind in den Händen geldgieriger Laien oder in denen ehebrecherischer Geistlicher. Ich habe Diakone gefunden, die von ihrer Jugend an in Hurerei, Ehebruch und Unreinheit gelebt haben. Sie kamen ins Diakonat und hielten sich des Nachts fünf, sechs oder mehr Konkubinen. Zudem habe ich Bischöfe gefunden, die, obgleich sie sagen, daß sie keine Hurer seien, dem Trunk, der Ungerechtigkeit und der Jagd ergeben sind ... die selbst Menschenblut vergießen«[112].

Bonifazius kämpft in Thüringen gegen sich ihm widersetzende Priester, die er Hurer, falsche Brüder und Ketzer nennt. Er organisiert die bayerischen Kirchen nach den Richtlinien des römischen Hofes. Geistliche bezeichnet er als Knechte der Wollust[113]. Bonifazius wird nachträglich als engagierter Christ vermarktet; im Jahr 742 wird er Erzbischof. In diesem Umfeld wird den Geistlichen befohlen:

- Wenn ein Priester Unzucht treibt, soll er gegeißelt, gepeitscht oder in ein Gefängnis gesteckt werden.

- Mönche und Kleriker sollen (wenn sie in die Sünde verfallen), nach einer dreimaligen Züchtigung in einen Kerker geworfen werden. Ebenso die Nonnen, denen das Haupthaar zu schneiden ist.

- Priester und Diakone sollen in ihren Häusern keine Weiber halten[114].

Kurz danach weist der Papst Zacharias Bischöfe an, Priester und Diakone, die ein gotloses Leben führen, ihres Amtes zu entheben. Die Strafen werden immer unchristlicher. Dies liegt (auch) daran, daß im fränkischen Reich die Synoden mit den Reichstagen gleichgesetzt werden. Daraus entsteht die Formel Synodalbeschluß = Reichsgesetz.

Den Päpsten kommt die Schwäche einzelner deutscher Herrscher entgegen. Immer höher stapeln sich die Moralvorstellungen der Kirche; immer tiefer fallen die Kleriker hinein. Mit der zunehmenden Verdichtung des (un)christlichen Glaubensgutes nimmt die Zahl der von Rom Abhängigen zu. Es bildet sich in nahezu allen Landesteilen ein intaktes Netz höriger Befehlsempfänger heraus.

Rhabanus Maurus geht in mehreren Schriften auf die Geistlichen ein. Ungeachtet dessen besteht die Priesterehe im Fränkischen Reich (weiter).[115] Einzelne Geistliche nehmen sich dieser Angelegenheit mit besonderer Intensität an, merken aber nicht, daß sie es sind, die in der Lage wären, den Hokuspokus abzustellen.

So läßt sich bei Nikolaus I. (856 - 867) nachweisen, daß er ein wachsames Auge auf die Kirchenzucht richtet. In einem Brief an die Bischöfe ordnet er an: »... daß Priester, die der Unzucht verfallen, aus dem Amt zu nehmen, bzw. daß Nonnen nicht mehr in die Welt zurückkehren sollen (d. h. im Kloster zu verbleiben), wenn sie Unzucht getrieben haben«.

Der Bischof Ulrich von Augsburg trägt in einem Schreiben an Papst Nikolaus I. vor: »... O, wie verworfen ist die Schar der Kopfgeschorenen, da keiner unter ihnen ist, der nicht ein Ehebrecher oder Sodomit wäre«[116].

836 wird während des Konzils von Aachen hervorgehoben: »... die Nonnenklöster seien eher Hurenhäuser«[117]. Papst Hadrian schreibt 791 an Karl d. G.: »... daß der in Rom weilende Bischof gefragt wird, ob er Knabenschande getrieben, sich mit einem Vieh vermischt oder ob er mit einer Nonne geschlafen hat«[118]. Während einer Synode in Aachen wird bedauert: »... daß sich einige Mönche der Sodomiterei verschrieben haben«[119].

Gleichzeitig wird den Nonnen das Herumschweifen, Schwelgen und die Unzucht verboten[120]. Kanoniker dürfen weder Totschläger noch Hurer sein[121]. Unter dem Abt von Fulda sind nahezu alle Mönche verheiratet[122]. In Benediktbeuren leben verheiratete Äbte. Einer von ihnen rühmt sich, neun Töchter gezeugt zu haben[123].

952 wird in Augsburg ein Konzil veranstaltet. Es verbietet im 4.Kanon allen Geistlichen eine Beischläferin, »... wenn sie (= die Frauen) dagegen handeln, soll **sie** mit Ruten gezüchtigt und geschoren werden. Verbieten es die weltlichen Behörden, **soll das Weib** durch die königliche Macht gezwungen werden, das Urteil zu ertragen. Auf dem Konzil von Ravenna, das Otto d. G. 967 wegen der Errichtung des Erzbistums Magdeburg zusammenruft, wird gleichfalls über die Aufrechterhaltung der Kirchenzucht gesprochen. In diesem Zusammenhang wird Gerold, der Erzbischof von Salzburg, wegen nachweisbarer Verbrechen abgesetzt.

Interessant ist eine Verordnung aus dem Provinzialkonzil von Worms, das 869 festlegt. »... wenn die Eltern ihr Kind in ein Kloster geben, wird diesem nicht erlaubt, es nach erreichter Mannbarkeit zu verlassen und zu heiraten, denn es ist ein Unrecht, den von den Eltern dargebrachten Kindern die Zügel schießen zu lassen«[124]. Es ist makaber, weil an keinem anderen Ort der Welt mehr gesündigt wird.

Beicht- und Bußbüchlein

Die Kirche gibt sich nicht damit zufrieden, ihre Geistlichen in ein sexuelles **und** geistiges Joch zu schmieden sie geht mit der gleichen Vehemenz auf die Christgläubigen zu. Während man in den eigenen Reihen der Unzucht frönt, werden an die »übrigen« Christen strengste Meßlatten gelegt; was für die Geistlichen gilt, **soll** auch für die Katholiken gelten.

Nun bringt die Kirche eine Variante ein, die das Sexualleben der Erdenkinder reglementieren will. Mit der Vielzahl von Beicht- und Bußbüchlein werden abstruse Keuschheitsvorstellungen in die Welt gesetzt und mit ebensolchen Bußen geahndet. Der Abt von Prüm trägt vor:

- Der Verehelichte habe sich 40 Tage vor Ostern und Weihnachten, in jeder Sonntagnacht, am Mittwoch und am Freitag, sowie der sichtbaren Empfängnis an bis zur Geburt des Kindes seiner Frau zu enthalten.
- Wer in der Quadragesima vor Ostern seiner Frau beiwohnt, muß ein Jahr Buße tun oder 16 Solidis an die Kirche zahlen.
- Vor dem Empfang des Abendmahles habe man sich seiner Frau zu enthalten.

Das stete Wiederholen der Keuschheitsgebote wird zur Farce. Nicht nur im deutschsprachigen Raum, sondern ebenso in Frankreich, Britannien, Italien, Spanien und den Niederlanden. Blicken wir deshalb kurz über den Zaun. Hier stehen die Dinge um keinen Deut besser, denn auch hier kämpfen menschliche Triebe gegen kuriale Gewalten.

Verhältnisse in Frankreich

Einzelne Geistliche beginnen ob der ihnen aufgezwungenen Ehelosigkeit zu rasen, spinnen oder zu saufen. Der Bischof Cäsarius von Arles kommt zu dem Schluß: »... daß das Glück der Geistlichen darin bestehe, andere im Saufen zu übertreffen«[125].

Droctiglius von Soissons verliert durch seine Sauferei den Verstand. So kommt es jedenfalls während der Synode von Sourci (589) zur Sprache. Ungeachtet dessen sagt Gregor von Tours über ihn: »... niemand habe ihm einen Ehebruch vorwerfen können«[126].

Der Bischof von Lausanne (1073 - 1089) hat eine rechtmäßige Frau. Asopeja, die Gemahlin des Bischofs Paschelis von Chur, wird offiziell »Frau Bischof und Oberhirtin« genannt. Schlägt hier nicht (zusätzlich) die falsch verstandene Eitelkeit durch?

Der Bischof Epiarchus von Auvergne (gest. 473) findet seine Kirche des Nachts angeblich voll Teufel. Auf seinem Stuhl sitzt ein solcher in der Gestalt einer schön gekleideten Frau. Der Bischof ereifert sich in seiner überhitzten Phantasie (denn es gibt keine Teufel) und ruft: »... O, die verfluchte Hure, genügt es dir nicht, alle Orte mit deinen Befleckungen anzustecken, entferne Dich aus dem Haus Gottes«. Darauf bekommt er zur Antwort: »... weil du mich eine Hure nennst, werde ich dir wegen deines sehnsüchtigen Verlangens nach Weibern nunmehr Fallstricke stellen«[127].

Daraufhin verschwand der Teufel wie eine Rauchwolke. Nur mit dem Zeichen des Kreuzes konnte sich der Bischof in der Folgezeit vor den Anfechtungen retten. Leider haben nicht alle Kleriker soviel Widerstandskraft.

Um das Jahr 584 hat ein Geistlicher aus Mans öfters mit der Tochter vornehmer Eltern Unzucht getrieben. Um seinen Gelüsten ungestört nachgehen zu können, bringt er sie in Männerkleidung und mit geschnittenen Haaren in eine andere Stadt. Sein Tun wird entdeckt. In der ersten Empörung soll er verkauft werden, doch niemand will den Wüstling haben; darum soll er getötet werden.

Es kommt wie es kommen muß, denn er wird für 20 Goldstücke von seinem Bischof, Lisieux, gekauft. Bald danach wagt er, eine Mutter zu vergewaltigen und zieht sich so die Ungnade seines Retters zu. Daraufhin besticht er einen anderen Geistlichen, damit er den Bischof mit einem Beil erschlage. Dies wird ruchbar und nun beschuldigt der einst Freigekaufte seinen Retter des verbotenen

Umgangs mit Weibern[128]. Wenn das keine christliche Nächstenliebe ist.

Auf zahllosen Konzilien und Synoden wird das lasterhafte Lotterleben der Geistlichen durchgekaut. 753 verordnet das Konzil von Metz, daß man Geistliche, falls sie mit Nonnen, Müttern und Schwestern Unzucht treiben, durchzuprügeln hat. Während der großen Landessynode von Paris (829) wird betont: »... die Kanoniker und Mönche sollen keine Nonnenklöster besuchen. Nach der Messe sollen sie mit ihnen keine Gespräche führen. Falls eine kranke Nonne beichtet, sollen in ihrer Nähe Zeugen sein.

Im Kloster des hl. Deogat (Sens) treiben die Äbte Schandbarkeiten[129]. Gegen Ende des 10. Jh. wird Achimbald zum Erzbischof von Sens ernannt. Er übt unerhörte Frevel aus und lebt in der Gemeinschaft mit Huren. Das Konzil von Poitiers verordnet um das Jahr 1000: »... daß kein Priester in seinem Haus ein Weib halten soll, um mit ihm Unzucht zu treiben«.

Es gibt genügend Beispiele, um das liederliche Leben der Geistlichen zu verdeutlichen. Hubert, ein Abt aus dem Bistum Lüttich, macht aus seinem Kloster ein Waffenarsenal,legt sich eine Frau zu und zeugt Kinder[131].

Saul, ein Abt aus dem Kloster zur hl. Maria im Bistum Mendonedo (Spanien), verwandelt sein Kloster in ein Bordell, heiratet eine Dirne und ernennt einen seiner Söhne, der der väterlichen Lebensweise nacheifert, zum Priester. Er wird 937 während einer Synode abgesetzt.

Verhältnisse in Britannien

Girard von Kambria gibt ein schauderhaftes Bild von der englischen Geistlichkeit und bezieht sich vor allem auf das Herzogtum Wales: »... ich zweifle nicht, daß du weißt, was leider kein Geheimnis ist, das fast alle unsere Chorherren unter den Fittichen der Domkirche öffentliche Hurer und Beischläfer sind. In ihren Wohnungen sieht man allenthalben Heb- und Säugammen, Wiegen und Konkubinen. Sie ahmen die Ausschweifungen mit unverschämter Pünktlichkeit nach. ... sobald ihre Söhne alt genug sind, geben sie ihnen die

Töchter der Chorbrüder zur Ehe. Das Volk wählt sich aus ihrer Gemeinde nur solche Prälaten, denen weder ob der Hurerei des ganzen Volkes noch an jener Erbfolge, noch selbst vor der Kleresei ekelt, wo diese wider das Gesetz erzeugten und geborenen Bastarde und Hurenkinder ebensoviel Recht zur Erbschaft behaupten als andere«[132].

Britannien wird früh christianisiert. Auf der Synode von Arles (314) sind drei englische Primarbischöfe anwesend[133]. Zu den Postulanten gehört der hl. Palladius, den Cölestin im 5 Jh. über den Kanal schickt. Im Jahr 460 bestimmt eine Synode im 6.Kanon: »... daß die Kleriker ihren Körper anständig bedecken und mit den Nonnen nicht auf einem Wagen fahren sollen«[134]. Zu Beginn des 7. Jh. schickt Gregor I. den Mönch Augustin zu den Angelsachsen um, die christliche Botschaft zu verbreiten.

Mit ihm gehen 40 wackere Benediktiner auf den beschwerlichen Weg der christlichen Tugend. Damit setzt eine breite Missionsarbeit ein. Ein früher Verfechter der Ehelosigkeit ist der Abt Anselm von Malmesbury (gest. 705), der die Schrift »Lob der Jungfräulichkeit« verfaßt hat. Die Glaubensbrüder gelangen zu dem Schluß: »... daß viele Mönche ihres Namens nicht wert sind und lediglich Geistliche werden, um ihre Lüste ungestört befriedigen zu können ... und dabei selbst Jungfrauen mißbrauchen«[135].

Auch Bonifazius wettert gegen die schlechten Sitten der dortigen Kleriker, die Unzucht der »gottgeweihten« Jungfrauen und die Trunkenheit der Bischöfe. 747 verfügt eine Synode in Cloveshoven: »... in den Nonnenklöstern sollen Unterhaltungen, die der Wollust dienen und die in Freß- und Saufgelage ausarten, unterbleiben«. Der Yorker Erzbischof Egbert verfaßt 750 die »Expertiones« und vermerkt darin:

- Diakone, Priester und Mönche, die Sodomie betreiben, sollen öffentlich durchgeprügelt, im Keller in Ketten gelegt und gequält werden[136].

- Wenn ein Bischof Ehebruch treibt, soll er 12 Winter Fasten, Almosen geben und mit seinen Tränen um Gottes Gnade flehen[137].

374

- Wenn sich ein Priester beim Anblick einer Frau verunreinigt, soll er 20 Tage fasten.

- Hat ein Diakon ein Kind gezeugt, soll er fasten, je nachdem es der Bischof oder die Gesetze bestimmt.

Viele Dokumente zeigen den gleichen Tenor[138]. Besonders hart geht man gegen das Schwängern von Nonnen vor. Es wird herausgestellt: »... wer mit einem Instrument (mit einer Nonne) Unzucht treibt, soll sieben Jahre Buße tun. Wenn ein Weib mit sich oder mit einer anderen das gleiche tut, soll sie drei Jahre büßen«[139].

,Danach wird nochmals eine scharfe Verordnung erlassen. Sie besagt: »... daß den Konkubinen der Priester das kirchliche Begräbnis und die Absolution versagt wird. Man soll die Priester züchtigen, die fleischlich gesündigt haben«[140].

Verhältnisse in Italien

Papst Gregor II. spricht während eines im Jahr 721 in Rom gehaltenen Konzils den Fluch über diejenigen, die eine Presbyterin, Diakonin oder Nonne heiraten[141]. Freilich drängen sich hier - im Land des traditionellen Katholizismus - mehr Geistliche als anderswo um die Pfründe[142]. In vielen Urkunden werden Priesterfrauen erwähnt.

Zwischen den Jahren 1014 - 1024 wird unter Benedikt VII. eine Synode in Pavia gehalten, die sich mit der Priesterehe auseinandersetzt. Es wird vorgetragen, daß einzelne Geistliche gegen die Kirche wüten, sie mit bösen Taten und Sitten beflecken und sich an ihren Gütern mästen. Der krichentreue Kaiser Heinrich II. bestätigt die synodalen Beschlüsse kraft seines Amtes und verordnet:

- Die Kleriker, die eine Frau oder Konkubine haben, sollen in ein Stadtgefängnis eingeliefert werden.

- Richter, die Kinder von Klerikern für frei erklären oder zu ihren Gunsten entscheiden, sollen in das Exil geschickt werden[130].

Als Benedikt am 1. August 1022 die Synode von Pavia eröffnet, stellt er den Geschlechtsverkehr der Priester als Regel hin.

Der Priester Domenicus, der Hofkaplan von Berengar, des italienischen Königs und der Erzieher seiner Töchter Gisla und Geberta, schläft gewöhnlich mit deren Mutter, der Königin Willa. Als er einmal im königlichen Bett hurt, wird er aus Versehen von einem Hund gebissen. Er beginnt zu schreien und die Sache fliegt auf. Der König läßt seinen treuen Beischläfer kastrieren.

Schon im 8. und 9. Jh. gibt das Verhalten der Nonnen Anlaß zu öffentlichen Ärgernissen. Das Marienkloster von Sora wird als »unordentlich« bezeichnet. Im Junitakloster der Lucca sagen die Nonnen Jusla, Bonella und Eufemias aus: »... sie hätten gesehen, wie sich die Äbtissin Erittha einem Geistlichen hingegeben hat«. In einer weiterführenden Untersuchung wird sie freigesprochen, denn sie beschwört beim hl. Evangelium ihre Unschuld, das hier einen Vorteil praktischer Nutzanwendung zeigt.

Im Sprengel Attos von Vercelli leben nachweisbar Dirnen mit Priestern zusammen. Erlembar löst seine Verlobung, weil sich seine Braut mit einem anderen Kleriker eingelassen hat. Zu Beginn des 9. Jh. raubt der Priester Aspulus nachts eine Nonne aus dem Peterskloster von Lucese. Im 10. Jh. findet man in Capua einen jugendlichen Geistlichen im Beilager der Schwester einer Diakonissin.

Der Priester sichert zu: »... Zeit seines Lebens keinen Ehebruch mehr zu begehen, noch mit einer Buhlerin Verkehr zu pflegen«. In Cesena verbrauchen die Kanoniker das Vermögen des Kapitels mit Freundinnen und Frauen. Ein Priester beklagt sich: »...er sei von seinem Bischof gefangengenommen und grausam verstümmelt worden. Man habe ihm scharfe Nägel in die Geschlechtsteile geschlagen«.

Vom Bischof Regimbald von Fiesole ist bekannt, daß er einen Schwarm von Frauen mit sich führt, während sich sein Amtsbruder, Alberich von Marsika, mit einer begnügt. In Florenz leben die Kirchenoberen mit den Mädchen auf Kosten des Kapitels. Dem Bischof Tedald von Arezzo wird aus Rücksicht »auf gewisse Neigungen« der Umgang mit einer Frau empfohlen[143]. Der Bischof Ulrich von Padua (1064 - 1083) frönt der Knabenliebe und Leo von Fiesole leistet 1035 den Eid: »... daß er sich fortan mit keinem Weib mehr fleischlich vergehe«. Damiani sagt von den Bischöfen Dionysius von Piazenza (1049 - 1075) und Gregor von Vercelli (1044 - 1077): »... daß sie besser über die Schönheit der Frauen zu urteilen wüßten, als bei der Papstwahl Einsicht zu beweisen«.

Lombardische Bischöfe lassen sich von verheirateten Priestern bestechen, die Beschlüsse der Synode von 1049, die ihre Enthaltsamkeit fordert, nicht zu proklamieren. Außerdem hat hier die Priesterehe überzeugte Befürworter. Die Kapläne des Herzogs Gottfried von Tuskien erklären den Geschlechtsgenuß der Geistlichen für zulässig.

Anselm von Bistate tritt für die Ehe seiner Geistlichen ein. Man beruft sich auf die Kirchenväter, konziliare Beschlüsse und biblische Zitate. Man trägt vor: »... wenn man den Unenthaltsamen die Ehe verbiete, mache man aus verheirateten Priestern Verbuhlte, aus dem Mann einer Frau den Liebhaber vieler Huren; falls man sie nicht zu schlimmeren Lastern und Lüsten antreibe. Niemand könne die Natur verändern. Gott begehre keinen erzwungenen Dienst«[144].

Kann man es treffender sagen? Doch in dieser Epoche gilt die Stimme eines Vernünftigen nichts. Auf der anderen Seite wird Hugo, ein Bischof aus Lengres, wegen Ehebruch und Sodomiterei angeklagt. Man wirft ihm vor: »... er habe eine von ihm Genotzüchtigte als Nonne eingekleidet«.

Die Bischöfe Atto von Vercelli[145] und Ratherus von Verona[146] kritisieren scharf die ihnen Untergebenen. Atto II. sagt: »... [147] ... einige von ihnen sind so von der Unzucht gefesselt, daß sie schändliche Huren bei sich wohnen lassen, die ihrem Haus vorstehen und die sie als Erbin einsetzen«.

Ratherus legt den Geistlichen nahe, sich wenigstens in der Adventszeit, vor Ostern und Pfingsten ihrer Frauen zu enthalten: »... wo sind diejenigen, die täglich Messe lesen, um das Übrige zu verschweigen?, die aus ehebrecherischem Beischlaf Kinder zeugen, die den gestrigen Suff und Fraß vor dem Altar

über das Fleisch und Blut des Herrn speien? ... die immerwährend Streit führen, vor Gier brennen und die von Haß und Neid verzehrt werden? Die, die denen, die sie anleiten sollen, unaufhörlich nachstellen? O wehe, o tausendmal wehe«.

Bei dieser Lebensweise scheint es müßig auf die unteren Chargen einzugehen. Die Mönche eifern den Priestern nach. Der Abt von St. Prober in Reggio verkehrt mit einer Buhlerin. Der Abt von Farfesa, Adam, wird von den Leuten Johannes XII. bei der Ausübung der öffentlichen Unzucht angetroffen. Mönche machen aus den Klosterschätzen Schmuckteile für die Liebhaberinnen. Sie ziehen sich auf die Klosterhöfe zurück, beginnen mit den Konkubinen zu wohnen und heiraten sie danach.

Der Moralist Damiani[148]

Inmitten der Turbulenzen erhebt der Benediktiner Damiani seine Stimme gegen die verlotterte Kirchenzucht. Ohne Zweifel meint er es im Sinn der Kirche gut, doch er ist nicht mehr als ein Halm im Sturm, Mitläufer eines fehlgeleiteten Glaubens. Von ihm hat sich ein Bericht über die Züchtigung unter den Mönchen erhalten:

»... sie müssen sich am Kapitel dreimal nackt vor den Brüdern ausziehen, um sich dann mit Riemen geißeln zu lassen. Gleichzeitig müssen sie ihre Sünden bekennen. Er begründet es so: »... während durch diese heilsame Disziplin das Fleisch gezüchtigt wird und der Leib vor den Menschen nackt erscheint, erscheint er Gott mit Kleidern angetan«[149].

Als Mittel, sich die Keuschheit zu erhalten, empfiehlt er den häufigen Gebrauch des Abendmahles. Er berichtet einem Mönch, der von der Unzucht geplagt wurde und dem nachts ein Engel die Geschlechtsteile abgeschnitten hat[150]. Und er sagt: »... durch heimliche Gänge ließen die Nonnen nachts die Mönche zu sich kommen, um der Venus zu opfern ... wie es aus der unterschlagenen Klage gegen die Äbtissin (aus dem Kloster der hl. Justina zu Lucca) hervorgeht«[151].

Außerdem erwähnt Damiani das Wunder, demzufolge der simonistische Bischof Raimbald von Fiesole unter Anrufung von Christus Dämonen aus einer Frau vertrieben hat[152]. Er fordert den Papst Gregor IV. auf: »... das 1000-köpfige Haupt der giftigen Schlange zu zerschmettern, die Simonie zu vernichten und den Geldgeiz der Bischöfe zu unterdrücken«.

In seinem »liber gomorrhianus« schildert er plastisch das Schandleben der Mönche, seufzt über die Hurerei der Pfarrer, die Knabenliebe, die Unzucht mit Tieren, Beichtkindern und die gemeinschaftlichen Verbrechen. »Sie glauben, ungestört sündigen zu können, weil sie sich untereinander in der Beichte absolvieren«. Kommt hier nicht etwa Ungeheuerliches zutage? Die Geistlichen verschaffen sich Privilegien, um sich gegenseitig von dem zu befreien, was sie selbst als Sünde bezeichnen und bei den anderen verdammen? Sein Buch schließt mit der Bitte ab, die Laster mitsamt der Wurzel auszurotten[153].

Dies ist unmöglich (geworden), denn die Kirche kann schon zum damaligen Zeitpunkt ihre fossilen Strukturen nicht (mehr) verlassen; dadurch eskaliert sie Gewalt und Unrecht.

Er wettert: »... zu den jetzigen Zeiten sei es in der katholischen Kirche zur Gewohnheit geworden, daß man über andere Gegenstände der Kirchenzucht Untersuchungen anstellt. Von der Wollust des Klerus aber würde man nachsichtsvoll schweigen. Allen Zweifel vernichten die schwangeren Bäuche und die schreienden Kinder. Die niedrigen Geistlichen straft man ob ihrer Unzucht, duldet sie aber bei den Bischöfen[154]. Wer kann den Würdenträgern verdenken, daß er ihnen ein Dorn im Auge ist?

Die Schätzchen der Kleriker

»... indeß rede ich euch an, ihr Schätzchen der Kleriker, ihr Lockspeise des Satans, ihr Auswurf des Paradieses, ihr Gift der Geister, Schwert der Seelen, Wolfsmilch für die Trinkenden, Gift für die Essenden, Quellen der Sünde, Anlaß des Verderbens. Euch sage ich, euch rede ich an, ihr Lusthäuser des alten Feindes, ihr Wiedehopfe, Eulen, Nachtkäuze, Wölfinnen, Blutegel, Buhlerinnen, Lustdirnen, ihr Mistpfützen fetter Schweine, ihr Ruhepolster unreiner Geister, Nymphen, Si-

Einmauerung einer Nonne

377

renen, Hexen, Dianen und was es sonst für Scheusalsnamen geben mag, die man euch beilegen möchte. Denn ihr seid die Speise des Satans und zur Flamme des ewigen Todes bestimmt.

... An euch weidet sich der Teufel. Er mästet sich an der Fülle eurer Üppigkeit. Ihr seid die grimmigen Tigerinnen, deren blutiger Rachen nach Menschenblut dürstet. Harpyen, die das Opfer des Herrn umflattern. Die die, die Gott geweiht sind, grausam verschlingen. Ihr seid ein wütendes Otterngezücht, die ihr vor Wollustbrunst Christus, der das Haupt der Kleriker ist, euren Buhlen ermordet«[(155)].

Welche Frau fühlt sich nicht ob solcher Lobeshymnen geschmeichelt? Und: wie wehrlos steht sie solchem Geschwätz gegenüber?

Haben wir nicht ein Beispiel mönchischer Verschrobenheit vor uns? Bei allem Negativen, das die Kirchen den Frauen anlasten, sind sie immer noch gut genug, um von Geistlichen ins Bett gezogen zu werden. Spielt sich Damiani zu einem pfäffischen Eiferer herab? In »höchsten« Kirchenkreisen ist der »Sex in der Kirche« ein Tagesthema. Wenn es ihr nunmehr nicht gelingt, sich wirksam zu reformieren, ist es um sie geschehen, denn Rom wird zeitenweise von Huren regiert.

Päpstliche Romanzen

Während die Päpste gegen die Unzucht der von ihnen Abhängigen wettern, geben sie in zahlreichen Fällen selbst ein erschreckendes Beispiel menschlicher Unzulänglichkeit. Sie sind die Eigentümer eines über weite Strecken unrechtmäßig erworbenen Kirchenstaates, denn nicht nur die sog. »konstantinische« Schenkung ist eine Fälschung.

Die Päpste hadern nicht nur im kirchlichreligiösen, sondern ebenso im weltlich-politischen Bereich. Die ihnen unterstellte Machtfülle macht es Einzelnen schwer, auf Frauen, Luxus und Geld zu verzichten; sie profilieren sich an herrschaftlichen Gelüsten[(156)]: da ist für den »rechten« Glaube wenig Platz.

So werden aus angeblichen Friedensfürsten unerbittliche Krieger. So beginnen sie selbst ihre Autorität zu untergraben. Hurerei und Macht bedeuten ihnen mehr als Glaube und Nächstenliebe. Die Zeit ist rauh. So bittet der Verbrecher Vitelli noch in dem Moment um den päpstlichen Segen, als er von einem Sohn des Papstes erwürgt wird.

Gregor I.[(157)] ist von mönchischen Vorurteilen und abergläubischen Vorstellungen durchdrungen. Wir verdanken ihm die Einsetzung des sog. »ewigen« Lichtes in den christlichen Kirchen, nicht aber den »gregorianischen« Gesang. Sein Bestreben ist es, Roms Glanz aufzupolieren. Er ist streng gegen Untergebene, würdevoll gegen die, die sich zuvorkommend an ihn wenden und nachgiebig gegen solche, die er für seine Zwecke gewinnen will«[(158)].

Martin I.[(159)], der Verschwörung beschuldigt und zum Tod verurteilt, wendet sich gleichfalls gegen das unzüchtige Leben der Geistlichkeit. Nikolaus I.[(160)] setzt sich unerschütterlich für die Vorrechte des apostolischen Stuhles und die sittlichen Grundsätze des Christentums ein; er blickt wachsam auf die Kirchenzucht.

Kurz danach sehen wir Formosus[(161)] auf dem Stuhl Petri. Man bezichtigt ihn des Meineides und wirft seine Leiche in den Tiber. Später werden Teile herausgefischt und würdevoll in St.Peter begraben.

Papst Sergius II.[(164)] ein Spezialist für das Schachern mit Kirchenämtern, der zudem seinen räuberisch veranlagten Bruder zum Bischof erhebt, ist ein Mensch voll anerkannter Schändlichkeit. Auf ihn folgt Bonifazius VI.[(162)]. Er wird vor seinem Amtsantritt zweimal wegen seines ausschweifenden Lebenswandels der geistlichen Würde enthoben. Baronius nennt ihn einen »gottlosen Schandbube«, der nicht würdig ist, in das päpstliche Register aufgenommen zu werden[(163)]. Er stirbt am 26.April entweder an einem Gichtanfall oder an einem Giftanschlag.

Mit dem Jahr 904 gewinnt die toskanische Partei die Oberhand in Rom. In diesem Zusammenhang ist Theodora: »... ein schönes, vornehmes, unzüchtiges und verworfenes Frauenzimmer« zu nennen. Für ein halbes Jahrhundert führt sie mit den Töchtern Theodora und Marocia den Krummstab und die daran geketteten Statthalter am Gängelband. Buhler kommen rasch zu Würden und werden verworfen, wenn sie ihren (Ge)lüsten nicht mehr entsprechen!

Bald ist das Laster nicht mehr zu beschreiben. Johann IX.[165] ist der uneheliche Sohn von Sergius III. Abgeschwächt konstatieren Kirchenhistoriker: »... sein Pontifikat war ohne Gewalt, des Glanzes bar, nur mit geistlichen Dingen beschäftigt«. So kann man das nicht stehen lassen, denn er hat nachweibar gehurt. Danach sehen wir Leo VII.[166] das göttliche Amt walten. Er erklärt die Ehen der Geistlichen für ein Verbrechen und wirkt mit rastloser Anstregung für die Wiederherstellung der Kirchenzucht.

Johann XII.[167] kommt mit 18 Jahren zur päpstlichen Würde. Seine Buhlerin ist Stephana. Als sie von ihm schwanger wird, frühzeitig niederkommt und stirbt, lebt er mit einer Konkubine seines Vaters zusammen. Zeitgenossen berichten: »... daß diesem Papst die Schönsten und Häßlichsten, die Vornehmsten und Geringsten der Frauen gleich willkommen waren. Er war eine Mißgeburt, frevelte gegen die Religion und die Gottesdiener, führte das Tanzen, Gelächter und Absingen von Gassenhauern in der Kirche ein. Er machte den lateranischen Palast zum Bordell, schändete Weiber, Witwen und Jungfrauen. Er flüchtete mit dem Kirchenschatz und wurde am 6.November 963 wegen seiner zahlreichen Verbrechen abgesetzt[168]. Er stirbt in den Armen einer Ehefrau, bzw. wird von deren Mann erschlagen, weil sie ihn beim Ehebruch ertappt hat[169].

Papst Johann XIII.[170] ist der Sohn von Theodora der Jüngeren. Aufgrund seiner selbstherrlichen Regierung wird er im Dezember 965 bei einem Aufstand von den Römern gefangengenommen. Papst Johann XIV. (171) ist der Sohn eines Priesters und wird von der unter Bonifaz VII.[172] stehenden Gegenpartei eingekerkert. Am 20.August 984 verbunkert er sich in der Engelsburg und wird hier (möglicherweise) vergiftet.

Papst Leo IX.[173] zielt systematisch darauf ab, verheiratete Geistliche aus den Positionen zu drängen, denn die Lebensweise der Kleriker - vom Subdiakon bis zum Papst - ist zum Gespött der Bevölkerung geworden. Er wettert auf vielen Synoden gegen die Unzucht;[174] so ins Rheims, Rom und Mantua. Immer wieder schleudert er seinen Bann gegen Simonisten und Ehebrecher. U. a. wird Sibico, der Bischof von Speyer, wegen Ehebruch in Verwahrung genommen.

Leo IX. verbietet 1049 den verheirateten Geistlichen den Verkehr mit ihren Frauen und läßt römische Dirnen, die sich mit ihnen einlassen, als Sklavinnen in den Lateran einweisen. Hier kommen sie vom Regen in die Traufe. Sie werden als Mägde, »gottgeweihte« Jungfrauen(!) oder offizielle Liebhaberinnen der Kardinäle gehandelt.

Der Papst setzt in Vercelli zwei simonistische Bischöfe ab. Zu den Synoden, die er im Verbund mit der Abschaffung der Priesterehe einberuft, rechnet man die von Mantua aus dem Jahr 1053. Hier kommt es zu einem Aufruhr. Pfeile und Steine werden auf den Statthalter geworfen, so daß die Sitzung unterbrochen werden muß. Der Anlaß zu diesem Gerangel dreht sich vermutlich **nicht** um die Aufrechterhaltung der priesterlichen Keuschheit, sondern um einen Reliquienschwindel[175].

Stephan IX.[176] ist der 154.Papst der Kirchengeschichte, arbeitet gleichfalls an der Verbesserung der Kirchenzucht und sagt der Priesterehe den Kampf an. Doch selbst zum Nepotismus neigend, überträgt er seinem Bruder Gottfried die Verwaltung des Herzogtums Spoleto und der Mark Ancona.

So ist das entscheidende Jahrhundert das 10. und 11. in der Kirchengeschichte. Baronius sagt: »... auf dem Stuhl Petri saßen gottlose Menschen, nicht Päpste, sondern Ungeheuer. Wie häßlich sah die Gestalt der römischen Kirche aus, als geile und unverschämte Huren Rom regierten«[177].

Theiner sagt dazu: »... es ist bekannt, daß manche Päpste zur Mistlache aller menschlichen Schändlichkeit geworden sind«. Stück für Stück fällt das Kirchengut in sich zusammen. Noch mehr als die sexuellen Eskapaden drücken die simonistischen Umtriebe. Arim bald gibt unumwunden zu: »... denn ob die Priester Frauen haben, stört uns wenig. Die Simonie ist die Quelle aller Übel«.

Erst am Rand des Abgrundes erkennt man im Lateran die Gefahr, erst dann erhebt sich der verzweifelte Schrei nach Rettung. Noch ist die Kirche nichts anderes als ein Sammelbecken sich widersprechender Entwicklungen. Es handelt sich um den Fortbestand des materiellen Lebensfadens einer instabilen Institution; die Auflösungstendenzen zeigen sich in voller Schärfe. Wer dabei leer ausgehen mußte, stand fest. Es war die Kirche.

Sie mußte reagieren, denn sie lebte in einer Welt voll Verbrechen und Zuchtlosigkeiten, an denen sie sich aktiv beteiligte[178].

Nun entstand eine »neue« Kirche. Sie ist nicht das Werk grüblerischer Denker oder besonders frommer Christen, sondern sie entsteht aus einer existentiellen Notlage. Erst jetzt beginnt die eigentliche Kirchengeschichte. Vorher steht sie ohne festen Halt und Konzeption in einem Vakuum zum Teil selbstverursachter politischer Gelüste im Wechselspiel der Kräfte.

Ab dem 11. Jh. gelingt es ihr, eine Hierarchie aufzurichten und den Einfluß wirksamer zu gestalten. In dieser Periode setzen erhebliche Gegenströmungen ein. Sie kämpft auch auf anderen Gebieten und unterdrückt die Ketzerbewegungen. Ab dieser Zeit loderten die Scheiterhaufen der Inquisition[179].

Und doch geht die Kirche nur als scheinbarer Sieger hervor, denn mit dem Aufbäumen inmitten der selbst verursachten Ungerechtigkeit legt sie den Keim zur weiteren Talfahrt. Mit dem 14. Jh. gelangt sie in die programmierte Krise und im 16. Jh. muß sie den über weite Strecken zu Unrecht erworbenen Kuchen (nicht nur) mit den Protestanten teilen. Eine allgemeinverbindlich und glaubenswahre »katholische« Kirche gibt es nicht; bereits im 6. Jh.-tausend Jahre vor der Reformation - spaltet sich die Ostkirche mit Vernunft von ihr.

Im Zenit um die Durchsetzung der Ehelosigkeit für die Geistlichen stehen die Reformpäpste Gregor VII. und Urban II. Mit ihnen wird der Begriff der Ehelosigkeit für immer an die sexuelle Not der katholischen Geistlichen geknüpft[180].

1046 stehen sich gleichzeitig drei Päpste gegenüber und bekämpfen sich unter dem Lärm von Waffen[181]. Clemens II.[182] geht als Sieger hervor. Er ist aufrichtig um die Verbesserung der Kirchenzucht bemüht, doch sein früher Tod hindert ihn an der Durchsetzung wirksamer Reformen. Auf ihn folgt Damasus II.[183]. Nachdem er 23 Tage auf dem päpstlichen Thron sitzt, wird auf dem Wormser Reichstag Leo IX.[184] zum Papst gekürt. Auf seinem Weg nach Rom legt er ein Zeichen seiner Würde ab[185] und eilt in einem einfachen Gewand in die heilige Stadt[186]. Unterwegs trifft er mit dem Mönch Hildebrand zusammen, den er in Rom zum Subdiakon ernennt.

Da stirbt 1054 Leo IX. Sterbend überträgt er Hildebrand die Verantwortung für den Fortbestand der angeschlagenen Kirche. Doch fällt die Wahl nicht auf ihn, sondern auf den Bischof Gebhard von Eichstätt, der sich als Papst Victor II.[187] nennt. Während dieser Zeit reist Hildebrand herum und verkündet während der Synode von Florenz einige Gesetze gegen die Priesterehen und Simonie. Bei dieser Gelegenheit wird der Bischof von Florenz wegen seines unzüchtigen Verhaltens abgesetzt. Kaum ist der neue Papst über die Grenze gegangen, stirbt er am 28. Juli 1057 in Florenz.

Stephan IX. ist bei seiner Wahl schon zu alt, um lang regieren zu können. Er ernennt Hildebrand zu seinem Archidiakon. Stephan stirbt am 29. März 1058. Auf ihn folgt Benedikt X.[188], den Zeitgenossen als »einfältigen und unwissenden Mann« bezeichnen. Bald danach wird Nikolaus II.[189] zum Gegenpapst bestimmt. Er ruft 1059 die Bischöfe der Lombardei und Toskana zu einer Synode zusammen. Hier wird der Widersacher vorgefordert: »... aber er legt, aufgeschreckt durch ein militärisches Aufgebot, freiwillig die päpstliche Würde nieder«. Daraufhin hält Nikolaus

II. feierlich Einzug in die Glaubensmetropole[190].

Er ist bemüht, die Ehen der Priester einzuschränken. Er stößt auf Schwierigkeiten, denn in Italien ist die Priesterehe üblich. Im April 1059 ruft er zu einer Synode nach Rom und lädt die lombardischen Bischöfe ein. Die Versammlung wird zahlreich besucht[191].

Wieder wettert man gegen die simonistischen Umtriebe und greift die abgedroschene Leier von der Unsittlichkeit auf. »Niemand solle bei einem Priester eine Messe hören, von dem er wisse, daß er eine Konkubine hat«, bzw. »... im Beisein einer Konkubine dürfe sich ein Priester nicht unterstehen, das Evangelium zu lesen oder eine Messe zu singen«.

Nikolaus II. stirbt am 22. Juni 1061. Nun wird Anselm von Badagio, der Bischof von Lucca, mit Waffengewalt in den Lateran geführt und auf den päpstlichen Thron gesetzt. Er nennt sich Alexander II.[192]. Sein Gegenpapst wird Honorius II.[193], der einstige Bischof Cadulas von Parma und gleichzeitige Kanzler von Kaiser Heinrich III.

Auch Honorius wettert vergebens gegen die Ehen der Geistlichen. Noch an seinem Todestag wird der ehemalige Mönch Hildebrand zum Papst ausgerufen. Er nimmt die Wahl an und nennt sich Gregor VII.[194].

Er schlägt ein neues Kapitel in der Kirchengeschichte auf. Durch ihn beginnt sie zu werden, was sie heute ist; ein auf Zwängen errichtetes Imperium. Seine Wahl erfolgt ohne königliche Zustimmung. Daraus entsteht der lang anhaltende Streit um die Investitur[195], d. h. wessen Recht es sei, Geistliche in ihre Ämter einzusetzen.

An dieser Stelle verbucht der ehemalige Mönch seinen größten politischen Erfolg. Später wird er heiliggesprochen. Seine Wunder sind in der Kanonisationsbulle nicht aufgeführt, lassen sich aber rekonstruieren[196]. Petrus Damiani nennt ihn einen »heiligen« Satan[197]. Von seinen Gegnern wird er anstatt Hildebrand = Höllenbrand genannt[198].

Der Reformpapst Gregor VII.

Gregor VII. hatte keine andere Chance, als mit einem eisernen Besen zu kehren, wollte er vor sich bestehen und nach außen hin erfolgreich sein. Er kämpft gleichzeitig an mehreren Fronten; er wird zum erbitterten Gegner der Priesterehe, wettert gegen den Ämterschacher und setzt sich gegenüber dem deutschen Kaiser durch, der, falls wir keine Legende vor uns haben, in Canossa in einem Büßerhemd vor ihm erscheint und um Buße fleht.

Die von Gregor VII. erhaltenen Schreiben zeigen ihn als geschickten Taktiker. Und doch: auch er hat den Bogen überspannt. Die Brachialgewalt eines Despoten vermag nichts gegen menschliche Triebe und Neigungen auszurichten. Genial erscheint sein Schachzug, den Gläubigen zu verbieten, die Messe bei verworfenen Geistlichen zu hören.

1074 ... ein schwarzer Tag für die Geistlichen

1073 läßt er von Capua aus ein Schreiben an den Erzbischof Gebhard von Salzburg senden. Er fordert ihn auf, die Keuschheitsgesetze im fränkischen Reich durchzusetzen, bzw. »schändlich lebende Priester mit kanonischer Strenge zu bändigen«. Die Entscheidung zur zwangsweisen Durchsetzung des Zölibats fällt in der Glaubenszentrale, denn 1074 wird während eines Konzils festgeschrieben:

- Priestern, Diakonen und Subdiakonen, die in Unzucht leben, verbieten wir seitens des allmächtigen Gottes und durch die Gewalt des heiligen Petrus den Eintritt in die Kirche, bis sie sich gebessert haben. Wenn sie in ihrer Sünde verharren, darf ihrem Gottesdienst niemand beiwohnen. Wer sich weigert, diesem Befehl nachzukommen, begeht die Sünde des Götzendienstes[199].

Dieser Beschluß schlägt wie eine Bombe unter den Geistlichen ein. Siegbert von Gemblours schreibt: »... der Papst belegte die Simonisten mit dem Anathem, entfernte die beweibten Priester von ihrem Amt und untersagte den Laien, ihre Messen zu hören. Damit führt er ein neues Verfahren ein[200].

Er übersieht, daß die Mehrzahl der Geistlichen in ordentlichen und geregelten Eheverhältnissen lebt, daß also bei ihnen von »Hurerei« keine Rede sein kann. Der Papst handelt nach dem verfänglichen Gießkannenprinzip und nimmt dabei eine unseriöse Wertung vor, denn ob seiner Formulierung steht die Frage an, ob ein sittlich lebender Priester die gleiche Machtvollkommenheit besitzt wie ein tugendloser.

Es ist von Interesse, daß der Papst Lucius II. dem Reformpapst Gregor VII. offiziell widerspricht. Er sagt in einem Brief, daß man auch bei den Geistlichen, die Hurer sind, Messe hören könne, bis sie von der Kirche ausgestoßen seien[201].

Nun erhebt sich eine Flut des Protestes. Ein Teil der deutschen Bischöfe tritt dem Papst mutig, doch kraftlos entgegen. Der Bischof von Konstanz erlaubt seinen Geistlichen, sich Frauen zu nehmen[202]. Der Erzbischof Liemar von Bremen stellt heraus, daß nach dem deutschen Recht nicht die päpstlichen Legaten, sondern der Erzbischof (von Mainz) das Sagen hat.

Lambert von Aschaffenburg schreibt: »... gegen dieses Gesetz murrten die Geistlichen, denn es ist besser zu heiraten, als Brunst zu leiden. Wenn man den Menschen den von der Natur vorgegebenen Weg versagt, öffnet man der Hurerei das Tor. Wollte der Papst bei seiner Meinung beharren, wollten die Priester lieber ihr Amt aufgeben, als der Ehe entsagen. Er möge dann sehen, woher er Engel zur Regierung des Volkes in den Kirchen bekäme«[203].

Ein weiterer konstatiert: »... bezüglich der Keuschheit dürfe man die Grenzen der Klugheit nicht überschreiten«[204]. Der Papst findet nach anfänglichem Aufmucken im Erzbischof Siegfried von Mainz ein gefügiges Werkzeug.

Von Gregor VII. bedrängt, ruft er für den Oktober 1074 eine Synode in Erfurt zusammen. Hier wird der päpstliche Befehl hinausposaunt. Die Sitzung ist von Turbulenzen begleitet. Der Erzbischof schwankt wie ein Halm im Wind, sucht die aufgebrachten Geistlichen zu beschwichtigen und sichert ih-

nen zu, in Kürze nach Rom zu reisen, um den Papst von seinem strengen Befehl abzubringen. Doch weit gefehlt. Der Statthalter Gottes kontert geschickt, dreht den Spieß herum und fordert den Erzbischof zur Rechtfertigung nach Rom.

Schon zieht der Schwächling den Hals ein und sagt: »... er leide an Gicht und könne deshalb die Reise nicht antreten, werde jetzt aber dafür sorgen, daß man die päpstlichen Befehle vollstreckt«[205].

Als der Bischof Altmann von Passau die Kanzel besteigt, um die christliche Frohbotschaft zu verkünden, schlägt man ihn beinahe in Stücke[206]. Auch der Bischof von Chur gelangt in Lebensgefahr. Doch Gregor läßt sich nicht beirren; geschickt weiß er jeden nach seinem Willen zu formen.

So schreibt er an den Bischof Otto von Konstanz: »... es wurde uns vieles von Dir hinterbracht, was wir ungern und mit Betrübnis vernehmen. Wir haben Dir unsere Befehle zur Beachtung geschickt. Du aber hast, wie wir vernommen haben, die Zügel der Wollust gelöst, so daß die, die mit Weibern verbunden sind, in ihrem Verbrechen beharren und, wer noch nicht verheiratet ist, kein Verbot von Dir befürchtet. O, der Unverschämtheit, o, der Erzfrechheit. Ein Bischof verachtet die Befehle des apostolischen Stuhles, vernichtet die Vorschrift der hl. Väter, verkündet seinen Untergebenen das Gegenteil. Deshalb befehlen wir Dir mit apostolischer Vollmacht, Dich zur nächsten Synode zu stellen, um über Deinen Ungehorsam und alle Dir zu Last gelegten Taten Antwort zu geben«.

Den Kölner Erzbischof Anno läßt er wissen: »... es sei bekannt, daß unter den Kirchen des römischen Reiches die von Köln dem

Mit der Wende zum 2. Jahrt. christlicher Geschichte regen sich oppositionelle Gruppen. Sie wollen den Ruin der Kirche aufhalten und zu den »evanglischen« Grundsätzen zurück. Sie werden von der Kirche massiv verfolgt und unterdrückt. Es ist die Zeit der großen Ketzer- und Inquisitionsprozesse.

römischen Stuhl stets treu und ergeben sei, so daß sie als geliebteste Tochter der Mutter galt (Anmerkung; hier entsteht der sog. »Hexenhammer« und hier setzt 1988/89 der Papst einen ihm genehmen Bischof ein). Daher vertrauen wir auf dich und befehlen dir durch den Herrn, damit die Einschärfung ernsthaft vorgenommen wird, damit der Braut Christi, die weder Makel noch Runzeln hat, ein angenehmes Opfer gebracht wird. Er möge wissen, daß diese Beschlüsse nicht aus seinem Sinn entsprungen seien, sondern daß er die Verordnungen der alten Väter unter Eingebung des hl. Geistes kraft seines Amtes gemacht hat, damit er nicht einst als träger Knecht gestraft wird[207].

An den Bischof von Halberstadt läßt er schreiben: »... er habe die ihm als Bischof eingeschärften Befehle sorgfältig zu vollstrecken, das Unkraut auszujäten, die keuschen Priester zu pflegen und die Unzüchtigen vom Altardienst zu entfernen«.

Dem Magdeburger Erzbischof befiehlt er: »..... nach allen Kräften in die priesterlichen Posaunen zu blasen, um die Mauern der schmutzigen Wollust zu zerstören. Verkünde eifrig die Keuschheit der Priester, damit das dir gebaute Haus gereinigt werde«.

An den Bischof Dietwien von Lüttich schreibt er: »... er möge alle Priester zwingen, keusch zu bleiben und ihre Konkubinen zu verwerfen, damit er nicht mitsamt der Übeltäter verdammt werde. Weil aber sein Lebensende nahe sei, so absolviere er ihn, aus Mitleid bewogen, von seinen Sünden«.

Den Mainzer Erzbischof Siegfried läßt er wissen: ».... bilde dir nicht ein, daß du oder irgendein Patriarch die Macht hat, das Urteil des apostolischen Stuhles umzustoßen. Denke nicht daran, dich gegen die hl. römische Kirche anzumaßen oder etwas gegen sie zu unternehmen«.

Der Mainzer versucht, die über seinem Kopf anberaumte Synode zu verhindern, da erreicht ihn ein zweites Schreiben aus der Zentrale: »... er habe nunmehr, bei Verlust seines Amtes und seiner Würde, die gesamten Priester seiner Diözese zu versammeln und eine Entscheidung zugunstern der Kir-

che herbeizuzwingen, d. h. die Priester anzuhalten, entweder ihre Frauen zu verlassen oder ihr Amt aufzugeben«.

Mit Drohbriefen allein ist es nicht genug. Der Papst besinnt sich der diensteifrigen Legaten und erteilt ihnen das Recht, Aufsässige zu exkommunizieren[208]. Zudem stachelt er die Mönche an. So werden die Klöster St. Blasien, Schaffhausen und Hirsau Ausgangspunkte verschiedener Reformen.

Ähnliche Unruhen wie in Deutschland zeigen sich in Frankreich. Als der Erzbischof von Rouen (1069 - 1079) während einer Synode die verfänglichen Gesetze vorträgt, entsteht ein Tumult. Er muß unter Steinwürfen und Flüchen das Gotteshaus verlassen. Das Konzil von Paris beschließt 1074, daß man dem Papst in diesem Punkt **nicht** zu gehorchen brauche.

In der Folgezeit wird das »neue« Zölibatsgesetz immer und immer wieder eingeschärft. »Das Elend, das durch die päpstlichen Dekrete gegen die verheirateten Priester erreicht wird, ist so schreiend, daß Einzelne kühn als Verfechter der Unmenschlichkeit auftreten[209]. Zu ihnen gehört Dietrich von Verdun[210], dem der Papst massive Vorhaltungen macht.

»... er habe als Mönch, anstatt ruhig in seinem Kloster zu bleiben, die Länder durchschwärmt und statt die Regel des Schweigens zu beachten, seiner Zunge freien Lauf gelassen. Er habe auf die höchste Würde Jagd gemacht, durch zusammengescharrtes Geld den Pöbel für sich gewonnen und sich dadurch die Freundschaft mächtiger Familien erkauft. Er habe in einer ihm erwünschten Zeit den päpstlichen Stuhl bestiegen und sich angeschickt, Kirche und Staat zu verwirren. Er habe den Frieden der Kirche vernichtet und das große Haus des himmlischen Vaters in eine gräuliche Unruhe versetzt«.

Ein Unbekannter sagt: »... ich möchte wissen, wer es verordnet hat, daß die christlichen Priester keine Ehe eingehen sollen, ob Gott oder die Menschen? Für die Priester sei es besser, sie zu verheiraten, damit sie nicht der Unzucht verfallen. Wer die Ehe verbietet, vernichtet die natürliche Ordnung und handelt gegen den göttlichen Willen«.

Dann setzt ein massiver Kampf mit dem deutschen König Heinrich ein. Gregor VII. wird zweimal von ihm für abgesetzt erklärt, und im Gegenzug wird der Kaiser exkommuniziert. Es regnet Interdikte und Machttiraden. Dies zermürbt den wohl mächtigsten Papst. Von Rom vertrieben, beschließt er sein unruhevolles Leben in Salerno.

Es war ihm nicht vergönnt, das Ziel seiner Bestrebungen verwirklicht zu sehen. Inzwischen war er, hinwegschreitend über den Ruin unzähliger Priesterfamilien und von ihren Flüchen begleitet, dem Ziel der Kirche nähergerückt, die Ehen der Geistlichen völlig zu vernichten«[211].

Von katholischen Schriftstellern wird er verherrlicht. Dazu ein Beispiel: »... Gregorii verließ den 25.May diese Zeitlichkeit, um die ewige Krone für viele von ihm zur Wiederherstellung der kirchlichen Disziplin angewandte Mühen in Empfang zu nehmen«[212]. Entsprechend kontern die Gegner und sagen: »... er war der herrschsüchtigste Papst, der je auf dem Stuhl Petri gesessen hat«[213].

Hurer von Gottes Gnaden

Nach seinem Tod wird der kalte Krieg fortgesetzt. Die Synoden von Melfi, Konstanz, das Konzil von Piazenza und die Kirchenversammlung von Goslar wettern umsonst gegen die Auflösung der Priesterehen. Man sucht Gregors Willen zu festigen, denn trotz seiner - aus heutiger Sicht - rabiaten Vorgangsweise reißen die Skandale weder im Lateran noch hinter den Klostermauern ab.

Ein weiterer Fürsprech der Ehelosigkeit ist der Papst Calixtus II.[214]. Insbesondere ist er damit beschäftigt, seinen päpstlichen Nebenbuhler, Analectus II. aus dem Feld zu drängen. Die nun in einer Zangenfunktion erzwungene Ehelosigkeit kommt in Frankreich 1130 und 1131 während zweier Konzilien zur Sprache[215]. »... wir haben beschlossen, daß die Geistlichen, die sich von Subdiakonat an verehelicht haben oder (die) Konkubinen halten, Ämter und Pfründe ver-

lieren, denn es ist unwürdig, daß sie Unreinheiten obliegen«[216].

Auf den Synoden von Lüttich und Pisa wird in das gleiche Horn geblasen; wieder wird ein Gegenpapst verflucht und wieder werden die Keuschheitsgesetze vorgegraben. Man erweitert sie derart, daß man jetzt beginnt, gegen Mönche **und** Nonnen vorzugehen. So führt der Abt des Klosters der hl. Pelagius, ein verworfenes Leben. Er gebietet über 60 Konkubinen und verschwendet die Klostergüter. Daraufhin wird er abgesetzt.

1139 findet unter Innocenz II.[217] die Zweite Lateransynode statt. Hier besagt der 21. Canon: »... Priestersöhne werden vom Altardienst ausgeschlossen, sofern sie nicht als Mönch oder Kanoniker keusch gelebt haben«.

Von Papst Lucius III.[218] der 1415 stirbt, ist lediglich ein Brief an die Mönche des Klosters zum hl. Pancratius bekannt, in dem er verbietet, daß die Söhne den Vätern in den Pfründen folgen sollen«[219]. 1145 besteigt Eugen III.[220] den päpstlichen Stuhl. Drei Jahre danach veranstaltet er eine Synode in Rheims und verordnet: »... was von unseren Vätern mit eifriger Sorgfalt festgesetzt ist, befehlen wir zu beachten. Daß diejenigen, die vom Subdiakonat an Frauen oder Konkubinen genommen haben, Amt und Pfründe verlieren«.

Sittenprediger ziehen auf

1177 taucht der Prediger Lambert le Begues in Lüttich auf. Dadurch gerät der Klerus so in Verwirrung, daß sich der Bischof Radulph gezwungen sieht, ihn zu ergreifen und auf das Kastell Rivogne zu bringen. 1178 hält der Erzbischof Konrad von Salzburg eine Synode ab[221]. Die Originalakten sind verlorengegangen, doch ein Archidiakon hat Details festgehalten:

• Durch öffentliche Bußübungen bezähmen die Geistlichen die Hurerei und den Ehebruch der Laien. Der Geistliche wird durch keine Furcht gezügelt. Keiner zeigt den anderen an, weil alle das gleiche tun. Es wird so weit kommen, daß der Priester, der wie ein

Laie nur eine Ehefrau hat und sich der anderen enthält und der die Treue eines fremden Ehebettes nicht verletzt, als Gottesfürchtiger und Heiliger gepriesen wird.

Um 1189 wirkt in Deutschland Heinrich, der Kardinalbischof von Albano. In einem Schreiben an die Erzbischöfe, Bischöfe und Prälaten geht er die Laster der Geistlichen durch und verordnet bei Unzucht ihre Entlassung innerhalb von 40 Tagen; Ungehorsamen wird der Verlust von Amt und Pfründen angedroht.

Von 1189 - 1216 verwaltet Alexander III. den päpstlichen Stuhl. Seine Briefe sind in 19 Büchern zusammengefaßt. Darin bleibt kein Verbrechen unerwähnt, dessen sich Kleriker schuldig machen können. Trunkenheit, Schwelgerei, Verschleuderung der Kirchengüter, Raub, Mordbrennerei, Hochverrat, Verschwörung gegen Thron und Kirche ... und, was sonst das Höllenregister noch zu bieten vermag«.

Wer wundert sich, wenn es die unteren Chargen ihren Herren gleichtun? Ein Diakon aus Leon (Spanien) treibt mit der Freundin eines Soldaten Unzucht. Der Soldat entmannt den Geistlichen und wird daraufhin mit dem Mädchen verbrannt. Der Diakon wird geheilt und läßt sich von seinem Bischof zum Priester weihen. Die Sache gelangt nach Rom, denn (auch) am scheinheiligsten Ort der Welt beschäftigt man sich mit Lapalien. Der Entmannte bittet den Papst um Dispens und bekommt sie, nachdem er glaubhaft berichtet hat, daß er unschuldig ist«[222].

Auch im Elsaß sind viele Geistliche verheiratet. Als die Dekrete von Innocenz bekanntgegeben werden, gerät man in Empörung. Kleriker, Adel und Volk regen sich darüber auf. Der Bischof von Straßburg soll sich entschlossen haben, mehrere der Wüstlinge in ein Gefängnis zu werfen[223].

Hier tritt Burchard als Subdiakon auf. Er ist mit Margaretha, der Gräfin Johann von Flandern, verheiratet und zeugt mit ihr Kinder. Als es der Papst erfährt, schleudert er nicht nur den Bann gegen ihn, sondern befiehlt dem Erzbischof von Rheims, ihn alle Sonntage beim Läuten der Glocken und brennenden Kerzen zu erneuern, bzw. dem Gottesdienst an denjenigen Orten auszusetzen, an dem der Sündige predigt. Schließlich wird der Unzüchtige in Gent ergriffen und enthauptet. Sein Kopf wird durch die Städte Flanderns und des Hennegaues getragen«[224].

Immer wieder soll der Papst Urteile über Geistliche fällen, die im Beichtstuhl Unzucht treiben. Dazu ein Beispiel: »... ein Priester wollte eine Frau, die ihm beichtete, verführen, daß sie mit ihm den Beischlaf vollziehen möge. Sie weigert sich, verspricht es aber anderweitig. Zum Zeichen des Andenkens schickt sie ihm eine Torte und eine Flasche Wein. Der Priester, wahrscheinlich ein Pönentiar an der Kathedralkirche, überreicht das vortreffliche Geschenk seinem Bischof, der die Torte bei einem Fest auftischen läßt. Beim Aufschneiden ergibt sich, daß in der Füllung Menschenkot ist. So wird die Sache ruchbar[225]. Der Franziskaner Salimbeni tadelt, daß die Frau nicht auch den Urin in einer Flasche mitgeschickt hat«[226].

Während des Konzils von Avignon (1209) wird das Schandleben der Geistlichen angeprangert[227]. »... sie gehen den Laien in der Unzucht voran und ziehen sie wie Blinde in eine Grube. An den Vigilien der Heiligen sollen keine Tänze in der Kirche aufgeführt werden. Man soll keine unzüchtigen Bewegungen machen und (in der Kirche) keine Liebeslieder singen«[228].

1212 wird in Paris ein Konzil gehalten. Hier wird den Regularklerikern eingeschärft: »... die verdächtigen Türen in den Abteien, Prioraten und allen Aufenthaltsorten der Religiösen sollen verrammelt werden, damit der Teufel keine Gelegenheit hat«[229]. Weiber sollen die Dormitorien der Klöster nicht betreten. Mönche und regulierte Kleriker sollen nicht zusammenliegen und Sodomiterei betreiben«[230].

Auf der 1215 unter Innnocenz III. gehaltenen Lateransynode werden die altbekannten Verordnungen gegen die Unkeuschheit erneut hervorgezogen. Bislang hat sich an der Lage nichts geändert. Dies stellt das Gregorianische Wollen in Frage. Seine Entscheidung - nunmehr 150 Jahre zurückliegend - war gegen die Menschlichkeit gerichtet; trotzdem wird er heilig gesprochen!

1255 sucht man während der Synode von Coprinacium im Sprengel von Bordeaux[231], den Konkubinat zu regeln. 1259 richtet der Papst ein Schreiben an den Erzbischof Ulrich von Straßburg und zeigt sich ergrimmt über die Sittenlosigkeit unter den Geistlichen. Er ordnet an, daß die Gläubigen die von den Konkubinariern gehaltenen Messen nicht besuchen sollen. 1260 klagt der Erzbischof Conrad von Köln auf einer Provinzialsynode über den Konkubinat der Geistlichen und wartet mit drakonischen Strafen auf[232].

1261 veranstaltet der Erzbischof Werner von Mainz ein Provinzialkonzil. Auf's neue werden die Verordnungen gegen Geistliche erlassen. Unter Androhung des Anathems und der Versagung des kirchlichen Begräbnisses wird verboten, Konkubinen und den mit ihnen gezeugten Kindern etwas von den kirchlichen Einkünften zu vermachen.

1266 finden in Bremen und Magdeburg Konzilien statt. Das erste steht unter dem päpstlichen Legat Kardinal Guido[233]. Er gebietet(!): »... wir befehlen, daß die Geistlichen keusch zu leben haben. Diejenigen, die ergriffen werden und sich öffentlich Konkubinen halten, erklären wir, sofern sie sich nach erlassener Ermahnung nicht von ihnen trennen, der Pfründe für verlustig. Die im Subdiakonat oder in höheren Weihen befindlichen sind und (die) sich erkühnt haben, sich mit einer Hure oder unter dem Namen der Ehefrau förmlich zu verbinden, sollen auf immer ihres Amtes und ihrer Pfründe beraubt sein.

Wir finden es gut, die Kinder, die aus einem verfluchten Beischlaf erzeugt werden, zu strafen. Sie sollen keinen Anteil am beweglichen und unbeweglichen Anteil haben. Was die Eltern auch immer hinterlassen, soll zwischen dem Bischof und der Gemeinde verteilt werden. Besagte Söhne sollen auf immer unrein sein«.

In einem Schreiben des Magdeburger Konzils wird den Geistlichen untersagt, Konkubinen bei sich zu halten. 1284 verwundet ein

Londoner Goldschmied einen Kleriker und flüchtet aus Angst vor der Rache in die Kirche zur hl. Maria.

Daraufhin bestechen Freunde des Geistlichen den Kirchenvogt, so daß er sich nachts entfernt. Daraufhin dringen sie in die Kirche, ergreifen den Handwerker und erschlagen ihn mit einem Eisen, verstopfen seine Wunden mit Baumwolle und hängen ihn in der Kirche auf. Danach verbreiten sie das Gerücht, daß er sich selbst umgebracht hat. Schließlich wird die Tat ruchbar. Die Übeltäter werden mitsamt ihren Konkubinen von Pferden zerrissen[234].

Aus dem Jahr 1297 hat uns die Basler Geschichte den Fall einer durch einen Geistlichen verübten Jungfrauenschändung aufbewahrt, der durch die barbarische Rache, die man am Täter verübt, auffallend ist. Dem Verbrecher werden die Hoden abgeschnitten, um sie mitten in der Stadt als Warnung aufzuhängen[235].

1298 erklärt Gebhardt II., der Mainzer Erzbischof, in seinen Statuten: »...alle konkubinarischen Kleriker sollen dem Bann verfallen, sofern sie nicht innerhalb eines Monats Besserung zeigen«[236]. Der Bischof Mangold von Würzburg befiehlt während einer Synode[237] den Geistlichen, Unzucht und Sodomiterei zu meiden. Den Übertretern wird mit drakonischen Strafen gedroht. Außerdem ergeht das Verbot, sich der verdächtigen Weiber zu enthalten und deren Kinder zu erziehen.

Elias Rubeus[238] verfaßt um 1280 eine Schrift[239], in der er scharf gegen die verlotterte Kirchenzucht wettert, die Verderbnis der Kleriker und die Ausschweifungen der Geistlichen dokumentiert. Er agiert gegen die Vielzahl der »heimlichen« Ehen[240].

Nikolaus von Biberach, ein Kleriker aus dem Erfurter Raum, berichtet um die gleiche Zeit von der Unzucht der Bischöfe, und der Franziskaner Bonaventura spricht mehrfach von den Lastern des Klerus[241]. Um 1300 gibt ein Priester in Zabern Anlaß zum Ärgernis. Er steht im Verdacht des unzüchtigen Umgangs mit einer vornehmen Witwe. Als ihre Söhne den Lüstling nötigen, davon abzulassen, sucht er sich in weiblicher Kleidung einzuschleichen. Er wird entdeckt, und die Söhne schneiden ihm die Nase ab. Er stirbt an den Folgen dieser Kamperwunde[242].

Scholastiker mahnen zur Einsicht

Allmählich münden die päpstlichen Vorstellungen in die Dekretaliensammlungen der Kirche. So wird aus dem despotischen Wollen ein Rechtsvorgang. Beispielsweise erhält Gratians 1151 vollendete Sammlung der Kirchengesetze eine Vielzahl von Anmerkungen über die gewollte Ehelosigkeit aus dem Sammelsurium der bis dahin aufgelaufenen Schriften; daneben finden sich Vorstellungen, die den Gebrauch der Ehe gestatten.

Parallel bildet sich die Phase der Scholastik heraus. Es geht darum, das Selbstverständnis der Kirche neu zu prägen. Man sucht das historisch gestaute Wissen in »neue« Denkformen zu binden. Die Scholastiker bemühen sich, die Natur durch sophistische Spitzfindigkeiten zu untergraben[243].

Man beginnt, den kirchlichen Versteinerungsprozeß zu manifestieren. Die Gelehrsamkeit der Epoche war - auch für diese Zeit - bestenfalls mittelmäßig. Überall ist der Mangel an biblischer Exegese und Kritik zu erkennen. Von einer dem allgemeinen Volk verständlichen Liturgie kann keine Rede sein.

Die Unkenntnis vieler Geistlicher ist verblüffend. Von einer theologischen Bildung kann, sofern man sie als solche anerkennt, nicht gesprochen werden. Hinzu kommt die Dürftigkeit der sprachlichen und geschichtlichen Kenntnisse, das Ausrichten auf vorab fixierte Ziele; so **muß** die Scholastik in einer Sackgasse enden. In ihren Äußerungen sehen wir die Kluft zwischen Verstand, Glaube und Gefühl.

Das Hauptwerk der damaligen Theologie verfaßt der Lombarde Petrus[244]. Er geht davon aus, daß die Ehe ein Mittelwesen gegen die Unzucht ist, weil die Erbsünde dem Mensch »das Gesetz der tödlichen Lust« mitgeteilt hat, ohne das der Beischlaf nicht erfolgen kann. Demzufolge kann man die Ehe nicht verbieten, denn das dreifach - gute bestehe in der Treue, der Kinderzeugung und in den Sakramenten. Andere Scholastiker sehen es ähnlich und widersprechen damit päpstlichen Vorstellungen.

Nach Albert dem Großen[245] ist eine Weihe kein Hindernis, um eine Ehe einzugehen. Er beruft sich auf die verheirateten Priester des alten Bundes und sagt: »... so könne man es denen des Neuen Bundes nicht versagen. Gott habe befohlen, daß die Menschen wachsen und sich vermehren«. Boetius und Johannes Fidanze meinen, daß man den Geistlichen die Ehe gestatten muß. Johannes Scotus sieht gleichfalls in der Priesterehe kein Hindernis.

Petrus Lombardus verteidigt die Ehelosigkeit unter den Geistlichen unter Bezug auf die päpstlichen Entscheidungen. Thomas von Aquien[246] befürwortet den Ehestand und stellt seiner Auffassung die päpstlichen Dekretalien gegenüber. Er sucht nach einer Rechtfertigung für die kurialen Beschlüsse.[147]

Wie stets, befinden sich die Geistlichen in einer Zwickmühle, denn sie können nicht gleichzeitig zwei Herren dienen. Wilhelm Durant[248] legt seine Hand in die offene Wunde und erkennt: »... daß der Ärger daraus entstanden sei, daß man auf der einen Seite den Umgang mit den Frauen untersagt habe, auf der anderen in der Nähe der Kirchen Hurenhäuser errichtet; selbst beim Lateranischen Palast - der päpstliche Hofmarschall und andere seinesgleichen - sollen sich nicht von Huren und Kupplern bezahlen lassen«[249].

Er will erwogen wissen, ob es nicht besser sei, die Ehe wieder zu gestatten und sich nach der morgenländischen Kirche zu richten; da alle von der römisch-katholischen ausgegangen Verordnungen nichts gebracht hätten[250].

Freilich muß es unter ihnen auch solche geben, die in der Weiblichkeit die Quelle aller Übel erkennen. Vincent von Beauvais stellt die Frauen als verworfene und gefährliche Geschöpfe hin, deren Umgang zu meiden ist. Für ihn sind sie »satanische Fackeln«, »süßes Gift«, der »Fallstrick des Teufels« und der »unmittelbare« Weg in die Hölle. Der Mönch Bonaventura warnt vor dem Umgang mit dem weiblichen Geschlecht[251] und macht es dadurch interessanter.

Avignon, Basel, Konstanz

Die Kirche hat inzwischen Oberwasser gegenüber vielen weltlichen Regenten; sie setzt unverdrossen die endlose Reihe der Synodalbeschlüsse fort und straft sich dadurch selbst der Unfähigkeit. Es wird deutlich, daß es ihr um den Bestand des Erreichten und um eine Vergrößerung des kirchlichen Vermögens geht. Was ist störender als ein priesterliches Kind, das später Erbansprüche geltend macht?

1304 wird vom Bischof Gottfried von Minden erwähnt, daß die Geistlichen ihre Pfründe verlieren, wenn sie sich nicht ihrer Konkubinen enthalten. 1307 geht man während einer Kölner Synode auf die verwilderte Klosterzucht ein. Scharf wettert man gegen gefallene Nonnen, den Konkubinat, die Unzucht mit und unter Geistlichen, Äbten, Äbtissinnen, Mönchen und Nonnen[253]. 1315 wird während der Synode von Münster das gleiche vorgetragen.

1326 verbietet man während des Konzils von Avignon den Geistlichen, anderen Gift oder tödliche Kräuter zu verabreichen, um die Leibesfrucht von Geschwängerten abzutreiben[254]. Daraus muß auf eine eingespielte Praxis geschlossen werden, zumal die Verordnung 1337 wiederholt wird. 1368 bringt die Synode von Vaux das leidige Thema nochmals auf den Tisch des Herrn[255].

1334 schreibt Benedikt XII. aus Avignon an das Domkapitel von Narbonne: »... daß die meisten Geistlichen die Kirche zum Hurenhaus machen. 1355 findet unter dem Erzbischof Johann von Compostella eine Synode in Salamanca statt. Man untersagt den Konkubinariern das kirchliche Begräbnis und droht ihnen die Exkommunikation an. »... sie sollen nicht eher von der Diözese absolviert werden, bis sie 50 Morpetien gangbarer Münze an den Bischof bezahlt haben«[256].

1346 läßt der Prager Erzbischof Ernst während einer Synode[257] wissen: »... viele Kleriker treiben nicht nur, überwunden durch Versuchung, Unzucht, sondern sie kommen ihr entgegen, indem sie in ihren oder in den Nachbarhäusern Huren halten«. 1350 untersagt der Naumburger Bischof Johann von Miltitz den Geistlichen: »... sich in den Häusern der Huren aufzuhalten«. Später trachtet er danach, sie einzukerkern, falls sie sich nicht bessern«.

1370 wird in Magdeburg den Geistlichen ans Herz gelegt: »... sich der öffentlichen Bäder zu enthalten, wo sich verdächtige Weibspersonen einzufinden pflegen«.

Francesco Petrarca, ein intimer Kenner am päpstlichen Hof von Avignon, spricht des öfteren vom »Babylon an der Rhone« und sagt: » die babylonische Hure treibt mit allen Völkern und Königen Unzucht«. Er nennt die grauenvolle Unzucht unter den Kardinälen, ihre Ehebrüche und den blutschänderischen Frevel. Namentlich erwähnt er einen 70-jährigen Geistlichen, dem die Dirne nur beizuwohnen vermochte, wenn er sich im Kardinalsornat zeigte[258].

Giovanni Boccacio schildert mehrfach die Entsittlichung unter den Geistlichen. Der gefeierte Theologe Nikolaus d' Oresme[259] sagt im Beisein des Papstes Urban V.[260]: »... die Prälaten wären unzüchtige Hunde«. Er prophezeit, daß es in der römischen Kirche (weitere) Teilungen geben werde.

Nicht nur in Avignon wird gegen die Unsittlichkeit gewettert. In England tritt Johann Wicleff (1324-1384) als Sittenprediger in Erscheinung[261]. Er erkennt in den Geistlichen die »moralische Pest der Menschheit« und trägt vor: »... Kleriker und Mönche frönen der wildesten Unzucht. Sie treiben Wollust mit Nonnen, verführen Ehefrauen und ermorden Jungfrauen, die sich ihrer satanischen Lust nicht beugen. Sie benutzen den Beichtstuhl zu Verführungen, indem sie Frauen und Mädchen belehren, es sei eine geringere Sünde mit einem Pfaffe denn mit einem Laie Unzucht zu treiben. Außerdem versprechen sie ihnen, nach dem erfolgten Beischlaf die Absolution dieser Sünde[262].

Der englische Priester Johann Ball, der 1382 ermordet wird, wettert gegen die Entartung der Geistlichen und über die von ihnen verübten Kindermorde.

1331 werden während einer Synode die den Konkubinat verfallenen Bischöfe zu einer Buße von zehn Unzen verurteilt, die an die erzbischöfliche Kammer zu entrichten seien[263]. Als Francesco Prägnani, ein Neffe von Urban VI.[264] in Neapel auf offener Straße eine Nonne vergewaltigt, wird er beim Statthalter Gottes angeschwärzt. Er hält die christliche Hand über ihn und läßt bestellen: »... Francesco sei noch ein Jüngling«. Augenzeugen berichten, daß er damals 40-jährig gewesen sei[265]. 1372 schärft der Bischof Sylvester in Constanca (Normandie) den Geistlichen ein, Frauen von sich zu weisen, ... die Verdacht erregen könnten«.

1409 werden auf Befehl des Rates von Augsburg vier Priester und ein Laie wegen Knabenschändigung am Perlachturm in einen hölzernen Käfig gebunden und dort bis zum Verhungern aufgehängt[266]. 1408 verbietet eine Diözesansynode von Halberstadt allen Geistlichen den Besuch von Nonnenklöstern und den bei jungverheirateten Frauen, »... vor allem, wenn ihre Männer abwesend sind«[267] ... sowie alles unehrbare Gespräch und Spiel in ihren Kammern. Wer dagegen handle, müsse außer der gesetzlichen Strafe drei Pfund Wachs für jedes Verbrechen bezahlen ... außerdem könne ihn der Bischof zusätzlich mit einer Gefängnisstrafe belegen[268]. Heinrich von Hessen[269] spricht 1381 in einem Gutachten vom »Verfall der Kirche und der Unzucht unter den Priestern«.

Dietrich von Niem[270] berichtet 1408 in einem ausführlichen Schreiben an den Papst Gregor XII.[271] vom schändlichen Treiben der Mönche und Nonnen in seiner Diözese. »Die Mönche halten sich Konkubinen und zeugen Kinder. Sie leben zusammen und machen aus den Klöstern Hurenhäuser, in denen schauderhafte Verbrechen verübt werden. Nonnen töten ihre frischgeborenen Kinder«. Matthäus »der Pariser«[272] klagt bitter über den sittlichen Verfall unter der Gesamtheit der Geistlichen.

Der Böhme Johann von Husinez ist einer der markanten Strafprediger seiner Zeit. Er klagt 1404: »... daß sich Prälaten, Kanoniker, Pfarrer und andere Priester Weiber halten und mit ihnen Unzucht treiben«. Doch seine Angriffe erscheinen als Frechheit und schreien nach päpstlicher Rache. Als die ersten Bannflüche über ihn ergehen, ruft er aus: »... möge der Papst nicht nur in Böhmen, sondern auch an die Franzosen, Engländer und Bayern schreiben, damit man sich im Herrn versammle und die öffentlichen und hurerischen Priester nach der Anweisung der Apostel strafe«[273].

Dietrich von Münster, Lehrer und Vizekanzler der Kölner Universität, klagt über die Unsittlichkeit der Prälaten: »... nur die verdorbendsten Menschen besuchen die Prälatur[274]. Gerson, der Kanzler der Pariser Universität, vereinzelt als der »allerchristlichste Doktor«[275] bezeichnet, schildert die sittliche Versunkenheit der Priester, die in tiefer Wollust schwelgen. Kühn und ohne Einschränkung spricht er von der Ersetzbarkeit des Papstes.

Ansimiro, ein Augustiner aus Padua, hat mit nahezu allen seinen Beichttöchtern Unzucht getrieben. Als er angeklagt wird und die Genotzüchtigten angeben soll, nennt er angesehene Persönlichkeiten der Stadt. Danach wird die Untersuchung eingestellt.

In Brescia lehrt ein Priester den Frauen, die bei ihm beichten, daß sie ihm (auch) den Zehnten der ehelichen Beiwohnung abzugeben hätten. Um eine Äbtissin zur Unzucht zu verleiten, die das freundliche Anerbieten aus Frucht vor einer Schwangerschaft ablehnt, überredet sie der Geistliche, daß er ein Amulett besitze, das sie, um nicht schwanger zu

Calvin, Johann, eigentl. Jean Cauvin. 1509 - 1564. Im Gegensatz zu Luther meint Calvin, auch die kirchliche Organisation wäre von Gott gegeben. Er stellt die höchsten sittlichen Anforderungen an seine Anhänger. Zur Bestrafung läßt er u. a. foltern.

IOANNES. CALVINVS

werden, nur um den Hals hängen müsse. Es passiert dennoch. Als sie es öffnet, findet sie auf einem Zettel die Worte: »... gib dich nicht der Unzucht hin, so wirst du keine Beschwerden haben«[276].

Nikolaus von Clemangis[277] sagt: »... die Mönche sind grundverdorben, geldgierig und ausschweifend. Sie laufen an unanständigen Orten herum. Nichts ist ihnen verhaßter als das Kloster, Beten, die Regel und die Religion. Die heuchlerischen Bettelmönche sind die Pharisäer der Kirche. Sie sind falsche Apostel und reißende Wölfe, die insgeheim wollüstig leben. Die Nonnenklöster sind Häuser der Wollust, und ein Mädchen in den Schleier kleiden, heißt, sie zur öffentlichen Dirne zu machen«. Der Priester Eberhart Windeck schildert die Situation in einem ähnlichen Tonfall.

Die Basler Synode kommt von 1431-1448 zustande. Allein für die Länge spricht das politische Engagement der Kirche. Man spricht (auch) über die sexuellen Eskapaden der Geistlichen, doch steht es im Hintergrund der Erörterungen. Vernünftige Theologen erheben während der konziliaren Auseinandersetzung die Stimme für die Wiedereinsetzung der Priesterehe. Heinrich Kalteisen, ein Dominikaner, Lehrer der Theologie und gleichzeitig Inquisitor im Rheinland, spricht mit großem Freimut über den Verfall der Zucht, den er vor allem dem römischen Hof zu Last legt.

Nikolaus Tudeschi hält die Abschaffung der Priesterehe für zulässig und begründet dies am Beispiel der griechischen Kirche[278]. Aneas Sylvius Piccolomini[279] der während des Konzils das Amt eines Geheimschreibers und Zeremonienmeisters innehat, bekennt sich zu den Grundsätzen der Priesterehe und trägt mutig vor:

»... warum streiten sich die Doktoren, ob ein verheirateter Papst schuldig ist, der seiner Frau die (eheliche) Pflicht leistet? Auch ein Verheirateter kann ein Papst sein. Es gab, wie ihr wißt, verheiratete Päpste und auch Petrus, der Apostelführer, hatte eine Frau[280]. Vielleicht dürfte es gut sein, wenn sich die Priester verheiraten; weil jetzt viele ehelos zugrunde gehen.

Von den frommen Erzbischöfen

Der heilig gesprochene Eucharchius, der 434 bis 454 Bischof in Lyon ist, hat zwei Söhne. Der ältere wird zum Bischof von Vienne erhoben und der Jüngere folgt dem Vater im Amt. Zur Zeit Damianis stirbt der Mailänder Erzbischof Eribertus Gabrial. Alte Quellen sagen, daß er verheiratet gewesen sei und seiner Frau Useriam das Kloster S. Dionysi geschenkt haben soll[281].

1061 wählen die lombardischen Bischöfe, die nahezu alle Beischläferinnen haben, den Bischof Kadolaus von Parma unter dem Namen Honorius II. zum Papst, weil er ein Beischläfer ist und ihre Hoffnung bestärkt, daß er den anderen nicht zu sehr auf die Finger schaut[282]. Der Erzbischof von Besancon wuchert mit dem Kirchengut. Mit einer Verwandten, der Äbtissin von Reaumaix - Mont, treibt er Blutschande. Er schwängert eine Nonne und verübt mit einer weiteren öffentlich Unzucht.

Er gestattet Nonnen und Mönchen die Ehe; sein gesamter Klerus frönt der Unzucht. Der Erzbischof von Bordeaux hält sich eine Rotte von Räubern. Sie plündern auf seinen Befehl hin Häuser, fangen Menschen, rauben Kirchen und Klöster aus und erpressen Geistliche. In der Abtei des hl. Epiarchus kommt der fromme Seelenhirte mit Huren und gottlosem Gesindel zusammen. Er bleibt drei Tage und plündert daraufhin das Kloster. Nach seinem Belieben trennt er die Ehen der Wüstlinge und/oder gestattet ihnen, sich andere Frauen zu nehmen. »Die Schamhaftigkeit verbietet, seine übrigen Schandtaten zu erwähnen«.

Der Erzbischof von Auxitanum war Spieler, Simonist, der Unzucht verfallen und ein Blutschänder. Er plündert die Güter seiner Kleriker, verjagt andere von den Pfründen und vergibt sie an Günstlinge. Der Bischof von Atogora, der mit Mord, Unzucht und Sodomiterei befleckt ist, der einen Mörder zum Archidiakon befördert und einen weiteren zum Diakon erhebt, gehört gleichfalls zu den Sittenstrengen. Über den Bischof von Melfi wird gemunkelt, daß er seinen Vorgänger auf dem Gewissen hat.

Innocenz sagt über ihn: »... noch als Bischof habe er seine Frau bei sich behalten«. Seinen Sohn habe er zum Kantor gemacht ... seine Nepoten habe er schon in den Windeln fette Pfründe angewiesen. Für Geld habe er zu Ehebrüchen geschwiegen und unerlaubte Ehen gestattet. Er lebte im Konkubinat und frönte nach der Anweisung des Satans der Unzucht[283].

1272/73 schreibt Gregor X. an den Bischof Heinrich von Lüttich: »... nicht ohne Betrübnis unseres Gemüts haben wir erfahren, daß du Sodomie, Unzucht und andere Verbrechen treibst und dich ganz der Wollust und den fleischlichen Begierden hingegeben hast. Du hast vor Deiner Erhebung Kinder gezeugt. Außerdem hast du dir eine Äbtissin aus dem Orden des hl. Benedikt öffentlich zur Konkubine genommen und bei einem Gastmahl vor allen Anwesenden bekannt, daß du innerhalb von 22 Monaten 14 Söhne gezeugt hast. Einigen von ihnen hast du trotz ihrer Minderjährigkeit Kirchenpfründe mit und ohne Seelsorge verliehen...

... Andere Kinder hast du mit mächtigen und vornehmen Personen verheiratet und ihnen bischöfliche Vermögen angewiesen. Um deine Verdammung größer zu machen, verwahrst du in deinem Park eine Nonne, der du Weiber beigestellt hast. Wenn du an diesen Ort kommst, läßt du deine Begleiter draußen und gehst allein hinein. Als in einem Nonnenkloster deines Sprengels nach dem Tod der Äbtissin die Wahl der Neuen vorgenommen wurde, hast du sie vernichtet und die Tochter eines vornehmen Mannes zur Äbtissin gemacht, die von dir blutschänderisch geschwängert wurde. Sie soll neulich zum Ärgernis der Gegend geboren haben.

Als eine andere Nonne, die du zur Wollust gereizt hast, sich deinem Willen nicht fügte, hast du einen Geistlichen, weil du ihm versprochen hast, du würdest ihm ein Benefizium verschaffen, Gesagte, welche er lügnerisch überredete, daß er sie auf eine Villa zum Besuch der Verwandten, die sie dort hatte, führen wollte, betrügerisch in einen Deiner Parks gebracht. Sie soll von dir schon schwanger sein. Jener hat von dir eine Präbende an der Kirche von Lüttich erhalten. Noch überdies hast Du drei Söhne, die Du mit jener Nonne gezeugt hast, in deiner Diözese zu Klerikern und Mönchen gemacht«[284].

Um 1280 berichtet Nikolaus von Biberach über die Unzucht der Bischöfe. 1302 erläßt Bonifazius VIII. eine Verfügung gegen den Bischof von Botonia in Spanien, der ein verworfenes Leben führt, seine Geistlichen erpreßt und mit einer Konkubine zusammenlebt. Es ist merkwürdig, daß sich 1391 Heinrich I., der Herzog von Masuren und zugleich Bischof von Plocta, offiziell mit einer Prinzessin verheiratet[285]. Der Bischof von Paderborn, Graf Wilhelm zu Rabensberg, verweigert 1414, als er zum Erzbischof von Köln gewählt werden soll, nicht nur die Annahme dieses Amtes, sondern gibt sein Bistum Paderborn ab, damit er sich mit dem Fräulein Alheit (= Adelheit) von Tecklenburg verheiraten kann, deren Schönheit als ausgezeichnet erwähnt wird[286].

Nikolaus von Clemanglis[287], eine zeitlang Geheimschreiber von Benedikt XIII.[288] in Avignon, schildert die Sitten der Geistlichen der Epoche so: »... die Bischöfe sind von ihrem Bistum abwesend. Sie erpressen von Volk und Klerikern Geld, indem sie Stellen feilbieten. Die Priester leben öffentlich im Konkubinat und entrichten ihren Bischöfen den Hurenzins. Die Laien wissen an mehreren Orten den Schändungen der Jungfrauen und Ehefrauen keinen anderen Damm entgegenzustellen, als sie die Priester zwingen, sich Konkubinen zu halten. Sie besuchen fleißig die Hurenhäuser und Schenken, wo sie ihre Zeit mit Fressen, Saufen und Spielen zubringen. Betrunken, schreiend und brüllend, den Namen Gottes und der Heiligen auf ihren unreinen Lippen verwünschend, bis sie endlich aus den Umarmungen ihrer Hurer zum Altar kommen[289].

1577 verläßt der Graf von Isenburg, Erzbischof und Kurfürst zu Köln und gleichzeitig Bischof von Paderborn, den geistlichen Stand und verheiratet sich mit der Gräfin Antonia Wilhelmina von Aremberg ... und trägt (so) die Fackel des Ärgernisses der übrigen Geistlichkeit voran[290]. Gebhard von Truchseß, Kurfürst und Erzbischof von Köln, nimmt sich 1583 eine Nonne von Gernsheim, die Gräfin Agnes von Mannsfeld, zur Frau. Gleichzeitig bekennt er sich zur »reformierten« Religion.

Abschließend sei auf den geistlichen Würdenträger hingewiesen, die einer jüngsten Zeitungsmeldung folgend (1984), Mainzer Chorknaben zur Unzucht verleitet hat; es tangiert das zölibatäre Geschehen nur am Rand, verdeutlicht aber die Konflikte.

Gefüllte Schnürbrust ist ein gutes Gericht

(Von Klosterhengsten und mönchischen Schwänken)

Es darf nicht übersehen werden, daß der allgemeine Bildungsgrad derjenigen, die im Auftrag Roms das »geistliche« Wort unter die Leute bringen, nicht allzu hoch ist. Immer wieder wird hervorgehoben, daß die Geistlichen nicht barfuß, in zerrissenen Hosen und Jacken den Gottesdienst halten sollen, bzw. daß sie im Alter keine obszönen Grimassen machen und schmutzige Lieder singen[291].

Johann Busch, Probst der regulierten Augustinerchorherren aus Soltau (Nähe Hildesheim) ist Visitor des Erzbischofs von Magdeburg. Er berichtet, wie Mönche und Nonnen in den Klöstern Unzucht treiben, wie sie die Unglücklichen, die von ihnen geschwächt sind, an entlegene Orte und in Wälder schleppen und dann unzüchtig mit ihnen zusammenleben, »... bis die mißhandelten Geschöpfe entstellt und entkräftet sind ... sie dann einem schändlichen Los preisgeben und nicht selten dabei umkommen«[292]. Zum Abt wird erhoben, wer in seiner Verworfenheit dafür bürgt, daß dem Laster kein Abbruch getan wird.

»... in einem von Ausschweifungen versunkenen Kloster hatten die Mönche nach dem Tod des Abtes die Würde einem ihrer Brüder übertragen. Er ist nicht zur Wahl erschienen, denn er sitzt zur gleichen Zeit in einer verrufenen Schenke. Man schickt eine Deputation zu ihm und erst nach langem Bitten bequemt er sich, das Amt des Abtes anzunehmen. Daraufhin wird ein Gastmahl angerichtet, zu dem Konkubinen geladen sind. Die Schönste wird dem Abt zugedacht: »... man besoff sich, trieb sein böses Spiel und setzte das Lotterleben fort, bis die höllische Schar bei einem Brand ums Leben kam«[293].

Daß die Herren schon damals regen Appetit haben, läßt sich aus ihren Kochbüchern herleiten. Dazu zwei Beispiele. Am Aschermittwoch, einem Fastentag des Jahres 1714, wird in der Klosterküche von Benediktbeuren aufgetragen:

»erstlich durchtrieben Erbssuppen mit gebähten Brotschnitten, Eier mit Schmalz auf etlichen Schüsseln, so viel nämlich erklecklich sind, auch so viel Schüsseln geröstete Hechte, alsdann ein guter Sudfisch, jedem seine Portion, etliche Stückel aber mehr, damit alles wohl erklecklich sei. Ebenso Speckkraut und auf jeder Schüssel vier Heringe. Nach diesen gebackene Dollen, ebenso vier Schüsseln Platois (?), darin in einer jeden wenigstens sechs liegen; mehr vier Schüsseln geschmelzten Stockfisch, 4 Stück Lachs in süßer Brühe mit Zwiebeln und Mandeln, 4 Schüsseln Schnecken in Häusern, 4 Mandeltorten, 4 Hasenöhrl und ebensoviel Krebs und Zwetschgen. Zuletzt drei Schüsseln Obst«[294].

Freilich gibt es nicht nur Fisch: »... die Herren des Klosters luden mich ein, zum Festtag bei ihnen zu essen. Zum Eingang kam eine Suppe mit jungen Erbsen und Kohlrabi, sodann Makronen mit Käse; dann eine Pastete von Sardellen, Oliven, Kapern und stark aromatischen Kräutern; ferner ein Kompott von Oliven, Limonen und Gewürz; ferner einige große herrliche Fische aus der See ... ferner vortreffliche Artischocken. Das Dessert bestand aus Lattichsalat, schönen jungen Fenchelstauden, Käse, Kastanien und Nüssen. Das Brot war von bester Qualität. Das nenne ich einen Fastentag«[295].

Im Umfeld der klösterlichen Schlemmereien, wobei der Wein und das Bier nicht zu kurz kommen, kommen einige typische Redewendungen auf, die sich bis heute erhalten haben und das seinerzeitige Klosterleben charakterisieren:

»Gefüllte Schnürbrust ist ein gutes Gericht, sagen die Pfaffen«. Oder: »... man muß im Kloster viel gesegnetes Fleisch essen, sagte die Tochter, als sie in anderen Umständen aus ihm kam«. Oder: »... gemalte Mönche sind die frömmsten ... die wirklichen halten ihr Gelübde auf dem Totenbett«[296].

Historische Dokumente machen deutlich, daß insbesondere während des 14. und 15. Jh. die Klöster der Nonnen und Mönche vom Unzuchtsteufel heimgesucht werden. Daraus resultiert die Redewendung: »... geistlich um den Kopf und weltlich um den Bauch, so ist's der Nonnen Brauch«[297].

Nicht nur das Kloster Gnadenzell auf der Schwäbischen Alb ist berüchtigt. Der Graf Hans von Lupfen schreibt 1428 der Priorin: »... die Klosterwände würden von Kindern beschrieen«. Dieser Gnadenort wird 1480 unter dem Graf Eberhart im Bart, nachmals erstem Herzog von Württemberg, reformiert. In einem ähnlichen Zustand befindet sich das Frauenkloster Kirchheim unter Teck. Hier geht der Wüstling Eberhard der Jüngere ein und aus. Sein Vater schreibt ihm: »... vor kurzem bist du gen Kirchheim kommen und hast zwei Stunden nach Mitternacht einen Tanz angefangen. Läßt auch deine Buben und andere bei der Nacht mit deinem Wissen und Willen in das Kloster steigen. Und hat dir dein schändliches Wesen nicht genügt, so hast du deinen Bruder mitgenommen. Ihr habt ein solches Tanzen und Schreien darinnen gemacht, daß, wenn's ein offenes Frauenhaus gewesen wäre, so wäre es noch zu viel«[298].

Hinzu gesellt sich das verrufene Kloster Söflingen bei Ulm. Es wird um 1484 untersucht. Am 20. Juni schreibt der Bischof Gaimbus von Kastell an den Papst: »... daß in allen Zellen Liebesbriefe unzüchtigen Inhalts, Nachschlüssel, weltliche Kleider und die meisten Nonnen in gesegneten Umständen wären«[299]. Vielleicht rührt daher die Redewendung: »... Nonnenklöster und Bordelle, sind vielen Unheils Quelle«. Dazu einige Beispiele:

Von den keuschen Nonnen

Auf zahlreichen Konzilien wird die Zeit und Ehrbarkeit der Mönche und Nonnen kritisiert. Längst ist die Zeit der geistlichen Jungfrauen vorbei; das Huren hinter Klostermauern wird zum Selbstverständnis, weil man den Geistlichen ein geregeltes Ehe- und Geschlechtsleben untersagt hat. Einige Synoden stellen die Schwächung einer Nonne als schandbares Verbrechen hin. Merkwürdig ist, daß laut der vom Bischof Walter von Straßburg auf dem Konzil gemachten Anzeige der Magister Heinrich vom Medikantenorden öffentlich in Straßburg behauptet hat, daß eine Nonne, wenn sie von der Versuchung überwältigt wird und damit zur Verletzung der Keuschheit getrieben wird, geringere Schuld hat und damit mehr Nachsicht verdient, wenn sie sich mit einem Religiösen, denn einem Weltlichen hingibt.

1292 wird auf dem Provinzialkonzil von Aschaffenburg den Äbtissinnen und Äbten zur Pflicht gemacht, den gefallenen Nonnen und Mönchen keine unmenschlichen Strafen aufzuerlegen, sondern die kanonischen Regeln zu beachten.

»Im Kloster Watun verliebt sich ein Mönch in eine Nonne, die von ihm schwanger wird. Als man die Sache nicht mehr verheimlichen kann, gesteht sie i h r e (!) Sünde(!). Sogleich fallen die anderen über sie her. Wieder andere wollen sie auf glühende Kohlen legen; wo sie doch kein Haar besser sind! Die älteren Nonnen verhindern den Übermut und lassen die Geschwächte in das Gefängnis bringen. Hier schmachtet sie bei Wasser und Brot; der werdende Vater ergreift die Flucht. Als sich die Zeit der Geburt nähert, fleht die Nonne, aus dem Kloster gelassen zu werden. Der Mönch habe ihr versprochen, sie zu sich zu nehmen, wenn sie zur Nachtzeit an eine bestimmte Stelle kommen würde. Die Rachgierigen willigen in den teuflischen Plan und locken die Arme an den Ort der Zusammenkunft. Anstelle ihrer Begleiterinnen hüllen sich die Mönche unter den Schleier und halten Knüppel unter den Röcken. Als der Vater des Kindes herbeieilt, stürzt er sich freudig auf die vermummten Gestalten.

Daraufhin fallen die angeblichen Nonnen über ihn her. Jetzt schleppt man die Geschwächte herbei und zwingt sie, den vor sie Geworfenen zu entmannen. Dann nimmt eine andere seine blutenden Geschlechtsteile und wirft sie der Sünderin in den Mund. Dann werden beide in ein Gefängnis gebracht.

»... eine Frau, die von einem Mönch zur Unzucht aufgefordert wird und in sein Verlangen willigt, stellt sich nach Absprache mit ihrem Beichtvater krank und verlangt zuhause nach dem Lüstling. Er kommt und nimmt ihr die Beichte im Schlafzimmer ab. Am nächsten Tag kommt er wieder, legt seine Unterkleider aufs Bett der Kranken (!) und prüft ihre Gebrechen. Der eigene Mann wird über die lange Dauer der Beichte stutzig und kommt in das Zimmer. Da erschrickt der Mönch und ergreift die Flucht; doch in der Eile läßt er seine Hosen liegen. Nun schreit der Betrogene über den Ehebruch, stürmt in den Konvent und bedroht den Mönch mit dem Tod. Daraufhin macht ein besonnener Priester folgenden Vorschlag: »... im übrigen seien dies die Beinkleider des hl. Franziskus (gewesen), der diese Art von Krankheiten heilen könne. Er würde mit einigen Mönchen kommen, um die Hose abzuholen. Nun ziehen die Mönche feierlich von dannen und gehen in das Haus des Gekränkten; sie holen die heiligen Reliquien ab. Zuerst legt man die Beinkleider auf ein seidenes Kissen, dann stellt man sie zur Verehrung auf und trägt sie in einem feierlichen Bittgang zu dem Kloster und legt sie zu den anderen Kostbarkeiten«.

Wann empfangen wir den Ablaß?

In Nonnenklöstern wird nicht nur gebetet. Der Nachweis ist zu führen, daß die Gebäude der Mönchsklöster nicht selten unterirdisch mit denen der Glaubensschwestern verbunden waren. So wird von einem Mönch berichtet, der in ein Nonnenkloster einkehrt, daß ihn die dortigen Nonnen freundlich bewirtet haben. Er spricht viel von Sinn der Tugend, über Gottesfurcht und Züchtigkeit. Er erscheint ihnen als Paradebeispiel von Sittsamkeit; folglich weisen sie ihm einen Platz in ihrem Schlafsaal an. In der Nacht beginnt er zu schreien: »Ich mag nicht, ich mag nicht«. Darüber bestürzt eilen die Nonnen herbei und erkundigen sich nach seinem Leiden. Jetzt erzählt der seltsame Gast, wie ihm eine Stimme aus dem Himmel zugerufen habe, er solle sich in die Umarmungen einer jüngeren Schwester werfen, aus der dann ein Bischof hervorgehen werde, doch er sträube sich dagegen«.

Erfreut führen sie ihn zu einer jungen Nonne, und als sie sich weigert, erklären sich andere bereit. Endlich ergibt er sich dem göttlichen Ruf und erklärt sich widerwillig zum Beischlaf bereit. Leider bekommt die Geschwächte keinen Sohn, sondern eine Tochter. Als der Mönch darüber zur Rede gestellt wird, schiebt er die Schuld auf die Nonne und sagt: »... weil sie sich erst gesträubt habe, sei das gewünschte Resultat nicht eingetreten«.

Der Pförtner eines Nonnenklosters führt den Namen Omnis mundus. Während der Nacht kriecht er in die Esse und brüllt durch das Rohr in den Kamin des Schlafsaales: »...o, ihr Nonnen, vernehmet das göttliche Wort«. Bang lauschen die Aufgeschreckten in ihren Betten. Da fallen alle aufs Gesicht, denn sie meinen einen Engel zu hören. Sie rufen: »O Gott verkünde uns deinen Willen«. Da erschallt der Satz: »Haec voluntas Domini, ut Omnis mundus inclinet vel supponat vus«.

Sofort schreiten die Nonnen zur Ausführung des Befehls und tragen dem Pförtner vor, daß er ihnen beiwohnen will, da vielleicht ein Papst oder mindest ein Bischof aus dieser Verbindung hervorgehen würde«. So beschläft der Pförtner erst die Äbtissin, dann die Priorin dann eine dritte und dann noch eine vierte Nonne. Erschöpft macht er sich davon und die anderen schreien: »... wann empfangen wir den Ablaß?«

Ein Priester sieht sich wegen der häufigen Unzucht mit einer Frau genötigt, aus der Pfarrei zu fliehen und irrt im Wald herum. Da erscheint ihm der Teufel in der Gestalt eines frommen Mönches und spricht: »... wohin geht es, da du so betrübt bist? Daraufhin erzählt der Priester treuherzig sein Leiden. Nun erwidert der verkappte Satan: »... nicht wahr, wenn du das böse Glied nicht hättest, so könntest du sicher in deiner Pfarrei wohnen«.

»Allerdings, mein Herr«. Nun erwidert der Teufel. »Hebe Dein Gewand, damit ich es berühre, wie sie es auch getan hat«. Darauf-

hin verschwindet sein Glied alsbald. Hocherfreut kehrte der Mönch heim, ließ die Glokken läuten und versammelte die Brüder, um seine Unschuld zu bekennen«[300]

1563 erfolgte eine Klostervisitation der 5 niederösterreichischen Erbländer. Durchgängig findet man Konkubinen, Ehefrauen und Kinder:

- neun Mönche des Benediktinerklosters Schotten halten sich sieben Konkubinen, zwei Frauen und acht Kinder.
- achtzehn Benediktiner zu Garten haben zwölf Konkubinen, zwölf Ehefrauen und vierzehn Kinder.
- vierzig Nonnen zu Anglar haben innerhalb der Klostermauern zehn Kinder[301].

Aus dem Protokoll der 1599 im Bistum Regensburg vorgenommenen Untersuchung der Weltpriester ergibt sich bei der Visitation von Straubing:

- Benefiziat Wolfgang Fuermann hat eine Köchin, dabei zwei Kinder.
- Benfinziat Joh. Wild ist 64 Jahre alt. Er hat eine Köchin. Sie ist zwanzig Jahre (lang) bei ihm gelegen[302].

Das Kinderbekommen war eine Schattenseite des Nonnenlebens; manches Kind wurde abgetrieben oder nach der Geburt beiseite geschafft. Beim Abbruch des Klosters Mariakron fand man in den himmlischen Gemächern Kinderköpfe und Körperteile vergraben. Der Bischof Ulrich v.Augsburg erzählt, daß Gregor I, der für den Zölibat eingenommen war - davon abgekommen sei, als einst aus einem Klosterteich Hunderte Kinderköpfe herausgefischt worden seien«.

Die preusiche Regierung gestattete zu Beginn des 19. Jh. den Trappisten in Bieren und Walda (im Paderbornischen Schulen zu errichten. » ... die Kinder, meist im Alter von 4-10 Jahren, lebten in düsteren Zellen, deren ganzer Inhalt ein Strohsack, ein Totenkopf, Spaten und Hacke war, womit sie ihre Kartoffelfelder bearbeiteten, die sie nebst Wasser und Brot nährten. Sie waren gekleidet wie die Trappisten und mußten ebenso leben. Sie durften nicht reden, und die ganze Anstalt glich einem Taubstummeninstitut. Wenn so ein armes Kind zur Unzeit sprach, lachte oder einen angeblichen Fehler beging, wurde es bis auf das Blut gegeißelt. Fortwährende Prügel war die Erziehung ... alle anderen Wissenschaften wurden verachtet. Die Ärmsten blieben bis zum 21. Lebensjahr im Besitz des Klosters. Corvin konstatiert: »... es wäre besser gewesen, hätte man diese Kinder bei der Geburt gleich erstickt. Die Mütter wären wahnsinnig geworden, hätten sie dieses mit ansehen müssen«.

Franz Sebastian Amman war Guardian mehrerer Klöster in der Schweiz. Er berichtet von einem Pater aus Rapperswyl, der ein Mädchen geschwängert haben soll und ihr einen Abtreibungstrunk gab. Der Vorgesetzte war darüber unterrichtet, aber hielt es »zur Ehre der Geistlichkeit« nicht für angemessen viel Aufsehen davon zu machen.

Päpste der Renaissance

Das Leben einzelner Renaissance-Päpste ist verlottert und gleicht dem sittenloser Fürsten. Sie leben in einer sinnlich und politisch aufgewühlten Zeit. Ein beredtes Zeugnis liefern die Aufzeichnungen des in Haßloch bei Straßburg geborenen Deutschen Johannes Burchardus, [303], der als Zeremonienmeister unter dem Pontifikat von Alexander VI. wirkt. Freilich frönen auch die weltlichen Machthaber der Unzucht. Sie geben aber weder vor, Hüter der christlichen Nächstenliebe zu sein, noch zeigen sie mit dem Finger auf Andere.

Papst Innocenz II. überläßt sich als Jüngling aller Arten der Ausschweifung. Anaklet II. [304] der gleichzeitige Gegenpapst, soll auf seinen Reisen eine schöne Frau mit sich geführt haben[305]. Demgegenüber konstatieren katholische Autoren: »Anaklet war klug und von tadelloser Lebensführung, er wurde jedoch von seinen Gegnern, wie die moderne Geschichtsforschung ergibt, bedenkenlos diffamiert«[306]. Papst Johannes XXIII.[307] wird während des Konzils von Konstanz neben anderen Verbrechen der an seinem Vorgänger verübten Ermordung, der Hurerei mit Mägden und Nonnen, des Ehebruchs mit Frauen und insbesondere der Blutschande mit der Frau seines Bruders beschuldigt[308].

Papst Leo X.[309] wird als unwissend bezeichnet und vermutlich wegen seines unerträglichen Gestankes, den er wegen eines bösartigen Geschwürs zu verbreiten gezwungen ist, im hohen Alter zum Papst erhoben[310]. Am 17.November 1439 wird der Herzog Amadeus VIII. von Savoyen, Fürst von Piermont, in Basel zum Papst erhoben. Er ist verheiratet und nennt sich Felix V.[311]. Dann besteigt Theophylaktus den päpstlichen Thron. »Unzucht, Ehebruch, Mord und Frevel bestimmten sein fluchwürdiges Leben«. Er vertritt die Auffassung, daß ein Papst verheiratet sein kann.

Der Nepotenfürst Calixtus III.

Der Spanier Alonso de Borja[313] erwirbt sich die Gunst des römischen Hofes und klettert die Erfolgsleiter systematisch nach oben. Unter dem König von Neapel ist er Geheimschreiber, unter Martin V. Bischof von Valenzia und ab 1444 - unter Eugen IV. Kardinal. Als Nikolaus V.[314] inständiger Angst vor neuen Verschwörungen am 24.März 1455 stirbt, rückt Borja zum Statthalter Gottes auf.Er nennt sich Calixtus II. Zeitgenossen sagen ihm nach: »... er wäre ein Mann von größter Heiligkeit. Seine Natur sei friedlich und gut«[315].

Entscheidend ist, daß mit ihm das Geschlecht der Borja im Kirchenstaat Fuß faßt. Er ist ein großer Nepot, der durch die Beförderung seiner Neffen eine Familiendynastie in Rom begründet, deren Walten einen tiefen Schatten über die Kirchengeschichte legt. Er erhebt Don Louis[316] zum Bischof von Segorbia und Leria; danach wird er Kardinal. Rodrigo[317] wir zum Kardinal und Vizekanzler der römischen Kirche erhoben. Don Pedro Louis - der nicht zum geistlichen Stand übertritt, wird Generalkapitän der Kirche, Herzog von Spoleto und päpstlicher Vikar in Benevent (und Terracina). Schließlich erhebt man ihn zum Präfekt von Rom. Calixt III. war mehr ein weltlich - politischer Herrscher, denn ein christlicher Mann. Als er am 6.August 1458 stirbt, erheben seine Feinde ein Freudengeschrei und »der wütende Pöbel fiel über die Häuser der Spanier her«[318].

Auf Calixtus folgt Enea Piccolomini, der sich als Papst Pius II.[319] nennt. Freimütig berichtet er, daß er in Straßburg eine junge Engländerin zu Fall gebracht hat, bzw. daß aus dieser Verbindung ein Sohn hervorgegangen sei[320]. Er wandelt auf den tyrannischen Weg seiner Vorgänger und taumelt in der Sinnlichkeit, bis ihn sein geschwächter Körper nötigt, tugendhaft zu werden[321].

Er schreibt befreundeten Geistlichen: »... ich muß bekennen, die Venus ekelt mich an. Ich kann keinem Weib mehr zur Lust dienen ... von nun an wende ich mich dem Bachus zu«[322]. Er ist ein Befürworter des Ehestandes[323] und spielt auf den verheirateten Vorgänger Felix an. Pius II. stirbt am 15.August 1464 in Ancona. Auf ihn folgt Paul II., der eine Tochter sein eigen nennt[324].

Wegen seines Stolzes und seiner Eitelkeit wird er von den Römern gehaßt[325]. Sein Nachfolger ist Sixtus IX.[326], der gegenüber den Frauen u n d der Theologie Verständnis zeigt. Das Ziel seiner Politik ist die Ausstattung von Verwandten und Günstlingen mit Kirchenpfründen. Er führt ein beispielhaft wollüstiges Leben, läßt um 1488 in unmittelbarer Nähe des Vatikans Bordelle einrichten und zieht daraus jährlich etwa 80.000 Dukaten an Hurensteuern. Seine beiden Söhne erhebt er unter Decknamen zu Kardinälen. Einer von ihnen, Petrus, verjubelt in seiner zweijährigen Amtszeit 200.000 Dukaten bis er - wie sein Bruder - an den Folgen der Ausschweifungen stirbt.

Nach dem Tod von Sixtus IV. wird Innocenz VIII. - der Befürworter des Hexenhammers - zum neuen Papst erhoben. Man sagt ihm nach: »... er wäre der Vater des Abendlandes und habe mit verschiedenen Frauen sieben Kinder gezeugt«, denen er hohe Ämter zuspielt. »Er ist voll Niedertracht, Feigheit und Geiz, gleich einem gemeinen Schelm; wenn er nicht Leute um sich hätte, die ihm etwas Mut einflößten, verkröche er sich wie ein Kaninchen und ging schändlicher als ein Feigling zugrunde«[327]

Er bekennt sich öffentlich zu seinem Sohn. Er heißt Francesetto und ist ein »kümmerlicher« Mensch. Ein Zeitgenosse trägt vor: »... hatte Sixtus durch den Verkauf von »geistli-

chen« Gnaden Geld, errichtete er mit seinem Sohn eine Bank von »weltlichen« Gnaden, wo gegen Hinterlegung hoher Taxen Verzeihung für Mord und Totschlag zu kaufen war; von jeder Buße kommen 150 Dukaten an die päpstliche Kammer, und was darüber ist, geht an seinen Sohn«[328].

Alexander VI. alias Rodrigo Borja

»... doch die Schranken durchbricht Alexander VI., dessen Lasterleben allen menschlichen Gesetzen Hohn spricht. Er erscheint seinen Zeitgenossen als Heuchler, Betrüger und Bösewicht ... zu grauenvoll sind die Schandtaten, als daß ich es wagen könnte, sie zu beschreiben«[329]. Hier ist nicht der Platz, um seine Skandalchronik durchzublättern. Allgemein gilt Giulia Farnese als seine Geliebte. Als deren Vorgängerin wird eine Nichte Hadriana Orisini genannt, die seine Tochter Lukrezia erzogen hat. Noch als Papst im hohen Alter zeugt Alexander ein Kind. Der 1501 mit dem Herzogtum Nepi belehnte Juan ist ein Sohn von ihm, wenngleich in der ersten Bulle jener Verleihung Cesara als Vater hingestellt wird.

Man sieht Alexander VI. nicht nur als klerikalen Würdenträger, sondern mehr als einen sich weltlichen Interessen hingebenden, von niederen Beweggründen bewegten Heuchler[330]. Er zeigt sich als politischer Schwächling, der nur darauf aus ist, Vorteile für sich und seine Kinder auszubeuten. Gewiß war er kein so schlimmer Verbrecher wie sein Sohn Cesare; er war schwach und willenlos, ließ das Entsetzliche geschehen und brachte dadurch die Kirche an den Rand des Abgrundes[331].

Rodrigo führt schon als Priester und Kardinal ohne Scheu das Leben eines Kavaliers. Seine Geliebte ist die Römerin Vanozza[332]. Mit ihr zeugt er die Kinder Cesar, Juan, Lukrezia und Goffredo. Weil er die Frauen stärker als ein Magnet das Eisen anzieht, lassen sich weitere Kinder nachweisen. So stirbt 1491 ein Sohn namens Pedro Louis und kurz danach eine Tochter Girolama[333].

Nach der Lage der Dinge kommt Rodrigo durch Bestechungskampagnen an das Ziel seiner Wünsche. In einem geschickten Anlauf gewinnt er die Zustimmung von 13 Kardinälen und zusätzlich die des 95-jährigen Gherhardo. Dies gibt den Ausschlag zu seinen Gunsten; so empfängt er 1469 die päpstliche Würde. Er ist bei seiner Einsetzung etwa 60 Jahre als und kennt seit 27 Jahren das Ränkespiel am päpstlichen Hof.

. Die naiven Deutschen kommen ihm mit fragwürdigen Lobhudeleien entgegen[334]. Rasch zeigt sich der Wolf im Schafspelz. Lediglich in den ersten Wochen seines Pontifikates spielt er den Musterknabe, sucht eine strenge Justiz einzuführen[335] und bemüht sich um eine Regelung der desolaten Finanzen[336]. Doch immer deutlicher wird sein Machtstreben. Schon fünf Tage nach seiner Ernennung zum Papst wird seinem Sohn Cesare das reichdotierte Bistum Valenzia verliehen und Jean, ein Neffe des Papstes, wird zum Kardinal von Susanna erhoben[337].

Die Jahre seines Pontifikates sind von einer Vielzahl von politischen und gesellschaftlichen Aufgaben umrahmt. Er setzt sich mit dem französischen Herrscher Karl VIII. auseinander, der triumphalen Einzug in Rom hält[338]. Der Papst dokumentiert seine Stärke, indem er mit einigen Kardinälen in die Engelsburg flieht[339]. Sein Agieren gegen die Orsinis ist sinnlos, und auf der Kanzel wettert der Prediger Savonarola gegen ihn[340] den er zu einer Feuerprobe zwingen will[341].

Im Herbst 1499 ruft er die europäischen Fürsten zum Krieg gegen die Türken auf und findet wenig Gegenliebe. Eigenmächtig richtet er eine Flotte aus, die mit 2.500 Mann christlicher Besatzung unter dem Legat Giacopa da Pesaro in See sticht und die Insel Santa Maria erobert[342]. Nach der Vernichtungskampagne gegen Andersgläubige steht 1500 die Feier des sog. »Jubeljahres« an; einem künstlichen Ereignis, denn dem fehlbaren Wüstling Pius III. hatte es beliebt zu bestimmen: »... daß alle 25 Jahre die Feier eines solchen zu begehen sei«. Das gigantische Fest wird per Bulle vom 28.März 1499 eingeläutet[343]. Der Papst gibt sich die Ehre und besucht die großen Kirchen der Stadt. Die damit verbundenen Einnahmen fließen in den Türkenkrieg, an seine Verwandten und in die Schatzkammer des Vatikans. Burchardus berichtet von der am 20.Dezember an die Türen

von St. Peter geschlagenen Bulle über die Verlängerung des Jubeljahres[344]. Sie ist so bezeichnend, daß ein knapper Auszug angebracht ist:

- Dispens bei aufgedecktem Mord und Totschlag, bzw. wo eine Blutsverwandtschaft infolge des unerlaubten Beischlafs unter Verwandten besteht.

- Dispens für Kleriker, die sich heimlich Konkubinen halten und für einen Ehegatte, der einen anderen ermordet oder dessen Tod er angestiftet hat.

Außerdem läßt der fromme Kirchenmann ein Zensuredikt zur Wahrung des »rechten« Glaubens proklamieren. Er tritt gegen die Ketzer in Böhmen und die Maranen auf, sucht Grönland zu christianisieren und schickt Geistliche nach dem neu entdeckten Amerika. Er befestigt die Engelsburg, läßt eine Straße in Rom nach sich nennen und gestaltet die Borja - Zimmer im Vatikan aus. Der Papst erkrankt im August 1503; möglicherweise am »römischen« Fieber. Er stirbt kurz danach und wird ohne Ehre begraben[345].

Der Wüstling Cesare

Cesare, der Sohn von Papst Alexander VI. »... war ein Mann von großer Willenskraft, Verschlagenheit und in allen ritterlichen Übungen erfahren. Doch war er von einem schrankenlosen Ehrgeiz besessen, beherrschte seinen Vater und suchte seine rechthaberischen Pläne zu verwirklichen. Zu dessen Ausführungen fehlten ihm Ruhe und Besonnenheit. Sein wildes Temperament führte oft dazu, klug ersonnene Kombinationen zu zerstören. Aber er muß etwas Gewalttätiges an sich gehabt haben, das ihm trotz seiner Häßlichkeit schwache Weiber unterjochte«[346].

Cesare genießt eine humanistische Ausbildung und wird früh zum Geistlichen bestimmt. 1493 fungiert er als Kardinal von Santa Maria Nuova. Zwei Jahre danach nimmt er als Geißel am Zug von Karl nach Neapel teil. Er flieht und lebt einige Jahre in Rom; sein Leben ist mit Orgien befleckt. Er gilt als der streitsüchtigste Mensch, vor dem keine Frau sicher ist; die Reichen zittern um ihr Geld.

Es gibt kein Verbrechen, das man ihm nicht zutraut. Blutschande wird ihm unterstellt. Rom zittert vor seinen Launen, und keiner wagt es, sich zu erheben; seit 1497 ist er der Beherrscher seines Vaters und damit des Vatikans[347]. Der Vater kennt ihn gut und sagt: »... er ist gutmütig, doch Beleidigungen kann er nicht ertragen«[348].

Cesare heiratet am 12.Mai 1499 nach einigen Irrwegen eine Charlotte d'Albret, die Schwester des Königs von Navarra. Im September des gleichen Jahres verläßt er sie. Sie bleibt in Frankreich und bringt kurz danach eine Tochter namens Louise zur Welt. Sie hat ihren Vater nie gesehen. Der ehemalige Kardinal kehrt dann zu den sinnlichen Freunden des irdischen Lebens zurück und wird 1500 Herzog von Orsini. In dieser Eigenschaft erobert er die Städte Piombo, gewinnt Pesario und Rimini; zudem Imola und Forli. Dann kommt er siegestrunken nach Rom. 1501 inszeniert er einen Feldzug nach Neapel. Seine Frau lebt seit der Geburt des Kindes in Issodun wie eine Heilige (!) und stirbt am 11.März 1506. In diesem Zusammenhang werden weitere Kinder des Kardinals erwähnt. Ein Sohn und eine Tochter, die 1573 als Nonne stirbt. Der Wüstling Cesare stirbt 1507 in Vienna eines gewaltsamen Todes und wird dort beigesetzt[349].

Die Papsttochter Lukrezia

Die Nachwelt hat zahlreiche Legenden um sie gerankt; gewiß war sie kein Tugendspiegel, sie hat sich aber nicht mit all den Greueln befleckt, die man ihr (später) zugeschrieben hat[350]. Sie wird zum Spielball politisch-kurialer Interessen; eine zeitlang beauftragt sie ihr Vater, Alexander VI. mit der Wahrnehmung der Amtsgeschäfte im Vatikan[351]. Dies dürfte selbst in Kirchenkreisen Einmaligkeit besitzen. Die Zeitgenossen schildern sie als bescheiden, lieblich und sittsam[352]. Von einem Pereto, dem ersten Kämmerer des Papstes, hat sie ein uneheliches Kind.

Lukrezia wird mehrfach verheiratet. Die erste Ehe geht sie am 12.Juni 1491 mit Giovanni Sforza aus Pesaro ein. Bald ergeben sich Rangeleien. Die Ehe bleibt kinderlos und die Trennung des ungleichen Paares wird erwogen. Schließlich bezahlt der gekränkte Ehemann die Mitgift, und, gereizt durch die erzwungene Scheidung, erhebt er Angriffe gegen seinen Schwiegervater, den Papst: »... er habe sich selbst seiner Tochter bedient«[353].

Die zweite Ehe geht Lukrezia am 20.Juli 1498 mit Alonso Bisceglia, einem Sohn des Königs von Neapel ein. Inzwischen schenkt der Statthalter Gottes seiner weltlichen Tochter die Städte Foligno und Nepi; währenddem flüchtet ihr Mann aus der Ewigen Stadt und läßt eine schwangere Frau zurück.

Später kehrt er zurück und wird das Opfer eines Verbrechens. Alonso wird am 15.Juli 1500 von Meuchelmördern angefallen. Er erholt sich von seinen Verletzungen und wird währenddem von seinem Schwager Cesare besucht. Da Alonso in ihm den Anstifter des Überfalls vermutet, schießt er aus dem Fenster mit einem Pfeil auf ihn. Zur Vergeltung wird Alonso von der Leibwache Cesares in Stücke gehauen. Gleichzeitig wird eine weitere Intrige ersonnen; man sucht eine Verbindung mit politischem Hintergrund und verheiratet die Witwe mit dem Erbprinz aus Ferrara. Im September 1501, kaum ein Jahr nach dem Mord an ihrem zweiten Mann, wird prunkvoll Hochzeit gefeiert. Lukrezia stirbt am 22.Juli 1519 und bittet kurz davor den Papst Leo um den Segen.

Der Papstsohn Juan

wird von seinem Vater mit den Herzogtümern Gandia und Benevent belehnt; zudem mit den Städten Terracina und Pontenuovo. Schon acht Tage nach der Belehnung wir er ermordet. Man unterstellt ihm gleichfalls ein unzüchtiges Leben. Die Schuldfrage ist noch offen. Der päpstliche Zeremonienmeister beschreibt den Vorfall[354] und berichtet, wie die Leiche in einem Flußbett gefunden wird[355]. Einige meinen, er wäre bei einem Liebesabenteuer von einem Nebenbuhler ermordet worden. Ein Jahr später taucht das Gerücht auf, daß sein Bruder Cesare der Mörder gewesen sei[356].

Aus dem Tagebuch eines päpstlichen Zeremonienmeisters

Burchardus zeigt in seiner Berichterstattung eine gewisse Vorliebe für den Papst. »Er hebt gern das Gute hervor, das über ihn zu berichten ist, doch übermittelt er auch die Grausamkeiten sachlich und trocken«. Demzufolge müssen in der Ewigen Stadt weltliche Dinge vorgekommen sein. Mord, Unzucht, Totschlag und Vergewaltigungen sind an der Tagesordnung; die sozialen Probleme der unchristlichen Stadt werden deutlich. Hören wir kurz in seine Aufzeichnungen:

- Im September 1492 verwundet ein gewisser Salvator seinen Freund Domenico tödlich durch Dolchstöße. Sein Bruder wird am gleichen Tag aufgehängt. Der Papst zieht die Buße von den Bürgen ein.

- Im September 1492 wird der König Ferdinand von Spanien von einem Bauer auf den Stufen seines Palastes von einem Bauer mit einem Schwert schwer verwundet. Der Bauer gibt an, er habe unter einer teuflischen Vision gehandelt, der ihn beauftragt habe, den König zu töten. Dann wurde der Bauer derart zu Tode verurteilt, daß man ihm alle Glieder nacheinander und in Zwischenräumen, jedoch am gleichen Tag, abgehauen hat. Um ihn nicht verzweifeln zu lassen, erhielt er auf Befehl der Königin einen schweren Schlagg auf den Kopf, damit er eher stürbe und bei getrübtem Bewußtsein während des Abhauens seiner Glieder weniger litte«.

Er berichtet von dem triumphalen Einzug Karls von Frankreich in Rom, den Fluchtvorbereitungen des Papstes, der Ermordung des Juan Borja. Er trägt vor, wie der Sekretär des Papstes, Bartholomeo Florido, der ehemalige Erzbischof von Cosenza, in den Kerker der Engelsburg geworfen wird[357] weil er mehrere Breve ohne den Befehl des Papstes ausgefertigt hat. Er berichtet von der Dirne Cursetta, die Anfang April 1498 in das Gefängnis geworfen wird, weil sie einen Maure zum Freund hatte. Sie wird mit ihm zusammen so durch die Straßen geführt, daß Jedermann seine Geschlechtsteile sehen konnte. Ein anderer ritt auf einem Esel voran und trug an der Spitze des Stabes die Hoden eines Juden, weil er sich an einer Christin vergangen hat. Am 28.Juni 1498 werden vor der Peterskirche 180 Maranen über den »rechten« Glauben belehrt[358].

Er geht auf die Fehlgeburten Lukrezias ein[359] und sagt, daß Cesare, der Sohn des Papstes, achtmal hintereinander mit dem Fräulein d'Albret den Geschlechtsverkehr vollzogen habe, daß man dem Papst einen vergifteten Brief überreichen wollte[360], wie dem Ritter und Edelmann Juan Cervillon der Kopf abgeschlagen wird[361] und wie der Papst den Juden den 20. auferlegt[362], wie Alphons von Aragonien am 18.August in seinem Bett erdrosselt [363] und wie Lukas de Dulcibus das Glied abgeschnitten wird, weil er sich eine Konkubine gehalten hat[364], wie die spanische Dirne Ludovica gefoltert und gehängt wird[365], wie der Papst seiner Tochter die Amtsgeschäfte überträgt[366], wie ein Kleriker aus der Diözese Basel mit einer Schandmütze an den Pranger gestellt wird[367] und er berichtet über das Gastmahl im Vatikan, an dem sich 50 nackte Dirnen beteiligt haben und wo Preise für den ausgesetzt worden sind, der sich am häufigsten sexuell betätigen konnte[368].

Er berichtet von einem Brief, in dem gegen den Papst Vorwürfe erhoben werden. Er wird darin als »Verräter der Menschheit« bezeichnet, der sein ganzes Leben mit Raub und Unzucht befleckte ... der wie ein verrufenes Untier zur Vernichtung des christlichen Glaubens beigetragen hat«[369] und er meldet, daß der Papst selbst im Tod von Gesinnungsgenossen bestohlen wird[370].

Ein Kirchenmann berichtet

Einer der Pötentiare von St. Peter erzählt unserem Gewährsmann von einigen Fällen, die täglich an ihn herangetragen werden:

- Jemand habe mit einer Jungfrau die Ehe geschlossen und sie, nachdem er sie beschlafen und eine zeitlang mit ihr verkehrt habe, verlassen, um mit einer zweiten, dritten und vierten gleichzeitig die Ehe einzugehen.

- Ein Benediktinermönch schloß nach seiner Weihe mit einer Frau die Ehe und zeugte mit ihr sechs Kinder. Nach dem Tod seiner ersten Frau ging er mit einer anderen die Ehe ein.

- Ein Anderer, der sich verheiratete und die fleischliche Verbindung vollzogen hatte, ließ sich zum Priester weihen und schloß dann als Geweihter eine neue Ehe.

- Ein Priester beschlief seine Nichte. Sie wird von ihm schwanger und bekommt einen Sohn. Der Vater tauft ihn nach der Geburt; aber dann tötet er ihn und vergräbt in in einem Stall; noch nach 18 Jahren zelebriert er die Messe.

- Ein Anderer legte das Ordensgelübde ab. Innerhalb der ersten vier Monate verließ er das Kloster, warf seine Kutte weg und ging mit einer verheirateten Frau eine Ehe ein, die er nach vollzogenem Beischlaf verließ. Hintereinander beschlief er vier verheiratete Frauen und flüchtete dann aus Rom.

Burchardus geht auf zwei delikate Vorkommnisse ein:

Vom fleischlichen Akt in der Kirche

»... die Inhaber einer Handelsfirma in Provins, Pierre und Jean, haben schöne Frauen. Pierre sagt zu seiner, er wolle nach Brügge fahren, so daß sie Jean zu sich lassen könne. An diesem Tag geht er aber in das Haus seines Freundes und vereinbart, daß man ihn benachrichtigen möge, wenn sich Jean mit seiner Frau eingeschlossen habe. Sie taten es getreulich. Pierre geht zu dessen Wohnung und klopft heftig am Eingang. Die erschreckende Frau schloß daraufhin den nackten Juan in eine Truhe.

Daraufhin geht er zu seiner Frau und schickt unverzüglich nach der von Jean, die erschien. Sie fragte sie nach ihrem Manne: »... sie wisse es nicht, er verlasse oft das Haus in der Frühe, manchmal sei er drei Tage weg«. Daraufhin sagt Pierre: »... dein Mann ist hier in der Truhe eingeschlossen und hat oft mit meiner Frau geschlafen, obwohl du schöner bist als sie. Ich stelle dich vor die Wahl; entweder du läßt mir auf dieser Truhe das Vergnügen an die oder du sollst deinen Mann grausam ermordet sehen. Die Frau ruft ihren Mann und fragt, was sie nun tun solle. Er antwortet: »... mit der Ehrbarkeit

könne man sich leichter abfinden als mit dem Tod«. Pierre nahm sich auf der Truhe Jeans Frau im Beisein der eigenen vor und ließ ihn dann heraus«[371].

Oder: »Als Angelos am Mittag durch die Kirche ging, warf er einen Blick auf die in der Ecke gelegene Kapelle des hl. Florens. Da sah er, wie Grade unter Paola lag und wie sie sich zusammen vergnügten«. Während einer Rede vor dem versammelten Volk auf der Kanzel sagte Angelo später: »... aber tatsächlich, liebe Brüder, als ich jene Frau auf dem Boden und Paolo über ihr liegen sah und ihre Scham nackend ... und wie sie es miteinander trieben, wie man es beim fleischlichen Akt gewöhnlich macht, das glaubte ich, sie hätte ihn ausgeübt«[372].

Alles bleibt beim Alten

Nach der ersten weltlichen Unzuchtswelle in höchsten Kirchenkreisen, die ab dem 10. Jh. wie eine Gewitterwolke über dem Vatikan schwebt, überschattet im 15./16.Jh. eine zweite die klerikalen Gemäuer. Man kann dies keinesfals (nur) mit der verfeinerten Kultur und der Lebensfreude der italienischen Renaissance abtun, denn das höhnische Treiben geht danach weiter. Julius II.[373] wegen seiner Zornausbrüche vereinzelt »der Schreckliche« genannt, ist ein Säufer, der seine Tochter an Johann Orsini verheiratet und sich bei seinen Ausschweifungen eine venerische Krankheit zuzieht. Er ist vor allem durch seinen kriegerischen Geist bekannt. Doch liebt er die Wollust mehr als sein hohes Amt und ist mehrfacher Vater«[374].

Papst Paul III.[375], gest. am 10.November 1549, hat Kinder. Zu ihnen gehören Peter Ludwig Farnese und eine Tochter Constanza, die ihn zum Opa macht. Als Dank für diese weltliche Ehre macht der päpstliche Großvater Alexander Farnese und Gouido Ascanius zu Kardinälen, obwohl keiner von ihnen das gesetzesmäßige Alter erreicht hat.

Papst Julius[376] überläßt sich dem Müßiggang und aller Arten der Ausschweifung. Mit seinem Kardinal Crescentius hält er Huren. Die Kinder werden aus einer gemeinschaftlichen Kasse versorgt. Im Einzelfall läßt sich nicht ermitteln, wer der rechtmäßige Vater ist.

1644 besteigt Innocenz X.[377] den päpstlichen Stuhl. Er wird eines verdächtigen Umganges mit Donna Olympia Maldachini, der Witwe seines verstorbenen Bruders bezichtigt. Sie schaltet über Bistümer, vergibt geistliche und weltliche Ämter[378]. Sie ist eine würdige Nachfolgerin des Huren - Triumphates aus dem 10./11.Jh.

Ist es nicht eine Farce, wenn solche Statthalter die sündige Welt beherrschen wollen? Ist es nicht geheuchelt, wenn Pius IV. am 16. April 1561 befiehlt: »... solchen Seelenmördern den Prozeß zu machen, die im Beichtstuhl Unschuldige zur Unzucht reizen, bzw. wenn der Papst Gregor XV.[379] die Strafe des Exils, als Anschmieden an eine Galeere und lebenslange Haft für Beichtväter anordnet, die andere zur Unzucht reizen«?[380].

Es sei darauf hingewiesen, daß man im späten 19.Jh. dem Papst Pius IX. - dem Dogmatiker in Richtung der päpstlichen Unfehlbarkeit **und** der sog. Unbefleckten Empfängnis - zutraut, einen Sohn gezeugt zu haben. Wie wollen solche Persönlichkeiten den niedrigen Geistlichen klarmachen, daß Sittsamkeit das oberste Gebot ist? Doch es ist wie immer; die Großen läßt man laufen, die Kleinen werden gehängt.

Allgemeine Mahner

Der Karthäuser Dionysius von Leewis[381] klagt über den Verfall der Kirche und die lasterhafte Geistlichkeit; er spricht gegen den Hurenzins. Johannes Trithemius stellt die Gefährlichkeit heraus, von Dirnen abhängig zu werden und schreibt an den Priester Nikolaus: »... denn am Schluß herrschen sie über die Männer, suchen sie in ihre Netze zu verstricken, um Liebestränke und abergläubische Mittel anzuwenden«. Der Benediktiner Jacobus Siberti wendet sich an Trithemius und beklagt die Unsittlichkeit der Priester. Der Straßburger Domprediger Geiler von Kaysersberg rügt die Verdorbenheit der Geistlichen. Doch die Kirchenleitung hat den Mut zu kontern: »... den Christen wird eingeschärft[382] daß es über Prälaten und Priester auch dann nicht spotten soll, wenn ihr Lebenswandel schlecht wäre ... oft würden einem sündhaften Volk von Gott schlechte Priester gegeben«[383]. Mit dem frühen 16.Jh. überschattet eine weitere Geißel Europas. Aus noch nicht schlüssigen Ursachen verbreiten sich gefährliche Geschlechtskrankheiten und richten - auch unter Geistlichen - verheerendes Unglück an.

Es gibt eine Reihe von Zeugnissen, besonders aus dem 15.Jh., die dokumetieren, daß es sich keinesfalls um »theoretische« Erörterungen handelt. In manchen Frauenklöstern ging es »unheilig« zu. Schon aus der ersten Hälfte des 13.Jh. können aus der Geschichte der deutschen Nonnerei Abenteuer angeführt werden, wie die des Gauklers Heinrich Fiker, der sich als Mädchen verkleidet in ein Frauenkloster aufnehmen läßt und unter den Schwestern Unheil anrichtet.

Hinzu kommt das verrufene Kloster Gnadenzell, das Frauenkloster Kirchheim u. Teck und das von Söflingen bei Ulm. Es wird 1484 untersucht und am 20.Juni schreibt der Bischof Gaimbus an den Papst: »... daß sich in den Zellen Liebesbriefe höchst unzüchtigen Inhalts, Nachschlüssel, üppige weltliche Kleider und die meisten Nonnen in gesegneten Leibesumständen befunden haben«.

Der Arzt Wendelin Hoch fordert den Herzog von Württemberg auf, der Liederlichkeit der Pfaffen Einhalt zu gebieten, da sonst das ganze Land verpestet werde. Bartholomäus Montagna, Prof. der Heilkunde in Padua, hatte an den Leiden seiner geistlichen Freunde Gelegenheit, die Lustseuche zu studieren. Er verfaßt ein Buch, in dem er die Kardinalskrankheiten (nicht etwa: die Kardinalstugenden) schildert. Alexander VII. hatte darunter zu leiden und der Kardinalbischof Segovia, der die Aufsicht über die Freudenhäuser in Rom führte, widmete ihnen so große Aufmerksamkeit, daß er darüber sein Leben einbüßte.

Reformatoren spalten den »alten« Katholizismus

Zu allem Unglück, der innerlich ausgehöhlten Kirche, dem Machtmißbrauch seitens der Geistlichen, der dubiosen Klosterzucht und das politische Gezänke unter den Statthaltern Gottes kommt ein weiteres. Was der Katholizismus nach dem Abfall der Ostkirche im 6.Jh. überwiegend auf Um- und Schleichwegen, mit Hintertürchen, gezielten Fälschungskampagnen, Intrigen und Böswilligkeiten erschlichen hat, wird zunehmend blosgelegt.

Dieser Angriff kommt weniger von außen - denn dem verängstigten Volk steht der leibhaftige Teufel im Nacken - sondern aus den eigenen Reihen. Durch das Zusammenwirken verschiedener Faktoren kommen die nun gärenden Kräfte zum Ausbruch. Im Blickpunkt der Aktivitäten stehen zwei »abgefallene« Katholiken; der in Wittenberg als Professor wirkende Martin Luther und der in Einsiedeln (Schweiz) tätige Pfarrer Huldrich Zwingli.

Wie leicht erscheint die Handbewegung, mit der der päpstliche Despotismus weggefegt wird. Sein einst so machtvolles Wort, seine Bannflüche, ausgesprochenen Exkommunikationen, Interdikte und Drohungen werden zu dem was sie sind; zur Farce!

Luther hat zwei große Sünden begangen. Er hat dem Papst an die Krone und den Pfaffen an die Bäuche gegriffen. Dies soll Erasmus von Rotterdam dem Kurfürst Friedrich v. Sachsen auf die Frage geantwortet haben, was Luther denn eigentlich falsch gemacht habe[384]. Erasmus v. Rotterdam schreibt gleichfalls gegen den Zölibat und meint: »... daß ihn die Päpste schwerlich abschaffen würden, da ihnen der Hurenzins gar zu gut tue«.

Bald kommt zur Sprache, daß es ein kirchlicher Mißbrauch sei, wenn man den Priestern die Ehe vorenthält, denn erst dadurch werde die Unzucht unter den Geistlichen möglich[385]. Luther hebt in einer Schrift an den deutschen Adel hervor: »... so soll sich keiner an die falschen Vorstellungen des Papstes halten, denn durch ihn wäre viel Schandleben auf die Welt gekommen«. Die hundert Beschwerden, die 1523 auf dem Nürnberger Reichstag dem Papst zugestellt werden, reichen den Geistlichen nicht zur Ehre. Möglicherweise hat Luther daraus den Stoff seiner Schrift »Wider die Kostergelübde« abgeleitet; später macht er darauf aufmerksam, daß sie n i c h t auf dem göttlichen Wort beruhen[386].

Zwingli unterstützt den liberalen Gedanke mit seiner Schrift: »eine freundliche Bitte und Ermahnung etlicher Priester in der Eidgenos-

senschaft, daß man das hl. Evangelium zu predigen nicht abschlage, noch Unwillen darüber empfange, wenn sich die Prediger, um Ärgernis zu vermeiden, ehelich vermählen«.

Auf Zwinglis Betreiben wird vor dem Züricher Rathaus eine öffentliche Disputation angezeigt, an der sich sechshundert Bürger beteiligen. Unter ihnen befindet sich Johannes Faber, der Generalvikar des Konstanzer Bischofs. Im 49.Artikel wird vorgetragen: »... ich kenne kein größeres Ärgernis, als daß man den Pfaffen nicht erlaubt, Ehebweiber zu nehmen, ihnen aber gleichzeitig gestattet, sich Huren zu halten«. Zwingli weist auf die Mißstände des Zölibats und rügt den Ärger, der mit dem Lotterleben der Geistlichen verbunden ist«

Ebenso rechtfertigen Kalstadt, Melanchthon und weitere die Ehe der Priester. Verwirrung tritt auf. In rascher Folge werden die schon lokkeren Moralvorstellungen gelockert, Klöster verweltlicht, Ansichten geändert und der Katholizismus in Frage gestellt. Es kommt zu merkwürdigen Auswüchsen, denn die Reformation verbreitet sich (zu)schnell.

In rascher Folge heiraten Geistliche. Bald darauf wird das erste von einem katholischen Priester in rechtmäßiger Ehe gezeugte Kind des 16.Jh. geboren. Es ist Johannes, ein Sohn des Pfarrers Johann Haller von Amsoltingen, der sich 1521 mit einer Bürgerin aus Zürich verheiratet hat[387]. Der Danziger Mönch Jacob Knade hat 1518 Anna Rosenberg geheiratet. Bartholomäus Bernhardi[388], Pfarrer aus Kemberg im sächsischen Kurkreis, heiratet 1521. 1523 läßt sich Wilhelm Röuble in seiner Pfarrkirche zu Wytikon mit der züchtigen Jungfrau Adelheid Leemann trauen. In Straßburg heiraten 1523 die Priester Zell und Firn unter dem Jubel des Volkes.

Zwingli schließt sich 1523 an und heiratet eine Anna Reinhard. Luther schließt sich an. Er entscheidet sich für Katharina Bora, eine aus dem Kloster Nimptsch »entsprungene« Nonne. Die Führer im katholischen Glaubenslager stehen zunächst ratlos vor dieser delikaten Situation. Damit nicht genug.

Die »Reformation« führt zwangsweise zu der Überlegung, dem hoffenden Volk eine Übersetzung der christlichen (= noch: katholischen) Bibel anzubieten. Damit versetzt der ehemalige Augustinerchorherr Luther dem etablierten Katholizismus einen zweiten Schlag, denn er integriert den Einzelnen in das sog. und angenommene »Heilsgesche- hen«. Plötzlich steht er selbst dem angenom- menen Gott gegenüber, den Jahrtausende zu- vor Menschen aus der Taufe gehoben haben.

Es ist kein Wunder, wenn der Papst in Rom gegen Luther agiert; er schießt mit nassem Pul- ver, denn der göttliche Statthalter wurde un- glaubwürdig. Seine inquisitorischen Machen- schaften prallen an der aufgewühlten Epoche ab. Einzelne Bischöfe beginnen zu wanken. Teilweise gestatten sie ihren Geistlichen (schon) die Ehe. Fürsten, Professoren, Landes- herren und Magister begründen die positive Entwicklung durch offene Erklärungen.

Die Pro-katholische Bewegung

In Rom erkennt man die prekäre Situation. Am 5.Januar 1522 wird Hadrian VI.[389] zum Paspt erhoben, der mit der religiösen Wetterla- ge in Deutschland wenig vertraut ist. Er ernennt Francesco Cheregatti während des Nürnberger Reichstages zum Nuntius. Das Ziel ist klar, denn es ist auf die Vernichtung Luthers ausge- richtet, »... weil er die Ehe der Priester für ge- recht ansieht und die Klostergelübde nicht gel- ten läßt ... er gebe vor, um die wollüstigen Priester, Mönche und Nonnen an sich zu zie- hen, daß die Gelübde der Enthaltsamkeit un- verbindlich sein sollen ... und daß sich die Geist- lichen verheiraten können[390].

Der Nuntius klagt über die verheirateten Priester und Mönche, bzw. Nonnen, die scha- renweise die Kloster verlassen. Er wird un- freundlich aufgenommen. Die versammelten Reichsstände fassen 400 Beschwerden in 77 Artikeln zusammen, »... damit das Papsttum sehe, was alles zu reformieren sei«. Auch das Lasterleben der Geistlichen kommt zur Spra- che. Der Konstanzer Bischof Hugo von Lan- denberg, selbst der Unzucht ergeben[391], er- läßt am 2.Mai ein Schreiben, das den reformatorischen Bestrebungen entgegen- wirkt. Er wird von seinen Gegnern abgekan- zelt: »... das Ärgernis wird immer größer«.

»Die Strafe, die ein Priester bekommt, wenn er ein Kind gezeugt hat, wurde um einen Gul- den erhöht, so daß er jetzt 5 Gulden bezahlen muß. Darum will er nicht leiden, daß die Pfaffen Kinder haben, denn jetzt ginge ihm darum ein größeres Einkommen ab. In einem Jahr sollen wohl 1.500 Pfaffenkinder im Konstanzer Bis- tum geboren werden; macht 7.500 Gulden. Aber nicht nur die Kinder, sondern auch die Konkubinen müssen ihm jährlich abgekauft werden, wie ein Titel im Register zeigt. Habe nun einer eine Konkubine oder nicht, so sagt man ihm: »... was geht dies meinen gnädigen Herrn an, daß du keine hast. Warum nimmst du dir nicht eine? Das Geld muß gleichwohl hin- terlegt werden. Mit Recht nennt man die Bi- schöfe Hurenhirten«.

»... denn wenn einer ein reines Mädchen be- schläft, so kostet dies 16 Gulden für den Bi- schof. Auch die Nonnen und Beginen haben ih- re besondere Taxe im Register. Der Fiskal darf mehr fordern, wenn ein Pfaffe reich ist und wenn er sich mindestens viermal im Jahr mit ge- füllten Taschen beim Gesinde einfindet. Dies ist einer der vornehmsten Gründe, warum sie den Priestern keine Weiber gestatten. Will man einen Bastard taufen lassen, kostet das aber- mals Geld. Aber auch, wenn man ihn legitimie- ren will, um einen Pfaffen (oder etwas ehrli- ches) aus ihm zu machen«.

1522 behauptet man in einer Schweizer Druckschrift, daß der Bischof von Konstanz die Taxe für die Priesterkinder angehoben hat; zudem mußte an ihm die Konkubinen abkaufen, bevor man sie »benutzen« konnte. Die christliche Religion hat sich einen »wei- teren« Schandfleck aufgebrannt[392].

Der Jesuit Girard mit seinem Beichtkind, der »schönen« Cadiere.
Antijesuitische Karikatur, die verdeckt auf die sexuellen Ausschweifungen der Geistlichen - hier vor allem der Jesuiten - aufmerksam macht.
Bereits der Bischof von Nanking teilte dem Papst Benedikt XIV. mit: »... daß sich die jesui- tischen Missionare im Beichtstuhl und vor der Messe fleischlich mit Mädchen einlassen«.

Inmitten der Wirren spitzt sich die Lage der Geistlichen zu, denn in denjenigen Landesteilen, die dem Katholizismus erhalten bleiben, wird über die Trasse Papst = Bischof, massiv gegen verheiratete Priester vorgegangen[393].

Man greift zu den probaten Mitteln, denn man versichert sich der Gunst des einfältigen Volkes. 1522 wird in Bern ein Priester wegen konkubinarischer Vergehen enthauptet[394] und 1545 bricht in Straßburg eine Verfolgung der Konkubinen aus. Die katholischen Geistlichen klagen darüber, daß man ihnen nicht einmal e i n e Frau gestatte, während sich die Kardinäle und Bischöfe zehn und mehr Huren halten«[395].

1517 (während des Konzils von Bajeux) verbietet Ludwig de Canossa den Geistlichen, verdächtige Weiber in der Wohnung zu halten, bzw. sich von unehelichen Söhnen bedienen zu lassen. 1520 verbietet der Bischof von Augsburg, Christph von Stadium, das Lesen der lutherischen Bücher; gleichzeitig erhebt er einen Zins für die Kinder und Konkubinen der Kleriker. Etliche Würdenträger bleiben der Tradition verhaftet, denn mit ihm könnten sie selbst in Frage gestellt werden. So läßt der Papst Clemens VII. am 5.Februar 1526 eine Bulle nach München schicken; darin erteilt er mehreren Äbten die Vollmacht, die (sittlichen) Verbrechen der Geistlichen zu strafen.

Versuch der Wiederbelebung

Der Kardinallegat Champeggi ruft mit einigen dem Papst gesonnenen Fürsten in Regensburg einen Konvent zusammen. Parallel versteht er es, den Herzog Wilhelm Ludwig und den Erzherzog Ferdinand zur Aufrechterhaltung des römischen Kirchtums zu bewegen. Neben ihnen sehen wir den Salzburger Erzbischof, die Bischöfe von Trient und Regensburg, die Gesandten der Bischöfe von Bamberg, Straßburg, Augsburg, Basel, Freisingen, Passau und Brixen. Es ist das Fähnlein der Aufrechten, ohne deren Geburtshilfe der katholische Glaube in Deutschland möglicherweise in der Versenkung verschwunden wäre. Es sind vor allem bayerische Fürsten, zusammen mit den Jesuiten, die den Katholizismus retten.

Diese Gemeischaft schließt am 6.Juli 1524 ein Bündnis, bei dem als verbindlich erklärt wird, das Wormser Edikt [396] und die beiden letzten Nürnberger Reichsabschiede in ihren Ländern zu vollziehen, gemeinschaftlich der Reformation entgegenzuwirken und alles anzuwenden, was der Ausrottung der Ketzerei (!) dient; zudem seien die verheirateten Geistlichen zu bestrafen. Champeggi vertritt die merkwürdige Auffassung: »... daß es für einen Priester eine größere Sünde sei zu heiraten, als Huren zu besänftigen, denn jene glaubten, daß sie recht tun, die anderen aber bekennen, daß sie sündigen«. Die Trabanten fahren beharrlich fort, die »bösen« Priester zu bestrafen, die aus Vernunftsgründen eine Ehe eingegangen sind.

1530 sollen die Religionsstreitigkeiten ausgeglichen werden. Die »evangelischen« Stände übergeben das von Melanchthon verfaßte Glaubensbekenntnis, die sog. »Augsburgische Konfession«, die in einem besonderen Artikel den Ehestand der Geistlichen schützt. Obwohl die erzkatholischen Gegner wie Eck, Wimpheling und Cochläus abgekanzelt werde, endet der Reichstag damit, daß die »Evangelischen« mit Zwängen in die Ekke getrieben werden. Es wird hervorgehoben: »... daß alle verheirateten Priester ihrer Ämter und Pfründen enthoben seien ... lediglich wenn sie die Weiber von sich weisen, sollen sie nach der päpstlichen Absolution (wieder) zugelassen werden«.

1531 wird in Regensburg beschlossen: »... Jedermann soll den Augsburgischen Reichsabschied beachten«. So rasch geht es in Kirchenkreisen, um Papiergesetze über das wirkliche Leben zu stellen. Der Sittenpegel hat sich nicht verändert, denn nach wie vor frönt man in Unzucht. 1537 verlangt Paul III. von einigen Kardinälen und Prälaten ein Gutachten über eine eventuell vorzunehmende Reform[397]. Sie wird von Luther mit beißenden Glossen versehen[398]. Man beklagt sich über die Unwissenheit der Geistlichen und die Tatsache, daß in Rom vornehme Frauen mit hochgestellten Priestern zusammenleben.

Hermann, der Kurfürst von Köln, begünstigt die reformatorischen Ideen und läßt 1539 Melanchthon zu sich kommen; er meldet keine Bedenken in dieser Sache an. Daraufhin wird den Geistlichen die Ehe gestattet. Vorab informiert man die Stände über diesen Schritt; Grafen Ritter und Stadtrat stimmen ihm zu. Allein das Domkapitel, die Universität und der Rat stemmen sich dagegen. Der Liberalität wird ein Riegel vorgeschoben; man bleibt auf der Unzucht sitzen. Langsam wendet sich das Blatt zugunsten des (nun wieder) erstarkenden Katholizismus.

Um Mißbräuchen im Kirchenwesen entgegenzuwirken, legt der Kaiser 1548 während dem Augsburger Reichstag den Bischöfen einen Reformationsentwurf vor[(399)]. Darin wird gesagt: »... man soll die Konkubinen mit der Exkommunikation belegen und notfalls den weltlichen Arm gegen sie in Anspruch nehmen«. 1549 findet ein Provinzialkonzil statt. Währenddem wird ausgesprochen, daß sich die Kirchenzucht im Verfall befindet, daß die Kleriker ohne Scheu Konkubinen und Frauen bei sich führen und daß ihre Oberen dies gegen Bezahlung dulden. Daraufhin wird über die Aufnahme der »formula reformationis« beraten. Als der Klerus davon erfährt, bittet er darum, das »caput de concubinis« auszulassen und (die) Sentenz des Konzils abzuwarten. Doch die Geistlichen werden übergangen[(400)].

Am 16. April 1561 schreibt Pius IV. an den Erzbischof von Sevilla und den spanischen General: »... er habe nicht ohne Betrübnis seiner Seele vernommen, daß verschiedene Priester in den spanischen Königreichen, Städten und Diözesen soweit in der Gottlosigkeit versunken sind, daß sie das Sakrament der Beichte mißbrauchen und Weibspersonen zu unzüchtigen Handlungen reizen ... sie dadurch in der Sündenlast beschweren und sie (so) dem Teufel überliefern. Dies wäre eine Beleidigung für die göttliche Majestät«.

Während der Epoche vom Ausbruch der Reformation bis zum Konzil von Trient - einer entscheidenden Phase für alle Christgläubigen, die mehr politische und diplomatische Winkelzüge denn Glaubensangelegenheiten zum Inhalt hat - versucht man das 1000 - fach Unmögliche salonfähig zu machen. Keinesfalls kann man den herrschenden Konkubinat unterbinden und die Ehen der Geistlichen abnabeln; beispielsweise ist Pfauler, der Hofprediger des Königs Ferdinand, verheiratet.

Papst Paul VI. ist der Auffassung: »... daß man in Deutschland mit Feuer und Schwert durchgreifen müsse, um alle Irrtümer abzustellen; zudem dürfe man nur päpstliche Buchdruckereien zulassen. Wer erkennt nicht die Konflikte hinter solchen Änderungen? Ist es nicht die Kirche selbst, von der die Irrtümer ausgehen?

Gutachten von Staphylus

Friedrich Staphylus sagt: »... denn unter dem (noch) übrigen Klerus herrsche die Ehe so allgemein, daß man unter hundert Pfarrern keinen findet, der nicht heimlich oder öffentlich verheiratet ist. Falls man die verheirateten Priester vertreibe, müßten die Pfarreien ohne Seelsorge bleiben und die verjagten wären (dann) gezwungen, zu den Sektierern (= Prostestanten) überzulaufen. Er frage sich, ob es nicht besser sei, den Priestern die Ehe zu gestatten. Nur so könne man ihren unzüchtigen Ausschweifungen entgegenwirken. Zwei Übel sind da; auf der einen Seite die Verminderung der kirchlichen Würde und damit die (ihrer) Reichtümer. Auf der anderen Seite der immerwährende Haß des Volkes gegen den Klerus und die gefährliche Schandbarkeit unter den Geistlichen[(401)]. **Rom wäre die verdorbenste Stadt. Die Gier der Prälaten wäre schändlich: es seien viele Mißbräuche abzustellen, um die katholische Kirche zu erhalten«.** Vor allem tadelt Staphylus die geltende Taxe für die Verbrechen und Laster, deren Befugnisse bei den Legaten liegen.

Konzil von Trient

Wir haben mehr eine politisch-weltliche, denn tiefgreifend religiöse Angelegenheit vor uns. Konzilien werden immer dann einberufen, wenn es um Reibereien im größeren Stil oder um Anpassungsmanöver mit der Weltlichkeit geht; jedoch auch, um den einzig »wahren« Glauben - wieder einmal - ins rechte Licht zu rücken. Das Konzil von Trient hat insofern mehr Gewicht, weil es das erste ist, das sich nach der Reformation sammelt; und weil inzwischen die jesuitische Schlagkraft Ergebnisse zeigt. Vom Ausschreiben des Konzils bis zu seinem Beginn am 18. Januar 1562 vergehen 17 Jahre.

Schon die personelle Zusammensetzung macht einiges deutlich: 187 italienische, 31 spanische, 26 französische und **nur** 3 deutsche Würdenträger nehmen teil. Tendenz oder Zufall der schwachen deutschen Besetzung? Die Deutschen lassen sich mit ähnlichen Ausflüchten entschuldigen, wie sie es 500 Jahre zuvor bei den Gewaltakten Gregors VII. getan haben. Auch jetzt zeichnen sie sich durch persönliche Unfähigkeit aus.

Auch in Trient wird der Sieg über die Ehen der Priester und die Aufrechterhaltung eines Prinzips verfochten. So läßt der Kardinal Borräus durch seine Miliz einige Konkubinen fangen und in ein Gefängnis schleppen. Auch hier treffen wir auf die Verdammung der Priesterehe[402]. Erst 23 Tage vor der Beendigung des Konzils nimmt man sich dieser nicht unwesentlichen Sache an und behauptet: »... daß das Band der Ehe unauflöslich sei, habe bereits der Stammvater des menschlichen Geschlechts aus Eingebung des göttlichen Geistes entschieden, da er beim Anblick der neugeschaffenen Männin (= Eva) sagte: »... dies ist Bein von meinem Bein«[403].

Pisani, ein Jesuit, dessen Buch von der Enthaltsamkeit wenige Jahre nach dem Konzil erscheint, verliert sich in Kindereien und trägt vor: »... wer könnte wagen, seine Sünden einem verehelichten Priester zu beichten, der sich das Geheimnis wieder von seinem Weib ablocken lassen könnte«[404].

August Baumgärtner, der Gesandte des Herzogs Albrecht von Bayern, hält vor den Konzilsteilnehmern eine Rede und hebt hervor: »... beim Klerus herrsche, um die übrigen Laster zu verschweigen, offensichtlich Unzucht; er wälze sich in den Lastern des Saufens. Wir halten es für den größeren Vorteil der katholischen Religion, wenn ihre Priester gezwungen wären, nicht zu dieser besudelten Herde zu gehören oder ihr ähnlich zu scheinen. Daher kommt der Mangel an gelehrten Männern (im Klerus) und daher kommt ihre abscheuliche Unwissenheit. Deshalb haben die Ketzer (= Protestanten) an Boden gewonnen und darum werde die Kirche geschwächt«.

Ferdinand I. und Maximilian II. fordern die Aufhebung des Zölibates. Sie werden durch namhafte Bischöfe unterstützt[405]. Am 5.Februar 1563 geben die weltlichen Vertreter den Theologen acht Artikel auf. Der 5. besagt: »... ob die Ehe der Ehelosigkeit vorzuziehen sei und ob Gott den Ehelichen mehr Gnade geben werde als den Unverheirateten?« **Die Theologen reagieren typisch und verwerfen die Frage als ketzerisch. Sie stempeln sich der Unwissenheit und der Dialog-Unfähigkeit ab, denn sie verwerfen immer, was ihnen nicht in den Kram paßt oder das was sie nicht glauben »dürfen«.**

Immer wieder bringen die Legaten die gleiche Hinhaltetaktik und sagen, daß sie erst um Verhaltensmaßregeln in Rom nachsuchen müßten. Borromäus schreibt dazu: »... sie würden lieber den Tod erleiden, als daß weitere Artikel über die Gestaltung der Priesterehe und die Schmälerung des päpstlichen Ansehens vorgetragen werden«. Die kaiserlichen Gesandten versuchen, direkt beim Papst zu intervenieren. Die Sache spitzt sich so zu, daß manche meinen, das Konzil würde aufgelöst.

Die Reaktion in der Glaubenszentrale ist eindeutig, denn die Befürworter der Priesterehe werden mit den Anathem belegt[406]. Am 12.Januar 1565 läßt der Papst beschließen, daß sie **nicht** gestattet wird. Ein schwarzer Tag für die Kirchengeschichte, die Ideen von Toleranz und Humanität, für die die Kirche selten zugänglich ist. Sie stellt sich erneut ein geistiges Armutszeugnis aus. Proforma wird eine Komission beauftragt, um die Gelübde um die Gründe für die Verweigerung zusammenzustellen. Das Ergebnis ist bis heute nicht veröffentlicht; ein probates Mittelchen aus der vatikanischen Rezeptur. Die Beschlüsse zum Thema besagen im wesentlichen:

- wer sagt, daß Kleriker, die sich in höheren Weihen befinden, eine Ehe eingehen können, bzw. daß sie die von ihnen (schon eingegangene) gültig ist, sei verflucht«.

- wenn jemand behauptet, daß der Stand der Ehe dem der Jungfräulichkeit vorzuziehen sei, der sei verflucht«.

- Es wird das Gebot gegeben, daß sich kein Kleriker Konkubinen oder andere verdächtige Weiber im Haus oder außerhalb desselben halten soll. Die Übeltäter müssen mit

Strafen belegt werden[407]. Wenn sie es nicht tun, müsse die Sache dem Papst angezeigt werden, der nach der Beschaffenheit der Schuld die jeweilige Strafe aussprechen soll«.

Die Unzucht treibt weitere Blüten

Die Bemühungen um die Abschaffung der Priesterehe nehmen kein Ende wie die, sich um ihre Aufrechterhaltung einzusetzen. Es ist ein Zankapfel, bei dem Prinzipien verfochten werden; alles bleibt bei Alten. Unzucht und Verdorbenheit sind nicht kleinzukriegen. Der ehemalige Protestant Wicelius schildert die Mißbräuche innerhalb der katholischen Kirche und verteidigt die Ehe mit Zitaten aus der Heiligen Schrift und der älteren Kirchengeschichte. Er beleuchtet die Vorwände der »Römlinge« und ärgert sich über die Auffassung, daß der Priester durch Hurerei mehr sündige als durch das Eingeben einer rechtmäßigen Ehe[408].

Unter Bernhard von Raesfeld, dem Bischof von Münster, halten sich die Domherren öffentlich Konkubinen. Deren Eitelkeit schreitet so weit voran, daß sie Wert darauf legen, als »Dompröbstin«, »Kantorin« und »Küsterin« angesprochen zu werden. Der Papst erteilt seinem Trabant zwar einen Verweis, aber es kommt, wie es kommen muß. Der Bischof wird ausgelacht und aufgefordert, erst einmal seine eigenen Konkubinen wegzuschaffen. Seines Lebens nicht mehr sicher, legt er daraufhin seine Würde(!) nieder.

Auf dem Augsburger Konzil von 1567 wird folgende Verordnung erlassen: »... daß die Geistlichen nicht mehr am gleichen Ort wie deren Söhne begraben werden sollen ... und ... wenn auf der Grabinschrift eines Geistlichen stehe, daß er einen Sohn hatte, soll das letztere ausgekratzt werden«.

1568 hält Stanislaus Cracovius, der Bischof von Wladislav, eine Synode und wartet mit einem originellen Trostpflästerchen auf. Er hat die Erleuchtung: »... wenn die Geistlichen von der Lust versucht werden, und wenn ihnen der böse Geist zusetzt, sollen sie sprechen: »ich sage Dir Satan ab, und hange Dir an, Christus«[409].

1569 hält Johann Jacob eine Provinzialsynode ab. Hier wird zugegeben, daß sich der Klerus im Kot der abscheulichen Wollust wälze und darin eingefault sei. Die Geistlichen werden beim Herzen Jesu beschworen, die Unzucht mitsamt ihrer Konkubinen gehen zu lassen. Es bleibt festzustellen, daß seit dem Agieren von Gregor VII. 500 Jahre vergangen sind; geändert hat sich nichts.

Das 17. Jh.

zeigt einige bemerkenswerte Strömungen. Die blutüberströmten Phasen der Ketzerverfolgung, der Inquisition, der Bannflüche und Exkommunikationen scheinen überwunden. Doch jetzt macht sich etwas Schauerliches breit, das gleichfalls (mit) auf dem Gewissen der Kirche lastet. Aus der steten Verteufelung des Geschlechtlichen - was jedoch offensichtlich **nur** den Frauen angelastet wird - entfacht sich der Hexenbrand. In unzähligen christlichen Folterkammern werden so Hexer und Hexen des gleichen Delikts beschuldigt; der Buhlschaft mit einem angenommenen Teufel, den es nur in neurotisch veranlagten Hirnen gibt. Viele müssen ihr Leben ob dieses Aberwitzes lassen; teilweise werden sie noch lebend in die Scheiterhaufen geworfen. Die Hexenverfolgungen sind **nicht** dem Mittelalter anzulasten, sondern erreichen den Höhepunkt im 17. und frühen 18. Jh.

Im katholischen **und** protestantischen Lager wird gleich gewütet. Es ist nur ein Gedankensprung anzunehmen, daß die »sündhaften« Weiber »ehrbare« Geistliche zu Fall bringen, bzw. sie permanent zur Unzucht reizen. Ich habe dieser Thematik ein eigenes Buch gewidmet

1611 wird in der Gegenwart eines päpstlichen Nuntius in Tyrnau eine Diözesansynode gehalten, auf der vorgetragen wird: »... von den Kleidern kommt die Motte und von den Weibern die Gottlosigkeit unter den Menschen. Alle Bosheit ist klein gegen die eines Weibes. Der Untergang vieler ermahnt uns, daß die häufigen, aber nicht notwendigen Gespräche mit ihnen vermieden werden. Sie sind ein Fallstrick, ein Netz sein Herz und seine Hände Fesseln«[410].

Am 30. August 1622 bestätigt Gregor XV.[411] die Konstitution seines Vorgängers, Pius IV. gegen diejenigen, die Andere im Beichtstuhl zur Unzucht reizen. Er untersagt unzüchtige Gespräche mit Frauen[412].

Von langer Hand vorbereitet, bricht ein weiteres Unglück über Europa herein, der 30-jährige (Glaubens)krieg. Die damit verbundene Not verlagert die Problematik. Hungersnöte, Pestausbrüche und unermeßliches Leid dezimieren die europäische Bevölkerung um ca. 75%. Der Klerus ist teilweise Nutznießer der Verirrung, denn zum einem fließen ihm unermeßliche Schenkungen zu und zum anderen hat er den Mut, all die Schrecken dem »sündhaften« Volk vorzuenthalten das selbst daran Schuld sei. Nach dem Ende des Blutrausches verweigert die Kirche die Anerkennung des Westfälischen Friedens. Sie verteufelt weiterhin die natürliche Sexualität und sie wendet sich nicht gegen die Anwendung der Folter. Kann dies eine Institution von Nächstenliebe und wahrem Glauben sein?

Nachdem der Schutt des Krieges beseitigt ist, zeigt sich ein verändertes Lebensgefühl. Die künstlerischen Schöpfungen des Barock deuten auf optimistische, aufgeschlossene und kritische Menschen, die durchaus willens sind, mit Traditionen zu brechen. Auch die Prieter atmen den »neuen« Geist der Aufklärung. Allmählich beginnt er zu keimen; damit verbunden ist ein neuer Frontalangriff auf das antiquierte Kurialsystem.

Im Umfeld der Französischen Revolution gestattet der »Code Napoleon« den Priestern die Ehe. Die Umstände zwingen die Kirchenleitung zu stets neuen Anpassungsmanövern; doch gleich einem schlummernden Raubtier wartet sie auf den günstigsten Moment, um die kleinste Chance zu nutzen.

Die antiklerikale Literatur nimmt - vor allem auf der französischen und englischen Seite - sprunghaft zu. Mit beißendem Spott wird das Lasterleben der Geistlichen angeprangert. Zu sehr hat sich die Kirchenleitung in politische Intrigen verstrickt, zu weit ist sie von der Wahrheit abgewichen. Sie kann nicht mehr zurück und manifestiert so (noch mehr) das Unmögliche; so erwachsen der Kirche unliebsame Kritiker. Man hat sich damit abgefunden, daß das Huren der Geistlichen alltäglich ist.

Es ist sinnlos geworden, vorzutragen, daß sie die Frauenbeichte nur an einem offenen Ort innerhalb der Kirche und nicht mehr in der Sakristei oder außerhalb des Beichtstuhles hören sollen. 1724 schärft Benedikt XIII. während des Konzils von Rom seinen Schergen ein: »... sie sollten den Umgang mit den Weibern meiden und nicht mit ihnen zusammenwohnen[413]. Pius VI. erläßt ein Edikt über die schändliche Lebensart der Geistlichen und verbietet ihnen öffentlich in Gesellschaft von Frauen zu erscheinen, sie am Arm zu führen, auf Schaubühnen zu begleiten oder nachts mit ihnen spazieren zu gehen. Kann dies Aufgabe eines Papstes sein?

Am 7. Januar 1796 erläßt das fürstbischöfliche Konsistorium von Regensburg im Namen von Joseph Konrad folgendes Schreiben an den Klerus: »... von keiner Menschengattung wird Gott schwerer beleidigt, als von jenen Priestern, die, da sie beim Volk durch besondere Tugendbeispiele leuchten sollen, ihm durch ihre Sünden Anstoß und Veranlassung zum Untergang des Geistes geben. Dies geschieht durch kein Verbrechen mehr, als wenn sich die Kleriker im Kot der Wollust befinden und unreinen Umgang mit Weibern pflegen. Man sagt, daß unsere Kleriker deswegen so häufig in Unzuchtssünden verfallen, weil die alte Kirchenzucht vernachlässigt ist oder die Geistlichen zu gelinde gestraft werden. Daher erneuern wir die Strenge der alten Satzungen...

... Insbesondere rufen wir jenes allgemeine und heilige Dekret in das Gedächtnis zurück, in dem verordnet wird, daß Pfarrer und Beneficiaten zu junge, geschwächte, verdächtige oder nicht genug ehrbare Weibspersonen nicht zu Wirtschafterinnen nehmen sollen. Auch schickt es sich nicht, wie ein gelehrter Papst unserer Zeit gemahnt hat, daß sich ein Weib in des Pfarrers Wohnung länger aufhalte, die dem Volk verdächtig geworden ist...

... Übrigens beschuldige niemand unser Dekret der allzugroßen Strenge oder Neuheit. Noch viel weniger überrede sich jemand, als glaubten wir, daß das Laster der

Unzucht in unseren Kirchen allgemein und häufig sei. Übrigens wollen wir, daß von diesen Statuten keine Nachricht unter das Volk komme, damit der Klerus nicht verachtet oder verspottet wird. Wir haben uns deshalb der lateinischen Sprache bedient, damit für die Ehre des Klerus gesorgt und das Volk bei seiner guten Meinung erhalten bleibt«[414]. Kann man treffender heucheln?

Wieder einmal muß die Kirche ihre Igelstellung gleichzeitig an verschiedenen Positionen verteidigen; ihr intelektuelles Rückgrat ist gebrochen. Der protestantische Jurist Christian Thomasius bricht der Folter das Genick. Damit verschwinden die christlichen Folterstuben - zumindest bei uns - aus dem Blickfeld der Geschichte. Becker und andere bezweifeln in kritischen Büchern die Existenz von Teufeln und führen damit der Kirchenleitung weiteren Zündstoff zu. 1803 werden im deutschsprachigen Raum viele Klöster aufgehoben (= säkularisiert). Damit wird zahllosen Unzuchtsverbrechen von staatlicher Seite aus ein Riegel vorgeschoben.

Raffaeli Cocci (1846) veröffentlicht in Altenberg ein Buch und sagt darin: »... die in den Klöstern herrschende Sittenlosigkeit übertrifft die kühnste Phantasie. Um ihre Folgen zu verbergen, wurden häufig Mittelchen aus der Klosterapotheke in Anspruch genommen ... und manches gefallene Mädchen blieb durch ihre Hilfe in den Augen der Welt eine »reine« Jungfrau ... aber auch mancher Ehemann verschwand durch sie«. Vielleicht leiten sich daraus folgenden Spottbezeichnungen ab:

»Ein Mädchen, das den Schleier nimmt, tut dasselbe, als ob sie sich für eine Hure erkläre«. »Drei Dinge sind stets in des Pfaffen Hand; das schönste Weib, das schönste Haus, das schönste Land«. Die geilen Mönche wurden lange Zeit als »Klosterhengste« bezeichnet. Weil sich die Pfaffen stets beim Essen das beste Stück aussuchen, wurde im Holsteinischen das beste Stück aus dem Hinterviertel des Tieres »Pfaffenschnitzel« genannt. Auch sagen die Pfaffen: »Schnürbrust ist ein gutes Gericht«.

Von den Pfarrköchinnen

Wo kein Weib ist, da verschmachtet der Dürftige«[415].

Immer wieder stehen die die Priester umsorgenden Köchinnen, Aufwärterinnen und Zugehfrauen im Rampenlicht der Kritik: »Auf Weibsleute, die in den geistlichen Häusern dienen, wenn sie nicht ganz ausgetrocknet oder alte gräuliche Tiere sind, fällt der größte Teil des Argwohns und der Verachtung. Daß die Köchin ordentlicherweise dem Pfarrer gehöre und ihre Magd dem Gesellpriester, ist unter dem Volk gemeine Sage«[416].

In einem satirischen Flugblatt aus dem Jahr 1632 heißt es unter der Überschrift »päpstliche Beichte«, »... denn ich habe die Horas oftmals versäumet, manche finstere Messe mit der Köchin in der Kammer gelesen«. Ein Umlaufschreiben des Bischofs Ignaz Albert v. Augsburg vom 1.April 1824 besagt: »... Ja, wir wissen, daß es bei einigen Pfarrern zur Gewohnheit geworden ist, an Kirchenfesten und Jahrmärkten mit ihren Konkubinen zu erscheinen und im Pfarrhaus oder in Wirtshäusern einzusprechen und in der späten Nacht vollgefressen und -gesoffen nachhause zurückzukehren«.

»Die einsamen Schlafgemächer dieser Dirnen sind nur wenige Schritte vom Bett des Priesters entfernt. Sie bedient ihn abends beim Auskleiden und bringt sein Bett zurecht. Sie lächelt und plaudert mit ihm; so reizt sie dessen Begierde. Wie von glühenden Kohlen Funken spritzen, so geht aus dem steten Umgang mit dem Weibergeschlecht das Gift der bösen Begierde hervor. Die Gegenwart einer Frau bringt seine Leidenschaft in Wallung. Schon Salomo sagte: ».. wo kein Weib ist, da verschmachtet der Dürftige«.

Das es andersherum genauso ist, scheinen die Kleriker zu ignorieren. Schon während der Synode von 1589 wird im 18.Canon vorgetragen: »... unzählige Kleriker, Vorsteher der Kirchen und andere Priester in unseren Provinzen gehen unter dem Vorwand, ihre tägliche Speise zu nehmen, in öffentliche Wirtshäuser, reden (über) weltliche Dinge und prügeln sich mitunter bis zum Blutvergießen. Andere meiden die

Schenken, mieten sich Weiber und nennen sie anstandshalber Köchinnen. Sie täuschen die Törichten durch den nichtigen Schatten der gespielten Ehrbarkeit[417] ... und versprechen ihnen, daß die mit ihnen gezeugten Kinder rechtmäßig seien. Nichts Absurderes, Gottloseres kann es geben«[418].

1619 gebietet der päpstliche Nuntius den Klerikern des Bistums Fulda: »... sie sollten in ihren Häusern keine schönen jungen Mägde und keine verdächtigen Weiber halten«.

»gerade die mitteljährigen Weiber bringen junge und unerfahrene Priester auf Abwege. Was vermag nicht eine schamlos ausgelassene Dirne - auch wenn es ihr an blühender Jugend und Reizen mangelt? Sie führt den Unglücklichen in ihre Fesseln. Lacht die gebieterische Dirne, so lacht der Priester auch. Selig ist der Mensch, der nie in die Hände einer lustvoll verführerischen Vettel gefallen ist. Sie sucht nur den Gewinn. Solang der Herr reich ist, hat sie den gewünschten Überschuß. Sobald es in der Kasse zu fehlen beginnt, wird sie seiner satt und kriecht zu einem anderen. Manchmal ist ein Unglücklicher so tief in die törichte Liebe versenkt, daß ihm die elende Dirne wichtiger als seine Seligkeit ist«[419].

Wird hier nicht das reale Leben auf den Kopf gestellt? Das Übel geht doch vom Zölibat und nicht von den Frauen aus? Doch manchmal kommt es (dennoch) zu Prozessen. 1802 wird eine Pfarrköchin in das Zuchthaus von Buchloe (Augsburg) gebracht und zu einer 30-jährigen Festungshaft verurteilt. Sie hat zwei Kinder ermordet, die ein Benefiziat aus Ehningen mit ihr gezeugt hat. Um dem Sittenkodex zu entsprechen, hat der Vater die Babys vor der Ermordung getauft. Er wird degradiert, drei Tage lang mit seiner Konkubine auf eine Schandbühne gestellt und dann auf die Festung Kufstein gebracht[420].

Zusammenfassung

Der Zölibat ist menschenunwürdig und ruht auf weltfremden Prinzipien. »Indem die Kirche das Mittel anstrebte, hat sie den Zweck aus den Augen verloren. Der geistliche Stand sollte durch die Ehelosigkeit zur engelgleichen Vollkommenheit erhoben wer-

den; aber alle Kirchengesetze reichen nicht aus, um die Kraft der Triebe einzudämmen. Die Ausschweifungen der Geistlichen sind eine natürliche Folge ihrer unnatürlichen Lebensart«. Die Aufrechterhaltung des Zölibats ist ein politischer Kunstgriff, was sich leicht aus den Dokumenten der Kirchengeschichte ableiten läßt.

1486 lehrt Lailier, Licentiat der Theologie in Paris: »... daß er einem Priester, der bei ihm beichte und (der) gleichzeitig verheiratet sei, keine Buße auferlegen würde, weil (auch) die Priester der orientalischen Kirche nicht sündigen, wenn sie heiraten. Erst seit etwa 400 Jahren habe der Papst die Priesterehe untersagt, doch er wisse nicht, ob er dazu berechtigt gewesen sei«[421]. Lailier zählt zu den vielen, die auf der Suche nach der christlichen Wahrheit auf der Strecke bleiben.

Ein Kleriker des 16.Jh. trägt vor: »... ich möchte wissen, wem die Pfaffen nützlich sind. Sie nehmen uns die Weiber und machen sie zu Huren. Ich möchte von einem hören, der mir sagen könnte, wo Christus, der weil (er auf) der Erde ging, je von Nonnen und Mönchen gesprochen hat? Wem mag dieses Volk nützlich sein? Die Pfaffen treiben ihre Sache öffentlich ohne Scham und Sorge. Niemand darf sie strafen. Doch die Nonnen wollen es gern heimlich halten. So will es die Zeit nicht leiden«[422].

Während des Konzils von Trient argumentiert der Kardinal Carpi so: »... würde man den Priestern gestatten, sich zu verheiraten, würde das Interesse ihren Familien, Frauen und Kindern gelten ... sie von der Abhängigkeit des Papstes lösen und sie gegen die Fürsten unterwürfig machen. Die zärtliche Neigung zu ihren Kindern würde sie antreiben,

»Disputation der Kirchenväter über die Unbefleckte Empfängnis Mariä«.
Rene Guido (1575 - 1642). Gemalt um 1635.
Leningrad. Eremitage.
Mit freundlicher Genehmigung. AKG. Berlin.

alles zum Nachteil der Kirche zu tun. Sie würden sich bemühen, ihre Pfründe erblich zu machen und in kurzer Zeit würde die Autorität des hl. Stuhles eingeschränkt sein«.

Fast gleichlautend trägt 200 Jahre später der Kardinal und Staatssekretär Pallevicini unter Paul V.[423] vor: »... wenn man den **Geistlichen die Ehe gestattet, ist die päpstliche Hierarchie zerstört, das Ansehen und die Hoheit des römischen Bischofs verloren; verheiratete Geistliche werden durch das Band der Frauen und Kinder an den Staat gefesselt und hören auf, Anhänger des römischen Stuhles zu sein. Sie werden genötigt, dem** Interesse der Fürsten beizustimmen. Die Staatsklugheit legt es also Ihrer Heiligkeit und dem hl. Kollegium auf, niemals dergleichen Anträgen Gehör zu geben[424].

Im Hinblick auf das II. Vatikanische Konzil veröffentlicht P. Spiazzi, ein italienscher Dominikaner, 1959 behutsam Einwände gegen die zölibatäre Vorschrift[425]. Es kommt zu einem Eklat. Nicht lange danach gibt Johannes XXIII. bei einer Audienz für die Generaloberen der Sulpicianer zu erkennen, daß mit einer Lockerung der Zölibatsvorschrift nicht zu rechnen sei[426].

Das älteste Heilig-Blut-Bild. Holzschnitt auf dem Titelblatt einer der ersten Werbeschriften für die Walldürner Wallfahrt, verfaßt von Pfarrer Hoffius, gedruckt 1589 in Würzburg (Exemplar der Universiitätsbibliothek Würzburg).

Titel eines im Jahre 1512 glegentlich der Ausstellung des Heiligen Rockes in Trier gedruckten Flugblattes.

Heilige Krankheiten ... im Labyrinth des Exorzismus[(1)]

Hier knüpfe ich an das Kapitel »Im Bann des ewigen Aberglaubens« an. Es ist ein universeller, für alle Völker in ihrem Ursprung nachweisbarer Glaube, daß durch Zauberei, Anrufung und versuchter Kommunikation mit außersinnlichen (= über und / oder unterirdischen) Wesen Gutes und Schlechtes für das Individuum, doch (auch) für die Gemeinschaft erwirkt (= erfleht = erbeten) werden kann. Die dahinter vermuteten Kräfte (= Dämonen) vermögen sich nach der Vorstellung der Naturvölker, bzw. aus den daraus abgeleiteten Religionen, zu offenbaren. Aus diesem Denken speisen Glaube und Aberglaube[(2)].

Dies entwickelt sich Hunderttausende von Jahren vor dem Einsetzen des Christentums; darum ist naheliegend, daß es das angestaute Denken übernimmt. Es dokumentiert, daß die Kirche in diesem Punkt ein Kind antiker Zeremonien ist. Die abgeleitete exorzistische Praxis ist ein abergläubisches Geplänkel, weil sie keine Grundlage hat. Man kann an Dämonen glauben, aber man kann nicht an sie glauben **müssen**.

Das 10-bändige Lexikon für Theologie und Kirche beschreibt den Exorzismus so: »... Exorzismus (= Beschwörung), die Dämonen herbeirufen; christlich umgebildet = den Dämonen abwehren. Ein im Namen Gottes (= Jesu) an den Teufel gerichteter Befehl, Menschen oder Gegenstände zu verlassen, bzw. sich eines schädigenden Einflusses auf sie zu enthalten. Der Exorzist hat seine Voraussetzungen in den Folgen des Sündenfalles ... die Vollmacht zur Vornahme leitet die Kirche vom Auftrag Christi und dem Beispiel der Apostel ab«[(3)].

Dem steht entgegen, daß von einem glaubhaften Auftrag Christi, in seinem Namen Dämonen auszutreiben, nichts bekannt ist, denn der Wahrheitsgehalt der biblischen Aufzeichnungen ist umstritten.

Antiker Dämonenglauben

Die Babylonier kennen Friedhofsdämonen, deren Arbeitsgebiet das Totenreich ist. Sie wohnen in Gräbern, weil sie als Geister Verstorbener betrachtet werden[(4)]. Zusammen mit den Assyrern sind sie der Auffassung, daß sie mit dem Atem oder der Nahrung in menschliche Körper dringen. Sumerische Beschwörungsformeln nennen sieben Geister. Die Beschwörung durch Lärm (später = Musik) ist eine durch die Naturvölker beglaubigte Tatsache[(5)]. Hinzu kommen bestimmte Gebärden und Gebetsformeln mit dem Ziel, angebliche Geister abzuwehren. Bei den Römern werden Epileptiker angespuckt, weil man der Meinung war, daß der Speichel eine abwehrende Wirkung hat[(6)].

Eine Sonderstellung nimmt die israelitische Dämonologie ein; sie kennt die Strafengel Gottes[(7)] und die Seirim, die man sich als Dämon in der Gestalt haariger Ziegen vorstellt, Die Seraphim werden ursprünglich als fliegend-feurige Schlangen[(8)] verstanden. Das Buch Henoch beinhaltet eine in sich widersprüchliche Dämonologie[(9)] und findet eine Parallele in der sich ebenfalls widersprechenden Schöpfungsgeschichte, auf die die römisch-katholische Kirche ihr Imperium gezimmert hat. Die 12 Patriarchen nennen Satan »Herr der bösen Geister« oder »Fürst des Betrugs«[(10)].

Das Buch Tobit kennt Asmodai, den bösen Dämon, der Sarah veranlaßte, ihre sieben Ehemänner umzubringen. Bereits hier taucht die dubiose Verbindung zwischen Frauen und Teufeln auf. Der Engel Raphael soll Tobias erklärt haben, daß Asmodai vor dem aufsteigenden Rauch eines im Tigris gefangenen Fisches, dessen Herz und Leber auf Weihrauchasche geräuchert werden, fliehen muß.

Der Exorzist soll sich im Zeichen des hl. Geistes die Lippen salben[(11)]. Die rabbinische Literatur entwickelt verschiedene Theorien über den Ursprung der Dämonen[(12)]. Dies bestätigt die diametralen Ansichten, die von Zweiflern und Befürwortern - bis heute - getragen werden. Das talmudische Judentum steckt voll Dämonen; in der jüdischen Literatur kennt man dämonenabwehrende Gebete.

Mit dem Irrglaube an Dämonen kommen Abwehrmittel auf. Man bedient sich dämonenaustreibender Priester, zitiert aus sog. »heiligen« Büchern, die weltliche Autoren verfaßt haben und verwendet Meteorsteinchen, Tierhaare, Federn, Pflanzen und menschliche Exkremente. Hinzu kommen rituelle Waschungen. Die Rabbiner empfehlen religiöse **und** magische Abwehrmittel. Ben Zakkai schlägt vor, Besessene mit Wasser zu umgeben und ihnen eine bestimmte Kräuterwurzel unter die Nase zu halten. Schon damals gilt der Name Gottes als schützendes Siegel[13].

Dämonenaustreibung im Neuen Testament

Christus soll die Schwiegermutter des verheirateten Apostels Petrus vom Fieber geheilt haben[14] und Maria Magdalena soll von mehreren Dämonen besessen gewesen sein[15].

»Die Austreibung von Dämonen hat in der Tätigkeit von Jesus einen wichtigen Platz eingenommen[16] ... selbstverständlich (!) wird er im Kreis seiner Jünger des öfteren (! über ihre Austreibung geredet haben«[17]. Es ist eine Vermutung, denn wir wissen es nicht. Dam unterzieht sich der sinnlosen Aufgabe, in den sich widersprechenden Evangelien nachzuzählen, wie oft das Wort »unreiner« Geist vorkommt. Das allein sagt nichts, denn Jesus hat keine Bibel geschrieben. Bei einem exakten Studium ergeben sich die Ungereimtheiten von selbst.

Die Heilung des Besessenen in der Synagoge von Kapernaum[18] wird unterschiedlich dargestellt, womit die Glaubwürdigkeit der Aussage zweifelhaft ist. Die Befreiung des besessenen Gerasseners[19] bringt verschiedene Ortsangaben; hier schickt Jesus die Dämonen in eine Schweineherde.

Bei der Heilung des kranken Jungen mit dem »stummen« Geist bringt Matthäus die Formulierung ein, daß er mondsüchtig gewesen sei. Nach Dam wohnen die bösen Geister im Schatten des Mondes[20]. Die Kernidee ist: Wenn Jesus erfolgreich ist, **müssen** es (auch) seine Apostel sein!

»Schweißtüchlein und Binden, die Paulus an seinem Körper trägt, strahlen eine solche Kraft aus, daß nicht nur Krankheiten weichen, sondern böse Geister aus Besessenen fahren ... allein der Schatten von Petrus bewirkte Heilung«[21]. Eine paulinische Tat war das Verjagen eines Dämons, der sich als Wahrsagegeist im Leib eines Mädchens aufgehalten hat. Der Kirchenvater Augustin ist der Auffassung, daß es sich um eine Bauchrednerin gehandelt hat.

Es ist verständlich, wenn sich altchristliche Autoren dieser Kuriositäten annehmen und diese weitertragen; wahrer werden sie dadurch kaum! In ihren Ansichten spiegeln sich Traditionen, Legenden und Geschichten. Tatian sagt im 2. Jh. u.Z. daß die Götter Dämonen sind, die Krankheiten aller Art verursachen. Justin schließt sich diesem Denken an. Schon glaubt man, daß sie Menschen zur Sünde verleiten. Justinus spricht von Menschen, die von Dämonen »ergriffen« oder »besessen« sind[22].

Origenes unterscheidet zwei Arten von dämonischer Einwirkung: teilweise und völlige Besessenheit. Rasch greifen theo-logische Haarspaltereien um sich und niemand kommt auf die naheliegende Idee, das Ganze als ad absurdum zu bezeichnen«.

Minucius Felix ist der Meinung, daß bei den Heiden die Kinder von Geburt an von einem Dämon besessen sind. Dazu unser Gewährsmann Dam: »... auch Kinder aus einer gemischten christlichen Ehe sind nicht ganz frei von Dämonen«[23].

Sulpicius Severum wartet mit einem exellenten Beispiel auf. Zu seiner Zeit bleiben die Besessenen in der Kirche - in die Luft erhoben und mit dem Kopf nach unten hängend - ohne daß ihnen die Kleider über den Körper herunterrutschen. Zeno v. Verona beschreibt einige Kennzeichen der Besessenheit: »... der Kranke wechselt die Farbe, verzerrt das Gesicht, Schaum kommt auf seine bläulichen Lippen, seine Glieder sind verzerrt. Er bekennt seinen Urteilstag, sein Geschlecht, seinen Namen und die Zeit seines Einfahrens«[24].

Hieronymus will einen Besessenen gekannt haben, der verschiedene Sprachen beherrschte. Tertullian bezeugt als »unbestrittene« Tatsache, daß jeder Christ böse Geister vertreiben kann. Cyprian bedient sich des Ausdruckes »exorcistae« und bezeugt, daß die bösen Geister, beschworen beim »wahren« Gebet und Gott und gequält durch Worte und geistliche Geißelschläge, ein Geständnis ablegen und die Körper der Besessenen verlassen. Im 3. Jh. wird geweihtes Wasser und Öl verwendet, um Besessene zu befreien[25]. All diese Dinge tauchen 1615 im »Rituale Romanorum« (wieder) auf.

Zu dieser Zeit verfügt die römisch-katholische Kirche über exellente Zauberer. Zu ihnen gehört der Barnabitengeneral Michael Marrano, der festgestellt hat, daß die Unfruchtbarkeit der Herzogin Elisabeth von Bayern, der Frau von Maximilian I. auf Behexung ruht. Die 1604 an ihr vollzogene Entzauberung bleibt erfolglos. 1605 versucht er sein Glück bei der Entzauberung des Kaisers Rudolph II. (Prag), der angeblich von seinem Kammerdiener Lang behext worden ist.

Das Amt des Exorzisten schält sich heraus

Im Lauf des 3. Jh. wird das Austreiben von Dämonen bei christlichen Laien unüblich: »... die Kirche ist entschlossen, die Dämonenaustreibung berufenen Menschen aufzutragen«[26]. Damals geört der Exorzist zu den niederen Rängen der Geistlichkeit. Der Bischof Gaudentius von Rimini heilt einen Besessenen, indem er ihm eine geweihte Hostie gibt[27]. Wurde damals ein Kleriker von »bösen« Dämonen angegriffen, mußte er aus der Kirche ausscheiden; man überließ ihm das Kehren des Gotteshauses[28].

Das Amt des Exorzisten verschwindet im 4. Jh. und taucht dann nach einem halben Jahrtausend (wieder) auf. Im 9. Jh. beginnt der Wortschwall in Sachen Dämonenaustreibung zu verwildern und ab dem 10. Jh. nehmen die christlichen Vorschriften (wieder) zu.

So »... vor dem Exorzismus soll der Besessene Diät halten ... der Exorzist soll die neutestamentlichen Perikopen über die Dämonenaustreibung lesen«[29]. Nach anderen Quellen sollen sich die Geistlichen einige Tage vor der Vornahme des Exorzismus der Unzucht enthalten[30]. Es fehlt an eindeutigen Kriterien, die Meinungen schwanken und schon damals wird die exorzistische Praxis kritisiert.

Krämpfe und Paroxysmen gelten im frühen Mittelater als Beweis für Besessenheit[31]. Es wird empfohlen, die Besessenen in Weihwasser zu baden. Außerdem bildet sich die Gewohnheit heraus, sie an eine Kirchensäule zu binden, »... auf daß sie die Pforten der Hölle nicht überwältigen«[32].

Schon damals werden vor der Austreibung Fragen an den Dämon gerichtet. Man unterstellt, daß eine Kommunikation zwischen dem Dämonenaustreiber und den Dämonen zustandekommt. Als Bernhard v. Clairveaux Fliegen exkommuniziert, fallen sie tot zur Erde. Einige Bischöfe vertreiben sich die Zeit damit, Raupen und Mäuse von den Feldern zu verweisen. Als sie darauf von Leuten mit gesundem Menschenverstand verspottet werden, werden sie bestraft. Selbst Luther sieht die Geisteskrankheit als dämonisch verursacht an[33] und sagt: »... ich beschwöre dich, du unreiner Geist, daß du ausfahrest und weichest von diesem Diener Gottes«[34]. Später besinnt er sich eines Besseren und fällt ins andere Extrem. Plötzlich hält Luther die katholischen Exzorzisten für »böse, verzweifelte Buben«.

Rituale Romanorum

Das erste Zeugnis eines Exorzismus geht auf das 5. Jh. zurück und ist in der kanonischen Sammlung »Status Ecclesia« beschrieben. Frühe Schutzmittel gegen teuflische Anfechtungen sind Weihwasser und Reliquien. Daß der Exorzismus damals bekannt ist, vor allem in schriftlicher Form, zeigt die Legende des hl. Eugendus aus dem 6. Jh.. »... einer Besessenen wird ... wie es Brauch ist ... »exorzismus scripta« zur Heilung an den Nacken gehängt. Der Teufel will nicht weichen«.

Schließlich kann er durch einen persönlichen Brief des hl. Eugendus vertrieben werden.

Früh setzt der Taufritus ein. Der Täufling entsagt dem heidnischen Leben - das weder besser noch schlechter denn dem christlichen ist - und schon damals wird der Exorzismus mit den Worten: »Fahre aus, du unreiner Geist, und gibt Raum dem hl. Geist« betrieben.

Mit dem allmählichen Erstarken der Kirche bildet sich eine Flut privater Veröffentlichungen zu diesem Thema[35] heraus. Die »alten« Austreibungsformeln des Sacerdotales Romanorum werden gekürzt. U.a. werden die Beschwörungen bei Krankheiten gestrichen. Sie kommen jedoch durch eine Hintertür wieder herin. Man denke z.B. an das Aussegnen von Wöchnerinnen.

Bei der Abfassung des Rituales Romanorum verfährt man ähnlich wie bei der christlichen Bibel. Es wird so lange manipuliert, stilisiert und geändert, bis man der Meinung ist, die akrobatische Geistesleistung Anderen aufzwingen zu können. Die Kurie setzt einen Strich unter die Bemühungen und schafft eine verbindliche Vorlage. Das Rituale Romanorum geht auf den Reformpapst Pius V. zurück. Es handelt sich um eine Sammlung von offiziellen Texten für Sakramente, Prozessionen, Weihen und Exorzismen.

In der Ostkirche gibt es etwas ähnliches; das »Euchologium«. Eine weitere Parallele besteht im Ritenbuch der anglikanischen Kirche. Diese Literatur soll die Verhaltensweisen der Geistlichen exakter als bisher festlegen! Insofern haben wir Verbesserungen und Erneuerungen alter Praktiken vor uns. Merkwürdig ist, daß dieses Zauberbuch der Christenheit noch heute in leicht modifizierter Form gehandhabt wird[36].

Es hat sich 1976 in Klingenberg (Main) bewährt, als mit endlosen Litaneien eine 23-jährige Pädagikstudentin von Teufelsaustreibern »totgebetet« worden ist. Die Statthalter Christi haben mit dem von ihnen übernommenem Geisterwahn giftige Keime zur Entfaltung gebracht[37].

Unabhängig vom »großen« gibt es einen »kleinen« Exorzismus, der am 18. Mai 1890 durch Leo XIII. als verbindlich erklärt wird. 1954 ordnet Pius XII. Richtlinien über den Exorzismus an den von Teufeln Besessenen an und läßt dazu eine Vorlage publizieren. Unter ihm wird der Anachronismus in den »Codex Juris Canonici« aufgenommen, den Maslowski als das schlimmste Gesetzbuch der Geschichte bezeichnet hat.

Von Bedeutung sind Anmerkungen, die Johann Joseph Gaßner, ein deutscher Exorzist des 18. Jh. in seiner Privatarbeit zu verstehenden »Theologia moralis« hinterlassen hat. Im harmonischen Gleichklang mit dem von Gaßner verzeichneten lateinischen Exorzismus sind die deutschen Übersetzungen der in der Schweiz gebräuchlichen »Teufelsbeschwörungen Geisterbannereien, Weihungen und Zaubereien der Kapuziner«, die der ehemalige Kapuziner Amann 1841 in Bern herausgegeben hat.

1851 erscheint in München das sog. »Lohbauer'sche Ritual«[38]. Bei Gaßner steht: »... wenn (dem Exorzismus) nur Täuschung und Betrug zugrunde liegen, wäre die exorzistische Praxis unnütz und albern«[39]: Recht hat er. Es nützt nichts, wenn Pius XI. 1934 in einem Breve verfügt, daß alle Priester im Anschluß an die Messe vor den Gläubigern ein Gebet zu sprechen haben, das so endet: »... heiliger Erzengel Michael, Fürst der himmlischen Heerschar, stürze den Satan und die anderen bösen Geister, die zum Verderben der Seelen die Welt durchstreifen, mit göttlicher Hilfe in den Abgrund der Hölle«[40].

Durch solches Geplänkel wird lediglich die Angst vor dem nichtexistenten Teufel bei Leichtgläubigen geschürt. Kann dies Sinn einer sich christlich nennenden Religion sein? Hören wir in das Zauberbuch der Kirche:

Über die Beschwörung der von einem Dämon Besessenen[41]

● Der Priester, der durch außerordentliche und ausdrückliche Vollmacht des Ortsbischofs die vom Teufel Gequälten beschwören will, muß sich durch Frömmigkeit und Klugheit auszeichnen ... nur wer durch göttliche Kraft gestärkt ist ... und allen menschlichen Begierden fernsteht, soll ein so frommes Werk aus Nächstenliebe standhaft und demütig ausführen ... er soll wegen seiner Sittenstärke zu verehren sein.

- Er soll mit Zurückhaltung annehmen, daß irgendeiner vom Teufel besessen sei. Merkmale können sein:

- Ausführlich in unbekannten Sprachen sprechen oder den in der fremden Sprache Redenden verstehen.

- Entferntes oder Verstecktes offenbaren.

- Übernatürliche Kräfte zu zeigen.

- Damit er die Merkmale besser erkennt, soll er prüfen, ob er nach der einen oder anderen Beschwörung den Besessenen fragt, was er im Herzen oder Körper fühlt ... er sollte wissen, welche Worte den Teufel beunruhigen ... und sich diese (gut) einprägen ... und (diese) wiederholen.

- Er soll darauf achten, welche Künste und Listen die Teufel benutzen, um den Teufelsbeschwörer zu täuschen. Sie pflegen meist trügerisch zu antworten und sich schwierig zu offenbaren.

- Dann und wann, nachdem sie überführt worden sind, verstecken sie sich oder hinterlassen einen gleichsam von allen Beschwerden befreiten Körper, damit der Kranke glaubt, er sei erlöst; aber der Exorzist darf nicht aufhören, bis er die Zeichen der Befreiung sieht.

- Dann und wann bereiten die Teufel (auch) Hindernisse, soviel sie können ... damit sich der Kranke nicht den Beschwörungen unterwirft ... sie entfernen sich heimlich, damit der Kranke befreit erscheint.

- Man muß sich hüten, bei Zauberern und Wahrsagerinnen oder bei anderen als bei den Dienern der Kirche Zuflucht zu nehmen oder sich irgendeines abergläubischen Brauches oder anderer Unerlaubtheiten zu bedienen.

- Irgendwann gestattet der Teufel dem Kranken, zu ruhen und die heiligste Eucharistie zu empfangen ... damit es scheint, er sei gewichen: der Teufelsbeschwörer muß vorsichtig sein, damit er nicht getäuscht wird.

- Gebet und Fasten sind die beiden Hauptmittel, um göttlichen Beistand zu erreichen und die Teufel zu vertreiben ... nach dem Vorbild der heiligen Väter.

- In der Kirche, wenn es ohne Schwierigkeiten geht, oder an anderen religiösen und schicklichen Orten, abgesondert von der Menge, soll der Besessene beschworen werden. Wenn er krank ist, kann er in seinem Haus beschworen werden.

- Der Besessene soll ermahnt werden, ob er sich geistig und körperlich wohlfühlt, daß er Gott zu seinem Besten anbetet und fastet, und sich durch die hl. Beichte und die Kommunion öfters nach der Anweisung des Priesters schützt; und daß er, während er beschworen wird, sich sammelt und sich zu Gott wendet mit dem festen Glauben, die Rettung von ihm erfleht ... in aller Demut.

- Er soll das Kreuz vor sich halten. Auch Reliquien der Heiligen sollen ehrerbietig zum Kopf und der Brust des Besessenen hinbewegt werden.

- Der Exorzist soll sich nicht in weitschweifigen Reden ergehen oder in überflüssigen und neugierigen Fragen ... er soll dem unreinen Geist befehlen, zu schweigen und nur auf Fragen zu antworten; er soll ihm nicht glauben, wenn der Teufel vorspielt, er sei die Seele eines Heiligen oder eines Verstorbenen oder gar ein guter Engel.

- Wichtig sind die Fragen nach der Anzahl und der Namen der beherrschenden Geister, nach der Zeit ihres Eintritts und dem Grund, sowie nach den anderen Umständen dieser Art. Der Exorzist soll die Possen des Teufels unbeachtet lassen.

- Der Exorzist bewirke und bete mit Macht und in würdiger Haltung, mit großem Vertrauen und Demut und mit innerer Glut; sobald er den Geist sich beunruhigen sieht, soll er ihm härter zusetzen und ihn immer mehr bedrängen ... so oft er sieht, daß der Besessene an einem anderen Körperteil ergriffen oder verletzt wird, oder (wenn) irgendwo eine Schwellung erscheint, so mache er da das Kreuzeichen oder besprenge ihn mit Weihwasser, das er zu Hand hat.

- Wenn er sieht, daß seine Drohungen wirken ... und wenn wegen seiner Worte der Teufel erzittert, so soll er sie wiederholen ... und wenn er sieht, daß er Fortschritte macht, soll er dabei verharren für zwei, drei, vier Stunden und mehr ... solange er kann ... bis er den Sieg erringt.

- Bei der Beschwörung einer Frau soll er ehrenhafte Personen dabeihaben, die die Besessene festhalten ... während sie vom Teufel gequält wird.

- Während der Beschwörung soll er die Worte der hl. Schrift (!) mehr gebrauchen als seine eigenen oder fremde. Der Besessene soll auch ermahnt werden, daß er alle seine Versuchungen dem Exorzisten offenbare.

Nach diesen grundsätzlichen Hinweisen folgen spezielle

Anweisungen für die Durchführung des Ritus[42]

»... der Priester, der vom Ortsbischof ausgewählt wurde, soll, nachdem er nach gültiger Beichte oder (wenn er) wenigstens im Herzen seine Sünden verabscheut hat, nach dem Opfer der hl. Messe ... und mit Hilfe von Gebeten die Hilfe Gottes angefleht hat ... mit Mantel mit violetter Stola angetan, vor sich den Besessenen gebunden (!), ihn, wenn Gefahr besteht, sich und die Anwesenden mit Weihwasser besprengen. Er soll kniend unter den anderen die Litaneien sprechen: »Gedenke nicht, o Herr, unserer und unserer Väter Missetat und vergelte nicht unsere Sünde«[43]. Daraufhin folgen Gebete. Z.B.

»Ich befehle dir, wer immer du bist, unreiner Geist und allen deinen Gefährten, daß du deinen Namen sagst, den Tag und die Stunde des Ausgangs mit irgendwelchen Zeichen ... noch sollst du diesem Geschöpf oder den Anwesenden oder ihren Boten schaden«.

Dann folgen Beschwörungen. Z.B.

»... ich beschwöre dich, alte Schlange, bei dem Richter über Lebende und Tote, bei deinem Schöpfer ... der die Macht besitzt, dich in die Hölle zu schicken. Ich beschwöre

dich wiederum, nicht durch meine Schwachheit, sondern durch die Kraft des hl. Geistes, daß du weichest von diesem Diener Gottes. Weiche also ... widerstehe und fliehe eilends von diesem Menschen, denn es hat Christus gefallen, im Mensch zu wohnen«.

Dann folgen (endlose) Litaneien, die hier zu übergehen sind. Dann wieder ein Gebet:

»... es gebietet dir die Stärke des Geheimnisses des christlichen Glaubens ... weiche, du Übertreter der Gesetze, weiche du Verführer, erfüllt mit allen Listen und Täuschungen, du Feind der Tugend, Verfolger der Unschuldigen. Schaffe Platz, Lieblosester ... schuldig geworden bist du am allmächtigen Gott, dessen Gebote du übertreten hast. Ich beschwöre dich, im Namen des unbefleckten Lammes, das über die Schlange hinweggetreten ist, das den Löwen und Drachen mit den Füßen getreten hat ... weiche«.

Christliche Taufe

Neben dem »großen« und »kleinen« gibt es einen sog. Taufexorzismus. »Die christliche Taufe hat einen antidämonischen Sinn und **gilt** als Schritt aus der Finsternis in das Licht und zugleich als der große Anfang des christlichen Lebens gegen den angenommenen - da nichtexistenten - Satan«[44]. Alle Zeremonien tragen exorzistischen Charakter, d.h., sie dienen dem Zweck einer Teufelsaustreibung. Der Täufling soll vom Einfluß des bösen Feindes befreit werden[45].

Der unverständige Säugling wird von christlich gesinnten Eltern hübsch herausgeputzt und in die Kirche getragen. Hier begegnet er zum erstenmal in seinem Leben einem Teufelsaustreiber. Es ist zweifelhaft, ob man damit dem Baby etwas Gutes tut. Bei der Taufe wird erst einmal das Wasser »entdämonisiert«. Darum spricht der Priester (Geistliche): » ich befehle dir, unreiner Geist, weiche aus diesem Wasser ... wo immer es ausgesprengt wird, soll der böse Geist und jedes Schreckgespenst fliehen«[46].

Wir dürfen nicht vergessen, daß bei vielen Hexenprozessen des 16. - 18. Jh., bei unzähligen Folterungen die Räume und die Ruten, ja selbst das Essen für die Gefangenen, ja selbst die Scheiterhaufen mit christlichem Weihwasser besprengt worden sind. In meinem Hexenbuch gehe ich näher auf die Problematik ein. Die Vorstellung des reinigenden, ja heiligenden Wassers geht auf die früheste Menschheit zurück. Das Christentum übernimmt diesen Brauch. Selbst wenn es fehlbare Päpste weihen: Wasser ist Wasser!

Dann spricht der Exorzist zum bösen Geist, den er als im Täufling existent voraussetzt: »... ich beschwöre dich, unreiner Geist ... im Namen des Vaters, des Sohnes und des hl. Geistes, daß du ausfahrest aus diesem Diener Gottes ... erkenne dieses Urteil und dies Zeichen des hl. Kreuzes an, das wir der Stirne dieses Kindes geben, das wage Du, verfluchter Teufel, nie zu verletzen«[47].

Dann haucht er den Säugling 3x an, reicht geweihtes Salz und bestreicht die Ohren des blutjungen Opfers mit Chrisam (= Salböl), das schon in der Antike zu ähnlichen Zwecken verwendet worden ist. Desgleichen sein kleines Näschen.

Bereits um 1.000 u. Z. - und davor - stemmen sich dem Christentum oppositionell gesinnte Sekten gegen die Kindertaufe. Sie schlagen vor, daß der Mensch erst einmal denken können muß, um sich dann für oder gegen diese Zeremonie zu entscheiden. Eine geistige Bevormundung wird abgelehnt. Die ab dem 11. Jh. erstarkende Kirche ignoriert bis heute diesen Einwand aus für sie verständlichen Gründen.

Exorzismusskandal in Loudun[48]

Loudun untersteht den Jesuiten von Poitiers. Zur Zentralfigur einer hier inszenierten Hetzkampagne wird Urban Grandier, ein Jesuitenzögling. Er wird nach Loudun versetzt, kommt an die Kirche vom hl. Kreuz, bzw. die dortige Stiftstelle.

Zeitgenössische Quellen geben eine Schilderung von ihm: ... er besitzt eine hohe Statur und ein hübsches Gesicht, einen standhaften und scharfsinnigen Geist, geht immer gut gekleidet und sauber. Die äußere Eleganz stimmt mit der inneren überein. Er drückt sich leicht und gewandt aus und predigt ungleich besser als die meisten Mönche, die die Kanzel besteigen. Seinen Freunden gegenüber ist er sanft und höflich, seinen Feinden steht er stolz und hochmütig gegenüber. Er hält viel auf seine Stellung ... setzt sich aber durch sein stolzes Wesen Feindschaften aus. Außer kirchlichen Rivalen muß er beleidigte Ehemänner und Väter fürchten, in deren Haus er ein- und ausgeht, und mit deren Frauen, bzw. Töchtern er geschlafen hat«.

In Loudun wird 1626 ein Konvent der Ursulinnen eingerichtet, der sich aus Töchtern adeliger und bürgerlicher Familien zusammensetzt. Als Beichtvater wird Jean Mignon, der Stiftsherr der Kirche vom hl. Kreuz angenommen. Im Kloster kommt es zu Differenzen und Albernheiten. Mignon erkennt die Möglichkeit, sein Denken auszukosten. Die Quellen schildern ihn als »ehrgeizigen und bösen Intrigant«. Er prallt auf den gleichfalls schwierigen Charakter Grandiers. Daraus entspinnt sich eine »tödliche« Intrige.

Grandier wird angeklagt, Frauen und Töchter verführt zu haben, gottlos und ungläubig zu sein und nie sein Brevier zu benutzen ... selbst in der Kirche habe er eine Frau »mißbraucht«. In rascher Folge dieser Denunziationen veröffentlicht der Bischof von Poitiers, Louis Chategneur de la Rocheposey, einen Haftbefehl gegen ihn. »... er soll, insofern er gefaßt werden kann, ohne Aufsehen in das bischöfliche Gefängnis geführt werden«[49].

Ahnungslos kommt er aus Paris zurück und läuft den Häschern in die Falle. Er wird vom Gerichtsdiener verhaftet. Während des Winters verbringt er zwei Monate im Gefängnis. Weil keine der mißbrauchten Frauen gegen ihn aussagt, bricht der Hauptanklagepunkt in sich zusammen; Grandier wird freigelassen, bekommt jedoch einige Strafauflagen:

- Als Buße drei Monate bei Wasser und Brot zu fasten.

- Für 5 Jahre wird er von den Sakramenten aus dem Gebiet der Diözese ausgeschlossen.

• Die Stadt Loudun soll ihm für immer verschlossen bleiben.

Urban fechtet das Urteil an und wendet sich an den Erzbischof und an das Pariser Parlament. Das Hofgericht fällt am 25. Mai 1631 eine Entscheidung zu seinen Gunsten. Der Komplott stellt sich heraus und Grandier versteht es, sich in angemessener Form zu rächen. Er beleidigt seine Gegner mit Hochmut und kehrt mit einem Lorbeerzweig als Sieger in den Händen nach Loudun zurück. Zudem legt er ein Gesuch vor, um von den Verschwörern Unkosten, Reparationen und Pfründe zu erlangen, wie es das bischöfliche Urteil vorsah. Sein Verhalten heizt die Atmosphäre an. Die Gegner konstatieren einen »zweiten« Zufall. Was wäre geeigneter, als »besessene« Nonnen?

Mignon macht ihnen Glauben, daß sie »gottgefällig« handeln, dazu beitragen, die zahlreichen Ketzer der Stadt zu verwirren und den schändlichen Pfarrer (= Grandier) loszuwerden ... der durch die Verführung der Frauen seinen Charakter entehrt und (der) obendrein selbst ein versteckter Ketzer sei.

Zu jeder Besessenheit gehören Beschwörungen. Unter der Leitung von Mignon üben einige Nonnen Zuckungen, Ohnmachtsanfälle und körperliche Verdrehungen aus. Auf Umwegen werden die Informationen dem Magistrat zugespielt. Jetzt folgt eine offizielle Begutachtung der Geblendeten.

Mignon erscheint in den liturgischen Gewändern, mit Albe und Stola versehen, d.h., er hält sich an das Rituale Romanorum. Bei der Demonstration pfäffischer Gelehrsamkeit klappt alles bestens, »... schon während zweier Wochen werden die Nonnen von bösen Geistern heimgesucht ... der Teufel der Oberschwester heißt Astarosh, der der Laienschwester Sabulon«.

Grandier wird in diesem Zusammenhang als »teuflische Person« tituliert. Heute bedeutet dies wenig, aber im frühen 17. Jh. beinhaltet es als klerikale Aussage die »ewige« Verdammung, d.h., die Übergabe an den weltlichen Arm mit dem Ziel der Vernichtung.

Nun erregt die Sache größere Aufmerksamkeit. Grandier macht sich über seine De-

nunzianten lustig und amüsiert sich gegen das Zeugnis der vorgetäuschten Dämonen; schließlich ist er Jesuit und ein profunder Kenner der teuflischen Materie. Allmählich geht es ihm zu weit. Am 12. Oktober reicht er eine Bittschrift ein, spricht vom Betrug und nackter Verleumdung, die sich gegen seine Ehre richte und aus einer falschen Anschuldigung resultiere. Doch nun sitzt der Stachel tiefer. Mignon kontert geschickt und beschuldigt Grandier, »... er solle aufhören, ihn als Verleumder hinzustellen ... er handle im Auftrag des Bischofs und wehre sich dagegen, das als Täuschung und Betrug hinzustellen, was er zum göttlichen Ruhm und der katholischen Kirche unternehme«.

Das Argument der Gegner, man solle neutrale Exorzisten bestellen, die Besessenen trennen und sie in bürgerlichen Häusern von rechtschaffenen Frauen und Ärzten untersuchen, prallt an der Oberin des Klosters ab: »... sie wehre sich wegen ihres Gelübdes des ständig abgeschlossenen Lebens gegen diese Vorstellung. Niemand außer dem Bischof könne sie aus dieser Verpflichtung freistellen«. Er nimmt sich dieser Vorfälle - zunächst - nicht an.

Während einer Beschwörung schreit die Oberin: »... Grandier, Grandier, du gottloser Priester«. Dadurch wird es für ihn immer gefährlicher, denn bei den kleinen Sozialstrukturen gehen schnell die Gerüchte von Mund zu Mund. In einer Bittschrift legt er dar: »... daß die Nonnen fortfahren, ihn böswillig zu denunzieren und ihn bei simulierten Kämpfen angreifen ... die vorgetäuschte Besessenheit werde mit dem Ziel erfunden, seinen guten Ruf zu beschmutzen, ihn anrüchig zu machen und als für die Kirche unhaltbar abzustempeln ... unmöglich könne man so zur Wahrheit vordringen«.

Seine Gegner verbreiten seit Monaten das Gerücht, er habe Dämonen in den Körper der Ursulinnen gehext. Durch den Schriftsatz eines vernünftigen Bischofs wendet sich das Blatt. Er bestellt als neutrale Exorzisten den Jesuitenpater Escaje aus Poitiers und einen Pater Gau aus dem Oratorium von Tours. Außerdem will er die Besessenen getrennt von 2 - 3 katholischen Ärzten untersucht wissen. Es kommt, wie es kommen muß. Plötzlich verstummt zum Leidwesen Mignons das Geschwätz. Nun wird er von den Nonnen beschimpft, »... in Armut und in (einem) schlechten Ruf leben zu müssen«. So wird sein Ehrgeiz weiter angestachelt. Er ersinnt eine neue Intrige, indem er versucht, Grandier eine scharfe, gegen den Kardinal Richelieu gerichtete Satire in die Kutte zu schieben.

Die Folge ist ein neuer Haftbefehl gegen ihn. Er wird auf dem Weg zur Frühmesse verhaftet und in das Schloß von Angers gebracht. Hier verbringt er vier Monate im Gefängnis. Seine Wohnung wird aufgebrochen und durchsucht. Die Möbel erhalten das königliche Siegel. Man findet eine Aufzeichnung über den Zölibat. Alle schriftlichen Unterlagen werden beschlagnahmt und so ist ihm die Möglichkeit einer weiteren Rechtfertigung genommen.

Um diese Zeit leben die Behexungen im Kloster (wieder) auf. Der Sündenbock ist rasch gefunden: Urban Grandier. Er wird in ein anderes Gefängnis verbracht und dort angekettet. Zimmer werden vermauert und vor dem Kamin werden dicke Eisenstäbe angebracht, »... damit die Teufel nicht kommen konnten, um den Zauberer aus seinen Ketten zu reißen«.

Noch haben die Intriganten nicht gewonnen. Grandiers Bruder ist parlamentarischer Anwalt und kann der Sache gefährlich werden. In verschiedenen Eingaben sucht er ihm beizustehen. Um zu verhindern, daß diesen Gehör geschenkt wird, beschuldigt ihn die Oberin der Hexerei. Er bleibt bis nach dem Ausgang des tödlichen» Prozesses eliminiert. Selbst die Mutter, die ihm ein Bett, eine Bibel und die Schriften des hl. Thomas ins Gefängnis schafft, wird nicht gehört. Es gilt als beschlossene Sache: Grandier habe die Teufelei im Kloster verursacht und muß sterben.

Schon frohlocken die christlichen Denunzianten. Die Exorzisten versuchen, ihre Anfechtungen gegenüber Grandier zu erhärten. Pater Tranquille ergeht sich in der Vorstellung: »... wenn der Teufel ordnungsgemäß beschworen wird, **muß** er die Wahrheit gestehen (!) ... gehorcht er nicht, so geschieht es aufgrund der Beschwörungen. Tut er es nicht, so liegt es an der Ungläubigkeit der Zuschauer«. Wir haben einen theologischen Umkehrschluß vor uns, der bar jeder Vernunft und Logik ist.

Pater Tranquille kontert durch seine theologische Brille: »... einige sind gekommen, um die Wunder (!) von Loudun zu sehen ... und wenn ihnen die Teufel nicht gleich solche Zeichen geben, wie sie es verlangten, kehrten sie um und vergrößerten damit die Zahl der Ungläubigen«.

Schauen wir uns explizit so ein Wunder an! Da behauptet der Teufel Beherit aus dem Mund einer Nonne: »... er werde das Käppchen vom Kopf des Exorzisten heben und es so lang in der Luft halten, wie er das Misere spricht«. Mit den vorgeschriebenen Ritualen wird versucht, die Gaukelei zu vollenden.

Tatsache ist, daß der fromme Kirchenmann in einer dunklen Ecke sitzt, da über seinem Kopf ein künstliches Loch angebracht ist, wo an einem dünnen Faden ein kleiner Angelhaken befestigt ist. So soll versucht werden, für Laien ohnehin nicht zu erkennen, das Käppchen mittels der Helfershelfer abzuheben und dadurch die Christen von der göttlichen Macht zu überzeugen. Bedauerlicherweise klappt es nicht. Der Klerus stellt sich und seinem Regiment ein treffliches Armutszeugnis aus. Mehrere solcher Beispiele habe ich an anderer Stelle zusammengetragen.

Grandier muß sterben, um eine große Schar von Schuldigen zu retten ... um nicht die Schande der Lüge und Denunziation über einen Bischof, Nonnen und Geistliche zu verhängen. Seine Verurteiler sind gerissene Wortverdreher[50].

Jetzt beginnt sich das Rad der Ungerechtigkeit erneut zu drehen. Hinter ihm stehen Heuchler, Leichtgläubige, Hörige einer fragwürdigen und dennoch weltumspannenden Idee. Der kleine Tyrann Laubardemont, meint, sich mit seiner verbrecherischen Tat ein Denkmal zu setzen.

Grandiers Verurteilung

Jeder der Ankläger bereitet sich durch die Beichte und die Kommunion auf die kommenden Ereignisse vor. Man erfleht »himmlische« Gnade und Beistand zur Realisierung eines Verbrechens. Deshalb: »... solle sie

Gott allein in dieser Sache erleuchten!«. In der Frühe des 18. August versammeln sich die Bösewichter im Kloster der Karmeliter. Hier wird der Erlaß publiziert, der die Verurteilung Grandiers zum Inhalt hat. Er wird mehrfach gefoltert. Nachdem man seine zerfetzten Beine gewaschen und über ein Feuer gehalten hat, sagt er zu den ihn folternden Barbier Francois Fornement:

»... du grausamer Henker bist also gekommen, um mich fertigzumachen. Du Unmensch, du weist allein von den Grausamkeiten, die du meinem Körper zufügst. Los! mach schon weiter und töte mich ganz«. Ein Polizist ist der Auffassung, daß man Grandier alle Haare vom Körper rasieren müsse und ihm die Augenbrauen wie die Fingernägel auszureißen hat.

Schließlich kleidet man ihn in Lumpen, fährt in einem geschlossenen Wagen vor das Rathaus und treibt ihn mit gefesselten Händen in ein Audienzzimmer. Hier warten die Häscher. Der Schreiber sagt zu ihm: »... dreh dich um, Unglückseliger, und bete das Kruzifix über dem Richterstuhl an. Er gehorcht unterwürfig und verharrt einige Zeit im stillen Gebet. Dann trägt man ihm das christliche Urteil vor:

»... wir erklären hiermit Urban Grandier zu Recht angeklagt und für schuldig befunden an dem Verbrechen der Magie, Hexerei und der durch ihn verursachten Besessenheit in den Personen einiger Ursulinnen und weltlichen Mädchen aus dieser Stadt Loudun sowie anderer Verbrechen, die sich aus diesem ergeben. Zu deren Wiedergutmachung verurteilen wir Grandier dazu, öffentliche Abbitte zu leisten, und zwar mit unbedecktem Haupt, einem Strick um den Hals und mit einer brennenden Fackel von 2 Pfund Gewicht in der Hand. Vor dem Hauptportal der St. Peters-Kiche am Marktort und vor der Kirche der hl. Ursula, in dieser Stadt, soll er Buße tun, auf die Kniee fallen und Gott, den König und die Justiz um Verzeihung bitten.

Der aufgrund von Verleumdungen auf einem christlichen Scheiterhaufen verbrannte Priester Urban Grandier.

Danach soll man ihn auf den öffentlichen Heilig-Kreuz-Kirchplatz führen und an einem Pfahl an den Scheiterhaufen binden ... der eigens dazu an jenem Ort errichtet wird ... da soll er bei lebendigem Leib verbrannt werden ... zusammen mit den Pakten und magischen Schriften, die noch bei den Akten aufgehoben sind ... ebenso sein handgeschriebenes Büchlein gegen den Zölibat der Priester. Seine Asche soll in alle Winde verstreut werden. Wir erklären, daß sein gesamter Besitz für den König beschlagnahmt wird ... wovon man zuvor die Summe von 150 Pfund abziehe, um eine Kupferplatte zu kaufen, in die das vorliegende Urteil auszugsweise eingraviert wird. Dieses wird dann an einer exponierten Stelle in der Kirche der Ursulinnen zur ständigen Bleibe aufgehängt ... bevor man ihn zur Ausführung und außerordentlichen Befragung (= Folter) nach seinen wichtigsten Mittätern unterzieht. Genanntem Urban Grandier in Loudun vorgelesen und am 18. August 1634 ausgeführt.

Jetzt ergreift der Delinquent das Wort: »... gnädige Herren, ich rufe Gott den Vater, den Sohn, den hl. Geist und die Jungfrau Maria als meine Zeugen. Nie habe ich eine Gotteslästerung begangen, nie bin ich ein Hexenmeister gewesen, ich kenne keine Magie als die der hl. Schrift und habe nie einem anderen Glauben angehangen, als dem der hl. und apostolischen römisch-katholischen Kirche. Ich sage dem Teufel in aller seiner Pracht ab ... ich bekenne mich zu meinem Erlöser und bitte ihn, daß ich das Blut seines Kreuzes schätzen möge. Und ihr, gnädige Herren, ich bitte Euch, mildert die Härte meiner Strafe und setzt meine Seele nicht der Verzweiflung aus«.

Bei der nun anstehenden Folter werden die Beine des Unschuldigen so zusammengeschnürt, daß die Knochen splittern. Eifrig beschwören Geistliche die Keile, Hölzer und den Folterhammer. Der Gemarterte fällt während der unmenschlichen Prozedur mehrfach in sich zusammen. Als das Knochenmark aus den Beinen rinnt, schafft man ihn hinaus und legt ihn in der Nähe des Ratszimmers auf Stroh. Grandier beharrt auf seiner Unschuld. Doch nachmittags zerren ihn

die Henker erneut hervor. Er hält eine brennende Fackel in der Hand ... die mörderische Fahrt geht zum Festplatz der christlichen Nächstenliebe.

Da er nicht mehr stehen kann, wird er aus dem Karren gekippt. Der Henker schleift ihn zu einem eisernen Reifen und dreht den Gepeinigten rückseitig zur Heilig-Kreuz-Kirche. Schaulustige finden sich ein. Nun flattert ein Schwarm Tauben herum. Einfältige sehen darin den Teufel, »... sie kommen bestimmt, um dem Teufelsbube beizustehen«.

Fleißig beschwören die Patres die Luft und das Holz. Einer erdreistet sich, das Henkersamt zu übernehmen und seinen Glaubensgenossen zu bedrängen. Er hält ihm eine Strohfackel vor das Gesicht und schreit: »... willst du nicht endlich bekennen, du Verdammter. Es ist höchste Zeit, denn du hast nur noch einen Augenblick zu leben«.

Der vom Tod Gekennzeichnete sagt: »ich kenne den Teufel nicht ... aber ich bitte Gott um Erbarmen«. Nun legt der fanatische Mönch Feuer unter den Scheiterhaufen, Kapuziner schütten ihm Weihwasser ins Gesicht und rufen den Henker, »... er solle Grandier doch endlich erwürgen«. Doch das Fortschreiten der Flammen hindert ihn daran. Seine letzten Worte waren vermutlich: »... mein Gott, ich wache bei dir. Erbarme dich meiner« (De meus, ad te vigilo, mesere mei Deus).

Nun sollte man meinen, daß mit dem Tod Grandiers das teuflische Treiben beendet ist. Weit gefehlt. Eine Nonne wird abermals von Dämonen heimgesucht und mehrfach beschworen. Pater Lactance wird blind, verliert das Gedächtnis, wird geistesgestört und bekommt Anzeichen von Herzschwäche. Einen Monat nach Grandiers Tod stirbt er; auf ihm lastet ein Verbrechen, das er zwar nicht eingeleitet, aber vollendet hat.

Nachspiel

Die Affaire zeigt, wie wenig ein Menschlein gegen eine Ideologie gilt; nicht einmal die Kutte kann einem vor dem Henker schützen. Und dennoch geht es »nur« um einen widersinnigen Machtkampf. Die Karmeliter von Loudun besitzen eine der unzähligen Statuten »Unserer lieben Frau«, von der - wie bei allen anderen - Gnadenwirkungen ausgehen sollen. »... sie läßt nichts unverhüllt ... wenn man sie mit Andacht und unter Einhaltung der Vorschriften bittet«, behaupten die Geistlichen. Im Klartext heißt es: hie Illusion, da Geld. Nun wechselt die Figur ihren Standort.

Mit ihrem Weggang verödet das Stadtviertel und damit verliert der betrügerische Einfluß der Mönche an Gewicht. Die Einfältigen wandern nach Samur, um sich von den dortigen Mönchen melken zu lassen. Es bleibt den Zurückgefallenen nur eine Chance. Wie eine Lüge die nächste provoziert, ist es (auch) hier. Die Mönche von Loudun brechen hinter der ehemaligen Statue ein Loch durch das Mauerwerk, stecken einen Weinstock hinein und geben vor: »... er werde nun regelmäßig Tränen über die Ungläubigkeit und Mißachtung ihres Gnadenbildes vergießen«. Der plumpe Trick wird entdeckt.

Nun melden sich kritische Stimmen. Man weist auf die Schriften von Aristoteles und Galenus. Dieser sagt in seinem Buch »Die Stadt Gottes«: »... er habe Leute gekannt, die mit ihrem Körper Dinge tun konnten, die andere kaum zu glauben vermochten; einige konnten mit den Ohren wackeln, andere die Haare in die Stirn schieben, ohne daß sie den Kopf bewegten, andere Tierstimmen so imitieren, daß niemand die Täuschung bemerkte, andere unbemerkt Geräusche hervorbringen. Ein Mann konnte schwitzen, wenn er wollte. Niemand hätte die Körper der Nonnen bewundert, wenn sie von Gauklern auf der Bühne vorgeführt worden wären«.

Es wird erkannt, daß einzelne Nonnen nur Rollen gespielt haben; die, die ihnen bigotte Priester beigebracht haben und die sie ausführen, weil sie meinen, damit Gott eine »himmlische« Freude zu bereiten. Man hat das Ganze inszeniert, um dem Volk ein Schauspiel zu bieten und es mit Nonsens zu unterhalten ... alle ihre Bewegungen wären »natürlicher« Art gewesen. Welche Schande für die Ausführenden! Welche Schande für den Klerus?

Der Universität werden eine Fragen über die Richtigkeit der Besessenheit vorgelegt. Kritiker verweisen sie in das Reich der Fabel. Ihre Entscheidungen zeigen, welchen Wert man bereits im 17. Jh. dem kirchlichen Exorzismus beimißt.

Der Prozeß gegen Grandier wird mit unlauteren Mitteln eingefädelt und beendet. Grandier wird in den Glaubenstod geschickt, weil Geistliche nicht im Unrecht sein können. Dieser von dubiosen Exorzismuspraktiken bestimmte Verleumdungsprozeß verweist heute auf ein Alter von etwa 250 Jahren, hat aber an Aktualität nichts verloren!

Wacker hält die römisch-katholische Kirche an ihrem aus der Antike geschöpften Dämonendenken fest. 1973 fiel die Bäuerin Elisabeth Mauersberger aus Altötting in der dortigen Stiftskirche zu Boden; gefesselt wird sie einer Teufelsaustreibung unterzogen. 1976 wird inmitten der Bundesrepublik eine 23-jährige Studentin von katholischen Priestern »totgebetet«, anstatt ihr rechtzeitig medizinische Hilfe zukommen zu lassen. Im Frühjahr 1981 erwürgt eine Mutter in Kiel ihre 6-jährige Tochter in der Wahnvorstellung, daß sie von Dämonen besessen sei.

Neben die praktischen Teufelsaustreibungen treten mehr und mehr theoretische Erörterungen zum Thema. Kurz nach dem Vorfall in Loudun greift der Minorit und Franziskaner Brognoli zur Glaubensfeder, um den Teufel anzuschwärzen!

Brognolis Handbuch für Exorzisten

Brognoli ist Lektor für Theologie und behandelt in Rom, Mailand und Venedig Besessene. V. Görres bezeichnet sein Handbuch als »mit Mäßigung und Umsicht geschrieben«. Hören wir hinein:

● Ketzer werden seltener als Katholiken vom Teufel besessen, weil sie (ohnehin) bereits dem Teufel gehören.

428

- Der Teufel erscheint als Bär, Löwe, Schlange, Drache, Stier, Wolf, Katze, Hahn, Rabe, Geier, Fliege, als Spinne oder als schrecklicher Mensch. Viele Besessene hätten ihm dies erzählt.

- Der Teufel gibt einen scheußlichen Gestank von sich. Um in die Menschen einzufahren, benutzt er häufig Speisen und Getränke.

»... am 13. August wurde mir in Venedig ein 13-jähriges Mädchen zugeführt, in das der Teufel - in einem Apfel versteckt - eingefahren war. Ich trieb ihn aus und dabei erfüllte er ihren Mund mit einem schwefeligen Gestank«.

- Der Teufel zieht die Besessenen an den Ohren, an den Haaren und aus ihren Betten.

- »... am 4. September 1648 gestand mir der Teufel in Venedig, daß er von anderen (Teufeln) in der Hölle verspottet worden ist«.

- Daß der Teufel von kleinen Kindern Besitz nimmt, ist die Schuld der Eltern, die es unterlassen, sie unter den göttlichen Schutz zu stellen oder sie mit dem Kreuz zu bezeichnen.

- »1649 erzählte mir eine Witwe, daß sie schon 20 Jahre lang mit einem Teufel Unzucht treibe«.

- Alle Theologen geben die Tatsächlichkeit des Liebeszaubers zu, wodurch jemand zu schädigender Liebe angeregt wird.

- »oft werden Feuersbrünste von Hexen gelegt. Auch Unwetter und Hagelschläge werden durch sie verbreitet. (Anm. Er bezieht sich auf den Hexenhammer).

- Den Teufel nach seinem Namen zu fragen, ist unnötig und gefährlich. Denn da die Teufel lügen, können sie leicht einen falschen Namen abgeben, bzw. einen, der etwas Lächerliches oder Schädliches bedeutet.

- Auch ist es unnütz, nach der Zahl der Teufel zu fragen ... denn auch hier kann der Teufel täuschen, indem er verschiedene Stimmen nachahmt.

Hinweis: Brognoli stellt sich in diesen Punkten **gegen** das geltende Rituale Romanorum.

- Die Befehle, die der Exorzist dem Teufel gibt, kann er in der Muttersprache des Besessenen, aber auch lateinisch erteilen.

- Die vom Papst geweihten Wachsbilder sind besonders geeignet, den Teufel zu vertreiben.

- Der Teufel fährt auch in die Tiere ... so in Pferde, da sie nicht vorwärts gehen können (= vernageln: ein abergläubischer Brauch unter der ländlichen Bevölkerung) und in Hunde, so daß sie nicht bellen. Solche Tiere sind mit Weihwasser zu besprengen, ebenso ihre Ställe und das Futter.

Hinweis: Dies ist keineswegs altmodisch. Noch heute werden vor allem in ländlichen und katholischen Gegenden, besonders in abgelegenen, Ställe und Tiere mit Weihwasser bespritzt.

- Die Teufel bringen Würmer, Mäuse und Heuschrecken hervor, um den Feldern zu schaden.

Auf zehn Seiten erläutert Brognoli die Kennzeichen der Besessenheit:

- Kopfschmerzen, die beim Zeichen des Kreuzes aufhören.

- Verdauungsstörungen und Erbrechen, die aufhören, wenn gesegnete Sachen eingenommen werden.

- Zittern bei der Anwesenheit geistlicher Personen.

- Trockener Husten ohne Auswurf, der sich bei der Anwendung religiöser Mittel verstärkt.

- Aufsperren des Mundes, wenn etwas Religiöses verlesen wird.

- Kältegefühl, das wie eine Schlange oder wie eine Maus im Körper herumläuft.

- Wenn Kinder ohne Grund weinen, wenn sie furchtsame Augen haben oder es nicht wagen, den Exorzist oder Ordensleute anzusehen.

- Wenn Kinder Greisengesichter haben, so liegt die Vermutung nahe, daß sie vom Teufel untergeschoben sind (= sog. Wechselbälge).

- Wenn kleine Kinder selbst durch mehrere Ammen nicht zu stillen sind (Anspielung auf den Hexenhammer).

Die enge Verbindung zwischen den allgemeinen Volkskrankheiten und der Annahme der Besessenheit ist ein typisches Kennzeichen der Epoche. Es ist just die Zeit, in der die Hexenbrände lodern. Von Brognoli stammt auch die Beschreibung von der sinnlichen Lust des Teufels, der von den Brüsten junger Mädchen in deren Geschlechtsteile wechselt, damit sie dort aus christlicher Liebe und Frömmigkeit vom Exorzisten vertrieben werden[51].

Johann Joseph Gaßner[52]

ist der bedeutendste deutsche Exorzist des 18. Jh.. Er treibt sein Unwesen zur Freude Zehntausender Leichtgläubiger und zum Leidwesen einiger Bischöfe von Konstanz, Singen, Salzburg und Prag, die ihm das Handwerk legen. Johann Joseph Gaßner ist ein katholischer Priester und Verfasser eines Lehrbuches über Besessenheit und Teufelsaustreibung. Sein Buch ist als Privatarbeit zu verstehen, es liegt aber auf der Wellenlänge der Kirche.

Wichtig sind die letzten Abschnitte mit den »praktischen« Vorschriften über die Anwendung des Exorzismus unter Mitteilung der verschiedenen Beschwörungsformeln«. Hören wir kurz hinein:

- »... man muß die besessenen Personen in Geduld und Güte anhören ... und die diabolische Plage ausforschen«. Für ihn ist klar, daß sich die Dämonen, »... welche schon natürlichen Schmutz so gern zur Basis ihres verderblichen Einflusses wählen, im moralischen noch behaglicher fühlen«.

Gaßner unterscheidet nach Um- und Besessenen. Aufgrund seiner langjährigen Erfahrung vermittelt er Erkennungsmerkmale; gesondert für Erwachsene, Kinder, Verheiratete und andere Gegenstände. Z.B.

- Wenn einer die Heiligen lästert und den Teufel zu Hilfe ruft (= flucht).

- Wenn aus einem Mund das Quaken eines Frosches zu vernehmen ist.

  (Hinweis: Der Katholik Dam kann es für 1980 bestätigen, denn er sagt: »... bei einem Mädchen aus Lewenburg ... in ihrem Mund und auf ihrer Zunge tanzte ein Frosch, der dann wieder in ihrem Körper verschwand«[53].

- Wenn Kinder den Priester nicht ansehen können.

- Wenn Jemand auf einmal in spitzfindiger Weise über schwierige und erhabene philosophische Gegenstände zu sprechen beginnt.

- Wenn Jemand ohne vorausgegangene Ursache gegen sich selbst zu toben beginnt.

Abschließend gibt Gaßner einen Rat: »... die guten Geister pflegen in der Regel wenig Getöse zu machen. Sie äußern sich vielmehr in demütiger Weise durch vereinzelte Atemzüge, durch Seufzen oder eine kläglich leise Stimme, jedoch ohne Ungetüm«(!)

Heilige Gret von Wildenbuch

1823 werden vor dem Züricher Malefizgericht 11 Personen einer schwärmerischen Sekte aus Wildenbuch (Bezirk Andelfingen)

Papst Pius IX. (1846 - 1878). Unter ihm zeichnet sich der straff geführte Einheitskurs der Kirche ab. Er besiegt weitgehend die bischöfliche Selbständigkeit und schiebt die Idee der päpstlichen Autorität in den Mittelpunkt des Denkens.
Er ruft das Erste Vatikanische Konzil für den Dezember 1869 ein und definiert in einem Akt der Selbstgefälligkeit das Dogma, demzufolge der Papst in Glaubens- und Sittenfragen unfehlbar ist: dies zu einer Zeit, da Jedermann - selbst in der Kirche - wußte, welche Schuld sie bereits auf sich geladen hat.
August Theiner, Oranienpater und Präfekt des päpstlichen Geheimarchives, ist der Meinung: »... daß Pius IX. weder etwas vom Kirchenrecht noch von der Geschichte verstanden habe ... er habe lediglich oberflächliche Kenntnisse und zeichne sich durch den Köhlerglauben alter Weiber aus«.

verurteilt. Es geht um verschiedene Greueltaten im Haus von Peter in Wildenbuch, wo
Elisabeth Peter durch Schläge auf den Kopf
getötet und die sog. »heilige« Gret (= Margareth Peter) auf eigene Anweisung lebend
an ein Kreuz genagelt wird. Bevor sie stirbt,
verkündet sie: »... daß sie am dritten Tag
auferstehen wird«. Wo anders als aus der
christl. Bibel kann sie das gelernt haben? Der
Versuch ist zum Scheitern verurteilt, weil
noch nie ein menschliches Wesen vom Tod
auferstanden ist und weil sich die Menschen
ihre Götter selbst geschaffen haben, um sich
danach selbst Furcht und Schrecken einzuja-
gen.

Wirken der hl. Gret

Margareth Peter, geb. 1794 hat seit ihrer
frühen Jugend ein schwärmerisch-religiöses
Gemüt, an dem wohl ihre bigotten Eltern und
die infizierte Umwelt schuld tragen. Sie erklärt: »... ihr hafte etwas Besonderes an, weil
sie an Weihnachten geboren ist!, was man ja
(auch) Jesus nachsagt, ohne es zu wissen.
Schon in ihrer Jugend erscheinen ihr Engel.
Später kommt die physisch Angeschlagene
unter den Einfluß einer verderblichen Sekte
in Schaffhausen. Bei diesen »Erweckten«
wird sie aufgrund ihrer absurden Visionen als
»heilig« bezeichnet.

25-jährig kommt sie mit der Baronin von
Krüderer[54] vom benachbarten Lotstetten
zusammen. Die einstige Lebedame und nun-
mehrige Mystikerin findet Gefallen an dem
naiven Bauernmädchen. Bei einer längeren
Unterredung macht sie ihr den Vorschlag,
sich der Sekte anzuschließen.

Doch Margareth fühlt sich zu Höherem
berufen; sie will selbst im Mittelpunkt stehen
und die Aufmerksamkeit auf sich lenken.
Durch die Baronin tritt sie mit dem Vikar
Jacob Ganz aus Embrach in Verbindung, der
eine Pfarrstelle in einer aargauischen Gemeinde wegen sektiererischer Gesinnung
aufgeben muß. Durch ihn lernt sie den
Schuhmacher Jacob Morf aus Illnau kennen,
den sie verschiedentlich besucht, wodurch
seine eigene Frau argwöhnisch wird.

In seinem Haus erlebt Margareth die Vision, daß sie und ihre Schwester lebend in
den Himmel fahrern würden, gleich wie
Enoch und Elias. Als das avisierte Wunder
ausbleibt, verstecken sich die Geprellten ein-
einhalb Jahre im Haus des Schuhmachers.
Offensichtlich wird nicht nur gebetet, denn
die hl. Gret bekommt während dieser Zeit
ein Kind. Die Frau des Schumachers läßt sich
schießlich dazu bewegen, es als ihres anzusehen und aufzuziehen. Der Betrug gelingt: das
Kind wird auf den Namen Morf in das Register von Illnau eingetragen.

Dann kehren die Schwestern nachts zum
Haus des Vaters zurück, um sich weiter zu
verbergen. Nun unternimmt die hl. Gret Bet-
und Bußübungen und beginnt vehement gegen einen nicht existenten Teufel zu kämpfen, der sie in die Klauen nehmen will. Im
väterlichen Haus leben außerdem eine
Freundin, Ursula Kündig, die Schwester Susanna und eine Magdalena Jäggiln. Zum
Kreis der Sekte gehören ferner Johannes Peter und der einzige Sohn der Familie, Caspar,
der sich als Sektenprediger im Land betätigt;

**Darstellung einer Convulionistin oder einer
religiösen Fanatikerin. Das Mädchen ist an ein
Kreuz geheftet. Während der Gebete eines
Priesters erhält sie starke Schläge auf den
Leib.**

außerdem die Töchter Barbara und Magdalena, die mit dem Schuster Conrad Moser aus Oehrlingen verheiratet ist. Zudem lebt der Knecht Heinrich Ernst im Haushalt.

Am Mittwoch, den 23. März 1823, beginnt das Spektakel. Früh zwischen sieben und acht Uhr versammelt die hl. Gret alle im Haus Anwesenden und erklärt, daß sie in der Nacht die Offenbarung erlebt habe: »... wonach alle ohne Unterschied mit ihr gegen den Teufel streiten müßten; ich muß kämpfen, damit eure und viele verdammte Seelen errettet werden. Kämpft mit mir«.

Hierauf hebt die Gret unter Ausrufen wie: »... du Schelm ... du Seelenmörder an, mit der Faust auf Tisch und Stühle zu schlagen. Auf ihr Geheiß werden die Fenster verhängt. In die Kammer werden Teile von Baumstämmen, Keile und andere Schlagwerkzeuge getragen. Die Anwesenden schlagen mit voller Wucht auf die Holzstöcke, um dem vermeintlichen Seelenfeind auszutreiben. Dieses Wüten hält mit Unterbrechungen bis abends gegen 9 Uhr an.

Der aus dem Haus dringende Lärm zieht Schaulustige an. Sie können nichts erkennen, weil der Zugang von einem bissigen Kettenhund bewacht wird. Beim Mittagessen des nächsten Tages eröffnet die hl. Gret: »... sie habe den letzten Kampf mit den Teufeln vor«, worauf am Nachmittag das Toben fortgesetzt wird. Mit Axthieben zertrümmern die Besessenen den Fußboden und schlagen die Möbel zusammen. Schließlich fällt ein Teil des Fachwerks aus den Mauern, so daß die Wütenden erkennbar werden. Noch am gleichen Abend läßt der Oberamtmann die Sippe verhaften. Doch am Freitag Vormittag sind sie wieder im Haus der hl. Gret zugange.

Sie eröffnet den Anwesenden, daß nun Blut fließen muß, damit viele tausend Seelen gerettet werden. Sie ordnet an: »... alle sollen sich auf die Brust und an die Stirn schlagen«. Dann versetzt Gret ihrem Bruder zahlreiche Schläge mit einem eisernen Keil. Nun wird die Blutende ohnmächtig in eine Stube getragen. Nun schlägt der Rasende auf die Köpfe ihrer Schwestern, auf den ihres Schwagers und ihrer Freundin ein. Alle haben blutende Wunden.

Szene der Kreuzigung

Die hl. Gret fragt Elisabeth, ob sie sich opfern wolle? Sogleich zeigt sie sich zum Tod bereit und sagt: »... ich will gern sterben ... damit der Satan nicht siegt«. Sie traktiert sich mit Schlägen und legt sich dann aufs Bett. Dann fordert Margareth Ursula Kündig auf, »das Werk zu vollenden« ... sie werde ihre Schwester danach wieder erwecken«.

Nun drischt man mit einem eisernen Keil solang auf sie ein, bis sie den Geist aufgibt. An diesem Mord nehmen der Knecht und die Schwester Susanne teil. Noch ist die »Heilige« nicht ernüchtert. Sie schlägt sich so lang auf den Kopf, bis sie blutüberströmt zusammenbricht. Ursula soll mit einem Werkzeug auf sie einschlagen. Das herabfließende Blut wird in einem Becken gesammelt, denn: »... es werde zur Rettung vieler Seelen vergossen«. Auf das Verlangen der Gret muß ihr Ursula mit einem scharfen Messer ein Kreuz auf die Stirn und außerdem einen Kreuzschnitt am Hals machen.

»Jetzt will ich mich kreuzigen lassen« sagte sie. So stellt der Knecht ein hölzernes Kreuz her und Ursula nagelt die hl. Gret widerstrebend an. Man soll ihr einen Nagel ins Herz schlagen ... oder ihr (zumindest) den Kopf spalten. Ursula kann zwar ihr ein Messer in den Kopf stecken, aber da es sich krümmt, läßt sie von der Blutarbeit ab und ruft Conrad Moser zur Hilfe. Er ergreift ein Stemmeisen und schlägt der angeblichen Märtyrerin den Schädel ein. Erst jetzt kehrt die Besinnung der Tobsüchtigen zurück.

Sie hoffen und warten auf das angekündigte Wunder der Auferstehung der beiden Töchter. Als es ausbleibt - wie könnte es anders sein - geht der alte Peter nach Trüllikon, um dem Pfarrer die Mitteilung zu machen, daß seine Töchter Elisabeth und Margareth gestorben sind.

Spruch des Malefiz-Gerichtes

Bei Entscheidungen über Kapitalverbrechen setzt sich das Gericht aus einem erweiterten Kreis zusammen und wird von den beiden im Amt stehenden Bürgermeistern präsidiert. Die Urteile werden am 4. Dezember gefällt und lauten:

»... daß alle angeklagten Personen am 11. Dezember vor das Rathaus in Zürich geführt werden sollen ... wo sie das Urteil knieend entgegenehmen müssen. Dann sollen sie in das Großmünster geführt werden, um eine den Umständen angepaßte Rede anzuhören. Nach Beendigung dieses feierlichen Aktes sollen sie in das Zuchthaus tranportiert werden[55]. Das Urteil setzt weiter fest, daß das bisherige Wohnhaus, in dem die Lärm- und Blutszenen stattfanden, bis auf den Grund abzutragen ist. Dies erweist sich als notwendig, weil bereits frömmlerische Leute Wallfahrten nach Wildenbuch unternehmen.

Hier handel es sich um keinen Exorzismusprozeß, aber um einen besonderen Fall religiösen Irreseins. Nicht die Gruppe hat sich eingeredet, daß es Teufel gäbe, sondern die gütige Mutter Kirche steckt dahinter.

Gottliebin Dittus: Besessene von Möttlingen

Die Geschichte ereignet sich im Pfarrdorf Möttlingen (Württemberg) in der Zeit zwischen 1840 - 1843. Sie ist insofern interessant, weil es sich um eine »protestantische« Teufelsaustreibung handelt. Der Pfarrer Blumhardt berichtet im August 1844 an die kgl. württembergische Ober-Kirchenbehörde unter Auflage der Verschwiegenheit. Seine Epoche ist für die Kirche als kritisch zu betrachten. U. a. schreibt Otto v. Corvin damals seinen Pfaffenspiegel.

Wie immer dringt der Spuk von Möttlingen an die Öffentlichkeit. Er stellt sich folgendermaßen dar:

Ein 28-jähriges Mädchen, Gottliebin Dittus, wird 1836 von einer Nervenkrankheit befallen. Später verspürt sie Nachwehen im Unterleib. Bald ereigenen sich zuhause unheimliche Dinge. Sie hört Getöse, sieht Gestalten und Lichtlein. Es läßt auf Besessenheit schließen. 1841 berichtet sie

dem Pfarrer. Danach wird das Gepolter häufiger ... vor allem nachts. Sie sieht eine vor zwei Jahren verstorbene Person mit einem Kind auf dem Arm. Dr. Spätz aus Merklingen behandelt die offensichtlich Kranke und bleibt mehrfach nachts zu Beobachtungen bei ihr. Weil er selbst von den Ereignissen überrascht ist, entschließt er sich, »einige gebildete Männer um eine nächtliche Beobachtung zu bitten«. Gesagt, Getan.

Gegen zehn Uhr beginnt der Tumult; es folgen 25 starke Schläge, so daß die Türen aufspringen und die Fenster klirren. Töne werden vernommen. Man beschließt, das Mädchen in ein anderes Haus zu bringen. Daraufhin wird sie todkrank, beobachtet Flämmchen unter der Türschwelle usw. Man gräbt nach und findet in einem Topf Knochenreste. Sofort reflektiert man auf einen Kindermord. Dr. K. aus Calw erkärt sie für Vogel(ge)beine. Bei dem Mädchen zeigen sich Konvulsionen. Sie zittert am ganzen Leib und Schaum tritt vor ihren Mund.

Jetzt erkennt Blumhardt etwas Dämonisches: »... denn nach der Aufrufung von Jesus kommt sie jeweils wieder zu sich«. Man vernimmt eine fremde Stimme: »... den Namen Jesus kann ich nicht hören«. Auf die Frage: »Hast du keine Ruhe?«, kommt die Antwort: »... nein (denn) ich habe zwei Kinder getötet ... den Namen Jesus kann ich nicht hören ... ich bin der Zauberei schuldig und deshalb gebunden ... ich darf nicht im Leib der Gottliebin bleiben«.

Der Schultheiß erhält Faustschläge. Die Zahl der Dämonen steigt von ursprünglich 14 auf 175 und auf 425. Man bermekt Spuren einer »brennenden« Hand an ihrem Hals. Die ganze Nacht des 28. Juli 1842 gehen ihr Dämonen aus dem Mund.

Danach beruhigt sie sich wieder. Sie offenbart dem Pfarrer ihre Blutungen an Freitagen und Mittwochs ... sie wolle sich selbst umbringen«. Nach einem viertelstündigen Gebet ist sie wieder ruhig. Dann wiederholen sich die dämonischen Stimmen: »... wir sind 1069, Gott geschworen (und) ewig verloren«. Oft wird ihr Leib aufgerieben und sie erbricht einen Kübel voll Wasser. Dann stellen sich erlösungsbedürftige und hilfesuchende Geister ein. Unter ihnen befinden sich die Frau und Kindersmörderin. Man hört deutsche, französische und italienische Stimmen. Dem protestantischen Pfarrer scheinen Abgötterei, Schwarzkunst und Zauberei den Glauben zu verwirren.

Am 8. Februar 1843 wird die Gottliebin bewußtlos. Sie erzählt vom Fliegen über Länder und Meere. Dann schließt sich eine neue Epoche an. Verschiedene Gegenstände werden in sie hineingezaubert; 42 Nägel, 2 Schuhschnallen, 1 Eisenstück, Näh-, Strick- und Sticknadeln ... die aus der Nase, dem Mund und den Ohren wieder herauskommen. 12 Stecknadeln kommen aus

dem Kopf und mehrere aus den Augen. Dies hält etwa ein Jahr lang an. Ein Betrug erscheint allen unmöglich, denn das Abgehen der Gegenstände ist mit starken Schmerzen verbunden. Außerdem ist sie dabei besinnungslos. Lebende Tiere gehen aus ihr. 4 Heuschrecken, 6 - 8 Fledermäuse und 1 Frosch kommen aus ihrem Hals und diesen folgt eine Natter. Im Dezember 1843 stellt sich Nasenbluten ein. Das Blut ist schwarz und riecht scharf. Der Arzt berichtet: »... ich war um vier Uhr bei ihr ... die Gottliebin lag im Blut, welches aus Ohren, Nase und Augen hervordrang ... ein Kübel war halbvoll ... ein gräßlicher Anblick«.

Nach der Auffassung von Blumhardt wirken bei Zaubereien die Geister von Lebenden und Verstorbenen zusammen. Vor allem wirken Schwarzkünstler mit: »... die durch

Die hl. Katharina von Siena empfängt die Stigmata und treibt den Teufel bei Besessenen aus.
Quelle: Bibliothèque Nationale (Estampes)

Bündnisse mit dem Teufel vereint sind ... sie schaffen Geld, Wollust, Schadlosigkeit ... die Kunst zu fliegen und sich unsichtbar zu machen, Menschen zu töten ... nicht weniger auch die Kunst der Brandstiftung«.

Die erste Versuchung tritt schon im Februar 1840 an die Gottliebin heran. Sie geht mit einem Groschen fort, um einen Topf Mehl zu holen. Sie wünscht sich einen zweiten und findet ihn (welch ein Wunder!). Dann geht sie mit den zwei Groschen nachhause, weil ihr das Mehl geschenkt wird (welch ein Wunder!). Woher die zwei Groschen? Im Haus findet sie einen Taler auf dem Boden. Woher? Sie verbraucht das Geld und ist in der teuflischen Gewalt! Wenn das nicht theo-logisch ist!

Zu Weihnachten 1843 zeigen sich Einwirkungen bei ihrem Bruder und bei ihrer Schwester. Katharina droht dem Pfarrer, ihn in 1.000 Stücke zu reißen. Nach einem einjährigen Kampf mit der Dienstmagd wird sie gesund. Der Pfarrer ist zufrieden: »... beim Magnificat nachmittags hielt ich eine Predigt über diese Sache. Jetzt ist die Gottliebin fromm und demütig. Sie wird Industriearbeiterin ... ich gab ihr die Kleinkinderschule«.

Magdalena Grombach

ist mehr unter dem Termini »Mädchen von Orlach« bekannt. Die Vorfälle spielen um die Mitte des letzten Jahrhunderts. Es handelt sich um eine lutherische Magd. Wiederholt findet sich in ihrem Haus eine neugekaufte Kuh an verschiedenen Stellen angebunden. Zudem wird festgestellt, daß drei Kühen mit unglaublicher Geschwindigkeit die Schwänze kunstreich verflochten werden (wer denkt nicht an einen Lausbubenstreich!). Selbst am hellen Tag. Hier kann doch etwas nicht stimmen? Was liegt näher, als (schon wieder) an den allmächtigen Teufel zu glauben?

Magdalena erhält von einer unsichtbaren Hand eine Ohrfeige und wird dann von einer schwarzen Katze gebissen. Daheim bricht des öfteren Feuer aus und der Schatten einer Frau spricht zu ihr: »... das Haus muß weg ... sie verkünde Unglück ... sie schwebe ... mit dem Bösen verbunden ... nunmehr 400 Jahre

herum (dann wäre sie 1412 geboren) ... Magdalena könne ihr zur Erlösung verhelfen«.

Ein anderes Mal verkündet ihr ein Geist ihre Leiden bis zum 5. März des kommenden Jahres unter der Voraussetzung, daß das Haus bis dahin abgerissen sei. Sie sagt: »... von nun an geht der Schwarze, nachdem er ihr erst äußerlich erschienen ist ... in sie hinein, tobt und lästert mit seiner rauhen Baßstimme und verzerrt sein Gesicht«.

Am 4. März erscheint ihr die Weiße in einem langen Faltengewand und im hellen Strahl von Lichtern: »... sie sei 22 Jahre als Koch verkleidet von jenem schwarzen Geist in das Kloster gebracht worden, habe zwei Kinder von ihm geboren und umgebracht ... zudem drei Mönche, die das Verbrechen verrieten ... dabei steckte der Geist die Hand wie zum Abschied gegen das Mädchen aus.«

Schließlich wird das Haus abgerissen. Am 5. März ist die Arbeit abgeschlossen und man findet ein tiefes brunnenähnliches Loch, in dem sich kindliche Gebeine befinden. Der schwarze Geist hatte angegeben, daß sie ihr 40. Lebensjahr nicht erreichen wird. Tatsächlich stirbt sie am Ende Juni 1852; zwei Monate zuvor.

Besessene Knaben von Illfurth

Das Dorf Illfurth liegt im südlichen Elsaß. Im Ort steht eine zehn Meter hohe und mit einer vergoldeten Broncefigur der Maria geschmückte Granitsäule. Sie trägt die Inschrift: »... zur immerwährenden Erinnerung an die Befreiung der zwei Besessenen, Theobald und Joseph Burner, nach Fürbitte der Heiligen Unbefleckten Jungfrau, im Jahre des Herrn 1869«. Um was geht es hier? Um einen der merkwürdigsten Exorzismusprozesse des 19. Jh.

In Illfurth lebt die Familie Burner. Der Vater ist ein reisender Händler; er verkauft Zündschnüre und -hölzer. Die Mutter, Anna Maria Foltzen, kümmert sich um die 5 Kinder. Zwei von ihnen werden von einer unglaublichen Krankheit befallen. Es handelt sich um den am 21. August geborenen Theobald und den am 29. April 1857 geborenen

Joseph. Der Hausarzt, Dr. Levy d' Altkirch, kann sich die merkwürdigen Symptome nicht erklären. Behandlung und Medikamente schlagen nicht an. Theobald magert bis zum Skelett herunter und ab dem 25. September zeigen beide Jungen abnorme Erscheinungen.

Sie schlagen pausenlos auf ihre Betten ein und drehen sich - stundenlang - auf dem Rücken liegend - im Kreis herum. Außerdem zeigen sie einen regelrechten Heißhunger. Ihre Beine verflechten sich so, daß man sie unter normalen Umständen nicht auseinanderbringen kann. Theobald erscheint ein Gespenst mit einem Entenschnabel, den Krallen einer Katze, mit Pferdehufen und einem schmutzigen, mit Federn bedecktem Körper. Bei seinen Erscheinungen fliegt der Geist über Theobalds Bett und droht ihn zu erdrosseln. Theobald reißt ihm bündelweise Federn aus und verteilt sie an Anwesende. Die Kinder beginnen sich zu jucken und erhalten schmerzhafte Stiche am Körper, sie erbrechen Schaum, Federn und Tang. In ihrer Nähe entwickelt sich eine unerträgliche Hitze. Später werden sie nervös und aufgeregt. Sie fuchteln mit den Armen und schreien mit geschlossenen Lippen. Pater Souquat, der später die Befragung vornimmt, erfährt kraft seines Amtes die Namen der Dämonen. Demzufolge ist Theobald von Oribas und Ipés besessen. Der Letztgenannte ist ein Graf der Hölle und zugleich Befehlshaber von 71 Legionen. Sein Bruder Joseph ist u.a. von dem Dämon Solaethiel besessen.

Ist Christus ein Hampelmann?

Die Buben werden von heftigen Wutanfällen gepackt und entwickeln eine Abscheu vor geweihten Gegenständen. Die Worte Jesus, Maria, Heiliger Geist usw. lassen sie erzittern. Einmal will man Ihnen Feigen schenken, die vorher ein Geistlicher geweiht hat. Sie wenden sich mit Schrecken ab und schreien: »... werft die Mäuseköpfe fort ... der Käppchenträger hat sie mit seinem Getue vergiftet«. Wenn Jemand einen Rosenkranz auf ihr Bett legt, verstecken sie sich unter der Decke. An einem Fastentag sagt der Dämon zu Theobald: »... bring mir Fleisch, sonst springe ich aus dem Fenster«.

Sie bezeichnen die Kirche als Schweinestall und das Weihwasser als stinkende Salzlauge, die Katholiken als Giftsalber und den Rosenkranz als Katzenschwanz. Christus am Kreuz ist für sie ein Hampelmann. Besonderen Ekel haben sie vor Weihwasser. Sie merken sofort, wenn in ihren Speisen ein Tropfen enthalten ist ... und lassen es dann mit Verachtung stehen. Wenn in ihrem Zimmer eine unerträgliche Hitze entsteht, besprengt die Mutter die Kinder mit geweihtem Wasser; dann sinkt die Temperatur auf das Normalmaß.

Der dämonische Haß richtet sich auch gegen die, die **nicht** an die teuflische Existenz glauben wollen. So soll sich auf ihr Betreiben das Rad von der Kutsche gelöst haben, in dem Pater Stumpf und der Pfarrer von Straßburg nach Illfurth fuhren. Geister dringen in das Haus von Benjamin Kleiber ein, »... er muß sogar einmal den Pfarrer holen, damit er den Stall und das Haus segnet«.

Die Dämonen vernichten 20 Bienenstöcke, indem sie allen Bienen den Kopf abhacken ... bis Herr Borbeck die neuen Schwärme segnen läßt und dadurch die Macht der Zerstörer aufhebt«. Herrn Tesch geht es nicht viel besser. Die Dämonen brechen einer seiner Kühe den Fuß ... dann sterben Kälber ohne erklärbare Ursache ... dies **müssen** böse Dämonen verursacht haben!

Die Kinder sprechen und verstehen verschiedene Sprachen, französisch, lateinisch und englisch. Außerdem entwickeln sie okkulte Fähigkeiten. So werden auf Geheiß des Bischofs zwei Nonnen aus Niederbronn beauftragt, die Buben zu pflegen. Sie nennen sie sofort beim Namen, obwohl sie sie vorher nie gesehen haben und erkennen, daß die eine in ihrem Koffer ein blaues Fläschchen hat. Und doch steht der Koffer verschlossen am Bahnhof. Sie hören die Totenglocke von Gregor Kunegel und wissen, daß die Nonnen wieder abberufen werden. Am gleichen Tag kommt ein Brief mit dem Vermerk: »... sie haben binnen 48 Stunden wieder in Mühlhausen zu sein«.

Die Kinder beginnen, die Zukunft vorauszusagen. Theobald berichtet über Dinge, die teilweise mehr als 100 Jahre zurückliegen ... viele unbekannte Einzelheiten über schreckliche Verbrechen, die die Vergangenheit von Illfurth betreffen. Manchmal sieht man die Kinder freischwebend auf Stühlen inmitten der Luft. Sie klettern wie Katzen auf Bäume und hängen sich an dünne Zweige, ohne Angst zu haben, herunterzufallen.

Manchmal wirft der böse Geist Möbelstücke durcheinander oder erschüttert das Haus wie bei einem Erdbeben. Von Interesse ist die Höllenschilderung der Dämonen: »... das Feuer der Hölle ist nicht so, wie ihr euch das vorstellt. Ihr könnt euch keinen Begriff davon machen. Ich werde euch sagen, daß es viel heißer und weit brennender ist, als man es sich vorstellen kann ... und daß die Verdammten dort auf eine gräßliche Weise leiden ... die Hölle ist nicht schön ... seht zu, daß ihr hinkommt, dann werdet ihr es sehen«.

Sie versprechen Säcke voll Gold und Silbermünzen, sehen den Tod eines tanzenden jungen Mannes voraus, der im gleichen Moment an einem Schlaganfall stirbt. Den Papst bezeichnen sie als »Vater aller Hunde«. Außerdem werden durch die Vorfälle einige Atheisten zu gläubigen Christen. Sie bekehren einen Offizier, den Schulinspektor von Mühlhausen, zwei Herren aus der Stadt und einen »ungläubigen« Gendarm.

Bei der angestrebten Heilung der Buben kommen unglaubliche Dinge zusammen. Erst drei Jahre nach den aktuellen Vorkommnissen, im Mai 1868, entscheidet man sich zur Durchführung des Exorzismus. Der Straßburger Bischof, Monsignor Raess, bleibt skeptisch, doch dann siegt sein Irrglaube. Er gibt die Zustimmung, vor allem wegen des Ersuchens des Domherren Lemáire, dem Dekan von Altkirch. Er ernennt am 13. April 1869 eine Kommission von drei Geistlichen, die den Fall untersuchen sollen ... sie sind von der Besessenheit der Kinder überzeugt.

Exorzismus an Theobald

Anfang September 1869 wird Theobald in das St. Karl Waisenhaus von Schiltigheim gebracht, das dem Prior Spitz für seine Praktiken zur Verfügung gestellt wird. Der Junge

wird in eine Kapelle geschleppt und von Pater Schrantzer, Pater Hauser und dem Gärtner André festgehalten. Das Kind steht aufrecht auf einem Teppich, sein gegen den Tabernakel gerichtetes Gesicht ist rotglühend. Aus seinen Lippen dringt dickflüssiger Schlamm und tropft auf den Boden. Pater Soquat, der offizielle Exorzismus-Beauftragte, hat gerade mit der Zeremonie begonnen, als der Dämon durch den Mund des Opfers schreit: »... fort von hier, verschwinde von hier, du schmutzige Kanaille ... raus aus dem Schweinestall ... ich will nicht«.

Mit Mühe können die Erwachsenen das Kind festhalten. Als der Geistliche ein Kreuzzeichen über Stirn, Lippen und Brust des Besessenen beschreibt, versucht er ihn zu beißen. Pater Soquat betet ununterbrochen drei Stunden und ist schweißüberströmt, so daß er die Sitzung unterbrechen muß. Als Theobald aus der Kirche geführt wird, beruhigt er sich.

Am folgenden Montag wird der Exorzismus fortgesetzt. Man läßt dem Besessenem ein eisernes Korsett anlegen und bindet ihn auf einen mit rotem Samt gepolsterten Stuhl. Er wird mitsamt dem Kind in die Luft gehoben. Ununterbrochen wird gebetet. Pausenlos stellt der Pater Fragen und ruft die Dämonen auf, Theobald zu verlassen.

Immer wieder erhält er die Antwort: »... meine Stunde ist noch nicht gekommen ... ich gehe nicht«. Da ergreift der Exorzist eine vom Papst gesegnete Kerze und ruft: »... du hochmütiger Geist, ich lege die Kerze auf dein Haupt, um dir auf dem Weg zu leuchten, der zur Hölle führt ... dieses Licht ist das der katholischen Kirche und du bist der Geist des Schattens, fahre zur Hölle und bleibe dort bei den Gefährten, die dort unten auf dich warten«.

Selbst dann gehorcht der Böse nicht. Nun nimmt der Pater eine Statue der hl. Jungfrau Maria und befiehlt den Dämonen erneut, auszufahren: »... entferne dich also, unsauberer Geist vor dem Anblick der Unbefleckten Jungfrau. Gehorche meinem Befehl und ziehe ab, so schnell es geht«. Da stößt der Dämon einen tiefen Schrei aus ... der Knabe beginnt sich zu winden wie eine Schlange, ... dann geht ein leises Knistern durch seine Glieder. Der Körper streckt sich und fällt wie tot zu Boden ... endlich ist der Dämon geflohen. Theobald läßt sich ohne Schwierigkeiten aufheben und auf sein Zimmer tragen. Die gläubige Mutter vergießt Tränen der Dankbarkeit und dankt dem allmächtigen Gott, der ihren Sohn befreit und der Kirche die Macht gegeben hat, die Hölle zu besiegen.

Exorzismus an Joseph

Pfarrer Don Brey bedrängt den Bischof, den Exorzismus (auch) bei Joseph zu gestatten(!). Brey ist der Meinung, daß sich nun von Tag zu Tag der Zustand des Joseph verschlechtere; dies könne die gütige Mutter Kirche nicht zulassen.

Bei Tagesanbruch des 27. Oktober 1869 wird der Knabe unter strenger Geheimhaltung in die Kapelle des Friedhofs von Burnerkirch gebracht. Als Zeugen sind geladen: Prof. Lachmann aus Sankt Hippolyth, Herr Ignaz Franz aus Silestat, Herr Martinot, der Bürgermeister von Illfurth und Herr Tesch. Dazu kommen die Eltern des Kindes, ein Schulmeister, der Bahnhofsvorsteher(!), Schwester Hilaria, die Leiterin der Mädchenschule und ein Herr Feindel.

Die Heilige Messe wird für 6 Uhr früh angesetzt. Der Besessene tobt so, daß er gebunden werden muß. Er kann die Fesseln lösen, wirft sich gegen seine Zelebranten und will aus der Kirche fliehen. Er wird gefangen; dann klemmt ihn Herr Martinot fest zwischen die Kniee. Zuerst bellt Joseph wie ein Hund, dann grunzt er wie ein Ferkel, dann stößt er unverständliche Worte aus ... schließlich schreit er den Pfarrer an ... ich werde nicht gehen«.

Der Priester spricht die stärksten Formeln des Exorzismus, legt Reliquien auf das Haupt des Jungen und besprengt ihn mit geweihtem Wasser. Auch hier versucht er dem Kind die Dämonen im Namen der Unbefleckten Jungfrau auszutreiben.

Hierauf reagiert das Kind: »... muß er ausgerechnet die Große Dame mit sich bringen? ... ob ich will oder nicht, nun muß ich weichen ... und wenn, so will ich in eine Schweineherde einziehen (später: in eine Gänse- und/oder Schafherde) ... nun bin ich gezwungen zu gehen«. Daraufhin streckt sich das Kind aus, wird von Krämpfen befallen und bleibt regungslos liegen. Plötzlich erwacht es wie aus einem Trancezustand und zeigt sich erstaunt darüber, was mit ihm geschehen ist!

Wemdinger Teufelsaustreibung

Am 14. Juli 1891 wird in der Kirche von Wemding der Exorzismus an einem Besessenen vorgenommen. Es handelt sich um den 10-jährigen Knabe Michael Zilk von der Charlottenmühle, der seit dem 10. Februar 1891 an abnormen Zufällen und schrecklichen Delirien leidet. Er kann nicht beten, ohne in qualvolle Wutausbrüche zu geraten; er mißhandelt seine Eltern ... und (was ein untrügliches Zeichen der Besessenheit ist) ... er kann von starken Männern nicht gehalten werden.

Der Bischof Pankratius von Augsburg läßt sich den Knabe vorführen; wieder einmal wird einfach über einen anderen verfügt. Der Bischof hat die Überzeugung gewonnen, daß ein Kind besessen ist. Deshalb gibt er die Erlaubnis zur Durchführung des Exorzismus. Wieder einmal triumphiert die Kirche und erkennt nicht, daß sie die Menschenrechte verletzt. Sie mischt sich seit Jahrhunderten in alle menschlichen Bereiche und greift ein, wo sie es für nötig hält; sie selbst ist gegen jede Kritik tabu: am Nachmittag des zweiten Tages ist die Besessenheit gewichen. Der Junge wird ruhig, freundlich, umgänglich und gesprächig. »... er ist seitdem ein frischer, gesunder und munterer Junge und hat in diesem Frühjahr die erste hl. Kommunion empfangen«.

Besessene von Piacenca

Im Mai 1920 stellt sich eine Frau bei einem Geistlichen des Klosters S. Maria die Campania in Piacenca vor, um sich am Muttergottesaltar segnen zu lassen. Danach beginnt sie, einem Mönch zu erzählen:

- Zu gewissen Tageszeiten bemächtigt sich ihres Körpers und ihrer Seele eine geheimnisvolle Macht, die ihre Kräfte übersteigt.
- Sie tanze stundenlang, bis sie erschöpft auf den Boden sinkt.
- Sie singe in einer wunderbaren Stimme Opern und Romanzen.
- Sie halte vor großen Menschenmengen lange Reden in fremder Sprache.
- Sie sehe den Tod ihrer Schwester voraus.
- Sie zerfetze mit den Zähnen alles, was sie erreichen kann.
- Zu Hause schlüpft sie in die Gestalt einer Schlange und kriecht durch Stuhllehnen.
- Sie sehe unbekannte und entfernte Dinge.
- Sie bewege sich manchmal in akrobatischen Sprüngen von Stuhl zu Stuhl oder von Tisch zu Tisch ... falle dann wie leblos zusammen und bleibe tagelang geschwollen und schwärzlich.
- In dieser Situation fühle sich außer ihr auch noch ihre Familie unwohl.

Sie sagt: »... glauben Sie mir, Herr Pfarrer, mein Leben ist zur Hölle geworden ... obwohl ich die Mutter von zwei Kindern bin, scheint mir nur der Tod als Befreiung«. Der Pater Paolo Veronensi nimmt die Erzählung gelassen hin. Er ist an der hiesigen Irrenanstalt Seelsorger und manches gewohnt: Er denkt zunächst an hysterische Anfälle. Sie erzählt weiter: »... ich fühle mich aber weder hysterisch noch verrückt ... ich will mich Gott zuwenden und anvertrauen, ... denn nach dem kirchlichen Segen fühle ich mich besser«.

»... ich wollte mit meinem Mann in einer Kutsche zu den Hügeln von Piacenca fahren, weil dort ein Pfarrer ist, der für seinen Segen berühmt ist. Das Pferd legte einen großen Teil des Weges zurück. Ich fühlte mich auf einmal unwohl. Gleichzeitig blieb das Pferd stehen, obwohl man es bis auf das Blut peitschte ... rührte es sich nicht von der Stelle. Ich sprang außer mir aus der Kalesche und flog, etwa einen halben

Meter über der Erde, den Hügel hinauf in Richtung Kirche ... die auf mich zukommenden Leute schrieen vor Aufregung, Hunde bellten, Hühne flatterten erschreckt von den Feldern hoch ... ich flog durch die halboffene Kirchentür und fiel vor dem Hauptaltar nieder. Der Pfarrer eilte herbei, erteilte mir den Segen und mir ging es besser«.

Der Pater entgegnet: »... sicher handelt es sich um merkwürdige, äußerst merkwürdige Phänomene«. Kurz danach beginnt die Frau in einer Kirche hinreißend schön zu singen und in einer unbekannten Sprache gegen etwas Unsichtbares zu wettern. Dabei wird sie von einem Minoritenbruder, dem Pater Appoinara Focaccai, beobachtet. Später geht Pater Paolo zum Bischof, Monsignor Pellizzarini. Er ordnet den Exorzismus an. Dann geht der Priester zum Direktor der Nervenanstalt in Piacenza, Dr. Lupi, und klärt ihn über diesen Fall auf. Er wird später an den exorzistischen Sitzungen teilnehmen.

Dämon Isabó

Die Ereignisse werden per Stenogramm von einem Ordensbruder mitgeschrieben. Die erste Zusammenkunft erfolgt am 21. Mai 1920 im Kloster S. Maria die Campagna. Nach der Verrichtung langer Einleitungsgebete gelangen die Geistlichen zum Kern der Sache: die Frau springt wie ein wildes Tier auf, erhebt sich in die Luft, indem sie mit den Händen ihre Zehenspitzen ergreift ... und stürzt dann, sich wie eine Schlange windend, mitten in den Saal hinab und bleibt reglos liegen. Sie will sich auf den Exorzist stürzen und ruft mit donnernder Stimme: »... wer bist Du, der es wagt, sich mit mir im Kampf zu messen? Weißt du nicht, daß ich Isabó bin, lange Flügel und starke Fäuste habe?«. Nun beginnt der bekannte Dialog zwischen dem Exorzist und dem vermeintlichen Dämon.

Es stellt sich heraus, daß er wegen einer unerwiderten Liebe in ihren Körper gedrungen ist. Die Besessene bekommt während eines fürchterlichen Lachens das Gesicht einer Schweineschnauze. Der Dämon ist den christlichen Recherchen zufolge am 23. April 1913 in ihren Körper gefahren ... und zwar durch Wurst, einen Zauberspruch und ein Glas Weißwein ... er habe sieben Tage gebraucht, um in sie einzudringen«.

Bei einem weiteren Austreibungsversuch reißt sich die Frau los, stürzt sich auf den Exorzist, packt ihn beim Gewand, reißt ihm die Stola herunter und seufzt voller Wut. Der Geistliche segnet sie mit geweihtem Wasser ... worauf sie sich auf den Boden wirft, krümmt und kauert. Als sie der Exorzist mit der Stola berührt, kriecht sie rückwärts auf dem Boden liegend wie eine Schlange fort und ruft: »... nehmt mir diese Last ab«.

Dann spuckt sie in eine bereitstehende Schüssel und gesteht: »... man hat drei Pflanzen gebunden ... nun bin ich dreimal beschworen. Die Pflanzen befinden sich in einem Garten, auf dem Grund des Po und in der Nähe eines Hauses. Sie wurden mit einem Faden aus weißer Wolle gebunden«.

Erbrochene Kugel

Bemerkenswert ist die Szene mit der erbrochenen Kugel, die ihr seinerzeit durch seinen Zauberspruch eingegeben worden sein soll. Der Dämon will am 23. Juni aus dem Körper der Wahnsinnigen fahren. Der Exorzist spricht: »... steh auf und erbrich dich«. Sie erhebt sich, indem sie sich fast nur noch schleppt. Gesenkten Hauptes, den Blick zum Boden gewendet, um vor der Schüssel niederzuknieen. Sie beugt sich herab und versucht sich unter fürchterlichen, ihren Körper erschütternden Anstrengungen zu übergeben. Sie ist leichenblaß und erschöpft. Sie liegt auf den Knieen, die Ellbogen auf zwei Stühle gestützt.

Der Exorzist schaut auf die Uhr ... es ist 4.35«. Mit aller Gewalt die mir Gott verleiht, gebiete und verbanne ich dich in die Wüste, mitten in die Sahara ... wenn du nicht sofort herauskommst, schicke ich dich in die Hölle«. Alles wartet gespannt und totenbleich auf die Reaktion. Sie schiebt langsam die Kopfhaut zurück, so daß es scheint, als rutsche ihr eine riesige Perücke über den Nacken. Mit tränenerfüllten Augen starrt sie den Exorzist an und

wirkt wie eine Schwachsinnige; ihre Gesichtsmuskeln sind erschlafft, die Unterlippe hängt leblos herab ... dann vernimmt man eine traurige Stimme: »... ich gehe«. Sie beugt sich über die Schüssel, übergibt sich und ruft aus: »... ich bin geheilt«.

Auf ihren Lippen liegt das Lächeln der Befreiung. Und die Kugel?« ruft Pater Paolo. Das Erbrochene läßt sich mit einem Stock des Arztes zusammen wie ein Tuch hochheben. Auf dem Boden der Schüssel liegt eine Kugel aus Fleischwurst, so groß wie eine kleine Nuß ... mit sieben kleinen Hörnern. Die Besessene ist geheilt und der Klerus hat **wieder einmal** gesiegt!

Exorzismus an Schwester Magda

Dieser Fall geistiger Engstirnigkeit und jesuitischer Profilneurose wird im Zusammenhang mit der 1976 erfolgten Teufelsaustreibung an Anneliese Michel aktualisiert. Bei beiden ist der Frankfurter Jesuit P. Adolf Rodewyk, eingeschaltet. Hier als Teufelsaustreiber, dort als Gutachter.

Vorgeschichte, Verfluchung

Der Vorfall spielt sich im Standortlazarett Trier während des Zweiten Weltkrieges ab, wo Rote-Kreuz-Helferinnen auf den Truppeneinsatz vorbereitet werden. Eine davon ist die Schwester Magda. Sie ist etwa 30 Jahre alt und seit kurzem mit einem jungen Witwer verheiratet. Rodewyk beschreibt sie: »... sie war mittelgroß, zart gebaut, hatte braunes Haar, war von sanguinischem Temperament, immer guter Dinge, flink in der Arbeit und bei den Patienten beliebt«.

Einmal sagte sie zu Rodewyk, der den Standortpfarrer im Lazarett vertritt: »... ich möchte wieder wahr werden«. Zuerst denkt der Jesuit an Hysterie; erst spät dämmert ihm, daß es sich bei solchen Bemerkungen ja um Vorkommnisse des Exorzismus handeln **muß**. Deshalb spricht er probeweise(!) die notwendigen Formeln über sie. Die Reaktion ist fest und eindeutig(!). Sie zeigt ein Aber gegen Weihwasser und antwortet in klarem

Deutsch auf lateinische, französische, griechische und hebräische Fragen.

Dann zieht Rodewyk einen Priester hinzu und zeigt die Angelegenheit dem Diözesanbischof, Erzbischof Bornewasser, an. Außerdem hat er Magda eine mit Blut unterzeichnete Verschreibung an den Teufel abnehmen können(!), auf der eine Hostie als Siegel(!) klebt. Wir sehen, wes Geistes Kind er ist! Wegen »eindeutiger« Indizien wird Rodewyk als Exorzist bestellt!

Am 10. Dezember 1941 wird ihm der Fall »anvertraut«. Als Überprüfer wird der Prälat van Eyck zugezogen. Rodewyk befragt Magda gemäß dem vorgeschriebenen Rituale Romanorum. Nun meldet sich ein Dämon und bemerkt, daß Magdalena von ihrer Großmutter schon als kleines Kind verflucht worden sei. Damals sein er (Kain) eingefahren und er symbolisiere gewissermaßen den Fluch, »... denn Kain ist der erste verfluchte Mensch«.

Dann berichtet der Exorzist von einem Täuschungsmanöver: »... als die Teufel spürten, daß sie nicht durchkamen, schlugen sie einen anderen Weg ein. Kain zeigt sich gereizt und raunt Magda zu: »gezählt, gewogen, geteilt« ... das ist ein Menetekel, das einst dem König Belzasar das Ende seiner Herrschaft ankündigte. Jetzt hetzt der Dämon Magda gegen den Priester auf. Rodewyk hat den Mut, folgendes zu sagen: »... schließlich hetzt er sie zur GESTAPO, um mich anzuzeigen und auf diese Weise loszuwerden ... aber die Teufel hatten von Gott ein Verbot erhalten, mich und meine Mitarbeiter auszuliefern«.

Plötzlich teilt Kain mit, daß er nicht allein ist. Er habe drei andere Dämonen, Judas, Herodes und Barrabas bei sich. Judas ist ein Hauptteufel, er wolle am 29. Januar ausfahren.

An diesem Tag erfolgt der Exorzismus im Sprechzimmer des Priesters, wobei Magda auf einem Sofa sitzt. Sie rutscht während der Zeremonie ab und schlägt sich den Kopf am Boden auf. Rodewyk kann sich an einen zurückliegenden Fall erinnern: »... 1887 exorzisierte Pater Jordan, der Stifter der Salvatorianer, den besessenen Fr. Felix Bucher.

Hierüber liegt ein schriftlicher Bericht vor: »... man hatte den von dämonischen Kräften mißhandelten Bruder auf einen Strohsack zu ebener Erde gebettet. Was sah man: wie die Dämonen seinen Kopf immerzu auf die Erde stießen, so daß man eine Erschütterung des Gehirns oder eine Kopfzerschmetterung befürchten mußte. Wir suchten ihm ein Kissen unterzulegen. Doch die dämonische Gewalt ergriff es und schleuderte es fort«.

Nun wird Magda ruhiger. Das Zimmer wird mit Weihwasser ausgesegnet. Sie bekommt Sehstörungen, fühlt sich heftig am Hals gewürgt, der Raum erfüllt sich mit Gestank. Am nächsten Tag sind die restlichen Teufel gewichen: »... sie erlebt, wie die letzten im Rauch verschwinden«.

Diverse Teufeleien

Rodewyk bringt ein weiteres Täuschungsmanöver ein. Kain ist zurückgeblieben und zu ihm ist ein anderer Teufel, Beelzebub, gestoßen. Er scheint mächtig zu sein, denn er versteht sich auf das Verhandeln mit Priestern und sagt zum Exorzist: »... du bist gefährlich ... sehr gefährlich ... wenn du deine Fragen weiter so gut vorbereitest«.

Aber nach acht Tagen fährt auch Beelzebub mit Kain zusammen aus dem Körper der Krankenschwester. Zuvor haben die Teufel angekündigt, daß sie neue Hilfstruppen heranholen würden. u.a. Sturzkampfflieger(!!!). Ein neuer Teufel nennt sich Abu Gosch. Er spielt die Rolle des Banditenführers. Der Exorzist weiht jetzt, da ihm die Sache gefährlich scheint, den Krankenpfleger Hans ein. Schwester Magda bekommt von unsichtbarer Hand Schläge auf den Rücken ... es zeigen sich immer mehr Wunden an ihrem Körper.

Nachts muß sie mehrfach Schriftstücke verfassen, die auf eine Anerkennung Luzifers und einen weiteren Kampf mit dem Exorzist hinauslaufen. Einige der Dokumente sind mit Blut bedeckt. Selbst der Exorzist wird angegriffen. Ein kluger Dämon versucht, ihn mit einem mit Strychnin bestrichenen Butterbrot zu vergiften: »... das ich aber vorsichtshalber nicht nahm«. Schwester Magda versetzt ihrem Peiniger im Talar einen Schnitt mit dem

Rasiermesser. Abu Gosch holt Verstärkung und kündigt den Teufel Nero an ... der bald in die labile Krankenschwester einfahren wird.

Jetzt kommt die Giftkomponente dazu. In ihre Getränke und auf ihre Wunden muß sie Rattengift träufeln. Einmal sagt der Teufel Nero: »... der beste Grund für eine Besessenheit ist ein Fluch, den ein Priester oder (den) eine Mutter ausspricht. Ein solcher ist kaum zu lösen«. Magda wird immer gefährlicher. Schließlich fahren die Dämonen Nero und Abu Gosch aus ihr, ohne etwas erreicht zu haben. Dafür wird sie ab dem Passionssonntag von Luzifer beschlagnahmt.

Magdas Leben

Der Fluch soll gelautet haben: »... verrekken und krepieren sollst du. Ruhe und Frieden darfst du nicht finden. Kinder und Kindeskinder sollen vergehen wie warmes Wasser, ruhelos sollst du durch die Welt gehen, bis zu stirbst«.

Rodewyk und Magda beten abends zusammen den Rosenkranz. Dabei regt sich Magda so auf, daß sie nachhause gebracht werden muß. Sie entwickelt ein Aber gegen Gebete und verfällt anläßlich einer religiösen Feier in eine merkwürdige Starre, verdreht die Augen und wird überempfindlich. Drei Tage vor ihrer ersten Kommunion fährt der Teufel Judas unter neuen Flüchen in sie ein, so daß sie die Kommunion unwürdig empfängt.

Nach der Schulzeit nimmt sie an einem Nähkurs teil, wird Lehrmädchen und schließlich wegen boshafter Streiche weggeschickt. Im Haushalt eines Arztes nimmt sie Gift zu sich ... schließlich ruft sie in einer Notlage den Teufel an. Später wird sie wegen einer Kleinigkeit aus dem Krankenhaus entlassen. Sie steckt sich eine Nähnadel in den Unterleib, die später operativ entfernt wird. Später entfernt man beide Eierstöcke, so daß sie keine Kinder mehr bekommen kann ... womit ein weiterer Teil des Fluches erfüllt scheint.

Man rät, sie soll doch in ein Kloster gehen. Daraufhin tritt sie einer Glaubensgemeinschaft bei. Hier setzen Sakrilegien ein. Mag-

da schließt heimlich den Tabernakel auf, nimmt Hostien und streut sie auf den Altarläufer oder füttert sie an Hühner. Nach einigen Monaten wird sie eingekleidet. Von einem Heimaturlaub kehrt sie nicht zurück und gilt daraufhin als »entsprungene« Nonne. Dann lebt sie mit einem Inspektor zusammen. Mit ihm verschreibt sie sich dem Teufel(!) ... sie machen sich gegenseitig Schnitte in den Arm, lassen ihr Blut gemeinsam in eine Schale träufeln und unterschreiben den teuflischen Pakt.

Später wird Magda von einem anderen Mann geschlechtskrank. Ihr Freund verwirft sie und so ist sie gezwungen, »... auf der Straße ihr Geld zu verdienen«. Sie entwickelt Haßgefühle gegen Nonnen und Priester. Dann wird sie Pflegerin in einer Irrenanstalt und schließlich Köchin im Haushalt einer krebskranken Frau. Aufgrund einer Anzeige heiratet sie einen jungen Witwer mit einem Kleinkind. Später wird die Ehe geschieden. Um diese Zeit fahren die Teufel wieder in sie ein. Magda denunziert vor den Nazis Priester, die eingezogen und verurteilt werden ... sie wird zu einem gefügigen Werkzeug Satans«.

Neue Besessenheit

Um Ostern 1942 scheint Magda »normal« geworden zu sein. Anzeichen von Besessenheit sind nicht mehr erkennbar. Doch bald steigert sich ihre innere Unruhe. Sie fühlt sich von einem schwarzen Hund gehetzt und geht mit diesem Gefühl an die Kommunionbank. Nun beginnt sie, Hostien zu stehlen. Die Teufel Judas und Beelzebub fahren (wieder) in sie und die Besessenheit beginnt von Neuem. Dann fährt Abu Gosch in sie. Magda zertrümmert das Zimmerkreuz im Sprechzimmer und bringt sich im Wald blutige Schnitte bei. Dann fahren Judas und Kain in sie.

Sie schluckt 40 Gramm Opium und fügt sich weitere Schnittwunden bei. Vor Pfingsten legt sie eine Generalbeichte ab, berichtet von seelischen Schmerzen, wird in den Leichenkeller des Krankenhauses getrieben, wo sie sich infizieren soll, ißt vergifteten

Spargel, reißt sich frisch geklammerte Wunden auf, so daß eine Blutransfusion erforderlich wird. Einmal berichtet Beelzebub ausführlich über die Hölle. Er ist an einem Samstag in der Fronleichnamsoktav ausgefahren. Luzifer spricht über die Bedeutung des Ruhmes, der Kirchen, Könige und über das Priestertum. Am Herz-Jesu-Fest will der Dämon Luzifer den Prälat Eyck sprechen. Später fährt Luzifer aus Magda und dann werden an ihr die Taufzeremonien wiederholt.

Magda fühlt sich freier. Bald darauf stellen sich die Teufel Judas und Kain wieder ein. Es folgt eine weitere Phase der Umstellung. Magda unterläßt die Hostiendiebstähle und gibt der GESTAPO ihre Kennmarke zurück. Rodewyk konstatiert: »... es war schwer, mit Magda über religiöse Dinge zu reden«.

Magda übernimmt eine neu eröffnete Seuchenstation, die in einem anderen Gebäude liegt. Hier hat sie Zugang zum Giftschrank. Schließlich gibt es Ärger mit ihrem Stiefsohn Rudi. Die Teufel verlangen von ihr, sie solle ihn an ihrer statt den Teufeln verschreiben. Sie versucht, Blut von ihm zu bekommen und: sie verschreibt ihren Sohn dem Satan. Rodewyk sagt, »... man könne das Kind unmöglich bei der Mutter lassen«.

Am 8. Dezember, am Fest der Immakulata, muß Luzifer zu seiner großen Demütigung nochmals in die Krankenschwester fahren. Er spricht mit dem Exorzist über die Bedeutung der Schnitte, mit einem Arzt über medizinische Fragen und mit Prälaten über die Theologie.

Scheinbare Befreiung

»... es scheint an der Zeit, daß man das arme Mädchen dem Bischof vorstellt, damit er seinen Segen und die Erlaubnis gibt, die bevorstehende hl. Kommunion zu vollziehen. Er nimmt sie gütig auf und erkundigt sich nach vielem. Als er ihr die Hand auf den Kopf legt, durchzuckt es ihren Körper wie nach einem elektrischen Schlag. Nachher strahlt sie vor Glück und empfindet Ruhe und Geborgenheit«.

Nach der hl. Messe reichte ich ihr auf dem Zimmer den Leib des Herrn. Sogleich konnte sie die hl. Hostie schlucken ... im Hochamt erlebte sie eine Stunde der reinsten Freude und sang aus vollem Herzen mit«.

»Man sollte annehmen, daß Magda nun von allen Teufeln befreit ist: weit gefehlt. Kurz nach dem Jahreswechsel kehrt der Dämon Abu Gosch zurück. Er versetzt ihr einen weiteren Schnitt. Rodewyk: »... nachmittags trieb ich Abu Gosch aus«. Der Dämon sagte mit einem Ausblick auf die Zukunft: »... am 2. Februar (= Maria Lichtmeß) schließt die Besessenheit. Magdalena werde es schwer haben, so daß sie in ihrem ganzen Leben nie recht wissen wird, ob sie zu euch oder zu uns gehört. Vor ihrem Tod wird die Besessenheit zurückkehren ... hier zu sein ist keine Freude für mich«.

Nachdem sie einige Wochen befreit scheint, fühlt sie sich wieder beunruhigt. Beim Empfang der hl. Kommunion nimmt sie »blitzschnell« die Hostie aus dem Mund, ohne daß es selbst die Meßdiener merken«. Der Dämon Judas nutzt geschickt die Chance, um (wieder) in Magda einzufahren. Nun beginnen neue Plagereien. Danach fährt Beelzebub in sie, dann Abu Gosch. Dennoch verbessert sich ihr Zustand. Sie kann normales Wasser von Weihwasser unterscheiden. Sie klettert zum Zimmerkruzifix, um es zu küssen ... sie verschreibt sich ausdrücklich dem Heiland und seiner Mutter«. Rodewyk ist mit ihr zufrieden.

Morphinistin, einige Gutachten

Die Mutter von Magda sagt einmal zu ihrer Schwester, einer Ordensfrau, Magda sei Morphi-nistin, weil sie des öfteren Dilaudit bekommen habe. In der Nacht vom 18./19. Juli stößt sie sich eine halbe Nähnadel in den Unterleib. Eine frühere hat sich eingekapselt und muß operativ entfernt werden. Wieder fahren die Teufel Abu Gosch und Judas in sie. Magda nimmt Blausäure und Arsen ein. Mit ihrem 33. Geburtstag scheint sie endlich befreit. Dennoch fühlt sie sich von einer schwarzen Katze verfolgt, die ihr ins Gesicht springt ... oder von Ratten, die an ihrem Körper nagen ... oder sie sieht bis zu 30 übereinanderstehende leere Eimer mit Getöse ins Zimmer fallen. Noch einmal kommt es zu einer Begegnung mit dem Bischof. »... er betet mit ihr in seiner Privatkapelle und schenkt ihr eine Broncemedaille, die er von Pius XI. erhalten hat. ... sie hat ihr in schweren Stunden geholfen«.

Später versichert der Bischof: »... aufgrund der vorliegenden, gut beglaubigten Tatsachen (!), aufgrund meiner persönlichen Erfahrungen, nach gewissenhafter Prüfung der verschiedenen Auffassungen, bleibe ich bei meinem Urteil, daß es sich im Fall Magda um wahre Besessenheit handelt und nicht um Hysterie oder anhaltenden Betrug«.

Später wird Magda in ein anderes Krankenhaus gebracht. Ihr Gesundheitszustand wird überprüft und sie wird vom Chefarzt untersucht. Er sperrt sie in eine Tobsuchtszelle und sieht in ihr eine geltungssüchtige Psychopatin. Ihr Verhalten erklärt er für Stimulation. Wieder kehren die Teufel zurück. Magda entwendet eine Hostie.

Später wechselt sie mehrere Ärzte und landet in der Universitätsklinik. Der hier tätige Arzt lehnt ab, daß die göttliche und teuflische Existenz beweisbar ist. Er betrachtet Magda als schweren Fall von Masochismus und entläßt sie nach einigen Wochen mit dem Vermerk: »Nervenleiden ... gebessert«. Die Mediziner vertreten die Auffassung, daß Magda arbeitsscheu ist und lediglich versorgt sein möchte. Doch die Meinung der Mediziner schwankt. Einer von ihnen meint: »... daß kein Zeifel bestehe, daß es sich hier um Besessenheit handelt«. Ein weiterer Arzt setzt sie unter Hypnose: in diesem Zustand schalten sich die Dämonen ein, um ein Gespräch aufzunehmen.

Nach diesen Torturen ist die Kraft der labilen und gesundheitlich wie regliöis und sozial angeschlagenen Frau gebrochen. Sie bekommt Delauditspritzen, obwohl sich keine Anzeichen von Süchtigkeit einstellen. Jetzt greift der Staatsanwalt ein. Ein Arzt soll sich wegen Verabreichung zu vieler Medikamente verantworten. Später wird gegen ihn und einen Kollege das Verfahren eingestellt.

Magda wird in der Freiburger Universitätsklinik untersucht. Man kommt zu dem Ergebnis: hysterische Pyschopathin, Morphiumsucht«. Plötzlich ist sie unauffindbar verschwunden, kommt aber freiwillig zurück. Nun schaltet sich ein weiterer Arzt in die Angelegenheit. Er photographiert sie in verschiedenen Situationen, stellt ein Tonbandgerät auf und gibt folgende Beurteilung: »... sie können ihre Diagnose (die eines Kollegen) so fassen, daß hier unbezweifelbare Tatsachen und Beobachtungen vorliegen, die nach dem geltenden Rituale Romanorum und dem von alters her geltenden Auffassungen der Kirche einer Besessenheit entsprechen ... hier liegen dämonische Wirkungskräfte vor.

Magda reist im September 1954 mit einem Pilgerzug nach Lourdes. Kurz danach bekommt sie starke Nierenschmerzen. Am Samstag, den 11. Dezember, verschlimmert sich ihr Zustand. Sie nimmt Schlafmittel. Am Montagmorgen wird ihr Atem kürzer. Der Arzt stellt eine Lungenentzündung fest und läßt sie in ein Krankenhaus bringen. Hier stirbt sie am 15. Dezember kurz nach Mitternacht. Die Leiche wird anschließend seziert. Teufel werden keine gefunden. Magda wird in einem Familiengrab beigesetzt, ohne ihren Namen in die Grabplatte zu meißeln.

Von zehn Dämonen besessen

Nicht nur im deutschsprachigen Raum werden Teufel ausgetrieben; auch in Italien. In einem mittelitalienischen Dorf wohnt eine wohlhabende Familie. Es handelt sich um tiefgläubige Christen. Als eine Tochter das Alter von 13 Jahren erreicht, wird sie von einem geheimnisvollen Unwohlsein befallen, das sie jede Nacht plagt und quält.Das Mädchen wird ärztlich untersucht, erweist sich aber körperlich gesund. Nachts gerät sie in Angstzustände. Ihr Appetit läßt nach. Schließlich ernährt sie sich nur noch täglich von 2 Eigelb. Sie ändert den Wohnsitz und lebt zwei Jahre in einer anderen Stadt. Hier fühlt sie sich besser, ißt ordentlich und kann besser schlafen. Wenn sie in das elterliche Haus kommt, fangen die »alten« Beschwerden wieder an: innere Erregungszustände, Appetitlosigkeit, Ansteigen der Raumtemperatur, Atembeschwerden und Schlaflosigkeit.

Während eines Aufenthaltes in der Stadt wenden sich die Mädchen an einige Nonnen. Sie erhalten den Rat, man solle sich an einen Wallfahrtsort begeben, um sich von einem Exorzist befreien zu lassen. Der Geistliche ist gern zu dieser guten Tat bereit und leitet übliche Gebete ein. Das Mädchen lächelt vor sich hin und fängt dann plötzlich an zu schreien; dann stürzt sie ohnmächtig zu Boden. Auf die Frage der Exorzisten meldet sich ein Dämon. Dann kehrt sie in das elterliche Haus zurück.

Der Ortspfarrer meldet die Sache dem Bischof und erbittet die Genehmigung zur Durchführung des Exorzismus. Später stellt sich heraus, daß die Sache schlimmer ist, als man gedacht hat; sie ist nicht nur von einem, sondern von zehn Dämonen besessen. So entspinnt sich ein Dialog zwischen dem Exorzist und den Teufeln. Einer davon soll sich seit zehn Jahren in ihrem rechten Arm aufgehalten haben. Ursache sind ein Mann und eine Frau gewesen: »... sie haben Blut aus den Venen genommen, eine Kröte gemahlen und daraus eine Mischung zubereitet ... und zwar aus Haß der Familie und aufgrund einer Verlobung«.

Schon beim Betreten der Kirche zuckt sie zusammen und sucht mit allen Mitteln zu fliehen. Geheiligte Wörter kann sie nicht aussprechen ... ihre Schreie haben nichts Menschliches an sich ... es sind Laute eines verwundeten Tieres«. Außerhalb der Kirche verhält sie sich normal. Einmal muß sie von fünf Männern gehoben und in die Kirche getragen werden. Weil sie während eines begonnenen Exorzismus in der Kirche zu schreien beginnt, werden Leute herbeigelockt und so wird die Sache öffentlich bekannt. In einem Gebet fahren neun Dämonen aus ihr, »... einer bleibt hartnäckig und berichtet: »... ein einziger Tropfen des Feuers würde genügen, um 5.000 Personen in Asche zu verwandeln«. Dann wird das junge Mädchen pausenlos von Exorzisten traktiert.

In diesem Zusammenhang wird der Wallfahrts-ort San Vincinio in Sarsina (Provinz Forli) genannt. Die dorthin Gebrachten werden mit einem Halsband gesegnet, mit dem der Heilige Buße getan hat. Folgerichtig bringt es wunderartige Wirkungen hervor. Im August 1959 begibt man sich an diesen Gnadenort.Hier unterzieht sich das Mädchen einem weiteren Exorzismus, der vom örtlichen Bischof genehmigt wird. Der Aufenthalt bringt ihr keine Besserung, »... wenngleich sie wiederholten Exorzismen und der Segen von San Vincinio die Kraft des bösen Geistes geschwächt haben«.

Im Februar 1950 kommt sie mit ihrer älteren Schwester nach Rom, um einen Psychiater aufzusuchen. Am 21. Februar wird der Exorzismus an ihr wieder eingeleitet, und zwar täglich mehrere Stunden; Dies über zwei Monate hinweg. U.a. interessieren sich der Erzbischof A. Caricini, der Sekretär der Ritenkongregation und der Jurist Pater F. Capello (SJ) für die Angelegenheit. Pius XII. wird in Kenntnis gesetzt. Er erteilt seinen Segen und sichert Gebete zu.

Später wird der Exorzismus in einer anderen Kirche fortgesetzt, wo mehrere Personen einen fürchterlichen Gestank wahrnehmen, den man sich zunächst nicht erklären kann. Das Mädchen ist nicht anwesend, aber seit Tagen geheilt(!). Später deutet man den Gestank aus Auszug des Teufels.

In Rom redet und antwortet sie in verschiedenen Sprachen; englisch, französisch und arabisch. Sie weist Speisen und Getränke von sich, in denen sie Spuren von Weihwasser oder Was-

Joh. Joseph Ignaz v. Döllinger /1799 - 1890). Er greift die Absicht des Vatikanischen Konzils von 1869/70, die Unfehlbarkeit und den Universalepiskopat des Papstes zum Dogma zu erheben, scharf an. Er hatte bereits 1863 mit seinen Untersuchungen über die »Papst-Fabeln des Mittelalters« (darunter die sog. »Konstantinische Schenkung«) unliebsames Aufsehen erregt.
Die Jesuitenzeitschrift »La Civilta Cattholica« zieh ihn »fein durchdachter Hypothesen«. Er wird 1871 exkommuniziert, verzichtet auf seine kirchlichen Funktionen und wirkt seit 1873 als Präsident der Bayerischen Akademie der Wissenschaften.

ser aus Lourdes vermutet. Hier kommt es vor, daß das besessene Mädchen das auf den Boden geschleuderte Ritual mit geschlossenen Augen und an der richtigen Stelle aufgeschlagen ... dem Exorzisten reicht!

Der Fall Hasler
Teufelsaustreibung von Ringwil (1966)

Dieses Vorkommnis dokumentiert den religiösen Fanatismus mitten in unserer »modernen« Zeit, wobei ein 17-jähriges Mädchen totgeschlagen wird, weil man meint, ihr den Teufel austreiben zu müssen. Und: noch dramatischer ist das Nachspiel, denn die Hauptangeklagte macht im gleichen Zusammenhang 1988/89 nochmals von sich reden.

Der Pallotiner Stocker, Magdalena Kohler

Die Eltern von Bernadette Hasler lernen 1952 den Lehrer Franz Roesler kennen, der aufgrund angeblicher Marienerscheinungen Wallfahrten nach Fehrbach in der Pfalz organisiert. Während eines Einkehrtages kommt es zu persönlichen Kontakten mit Pater Stocker, Fräulein Magdalena Kohler und einem Fräulein Olga Endres (spätere Schwester Stella). Der Pater hält im Haus des Lehrers einen Vortrag und weist ernsthaft auf die Zukunft. »... ein neuer Krieg drohe den Menschen ... furchtbare Katastrophen werden über die sündige Menschheit hereinbrechen«.

Dann erklärt er, daß Magdalena Kohler vom Heiland die Aufgabe erhalten hat, zusammen mit ihm und der Schwester Stella die Menschen aufzufordern, endlich Buße zu tun ... und den göttlichen Willen (der ein menschlicher ist!) bis ins Kleinste zu erfüllen; nur so könne die Menschheit der drohenden Katastrophe entzogen werden«.

Der Pater weist auf das umstrittene 2. Fatimageheimnis (Anm. in einem portugiesischen Dorf hatten 1927 drei Hirtenjungen Erscheinungen der hl. Maria. Sie soll zur Buße aufgefordert und Zukunftsgeheimnisse preisgegeben haben. Stocker ist seinerzeit ein aktiver Ordensmann. Die Pallotiner verlangen dreimal seine Rückkehr ins Kloster,

doch er ist halsstarrig: »... das heilige Werk ist wichtiger ... man müsse Gott mehr als den Menschen gehorchen. Gott habe alle drei zusammengeführt ... keiner dürfe nun zurück ... weil sie sonst alle in die Hölle fahren«. 1957 wird der Pallotiner Stocker als abtrünnig erklärt und von der Ordensgemeinschaft ausgeschlossen.

Gegen Ende des Jahres wird Magda dicker und sagt: »... sie habe starke Schmerzen ... alles müsse sie allein wegen der menschlichen Schlechtigkeit ertragen. Es sei ein großes Geheimnis um ihren Leib«. Bei einer späteren Gerichtsverhandlung lüftet es sich; Magda, die von Gott Berufene ist schwanger. Sie und ihr Pater geben zu, daß es zu einer Schwangerschaft gekommen sei ... die nach einigen Monaten ohne ärztliche Hilfe mit Blutverlust abgegangen ist, »... seither sei es nur noch zu gelegentlichen Zärtlichkeiten, aber nie mehr zu sexuellen Handlungen gekommen«.

Wie fanatisch Magdalena ist, zeigt folgender Ausspruch: »... ich werde beim Jüngsten Gericht an der Seite von Heiland stehen und ein Mitspracherecht beim Urteil haben«. Stocker kann es bestätigen. Seit 1958 wird er steckbrieflich wegen Betrugsverdachtes gesucht. Er hat in Heroldsbach eine Muttergottes-Erscheinung progagiert und gegen Bezahlung mit dem Bau einer Arche Noah begonnen; er versprach die Rettung vor dem bestehenden Weltuntergang. Aufgrund einer Botschaft Stellas wird die Gesellschaft »Internationale Familiengemeinschaft zur Förderung des Friedens« ins Leben gerufen.

Friedensgesellschaft, Kinder des hl. Vaters

Als Zentrum der Gesellschaft dient ein Ferienhaus in Ringwil (Schweiz). Hier wohnen unangemeldet die deutschen Staatsangehörigen, der 59-jährige exkommunizierte katholische Priester Stocker und die inzwischen 52-jährige Magdalena. Sie bilden das Haupt der Sekte und werden als »Vater« und »Mutter« bezeichnet. Problematisch ist, daß sich der Vater von Bernadette Hasler, die später umgebracht wird, bereit erklärt, die Präsidentschaft dieser Gesellschaft zu übernehmen. Er wohnt mit seiner Frau in Hellikon.

Die Sekte besitzt in Singen das Heim »Arche Noah«. Hier führt die Schwester von Magdalena Kohler, Hildegard Röller, ein strenges Regiment. Sie beschäftigt sich mit der Erziehung von sieben jungen Mädchen. Unter Ihnen befindet sich die 13-jährige Bernadette, ihre 11-jährige Schwester und vermutlich eine Cousine. Die Kinder kommen 1962 nach Singen und werden später als »Kinder des hl. Vaters« bezeichnet. Zwar tragen die leiblichen Eltern die Verantwortung, aber der Heiland bestimmt, was mit ihnen geschieht. Die junge Bernadette wird es mit dem Leben bezahlen!

»... sie ist ein aufgewecktes Kind, spielt Violine und tritt 1965 in die Handelsschule ein. Sie hat das Heim in schlechter Erinnerung: »... wir durften keine Freundinnen haben, mußten imm in langen Röcken gehen, durften nicht mit anderen Kindern spielen und die Haare immer altmodisch kämmen. Jeder Gedanke war in ein Tagebuch zu notieren, das die hl. Eltern kontrollierten. Auf diese unchristliche Weise wird Bernadette vier Jahre lang »erzogen«. Immer wieder muß sie sinn- und endlose Gewissenserforschungen niederschreiben und »ihre« Sünden bekennen. Sie soll sich trotzig gebärdet haben und wird deshalb weiteren Repressalien unterworfen. Dazu gehören nach alter Christenmanier Züchtigungen.

Die Mitglieder der Gesellschaft sagen aus: »... man habe das Mädchen ständig beaufsichtigen und wegen ihrer unzüchtigen Handlungen und Redensarten bestrafen müssen ... schließlich mußte man ihr den Teufel austreiben«.

Christlicher Mord

Weil es an Bewegungsfreiheit mangelte, bringt man Bernadette vor Ostern 1966 in das Schweizer Feriendomizil, wo sie als Dienstmädchen von »Vater« und »Mutter« Arbeit bekommt. Öfters kommt es zu Mißhandlungen und Versuchen die Teufel zu verjagen. Der Versammlungsraum der Sekte ist lediglich mit einer Kerze beleuchtet. 1966 telephoniert Stocker mit dem Vater von Berna-

dette und äußert sich empört über dessen Tochter: »... sie habe Selbstbefriedigung betrieben, habe noch nie gültig gebeichtet und nicht kommuniziert ... sie habe mehr zum Teufel gebetet als zur Mutter Gottes.«

In den Augen eines Priesters sind dies schwerwiegende Gründe, die man ihm selbst eingeredet hat. Alles spricht, aus christlicher Sicht, für eine dämonische Besessenheit.

Am 14. Mai 1966 muß sich Bernadette nach dem Abendessen bekleidet auf das Bett knien und wird nacheinander von 6 Personen geprügelt. Erst mit einem Spazierstock, dann mit einem stärkeren Stock, dann mit einer Reitpeitsche und schließlich mit einem Plastikrohr. Sie stirbt in der gleichen Nacht an einer Fettembolie als Folge der durch die übermäßige Züchtigung zustandegekommenen Zertrümmerung des Gewebes.

Anfang Mai telephoniert Stocker nachts um 2 Uhr nach Hellikon und spricht mit den ahnungslosen Eltern der Bernadette. Er befiehlt Herrn Hasler, sofort das ganze Haus zu wecken: »... steht auf und betet. Bernadette hat sich dem Teufel verschrieben. Geht nicht mehr ins Bett, (sondern) betet bis zum Morgen ... wir können nicht mehr«.

Später ruft er nochmal an und befiehlt den Eltern, sofort ins Chalet zu kommen. Hier eröffnet er ihnen: »... Bernadette habe ihm die schwersten Sorgen bereitet ... sie habe nur mit dem Teufel gearbeitet und ihm versprochen, möglichst oft Selbstbefriedigung zu treiben ... so oft er es haben wollte, jedesmal, wenn sie auf das Klosett gegangen sei ... habe sie sich befriedigt. Die Männer stelle sie sich alle nackt vor. Ich ging heute morgen zu ihr ins Zimmer; sie lag tot im Bett. Wir müssen annehmen, daß sie der Heiland in dem Moment von der Welt abgerufen hat, wo sie guten Willen zeigte ... damit sie für die Ewigkeit gerettet ist«. Damit kann sich dieser Wolf im Schafspelz (aber) nicht herausreden.

Der Staat greift ein

Das tote Mädchen wird in der gleichen Nacht mit einem Auto nach Wangen gebracht. Hier wird ein Arzt gerufen. Er benachrichtigt die Polizei, weil er Spuren schwerer Schläge an ihrem Körper feststellt. Daraufhin werden vier Personen verhaftet. Es sind die Brüder Heinrich, Hans und Paul, sowie die Frau von Paul, Myrtha. Am Dienstag werden die Bewohner des Schweizer Ferienhauses, der exkommunizierte Pater, seine Liebhaberin, ein Geschäftsmann aus Rüthli, dessen Frau und eine weitere Person verhaftet.

Dr. Alfred Rötheli, der Gerichtspräsident, berichtet über zahlreiche alte und neue Schlagspuren oder Blutungen an den Schulterblättern, auf den Handrücken und am Unterleib. Die Gerichtsmediziner stellen Schläge als Todesursache fest. Die Bestrafung ist mild. Die göttlichen Eltern erhalten zehn Jahre Zuchthaus, 5 Jahre Ehrverlust, 15 Jahre Landesverweisung und müssen 1/4 der Gerichtskosten bezahlen. Die Mitmörder erhalten Gefängnisstrafen zwischen 3 1/2 und 4 Jahren. Die wirklich Schuldigen halten sich im Hintergrund.

Der Vorfall hat eine Parallele zu der 17-jährigen Dienstmagd Christine Schredern, die 1785 von Familienangehörigen verdächtigt wird, eine Ziege behext zu haben. Man fällt über das Mädchen her, entblößt ihre Lenden, schlägt sie erst mit einem Strick, dann mit einer Pferdepeitsche und verlangt das Geständnis: »... schließlich hörte man auf, sie zu schlagen ... das Mädchen kroch ins Bett, wo es noch am nächsten Morgen nackt und besinnungslos lag«.

Nachmittags wurde sie aus dem Bett gezogen, und so lang mit einer Pferdepeitsche geschlagen, bis sie bewußtlos zu Boden stürzte, »... man schnitt ihr die Haare vom Kopf, steckte sie ins Bett schlug sie mit einem Strick und einem Besenstiel ... dann wurden ihn mit einem stumpfen Messer 5 x die Schienbeine zerschnitten ... man schlug ihr eine Wunde in die Waden und sieben Löcher in den Rücken ... schließlich zwickt man sie mit glühenden Zangen in die Nase, brennt sie auf dem Rücken, den Schenkeln und Waden«. Aus Furcht, daß sie an diesen Qualen stirbt, beginnt man, die Wunden mit Branntwein und Wein zu waschen.

Die Sache wird im Dorf anrüchig. Jetzt erwachen die Wahnsinnigen ob ihres Verbrechens. Sie bekommen Angst vor der gerichtlichen Untersuchung. Deshalb schenken sie Christine ein neues Kleid unter der Bedingung, »... wenn sie der Obrigkeit gestehen würde, daß sie das Hexen erlernt hat«.

Dennoch werden die Täter bestraft. Sie müssen für einige Zeit ins Zucht- und Spinnhaus, andere werden zu Wasser und Brot verdammt. Außerdem müssen die Verurteilten die Gerichts- und Heilkosten bezahlen. Christine bekommt 100 Taler Schmerzensgeld.

Anneliese Michel

Peter Maslowski widmet sein Buch »Das theologische Untier ... der sog. Teufel und seine Geschichte im Christentum« Anneliese Michel und den Namenlosen, von der Kirche verketzerten, verbrannten, hingerichteten und zu Tod exorzisierten Menschen[56]. Selbst der Ordinarius für Moraltheologie, Dr. Karl Hörmann, wie der ehemalige Psychiater und dann als Priester tätige Dr. Johannes Torello vertreten die Ansicht, daß man zunächst den natürlichen Ursachen nachgehen muß.

Adam Holl aus Wien, langjähriger Kaplan und Dr. der Theologie, später Dozent für Rechtswissenschaften an verschiedenen Universitäten, bezeichnet den Tod von Anneliese Michel als »... eine Enthüllung der katholischen Kirche ... die eine internationale Firma zur Herstellung von Angst ist«.

Der aufsehenerregende Prozeß vor dem Aschaffenburger Landgericht, bei dem 1976 Priester der römisch-katholischen Kirche unter Berücksichtigung verminderter Zurechnungsfähigkeit eine 6-monatige Gefängnisstrafe zugesprochen wird, erfährt 1981 eine Aktualisierung. Die amerikanische Antrophologin Goodmann tritt als Verfasserin des Buches »Anneliese Michel und ihre Dämonen« auf den Plan der Sensationsgeschichte[57].

Sie bringt die Alternative ein, die Wissenschaftler jeder Richtung, vor allem aber Theologen und Mediziner zur Besinnung anregen könnte. Goodmann versucht nachzuweisen, daß die Pädagogikstudentin an einer medikamentösen Vergiftung gestorben ist. Das Gericht anerkennt als Todesursache unterlassene Hilfeleistung; dies bei einer Institution, die sich die Nächstenliebe an die Fahnen geheftet hat. Die Öffentlichkeit ist weitgehend der Auffassung, daß man Anneliese »totgebetet« hat[58] wie es der SPIEGEL treffend formulierte.

Die Autorin ist der Meinung, daß religiöse Ausnahmezustände im Normalbereich des menschlichen Verhaltens liegen. Sie wurden schon vor Jahrtausenden ausgefeilt[59]. Demzufolge gibt es eine zweite, uns bislang verborgene Dimension, quasi eine Zwillingswelt[60], deren Realität sie zwar persönlich anerkennt, aber als These in den Raum stellt. Die katholische Kirche hat lange vor ihr diese Idee aufgegriffen und behauptet aufgrund einer Offenbarung, Aussagen über die jenseitige Welt machen zu können: Es läßt sich weder beweisen noch widerlegen[61].

Nach Goodman hat der abendländisch kultivierte Mensch verlernt, mit diesen Zuständen umzugehen ... viele unserer natürlichen Fähigkeiten sind verlorengegangen ... wir leben im Zeitalter der Medikamente, deren Einsatz auf Schulweisheiten ruht.

»... die große Austreibungsszene wurde zu einem gigantischen Kampf zwischen der jugendlichen Kraft und der Wirkung der Medikamente (Tegretal) ... Anneliese ist allmählich erstickt ... ihre roten Blutkörperchen hatten schließlich nicht mehr genügend Sauerstoff ... so versank sie in den Tod«.

Sie kommt zu folgender Formulierung: »... die sich wie Wellen hebenden und senkenden heiseren Schreie und das wütende Knurren und Fauchen bezeugen, daß es Dämonen sind, die im Sinn der katholischen Glaubenslehre ... aus der Finsternis der Welt ... dem Höllenwirbel des Sündhaften, des Befleckten und des Grausigen auftauchen[62] ... Priester wissen, wie man mit Dämonen umgehen muß ... sie können es sich leisten, die bösen Geister auf die Probe zu stellen ... denn sie sind als Geweihte mächtiger als andere Leute«[63].

Balsam für die Geistlichen. Fest steht, daß ein »Geweihter« zu allen Zeiten unserer Geschichte die scheinbare Erhöhung von gewöhnlichen Menschen empfangen hat und selbst ein solcher ist. Die Kirche möge den Nachweis erbringen, daß das von ihr vermarktete Teufelsdenken seine Richtigkeit hat. Längst wird es innerhalb der eigenen Reihen bezweifelt.

Herbert Haag, ein Tübinger Theologe, trifft den Nagel auf den Kopf: »... kein Mensch kommt auf den Gedanke zu leugnen, daß es das Böse gibt ... aber ist dafür ein außermenschliches Wesen zuständig? ... daß in unserem Kulturkreis Dämonen keinen Platz haben, bedarf keiner Worte«[64]. Folgerichtig wird ihm - der Recht hat - die kirchliche Lehrerlaubnis entzogen.

Im Vorwort des Goodmann'schen Buches nutzt die katholische Kirche die Möglichkeit, alle Register ihres Teufelsdenkens zu ziehen, bzw. sich von dem Zwischenfall reinzuwaschen.

Prof. Holbröck aus Salzburg verweist auf das neue Testament und die dort bezeugte Wirklichkeit bös gewordener Mächte. »... für den katholischen, im Einklang mit dem kirchlichen Lehramt forschenden und lehrenden Theologe steht aus der hl. Schrift ... (sowie) ... aus der beständigen Lehre und Praxis fest, daß es gefallene personale Geistwesen gibt ... die Existenz des Teufels ist biblisch und kirchlich bezeugt«[65].

J. Ratzinger beruft sich auf einen Traktat von Winklhofer: »... es wäre angesichts des Gewichtes, das die hl. Schrift der Wirklichkeit des Teufels zuschreibt, unchristlich, wollte man **nicht** mit ihm rechnen ... er ist eine beständige und aktuelle Gefahr ... Jesus hat die Existenz des Teufels und der Dämonen als Realität hingestellt«[66]. K. Rahner behauptet: »... die Existenz außermenschlicher böser Mächte und ihre Wirksamkeit ist eine Glaubenswahrheit«[67].

Prof. Sigmund aus Fulda kommt zu dem Schluß: »... nie darf der Exorzist in seiner kritischen Wachsamkeit erlahmen, denn der Teufel ist und bleibt ein Vater der Lüge ...

der Sturm des Teuflischen weht über die ganze Welt«[68].

Am 24. September 1976 läßt sich Bischof Graber aus Regensburg zu folgendem Ausspruch herab: »... Gott ist die Güte und Liebe ... wenn es keinen Teufel gibt, gibt es keinen Gott«. Am 12. August 1978 läßt Johann Weber aus Graz feststellen: »... den Bischöfen ist es auch heute aufgegeben, die überlieferte kirchliche Lehre von den Engeln und dem personal Bösen als unverzichtbaren Teil der christlichen Frohbotschaft zu verkünden«. Kardinal Höffner bemerkt: »... die katholische Theologie hält an der Existenz des Teufels und der dämonischen Mächte fest ... es besteht kein Grund, das Wirken Satans zu leugnen«.

Der »Osservatore Romano«, das Amtsblatt der Kirche, sagt: »... [69]. ».... im Hinblick auf die Dämonenlehre ist die Stellung der Kirche klar und fest ... in der Lehre des Evangeliums und inmitten des gelebten Glaubens offenbart sich die Existenz der Dämonenwelt als dogmatische Tatsache ... wer sich weigert, diese Realität anzuerkennen, verläßt den Boden der biblischen und kirchlichen Lehre« (Unter Bezug auf einen Ausspruch von Paul VI.).

Pater Sterzinger von der Münchener Universität sagt schon vor 100 Jahren: »... den Teufel zu leugnen, ist Unglaube, ihm zu wenig Macht zuzuerkennen, ist Irrtum, ihm zu eine zu große Macht zuzuschreiben, ist Aberglaube«.

Heim sagt in seinem Buch »Jesus der Herr«: »... wenn wir die Wirklichkeit Satans als zeitgeschichtlich bedingte, als subjektive Täuschung ablehnen, so erschüttern wir damit die Führungsautorität Jesus, die er in der letzten Frage für uns hat«[70].

Dam trägt vor: »... ein großer Teil der Westeuropäer hält an dem Irrtum fest, die Existenz der Dämonen und Teufel zu leugnen ... unsere westliche Welt, und ein großer Teil der christlichen Kirche ist dämonenblind geworden[71] ... jede Dämonenaustreibung ist eine Offenbarung[72].

Wes Geistes Kind er ist, wird dadurch erhärtet, daß er die Hexenprozesse als vom Teufel erfunden bezeichnet[73], daß er in Rotterdam über die Austreibung von Dämonen Vorträge gehalten hat[74] und hier behauptet, daß sie im Basutoland als kleine grüne Männchen wahrgenommen werden«[75].

Der Teufelsaustreiber Renz trägt vor: »... Mediziner und Richter sind, wenn es um übernatürliche Tatsachen (!) geht ... inkompetent ... über den Glauben kann kein weltliches Gericht ein gerechtes Urteil fällen«.

Noch heute wird hinter Klostermauern den Linientreuen zugerufen: »... Brüder, seid wachsam und nüchtern! Euer Widersacher, der Teufel, geht umher wie ein brüllender Löwe und sieht, wen er verschlinge«[76]. Selbst der Christus zugeschriebene Ausspruch, den er dem »ersten« Apostel übertragen haben soll: »... Satan hat verlangt, euch wie Weizen sieben zu dürfen«[77], entbehrt der Grundlage. Wer es trotzdem glaubt, wird nach der Lehre der römisch-katholischen Kirche seelig und kommt eventuell in den Himmel.

Gleichwertige Fachleute in Glaubensdingen sind außer den Genannten Egen von Petersdorff[78], Willem Cornelius van Dam[79] und Adolf Rodewyk[80] aus der jesuitischen Ordensniederlassung Sankt Georgen bei Frankfurt, der bereits 1940 die Krankenschwester Magda in seinen Bann gezogen hat.

Alle verweisen auf die Bibel als stichhaltige und einzig wahre Quelle, als unerschöpfliche Fundgrube christlichen Wissens. Wer dieses Buch aufmerksam gelesen hat, kann daran zweifeln! Vom Religionsgründer sind nur wenige Worte als einigermaßen verbindlich definiert. Es steht die Vermutung ins Haus, daß die katholische Religion in allen Verästelungen einer grandiosen Fehlinterpretation zum Opfer gefallen ist. Die Geschichte hat festgeschrieben, auf welchen Halb- und Unwahrheiten, Verleumdungen, Verdrehungen und Verfälschungen das Gerüst des Katholizismus gezimmert ist. Innerhalb der eigenen Reihen verschäft sich die Kritik.

Alles, was **nicht** im Rahmen der streng überwachten Denkgewohnheit der Geistlichkeit liegt, wird hochmütig und unter dem fatalen Schein der Gott-Hörigkeit als absurd verdammt. Doch wie ist es wirklich? Die Geistlichen stehen innnerhalb der eigenen Bannmeile, sie paddeln im streng vorgeschriebenen Glaubensstrom und tun ihr Bestes, um ihren Arbeitgeber zu verherrlichen. Allein deshalb ist von besonderem Interesse, daß im Klingenberger »Exorzismusprozeß« Kirchenobere tatenlos zusehen, wie ein weltliches Gericht Priester als »geistig nicht zurechnungsfähig« abgestempelt hat.

Es scheint bedenklich, wenn der Vater von Anneliese vor Gericht zu folgendem Ausspruch veranlaßt ist: »... es wäre halt schön gewesen, wenn der hochwürdigste Herr Bischof sich in dieser Angelegenheit auch mal hätte sehen lassen«. Die Kurie sieht das Problem durchaus, denn ihre Angst vor der Realität verdichtet sich. Unwillkürlich denkt man an einen Ausspruch Diefenbachs, der vor etwa hundert Jahren sagte: »... die Katholiken können nicht auf ihre Religions- und Gewissensfreiheit verzichten ... sie können sich Bevormundungen seitens Andersgläubiger - wie der Staatsgewalt - nicht gefallen lassen«[81].

Es ist fraglich, noch heute am kirchlichen Teufelsdenken festzuhalten. Würde die Kirche bekennen, sich in diesem fundamentalen Punkt ihrer Lehre getäuscht zu haben, würde die Idee des Christentums wie ein Kartenhaus zusammenbrechen, ihr jedoch auf der anderen Seite Gläubige zuführen.

Im Umfeld der Anneliese Michel werden die Leute auf der Straße befragt, ob sie an den Teufel glauben. Was wurde geantwortet:

- Wir wurden in unserer Kindheit dazu erzogen, uns den Teufel mit zwei Hörnern vorzustellen.

- Die Kirche mischt sich sowieso in alles ein ... einen Teufel gibt es nicht. Daß sie immer noch diese Lehre vertritt, liegt sicher daran, daß sie am Ende ist und keinen Rat mehr weiß.

- Nichts als Humbug ... uns wird der Teufel eingeredet.

- Das ist alles nichts als Quatsch ... die Kirche sollte mehr das Gute predigen.

- »... ein Bischof lügt doch nicht. Wenn er sagt, daß es Teufel gibt, dann **muß** es stimmen«.

- Selbst der Freund von Anneliese, Peter, meint: »... man habe ihr in der Schule beim Religionsunterricht eine übertriebene Angst vor dem Teufel eingejagt«[82].

Sagte nicht sich der Augustinerchorherr Luther, »... man müsse dem Volk aufs Maul schauen!«

Anneliese, Kinderbraut Christi

Die Pädagogikstudentin Anneliese Michel steckt in einem religiösen Korsett. Sie besitzt ein gestörtes Verhältnis zu ihren Eltern, leidet unter einem autoritären Vater und einer bigotten Mutter. »... der biedere Ehemann steht unter dem religiösen Einfluß seiner fast fanatischen Ehefrau ... die darin möglicherweise ein Ventil aus ihrer Verklemmtheit sucht«.

Nach Goodman fühlte sich Anneliese im Elternhaus mit allen Fasern des Katholizismus verbunden, schließlich sollte schon ihr Vater[83] Priester werden. Er begnügt sich mit einer Lehre als Zimmermann wie Joseph, der Ehemann der Jungfrau Maria in den sich widersprechenden Evangelien. Die Stammtischbrüder in Klingenberg sagen: »... der Sepp erzog seine Kinder streng ... daheim beteten sie gemeinsam den Rosenkranz«[84].

Die Mutter ist der Meinung: »... meine Töchter sollen unberührt wie die Jungfrau Maria in die Ehe gehen ... ein Mädchen braucht vor der Ehe keinen Freund«. So handelt sie sich den Vorwurf ihrer Tochter ein: »... die anderen dürfen alle zum Tanzen gehen ... ich bin doch kein Kind mehr«[85]. Sagte man nicht bis weit in das 18. Jh. hinein: »... wo der Tanz ist, da ist der Teufel nicht weit«. In Klingenberg hält sich diese Fabel bis 1976 und darüber hinaus.

Der Aschaffenburger Pfarrer Hermann erwähnt: »... daß sie aus einem tiefreligiösen Haus stamme«[86] und ein sie behandelnder Nervenarzt kommt zu dem Schluß: »... ein klarer Fall, ein junges Mädchen, dessen Neurose sich seit längerer Zeit entwickelt hat, hervorgerufen durch einen Vater, der sie nie verstanden hat und (durch) eine Mutter, für die sie Abscheu empfindet, weil sie die natürlichsten Regungen unterdrückte«.

Schon als Kind wirkte sie schmächtig: »... selbst bei der Erstkommunion war sie schwächer als andere Mädchen. Sehr zart sah sie aus in ihrem weißen Spitzenkleid, mit dem Schleier auf dem Scheitel, die große Kerze in der Hand, die Kinderbraut Christi«[87] ... dem sie später geopfert wird.

Während des Prozeßverlaufes werden familiäre Spannungen deutlich; ein von bigotten Eltern falsch erzogenes Kind wird mit seiner Umwelt nicht fertig und sucht nach anderen Bezugspersonen. Was ihr die Eltern nicht zu geben vermögen, sucht sie bei Pfarrer Alt. Sie schreibt ihm: »... zu niemanden kann ich gehen, um meine Sorgen loszuwerden«[88].

In gewisser Weise ist sie ein Sorgenkind. Sie leidet seit 1969 an epileptischen Anfällen und glaubt bereits 1973 vom Teufel besessen zu sein. 1976 fahren ihre Eltern nach San Damiano, um kanisterweise Wunderwasser zu beschaffen.

Mitte September und im August 1969 wird sie nachts ohnmächtig. »... sie konnte sich nicht bewegen, eine übermächtige Kraft hielt sie zusammengepreßt, ihr warmer Harn ergoß sich ins Bett. Sie konnte keinen Atem holen. Ihre Zunge war gelähmt«[89]. Goodman wertet diese Symthome bereits als Signale aus einer »anderen« Wirklichkeit. Ein Pfarrer empfiehlt den den Eltern, einen Arzt aufzusuchen[90]. Dieser konstatiert, es handele sich wahrscheinlich um zelebrale Krampfanfälle[91].

Dann wird Anneliese wieder ernsthaft krank. Man entfernt ihr die Mandeln, sie bekommt eine Rippenfell- und Lungenentzündung, schließlich Tuberkulose. Hinzu kommen Herz- und Kreislaufstörungen. Sie wird in die Lungenheilstätte Mittelberg (Allgäu) eingewiesen. Nach ihrer Entlassung aus dem Sanatorium erwähnt sie des öfteren, daß sie Fratzen sehe und einen schlimmen Gestank vernehme. Gegenüber einem Nervenarzt bestätigt sie: »... ich sehe öfters Teufelsfratzen ... das Brandgericht werde über alle kommen

... sie müsse viel grübeln«[92]. Ungeklärt ist, ob ihr ein Arzt den Rat gegeben hat, zu Jesuiten zu gehen[93].

Später stellt die Direktorin der Würzburger Nervenklinik bei ihr »epileptische Muster« im linken Schläfenbereich fest. Die Ärzte führen ihre Krankheit auf einen frühkindlichen Hirnschaden zurück, der durch einen Sturz verusacht ist. Daraus entstand eine Epilepsie ... ihre Anfälle seien durch eine Psychose religiösen Inhalts verschlimmert worden: Pater Renz sei dieser Wahnvorstellung aufgeschlossen gegenübergestanden und habe die Sache verschlimmert[94]. Anneliese ist der Meinung, daß sie einen Tropfen Fruchtwasser im Gehirn hat, was sich als falsch herausstellt[95].

Die kränkelnde Jugendliche nimmt das Studium der Pädagogik auf und belegt das Fach Theologie. Als Thema einer Abschlußarbeit wählt sie »Die Aufbereitung der Angst als religionspädagogische Aufgabe«. Im Studentenwohnheim lernt sie Anna Lippert kennen. Annelieses Verhalten erregt keinerlei Anstoß, wenngleich sie sich in ihrem Zimmer einen Altar errichtet.

Nun schaltet sich eine Thea Hein in den Dialog und gelangt zu dem Schluß: »... das junge Mädchen wird von Dämonen verfolgt. Wenn man soviel mit religiösen Sachen zu tun hat, weiß man, wovon man redet. Die kirchliche Behörde müßte da doch etwas unternehmen. Es gibt doch die Teufelsaustreibung«.

Also: Rufmord einer Ungebildeten; in der Kirchengeschichte nichts Neues! Gerade in den Bistümern Würzburg und Bamberg werden - vor allem im 17./18. Jh. Hunderte Opfer einer ähnlichen Bigotterie; des Hexentreibens, das ohne Kat-holizismus in dieser Form undenkbar ist.

Thea Hein nimmt sowohl Kontakt zum Exorzist Rodewyk aus Frankfurt auf, wie sie Kaplan Roth um Beistand bittet. Die unrühmliche Rolle von Thea Hein wird in der seitherigen Betrachtung der Teufelsaustreibung wenig gewürdigt; sie ist eine Schlüsselfigur, die sie ihrer Naivität zu verdanken hat. Erst durch ihr Gehabe werden die Geistlichen, darunter auch der Pfarrer Alt - auf den Satansbraten aufmerksam.

Diensteifrige Priester

Kaplan Roth, den Thea Hein um Einmischung bittet, sagt: »... ich wurde sogleich in das Wohnzimmer geführt. In diesem war ein ungeheuerlicher Gestank ... es roch penetrant nach Brand und Jauche. Fräulein Michel rannte auf mich zu. Sie blieb in starrer Haltung vor mir stehen ... plötzlich fing sie an zu Toben und zu Schreien. Sie rief:»... gehen Sie raus, Sie quälen mich«.

Sie zerfetzte einen Rosenkranz und warf die Stücke auf den Boden. Auf Drängen der Familie versuchte ich, den Segen über sie zu sprechen. Schon beim Versuch, mein Kreuz aus der Brusttasche zu nehmen, fing der Dämon in ihr zu toben an«[96].

Bei Roth bildet sich die Auffassung, daß Anneliese unter dem Einfluß dämonischer Mächte steht. »... es war offensichtlich, daß Anneliese dringend der Unterstützung der Kirche brauchte. Der Dämon **muß** ausgetrieben werden, der Teufel **muß** gezwungen werden ... und zwar durch die einzige wohlgeprüfte Waffe, die die Kirche seit alters her anwendet, durch das feierliche Gebet des Exorzismus«[97].

Wer versteckt sich hinter dem Wünschelrutengänger und Priester Alt?[98]. Er mißt sich telepathische Fähigkeiten bei und sagt, daß er während seiner 15-jährigen Missionstätigkeit in China die Vorstufen der Besessenheit kennengelernt hat. Er soll ja nicht nur in Klingenberg eine Probe seines Könnens zum Besten gegeben haben, sondern auch in Trimbach, einem kleinen Ort zwischen Zürich und St. Gallen, wo er einem anderen die Teufel zu vertreiben suchte.

Pfarrer Alt kommt in den Genuß christlicher Visionen. Die im späteren Prozeß bestellten Psychiater sehen in so: »... es handelt sich im weitesten Sinn des Worts um eine abnorme Persönlichkeit. Teile seiner Angaben legen die Möglichkeit des Bestehens einer Psychose des schizophrenen Formenkreises nahe«[99]. Alt ist gegen die Wissenschaft, die sich anmaßt, über Religiöses auszusagen.

Interessant sind die Briefe, die er an den Bischof Stangel schreibt. Am 13. November 1975 sagt er ihm: »... man ist im wahrsten (!) Sinn des Wortes in den Erlöserprozeß (!) eingeschaltet«. Am 16. September 1975 berichtet er: »... Anneliese Michel wurde katholisch getauft ... nachdem wir Priester uns zusammen beraten haben, sind wir zu dem Schluß gekommen, Ihnen den Fall zu melden ... und Sie zu bitten, Pater Renz damit zu beauftragen ... inzwischen habe ich mit ihm gesprochen ... er erklärte sich bereit, nur will er nicht ohne Ihre ausdrückliche Genehmigung handeln«[100].

»... Hochwürdigster Bischof, ich kann Ihnen versichern, daß ich voll und ganz hinter ihren Entscheidungen stehe. Eines ist deutlich; es handelt sich um Besessenheit. Deshalb muß sofort gehandelt werden. Rodewyk hat als Fachmann seine Dienste angeboten. Diesen Brief schreibe ich in Eile und bringe ihn samt dem Bericht von mir und dem Gutachten Rodewyks nach Würzburg ... mit der Bitte um Ihren Segen und Ihr Gebet verbleibe ich«[101].

Man muß sich das klarmachen. Die bundesdeutschen Christen zahlen jährlich Milliarden an Kirchensteuer und unter der Geistlichkeit werden solche Briefe gewechselt!

Schließlich erteilt Bischof Stangel Alt die mündliche Genehmigung, den Exorzismus über Anneliese zu sprechen. Weil er den offiziellen Text nicht parat hat, hilft er sich mit dem sog. »kleinen« Exorzismus, der auf Papst Leo XIII. zurückgeht. Bevor der Exorzist ans Werk geht, holt er sich den Rat des Jesuiten Rodewyk ein.

Die Kirche kann triumphieren: wieder einmal haben einige Pfäfflein ein unschuldiges Menschenkind aufgespürt, sich darüber beraten und die Beute dem Vorgesetzten zugeworfen. Dem Kenner der Kirchengeschichte läuft es kalt über den Rücken. Wenn sie schon nicht mehr die Scheiterhaufen brennen können, so müssen sie doch zumindest Teufel jagen. Aus dem Schicksal wird ein »Kirchenfall«. Die Rezeptur stammt aus der Zauberküche antik-neurotischer Priester und aus fossilen Gedanken einer längst versteinerten Kurie. Alt geht förmlich in dieser Verblendung auf:

»... am Abend während der Messe, als ich mich auf die hl. Wandlung vorbereitete und das mir unbekannte Mädchen in mein Gebet schloß, bekam ich plötzlich einen Stoß in den Rücken. Ein kalter Luftzug überstrich meinen Kopf von hinten her. Zur gleichen Zeit roch es intensiv nach Brand.

Mit großer Mühe sprach ich die Wandlungsworte und den Rest des Kanons. Ich spürte, wie mich eine negative Macht umgab ... die mir aber nichts anhaben konnte. In der folgenden Nacht konnte ich keine Ruhe finden ... eine ganze Skala von Gestank erfüllte meine Wohnung; Brand-, Mist-, Kloaken- und Fäkaliengeruch ... es stank infernalisch. Hinzu kam ein lautes Gepolter im Rollschrank. Ich versuchte zu beten, besann mich auf meine priesterliche Macht und sprach in einigen Worten einen Exorzismus. Plötzlich erfüllte ein intensiver Veilchengeruch mein Zimmer. Mein Schwitzen hörte schlagartig auf und der Druck auf meinem Kopf war verschwunden«[102].

»... sie wollte beten. Nach drei Ave Maria merkte ich, daß sie nicht mehr konnte. Plötzlich fing sie an, laut zu schreien. Ich konnte eine enorme Kälte wahrnehmen, die aus ihr strömte. Schließlich habe ich mental (= ein theologischer Trick, d.h., ohne zu artikulieren) den Exorzismus gebetet. Sie sprang sofort auf und zerriß laut schreiend den Rosenkranz. Ihre Haltung war drohend«[103].

»... sie raste springend wie ein Ziegenbock durch das Haus ... kniete nieder und sprang wieder auf ... ihre unaufhörlichen Schreie hallten durch das Haus. Wenn der Gipfelpunkt erreicht war, zitterte und spuckte sie ... tagelang lag sie wie tot da[104]. Mit ihrer Erregung kam eine kaum glaubhafte Muskelkraft ... im tödlichen Kampf um Luft preßte sie ihr Gesicht immer wieder gegen den Fußboden, dann richtete sich sich auf und holte Atem. Ihr Körper brannte vor Hitze. Wie wild suchte sie nach Kühlung ... wälzte sich im schwarzen Kohlenstaub des Kellers, setzte

sich in einen Waschkessel voll eiskalten Wassers, steckte den Kopf in die Toilette, riß sich die Kleider vom Leib und rannte nackt herum,[105] stopfte Fliegen und Spinnen in den Mund, kaute Kohle, urinierte auf den Küchenfußboden und leckte den Harn aus ihrem Schlüpfer. Kirchliche Handlungen waren ihr unerträglich ... vor allem konnte sie nicht beten«[106].

Rodewyk bezeichnet sich als »ausgebildeten« Psychiater. Als Jesuit ist er von der teuflischen Existenz überzeugt. Er läßt sich mit seinem längst verstorbenen Ordengenosse DelRio vergleichen: beide sind gebildet, aber fanatisch in ihren absurden Ideen. Während DelRio den Hexenwahn anfeuert, indem er, acht Sprachen beherrschend, aus Hunderten von Büchern Zitate sammelt, ohne sie im Einzelnen nachzuprüfen und dadurch Unheil anrichtet, muß man sich bei Rodewyk fragen, ob er mit seinen Formulierungen, mit seiner Hineindeutelei nicht das Exorzismusdenken vermarktet«. Mit religiösen Spitzfindigkeiten ist es nicht getan[107].

Beim Lesen seiner Bücher verstärkt sich der Eindruck, daß sich hier ein Sonderling den Himmel verdienen will.

Rodewyk beschreibt seine Begegnung mit Anneliese vor dem Staatsanwalt: »... als ich in das Haus kam, lag Anneliese längst in der Küche und war nicht ansprechbar. Es ist ein ihm bekannter Krisenzustand. Dann ließ sie sich in das Zimmer führen und dort auf eine Sofa setzen. In ihrer Trance meldete sich eine zweite Stimme, die sich Judas nannte ... sie hat mich mit einer tiefen Stimme angesprochen. Dann kam Anneliese zu sich und sah mich erstaunt an. Ich fand meine Vermutung bestätigt, daß bei dem Mädchen eine Besessenheit vorliegt. Beim Verlassen der Wohnung kam sie auf mich zu und gab mir eine Ohrfeige«[108].

Rodewyk ist von der Besessenheit seines Opfers überzeugt. Er findet in ihr einen alten Bekannten; den Dämon Judas, den er schon 1940 aus der ihm anvertrauten Krankenschwester Magda ausgetrieben haben will[109].

Nach diesem Geplänkel soll sich der eigentliche Exorzist, Pater Arnold Renz aus Rück-Schippach, einschalten. Bischof Stangel entscheidet am 16. September 1975: »... hiermit beauftrage ich nach reiflicher Überlegung und (nach) guter Information, H. H. P. Renz, Salvatorianer in Rück-Schippach, bei Fräulein Anna Lieser (hier handelt es sich um einen von dem Dämonologe Rodewyk ersonnenen Decknamen, der zugleich seine geistige Herkunft verdeutlicht) im Sinne von CIC. can. 1151 1 zu verfahren. Ich danke aufrichtig für diesen Einsatz«[110].

Jetzt beginnt das Spiel der Kirche. Renz bereitet sich durch Bücher Rodewyks auf sein Amt vor. Gutachter bescheinigen ihm: »... es handelt sich um eine tiefgläubige und im magisch-mystischen Denken verhaftete Persönlichkeit«[111]. Roth sieht ihn anders: »... klug, fromm und von makellosem Charakter, frei von Habgier und reifen Alters. Er genoß Achtung wegen seines strengen Lebenswandels«.

Die Teufel werden ausgetrieben[112]

Mit barbarischen Gesten und pervers zu nennenden Riten haben die Exorzisten Alt und Renz monatelang, manchmal dreimal in der Woche, die ohnehin labile Anneliese Michel bedrängt. Heute behaupten sie, sie hätten lediglich ihre seelsorgerischen Pflichten erfüllt ... mehr als 70 Sitzungen, über 50 Tonbandkasetten existieren mit mehr als 100 Stunden Spieldauer ... selbst ein gesunder Mensch hätte diese Roßkur nicht ertragen«[113].

Das Ritual wird in einem Hinterzimmer des Untergeschosses im Haus der Familie Michel ins-zeniert; es soll verhindert werden, daß die Schreie des Mädchens bis zur Straße gelangen. Provisorisch wird eine Kapelle eingerichtet. Die Gebetspausen werden mit Unterhaltung, Kuchenessen und Kaffeetrinken gefüllt.

Der große Exorzismus beginnt mit der Allerheiligen-Litanei, der Anrufung Gottes, der Engel, aller Heiligen und einem Vater Unser, dem Ave Maria, dazu reicht man exorzistische Befehle; nur so kann man die Dämonen bewegen, ihre Opfer zu verlassen.

Renz hat sich inzwischen eingearbeitet. Er sagt: »... zunächst verhalten sich die Dämonen ruhig ... Anneliese wird immer stärker geschüttelt. Am stärksten reagieren sie auf Weihwasser ... sie fängt an zu brüllen und zu toben. Anneliese wird von drei Männern gehalten. Sie will beißen ... schlägt mit dem Fuß gegen mich und sagt, der Teufel sitze ihr im Kreuz. Von Zeit zu Zeit brüllt sie ... manchmal jaulte sie wie ein Hund. Wiederholt sagt sie: »... die Drecksau ... hört mit diesem Dreckszeug auf«. Gegen Schluß der Sitzung wird sie wütend.

Es entsteht wieder einmal der Kampf zwischen dem Guten und dem Bösen; Symbol des klassischen Kirchenkampfes schlechthin; Das Gute **muß** siegen, sonst wird die Kirche unglaubwürdig: dies gilt es mit allen zu Gebote stehenden Mitteln zu verhindern.

Der gefallene Priester Fleischmann

Es melden sich immer mehr Dämonen. Erst ein Judas, dann ein Luzifer, dann ein Nero. Der Dämonologe Rodewyk kennt sie. Dann Kain, Hitler, dann Fleischmann. Der Exorzist geht der Sache auf den Grund. Alt stöbert in Kirchenakten und entdeckt Hintergründe. »Der Name von Valentin Fleischmann war mir noch nie zu Ohren gekommen. Er war von 1572 - 1575 Pfarrer in Ettleben und wurde als »concubinarius« ausgewiesen. Er hatte vier Kinder und war außerdem ein Schläger und Säufer. Er habe in seinem Pfarrhaus einen Mann erschlagen. Der Grabstein seiner Tochter Martha ist noch erhalten ... und an der Frontseite des ältesten Hauses von Ettleben eingemauert«[114].

Es ist bemerkenswert, daß sich nun auch die Mutter Gottes bei Anneliese vorstellt und der Heiland um sie bemüht ist. Er soll gesagt haben: »... du wirst viel Leiden, deine Traurigkeit und deine Trostlosigkeit dienen dazu, andere zu retten«[115]. Die Eingebungen des Heilands werden spärlich und hören auf. Abschließend sagt die Jungfrau zu der Gepeinigten: »... am Freitag werde ich kommen und die Dämonen verjagen«.

Gespannt warten die Beteiligten auf das Ereignis. Der Exorzist stimmt sich vorher mit Rodewyk ab: »... er wünschte uns Glück, gab aber zu verstehen, daß die Teufel oft Theater spielen, so daß man von vorn anfangen muß«[116]. Nun beginnt die nächste Tortur gegen die gesundheitlich schwer Angeschlagene. Der Exorzist gibt zum Besten:

»... nach einem endlosen Dialog weichen brüllend die Teufel. Zuerst Fleischmann, nach einem weiteren Würgen Hitler (»... weil ich hab so viele umgebracht ... und mich selbst umgebracht hab ... bin ich verdammt ... oooh!). Dann Kain (»... ich habe meinen Bruder erschlagen«), dann Nero (»... ich hab die Christen umgebracht und ein liderliches Leben geführt«), dann Judas (»... ich bin in die Hölle gekommen, weil ich den Heiland verraten habe«) und dann Luzifer (»... ich bin verdammt, weil ich Gott nicht dienen wollte ... ich wollte selber herrschen, obwohl ich nur Geschöpf war«). So schickt der Pater erfolgreich seine Gegner in die nichtexistente Hölle. Vielleicht wäre es klüger gewesen, wenn er seine Geschichtskenntnisse aufgefrischt hätte.

Anneliese scheint aus einem Traum zu erwachen. Wieder nimmt der Exorzist sein Geleier auf: »... Großer Gott wir loben dich ... laßt uns das TeDEUM singen«. Nach einem Marienlied kommt es zu einem Zwischenfall: »... ein wütendes Knurren, ein Schrei und dann eine dämonische Stimme: »... ich bin noch nicht raus«. Darum bemüht sich der Geistliche bis weit über Mitternacht hinaus ... um auch diesen nichtexistenten Gegner zu bewältigen[117].

Der Dämon Judas ist zurückgekehrt. Aber dem Pater gelingt es mehrfach, ihn in Gespräche zu verwickeln. Der Dämon nennt seinen scheinbaren Beherrscher »Drecksack« anstatt der üblichen Formulierung »Drecksau«[118]. Jetzt denkt sich der Teufelsaustreiber etwas aus. Er zeigt den Dämonen ein Bild von Pius X., außerdem eine Anzahl kleiner Reliquienbehälter ... und ... einen Splitter vom Kreuz Christi, wobei nicht sicher ist, daß er an diesem gestorben ist. Wie nicht anders zu erwarten, ist der Dämon ob dieser Raritäten verblüfft: »... tun sie den Scheißdreck weg, Sie Hund, Sie verfluchter«[119].

Jetzt bahnt sich die Leidenszeit des Mädchens an. Sie bekommt Ängste und sagt: »... ich erlebe die Todesqualen des Erlösers«. Mehr und mehr verweigert sich die Nahrung ... manchmal stöhnt sie stundenlang ... sie quält sich unentwegt, stößt den Kopf an einen Türpfosten ... die neuen Dämonen gewannen wieder die Oberhand und wußten nichts zu sagen«[120].

Alt sieht sein Opfer lebend zum letztenmal am 8. Juni 1976. Ihr Gesicht ist eingesunken, die Backenknochen treten vor, die Nase ist spitz und scharf. Nach seiner Auffassung vollzieht sich an ihr ein sog. »Sühneleiden«, eine theologische Krankheit, die es sonst nicht gibt! Für ihn ist erwiesen, daß es sich um einen typischen Fall von Sühnebesessenheit handelt[121].

Der Experte Rodewyk teilt die Auffassung mit der kritischen Anmerkung: »... im Fall einer Sühnebesessenheit tun sich die Exorzisten schwer, weil man den Sinn der Sühne nicht ohne weiteres erfassen kann«[122]. Der Gesundheitszustand von Anneliese verschlimmert sich. Auch ihre Mutter versucht es mit exorzistischen Eskapaden[123]. Am 27. Juni bekommt die Tochter Fieber und am 30. bittet sie den Exorzist Renz, sie loszusprechen. Er: »... selbstverständlich gab ich ihr sofort die erbetene Lossprechung«[124]. Dann schläft Anneliese ein.

Nach Mitternacht geht der Vater zu ihr, um sie zu beruhigen. Er sagt, daß er den Dämonen befohlen habe, nunmehr im Namen des Vaters, des Sohnes und des hl. Geistes auszufahren. Als er am nächsten Morgen in ihr Zimmer kommt, liegt sie leblos da. Später wird er sagen: »... Anneliese sei am Fest des kostbaren Blutes (1. Juli) wie eine reife Frucht in den Himmel aufgenommen worden ... die dunklen Mächte bestehen in Alkohol, Sex und Haschisch«. Die Mutter unterrichtet den Pfarrer Alt.

Der Hausarzt der Familie, Dr. Martin Kehler, stellt den Totenschein aus und sagt, Anneliese sei eines unnatürlichen Todes gestorben ... das Mädchen habe bei der Leichenschau nur noch etwas 35 kg gewogen ... durch die Bauchdecke sah man die Rückenwirbel«. Jetzt schaltet sich der Staatsanwalt ein. Die Leiche wird geöffnet und Pathologen kommen zu der Auffassung, daß das Mädchen verhungert ist. Erst jetzt gelangt das teuflische Spiel an die Öffentlichkeit und erst jetzt kommt auf die Kirche eine peinliche Situation zu.

Reaktion der Öffentlichkeit

Hart prallen die Kampagnen Für und Wider. Während die einen das Ganze als Unsinn verdammen, sammeln sich Andere auf dem Klingenberger Friedhof, um am Grab der Anneliese Rosenkränze zu beten. Dadurch wird Renz aufgewertet. Er gibt Interviews, spielt Teile der Tonbänder bei Radio- und Fernsehprogrammen ab und veröffentlicht einen Teil seiner Bilder. Er wird daraufhin von seinem Orden zu Ordnung gerufen.

Bei der Staatsanwaltschaft Aschaffenburg gehen 19 Anzeigen gegen den Würzburger Bischof ein, in dem man den eigentlichen Schuldigen sieht, weil er sein Plazet gegeben hat. »... nicht diese verbohrten Menschen gehören auf die Anklagebank, sondern der Würzburger Bischof, der den Teufelsaustreiber die Absolution gegeben hat«[125].

Jetzt setzen strafrechtliche Ermittlungen ein. Am 13. Juli 1977 wird die Anklageschrift den Exorzisten und den Eltern zugestellt. Die Verfahren gegen Rodewyk und Stangl werden eingestellt. Beim einen aus Rücksicht auf das hohe Alter, beim anderen aus Rücksicht auf seine bischöfliche Würde. Stangl wird krank: »... die ihm Nahestehenden sahen den Grund in der Gram, die ihm der Fall Klingenberg eingebracht hat. Er war unfähig zu sprechen und starb am 8. April 1979, ohne sich noch einmal zu erholen«[126].

Tatsache ist, daß Kirchenobere selten den Mut haben, sich für ihre Schäflein zu stellen. Es bestätigt eine jahrhundertealte Tatsache kurialen Denkens; man schweigt zu offensichtlichen Mißständen in den eigenen Reihen und vertuscht so am besten das Unrecht. Stangl hätte in Szene treten **müssen**, als man die von ihm mit der Durchführung des Exorzismus beauftragten Priester vor Gericht als »nicht zurechnungsfähig« hinstellte[127].

Inzwischen machen sich erste Gerüchte bereit. Eine Karmeliterin aus dem Allgäu meint, eine wichtige Botschaft von Anneliese erhalten zu haben: »... sie wünsche exhumiert zu werden, um den Beweis zu erbringen, daß es einen Gott und eine Gottesmutter gebe ... sie sei dem Sühnetod für die deutsche Jugend, die Priester und für Deutschland gestorben ... sie sei auserwählt, den Beweis für ein ewiges Leben zu erbringen ... bei der Öffnung des Sarges werde man ihre Unversehrtheit entdecken ... so werden die Gläubigen daran erinnert, daß es eine Auferstehung gibt. Pfarrer Renz soll dafür sorgen, daß die Exhumierung am 25. Februar 1978 stattfindet«[128].

Noch immer geben die Eltern keine Ruhe. Sie wenden sich an das Landratsamt von Miltenberg mit der Begründung: »... Anneliese wäre in großer Eile in einem billigen Sarg bestattet worden und nun wollten sie sie in einen mit Zinn ausgekleideten Eichensarg umgebettet wissen. Es sollte in Stille geschehen«.

Es kommt wie es kommen muß. Die Presse erfährt davon. So versammeln sich am 25. Februar Schaulustige, Interessierte, Verehrer und Photographen an ihrem Grab. Ein Team des bayerischen Fernsehens ist anwesend. Der Teufelsaustreiber Alt hält sich außerhalb des Friedhofs auf. Am Grab erscheinen die beiden vom Ordinariat bestellten Pflichtverteidiger der Geistlichen.

Renz berichtet: »... Annelieses Sarg wurde ausgegraben und in die Leichenhalle getragen. Der Bürgermeister Riermeier kam aus der Halle und sagte zu den Eltern: »... Anneliese ist, wie nach 1 1/2 Jahren nicht zu verwundern, verwest ... sie sieht schrecklich aus. Ich empfehle Ihnen, gehen Sie nicht hinein«.

Der diensteifrige Pfarrer will sich vom Zustand seines Opfers überzeugen, wird aber an der Tür von Polizisten zurückgewiesen. Dann wird der Sarg hinausgetragen und von Neuem beerdigt«.[129]. Wundergläubige sagen, es wäre kein Leichengeruch aus der Halle gekommen, sondern es habe nach Weihrauch und Rosen geduftet.

Szene vor Gericht

Die Gerichtsverhandlung wird auf den 30. März 1978 festgesetzt. Der Saal ist brechend voll. Pfarrer Alt erregt sich über die anwesende Presse: »... Bildberichterstatter vom Spiegel, Stern und Quick waren das ... linke und antikirchliche Blätter, Frauenmagazine und verkappte Pornoblätter«. Er hat ein Pendant in dem katholischen Professor Sigmund aus Fulda, der sich gleichfalls über die Journalisten lustig macht, die sich in »wollüstiger« Freude äußern, denen es am Willen mangelt, sich in echter Weise mit diesem Phänomen zu beschäftigen, die sich als aufgeklärte Journalisten für berechtigt halten, zynische Lügen, gemeine Beleidigungen und schnoddrige Urteile abzugeben«.

Dieses Rezept paßt nirgends besser als auf den fossilen Kirchenapparat und seine Fürsprecher. Wir dürfen nicht vergessen, daß die Kirche über ein exellentes Informationssystem verfügt, das in seiner Schreibe auf niemand denn sich selbst Rücksicht nimmt. Nahezu jedes Kirchlein verfügt über ein eigenes Kirchenblättlein. Über ihnen stehen Publikationen mit täglichen Millionenauflagen.

Zurück zu Anneliese. Plötzlich saßen die Teufelsaustreiber selbst auf der Anklagebank eines weltlichen Gerichts. So etwas hat es bislang selten gegeben. Noch nie in ihrer Geschichte hat ein weltliches Gericht in dieser Offenheit über die Geistlichkeit zu Gericht gesessen. Zu Beginn der Handlung bittet Annelieses Vater darum, daß erst einmal alle zusammen ein Gebet sprechen sollten.

Der vorsitzende Richter kontert mit der Bemerkung: »... daß man hier in einem Gerichtssaal sitze und nicht in einer Kirche«. Die Verteidiger der Kirche beantragen die Einstellung des Verfahrens; die Eltern verweigern die Aussagen nach Absprache mit den christlichen Pflichtverteidigern.

Der Richter fragt den Pfarrer Alt: »Herr Alt, Sie sind doch sicher unverheiratet«. Auf solche Töne erhebt sich ein Gelache ... ein Gag für die Journalisten[130]. Alt versucht sich herauszureden: »... auch wenn Millionen von Menschen darüber lachen ... die Besessenheit ist im Glauben der katholischen Kirche verankert ... im übrigen beziehe ich mich auf die Aussagen von Papst Paul VI. und der Glaubenskongregation in Sachen Teufel«[131]. »... Anneliese starb den Sühnetod für die Sünden Deutschlands und seiner Jugend, für abtrünnige Priester und für alle Politiker, die sich gegen den 218 StGB wenden«[132].

Auch Rodewyk sucht sich herauszuwinden. »... von 1.000 (!) registrierten Fällen sei ihm keiner mit Todesfolge bekannt ... es sei unmöglich, daß Jemand am Exorzismus sterbe ... es handle sich ja lediglich um ein Gebet ... er sei ohne jede Einschränkung von der Besessenheit des Mädchens überzeugt«[133].

Prof. Sattes, der sachverständige Psychiater, sagt: »... man gewinne insgesamt den Eindruck einer deutlich eingenommenen psychogenen Haltung. Es sei offensichtlich, daß Frl. Michel die Rolle einer von Teufeln beherrschten Person wahrnimmt. Die Verstorbene hat an einem epileptoiden Anfallleiden gelitten, an wahnhaften Versündigungsideen und Halluzinationen. Solche Gedanken seien oft bei religiösen Menschen im Rahmen von depressiven Störungen zu beobachten ... es handle sich bei ihr in ihrer psychotischen Haltung bestärkt ... eine ordentliche Behandlung und eine gewissenhafte Ernährung hätten ihren Tod verhindern können«[134]. Goodman stellt dieses Gutachten als »Hypothese und Deutung« hin[135].

Pfarrer Alt fühlt sich beleidigt und sagt: »... in unserer Weise zu glauben, fielen wir aus dem Rahmen des normalen psychischen und religiösen Bewußtseins heraus«[136]. Das mag schon sein, aber hier handelt es sich nicht um den schlichten christlichen Glaube einer gelebten Nächstenliebe, sondern um dubiose Teufelspraktiken. Die Eltern der »Totgebeteten« betonen vor dem Richter: »... daß man sie vor ein Strafgericht gestellt habe, obgleich sie es nur getan hätten, was nach den Gesetzen der Kirche das Richtige gewesen sei. Sie hätten lediglich das Leben und das Schicksal ihrer Tochter der Kirche und den Priestern anvertraut«[137].

An diesem Punkt setzt das Gericht an. Warum haben sich die Exorzisten nicht um das körperliche Wohlergehen des Opfers angenommen? Am 19. April beantragt der Staatsanwalt die Bestrafung der Angeklagten wegen »Vergehens der fahrlässigen Tötung durch Unterlassung«. Das Gericht entscheidet sich jeweils für eine 6-monatige Freiheitsstrafe mit dreijähriger Bewährung. Ein mildes Urteil und zugleich ein Schock für die Betroffenen.

Renz sagt: »... dies sei Gottes Angelegenheit, weltliche Gerichte wären da nicht zuständig!(138). Die Pflichtverteidiger sind enttäuscht. Die Anwältin Thora bringt den Säulenheiligen Pontius Pilatus ins Spiel und hält in der Pfarrkirche von St. Michael in Ettleben (Krs. Schweinfurt) einen Vortrag. Dabei sagt sie: »... ob Teufel oder nicht, dafür ist nicht ein gescheit daherredender Professor maßgebend, sondern der Papst«. Dann wird ein Rosenkranz gebetet.

Anneliese nützt dies nichts. Um sie ranken sich Legenden, man vermutet sie im Himmel und Klingenberg hat Chancen, zu einem Wallfahrtsort zu werden. Der andere Pflichtverteidiger, Schmidt-Leichner, kommt zu dem sachlich-richtigen Schluß: »... wenn sie die Priester bestrafen, verurteilen sie die Kirche«. So ist es!

Sie zeigt zwei Reaktionen. 1). Nachdem eine Hamburger Kanzlei Strafanzeige gegen den Bischof Stangl wegen fahrlässiger Tötung einreicht, reagiert sie mit einer Gegenanzeige wegen falscher Verdächtigungen und übler Nachrede. Eine Woche später gibt das bischöfliche Ordinariat eine Sonderbeilage heraus, in der sie ihren Standpunkt zu verdeutlichen sucht. Er ist freilich-pro-kurial; wacker hält man an der stanischen Idee fest. 2) wird betont, daß das exorzistische Verfahren als religiöse Kulthandlung im Grundgesetz verankert ist.

Exorzismus in Norwegen, England und Italien

1975, knapp vor dem Tod der Anneliese Michel in Klingenberg, wird in England ein Exorzismusfall anrüchig. Ein Verrückter ermordet auf bestialische Weise seine junge Frau. Er reißt ihr bei lebendem Leib Augen und Zunge heraus. Außerdem zieht er ihr einen Teil der Gesichtshaut ab. Erst nach diesem spektakulären Fall eines nächtlichen Exorzismus gibt der Bischof seine Zustimmung und erst danach erläßt der Erzbischof von Canterbury, neue Richtlinien. Er regt an, beim Exorzismus einen Arzt hinzuzuziehen.

Der Exorzismusreferent der Diözese Glouchester erklärt: »... als er einen 19-jährigen Gendarmeriesoldaten, der ihm wegen Verdacht auf Besessenheit vorgeführt wird, anspricht, sei plötzlich die Raumtemperatur gesunken und seine Zähne haben zu klappern angefangen. Daraufhin sei der Soldat mit Weihwasser besprengt worden, das sofort auf seinem Kopf verdampft ist. Dann sei er unter »schrecklichen Geräuschen« auf allen Vieren herumgekrochen«.

Man sieht, die Beschäftigung mit nichtexistenten Dämonen ist kein Privileg der römisch-katholischen Kirche, wenngleich sie die Amme des Unsinns ist. Sie trägt die Verantwortung, denn sie hat die antiken Dämonen aufgewertet!

Im April 1978 versuchen in einem norwegischen Dorf (der Nähe von Bergen) zehn Exorzisten, in der Mehrzahl lutherische Priester, eine junge Frau von der ihr zugeschriebenen Besessenheit zu befreien. Man fesselt sie und öffnet ihr den Mund gewaltsam, damit die »bösen« Geister ausfahren können. Die dienststeifrigen Gotteskundler werden wegen schwerer Körperverletzung angeklagt, aber nicht verurteilt.

Exorzismus in Eppstein

Unter der Schlagzeile »Evangelischer Pfarrer bekennt sich zu Teufelsaustreibung« veröffentlicht im November 1979 eine hessische Zeitung folgenden Bericht: »... der protestantische Pfarrer Adam Roth, der 10 Jahre als Missionar in Indonesien und Neu-Guinea tätig war, erhält die Pfarrei in Eppstein/Ts. zugewiesen und widmet sich vor allem der Jugendseelsorge ... in der Jugendgruppe wurde exstatisch gebetet ... im Fall eines 18-jährigen Mädchens soll während eines Gruppengebetes ein Exorzismus gesprochen worden sein. Dazu der Pfarrer Roth: »... ich bin in meinem Leben nur einmal - nämlich in diesem Fall - einem Phänomen, wo solch ein Tatbestand des Exorzismus spielte, begegnet: »... die hl. Schrift bestätigt, daß es so etwas gibt ... und ich glaube daran ... ich glaube (auch) an das Sprachgebet (= »Reden in Zungen«).

Aus einem Mädchen sollen Männerstimmen gesprochen haben. Eine Katholikin soll vom Pfarrer wie von seiner Frau als Hexe bezeichnet worden sein. Die Tochter der Katholikin sei von einem Kind der Gruppe gefragt worden: »... wann kommt deine Mutter wieder durch die Luft geritten«. Unglaublich; wir schreiben das Jahr 1980.

Die Gemeinde reagiert mit einem offenen Brief. Darin: »... deutliche Zeichen für die von uns nicht akzeptierte Einstellung und Handlungsweise des Pfarrers ... der jugendliche Mitglieder durch geschickte Vermittlung schwärmerischer Heilsideen ... in eine einseitige, unkritische und fanatische Religiosität hineinführte«[139]. Die Sache wird nach wenigen Tagen kaschiert: »... der Pfarrer habe ihm lediglich in einer schweren Stunde beigestanden«.

In Turin geht der Teufel um

Am Mittwoch, den 26. Februar 1986 berichtet der Korrespondent Joachim Schilling aus Rom. Vor zwei Jahren habe der Kardinal Ballestero, der Erzbischof von Turin, im Umfeld des Fronleichnamsfestes einen Alarmruf erhalten. Er klagte an, daß aus den zahlreichen Klöstern geweihte Hostien gestohlen und bei schwarzen Messen geschändet worden seien, die von Satanssekten in seiner Diözese veranstaltet würden. Vor einigen Tagen teilte er der katholischen Presse mit, er habe sechs zusätzliche Exorzisten ernannt, weil die Pfarrer von Unglücklichen bestürmt würden, die sich vom Teufel besessen wähnen.

Dies erregte ungeheures Aufsehen in der italienischen Presse. In einer Doktorarbeit für die Universität Turin wies Gianluigi Corelli, dem das Archiv des Ordinariats geöffnet worden ist, nach, daß sich von 1981 bis 1983 nicht weniger als 1350 »Besessene« bei den kirchlichen Stellen des Bistums gemeldet hätten. Von diesen hätten sich fast alle als schwere Fälle von Hysterie und Psychosen erwiesen, mit Ausnahme von 16 Leuten, für die keine andere Erklärung bliebe, als daß der böse Geist in sie gefahren sei. Aber nur acht davon konnten befreit werden.

Kenner schätzen, daß von Turins 1,1 Millionen Einwohnern 40.000 Satanssekten angehören. In Norditalien gibt es mindestens 50.000 Okkultisten, die von weißer und schwarzer Magie leben. Die Stadtverwaltung von Turin mußte einen alten Friedhof zumauern, weil nachts Teufelsanbeter Totenschädel aus den Gräbern raubten, um sie für ihren Kult zu mißbrauchen. Lokalzeitungen berichten über den mysteriösen Tod eines Mädchens, da ebenso wie einige obdachlose Bettler als Menschenopfer abgeschlachtet worden sein könnten.

Turin hat als Zentrum esoterischer Kulte einen Ruf, der sich bis zum römischen Altertum verfolgen läßt. Einer alten Tradition zufolge soll dort der »Antichrist« geboren worden sein. In italienischen Städten haben sich Gebetsgruppen gemeldet, um angeblich von Teufel Besessenen zu helfen. In Turin werden die Exorzisten von Psychiatern und Psychologen assistiert.

Turin soll zusammen mit Lyon und Prag ein »magisches« Dreieck bilden, in dem die »weiße« Magie zuhause ist und mit London und San Franzisko ein anderes Dreieck der »schwarzen« Magie bilden, um anderen Menschen mit »bösem« Zauber zu schaden. In Turin werben Magier in der Stadtreklame, zwei lokale Fernsehsender bringen jeden Abend Okkultismus ins Haus.

Einmauern einer Nonne im Klosterkeller. Hier: Aus einer Geistergeschichte (R. H. Braham. Ingloldsby Legends). Wir haben kein Geplänkel vor uns, denn z. B. für Nürnberg ist eine Strafe des Lebend-Einmauerns noch bis in das 17. Jh. hinein bezeugt.

Das Sakrament der hl. Kommunion. Französischer Stich aus dem 18. Jh.

Die Unfehlbarkeit im Spiegel der Kritik

Zur Räubersynode von 1870[1]

»... das Dogma der Unfehlbarkeit ist ein Hindernis auf dem Weg zur christlichen Einheit. Es blockiert die innerkirchliche Erneuerung und unterstützt den autoritären Geist in der Gesellschaft«[2]. »... es wird klar, daß das Gebäude der päpstlichen Machtfülle und der daraus abgeleiteten Unfehlbarkeit auf Betrug und Gewalt ruhen. Die Bausteine setzen sich aus durch alle christlichen Jahrhunderte erstreckenden Fälschungen und Fiktionen, bzw. daraus abgeleiteten Schlüssen zusammen«[3]. »... o, dieser unglückselige Papst (Pius IX.), was hat er angerichtet?«[4].

Einführung
Von der Toleranz zum Glaubenszwang

Die Lehre von der Unfehlbarkeit ist nur zu verstehen, wenn man den historischen **und** moralischen Nährboden betrachtet, auf dem sie geboren und gewachsen ist. Sobald das Christentum zur Macht gekommen ist, spekuliert es - wie alle großen Organisationen - auf servile Unterwürfigkeit.

Wesentliche Voraussetzung für den Fortbestand wird neben dem Glaubenszwang der (blinde) Gehorsam. Das Kurialsystem ist instabil, weil es auf unnatürlichen Zwängen ruht. Die abendländische Geschichte verdeutlicht, daß das Papsttum zu wanken beginnt, wenn sich Spuren selbständigen Denkens bei den Untertanen bemerkbar machen[5].

Durch Schenkungen und Vermächtnisse werden in der Kirche über Jahrhunderte Sklaven gehalten, Päpste befürworten die »pünktliche« Anwendung der Folter und klerikale Banker treiben - schon in konstantinischer Zeit - unnachsichtlich Forderungen und Zinsen ein. Es steht im Widerspruch zu »Bergpredigt«. Von einem wirklichen sozialen Engagement - aus innerer Überzeugung - kann über weite Strecken mit ihrer aus Weih-wasser gekochten Geschichte keine Rede sein. Wo Licht ist, ist (auch) Schatten. So ist das Christentum eine Brutstätte der Laster, des Unrechts, der Gewalt, Inkompetenz **und** Intoleranz.

Nur so wird begreiflich, wie es möglich war, die Idee der Unfehlbarkeit in einer Zeit durchzusetzen, wo seit langem bekannt war, welche Mängel das Papsttum auf sich vereinigt. Es ist die Krönung des historisch antiquierten Papalsystems. Die Unfehlbarkeit wird gewaltsam durchgesetzt. Darum ist von Interesse, die widersprüchlichen Pfade »glaubensfrei« nachzuzeichnen.

Die christliche Messe entsteht

Religionsumstürzlerische Gedanken ergeben sich wahrscheinlich im Zusammenhang mit der Verurteilung und Hinrichtung eines Jesus v. Nazareth genannten Galiläers, von dem außer diesem Faktum so gut wie nichts bekannt ist.

Das Urchristentum bildet keine homogene Glaubensgemeinschaft[6]. Es setzt sich aus einer Vielzahl sich rivalisierend gegenüberstehender Sekten zusammen. Unter ihnen entspinnen sich Machtkämpfe. Zur Zeit, als das Christentum in Rom bekannt wird, ist Italien, und vor allem seine Hauptstadt, ein Sammelplatz asiatischer, ägyptischer, armenischer, phrygischer und indischer Magier, Astrologen und Priester, die sich bettelnd herumtreiben, Sünden vergeben, Anweisungen erteilen und Frauen betrügen[7].

Lange Zeit versammeln sich die christlichen Gemeinden in Privathäusern. Erst zu Beginn des 3. Jh. wird die älteste Kirche in Edessa bezeugt. Der älteste christliche Gottesdienst hat keinen kultischen Charakter im Sinn der heutigen Kirche. Die apostolische Zeit kennt weder Priester, Opfer, Kirchen und Altäre. Allein unter diesem Aspekt kann das römisch-katholische Glaubensbekenntnis **nicht** auf Jesus von Nazareth zurückgeführt werden.

Um 150 wird der eucharistische Kultakt von der abendlichen Gemeindemahlzeit getrennt. »... aus dem gemeinsamen Essen und

Trinken war der rituelle Genuß der sakramentalen Speise entstanden; aus dem Mahl der Brüderlichkeit das Mahl der Kirchlichkeit, der Urform des katholischen Gottesdienstes, das urchristliche Liebesmahl (Agapen), das in den frühen Gemeinden täglich stattgefunden hat, später nur noch wöchentlich, ist seit dem 4. Jh. - nach dem Sieg des Katholizismus - **nicht** mehr in der Kirche geduldet worden.

Die nachapostolische Literatur kennt die spätere kirchliche Anschauung nicht, wonach Gott durch ein von Menschen dargebrachtes Opfer gewonnen werden könne; hier wird der antike Opfergedanke aufgewärmt, d.h., heidnische Religiosität herbeigezogen, mit dessen Elementen von Brot und Wein sich der antike Opferbegriff gut verbinden ließ.

Das Christentum in den ersten Generationen bestand im wesentlichen aus Kleinbürgern, Bettlern und Sklaven. Das Niveau der christlichen Führer sollte nicht überbewertet werden. Bis zur Mitte des 2. Jh. bewegt es sich in Schichten, die von den Gebildeten unberührt bleiben. Man **mußte** Intelektuelle gewinnen. Dies ging nur mit einer Anbindung an geläufige philosophische Systeme. So ist es gekommen.

Man kann am Gottesdienst die Herkunft der Kirche studieren. Justin räumt freimütig ein, daß die Lehre von der übernatürlichen Geburt, der Himmelfahrt und den Wundern Christi, sowie Taufe und Eucharistie der heidnischen Mythologie entsprechen. Er berichtet, daß sich die Heiden beim Betreten ihrer Heiligtümer mit Wasser besprengen oder baden. Schon antike Priester verwenden Weihwasser ... so brachten (auch) die Christen Wasserbehälter in ihren Kirchen an. Auch der Islam kennt die Verwendung des »reinigenden« bzw. »weihenden« Wassers.

Im 3. Jh. nennt Origenes im Kampf gegen Celsus eine Reihe der Gemeinsamkeiten zwischen der heidnischen und christliche Religion. Der wunderbaren Jungfrauengeburt stellt Origenes die ähnliche Platons gegenüber, der christlichen Eucharistie antike Opfermahlzeiten. Die Sache mit dem Kreuz ist alt. Man kennt die Bedeutung des Kreuzhol-

zes in der Attisreligion. Beim phyrgischen Kult, den man den der Göttermutter nennt, wird jedes Jahr ein Fichtenbaum gefällt. Auf ihn wird das Bild eines Jünglings gebunden ... es war dies Attis, der nach einer Legende unter einer Fichte starb und in eine verwandelt wurde. Dir Fichte wird zum heiligen Baum. Aus ihm entwickelt sich der Christ(us) = Christbaum.

Cyprian bringt den Opferbegriff mit den angenommen Leiden Jesu in Verbindung, **deutet** das Abendmahl als ein von einem Priester in der Nachahmung Christi dargebrachtes Opfer. Die Eucharistie wurde im frühen Christentum nicht einheitlich vollzogen ... man feierte mit Käse, Gemüse und/oder Salz. Die Lehre von der Transsubstantation war den ersten christlichen Jahrhunderten unbekannt.

Die Anschauung, daß in der Eucharistie Leib und Blut Christi wahrhaft, wirklich und wesentlich enthalten sind, schält sich erst im Lauf des 4. Jh. heraus und ist (bleibt) umstritten. Der Kirchenlehrer Irenäus verwirft die Wesensverwandlung mit dem gesunden Menschverstand; trotzdem wird sie beim 4. Laterankonzil unter Papst Innocnez III. zum Dogma erhoben. Nach der katholischen Ansicht erfolgt das Wunder in dem Moment, in dem der Priester die letzte Silbe der Einsegnungsworte gesprochen hat. Dem kritischen Beobachter fällt der antike Einschlag auf, denn:

- Analog der magischen Formel der Antike sind die Worte leise zu sprechen.
- Die Wirkung hängt von der korrekten Wiedergabe dieser Worte ab.
- Der Priester zelebriert vor dem Volk eine Täuschung ... in gewisser Weise zwingt er den göttlichen Beistand zum Opferplatz.

Der christliche Gottesdienst zeigt um 200 die Gestalt der Messe, ein anscheinend erst im 4. Jh. aufgekommener und vom lateinischen missio (= Entlastung) abgeleiteter Ausdruck. Die alte Kirche kannte keine bindenden Rituale. Um die Wende zum 3. Jh. begann man, die Verwaltung von Abendmahl und Taufe dem Klerus (kleros = das Erbe = die von Gott Ausgewählten) vorzuenthalten. In der davorliegenden Zeit wird die Messe mit sakramentalen Mysterien angereichert. Das Ruhen auf den Knien entspricht dem Mithraskult und das Waschen der Hände stammt der Welt der antiken Mysterien. Kanzeln gibt es bereits in hellenistischen Synagogen und im 2. Jh. wird der Abendmahlstisch in einen Altar umgewandelt.

Der kirchliche Pomp ist heidnischen Tempelkulten abgekupfert. Seit der Erhebung des Katholizismus zur Staatskirche wirkt das kaiserliche Hofzeremoniell: Gebetskommandos entstehen. Im 4. Jh. wird der Weihrauch bei der Messe eingeführt. Gleichzeitig schimpft Cyrill von Jerusalem das Räuchern heidnisch und bezeichnet es als »Teufelsdienst«. Um die gleiche Zeit nennt der Kirchenvater Gregor von Nyssa Weihrauchgefäße ein Greuel. Noch kannte man keine Meßgewänder. 428 hat Papst Cölestin eine besondere Kleidung für Priester verworfen.

Es ist keine Schande die historische Herkunft zuzugeben, denn wir alle schöpfen aus der Geschichte. Es ist aber eine Schande, Fakten beliebig zu verdrehen. Wieder greift man zur plumpen Fälschung.

Bei den Christen war alles wahr und bei den Heiden alles gelogen. Kann man lächerlicher argumentieren? Auch die Heiden taufen, aber mit blosem Wasser. Auch sie haben ein Opfer, aber wirksam ist nur das christliche. Auch sie besitzen Schriften, aber die christlichen sind älter und inspiriert. Auch die Heiden weisen Wunder vor, aber sie werden vom Teufel vollbracht. Auch die Heiden verehren Gottessöhne, aber die Christen beten zum »wesenhaften« Gottessohn, was immer sie darunter verstehen!

Der galiläische Lehrer wurde durch die Zentralidee der antiken Philosophie interpretiert und mit deren Eigenschaften ausgestattet, die die Heiden dem Weltgedanken, dem das All durchdringenden Geistwesen, beigelegt hatten. Erst bei Philo von Alexandrien wird der Logos eines zweiten göttlichen Prinzipes, der Sohn Gottes, Mittler, der aus der himmlischen Sphäre herabkommt, um als Erlöser die Menschen zu Gott zu führen.

Das Evangelium wird im 2. und 3. Jh. eine Religionsphilosophie. An die Stelle einstiger Predigt tritt die griechische Wissenschaft. Der geschichtliche Jesus tritt bei **allen** älteren Apologeten, aber auch bei Clemens von Alexandrien, zurück. Jetzt beginnt man, ein Christentum zu proklamieren, dem alles Urchristliche fehlt. So legt man den Grundstein für die katholische Theologie, die mit dem daraus abgeleiteten Christentum nichts gemeinsam hat. Die Religion des römischen Imperiums wurde nicht beseitigt, sondern (nur) aufgesaugt und unter einem anderen Namen fortgesetzt; daraus entsteht das Christentum. Bei einer realen Betrachtung ist unumstößlich, daß das Christentum Altes aufpoliert; mehr nicht! (Deschner)

Alle von ihm abweichenden religiösen Ansichten werden von den christlichen Führern (vor allem den Missionaren) als bösartig bezeichnet. Wir haben ein Beispiel für ihre Unseriosität, Inkompetenz und Intoleranz vor uns. Und doch sagte der Kirchenvater Tertullian: »... die Christen kennen keine Ruhmessucht und Ehrsucht, kein Bedürfnis nach einer Parteistiftung, nichts sei ihnen fremder als Politik«.

Schon früh kritisieren Kirchenväter die Entstellung der christlichen Lehre durch die Aufnahme platonischer Gedanken. Bedeutende Geister stellen Platon neben Jesus ... immer mehr bestimmt der Platonismus die christliche Kosmologie, Gotteslehre, Ethik und Liturgie. Augustin steht in deren Bann, exakter in dem des Neuplatonismus, der sich vom Christentum wenig unterscheidet.

Der Bischof Synesius von Kyrene lehnt zu Beginn des 5. Jh. alle Dogmen ab, die mit dem Neuplatonismus **nicht** übereinstimmen. Denken wir an das Pseudonym Dionysius Areopagita, vielleicht ein Schüler des Paulus. Seine vermutlich im 5. Jh. entstandenen Fälschungen, die das christliche Mittelalter beeinflussen, selbst Thomas v. Aquien zitiert sie, sind von der neuplatonischen Schule durchtränkt.

Die Berufung des Kirchentheologen Thomas v. Aquien auf den Heide Aristoteles gehört zu den Seltsamkeiten der Katholiken.

Dabei hatte erst unmittelbar zuvor, 1233, Papst Gregor IX. in einem Schreiben an die Pariser Universität die aristotelische Philosophie innerhalb der Theologie als wahnwitziges und gottloses Unternehmen auf das Schärfste verdammt. Bekanntlich wird die Methode als maßgebliche Kirchenphilosophie und -theologie, heute gelehrt.

Irrige Vorstellungen werden kirchliches Brauchtum; erst Dogma (= Glaubenswahrheit) und dann »heiliges« Gesetz; mögen auch die geschichtlichen Tatsachen anders sein.

Allmählich erkennt man das Gemeinsame der verschiedenen Anschauungen und versucht, es in eine Formel zu pressen. So formiert sich allmählich ein »Glaubensbekenntnis«. Zu einer Zeit, da Jesus von Nazareth Jahrzehnte tot ist. Cyprian, der Bischof von Karthago sagt um 250 u.Z. »extra ecclesiam nulla salus« (= außerhalb der Kirche kein Heil). Das älteste, vielleicht auf Tertullian zurückgehende Glaubensbekenntnis lautet: »... ich glaube an Gott, den allmächtigen Vater, und an Jesus Christus, seinen einzigen Sohn unseren Herrn, geboren aus dem heiligen Geist und der Jungfrau Maria«.

Bald nehmen die Spannungen unter den christlichen Sekten zu. Tertullian hält im 2. Jh. schützend seine Hand über die Schäflein. Draufgängertum zeichnet sich ab. So sagt der Historiker Marcellinus: »... mir ist keine andere Gattung von Tieren bekannt, die es so wie wild gewordene Christen miteinander treiben«. Die Hartherzigkeit der »jungen« Staatskirche zeichnet sich in Konturen ab. Im Lauf der Geschichte sind die Christen selten die Verfolgten, doch oft die Verfolger«. Ein Faktum, das Kirchenhistoriker noch heute verdrehen, um sich ins rechte Licht zu setzen.

Er nimmt sie vor sporadischen Verfolgern in Schutz und verdeutlicht, daß die Ausübung der Religion keiner Gewalt unterliegen darf. Dazu trägt er vor: »... welchen Dienst erweist ihr euren Göttern? ... mit Zwang macht ihr Widerstrebende zu Zänkern«[8].

Die als frühchristliche Lehrer Bezeichneten zeigen eine humane Gesinnung. Habsucht, Besserwissertum und Unterdrückung scheinen ihnen so fremd wie Geldgier und Anerkennungssucht.

Lactantius meint, daß Religiosität nicht erzwungen werden kann. Blutgier und Frömmigkeit sind nach ihm verschiedene Dinge, »... vergeblich ist der Zwang, Gerechtigkeit und Grausamkeit miteinander zu verknüpfen. Religion wird nicht durch Frevel, sondern durch Glaubenstreue verteidigt«[9] ... willst Du mit Blutvergießen und Folterwerkzeugen die Religion verteidigen, wirst Du sie besudeln und verschmutzen«[10].

Athanasius wird zum Lobredner der Gewissens- und Religionsfreiheit. Er sagt: »... nicht mit Säbeln und Keulen, sondern durch Lehre, Liebe und Ermahnung wird die (christliche) Wahrheit gepredigt. Wenn Furcht die Herzen erfüllt, ist für Religion kein Platz. Gott übt keinen Zwang, sondern läßt dem Willen seine Freiheit«.

Ursächlich findet sich keine Spur, die darauf deutet, einmal Getaufte mit unnatürlichen Zwängen zu konfrontieren. Die Bischöfe haben kein Recht, Ungehorsame: da scheinbar Ungläubige(!) zu bestrafen[11]. Wer sich mit dem Christentum nicht identifiziert, kann austreten, seine »bürgerlichen« Rechte bleiben unberührt. Ländergier und Attentate auf die Gewissensfreiheit sind (noch) unbekannt.

Es ist in Ansätzen bekannt, daß das Christentum um die Gunst des Kaiseres Konstantin buhlt. Und siehe da: es geschieht ein Wunder. Der spätund nach dem arianischen Bekenntnis Getaufte leiht den starken Arm des Weltherrschers Kriechern und Denunzianten. Er beseitigt das Prekäre an der Lage des Christentums, überschüttet es mit Gunst und stattet seine Führer mit Privilegien aus. Konstantin entscheidet sich für das Nicäanische Glaubensbekenntnis und vermag nicht zu erkennen, daß er einer Illusion aufsitzt; er setzt es gewaltsam durch.

Jetzt werden die Bedingungen des Seligwerdens festgeschrieben. »... was das Konsortium von Hoftheologen, Eunuchen und bevorzugter Maitressen zusammenbrauten, wird als »verbindliches« Glaubensgut deklariert und in die Welt posaunt. Danach nimmt die Unwahrheit ihren Lauf. Intoleranz, die Vermischung von Politik und Glauben werden spürbar. Die ursprüngliche Anziehungskraft des Christentums geht verloren. Die Zuführung weiterer Mitglieder erfolgt unter Versprechungen und deren Austritt mit Strafandrohungen. Aus einer möglicherweise intakten Gesellschaft wird eine Institution. An die Stelle von Überzeugung tritt Unterwerfung. »... nicht Zuspruch, sondern Diktatur ... zelotischer Eifer für pseudo-theologische Dekrete werden höher als die Nächstenliebe bewertet.

Nachdem die Kirche auf die Wahrheit verzichtet hat, muß sie sich des Schreckens bedienen. Die Logik führt zur Theokratie, die apostolische Mission kumuliert in der Inquisition und die kirchliche Disziplin endet auf dem Scheiterhaufen. Die Aufsicht über den Glaubensinhalt wird bischöfliches Vor- und damit Unrecht[12]. Daß Jesus von Nazareth auf eine Gewalt ruhende Kirche **nicht** begründet hat, lehrt der gesunde Menschenverstand.

Das Blatt wendet sich

Mit Cyprian, dem Bischof von Karthago, zeigt sich behutsam die Wende zum Negativen. Er hat die Vorstellung, »... daß sich der Mensch nur so lang des Wohlgefallens der Gottheit trösten kann, als er sich der Gunst des Bischofs erfreut. Er verfalle dem höllischen Feuer, wenn dieser einen Bannfluch - gleich aus welchem Grund - über ihn spricht«. Hier spielen sich Menschen über Menschen auf.

Es ist ein Phänomen unserer Geschichte, daß sich die meisten dem Joch der Hörigkeit und dem Unsinn beugen, denn es gibt kein höllisches Feuer und keine »wirklichen« Götter. Alle Geistlichen sind Bedienstete am Gängelband des normierten Glaubens. In einem Brief an einen Presbyter stellt Cyprian heraus: »... der Diener darf sich nicht über den Herrn stellen und keiner darf sich anmaßen, das zu nehmen, was der Vater dem Sohn übergeben hat«[13].

Augustin, Bischof von Hippo, bemüht sich verschiedentlich, den kaiserlichen Gesetzen

Nachdruck zu verleihen. Von ihm stammt eine 23 Foliospalten lange weltfremde (nur) aus dem damaligen Geschichtskreis verständliche Abhandlung, in der er davon ausgeht, daß jede Gewalt gottbezogen ist. D.h., wer ihr widersteht, leistet analog der göttlichen Ordnung Widerstand[14]. Wir haben eine Illusion vor uns. Freilich ist die Kirche bemüht, sich in einem sanften Licht zu gefallen. Nach Augustin ist die Anwendung von Gewalt nicht grundsätzlich zu verwerfen[15]; er beruft sich auf Dokumente, die später unter dem Terminus »Bibel« dazu beitragen, die Welt zu verunsichern[16].

Seine Auflistung erhält nahezu alles, was (möglicherweise) zu Gunsten der Beseitigung der Religions- und Gewissensfreiheit gesagt werden kann[17].

Schauen wir kurz hinein:

- Böses würden wir mit Bösem vergelten, wenn wir die kecken, unseren Frieden störenden Feinde dulden. Wenn ein Irrsinniger in Gefahr ist, einen gefährlichen Sprung zu tun, soll man ihn ihm selbst überlassen, statt ihn aufzuhalten und zu fesseln? Wieder vernünftig geworden wird er dem, der ihm damals lästig war, Dank abstatten.

- Man sagt, daß es viele gibt, bei denen die Gesetze, die die Keckheit zügeln, nichts fruchten. Soll man aber deshalb die Anwendung von Arzneien unterlassen, nur weil es pestartige Krankheiten gibt, die unheilbar sind?

- Drohen ohne Konsequenzen schmeckt nach Herrschsucht ... Lehren ohne Drohung führen nicht zum Ziel. Nicht jeder, der schonend verfährt, meint es gut. Nicht jeder, der züchtigt, meint es böse.

- Lästig ist der Arzt dem Rasenden, wenn er ihm eine Zwangsjacke anlegt, der Vater einem ungeratenen Sohne. Beide sind lästig aus Liebe. Einer grausamen Milde würden sie sich schuldig machen, wenn sie fahrlässig handelten. Pferde und Maulesel, die keinen Verstand haben, beißen und schlagen um sich, wenn man ihre Wunden verbinden will und doch unterläßt man die Bemühung nicht. Um wieviel weniger wird es sich geziemen, daß Menschen von Menschen und Brüder von Brüdern im Stich gelassen werden, weil sie in ihrer Kurzsichtigkeit das eine Verfolgung nennen, was für sie eine Wohltat ist.

- Wer ist gütiger als Gott? Und doch läßt er nicht nur belehren, sondern flößt (auch) Schrecken ein. Christus hat schon bei Paulus Zwang angewendet, »... er gab ihm das Augenlicht erst wieder, als er sich hatte der Kirche einverleiben lassen«[18].

Dem Einwand, daß es ungerecht sei, Menschen wegen ihrer religiösen Ansichten zu verfolgen, stellt er die These entgegen: »... barmherzig ist es, sie von der Partei, bei der sie durch dämonisches Blendwerk festgehalten werden, wider ihren Willen abzubringen, damit sie in der katholischen Lehre einen gesunden Unterricht erhalten«.

Das Ansehen, das Augustin in Kirchenkreisen auf sich vereinigt, ruht auf einer oberflächlichen Sachkenntnis und macht deutlich, welch gefährliche Saat zu keimen beginnt. Bemerkenswert ist, daß er es **nicht** gewollt hat, denn gegenüber seinem Jugendfreund Vincentius bekennt er, daß es unzweckmäßig sei, die Verbreitung einer Lehre gewaltsam durchzudrücken[19]. Dies praktiziert das Christentum.

Entstehung der Kirchenämter

Der von der Kirche gelehrte Zwölferkreis der Apostel ist eine Fiktion. Die Apostellisten des Neuen Testaments stimmen **nicht** überein. Die ersten Gemeindebeamten sind im Sinn von »Hausverwaltern« zu verstehen, denn christliche Kirchen gibt es nicht. Die Kulthandlungen finden in Privathäusern statt. Das 1. Jh. kennt das monarchische Bischofsamt nicht; die Gemeinden sind autonom.

Erst in nachpaulinischer Zeit schält sich eine Differenzierung in unterschiedliche Aufgaben heraus und ab dem 2. Jh. beginnen Presbyter das Vermögen der Gemeinde zu verwalten. Jesus soll gesagt haben: »... ihr sollt nicht Gold, noch Silber noch Kupfergeld in Euren Gürteln tragen«; doch bald ist es vergessen.

Bereits zu Beginn des 2. Jh. sind Amtsträger bekannt, die Unterschlagungen dieser noblen Meinung vorgezogen haben. Jesus soll gesagt haben: »... ihr aber sollt euch nicht Meister nennen, denn ein jeder ist euer Meister, ihr alle aber seid Brüder«. Daraus kann abgeleitet werden, daß der Begründer des Christentums **nicht** an hierarchische Strukturen dachte; doch bald ist es vergessen.

Als Vorkämpfer des monarchischen Episkopates gilt der antiochenische Bischof Ignatius. Sieben seiner Briefe sind zum Beginn oder zur Mitte des 2. Jh. verfaßt. Zehn weitere (darunter einer an die hl. Jungfrau nebst einer Antwort von ihr) sind auf seinen Namen gefälscht. Ignatius bezeichnet Andersdenkende als »wilde Tiere«, »tolle Hunde«, »Bestien in Menschengestalt« und deren Ansichten als »stinkenden Unrat«. Bei ihm wird zum erstenmal das Wort katholisch bezeugt, das aus dem griechischen stammt (katholos = allumfassend). Nach Ignatius ist der Bischof ein »Abbild Gottes«, Empfänger der »himmlischen« Offenbarungen und Inbegriff der Gemeinde.

Man geht weiter, den Gegensatz zwischen Laien und Klerus zu verdeutlichen. Ignatius fordert für den Bischof alle Lehr- und Ordnungsgewalt, die Unterwerfung der Presbyter, Diakone und den unbedingten Gehorsam der Gläubigen. Er verkündet: »... ohne Bischof sollt ihr nichts tun ... aber wo der Hirte ist, da folgt wie Schafe«. Es ist bemerkenswert, daß er die Stiftung des Episkopates **nicht** auf die Apostel zurückführt.

Die vordringlichste Aufgabe der Glaubensgemeinschaft ist, sich erst einmal nach den verschiedenen Seiten abzusichern. Jede kirchliche Gemeinschaft (= Sekte) verwaltet ihre Interessen autonom; von einer Zentralisierung kann keine Rede sein. Voraussetzung ist, erst das angestaute Glaubensgut zu kanalisieren. Dies nimmt viele Jahrzehnte, wenn nicht Jahrhunderte in Anspruch. Bei Licht betrachtet, ist es bis heute nicht abgeschlossen.

Im Lauf der Zeit übernimmt ein gewähltes Kollegium die Gemeindeführung; aus ihm schält sich - noch später - das Bischofsamt heraus. Die ersten Bischöfe werden keinesfalls von Aposteln gewählt. Innerhalb des Klerus unterscheidet man zwischen höheren Beamten (Bischöfe/Presbyter) und »Clerici minores«, die zum Volk zählen. Die Laien werden zunehmend entmündigt. Zuletzt fällt das einstige »suffragium plebis«, das altchristliche Stimmrecht der Laien, womit sie von den Entscheidungen abgenabelt sind und nur noch Funktion von Arbeitsbienen wahrzunehmen haben.

Vermutlich unter dem römischen Bischof Fabian (236 - 250) wird dem Diakon ein Subdiakon beigegeben. Dazu kommen an weiteren Ämtern die sog. »ordines minores«. Es sind Akoluth, Exorzist, Lektor und Ostiarier. Der Akoluth entspricht dem persönlichen Diener (des Bischofs), der Exorzist vertreibt nichtexistente Dämonen, der Lektor trägt verschwommene biblische Inhalte vor und der Ostiarier ist der Küster der jetzt aufkommenden kirchlichen Gebäude.

Kultbischöfe gibt es bereits im 2. Jh. v.u.Z. Das Wort ist heidnischen Ursprungs; so heißen in der Antike die Aufseher über die Taten der Menschen bei Homer, Aischylos, Sophokles und Pindar. Die römisch-katholische Kirche übernimmt von den Römern den Titel »pontifex maximus« und die Stola, die Gewandung der heidnischen Priester.

Eine Stärkung der bischöflichen Position wird mit Cyprian (gest. 258) erreicht. Jetzt werden die religiösen Führer zu Autoritäten; sie stehen hoch über den Laien. Immer deutlicher werden die kirchenpolitischen Kunstgriffe, doch von einer »sucessio Apostolica«, der Behauptung einer ununterbrochenen rechtmäßigen Amtsnachfolge der Bischöfe seit der Zeit der Apostel ist nicht die Rede, denn es gibt sie nicht.

Tertullian sagt bereits: »... was für Petrus gelte, gelte noch lange nicht für die Bischöfe in Rom ... die Übertragung der Schlüsselgewalt auf den Apostel sei lediglich eine persönliche Bevorzugung gewesen und habe keine Bedeutung für die widerrechtlich angemaßte Gewalt der Kirche«.

Wir haben nachträgliche Fälschungen vor uns. Für das ägyptische Christentum wird eine Bischofsliste erdichtet. Nicht weniger als zehn Bischöfe werden im 4. Jh. von Eusebius, dem Vater der Kirchengeschichte, eingefädelt; mit der antiochischen Bischofsliste verhält es sich ähnlich. Sie wird nach dem Vorbild der römischen zu Beginn des 3. Jh. von Julius Africanus entworfen. Der Traditionsbegriff ist künstlich.

Immer deutlicher schält sich das Amt des Bischofs heraus. Die ältesten römischen Bischöfe waren keine Päpste. In Nachahmung der römischen Reichsverwaltung erkannte man im Lauf des 3. Jh. dem Bischof der Provinzialhauptstadt, dem Metropoliten, den Vorrang vor anderen zu. Zur Zeit von Kaiser Theodosius II. gibt es 5 Bischofssitze: in Konstantinopel, Antiochien, Jerusalem, Alexandria und Rom.

Bald ringen Kirchenfürsten um die Oberherrschaft. Sie nutzen geschickt ihre Lage. Erst unterwerfen sie sich schmeichlerisch, dann drehen sie den Spieß herum und nutzen sensibel gemachte weltliche Herrscher aus[20]. Sie stützen die Kirche **nicht** nur aus Nächstenliebe, sondern wissen, daß gefügig gemachte Untertanen besser im Zaum zu halten sind. Allein ihre Amtsbezeichnung löst bei den meisten Hochachtung und Anerkennung, ja Unerreichbarkeit aus.

Schon im 3. Jh. werden sie als »Herr« oder »heiliger Vater« angesprochen. Im 4. Jh. kommen Handkuß und Fußfall dazu. Cyprian erhebt die Forderung, daß man vor dem Bischof, »wie einst vor heidnischen Götterbildern« aufstehe. Eine Kirchenordnung dieser Zeit nennt den Bischof »Abbild des allmächtigen Gottes, König, Herr über Leben und Tod«; man möchte ihn auf einem Thron sitzend sehen. Im 4. Jh. tituliert ein Bischof einen anderen »Deine Heiligkeit« und spätestens ab diesem Zeitpunkt stellt man Ansprüche an die Abstammung der höheren Kleriker. Die Synode von Sardica (343) verlangt vom Bischof ein »gewisses« Vermögen. Im Mittelalter wächst die Ehr- und Prunksucht dieser Menschen ins Abenteuerliche.

Zur Verweltlichung des Klerus trug der Zustrom des Adels bei, der seit der Erhebung des Christentums zur Staatsreligion

471

und seiner Anpassung an die herrschenden Verhältnisse nicht nur christlich, sondern (auch) geistlich zu werden beginnt. Mit Siricius (384 - 399), dem ersten Papst, dessen Dekrete aus dem Jahr 385 im Stil kaiserlicher Erlasse verfaßt sind, kommt wahrscheinlich erstmals ein römischer Adeliger auf den Stuhl Petri.

Mit dem 4. Jh. beginnt die Auseinandersetzung zwischen Stadt- und Dorfbischöfen, deren Rechte man einzugrenzen sucht. 366 streiten Damasus und Ursinus um den Bischofsstuhl von Rom: »... man schlug in der Kirche so erbittert aufeinander ein, daß man an einem Tag 137 Leichen aus ihr entfernte«.

Freilich wird der Bischofssitz ab dem Zeitpunkt attraktiver, als das Christentum zur Staatsreligion erhoben wird; bald wird er zum Zankapfel der Geschichte. Der heidnische Statthalter Roms sagt: »... macht mich zum Bischof, dann will ich (sogleich) ein Christ werden«. Die Bewerber liefern sich blutige Gefechte und Straßenschlachten ... längst ist es mit der Frömmigkeit und Heiligkeit vorbei ... wir sehen auf den Bischofsstühlen Mörder und Ehebrecher«. Antike Korruptionspraktiken werden deutlich.

Das erste Konzil, auf dem lediglich Bischöfe Sitz und Stimme - aber nicht das Sagen haben, wird 325 von Kaiser Konstantin in Nicäae einberufen und von ihm eröffnet. In diesem Zusammenhang kommt es zum arianischen Streit, bzw. zum späteren Ausschluß des Arius von Alexandria. Früh werden Kritiker des sich abzeichnenden Feudalismus als freche, eifersüchtige Leute, als Streit- und Prahlhähne, Heuchler und Dummköpfe diffamiert. Schon frühe Konzilien verdammen einzelne Wahrheitssucher. Die Schriften des Arius werden den Flammen übergeben. Athanasius, damals Bischof von Alexandrian, geht 5 x in die Verbannung. Nestorius, Diodor, Theodoret und Ibas werden als fluchwürdig verdammt. Honorius von Rom wird als todeswürdiger Ketzer gebrandmarkt, obwohl er längst begraben ist. Die Vorstufen der Konzilien sind sog. Synoden, die man zur Besprechung gemeinsamer Angelegenheiten einberufen hat und es noch heute tut.

Der Bischof erhält einen Ring als Symbol seiner Verbindung zur Gemeinde und einen Hirtenstab als Zeichen seiner Würde und Fürsorge. Die Bischöfe anerkennen den Kaiser als Landesherr. Doch immer mehr drängen sie sich in den Vordergrund und maßen sich den Titel eines »Patriarchen« an. Schon 341 wird auf einer in Antiochien gehaltenen Synode allen Geistlichen geringeren Grades von den Bischöfen verboten, sich ohne deren Erlaubnis an den Kaiser zu wenden.

Die Entwicklung erreicht ihren Höhepunkt unter Justinian I. (552 - 562) der die kirchliche Gesetzgebung nahezu völlig durch eine kaiserliche ersetzt. Er kümmert sich um innerkirchliche Belange, veräußert und verleiht Kirchengut, besetzt Bistümer, regelt den Gottesdienst, das Klosterleben, die Abhaltung von Synoden usw.

Seinen Religionsedikten fügen sich (auch) die Päpste, die damals keine im heutigen Sinn sind. In der 2. Hälfte des 6. Jh. fordern die byzantinischen Kaiser Teil an der Wahl und Bestätigung eines Papstes, obwohl sie Vigilius und vor allem den von ihnen abgelehnten Papst Pelagius I. der römischen Kirche aufgezwungen hatten.

Keiner denkt an den Primat des römischen Stuhles. Kaiser Justinian erklärt, die Kirche von Konstantinopel sei das Haupt der christlichen Kirchen und noch 883 wird der Bischof von Lyon Patriarch genannt. Er führt auf der zweiten Synode von Macon den Vorsitz. Wir haben einen schlagenden Beweis dafür, daß der Primat (noch nicht) anerkannt ist.

Die Stiftung des pästlichen Lehr- und Jurisdiktionsprimates durch Mt. 16.18 wird vom Vatikanischen Konzil 1870 als »klare Lehre der hl. Schrift« interpretiert; sie ist aus der Luft gegriffen. Erst ein Dekret aus dem 5. Jh., der Erlaß des Gelasius (492 - 496) über erlaubte und unerlaubte Literatur enthält das erste überlieferte Zeugnis, das deutlich Mt. 16.18 als Stiftungsurkunde des päpstlichen Primats betrachtet. Origenes erwähnt in seinem Schrifttum nichts von einen Vorrang des römischen Bischofs.

Cyprian anerkennt die Primatansprüche nicht; weshalb man in Rom eine Stelle seiner

Schriften fälscht. Nach ihm sind alle Bischöfe gleichrangig. Selbst der von Kleinasien, Firminian von Caesarena, stellt sich auf die Seite Cyprians und wirft dem römischen Bischof Frechheit, Unverschämtheit und Torheit vor. Er nennt ihn albern, unerfahren und verlogen«. Der Kirchenlehrer Ambrosius betont die Gleichheit aller Bischöfe.

Es ist davon auszugehen, daß die frühchristlichen Dogmen unter dem Einfluß von Gewalttaten und Verunglimpfungen entstanden sind[21]. So steht am Beginn des Mittelalters die zur Verheißung gewordene Fälschung. Die Geschichte des Pontifikates zeigt, daß das Papsttum seine Gestaltwerdung unter Zuhilfenahme dunkler Mächte förderte[22]. Markante Fälschungen werden ersonnen.

Konzil von Chalcedon

Seit Innocenz I. (401 - 417) und Zosimus (417 - 418) beharren die Päpste auffallend auf dem Kanon von Sardica, den sie als Produkt des ersten Reichskonzils ausgeben. Im Original berichtet der Kanon nichts von der Vorrangstellung des römischen Bischofs. Innocenz I umreißt zum erstenmal die päpstliche Lehrentscheidung in Glaubensdingen und erklärt, sämtliche Kirchen hätten ihr Leben von der römischen erhalten, wie ein Fluß sein Wasser aus der Quelle. Als kluger Politiker versucht er, den unfähigen Kaiser Honorius zu einer Verständigung mit dem in Italien vordringenden Westgotenkönig Alarich zu bewegen (die Westgoten plündern 410 Rom).

Zosimus festigt den Primat und verurteilt den Pelagianismus. Er leistet sich eine Reihe innerkirchlicher Mißgriffe. Als Zeitgenosse von Augustin versucht er, dessen These des bis heute verhängnisvoll wirkenden »Roma locuta, causa finita« (= Rom hat gesprochen, die Sache ist erledigt) durchzusetzen. Etwa 100 Jahre später wird der Zusatz eingefügt: »... ecclesia romana semper habuit primatum« (= die römische Kirche hat **immer** den Primat gehabt). Während der chalcedonischen Synode 451 wird zur Beschämung der römischen Legaten der echte Text vorgetra-

gen[23] und somit die Fälschung entlarvt. Das 4. Allgemeine Konzil von Chalcedon nannte 451 Marcion nicht nur »Priester und Kaiser«, sondern auch »Lehrer des Glaubens«, was besonderes Gewicht hat, weil das Konzil zur Entscheidung in Glaubensfragen einberufen worden war.

Vor dem Hintergrund wird verständlich, weshalb die Kirche immer wieder den Primat in den Vordergrund schiebt. Es nützt nichts, wenn Leo d.G. (440 - 461) in diesem Sinn taktiert. Seine Bedeutung liegt in seinem Wirken für die Papst-Monarchie und in seinem Kampf gegen diverse Irrlehren[24].

Theodosius ruft mit ihm zusammen das Vierte Allgemeine Konzil nach Chalcedon ein. Inzwischen war dem 6. Kanon des Ersten Allgemeinen Reichskonzils, der den gleichen Rang des Patriarchen von Alexandria **und** des Bischofs von Rom beinhaltet, selbstherrlich ein eigener Passus über den absoluten Primat der Päpste eingefügt worden. Das Konzil hielt gegen den Protest des päpstlichen Legaten an der Gleichrangigkeit von Rom und Konstantinopel fest. Entgegen der historischen Wahrheit erklärte der Papst, Rom wisse nichts von dem genannten Kanon des Konzils von Konstantinopel; aus diesem Dialog entsteht die Spaltung in eine West- und Ostkirche. Er versteift sich zu der Theorie, »... Petrus nahm den apostolischen Primat von Gott entgegen ... die Vollmacht, die Petrus durch Christus erteilt wurde, wurde durch ihn den Aposteln weitergegeben«.

Nichts davon stimmt. Petrus hat von Gott keinen Fürstensitz, sondern (möglicherweise) von Jesus ein Hirtenamt erhalten; er hat seinen Mitaposteln nichts weitergegeben, sondern **mit ihnen zusammen** eine Aufgabe übertragen bekommen. Die gewaltsame Umdeutung erlangte in der Folge eine viel größere Bedeutung ‚als der Papst sie hätte ahnen können.

Während des Konzils von Chalcedon ließ er verkünden: die römische Kirche hat von **jeher** den Primat besessen«. Damit legt er einen wesentlichen - wenngleich gefälschten Baustein zum papakratischen Herrschaftsprinzip, auf dem man weiter bauen wollte und konnte. Mit dem von ihm geprägten Wort: »... Petri dignatis etiam in indigno herede non deficit« (= die Würde des Papstes geht auch in einem unwürdigen Erbe nicht verloren) konnte alles, bis hin zum Verbrechen, gerechtfertigt werden[25].

Prophetisch trägt er vor: »... der Friede der Kirche wird erst Bestand haben, wenn die Gesamtheit (der Menschen) den Papst als Herr und Meister anerkennt[26]. Inzwischen sind 1.500 Jahre vergangen; eine allgemeine Anerkennung liegt nicht vor.

Papst Honorius (625 - 638) hat sich offensichtlich in Glaubensfragen geirrt. Immerhin nennen ihn drei ökumenische Konzilien und mehrere Statthalter Gottes einen Ketzer[27]. Papst Liberius (325 - 366) findet in den Kirchenakten als Ketzer Erwähnung. Man hält ihm vor: »... er habe gemeinsame Sache mit der Häresie des Arianismus gemacht, die behauptet, Jesus Christus sei mit Gottvater nicht wesensgleich«. Welch sophistische Haarspalterei? So etwas interessiert den kleinen Mann auf der Straße nicht. Theologen tüfteln so lang an diesem Aberwitz herum, bis sie glauben, daß ihm etwas wahr erscheinen möge«.

Vigilius (537 - 555) gilt als Irrlehrer. Unter dem Druck des byzantinischen Kaisers verurteilt er die sog. »Drei Kapitel«[28] und wird von nordafrikanischen Bischöfen exkommuniziert. Ein treffendes Beispiel menschlicher Unzulänglichkeit bietet die Bulle »Unam Sanctam« des Papstes Bonifazius VIII. (1294 - 1303) Er stellt die Behauptung auf, daß es häretisch wäre anzunehmen, daß die weltliche Macht von der kirchlichen unabhängig sei. Der Papst sei Gott verantwortlich und könne alle richten. Wer dies nicht als wahr ansehe, sei vom ewigen Heil ausgeschlossen«[29]. Doch: was ist das?

Das 7. Jh. bringt ein zentrales Ereignis von immenser Ausstrahlung mit sich: das Wirken Mohammeds[30]. Seine Religionslehre verbreitet sich rasch in Asien und Nordafrika. Das Christentum hat - bis heute mit zunehmender Verängstigung - einen potenten Gegner gefunden.

Bischöfe profilieren sich

Die Stellung der Bischöfe gestaltet sich positiv. »... mit apostolischen Ehren überhäuft, des beschwerlichen Lebens entbunden, in prächtigen Gewändern schreitend, mit Geschenken überladen und die Macht gepachtet, drücken sie Christen zu Befehlsempfängern herunter«. Aus der Gemeinde wird eine Herde. Die Hirten legen das Glaubensfutter bereit und die anderen haben es zu vertilgen. Sie machen Bedürftige von ihrer Gunst abhängig und lehren, daß derjenige, über den sie in ihrer Vermessenheit einen Fluch gesprochen haben, ewigen Höllenqualen ausgeliefert ist, was sie mit Märchen dokumentieren.

Die Bischöfe haben die Priester zum blinden Gehorsam verpflichtet, denn sie sind es den (später aufkommenden) Kardinälen; diese wieder dem Papst. So bildet sich nach allen Seiten eine Zangenfunktion. Wie ein roter Faden liegt die Mißachtung der Menschenrechte dazwischen. Um die Korruption zu perfektionieren, fehlen nur noch Verordnungen zugunsten des Christentums[31]. Es macht keine sonderliche Mühe, sie herbeizuschaffen. Bald entstehen kaiserliche Gesetze, die Glaubensübertretung unter Todesstrafe stellen. Schon damals wird das Abschreiben ketzerischer Schriften mit dem Amputieren der Hände bedroht.

Justinian erläßt für das römische Reich ein Gesetz mit rückwirkender Kraft, das eine hundertjährige Verjährungsfrist für kirchliche Ansprüche festsetzt[32]. »... kindliche Verehrung des apostolischen Stuhles war zum Inbegriff aller christlichen Tugend geworden[33]. Mit Glauben hat es nichts mehr gemeinsam; das Gehabe bleibt nicht unerkannt.

Hilarius v. Poitiers kontert geschickt und sagt: »... ihr Bischöfe, sagt mir doch, welches die Mittel waren, deren sich die Apostel bei der Verkündigung des Evangeliums bedienten? Haben sie mit ihrer Hofgunst geprunkt? Hat Paulus mittels königlicher Edikte die Gemeinden zusammengetrieben? Haben wir es dem kaiserlichen Schutz zu verdanken, wenn das christliche Bekenntnis über den

Volkshaß siegte? Gibt man noch aus Hochmut vor, Christus zu schätzen? ... weshalb wendet die Kirche das Mittel der Verbannung an? ... wo sind die demütigen Männer geblieben, die dürftig gekleidet, die Eitelkeit nicht kannten und die doch Tausende mit dem Wort bekehrt haben?[34]. Die Stimme des Aufrichtigen verhallt im Glaubenswahn.

Von dieser geistigen Grundhaltung aus, die das Fundament der Unfehlbarkeitsidee ist, wird verständlich, daß man das nun abzeichnende Glaubensimperium nur mit Zwängen zusammenhalten kann. Die »Institution« Kirche hat sich nicht gescheut, drastisch durchzugreifen, wenn es um die Wahrnehmung **ihrer** Interessen ging. Dadurch hat sie sich allmählich eine feste Schlinge um den Hals gelegt, die sich durch wissenschaftliche Kritik langsam, doch immer fester zuzieht. Die Kirche geht nicht mit der Zeit, sondern gegen sie.

Die abendländische Geschichte stellt die Fehlbarkeit der Päpste unter Beweis. Durch **ihr** Unvermögen sorgen sie dafür, daß **ihr** Handeln und Verhalten angezweifelt wird. Anhand der realen Geschichte - der Dogmen unterworfen sind - ist jede Unfehlbarkeit eine Anmaßung.

Oft hatten die Päpste übereilt gehandelt, sich von Emotionen hinreißen lassen, stets waren sie getäuscht, belogen, betrogen und durch ihr voreiliges Handeln wie aufdringliches Verhalten in die Irre geführt worden. Es sind Indizien für ihre Schwäche und Beweise **gegen** die Unfehlbarkeit. Viele Daten zur Kirchengeschichte lassen sich nur unter der Voraussetzung der Fehlbarkeit begreifen.

Die Jahrhunderte des Schreckens, sei es im Verbund mit der Niederkämpfung der angeblichen Ketzer, die Tribunale der Inquisition, die Herausbildung des Teufels- und Hexenwahns mit unvorstellbaren Folgen, das Lodern der Andersgläubigen auf von Christen geschürten Scheiterhaufen, das Quälen der Opfer in christlichen Folterstuben und in den KZ's, die Verfolgungen Andersfühlender und die religiöser Minderheiten, die Religionskriege, das Halten von Leibeigenen, die Mißachtung der Frauen, die sexuellen Expaden der hohen und niederen Geistlichkeit, die doppelte Moral und die nachweisbaren Fälschungen zur Absicherung des Kurialsystems sollen nach Meinung der Kirche unter den Tisch des Herrn gefegt werden.

Man kann es nicht so hinstellen, als hätten die kirchlichen Machthaber nicht um die historischen Zwänge und Ballaststoffe gewußt. Dadurch haben sie dem System der von ihnen proklamierten Unfehlbarkeit den Lebensfaden abgeschnitten.

Die päpstliche Machtfülle ruht auf Illusionen und man kann nicht auf Petrus zurückgeführt werden. Dies bedeutet, daß die monumentale und von der Christenheit finanzierte Peterskirche nicht über seinem Grab steht und daß die sie zierenden Goldbuchstaben - für viele ein Glaubensbeweis - mit dem markigen Ausspruch - aus der Luft gegriffen sind. Sitzt die römisch-katholische Kirche einem gigantischen Irrtum auf?

Jesus v. Nazareth hat die Kirche nicht begründet. Er war lediglich ein Sektenführer. Erst Generationen nach dem Herausschälen der urchristlichen Gemeinden entsteht die Notwendigkeit, einen allgemeinen Glaubenskonsens zu finden[35].

Die kirchliche Autorität entwickelt sich langsam. Durch einen politischen Winkelzug gelangt das Christentum zur Macht. Nun entsteht parallel eine Hierarchie. Kirchliche Würdenträger übernehmen politische Funktionen, Gesetze beginnen zu verschmelzen und das sog. »Kirchenrecht« geht erste Schritte.

Um das Jahr 200 liegt mit dem »muratorischen« Fragment der erste Kanon der christlichen Schriften vor. 200 Jahre danach wird das von Fälschungen gekennzeichnete »Neue« Testament näher umrissen.

Die Stellung der »alten« Päpste ist unsicher[36], sie verfügen über wenig Gewalt[37] und haben nur bedingt Einfluß. Von ihrer Unfehlbarkeit kann keine Rede sein, denn (auch) ihre Zentralgewalt schält sich erst langsam heraus. Es dauert Jahrhunderte, bis ein Papst als Statthalter Gottes in den Zenit der kirchlichen Interessen gerückt wird.

Frühchristliche Kirchenführer erlassen weder »allgemeinverbindliche« Glaubenssätze, noch greifen sie übergeordnet in das Zeitgeschehen ein. Der »römische« Bischof hat nicht die Kompetenz, eine Person, bzw. Gemeinde aus der kirchlichen Gemeinschaft zu schließen. Frühe Synoden werden durch weltliche Machthaber angeordnet, wobei das Stimmrecht der Kirche begrenzt ist. Daß dem so ist, soll an einigen Beispielen verdeutlicht werden:

- Keine der damals als häretisch angesehenen Sekten berichtet von einem Vorrang der päpstlichen Autorität. Rom wird **nicht** als Zentrum des Glaubens geannt.

- Papst Victor (ca. 189 - 198) versucht, die kleinasiatischen Kirchen durch Ausschluß der Annahme des römischen Brauches zu nötigen. Er kann sich **nicht** durchsetzen und wird zurückgepfiffen[(38)].

- Mehrere afrikanische und asiatische Kirchenführer lehren, daß (auch) die außerhalb der Kirche in getrennten Gemeinschaften erteilte Taufe gültig ist. Papst Stephanus (245 - 257) lehnt sich dagegen auf. Ihm wird vorgehalten: »... daß er kein Recht habe, anderen etwas vorzuschreiben«.

Der Bischof Firminian von Kappedonien sagt in einem Zirkular: »... mit Recht muß ich mich in diesem Punkt über eine so offenbare und unverkennbare Torheit des Stephanus ärgern, welcher sich seines Bischofssitzes rühmt und (sich) für einen Nachfolger des Petrus ausgibt«.

- Das 434 verfaßte »Commonitorium« des Vincenz v. Lerins enthält kein Wort über die Unfehlbarkeit.

- In keiner hierarchischen Vorstellung wird die Papstwürde anerkannt. Der spanische Theologe Isidor von Sevilla, teilt 631 die Rangstufen des Kirchenstaates in Patriarchen, Erzbischöfe und Bischöfe ein.

Bis auf Irenäus schweigen die Kirchenväter zum Thema der päpstlichen Vorzugsstellung. Selbst Exegeten beziehen sich **nicht** auf die Nachfolge von Christus[(39)] und keiner von ihnen erklärt den Felsen, auf dem Christus seine Kirche zu bauen vorgegeben haben soll, als ein dem Petrus übertragenes Amt. Sie verstehen darunter entweder Christus selbst oder den Petrus bezeugten Glauben an ihn.

Theologische Rechtfertigung

Hunderte von Geistlichen müssen herhalten, um das Unmögliche abzusichern; bislang stehen gesicherte Beweise aus. Sie berufen sich auf die von Irrtümern durchwobene Bibel. Sie zitieren im wesentlichen Matth. 16.18-19[(40)] und Joh. 21.15-17[(41)]. Die Quellen sind nicht abgesichert und haben mit der Unfehlbarkeit nichts zu tun.

Hunderte von Theologen rasseln mit dem Rosenkranz, um Unmögliches salonfähig zu machen. Das gleiche gilt für bedeutende katholische Universitäten. Manche scheuen sich nicht zu behaupten: »... daß alle(!) Theologenschulen und besseren Theologen die päpstliche Unfehlbarkeit lehrten«.

Es ist nicht wahr und bedeutet nichts[(42)]. Die wundersame Liste beginnt mit dem möglichen Apostelkonzil von Jerusalem. Der Erzbischof Giuseppe Cardoni sagt in diesem Zusammenhang: »... durch die Anwesenheit des Petrus habe es göttliche Autorität erhalten«. Es würde eine göttliche Existenz voraussetzen. Tatsache ist, daß über diese Versammlung so gut wie nichts bekannt ist. Ein solcher Anspruch kann daraus **nicht** abgeleitet werden.

Viele Geistliche und Kirchenführer haben ein gespanntes Verhältnis zur Geschichte. So entdeckt der Kardinal Henri Marie Gaston de Bonnechese bereits im Alten Testament Ansätze für die päpstliche Unfehlbarkeit. Der Bischof Nicolas Dabert v. Perigeux meint zu wissen, daß Christus schon den israelitischen Magistern eine Art Unfehlbarkeit zuerkannt hat.

Der Erzbischof Paul Cullen v. Dublin weiß zu berichten, »...bereits der heilige Patrick (385 - 461), der Apostel Irlands, habe die päpstliche Unfehlbarkeit verkündet, als er die dortige Landeskirche aufbaute[(43)]. Geschickt kontert der Erzbischof John Baptist Purcell von Cinicatti: »... Patrick habe sich sehr wohl um die kleinsten Dinge gekümmert. So habe er beispielsweise seinen Priestern eingeschärft, daß sie beim Messelesen Unterhosen tragen müßten; die päpstliche Unfehlbarkeit habe er nicht gefordert«[44].

Die Befürworter der Unfehlbarkeit bemühen etwa 40 Kirchenväter zur Absicherung des Unhaltbaren. Die Auseinandersetzung konzentriert sich auf Irenäus (v. Lyon), Abrosius I. (v. Mailand) und Augustinus (v. Hippo). Der heilig gesprochene Irenäus (gest. um 202) hat geschrieben: »... alle Kirchenväter **müßten** mit der römischen übereinkommen, da sie einen größeren Vorrang hat«.

Es ist unsicher, ob Irenäus als Primatzeuge Gewicht hat. Viel eher wird das politische Moment der Kirchenführung erkennbar.

Ambrosius soll gesagt haben: »... wo Petrus ist, da ist die Kirche«. Korrekt ausgelegt, muß man daraus schließen, daß sie **nicht** in Rom angesiedelt ist, denn Petrus ist nicht dort gewesen. Von Augustin soll der Ausspruch stammen: »... Rom hat gesprochen, und die Sache ist erlegt«, was er anderweitig abgekupfert hat. Es läßt sich nachweisen, daß Augustin dieses Zitat nicht verwendet hat, denn für ihn war der Konsens der Kirchen - somit die konziliaren Definitionen - Glaubensregel.

Thomas von Aquien kann **nicht** als Befürworter der Unfehlbarkeit in Anspruch genommen werden, weil seine Äußerungen sporadisch und unklar sind: er gesteht dem Papst Lehrautorität zu, spricht aber zu keinem Zeitpunkt von der Unfehlbarkeit seiner Entscheidungen.

431 erklären römische Legaten auf der Synode von Ephesus: »... Petrus, dem Christus die Binde- und Lösegewalt verliehen hat, lebt und richtet fortwährend in seinen Synoden«[45]. Dem widerspricht der 28. Canon der Synode von Chalcedon, denn hier wird gesagt: »... die Väter seien es gewesen, die der römischen Kirche wegen ihres politischen Ranges den Vortritt zuerkannt haben«. Kurz danach stellt man heraus: »... man müsse bei den Päpsten eine von Petrus ererbte Unschuld und Heiligkeit annehmen«.

495 stellt Gelasius die Behauptung auf: »... Rom bestätigt jedes Konzil und urteilt über die (anderen) Kirchen ... denn die christliche habe durch Gottes Wort den Primat empfangen«[46]. Papst Gregor d.G. (590 - 604) weist die damit verbundene Machtfülle zurück und duldet nicht, »... daß man ihm einen so frevelhaften Titel beilegt«[47].

845 erfolgt eine markante Fälschung im Kontor der Kirche. Sie ist fast so gewichtig, wie die Entfremdung der christlichen Bibel von einem möglichen Urtext und somit von der Wahrheit. Mit den »Pseudo-Isidorischen« Dekretalen werden die Grundsteine der 1.000 Jahren später manifestierten »Unfehlbarkeit« eingeleitet. U.a. wird vorgetragen:

- Jede Synode bedarf der Genehmigung oder Bestätigung ihrer Beschlüsse durch den Papst. Ihm steht in Glaubenssachen die Machtfülle zu.

- Die römische Kirche bleibt bis zu ihrem Ende von jedem Irrtum befreit[48]. Der Bischof ist ein dienender Bischof des Papstes.

Bald danach regen sich päpstliche Machtgelüste, denn die Bedeutung dieser Position wird erkannt. Während der Synode von Sardica (343) wird der Versuch unternommen, sich richterliche Gewalt beizumessen. Hier wird die Bestimmung getroffen, daß Papst Julius befugt sei, ein Gericht über einen Bischof in zweiter Instanz zu berufen, bzw. in letzter Instanz zu fällen. Er kann sich **nicht** durchsetzen. 419 schreiben die afrikanischen Bischöfe an Bonifazius: »... wir sind entschlossen, uns diese Anmaßung nicht gefallen zu lassen«.

Nikolaus nützt um das Jahr 863/64 geschickt die Lage, indem er dem griechischen Kaiser, dem fränkischen König Karl und den Bischöfen mitteilen läßt: »... daß der Papst der oberste Richter sei«. Die Bedenken der fränkischen Bischöfe schlägt er nieder und hebt hervor: »... die römische Kirche hat Beweise (Anm. was de facto nicht der Fall ist) und besitzt die alten Dokumente[49]. Folgerichtig wird auf der in Rom gehaltenen Synode das Anathem über diejenigen gesprochen, die eine vom Papst geäußerte Lehre mißachten.

Um die Unfehlbarkeit abzustützen, besinnt man sich auf das 4. ökumenische Konzil v. Konstantinopel (869 - 870) des Papstes Homisdas (514 - 523) das die Formel approbiert, die besagt, daß die katholische Religion vom apostolischen Stuhl stets unversehrt bewahrt worden sei. Die Befürworter verschweigen, daß hier Druck ausgeübt worden ist, was Hefele in seiner Konzilsgeschichte vermerkt[50]. Zudem muß der Charakter dieser Versammlung als dubios bezeichnet werden[51].

Auf dem Konzil von Loudun (1143) wird die Verletzung der Kirche oder des Kirchhofs, die Handanlegung an einen Geistlichen und auf dem zu Avignon (1209) der Meineid und die Verachtung der kirchlichen Zensuren dem päpstlichen Stuhl reserviert (= reservationes papales). Also übten bis dahin die Bischöfe unabhängig vom Papst das Absolutionsrecht aus.

Dann wird das zweite ökumenische Konzil von Lyon aus dem Jahr 1274 in die Waagschale der Ungerechtigkeit geworfen. Im Glaubensbekenntnis der Griechen wird der römischen Kurie der Primat des Glaubens zugeschrieben. Glaubensstreitigkeiten müßten demzufolge durch ein Urteil entschieden werden. Tatsache ist, daß nur der byzantinische Kaiser Palaiologus (1224 - 1282) dieses Bekenntnis angenommen hat. Ein konziliarer Beschluß liegt nicht vor. Das Bekenntnis wird nicht rechtswirksam verkündet und mit keiner Silbe wird die Unfehlbarkeit des Papstes erwähnt.

Unter dem Pontifikat von Nikolaus III. (1277 - 1280) stellt der Franziskanerpater Olivi (1248/49 - 1298) die These auf: »... für die Katholiken sei der Papst in Glaubensfragen ein untrüglicher Maßstab«. Dann wird behauptet, das Konzil von Florenz (1438 - 1445) habe die päpstliche Unfehlbarkeit definiert, weil es erklärt, daß der Papst der höchste Lehrer aller Christen sei[52]. Auch wenn Nikolaus von Kues (1401 - 1464) mit dem Begriff der Unfehlbarkeit hausieren geht, besagt dies wenig[53].

Selbst die kühnsten Vertreter der Unfehlbarkeit kommen nicht um das Geständnis herum, daß sich die Päpste irren können. Innocenz IV. gibt es unumwunden zu[54]. Wer sich mit der Kirchengeschichte auseinandersetzt, gelangt zum gleichen Ergebnis.

Die Befürworter der Unfehlbarkeit denken nicht logisch, sondern theologisch, also bekenntnisgebunden. Ein Mann aus den eigenen Reihen straft sie der Unaufrichtigkeit. Der Bischof Joseph Hefele von Rottenburg, ehemaliger Kirchenhistoriker in Tübingen und Verfasser einer umfangreichen Konzilsgeschichte, sagt treffend: »... verzeiht mir, wenn ich einfältig spreche: die alten Dokumente der kirchlichen Geschichte, die Schriften der Väter und die Akten der Konzilien sind mir bekannt, aber die Lehre von der Unfehlbarkeit ist dort nicht enthalten«.

Die Befürworter der Unfehlbarkeit müssen sich vorwerfen lassen, sich auf Texte zu berufen, die unecht, verstümmelt oder interpoliert sind. Die Wertlosigkeit der meisten Argumente macht es schwer, an die Lauterkeit der Vortragenden zu glauben«[55].

Sklaven, Folter, Wucher

Bemerkenswert ist die Haltung der römisch-katholischen Kirche gegenüber den Sklaven. In der Antike sind sie in religiöser Hinsicht in der Regel den Freien gleichgestellt. Das Feudalsystem des Mittelalters galt als gottgewollt, als Wiederschein einer »gedachten« göttlichen Ordnung. Während dieser Epochen verwarf die Kirche weder die Sklaverei noch den Sklavenhandel.

Das frühe Christentum zeigt sich liberal. Anfangs sind die Sklaven gleichberechtigt und ämterfähig. Gingen einst Bischöfe aus ihrem Stand hervor, galten sie später als

Papst Clemens XIV. (Giovanni V. A. Ganganelli). Sant 'Arcangelo bei Rimini 31.10.1705. Rom 22.9.1774. Er wurde das Opfer eines (wohl jesuitischen Giftanschlages. Portrait von unbekannter Hand. Rom. Vatikanische Museen. Mit freundlicher Genehmigung AKH. Berlin.

Menschen »zweiter« Klasse. Es steht im Widerspruch zur christlichen Lehre. Seit Leo I. war die Erhebung eines Sklaven zum Bischof verboten. Papst Gelasius I. (492 - 496) ließ Sklaven, ja Hörige, nicht mehr als Kleriker zu, während einst ehemalige Sklaven wie Pius um 140 u.Z. oder Kallist (218-222) auf dem römischen Bischofsstuhl gesessen haben.

Im Jahr 217 oder 218 erlaubt der römische Bischof Kallist, Frauen vornehmen Standes, einen Beischläfer ihrer Wahl zu haben, sei es einen Sklaven, einen Freien: und diesen selbst ohne rechtmäßige Ehe als ihren Mann anzusehen. Er lehrt, daß ein Bischof selbst dann nicht abgesetzt werden könne, »wie schwer seine Sünden auch seien«.

Kallist spekuliert mit fremdem Kapital, begeht Unterschlagungen, feilschte und raufte mit den Juden und landete als Sträfling in einem sizilianischen Bergwerk. Von dort gelangt er mit Christen nach Rom, verdrängt den gebildeten Hippolyth und wird auf Umwegen Papst. Durch die Vergebung von Ehebruch und Hurerei macht er sich beliebt.

Der 1. Petrusbrief fordert Gehorsam auch gegenüber harten Herren und ein geduldiges Ertragen der Schläge. Die alte Kirche sah in der Sklaverei eine unentbehrliche zur Ordnung der Welt gehörende Institution. Sie war für sie selbstverständlich. Während der Sklave früher nur aus Ohnmacht und nackter Furcht gehorchte, bringt die Kirche eine sittliche Komponente ein[56].

Bischof Ignatius schreibt: »... die Sklaven sollen sich nicht aufblähen, sondern zur Ehre Gottes noch eifriger Dienste tun, damit sie (eine) herrlichere Freiheit vor Gott erlangen«[57]. Der Kirchenlehrer Ambrosius nennt die Sklaven ein »Gottesgeschenk«. Augustin hält an dieser Anschauung fest. Er sieht hier die natürliche Ungleichheit der Menschen begründet. Er weist christliche Sklaven, die unter Berufung auf das Neue Testament nach einem sechsjährigen Dienst um Freilassung bitten, zurück.

Die Synode von Karthago (419) spricht den Sklaven das Recht ab, als Zeuge oder Kläger vor Gericht aufzutreten. Noch im 5. Jh. gibt es Christen, die Tausende von Sklaven beschäftigen. Selbst der Sklavenzustrom wird aktiviert. Ihre Bekehrung mit der Peitsche macht der christliche Staat dem Herrn zur Pflicht.

655 erklärt das 9. Konzil von Toledo im Kampf gegen die Unzucht der Geistlichkeit: »... wer daher vom Bischof bis zum Subdiakon herab aus fluchwürdiger Ehe, sei es mit einem Freien oder mit einer Sklavin Söhne zeugt, soll kanonisch bestraft werden; die aus einer solchen Befleckung erzeugten Kinder sollen immer als Sklaven der Kirche gehören, bei der ihre Väter, die sie schandmäßig erzeugten, angestellt waren«.

Im gleichen Maß bestand das Problem der rechtmäßig verheirateten Priester. Nachdem Benedikt VIII. Priesterkinder, also die wehrlosen Opfer der zölibatären Zwänge, zu Gesetzlosen und »Sklaven der Kirche« erklärte, erweitert Leo IX. diesen Barbarismus dahingehend, daß er auch Ehefrauen von Priestern ebenso wie Konkubinen zu Sklavinnen der Kirche erklärte, was der Kirche Roms billige Arbeitskräfte sicherte[58].

Während die Kirche nach außen Liberalität zeigt, ist sie selbst weit davon entfernt, mit einem guten Beispiel voranzugehen. Es ist nachweisbar, daß man in klerikalen Kreisen weit über das Mittelalter hinaus Sklaven besessen, ge- und verkauft hat. Die Päpste sehen in der Sklavenhaltung kein Unrecht. Sie ziehen am Strang der Reichen und Großgrundbesitzer. Erst im 19. Jh. hat die Kirche unter Gregor XIV. die Verteidigung der Sklaverei ausdrücklich untersagt.

889 stiftet der Fürst v. Salerno der Kirche zum heiligen Maximus einen Lupus mit seiner Familie, ihrer beweglichen und unbeweglichen Habe[59]. In einer von Muratori reproduzierten Urkunde aus dem Jahr 975 vereinbaren der Bischof Andalongus und der Presbyter Arsualdus einen Sklaventausch, den sie sich gegenseitig bestätigen[60].

Daß kirchliche Sklavenhalter ebenso unnachgiebig wie weltliche sind, liegt auf der Hand. So verbietet das Konzil von Toledo, Kirchensklaven zu verstümmeln[61]; also **muß** es in der davorliegenden Zeit zu Mißbräuchen gekommen sein.

In einer Streitsache aus dem Jahr 905 erklärt der Erzbischof v. Mailand gegenüber der ihm zugeführten Sklaven: »... die gottseligen Kaiser Lothar und Karl haben euch dem Kloster des hl. Ambrosius v. Mailand überwiesen, und wie ihr deren Sklaven ward, seid ihr nun unsere ... was immer wir euch heißen und befehlen, habt ihr zu tun«[62].

In den Dekretalen, einer Sammlung von Kirchengesetzen um 1230, findet sich ein Titel[63], demzufolge Sklaven neben dem Acker als Bestandteile der Immobilie betrachtet werden. Im 13. Jh. werden in der Umgebung Roms Sklaven verkauft[64]. In einem Streit mit der Republik Venedig erklärt Clemens V. 1309 alle Venetianer für Sklaven[65]. Wo ist die christliche Nächstenliebe geblieben?

1532 wird eine Verordnung publiziert, die den Geistlichen das Halten von Sklaven untersagt. Am 9. Juli 1539 erklärt der Papst kraft apostolischer Machtfülle - aufgrund ihm zugespielter Nachrichten - die Indianer für wirkliche Menschen. Er verdammt die Behauptung, daß man sie erst zu Sklaven machen müsse, ehe man daran denken kann, sie als Christen zu bezeichnen[66].

Im Zusammenhang mit der Entdeckung Amerikas kommt es zu eklatanten Ungerechtigkeiten gegenüber Minderheiten. Der Bischof von Fonseca ist Besitzer von 800 Sklaven. Die Eroberer betrachten die Ureinwohner als wilde Tiere und machen Jagd auf sie, obwohl der Priester Las Casa vorträgt: »... die Menschen, welche die unermeßlichen Gegenden bewohnen, sind Geschöpfe ohne Falschheit und Doppelzüngigkeit ... sie sind geduldig und friedfertig, unfähig sich zu empören, unfähig zu Haß und Rache. Räubereien kommen unter ihnen nicht vor. Der Diebstahl ist ihnen unbekannt. Sie sind arm, aber friedlich. Verlangen nach irdischen Gütern kennen sie nicht. Hab-, Herrsch- und Ehrsucht sind ihnen fremd ... ihre Sitten sind rein. Sie zeigen die besten Neigungen zum Christentum«.

Doch als die Christen kamen, breitete sich ein Leichentuch von unermeßlichen Dimensionen über sie. Wildgewordene Christen vergewaltigen Frauen, nehmen Kleinkinder an den Beinchen und schlagen ihren Kopf unter dem Vorwand an einen Stein, um dem Nationalheiligen Santiago de Compostella ein gefälliges Opfer zu bringen.

Papst Pius VI. erklärt am 10. März 1791 unter Bezugnahme auf den 15. Kanon des Konzils von Toledo aus dem Jahr 638: »... daß das, was der Kirche einmal geopfert worden sei, auch bei ihr verbleiben müsse ... sei es Mensch, Tier oder Feld«[67].

Es ist unbestritten, daß die römisch-katholische Kirche in der Sklavenfrage eine unrühmliche Rolle spielt. Man darf es nicht mit Schenkungen abtun, denn Menschen **kann** man nicht verschenken. Hier wäre eine Chance zur Profilierung gewesen.

Die Kirche schützt nicht die Schwachen, sondern die Starken, damit sie selbst der Stärkste bleibt. Daraus entsteht ein zusätzlicher Religionszwang; aus ihm erklärt sich der päpstliche Wille, sich hoch über die Menschen zu stellen, wo sie doch selbst nicht mehr oder weniger sind.

Weil es keinen nachweisbaren Gott in einem nachweisbaren Himmel gibt, können sie **nicht** als deren leibliche Statthalter auf der (auch) von der Kirche sittlich verwüsteten Erde angesehen werden. Doch mit dem Halten von Sklaven ist es nicht getan. Die Kirchenführung verlangt die pünktliche« Anwendung der Folter, um Interessen durchzusetzen.

Freilich ist es nicht als Strafe zu verstehen. Sie wird angewandt, um die Wahrheit zu erforschen. Die damit verbundenen Schwächen werden früh erkannt. In den Schriften des Gregor v. Tour kommt der Ausdruck »tortura« im Sinn einer Geständniserzwingung vor. Der Terminus »Marter« hat eine kirchliche Bedeutung im Sinn eines »Blutzeugnisses«. Daraus leitet sich der Begriff des Märtyrers[68] ab. Luther verbürgt sich für die Anwendung der Folter[69].

Ich verweise darauf, daß man im Zusammenhang mit den Hexenverfolgungen vom 16. - 18. Jh. unter christlichem Einfluß tausendfach gefoltert hat. Man hat die Ruten in den Folterkammern mit Weihwasser geweiht, um die Delinquenten desto gefügiger zu machen. Man hat ihre Speisen mit Weihwasser zubereitet. Noch heute gibt es Menschen, die sich Christen nennen und ünbarmherzig foltern. Auch der Zwangsglaube ist eine Folter, denn er unterbindet wirkliche Religiosität.

Die Fakten verdeutlichen, wie wenig der heutige Katholizismus mit der ursprünglichen Idee des Christentums gemeinsam hat. Wenn einem Papst oder kirchlichen Würdenträger das Machtmittel der Folter zu Gebote steht, kann er nicht unfehlbar, sondern bestenfalls ein Unmensch sein.

Das gleiche gilt für all die christlichen Schergen, die im Lauf der Jahrhunderte gegen Juden und Andersdenkende gewütet haben, die die KZ's verwaltet und dort unmenschliches Leid verursacht haben. Auch Adolf Hitler ist Katholik gewesen! Eine solche Religion ist nicht glaubwürdig. Doch zurück zur Geschichte.

Ein weiteres kommt hinzu, Die Anmaßung der Kurie nach dem Machtmittel Geld und der damit sich verbindende unermeßliche Reichtum der Kirche, den sie im Lauf der Jahrhunderte auf dem Buckel des kleinen Mannes angehäuft hat. Er ist über weite Strecken unredlich erworben und die »kirchliche« Zinsfrage[70] ist ein ebenso dunkler Fleck auf ihrer Weste wie die Proklamation der sog. Unfehlbarkeit.

Bereits Cyprian beklagt sich über die Hinterlist unter den Klerikern, die er zu den Wucherern zählt; es sind »tonsurierte Harpyen«. Auch hier sind die Geistlichen die Vorturner und die Christen ihre Nachbeter. Die Mittel, um die christlichen Schatzkammern zu füllen, waren nicht immer lobenswert.

Die römischen Bischöfe wußten und wissen um die Macht des Geldes. Es ist zu fragen, weshalb gerade die christliche Kirche, begründet auf Armut und Nächstenliebe, zur reichsten Grundbesitzerin der Erde aufsteigen konnte. Der negative Einfluß von zu viel Kapital hat einzelne Bischöfe verblendet und zu Despoten gemacht[71].

Während die Kirche auf der einen Seite das Zinsnehmen und Wuchern als Todsünde deklariert[72], durchziehen kirchliche Agenten die Länder und brandschatzen wehrlos gemachte Völker; die Päpste selbst übten, was sie anderen als Sünde untersagten, ohne Scheu und Skrupel. Die Praxis des Wucherns kennzeichnet den Weg auf der Reise zur päpstlichen Machtfülle und der daraus abgeleiteten Unfehlbarkeit.

Es ist bloße Theorie, wenn Benedikt XIV. verlautbaren läßt: »... jeder aus einem Darlehen gezogene Gewinn, mag er groß oder klein, von Armen oder Reichen sein, ist mit wucherischem Schmutz behaftet. Nach der kirchlichen Lehre machen sich die Zinsnehmer der Todsünde schuldig[73]«. Demzufolge müßten alle kirchlichen Bankinstitute geschlossen und der Hölle überwiesen werden.

Er spricht wie ein Blinder von der Farbe und erkennt nicht, daß es **seine** Organisation ist, die das Wuchern bestärkt und die den Zinswucher provoziert. Es ist darauf zu verweisen, daß 1522 auf dem Reichstag von Nürnberg dem päpstlichen Legat Cheregati mitgeteilt wird: »... daß die Offizialen und Richter um eines jährlichen Zinses willen nicht nur Fleischessünden, sondern auch dem Wucher durch die Finger sehen«[74].

So entpuppt sich der Apparat des Kurialsystems als Tummelplatz der Korruption, des Ämterschachers und der Simonie[75], wobei die sog. »Leihämter«[76] als besondere Betrugsvariante anzusehen sind.

Kirchenkampf, Wende, politische Festigung

Wir müssen es richtig sehen; die Kirche kämpft europaweit gleichzeitig an verschiedenen Fronten. Früh haben sich selbstherrliche Päpste in Konflikte mit weltlichen Machthabern gebracht. Mehr als zehnmal haben sie Kaiser und Könige mit dem nichtigen Bann belegt; wenigstens 6 Könige haben Päpste abgesetzt oder ihnen mit der Absetzung gedroht.

Der päpstlichen Sucht nach Weltherrschaft und Anerkennung stehen viele »innere« Machtkämpfe gegenüber. Sie werden mehr in der Stille geführt, sind aber transparent genug, um beurteilt werden zu können. **Die Päpste haben ihre Machtansprüche mit einer Reihe nachweislicher Fälschungen ge-**

rechtfertigt. Es gehört zu den dunkelsten Seiten der römisch-katholischen Kirche, daß sie ihren Machtzuwachs auch dann nicht rückgängig machte, als aller Welt, einschließlich der katholischen, bekannt geworden war, daß sie ihn Manipulationen verdanken.

Die alte Vorstellung, daß ein Zusammengehen der weltlichen Herrscher mit den geistlichen für beide Seiten sinnvoll ist, wird von einigen Päpsten in geschickter Weise einseitig genutzt. Deutlich wird es u.a. in den langen Intervallen der sog. Christianisierung, die noch heute von der römisch-katholischen Kirche als Wohltat für die sündige Menschheit deklariert wird. Das Missionieren ist ein zweifelhaftes Verdienst; die Frage ist, ob sich das Abendland nicht ohne diese z.T. dubiosen Aktivitäten früher, besser und freier entwickelt haben würde, als durch die »geistige« Zwangsjacke.

Ein bedeutender Missionar war Bonifazius. Er hat mit unbeugsamer Tatkraft nördlich der Alpen dem welschen Geist zum Sieg verholfen, die Kirche nach den Wünschen Roms organisiert und die moralische Autorität des Papstes auf den Thron gehoben; er wird zum Bahnbrecher des Primats. »Bonifazius war der unterwürfigste Vasall des Papsttums, der die alte Niederlage des Varus an den späten Nachkommen und in denselben Gegenden rächte, indem er Deutschland Rom und der lateinischen Sprache unterwarf«.

Papst Gregor II. erhebt ihn zum Reichsbischof und Legat für Deutschland. Er begründet die Klöster Würzburg, Erfurt, Eichstätt und Buraburg; ferner die Kirchensprengel Salzburg, Passau, Freising und Regensburg. 745 wird er Erzbischof von Mainz. Daraufhin gründet er das Kloster Fulda, wo er 755 in Gemeinschaft mit 52 Gleichgesinnten auszieht, um unter den Friesen das Werk der Bekehrung fortzusetzen. Es kommt zu Meinungsverschiedenheiten. Er wird zusammen mit 42 anderen erschlagen.

Karl d.G. betrachtet den Krieg als erlaubtes Mittel, um den Bestand seines Reiches zu sichern. Er aktiviert die Christianisierung der Sachsen und setzt auf die Verweigerung der Taufe den Tod[77]. Wohl unter dem Einfluß

der Geistlichkeit fällt er über die freien Sachsen her, um sie dem Christentum zuzuführen. Karl lädt zu einer gütlichen Verhandlung die sächsischen Könige und Vollfreien nach Vreden (Aller) ein: es sind Hunderte. Karl läßt sie von einem Heer umstellen und niedermetzeln, denn er war katholisch. So wird der sächsische Widerstand gebrochen.

Der Mönch Lebuin droht den Sachsen: »... dann werdet ihr endlich den Weg zum »rechten« Glauben finden ... folgt ihr nicht, so sendet der Herr des Himmels seinen tapferen, klugen und mächtigen König über euch. Wie ein Wildwasser wird er über euch hereinstürmen, alles zerschmetternd ... er wird eure Frauen und Kinder zu Sklaven machen«[78].

Karl d.G. hält sich 800 in Rom auf, um aufgrund seiner Siege über den Langobardenkönig Desiderius die Würde eines römischen Kaisers anzunehmen. In der Peterskirche tritt ihm Leo III. entgegen, setzt ihm die Krone auf das Haupt und sagt: »... Carolo Augusto, dem von Gott gekrönten und friedenbringenden(!) Kaiser der Römer ... Leben und Sieg«. Daraufhin wird er vom Papst gesalbt.

Leo proklamiert seine Tat durch die Anfertigung eines großen Mosaiks im Saal des Lateranpalastes. Hier ist Christus dargestellt, wie er dem knienden Papst die Schlüssel des Himmels und der Hölle, dem knienden Kaiser hingegen eine Kreuzzugsfahne übergibt. Als der Kaiser 814 stirbt, versuchen die Geistlichen, dessen Sohn Ludwig für ihre Zwecke zu gewinnen und gefügig zu machen; doch er ist nicht wie sein Vater.

Erst mit zartem Geplänkel, dann aber immer massiver und agressiver, sucht man sich vom Joch der weltlichen Herrschaft abzunabeln. Dieser Vorgang beansprucht Jahrhunderte.

Selbst Gregor I. (590 - 604) zeigt sich demütig. In einem Brief an den Kaiser Mauritius schreibt er: »... wer bin ich, der ich zu meinem Herrn rede, als Staub und Wurm«. Er bezeichnet sich als einen »unwürdigen Diener« und nennt den Kaiser einen »frommen Herrn, dem die Gewalt über alle Menschen vom Himmel herab erteilt worden sei«.

Augustin vertrat die merkwürdige Auffassung, daß das Priestertum über den Königen steht. Die Kirchenlehrer Chrysosthomus und Ambrosius erklären, daß sich der geistliche Stand im Gegensatz zum Volk wie die Seele zum Leib oder wie das Gold zum Blei verhalte.

Bischof Martin (649 - 655) wagt es, sich kaiserlichen Befehlen zu widersetzen und läßt sich auf verräterische Pläne ein. Er wird von Statthaltern in Rom gefangen und auf die Insel Naxos gebracht. Später wird er in Konstantinopel vor ein Gericht gestellt und verurteilt: »... Du hast gegen den Kaiser verräterisch gehandelt ... Gott hat Dich verlassen und in unsere Hände gegeben«. Dann wird ihm ein Halseisen umgelegt und man führt ihn durch die Gassen der Stadt. Vor ihm geht der Scharfrichter mit entblößtem Schwert als Symbol, daß er als Verbrecher des Todes würdig war.

Im 8. Jh. kommt das langobardische Reich unter die Herrschaft der Franken. Dadurch werden die römischen Bischöfe zu den größten Landbesitzern Italiens, wenngleich es mit Fälschungen und Unaufrichtigkeiten verbunden ist; ihre Beziehungen zu Gallien werden enger.

Von 715 - 735 sitzt Gregor II. auf dem bischöflichen Stuhl. Unter ihm wird ein »Bilderstreit« ins-zeniert. Er nennt den Kaiser »... einen Ignoranten, Tölpel, einen dummen und verrückten Mensch, ja einen gottlosen Ketzer«: »... und er wagt es, ihm zu schreiben: »... Jesus Christus schicke Dir den Teufel in den Leib, damit Dein Geist zum Heil gelange«. Der weltliche Machthaber handelt konsequent; er entzieht ihm das Patrimonium in Sizilien und Kalabrien und unterstellt es dem Patriarch von Konstantinopel.

Auch sein Nachfolger, Gregor III. wiegelt das Volk gegen den Kaiser auf. Nach Gregors III. und Karl Martells Tod gelangt Zacharias an das Ruder der kirchlichen Macht. Er verdammt den Bischof Vigilius als Ketzer, weil er der (richtigen) Meinung war: »... daß die Erde eine Kugel sei ... und daß auf der ande-

ren Seite derselben Menschen wohnen, die uns die Fußsohlen zukehren«.

Noch unter den Karolingern und sächsischen Kaisern regiert der Staat die Kirche. Otto d.G. setzt deutsche Erzbischöfe ein. Und doch überreicht ihm der Erzbischof von Aachen bei der Krönungszeremonie das Schwert und spricht: »... empfange dieses Schwert und treibe mit ihm alle Widersacher Christi, die Heiden und die schlechten Christen aus, da Dir durch Gottes Wille alle Macht des ganzen Frankenreiches übertragen ist ... zum bleibenden Frieden aller Christen«[79].

Heinrich III. setzt drei Päpste ab und befördert an ihrer Stelle einen Bamberger Bischof, den Sachse Suitger von Mayenhoff, auf den römischen Stuhl. Mit der Ausweitung der Machtverhältnisse in beiden Lagern spitzt sich die Lage zu. Irgendwann mußte die römische Seite dokumentieren, daß ihr Verhalten rechtmäßig ist. Dazu halten umfassende Fälschungen her, auf die ich in einem anderen Kapitel eingehe. Sie werden Grundlage des »neuen« Papsttums. So wurden die Päpste unumschränkte Gesetzgeber in geistlichen und weltlichen Angelegenheiten, so erhoben sie sich über Fürsten und Völker und dann ließen sie sich als Halbgötter verehren[80].

Die Wirkung der falschen Dekretalen wird erkannt und genutzt. Schon unter Nikolaus I. und noch mehr unter Johann VIII., der 872 den päpstlichen Stuhl besteigt. Nach Corvin »gebärdete« er sich wie ein »echter« Papst. Er schreibt an Karl d.Dicken: »... wenn Du (die von ihm verschenkten Klostergüter) nicht binnen 60 Tagen zurückschafftst, sollst Du gebannt sein und wenn das nicht hilft, durch derbere Schläge klüger werden«[81].

Stephan V. (885 - 891) versteigt sich zu der Auffassung: »... die Päpste werden wie Jesus, von ihren Müttern durch die Überschattung des heiligen Geistes empfangen; alle Päpste seien eine Art Gott-Menschen, um das Mittleramt betreiben zu können; ihnen sei alle Gewalt zwischen Himmel und Erde verliehen worden«. Papst Johann XV. (985 - 996) maßt sich das ausschließliche Recht der Heiligsprechung an, das vordem jeder Bischof nach Gutdünken ausgeübt hat.

Das erste Jahrtausend der christlichen Kirchengeschichte kennt wenig substantielle Kirchenversammlungen. Das Brauchtum wächst langsam und die Missionierung weiter Landesteile - wie innere Konflikte - lenken ab. Erst mit dem Ende dieses Abschnittes erkennt man, daß die Kirche vor einem Abgrund steht. Es betrifft innere wie äußere Faktoren. Drei Fakten umreißen die Problematik:

- Eingrenzung von Simonie und Nepotismus (= Ämterschacher).
- Durchsetzung der zölibatären Idee.
- Politischer Sieg über die weltlichen Machthaber durch die Schlupftür der Investitur (= Einsetzung).

Mit dem 2. Jahrt. beginnt eine neue Ära des Papsttums. Jetzt beginnt die Saat der gefälschten Dokumente aufzugehen. Das Papsttum erhebt sich zu seiner höchsten Machtfülle und stellt die Weiche für die kommende Zeit, wobei herauszustellen ist, daß das erste Jahrtausend wesentlich humaner gewesen ist. Hinter dem Engagement steht insbesondere

Der »heilige« Satan, alias Gregor VII. (= Hildebrand)

Der ehemalige Mönch Hildebrand wird 1074 zum Papst berufen und nennt sich Gregor VII. Er trifft entscheidende Maßnahmen mit dem Ziel, die römisch-katholische Kirche vor dem selbstverschuldeten Untergang zu retten, denn:

- Er setzt den Zölibat durch.
- Er bestimmt päpstliche Legaten zur Wahrung der kirchlichen Interessen.
- Er erläßt 1075 das Verbot für die Geistlichen, Ämter aus der Hand eines Laien oder weltlichen Lehnsherrn anzunehmen, »... wer es dennoch tue, erfahre den Kirchenbann«, was damals de facto den Ausschluß aus der Gesellschaft bedeutete.

Mit Gregor VII. kommt (auch) die päpstliche Monarchie. Immer deutlicher werden die Bischöfe zu Vasallen degradiert. Er absolviert ohne ihr Wissen und schreibt dem Bischof von Lüttich, der sich darüber beschwert hatte: »... wir verwundern uns, daß Du nicht mit der geziemenden Achtung an den Apostolischen Stuhl geschrieben, sondern Uns wegen der Absolution, die wir einem Deiner Untertanen erteilten, mit beißenden Ausfällen getadelt hast, als wenn der Apostolische Stuhl nicht die Macht hätte, zu Lösen und zu Binden, wen und wo er will«[82]. Von nun an hielten sich die Päpste für berechtigt, die bischöfliche Gewalt zu reglementieren und in ihr seitheriges Recht, Sünden zu vergeben, einzugreifen.

Gregor VII. behauptet in seinem »Dictatus papae«, der Titel »papa« sei einzigartig und auf der ganzen Welt nur vom römischen Pontifex zu führen. Tatsächlich titulierte man einzelne Bischöfe schon mindestens 150 Jahre zuvor damit.

»Hildebrand schmiedete die Kette, unter der die Welt seit achthundert Jahren seufzt; er ist der Begründer des Papsttums. Schon bemerkt ein Zeitgenosse: »... das Wort Papst plural zu gebrauchen, ist ebenso gotteslästerlich als den Namen Gottes in der Mehrzahl zu verwenden«[83]. Stacke sagt in seiner Deutschen Geschichte[84]: »... Gregor gehört zu den mächtigen, aber kalten und herzlosen Naturen, die als Gewaltherrscher oder Urheber einer selbstgeschaffenen Ordnung über das Glück von Millionen schreiten ... sie haben nur das Ziel ihrer Herrschaft im Auge und sind von diesem Gedanke erfüllt. Von den Menschen mit grauenvoller Bewunderung angestaunt, wandeln sie gleichsam wie fremde Wesen durch das Leben«.

»Hildebrand war ein Mann, in dessen Gestalt sich grenzenlose Machtgier, eine zähe Energie, wie die von keiner Vergewaltigung zurückschreckende Rücksichtslosigkeit verkörpert ist«. Sein Zeitgenosse Petrus Damiani, nennt ihn einen »heiligen« Satan. Er strebt die priesterliche Weltherrschaft an und er setzt sie durch. Sie ist in ihm personifiziert und er hat die wahnwitzige Vorstellung, daß sämtliche Kaiser und Könige künftig ihre Befugnisse vom kirchlichen Oberhaupt als Lehen empfangen und daß sie den Papst als höchsten unanfechtbaren Schiedsrichter anerkennen (müssen).

Gregor VII. (1073 - 1085) versteht sich nicht nur als Reformator, sondern (auch) als der gottberufene Begründer einer früher nie dagewesenen Kirchenzucht[85]. Gregor - der mit einem eisernen Besen kehrt - scheint sich systematisch auf seine Aufgabe vorbereitet zu haben. Mit ihm und durch ihn beginnt das veränderte Denken wie ein breiter Strom in die Kirche einzudringen[86]. Jetzt entsteht ein »neuer« Katholizismus, der mit dem Glaube wenig und mit Politik viel zu tun hat.

Nun arbeitet nicht mehr Jeder gegen Jeden, doch die Zentralisierung der Kräfte, das Herausschälen einer gemeinsamen Stoßrichtung, bedeutet gleichzeitig Normierung, Ausfeilen des Hörigkeitswahns, Reglementierung, Kirchenstrafen, Widerstand und Gesetze. Im Schoß der Kirche ballen sich oppositionelle Kräfte. Innerhalb der Theologie und Philosophie werden Auflösungstendenzen spürbar. Die Leitung begegnet den Angriffen weder klug noch abwägend, sondern nach anfänglichem Zögern mit Despotismus und unlauteren Winkelzügen.

Rasch erkennt die Kurie, daß Ehrenzeichen, Dekorationen, Titel und Auszeichnungen für Menschen eine magische Anziehungskraft haben. Diese Dinge werden geschickt eingesetzt, um Abhängigkeiten zu erzeugen.

Gregor VII. setzt ab 1073 Synoden ein und bildet in geschickten Kampagnen die Bischöfe an sich. Mit ihm agiert Anselm v. Lucca, der Begründer des »gregorianischen« Kirchenrechts. Er findet in Deusderit einen treuen Vasall, der zur Feder greift, um die angeschlagene Freiheit der Kirche zu verteidigen[88].

1074 will er an der Spitze eines Heeres nach Konstantinopel ziehen. »Er stürzt Deutschland und Italien in eine politischen Glaubenskrieg, postuliert den menschenunwürdigen Zölibat und ärgert sich darüber, daß ihm sein Leben keine Zeit gelassen hat, sich mit höheren Dingen zu beschäftigen«[89].

Sein Ausspruch: »... daß es nur wenige Kaiser und Könige gibt, die Heilige gewesen sind, daß aber von den 153 Päpsten über 100 den höchsten Grad der Heiligkeit erklommen haben, läßt erkennen, wessen Geistes Kind er ist.

Bald besinnt man sich der Doktrin von der Absetzbarkeit der Monarchen. So wird die irrige Vorstellung genährt, derzufolge von der Kirche gebannte Kaiser und Könige regierungsfähig sind. Der deutsche Kaiser Heinrich III. erkennt die Problematik, ist aber dem politischen Ränkespiel der Kurie nicht gewachsen, die ihn gleichzeitig über die Trasse der Bischöfe traktiert.

Heinrich der III. läßt sich siebenmal in Ulm (Donau) nachweisen, aber deutlicher dukumentieren die Ereignisse unter seinem Sohn und Nachfolger Heinrich IV. die für Schwaben zentrale Bedeutung des Pfalzortes Ulm. Hier versammelte sich während des Investiturstreites im Herbst 1076 und erneut im Februar 1077 die süddeutsche Fürstenopposition und beschloß die Wahl eines Gegenkönigs, die dann jedoch am 13. März 1077 in der Pfalz Forchheim erfolgte und auf den Herzog Rudolf von Schwaben fiel.

Gregor versteift sich zu der Behauptung: »... jeder König, selbst wenn er vorher gut und demütig war, wird durch den Besitz der Macht schlecht. Der in rechter Weise ordinierte Papst wird (dagegen) durch das ihm zugeschriebene Verdienst des Petrus heilig. Ein Exorzist ist mächtiger als ein Monarch, da er die Dämonen bannt, deren Knechte die schlimmsten Fürsten sind«[90]. Von hier bis zum totalitären Anspruch: »... selbst wenn der Papst schlecht ist, darf er von niemand gerichtet werden«[91] ist es nur ein Schritt.

Die ungewohnte Machtfülle des Papsttums - die auf Fälschungen und Wünschen ruht, bedeutet einen erheblichen Eingriff in gewohnte Herrschaftsverhältnisse bei der Besetzung hoher Kirchenämter durch weltliche Machthaber, wie es prinzipiell im 1. Jahrt. geschehen ist. **Es bedeutet eine planmäßige Zerstörung des seitherigen Lehnssystems, das einen Grundpfeiler der mittelalterlichen Staaten gebildet hat.** Damit müssen wir uns beschäftigen, denn die Auswirkungen der seinerzeitigen Veränderungen wirken - zum Wohl der Kirche - bis heute nach.

Von ebensolcher Bedeutung ist die Entmachtung der Bischöfe. Nur über diesen Keil konnte der nüchtern denkende Papst agieren.

Bann und Investitur

Zur Zeit Gregor VII. regiert bei uns König Heinrich IV. Er ruft eine Synode aller deutschen Bischöfe ein, um über die Lage zu entscheiden. Sie wird am 24. Januar 1076 in Worms unter dem Vorsitz des Bischofs Sigfried von Mainz in der Gegenwart des Königs eröffnet. Hier tritt Kardinal Hugo als Gesandter auf, um eine Reihe schwerer Beschuldigen gegen den Papst zu erheben : »... er habe nicht nur widerrechtlich den Stuhl Petri bestiegen, sondern er habe (auch) sein Amt durch Verbrechen und Laster geschändet. Er habe Mörder gedungen, die dem König nach dem Leben trachteten«.

Ein daraufhin gefaßter Beschluß - unterzeichnet von allen Bischöfen - fordert die sofortige Absetzung des Papstes, dem Heinrich IV. ein persönliches Schreiben beifügt: »... Heinrich, nicht durch Geld, sondern durch Gottes Gnaden heiliger Anordnung König, an Hildebrand, den falschen Mönch, nicht mehr Papst! Diese Anrede hast Du verdient wegen der Verwirrung, die Du über alle Einrichtungen und Stände der Kirche gebracht hast. Durch List und Betrug bist Du zu Deiner Stellung gelangt. Deinem Mönchsgelübde entgegen erwarbst Du Dir durch Geld Volksgunst, durch Volksgunst Waffen, durch Waffen den Stuhl des Friedens, von dem herab Du den Frieden der Welt vernichtest, indem Du die Untertanen gegen ihre Obrigkeiten aufwiegelst. Deshalb, Du mit Fluch Behafteter und durch unser und aller unserer Bischöfe abgesetzter Verdammter, steige herab von dem angemaßten Apostolischem Stuhl. Ein anderer soll ihn besteigen, der nicht unter dem Deckmantel der Religion Gewalttaten verübt, sondern (der die) reine Lehre des heiligen Petrus verkündet. Ich, Heinrich, durch Gottes Gnaden König, sowie alle unsere Bischöfe sagen Dir: Steige herab«.

Obwohl eine Synode von Piacenza die Wormser Entscheidung billigt, reagiert Gregor VII. unerbittlich. Er ruft 1076 im Lateran eine Versammlung ein, in deren Folge sowohl die in Worms wie Piacenza anwesenden Bischöfe als abgesetzt erklärt werden. Heinrich IV. wird mit dem Kirchenbann belegt. Der päpstliche Erlaß lautet sinngemäß und abgekürzt:

»... Heiliger Petrus, Fürst der Apostel, zur Ehre und zum Schutz Deiner Kirche untersage ich im Namen des allmächtigen Gottes, des Vaters, des Sohnes und des Heiligen Geistes, kraft Deiner Macht und Gewalt ... dem König Heinrich ... der sich mit unerhörtem Übermut gegen deine Kirche erhoben hat, die Leitung des ganzen Reiches der Deutschen und Italiens; alle Christen löse ich von dem Bann des Eides, den sie ihm geleistet haben oder den sie ihm leisten werden ... ich verbiete, daß (irgend) jemand dem König diene. Er verschmäht es, wie ein Christ zu gehorchen ... er mißachtet meine Mahnungen, die ich um seines Heils willen an ihn gerichtet habe ... er sucht die Kirche zu spalten ... so binde ich in an Deiner Statt mit dem Bann«.

Heute würde man ob eines solchen Unsinns lachen; doch damals durcheilt die Kunde dieses Streites die gesamte Christenheit. Etwas Ungeheuerliches war geschehen. Ein König klagt den Stellvertreter Gottes an. Das Volk wird unsicher und beginnt sich zu fragen, wem es denn nun gehorchen soll, dem Papst oder dem König? Am besten beiden, denn so ist es bis heute geblieben.

Der König entschließt sich zur Buße und tritt mit seiner Frau und seinem dreijährigen Sohn kurz vor Weihnachten des Jahres 1076 von Speyer aus die Reise nach Italien an. Er geht nach Canossa, einer auf einem hohen Fels gelegenen Burg der Gräfin Mathilde von Toskana, wohin sich der Papst geflüchtet hat, denn Ritter und Grafen der Lombardei hatten Heinrich IV. Hilfe zugesagt und stellten ein beachtliches Heer.

In diesem Zusammenhang bildet sich die »Canossa-Legende«. Der gedemütigte König muß sein Gewand mit einem Büßerhemd vertauschen und sich der päpstlichen Entscheidung beugen. Hampe sagt in seiner Deutschen Kaisergeschichte im Zeitalter der Salier und Staufer[92]: »... ein zeitweiliges Bußestehen wird sich kaum in Abrede stellen lassen, aber daß der König drei Tage und Nächte ohne Unterbrechung auf Eis und Schnee gestanden haben **soll**, ist eine von den Zeitgenossen vorgenommene Übertreibung, die bis in unsere Tage fortwirkt, aber haltlos ist«[93].

Schließlich wird der Bann mit dem Bemerken gelöst,: »... er soll nach Deutschland zurückkehren, um abzuwarten, ob er König bleiben könne oder nicht«. Damit verbunden ist die übliche Hetzkampagne.

Heinrich IV. eilte, nachdem er auf seinem Bußgang nach Canossa von Papst Gregor VII. die Absolution erlangt hatte, im selben Jahr (1077) nach Ulm, um sich hier demontrativ erneut die Königskrone aufs Haupt zu setzen und um über seinen Gegner, Herzog Rudolf von Schwaben und die ihn unterstützenden Herzöge Welf von Bayern und Berthold von Kärnten, die Acht zu verhängen.

Man sagt ihm nach »... er wäre ein abscheuliches Gemisch aus Wollust und Grausamkeit ... eine Art Ritter Blaubart oder gar verloren in widernatürliche Laster. Über solchen Gelüsten und Launen habe er seine Herrschaftspflichten vernachlässigt ... und dabei jedes Recht gebrochen«[94].

Darstellung der sog. »Canossa-Legende«. 1077 soll der deutsche Kaiser Heinrich IV. sein königliches Gewand mit dem Büßerhemd vertauscht haben, um den auf eine Burg geflüchteten Papst Gregor VII. um Vergebung zu bitten. Symbolisiert wird dabei lediglich der Kampf um die Investitur.

Tatsache ist, daß Heinrich IV. von der Kirche »verketzert« wird, weil er seine Interessen zu wahren sucht[95]. Der Klerus zeichnet vom damaligen König ein widerliches Zerrbild: »... da haben Päpste und kuriale Publizisten gewetteifert, das Grauen der abergläubischen Massen vor dem Kaiser wachgerufen, indem sie ihn als Bestie der Apokalypse, als leibhaftigen Antichrist schilderten, der vom Glaube abgefallen, an der Zerstörung der Christenheit arbeite ... denn seine Ketzerei, behauptete Gregor IX. werde erwiesen durch die Äußerung: »... die Welt sei durch drei Schwindler (Moses, Christus und Mohamed) betrogen, und es sei einfältig zu glauben, daß von einer Jungfrau der Gott hätte geboren werden können, der die Natur und alles geschaffen hat[96].

Papst Urban II. (gest. 1099) schreibt über den bereits Exkommunizierten und später Gebannten an den Grafen Robert von Flandern: »... wo immer du kannst, verfolge nach Kräften Heinrich, das Haupt der Ketzer und seine Anhänger ... wir befehlen Dir dies und Deinen Soldaten als Mittel, um Nachlaß eurer Sünden und die Freundschaft des Apostolischen Stuhles zu erlangen, damit Du nach diesen Arbeiten und Kämpfen mit Gottes Hilfe in das himmlische Jerusalem einziehst«[97].

Nach diesem Gerangel wird Rudolf von Schwaben zum König gewählt. Er handelt sich die Bezeichnung »Pfaffenkönig« ein, weil er der Kurie hörig war. Um ihn in seinem Kampf gegen Heinrich IV. zu stützen, sichert der Papst allen waffenfähigen Männern die volle Vergebung aller jemals begangenen Sünden zu und es ist unglaublich, daß er mit dieser Marotte einen Scheinerfolg erzielt.

Heinrich greift zu den Waffen und so entspinnen sich erbitterte Kämpfe unter der steten Beobachtung aus Rom. Sein Gegner Rudolf erhält am 15. Oktober 1080 einen Stich in den Unterleib; die Schwerthand wird ihm abgeschlagen. Sterbend soll er gesprochen haben: »... das ist die Hand, mit der ich König Heinrich die Treue schwur. Ihr aber, die ihr mich überredet, sie zu brechen, fragt euch selbst, ob ihr mir Recht getan habt?«.

Der Tod Rudolfs ist der Kurie unbequem. Gregor erläßt am 27. März 1080 27 Dekrete an alle Erzbischöfe und Bischöfe. Es wird ihnen nochmals verboten, aus der Hand eines weltlichen Regenten eine Belehnung (= Investitur) anzunehmen. Im wesentlichen wird bestimmt:

- Die römische Kirche ist göttlichen Ursprungs.
- Der römische Papst sei universal: sein Recht ist umfassend; nur er könne Bischöfe ein- und absetzen.
- Die päpstlichen Legaten stehen über den Bischöfen.
- Die Fürsten dürfen nur dem Papst von Rom die Füße küssen.
- Er stehe in seiner Befugnis, Kaiser abzusetzen.
- Kein von ihm gefälltes Urteil darf geändert werden ... er dürfe von niemand zur Rechenschaft gezogen und könne von niemand verurteilt werden.
- Keiner dürfe die von ihm getroffenen Maßnahmen kritisieren oder bemängeln.
- **Die römische Kirche habe nie geirrt und könne sich nach der Schrift bis in alle Ewigkeit nicht irren.**
- Der römische Bischof ist nach seiner Weihe als heilige Person zu betrachten.
- Der Papst hat das Recht, Untertanen von ihrem Treueeid gegen verruchte Personen zu entbinden usw.

Nach dem Tod des Gegenkönigs ist Heinrich wieder alleiniger Herrscher. Er setzt - den päpstlichen Bann außer acht lassend - an der Spitze eines Heeres über die Alpen, um die Frage der Investitur zu klären. Er belagert Rom und zieht siegreich ein. Er erklärt Gregor VII. für abgesetzt und läßt dessen Feind, Wibert von Ravenna, als Papst Clemens III. weihen; er läßt sich von ihm am Ostertag 1084 zum Kaiser krönen. Der Abgesetzte flieht nach Salerno.

Der politische Sieg von Gregor VII. liegt darin, die Sache mit der Investitur erstritten zu haben, »... denn wo die Kirche bestimmen kann, wer im Land bei der wachsenden Schar der Menschen die Gläubigen vertritt, gewinnt politischen Spielraum, erzeugt Abhängigkeiten und kann u.a. Wahlen beeinflussen. Die Frage des Investiturstreites ist ein politische, als deren Gewinner letztlich die Kurie hervorgeht.

Der Papst hat die Rechte aller anderen Kirchen an sich gerissen, so daß deren Vorsteher keine Bedeutung mehr haben[98] ... infolgedessen ist das Band der Autorität gerissen. Die Bischöfe nehmen sich wie gemalte Bilder aus und sind entbehrlich«[99].

Der Reformpapst beschließt 1085 sein unruhevolles Leben. Mit ihm tritt der bedeutungsvollste Papst der Kirchengeschichte - im Negativen wie im Positiven - aus dem aktiven Blickfeld der Geschichte. Im verdankt der »alte« Katholizismus das Überleben und der »neue« die Grundlage. Die Folgen seines Wirkens reichen bis auf unsere Zeit. Bemerkenswert ist, daß er die Unfehlbarkeit **nicht** für sich in Anspruch genommen hat.

Der Tod Gregors VII. löst das Problem nicht völlig, denn auf der Kirchenseite ergeben sich ungewohnte Turbulenzen. Dem neu gewählten Clemens III. stehen zwei Gegenpäpste gegenüber. Viktor III. und Urban II., die den deutschen Kaiser bannen und verfluchen. »... ein durch sie heraufbeschworener Bürgerkrieg gipfelt in einem schmählichen Vertrag des Kaisers durch seinen Sohn ... der ihn am 31. Dezember 1105 zu Abdankung zwang.

Als Heinrich einige Monate danach stirbt - der Bann aber nicht gelöst ist - wird seine Leiche in einem gewöhnlichen Sarg unbeerdigt auf einer kleinen Insel abgestellt. Später kommt er nach Speyer und wird in der für ihn erbauten Marienkirche beigesetzt. Dann wird die Leiche ausgegraben und in eine noch ungeweihte Kapelle gestellt. Erst als nach 5 Jahren die Aufhebung des Bannes erfolgt, wird der deutsche Kaiser im Dom zu Speyer beigesetzt.

Unter Heinrich V. gehen die Auseinandersetzungen zwischen Staat und Kirche (besonders wegen der noch immer strittigen Investitur) weiter. Sie führen unter Papst Paschalis II. zu Ereignissen, die eine Vergeltung für die schmachvolle Szene in Canossa bilden, falls es sich wirklich so dargestellt hat.

Um dem Streit um die Investitur zu Ende zu bringen, zieht der Kaiser mit einem Heer von 30.000 Mann über die Alpen und nimmt den Papst mit 16 Kardinälen in der Peterskirche gefangen, und zwar so lang, bis ein für beide Seiten tragbares Ergebnis erzielt werden kann.

Künftig soll die Wahl der Bischöfe und Äbte in der Gegenwart des Kaisers oder seiner Bevollmächtigten geschehen, worauf der Kaiser den Gewählten durch das Szepter mit den Regalien (= Reichslehen) und den fürstlichen Rechten belehnt; danach folgt die Weihe durch einen päpstlichen Vertreter. Dieses Übereinkommen wird im September 1122 in Worms besiegelt; mit ihm geht der 50-jährige Streit um die Investitur zu Ende. Er war wertlos, denn wie es in der Praxis gemacht wird, zeigen die Vorgänge 1989 in Köln.

Stabilisierung der Kirchenmacht

Wenn es den Folgepäpsten nicht gelingen würde, das Ruder fest in der Hand zu halten, würde das eben installierte Imperium wie ein Kartenhaus zusammenbrechen. Die logischen Schritte sind darum: »Konzentration auf die Entscheidungen der Glaubenszentrale«. Im Gegenzug bedeutet dies: Entmachtung der zur Willkür und Liberalität neigenden Bischöfe und aller darunter liegenden Funktionen und Ämter.

1123, unmittelbar nach dem Ausgang des Investiturstreites, veranstaltet Calixtus II. eine Synode. Er läßt sich über den »Gottesfrieden« aus und die Bischöfe links liegen. Bei der 1139 in Rom gehaltenen Synode erscheinen sie (schon) als Handlanger, »... um als passive Zeugen zuzusehen, wie der Papst dem von seinem Nebenbuhler Pierlone ordinierten Prälaten unter Schimpfworten die Pallien von den Schultern reißt«[100].

Die Päpste Alexander III. (1159 - 91), Innocenz II., III. (1189 - 1216) und IV. gehen auf dem ausgetretenen Pfad weiter. Folgekämpfe beginnen unter Hadrian IV. der 1153 zum Papst erhoben wird; er wendet sich gegen die Hohenstaufen. Friedrich I., der Rotbart, tritt den päpstlichen Anmaßungen entgegen. Von Bedeutung ist zudem die Auseinandersetzung zwischen Friedrich mit Alexander III. Innocenz schürt das Feuer und behauptet:

- Die deutschen Fürsten haben das Recht der Königswahl durch den Papst bekommen ... es liege in seinem Ermessen, Gewählte zu verwerfen.

- **Wer sich dem Papst nicht beugt, hat den Tod verdient. Ungehorsame sind zu töten**[(101)].

- Die päpstliche Gewalt verhält sich zur weltlichen wie die Sonne zum Mond, der sein Licht von ihr empfängt.

- Die beiden Schwerter (= kirchliche und weltliche Macht) gehören dem Papst. Das weltliche kann **nur nach seinem** Willen geführt werden ... der Papst kann Gerichtsentscheidungen annulieren.

Innocenz III. und das Interdikt

Schon im 11. und 12. Jh. hatten die Bischöfe von Worms und Chartres den Vorrat echter und unechter Gesetze willkürlich zusammengestellt. Sie dienten dem um 11150 im Kloster San Felice zu Bologna lebenden Mönch Gratian als Grundlage zur Schaffung eines Rechtsbuches der Kirche, dem »Decretum Grantiani«. Es ist die erste umfassende Sammlung der von den Päpsten erlassenen Verordnungen. Darin befinden sich viele Fälschungen. U.a. die sog. »Pseudo-Isidorischen« Dekretalen«.

Das Dekret von Gratian verdrängt vorausgegangene Rechtssammlungen an Wert, Umfang und Bedeutung. Es wird zum Rechtsbuch der Kanonisten und der scholastischen Theologie; es steckt voll Widersprüche, Ungereimtheiten und Fehler.

Später wird Gratian erweitert. Es werden ihm all die Gesetze eingefügt, die von den Päpsten Urban II., Innocenz III. und Gregor IX. gegen Ketzer erlassen worden sind. Eine Kommission empfahl Julius III.

»... das Dekretum (Gratians) ist ein gefährliches Buch, es verringert Dein Ansehen ... es leugnet an vielen Stellen, der Papst könne zur Lehre Christi und der Apostel auch das Geringste hinzutun. Fürwahr, nicht ein Schatten der apostolischen Lehre ist in unserer Kirche mehr übrig, und eine ganz andere Lehre und Disziplin haben wir herbeigeführt ... das wichtigste aber ist, dahin zu streben, daß Niemand auch nur das Geringste aus dem Evangelium, vorzüglich in der Volkssprache, zu lesen erlaubt werde. Es genügt das Wenige, was in der Messe gelesen wird. Jeder, der fleißig erwägt, was in unseren Kirchen zu geschehen pflegt, und einzeln betrachtet, der wird finden, daß unsere Lehre von jener des Evangeliums sehr unterschieden, wohl ihr gerade entgegen ist. Vor allem sorge, wie du es ohnehin zu tun pflegst, daß die zu erwählenden Bischöfe unwissend und dumm, in den Angelegenheiten der Curie aber wohl erfahren und für dich sehr besorgt sind. Ein Konzil meide, so viel du kannst, mag auch der Kaiser noch so sehr darauf bestehen«.

Gratian ist der Auffassung, daß der Papst beliebig mit dem Kirchengut schalten und walten könne. Er scheut sich nicht, Terror vor den christlichen Wagen zu spannen und stellt heraus: »... es wäre Pflicht, den Mensch zum Guten (= dem katholischen Glaube) zu zwingen; dazu dürfe man Gewalt anwenden; Häretiker (dagegen) könne man quälen, sie ihres Eigentums berauben und hinrichten[(102)].

1198 besteigt Innocenz II. den päpstlichen Stuhl. »... in seinem mönchischen Wesen, seinem fanatisierten Glauben an die päpstliche Statthalterschaft auf Erden, seiner Schlauheit und Rücksichtslosigkeit in der Wahl der Mittel, waren die Vorbedingungen vereinigt, um die von Gregor VII. angestrebte Weltherrschaft nicht nur in allen Geistlichen, sondern auch weltlichen Dingen herbeizuführen. Walter von der Vogelweide ruft aus: »O wehe, dieser Papst ist zu jung (gewählt mit 37 Jahren). Hilf, O Herr, deiner Christenheit«. Er zeichnet sich durch vier Entscheidungen aus:

- Er begründet sie Lehre von Transsubstantation, d.h., die durch mit nichts belegte Annahme, daß das beim Abenmahl verabreichte Brot und der dazugehörige Wein durch eine priesterliche Handlung sich in das Fleisch und Blut Christi verwandeln würden.

- 1215 erhebt der Lateran ein Synode die Ohrenbeichte (= confessio auricularis) zum Kirchengesetz.

- Er fügt den einzelne Personen treffenden Bann das Interdikt hinzu.

- Er ruft die Inquisition ins Leben.

Schon am Tag seiner Wahl schickt er dem deutschen Kaiser den in Rom weilenden Präfekt und fordert den Treueeid. Dann bemüht er sich, die in den italienischen Städten residierenden Statthalter des deutschen Herrschers zu verdrängen und ganz Italien unter seinen Einfluß zu bringen.

Am 28. September stirbt in Messina Heinrich VI. Die Kaiser- und Königswürde geht auf seinen kaum drei Jahre alten Sohn Friedrich über. Er wird im Frühling 1198 im Dom zu Palermo gekrönt. Der Papst erhebt den Anspruch, ihn sowohl den Lehnseid zu schwören und einen Lehnszins entrichten zu lassen. Bevor es zum Schwur kommt, stirbt die Mutter des jungen Königs, Konstanze, am 27. November 1198. Obwohl der Verstorbene in seinem Testament dem Markgraf von Anweiler zum Vormund seines Sohnes und zum Verwalter des Reiches bestimmt, behauptet der Papst, Konstanze habe die Vormundschaft in die päpstlichen Hände gelegt. Nun erhebt sich ein jahrelanger Streit, bis der Junge, 12-jährig, für mündig erklärt und als Friedrich II. die Regierung übernimmt.

Der Papst präsentiert eine Unkostenrechnung von 12.800 Unzen, die ihm durch die Ausübung seiner Vormundschaft entstanden sei (zit. nach Corvin).

Friedrich II. soll durch das Auferlegen von Kirchenstrafen gezwungen werden, einen Beitrag zum zugesagten Kreuzzug zu leisten. Weil er diesem Ansinnen nicht nachkommt, wird er am 29. September 1227 exkommuniziert. Hieraus entsteht eine scharfe Kontroverse.

Friedrich wird mehrfach mit dem Kirchenbann belegt.

Um besser zu verstehen, was die Kirche unter der Exkommunikation versteht, genügt ein kurzer Blick in das Ritual der Diözese pag. 120 P. 1. ed. 1794 unter der Rubrik: »Lossprechung eines bereits verstorbenen Exkommunizierten:

»... wenn Jemand als Exkommunizierter aus diesem Leben geht, und das Zeichen seiner Reue gegeben hat, so kann er, damit er nicht des kirchlichen Begräbnisses entbehre, als durch die kirchlichen Bitten, so weit es möglich ist, unterstützt werde, auf folgende Art losgesprochen werden. Wenn der Leib noch nicht begraben ist, so werde er durchgeprügelt, auf unten angegebene Weise losgesprochen und dann am heiligen Orte begraben. Wenn aber der Leichnam schon begraben an einem ungeweihten (=profano) Ort ruht, so soll er, wenn es tunlich ist, ausgegraben werden, auf eben diese Weise durchgeprügelt, absolviert und am heiligen Orte begraben werden; kann er nicht bequem ausgegraben werden, so soll das Grab durchgeprügelt und dann die Lossprechung erteilt werden. Liegt der Exkommunizierte schon am heiligen Ort, so grabe man ihn nicht aus, sondern prügle nur das Grab. Während der Leichnam oder das Grab geprügelt wird, spreche der Priester die Antiphonie; exultabunt domino ossa humilata, den Psalm: misere mei domine, die Absolutionsformel, den Psalm de profundis, einige Responsorien und ein kurzes Gebet«.

Seit der umstrittenen Wahl von Ludwig d. Bayer (1314) sind die Beziehungen zwischen dem Reich und dem Papst gespannt. Der Sieg von Mühldorf sichert dem weltlichen Herrscher die Krone, die die Kirchenführung nicht anerkennt. Ein Jahr später folgt der Bruch mit dem Papst Johann XXII. Hieraus entspinnt sich ein Kampf um Leben und Tod zwischen den konkurrierenden Machtblökken.

Jeder erklärt seinen Gegner als Ketzer. Daraufhin läßt der Papst Bannflüche und Interdikte über Deutschland regnen. Ludwig verfolgt die Geistlichen mit Grausamkeit und Härte. Doch die meisten deutschen Herrscher sind auf lange Sicht gesehen zu schwach, um sich den Vorstellungen der Kirche zu widersetzen. Ihr kommt das Bedürfnis des Individuums nach Religiosität entgegen, ohne die es nicht auszukommen meint.

Das Interdikt

wird gegen die Herrscher und Länder in Anwendung gebracht, die sich den päpstlichen Wünschen nicht **vorbehaltlos** beugen. Im Gegensatz zum Bann trifft es stets größere Gemeinwesen. »... es war ein Fluch, der von herrschsüchtigen, rücksichtslosen Pfaffen geschleudert wurde, in deren Herzen jede Spur von Liebe für ihre Mitmenschen erstorben war. Die nicht danach fragten, daß mit einem möglichen Schuldigen Millionen Unbeteiligte leiden müssen«.

Das Interdikt hatte außer den kirchlichen Einschränkungen, wie Abnehmen der Glocken, Verhüllen der Heiligenbilder mit schwarzen Tüchern, kein Austeilen von Sakramenten, auch wirtschaftliche Folgen für die Betroffenen. So hörte alles kirchliche Leben auf: Trauungen werden nur noch auf dem Friedhof geschlossen. Nur Priester, Bettler und Kinder werden kirchlich beerdigt. Dies trifft in vollem Umfang die Seele des Volkes und hat immense Auswirkungen.

Der erste Monarch, der mit Innocenz aneinandergeriet, war Philipp II. von Frankreich. Er hat sich mit Ingeborg, einer dänischen Prinzessin, vermählt und sie am darauffolgenden Tag verlassen. Es ist eine weltliche Geschichte, die die Kirche nichts angeht. Doch noch heute ist es so, daß sie über diese Trasse die Karten der europäischen Politik (mit) bestimmt.

Nachdem er durch den Erzbischof von Rheims die Scheidung erlangt hatte, vermählte er sich 1196 mit Agnes von Meran. Der Papst ließ ihn daraufhin wissen, daß er sie zu verstoßen habe, um (wieder) zu seiner rechtmäßigen Ingeborg zurückzukehren.

Der König weist dies als Zumutung ab. Innocenz droht, jetzt ganz Frankreich mit dem Interdikt zu belegen. Der König weigert sich. Dann folgen die Kirchenversammlungen von Dijon und Vienne. Tief empört setzt

der König sämtliche Bischöfe und Priester, die dem Interdikt zugestimmt haben, ab und läßt deren Güter einziehen. Als Innocenz dem König mit dem zusätzlichen Bann droht, unterwirft er sich dessen Willkür, nimmt Ingeborg wieder, hält aber trotzdem seine Beziehungen zu Agnes aufrecht.

1208 haben wir einen eklatanten Fall in England. Es geht um die Neubesetzung des durch den Tod des bisherigen Inhabers freigewordenen Erzbistums Canterbury. Seither wählten die englischen Bischöfe ihren Erzbischof und der König bestätigte die Wahl.

Nun halten die Mönche von Canterbury im Komplott mit einigen Bischöfen eine Geheimsitzung. Sie wählen ihren Subprior zum Nachfolger des Verstorbenen und schicken ihn nach Rom, damit ihn der Papst bestätigt. Erbittert über das mönchische Verhalten stößt König John die Wahl der Mönche um und veranlaßt, daß die Bischöfe seinen Günstling, den Bischof von Norwich, zum Oberhaupt der englischen Kirche ausrufen.

Innocenz III. verwirft beide Wahlen und ernennt den Kardinalbischof Stephan Langton zum neuen Erzbischof. Er macht darauf aufmerksam, daß die Verfügung des Apostolischen Stuhles einer königlichen Zustimmung nicht bedürfe.

Dies versetzt den König in Leidenschaft. Er verjagt die Mönche von Canterbury, belegt die Güter des Erzbistums für die Krone und schickt dem Papst ein trotziges Schreiben. Nun spitzen sich die Gegensätze zu. Am 24. März 1208 kommen die Bischöfe von London, Ely und Worchester der Forderung des Papstes nach und belegen England mit einem Interdikt.

Der König bleibt standhaft. Er belegt die Güter der Bischöfe, die dem Papst gefolgt waren und weist die weltlichen Gerichte an, gegen alle geistlichen Personen, ohne Ansehen ihres Ranges, ebenso wie gegen die Laien zu verfahren. Nun schleudert der Papst den Bann über den König, erklärt ihn seines Thrones für verlustig und entbindet die Vasallen vom Eid. Gleichzeitig fordert er den König Philipp von Frankreich wie alle geistlichen Fürsten der Christenheit auf, an dem Gebannten das Urteil zu vollstrecken.

Unter den Hörigen befindet sich der Subdiakon Pandulf. Ihm gelingt es, den König von der gegen ihn aufgebotenen Machtfülle so zu überzeugen, daß sich der von Seelenängsten Befangene zur Demütigung entschließt. Am 13. Mai 1213 in Dover gelobt John dem päpstlichen Angesandten, daß er sich nicht nur dem Urteil des Papstes unterwerfen, sondern voll Reue wegen seiner Sünden gegen Gott und die Kirche den Papst Innocenz wie dessen Nachfolger als Lehnsherr über das königliche England anerkennt. Er verpflichtet sich, die Geistlichen wieder in ihre Ämter einzusetzen und sie zu entschädigen. Wieder hat die Kirche triumphiert. Am 2. Juli 1214 läßt sie die Aufhebung des Interdikts und die Lösung des königlichen Bannes bekanntgeben.

Und doch geht die Rechnung nicht auf. Zu einer Geheimsitzung erscheinen am Weihnachtstag 1214 sämtliche weltliche und geistliche Vasallen des Königs in Worcester und verlangen von ihm die Einhaltung aller Privilegien, zu denen sie der Freibrief Henry I. (1100) berechtigte, nämlich, daß sie durch einen Handschlag besiegelt, für die sächsischen Rechte und Freiheiten sowohl mit ihren Waffen als sich mit ihrem Leben einzusetzen.

Trotz heftigen Widerstrebens läßt sich der König zu einer öffentlichen Besprechung des Freibriefes bewegen. Nach einer dreitägigen Verhandlung entschließt er sich am 19. Juni zur Unterzeichnung der »Magna Carta liberanum«. So erlangt der englische Klerus Freiheit in allen seinen Wahlen, deren Bestätigung der König ohne gesetzmäßig bewiesene Einwände nicht versagen durfte.

Kaum war die Tinte unter dem Dokument trocken, entflammte im Papst die leidenschaftliche Wut. Er beschloß, den Vertrag nicht zu akzeptieren und erneuerte das Interdikt.

Innocenz IV. hebt hervor: »... ein Kleriker müsse dem Papst auch gehorchen, wenn er etwas Unrechtes befiehlt. Eine Ausnahme sei nur möglich, wenn der päpstliche Befehl eine Häresie enthalte oder auf den Umsturz der Kirche abziele[103]. Er stellt die These in den Raum: »... daß die Machtfülle ausschließlich bei ihm liege«. Man behauptet. »... daß der Papst als Statthalter Gottes auf Erden jeden Widerstand zu brechen hat«[104].

Bald nimmt die Anmaßung der Kurie pathologische Züge an und Gregor I. (1271 - 1276) meint die Machtfülle aus der Lesung des Evangeliums begründen zu können. Papst Clemens V. (1305 - 1314) erklärt: »... daß aus apostolischer Autorität jeder Kaiser dem Papst einen Gehorsamseid zu leisten hat, so daß er mit einem Fürst, der dem Papst verdächtig ist, kein Bündnis eingehen kann«.

»... wohl der anmaßendste war ein in den Geschäften der Kurie ergrauter rechtsgelehrter Priester, Cajetanus, der über den Umweg der Kardinalswürde am 24. Dezember 1294 als Bonifazius VIII. den päpstlichen Stuhl besteigt: »... von Hochmut gebläht, ritt er auf einem kostbar gezäumten, von den Königen von Apulien und Ungarn geleitetem Schimmel zur Kirche, um sich hier die Tiara (= die päpstliche Krone) aufsetzen zu lassen. Sie hatte ursprünglich nur einen Reif. Bonifazius fügte einen zweiten hinzu als Zeichen, daß er nicht nur die geistliche, sondern auch die weltliche Herrschaft innehat.

Er belegt die ihm verhaßte Adelsfamilie der Colonna mit dem Bann und übergibt deren Besitz den Orsinis. Aus diesem Willkürakt entstehen endlose Streitigkeiten. Dann demütigt der Papst die Gesandten des deutschen Kaisers Albrecht.

Ein Gegner von Bonifazius ist der französische König Philipp IV. Als er Krieg gegen England führt, vebot Bonifazius dem französischen Klerus, den König durch eine Beisteuer zu unterstützen. Nun rächte sich der weltliche Machthaber, indem er den Geistlichen untersagte, Geld nach Frankreich auszuführen, wodurch der Papst geschädigt wurde. Er protestiert gegen diese Maßnahme und ruft durch eine Bulle die höhere französische Geistlichkeit auf dem 1. November 1302 nach Rom, damit sie gemeinsam über den französischen König zu Gericht sitzen.

Im Namen des Herrn beschwören wir jeden unreinen Geist ... (Altonaer Museum in Hamburg)

Inzwischen läßt Philipp den päpstlichen Legaten die Bulle entreißen und öffentlich verbrennen. Außerdem untersagt er den Geistlichen die Reise nach Rom. Die Stände des Königreiches bestätigen es. »... zum erstenmal stand die Geistlichkeit eines Landes Schulter an Schulter mit einem weltlichen Herrscher gegen den Papst.

Bonifazius VIII. ist erbittert und verfaßt die Bulle »Unam sanctam« an die gesamte Christenheit mit der Erklärung, daß er als Stellvertreter Gottes auf der Erde anzusehen ist ... ihm allein stehe die Verleihung des Königtums und das Wahlrecht der Fürsten zu. Selbstredend könne er die Vergünstigung jederzeit widerrufen. Es gäbe zwei Schwerter; ein geistliches und ein weltliches; beide befinden sich in der Gewalt der Kirche. Das geistliche wird von der Kirche geführt. Das weltliche müsse von den Königen und Kriegern **für die Kirche** gehandhabt werden, aber nur dann und solange, als es vom Papst bestimmt wird. Die geistige Macht habe die Befugnis, die weltliche einzusetzen oder über sie zu richten, wenn sie sich deren Anordnungen nicht füge oder sich unfähig zeige«.

Hier kommt es zu dem oft zitierten Schriftwechsel, der die Standpunkte deutlich werden läßt. In der Bulle »ausculta fili« schreibt Bonifazius VIII. an Philipp den Schönen:

»... Bonifaz, Knecht der Knechte Gottes, an Philipp, König von Frankreich. Gott hat uns über Könige und Königreiche verordnet, um auszurotten und zu zerstören, zu Grunde zu richten und zu zerstreuen, oder zu pflanzen in seinem Namen und durch seine Lehre. Du sollst hiermit wissen, daß du uns in weltlichen und geistlichen Dingen unterlegen bist. Andersdenkende halten wir für Ketzer«.

Philipp antwortet: »... Philipp von Gottesgnaden, König von Frankreich, an Bonifaz, der sich für einen Papst ausgibt, wenig oder gar keinen Gruß. Deine allerhöchste Narrheit soll wissen, daß wir in weltlichen Dingen niemand unterworfen sind. Du Erzpinsel (= Maxima tua fatuitas). Andersdenkende halten wir für Narren und Wahnsinnige. Gar keinen Gruß«.

Der König schickt seinen Vizekanzler Nogaret und andere Mitglieder der vom Papst verbannten fürstlichen Familie Colonna nach Rom. Hier stiften sie in Gemeinschaft mit anderen Unzufriedenen eine Verschwörung, überfallen den allgemein verhaßten Papst in seinem Schloß Agnani, setzen ihn auf ein ungesatteltes Pferd, das Gesicht dem Schwanz zugekehrt und treiben ihn durch die schmutzigen Gassen Roms. Daraufhin stecken sie ihn in ein Gefängnis. Hier bleibt der Eingebildete, Nahrung verweigernd, weil er Angst vor einer Vergiftung hat. Er wird druch Mitglieder der Familie Orsini befreit und nach Rom zurückgebracht, »... wo der in seiner Würde Gekränkte am Morgen des 11. Oktober 1302 tot in seinem Zimmer aufgefunden wird. Da seine weißen Haare voll Blut klebten, nahm man an, daß er der Tobsucht verfallen sei und dadurch Selbstmord begangen habe, daß er mit dem Kopf gegen eine Wand rannte«.

Jetzt entspinnt sich ein erbitterter Kampf zwischen den Familien der Colonna und Orsini. Der auf Bonifazius folgende Papst, der fromme Benedikt XI. muß diesem Treiben ratlos zusehen. Schließlich sieht er sich gezwungen, den Bann der Colonna zu lösen und ihre alten Besitzungen zurückzugeben. **Alle** von Bonifazius erlassenen Bullen werden widerrufen; ein zusätzliches Dokument für die Fehlbarkeit der Kurie. Er geht nach Orvieto, wo er im Juli 1304 stirbt.

Jetzt wird in Perugia eine Papst-Neuwahl eingeleitet. Die französische Partei überwiegt ... so wird der Erzbischof von Bordeau, Bertrand de Got, zum Papst ernannt. Er nennt sich Clemens V. und geht auf den Wunsch des französischen Königs ein, seinen Sitz von Rom nach Avignon zu verlegen. Hier, während des bis zum Jahr 1378 dauernden 70-jährigen »babylonischen« Exils entartete unter dem Einfluß des französischen Lebens der päpstliche Hof in einen förmlichen Sumpf der Liderlichkeit«.

Petarca sagt: »... Avignon sei ein Treibhaus der Lüge, ein Tempel der Unzucht, eine Hölle auf Erden ... in der die Päpste durch ihr Verhalten anderen vorangehen«.

Steigerung der päpstlichen Machtfülle

Das 13. Jh. ist von einer Steigerung der päpstlichen Machtfülle gekennzeichnet, der jedoch permanent Widerstand entgegengebracht wird. Im Zusammenhang mit den »geistlichen« Bruderschaften entstehen einflußreiche Orden und überschwemmen mit ihren Vorstellungen das Abendland. Nun wird der schon verfälschte Zwangsglaube in die tiefste Provinz getragen.

Die Woge bemächtigt sich der Literatur, Kanzeln und Lehrstühle. Jetzt entsteht ein »geistiger« Krieg. Wieder kämpft Jeder gegen Jeden und alle kämpfen ob des Glaubens willen. Die Menschen leben im Reizklima der Ketzerverfolgungen und der daraus ableitbaren Inquisition.

Die Bischöfe sehen das Einschieben eigens bestallter Inquisitoren mit Argwohn, denn es schmälert deren Macht. Papst Leo setzt eine Kommission aus Mitgliedern aller geistigen Orden ein, »... damit sie über die Mittel beraten, des Papstes Interessen zu vertreten und die ihrigen gegen die Bischöfe als gemeinschaftliche Gegner zu fördern«[105]. Eine weitere Strömung von immenser Bedeutung gesellt sich dazu:

Über den Bischöfen standen Erzbischöfe und über diesen Kardinäle. Sie werden direkt von den Päpsten ernannt und es versteht sich von selbst - damals wie heute - daß sich Günstlinge um sie tummeln. Papst Nikolaus legt 1059 in ihre Hände die Papstwahl. Ihr Kennzeichen werden rote Hüte, wozu sich später der ebensolche Leibrock gesellt.

Papst Alexander III. verordnet 1179, daß zur rechtmäßigen Wahl eines Papstes die Einstimmigkeit von 2/3 der gesetzlich versammelten Kardinäle gehört. Sie verlangen Vorrang vor allen anderen und trugen Purpur. »... begegneten sie einem Verbrecher auf seinem Weg zum Galgen, so konnten sie ihn befreien; aber um einen Kardinal überführen zu können, waren 72 Zeugen erforderlich. Sie hatten das Recht, jede Königin oder Fürstin auf den Mund zu küssen, und keiner durfte ein Einkommen unter 4.000 Skudi haben«[106].

Bei der unter Alexander II. veranstalteten Kirchenversammlung ist die freie Beratung untersagt und während der Synode von Vienne (1311) läßt Clemens einen Kleriker verkünden: »... wenn ein Bischof, ohne vom Papst besonders beauftragt zu sein, ein Wort redet, trifft ihn der Kirchenbann«. Überdies vernichtet er in einem rohen Gewaltakt den Orden der Templer.

Noch der im 20. Jh. mit Italien geschlossene Lateranvertrag stellt heraus: »... sämtliche Kardinäle genießen in Italien die den Prinzen von Geblüt zustehenden Ehren«.

Dann wird die Rangstufe der Kardinäle ersonnen; gewissermaßen als Puffer zwischen dem Papst und den schon teilweise entmachteten Bischöfen. Auf der Synode von 1245 wird entschieden, daß sie gegenüber den Bischöfen Vorrang haben. Sie entwickeln sich zu ebenso einflußreichen wie intriganzen Zeitgenossen. Sie ergehen sich - vornehm im Hintergrund bleibend - mit Reglementierungen, ersinnen taktische Winkelzüge, suchen ihre Macht zu festigen, halten die Bischöfe und Konkubinen am Gängelband: sie führen vereinzelt ein freies unbeschwertes Leben mit Huren, Konkubinen und Kindern.

Dies geht soweit, daß die Bischöfe nur noch knieend mit ihnen sprechen dürfen und von ihnen wie Butler behandelt werden[107]. Die Bischöfe werden zu Vasallen und/oder Knechten degradiert; die tributpflichtigen Gläubigen, die den Hokuspokus zu bezahlen haben, werden nicht gefragt[108]. Hinzu kommt, daß sie danach trachten, selbst die reichsten Bischöfe an Luxus und Völlerei zu übertreffen; letztlich leben viele von der Korruption[109]. Der Jurist Peter Dubois sagt: »... es sei ein Unglück für die Christenheit, daß die Kardinäle, denen die Pfründe nicht genug sind, gleichsam vom Raub leben«.

Sie werden zu einem späteren Zeitpunkt dem Papst gefährlich, denn sie wenden sich von Urban VI. ab, der ihnen mit der Exkommunikation droht. »... falls sie nicht mit der Simonie brechen«, tun sich zusammen und wählen den ihnen angenehmeren Clemens VIII. zum Papst. Rasch ist man mit wechselseitigen Verleumdungen zur Hand« »... es bestehen zwei päpstliche Kurien, zwei Kardinalskollegien und die Verwirrung ist komplett«[110].

Mit dem Erstarken der kurialen Hierarchie werden die Rechte einzelner Kirchenfürsten beschnitten, um sie in Abhängigkeit zu halten. Seit Gregor VII. müssen die Erzbischöfe dem Papst Gehorsam schwören. Sie dürfen ihr Amt nicht vor der päpstlichen Bestätigung ausüben, ehe sie nicht aus seiner Hand das Zeichen der Würde, das sog. Pallium, empfangen haben, das sehr, sehr teuer war.

Daß es in Sachen der päpstlichen Unfehlbarkeit nicht mit rechten Dingen zugeht, erkennen selbst einige Päpste. Hadrian IV. stellt heraus: »... der elendste Stand ist der eines Papstes, denn sein Lebensglück beinhalte nichts als Bitterkeit ... auf seinen Schultern liege eine erdrückende Last«.

Nikolaus sagt im Zusammenhang einer Klage über zwei Karthäuser: »... es gibt auf der Welt keinen unglücklicheren Menschen als ihn, denn niemand sage ihm die Wahrheit«.

Die Korruption treibt Blüten

Die Kurie wird zum Sammelplatz prozeßführender Parteien, eine Kanzlei von Schreibern, Taxatoren und hörigen Befehlsempfängern. Man hat mit Privilegien, Pallien und Schutzbriefen alle Hände voll zu tun, so daß der Glaube eine untergeordnete Rolle spielt. Es bildet sich ein Eldorado für pfründegierige Kleriker aus ganz Europa: »Gesichert und unantastbar durch die Macht, in deren Diensten sie stehen, kümmern sich die Kurialbeamten nicht um den Haß und Hohn der ihnen zinsbar gewordenen Welt«[111].

Immer gewaltsamer verschaffen sich die Päpste Gehorsam, denn es ist ihre einzige Chance, der Sache Herr zu werden. Es kommt zu Plünderungen, Folterungen und Ausrottungen; es kommt zu »endlosen« Rangeleien. Ein Zeitgenosse berichtet: »... es gibt keine Pfarrstelle, die nicht zum Gegenstand

eines Prozesses mit Rom gemacht wird. Wehe dem, der mit leeren Händen kommt. Freue Dich, Mutter Rom, über die Laster Deiner Söhne, denn Du hast den Gewinn davon ... Dir fließt alles Gold und Silber zu. Nicht durch die Frömmigkeit, sondern durch die Bosheit der Menschen bist Du zur Besiegerin der Welt geworden«.

Längst wird der Konkubinat zur Selbstverständlichkeit. Längst sind Teile der Kirchenverwaltung korrupt und die Kirchenführer verblendet. Heucheln und Lügen sind an der Tagesordnung. Längst ist der Gewissenlose im Vorteil. Von Rom Kommende berichten: »... daß in der Metropole der Christenheit, mitten im Schoß der großen Mutter und der Lehrmeisterin aller Kirchen, der Klerus ohne Ausnahme Konkubinen hat«[112].

Immer üppiger stellen sich die Kirchenämter dar und bald müssen sie erkauft werden. »... einzelne Würdenträger sind damit so belastet, daß sie endlos verschuldet bleiben«[113].

Immer mehr Geld wird erforderlich, um das Glaubensimperium zusammenzuhalten. Folgerichtig wird das Legatenwesen systematisiert. Geldsammler und Ablaßprediger tun das Ihrige, indem sie die Kirche, Andere und sich betrügen. Erschreckte Zeitgenossen vergleichen ihr Erscheinen mit dem Aufkommen der Pest. Nun werden viele Widersprüche deutlich. So predigt man dem Volk die Nächstenliebe und läßt sich gleichzeitig zu Morden und politischen Intrigen hinreißen. So proklamiert man die eheliche Treue und hurt auf offener Straße. So predigt man gegen den Wucher und die Zinsen und auf der anderen Seite treiben Geistliche bewaffnet und unnachsichtlich Schulden ein. Das Unrecht wird zum Leitbild der sich Christen nennenden Institution.

Damit verschwinden die letzten Bastionen eines friedfertigen Kirchendenkens. Die gerechtere Gesetzgebung der »alten« Kirche ist nicht mehr relevant und ragt wie halbversunkene Leichensteine aus einem verödeten Friedhof ... wie einzelne Trümmer einer vergangenen Ordnung hervor«[114].

Zeitgenossen bleibt es nicht verborgen und eine Flut beißender Kritik macht sich breit. Jacob v. Vitry, selbst Kardinal, sagt 1216: »... daß diesem Institut jeder kirchliche Geist fremd ist, daß man sich mit Politik, Hader und Prozessen beschäftigte und (daß) von geistlichen Dingen keine Rede sei«. Robert von Großetete, der Bischof von Lincoln, sieht sich veranlaßt, das tyrannische Gebaren des Papstes in einem Brief festzuhalten.

Papst Nikolaus III. will einen Minoritengeneral zum Kardinal erheben. Er lehnt es mit der Begründung ab: »... die römische Kurie beschäftige sich kaum mit anderen Dingen als mit Kriegen und Gaukelwerk ... um das Heil der Seelen kümmert sie sich nicht«. Der Statthalter Gottes erwidert: »... wir sind an diese Dinge so gewöhnt, daß wir meinen, alles was wir tun und sagen, sei nützlich!«[(115)].

Alvaro Pelajo, Bischof und langjähriger Beamter der Kurie, sieht sich genötigt zuzugeben, daß es der päpstliche Stuhl ist, der die Kirche mit dem Gift der Habgier angesteckt hat, bzw. daß die Korruption des Klerus zum größten Teil durch die Kurie verschuldet ist«[(116)]. Nach Petrarca (um 1350) ist der Klerus: »... ein von Menschenblut trunkendes Weib, eine Pest des menschlichen Geschlechts«.

Die Kurie wird in vielen Schriften als Urheberin des Verderbens der Christenheit und als Vergifterin der Welt geschildert. Machiavelli sagt über den italienischen Klerus: »... durch ihr böses Spiel haben wir alle Religion verloren und sind ein böses Volk geworden«. Guiciardini hebt hervor: »... man könne dem römischen Hof nicht soviel Böses nachsagen, daß es nicht noch Schlimmeres gebe«. Papst Hadrian VI. gibt es unumwunden zu[(117)].

Er wird zum Papst erhoben, obgleich allgemein bekannt war, daß er als Professor der Theologie in Löwen in seinem theologischen Hauptwerk berichtet hat: »... mehrere Päpste seien häretisch gewesen und es sei gewiß, daß ein Papst durch seine Entscheidung eine Ketzerei aufstellen kann«.

Paul II. macht durch seine Ausschweifungen Rom zu einer Kloake[(118)]. Johann Wiclif (1324 - 1384) vertritt den Standpunkt: »... die Spaltung ist eine Folge des sittlichen Abfalls von Christen und seinem armen Leben. Kaiser und Könige haben törichterweise die Kirche mit Gütern und Herrschaften ausgestattet. Das müssen sie wieder gut machen. Sie müssen den Knochen, um den sich die Päpste zerren und zanken, die weltliche Macht des Christentums, beseitigen. Das Haupt der Kirche kann nur Christus sein, nicht der Papst«.

Hinzu kommen Weissagungen, wohl die einzigen, die je eingetroffen sind. Die hl. Hildegard, die von Kaisern und Päpsten hochgehaltene Seherin vom Rhein, sagt um 1170: »... gleich reißenden Tieren fangen uns die Päpste mit ihrer Löse- und Bindegewalt ... so welkt die Kirche dahin. Die Völker werden die Hoheit der Päpste verkleinern. Nur ein geringes Gebiet wird dem Papst belassen ... teils infolge von Kriegen, teils nach gemeinschaftlicher Übereinkunft der Staaten«.

Die hl. Brigitte von Schweden meint zu wissen: »... der Papst sei schlimmer als Luzifer, ein Mörder der ihm anvertrauten Seelen, der Unschuldige verdammt und auserwählte Gläubige um schmutzigen Gewinn verkauft«[(119)].

Als die reine Seele, die hl. Katharina von Siena, zu Papst Gregor XI. kam, soll sie gesagt haben: »... sie finde in der römischen Kurie den Gestank infernaler Laster ... sie wage kaum zu sagen, daß sie in ihrer Geburtsstadt den Gestank der Sünden stärker empfinde als an dem Ort, von dem er ausgeht«.

Gegner der Unfehlbarkeit formieren sich

Nun formiert sich eine Opposition. Die Pariser Universität verwirft 1388 die dogmatische Unfehlbarkeit des Papstes mit der Formulierung: »... daß jeder Bischof nach göttlichem **und** menschlichem Recht befugt sei, über Glaubenssachen zu urteilen«[(120)]. Charlier Gerson (1369 - 1429) stellt heraus, daß die Glaubensregeln auf dem Konzil und **nicht** vom Papst verbreitet werden.

Papst Johann XII. meint zu wissen, daß die Seligen im Himmel vor der Auferstehung der Anschauung Gottes entbehren. Die Theologen der Pariser Universität sind anderer Meinung und spannen den König vor ihre Interessen. Er läßt unter dem Schall von Trompeten verkünden: »... der Papst soll das Urteil der Pariser Doktoren annehmen, denn sie wüßten in Glaubenssachen besser zu urteilen als geistliche Juristen, die wenig oder nichts von der Theologie vestehen«[121].

Nicht nur von den Universitäten weht ein scharfer Wind. Selbst hochgestellte Geistliche nennen das Kind beim Namen. Der Bischof von Bitonte, Cornelio Musso, einer der Redner von Trient, hebt hervor: »... der Name Roms sei bei allen Nationen verhaßt. Selbst die Freunde könnten über die Schmach und Verachtung der römischen Kirchen nur noch seufzen«[122].

Der Kardinal Anton Pucci sagt: »... Rom, die römischen Prälaten und die von dort ausgesandten Bischöfe sind die Ursachen vieler Irrtümer und Korruptionen. Wenn wir unseren guten Ruf nicht wiedergewinnen, ist alles dahin«. Selbst Cajetan, der Leo X. als Hoftheologe zur Seite steht, schreibt: »... mit Recht werden die römischen Prälaten geplündert ... wir sind zu nichts zu gebrauchen, darum sind wir niedergetreten durch die körperliche Knechtschaft«[123].

Caspar Contarini, den Paul III. zum Kardinal erhoben hat, weiß zu sagen: »... daß das ganze Papsttum verkehrt und unchristlich sei«. Der Bischof Ugoni von Famagusta weist gegenüber Paul III. die richterliche Gewalt des Konzils über den Papst nach, und der Bischof Nause (Wien) sagt zutreffend: »... es wäre allzu gefählich, unseren Glauben vom Urteil eines einzigen Menschen abhängig zu machen«[124]. Päpstliche Legaten geben in Trient zu, daß der Ruin des Kirchenwesens und die herrschende Sittenlosigkeit auf die römische Kurie zurückzuführen sei[125].

Die Bande, die den Klerus an Rom knüpften, waren inzwischen stark und fest. Exakt das ist das Ziel von Gregor VII. gewesen. Rebellen drohte das sichere Verderben. Die Kurie schreckt nicht vor drastischen Strafen

zurück. Es kommt zu grauenvollen Racheakten wegen Spitzfindigkeiten. Der Karmeliter Thomas Conecta, der die Mißstände des Klerus anprangert, wird von Eugen IV. durch Inquisitoren gefoltert und danach lebend verbannt. Papst Alexander vollzieht das gleiche mit dem Mönch Savonarola und an zwei seiner Glaubensbrüder.

Konziliare Beschlüsse

Noch haben die Statthalter Gottes ihre Schlacht nicht gewonnen. Sie unterschätzen den Einfluß der Bischöfe, den sie auf allgemeinen Konzilien geltend machen. Schon auf der Synode von Basel wird allgemein anerkannt: »... daß die Päpste gleich anderen dem Irrtum in Glaubenssachen unterworfen sind«.

Auf dem Konzil von Konstanz wird festgeschrieben: »... jedes rechtmäßig einberufene ökumenische, die Kirche repräsentierende Konzil hat seine Autorität unmittelbar von Christus. In der Beilegung der Spaltung und der Reformation ist ihm der Papst unterworfen«. Wenn dem so ist, kann er nicht unfehlbar sein.

Interessant ist, daß sich für einige Zeit liberale Päpste dieser Vorstellung beugen und sich dadurch der Lächerlichkeit preisgeben. Der auf dem Konzil gewählte Papst erklärt sich damit einverstanden und in einer Bulle gegen die Lehren des englischen Reformators Wiclef spricht er aus, daß sein Anspruch unhaltbar ist.

Papst Eugen bekennt sich zur Förderung der Konzilien. In einer Bulle vom 4. Februar 1433 erklärt er seine Zustimmung zum Fortbestand des Konzils von Basel und ernennt vier Kardinäle zu deren Präsidenten. Er gesteht, daß das Konzil im Recht ist und verspricht. »... mit aller Devotion konziliaren Beschlüssen anzuhangen«.

Offensichtlich macht er einen Gesinnungswandel durch. Erst behauptet er, daß er als Papst jedes Konzil auflösen und/oder verlegen kann. Dies nimmt er zurück und anerkennt das Gegenteil[126].

Später widerruft er seine Bullen abermals und behauptet: »... man habe sie ohne sein Wissen veröffentlicht«. Damit ist seine Demütigung perfekt; ein klassisches Eigentor ins Kontor der Kirchengeschichte, daß vor allem für die Vertreter des Unfehlbarkeitsdogmas peinlich ist.

Man läßt dem Papst ein Hintertürchen und sagt: ... aus wichtigen Ursachen könne er Einwände vorbringen«, was zu einem scharfen Tadel der Pariser Universität führt. Deutschland nimmt 1439 die Reformationsdekrete an und verpflichtet sich auf dem Mainzer Reichstag zum Konziliarismus.

Doch wir haben ein Spiegelfechten vor uns. Papst Nikolaus erklärt in einer Bulle alle Zensuren seines Vorgängers für wirkungslos: »... als wären sie nie erlassen worden«, wie ehedem die Bullen von Bonifazius VIII. gegen Frankreich und dessen König auf Befehl von Clemens V. vertilgt worden sind«[127].

Zehn Jahre später hält es Pius für angebracht, in seiner Widerrufungsbulle ausdrücklich zu vermerken: »... daß er die Autorität und Macht des ökumenischen Konzils anerkenne«[128]. jetzt ist die Verwirrung komplett und man wartet auf ein Wunder, das die Widersprüche klären soll. So wagt Calixtus 1475 zu sagen: »... kein Vertrag kann und darf die freie Autorität eines Papstes beschränken oder binden«.

Der Abt Jacob von Junterburg sagt: »... es ist mir kaum glaublich, daß es zu einer Verbesserung der Kirche komme, denn da müßte erst der römische Hof reformiert werden ... wie schwer dies sei, zeige der Verlauf der gegenwärtigen Geschichte«.

Der niederländische Theologe Dionysios Ryckel berichtet, wie ihm in einer Vision gezeigt wurde, wie der Chor der Seligen im Himmel Fürbitte für die von Strafgerichten bedrohte Kirche eingelegt hat. Der Dominikaner Institoris, den wir als Mitautor des Hexenhammers kennen[129] bekennt 1484. »... die Welt ruft nach einem Konzil, aber wie soll ein solches zustandekommen bei den jetzigen Zuständen der Kirchenhäupter ... keine menschliche Macht reicht aus, die Kirche

durch ein Konzil zu reformieren ... da muß Gott selbst helfen«[130].

Es ist festzuhalten, daß noch im 16. Jh., das von vielen Religionswirren gekennzeichnet ist (Reformation, Gegenreformation, Gründung des Ordens der Jesuiten) bezüglich der Frage der Unfehlbarkeit alles offen ist. In den Reden und Schriften um die Zeit der Eröffnung des Konzils von Trient ist vom Untergang der Religion und vom Leichenbegräbnis der Kirche die Rede. Sie nennen die Kirche einen in Verwesung befindlichen Leichnam oder ein in Flammen stehendes und schon eingeäschertes Haus. Wem wird nicht deutlich, daß bei solchen Fakten allein der Gedanke an die Unfehlbarkeit eine Anmaßung ist?

Gleich die erste Rede, die der Bischof Coroliano Martyrano von San Marco bei der Eröffnung des Konzils hält, erregt Erstaunen. Er zeichnet ein Bild vom Charakter der italienischen Kardinäle und Bischöfe, von ihrer blutrünstigen Grausamkeit, ihrer Habgier, ihrem Hochmut und der von ihnen angerichteten Verwüstung.

Päpstliche Irrtümer

Das Schauspiel der Widersprüche wird immer bunter, und wir haben eine Reihe von göttlichen Statthaltern, die nachweislich Irrtümer gelehrt haben, die Ansichten von Vorgängen verworfen und grundsätzlich Zweifel erheben. Dazu einige Beispiele:

- Papst Gelasius erklärt bei der westlichen **und** östlichen Kirche die Anrufung der Trinität bei der Taufe als erforderlich. Nach Papst Nikolaus genügt es, wenn man den Namen Christi dabei ausspricht; allein dies zeigt, in welch aberwitzige Regionen die Religion abgerutscht ist.

- Cölestin III. erklärt Ehen für unauflösbar, wenn ein Partner häretisch geworden ist. Innocenz III. verwirft die Entscheidung; Papst Harian VI. nennt Cölestin deshalb einen Ketzer.

- Innocenz I. und Gelasius I. erklären den Empfang der Kommunion bei kleinen Kindern für entbehrlich, da die, welche vor ihrem Empfang sterben, der Hölle zugewiesen sind (welch kühne Behauptung!). Diese Ansicht wird 100 Jahre später durch das Konzil von Trient mit dem Anathem belegt.

- Stephan gestattet die Auflösung der Ehe mit Leibeigenen. Andere Päpste erklären Ehen grundsätzlich für unauflösbar.

- Nikolaus III. behauptet 1059 während einer Synode, daß in der Eucharistie der Leib Christi sinnenfällig (= sensualiter) mit den Händen berührt, gebrochen und mit den Zähnen zermalmt wird. Die spätere Kirche verwirft diese Idee mit einer ebensolchen.

- Nikolaus III. und Clemens V. setzen sich in feierlichen Erklärungen für den Orden der Franziskaner ein. Johannes XXII. verwirft dies und handelt sich einen Tadel des Ordens ein[131].

- Papst Paul IV. läßt proklamieren. »... wenn später entdeckt wird, daß ein Papst früher einmal ketzerisch, häretisch oder schismatisch war, so ist alles, was er seitdem verrichtet hat, nichtig und ungültig[132].

Wer erkennt nicht die menschliche Unzulänglichkeit? Bei solchen Fakten ist allein der Glaube an die Realität der Unfehlbarkeit ein Irrglaube!

Die »Abendmahlsbulle«

Die Kurie handelt gleich einem schlummernden Raubtier. Friedlich, still und dennoch wachsam, wenn es die Not erfordert und gleich einer reißenden Bestie, wenn es einen Vorteil erhaschen kann, der auf der Welle ihrer Ideologie liegt. Obwohl das Inszenarium **gegen** die These der Unfehlbarkeit spricht, läßt man von diesem Denken keinesfalls ab.

1516 wird ein Dekret erlassen, das von besonderer Tragweite ist. Es ist die Bulle »Pastor aeternus« des Papstes Leo, in der zusammen mit der Verwerfung der phragmatischen Sanktion in Frankreich zum Dogma erhoben wird: »... der Papst hat die volle Autorität und die uneingeschränkte Macht über die Konzilien. Er kann sie nach Gutdünken berufen, verlegen und auflösen«[133].

Als der gewaltige Geistersturm der Theologie zu wanken beginnt und die frömmlerischen Gemüter des 16. Jh. zittern läßt, glaubt die Kurie durch die ersten Erfolge der Jesuiten, durch den ihr ergebenen spanischen Hof, durch die Vorboten der Gegenreformation (= katholische Liga) und die Unterwerfung von Heinrich IV. von Frankreich massiv eine Wiedereinsetzung ihrer »alten« Herrschaft anstreben zu können.

Paul IV. berät sich mit den Kardinälen und läßt die Bulle »Cum ex apostolatus officio« veröffentlichen, in der u.a. festgeschrieben ist:

- Der Papst als Pontifex maximus und Stellvertreter Gottes hat die Herrschaft über die Völker und Königsreiche. Er kann alle richten und darf von Niemand gerichtet werden.

- Alle Monarchen und Bischöfe sind, sobald sie der Ketzerei verfallen, unwiderruflich abgesetzt. Im Fall reuiger Bekehrung werden sie in ein Kloster geschlossen und büßen für den Rest ihres Lebens bei Brot und Wasser.

- Keiner darf einem häretischen Fürst Hilfe gewähren. Wer es unternimmt, ist seines Landes und Besitzes verlustig ... das der Papst dann einem gehorsamen Fürsten zuteilen soll.

Pius V. hat den Inhalt dieser Publikation bekräftigt.

Das 16. und 17. Jh. ist von der Idee des Absolutismus geprägt. So wird verständlich, wenn das schon damals antiquierte Kurialsystem auf dieser Welle reitet und sich weiterhin verherrlichen läßt.

Die barocken Kirchenbauten bestätigen es ebenso wie die kirchlichen Paläste, die damals wie Pilze aus dem Boden schießen. Schon keimen die Ideen der Aufklärung und rütteln noch zaghaft an den Kirchentüren; bald danach wird ein für sie ungewollter Sturm des Protestes losbrechen; er vermag nicht, ihre Bastionen einzureißen. Die Aufklärung ist der Kirche ein Dorn im Auge, denn **sie** setzt auf servile Unterwürfigkeit, Gehorsam und Tribut. Dadurch wurde sie weltfremd und kapselte sich immer weiter von der Realität ab.

Urban VII. holt 1627 zu einem gewaltigen Schlag aus und publiziert die sog. »Abendmahlsbulle« unter Rückbesinnung auf das Engagement der Päpste Paul IV. und Pius V. Sie führt zu einer erheblichen Verstimmung der weltlichen Machthaber und vedeutlicht, mit welchem Selbstverständnis sich der Klerus in weltliche Angelegenheiten mischt. Die wesentlichen Aussagen sind:

- Alle Schismatiker und Ketzer werden verflucht ... sowie diejenigen, die ihnen Hilfe und/oder Zuflucht gewähren.

- Alle werden exkommuniziert und verflucht, die Bücher von Andersgläubigen ohne päpstliche Erlaubnis drucken, behalten und/oder lesen.

- Alle werden exkommuniziert, die an ein allgemeines Konzil appelieren.

Gravierend ist, daß der Papst die Souveränitätsrechte der Staaten antastet. Er behält sich vor, Zölle und Steuern aufzuerlegen, Gerichtsbarkeit zu üben und geistliche Verbrechen zu bestrafen. Unverzüglich sträuben sich die wach gewordenen Landesherren gegen die (erneute) Manifestation der päpstlichen Willkür.

1580 ordnet das französische Parlament an, daß alle Bischöfe und Erzbischöfe, welche die Bulle bekannt machen, ihrer Güter verlustig sind und des Hochverrats beschuldigt werden. In den Niederlanden widersetzen sich selbst die Bischöfe diesem Ansinnen. Der spanische König und der Vizekönig von Neapel unterbinden die Veröffentlichung. Rudolph II. protestiert feierlich dagegen. Der Mainzer Erzbischof ist zu einer Einführung nicht zu bewegen, und der Herrscher von Venedig verweigert sie.

Später weist die katholische Maria Theresia für die österreichische Lombardei die Anwendung der päpstlichen Bulle zurück, »... weil sie Bestimmungen enthalte, die sich für den priesterlichen Charakter nicht ziemen, durchaus nicht zu rechtfertigen wären und welche die fürstliche Macht schwer beleidigen«.

Das erfahrene Spiel der Kurie setzt gleichsam wie ein sich stets langsam drehender Zahnkranz (wieder) ein. Theologen rücken die Anmaßung in Lehrbücher ein, schreiben Kommentare dazu, und einzelne Beichtväter verweigern ob diesen Unsinns die Absolution. Klemens XI. wagt 1707 unter Berufung auf die Abendmahlsbulle den deutschen Kaiser Joseph I. mit dem Bann zu belegen. Er kontert geschickt und der göttliche Statthalter **muß** kleinlaut beigeben.

Päpstlicher Gesinnungswandel

Wie leicht bildet sich im Wesen vieler Menschen die Wahnvorstellung, daß dem tatsächlich so sei, was sie sich einbilden, daß ein Papst unter einer besonderen Himmelsgnade steht und daß ihm demzufolge die göttliche Wahrheit mühelos in den Schoß gefallen sei. Es sind Illusionen. Die Leitung der Kirche weiß es ebenso wie der Papst. Man kann es (dennoch) nicht eingestehen, denn man wurde das Opfer der eignen Politik und des damit verbundenen Traditionsballastes, den man vor sich herzuschieben gezwungen ist.

Wie leicht führt es zur Überheblichkeit? So war der Papst Gregor XVI. ein Besserwisser. Wenn ihm z.B. Cappacini in Finanzangelegenheiten einen Vortrag hielt, pflegte der Statthalter Gottes zu sagen: »... aber er wäre ja der Papst, der könne sich nicht irren, deshalb müsse er alles selbst am besten wissen«[134]. Es ist unvorstellbar, daß derlei Personen mit Führungsaufgaben betraut waren, wie er Päpsten anheimfällt.

Wir dürfen nicht vergessen, daß Peter de Lura als Benedikt XIII. die gesamte Christenheit, die ihn nicht anerkennen wollte, von seinem Felsenschloß Peniscola aus verdammt hat. Als ihn die Konstanzer Synode abgesetzt hat und die Zahl seiner Anhänger schmilzt, erklärt er vermessen: »... in Peniscola, nicht in Konstanz sei die ganze Kirche versammelt, wie sich einst in der Arche Noah die gesamte Menschheit befunden hat«[135].

Pius IV. (1559 - 65) macht eine interessante Wandlung durch. Vor seiner Erhöhung gibt er sich human, wohltätig und uneigennützig. Als Papst ist er zornig und mißgünstig. Besonders nach dem von ihm verhaßten Konzil von Trient überläßt er sich der Sinnlichkeit und zieht sich von den gottesdienstlichen Aufgaben zurück.

Innocenz X. geht es ähnlich. Einst gilt er als redlicher und unbescholtener Mann, aber als er Papst war, bot er der Welt das Schauspiel eines herrschsüchtigen und habgierigen Weibes. Alexander VI. war ein korrrupter Geschäftsmann. Er ließ sich von dem schmeichelhaften Jesuit Oliva bereden: »... daß es eine Todsünde sei, seine Nepoten nicht nach Rom zu ziehen, um sie hier groß und reich zu machen«.

Oliva sagt um 1670: »... die Erhebung zum Papst pflegt die Erwählten in ihrem Charakter so zu verschlimmern, daß dies niemand einem guten Mann wünscht und keiner hofft, daß selbst der beste Papst die Vorsätze, die er bei seinem Antritt hegt, halten wird«.

Und doch funken jesuitische Geistesblitze dazwischen, denn sie vertreten eigennützige Interessen in Bezug auf die Durchsetzung der Unfehlbarkeit. Die Kardinäle Bellarmin (1542 - 1621) und Caesar Baronius (1538 - 1608) stehen in der vorderen Front im Kampf für die Vorrechte des Papstes: zumal dies eine (in)direkte Stärkung des Jesuitimus bedeutet. Nicht umsonst gibt es das geflügelte Wort vom »weißen« und schwarzen« Papst.

Es gibt Hunderte von Beispielen absolut geistig blinder und gleichzeitig hochrangiger Jesuiten in der Verherrlichung des Papsttums. Z.B. Bellarmin. Er hat die Gedanken Cajetans weiter gesponnen; aber er verwirft dessen Hypothesen, als dem als durch ein göttliches Urteil abgesetzten häretischen Papst entschieden. Auch ein solcher ist legitim, solang ihn die Kirche nicht abgesetzt hat. Hatte Cajetan doch gesagt: »... die Kirche ist die Magd des Papstes«.

Bellarmin schmückt die historische Anmerkung Cajetans aus und sagt: »... was der Papst der Kirche vorzuschreiben beliebt, **muß** sie annehmen ... unbesehen auf jedes eigene Urteil verzichtend, nuß sie fest glauben, daß alles, was der Papst lehrt, wahr, was er gebietet, gut, was er verbietet, bös und schädlich ist ... ein Papst kann sich in moralischen und dogmatischen Fragen nicht ir-

ren«[136] ... sein Ausspruch ist göttlich und gewiß«[137].

Nach der jesuitischen Auffassung, »... muß die Geistesgabe der Unfehlbarkeit so beschaffen sein, daß sie auch den unwissenden Papst momentan erleuchtet und (ihn) vor jedem Irrtum schützt. Wenn ein Papst eine Lehre verkündet, wenn er über dogmatische und sittliche Fragen entscheidet, so ist dies unantastbar, mag er darüber nachgesonnen haben oder nicht ... wozu die kümmerlichen Öllämpchen herbeiziehen, wenn er selbst den Vollgenuß des von der Geistessonne ausstrahlenden Lichtes besitzt«[138].

Fast schon hat die alte Auffassung Oberwasser, da wird scharf gekontert. Die Gegner der Unfehlbarkeit berufen sich vereinzelt auf Jaques Bénique Bousset (1626 - 1704), den führenden Theologe Frankreichs im 17. Jh. Er ist der Hauptverfasser der Deklaration des französischen Klerus von 1682. Im zweiten gallikanischen Artikel wird die Hoheit des Konzils über dem Papst festgestellt und im vierten wird die Endgültigkeit päpstlicher Glaubensbekenntnisse von der Zustimmung der Kirche (d.h. des Konzils) abhängig gemacht. Der Protestant Leibnitz sagt in diesem Zusammenhang: »... daß es in der katholischen Kirche unmöglich sei, sich über das wahre Subjekt oder den Hauptsitz der Unfehlbarkeit zu vereinigen«[139].

Spannungen im Vorfeld des Vatikanums

Warum kommt es erst 1870 zur Dogmatisierung der päpstlichen Unfehlbarkeit? Damals ist den Zeitgenossen klar, auf welch brüchigen Füßen die päpstlichen Ansprüche ruhen. Das in der Zeit des frühen Christentums provozierte Papstbild hat sich über weite Teile als Resultat von Fälschungen und Unkorrektheiten erwiesen. Es war der Kurie klar, daß sie mit der Proklamation dieses Wunsches weit hinter dem Wissenstand der Zeit bleiben würde; sie hatte sich schon zur Geburtsstunde dieser Idee auf massiven Widerstand einzustellen!

Die Tatsache, daß Pius IX. erst 1.800 Jahre nach der Begründung einer sich Christen nennenden Sekte dem totalitären Verherrlichungsgedanke der Kirche die Krone aufsetzt, läßt die Frage offen, ob er damals, schon im hohen Alter - zurechnungsfähig war[140]. Er kann nicht so naiv gewesen sein, daß ihm die Grundzüge der Kirchengeschichte unbekannt gewesen sein konnten.

1776 erfolgt die Unabhängigkeitserklärung der 13 britischen Kolonien Nordamerikas; der Gedanke der Freiheit wird freigesetzt. Er flackert (auch) in Frankreich auf und führt 1789 zu einer Revolution. Damit werden altkirchliche Strukturen zerschlagen. Kirchliche Besitzungen werden Nationaleigentum, Klöster aufgehoben und Geistliche zum Ablegen eines Bürgereides gezwungen.

Die Staaten reagieren konservativ. Der Zar, die Habsburger, die Könige von Frankreich, Spanien, Preußen und Holland schließen sich zur »Heiligen Allianz« zusammen, denn der wachgewordene Freiheitssinn ist gleich einem Pulverfaß für Autorität und Konservatismus.

Besonders die Kirche mit ihren zementierten Strukturen steht vor Problemen; sie hat sie selbst injiziert, denn sie hat über Jahrhunderte die Menschen in ein blindes und geistiges Joch gezwängt; sie ärgert sich darüber, wenn sie jetzt erwachen. Doch nicht über sich selbst, sondern über die anderen.

In Deutschland führt die nach der napoleonischen Säkularisation notwendig gewordene Neuordnung zu einer engeren Bindung der Kirche an Rom. Die folgende Abflachung führt zu einer Rückbesinnung auf die »gestandenen-alten« Autoritäten. Die theologischen Fakultäten an den deutschen Universitäten überdauern die intelektuellen Stürme weitgehend, denn hier wirkt die Meinung des »alten« Lehrkörpers nach. Die ultramontane Bewegung zeichnet sich in Umrissen ab und setzt sich für ein zentralistisch-autoritäres Kirchensystem und für die Ausweitung der päpstlichen Privilegien ein.

Der französische Schriftsteller Francois René Vincompe de Chateaubriand (1768 - 1848) preist die Schönheit der katholischen Dogmen und Sakramente. Der Savoyarde Joseph Graf de Maistre (1753 - 1821) fordert den »unfehlbaren« Papst. Der Plan zu Schaffung einer Reichskirche auf dem Wiener Kongreß (1814/15) scheitert am Widerstand der päpstlichen Unterhändler, vor allem des Kardinals Ercolo Consalvi (1757 - 1824).

Während der Aufklärung schreibt der Weihbischof von Hontheim (1701 - 1798) unter dem Pseudonym »Febronius« ein kritisches Buch gegen die Ansprüche Roms. Dann erschüttert ein Ereignis von beachtlicher Tragweite den Jesuitismus. Das Breve »Dominus ac redemptor noster« vom 21. Juli 1773 verfügt die Auflösung des Ordens und vermerkt als Grund: »... daß es bei Fortbestand der Gesellschaft Jesu nicht möglich sei, den wahren und dauernden Frieden der Kirche wieder herzustellen«. Hieraus wird erkennbar, daß das eigentliche Feld der Gemeinschaft nicht der Glaube, sondern die jesuitische Politik ist.

1808 rückt General Miollis in Rom ein. Napoleon wollte den Papst in Frankreich haben, um ihn besser überwachen zu können. Deshalb dringen nachts Soldaten in den Vatikan, der Heilige Vater wird ein einem Lehnstuhl durch ein Fenster herabgelassen und nach Frankreich gebracht; hier wettert er gegen das ihm angetane Unrecht, sieht aber nicht jenes, das er und seine Mannen über Jahrhunderte auf sich geladen haben.

Als Napoleon nach Elba verbannt wird, zieht Pius VII. im Mai 1814 nach Rom und gebärdet sich als »echter« Papst (Corvin). Seine erste Tat ist die Wiedereinsetzung des Jesuitenordens per 7. August 1814. Später fällt er auf den Marmorboden seines Zimmers, bricht sich einen Schenkel und stirbt am 20. August 1823 im Alter von 81 Jahren.

Papst Gregor XVI. (1831-1846) hat in den napoleonischen Wirren als unbekannter Kamaldulensermönch mit dem Namen Mauro Cappelani ein Buch mit dem Titel »Der Triumph des heiligen Stuhles und der Kirche gegenüber den Angriffen der Neuerer« verfaßt. Darin vertritt er die These, daß der Papst als Monarch unfehlbar sei. Er verurteilt in der Enzyklika »miraar vos« die Idee des Liberalismus und erkennt in der Gewissenfreiheit eine Wahnidee[141].

Er verabscheut die Pressefreiheit und führt innerhalb der eigenen Reihen Säuberungswellen durch. Spätere Päpste sehen in ihm ein Vorbild, denn die Gedanken der Aufklärung, der realen Geschichtsbetrachtung und der kritischen Theologie sind rote Tücher für eine Institution die versucht, ihr eigenes Geschichtssüppchen zu kochen und die auf »blinden« Gehorsam pocht.

Am 2. Februar 1823 besteigt er unter dem Namen Gregor XVI. den päpstlichen Stuhl. Er drängte nach den alten Strukturen und unterband die Wissenschaft. Er starb am 1. Juli 1846 und die Welt freute sich, einen Mann los zu sein, dessen ganzes Trachten es gewesen war, die Weltuhr zurückzustellen, während es überall im Volk gärte und dieses zum Fortschritt drängte«[142].

Auf ihn folgte Puis IX. Er war weit davon entfernt, das Unzeitgemäße der Lehren der römisch-katholischen Kirche zuzugeben, sondern im Gegenteil eifrig bemüht, den Glaube an die im Mittelalter zur Geltung gebrachten Dogmen zu aktivieren.

»Damals sitzt Pius IX. auf dem päpstlichen Stuhl ... dessen von 1846 - 1878 während Regierung sich zu einer der einzigartigsten in der Geschichte der römisch-katholischen Kirche gestalten sollte«[143]. Ihm verdankt die Kirche den widersinnigen »Syllabus«. Am 8. Dezember 1864 erklärt er in der Enzyklika »quanta cura« den Syllabus, in dem er alle Wissenschaft und Philosophie verdammt, die sich nicht der kirchlichen Autorität unterwirft[144]. Er verwirft die Freiheit des Denkens und des Glaubens[145]. Der Papst lehnt die längst überfällige Versöhnung mit dem Fortschritt, Liberalismus und der modernen Zivilisation ab[146].

Der Syllabus ist eine Liste sämtlicher Irrtümer, die irgendwo und wann gegen die Interessen der Kirche verstoßen haben. Zu ihnen zählen der sog. Vernunftsglaube und alle Art des Freidenkertums. Zu den Irrtümern werden alle Vereinigungen gezählt, die in irgendeiner Weise für Freiheit, Fortschritt und Aufklärung eintreten[147]. Der Syllabus wird 300 Bischöfen vorgelegt und dokumentiert deren antiquierte Ansichten.

Freilich wird nur Altes aufgewärmt. Schon im 16. Jh. bezeichnet der Papst Clemens VIII. (gest. 1606) die Gewissensfreiheit als das »Schlimmste von der Welt«. Theodor Beza, das Haupt der Genfer Kirche, nannte die Lehre von der freien Gewissenentscheidung ein »teuflisches« Dogma und Gregor XVI. (gest. 1864) verdammt im 19. Jh. die Freiheit des Gewissens als Wahnsinn, als falsche und absurde Maxime«[148].

Auch dem modernen Katholizismus sind Gewissensfreiheit und Toleranz fremd. Die in der Erklärung der Menschenrechte proklamierten Grundrechte der Gleichheit aller vor dem Gesetz, der Gedanken-, Rede- und Pressefreiheit, zumal in religiösen Belangen, wird bereits in dem Breve »Quod aliquantum« vom 10. März 1781 durch Pius VI. als Ungeheuerlichkeit (= monstra) verdammt. »... kann man etwas Unsinnigeres ausdenken, als eine derartige Gleichheit und Freiheit für Alle zu dekretieren«. 1832 verurteilt Papst Gregor XVI. die Gewissensfreiheit als Wahnsinn (= deliramentum).

Pius IX. hat sich zu den Worten seines Vorbeters aus »vollem« Herzen bekannt. 1864 verwirft er ausdrücklich jenen »Indifferentismus«, der jedem gestattet, die Religion zu ergreifen, die er für wahr ansieht. Der Staat habe vielmehr das Recht, alle anderen Religionen auszugrenzen.

Pius erkennt deshalb die österreichische Verfassung von 1867, in der Meinungs-, Preß-, Glaubens- und Lehrfreiheit verankert werden, in der alle religiösen Gesellschaften gleichwertig vom Staat anerkannt werden, in seiner Allokution vom 22. Juni 1868 als ein »abscheuliches Gesetz«. Das Werk eines katholischen Theologen aus der Zeit von Leo XIII. (gest. 1903) bezeichnet die Gewissensfreiheit als eine »verabscheuungswürdige Gottlosigkeit und Abgeschmacktheit«[149].

Einzelne Verfechter der freiheitlichen Gedanken werden unterdrückt, ihre Anstifter standrechtlich erschossen oder in die Flucht getrieben. Doch das Eis ist gebrochen. Am 22. Februar 1848 haben wir eine Revolution in Paris. Ihr folgen Volkserhebungen ind Deutschland, Österreich und Italien.

Im November 1848 wird Rom von den Soldaten Garibaldis eingenommen. Der Papst flieht am 25. November nach Gaeta. Am 9. Februar 1849 wird seine »weltliche« Regierung für erloschen erklärt; d.h. der Kirchenstaat wird der »neuen« Republik einverleibt. Pius wendet sich an Napoleon III. von Frankreich und an die Herrscher von Österreich und Spanien mit dem Wunsch um Beistand. Nach einer kriegerischen Auseinandersetzung kehrt der Papst am 12. April 1850 nach Rom zurück[150].

1848 bricht die Revolution aus. Der Papst **muß** dem Sturm der Zeit weichen und die Verfassung (von 1848) akzeptieren. In Rom kommt es zu Aufständen und zur Ermordung des vom Papst eingesetzten Ministers de Rossi. Der Papst wird zum Nachgeben gezwungen und **muß** ein demokratisches Ministerium ernennen, an deren Spitze Graf Mamiani della Rovere steht. Da sich Pius seiner Macht beraubt sieht, hält er es für zweckmäßig, am 24. November unter dem Schutz des bayerischen Gesandten Graf Spaur und als Abt verkleidet zu fliehen, sich unter den Schutz des neapolitanischen Königs zu stellen. In der weiteren Folge wird Rom zu einer Republik erklärt: der Traum des Papstes auf Weltherrschaft scheint ausgeträumt.

1861 wird aus der italienischen Republik ein Königreich mit Viktor Emanuel von Sardinien an der Spitze. Der größte Teil des Kirchenstaates wird ihm zugeschlagen. Napoleon III. zieht seine Truppen aus Rom ab. Viktor Emanuel nützt dies für einen weiteren Handstreich gegen die päpstliche Residenz. Am 20. September zieht er in Rom ein und macht das päpstliche Sommerschloß (= Quirinal) zum Königspalast. Aufgrund einer Volksabstimmung wird Rom der italienischen Republik einverleibt.

Am 13. Mai 1871 wird ein Garantiegesetz erlassen. Es sichert dem Papst die Herrschaft über die römisch-katholische Kirche; er **darf** sich eine Leibwache halten und Gesandte fremder Länder empfangen. Der Vatikan, der Lateran und die Villa Castel Gandolfo werden ihm zur Verfügung gestellt; eine jährliche Rente wird ihm zugewiesen.

Dies bedeutet »zunächst« ein Ende der machtpolitischen Gelüste des Statthalters Gottes. Der enttäuschte Pius IX. exkommuniziert den »gotteslästerlichen« König Emanuel. Es ist ein harter Schlag für die Kirche, der erst im Februar 1929 zu ihren Gunsten bereinigt werden kann. Drahtzieher ist der Jesuit Gasparri.

War Pius IX. geisteskrank?

Giovanni Maria Mastei-Feretti, der spätere Pius IX., wird am 13. Mai 1772 in den Wirren der Französischen Revolution in der Kleinstadt Senigallia (bei Ascona) als letztes von neun Kindern geboren. Elfjährig kommt er auf das Gymnasium von Volterra. Vier Jahre danach zeigen sich erste epileptische Anfälle. Die Aufnahme in die Nobelgarde wird ihm wegen seiner Krankheit abgeschlagen. Er entscheidet sich 1816, Priester zu werden und bittet 1819 um die Heiligen Weihen. Am 4. Juli diesen Jahres erhält er den kirchlichen Gunsterweis (= Indult), wird jedoch an die Auflage gebunden, die Messe stets mit einem anderen gemeinsam zu lesen. In der ersten Zeit arbeitet er in einem römischen Waisenhaus.

Von 1823/25 begleitet er einen Apostolischen Delegierten nach Chile. Um 1825 berichtet er über sein Leiden und schreibt an Leo XII. »... durch die Auswirkungen der Epilepsie habe er ein schwaches Gedächtnis und könne sich nicht längere Zeit konzentrieren, ohne eine große Konfussion befürchten zu müssen«. In der Literatur ist vereinzelt von seinen Kindern die Rede. Auch daß er kein Frauenhasser war, ist vereinzelt festgeschrieben[151].

Rasch macht der Kranke Karriere. 1827 sehen wir ihn als Direktor des Ospizio San Michele. Bald danach wird er Bischof von Spoleto. 1832 Bischof von Imola, 1840 Kardinal und relativ jung - mit 54 Jahren - tritt er am 16. Juni 1864 als Pius IX. die Nachfolge des erzreaktionären Gregor XVI. an. Der »neue« Papst gilt als leicht zu beeindrucken, als launenhaft, impulsiv und unberechenbar. Die Krankheit hat ihn geprägt. Selbst diejenigen, die sich als unfehlbar wähnen, werden davon nicht ausgenommen.

Pius IX. verbindet mit seinem Sendungsbewußtsein autoritäre Züge und freut sich über Streicheleinheiten; folglich konnte sein Umfeld nur mittelmäßig wie er selbst sein. Rasch nimmt seine Herrschaft reaktionäre Züge an. Unter ihm zeichnet sich der straff geführte Einheitskurs der Kirche ab. Er beseitigt weitgehend die bischöfliche Selbständigkeit und schiebt die Idee der päpstlichen Autorität in den Mittelpunkt seines Denkens.

Die Ereignisse des Jahres 1848 werden ihm zum Trauma; die Revolutionsangst sitzt ihm im Nacken. Er sieht die Kirche von allen Seiten bedroht. Der Liberalismus gilt ihm als Todfeind. Bereits in der Enzyklika vom 15. August 1854 hatte Pio Nono erklärt: »... die abgeschmackten und irrigen Lehren oder Faseleien zur Verteidigung der Gewissensfreiheit sind ein außerordentlich verderblicher Irrtum, eine Pest, die zu fürchten ist«.

Im Jahr seines Amtsantrittes verdammt er in der Enzyklika »Quanta cura« 100 Zeitirrtümer. Das Dokument gipfelt in der Formulierung: »... der Past müsse sich mit dem Fortschritt, dem Liberalismus und der neuen Kultur versöhnen. Dieser »Syllabus« ist eine Kampfansage an die Zeit schlechthin. Sprach doch der Papst in der gleichen Enzyklika den Bann über diejenigen, die darauf bestehen, daß die Kirche keine Gewalt ausüben kann.

Es steht die Befürchtung an, daß die politischen Auseinandersetzungen zwischen Frankreich und Deutschland zu einem Krieg führen; dies könnte die Existenz des Kirchenstaates wie das päpstliche Wollen einschränken.

Unter Pius IX. (1846-1878) zeichnet sich der straff geführte Einheitskurs der Kirche ab. Er beseitigt weitgehend die bischöfliche Selbständigkeit und schiebt die Idee der päpstlichen Autorität in den Mittelpunkt seines Denkens.

Er ruft das Erste Vatikanische Konzil für den Dezember 1869 ein und definiert ein Jahr darauf das Dogma, daß der Papst unfehlbar sei.

Augustin Theiner, Oranienparter und Präfekt des päpstlichen Geheimenchirs, ist der Meinung, daß Pius IX. weder etwas vom Kirchenrecht noch von der Geschichte verstanden habe. »... er habe lediglich oberflächliche Kenntnisse und zeichne sich durch den Köhlerglauben alter Weiber aus«.

Aufgrund seiner angeschlagenen Gesundheit neigt Pius IX. zum Mystizismus. Er vermeint Kreuzerscheinungen am Himmel zu erkennen und sieht einen Leichnam sich bewegen[152]. Der italienische Staatsmann Marco Minghetti sagt über die Zeit von 1848: »... während der Sitzung des Ministerrates öffnete der Papst das Fenster, da ein Komet am Himmel erschienen war, kniete nieder und befahl den Anderen, dies ebenfalls zu tun und Gott anzubeten, damit er die Geißel abwende, für die der Komet das verhängnisvolle Vorzeichen war«.

Rasch unterstellt man ihm Wunderkräfte, wie man es schon bei antiken Herrschern getan hat. Der Generalvikar von Nimes, Emanuel d'Alzon, verschickt päpstliche Wäschestücke zu Heilzwecken und Leon Dupont versendet päpstliche Haare. Wir haben »modernen« Reliquienhader vor uns.

1848 haben die Erleuchtungen einer neapolitanischen Klosterfrau Einfluß auf ihn. Er sagt zum Staatssekretär Antonelli: »... ich habe die Mutter Gottes auf meiner Seite«. Am 5. Januar 1870 hat Giovanni Don Bosco eine Vision, derzufolge für den Papst die Zeit gekommen sei, um die päpstliche Unfehlbarkeit zum Dogma zu erheben. Er dürfe sich der göttlichen Hilfe und des marianischen Schutzes sicher sein«.

Bald danach treten wieder Ohnmachtsanfälle auf und im Konziljahr (1870) ist erneut von einer Epilepsie die Rede, denn der österreichische Gesandte beim Heiligen Stuhl, Ferdinand Graf Trauttmandorf, berichtet am 4. Juni nach Wien: »... der Papst sei in der vergangenen Fastenzeit erneut von epileptischen Anfällen bedroht worden«.

Als der Papst das Vatikanische Konzil eröffnet, steht er im 78. Lebensjahr; seine intelektuellen Fähigkeiten haben nachgelassen. Viele Bischöfe sprechen von einem Greis, der zur Kindheit zurückgekehrt ist[153]. Für den Historiker Gregorius ist er verrückt. Der katholische Kirchenhistoriker Franz Xaver Kraus notiert in sein Tagebuch, daß der Papst boshaft und krank gewesen ist. Altersstarrsinn, Gefühlverflachung und kindische Wutausbrüche signalisieren den Verlust an Realitätseinschätzung[154].

Es wird auch (auch) dadurch deutlich, daß er sein Pontifikat für das glänzendste zum Wohl der Kirche und der Gesellschaft tatenreichste hielt[155]. Pius erklärt am 18. Juli 1870: »... er sei der einzige Herr und das ausschließliche Organ der göttlichen Lehre«[156].

Bezüglich seiner Krankheit befindet sich der Statthalter Gottes in guter Gesellschaft, denn auch Georg Talbot de Malahide, ein Freund des Papstes, hält sich längere Zeit in Paris in einer psychiatrischen Klinik auf. Ignatius von Senestrey, der Regensburger Bischof, kann ebenfalls von religiösen Wahnvorstellungen kaum freigesprochen werden. Er legt sich mit der Seherin von Altötting, Louise Beck, für die Sünden der Welt ins Bett.

Pius wirft seinen Gegnern »gottferne« Leidenschaften vor und beschimpft sie rücksichtslos. Den Bischof Henri Maret bezeichnet er als Viper und den Theologe Alphonse Gratry als verrückten Spießbube. Den Pariser Erzbischof Darboy hält er für unaufrichtig und den Kardinal Joseph Othmar Rauscher (Wien) für einen bedeutungslosen Mann.

Der Kölner Erzbischof Paul Melchers war ihm ein Ignorant und den Kardinal Friedrich Schwarzenberg (Prag) bezeichnet er als einen »Subdiakon der Kirche« (wohl: ein Esel).

Die päpstlichen Widersprüche können Kompensatoren einer Gefühlsarmut sein. Der Bischof Dupanloup spricht in seinem Konziltagebuch von seinem »Herz aus Stein« und am 22. Juni 1870 schreibt der französische Botschafter beim Heiligen Stuhl, Gaston de Banneville: »... der Papst begegne allen mit kindlichen Zornausbrüchen, was den von ihm favorisierten Ideen entgegenstehe«. Der Kardinal Gustav von Hohenlohe sagt: »... ihm wäre in seinem ganzen Leben noch kein Mensch vorgekommen, der es mit der Wahrheit weniger genau genommen habe«[157].

Der Bischof Dupanloup erwähnt seine »berufsmäßige« Heuchelei und die damit verbundene Zwiespältigkeit.

Es ist zu fragen, ob Pius IX. während der konziliaren Treibens zurechnungsfähig gewesen ist. Nicht ohne Grund schreibt Dupanloup in sein Tagebuch: »... oh, dieser unglückselige Papst, was hat er angerichtet?«.

Eine dubiose Heiligsprechung

Die Italiener beginnen Pius IX. zu hassen. Er hat mehr als 25 Jahre das Szepter des Pontifikates in der Hand gehabt. Als in der Nacht vom 12. zum 13. Juli 1881 seine Leiche

---

Kritische Punkte zur Heiligsprechung von Pius IX.

- Anläßlich der Belagerung Roms (20. September 1870) stürmen die Truppen die Porta Pia. Pius befiehlt seinem General Hermann Kanzler, symbolisch Widerstand zu leisten. In diesem Zusammenhang werden 70 Menschen getötet.

- Er empfiehlt in der Toskana die Einführung der Gefängnisstrafe für Protestanten, die ihren Glauben propagieren.

- 1867 spricht er den spanischen Inquisitor Pedro Arbues, einen Menschenschlächter des 13. Jh. heilig.

- 1868 ordnet er auf der Piazza del Popolo die öffentliche Enthauptung der italienischen Revolutionäre Monti und Tognetti an, weil sie ein Sprengstoffattentat auf die päpstliche Kaserne verübt haben.

- Er ernennt den »notorischen« Konkubinarier Antonio Matteucci zum Kardinal.[164]

von St. Peter zur Kirche San Lorenzo fuori le Mura geführt wird, rufen sie: »... es lebe Italien. Nieder mit dem Papst. Nieder mit den Priestern. Werft das Schwein in den Fluß. In den Tiber mit dem Aas«[163].

1907 wird der Heiligsprechungsprozeß aufgenommen und schleppt sich mühsam dahin. Pius IX. wird der Titel »Diener Gottes« zuerkannt, doch mit der Seligsprechung geht es nicht recht vonstatten. Ehrliche Bischöfe verlangen eine historische Untersuchung und kratzen am wunden Punkt der Kirchengeschichte.

Johannes XXIII. ist ein eifriger Förderer der Heiligsprechung und Pius VI. vollzieht den antiquierten Schritt. Er feiert seinen Vorgänger vor allem als Papst der Unbefleckten Empfängnis Marias und des 1. Vatikanischen Konzils. Er bezeichnet die neuen Dogmen als »Leuchtfeuer in der 1000-jährigen Entwicklung der Theologie und als fester Pfeiler im Sturm der Ideologien«. Er spart keinesfalls mit Lob.

Bischöfe im Widerstand

Ereignisse von beachtlicher Tragweite sprechen sich rasch herum, werden diskutiert, gelobt und kritisiert. Freilich sickern sie zur Hefe des Volkes durch. Im Sinn der Kurie ist es nicht, denn sie ist sich ihrer schwachen Position bewußt. Das Tarnmäntelchen soll so lang wie möglich umgehängt bleiben. Die Anlage des geplanten konziliaren Verlaufes zeigt die unlautere Ansicht der Kirchenführung.

Am 4. September 1869 richten 14 deutsche Bischöfe ein vertrauliches Schreiben an den Papst und geben zu Bedenken, daß eine Festschreibung der päpstlichen Unfehlbarkeit Gefahren in sich birgt[165]. Es entstehen theologische Gegnerschaften[166] und der Kardinal Antonelli spricht sich aus politischen Gründen **gegen** eine Definition aus.

Gläubige bringen in einem Hirtenbrief zum Ausdruck, daß es unmöglich ist, eine Lehre auszusprechen, die weder mit den Grundsätzen der Gerechtigkeit zu vereinen sei, noch die in der Bibel verankert ist. Selbst

unter den Katholiken steigert sich die Empörung[167].

Kritischen Konzilsteilnehmern bleibt nicht verborgen, daß die Definition der Unfehlbarkeit längst vor der Einberufung des Konzils beschlossen war: es ist nicht falsch, hier jesuitische Drahtzieher zu erkennen. Mit der Wiedereinsetzung der Jesuiten durch Pius VII. ändern sich die Verhältnisse zugunsten des Klerus auffallend rasch; der freie und kritische Geist erfährt (erneut) eine Niederlage. In den Vereinigten Staaten waren es vor allem die Jesuiten, die dem neuen Dogma zugesprochen haben.

Sie proklamieren 1860 in Köln: »... das Volk an die Unfehlbarkeit zu gewöhnen« und im Sommer 1867 propagieren sie das Gelübde: »... um bis zum Blutvergießen[168] für die Dogmatisierung der Unfehlbarkeit zu kämpfen«. Man gewinnt 11 Konsultatoren, die sich der Sache annehmen. Aus einer Bemerkung des Bischofs Hefele wird deutlich, daß es dabei unseriös zugegangen ist[169].

Der Papst macht kein Hehl aus seiner Ambition und sagt zum Chefredakteur der Civilta Cattholica: »... ich bin entschlossen so vorzugehen, daß ich ggf. die Definition selbst vornehme und das Konzil entlasse, wenn es zu schweigen wünscht«[170]. Der Papst will keine Diskussionen und scheint nach dem Motto: verschwende Deine Worte nicht, wo man nicht zu hören bereit ist« zu handeln[171].

Der Bischof Freiherr von Ketteler spricht von einem Verbrechen gegen Kirche und Menschlichkeit[172], denn die Bischofsversammlung war nur eine Kulisse. Lord Acton schreibt am 24. Dezember 1869 an den englischen Premierminister William Ewart Gladstone, daß man nach einem strategischen

Ignazius v. Lojola, der Begründer des Ordens der Jesuiten. Der Orden zeichnet sich durch Hörigkeitswahn und blinden Gehorsam aus. Wegen seiner Machtfülle wird der jeweilige Ordensgeneral (auch) »schwarzer« Papst genannt.

1846   (9. November) Pius IX. spricht in der Antritts-Enzyklika implizit seine Unfehlbarkeit aus.

1851   schließt er mit der Königin Isabella II. ein Übereinkommen mit dem Ziel, in Spanien ausschließlich das Glaubensbekenntnis der römisch-katholischen Kirche zuzulassen ... jede Ausübung einer anderen Richtung sollte verboten sein.

1854   (8. Dezember) erhebt er aus eigener Machtfülle die Lehre von der unbefleckten Empfängnis (= immaculata conceptio) zum Dogma. Der Kardinal Vincencio Machhi, Dekan des Heiligen Kolleges, spricht bei der feierlichen Definition vom höchsten unfehlbaren Urteil seiner Heiligkeit[158].

1854   (15. August). Pius IX. bezeichnet die Gewissensfreiheit als einen verderblichen Irrtum.

1862   tritt er mit der Regierung von Ekuador das gleiche Abkommen wie 1851 in Spanien.

Mit dem Kaiser Franz Joseph I. von Österreich schließt er ein Kondordat, das die Überwachung der Schulen und die Zensur der in Österreich gedruckten und eingeführten Literatur und der Zeitungen der katholischen Geitlichkeit unterstellt.

1862   versucht er, seine Unfehlbarkeit nachzuschieben. Ihm wird von der eigens angesetzten Bischofskonferenz widersprochen.

1864   (16. Juni) Giovanni Mastai-Feretti tritt die Nachfolge des erzreaktionären Papstes Gregor XVI. an. In der Enzyklika »Quanta cura« verdammt er den Fortschritt, den Liberalismus und die Gewissensfreiheit. Er hebt hervor, daß die Kirche zur Gewaltanwendung befugt ist[159].

1867   Unternimmt er einen weiteren Versuch, um die Unfehlbarkeit durchzusetzen. Diesmal scheitert er an der Indeskretion des Bischofs Dupanloup. Daraufhin sagt der Bischof Emanual Kettler aus Mainz: »... er habe keine Lust nach Rom zu fahren, um den päpstlichen Pomp zu erhöhen«[160].

1869   (Ende April). Der Papst ordnet an, den normalen Konzilsverlauf zu unterbrechen, die Konstitution »Paster Aeternus«, die beiden neuen Dogmen der päpstlichen Jurisdiktionsgewalt und die Unfehlbarkeit in die Debatte aufzunehmen.

1870   Der Deutsch-Französische Krieg bricht aus.

1870   (6. Januar) der Papst legt als erster das Glaubensbekenntnis in der Aula vor dem versammelten Konzil ab.

1870   (13. Juli) 88 Bischöfe stimmen gegen die Konstitution »Paster Aeternus«. Einzelne Konzilsväter geben ihre Stimme nur unter Vorbehalt ab. 451 Teilnehmer stimmen mit einem Ja; es sind nicht einmal die Hälfte der 1048 Stimmberechtigten und weniger als 2/3 der zu Beginn des Konzils regelmäßig anwesenden Bischöfe[161].

1870   (17. Juli) 55 Monoritätsbischöfe erneuern ihr Non-Plezet und geben zu verstehen, daß sie aus Pietät gegenüber dem Heiligen Vater an der feierlichen Sitzung des kommenden Tages nicht teilnehmen werden[162].

1870   **(18. Juli). Ein schwarzer Tag für die Kirchengeschichte; die päpstliche Unfehlbarkeit wird zum Dogma erhoben.**

1870   (20. September). Italienische Truppen erobern die Ewige Stadt; der Papst vertagt das Konzil auf unbestimmte Zeit.

Konzept vorgehe[(173)] und der Erzbischof Georges Darboy (Paris) notiert am 20. Dezember 1870 in sein Tagebuch: »... den Wahlen gebricht es an Aufrichtigkeit«.

Der Benediktiner Simplicio Pappalettere schreibt am 17. Februar 1870 an den Prefekt von Caserta, Guiseppe Colucci. »... mit der Unfehlbarkeitsadresse seien die Bischöfe an der Gurgel gepackt worden«. Der Erzbischof Tizzani spricht von »Inquisitionspraktiken«. Der Kardinal Johan Henry Newmann bezeichnet die Weise, wie das Dogma zustandegekommen ist, als Skandal[(174)]. Nachweislich stemmen sich einzelne Kirchenführer gegen die Vergewaltigung, denn sie beinhaltet eine Eingrenzung ihrer Kompetenz[(175)].

Der Dominikanergeneral Filippe Maria Guidi behauptet, daß der Papst nur unfehlbar sei, wenn er den Rat der Bischöfe zu und zugleich die Tradition der Kirche widergibt. Noch am gleichen Tag (18. Juni 1870) wird er wegen dieser Ansicht getadelt.

Professor Friedrich Michelis von Braunsberg bezeichnet in einem Manifest Pius IX. als Häretiker und Verwüster der Kirche. Der Rottenburger Bischof gebraucht den Ausdruck »pertubator eclisiqe« (= Unruhestifter, Verwirrer der Kirche).

Ein Blick in die Geschäftsordnung zeigt das Wollen der Drahtzieher. Sie war so konzipiert, daß das Ergebnis vorher feststand. Nur Kommissionsmitglieder hatten das Recht, unmittelbare Gegenreden zu führen. Alle anderen mußten sich einen Tag vorher mit der Kongregation anmelden und wurden nach der Rangfolge zugelassen. Die Bischöfe wurden unter Androhung der Todesstrafe verpflichtet, über das Geschehen in der Aula zu schweigen. Durch das Druckverbot der Reden war es unmöglich, vorgebrachte Argumente zu studieren und/oder konkret auf sie einzugehen. Die Akkustik der Konzilsaula erschwerte den Dialog.

Am 11. März 1870 fordern Mitglieder des internationalen Komitees der Minderheit in einem offiziellen Schreiben an die Konzilpräsidenten die Bildung einer Kommission aus Vertretern der Minderheit und der Glaubensdeputation. Sie sollte die kontroveresen Punkte eingehend besprechen.

Pius IX. lehnt es ab und läßt den Sekretär Joseph Feßler, Bischof von St. Pölten, die verletzende Antwort geben: »... in Rom seien genügend ausgezeichnete Theologen, mit denen man über eventuelle Schwierigkeiten reden könne. Die Deputation leide an Arbeitsüberlastung und habe keine Zeit«.

Und doch können wir einen Blick in das stumpf-antiquierte Forum werfen. Als der Bischof Stoßmeyer am 22. März in der Aula behauptet: »... auch unter den Protestanten gebe es manche, die Jesus lieben«, bricht ein Sturm der Entrüstung aus. Als er die Möglichkeit bestreitet, dogmatische Probleme durch einen Mehrheitsbeschluß zu entscheiden, begräbt ihn die Mehrheit unter Gejohle.

»... er ist Luzifer, Anathema, Anathema ... er ist der zweite Luther ... laßt ihn hinausjagen«. In einem solchen Klima kann von geistiger Freiheit keine Rede sein. Noch mehr als den despotisch veranlagten Papst trifft es diejenigen, die so einfältig sind, dieses fossile System zu verherrlichen, nur weil es ihnen Vorteile verschafft: Sie erkennen nicht, welchen Preis sie dafür zahlen. Es wird deutlich, in welche Sackgasse theologisches Wissen endet.

Nach der Version von Hefele werden die widerspenstigen Bischöfe regelrecht abgeschlachtet. Pius IX. zeigt sich mißgünstig und übt Druck auf die Oppositionellen aus. Dazu ein Beispiel: »Der Bischof Francois Lecourtier von Montpellier hat sich 1865 beim französischen Kultusminister Jules Baroche über die Ultramontanen beklagt. Später hat er in Zeitungsartikeln über das Fehlen der Freiheit während es Konzils geschrieben und bei seiner vorzeitigen Abreise aus Verärgerung des Konzils Dokumente in den Tiber geworfen. Er wird von der Kurie verleumdet, antireligiöse Briefe an einen eben verstorbenen Pfarrer geschrieben zu haben. So wird er ins Abseits gedrängt und auf Wunsch des Papstes zum Rücktritt gezwungen.

Während man die Kritiker niedermacht, sucht man Günstlinge zu festigen. 1872 geht man im Vatikan daran, die zustimmenden

Briefe einzusammeln, was nicht vollständig gelingt[176].

Eine weitere Folge der Unfehlbarkeitsdefinition ist, daß kurz nach ihrer Proklamation im deutschsprachigen Raum zwanzig Professoren der Theologie und geistliche Lehrer exkommuniziert werden. Zwei Drittel aller katholischen Historiker, die an deutschen Universitäten lehren, treten aus der Kirche aus. Auch in anderen Ländern verlassen Geistliche unter Protest die Kirche.

Dieser signifikante Vorgang findet 1989 eine Parallele in der eigenartigen Bischofswahl von Köln; wo die Eingaben von rund 160 Professoren und Intelektuellen unbeachtet bleiben. An solchen Fixpunkten wird das wahre Gesicht der Kirche deutlich; doch die an das Tagesgeschäft gewohnten Christen haben dafür keinen Sinn.

Die Zeit heilt viele Wunden. Tatsache ist, daß viele Bischöfe monatelang gegen die gewaltsame Durchsetzung des Dogmas gewettert haben. Tatsache ist, daß es dann immer stiller um sie geworden ist, d.h., sie unterwerfen sich. Teils aus egoistischen Motiven, teils aus Angst um den Fortbestand der Kirche. Die Fuldaer Bischofskonferenz verdeutlicht diese Entwicklung.

Insgesamt bleibt es eine ungerechte Sache. Der Bischof Hefele schreibt am 20. April an den früheren Staatsminister, Freiherr von Linden: »... noch jetzt bin ich überzeugt, daß die für dieses Dogma angeführten Beweise nicht stichhaltig sind«. Seinen Freund Döllinger läßt er wissen: »... ich kann nicht Ja zu Nein sagen«[177]. Die päpstliche Vertuschungspolitik wird (auch) bei der Beeinflussung der Presse deutlich.

Kuriale Medienpolitik

Als eine der ersten maßgeblichen Institutionen der abendländischen Geschichte erkennt man seitens der Kirche, wie wichtig das »gedruckte«[178] Wort zur Beeinflussung der Massen ist, bzw. zur Absicherung der eigenen Ansichten ist; so gesehen hat die christliche Bibel eine Alibifunktion und keiner denkt daran, daß sie (auch) Unwahres enthält; al-

lein der Geanke daran ist sträflich und doch muß diese Kritik berechtigt sein.

Es ist klar, daß sich die Kirche in dieser schwerwiegenden Auseinandersetzung dieses Mittels bedient. Freilich einseitig; d.h., kritische Stimmen werden vom päpstlichen Mißfallen getroffen und davor zittern die meisten, wenngleich es nicht notwendig ist.

Der gefährlichste Angriff auf die Unfehlbarkeit ist das Buch, das unter dem Pseudonym »Janus« von dem Münchener Kirchengeschichtsprofessor Ignaz v. Döllinger verfaßt ist auf dessen Schultern ich hier stehe. Er stellt die Forderung auf, die Kirche dürfe **nicht** zum Dogma erheben, was sich weder in der Bibel noch in der Tradition finden läßt. Dies herauszufinden, sei nicht die Aufgabe von Theologen, sondern der mit kritischen Methoden arbeitenden Wissenschaft. Er trägt vor: »... ich müßte erst meine 50 Jahre theologische, geschichtliche und praktische Studien in den Lethe (= Fluß des Vergessens) tauchen und sie als unbeschriebenes Blatt hervorziehen, ehe ich diese moderne Erfindung (= Unfehlbarkeit) auf die Tafel meines Geistes schreiben könnte«[179].

Wer wundert sich, wenn dieses noch heute lesenswerte Buch auf den Index der verbotenen Schriften gesetzt wird. Der Münchener Franziskanerlektor für Philosophie und Theologie, Aloys Matthias Hötzl, verteidigt Döllinger und wird zu (Zwangs) Exerzitien verurteilt. Auf der anderen Seite lobt Pius IX. den Bischof Senestrey öffentlich, weil er Studenten verboten hat, die Vorlesungen Döllingers zu besuchen.

Der Münchener Kirchengeschichtsprofessor und Altkatholik Johann Friedrich Weiß weist in seiner 4-bändigen Geschichte des Vatikanischen Konzils Manupulationen nach. Folglich gelangt er auf den Index, womit die Sache nicht erledigt ist.

In diesem Zusammenhang ist der Oranienpater Augustin Theiner zu erwähnen. Er war Präfekt des päpstlichen Geheimarchivs. Weil er den Konzilsgegnern Material zuspielt, wird er seines Postens enthoben. Glücklicherweise hat sich von ihm ein dreibändiges Standardwerk über die Ehelosigkeit des

Geistlichen erhalten, auf das ich anderweitig eingehe.

Der Pariser Titularbischof, Dekan der theologischen Fakultät an der Sorbonne, Henri Maret, ist der Verfasser des Buches »Vom Konzil und dem religiösen Frieden«. Die Indexkongregation eröffnet ein Verfahren gegen ihn, droht mit seiner Verurteilung und sucht ihn zum Widerruf zu bewegen.

Die Schrift des Erzbischofs Peter Richard Kenrick über die Unfehlbarkeit wird nachträglich verurteilt. Die Untersuchung, die der Theologe Le Page Renouf am 14. Dezember 1868 über den Papst Honorius I. (625 - 638) vorlegt, wird am 14. Dezember 1868 auf den Index gesetzt. Er stellt heraus, daß das 6. ökumenische Konzil Honorius I., wegen seiner häretischen Ansichten zum Ketzer verurteilt hat.

Der Bischof Krementz von Ermland erklärt auf dem Konzil: ... aus der Geschichte ergeben sich große Schwierigkeiten für das neue Dogma. Die Verurteilung des Papstes Honorius I. lasse den größten Zweifel an der päpstlichen Unfehlbarkeit aufkommen»[180].

Die kuriale Politik richtet sich (auch) gegen den französischen Schriftsteller Charles de Montelembert und die aus Bischofskreisen stammende anonyme Schrift »Ce qui se passé au concile« (Was auf dem Konzil geschieht).

Der italienische Kirchengeschichtsprofessor Vincenco Tizzani hat während des konziliaren Verlaufes umfangreiches Material gesammelt und damit begonnen, eine Geschichte des Vatikanischen Konzils zu entwerfen. Als er 1892 stirbt, kauft der Vatikan die Dokumentation seiner Nichte, der Gräfin Lucrezia Accursi Gaszzoli, ab. Von den versprochenen 100.000 Lire wird lediglich ein Fünftel bezahlt, was zu einem Prozeß führt. Seither werden die Unterlagen im Vatikanischen Archiv unter Verschluß gehalten. Sicher ist, daß Tizzani ein Gegner des Unfehlbarkeitsdogmas ist.

Wenig bekannt ist, daß Pius IX. im Juni 1870 den Kanoniker Eugenio Cecconi aus Florenz beauftragt, eine Konzilsgeschichte zu verfassen. Sie hätte wenig Wert für die historische Forschung, denn sie würde sich in Lobhudeleien, dem Verherrlichungsgedanke und Einfachheit auszeichnen. Es kann kaum im Sinn der Kirche sein, kritisch gegen sie gerichtete Bücher zu subventionieren; und doch wäre es das Beste, würde sie sich dem Dialog stellen. Bis heute liegt von amtlicher Seite keine realistische Dokumentation zu diesem Thema vor.

Kardinal Manning macht aus seiner Abneigung gegen die Historiker keinen Hehl (er hat vor allem Döllinger im Auge). Die historische Kritik untergräbt in seinen Augen den Glauben. Er versteigt sich zu der Anmerkung: »... die Tradition sei göttlich ... das göttliche Lehramt überragt jede menschliche Geschichte und hängt in keiner Weise von ihr ab«. Er spricht vom Sumpf der menschlichen Geschichte und vergißt zu erwähnen, daß die Kirchengeschichte in sie integriert und keinesfalls göttlich ist, denn die göttliche Existenz ist weder nachgewiesen noch nachweisbar. Es ist unglaublich, auf welch geistigen Niveau einzelne Kirchenmänner stehen.

Eine theologische Quartalsschrift lehnt die päpstliche Unfehlbarkeit, die Anmaßung der Kirche und deren politischen Einfluß ab. Im Gegensatz dazu wird die Lehre von der Unfehlbarkeit vom Bonner Literaturblatt[181] als Sache von »unermeßlicher« Tragweite herausgestellt.

Wie dem auch sei, Kritiker werden drangsaliert und Befürworter in den nicht existenten Himmel gelobt. Fest steht, daß Pius IX. selbst in den literarischen Kampf eingreift, um »seine« Sache auch auf diesem Weg zu entscheiden. Geschickt nutzt man in Pressekampagnen die Stimmung für sich und behauptet Unwahres über den scheinbar so erfolgreichen konziliaren Verlauf.

Harry, Graf von Arnim Sukkow spricht von einer »herzhaften« Lüge. Am 6. Februar 1869 publiziert die »Civilta Cattholica« einen vom Staatssekretär bestellten Bericht, laut dem die Katholiken Frankreichs die Dogmatisierung der Unfehlbarkeit wünschten; so werden Schwankende weiter verschaukelt.

Der Benediktinerabt Gueranger läßt am 12. März 1870 mitteilen: »... er habe für die

Kirche ein nützliches Werk getan, indem er die Gegner mit ihren Verstellungskünsten, Irreführungen und Kniffen widerlegt hat«[182]. Er wirft ihnen Torheit und Unverschämtheit vor. Die Infallibisten führen »rituelle« Debatten anstelle von Sachgesprächen.

Es sind Auseinandersetzungen ohne Tragweite, denn es ist eine leicht durchschaubare Vertuschungspolitik; geistige Trägheit, guter Glaube, Kritiklosigkeit und mangelhafte Geschichtskenntnis sind ihre tragenden Säulen. Das Verhältnis zur Geschichte erweist sich in der Unfehlbarkeitsdebatte als der neuralgische Punkt.

Rudis bezeichnet in seiner Schrift[183], die er der Unbefleckten Gottesmutter weiht, das Thema als »katholische« Hausfrage. Seiner Meinung nach bilden die Katholiken eine große Gottesfamilie im Haus der Kirche[184]. Er sagt: »... jene feindseligen Gewalten[185] und die verlorenen Söhne der katholischen Kirche sind bereit, die römische Felsenburg zu unterminieren und das Papsttum zu zerstören. Sie arbeiten heute wie vor 1.800 Jahren rührig an diesem Werk. Tausendmal ist der Schlange der Kopf zertreten worden, aber immer hat sie, wie die lernäische Hydra, sieben andere dafür emporgereckt«[186] ... weil die theologischen Offenbarungsweisheiten dem Menschen heilsam sind, ist es die Aufgabe des kirchlichen Lehramtes, dieses Gesetz einzuschärfen«[187].

Diese Ansicht entbehrt der historischen Logik. »... mit Zwang und Gewalt sind die neuen Dogmen zustandegekommen ... damit müssen sie fort und fort erhalten bleiben«[188]. In einigen europäischen Ländern führt die Definition im ohnehin angespannten Verhältnis zwischen Kirche und Staat zu einer Krise:

- Wenige Wochen nach dem Konzilende kündigt Östereich das 1885 mit dem Heiligen Stuhl geschlossene Konkordat.

- Die vatikanischen Dekrete lösen in Deutschland einen Kulturkampf von beachtlichen Dimensionen aus[189]. In den Jahren 1871 - 1875 versucht der preußische Staat durch eine Reihe von Gesetzen[190] das Verhältnis

zu Kirche neu zu regeln. Die Folge ist eine Stärkung der Zentrumspartei.

- In der Schweiz verschärft das 1. Vatikanische Konzil die Gegensätze von Staat und Kirche.

- In Frankreich fördern die Vatikanischen Dekrete eine weitere Entfremdung von Kirche und Gesellschaft. 1899 - 1909 kommt es zu einer Trennung von Kirche und Staat, wobei die Dreyfus-Affaire[191] eine Rolle spielt.

Literarische Kritik

Fast scheint es, als habe die Kurie den Fehler erkannt; nun gelangt ein Papst zur Macht, der das seitherige Denken auf den Kopf stellt. Leo XII. schreibt das Wort »Versöhnung« auf die Fahne und bemüht sich um eine Neubelebung der Theologie. Er richtet verständnisvolle Worte an die Staatsoberhäupter, weist den Klerus an, sich in politschen Fragen zurückzuhalten, fördert die Verehrung des Herzens Marias, gründet eine Bibelkommission und macht die Bestände der Vatikanischen Bibliothek (teilweise) der allgemeinen Benutzung zugänglich[192].

Er sagt in diesem Zusammenhang; »... wir haben keine Angst, wenn die Dokumente veröffentlicht werden ... wir sind davon überzeugt, daß sie bei einem vorurteilsfreien Studium für das Papsttum sprechen[193]. Der Liberale stirbt am 20. Juli 1903 im gesegneten Alter von 93 Jahren.

Er unterschätzt die historische Kritik, denn gerade zum Ende seines Pontifikates erheben sich kritische Stimmen und drohen (erneut) das dogmatische Lehrgebäude zu erschüttern. Der von Döllinger - und inzwischen (auch) von anderen ausgestreute Same - beginnt Früchte zu tragen.

Papst Pius VII. (vorher: Barnaba Chiarmonti). Geb. Cesena 14.8.1742 - gest. Rom 20.8.1823. Pius VII. setzt den Orden der Jesuiten erneut ein. Gemälde, 1805, von Jaques-Louis David (1748 - 1825). Paris Musee de Louvre. Mit freundlicher Genehmigung AKG. Berlin.

Stets hat die allmächtig scheinende Kirche gegen die leichtfertige Masse gewonnen, doch stets ist sie am Widerstand der Wahrheit abgeprallt. Sie ist weit davon entfernt, es zuzugeben. Der französische Theologe Alfred Loisy wirft 1902 in seinem Buch »Das Evangelium und die Kirche« die Frage auf, wie die Dogmen angesichts der neuen Forschungsarbeiten zu rechtfertigen sind[194].

Nach ihm sind sie keine vom Himmel gefallenen Wahrheiten, sondern Symbole auf dem Weg der christlichen Entwicklung. Loisy wird ob seines fortschrittlichen Denkens von katholischen Theologen angefeindet und zum Ketzer degradiert.

Der englische Theologe Georg Tyrell verfaßt 1903 das Buch »Die Kirche und die Zukunft«. Er arbeitet den Konflikt zwischen der wissenschaftlichen Kritik und dem kirchlichen Lehramt heraus. Er bekämpft die Kurie als ein konzentriertes System despotischer Autorität. Nach ihm darf sie kein offizielles Wahrheitsinstitut sein, sondern habe lediglich - ohne Gewalt versteht sich - Inspirationen zu vermitteln.

Später schreibt Bernhard Hasler sein Buch »Wie der Papst unfehlbar wurde«, dessen Spuren ich hier folge. Wieder ist das Spiel das gleiche. Der Augsburger Kirchenhistoriker Walter Bandmüller bezeichnet seine Forschungsergebnisse als »alten Trödel«; die katholische Presseagentur weist auf seine Schwierigkeiten mit der Unfehlbarkeit hin und Matthias Buschkühl stempelt sein Buch als »Nazipropaganda« ab. Offensichtlich **muß** die Kirche mit der Unwahrheit leben, sonst hätte sie solche Winkelzüge nicht nötig.

Durch solche Töne aufgeschreckt, wird die Kurie hellhörig, denn sie kann ihre Gegner nicht mehr verbrennen. Eine der ersten Taten des Nachfolgers Leo XIII., des Papstes Pius X. ist, das Buch Loisys auf den Index setzen zu lassen.

Das Konfiszieren ernsthafter Literatur heißt nicht, den dahinterstehenden Geist auszulöschen. Es ist ein Armutszeugnis der Theologie, daß sie lediglich **ihre** Untersuchungsergebnisse anerkennt. Die Theologen sind bekenntnisgebunden, also vom Ansatz

her in einer Sackgasse. Anstatt sich zu öffnen, **müssen** sie sich verschließen, denn sie werden dafür bezahlt.

Giuseppe Sarto, Sohn einer Schneiderin und eines Briefträgers, wird am 4. August 1903 zum Papst Pius X. erhoben. Er besinnt sich des »alten« Kurses und bezeichnet das Dogma von der Unbefleckten Empfängnis Marias, das 1. Vatikanische Konzil, dessen Unfehlbarkeitsdefinition sowie die Wunder von Lourdes und Pompei als die Großtaten des 19. Jh.

Auf politischem Gebiet nimmt er die starre Haltung von Pius IX. ein. Er weigert sich, den amerikanischen Präsidenten Roosevelt zu empfangen, bricht 1910 die diplomatischen Beziehungen mit Spanien und Portugal und 1911 die zu Frankreich ab.

1904 warnt der Statthalter Gottes in zwei Enzykliken vor den »Neuerern«, die mit großem wissenschaftlichen Aufwand die Geschichte des frühen Christentums in Frage stellen. Von konservativen Kreisen unterstützt, erläßt er am 17. Juli 1907 die umstrittene Enzyklika »Pascendi«. Darin verurteilt er 65 Zeitirrtümer. Vorrangig weist er Fakten zurück, die die Autorität des kirchlichen und päpstlichen Lehramtes schmälern und die den geschichtlichen Wert der heiligen Schrift und verschiedener Dogmen in Frage stellen. Pius X. ist ein strammer Gegner des Modernismus: er steht demokratischen Ideen feindlich gegenüber.

Er fördert eine Vertiefung des religiösen Lebens und die der Kommunion. Er fordert die Überwachung der Professoren, verschärft die Zensur und der kirchlichen Schriften und erläßt den sog. (inzwischen wieder gelösten) »Antimodernisteneid«. Die Auseinandersetzung mit der modernen Welt scheint ihm überflüssig, gefährlich und dür die Kirche schädlich. Er ist weit davon entfernt, einige Sünden der Kirche zuzugeben. Wer wundert sich, wenn er am 29. Mai 1954 heilig gesprochen wird?

Pius X. deckt Denunzianten und Spitzel. Da ihm der Glaube der Kirche gefährdet schien, war ihm selbst dieses Mittel recht. Im

Abwehrkampf gegen den Modernismus zeigen sich neurotische Verhaltensmuster.

Der Jesuit Gasparri

Pius X. gibt den Plan bekannt, nun ein einheitliches Rechtsbuch für die Kirche aufzulegen. Dies schafft - neben der Definition der Unfehlbarkeit - eine zentrale Rechtsgrundlage und sichert dem Papst die oberste Gesetzgebungsgewalt. Dazu wird 1904 eine Kommission ernannt, der den »Codex Iuris Canonici« zusammenstellen soll. Das Unternehmen wird von Pietro Gasparri, Professor für Kirchenrecht, geleitet und zum Abschluß gebracht. Die Kommission tagt 12 Jahre und am 27. Mai 1917, einem Pfingstmontag, wird das in lateinischer Sprache verfaßte »neue« Gesetzbuch aufgenommen.

Der neue Kodex erleichtert die kirchliche Organisation, betont jedoch die straffe Führung[195]. Der Berliner Kirchenrechtler Ulrich Stutz meint dazu: »... vor der Geschichte und nach dem ihn ihm waltenden Geist ist der Kodex ein Werk des absoluten Papsttums«[196].

Es beharrt auf den »alten« Grundsätzen, daß alle Gewalt von Gott ausgeht und daß der Papst als Statthalter Gottes anzusehen ist. Es verpflichtet alle Gläubigen, die ihnen vorgetragenen Dinge zu glauben. Unabhängig von jeder weltlichen Macht habe die Kirche das Recht und die Pflicht, allen Völkern das Evangelium zu lehren. Diese Lehre anzunehmen, seien alle Völker durch das göttliche Recht verpflichtet. Diesem Zirkelschluß fehlt das Wesentliche; die Wahrheit. Die Gleichberechtigung mit anderen Glaubensgemeinschaften wird abgelehnt[197].

Gasparri war ein wichtiger Mann für die Kirche, denn er entscheidet gleichfalls die heikle Romfrage zugunsten der römisch-katholischen Kirche. Sie geschieht durch den Abschluß eines Konkordates, das für das italienische Volk und seine Regierung eine Preisgabe sämtlicher während der Zeit von 1884 - 1870 gemachten liberalen Errungenschaften bedeutet. Der Papst erlangt seine alte Souveränität. Er erhält die Rechte eines weltlichen **und** kirchlichen Herrschers. Nun darf der Vatikan Münzen prägen, Banknoten und Postwertzeichen herstellen; ein Bahnhof wird installiert und der Katholizismus wird Staatsreligion; das kanonische Kirchengesetz tritt in Kraft.

In der Rechtspflege genießen die katholischen Geistlichen eine Ausnahmestellung. Nur kirchlich geschlossene Ehen werden anerkannt und es besteht die Pflicht zum Religionsunterricht. Die seit 1870 latent gebliebenen Mönchs- und Nonnenorden werden aktiviert. Die Kirche hat erneut einen Schachzug gewonnen. Schlagartig nehmen die »alten« Reglementierungen zu. Pius XI. hat den Mut, diese Veränderungen als einen Schritt zum Weltfrieden zu bezeichnen; das Gegenteil ist der Fall.

Umberto Benigni ... ein moderner Inquisitor

Rasch finden sich Menschen, die sich zur Lebensaufgabe machen, andere zu denunzieren; wir werden an inquisitorische Praktiken erinnert. Es setzt eine umfassende Denunzierungskampagne ein, die die Atmosphäre der Kirche (zusätzlich) vergiftet. Drahtzieher ist der italienische Prälat Umberto Benigni: »... ein kleiner dicker Herr mit lauerndem Blick und in ewiger Bewegung«. Er ist seit 1906 Subsekretär in einer wichtigen Kongregation und Begründer der Geheimliga »Sodalitum Pianum«, die den Modernismus bekämpft und dem religiösen Liberalismus den Kampf ansagt. Er konnte sich der Unterstützung des Papstes erfreuen[198].

Benigni baut ein umfassendes Spitzelnetz in Europa auf und gründet ideologisch gefärbte Zeitschriften. In der Glaubenszentrale wird das Chiffresystem eingeführt und Benigni unterschreibt mit 12 Pseudonymen[199].

Das Sodalitum schickt vertrauliche Berichte an römische Dikasterien. Wer dort registriert ist, entgeht schwerlich der kirchlichen Verfolgung und/oder Verurteilung. Wie im Mittelalter ist die Möglichkeit der Verteidigung nahezu ausgeschlossen. Das Sodalitum stellt 1921 die Aktivitäten ein. Der Prälat verschlägt sich zum faschistischen Regime. Er wird zum Informanten des privaten Staatssekretärs Mussolinis und ein Spitzel der faschistischen[(200)] Partei OVRA, die in der deutschen GESTAPO eine Parallele findet[(201)]. In beiden Organisationen sind Tausende von Katholiken beschäftigt.

Mit Benedikt XI. tritt der antimodernistische Abwehrkampf zurück. Andere Sorgen bedrücken die Kirche. Der erste Weltkrieg erschüttert das gesellschaftliche Gefüge, und totalitäre Regierungen - explizit vorexerziert von der Kurie - setzen sich an die Spitze. Der Vatikan wird zum eigenen Staatswesen. Hitler und Mussolini schließen mit dem heiligen Stuhl Konkordate.

Zusammenfassung

Die Mißachtung der Geschichte konnte nicht ohne Auswirkungen bleiben[(202)]. Die Kirche verpaßt den Anschluß an die wissenschaftliche Forschung und wird zum Bremsklotz auf dem Weg einer unvoreingenommenen Suche nach der Wahrheit. Sie entwickelt sich zum Vatikanischen Antiquitätenkabinett und provoziert dadurch Widerstand.

Hat sich Rom damit einen Gefallen getan oder trifft es (auch) 1870 eine gravierende Fehlentscheidung? Ist man dem psychopatischen Wollen eines Kranken aufgesessen? Hat man erreicht, was man wollte? Der Schweizer Theologe Hans Urs bezeichnet die Dogmatisierung als »gigantischen« Unfall. Der niederländische Bischof Francis Simon stellt den Glauben der katholischen Kirche an die Unfehlbarkeit als fragwürdig hin,[(203)] und Küng stellt mit aller Deutlichkeit die unfehlbare Instanz in Frage. Er stößt auf den erbitterten Widerstand vieler Theologen.

Die Kirche nimmt auf der Suche nach der Wahrheit einen dubiosen Standort ein und erhebt den Anspruch, daß Glaubensfragen ad hoc zu beantworten sind. Der Glaube ist eine so subtile und individuelle Angelegenheit, daß jeder Einzelne selbst darüber befinden muß; er ist in seiner privaten Sphäre angesiedelt, d.h., jede Normierung führt zu Verzerrungen. Nicht mehr mühsames Suchen und/oder Forschen, sondern die Festschreibung einer Lehrmeinung bringt nach Ansicht der Kirche die Wahrheit an den Tag(!)

»... eine Kirche, welche die Wahrheit zu fürchten hat, muß ein vitales Interesse daran haben, daß sie ausgesprochen wird«[(204)]. Sagte nicht schon Lessing: »... daß das Forschen nach der Wahrheit angenehmer als sie selbst ist«. Hans Kühner hebt in der Basler Zeitung herovr: »... es kommt allein auf die geschichtliche Wahrheit an«.

Das goldene Zeitalter einer auf Autorität ausgerichteten Gesellschaft nach der alten Ordnung ist vorüber. Die Industrialisierung Europas hat einen anderen Menschenschlag hervorgebracht. Die Kirche muß ihre Führungsposition überdenken, denn sie war **nur** das Herrschen, aber **nicht** das Teilen gewohnt. Sie hat sich abgekapselt und eine weltfremde Kulturlandschaft gezüchtet(205).

Ging es Pius IX. um gesellschaftliche Aspekte? Wollte er wenigstens die auf Illusionen ruhende geistliche Autorität retten? Der Versuch ist gescheitert, und auch heute wird die päpstliche Autorität - nicht nur in Glaubensdingen - bestritten. Hat das Papsttum im 20. Jh. den Bogen überspannt?

Vereinzelt wird es registriert. Johannes XXIII. meint: »... die Kirche wäre kein Museum. Er wolle die Fenster aufstoßen, um Licht in die düsteren Räume zu lassen«. In seiner Eröffnungsansprache zum 2. Vatikanischen Konzil erklärt er: »... die christliche Lehre müsse so dargelegt und erforscht werden, wie es die Zeit verlangt«. In der römischen Kurie greift Angst um sich, denn plötzlich steht ein Papst auf der Seite der neuerungswilligen Kräfte. Er stirbt unvorhergesehen, wobei es fraglich bleibt, ob eines natürlichen oder unnatürlichen Todes.

Wurden die Ziele erreicht? Das Unfehlbarkeitsdogma übt sicher - ernst genommen - eine beträchtliche emotionelle und moralische Entlastungsfunktion aus: war dies bei den christlichen Soldaten des 1.000-jährigen Reiches - vergleichsweise - anders? Und: welche Greuel sind geschehen? Jeder zweite - vom Landser bis zum General - war ein Christ. Wer wird da nicht stutzig? hat man sich schon wieder einer Illusion verschrieben?

Das römische Recht sagt so lapidar wie überheblich: »... der römische Papst nimmt nicht die Stellung eines blosen Menschen, sondern die eines wahrhaftigen Gottes auf dieser Welt ein«[207]. Es ist ein verhängnisvoller Irrtum, der aufrechterhalten werden muß, damit das theokratische System nicht zusammenbricht. **Die auf Göttlichkeit und Irrtumslosigkeit gerichteten Ansprüche erwiesen sich als Irrtum und unrichtig. Päpste sind Menschen wie alle anderen. Sie atmen den Geist ihrer Zeit, sind den gleichen Mängeln, Fehlern und Vorzügen unterworfen.**

Der Papst sollte in seinen Enzykliken bei der Beurteilung theologischer Sachverhalte und bei Heiligsprechungen unfehlbar sein. Dies allein ist in sich unlogisch. Da es weder Götter noch Heilige gibt, ist das Ränkespiel um sie wertlos.

»Das Papsttum ist eine antiquierte Dynastie. Seine Träger sind Menschen wie alle, mit derselben gebrechlichen Natur behaftet und denselben persönlichen Schwächen unterworfen[208]. Man kann sie **nicht** als Angelpunkt der Geschichte bezeichnen[209], wenngleich sie selbst es gern so sehen (wollen). Durch die Unaufrichtigkeit und Inkonsequenz einzelner Päpste wird unermeßlicher Schaden angerichtet; sie selbst verbreiten die Unsicherheit nach außen und werden darum gerügt!

Die gehemmte und unfreie Kirche wird allmählich zu Herrschenden und Beherrschenden. Kaiser und Könige beugten sich unter ihren Willen. Wollte sie den Aberglaube, so brauchte sie nur zu rufen: »... es werde Nacht«. Brauchte sie Fanatismus, so stand er ihr zu Diensten. Brauchte sie die Auflehnung des Volkes gegen die Fürsten, so ließ die Rebellion nicht lang auf sich warten. Brauchte sie blutige Kriege, so kostete es sie wenig Mühe, dieselben anzuzetteln. Brauchte sie die Giftphiole als Vehikel ihrer Politik, so waren Würdenträger bereit, als Giftmischer den verlangten Dienst zu tun...

... Gutes und Böses, Edles und Gemeines, Heroismus und Feigheit, Loyalität und Felonie, Pflichttreue und Verbrechen, Tugend

und Laster ... alles kam, wirkte und ging, wie sie es haben wollte ... die deutsche Geschichte liefert den Beweis[210] ... wieder einmal schwingt die Kirche ihren Zauberstab, und die Massen staunen«.

Der protestantische Geistliche Dr. Charles A. Brigge schreibt in der Zeitung »North American Review«. »... das Papsttum ist eine der größten Einrichtungen, die in der Welt existiert haben. Es ist das Größte, was es heute gibt. Und mit ruhiger Gewißheit sieht es einer noch größeren Zukunft entgegen. Seine Herrschaft erstreckt sich über die ganze Welt. Alle anderen Kirchen sind national oder provinzial in ihrer Organisation. Der Papst regiert die große Gemeinschaft der Christenheit, die seit den Apostelzeiten immer die gleiche geblieben ist...

... Auch für die christlichen Organisationen, die sich vom Stammbaum getrennt haben, bleibt das Papsttum ein Teil des christlichen Erbgutes. Die Geschichte des Papsttums ist eine Geschichte der Stürme und Konflikte. Seinetwegen wüteten Jahrhundertelang die größten Schlachten der Weltgeschichte ... die gegnerischen Mächte sind immer geschlagen worden, und aus jedem Kampf ging das Papsttum gestärkt hervor«.

So kann man dies nicht stehen lassen, denn das Papsttum begründet sich auf unlauteren Winkelzügen und der Unwahrheit. Die Geschichte der päpstlichen Unfehlbarkeit dokumentiert es.

»... heute würde die Scham Millionen abhalten, sich zur päpstlichen Unfehlbarkeit zu bekennen, die der Bibel, der alten Kirche, der realen Geschichte und der menschlichen Vernunft Hohn spricht ... sie ist ein Hirngespinst[206].

Ich glaube, daß sich Döllinger in diesem Punkt täuscht, denn die Menschen sind nicht kritischer, sondern (noch) oberflächlicher geworden. Pius IX. war für Millionen von Katholiken ein Vorbild, denn er hat sie der Verantwortung des Denkens entbunden.

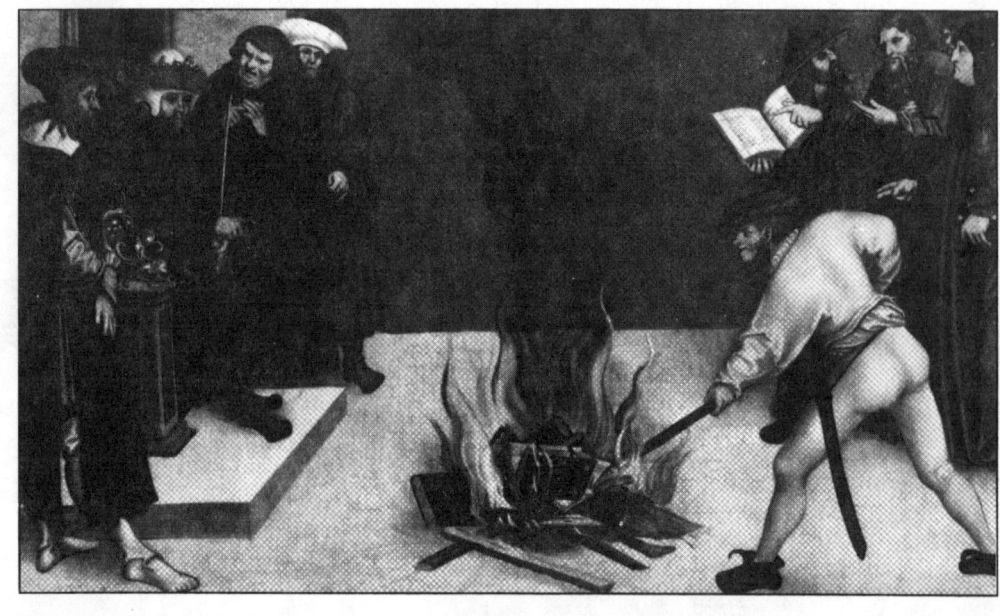

Verbrennung ketzerischer Schriften vor einem Fürst. Die Theologische Fakultät der niederl. Stadt Löwen hatte schon 1520 Luthers Bücher öffentlich verbrannt, obwohl noch keine Verurteilung durch die Kurie in Rom erfolgt war. Später fordert Kaiser Karl V. - streng katholisch ausgerichtet -, die »vergifteten Schriften und Bücher Luthers« mit dem Feuer zu verbrennen. Das Hab und Gut der Schreiber, Dichter und Drucker sollte eingezogen werden. Erst allmählich scheint die Kirche einzusehen, daß es mit dem Verbrennen unliebsamer Literatur nicht getan ist; sie muß sich der Kritik stellen und sie muß daran scheitern, denn das christliche Imperium ist auf Unwahrheiten, Fälschungen und Geschichtskittungen errichtet.

Ein Volk, ein Krieg
ein Glaube

Vatikanische Politik auf Abwegen

»... die Kirche ist wie ein intrigantes Frauenzimmer, das ihren Mann erst Glauben macht, sie wäre hilflos und schwach ... dann aber allmählich das Heft so fest in die Hand nimmt, daß er nach ihrer Pfeife tanzt«[1]. »... ihr müßt nicht denken wie es euch beliebt, sondern wie Katholiken. Wer sagt, er wolle seinen Glauben, nicht aber auch seine Politik von St. Peter beziehen, der ist kein wahrer Christ«[2].

»... so ist nun einmal das Spiel der Kirche ... denken wir nicht an Christus. Heute ist die Zeit gekommen, wo wir andere ans Kreuz schlagen und nicht selbst hinaufzusteigen brauchen«[3]. »... der Vatikan ist im Gegensatz zur religiösen Botschaft **gegen** die Interessen der Völker gerichtet, auf die Vereinigung des Katholizismus und auf die Vorbereitung eines Atomkrieges«[4].

Es wird oft übersehen, daß der Vatikan diverse Doppelfunktionen in sich vereinigt. Neben der Vermarktung des römisch-katholischen Glaubens haben wir ein territorial kleines, doch agiles Staatsgebilde vor uns, dessen Führer gleichzeitig Papst und Politiker ist. Es ist unbestritten, daß sich der Klerus seit seinem Bestehen mit politischen Fragen auseinandersetzt. In Kirchenkreisen wird nicht nur gebetet, sondern (auch) politisiert.

Durch die Kirchengeschichte geht ein von vielen verkannter politischer Zug, der sich von der Erhebung zur Staatskirche bis heute mit steigender Eskalation nachvollziehen läßt.

Das Christentum hat sich dadurch in Frage gestellt. »... über den Köpfen der Christen wird mit Gleichmut, Selbstverständnis und Seelenruhe das umstrittene Evangelium für politische Aktivitäten benutzt«[5]. Die Kirche ist ein politisches Instrument im Dienst des Vatikans zur Durchsetzung der erhofften Glaubens-Weltherrschaft[6]. Der Terminus katholisch ist irreführend, denn eine wirkliche Einigung ist nicht in Sicht. Die letzte Kirchenspaltung erfolgte 1988. Es steht die Frage ins Haus, ob der Kirche der Glaube nicht Mittel zum Zweck ist, um politische Interessen zu fördern.

156 v. u. Z. erklärt der athenische Gesandte Karneadas im Rom: »... die Römer verdanken ihre Herrschaft unzähligen Kriegen, in denen sie ihre grenzenlose Habgier befriedigt und fortwährend Unrecht getan haben«. Sallust bekennt: »... von Anfang an ist alles, was sie besitzen, durch Raub zusammengebracht. Die Häuser, die Frauen, das Land, das Reich ... durch Kühnheit, Betrug und eine ununterbrochene Reihe von Angriffskriegen sind sie zu ihrer Größe gelangt!

Hat das erstarkende Christentum auch dieses abgekupfert? Deschner gelangt zu der treffenden Formulierung: »... die Geschichte der christlichen Völker ist eine Geschichte ihrer Kriege. Zu allen Zeiten wäre es dem Christentum möglich gewesen, Kriege zu verhindern, wenn sie es ernsthaft gewollt hätte. Die Kirche kennt neben dem »gerechten« den »heiligen« Krieg. Er spielt eine erhebliche Rolle, denn er gestattet den Angriff«[7]. Theologen und Pfarrer ersannen eine Kriegstheologie, ohne recht zu wissen, daß sie dadurch den Namen Gottes schändeten und seinen Willen ins Gegenteil verkehrten«[8].

Die Annexion des mit Geschichten von Grausamkeit und Obszönitäten angereicherten Alten Testamentes, das nach dem katholischen Glauben »der Sonne Christi als Morgenstern« vorangeht, hat verhängnisvolle Folgen und Marcion - der von der Kirche Verfluchte - wußte, weshalb er es abgelehnt hat. U. a. leitet sich daraus das Mißverständnis zum Verfolgen der nachmittelalterlichen Hexen ab[9]. Die Kirche benutzt das Alte Testament, wie es die Zeit erfordert. 1915 stellt ein Theologe heraus: »... an diesem Buch stärken und laben sich noch heute Tausende in sicherer Not und danken Gott, daß er ihnen dieses Buch des Kriegsmutes und Trostes gegeben hat«.

Wohin sich das klerikal politisierte Christentum wendet, zeigt der Vergleich der Bibelworte:»Liebet eure Feinde, segnet (die), die euch fluchen, tut wohl denen, die euch hassen« mit der Predigt eines christlichen Theologen aus dem Jahr 1915:

»... Hei, wie saust es aus der Scheide! Wie es funkelt im Maienmorgensonnenschein. Das gute deutsche Schwert, siegesbewährt, segensmächtig. Gott hat Dich in unsere Hand gedrückt;wir halten Dich umfangen wie eine Braut ... du bist die letzte Vernunft. Du lieber Schläger bist uns ein Träger des Geistes. Auch wir Priester haben teil an Dir und Du an uns. Und der Pfingstgeist soll unser Schwertsegen sein. Du führst die Sprache der zerteilten Zungen. Komm Schwert, du bist die Offenbarung des Geistes. Du sollst sie alle umbringen dürfen als meine Erschlagenen. Rüste Dich, wehre und richte ... im Namen des Herrn darfst Du sie zerhauen«[10].

Auf deutscher Seite bekannte man 1916: »... auch unsere Soldaten holen sich neuen Mut an der Kriegsfrömmigkeit des Alten Testamentes«.

Seit Jahrhunderten fordern Kritiker, die Kirche möge sich aus der Politik heraushalten und sich ausschließlich (gewaltlos) der Verbreitung des Glaubens widmen, nachdem sie dessen Glaubwürdigkeit nachgewiesen hat.

Dem steht gegenüber, daß die historische Forschung immer mehr Unrat aus dem Brandplatz der Kirchengeschichte kehrt und dokumentiert, daß der römisch-katholische Glaube - mit seinen Ablegern - mit Blut erkauft ist, bzw. daß das auf ihm errichtete Imperium auf einem Zerrbild ruht. So konnte ein Kritiker sagen:»... Die Kirche ist auf Blut gegründet, im Blut gewachsen und wird im Blute enden«. Wissenschaftler belegen mit zunehmender Transparenz, daß sich hinter der Fassade eine Leere auftut.

Gewohnt, in langen Intervallen zu denken, »riechen« einzelne Päpste früh den gefährlichen Braten und stellen sich gegen Fortschritt und Liberalismus. Die Kurie bezeichnet politische Gewalten, Parlamente, Wahlurnen und Zivilehen als »dürre Gebei-

ne«, die auf den »göttlichen« Hauch der Wiederbelebung warten. Sie stellt heraus, daß von den pestilenzischen Lehren der Universitäten; sofern es keine katholischen sind - ein verderblicher Gestank ausgeht[11]. Dadurch stellt sie sich ins »geistige« Abseits und betritt früh den Pfad der Unaufrichtigkeit.

Seit Jahrhunderten lenkt der Vatikan die Karten der europäischen Politik. Er agiert unter dem Deckmantel der Nächstenliebe, während er gleichzeitig Angst uns Schrecken verbreitet. Man betreibt seit Jahrhunderten eine mehr oder weniger kluge Kriegspolitik. So ist man im Zusammenhang mit der Christianisierung Europas bemüht, Christinnen mit heidnischen Machthabern zu liieren, um dadurch sie und die von ihnen beherrschten Volksstämme zu christlichem Glauben zu bringen (zwingen?).

Ersichtlich wird es u. a. aus der Geschichte der Westgoten in Gallien und Spanien, der Ostgoten in Italien, der Burgunder und Franken. Chlodwig, der König der salischen Franken wird durch Chlothilde, einer Tochter des Burgunderkönigs Chilperich, einer Katholikin, für die Kirche Roms gewonnen. Ihr Mann wird zu Weihnachten 496 zusammen mit vielen seiner Anhänger getauft. Der römische Statthalter verleiht ihm den Titel »allerchristlichster König«, der von da ab auf alle Beherrscher des Frankenlandes überging.

Mit diesem Akt hält das Christentum Einzug unter den deutschen Stämmen. Chlodwig räumt der Kirche Landbesitz ein und der Bischof von Vienne schreibt an Chlodwig: »... so oft Du auf dem Schlachtfeld siegst, so oft siegt auch die Kirche mit Dir. Dein Sieg fördert (auch) uns und unseren allein wahren Glauben« indem er ihn gleichzeitig zum Kampf gegen die in Burgund sitzenden Anhänger des arianischen Christentums reizte.

Der Langobardenkönig Autharis wird von der Kirche aus dem Weg geräumt und vergiftet, weil er verboten hatte, daß seine Söhne am Osterfest katholisch getauft werden.

Die Kirche hat große und lenkbare, wenig intelligente und glaubensgewohnte Massen auf ihrer Seite, wenngleich die Zahl der wirklich engagierten Christen stets gering gewesen ist. Es gibt viele Gründe, weshalb die Kirche ihre Igelstellung verteidigt und den Zeitpunkt einer notwendigen Öffnung hinauszuschieben sucht. Das Inszenieren von Kriegen gehört ins Repertoire ihrer Taktik; schon heute proklamieren Moraltheologen, daß der Einsatz von Atomwaffen nicht sündhaft ist.

Die Kirche verfügt über ein originelles Informationssystem und gebietet über Mittel, die jede Beeinflussung ermöglichen. Hinzu kommt eine seit Generationen amputierte Priesterschaft, die ebenso willig wie hoffähig ist, jeden Befehl von »oben« zu realisieren. Eine Führerrolle nehmen in diesem Zusammenhang die Jesuiten ein. Sie haben es von Anfang an als ihre Aufgabe betrachtet, historische Kritik zu unterbinden. Sie berufen sich auf Handschriften, die bislang niemand zu Gesicht bekommen hat. Petrus Canisius bringt erdichtete Briefe von der Jungfrau Maria herbei und es geht an der Sache vorbei, wenn Alfons Pisanus eine Schrift von der Geschichte des Nicänischen Konzils verfaßt, die auf die päpstliche Autorität abhebt, denn sie ist unredlich geworden.

Die Staaten haben sich im Lauf der Jahrhunderte gegenüber den Menschen geöffnet. Die römisch-katholische Kirche verschließt sich ihnen mit beharrlicher Konsequenz, bleibt antiquierten Traditionen treu und tut so, als wäre das, was man vor 1.000 Jahren als glaubenswahr erkannt hat, noch heute so. Es ist ein Irrtum!

Die Folge dieser »inneren« Politik ist, daß sie sich immer mehr eingekapselt hat, um unglaubwürdig gewordene Bastionen zu verteidigen. Dies zwingt sie früh, unlautere Mittel einzusetzen und zu polemisieren.

Die Kirche hat sich unter dem Druck der Verhältnisse nicht selbst, sondern stets andere in Frage gestellt. Der damit verwobene Versteinerungsprozeß hindert sie (heute) daran, die Karten der Wahrheit auf den Tisch zu legen. Peinlicher ist es, sie sich von anderen vorlegen zu lassen. Längst weiß man in Kirchenkreisen um die Unglaubwürdigkeit im eigenen Lager. Aus dem Konflikt gibt es zwei Wege:

- Die friedliche Auseinandersetzung mit der Wissenschaft, selbst auf die Konsequenz hin, sich partiell zum Unrecht bekennen zu müssen ... oder

- Eine Konfrontation unter Waffen.

Wer sich mit der Geschichte beschäftigt hat, weiß, welcher Weg der wahrscheinlichere ist.

»die alte Lehre, derzufolge der Kirche Gewalt über die Staaten zusteht, nur weil sie vorgibt, auf göttliche Order zu handeln, ist als primitiv anerkannt[12] und wird nur noch von der Kirche aufrecht erhalten. Man stellt in den Raum: »... Gott hat die Welt und die Menschen erschaffen. Er hat einen Statthalter deponiert, dem (bedingungslos) zu gehorchen ist. Darum muß die Kirche die Welt regieren und die weltlichen Herrscher, falls sie sich diesem Aberwitz nicht beugen, in die Pflicht nehmen[13].

Das Papsttum liegt von der Sache her in einem unauflöslichen Kampf mit den weltlichen Gewalten. Kein Papst ist wegen nachgewiesener Verbrechen oder Unfähigkeit zurückgetreten. Die Meinung über die päpstliche Gewalt ist von Anfang an geteilt. Die Kirche weiß um ihre Schwäche und kontert plump: »... es müssen bessere Zeiten abgewartet werden, die die Kurie (wieder) aus dem Staub heben, in den man sie gedrückt hat ... um sie danach (wieder) auf den Thron ihrer geistlich-weltlichen Universalherrschaft zu setzen«[14].

Sie versteht es meisterlich, Tatsachen auf den Kopf zu stellen, denn **sie** ist es gewesen, die über Jahrhunderte Andersdenkende, -wissende und -fühlende unterdrückt, denunziert, gefoltert, hingemordet und geistig unterdrückt hat. Deshalb scheint es interessant, im Rahmen dieses Buches die politischen Aktivitäten der Kirche - an einigen Punkten orientiert - nachzuweisen.

Anfänge

Jesus äußert sich nicht zu diesem Thema; er verwirft die Gewalt, wenn man den erhaltenen Aufzeichnungen Glauben schenkt. Der synoptische Jesus predigt den Heroismus des

Duldens und Ertragens, nicht den der Verwüstung und Gewalt. Er lehrt:»Du sollst nicht töten«. Dies bedeutet, daß ein Christ nicht töten darf;weder den persönlichen Feind, noch den Verbrecher, noch den nationalen und/oder religiösen Gegner.

Der biblische Jesus ist an der Politik nicht interessiert. Nach Jesus beherrschen die Regenten gewaltsam die Völker, sie unterjochen und vergewaltigen sie und lassen sich dafür als Wohltäter bezeichnen. Die christliche Kirche ist den gleichen Weg gegangen. Der biblische Jesus kennt keine Machtpläne. Er distanziert sich von nationalistischen Instinkten und Leidenschaften;er strebt keine Herrschaft an. Er hat mit dem auf ihm errichteten Imperium nichts zu tun!

In der Bibel findet sich nichts über die Politisierung der Kirche. Es wäre unlogisch, denn die damals junge (unverfälschte) Glaubensgemeinschaft erwartet das baldige Ende der Welt mit der daran geknüpften Auferstehung. Später sieht sich die Kirchenleitung gezwungen, aus der Nah- eine Fernerwartung zu konstruieren. Allein dies ist makaber.

Der biblische Jesus verbietet das Töten ohne Einschränkung. Doch bis heute wurden durch kirchlichen Einfluß, mit ihrer ausdrücklichen Billigung und durch ihr Schweigen Millionen aus dem Leben geschafft! Wo wird die doppelte Moral der Kirche deutlicher?

Wieder fällt unser Blick auf Paulus. Mit ihm und durch ihn beginnt eine andersgeartete Qualifizierung des Staates. Alle Richtlinien, die er in dieser Hinsicht gibt, sind neu gegenüber der Lehre Jesu. Im Gegensatz zu ihm, der jedes Prozessieren verbietet und damit das Rechtsleben in Frage stellt, erlaubt es Paulus;Jesus vertritt ein Nein zum Schwur[15]. Niemand in der Antike pries den Staat mehr als Paulus, dessen Staatstheologie die Geschichte Lügen straft. Schon im 3. Jh. streiten sich christliche Gemeinden vor staatlichen Gerichten.

Da man wußte, daß Jesus v. Nazareth als Pazifist anzusehen ist, mußte man versuchen, dessen Pazifismus zu kaschieren. Die Theologen berufen sich auf die aus Jesaija 56.7

und Jeremia 7.11 herausfabulierte Tempelaustreibung, die wahrscheinlich nie stattgefunden hat[16].

Und wenn dem so gewesen wäre;von einer harmlosen Tempelaustreibung bis zur Inquisition, den Hexenbränden, den Folterkammern, dem Judenhaß und den Krematorien des 20. Jh. ist es ein weiter Weg und zugleich ein himmelweiter Unterschied. Jesu Verkündigung der Feindesliebe sucht die darauf gebaute Kirche mit der Behauptung zu entkräften, das Wort »Feind« betreffe nur den persönlichen Gegner. Tatsächlich steht »echthros« im griechischen Text, das den persönlichen Gegner bezeichnet und nicht »polemios«, das den Krieg meint. Dieses Wort kommt im Neuen Testament nicht vor!

Die ältesten Christen stehen dem Staat feindlich, mit Vorbehalten und/oder gleichgültig gegenüber. In der Apokalypse, der ersten als heilig genannten Schrift des Christentums unter den neutestamentlichen Büchern, wird der Staat ein abscheuliches aus dem Meer auftauchendes Tier, die große Hure, und »Greuel der Erde« genannt ... als Inbegriff der Widergöttlichkeit«.

Noch obsiegen humane Einstellungen; die Gewalt greift langsam um sich. Lange bleibt die Frage offen, ob ein Christ Soldat werden darf. Noch im 3. Jh. tun Christen Soldatendienste nur ausnahmsweise[17].

Justins Schüler waren - wie er selbst - Gegner des Soldatentums;sie halten Krieg und Mord für Synonyma. Um 200 bezeichnet Tertullian die Feindesliebe als Hauptgebot. Um 250 bestätigt Origenes den unbedingten kirchlichen Pazifismus. Celsus kennt keine Christen, die Militärdienst leisten. Wiederholt verbietet Origenes den Soldatenstand und bekennt »Jesus hat die Tötung eines Menschen unter keinen Umständen erlaubt«[18].

Im 3. Jh. sieht ein Schüler des Irenäus, der römische Bischof und Kirchenlehrer Hippolyth, im Staat einen Vorläufer und das Gegenstück zum Reich Jesu. Der Kirchenvater Lactanz sagt: »... wer könnte gerecht sein, wer schadet, haßt, raubt und tötet. Das tun die, welche ihrem Vaterland zu nützen streben«[19].

Der Kirchenvater Cyprian untersagt, sich durch Blut und Schwert zu besudeln. In einer Kirchenordnung des 3. Jh. verbietet der römische Bischof Hippolyth den Eintritt ins Heer. Noch zu Beginn des 4. Jh. tritt uns Lactanz in seinem vor 303 verfaßten Werk »Divinae Institutiones« als dezidierter Pazifist entgegen, der jede Teilnahme am Krieg verwirft.

Er sagt: »... wenn Gott das Töten verbietet, ist nicht nur das Ermorden von Menschen nach Räuberart verboten;das verbietet auch das staatliche Gesetz, sondern dann ist auch jede andere Menschentötung verboten, auch eine solche, die nach dem weltlichen Recht erlaubt wäre«. In einer danach verkürzt erschienenen Neuausgabe fehlen diese Partien;jetzt wird der Tod für das Vaterland gefeiert! Was war geschehen?

Mit Konstantin gibt die junge Kirche ein Ideal preis. 313 gewährt Konstantin - damals noch **kein** arianischer Christ - die Religionsfreiheit. 314 beschließt die Synode von Arelate die Exkommunikation von Fahnenflüchtigen. Dem steht die Synode von Elvira entgegen. Sie verweigert dem Christ, dessen Anzeige zur Hinrichtung oder Ächtung eines Anderen beiträgt, selbst in der Todesstunde, die Kommunion. Ihrzufolge wird ein Christ, der rechtmäßig oder nicht, den Tod eines Anderen veranlaßt, aus der christlichen Gemeinschaft geschlossen.

Der Kirchenlehrer Athanasius, der »Vater der Rechtgläubigkeit« gestattet um die gleiche Zeit das Töten im Kriegsfall. Er schreibt: »... Morden ist nicht erlaubt, jedoch ist es gesetzlich lobenswert, Gegner zu töten«. Der Bischof Gregor von Nazianz lehrt jetzt: »... wo (die) Bosheit offenkundig ist, ist es besser, mit Feuer und Schwert, mit Geschick und Macht auf alle mögliche Weise vorzugehen, als am Sauerteig der Bosheit teilzunehmen«. Hier ist die biblische Lehre ins Gegenteil verkehrt. Es zeichnet sich ein radikaler Umschwung der Ansichten ab. Der bedeutendste Schriftsteller Armeniens, Jeznik von Kolb, bemüht sich in der ersten Hälfte des 5. Jh. um

eine christliche Rechtfertigung der Blutrache[20].

Die bekannten christlichen Schriftsteller der ersten 300 Jahre verwerfen die Tötung aus Notwehr und die staatliche Todesstrafe. Nach Irenäus ist Christen Notwehr untersagt. Felix betont, kein Christ könne die Tötung eines anderen ertragen.

Tertullian untersagt christlichen Staatsbeamten nicht nur das Verhängen von Todesurteilen, sondern auch das von Kerkerstrafen, Folterungen, Fesselungen usw. Allenfalls anerkennt er das Auflegen einer Geldstrafe. Cyprian gestattet zu Beginn des 4. Jh. nicht die Anzeige eines Verbrechens, auf das die Todesstrafe steht. »... denn es ist Unrecht, einen Mensch zu töten, dessen Leben nach Gottes Willen unantastbar sein muß«[21]. Thomas von Aquien sieht das anders. Er dringt darauf, jeden der Gesellschaft gefährlichen Mensch wie ein schädliches Tier totzuschlagen. Die katholische Kirche vertritt auch noch heute die Notwendigkeit und Erlaubtheit der Todesstrafe«[22].

Die Argumente der Kirche, sie selbst habe nie ein Todesurteil ausgesprochen, geht an der Realität vorbei. Es war eine ihrer schändlichsten Ungerechtigkeiten, dem Unrecht den Arm geliehen zu haben. Mord ob des Glaubens ist ohne Religionszwang undenkbar.

Anmerkungen zu den Kreuzzügen

Die Kreuzzüge belasten die römisch-katholische Kirche so, wie ihr Zutun an den Hexenbränden[23] indem der hochrangige Klerus Volksmassen mit dubiosen Ideen infiltrierte.

Der stets auf die Erweiterung seiner Macht bedachte Gregor VII. trug sich mit dem Gedanken, das »Heilige Land« zu erobern. Rangeleien mit dem deutschen König Heinrich IV. halten ihn zunächst ab. Erst seinem Nachfolger Urban II. gelingt es, für die absurde Idee, Palästina vom Islam zu befreien, die nötige Begeisterung zu entfachen.

Es geschieht 1095 auf einer in Clermont veranstalteten Kirchenversammlung. Hier behauptet der aus dem heiligen Land heimgekehrte belgische Einsiedler, Peter von Amiens, während seiner Wallfahrt soviel Ungemach seitens der Mohammedaner erlitten zu haben, daß er den Entschluß faßt, die Christenheit zum Kampf gegen die Ungläubigen - die sie freilich nicht sind, denn sie sind Andersgläubige - aufzurufen.

In feurigen Worten schildert der Entgleiste die Entweihung des allerheiligsten Bodens durch die schlimmen Türken. »... sie hätten die christliche Kirche zu Ställen verwandelt ... das Grab des Erlösers durch Hunde verunreinigen lassen und die christlichen Wallfahrer geschändet und gemartert«.

Der Papst versteigt sich zu der unchristlichen Haltung; »... daß jeder sich selbst verleugnen und das Kreuz auf sich nehmen müsse, damit er Christus gewinne«. Urban II. wird vom Beifall umtost, als er zum Kreuzzug rief. Das Volk brüllt »Dio lo volt«(= Gott will es)[24].

Er kommt nicht auf den Gedanke, daß es einen solchen in dem ihnen eingeredeten Sinn nicht gibt. Den Teilnehmern an diesem Unterfangen werden Illusionen(= Ablaß ihrer Sünden) versprochen. Dazu komme der »ewige« Lohn des Himmels, den es gleichfalls nicht gibt.

Papst Eugen II., der um die Mitte des 12. Jh. zu einem neuen Kreuzzug drängt, verspricht den Kämpfern das »ewige« Leben. Bernhard von Clairveaux predigt den »heiligen« Krieg - nach Deschner eine christliche Wortschöpfung, indem er Verbrecher auffordert, denen er Straflosigkeit und die Vergebung der Sünden zusichert.

Er stellt heraus: »... der Kämpfer Christi kann ruhigen Gewissens töten und im Frieden sterben;stirbt er, so arbeitet er für sich, tötet er, so arbeitet er für Christus ... der Tod der Heiden gereicht zu seinem Ruhm, denn er bedeutet den Ruhm Christi«[25]. Ist ein Heide denn nicht auch ein gleichwertiger Mensch?

Bernhard von Clairveaux, der im Auftrag von Eugen III. (gest. 1153) den Zweiten Kreuzzug predigt, ruft. »... umgürtet euch mannhaft und ergreift die glückverheißenden Waffen im Namen Christi ... du hast jetzt, tapferer Soldat, Gelegenheit, ohne Gefahr zu kämpfen, mit Ehren zu siegen und mit Gewinn zu sterben ... nimm das Kreuzzeichen und Du wirst (die) Verzeihung aller Sünden erlangen, die Du mit reumütigen Herzen gebeichtet hast«[29].

Nachdem das Spektakel in einem Fiasko endet, denn von den ca. 150.000 Teilnehmern kehren nur wenig zurück, schiebt er es auf die Sünden der Christenheit und wälzt die Verantwortung nach oben: »Haben etwa wir uns der Verwegenheit und des Leichtsinns schuldig gemacht?« ... wandte er sich an Eugen III. Nein, wir sind vertrauensvoll den Weg gegangen, den Ihr vorgezeigt habt«[26].

Längst hat man die mahnenden Worte des Petrus Damiani, eines Mönches und Ratgeber mehrerer Päpste aus dem 11. Jh. vergessen: »... wenn nun schon um des Glaubens willen, auf dem doch die gesamte Kirche ruht, das Schwert niemals erhoben werden darf, wie sollten dann für irdischen und vergänglichen Besitz die gepanzerten Waffenträger wüten dürfen?«[27].

Der Papst garantiert (!) den unterwegs Sterbenden »... Vergebung ihrer Sünden und die Frucht des ewigen Lebens«. Tausende vermögen aufgrund ihrer geringen Intelligenz und der über Jahrhunderte geschürten Angst nicht zu erkennen, daß sie sich in eine gravierende Knechtschaft begeben.

Innocenz III. (1198 - 1216) fordert erneut zu einem Kreuzzug auf. Auch der Kinderkreuzzug kommt damals auf. Etwa 30.000 französische Knaben und Mädchen sterben entweder schon unterwegs oder werden nach ihrer Einschiffung als Sklaven verschachert.

Die Kreuzfahrer wüten bei der Einnahme Jerusalems (1099). Bischof Otto v. Freising kommentiert in seiner Chronik mit bestürzender Nüchternheit: »... die Feinde, die man dort vorfand, wurden in solchen Massen abgeschlachtet, daß im Vorhof Salomons (d. i. der Tempel) das Blut der Getöteten bis an die Kniee der Pferde reichte«[28].

Inzwischen stachelt Innocenz III. die Franzosen wider die häretischen« Waldesier und Albingenser auf. Er sagt: »... auf Streiter

Christi, das Blut der Gerechten schreit zu Dir, daß Du der Kirche den Schild des Glaubens gegen die Feinde vorhältst«. Daraufhin erschlägt man im Juli 1209 in Beziers etwa 20.000 Andersdenkende.

Noch nimmt der Irrsinn kein Ende. Nach der Eroberung von Konstantinopel durch die Mohammedaner (1453) erlebt die Kreuzzugsidee eine Wiedergeburt. Pius II. (gest. 1461) ruft die Christenheit zu einem weiteren Kreuzzug auf. Immer wieder bedrohen die Türken das »christliche« Abendland und es wird übersehen, daß ja auch die Christen das Land der Türken bedrohen; sie sehen die Sache lediglich von der anderen Seite. Hier liegt ein natürlicher Unruheherd.

1571 kommt es zwischen den Mohammedanern und den aus der spanischen und venezianischen Liga bestehenden Truppe im Golf von Lepanto (Korinth) zu einer Seeschlacht. Erfreut über den glanzvollen Sieg, der zugleich ein Verbrechen wider die Humanität, Toleranz und Menschlichkeit ist, dankt Pius V. (gest. 1572) dem allmächtigen Gott, weil er mit seiner starken Hand die Wildheit seiner Feinde vernichtet hat.

Der Papst wertet das grausame Spiel als »das größte und sicherste Zeichen der göttlichen Milde und Barmherzigkeit ... man dürfe keine Gelegenheit zur Unterdrückung des Feindes versäumen«[30]. Aus Dankbarkeit für diesen merkwürdigen Erfolg führt Pius V. das Fest »Maria vom Sieg« ein, das sein Nachfolger Gregor XIII. (gest. 1585) zum »Rosenkranzfest« umgestaltete[31].

Papst Innocenz XI. (gest. 1689) war der vorletzte Papst, der unter den christlichen Völkern zu einem Kreuzzug rief; dadurch werden die vor Wien stehenden Türken in die Flucht geschlagen. Es ist nicht abwegig, den kurialen Aktivitäten im Verbund mit den Greueln des 1.000-jährigen Reiches gleichfalls eine Kreuzzug-Ideologie um den Hals zu hängen.

Der 1608 zum Herrscher über Ungarn und 1612 zum Kaiser des Deutschen Reiches gewordene Matthias wurde durch jesuitischen Einfluß zum Todfeind der Reformation ... ein blinder Vollzieher des jesuitischen Willens,

und dadurch der intellektuelle Urheber eines Religionskrieges, der Deutschland und Europa an den Rand des Abgrunds brachte.

Anlaß zum 30-jährigen Krieg ist die Schließung der protestantischen Kirche von Braunau auf Befehl des böhmischen Kaisers und die Niederreißung eines protestantischen Gotteshauses. Infolgedessen kommt es zwischen der spanischen Ständeversammlung Böhmens und den kaiserlichen Räten Martinitz und Slawata in Prag zu Auseinandersetzungen. Am 23. Mai 1618 wird auf dem kaiserlichen Schloß (Hradschin) eine Sitzung abgehalten, in deren Folge die Räte samt dem Geheimschreiber Fabricius ergriffen und aus dem Fenster in den 18 Ellen tiefen Burggraben gestürzt werden. Sie bleiben fast unversehrt ... schließlich brennt Europa.

Auch hier hätten die Kirchen mit Protest und Opposition gegen die grauenvollen Zerstörungen hervortreten müssen. Doch weder ein Papst noch ein Bischof riefen im Namen Gottes zur Beendigung des sinnlosen Brennens und Mordens auf[32]. Das Gegenteil ist der Fall. Innocenz X. protestiert gegen den Westfälischen Frieden, »... weil durch ihn 10 Stifte säkularisiert werden sollten«. In der Bulle «Zelus domus dei» vom 20. November 1648 erklärt er ihn für ungültig[33] und Pius sagt: «... Wir haben ihn nie genehmigt».

Päpstlich-politische Machtgelüste

Die Verbindung einzelner Kirchenfürsten geht so weit, daß sie meinen, sich über Staaten und Andere erheben zu können. Die Macht hat sie blind gemacht. Es ist unglaublich, auf welchem Niveau taktiert und traktiert wird. Es ist erstaunlich, mit welcher Verbissenheit das eigene Nest verteidigt wird. Dazu einige Beispiele:

Alexander VI. zieht am 3. Mai 1493 im Zusammenhang mit der Entdeckung Amerikas willkürlich eine Linie durch den »neuen« Kontinent und behauptet, daß dies rechtens sei[34]. Er schenkt die östlich gelegenen Länder der kastilischen Krone unter der Voraussetzung, daß man die dortigen Bewohner zum Christentum bekehrt. Folgerichtig wird per königlicher Ordonnanz festgeschrieben, daß jede Truppe Prediger mit sich führen soll, um den Eingeborenen das Evangelium zu verkünden[35].

Die Botschaft läßt nicht lang auf sich warten. 1510 trifft der Dominikanerprovinzial Peter von Cordoba ein und gründet auf St. Domingo ein Kloster. Den Bewohnern wird erklärt, daß man sie tötet, falls sie nicht bereit sind, dem »neuen« Glauben anzuhangen. Es sind keine leeren Worte!

Paul VI. erläßt die Bulle »Cum ex apostolatus officio« und proklamiert darin, daß er als Statthalter Gottes über Königreiche gebietet. Urban VII. veröffentlicht 1627 die erwähnte Abendmahlsbulle und greift damit in die Souveränitätsrechte der Staaten ein. Innocenz III. sieht in der Magna Charta, der Mutter der europäischen Verfassungen, eine Minderung des kirchlichen Rechts. Er erklärt sie für nichtig und belegt ihre Urheber mit einem Bann[36].

Unter der Druck der römisch-katholischen Kirche muß der Großherzog Leopold (v. Toskana) die Unterdrückung eines Artikels verfügen, der die Gleichheit seiner Landsleute vor dem Gesetz ohne Unterschied der Religionen konstatiert. 1824 mahnt Leo XII. den französischen König Ludwig XVIII. in der Konstitution **die** Artikel auszumerzen, die der Kirche zu liberal sind[37].

1832 sagt Gregor XVI. der Gewissensfreiheit den Kampf an und bezeichnet sie als »wahnwitzige« Absurdität. Er erklärt die Pressefreiheit zum »pestilenzischen« Irrwahn[38]. Pius XI. verwirft am 16. Juli 1856 die spanischen Gesetze, mit denen die Kulturfreiheit eingeläutet wird.

Pius IX. findet es unverständlich, daß der österreichische Staat den Katholiken auferlegt, auf den Gottesäckern die Leichen von Ketzern zu begraben und Protestanten wie Israeliten zu gestatten, Erziehungsanstalten einzurichten[39]. Folgerichtig wird die Verfassung vom 22. Juli 1868 als »unaussprechliches« Greuel bezeichnet und ruft einen päpstlichen Fluch hervor[40], wobei der Kaiser Franz Joseph mit einem Bann belegt wird.

Die katholische Kirche ist keinesfalls nur in Europa aktiv. Ihr Einfluß in Amerika ist groß. Nicht von ungefähr sagt Markus Lafajette, ein Verfechter der persönlichen Freiheit zu George Washington: »... sollte der in den Jahren 1775 bis 1784 aufgerichtete Bund der Vereinigten Staaten zerstört werden, so geschehe es wahrscheinlich durch die Ränke der römischen Klerisei«[41].

Chiniqui sagt zu Präsident Lincoln: »... ich sehe eine finstere Wolke heraufziehen. Sie kommt von Rom und ist voller blutiger Tränen. Sie wird wie ein Zyklon über unser Land brausen und Verderben bringen. Nachdem sie sich ausgetobt hat, werden Tage des Friedens und Gedeihens folgen ... da dann das Papsttum mit seinen mitleidlosen Inquisitoren für immer aus dem Land gefegt sein wird«[42].

Lincoln wird am 14. April 1865 von Katholiken ermordet[43]. Weitere Anschläge gelten dem Staatsminister Seward, dem Vizepräsident Johnson und dem General Grant. »... zum Leidwesen der Kirche schlagen sie fehl«[44].

Während eines 1884 in Baltimore gehaltenen Konzils wird erwähnt: »... der Gehorsam gegen eine weltliche Regierung komme erst an zweiter Stelle. Eide, die den Interessen der Kirche zuwiderlaufen, brauchen nicht gehalten zu werden. Wir müssen erst lernen, Katholik und dann Bürger zu sein. Wie Gott über den Menschen steht, so steht die Kirche über dem Staat«[45].

Leo XIII. erklärt am 17. Februar 1885 den amerikanischen Katholiken: »... alle müssen sich als tätiges Element im politischen Sinn fühlbar machen und sich bemühen, daß die Verfassungen der Staaten nach den Grundsätzen der wahren Kirche umgewandelt werden. Das lebendige Blut katholischer Weisheit und Tugend (muß) wieder eingeführt werden ... **bis jeder Staat nach dem von uns beschriebenen Vorbild**umgewandelt ist«.

In einem Hirtenbrief vom 10. Januar 1890 schärft er den Katholiken ähnliches ein[46]. Von den Kanzeln wird proklamiert: »... ihr müßt nicht denken wie es euch beliebt, sondern wie Katholiken. Wer sagt, er wolle seinen Glauben, nicht aber (auch) seine Politik von St. Peter beziehen, der ist kein wahrer Christ«[47].

Demzufolge sitzt seit 1892 ein apostolischer Legat als päpstlicher Vertreter in der amerikanischen Regierung. Er beruft sich auf ein merkwürdiges Dekret[48] und mischt - in Abstimmung mit Rom - politische Karten. Leo XIII. bezeichnet dies als Krone seiner bisherigen Erfolge. Noch heute bezieht der Vatikan einen erheblichen Teil seiner Gelder aus den Vereinigten Staaten.

Aufgrund neuer Erkenntnisse erhärtet sich der Verdacht, daß der Vatikan im deutschsprachigen Raum agiler als seither vermutet ist. Es läßt sich von Bismarcks Kulturkampf über die Weltkriege bis in die jüngste Zeit dokumentieren. Entscheidende Persönlichkeiten waren u. a. Adolf Hitler und der Jesuitenzögling Göring. Beide sind ob ihrer Schandtaten weder aus der kirchlichen Gemeinschaft getreten noch von ihr dazu animiert worden.

Wirkliche Angst hat man im Vatikan vor der Ausbreitung des Kommunismus. Er würde möglicherweise mit einem Federstrich antiquierte Strukturen der Kurie vom Tisch der Geschichte fegen (wollen).

Kaum tauchen sozialistische Lehren auf, zeigen sich Anfänge der Arbeiterbewegung, werden sie von der Kirche bekämpft. Z. B. sagt Pius IX. im Syllabus (8. Dezember 1864) 4. »... Sozialismus, Kommunismus, geheime Gesellschaften, Bibelgesellschaften und Gesellschaften liberaler Geistlicher ... diese verderblichen Seuchen werden oft und in den härtesten Ausdrücken verworfen«.

In der Enzyklika »quanta cura« werden der Kommunismus und der Sozialismus als »unseliger Irrtum« deklariert[49]. In der Enzyklika »Duiturnum« vom 29. Juni 1881 steht: »... den verderblichen Irrtümern des Kommunismus, Sozialismus und Nihilismus, diesen entsetzlichen Vorzeichen und nahezu Todesboten der bürgerlichen Gesellschaft«[50]. Daraus resultiert die kirchliche Soziologie, die den Zweck verfolgt, die Existenz und das Wirken der von der Kirche in den verschiedenen Völkern gelenkten politischen Strömungen und Parteien zu rechtfertigen«[51].

Brauchte man die Deutschen, um einen Riegel vorzuschieben? Waren Hitler und seine Gefolgsleute Werkzeuge machtgieriger Banker **und** Kirchenfürsten? Hat man sie auf ein blindes Pferd gesetzt, mit dem Ziel, einen Krieg anzuzetteln, um die Ausweitung des seinerzeitigen Kommunismus nach Westen zu verhindern?

Welche Rolle spielen Amerikaner und Engländer im Vorfeld der Kriegsfinanzierung und warum haben nahezu alle Geistlichen den Nationalsozialisten zugejubelt? Warum haben sie unter Hitler die Massen mobilisiert und: Warum hat der Vatikan zu den Verbrechen geschwiegen? Dies soll hier näher beleuchtet werden.

Das kuriale Weltbild bricht zusammen

Mit dem Ende des Bismarck'schen Kulturkampfes - der im Zusammenhang mit der Durchsetzung des Unfehlbarkeitsdogmas verständlicher wird, zeichnet sich ein neues Kapitel kurialer Geschichte und ein verstärktes Eingreifen in die Politik ab.

Der Zusammenbruch des Feudalsystems, der sich abzeichnende Sieg der Industrialisierung und der des Kapitals haben im Lauf des 19. Jh. von »altüberkommenen« Werten abgelenkt. Es versetzt der in Traditionen verhafteten Kirche einen Schlag[52]; denn für sie bricht eine heil geglaubte Welt zusammen. Sie erkennt, daß es vor allem ihre Struktur ist, die den Blick in die Zukunft verschlossen hat; im Griff hat sie die Probleme keinesfalls. Auch wenn in der alten Donaumonarchie selbst ein Anwärter für den Polizeidienst eine Empfehlung des Ortspfarrers beibringen mußte, um näher in Betracht gezogen zu werden. Erkennt man nicht (auch) daran, auf welchen Abwegen sich das Christentum befindet!

Die Neuordnung der Reiche und das Auftreten kirchenuntreuer Staatsmänner zwingt den Klerus zum Überdenken der Lage. Rhodes[53], ein positiv gepolter Kirchenschreiber, kontert mit dem Geistesblitz: »... die auf den Plan tretenden Diktatoren, die sich zum Atheismus bekannten, erforderten seitens der Kirche eine besondere Behandlung. Es bedurfte ungewöhnlicher Geduld, Vorsicht und diplomatischer Erfahrung, denn das alte Zuchtmittel(!) der Exkommunikation war sinnlos geworden«[54].

In Rußland tobt ein Bürgerkrieg und es muß für den Vatikan wie eine kalte Dusche gewesen sein, 1917 von den Sowjets zu hören: »... daß alle religiösen Bekenntnisse gleichberechtigt sind«. 1919 kommen in Österreich die Sozialdemokraten an die Macht und die Staaten Polen, Tschechoslowakei und Jugoslawien entstehen. Übertönt wird es von den Kanonen des 1. Weltkrieges, in den Millionen von Christen verwickelt sind.

Sagte nicht schon der Münchener Erzbischof Gregor von Scherr in seinem Hirtenbrief vom 6. Februar 1871 zum Ausbruch des Deutsch-Französischen Krieges: »... Gott war mit den Waffen Deutschlands ... die Tapferkeit unserer Heere errang Sieg um Sieg. Wir freuen uns der glorreichen Siege unserer tapferen Armee und bewundern deren großartige Leistungen«.

Die Kirche schwenkt auf eine gefährliche Linie ein und damit weit über ihr »evangelisches« Ziel hinaus. Die »neue« Außenpolitik ist untrennbar mit den persönlichen Ansichten von Pius XI. verbunden[55].

Pius XI. und sein Verhältnis zum Kommunismus

Achille Ratti wird am 31. Mai 1857 in Desio bei Monza geboren. Er empfängt 1879 die Priesterweihe und wird nach Studien an der Gregoriana Professor am Priesterseminar in Mailand. 1912 ist er Propräfekt in der Vatikanischen Bibliothek. 1919 schickt ihn Benedikt XV. als Nuntius nach Polen. 1921 wird er Kardinal und Erzbischof von Mailand. Am 6. Februar 1922 wird er als Pius XI. ausgerufen.

Er ist zu diesem Zeitpunkt 65 Jahre alt. Jahrzehnte hat man ihn geistig geknechtet und für das spätere Amt gefügig gemacht. Er muß von einem unrealistischen Weltbild ausgehen und hat im stattlichen Alter nicht mehr die Spannkraft, die solch ein Amt inmitten der ungewohnten politischen Wirren erfordert.

Er gibt sich politisch aktiv, kann aber nicht über den Kirchenschatten springen. Es ist nicht angebracht, ihn nachträglich zu verherrlichen, denn er war ein schwacher Papst und ein schlechter Politiker, der sich durch Mißerfolge auszeichnet und dessen persönliche Einstellung gegenüber dem Kommunismus gefährliche Folgen heraufbeschwört. Pius XI. hat eine »höllische« Angst vor ihm[56]. Sein Denken konzentriert sich darauf, ihm die Zähne zu zeigen. Er setzt auf das Pferd der ideologischen Auseinandersetzung und macht - wie seine Gegner - eklatante Fehler.

Das Langziel der vatikanischen Politik ist, die Beziehungen zu Rußland so lang aufrecht zu erhalten, bis ein für die Kurie günstiger Zeitpunkt kommt, der geeignet ist, das Blatt zu seinen Gunsten zu wenden. Pius verurteilt in der Enzyklika »Divini Redemptoris« den atheistischen Kommunismus.

Zeitgenossen berichten, daß hinter seinen goldgefaßten Brillengläsern »kleine durchdringende Augen« blitzten[57], daß er »selbstherrlich« sei und eine instinktive Autorität auf sich vereinigt[58]. Er sei gegen die Einflüsse seiner Umgebung verschlossen und seine Beziehungen zu den vatikanischen Finanzen sind umstritten[59]. Vielleicht erinnert er sich an den Nuntius Porta, der 1573 an Gregor XIII. schreibt: »... unser Geld, das Geld des Klerus, verschwindet in den Taschen der Lutheraner und der hiesigen Staatsmächte. Mit ihm verschwindet unsere Macht«[60]. Einmal soll Pius gesagt haben: »... das Verdammnis der Seelen komme von der unstillbaren Gier nach weltlichem Besitz«[61].

In der Epoche, wo die Königreiche versinken, betont er das Königtum Christi und führt das »Christkönigsfest« ein. Er zeichnet sich

Papst Paul III. Er hatte vier Kinder. Er fördert den Nopotismus; Astrologen bestimmen die günstigen Stunden für seine Handlungen. Er bestätigt am 17.9.1540 die Bulle des Jesuitenordens und eröffnet am 13.12.1545 das 19. allgemeine Konzil in Trient; Beginn der Gegenreformation.

durch zahlreiche Selig- und Heiligsprechungen aus. Er läßt im Vatikan einen Bahnhof und eine Rundfunkstation errichten. Unter seinem Pontifikat werden 18 Konkordate geschlossen, die das politische Engagement der Kirche verdeutlichen.

Pius XI. läßt sich von der Vorstellung leiten, daß das bedeutendste Hindernis gegen die Ausweitung des Kommunismus der Katholizismus ist[62]. Es ist interessant zu wissen, daß man sich in der Glaubenszentrale Rom seit geraumer Zeit auf die Missionierung des Ostens vorbereitet. Bereits Benedikt XV. stellt Gelder für die Bekehrung orthodoxer Slaven zur Verfügung.

So wird ein Kollegium zum Studium der griechisch-orthodoxen Kirche eingerichtet. In den 20er Jahren gründet der Vatikan in Belgien ein Kollegium zur Ausbildung von Geistlichen, die in Rußland Andersgläubige bekehren sollen[63].

Tondi, damals Professor an der Gregoriana, ein intimer Kenner der Verhältnisse[64], betont, daß sich in Rom ein russisch-päpstliches Kollegium befindet, das von Jesuiten geleitet wird und den unverfänglichen Namen »di Santa Teresa del Bambin Gesu« trägt. Es beschäftigt sich mit der Vorbereitung von Propagandaschlachten zugunsten des Katholizismus, mit dem Aufbau von Karteien von Parteigängern, Spitzeln und Informanten.

Hier erscheint die Zeitschrift »Lettres de Rome«, ein politisches Organ, das auf antikommunistische Ziele ausgerichtet ist. Außer diesem Institut leiten die Jesuiten das »päpstliche Ostinstitut«, das Institut des »hl. Johannes von Damaskus«, das »päpstliche Kollegium für Polen« und 37 weitere. Hier wird wenig gebetet. Als Tondi Nachforschungen anstellt, wer dort geschult wird, bekommt er die Antwort: »... diese Menschen riskieren ihr Leben, denn es sind Priester und sie sind es nicht«[65].

Durch den Bürgerkrieg im Osten wird dem Vatikan eine Chance zugespielt, Einflüsse geltend zu machen. Über eine Hintertür wird humane Hilfe angeboten und damit das Ziel kaschiert, den Osten zu missionieren. Für die Kirche zeigt sich eine Perspektive: »... für all die Millionen, die sich nach dem wahren Glauben sehnen«.

Tschitscherin, der russische Delegierte und Mrsg. Sincero, ein Beauftragter des Vatikans, trinken an Bord des Kriegsschiffes »Dante Alighieri« auf das Wohl der sowjetisch-vatikanischen Zusammenarbeit«[66]. Rasch durchschauen die Russen das Scharmützel und erkennen: »... Pius flirtete in der Hoffnung mit uns, daß ihm der Weg geöffnet werde«[67].

Rom inszeniert eine Hilfsaktion für die hungernde Bevölkerung. Die Russen stimmen unter dem Vorbehalt zu: »... daß damit keine politischen Aktivitäten verbunden werden«. Am 29. September 1922 landen Priester und Laien unter der Führung des Pater Gehrmann in Odessa. Auf den mitgeführten Hilfspaketen steht: »... den Kindern Rußlands vom Papst in Rom«.

Aufgrund verschiedener Rangeleien müssen die Geistlichen das Land verlassen. Gehrmann berichtet nach Rom: »... dennoch sei die Missionierung von Nutzen gewesen, denn man habe Erkenntnisse über das Sowjetregime gewonnen ... es sei traurig, den Vatikan enttäuschen zu müssen, denn er sehe in absehbarer Zeit keine Möglichkeit für einen Zusammenbruch des russischen Regiments«[68].

In der Folgezeit werden in Rußland katholische Geistliche diffamiert und aus dem Weg geräumt. Man berichtet, daß Priester auf die Insel Solowetzky im Weißen Meer verbannt worden sind, wo sie bis zu den Knien im Wasser stehend Eisblöcke spalten mußten. Kirchengut wird beschlagnahmt und/oder zerstört. 1922 errichtet die Union der »Militanten Gottlosen« in Leningrad ein Schafott, auf dem Puppen in der Gestalt des Papstes, der Heiligen und Propheten enthauptet werden, um sie danach zu verbrennen. Dies können sie von katholischen Inquisitoren gelernt haben. Bei ihnen waren es keine Puppen.

Parallel wird in den Jahren 1925 und 1928 über ein Konkordat verhandelt. Es kommt nicht zustande, weil die Russen beabsichtigen, das Kircheneigentum selbst zu verwalten, den Religionsunterricht zu gestalten und die Priester zu besolden. Dies bedeutet eine diplomatische Niederlage für den Vatikan. Per Zufall erfährt man in Rom, daß beabsichtigt wird, in Rußland eine Staatskirche zu begründen[69].

Der Vatikan erkennt, daß er diese Spiel (zunächst) verloren hat und zündet eine Hetzkampagne. Am 20. Februar 1930 protestiert der Papst gegen die »schrecklichen und gotteslästerlichen Exzesse, unter denen die katholische Kirche zu leiden hat ... Kinder würden in Unkeuschheit erzogen, Arbeitern werde erklärt, Gott zu hassen und katholische Priester würden ermordet«[70]. Ein Höhepunkt seines Pontifikates ist am 19. März 1930 das Lesen einer Sühnemesse im Petersdom für die in Rußland gefallenen Katholiken.

Mit dem polemischen Angriff auf die Sowjetunion installiert der Vatikan ein Eigentor, denn die andere Seite macht ihn auf die Greuel aufmerksam, die der katholischen Kirche im Lauf ihrer Geschichte zur Last gelegt werden. Wie bescheiden nimmt sich dagegen die russische Aggression aus, die damit keinesfalls gerechtfertigt werden kann! Im Winter 1937 bekommt der Papst einen Anfall von Herzschwäche. Er erholt sich in den Vatikanischen Gärten, was vom Volk der Fürbitte der hl. Theresa von Lisey zugeschrieben wird, die er heiliggesprochen hat. Er stirbt am 20. Februar 1939, kurz vor dem Ausbruch des Zweiten Weltkrieges.

Er hat der Kirche ein schweres Erbe hinterlassen. Durch seine persönlich gefärbten Ansichten entsteht die Kontroverse Katholizismus: Kommunismus und somit ein Schwelbrand. Dadurch hat er auf die Weste der Kirchengeschichte einen weiteren Fleck gebrannt. Wie fremd ist den Christen doch die Toleranz?

1972 erscheinen in der französischen und italienischen Presse Vermutungen, daß der Papst während seiner letzten Krankheit auf Betreiben Mussolinis - den er 1931 im Gegensatz zu Hitler - offiziell empfangen hat, ermordet worden ist. Es ist ungeklärt[71]. Mussolini bedauert den Tod des Kirchenfür-

sten nicht und sagt: »... Gottseidank, dieser starrköpfige Alte ist nicht mehr«[72].

Wieder eilt Rhodes zu Hilfe und betont: »... der Vatikan konnte nur warten, bis in einem künftigen Krieg ein mächtiger Staat Rußland besiegen und er dadurch den christlichen Glauben wieder einführen könne«[73]. Welch christlicher Trost und welche erschreckende Wahrheit? Unter Hitler wird er entfesselt. Er kostet etwa 60 Millionen Menschen das Leben, verursacht unendliches Leid und Elend.

Politischer Gärprozeß in Deutschland

Zentrumspartei und politischer Katholizismus

Unmittelbar nach Abschluß des 1. Vatikanischen Konzils (1870) schließen sich Katholiken[74] zu einer neuen[75] Partei des Zentrums zusammen[76], die im März 1871 mit 58 Abgeordneten in den Reichstag zieht. Man verfolgt eine konservative Grundhaltung. In der Partei sind vor allem die höheren Stände und das Berufsbeamtentum vertreten. Bereits vor dem 1. Weltkrieg stellt sich das Zentrum als feste Parteiorganisation dar. Danach spaltet sich die Bayerische Volkspartei und eine Gruppe konservativer Katholiken ab, die zu den Deutsch-Nationalen überlaufen.

Die Zentrumspartei ist das Herz der prokatholischen Bewegung in Deutschland. 1922 stellen die Katholiken 2/3 der Bevölkerung. Das Zentrum ist entscheidend am Aufbau der Weimarer Republik beteiligt. Es entwickelt sich - vornehmlich unter Ludwig Kaas[77] zur maßgeblichen Regierungspartei und stellt vier Reichskanzler.

Innerkirchlich ist die Politik auf die Festigung der Weimarer Republik ausgerichtet; außenpolitisch setzt sie sich für eine friedliche Revision des Versailler Vertrages ein. Das Zentrum bekämpft den Nationalsozialismus, der im Gärprozeß des deutschen Traumas nach Anerkennung (wieder) nach oben geschwemmt wird.

Seit dem 1. Vatikanischen Konzil wird der »alte« Autoritätsgedanke aufgewärmt. Es gibt Katholiken, die eine direkte Linie vom Unfehlbarkeitsdogma zum Führerstaat sehen[78]. Die Betonung der Autorität steht im Denken der Führer der Zentrumspartei. Kaas meint dazu: »... der Staat muß die autoritäre Kirche besser in ihren Postulaten begreifen«. Der Theologe Michael Schmaus, Professor für Dogmatik und Katholizismus in Münster, schreibt dazu:

»... die Betonung der Autorität ist dem Katholik nicht wesensfremd ... gerade in unserer heiligen Kirche kommt sie durch Wort und Sinn zur Geltung ... man braucht die Führung der Kirche nicht aufzuzeigen[79] ... der Nationalsozialismus und der Katholizismus sollen Hand in Hand marschieren«.

Joseph Lortz, Professor für Kirchengeschichte, wird nicht müde, den Katholizismus und den Nationalsozialismus auf eine Linie zu stellen. Er erkennt eine gemeinsame Front gegen den Bolschewismus, Liberalismus und Relativismus. Der Liberalismus ist für ihn eine Todkrankheit der Zeit; darin erkennt er den Hauptfeind für die kirchliche Arbeit[80]. Lortz fordert die Gläubigen auf, den Nationalsozialismus »von ganzem Herzen« zu unterstützen.

Es versteht sich, daß der geistig unfrei Erzogene politisch gefährdeter ist als ein kritisch Denkender. Christliches Sklaventum wird deutlich; die Kirche selbst hat ihre Schäflein über Jahrhunderte in Unkenntnis gehalten. Dies ist ein wichtiger Aspekt, um zu begreifen, welchen Beitrag die römisch-katholische Kirche zu unserer kulturellen Entwicklung geleistet hat. Kardinal Faulhaber vertritt am 6. November 1923 in seiner Funktion als Erzbischof von München folgenden Standpunkt: »... daß die katholische Kirche für die Rettung der Volksseele einen großen Einfluß auszuüben imstande sei«[81].

Kaas ist seit 1918 Professor für Kirchenrecht am jesuitischen Priesterseminar Trier. Er ist als päpstlicher Hausprälat mit Eugenio Pacelli befreundet. Zwischen beiden steht der päpstliche Geheimkämmerer Franz von Papen[82], von dem sicher ist, daß er einen antisowjetischen Kurs steuert. Papen genießt das Vertrauen von Pius XI. und ist gleichzeitig Abgeordneter im preußischen Landtag. Er spielt bei der Machtergreifung durch Hitler eine merkwürdige Rolle.

Nationaldemokraten formieren sich

Am 5. Januar gründet der Schlosser A. Drexler in München die Deutsche Arbeiterpartei[83]. Bereits im September des gleichen Jahres schließt sich ihr Adolf Hitler an[84]. Er agiert als »Werbeobmann« und führt die Partei aus dem Schattendasein. Mit Feder erarbeitet er ein 25-Punkte umfassendes Programm, das er am 24. Februar 1920 verkündet[85]. Darin werden u. a. antisemitische Ideen verfochten; die Ausbürgerung der Juden wird verlangt.

Verfolgt man diesen Faden, so ist es ein Faktum, das der Kirche zur Last gelegt werden muß, denn der Judenhaß entsteht aus einer Fehlinterpretation der Religionsgeschichte. Politisch Kurzsichtige übernehmen dies (erneut) im 1. Drittel des 20. Jh.

Im Juli 1921 übernimmt Hitler die Führung der inzwischen zur NSDAP avisierten Partei. Ihr Ziel ist, die Staatsordnung der Weimarer Republik zu zerstören. Ab 1921 bilden sich halbmilitärische Sturmabteilungen (SA), die gegen den Staat opponieren und revoltieren sollten, sobald sich eine günstige Chance ergibt.

Im Herbst 1923 kommt es zu einem Regierungskonflikt. Hitler sieht seine Stunde für gekommen und inszeniert den bewaffneten Aufmarsch vor der Feldherrnhalle (München). Er wird niedergeschlagen, führende Köpfe flüchten kleinlaut, die NSDAP wird verboten und Hitler am 1. April 1924 wegen Hochverrat zu einer Festungshaft (mit Aussicht auf Bewährung) verurteilt. Sein Untersuchungsrichter ist der Jesuitenzögling Hans Frank[86].

Parallel bilden sich Ersatzorganisationen, die Hitler nach seiner Entlassung zusammenführt. Am 27. Februar 1925 wird die NSDAP »neu« gegründet. Hitler ist vorsichtig, denn

(1930) beim Ulmer Reichswehrprozeß bestätigt er unter Eid: »... seine Partei wolle nur auf legalem Weg die Macht ergreifen«.

Seit den Wahlen 1924 ist die NSDAP im Reichstag vertreten. 1929 durchbricht sie die Isolierung innerhalb des politischen Kräftefeldes der Weimarer Republik. Bald danach stellt sie sich an die Spitze der nationalsozialistischen Kräfte.

Eine parallele Strömung fließt hinzu: es zeichnet sich eine gravierende Wirtschaftskrise ab, die Zahl der Arbeitslosen klettert 1932 auf über 6 Millionen. Viele neigen zu der Ansicht, daß sich die Weimarer Republik mit ihren zahllosen Parteisplittungen überlebt hat und nicht (mehr) in der Lage ist, existentielle Probleme zu lösen. Vor diesem Hintergrund vollzieht sich der Aufstieg der NSDAP zur Massenpartei.

Die Zahl der Mitglieder steigt explosionsartig, wobei sich Hitler als geschickter und erfolgreicher Agitator erweist. Er verspricht die Wiederherstellung der nationalen Ehre, die Überwindung von Not und Arbeitslosigkeit; er verspricht die Beseitigung der Klassengegensätze und ist ein entschlossener Verfechter der »deutschen« Interessen, ohne im Einzelnen zu dokumentieren, was dies sei.

Daran ist abzulesen, daß Hitler ein intelektuell schwacher Mensch war, unfähig, den kritischen Blick in die Geschichte zu wagen, die ihm hätte die Augen öffnen können. Die Idee des Pangermanismus ist ein Hirngespinst und stellt einen Fluchtversuch aus geschichtlichen Ängsten dar.

Mit der Kandidatur zu den Reichstagswahlen im März/April 1932 meldet Hitler seinen Führungsanspruch an, unterliegt jedoch (zunächst) dem alternden Hindenburg. Jetzt geschieht etwas Merkwürdiges. Das Zentrum, die konservative katholische Partei, schwenkt auf die Interessen der NSDAP ein. Wieso das? Plötzlich arbeitet Papen der Ernennung Hitlers zu[87] und die Kirche ist voll Zuversicht. Der Vatikan erkennt keine Gefahr[88] und betrachtet die nationalsozialistische Partei als Bollwerk gegen den Kommunismus, das ihm ein Dorn im Auge ist.

Der Germania berichtet: »... das, was in Rußland vor sich geht, ist Satanswerk, das nicht ernst genomnen werden kann ... und von allen Katholiken bekämpft werden muß. Die Gottlosigkeit wird scheitern, wenn sich die Katholiken aller Nationen zusammentun und in geschlossener Phalanx das Werk des Teufels ausrotten ... die Kirche ist eine streitende Kirche. Nochmals: es gilt, mit dem ganzen Einsatz seiner Persönlichkeit zu kämpfen«[89].

Inzwischen hat die Kirche ein repräsentatives Gebäude für die Parteiarbeit bereitgestellt. Es ist das sog. »braune« Haus der Nazis. Hitler schart seine Mannschaft zusammen. Auffallenderweise sind es Katholiken, denen die Autorität nicht wesensfremd ist; gefährlich wird es, wenn sie mit dem Feuer spielen, denn sie haben aus der Geschichte nichts gelernt.

Reichspropagandaleiter wird der 1920 zum Dr. phil. promovierte Paul Goebbels, eine Schenkung der katholischen Kirche. Der Jesuitenschüler wird 1922 Reichsminister für Volksaufklärung und Propaganda. Seit 1944 ist er Generalbevollmächtigter für den totalen Kriegseinsatz.

1929 wird Heinrich Himmler, Sohn eines katholischen Gymansialdirektors zum »Reichsführer« ernannt. Er benutzt die Aufbauorganisation der Jesuiten als Vorbild seiner »Schutzstaffel« (= SS). Es ist wenig bekannt, daß sich Himmlers Untergebene auf einer von Jesuiten bei Paderborn zur Verfügung gestellten Burg jährlichen Exerzitien unterziehen, um für die Parteiarbeit geschmeidig zu bleiben.

Der alternde Katholik Hindenburg beauftragt am 1. Juli 1932 Papen mit der Bildung einer neuen Regierung[90]. Am Nachmittag des 18. November empfängt Hindenburg Kaas zu einer vertraulichen Unterredung, in deren Folge Hitler telegraphisch nach Berlin gerufen wird. Papen redet Hindenburg ins Gewissen: »... die Machtübergabe an die Nationalsozialisten nicht hinauszuzögern«. Am 16. Dezember 1932 bekennt sich Papen vor einem Berliner Herrenclub zu einer von den Nationalsozialisten geführten Regierung. Bei

dieser Gelegenheit betont er: »... der Kultur-
bolschewismus droht wie ein fressendes Gift
die sittlichen Grundlagen der Nation zu vernichten«.

Er spricht von einem »unseligen« Klassenkampf, dem in letzter Stunde Einhalt geboten
werden muß. Man müsse Deutschland auf
den unveränderten Grundsätzen der christlichen Weltanschauung orientieren«[91]. Während einer Rundfunkrede am 30. Juli 1932
hebt er hervor: »... der Kommunismus **muß**
als revolutionäre Bewegung und als Gefahr
angesehen werden«[92].

Am 1. September 1932 sagt der damalige
Kultusminister Baumgart während des Katholikentages in Essen: »... es ist für einen
Katholik Gewissenspflicht, das Vaterland mit
seinem Blut zu verteidigen. Wir richten die
Mahnung an alle Gläubigen in Waffenbrü-
derschaft zur Verteidigung der Front Gottes
... ohne sie ist der Untergang des Abendlandes besiegelt. Die Menschen sollen wieder
erleben Christus den König, den guten Hirte
und Retter in der schwersten Zeit«.

1932 hebt Theodor Heuß hervor: »... daß
Hitler guten Gewissens ist«[93]. Er schildert
den kommenden Reichskanzler als »moto-
risch-gegenwärtige Natur«, der als Soldat
tapfer und gläubig seine Pflicht getan hat«.
Konrad Adenauer würdigt die Situation in
einem Brief an den Nazi-Innenminister (Berlin), indem er dem Regime Honig um den
Bart streicht[94]. Er betont im Winter
1932/33: »... daß die NSDAP unbedingt führend in der Regierung vertreten sein muß«.

Papen arrangiert für den 4. Januar 1933
eine Zusammenkunft zwischen Hitler und
dem Kölner Bankier Schröder. Dabei vertritt
er die Auffassung: »... daß Deutschland (nun)
einen starken Mann brauche«. Nach Meinung einiger Historiker geht es bei diesen
Unterredungen nicht nur um finanzielle Zuwendungen für die erfolgreiche Parteiarbeit;
darüber hinaus soll der päpstliche Geheimkämmerer Unterstützung aus dem Vatikan
zugesagt haben. Er verlangt als Gegenleistung die Vernichtung der kommunistischen
Partei und den Abschluß eines Konkordates.

Hitler signalisiert Interesse und stellt folgende Bedingungen:

- Die Zentrumspartei muß ihn bei der Machtergreifung unterstützen und auf dem
  Reichstag für das Ermächtigungsgesetz stimmen.

- Danach soll sie sich zusammen mit der bayerischen Volkspartei und den anderen politischen Organisationen auflösen.

Über Kaas dringen die Wünsche nach
Rom. Der Jesuit Pietro Tachhi-Venturi sagt
dem Papst: »... daß es logisch sei, ein brüder-
liches Bündnis mit Hitler herzustellen«[95].
Der Papst sichert seinem Glaubensbruder
Solidarität zu, übermittelt ihm herzliche
Glückwünsche zum Geburtstag, läßt Ribben-
trop Geschenke überreichen und empfängt
NS-Führer zu Audienzen. Hindenburg beruft
Hitler am 30.01.1933 zum Reichskanzler.

Bevor er an die Macht gelangt, schickt er
Göring am 9. Mai 1933 zu einer Audienz nach
Rom. Die NS-Presse berichtet in hohen Tönen: »... Göring versicherte seiner Heiligkeit,
daß die Partei gegenüber der katholischen
Kirche Rücksicht nehmen wird«. Es ist nicht
geklärt, ob die damaligen Leser einer Zei-
tungsente aufsitzen, denn von Bergen, der
deutsche Botschafter beim Vatikan, berichtet: »... daß Göring den Papst nicht zu Gesicht bekommen hat«[96].

Die erste Sitzung des Reichstages wird in
der Garnisionskirche von Potsdam gehalten.
Am Morgen des 21. März 1933 läuten die
Glocken, um die Bedeutung des Tages zu
unterstreichen. Hitler doziert: »... vorwärts
mit Gott, der mit uns sein wird, wie er mit
unseren Vätern war«[97].

Kaum ist er an der Macht, beginnt er Minderheiten systematisch einzugrenzen. Abgeordne-
te werden auf die Straße gesetzt (vor allem Mitglieder der KPD); so schafft man sich (auch) die
dem Vatikan verbitterten Gegner vom Hals.
Am 5. Juli wird die Zentrumspartei aufgelöst.
Kaas weiß die Niederlage zu kaschieren und
sagt: »... Hitler weiß das Staatsschiff gut zu lenken. Es kommt nicht darauf an, wer regiert,
wenn die Ordnung gewahrt bleibt«. Kaas widmet sich daraufhin archäologischen Aufgaben,
indem er die Ausgrabungen einer Totenstadt

überwacht. »Mit ihm stirbt einer der wichtigsten Kronzeugen für den Kampf Hitlers kontra Papst«[98].

Kardinal Faulhaber ist von dem neuen Regime angetan. Er beglückwünscht die Regierung und stellt heraus: »... daß nun die Katholiken der Partei beitreten können«. Faulhaber beginnt, seinen Glaubensbruder zu verherrlichen und konstatiert im »weltmännischen« Weitblick ... sein Handschlag mit dem Papsttum, der größten sittlichen Macht der Weltgeschichte, wäre eine Großtat von unermeßlichen Segen«[99].

H.D. Vries kommt zu der Erleuchtung: »... der Nationalsozialismus appeliert an das Beste im Mensch ... er fordert Gehorsam und Opfersinn«. Am 28. August 1932 hält der Theologe Algermissen aus Hildesheim im Beethovensaal der Philharmonie einen Vortrag und erwähnt dabei: »... der Bolschewismus ist durch seine Gottlosigkeit eine Weltgefahr« und repetiert damit Papen, der nach der vatikanischen Pfeife tanzt.

Die These, daß man im Vatikan absichtlich - d.h. ohne ausgeübten Druck oder Zwang - das Zentrum auf den Opfertisch gelegt hat, um gesamtkirchenpolitische Interessen zu fördern, scheint widersprüchlich: Hitler brauchte Wähler und der Vielparteienstaat hat an Spannkraft verloren.

Mit dem Zentrum verschwinden andere Parteien. Es ist verwunderlich, daß sich das Zentrum, von der Kurie gestützt, 60 Jahre über das Vatikantische Konzil hinaus halten konnte. Es ist verwunderlich, daß es nach Kriegsende in veränderter Form Fuß faßt. Dennoch wäre es ungerecht, **nur** die kirchenpolitische Komponente zu sehen. Die NSDAP wächst im Kräftefeld national und international aktiver Bankiers.

Ein »starker« Mann wird gesucht ... zur Finanzierung des 1000-jährigen Reiches[100]

Im letzten Viertel des 19. Jh. zeichnet sich eine Wirtschaftskrise ab. Schon im April 1887 weisen die Herausgeber des »Quaterly Journal of Economic«[101] darauf hin, proklamieren eine kriegerische Auseinandersetzung, deuten den bevorstehenden Bankrott der Staaten und eine wirtschaftliche Revolution an. Wird dies zur Sternstunde der international aktiven Bankiers?; sie haben nicht nur Kriege finanziert[102.

Der 1. Weltkrieg verändert das Gesicht Europas; der Status der Vereinigten Staaten wandelt sich. Die dortigen Banken entwickeln sich dynamisch: »... die übrige Welt bezog von der Wall Street Kredite«. Amerika wird zum reichsten Land der Erde und zur größten Gläubigernation. Nun erreicht die Weltwirtschaftskrise in den Jahren 1982/31 den Höhepunkt. Der damit verbundene Börsenkrach gewinnt internationale Bedeutung[103] und beendet Amerikas Kreditvergabe. Deutschland hat im April 1929 85 Milliarden Dollar Schulden bei den Amerikanern.

Das Land ist einer prekären Situation. Durch Verpflichtungen aus dem Versailler Vertrag fließen Millionen zur Wiedergutmachung nach Frankreich, das daran interessiert ist, die Deutschen im Zaum zu halten. Amerikanische und englische Bankiers beobachten die Entwicklung und erkennen, daß man erst einmal den Würgegriff der Reparationen lösen muß, damit sich Deutschland erholen kann. Dann kann man neue Geschäftsverbindungen knüpfen und wirtschaftlichen Nutzen aus dem Land ziehen. Trifft dies nicht ein, **muß** es negative Auswirkungen über die Wirtschaftspolitik Englands und Amerikas haben; zudem wäre eine Tilgung der Schulden fraglich. Folgerichtig kommt es zwischen den Federal-Reserve-Banken und führenden Privatbankiers in den Staaten im Juni 1929 zu einem Gedankenaustausch[104].

Deutschland sollte geholfen werden, doch war man sich über die Art der Unterstützung uneinig. Man dachte an die Aktivitäten der kommunistischen Internationale und zugleich an eine innerdeutsche Revolution[105]. Hitler weiß von dem nichts; auch nicht darüber, daß die Amerikaner Frankreich eventuell helfen würden, falls es von den Deutschen angegriffen wird[106].

Zur Aufrüstung eines niedergeschlagenen Landes benötigt man Menschen **und** Kapital.

Auf der einen Seite stehen Millionen Unzufriedener; schlechthin das Proletariat. Auf der anderen viele Parteien, steigende Arbeitslosigkeit, frustrierte Familien und ein vom aristokratischen Denken der Konservativen verschuldetes und zerrüttetes Land.

In solchen Ländern sind die Massen leicht zu lenken und Hitler war ein Mann, der etwas davon verstand. Daraus leitet sich die Frage ab, ob Deutschland in den frühen 30-er Jahren eine konstruierte Zeitbombe war. Es ist fraglich, ob Hitler innenpolitisch gesiegt hätte, wenn er während der Zeit seines Aufstieges ausschließlich auf deutsche Unterstützung und / oder Parteigelder angewiesen gewesen wäre.

War er ein Exponent internationaler Machenschaften? Wurde er bezahlt, um eine gewünschte Veränderung herbeizuführen! Haben fremde Kapitalgeber das Unglück mit-heraufbeschworen. Wenn dem so war, muß die nachträglich erhobene Schuldfrage neu diskutiert werden!

Ab 1924 fließen erhebliche Beiträge (Dawes-Plan) amerikanischen Kapitals nach Deutschland. Sie bilden teilweise die Grundlage, auf die Hitler die Kriegsmaschinerie bauen konnte[107]. Zeitgenossen wird klar, daß er und seine Beschützer immer mehr Produkte vom Band laufen lassen, die der Kriegsführung dienlich sind[108]. Opel und Ford bauen seinerzeit Panzer[109].

Nicht nur deutsche Industrielle haben Hitler unterstützt. 1925 bringt Karl Duisberg, der 1. Vorsitzende der I.G. Farben und Gründer der »Americain Bayer Company« seinen Wunsch nach einem »starken« Mann zum Ausdruck, der Deutschland in der Stunde der Bewährung anführen soll, Es lohnt sich für das Unternehmen, denn es liefert in den Kriegsjahren nahezu die Hälfte allen Benzins, das aufgrund neuer Technologien gewonnen wird.

Die Finanzierung durch ausländisches Kapital ist ein Faktum. Unbekannt ist der Umfang der Leistungen[110]. Die Dokumente darüber, daß amerikanische Banker und Industrielle Hitler entscheidend unterstützt haben, sind zugänglich[111]. Aus der Warburg-

Bericht[112] muß geschlossen werden, daß ausländische Gelder für die Machtergreifung bestimmend waren[113]. Brüning macht eine bemerkenswerte Andeutung über die Finanzierung des Dritten Reiches[114].

Nach den Aufzeichnungen Warburgs haben die Amerikaner in drei Zahlungen 32 Millionen Dollar (damals: ca. 130 Millionen Mark) investiert, um in Deutschland die nach ihrer Auffassung sinnvolle Revolution zu aktivieren. Warburg weist nach, daß Hitler um insgesamt 400 Millionen zur Aufrüstung seiner Organisation nachgesucht hat.

Falls die Finanzierung in seiner Komplexität auf den Tisch der Wahrheit kommt, wird die Frage zu überdenken sein, wer für die Kriegstoten und die in den Konzentrationslagern gewaltsam Umgebrachten verantwortlich zeichnet[115].

Anmerkungen zur Warburg-Mission

In der New York Times, der Chicago Tribune und der Sunday Times erschienen regelmäßig Berichte über Hitlers Reden und sein Fortkommen. Seine Botschaft fand in den Herzen von Millionen ein Echo[116] und seine mit Kraft vorgetragenen Versprechungen finden zu Beginn der 30-er Jahre Zuspruch bei den Deutschen, aber (auch) über dem Ozean im Reich der »unbegrenzten« Möglichkeiten. Es war bekannt, daß Hitler zu einem psychologischen Feldzug ansetzte, um Deutschland wirtschaftlich und militärisch aufzurüsten«[117]. Es waren Tendenzen, die amerikanischen Interessen entgegenkamen.

Bankiers und Regierungskreise hatten Gelegenheit, das Geschehen in Europa zu verfolgen. Carter, der Aufsichtsratsvorsitzende des Guarantee-Trust (New York) hatte von einem Berliner Bankdirektor etwas über einen gewissen Hitler gehört[118] und Rockefeller hatte einen Bericht über die nationalsozialistische Bewegung in Deutschland unter Hitlers Führung gelesen. Im Dezember 1929 erschien in einem Monatsblatt der Havard-University eine Studie über diese Bewegung. Hitler wird darin als Retter des Landes in den Himmel gelobt. Dabei wird ihm der Titel des

»kommenden Mannes Europas« zugewiesen[119].

So wurde Warburg zu einem Gespräch in das Büro des Guarantee-Trust gebeten. Er sprach deutsch, internationale Bankangelegenheiten waren ihm geläufig und er wußte, daß Amerika auf ein Mittel sann, dem Mißbrauch der Reparationszahlungen an Frankreich ein Ende zu setzen. Er sollte zu Hitler Kontakt aufnehmen, um zu hinterfragen, ob er für eine finanzielle Unterstützung seitens Amerikas zugänglich sei[120].

Man erwartet als Gegenleistung eine agressive Auslandspolitik und die Entwicklung einer Revanche-Idee gegenüber Frankreich. Warburg übernimmt die heikle Mission. Er soll bei Hitler die Höhe des Betrages hinterfragen, die zu dem gewünschten Umsturz notwendig ist. Warburg sollte Carter das Ergebnis in einem Geheimcode cabeln und mitteilen, auf welche europäische Bank das Geld auf den Namen Warburgs bereitgestellt werden soll. Er könne dann zur Weitergabe an Hitler darüber frei verfügen[121].

Warburg kommt mit diplomatischen Pässen nach München und trifft Hitler nach einiger Mühe in einem Nebenraum des Bräukellers.

Seine Gespräche mit Adolf Hitler

Warburg sagt: »... Hitler macht auf mich einen eigenartigen Eindruck ... seine kurzen verbissenen Sätze, das zusammenhanglose Gehaspel ohne jede ernsthafte Beweisführung lassen mich annehmen, daß dieser Mann innerlich leer ist«[122]. Hitler sprudelt los:

- Das deutsche Volk ist durch die Bestimmungen des Versailler Vertrages in die Sklaverei getrieben ... unsere Regierungen seit 1918 sind aus Feiglingen und Verrätern zusammengesetzt[123] ... die politischen Parteien betreiben Kuhhandel ... die Regierungen lasse sich aus dem Ausland vorschreiben, was zu tun ist, anstatt die Zähne zu zeigen, daß das deutsche Volk zur Abwehr imstande ist[124].

- Wir bieten Arbeit und Brot ... die Arbeitslosigkeit **muß** zunehmen, dann können wir vorankommen. Die Reichswehr ist in unserer Hand ... mit genügend Geld kann man überall Waffen kaufen. Wir kleben nicht an der Utopie eines Judenstandards ... unser Programm ist deutsch ... von Verhandeln ist bei uns keine Rede[125].

- Frankreich ist unser Feind. Der Schwindel der jüdischen Banken ist zu beenden. Galizische Spekulanten streichen das Vermögen des Mittelstandes ein. Ich habe die Beseitigung der Bevormundung des deutschen Volkes zu meiner Lebensaufgabe gemacht. Ich werde siegen oder untergehen[126].

Als ihn Warburg nach der Höhe des erforderlichen Betrages fragt, wird Hitler nervös, beginnt auf der Rückseite eines Pappkartons zu rechnen und nennt 100 Millionen Mark. Das Geld soll rasch verfügbar sein und auf eine ausländische Bank angewiesen werden. Warburg kabelt nach New York; drei Tage später kommt die Zusage über die Bereitstellung von 10 Millionen Dollar (= 40 Millionen Mark). Sie werden bei der Mendelsohn'schen Bank (Amsterdam) bereitgestellt[127]. Das Geld wird von Warburg und v. Heydt abgehoben.

Es ist rasch zum Ausbau der nationalsozialistischen Partei verbraucht. 1931 schickt Hitler einen Bettelbrief an Warburg und fragt nach einem weiteren Betrag[128]. Warburg vermittelt und Carter erwartet einen Bericht zur Lage. Er möchte wissen, wie sich die Situation in Deutschland verändert hat. Warburg erhält den zweiten Auftrag und reist nochmals nach Germany. Die Begegnung findet zwischen ihm, Hitler, v.Heydt und dem Rechtsanwalt Lütkebrune in der Berliner Fasanenstraße 28 statt. Wieder poltert Hitler los:

- Gebt uns noch ein Jahr und die Macht ist in unseren Händen ... wir haben einen Mobilmachungsplan ... wenn Blut fließen muß, soll es fließen. Nur mit Gewalt kann man Verrätern Mores lehren[129].

- Wir werden uns heimlich bewaffnen. In zwei Jahren habe ich ein deutsches Heer, das stark genug ist, um Frankreich zu überfallen

... wenn ich es nicht kleinkriege, werden mir die Sowjets helfen[130].

- Alle Juden, Kommunisten und Sozialdemokraten verschwinden. Die Lager, in die ich sie einsperren werde, sind schon angewiesen[131].

- Das Volk muß Angst haben. Das geht nur durch Zur-Schau-Stellen von Macht. Es ist nur mit Waffen und Uniformen möglich. Wenn von einer Gruppe Braunhemden ein paar Kommunisten totgeprügelt werden, dann ist das für unsere Partei von ebensolchem propagandistischem Wert, wie eine Rede von mir[132]. Wir haben die Proletarier nötig[133].

- Obwohl ich Österreicher bin, sollen mich die Deutschen auf den Knieen anerkennen, nicht als einen von ihnen, sondern als ihren Führer[134].

Er stellt heraus, daß mit den empfangenen 40 Millionen nicht einmal die Hälfte seines »hervorragenden« Programmes habe durchgeführt werden können ... und spricht von weiteren 200 Millionen Mark[135]. Die Zentrumspartei erfahre Unterstützung von der katholischen Kirche und habe Milliarden zur Verfügung[136].

Warburg soll seinen Auftraggebern klarmachen, daß sie in ihrem eigenen Interesse so schnell wie möglich weitere 200 Millionen anweisen sollten, »... dann sind wir in höchstens sechs Monaten startklar«[137].

Dann kommt es zu der Begegnung mit Göring und Streicher, bei der Göring ausfällig wird und sagt: »... das ist alles Schwindel . Wir haben sie doch nicht gerufen. Erst lassen Sie vor unseren Augen einen stattlichen Betrag schimmern, und wenn wir angeben, was wir brauchen, dann ist das zu hoch und die Herren können nicht liefern ... Schwindler seid ihr alle«[138].

Amerikanische Bankiers sind noch einmal bereit, 15 Millionen Dollar in den weiteren Aus- und Aufbau der NSDAP zu investieren. Doch unter der Voraussetzung, daß Hitler nachhaltig auf seine Agressionsdrohung gegenüber dem Ausland hingewiesen wird[139]. Die Beträge werden so angewiesen:

- 5 Millionen Dollar bei der Rotterdam'schen Bankvereinigung.

- 5 Millionen Dollar bei der Banca Italiana (Rom) - und

- 5 Millionen Dollar auf den Namen Warburg bei der Mendelsohn'schen Bank in Amsterdam.

Warburg, v. Heydt, Strasser und Göring reisen in die Städte, um das Geld in Empfang zu nehmen.

Inzwischen wendet sich Hitler schriftlich an Carter und bittet um weitere Unterstützung. Er sagt: »... die Hälfte der Sturmabteilungen verfüge lediglich über Gummiknüppel und altertümliche Karabiner ... vergessen sie nicht, daß wir gegen Moskau und die katholische Kirche kämpfen. Es sind Feinde, die wir nicht unterschätzen dürfen[140]. Ich brauche noch 100 Millionen Mark für die Realisierung des »deutschen« Sieges.

Carter drahtet zurück, daß er zu einem Engagement von 7 Millionen Dollar bereit sei. 5 Millionen würden aus New York nach Europa auf eine zu bestimmende Bank angewiesen und 2 Millionen durch die Rhenania Aktiengesellschaft an ihn überwiesen.

Betrachtet man den lang verschwiegenen Deal, gelangt man zu der Auffassung, daß Hitler kein fairer Partner gewesen ist. Er widerspricht sich in einem wesentlichen Punkt, denn zum einen poltert er los, die Deutschen würden sich von Anderen vorschreiben lassen, was zu tun und lassen sei und er selbst tanzt - freilich aus Eigennutz und lange vor seiner Zeit als Reichskanzler, nach der Pfeife des US - Dollars!

Warburg beurteilt Hitler

Ein Gespräch mit Hitler ist etwas Ermüdendes. Er schreit in einem fort[141]. »... es gibt Augenblicke, in denen er den Eindruck eines Wahnsinnigen macht. Manchmal ist sein vom Einen zum Anderen Springen so närrisch, daß ich an seinem geistigen Gleichgewicht zweifeln muß[142] ... ich bin der Meinung, daß er eine übernervöse Natur hat und glaube nicht, daß er über einen große Verstand verfügt. Er ist seltsam unnachgiebig und starrköpfig ... ich glaube, daß das deutsche Volk das einzige auf der Welt ist, bei dem ein solcher Mann zu Einfluß kommen kann. Es gibt so viele schwache Punkte in seiner Person und in seinem Auftreten, daß in anderen Ländern der Mann von selbst lang verspottet und verhöhnt worden wäre[143] ... Er hat in der Judenfrage Vorstellungen, die für einen Oberschuljungen in den Vereinigten Staaten lächerlich sein würden ... geschichtliche Tatsachen schiebt er gewöhnlich beiseite ... seine Taten werden beweisen, ob er der Narr ist, für den ich ihn halte. Für das deutsche Volk - das nur von Kraftprotzen Respekt hat[144], hoffe ich von Herzen, daß ich mich irre«[145].

In der Phase, in der die nationalsozialistische Partei durch fremdes Kapital gestützt wird, zeigt sich auf der Kirchenseite ein »vorübergehender« Gesinnungswandel. Der Mainzer Erzbischof bläst zum Angriff gegen das teuflische Regime und wettert von der Kanzel: »... sie (die Nationalsozialisten) möchten eine neue Dreifaltigkeit aus Blut, Boden und Volk ... was nichts weniger als eine deutsch-nationale Kirche bedeutet[146] ... ich sage Euch, kein Katholik kann Mitglied der NSDAP sein[147]. Er untersagt uniformierten NSDAP'lern die Teilnahme am Gottesdienst und weist Geistlichen an, ihnen keine Sakramente zu spenden.

Später blasen die Bischöfe aus Berlin und Westfalen in dasselbe Horn. Kardinal Bertram (Breslau) vertritt zu Neujahr 1930 die Auffassung: »... der Nationalsozialismus vertritt eine abwegige Weltanschauung und **muß** bekämpft werden«[148]. Die Kirche verweigert dem Nationalsozialist Peter Gmeiner das kirchliche Begräbnis[149] und zieht sich auf fossile Strukturen zurück.

Freilich wird es Hitler zugetragen und er sagt: »... die schwierigste Geschichte ist das Verhältnis zu den Kirchen. Die lutherische macht mir keine Mühe, die anderen protestantischen Kirchen werden wohl beizeiten beidrehen, aber die Katholiken. In manchen Distrikten stellen sich die Bischöfe gegen die Nationalsozialisten. Da sind Priester, die ihnen keine Absolution erteilen und (ihnen)

die Kommunion verweigern. Eine tüchtige Tracht Prügel würde das ändern können, aber das ist hier keine gute Taktik ... wir müssen abwarten«[150].

Zum Konkordat

Das zwischen dem Vatikan und den Nationalsozialisten am 20. Juli 1933 unterzeichnete Konkordat ist ein wichtiger Baustein zum gegenseitigen Verständnis. Es wurde von beiden Seiten gebrochen, wobei die wesentlichen Widersprüche in widersprüchliches Denken Hitlers begründet sind. In seinem Buch »Mein Kampf« bekennt er sich zum Christentum und schreibt: »... dem politischen Führer haben religiöse Einrichtungen seines Volkes unantastbar zu sein«[151]. Der frühere Reichskanzler Brüning sagt unmittelbar nach der Unterzeichnung: »... Hitler habe sich gebrüstet, einer der wenigen zu sein, die den Vatikan getäuscht haben«[152].

Franz v. Papen tut sich als Vermittler der »schwierigen« Verhandlungen hervor und sagt in seinen Memoiren: »... Pius habe ihn mit väterlichem Wohlwollen empfangen und seine Freude darüber ausgedrückt, daß ein Mann wie Hitler an der Spitze steht, der sich einen kompromißlosen Kampf gegen den Kommunismus auf die Fahnen geschrieben hat«[153].

Am 2. Juli 1933 bringt Papen in einem Geheimschreiben an Hitler zum Ausdruck: »... daß der Abschluß eines Konkordates außenpolitisch als großer Erfolg für die Regierung der nationalen Erhebung gewertet werden muß«.

Die Partei garantiert der Kirche das Recht, konventionelle Schulen zu führen, Theologiestudenten vom Reichsarbeitsdienst freizustellen und an den Universitäten Professoren zu nominieren. Der Kirche wird das uneingeschränkte Betätigungsfeld für die religiösen, kulturellen und schulischen Organisationen, Vereine und Bindungen eingeräumt«[154].

Die Kirchenleitung versichert im Gegenzug, daß sie sich nicht mehr in die politischen Angelegenheiten des Staates mischt. Außenstehende merken sofort die Oberflächkeit der beidseitigen Absichten und aus den vielschichtigen Kommentaren wird das zwielichtige Umfeld deutlich. Der frühere Nuntius von Paris, Kardinal Ceretti, erkennt, daß das von seinem obersten Dienstherr und Heiligen Vater mit Hitler geschlossene Konkordat wertlos ist.

Kaum unterschrieben, brüstet sich die NS-Presse damit. Im Sommer 1933 triumphiert der Völkische Beobachter: »... durch die Unterzeichnung ist der Nationalsozialismus feierlich von der katholischen Kirche anerkannt ... es bedeutet eine moralische Stärkung der Regierung«.

Auch Faulhaber weiß die Unterzeichnung zu schätzen, denn in einer 1936 gehaltenen Predigt bestätigt er: »... Pius XI. hat als erster Soverain des Auslandes mit der neuen Reichsregierung einen feierlichen Vertrag geschlossen ... geleitet von dem Wunsch, die zwischen dem Heiligen Stuhl und der deutschen Nation bestehenden freundschaftlichen Beziehungen zu fördern«.

Weniger bekannt ist, daß nicht nur Hitler klare Forderungen an das Konkordat stellt, sondern daß es (auch) Geheimklauseln seitens der Kirche enthält, auf deren vertrauliche Behandlung Pius XI. Wert legt, denn sie verraten seine Absichten:

• Gemeinsames Vorgehen gegen Rußland.

• Pflichten der zur deutschen Wehrmacht eingezogenen Priester.

• Behandlung der getauften Juden in Deutschland. Pacelli gestattet sich den markigen Vorschlag: »... man möge sie doch als Katholiken anerkennen«.

Drei Monate nach der Unterzeichnung werden in Bayern einige Priester verhaftet, Hirtenbriefe konfisziert und kuriale Schreiben geöffnet. 1934 gelangt ein Geheimschreiben an den britischen Generalkonsul in München, Mister Gainer[155]. In ihm wird betont, daß es für Jedermann klar sein muß, daß der Nationalsozialismus und die Kirche Todfeinde seien«.

»Die orientalisch-jüdische Lehre, genannt Christentum, sei für den Verfall der nordischen Rasse und für den Aufstieg des Bol-

schewismus verantwortlich. Der Papst wäre ein Halbjude und Freimaurer ... die Hälfte der katholischen Theologen seien Juden«[156].

Konfessionelle Schulen werden unterlaufen und an ihre Spitze Parteifunktionäre gesetzt. Elternvereine werden aufgehoben und katholische Lehrer entlassen. Sechshundert Nonnen wird nahegelegt, einen zivilen Beruf zu ergreifen. Baldur von Schirach, der Reichsjugendführer, stellt dem Bischof die Frage: »... ob denn wisse, was ein katholischer Hürdenlauf oder ein evangelischer Klimmzug ist«[157].

1935 wallfahren 1700 Jugendliche nach Rom. Bei ihrer Rückkehr werden sie von deutschen Zivilbeamten durchsucht und müssen mitgebrachte Rosenkränze und Devotionalien versteuern. In Koblenz werden 170 Franziskaner wegen der Verführung Jugendlicher und »Verwandlung eines Klosters in ein Bordell« verhaftet. Der Völkische Beobachter berichtet über Orgien und die Zeitschrift »Angriff« bringt eine Serie über die Zustände in den Klosterschulen. Sie werden als Brutstätten der Homosexualität bezeichnet.

Das »Schwarze Korps« stellt die Behauptung in den Raum, daß Priester auf den Altarstufen an verkrüppelten Kindern »versteckte« Praktiken üben. Ein Film zeigt tanzende Priester in einem Bordell und der Völkische Beobachter konstatiert, daß sich unter den Geistlichen mehr als 1.000 Sexualverbrecher befinden. Priester werden in eindeutigen Stellungen mit halbnackten Frauen gezeigt[158]. Das Trierer Nationalblatt greift den Papst an.

Im Vatikan erkennt man die herbe Kritik und spielt den Beleidigten. Pius läßt wissen: »... die deutsche Regierung habe den Papst beleidigt ... man müsse immer mit dem autoritären Charakter seiner Heiligkeit rechnen«[159]. Die Kardinäle Faulhaber, Betram und Schulze reden den Eltern ein: »... sie wären vor Gott verantwortlich, wenn ihre Kinder den »rechten« Glauben verlieren«[160].

Der gekränkte Papst weist den Nuntius von Berlin, Orsenigo, an, eine offizielle Beschwerde über die Verletzungen des Konkordates hervorzubringen. Man läßt verlautbaren: »... der Papst fühle sich persönlich beleidigt, da man behaupte, er wäre jüdischer Abstammung«[161]. Es ist klar, daß die Sympathien auf den Gefrierpunkt sinken.

Vertragsbruch, gegenseitige Verleumdungen

Um 1937 werden die Beziehungen zwischen Vatikan und NS -Deutschland gespannt. Im Staat beginnt man, die Lehren des Parteitheoretikers Alfred Rosenberg zu verherrlichen. Die Katholiken heben einen Papst auf den Schild, von dem sie mangels besseren Wissens annehmen, daß er ihnen ausschließlich Gutes will. Sie ignorieren seinen politischen Status! Beide schaden sich und neigen zu polemischen Ausfällen.

Göring nennt in einer Rede die katholischen Priester »Schwarze Maulwürfe«. Julius Schleicher trägt während einer öffentlichen Versammlung Liebesbriefe vor, die der Erzbischof Gröber aus Baden an eine 20-jährige Jüdin geschrieben haben soll[162]. In der nationalsozialistischen Zeitschrift »Die Sonne« steht, daß die Großmutter des Papstes eine holländische Jüdin namens Lippmann war. In Königsberg werden Plakate mit der Aufschrift: »Nieder mit Rom ... hinaus mit den schwarzen Ratten ... unser Volk wird durch jüdischen Betrug und päpstliche Korruption zerstört«, an die Kirchentüren geheftet[163].

Im Münchener Bürgerbräukeller spricht Ludwig Engel, ein abtrünniger Jesuit, offen gegen die Kirche. Er bestätigt, daß Paul III. ein Volljude gewesen sei[164]. Warum nicht? Er müßte darum nicht schlecht sein.

Geistliche berichten, daß man während einer Fronleichnamsprozession Stinkbomben nach ihnen geworfen hat und die Hitlerjugend grölt über die Straßen: »... kein Geld mehr für die schwarzen Schweine«. Nonnen werden wegen Unsittlichkeit zu Zwangsarbeiten verurteilt; Geistliche werden vor Gericht gestellt und fanatisierte Parteigängerinnen spucken Priester an[165].

Dies verdeutlicht, auf welchem Niveau der Parteigeist angesiedelt ist. Daraus ist abzuleiten, daß das 1.000-jährige Reich eine Illusion bleiben mußte, denn es litt an geistiger Armut. Nur mit kirchlicher Hilfe konnte der Massenwahn des Dritten Reiches installiert werden. Hier wird Verstand durch Triebe **und** Glaube ersetzt. Emotionen werden frei, die die Menschen seit Jahrhunderten belasten und auf seinen Herdentrieb weisen. Emotionen sprengen bei kriegerischen Auseinandersetzungen den Rahmen des Üblichen und dokumentieren, daß der Entwicklung unserer geistigen Fähigkeiten enge Grenzen gesetzt sind. Das 1.000-jährige Reich hat dokumentiert, daß sich Millionen geistiger Nullen, getragen von Illusionen und unterstützt von einem falsch verstandenen Glaube, auf die Schlachtbank legen lassen.

Der Massenwahn läßt dem Individuum keine Chance. Es wird klar, daß das 1.000-jährige Reich vom Ansatz her zum Scheitern verurteilt war. Unmündige Bürger, gewohnt in politischen **und** religiösen Zwängen zu leben und zu denken, sind **nicht** geeignet, die Tragweite ihres Handels zu beurteilen. Die Kürze und Massivität des Infernos spricht für die Einfalt des Statisten.

Auch die Geistlichen beherrschen die ungehobelte Sprache. Faulhaber predigt im Frühjahr 1937 in der St. Michaelskirche gegen die Machenschaften der Nationalsozialisten; offensichtlich hat einen Gesinnungswandel erlebt. Pfarrer Detzel aus Schrobenhausen sagt von der Kanzel: »... laßt die stinkenden SS-Bastarde zu mir kommen. 2.000 wenn ihr wollt. Ich werde ihnen den Schädel einschlagen, daß das Hirn herausspritzt ... es wird genug Suppe für eine Woche geben[166].

Der Pfarrer Schumbert aus Mainz-Amönenburg läßt wissen: »... Ja, Braun ist das Wort für etwas anderes, das stinkt«[167]. Sicher meint er **nicht** die Hemden der Glaubensbrüder, die die NSDAP anbeten. Kaplan Klinkhammer aus Essen spricht während einer Maiandacht von einer Rede, die Göring kürzlich gehalten hat, als einem Haufen

»Scheiße« und der Vikar Stocker aus Bochum proklamiert, daß Göring homosexuell ist.

Wie gekränkt mußten die nationalsozialistischen Rädelsführer sein, da man ihnen solcher Vorwürfe macht. Wieder einmal zeigt sich, daß ein akademisches Studium oder ein hochgestochener Dienstgrad, ein Sternchen auf der Brust noch längst nicht hinrichten, um einen in sich ruhenden und zugleich gebildeten Mensch zu formen, dem Toleranz und Anstand etwas bedeuten.

Wenn man die Hitler'schen Argumente zum Thema Kirche betrachtet, zeigt sich seine instabile Natur. Er prophezeit dem Verleger Arthur Dinter: »... sobald ich an der Macht bin, wird der Vatikan wenig zu lachen haben. Aber um bis dahin zu kommen, geht es nicht ohne ihn ... ich bin bereit, mit ihm zu verhandeln, sobald er sich mit meiner Autorität abgefunden«[168].

So spricht ein verblendeter Zwerg mit einem Riese! Auf einer Tagung in Speyer wird betont: »... die höchste Religion steht über dem Papst und Luther ... man muß dorthin gehen, wohin der Führer ruft«.

Hitler proklamiert: »... obwohl die katholische Kirche eine jüdische Angelegenheit sei, die sich nach Europa herübergeschwindelt hat, seien die 2.000 Jahre organisatorischer Erfolge arischen Ursprungs. Jesus sei ein Arier gewesen, dessen Lehre im Lauf der Jahrhunderte im Interesse der katholischen Kirche bis zur Unkenntlichkeit entstellt worden ist«[169].

1937 behauptet Rosenberg: »... die katholische Kirche ist weit davon entfernt, den Kommunismus zu bekämpfen. Sie stellt den besten Nährboden für ihn dar. Moskau ist eine Tochter Roms«.

Jetzt fühlt sich der Vatikan in die Enge getrieben. Die Amtskirche wird unter Druck gesetzt und Pacelli **muß** klein beigeben: »... daß die deutschen Priester kein Recht haben, eine so unklare Sprache zu verwenden«. Die Kurie fühlt sich getäuscht und hintergangen. Der Papst entschließt sich zur Veröffentlichung der Enzyklika »Mit brennender Sorge«. Heute wird vermutet, daß Kardinal Faul-

haber die Finger im Spiel hatte[170]. Ihr Text sollte am Palmsonntag von den deutschen Kanzeln verlesen werden. Der Papst spricht darin von einer Verdammung des nationalsozialistischen Regiments, von geistiger Unterdrückung, einem Kult der Idole, »... der Führer strebe Gottähnlichkeit an und wäre wie ein verrückter Prophet ... besessen von widerlichem Hochmut«.

Es ist ein hartes Urteil, denn es verschweigt die eigene Geschichte. Nun stehen sich die Streithähne gegenüber und es wird deutlich, daß sie das gleiche Verhaltensmuster zeigen. Die NSDAP unterbindet die Verlautbarung der Enzyklika und die GESTAPO untersucht bischöfliche Kanzleien.

Hitler schaltet sich in den Dialog und greift die Geistlichen an: »... weil sie, während sie von Liebe und Menschlichkeit reden, nur an der Macht über die Seelen der Menschen interessiert sind. Die Kirche sei wie ein intrigantes Frauenzimmer, das ihrem Mann erst glauben macht, sie wäre hilflos und schwach ... dann aber allmählich das Heft so fest in die Hand nimmt, daß der Mann nach ihrer Pfeife tanzt«[171].

Während einer Rede vom 1. Mai 1937 hebt er hervor: »... die Kirche soll nicht die Moral des Staates kritisieren, wenn sie genügend Grund hat, vor der eigenen Tür zu kehren«. Gegenüber dem Statthalter von Baden-Baden sagt er »... es ist zweckmäßig aufzuzeigen, daß die Priester Verbrecher sind«[172]. Er hat erwogen, den Papst gefangenzunehmen[173] und ihn auf die Wartburg zu bringen.

Im Dezember 1938, zwei Monate vor seinem Tod, nennt Pius XI. die Dinge beim Namen und trägt dem Kardinalskollegium vor: »... in Deutschland ist ein Religionskrieg im Gang. Man schreckt nicht davor zurück, alle Waffen anzuwenden: Lüge, Drohung, falsche Informationen und physische Gewalt«[174]. Er verschweigt, daß die Verbreitung des römisch-katholischen Glaubens auf den gleichen Fundamenten ruht.

Die aufgebauschten Beschwerden richten sich im wesentlichen auf **ein** Partikel; die Verletzungen des Konkordates, das man selbst im Vatikan gebrochen hat. Die grund-

sätzlichen Probleme, die Überfälle auf andere Länder, die Zerstörung der Synagogen, die
Verschleppung, Vernichtung und Vergasung
Andersdenkender; hier hört man so gut wie
nichts. Konnte sich die Kirche dazu nicht äußern, weil sie Interesse am Sieg über den
Bolschewismus hatte?

Allein das Schweigen der Päpste gegenüber den kirchlichen Untaten läßt den Anspruch auf göttliches Sein zu Boden sinken.
Das Papsttum konnte sprechen und hätte
sprechen müssen. Die Tatsache, daß er dies
nicht getan hat, bleibt ein Makel. Die Entschuldigung, daß der Papst die Details nicht
kannte, werden von der Geschichtsforschung
Lügen gestraft.

Es gab Zeiten, da kümmerte er sich um die
lächerlichsten Dinge. So fragte ihn im 16. Jh.
der Agitator Karlstadt, ob er denn eine ge-
schuldete Miete zu bezahlen habe ... denn
eine Anfrage aus dem Wittenberg war in das
ferne Rom gekommen»... die Kirche hat zum
Tod Unschuldiger geschwiegen und sie hat
Unschuldige zum Tod verurteilt.«

Geistliche wettern gegen den Bolschewismus

Wenn die Kirchenführer gegen die Ausweitung des Kommunismus eifern, tun dies
(auch) die Kleinen; so dringt die vergängliche
Saat über Tausende von Kanzeln in die Herzen des Volkes. Zugleich haben wir ein Beispiel christlicher Intoleranz vor uns; warum
sollte ein Christ einen Kommunist hassen?
Gibt es außer ideologischen Aspekten einen
Grund? Warum sollte ein Kommunist besser
oder schlechter als ein Atheist sein? Es ist
Spiegelfechten auf einem niedrigen Niveau.

Für die Verbreitung des Katholizismus ist
es von Bedeutung, Andersdenkende zu
drangsalieren. An vorderster Stelle steht das
Hirtenwort »Abwehr des Bolschewismus«,
das im kirchlichen Anzeiger für die Erzdiözse
Köln angezeigt ist[175].

»Der Bolschewismus hat von Rußland her
den Aufmarsch nach den europäischen Ländern angetreten, um hier - wie überall - die
staatliche und gesellschaftliche Ordnung um-
zustürzen, jedes religiöse Leben zu vernich-

ten. Wo der Bolschewismus zur Herrschaft
gelangt, werden Kirchen und Klöster nieder-
gebrannt, Priester und Ordenspersonen ermordet, die Werke der Kultur vernichtet. Die
Schrecken der geheimen Offenbarung begleiten den Weg des Bolschewismus, die Kriegs-
not, die Hungersnot, die Todesnot. Wir deutschen Bischöfe haben bereits im August 1936
auf die Bedrohung des christlichen Abendlandes hingewiesen ... wir halten es für unsere
Pflicht, mit einem neuen Hirtenwort auf den
furchtbaren Ernst der Stunde aufmerksam zu
machen ...

... der Führer und Reichskanzler Adolf
Hitler hat den Anmarsch des Bolschewismus
von weitem gesichtet und sein Sinnen und
Sorgen darauf gerichtet, die ungeheure Gefahr von unserem deutschen Volk und dem
gesamten Abendland abzuwehren. Die deutschen Bischöfe halten es für ihre Pflicht, das
Oberhaupt des deutschen Reiches in diesem
Abwehrkampf mit allen Mitteln zu unterstützen. Den Bischöfen liegt es fern, die Religion
in das politische Gebiet zu tragen oder gar zu
einem neuen Krieg aufzurufen ...

... der Bolschewismus ist eine Pforte der
Hölle. Die Kirche kann dieser Weltmacht
nicht mit militärischen Mitteln entgegentreten. Wohl aber nimmt sie teil an der Abwehr
der bolschewistischen Weltanschauung mit
geistigen und moralischen Waffen. Die erste
Waffe der Kirche ist der Glaube, die zweite
Waffe der Kirche ist das Wort, die dritte
Waffe der Kirche ist der Sühneeifer ... einer
der deutschen Bischöfe hat schon 1921 auf
dem Katholikentag in Salzburg den Bolschewismus als die »tiefste Todeswunde unserer
Zeit gesprochen: »... die Völker sterben am
Bolschewismus«. Der Gegensatz zwischen
Tag und Nacht, zwischen Feuer und Wasser
kann nicht größer als der zwischen der katholischen Kirche` und der bolschewistischen
Weltanschauung sein. Der Sieg des Bolschewismus würde sich ebenso gegen die Kirche
wie gegen den heutigen Staat richten. Nur der
Wahnsinn kann ihn herbeiwünschen ... der
heilige Vater Pius XI. hat in seiner Ansprache vom 14. September als besten Schutz gegen den Bolschewismus die »christliche Lehre und die folgenrichtige Lebensführung«

bezeichnet. Wenn man dem Stern der Drei Könige folgt und unter seiner Führung zu Christus findet, wird man nicht so leicht dem Irrlicht des Sowjetstern nachlaufen«[176].

Es ist bemerkenswert, daß dieses Dokument von Kardinal Faulhaber unterzeichnet ist. Er hat das Naziregiment unterstützt, doch unmittelbar nach dem Zusammenbruch einen dokumentierbaren Gesinnungswandel hinter sich gebracht[177].

Die Protestanten singen die gleiche Melodie. In der kirchlichen Rundschau für das Gesamtgebiet der Deutschen Evangelischen Kirche lesen wir im August 1933[178]:

»... Prof. Dr. Rau weist auf die Bedeutung, die die Vernichtung des Bolschewismus und der Gottlosenpropaganda in Deutschland nicht für Europa, sondern für die ganze Welt hat ... daß in Deutschland der Kampf für Europa - selbst für Amerika - gekämpft wird, das sehen diese Augen, die der Haß blind gemacht hat, nicht. Der Sieg des Kommunismus in Deutschland hätte seinen Sieg in Europa bedeutet, und der Sieg des Kommunismus in Europa hätte demselben Amerika gefährlich näher gebracht«.

Ein protestantischer Pfarrer wettert von der Kanzel: »... ihr seid Streiter Gottes. Tag für Tag strömt das beste Blut, weil ihr mit Heldenmut eure Leiber zu einem Bollwerk gegen den Bolschewismus aufgerichtet habt, um zweitausend Jahre christlicher Kultur vor dem Untergang zu retten. Ihr, die ihr auf eure roten Fahnen der Volksgemeinschaft mit dem weißen Feld der Reinheit und Treue, mit dem Runenzeichen des Sieges den bitteren Streit für deutsche Art und deutsches Wesen geschrieben habt, ihr handelt gut für euer Gewissen und für Gott ...

... laßt euch nicht mißleiten, nicht unterdrücken. Christus Geist ist der Geist des Kampfes gegen Satan und seine Hölle. Der Feind, der Christus durch seinen Kreuzestod besiegen sollte, versucht, sich gegenwärtig wieder aufzurichten. Der Feind, der ewig rastlos ziehende Jude, hat beschlossen, Rache zu nehmen. Er trachtet danach, die Heiligkeit der Ehe zu vernichten, bewußt die Reinheit der Sitten und der Volksseele zu

vergiften. Und da muß die christliche Nächstenliebe, weil es um Sein oder Nichtsein des Christentums geht, zum Kampf aufrufen ...

... Kameraden, unser Kampf ist eine gerechte Notwehr. Unser Nationalsozialismus ist die Rettung für Volk und Vaterland. Hört nicht auf die Politiker, die ihn als Verbrechen ausmalen und verfluchen. Unser Nationalsozialismus ist derselbe wie der des Pastors Wetterte, wie der eines Kardinals Mercier von Mechelen, eines Kardinals Dubois von Paris, die mit Tausenden ihrer Priester das französische Volk zur flammenden Vaterlandsliebe anfeuerten und es mit glühender Begeisterung zum Standhalten bis zum Endsieg ermunterten.

Was gut für die Franzosen und Belgier ist, ist es etwa für uns Deutschen weniger gut? Im Weltenbrand von 1914 stand der Feind an den deutschen Grenzen. Heute sitzt er mitten im Land, verknechtet unser Volk und macht es zu Sklaven. Im August 1914 zogen Millionen, gesegnet von der Kirche und unter der Hut der kirchlichen Gebete auf die mörderischen Schlachtfelder, um Volk und Vaterland zu retten. Was damals erlaubt war, ja selbst Priestern geboten wurde, soll jetzt falsch, Irrtum und verboten sein. ...

Kameraden, das sind Lügen. Darum sage ich euch, Nationalsozialist zu sein bedeutet, Streiter zu sein für ein Volk, das bereit ist, seinen Gottglaube, seine Sittenreinheit, und seine Ehre bis zum letzten Atemzug zu verteidigen. Ihr seid eine Vorsehung Gottes, weil ihr das Untermenschentum mit seinem tödlichen Vernichtungsgift bannen wollt. Der Segen Gottes ruhe auf eurem Kampf. Und nun die Mütze ab zum Gebet: »... wir wollen, wie es die niederländischen Geusen taten,

Savanarola, Girolamo. 21.9.1452 - 23.5.1498 Florenz.
Italienischer Reformator. Er wird das Opfer seiner eigenen Religion und auf einem Scheiterhaufen verbrannt.
Gemälde von Fra Bartolomeo (Della Porta).
Mit freundlicher Genehmigung AKG. Berlin.

vor dem letzten entscheidenden Kampf die Hände falten und singen, daß es tausendfältig über das Land schalle: Herr, mach uns frei«[179].

Der englische Bischof von Glouchester äußert sich zur Judenfrage: »... die Juden sind keineswegs ein angenehmes Element im deutschen Leben. Viele seien gar nicht an ihrem Glauben interessiert, sie seien Freidenker und gebrauchen das Judentum im größten Maße zu Angriffen gegen den christlichen Glauben«. So wird der Nährboden seitens der Geistlichkeit parallel zur Nazi-Propaganda eingeleitet.

Das Fähnlein schwenkt im Glaubenswind ... aus kirchlichem Widerstand wird Zuspruch[180]

Der breiten Öffentlichkeit ist die Haltung der Kirchen während der Zeit des Dritten Reiches unbekannt. Gelegentlich hört man vom Widerstand einzelner Kirchenmänner gegen das Regime. Es werden Namen wie Kardinal Galen, Faulhauber, Delp und Boenhoeffer genannt. Die wirkliche Position anhand von Selbstzeugnissen ist wenig durchleuchtet. Doch eines steht fest: in unzähligen Veröffentlichungen, abgedruckt in kirchlichen Gesetz- und Verordnungsblättern, übertreffen die zustimmenden Verlautbarungen jene, die der damalige Reichsminister für Volksaufklärung und Propaganda, Dr. Joseph Goebbels, in den Jahren 1933 bis 1945 in Wort und Schrift verbreiten ließ[181].

De facto haben wenig Geistliche Widerstand geleistet. Wir haben eine Parallele zu den frühchristlichen Märtyrern vor uns; auch sie werden (noch heute) in den Himmel gelobt. Ohne die begleitende Unterstützung der Kirchen wären die Wahlerfolge nach 1933 unmöglich gewesen. Niemand kann es bezweifeln! Hitler genoß aus Kirchenkreisen umfassende Zustimmung.

Die Kirchen sehen im Nationalsozialismus die maßgebliche Kraft, um Deutschland aus dem Chaos zu führen. In Hitler sehen sie weit bis in das Jahr 1944 hinein einen Wunder-

mann, den Gott dem deutschen Volk geschenkt hat. Im Juli 1944 verkündet der Präsident der Thüringer Evangelischen Kirche in der Georgenkirche von Eisenach: »... Adolf Hitler ist für unsere lutherische Frömmigkeit der Führer von Gottes Gnaden. Sein Auftrag ist Gottes Befehl«[182].

Kardinal v. Galen

Es ist zu fragen, welche Rolle Clemens August Graf v. Galen während des Naziregiments gespielt hat. Wird er heroisiert, weil er ein mutiger Christ war oder ein Parteigänger wie nahezu alle anderen? es steht für Befürchtung ins Haus, daß am »Löwe von Münster« Abstriche zu machen sind[184].

Galen schwimmt nachweisbar auf der Welle des Nationalsozialismus; seine kritischen Anmerkungen reichen nicht aus, daß er die ihm Hörigen (rechtzeitig) von Verbrechen wider die Menschlichkeit abgehalten hat[185]. Galen hat einen würdigen Vorgänger im Fürstbischof von Galen[186], der als »Kanonenbischof« in den Annalen festgeschrieben ist. Er hatte 42.000 Mann Infanterie, 18.000 Reiter und Artillerie. Die meisten Klöster wurden damals dazu angehalten, ein mehr oder weniger bedeutendes Kontingent zu den Truppen des Landesbischofs zur Verfügung zu stellen.

Clemens v. Galen ist seit 1929 Pfarrer an der St. Lamberti-Kirche in Münster. Er betätigt sich früh als Autor[187] und wird nach einer vierjährigen Tätigkeit von Pius XI. zum Bischof ernannt. Am 19. Oktober 1933 legt er vor Göring den Treueeid ab. Es ist die erste Bischofsvereidigung nach Abschluß des Konkordates. Galen betont, daß er sich als Deutscher verpflichtet fühlt, für sein Vaterland zu wirken.

Am 9. April 1933 fordert er in einem Aufruf: »... es erscheint uns als Pflicht, der Vaterland in der gegenwärtigen Schicksalsstunde die Treue zu bewahren und am 12.November die Einmütigkeit mit den übrigen Volksgenossen zu beweisen«. Am 21. August 1934 verordnet er ein Gebet für Kirche, Volk und Vaterland.

Im Herbst 1934 bekräftigt er seine Haltung in einer Predigt bei der Weihe der St. Elisabeth-Kirche in Recklinghausen. Von der Bevölkerung wird die Stadt bald »Schrecklingshausen« genannt. Hier errichtet die GESTAPO eine Leitstelle für den Regierungsbezirk Münster. Die Stelleninhaber scheuen sich nicht vor Mißhandlungen. Sie werfen Albert Frank, den Betriebsratsvorsitzenden einer Zeche, aus dem Fenster und verhaften einen Kaplan, der nicht auf die Parteilinie schwenkt. Gespannt warten die Gläubigen auf die richtungsweisende Haltung ihres Hirten.

Er sagt: »... treu (und) deutsch sind wir, (denn) wir sind katholisch ... es ist kein Zwiespalt in unserem Wesen ... es ist eine religiöse und nationale Pflicht ... protestieren wir nicht gegen den Staat und die Obrigkeit, sondern gegen seine Schädigung und die Untergrabung seiner Autorität«. Galen gibt die Imprimatur für ein Vademecum, in dem es heißt: »... der Führer verkörpert die Einheit des Volkes und Reiches ... der christliche Deutsche ist an ihn gebunden«.

Auffallend sind die Tage nach der Kristallnacht. Nach der Plünderung von Geschäften sollen jüdische Bürger den Charitasdirektor gebeten haben, den Bischof zu bewegen, in der Öffentlichkeit für den Schutz der Juden einzutreten. Er zeigt nur bedingt Bereitschaft. 1936 macht er in Vreden darauf aufmerksam, daß seit Jahrhunderten kein Tropfen fremdrassigen Blutes in deutschen Adern geflossen ist[188]; was nichts als Polemik ist.

Als im Herbst 1939 deutsche Truppen in Polen einfallen, haben die Geistlichen auf Galens Anweisung ein Gebet folgenden Inhalts zu sprechen: »... erleuchte Deinen Lenker mit dem Licht der Weisheit ... schütze die Angehörigen unserer Wehrmacht und erhalte sie in Deiner Gnade«.

Am 9. März 1941 proklamiert er im Kirchenblatt für das nördliche Münster: »... Gott hat zugelassen, daß das Vergeltungsschwert gegen England in unsere Hände gelegt wurde ... wir sind die Vollzieher des gerechten göttlichen Willens«. Er hat keine Bedenken, den

Hirtenbrief der deutschen Bischöfe vom 26. Juli 1941 zu unterzeichnen[189].

Und dennoch tanz er aus der Reihe. Im Gegensatz zu Tausenden seiner Amtskollegen und Untertanen hat er den Mut, einige Vorkommnisse zu kritisieren, wenngleich er zum deutschen Einmarsch in Österreich, dem Münchener Abkommen über die Versklavung der Tschechoslowaken und die militärischen Erpressungskampagnen durch Hitler geschwiegen hat. In den frühen Anmerkungen v. Galens findet sich kaum ein Hinweis über Mißhandlungen, die an Hunderttausenden von Nazi-Gegner praktiziert worden sind.

Dann besinnt er sich des christlichen Gewissens. Er prangert die Verfolgungsmethoden der Nationalsozialisten an, kritisiert die Zwangsbehandlung geistig Zurückgebliebener und der Euthanasie Unheilbarer. Er beklagt die Konzentrationslager und den Raub des Kircheneigentums. Am 13. Juli 1941 - drei Wochen nach dem er den besagten Hirtenbrief unterschrieben hat - ruft er von der Kanzel: »... wir müssen damit rechnen, ein Kloster nach dem anderen von der GESTAPO beschlagnahmt zu sehen. Ihre Insassen fliegen wie Dirnen und Geächtete auf die Straße ... sie werden wie Ungeziefer aus dem Land gejagt. Niemand ist sicher, eines Tages von der GESTAPO in den Kerker oder in ein Konzentrationslager gebracht zu werden«. Dies war sehr sehr mutig und entschlossen. Ideologie prallt auf Ideologie und die Nazis wußten, daß sie im Unrecht sind!

In einer Predigt vom 3. August 1941 wendet er sich gegen den zwangsweisen Abtransport Geisteskranker (oder als solcher Deklarierter) und sagt: »... es herrscht der Verdacht, daß die damit verbundenen Todesfälle nicht selbst eintreten, sondern herbeigeführt werden, daß man dabei jener Auffassung folgt, die behauptet, man dürfe »lebensunwertes« Leben töten, wenn man meint, es sei für Volk und Vaterland nichts wert ... eine furchtbare Lehre, die die Ermordung von Unschuldigen rechtfertigen soll«.

Galen hat recht und verleugnet die eigene Geschichte; denn es gab Jahrhunderte, da hat die Kirche Andersdenkende genauso grausam aus dem Leben geschafft, um **ihre** Ziele zu rechtfertigen. Nichts anderes machten die Nazis.

Galen gibt eine Strafanzeige bei der Staatsanwaltschaft auf und gerät darauf ins Kreuzfeuer der Nationalsozialisten. Die Nazis reagieren promt und auf einem niedrigen Niveau. Bormann schreibt dazu: »... ich bin der Meinung, daß die Todesstrafe für Galen angemessen wäre«. Goebbels erklärt: »... ihn einfach aufzuhängen, würde nicht genügen ... aufgeschoben ist nicht aufgehoben«.

In den Tagebüchern Alfred Rosenbergs, die 1948 entdeckt werden, findet sich der Hinweis: »... nach dem siegreichen Ende des Krieges ist Galen zu erschießen«. Hitler erwähnt in einer Tischrede: »... daß er Galen nach dem Krieg für jedes seiner Worte zur Verantwortung ziehen werde, es sei denn, daß er flink genug im »Collegium Germanicum« Zuflucht findet.

So reden Christen über Christen. Nach dem Zusammenbruch erklärt sich Galen be-reit, den »neuen« Herren zu dienen und kämpft weiter in der kurialen Arena. 1945 entwirft er ein Programm, das die alten Feudalstrukturen herstellen soll. Es ist nicht abwegig anzunehmen, daß er deshalb zum Kardinal erhoben wird. Zeigt sich nicht - insgesamt gesehen - ein Herrenmensch, der unfähig war, das durch sein Denken, Handeln und Wollen mitverschuldete Unrecht zu verhindern?[(190)]. Hier wird der Konflikt zwischen Glaube und Politik deutlich.

Hätten **nicht alle** Priester vorbehaltlos protestieren müssen? Der Kirche kann der Vorwurf nicht erspart bleiben, daß sie es auf breiter Front unterlassen hat. Dies heißt nicht, daß die Kirchen allein schuld am Verhängnis des Krieges waren. Sie können aber ebensowenig wie die Christen selbst - die auf ihren Wink die Augen verschlossen - von einer Mitschuld befreit werden.

Warum haben sich die Kirchen **nicht** gegen den Nationalsozialismus gestellt? Konnten sie es nicht, weil ihr politisches Ziel die Zerschlagung des Kommunismus war? Selbst v.

Deutschlands Bischöfe im Dom zu Fulda. Am Bonifatiustag (5.6.1934) wohnten alle deutschen Bischöfe der von Kardinal Faulhaber gehaltenen Segensandacht im Dome zu Fulda bei.
Unser Bild zeigt auf der rechten Seite; Adolf Kardinal Bertram, Erzbischof von Breslua und Vorsitzender der Fuldaer Bischofskonferenz. 2. Reihe: Dr. Rudolf Bornewasser, Bischof von Trier; Dr. Kaspar Klein, Erzbischof von Paderborn (Hintergrund); Dr. Joseph Vogt, Bischof von Aachen (halb verdeckt); Dr. Jos. Damian Schmitt, Bischof von Fulda

Galen war blind genug, um dieses mitzuge-stalten, mitzuverantworten und mitzutragen. Deshalb ist es ungerechtfertigt, einen Heili-genschein um ihn zu winden. In diesem Zu-sammenhang ist der evangelische Pfarrer Bonhoeffer zu erwähnen, der 1962 in Genf erklärte: »... ich bete für die Niederlage des Vaterlandes«[191]. Seine Bitte wurde erhört.

Geistliche arbeiten dem Staat in die Hände

Am 25. April 1933 ermahnt der Erzbischof Gröbner die Katholiken: »... den neuen Staat nicht abzulehnen, sondern unbeirrt an seiner Verwirklichung zu arbeiten«. Anläßlich der Bischofskonferenz von Fulda und Freising rufen die deutschen Bischöfe zur aktiven Mit-hilfe mit Hitler auf. Im Mai veröffentlichen die bayerischen Bischöfe ein Hirtenwort und sagen: »... niemand darf sich der Aufbauar-beit entziehen«.

Der Weihbischof Burger versteift sich zu der Behauptung: »... die Ziele der Reichs-regierung sind die unserer Kirche«. Der Jesuit Robert Albrecht sagt später: »... der Krieg sagt dem Vatikan letztendlich zu. Wenn die Kirche im Kampf gegen den sowjetischen Bolschewismus unterliegt, wird sie sich in Zukunft erneut mit Deutschland vereinigen, um das Abenteuer nochmal zu wagen«[192].

Faulhaber[193] schreibt an Hitler: »... Gott erhalte uns den Reichskanzler«. Im Juni 1933 heißt es in einem Hirtenbrief: »... wir sind weit davon entfernt, das nationale Erwachen zu unterschätzen ... die Katholiken müssen die Ziele unterstützen, denn sie liegen in der Richtung des katholischen Glaubens ... wir wollen dem Staat nicht die Kräfte entzie-hen«[194].

Kardinal Schulte (Köln) und der Bischof Matthias Ehrenfeld (Würzburg) sprechen die Bereitschaft zur Mitarbeit am Naziregiment aus. 1934 fordert Faulhaber in einem Hirten-brief Ehrfurcht und Gehorsam vor der staat-lichen Obrigkeit und rühmt, »... den un-schätzbaren Dienst der Regierung, die sie auf vielen Gebieten für Volk und Kirche gelei-stet hat«.

Nach der Wahl. Der neue Reichsbischof, umgeben von SA hebt den Arm zum Hitlergruß

Der Bischof von Osnabrück veröffentlicht 1934 ein Hirtenwort und sagt: »... wir deutschen Katholiken sind treue Söhne des deutschen Volkes, die den Aufbau des neuen Reiches freudig mitgestalten wollen«. Wer wundert sich, wenn er auf Vorschlag von Göring Staatsrat und daraufhin Bischof von Berlin wird.

Als Hitler im März 1936 die entmilitarisierte Zone des Rheinlandes besetzen läßt[195] läuten die Glocken. Kardinal Schulte ruft aus: »... in diesen denkwürdigen Stunden begrüße ich die berufenen Waffenträger mit ergriffener Seele«.

Am 11. März 1938 okkupieren Hitlersche Truppen Österreich. Auch diesmal läuten die Glocken. Innitzer verpflichtet seine Schäflein zur Abhaltung eines Dankgottesdienstes; die Bischöfe geben eine prokatholische Erklärung ab[196], die von den Kanzeln zu verlesen ist. Innitzer betritt am 10. April das Wahllokal mit dem »deutschen« Gruß.

Der Bischof Bornewasser (Trier) appelliert an die Katholiken: »... ihre gesamten Kräfte in den Dienst des Volkes zu stellen und jedes Opfer zu tun, das die Situation verlangt«. 1940 stellt der Feldbischof der Wehrmacht, Franz Justus Rarkowski, ein katholisches Militär- und Gesangsbuch zusammen. Darin lesen wir: »... lasset uns beten, laßt uns ein heldenhaftes Geschlecht sein ... segne besonders unseren Führer und obersten Befehlshaber der Wehrmacht in allen Aufgaben, die ihm gestellt sind. Laßt uns unter seiner Führung in der Hingabe eine heilige Aufgabe sehen«.

In einem Vademecum für katholische Soldaten steht: »... der Führer verkörpert die Einheit des Volkes und Reiches. Er ist der oberste Träger der staatlichen Gewalt. Ihm ist zu gehorchen ... ihm ist der Christ ohne Eid gebunden ... dem Soldat ist die Treue zum Führer zu geloben leicht gemacht, weil er in ihm ein Vorbild wahrhaft soldatischen Lebens erkennt ... er schenkt seine Treue einem Mann, der den Sinn des Lebens in der Mehrung der Größe des Volkes sieht«[197].

Im Herbst 1939 kommen bei deutschen Bombenangriffen Tausende Polen ums Leben. Währenddem beten die deutschen Katholiken für den Schutz des Nazireiches: »... Allmächtiger ewiger Gott. Wir bitten Dich, nimm unser Vaterland in Deinen beständigen Schutz. Erleuchte seine Lenker mit dem Licht der Weisheit, damit sie erkennen, was zur wahren Wohlfahrt des Krieges dient ... schütze die Angehörigen unserer Wehrmacht und erhalte sie in Deiner Gnade ...stärke die Kämpfenden«. Warum beten die Christen nicht für die Geschundenen, Zusammengeschlagenen, Frauen, Kinder, Witwen und Waisen, warum nicht gegen das unbeschreibliche Elend des Hungers und der Verzweiflung?

Der Führer hat Geburtstag

Besonders ehrerbietig zeigen sich die Geistlichen anläßlich des 50. Geburtstages des Reichskanzlers und Katholiken Adolf Hitler. 1939 steht im Amtsblatt der Erzdiözese Bamberg: »... am kommenden Donnerstag feiert das Deutsche Volk den 50. Geburtstag unseres Führers und Reichskanzlers. Zur Feier des Tages wird am Vorabend ein Festgeläut stattfinden. Wir wollen ein gemeinsames »Vater Unser« für Führer und Vaterland beten«.

In der Kirchenzeitung der Erzdiözese Köln lesen wir: »... es gibt nur wenig Männer ... und zu ihnen gehört unstreitig der, der heute seinen 50. Geburtstag feiert: Adolf Hitler. Wir versprechen ihm, daß wir unsere Kräfte zur Verfügung stellen, damit unser Volk in der Welt den Platz gewinnt, der ihm gebührt«.

Auch dieses Gebet wurde erhört, denn diesen Platz haben wir nun. Der aberwitzige Krieg ist verloren, das Land ist geteilt und die Abhängigkeit nach vielen Seiten größer als zuvor; dies betrifft (auch) den klerikalen Einfluß. Jede andere Interpretation geht an den geschichtlichen Tatsachen vorbei.

Das kirchliche Amtsblatt der Kirchenprovinz Sachsen bringt eine Sonderausgabe heraus[198]. Geburtstag des Herrn Reichskanzlers: »... die Tat der nationalen Konzentration sowie die ungeheure Verantwortung, die gerade in der jetzigen Zeit auf dem Kanzler des Deutschen Reiches liegt, rechtfertigen es, daß die evangelische Kirche ihre Anteilnahme an diesem Tag zum Ausdruck bringt. Es soll deshalb in allen evangelischen Gemeinden einheitlich fürbittend des Geburtstages des Herrn Reichskanzlers gedacht werden. Hierfür kommt der dem Geburtstag vorangehende Gottesdienst am zweiten Osterfeiertag in Betracht.

Lotz referiert in der Civilta Cattholica: »... es ist befreiend, daß endlich außerhalb der Kirche eine große Kraft erscheint, die verkündet und die in die Wirklichkeit des Lebens einführt, was im 19. Jh. Päpste unter dem Hohn der gebildeten Welt ablehnten; die Forderung nach schrankenloser Presse- und Redefreiheit, die die Forderung aller Auswüchse des individuellen Liberalismus mit dem Wesen der Freiheit verwechselte ... der Liberalismus ist eine giftige Frucht«[199].

Die Protestanten stimmen in das Loblied ein

Noch vor der Gunstbezeugung der katholischen Kirche ereifert sich die protestantische für das neue Regime und gründet 1932 die »Arbeitsgemeinschaft nationalsozialistischer Pfarrer«. Der Landesbischof von Thüringen schreibt am 25. Oktober 1933: »... schuldige Dankespflicht gegen Gott und Hitler bewegt uns ... uns hinter diesen Mann zu stellen, der unserem Volk (und der Welt) gesandt ist, um die Macht der Finsternis zu überwinden ... wir rufen unsere Gemeinden auf, sich hinter den Führer zu stellen«.

Protestantische Professoren verherrlichen die nationalsozialistischen Grundbegriffe von Blut, Boden, Rasse, Volk, Ehre, Vaterland, Heldentum und Hakenkreuz. Es sind Fiktionen eines mangelhaften Geschichtsbewußtseins, gepaart mit dem offenkundigen Drang nach Anerkennung.

Sie nennen Hitler eine mächtige Persönlichkeit und übersehen seinen kümmerlichen Status, seine mangelhafte (Schul)bildung, seine verschwindend geringe geistige Größe. Stolz erwähnen sie Horst Wessel als Sohn eines Militärgeistlichen und empfehlen ihren Schäflein: »... mit ordentlichem Gleichschritt in der SA zu marschieren«.

Fast makaber ist, die allgemeine evangelisch-lutherische Kirchenzeitung vom 12. Mai 1933 aufzuschlagen: Wir lesen darin: »... der Reichskanzler Adolf Hitler hat dem Senat der technischen Hochschule Stuttgart mitgeteilt, daß er bittet, von seiner Ernennung zum Ehrendoktor abzusehen, da er grundsätzlich Ehrendoktortitel nicht anzunehmen gedenke«. Er war Bauhilfsarbeiter, schulischer Versager und Führer des deutschen Volkes. Wer wird da nicht stutzig?

Pius XII. und die Dörrpflaumen[200]

Pius XI. nimmt seine Angst vor dem Kommunismus mit ins Grab. Nun geht die päpstliche Würde auf Eugenio Pacelli über, den er als Legat um die halbe Welt geschickt hat. Pacelli beginnt seine Tätigkeit bei der Vatikanischen Abteilung (1901) und lebt seit Kriegsende in Deutschland. Er wird Nuntius, zuerst in München (1919 - 1926), dann in Berlin (bis 1929). Er gilt als intimer Kenner der Verhältnisse und bleibt sich dessen (auch) als Papst bewußt. Deutlich wird es u.a. an einigen seiner an Hitler gerichteten Briefe.

Verherrlichungstheologen sehen in ihm den bedeutendsten Diplomat des 20. Jh. Tadini lobt seine hohe Weisheit »... menschlich und göttlich, zum ewigen Ruhm des unvergleichlichen Lehrers«[201]. Zeitgenossen heben hervor: »... wenn ein Mensch durch seine Herkunft und Erziehung für ein hohes kirchliches Amt bestimmt war, so trifft dies auf Pacelli zu[202] ... er besitzt die Erhabenheit eines asketischen, fast durchsichtigen Körpers, der nur dazu bestimmt ist, eine Hülle für die Seele abzugeben[203] ... er umgab sich mit Menschen tiefreligiösen Charakters, die die Welt aus der Perspektive eines mittelalterlichen Mystizismus betrachten[204] ... an ihm falle der Geruch an Heiligkeit auf[205]...

...Hier scheint ein Mensch in göttlicher und übernatürlicher Form zum Priesteramt berufen zu sein. In seinen Predigten und Ansprachen entwickelt er einen Stil barocker Rhetorik, die sich weit über den Köpfen seiner Zuhörer bewegt«[206]. Rhodes lobt (!) seine geschraubte Ausdrucksweise[207] und sagt:

»... ein neuer Hauch der Hoffnung streifte die angsterfüllte Menschheit und eine Taube schien noch einmal mit einem Olivenzweig um die Welt zu fliegen«[208]. Trotz dieser Hymne gehen die Meinungen über seine Fähigkeiten auseinander. Weizäcker vom deutschen Außenamt bekommt 1937 vom spanischen Botschafter gesagt: »... Pacelli fehlt der eigene Wille und Charakter«[209].

Der deutschen Presse ist die Wahl Pacellis nicht sonderlich angenehm, denn er ist in erster Linie ein politischer Papst. Kurz nach seiner Erhebung (6. Mai 1939) schreibt er dem Führer des Deutschen Reiches und erinnert sich mit Vergnügen an die hier verbrachten Jahre ... man wünscht den Wohlstand des deutschen Volkes mit göttlicher Hilfe herbei«[210]. In einer seiner ersten Amtshandlungen läßt er wissen: »... wie sehr er Deutschland schätzt«.

Pius erwägt die Einberufung einer 5-Mächte-Konferenz unter Beteiligung von Großbritannien, Frankreich, Deutschland, Italien und Polen. Er will beraten, wie der sich abzeichnende Krieg verhindert werden kann. Welches Auditorium wäre geeigneter, als ein Hinterzimmer im Vatikan?

Pius kann so weltfremd nicht gewesen sein, als daß er nicht an die Verwirklichung der klerikalen Interessen gedacht hat. Er vertritt die Kirche in einer schwierigen Epoche: im Wüten eines widersinnigen Krieges, deren wichtigste Prämisse aus kurialer Sicht das Zurückdrängen des Kommunismus ist.

Es ist nicht verwunderlich, wenn kirchlicherseits versucht wird, den Statthalter zu heroisieren. Der Bischof von Augsburg meint dazu: »... es ist mehr als angemessen, diesen guten Hirte in Dankbarkeit zu erwähnen, der sich als Helfer und Anwalt Deutschlands erwies«[211]. Prinz Konstantin sieht in ihm ein Symbol des Widerstandes[212] und meint: »... das Bild eines aus kalter Staatsraison tätigen, zu den Gewaltakten des Nationalsozialismus schweigenden Papstes entspricht nicht der Wahrheit ... das tiefe Geheimnis der Persönlichkeit von Pius XI., in dem die Leuchtkraft eines Heiligen wirksam war, wird sich **nur** dem gläubigen Blick eines von der Liebe zur Kirche erfüllten Menschen erschließen«[213] ... historische Persönlichkeiten, die wir ehren, dürfen nicht zum Tummelplatz skrupelloser Theaterschreiber werden«[214].

So kann es auch sehen. Pius war ein gewöhnlicher Mensch, seiner Zeit im Leben, Handeln, Denken und Fühlen verbunden und mit den gleichen Fehlern behaftet. Auch als Kirchenführer hat er sich der realen Geschichtsforschung zu stellen.

Zu den Theaterschreibern zählen - aus kirchlicher Sicht - all diejenigen - die **nicht** vorbehaltlos in den Kirchenchor einstimmen und die seine Verherrlichung in Frage stellen. Pius XII. hat einen unchristlichen Standpunkt vertreten, weil er die politischen Interessen seiner Kirche vor die Nächstenliebe gestellt hat.

Pius XII. ist der Verfasser eines Rundschreibens über den »Mystischen Leib«[215] in dem er wissen läßt: »... daß die menschlichen Konzilien von Christus erleuchtet werden«[216].

Konstantin v. Bayern[217] stellt es so hin, als wären die Katholiken, die Hitler und sein Regime gutgeheißen haben, letztlich betrogene Idealisten, die einem Dämon zum Opfer gefallen sind[218]: damit will er Pacelli aus der Schlinge ziehen, »... denn auch er gehörte zu den Getäuschten«.

Dieser Ansatz ist falsch, weil er im Widerspruch zur Kirchenpolitik steht und unbeachtet läßt, daß die Kirche ihre Gläubigen mit Illusionen täuscht.

Österreich = Klösterreich[219]

1933 gelingt es Mittelsmännern, Engelbrecht Dollfuß[220] die Staatsgeschäfte anzudienen. Der Papst erkennt in ihm einen »Eiferer in Sachen des katholischen Glaubens« und betet für ihn[221]. Kurz danach ist der Weg zu einem für den Vatikan vorteilhaften Konkordat geebnet[222]. Die Anbindung Österreichs an das Deutsche Reich wird vorbereitet.

Einer der wichtigen Drahtzieher ist der Geheimkämmerer v. Papen, der von 1934 bis 1938 in Wien die Machtergreifung Hitlers aktiviert. Um die antisemitische Arbeit zu fördern, bitter er den Papst um Geld für den »katholischen« Freiheitsbund.

Die Kirche gewinnt an Einfluß: »... mehr als seinerzeit, als das Land von Sozialdemokraten regiert wird«. Die katholische Presse wird aktiviert, der Staat erhöht seine Zuwendungen und die Kirche ist sich des erfolgreichen Schachzuges bewußt[223]. Und doch unterschätzt sie die Lage, denn der vom Papst für Dollfuß erflehte Segen bleibt aus. Dollfuß wird ein Jahr nach seinem Regierungsantritt ermordet.

Die Geistlichkeit scheint in der Haltung zu schwanken. Erzbischof Sigismund Waitz wettert des öfteren von der Kanzel gegen den Anschluß. Doch der Primas v. Österreich, Innitzer, legt Treuebekenntnisse für das deutsche Reich ab. Er würdigt Hitler bei einer Begegnung im Wiener Hotel Imperial mit dem »deutschen« Gruß und beendet einen an den Gauleiter Bürckel gerichteten Brief mit den Worten »Heil Hitler«[224].

Radio Vatikan startet eine Kampagne gegen den Parteigänger und Kardinal. Innitzer verliert an Boden und Glaubwürdigkeit. Ende Oktober 1938 werfen Teilnehmer der Hitlerjugend die Fenster eines Palais am Stephansplatz ein, dringen über eine Leiter in den ersten Stock, zerstören Kunstwerke und werfen sie auf die Straße. Sie verletzten einen Geistlichen und werfen einen weiteren aus dem Fenster[225].

Das Wiener Kapuzinerkloster wird enteignet, die Mönche aus St. Lambert gewiesen und ihr Gebäude in ein HJ - Schulungsheim verwandelt; eine Ideologie weicht der anderen.

Kurz danach werden die Priesterseminare der theologischen Fakultäten Innsbruck und Wien geschlossen, das jesuitische Internat Feldkirch enteignet, die katholischen Frauen- und Mädchenvereine aufgelöst und die katholische Presse unterbunden. Josef Bürckel verkündet: »... er hoffe, dem Führer zum 50. Geburtstag ein klosterfreies Österreich übergeben zu können«[226]. Wieviel Einfalt steckt hinter einer solchen Argumentation? Am 11. März okkupieren Hitlersche Truppen Österreich. Innitzer hat Schussnig[227] einvernehmlich mit dem Vatikan die Unterwerfung empfohlen.

Der Bundeskanzler verspricht: »... an der gemeinsamen Front eines einigen gesamtdeutschen Katholizismus mitzubauen[228]. Und wieder läuten die Glocken, wieder hängen Hakenkreuzfahnen in den Kirchenschiffen.

Am 12. März verpflichtet Innitzer die Kirche zur Abhaltung eines Dank - Gottesdienstes. Als Hitler am 15. März den Kardinal empfängt, fordern nahezu alle österreichischen Bischöfe[229] das Volk auf, für ihn zu stimmen.

Die geistlichen Würdenträger beschließen ihren Aufruf mit dem Hitlergruß und sagen in einer feierlichen Erklärung: »... wir erkennen freudig an, daß die nationalsozialistische Bewegung auf dem Gebiet des völkischen und wirtschaftlichen Aufbaues ... vor allem für die ärmsten Schichten des Volkes Hervorragendes geleistet hat ... wir sind der Überzeugung, daß durch das Wirken dieser Regierung dieser Bewegung die Gefahr des alles zerstörenden gottlosen Bolschewismus abgewehrt wird ... am Tag der Volksabstimmung ist es für die Bischöfe nationale Pflicht, sich zum deutschen Reich zu bekennen ... wir erwarten dies (auch) von den Christen ... sie müssen wissen, was sie ihrem Volk schuldig sind«[230].

Innitzer wird von Pacelli empfangen. Als die Delegation nach Österreich zurückkommt, wird der Klerus angewiesen, deutsche Fahnen in den Kirchenschiffen zu hissen.

Die Protestanten jubeln

Am 12. März 1938 sagen die Superintendenten Beyer, Eder, Heinzelmann und Zwernsmann im Gesetzblatt der Deutschen Evangelischen Kirche[231]: »... die evangelische Kirche Deutsch - Österreichs steht voll Freude einmütig und entschlossen zu der geschichtlichen Stunde. Wir glauben, daß sie von Gott gesegnet ist«.

Der Landesbischof Sasse sagt im Thüringer Kirchenblatt[232] »... aus Anlaß der gewaltigen geschichtlichen Ereignisse ... ist am 20. März die folgende Abkündigung von der Kanzel zu verlesen:

»... der österreichische Bruderstamm hat heimgefunden zum Reich. Sichtbar hat der allmächtige Gott das Werk des Führers gesegnet ... aus den Herzen der Deutschen in aller Welt steigt heiß der Dank zum Herrn der Geschichte empor, daß das Werk der Einigung durch den Führer gelungen ist, ohne daß Bruderblut fließen mußte. Wir haben an diesen Tagen Gott wieder erfahren, als Helfer und Retter. So ruft uns diese Schicksalsstunde von neuem zum bedingungslosen Gehorsam und unerschütterlicher Treue im Dienst für Führer und Volk. Gott segne den Führer, Gott segne das Volk und das Reich«. Eisenach, den 14. März 1938.

»... das ganze evangelische Volk Thüringens nimmt jubelnd teil an der Einigung des deutschen Volkes durch das geniale Werk des Führers«.

Die Protestanten zitieren ihren Stammvater und ehemaligen Katholik Luther und sagen: »... so spricht Dr. Martin Luther; wenn Deutschland unter einem Haupt und unter einer Hand wäre, so wäre es unüberwindlich«.

Der evangelische Oberkirchenrat[233] verkündet am 17. März 1938: »... Gott hat dem deutschen Volk und unserer Heimat ein großes Wunder getan. Der Führer des deutschen Volk hat es aus schwerer Drangsal befreit. Das deutsche Volk in Österreich lebt wieder mit seinen Brüdern innerhalb der gemeinsamen Grenzen im Großdeutschen Reich. Wir danken dem Führer für seine große Tat. Wir geloben ihm Treue.

Diese Erklärung ist im Gottesdienst am Sonntag, den 20. März 1938 in allen evangelischen Kirchen zu verlesen. Ferner ist das Begrüßungstelegramm zu verlesen, das an den Führer und Reichskanzler Adolf Hitler gerichtet wurde:

»... nach einer Unterdrückung, die die schrecklichsten Zeiten der Gegenreformation wieder aufleben ließ, kommen sie als Retter aus fünfjähriger schwerster Not aller Deutschen hier ohne Unterschied des Glaubens. Gott segne ihren Weg, durch dieses deutsche Land und ihre Heimat«[234].

Nochmals meldet sich der Landesbischof Sasse[235] und sagt: ».. die ganze Welt horchte

Die Unterzeichnung des Reichskonkordats mit dem Heiligen Stuhl am 20. Juli 1933 in Berlin durch Vizekanzler Papen (zweiter von links) und den Apostolischen Nuntius in Deutschlnad, Pacelli, den späteren Papst Pius XII. Die Kirche glaubte durch einen völkerrechtlichen Vertrage Hitler binden zu können.

auf den Schritt der deutschen Geschichte. Das deutsche Blut erwies sich stärker als alle Gegenmächte. Gott sandte uns den Führer. Sein Glaube, seine Entschlußkraft, sein persönlicher Einsatz hat Großdeutschland geschaffen....

...Freudigen und dankbaren Herzens sei jeder Deutsche bereit, sein Bekenntnis zu Führer und Reich abzulegen. Unser evangelischer Glaube ruft uns zu Dienst an Volk und Reich. Zum Kampf für Freiheit und Ehre. Thüringer, tut eure Pflicht. Es gilt eine große Tat«.

Der evangelische Oberkirchenrat Dr. Kauer läßt wissen: »... als Trösterin und Helferin, die unser Kirche in den letzten Jahren vielen Kämpfenden in Österreich war - weit über den Kreis der Glaubensgenossen hinaus - empfindet sie die ganze große Freude dieser Tage mit und nimmt sie dankbar aus Gottes Händen als Geschenk an. Wir stehen zur rettenden Tat des Führers«.

Die Deutsch-Evangelische Korrespondenz vermeldet[236]: »... Ja, für Großdeutschland. Wir erleben eine große Zeit. Der Traum des deutschen Jünglings, die Hoffnung des volksbewußten Mannes ist Wahrheit und Wirklichkeit geworden; Österreich ist ein Land des deutschen Reiches. Sieg Heil unserem Führer. Heil. Adolf Hitler«.

Die Hauptleitung hat dem Führer und Reichskanzler während seines Wiener Aufenthaltes am 15. März folgenden Gruß übermittelt:

»... Getreu seiner Losung; evangelisch bis zum Sterben, deutsch bis in den Tod hinein - an die Arbeit in Deutsch - Österreich. ... huldigt dem Begründer des Großdeutschen Reiches bei seinem siegreichen Einzug in die Hauptstadt der alten Ostmark. Evangelische, bekennt euch vollzählig am 10. April zur Wiedervereinigung und werbet mit für seinen Erfolg, der es aller Welt zahlenmäßig beweise, daß Österreich im Lager Adolf Hitlers steht. Unserem Führer Adolf Hitler Sieg und Heil! Mit deutschem evanglischem Gruß.... Die Hauptleitung des Evangelischen Bundes für Österreich«.

Die evangelische Kirche in Deutsch-Österreich sagt zur Tat des Führers: »... Gott hat dem deutschen Volk und unserer Heimat ein großes Wunder getan: Der Führer des Deutschen Volkes hat es aus schwieriger Drangsal befreit ... wir danken dem Führer für seine große Tat. Wir geloben ihm Treue. Wir sind bereit, als Deutsche Evangelische Kirche, mit Leid und Freude unserem Volk unlösbar verbunden an seinem Aufbau tätig mitzuwirken aus der Kraft des Evangeliums.... Das deutsche Volk bekennt sich am 10. April zu Adolf Hitler und seinem Werk, dem eigenen freien Großdeutschland. Ja.«

Das Gesetzblatt der Deutschen Evangelischen Kirche[237] hebt am 2. April hervor: »... die weltgeschichtliche Tat des Führers hat Großdeutschland geschaffen. Die uralte Sehnsucht des deutschen Volkes ist damit erfüllt. Die deutsche evangelische Kirche dankt Gott für die Wendung, die ein Wunder ist vor unseren Augen. Sie dankt dem Führer, daß er durch sein entschlossenes Handeln die Einigung unseres Volkes vollzogen hat. Sie weiß sich freudig verpflichtet, ihren Dank für von Gott und unserem Volk durch die Tat zu beweisen. Gott segne Großdeutschland. Gott segne unseren Führer«[238].

Nochmals wird ein Loblied angestimmt[239]. Am 10. April: »... wenn Gott einem Volk hat helfen wollen ... wir haben wieder ein Großreich der Deutschen, wir haben einen deutschen Führer, zu dessen Werk sich Gott der Herr selbst durch seinen Segen bekennt und das gesamte deutsche Volk durch sein »Ja« bekennen wird. Halte Deine Hand über unseren Führer und segne ihn, wie Du ihn bisher gesegnet hast aus dem Reichtum Deiner Gnade«.

Einmarsch in Polen

Der Vatikan ist vom bevorstehenden Überfall auf Polen unterrichtet. Nach einer Mitteilung des Korrespondenten der Associeted Press beim Vatikan, Morgan, wird Pius XIII. Mitte August 1939 durch den Berliner Nuntius Orsenigo in Kenntnis gesetzt. Hitler ersucht den Papst, die Invasion auf Polen **nicht** zu verurteilen und polnische Katholiken für einen Kreuzzug gegen die Sowjets zu mobilisieren. Der Papst stellt folgende Bedingungen:

- Alle Interessen der Kirche sind zu wahren. Nie dürfen die Verhandlungen des Vatikans mit Deutschland bekannt werden.

- Im Fall der Invasion darf den Polen nur ein Minimum an Schaden zugefügt werden.

- Polnische Katholiken dürfen **nicht** verfolgt werden

Und die anderen? Sind es nicht auch Menschen? Wieder einmal begeht die Kirche moralischen Stilbruch. Sie betreibt Klassenkampf unter dem Deckmantel der Verschwiegenheit.

Von französischer Seite wird der Papst mehrfach aufgefordert, durch eine eindeutige Stellungnahme den bevorstehenden Angriff zu unterbinden. Am 24. August läßt er wissen: »... laßt die Macht der Vernunft über die Gewalt der Waffen herrschen. Eroberungen, die nicht auf Gerechtigkeit ruhen, können nicht Gottes Segen tragen[240].

Wieviel historische Weltfremdheit steckt hinter solchen Worten? Die von ihm - in diesem Fall - geforderte Gerechtigkeit hat man im Lager der römisch-katholischen Kirche oft einseitig interpretiert. Darum ist es eine Floskel, was der Papst dazu von sich gibt; zudem noch in letzter Minute und selbst unter Druck gesetzt[241].

Der Papst wendet sich an den Nuntius von Warschau. Mrsg. Cortesi: »... er soll der polnischen Regierung mitteilen, daß der Vatikan nach einer verläßlichen Quelle Grund zu der Vermutung hat, daß Deutschland beabsichtige, Polen anzugreifen und daß (jetzt) Mäßigung wichtig sei«[242]. Zweifellos handelt es sich hier **nicht** um religiöse Ambitionen.

Hitler bricht die Zusage des Schweigens und sieht sich nach weiteren Partnern um. Als die Sowjets am 17. September 1939 von Osten her in Polen einfallen, sieht sich der Papst getäuscht und daraufhin werden die vatikanischen Proteste deutlicher. Man erkennt den »neuen« Fehler und das Auf - sich - Zukommen einer verhaßten Idee. Der Teu-

fel, den man einst erfunden hat, steht vor der Tür und heißt Kommunismus.

Später nimmt der Papst Stellung zu diesem Akt der Unmenschlichkeit und hebt hervor: »... das Blut zahlloser Menschen schreit auf im höchsten Schmerz; ein von uns so geliebtes Volk wie das polnische, dessen aufrechter Glaube an die Verdienste der christlichen Zivilisation mit unauslöschbaren Buchstaben in das Buch der Geschichte eingetragen ist, hat das Recht, die Sympathie in der ganzen Welt aufzurufen«[243].

Ein realistischer Grund für die Haltung des Vatikans liegt darin, daß über die Katholisierung Polens hinaus die weiter östlich liegenden Gebiete missoniert werden sollen. Damals berichtet der vatikanische Kurzwellensender von polnischen Priestern, die ohne Verfahren eingekerkert werden, daß man deutsches Kircheneigentum beschlagnahmt und daß man die Kirche Maria Magdalena (Magdalena war im Mittelalter die Schutzheilige der Prostituierten) in einen Konzertsaal verwandelt hat[244]. Was er verschweigt, sind die Aktivitäten polnischer Jesuiten und die Hetzpropaganda von deutschen Kanzeln. Dazu ein Beispiel:

Unter der Aufschrift »Hier schweigt die Welt« schreibt das evangelische Vereinsblatt für Oberösterreich im Juni 1933: »... die Deutschen schlagen, so erzählt eine gewisse Weltpresse, Juden und Polen tot, lassen Häftlinge in Konzentrationslagern verhungern, sind Hunnen und Barbaren ... das ist alles erlogen (die Schriftleitung)....

...Hat die Welt zur polnischen Deutschhetze Stellung genommen? Nein, sie hat geschwiegen, als in Lodz die Räume der deutschsprachigen Lodzer freien Presse gestürmt und in einen Trümmerhaufen verwandelt worden ist. Sie hat geschwiegen, als in Kattowitz die Schaufenster deutscher Geschäfte eingeschlagen und Waren entwendet worden sind. Sie hat geschwiegen, als in Orzegow die Passionsvorführung des Verbandes deutscher Katholiken von jungen Leuten überfallen wurde, die mit Stöcken, Knüppeln und Rasiermessern bewaffnet waren. Warum schweigt hier die Welt? Warumschweigt sie, wenn sich in Deutschland ein gequältes Volk aufrafft und wenn es bei dem großen Reinigungsprozeß einmal rauh hergeht«.

Dr. John A. Morehaed (New York), der Präsident des lutherischen Weltkonvents, äußert sich über die Veränderung der Lage in Deutschland so: »... die deutsche Revolution sei mit einem bemerkenswerten Minimum an Unordnung und Gewalt durchgeführt worden ... die Anforderungen des neuen Regimes an die Kirche Deutschlands geben ihnen in der Tat Gelegenheit, einen Dienst von tiefer Bedeutung für die Christenheit zu leisten«.

Vom menschlichen Unrecht erwähnt er nichts. Hat der Papst nicht die Pflicht, Christen vom Verbrechen gegen Andere abzuhalten. Ein gleiches hätten die Führer des Protestantismus tun müssen.

Sie danken Hitler für den Überfall auf Polen und heben hervor: »... Mit Dank an Gott verbinden wir unseren Dank gegen alle, die in den wenigen Wochen eine so gewaltige Welle heraufgeführt haben; den Führer und seine Generale, unsere tapferen Soldaten zu Land, Wasser und in der Luft ... wir loben Dich, Du Lenker der Schlachten und flehen Dich an ... Du mögest uns stehen auch fernerhin bei«.

Aktivität polnischer Jesuiten

Nachdem der Vatikan eine Verbindung zu Marschall Pilsudski, dem ungekrönten Diktator Polens, hergestellt hat, werden polnische Jesuiten rege, um über die Wiederherstellung der alten Diözesangrenzen zu verhandeln. Sie verkleiden sich als Popen und treten mit wallenden Bärten auf. Nun steht auf ihrem Altar das griechische Kreuz, die Messe wird in Kirchenslawisch gelesen und die Kommunion wird mit dem Löffel gereicht.

Nach dem östlichen Brauch verschränken die Geistlichen die Hände über der Brust. Im Gebet heben die Jesuiten immer wieder hervor: »... lasset uns für den allerheiligsten Weltpatriarch Pius, den Papst in Rom, beten«[(245)].

Der polnische Marschall durchschaut das fromme Geplänkel. Er will eine eigenständige - orthodoxe Kirche in seinem Land gründen, was

auf den Widerstand vatikanischer Interessen stößt. Es soll sich um eine privatrechtliche Vereinigung handeln, in der eigene Gesetze, Dekrete und Regeln gelten. Die Geistlichen sollen gewöhnliche Bürger sein, einen Zivilberuf ausüben und in ihrer Freizeit unentgeltlich priesterliche Aufgaben wahrnehmen. Im Grund genommen haben wir die Idee des christlichen Apostolates vor uns.

General Lubienski, der Sekretär des Marschalls, veröffentlicht unter dem Titel: »... die Straße Roms im Osten« ein Buch, in dem der Vatikan als »scheinheilig« hingestellt wird. Folglich verbietet der Krakauer Erzbischof seine Verbreitung; die Zensur unterbindet die Bekanntgabe einer historischen Wahrheit.

1935 stirbt Pilsudski. Seine sterblichen Reste werden in der Kathedrale beigesetzt. Doch schon nach zwei Jahren läßt der Krakauer Bischof, Fürst Saphiae, die Gebeine exhumieren und außerhalb der Kirche beisetzen. Er begründet es mit der Anmerkung: »... der Leichnam habe an Feuchtigkeit gelitten und den beständigen Besucherstrom in der Kirche gestört«. Er zieht inquisitorisches Gehabe aus der Schublade, denn die römisch-katholische Kirche duldet keinen Widerstand; gleich ob man tot oder lebendig ist.

Das Greuel nimmt seinen Lauf. Priester werden in Kerker gesteckt und Dörfer durch Massaker entvölkert. Von den ca. 35 Millionen polnischer Bürger kommen von den in den von Deutschen besetzten Gebieten 6 Millionen durch Kriegshandlungen, Widerstand, Vergeltung, Deportation, Internierung, Gas und Ghetto (Anm. das Ghetto ist eine christliche Errungenschaft des Mittelalters) ums Leben.

Im Lager Stuthoff (= Sztowa) treiben Deutsche alle 30 Minuten die Opfer in die Gaskammern, hängen sie und / oder töten sie mit Phenolspritzen. In Ausschwitz und Schibor werden Tausende vergast, in Belzec 600.000, in Treblinka 730.000 und in Majdjanek 1,4 Millionen. Welch grausiges Schauspiel vor dem Kulissen des Christentums. Häscher und Ausführende sind Christen. Hier wird die Mitschuld des Volkes deutlich.

Der Krakauer Erzbischof berichtet im Februar 1942 über die Unterdrückung der Menschenrechte und über die Festnahme von Geistlichen. Am 2. Juli, dem Fest des Sankt Eugenius, sagt Pius XII. vor dem Kardinalskollegium: »... niemand der mit der Geschichte des christlichen Europa vertraut ist, kann die Heiligen und Helden Polens vergessen ... für dieses so schwer heimgesuchte Volk möge eine neue Zukunft dämmern ... in einem Europa, das auf christlichen Grundsätzen ruht[246].

Der Militärbischof Rarkowski sagt auf der Kanzel über die im Polenfeldzug gefallenen Deutschen: »... ihr Opfer für Deutschlands Zukunft war nicht nur schön und erhaben, sondern es war ein heiliger Tod ... er wird in den Annalen Gottes festgehalten und in den Archiven der Ewigkeit aufbewahrt werden«[247].

Von diesem Gerede haben die zurückgebliebenen Witwen und ihre hungernden Kinder nichts. Es ist ein Unterschied, ob man im Schützengraben oder auf einer Kanzel steht.

Nach dem Zusammenbruch Polens erklärt der ins Ausland geflüchtete Außenminister Beck: »... einer der Hauptverantwortlichen für die Tragödie meines Landes war der Vatikan ... zu spät erkannte ich, daß wir eine Außenpolitik im Interesse der katholischen Kirche betrieben haben«. Pius XII. läßt sich zu folgender Marginalie herab: »... beenden **wir** den Bruderkrieg und vereinigen **wir** unsere Kräfte gegen den Atheismus«.

Am 1. September 1939 schließt sich Danzig Deutschland an; die Netze werden im Vatikan gesponnen, indem der Danziger Bischof O'Rourke gegen den Deutschen Schlett ausgetauscht wird. Er verbietet den Gebrauch der polnischen Sprache im Beichtstuhl und ordnet an, polnische Inschriften von Grabsteinen zu entfernen.

Einfall in die Tschechoslowakei

1939 fallen Deutsche in die Tschechoslowakei ein. Pius XII. ignoriert diesen Akt der Unmenschlichkeit. Im April 1939 wird der »neue« slowakische Staat vom Vatikan als Partner anerkannt. Gleichzeitig verleiht die Kurie Tiso, einem Professor der Theologie,

den Rang eines päpstlichen Kammerherrn. Unter merkwürdigen Umständen wird er Staatspräsident.

Er schränkt die Meinungs-, Presse- und Redefreiheit ein, verbietet Parteien und bedrängt Andersdenkende. Nach einer 1941 in London erschienenen Veröffentlichung des tschechischen Außenministers haben 90 % der slowakischen Geistlichen für Hitler gebetet[248].

Dann wird der Katholik Heydrich, der unter dem Katholik Himmler Chef der Sicherheitspolizei und des Sicherheitsdienstes ist, erschossen. Er ist ein beruflicher Versager wie Hitler. Als er aus der Marine ausgestoßen wird, geht er 1931 zur SS und wird daraufhin die rechte Hand Himmlers, der ab 1933 den Spitzelstaat aufbaut. Während des Krieges ist Heydrich stellvertretender Reichsprotektor in Böhmen und Mähren. Ein mächtiger Mann mit einem geringen geistigen Potential.

Die Nationalsozialisten reagieren hart auf die Ermordung ihres Bannerträgers und vergessen, daß sie tausendfach unmenschlicher gehandelt haben. Das tschechische Dorf Lidice wird dem Erdboden gleichgemacht. 194 Männer und 7 Frauen werden erschossen. 203 weitere und 104 Kinder werden in ein KZ gebracht; nur 16 überleben das Inferno. Sie haben nichts getan und wurden als Unschuldige von Christen ermordet.

Tiso flieht 1945 nach Deutschland, denn er wird in seiner Heimat zum Kriegsverbrecher deklariert. Wer wundert sich, wenn in einer katholisch gefärbten Enzyklopädie festgehalten wird: »... er war ein vorbildlicher Priester und führte ein unbescholtenes Leben. Er starb als Verteidiger der christlichen Zivilisation gegen den Kommunismus«. Dies ist eine historische Lüge, denn Tiso war ein Rebell, der Slowaken an Hitler verheizt hat ... er war ein rabiater Antisemit«[249].

Einmarsch in Norwegen und Frankreich

1940 läßt Hitler Norwegen überfallen und der Papst hüllt sich in Schweigen. In einem persönlichen Brief bedauert er zwar die Okkupation der Niederlande, Belgiens und Frankreichs, weist aber auf der anderen Seite den deutschen Episkopat an, in den Kirchen Gottesdienste für den Führer abzuhalten. Später segnet der Papst den französischen Marschall Pétain und versichert dem Botschafter beim Vatikan: »... er werde das Werk der moralischen Wiedergeburt in Frankreich warmherzig unterstützen«.

In der Praxis sieht das so aus: am 2. April liquidiert die SS nach einem Sabotageakt auf die Eisenbahnlinie 86 Männer durch Genickschuß. In Tulle hängen die Deutschen am 8. Juni 1944 99 Franzosen an Metzgerhaken und am 10. ermorden Schergen der SS in Oradur sur Glane 634 Menschen. Sie schießen auf flüchtende Frauen, treiben Hilflose in eine Kirche, verrammeln deren Türen und zünden das Gebäude an.

Einmarsch in Jugoslawien

Mit Jugoslawien wird ein Konkordat eingefädelt, an dessen Ausarbeitung Pacelli beteiligt ist. Schon glaubt man in Rom, die Schlacht gewonnen zu haben, da protestieren am 20. Juli 1937 Tausende von Serben; unter ihnen befinden sich (auch) Geistliche. Repressalien verhindern die Unterzeichnung des Dokumentes. Die Gegner werden mit Knüppeln, Gewehrkolben und Bajonetten auseinandergetrieben. Später wird mit kurialer Vehemenz der Ministerpräsident samt 25 Abgeordneter exkommuniziert.

In Rom wird es mit Sorge betrachtet und Pacelli läßt sich zu einer Drohung herab: »... es kommt der Tag, wo bedauert wird, ein großmütiges Werk abgeschlagen zu haben, das der Statthalter Christi ihrem Land angeboten hat«. Was nun geschieht, ist kein Ruhmesblatt für die Kirche und die sie vertretenden Christen.

Am 6. April marschieren deutsche Truppen in Jugoslawien ein, um das Land in ein Chaos zu verwandeln. Auf ihrem Koppelschlössern steht: »... Gott mit uns« und in ihrem Tornister steckt ein christliches Gesangsbuch. Die Waffen sind gesegnet und Militärgeistliche spenden Trost. Doch was heißt Sieg, wenn er auf den Leibern Geschundener, Unschuldiger und Hingemordeter erreicht wird, wenn religiöse Bannerträger die Geset-

ze der Humanität und Menschlichkeit untergraben und wenn sie politische Interessen vertreten.

Die vatikantisch - jugoslawischen Beziehungen bleiben ungeregelt, bis der faschistische Diktator Ante Pavelic das Ruder an sich reißt und damit das Ansehen der christlichen Religion beschmutzt.

Ante Pavelic ... ein katholischer Mörder

Pavelic ist Katholik und hält sich seit 1928 öfter in Italien auf, wo das Attentat auf den jugoslawischen König Alexander vorbereitet wird. Obwohl er der Auffassung ist, daß die katholische Kirche das beste Bollwerk gegen den Kommunismus ist, ist das Attentat auf ihn unverständlich. Er wird am 9. Oktober im Hafenviertel von Marseille von kroatischen Spitzeln zusammen mit dem französischen Außenminister Barthou ermordet.

Danach empfängt der Papst Pavelic zu einer Audienz. Wegen des Doppelmordes wird er 1941 von einem französischen Gerichtshof in Abwesenheit zum Tod verurteilt. Die Kurie wird scharf angegriffen. Der britische Außenminister Eden kann nicht verstehen, warum der Papst einen Mörder schützt[250].

Der hl. Vater ist anderer Meinung: »... Pavelic wäre ein vielfach verleumdeter Mann, der mit dem Mordanschlag nichts zu tun habe«. In der weiteren Folge schart er katholische Ratgeber auf seine Seite, verfügt über einen persönlichen Beichtvater und erfreut sich in seinem Palast einer Hauskapelle. Nach dem Einmarsch der deutschen Truppen avisiert der Mörder zum Staatschef des »unabhängigen Kroatiens«. Er arbeitet eng mit deutschen Bischöfen zusammen, vor allem mit dem Primas, dem Erzbischof Stephinac von Zagreb. Er läßt am 18. April 1941 in einem Hirtenwort verlautbaren:

»... wer könnte uns einen Vorwurf machen, daß wir als geistliche Hirten die Begeisterung des Volkes unterstützen ... es ist leicht, an diesem Werk (die) göttliche Hand zu erkennen ... unsere Augen sind voll Bewunderung. Wir sind überzeugt, daß die Kirche die unfehlbaren Grundsätze der Wahrheit und der ewigen Gerechtigkeit verkündet«.

Pavelic entpuppt sich zum Fanatiker und geht rücksichtslos gegen orthodoxe Serben vor, die er der katholischen Religion verpflichtet wissen will. Hier zeigt sich sein einfältiges Handeln, denn über den »rechten« Glauben **kann man nicht** streiten.

Stets haben Glaubenskriege neue Glaubenskriege injiziert und stets ist das damit verwobene Unrecht größer geworden. Es ist ein Verhängnis der kulturell - religiösen Entwicklung und der daraus entwickelten Religionsformen, daß alle behaupten, **nur** der von **ihnen** vertretene Glaube sei der einzig wahre.

Um der Verfolgung zu entgehen, treten Tausende von Orthodoxen dem katholischen Glaube bei. Der Kittel ist näher als die Hose und wenn es darauf ankommt, ist das Glaubensbekenntnis für nahezu alle ein leeres Wort. Dies wußten bereits die frühchristlichen Märtyrer, die man nachträglich zu Helden deklariert hat. Wenn es einem Fürsten beliebte, seinen Glauben zu wechseln, so (mußten) dies auch seine Landeskinder tun. Wer erkennt nicht das Geplänkel[251].

Ustascha - Bewegung[252] ... der jugoslawische Blutrausch

Die Ustascha - Bewegung wärmt christliche Inquisitionsmethoden auf. Dazu einige Beispiele:

- Hunderte von Ustascha - Anhängern umzingeln mehrere von Serben bewohnte Dörfer und treiben 250 Menschen (incl. einiger Priester) zusammen. Sie werden auf ein Feld geführt, müssen ihr Grab ausheben, werden hineingestoßen und lebend verschüttet.

- In den Provinzen Lika, Kokun und Banja werden 172 Kirchen ausgeraubt und vernichtet.

- Im Vakovar (Donau) schneiden Ustascha - Männer 180 Serben die Kehle durch und werfen die Leichen in den Fluß.

- Am 14. Mai 1941 versammelt man Hunderte von Serben in der Kirche von Glina. Nun werden deren Türen verrammelt und die

Kirche in ein Schlachthaus verwandelt[253]. Man treibt es soweit, daß die Schlächter die Uniformen wechseln müssen. Später findet man aufgespießte Kinder mit vor Schmerz gekrümmten Gliedern. Die christlichen Häscher waten im Blut.

- In Otovac verhaftet man 320 Serben und läßt sie - mit Äxten ausgerüstet - zu einem Grab marschieren. Während man die Jüngeren schlägt, zwingt man die Älteren zum Sprechen orthodoxer Gebete. Danach reißt man ihnen die Bärte ab. Schließlich werden ihnen die Augen ausgestochen.

- Fanatiker beschlagen dem 84 - jährigen Monsignore Platov von Banjo die Füße mit Hufeisen und zwingen ihn, darauf zu gehen. Als er vor Schmerz zusammenbricht, reißen sie ihm den Bart ab und entzünden ein Feuer auf seiner Brust.

Insgesamt werden 290 orthodoxe Kirchen angezündet und 128 griechisch - orthodoxe Priester umgebracht, diffamiert und / oder geschunden.

Franziskaner auf Abwegen

Der Pater Augustino Cievola erscheint mit einem Revolver unter der Kutte und wiegelt das Volk auf, sich an den Ermordungen von Serben zu beteiligen. Sein Bruder Miroslaw Majstrovi'c nimmt einen Posten im Konzentrationslager Jasenovac an, das wegen seiner Massenenthauptungen berüchtigt ist. Hierzu hat Dedijer vor kurzem ein bemerkenswertes Buch geschrieben.

In dem Todeslager hat der Franziskaner Brzica in der Nacht vom 29. auf den 30. August 1942 1360 Menschen zur Ehre Gottes mit einem Spezialmesser geköpft. Der geist-

**Der Katholik Adolf Hitler (20.4.1889 - Selbstmord 30.4.1945). Er sagt über sein Verhältnis zur Kirche: »... sie ist wie ein intrigantes Frauenzimmer, das ihrem Mann erst Glauben macht, sie wäre hilflos und schwach, dann aber allmählich das Heft so fest in die Hand nimmt, daß er nach ihrer Pfeife tanzt«.
Hier Lektüre auf der Grevenburg**

liche Bozidar Bralo berauscht sich am Blut der Opfer, rennt mit einem Maschinengewehr durch das Land und brüllt: »... nieder mit den Serben«. Er nimmt an der Ermordung von 180 Menschen teil und veranstaltet einen Freudentanz um die Leichen.

Mord wird zur Sühne und zu einem Akt der Gefälligkeit für einen konstruierten Gott. Die Franziskaner sind dieser Weise besonders anfällig, denn sie haben bereits zur Zeit der Inquisition praktische Erfahrungen gesammelt.

Heute gesteht die Kirche die Greuel ein und gibt abgeschwächt zu: »... eine zeitlang verursachten kroatische Franziskaner einiges Unbehagen ... sie entstammten den primitivsten Teilen der Bevölkerung ... es waren ungeeignete Männer, deren Ustascha - Agenten die Idee von Paveli'c eingeimpft hatten. Ein Scherge der Ustascha - Bewegung namens Majstrowi'c, der große Grausamkeiten begangen hat, konnte als früherer Mönch, als Pater Filippo, identifiziert werden«[254]. Wie konnten so primitive Menschen Priester werden?

Von den etwa 2 Millionen Kroaten werden 1/3 Opfer des Glaubenswahns, d.h. der geplanten Barriere gegen den Kommunismus. Der Erzbischof Stephinac weiß um die Zusammenhänge und sieht dem Massaker vier Jahre zu. Danach wird er von Tito zur Verantwortung gezogen und zu einer lebenslangen Freiheitsstrafe verurteilt. Nach seiner Inhaftierung wird er zum Kardinal erhoben.

Rhodes schwächt das Inferno zugunsten der Kirche ab und konstatiert: »... erst wenn der Vatikan seine Dokumente über die Frage der Franziskaner zur Verfügung stellt, wird der Wahrheitsgehalt der Anschuldigungen widerrufen oder bestätigt werden können«.

Eine schonungslose Aufklärung würde das Problem lösen. Fest steht, daß nach dem Zusammenbruch ausländische Franziskanerklöster Zufluchtstätten von christlichen Mördern geworden sind; man gewährte ihnen Unterschlupf aus christlicher Barmherzigkeit, die Weiterreise nach Rom und / oder den Schutz vor einer legitimen Verfolgung.

Eindeutig gehören nationalsozialistische Kapitalverbrecher zu diesem Personenkreis.

Einfall in die Sowjetunion

Man kann die Situation verstehen, wenn man berücksichtigt, daß das erklärte Ziel des Vatikans ist, östlich gelegene Gebiete zu missionieren (= christianisieren), um langfristig dem Druck des Kommunismus zu begegnen.

In einem »Collegium Russicum« werden Kleriker auf die künftige Missionsarbeit gedrillt. Seit 1940 steht der Vatikan mit Hitler in dieser Frage in Verbindung. Über die Zusammenarbeit von Jesuiten mit der GESTAPO werden vom General der Jesuiten, Graf Ledochowski, Gespräche geführt.

Längst vor dem Angriff haben jesuitische Absolventen des Kollegiums, verkleidet, mit falschem Namen und unter Angabe falscher Berufe, die sowjetische Grenze überschritten, um im Auftrag des Vatikans das Licht des Christentums zu verbreiten.

Die Pläne des Heiligen Stuhles werden in einem Rundschreiben des Oberkommandos der Wehrmacht vom 14.08.1941 erwähnt. Darin heißt es: »... seit 1919 habe der Vatikan versucht, das kommunistische Regime zu stürzen ... dazu sei eine Gruppe vatikanischer Beamter vor allem in der Ukraine tätig gewesen«.

Später weist das OKW die Befehlshaber der deutschen Armee im Osten an, mit Rücksicht auf dieses Abkommen die missionarische Tätigkeit der katholischen Priester in den besetzten Gebieten zu erleichtern. SS - Obersturmführer Schellenberg, der Leiter des deutschen Geheimdienstes, schreibt an das Auswärtige Amt über ein Gespräch mit dem Papst: »... er wird sein möglichstes tun, um einen deutschen Sieg zu sichern.«

Folgerichtig melden die deutschen Bischöfe am 10. Dezember 1941: »... mit Genugtuung verfolgen wir den Kampf gegen die Macht des Bolschewismus ... ein Sieg über ihn wäre gleichbedeutend mit einem Triumph der Lehren Jesus über die Ungläubigen«.

Der Nuntius von Berlin, Orsenigo, wird zwei Tage vor dem Einmarsch zu einer privaten Unterredung mit Hitlers Außenminister Ribbentrop von dem Vorhaben in Kenntnis gesetzt. Der Papst hüllt sich in Schweigen. Mußte er die Idee der Nächstenliebe dem politischen Engagement unterordnen?

Am 22. Juni 1941 fallen deutsche Truppen vertragsbrüchig in die Sowjetunion ein. Mit Propagandakampagnen werden Frontsoldaten aufgewiegelt. Feldgeistliche tun ihre Arbeit nach bestem Können und Gewissen. Am 30.6. bekommt Hitler ein Telegramm der Deutschen Evangelischen Kirche. In ihm lesen wir: »... wir versichern Ihnen, mein Führer, in diesen hinreißend bewegten Stunden aufs Neue die unvergeßliche Treue und Einsatzbereitschaft der gesamten evangelischen Christenheit des Reiches ... das deutsche Volk und mit ihm alle christlichen Glieder danken Ihnen für diese Tat«.

Deutsche und österreichische Bischöfe versammeln sich 1941 in Berlin. In einem Hirtenwort prophezeien sie den Endsieg Hitlers. Noch im sog. »Weihnachtshirtenbrief« des Jahres 1942 betont der Feldbischof: »... die Anstrengungen, aus denen der Sieg erwächst, werden von uns Kraft und Hingabe verlangen. Unser Führer steht als leuchtendes Vorbild vor uns ... im unerschütterlichen Vertrauen auf ihn werden wir das Ziel erreichen«. Nach den Opfern erkundigt er sich nicht.

Kriegsfolgen in Russland

Sie sind verheerend. Die Zahl der Toten und Deportierten beträgt etwa 7 Millionen. Zu ihnen kommen weitere 10 Millionen Zivilisten. Die Methoden der christlichen Soldaten sind eingespielt: Erschießen mit Schnellfeuergewehren, Vergasen, Verbreiten von künstlichen Epidemien. Man viertelt Einzelne wie im Mittelalter, nutzt sie als Zielscheiben, wie beispielsweise bei den 300 Bürgern in Gracew (März 1943).

Man vergiftet sie, wie einen Großteil der Bevölkerung von Georgiewsk, auf dessen Markt Methanylalkohol und Oxalsäure als Branntwein und Selterswasser verkauft werden (Anm.

zur gleichen Zeit liefern deutsche Chemiewerke Blausäure an Konzentrationslager).

Ganze Dörfer werden dem Erdboden gleichgemacht. Im Wald von Liwenitz werden 7.000 Leichen ausgegraben, 35.000 in Smolenks, 46.500 im Wald von Birkenek, 70.000 im Todesfort Kowno und 102.000 bei Rowno.

Andere werden zu Zwangsarbeiten verurteilt und im Fall ihrer Erschöpfung erschossen. Man läßt Menschen verhungern, jagt sie über Minenfelder, spritzt ihnen Gift, lädt sie auf Waggons, um sie danach anzuzünden. Im Seabastopol schleppt man 2.000 Verwundete auf Barken und versenkt sie im Meer. Vor Kindern schreckt man nicht zurück.

So haben die Deutschen in Percaje mit 21 Männern und 97 Frauen 60 Kinder lebend verbrannt. In Borwska werden neben 49 Männern und 90 Frauen 23 Kinder erschossen. Aus dem Kollegium Domatschew werden 54 Kinder im Alter von 3 - 7 Jahren in einem Graben erschossen und teilweise lebend verbrannt. Im Lager Bobruisk hat man 200 Kinder zur Blutspende für verwundete deutsche Soldaten herangezogen und sie bei nahender Erschöpfung ermordet.

So befiehlt die GESTAPO am 17. Juni 1941 die Tötung aller sowjetischen Kriegsgefangenen, die dem Nationalsozialismus gefährlich werden können. Wieder einmal scheint deutsche Profilneurose durch: mangelhaftes Geschichtsbewußtsein, ausgeprägter Hörigkeitswahn, wenig Sinn für politische Zusammenhänge, seit Jahrhunderten innerlich aufgerieben, im christlichen Geist erzogen und in der Denkfähigkeit nahezu eingeschläfert. Immerhin ist Deutschland (nach Rhodes) das Land der intelligentesten Katholiken[255].

Kurie kontra Kommunismus

Es wird deutlich, daß die Interessen haushoch über den Köpfen des Volkes geschmiedet werden, dem dann nur die Ausrede bleibt, daß man von nichts gewußt habe. Wie immer ist auch hier die ideologische Auseinandersetzung aus anderen Zwängen entstanden, von Fanatikern geschürt, zum Ausbruch gekommen und von Einfältigen ausgefochten worden. Die Kirche hat schlechte Karten, denn sie fördert den Klassenkampf und die religiösen Unterschiede. Sie vertritt die Auffassung, daß **nur** Christen schutzbedürftig sind.

Die katholische Kirche betrachtet den Kommunismus als System, das keine Antwort auf die Fragen des Lebens zu geben versucht ... der Kommunismus vertritt ihrer Meinung nach einen militanten Atheismus[256].

Rhodes schwächt die kuriale These ab und bekennt: »... die Ziele des Vatikans entsprechen nicht denen weltlicher Staaten ... das Ziel der päpstlichen Politik ist es, Menschen auf ein Leben nach dem Tod vorzubereiten«[257]. Wenn dem so wäre, hätten sicher pastorale Aufgaben gereicht und es wäre unnötig gewesen, Millionen für einen sinnlosen Krieg zu mobilisieren.

Pius XII. sagt in der Enzyklika zum Thema Kommunismus: »... er ist durch und durch schlecht. Niemand, der die christliche Zivilisation zu erhalten wünscht, kann in irgendeiner Weise mit ihm zusammenarbeiten«[258]. Mrsg. Tardini sagt zum Botschafter Mussolinis: »... er wäre glücklich, den Kommunismus von der Erde verschwinden zu sehen ... denn er ist einer der schlimmsten Feinde der Kirche«[259].

Der italienische Erzbischof Constantini, Oberhaupt der Kongregation zur Verbreitung des Glaubens, versteift sich zu folgender Argumentation: »... im bolschewistischen Rußland hat Satan seine Stellvertreter und besten Mitarbeiter gefunden. Hier schlagen tapfere Soldaten die größte Schlacht. Wir wünschen uns von ganzem Herzen, daß dies den Sieg über den auf Verneinung gerichteten Kommunismus bringen möge«[260].

Vor diesem Hintergrund darf man sich nicht wundern, wenn man im Vatikan die deutsche Zentrumspartei auf die Schlachtbank legt, Hitler samt seinen Schergen zustimmt, und dadurch beiträgt, die Konfrontation zu zementieren. Aus gehörigem Abstand konnte man zusehen, wie sich die Dinge entwickeln, wie sich Millionen gegenseitig umbringen, um ein unnötiges Ziel zu erreichen.

Billigt deshalb der Vatikan den Einmarsch der deutschen Truppen[261]. Der Papst teilt Mr. Osborne mit: »... daß der Kampf gegen Rußland in vielen Ländern als religiöser Kreuzzug betrachtet wird[262].

Mrsg. Maglio sagt am 9.September 1941 zu Mr. Taylor: »... der Vatikan hoffe, daß aus dem gegenwärtig in Rußland tobendem Krieg die Kommunisten besiegt und NS-Deutschland geschwächt hervorgeht, so daß anschließend die Nationalsozialisten vernichtet werden können«[263]. Wir haben einen markanten Hinweis auf die vatikanische Hinhaltetaktik vor uns. Man muß erkannt haben, daß ein deutscher Sieg unrealistisch ist.

Der Vatikan unterhält in seinem diplomatischen Mehrfrontenkrieg zu Italien gute Beziehungen. Er verherrlicht den Diktator Mussolini, der wiederum zu seinem Glaubensbruder Hitler ein gutes Verhältnis hat.

Die Kurie lobt Mussolini

Pius XI. nennt Mussolini einen Mann: »... den uns die Vorsehung geschickt hat«. Demzufolge sagt der Dekan des hl. Offiziums, Kardinal Vantenelli, zu Mr. Strut, dem Korrespondent der North American News Papers Alliance : »... Mussolini rettete Italien erst vor der schrecklichen Tragödie des Bolschewismus und konnte dann, in Zusammenarbeit mit dem Kardinal Gasparri und mit der Hilfe der vom Papst und dem König Victor Emanuel erlangten Sanktionierung (Abschluß des Lateranvertrages / Klärung der Romfrage) die Wiederherstellung der guten Beziehungen zwischen Italien und dem hl. Stuhl bewerkstelligen ... ich bewundere Mussolini, den Staatsmann mit dem eisernen Willen und dem überlegenen Verstand, der den Geist und die Größe Roms geerbt hat«[264].

Es zeigt sich eine Parallele im taktischen Verhalten der Kurie, wenn man die Ambitionen der Deutschen und Italiener - geführt im kurialen Gängelband - vergleicht. Am 25.März 1935 sagt der Kardinal Schuster in seiner Eigenschaft als Erzbischof von Mailand, während die Truppen Mussolinis nach Äthiopien aufbrechen: »... mit Gott wollen wir gemeinsam ans Werk gehen. Erfüllen wir unsere Pflicht als Patrioten und Katholiken ... das ist in diesem Augenblick wichtig, da die Fahne Italiens den Sieg des göttlichen Kreuzes auf die abbesinischen Hochebenen trägt«[(265)].

Schuster vergleicht Mussolini mit Cäsar Augustus und dem Kaiser Konstantin. Am 12.Januar 1938 begeben sich 72 Bischöfe und über 2.000 Pfarrer zu einem Empfang beim Duce. Der Erzbischof Nogara sagt bei dieser Gelegenheit:»Duce, Sie haben viele Schlachten weise und kraftvoll für das Gedeihen die Größe und den Ruhm des christlichen Italiens geführt und siegreich geschlagen«[(266)].

Der Pfarrer Don Menossi ruft begeistert aus:»... die Priester erweisen Ihnen untertänigst Ehre, segnen Sie und bezeugen Ihnen die Treue. Sie rufen mit geistlichem Enthusiasmus:»Heil Duce, Heil«[(267)]. Bei uns rufen sie»Heil Hitler«. Die Wirkung ist die gleiche.

Als der Faschismus in Italien zusammenbricht, trennt sich der Vatikan in einem geschickten Winkelzug von den gestrigen Herren, um sich ergeben auf die Seite des imperialistischen Amerika zu schlagen und dort die Beziehungen zu vertiefen. Es liegt auf der Linie der kurialen Politik[(268)]. Und es wiederholt sich nach dem sich abzeichnenden Zusammenbruch des 1.000-jährigen Reiches.

Anmerkungen zur Judenfrage

Wir haben zu fragen, ab wann die Kirchenleitung von der Deportation von Juden und Andersgläubigen, Andersdenkenden und Minderheiten, vom Bau der Konzentrationslager gewußt hat. Es ist davon auszugehen, daß man im Vatikan selbst unter schwierigen Zeitläufen über fundamentierte Informationen verfügt.

Nach wie vor steht die These im Raum, daß die Juden einen Jesus genannten Mann umgebracht haben sollen und darum bis ans Ende der Welt verflucht seien. Wenn die historischen Fundamente tragfähig sind, wurde er von einem römischen Statthalter zum Tod verurteilt. Die Juden haben damit nicht das Geringste zu tun.

Seinerzeitige und heutige Juden kennen die Kreuzigung nicht, denn sie steinigen ihre Widersacher. Alles, was die christlichen Kirchen in dieser Sache zu glauben vorgibt, sind spätere Einlassungen. Nicht Jesus hat in Gleichnissen gesprochen, sondern man hat sie ihm nachträglich in die Sandalen geschoben.

Die Sache mit dem Verräter Judas ist eine literarische Ausschmückung. Sagte doch schon Origenes:»... und daher fällt das Blut Jesu **nicht** auf die Juden, sondern auf alle Generationen bis ans Ende der Welt«.

Auch das Mittelalter kennt Phasen, die von einem tiefen Judenhaß geprägt sind. Schon im 12. Jh. ordnen Konzile an, daß die Juden einen gelben Stern tragen müssen und daß sie sich nicht mit Christen vermischen sollen.

1555 erläßt Paul VI. eine »antisemitische« Bulle, läßt in Italien Ghettos errichten und befiehlt, daß Juden keine Häuser besitzen dürfen. Sie dürfen keinen christlichen Diener beschäftigen, nur mit Knochen, Hadern und Alteisen handeln, sowie mit dem Verleihen von Geld«.

Daher ist nicht erstaunlich, fragt der Jude Isaac, daß aus dem deutschen Nationalsozialismus die grausamsten und rücksichtslosesten Vorkämpfer der Rassenidee hervorgehen sollten, wie Himmler, Eichmann, Heydrich oder Hitler? Diese Männer stehen in einer Tradition und haben gedanklich zu Ende geführt, was sie von ihren Vätern übernommen und was seit dem Mittelalter in der christlichen Welt verbreitet war«[(270)].

Es wird verständlich, wenn Pius XI. am 20.September 1938 zu einer Pilgergruppe sagt:»... es ist für einen Christ unmöglich, sich am Antisemitismus zu beteiligen«[(271)]. Er ist seit Jahrhunderten vom christlichen Denken umsponnen. Warum schaut sich der Papst nicht in der Kirchengeschichte um?

Er hätte Beispiele gefunden, die dokumentieren, daß das Morden das Herz von Päpsten kalt gelassen hat. Wer sich ein Leben lang in theologischen Gefilden tummelt und bibli-

sche Inhalte als realistisch ansieht, wird weltfremd, beginnt unrealistisch zu denken und
folgerichtig (auch) so zu handeln.

Während der Wannsee-Konferenz (Berlin
1942) wird der Beschluß gefaßt, die Juden
mitsamt Andersdenkenden auszurotten. Am
Verhandlungstisch haben Christen gesessen.

Gunther Levy, ein deutscher Jude[272] behauptet, daß der Vatikan bereits Ende 1942
grundlegende Kenntnisse von den Vergasungen und der Vernichtung in Ostpolen besessen hat, was er durch Dokumente belegt[273].
Außerdem gibt Mr. Taylor im November
1942 dem Vatikan diesbezügliche Informationen[274].

Im April entkommen zwei slowakische Juden den Gaskammern von Auschwitz. Sie
schildern dem päpstlichen Vertreter die Situation in den dortigen Krematorien[275]. Der
Papst erfährt davon und schickt ein Telegramm folgenden Inhalts an General Horthy:
»... in Übereinstimmung mit unserem Dienst
der Liebe, der sich auf jedes menschliche
Wesen erstreckt ... kann unser väterliches
Herz nicht ungerührt bleiben. Wir wenden
uns an Eure Durchlaucht und appelieren an
Ihre edlen Gefühle ... daß Ihr alles in Eurer
Macht stehende unternehmen werdet, (um)
viele unglückliche Menschen vor weiterem
Kummer zu bewahren«[276]. Warum hat er
nicht die Christen mobilisiert, sich auf die
gefälschte (?) Bergpredigt zu besinnen?

Im Sommer des gleichen Jahres überreicht
Taylor dem Kardinal Maglione ein Memor-
andum des jüdischen Vertreters in Palästina,
das exakte Unterlagen über die Massenver-
nichtung im besetzten Polen und über die
Deportation in Todeslager enthält. Darin
fragt er, ob der hl. Vater irgendwelche Vorschläge hätte, wie die barbarischen Verbrechen verhindert werden können[277]. Am
1.Oktober läßt der Vatikan wissen, daß man
bezweifle, ob die Darstellungen der Wahrheit entsprechen[278].

Ein Protest des Erzbischofs von Westmin-
ster, Kardinal Hinsley, kann nicht überhört
werde. Am 8.Juli 1942 spricht er über BBC
über die Verbrechen, die von den Deutschen
in Polen begangen werden und von dén

700.000 Juden, die seit Kriegsbeginn nieder-
gemetzelt worden sind. Er betont: »... das
unschuldige Blut schreit nach Rache ... wir
verfügen über Beweise, einschließlich der
Kopien deutscher Dokumente, die die Ausrottung betreiben«[279].

Der Papst äußert sich am 7.April 1943 gegenüber der slowakischen Regierung: »... es
war für den hl. Stuhl schmerzlich, von weiteren Transporten dieser Art zu erfahren«[280].
Wir dürfen nicht vergessen: der von Eichmann injizierte Todesmarsch der 20.000 Juden von Budapest nach Theresienstadt wurde
von vatikanischen Hilfsfahrzeugen begleitet.

Mr. Tittmann, ein amerikanischer Ge-
schäftsträger beim Vatikan, berichtet im September 1941: »... daß er von vatikanischen
Würdenträgern erfahren habe, der Papst wolle die Endlösung nicht einfach verurteilen,
um die Situation der Katholiken in Deutschland nicht zu verschlimmern«. Mehrfach
meint er: »... man müsse eine Untersuchungs-
kommision einsetzen, um festzustellen, was
an den Behauptungen wahr ist«[281].

Der Papst soll die Exkommunikation Hitlers erwogen haben, »... doch nach langen
Gebeten und Tränen erkannte ich, daß seine
Verdammung den Juden nicht helfen konnte«[282].

Eine Exkommunikation kann niemand helfen, denn hinter ihr verbirgt sich ein anti-
quiertes Scharmützel, das auf Illusionen ruht.
Welch lächerliches Requisit aus dem kurialen Antiquitätenkabinett im Angesicht des
Todes. **Warum hat der Papst nicht sofort,
energisch und lautstark seine »Christen«
mobilisiert, um ihnen zu gebieten, dem fortwährend Morden ein Ende zu bereiten?**

Der Papst schreibt am 30.April 1943 an
den Bischof Preysing (Berlin): »... es ist für
mich ein großer Trost zu erfahren, daß die
Katholiken ein solches Mitgefühl gegenüber
den Leiden der Juden bewiesen haben. Wir
drücken Mrsg. Lichtenberg unseren verbindlichen Dank und unsere aufrichtige Zunei-
gung aus, der aufforderte, das Los der Juden
in den Konzentrationslagern zu teilen ... und
der von der Kanzel herunter gegen ihre Ver-

folgungen gesprochen hat«. Warum hat es nicht der Papst getan?

Sieht er sich nur imstande, nutzlose Gebete zu versprühen? Lieber verteidigt er sein himmlisches Luftschloß, als sich um Ungerechtigkeiten auf der sündigen Erde zu kümmern. Im Oktober 1944 (als nahezu **alles** verloren war) drückt er seine Sympathie für die verfolgten Juden aus und betont: »... nach dem Gesetz kann man einen Mensch nicht bestrafen, der kein Verbrechen begangen hat ... die Kirche hat immer Opfer solcher Ungerechtigkeiten beschützt und wird es immer tun... .

...Wir bezweifeln nicht, daß das Judentum einen verbrecherischen und zersetzenden Einfluß auf das wirtschaftliche und moralische Leben ausgeübt hat. Wir wollen nicht bezweifeln, daß man die Judenfrage auf eine gesetzliche und gerechte Art regeln muß ... unseren ungarischen und katholischen Glaubensgenossen soll keine Ungerechtigkeit entstehen«[283].

Spürt man nicht zwischen den Zeilen, daß er letztlich nur seine Schützlinge sieht? Und die anderen? Sind es nicht auch Menschen. Er räuspert sich erst, als die meisten ihr Leben in Gaskammern und Krematorien gelassen haben. Dadurch haben sich die christlichen Kirchen mitschuldig an der Vernichtung von Millionen Unschuldigen gemacht!

Es bleibt selbst so, wenn man einzelne positive Stimmen hört. Der Jude Pinchas E. Lapide sagt dazu: »... daß die katholische Kirche während des Krieges mehr Juden gerettet hat, als viele andere religiöse Institutionen«[284].

Prinz Konstantin v. Bayern erkennt in Pius XII. ein Symbol des Widerstandes und betont: »... das Schweigen des Papstes war nichts anderes als eine entsetzliche Pflicht, um Schlimmeres zu verhüten«. Er macht den Einwand, daß die Kirche Gesuche an die verschiedenen Regierungen schickte, um die Einreise der verfolgten Juden zu ermöglichen. Weder Frankreich, Großbritannien noch Amerika erklärten sich dazu bereit.

Die Philosophin Hanna Arendt sagt dazu: »... sie wurden dadurch mitschuldig am Tod vieler Juden ... bis heute versuchen die Verantwortlichen und ihre Drahtzieher ihre ungeheuerliche Blutschuld vergessen zu machen«.

Die Kurie schwenkt das Fähnchen

Seitens Amerika beobachtete man, wie sich die Dinge entwickelten. Schließlich war man am Aufbau des Nationalsozialismus beteiligt; man hat geholfen, die deutsche Revolution aus der Taufe zu heben. Durch die permanente Zunahme der Konfrontation schaltet sich Amerika mit dem Ziel in den Krieg, ihn zu gewinnen.

Roosevelt läßt dem Papst mitteilen: »... er wäre mit den Verbündeten übereingekommen, den Nationalsozialismus und Faschismus auszurotten ... es spiele keine Rolle, wieviel Zeit und Geld es koste, da Amerika beabsichtige, den Krieg zu gewinnen. Rußland soll einen Teil zur Neuordnung der Welt beitragen. Die Idee des Kommunismus sei bereits über die ganze Welt verbreitet und Millionen von Menschen glaubten daran«[285].

Im Vatikan schlägt es wie eine Bombe ein. Man muß in Rom erkennen, daß der lang gehegte Wahn, den Bolschewismus vom Tisch der Geschichte zu fegen, eine Illusion gewesen ist, bzw. daß man insgesamt zu schwach gewesen ist um es zu bewerkstelligen. Plötzlich erkennt man das Unrecht, das man mitgestaltet hat.

Nun gesteht Maglioni: »... bezüglich der Bösartigkeit von Kommunismus und Nationalsozialismus gebe der Vatikan (inzwischen) zu, daß ihm der Kommunismus weniger gefährlich als der Nationalsozialismus erscheint ... seine Heiligkeit gesteht ein, daß beide Systeme für die Religion gefährlich seien; sie seien Feinde des Vatikans und er hoffe, beide besiegen zu können«[286].

Außerdem ist in einem vatikanischen Weißbuch festgehalten, daß Pius XII. beigepflichtet hat, daß Hitler der gefährlichere Feind sei, der geschlagen werden müsse selbst wenn es ein Zusammengehen mit Rußland bedeutet«[287].

Schien dies nicht (noch) vor wenigen Monaten unmöglich? Woher dieser Gesinnungswandel? Nun ist der Papst der Ansicht, daß der Nationalsozialismus die schlimmste Bedrohung für die Zivilisation ist und vor allem für die katholische Kirche darstelle«[288].

Wer wird da nicht stutzig? Hat er vergessen, daß es **seine** Geistlichen waren, die neben den protestantischen die Massen Hitler zugespielt haben?

Nach einem Bericht des britischen Botschafters vom Oktober 1942 soll der Papst erklärt haben: »... wenn die Deutschen gewinnen, bedeutet dies eine Zeit der größten Christenverfolgungen«[289].

In der Weihnachtsansprache von 1942 wirft der Papst dem deutschen Volk Unrecht an Polen und Juden vor[290]; ein schlagender Beweis für seinen Kenntnisstand. Ribbentrop erkennt die damit verbundene Problematik und weist v. Bergen an, unverzüglich eine Audienz beim Papst zu erwirken, »... denn es gibt Anzeichen, daß er seine Haltung aufgeben könnte, um einen gegen Deutschland gerichteten Standpunkt einzunehmen«[291].

Hitler bleiben die Spannungen nicht verborgen. Er droht mit einem Vergeltungsschlag. Kaum bekannt ist, daß Pius XII. schon zu Beginn des Jahres 1940 über eine Verschwörung des deutschen Generalstabes unterrichtet ist, die beabsichtigt, Hitler durch einen Staatsstreich abzulösen.

Deutsche Generale schicken den Katholik Josef Müller nach Rom, damit er über den Vatikan mit der britischen Regierung Verhandlungen solcher Art aufnehme. Die erste Anspielung darüber taucht in britischen Dokumenten auf[292].

Mr. Osborne sagt in einem Brief: »... heute morgen hat der Papst gesagt, daß der deutsche Generalstab das NS-Regime beseitigen und durch eine verhandlungsfähige Regierung ersetzen werde ... er gebe diese Angelegenheit als Zwischenhändler weiter ... die Sache wäre absolut vertraulich zu behandeln«[293].

Am 7.Februar wird Osborne erneut vom Papst empfangen. Er hat ein Blatt mit deutschen Informationen zur Hand, aus dem er zitiert: »... der Generalstab beabsichtige, Hitler zu verhaften und vor ein Gericht zu stellen ... anfangs wäre geplant, auf der Basis einer Militärdiktatur zu regieren«[294].

Durch den Kriegseintritt Italiens sinkt das Ansehen des Papsttums. Hitler, Mussolini und Pius XII. stehen im Zenit der für alle vergänglichen Macht. Der Vatikan wird infolge der Kriegswirren zu erheblichen Teilen von ausländischen Diplomaten unterlaufen«. Die italienische Regierung bezeichnet ihn als »Nest von Spionen«[295].

Nun gewinnen die Alliierten die Oberhand. Anfang des Jahres 1943 beginnt der Krieg auf Italien überzugreifen - Rom wird zur »offenen« Stadt erklärt und im Juli bombardiert. Die Deutschen halten Rom besetzt. In den Hitlerschen Lagebesprechungen vom 9. September 1943 gibt es einen Eintrag, in dem er postuliert: »... das alliierte Diplomatenpack hole ich aus dem Vatikan heraus[296] ... nach dem Krieg wird es keine Versuche der Kirche mehr geben, sich in die Angelegenheiten des Staates zu mischen«[297].

Man kann es nachträglich auch so hinstellen: »... der Papst allein habe durch sein diplomatisches Geschick Rom vor der Zerstörung bewahrt«[298]. Durch die vatikanische Schaukelpolitik sinkt das Ansehen des hl. Stuhles vor allem in Amerika[299].

Amerika hat nicht nur Geld nach Deutschland gepumpt; auch der Vatikan hat seinen Teil bekommen[300]. Anstatt Dank zu ernten, wird Roosevelt später von den vatikanischen Diplomaten vorgehalten: »... es habe ihm von vornherein an Aufrichtigkeit gefehlt und er habe ein falsches Spiel betrieben«[301]. Es ist just das gleiche auf dem die römisch-katholische Kirche errichtet ist.

Man sagt: »... Amerika habe sein eigenes Land in einen Krieg verwickelt[302]. Der italienische Geistliche Don Calcani wirft dem Papst vor, er würde für Polen und Belgien beten, aber nicht für sein Heimatland. Das Geschehen in Neuseeland wäre ihm wichtiger als das in Italien. Pflichtgemäß wird der rechtschaffene Geistliche seines Amtes enthoben und auf die Straße geworfen[303].

Der Zusammenbruch

Seit 1943 zeichnet sich in den vom Krieg geschundenen Ländern eine »neue« politische Woge ab. Im Vatikan erkennt man, daß man auf das falsche Pferd gesetzt hat und den anderen geht es genauso. Nun steht der Zusammenbruch des 1000-jährigen Reiches bevor, dem man einst - wohlüberlegt - die Stange gehalten hat. Pius XII. läßt seinen Glaubensbruder wissen: »... alle Verhandlungen wären sinnlos, solange er an der Macht bleibe. Er würde eine große Tat vollbringen, gäbe er den Weg für eine deutsche Regierung frei, die Frieden mit den Aliierten schließt und so eine Besetzung Deutschlands durch die bolschewistische Armee verhindere«.

Der Strohmann hat ausgedient und wird zur Seite geschoben; man läßt ihn fallen und sucht nach neuen Freunden. Niemand denkt daran, in dieser Stunde der vatikanischen Ostpolitik einen Vorwurf zu machen. Hitler, der einmal gesagt hat: »... ich werde dem Vatikan zeigen, daß er ihn getäuscht habe«, sitzt in der Falle. Später zieht er sich durch Selbstmord aus der Verantwortung.

Zielbewußt wendet sich die Kurie dem momentan stärksten Partner zu. Plötzlich erkennt der Vatikan in den USA den mächtigen Bruder, dem es gelingen könnte, den Bolschewismus zu zerschlagen. Hier ist der Gottesacker seit Generationen bestellt; der jesuitische Einfluß ist unverkennbar. Zu Beginn des Jahres 1949 unterhalten die Jesuiten in Amerika 16 Universitäten. Zu ihnen gehört die New Yorker »Forham University«. Kurz danach wird an ihr ein Institut für »aktuelle russische Studien« eingerichtet. Präsident Trumann ruft den Jesuit Patrizio Yancey in den Rat des Nationalen Wissenschaftlichen Institutes.

Der Vatikan unterhält beste Beziehungen zur amerikanischen Regierung. Seine Gegenleistung besteht darin, die amerikanischen Katholiken auf einem intelektuell niedrigen Niveau zu halten. Der Geheimagent Roosevelts, Myron C. Taylor, wird im Februar 1940 mit Pomp im Vatikan empfangen. Er wünscht detaillierte Informationen über die deutsche Kriegsmaschinerie, die Moral der Bevölke-

rung usw. Welche Quelle wäre geeigneter als ein Hinterzimmer im Vatikan?

Monsignore Fallani vom vatikanischen Staatssekretariat hebt hervor: »... wenn es den Amerikanern nach einem erfolgreichen Sieg gelänge, die Herrscher der Welt und vor allem Italiens zu werden, das heute schon von ihnen beherrscht wird, würde die wirtschaftliche Situation des Vatikans und des Katholizismus prekär ... heute liefert uns die USA so viele Dollars wie wir brauchen (An. etwa 75% der vatikanischen Einkünfte kommen aus Amerika) ... denn es braucht uns als politische Macht ... was werden wir tun, wenn es nicht mehr der Fall ist? Wir werden jemand suchen, der Amerika bekämpft, wie wir heute Amerika ersuchen, den Kommunismus zu bekämpfen ... vielleicht werden wir uns auf Deutschland stützen«[304].

Der Jesuitenpater Leiber, ein Privatsekretär von Pius XII., ergänzt: »... vielleicht wird Amerika im Lauf der Zeit gefährlicher als der Kommunismus, denn diese haben eine humane Idee, von der sie geleitet werden; aber Amerika denkt nur an seine Interessen ... doch heute erscheint dem Papst die kommunistische Gefahr größer«.

Der Jesuit Robert Albrecht sagte schon im September 1939: »... der Krieg sagt dem Vatikan letztlich zu.« Doch das ist nur ein Vorwand. Morgen wird man (wieder) gegen den sowjetischen Bolschewismus vorgehen. Wenn wir verlieren, werden sich in Zukunft der Vatikan und Deutschland (wieder) vereinen, um das Abenteuer nochmals zu wagen«[305].

Vergleicht man dieses Denken, so paßt es gut zu den wenigen Worten, die die Kurie gegen die Rohheit und Gewaltanwendung gefunden hat. »... nie hörte man etwas von der Verurteilung der Atombombe. Das Problem des Koreakrieges hat der Vatikan weder in politischer noch moralischer Hinsicht gestreift; kein Tadel am Gebrauch von Napalm und/oder anderer Giftstoffe. Nie hat der Vatikan Mitleid über die Behandlung und Ermordung koreanischer und chinesischer Flüchtlinge, bzw. Gefangener in den Lagern Südkoreas gezeigt«[306]. Das Gegenteil ist der Fall, denn

Der Vatikan setzt sich für Verbrecher ein

Das Kriegsende zeichnet sich ab und schon beginnt man im Vatikan, vom Neuem die Fahnen der Nächstenliebe zu hissen. Schwer belastete Deutsche erhalten vorübergehend Asyl. SS-Führer entkommen über die Schaltstelle Rom ins Ausland.

Unter ihnen befindet sich Adolf Eichmann, der mit Hilfe des Kurienpaters Bendetti geflohen ist. Auf der Liste steht Martin Bormann. Ante Pavlevic, der Anstifter des Doppelmordes von Marseille, der mehr als 1/2 Million Menschen auf dem Gewissen hat, findet nach dem Zusammenbruch Unterschlupf in den Klöstern St. Gilgen und Bad Ischl. In einer Sutane kommt er nach Italien, wo er bis 1948 als Pater Benarez in einem Kloster lebt. Dann nimmt er ein Schiff nach Buenos Aires und stirbt unbehelligt - versehen mit einem christlichen Begräbnis - im katholischen Franco - Spanien. Nach dem russischen Autor Scheymannm verschwindet der geistliche Gragonivi'c, der an der Ermordung von 60.000 Menschen beteiligt war, nach dem Krieg in Rom. Hier lebt er als Professor in einem katholischen Seminar.

Die seinerzeitigen Kirchenführer haben so gut wie nie gegen die zahllosen ihnen bekannten Gewaltakte des Hitlerregiments gesprochen. Erst am 2. Juni 1945 bringt es der Statthalter Gottes in einer knappen Ansprache fertig, vom »satanischen« Nationalsozialismus zu sprechen, der in Deutschland und Polen einige tausend Priester getötet hat«.

Sie sind ihm wertvoller als die Millionen Anderer, die für eine Ideologie ihr Leben lassen mußten. Hat er ignoriert, daß er ausgebildete Spitzel in Kutten über die östlichen Grenzen schickte, um den Bolschewismus zu missionieren? Hat er ignoriert, daß die Katholiken des Dritten Reiches ebenso wie die Protestanten - unter dem Zuspruch der Geistlichen angetreten sind. In den Schützengräben standen Christen und (auch) vor den Todesbunkern. Die gesamte Führung war im christlichen Geist erzogen. Auf den Koppelschlössern der Soldaten stand: »Gott mit uns«. Sagte doch schon der General Adolf v.Thiele: »... denn Gott darf in keinem Krieg fehlen«.

Militärgeistliche begleiten die Truppen an die Front und segnen die Waffen; sie flehen den Sieg herbei und geben sich so, als würden sie die Daheimgebliebenen trösten. Es ist eine Illusion, denn die Kirchen leihen dem Staat das Gewissen. Selbst wenn wenige Kirchenführer partiell interveniert haben, werden sie durch die historischen Abläufe widerlegt. **Das Christentum hat im 1.000-jährigen Reich wie in den vorausgehenden kriegerischen Auseinandersetzungen versagt.**

Alle Klagen der katholischen Kirche galten der Verletzung katholischer Interessen. Nie wandten sich die deutschen Bischöfe gegen die Justizmorde an ihren Gegnern, gegen die Verfolgung Andersdenkender. Nie protestierten sie gegen Hitlers Überfall auf Österreich, die Tschechoslowakei, Polen, Dänemark, Norwegen, Belgien, Holland, Frankreich oder auf die Sowjetunion. Nie protestieren sie gegen die Zerstörung von mehr als 200 Synagogen, gegen die Demütigung, Verschleppung und Vergasung der Juden und völkischen Minderheiten. Nie protestieren sie gegen das System des Nationalsozialismus als solches. Vielmehr erklären hohe Geistliche wie Kardinal Faulhaber (München), Kardinal Schulte (Köln) und Matthias Ehrenfried (Würzburg) 1935 ihre volle Bereitschaft zur Mitarbeit am Nationalsozialismus[307].

Christliche Doppelbödigkeit

Die deutschen Bischöfe üben eine Pufferfunktion gegenüber dem Vatikan aus. Selbst wenn sie Dinge anders sehen, haben sie im Strom des Glaubens mitzuschwimmen. Darum ist der christliche Gesinnungswandel der klerikalen Führungsschicht nach dem 12.Mai 1945 (= Tag des Zusammenbruchs) von besonderem Interesse[308].

Die gleichen Würdenträger, die Hitler ab 1933 gestützt haben, die immer und immer wieder Leichtgläubige zur unbeirrbaren und bedingungslosen Pflichterfüllung gegenüber den Nazis angehalten haben, diejenigen, die die Bürger zur aktiven Teilnahme am Krieg angefeuert haben, verstummen nicht beschämt, sondern behaupten (plötzlich) das

Gegenteil. Sie tun (plötzlich) so, als wären es gerade sie gewesen, die den Nationalsozialismus verdammt haben. Als Beispiel einer solchen Moral bietet das Verhalten des Kardinals Faulhaber. Dafür sprechen an Fakten:

- Er unterzeichnete den berüchtigten Hirtenbrief, der Hitler glorifiziert.

- Er versichert 1933 in einem Schreiben an Hitler:»... es komme ihm aufrichtig aus der Seele ... Gott erhalte unserem Volk den Reichskanzler«.

- Er doziert in einem Hirtenbrief von 1934 an die bayerischen Katholiken:»... die kirchliche Sittenlehre kommt der staatlichen Ordnung zugute ... sie hat dem sittlichen Leben des Volkes einen unschätzbaren Dienst erwiesen«.

- Er läßt nach dem fehlgeschlagenen Attentat auf Hitler (November 1939) einen Gottesdienst zelebrieren.

- Faulhaber hat 1941 das Einverständnis zum Abliefern der Kirchenglocken gegeben, damit der Krieg fortgesetzt werden kann, bzw. damit der Sieg von Hitler möglich wird. Er sagt:»... für das Vaterland wollen wir auch dieses Opfer bringen ... wenn es zum glücklichen Ausgang des Krieges notwendig ist«.

Und nach dem Zusammenbruch:

- Faulhaber beschimpft vor amerikanischen Journalisten das Hitler-Regime und sagt:».. der Nazismus darf nicht wieder aufleben ..« die deutschen Bischöfe haben von Anfang an vor den Irrlehren des Nationalsozialismus gewarnt und immer wieder darauf hingewiesen«.

- Faulhaber spricht nach dem Zusammenbruch vom »schrecklichsten« aller Kriege und läßt unerwähnt, daß (auch) er ihn mitinjiziert hat.

- Faulhaber behauptet im Vorwort des Buches von Prälat Neuhäuser von der Verlogenheit und Gehässigkeit der nationalsozialistischen Stellen gegenüber der Kirche.»...

die Kundgebungen der Kirchen gegen das Naziregime sind weit verstreut«.

(Anmerkung: Inzwischen gibt es profunde Sammlungen zu diesem Thema; sie dokumentieren das Gegenteil)[309].

Ähnlich argumentiert der Erzbischof Gröber. Zuerst gestattet er das Aufstellen von Hakenkreuzfahnen in Kirchenschiffen und nach dem Zusammenbruch weiß er zu sagen:»... was alles falsch gewesen sei«. Prälat Neuhäuser berichtet pathetisch:»... der Kampf ist zu Ende, der Weltkrieg mit seinen tausend Mordwaffen, der Kulturkampf mit seinem Ansturm gegen Gott, Christus, seiner Menschenvergötterung, -versklavung und -vernichtung. Leichen und Ruinen bedecken das Feld«.

Alle sagen die halbe Wahrheit, denn sie verschweigen, daß die christlichen Religionen die Auseinandersetzung mitgestaltet, mitgeformt und mitermöglicht haben. Doch sie stehen nicht allein. Als die Siegermächte beginnen, das vernichtend zerschlagene Land unter sich aufzuteilen, finden sie keine Nazis mehr. Wo sind sie geblieben?

Krieg und Wiederaufrüstung

Kardinal Frings fordert nach dem Zusammenbruch, am 16.Dezember 1945, ein allein vom Christentum geprägtes Abendland. Am 23.Juni 1950 fordert er während des Bonner Katholikentages die Wiederaufrüstung der Deutschen. Sechs Monate vorher posaunt Adenauer in die gebildete Welt:»... die Öffentlichkeit soll für allemal wissen, daß ich aus Prinzip gegen eine Wiederaufrüstung der Bundesrepublik und folglich gegen die Aufstellung einer Wehrmacht bin«.

Wer wundert sich, wenn er bereits am 13.November 1955 in der Kaserne von Andernach vor 1.000 frischgebackenen Bundeswehrsoldaten steht und daß es heute 500.000 sind? Schon wieder stehen die Christen in einer Phalanx »Gewehr bei Fuß«. Haben sie die schrecklichen Jahre vergessen?

Nach dem Krieg stehen (wieder) Politiker in den vorderen Reihen, die ein »C« im Parteikürzel tragen. Der neue Partner heißt

Konrad Adenauer, dessen nazifreundliche Haltung ein offenes Geheimnis ist. Er sagte 1958: »... daher stehen wir der östlichen Welt, die im Grund genommen unser Todfeind ist, mit größter Wachsamkeit gegenüber«.

Leuchtet nicht zwischen den Zeilen die vatikanische Angst vor dem Kommunismus durch? Wem fällt nicht auf, daß Adenauer in einer prekären Situation den Verhandlungswillen einer Siegermacht ignoriert, die möglicherweise eine Veränderung der politischen Großwetterlage herbeigeführt hätte?

Die deutschen Bischöfe sehen es anläßlich der Landtagswahl in Nordrhein-Westfalen als unerläßliche Pflicht an, darauf hinzuweisen: ».... ein Heer aufzustellen, dem nichts fehlen darf, was für eine rasche und entschlossene Aktion zur Verteidigung des Vaterlandes erforderlich ist«.

Wie sehr sich der Vatikan die Aufrüstung wünscht, hören wir aus dem Mund des seinerzeit jungen Politikers Strauß im Bonner Presseclub: »... mit erhobenen Händen habe ihn der Papst gebeten, seine Sicherheitspolitik zu betreiben«.

Man darf sich nicht wundern, wenn sich der Kardinal Wendle persönlich nach Rott am Inn begibt, um die Ehe des Politikers einzusegnen, zumal er 1959 mit dem Militärbischof eine Wallfahrt zur Muttergottes nach Lourdes unternommen hat. Später läßt er wissen: »... wir wissen, daß die Macht hinter dem Eisernen Vorhang in den Händen von Männern ist, für die Verantwortung keine Rolle spielt«.

Hören wir nicht die kuriale Angst in dieser Formulierung. Im übrigen irrt er, denn auch hinter dem nichtexistenten Vorhang leben religiöse Menschen, gute und schlechte; wie überall. Doch solange die Theologen streiten, welcher Gott der Rechte sei, kann es keinen Frieden geben. Wie weise war doch die sowjetische Äußerung von 1917: »... jedes Religionsystem ist gleichberechtigt«. Ein römischer-katholischer Christ darf die Auffassung nicht akzeptieren, denn nach der ihm aufgezwungenen Lehre ist **nur er** dem »rechten« Glauben verpflichtet.

In der dem Erzbischof von Freiburg nahestehenden Badischen Volkszeitung lesen wir Ende 1954: »... der Glaube an eine friedliche Koexistenz beider Systeme muß sich auf Dauer als Illusion erweisen ... es mag schön klingen, wenn man vom Frieden spricht und ihn durch Verhandlungen zu erreichen sucht. Wer aber solches gegenüber Moskau als Ziel und Notwendigkeit betrachtet, irrt sich in der Beurteilung des östlichen Systems«.

Er verschweigt die innere Problematik des Christentums. Schwaiger, ein katholischer Professor der Theologie, trifft den Nagel auf den Kopf und kontert: »... der katholische Kirchenhistoriker, der seine Kirche und sein Papsttum liebt, kann und darf die schier unübersehbare Schar jener Schwestern und Brüder Christi nicht übersehen, die seit der Realisierung des Machtdenkens am Sitz des Papsttums Opfer dieses Systems geworden sind; die zahllosen an Leib und Seele Geschundenen, Gefolterten und Verbrannten; die Tausende und Abertausende, die in kirchlichen, insbesondere Klosterkerkern - weitgehend rechtlos - Jahre und Jahrzehnte dahindämmern mußten; die als Kinder der Kirche Übergebenen und im Namen eines erbarmungslosen Kirchenrechts ein Leben lang Vergewaltigten. Nicht zu reden von der Verweigerung der Gewissensfreiheit bis in die neueste Zeit. Nicht zu reden von den Methoden der Inquisition«.

Heute scheint man in klerikalen Kreisen den Einsatz der Atombombe nicht grundsätzlich zu verwerfen. Katholische Moraltheologen erklären, daß die Verwendung atomarer Kampfmittel nicht notwendig der sittlichen Ordnung widerspricht.

Der Jesuit Gerlach, zeitweilig Professor und Rektor an der Gregoriana, sagt im Frühjahr 1959: »... die Anwendung eines atomaren Krieges ist nicht absolut unsittlich ... der Papst sei sich über die Tragweite und deren Tatsachen bewußt«. Es war vor 30 Jahren. Wer möchte bezweifeln, daß wir dem tödlichen Schlag näher gekommen sind«.

Der Erste Weltkrieg fordert 10 Millionen Tote, der Zweite 60 Millionen und der folgende Hunderte Millionen, sofern unsere Erde nicht vernichtet wird. Als die Soldaten über Hiroshima und Nagasaki die ersten - im Vergleich zu heute harmlosen - Bomben abgeworfen haben, spricht ein Geistlicher am Bord zum Schutze der Besatzung: »... allmächtiger Vater, der Du die Gebete jener erhörst, die dich lieben, wir bitten dich darum, denen beizustehen, die sich in die Höhen Deines Himmels wagen und den Kampf zu unseren Feinden vorantreiben ... im vertrauen auf Dich werden wir unseren Weg weitergehen«.

Das Ergebnis dieses Gewaltaktes sind 280.000 Tote; in Sekunden ausgelöscht. Die Folgen sind bis heute verheerend. Der Vatikan hüllt sich in Schweigen. Denn dort wird fieberhaft an der Zukunft des Christentums gearbeitet.

Lachend sagt der Jesuitenpater Ourousoff: »... so ist das Spiel der Kirche ... denken wir nicht an Christus ... heute ist die Zeit gekommen, wo wir Andere ans Kreuz schlagen und nicht mehr selbst hinaufzusteigen brauchen«[310].

Der Jesuit Tondi gelangt zu der Erkenntnis: ».... gegenwärtig ist die römische Kirche ein rein politisches Instrument im Dienst des Vatikans zur Erlangung der Weltherrschaft[311]... der Vatikan ist im Gegensatz zur Fortführung der religiösen Botschaft gegen die Interessen der Völker gerichtet, auf eine Vereinigung des Katholizismus und auf die Verbreitung eines Atomkrieges«[312].

Wie bescheiden nehmen sich vor dieser Kulisse die Kommunistenhasser Pius XI. und XII. aus. Ihre persönlich gefärbten Ansichten tragen große und verderbliche Früchte.

Katholische Geistliche mit NS-Prominenz (!) und Mitläufern - allesamt Christen - bei einer Feier anläßlich der Rückgewinnung des Saargebietes im Januar 1935.

Quellen

Vorspann

1 So wurde Hitler finanziert. Das verschollene Dokument von Sidney Warburg über die Internationalen Geldgeber des Dritten Reichs. Vorwort. Hrsg. und eingeleitet von Ekkehard Franke-Grieksch. Verlag Diagnosen. 1983.

2. Joh. Ev. 8.32.

3. Leonardo da Vinci.

Einführung/Standpunkt

4 Er sagt: »... ich schreibe mit der unverhüllt ausgesprochenen Absicht, den als Aberglaube charakterisierten religiösen Glaube zu vernichten ... es betrifft (auch) die päpstliche Autorität, indem ich auf geschichtlichem Weg die Quellen der Glaubenssätze nachweise und dokumentiere, daß die Gläubigen den Aussagen von Menschen vertrauen, die ihres Vertrauens unwürdig sind« (Otto. v. Corvin S. 113).

5. Vladimir Dedijer. Jasenovac - das jugoslawische Auschwitz und der Vatikan. Freiburg. 1988/89 Vorwort des Hrsg. S. VII.

6. Georg Schwaiger. Der päpstliche Primat in der Geschichte der Kirche. Zeitschrift für Kirchengeschichte. 82. (1971/8). Schwaiger ist Kirchenhistoriker und Prof. der Theologie.

7. G. v. Hoensbroech. Das Papsttum in seiner sozialkulturellen Wirksamkeit. Leipzig. 1906. S. 166/167

8. Hierzu gibt es eine Reihe ausgezeichneter Arbeiten (z. B. die von Karlheinz Deschner). Hier als Ansatz eine der »vergessenen« Schriften zum Thema. Mannhardt. Verrat um Gottes Lohn. Hintergründe des Diktates von Versailles. Schulddokumente neuzeitlicher Konfessionspolitik. Dresden. 1938. Forschungsreihe Historische Faksimiles. Abteilungen Flugschriften der Weimarer Zeit/Versailler Vertrag/Kirchenkampf.

9. Vladimir Dedijer. Jasenovac - das jugoslawische Auschwitz und der Vatikan. Reihe: Unerwünschte Bücher zum Faschismus. Nr. 1. Freiburg. 1988.

Das Buch erscheint 1987 in Belgrad und hat bereits die zweite deutsche Auflage erreicht.

Der letzte lebende Kampfgefährte Titos, Präsident des Rusell-Tribunals, Mitglied der serbischen Akademie der Wissenschaften und Künste in Belgrad. M. A. (Oxford), Belgrader Professor für Zeitgeschichte und Gastprofessor u. a. an den Universitäten Michigan, Havard, Starford, Princetown, Yale, Paris (Sorbonne), Manchester und Stockholm.

Dedijer legt umfassend und erstmalig in Europa Dokumentationsmaterial über ein kaum bekanntes Massenverbrechen während des Zweiten Weltkrieges vor; die Ausrottung von ca. 800.000 orthodoxen Serben durch Handlanger der römisch-katholischen Kirche.

10. K. H. Deschner. Abermals krähte der Hahn. Kritische Kirchengeschichte von den Evangelien zu den Faschisten. 1980. S.457.

11. Maslowski. Das theologische Untier. S. 3.

12. Wolf. Weltgeschichte der Lüge. V. Auflage. S. 137. »Der Gedanke an die Erlösung des heiligen Grabes gehört zu den Wahnideen des Christentums ... er hat Hunderttausenden das Leben gekostet und nichts gebracht«.

13. G. v. Hoensbroech. Das Papsttum in seiner sozialkulturellen Wirksamkeit. Leipzig. 1906. S. 171.

14. Zum Taxil - Vaugham - SchwindelUm was geht es ? 1885 bekehrt sich der in Frankreich lebende und bekannte Schriftsteller und Freidenker Leon Taxil zum römisch-katholischen Glauben. Er wird daraufhin vom päpstlichen Nuntius, Monsignore de Rende, aufgefordert, nun für ihn zur Feder zu greifen.

Die Kontroverse ist klar. Taxil war Freimaurer und Papst Leo XIII. gibt am 20. April 1884 die gegen sie gerichtete Enzyklika »Humanum genes« heraus. Darin fordert er alle Patriarchen, Erzbischöfe und Bischöfe auf: »... die Larve der Freimaurer herunterzureißen, in dem die bösen Geister, die sich gegen Gott empört haben, in ihrer unbändigsten Treulosigkeit und Heuchelei wieder aufleben«.

Der kluge Kopf verpaßt der Kurie einen Hieb unter Zuhilfenahme ihrer Schwäche. Taxil hat im Grund genommen einen jahrhundertealten Faden gesponnen; er hat am großen Webstuhl des Aberglaubens gearbeitet, den die Statthalter Christi in der katholischen Welt verbreiten.

Er sagt: »... nach dem Erscheinen der gegen die Freimaurer gerichteten Bulle, kam ich auf den Gedanke, aus der bekannten und unergründlichen Dummheit der Katholiken Geld zu schlagen. Es bedurfte nur eines Jules Verne, der einer Räubergeschichte einen verlockenden Anstrich gab. Dieser war ich«.

Er verfaßt das Buch »Die Drei - Punkte - Brüder« und schildert darin die Hölle. Er spricht vom Einfluß des Bösen, Luzifers und des Lichtengels, Teufelsaustreibungen und dem »Ritus der Möpse«. Die Krone seiner Enthüllungen ist der »Schlüssel der geheimen Symbole«.

Außerdem schreibt er das Buch »Der Meuchelmord«. Hier geht es um einen Kult und um die progressive Anbetung des Teufels, um Ehrenbezeugungen an den Satan in der Gestalt einer Schlange.

Mit diesen Büchern wird Taxil reich. Jetzt gründet er die Firma Taxil - Hacks - Margiotta Vaugham. Dr. Hacks ist der Verfasser des Buches »le Diable an 19. siecle«, in dem er auf teuflische Kulte eingeht.

Der Italiener Margiotta schreibt 1894 »Adriano

Lemmi, chef supreme des Franc-Marcons«, das ihm in einigen Monaten ein Vermögen einbringt. Darin soll der Teufelspapst Lemmi im Palazzo Borghese einen förmlichen Satansdienst eingerichtet haben. Bankette werden gefeiert, Mopsschwestern kommen, Satanshymnen werden gesungen und Orgien gefeiert.

Nun läßt Taxil das Pseudonym Miss Diana Vaugham auf den Plan der Illusionen treten. Vom Juli 1895 bis Juli 1897 erscheint in Paris das Lieferwerk »Miss Diana Vaugham, memoires d' un Expalladiste, Publication mensuell«. Es handelt sich um einen schauerlichen Teufelsroman, eines früher dem Teufel verschriebenen, aber nun bekehrten Mädchens. Die scheinbar am 29. Februar 1874 geborene Vaugham ist die Frucht des Umgangs ihrer Mutter mit dem Teufel Bitru. Sie wird als kleines Kind dem Teufel geweiht.

Die Autoren sagen u. a.: »... ihr erschien der Oberteufel Asmodeus mit 14 Legionen Unterteufeln. Er brachte einen Löwenschwanz mit, den er dem Löwen des Evangelisten Marcus abgeschnitten hatte. Diesen legt er Diana um den Hals und gab ihr einen Kuß. Als sich bei einer späteren Begegnung in Paris einige ihrer Gegner zeigten, erschien plötzlich der Löwenschwanz, prügelte ihre Gegner und legte sich (dann wieder) um ihren Hals«.

Es ist bemerkenswert, daß Leo XIII. Taxil zu einer Privataudienz empfangen hat. Er sagte zu ihm: »... ihr Leben für die Kämpfe des Glaubens sei sehr nützlich«. Er hebt hervor, »...daß er alle Ausgaben dieser Serie gelesen hat«. Außerdem führt die Kurie einen Schriftwechsel mit der nicht existenten Dame.

Vergl. dazu: Briefwechsel mit Diana Vaugham aus dem Jahr 1896 (Brief vom 27. Mai 1896 und vom 11. Juli 1896). darin steht:

»... mein Fräulein, Monsignore Sardi, der einer der Privatsekretäre des hl. Vaters ist, hat mich auf Befehl seiner Heiligkeit beauftragt, an Sie zu schreiben. Ich soll ihnen sagen, daß seine Heiligkeit mit großem Vergnügen Ihre Berichte gelesen hat. Ganz der Ihrige, sehr ergebener in Unserem Herrn Rod. Verzichi (päpstl. Geheimsekretär).

»... ich beeile mich, Ihnen Dank für die Zusendung des letzten Bandes auszudrücken. Fräulein. Fahren Sie fort, die gottlose Seele zu entlarven. Von ganzem Herzen empfehle ich mich Ihren Gebeten und erkläre mich mit vollkommener Hochachtung für Ihren sehr ergebenen Monsignore Vincenco Sardi«.

Als die Bombe platzte und der Schriftsteller seinen Schwindel bekannte, mußte der Klerus kleinlaut zugeben. Am 19. April 1897 erklärte Taxil im Sitzungssaal der »Gesellschaft für Erdkunde« (Paris): »... sein ganzes bisheriges Tun und Treiben, seine Bücher und Schriften, sei ein einziger, mit vollem Bewußtsein begonnener und fortgesetzter Schwindel gewesen.

Er sagt zu den versammelten Geistlichen: »... meine Herren ehrwürdiger Väter. Ich danke ihnen aufrichtig, daß sie mir so vortrefflich geholfen haben, meine schönste und größte Mystifikation zu organisieren«. (Graf v. Hoensbroech. S. 101).

Wie blamiert stand die Kirche da? Eine kleine Firma hat ein volles Jahrzehnt den albernsten, widerwärtigsten und unnötigsten Teufelsspuk in der katholischen Welt verbreitet. Die Statthalter Christi haben es unterstützt. Graf v. Hoensbroech sagt auf S. 101 seines Buches: »... im Grund genommen ist Taxil seiner geistigen Haltung treu geblieben; er hat lediglich aus der Dummheit der Katholiken Kapital geschlagen«.

15. G. v. Hoensbroech. Das Papsttum in seiner sozialkulturellen Wirksamkeit. Leipzig. 1906. S. 100

16. G. v. Hoensbroech. Das Papsttum in seiner sozialkulturellen Wirksamkeit. Leipzig. 1906. S. 97

17. Maslowski. Das theologische Untier. S. 184

18. Vergl. dazu. Kathechismus der Jesuitenmoral von Ernst Bergmann. Faksimile - Verlag Bremen. Forschungsreihe Historische Faksimiles. Abteilungen Bünde und Orden/Jesuiten. Dort S. 11. §46.

»... wenn die unnatürliche Sünde der Unzucht auch häßlicher erscheinen und den Stempel der größeren Schändlichkeit an sich truge, so muß man doch sagen, daß sie an sich geringer sind als die Sünden des Diebstahls«. Gebr. Vaquez. Com. et disput. in prim. sec. T. Thomae. 1620 I. Quaest. 73. art. 4. n. 3.

»Der Diebstahl von 30 Realen ist eine größere Sünde als die Sodomie« Amad. Guimenius (Moyal). Opusculum. 1664. S. 25

»... der unkeusche Verkehr mit Tieren ist zwar an sich keine bestialische Sünde, zeigt aber gleichwohl von einer besonderen, immerhin jedoch (saltem) verzeihlichen Entartung. Nicht aber braucht notwendigerweise gebeichtet zu werden, si quis mediante jumenti aut alterius bestiae voluptatem veneream aut polltionem in se exitat. Joh. Pet. Gury. Comp. theol. mor. 1868. S. 196.

19. G. v. Hoensbroech. Das Papsttum in seiner sozialkulturellen Wirksamkeit. Leipzig. 1906. S. 315

20. Maslowski. Das theologische Untier. S. 235

21. Maslowski. Das theologische Untier. S. 234.

22. G. Denzler. Im Namen Gottes. Belastendes Material aus der Kirchengeschichte. Stuttgart. 1973. S. 39

23. Notiz aus der Südwest-Presse (Ulm) vom 21.08.86. Vatikan entzieht prominentem Theologen die Lehrerlaubnis. Kardinal Ratzinger lehnt Kompromißvorschlag des amerikanischen Dozenten Curran ab. Vatikanstadt. Der Vatikan hat dem US-amerikanischen Charles E. Curran die kirchliche Lehrerlaubnis entzogen. Das geht aus einem im Vatikan veröffentlichten Schreiben des Präfekten der römischen Glaubenskongregation, Kardinal Joseph Ratzinger, an den als Dozent an der Katholischen Universität Washington lehrenden

Curran hervor. Es ist der erste Entzug einer Lehrerlaubnis seit dem Fall Küng. 1979.

24. Vergl. Fußn. 18. Hier 94. 31. Airault. Propos dic-
tees au collegé á Paris. 1644. S. 322.
25. Vergl. Fußn. 18. Hier S. 95 32. Ant. de Escobar.
Univ. theol. mor. 1652 - 1663. IV. S. 373.
26. Vergl. Fuß. 18. Hier S. 95. 31. Joh. Marin. Theol.
spec. et mor. Venedig 1720 II. S. 428.
27. Aligieri Tondi. Die geheime Macht der Jesuiten.
Jena/Leipzig. 1. Auflage. 1960.
28. Zitiert nach dem Klosterspiegel.
29. Maslowski. Das theologische Untier. S. 239.
30. Dazu Otto v. Corvin: »... dieses vortreffliche Buch,
das Resultat eines 23 - jährigen Fleißes, tat dem
Papsttum unendlich viel Schaden an und rief eine
Menge ähnlicher Schriften hervor. Alle in seinem
Buch enthaltenen Beweise verlieren nicht an Bedeutung; widerlegt hat sie bislang keiner« (Otto v.
Corvin) S. 189).
31. Zitiert nach Bromme.
32. In seiner Vorgeschichte Friedrichs d. G.
33. Müller. Vorwort.
34. Maslowski. Das theologische Untier. S. 232
36. Peter de Rosa. Gottes erste Diener. Die dunkle
Seite des Papsttums.
37. G. v. Hoensbroech. Das Papsttum in seiner sozial-
kulturellen Wirksamkeit. Leipzig. 1906. S. 109.
38. Otto v. Corvin. Pfaffenspiegel. Leipzig. 1845. S.
194
39. Otto v. Corvin. Pfaffenspiegel. Leipzig. 1845. S. 61
40. Gottfried Arnold (1644 - 1714). In seiner 1700
erschienenen »Unparteiischen Kirchen- und Ketzergeschichte«. Vergl. Maslowski. Das theologische Untier. S. 213.
41. Maslowski. Das theologische Untier. S. 230
42. So der Theologe Troetsch. Zitiert nach Bromme.

Sünden der Kirche

1. Otto v. Corvin bzieht sich auf Pius VII., der am 7.
August 1814 erneut den Orden der Jesuiten zugelassen hat.
2. Kanones 127 /128
3. G. v. Hoensbroech. Das Papsttum in seiner sozial-
kulturellen Wirksamkeit. Leipzig. 1906. S.170.
4. Es handelt sich um eine weiße Wollbinde mit
scharlachroten Streifen (im Totenkult = schwarze
Streifen). Bei den Römern als infulae der Kopfschmuck der Priester und Vestalinnen.
Durch das Tragen der infula sind die Priester
profaner Störung und Verletzung entzogen, daher gilt sie als Zeichen der Heiligkeit und Un-
verletztlichkeit.Später dienten sie kaiserlichen
Statthaltern als Zeichen ihrer Würde (zit. nach
dem Großen Brockhaus. 17. Ausgabe).
5. G. v. Hoensbroech. Das Papsttum in seiner sozial-
kulturellen Wirksamkeit. Leipzig. 1906. S. 170.

6. Dr. Stölzle (Würzburg) in den hist. pol. Blättern.
1899. S. 492.
7. R. Darwin. Die Entwicklung des Priestertums und
der Priesterreiche. Faksimiledruck der Ausgabe
von 1919. S. 382
8. R. Darwin. Die Entwicklung des Priestertums und
der Priesterreiche. Faksimiledruck der Ausgabe
von 1919. S. 385
9. Dringende Vorstellungen an Vernunft und
Menschlichkeit (1782) S. 477.
10. Über den ehelosen Stand. (1782). S. 279.
12. Bromme. Untergang des Christentums. Korrekturen der Welt- und Religionsgeschichte. 5 Bde.
Berlin. 1979. Bd. 1. S. 17.
13. Bromme. Untergang des Christentums. Korrekturen der Welt- und Religionsgeschichte. 5 Bde.
Berlin. 1979. Bd. 2. S. 44.
14. Bromme. Untergang des Christentums. Korrekturen der Welt- und Religionsgeschichte. 5 Bde.
Berlin. 1979. Bd. 2. S. 514.
15. Sammlung »Mittelalterliche Rechtspflege von
Rothenburg ob der Tauber«. Rheingräfliche Ordnung gegen den Kirchenschlaf. 1696. Vergl. Freie
Religion. Monatsschrift für religiöse Selbstbestimmung. Juli 1980. Heft 7. S. 123.
16. Deschner. Abermals krähte der Hahn. S. 239
17. Das Wort geht zurück auf got. »guth«, im germ. =
angerufenes Wesen. Verwandt mit dem altind.
»Hutás« = angerufen.Altpersisch wird Gott »ba-
ga« genannt und slawisch (hier russ. »bog« = der
Nahrungsspender). Das griechische Wort
»theos = der Heilige,gehört wohl zum lat. »fa-
num« = der Heilige und dem lat. »feria« = Feiertag, aber nicht zum lat. »deus« = der Himmlische.
18. Kammeier. Die Fälschungen des Urchristen-
tums.Nach einer Kopie des Originalmanuskriptes.
Heft 1. - 4. Vorwort.
19. Bromme. Untergang des Christentums. Korrekturen der Welt- und Religionsgeschichte. 5 Bde.
Berlin. 1979. Bd.5. S. 196.
20. Abraham soll vom Herrn folgende Anweisung
empfangen haben: »... das ist aber mein Bund, den
ihr halten soll; alles was männlich unter euch ist
soll beschnitten werden. Ihr sollt die Vorhaut an
eurem Fleisch beschneiden, denn das soll ein Zeichen sein zwischen mir und euch. Ein jegliches
Knäblein sollt ihr, wenn es acht Tage alt ist, beschneiden bei euren Nachkommen«.
21. Zitiert nach Bromme.
22. Kyros II. (d. G.) wird 59 v. u. Z. zum König der
Perser erhoben und gründet die Pfalz »Pasarga-
dai«. Kyros besiegt Medien (durch den Überlauf
eines Heerführers) und Lydien. Die Feldherren
von Kyros II. unterwerfen die griech. Städte in
Kleinasien und die dritte Großmacht Babylonien
wird sieben Jahre später beseitigt (begünstigt
durch die Mißstimmung der heimischen Priesterschaft gegen den König Nabonid). Babylon fällt im

Oktober 539. Der König Nabonis wird gefangengenommen.

Um seine Herrschaft in Phönikien und Syrien zu sichern, verpflichtet sich Kyros II. 538, die in die babylonische Gefangenschaft geführten Juden durch die Erlaubnis zur Rückkehr nach Jerusalem. Kyros II. fällt in der Schlacht gegen den Sakenkönig Tomyris. Sein Leichnam wird in Pasargadi beigesetzt. Eine Bildungsgeschichte des Kyros gibt Xenophon in seiner »Kyrupaidie«.

23. Tiberius Claudius (= Nero Germanicus). Römischer Kaiser und der jüngste Sohn des älteren Drusus und der jungen Antonia. Geb. 10. v. u. Z. in Lyon. Gest. 54 u. Z. Körperlich schwächlich, in seinem Wesen linkisch und ein typischer Einzelgänger, wurde er von Augustus und Tiberias von jeder politischen Tätigkeit ferngehalten. Nach der Ermordung von Caligula erheben ihn die Prätorianer, als den einzig noch lebenden männlichen Angehörigen des Kaiserhauses auf den Thron. U. a. wird unter ihm die kaiserliche Verwaltung ausgebaut und die Eroberung Britanniens eingeleitet.

Claudius hat wenig Durchsetzungsvermögen. Vor allem drängen sich ehrgeizige Frauen in den Vordergrund. Erst Messalina und die Agrippa. Sie vergiftet ihn 54 mit dem Ziel, ihrem Sohn Nero den Thron zu ermöglichen.

24. Nero. Römischer Kaiser (54 - 68 u. Z.) Eigentlich Lucius Domitius Athenobarbus. Geb. 15. 12.37 in Antium. gest. am 6.9.68 in Rom. Sohn der jüngeren Agrippina und des Gnaeus Domitius Athenobarbus. Er wird im Jahr 50 von Kaiser Claudius adoptiert.

Nero überwirft sich mit seiner Mutter und läßt sie 59 ermorden. Man unterstellt ihm »Cäsarenwahnsin«. 64 läßt er einige Bezirke Roms niederbrennen. Er umgibt sich mit Günstlingen und gilt als Verfolger der christlichen Sekten. 65 schlägt er die Pisonische Verschwörung nieder. Schließlich wird er vom Senat geächtet und begeht Selbstmord.

25. Vergl. Fußn. 11.

26. Im Bereich des personalen Gottglaubens werden unterschieden:

● Polytheismus: Glaube an viele Götter.

● Henotheismus: Glaube eines Volkes an einen Gott.

● Sondergötter: z. B. im »alten« Rom.

● Monotheismus: Glaube an einen absoluten und allein existierenden Gott, der merkwürdigerweise als Hochgottglaube in abgewandelter Form und **neben anderen Gottesvorstellungen der Naturreligion auftritt.**

Die Wiedersprüche machen deutlich, wie unsicher die geistige Plattform ist, denn wenn es nur einen Weltschöpfer gibt, dann kann es doch wohl nur einer sein. Heute stehen wir vor einem hundertfältig gespaltenem Christentum und vor zahllosen Religionsgemeinschaften, die alle ähnliches verkünden und behaupten!

27. Seit mehr als 600.000 Jahren gibt es auf der Erde Kulturmenschen. Der Glaube an menschengestaltige Götter ist jung und setzt erst mit israelitischen Geistesströmungen ein.

28. Nach §167 StGB wird die Störung des Gottesdienstes mit Gefängnis bis zu drei Jahren bestraft. §167 erfaßt sowohl denjenigen, der durch Tätigkeit oder Drohung jemand hindert, den Gottesdienst einer im Staat bestehenden Religionsgemeinschaft auszuüben, als auch denjenigen, der durch Erregen von Lärm und Unordnung den Gottesdienst in einer Kirche oder in einem anderen religiösen Versammlungsraum verhindert oder stört«.

Eine ähnliche Regelung enthält der §133 des StGB der Dt. Dem. Republik. Das österreichische Strafgesetz straft in den §122 - 124 jede öffentliche Verachtung der Religion mit Kerkerstafe. U.U. mit schwerem Kerker.

Das schweizerische StGB (Art.261) bestraft die Störung der Glaubens- und Gewissensfreiheit mit Gefängnis bis zu sechs Monaten oder mit Buße.

29. Nach den Ausführungen des Weihbischofs R. Graber. Zitiert nach Bromme.

30. B. Brenningkmeyer. (JS). Im: Berliner Petrusblatt.

31. Weihbischof Walter Kampe.

32. Kardinal Döpfner. In: Berliner Petrusblatt 30/58.

33. Johannes XXII. in der Enzyklika »ad Petri Cathedram«. In: Berliner Petrusblatt. 32/59.

34. Hontheim

35. Zitiert nach Wilhelm Kammeier.

36. Deschner. Abermals krähte der Hahn. Kritische Kirchengeschichte von den Evangelien zu den Faschisten. 1980. S. 17

37. Heinrich Wolf. Angewandte Geschichte. Bd. 4. Weltgeschichte der Lüge. 5. verb. Auflage.Leipzig. 1937.S. 32.

38. Moses. hebr. Moscheh (aus ägypt. »der Gott ist, der ihn geboren hat«). Nach dem AT der Stifter der Jahwereligion als des Bundes zwischen Gott und Israel, sowie der Befreier der Israeliten aus der ägyptischen Knechtschaft. Durch den Abschluß eines Bundes mit Gott vereint, wanderte das Volk Israels unter der Führung von Moses 40 Jahre lang durch die Wüste und gelangte nach Kanaan. Moses **soll** schon vorher auf dem Berg Nebo gestorben sein.

39. Unter einem Testament (lat. Vereinbarung oder Anordnung) versteht man bibelgeschichtlich (grch. Diatheke), das von der Setuaginta für den hebr. Ausdruck des Bundes Jahwe mit Israel gebrauchte Wort, dem dann im Christentum der »neue« Bund (Hebr. 9.15) gegenübertrat (2. Kor. 3. 6.).

Der Bundesgedanke ist die Mitte der israelitischen Religion. Die Verheißung Gottes entspricht der Erfüllung der Gebote durch den Menschen. Die Propheten haben ihn vertieft und in die Endzeit projiziert (Jer. 31. ff). Der Christenheit **gilt** der Bund Gottes mit Israel als »alter« Bund. Seit

Paulus (2. Kor. 3. 6. - 14) als Bezeichnung der Schriften des AT, der mit der Zerreißung des Vorhangs endete (MK. 15. 38) wurde von dem auf Christi Blut gegründeten »neuen« Bund abgelöst wurde (Mk. 14. 24; 1.Kor, 11. 25).

Die Entstehungsgeschichte des AT ist umstritten. Der Petanteuch ist im Lauf der jahrhundertelangen Entwicklungen aus verschiedenen Bestandteilen zusammengewachsen. Die älteren Geschichtsbücher (Josua; 2. Könige) führen die von der Erschaffung der Welt bis zum Tod Moses (etwa 1. 200 v. u. Z.) reichende Darstellung bis zur Begnadigung des judäischen Königs Jojachin (561 v. u. Z.). Die jetzige Abtrennung der »früheren« Propheten vom Pentateuch ist künstlich.

Trotz der durch verschiedene Bearbeitungen entstandenen Wiederholungen, Unregelmäßigkeiten und Widersprüchen bilden die Geschichtswerke eine Einheit«. (zitiert nach dem Großen Brockhaus. 17. Ausgabe).

40. Selbst der Große Brockhaus bekennt: »... ob Moses geschichtlich als Religionsstifter angesehen werden kann, ist strittig. Wahrscheinlich gehört er als Retter und Führungsgestalt zu der Gruppe israelitischer Stämme, die den Auszug Ägyptens erlebten«.

Nach Morgan (in seiner Schrift »the moral philosopher« 1737. S. Leland Schriften. Übersetzt 1. Th. S. 247 ff.) ist das mosaische Gesetz ein elendes System des Aberglaubens, der Blindheit und der Sklaverei. Die jüdischen Priester sind Betrüger. Die Propheten Urheber der Zerrüttung und der Bürgerkriege in den beiden Königreichen. Nach Chubb (Posthomous Works. 2, Vol. 1748. Bei Leland 1. S. 412 ff) kann die jüdische Religion unmöglich von einem Gott geoffenbart worden sein. Nach den Recherchen von Bromme liegt seine Lebenszeit etwa 750 Jahre nach der bislang angenommenen. Er gehört der chaldäischen und persischen Geschichte des 3. Drittels des 6. Jh. v. u. Z. an. Seine Lebenszeit hängt eng mit der »babylonischen« Gefangenschaft zusammen (Bromme. Bd. 2. S. 392).

Er wird vermutlich 586 v. u. Z. als Sohn eines jüdischen Königs geboren und Ephraim genannt. Vielleicht war er ein Truppenführer (Bromme: Bd. 3. S. 250). Seine wirkliche Bedeutung liegt - wenn überhaupt - im militärischen Bereich. Die Tatsache, daß er hingerichtet wird (nach Bromme am 16. März 537 im Alter von 49 Jahren) (Bromme Bd. 3. S. 253) bezeugt, daß er weder ein Held noch ein bedeutender Staatsmann gewesen sein kann.

41. Flavius. Name einer römisch - plebejischen Familie, insbesondere Geschlechtername der von den Kaisern Vespasian und Constantinus I. begründeten »flavischen« Dynastie.

42. Zu den alchemistischen Schriften des Moses. Zauberpapyri des 3. Jh. überliefern apokryphe Mosesbücher mit der Zählung 6 - 10. Seit. 1797 ist der noch heute geläufige Titel eines 6. und 7. Buches

Moses in der okkulten Kolportageliteratur bekannt. Sie gehen auf Sensationsmache und abergläubische Quellen zurück.

43. Vergl. Moses 2. Moses 21. 10.

44. In der Bibliothek Assurbanipals (669 - 630 v. u. Z.) haben sich etwa 20.000 Bruchstücke von Tontafeln erhalten. Es sind Abschriften von der Literatur Assyriens und Babyloniens.

45. Weil ihm von einem der Söhne der Schwester seines Vaters, der Dewaki, der Tod droht, ordnet König Kamsa die Ermordung ihrer Kinder an. Deshalb wird Krishna mit der gleichzeitig geborenen Tochter eines Hirten vertauscht, die für ihn sterben muß.

46. Sie werden ausgesetzt und bleiben während einer Überschwemmung des Tibers an einem Feigenbaum hängen. Hier werden sie von einem Hirte gefunden.

47. Beide werden wegen eines Orakelspruches in einem Kasten versteckt und in das Meer geworfen, aber an Land getrieben und gerettet.

48. Matth. 2. Vergl. Bromme. Bd. 2. S. 392.

49. Bromme. Untergang des Christentums. Korrekturen der Welt- und Religionsgeschichte. 5 Bde. Berlin. 1979. Bd. 4. S. 62.

50. Deschner. Abermals krähte der Hahn. Kritische Kirchengeschichte von den Evangelien zu den Faschisten. 1980. S. 115.

51. Bereits 1753 vermutet der französische Arzt und Prof. der Medizin, Astruc, daß Moses zur Abfassung der ersten nach ihm benannten Buches (Genesis) zwei ältere Quellen benützt hat. Er weist nach, daß Gott in einigen Teilen der Genesis Jahwe und in anderen Elohim genannt wird.

Vergl. »Conjectures sur les memoires origeneaux, dont il paroit que Moys's est servi pur composer de livre de la Genese«. Brüssel, 1753. (Vermutungen über die ursprünglichen Texte, deren sich Moses anscheinend bei der Abfassung der Genesis bedient hat). Vergl. Bromme, Bd. 1. S. 152. Vergl. Tokarew. S. 470.

52. David (hebr. »der Geliebte«) ein israelitischer König, der - zitiert nach dem Großen Brockhaus) etwa 1004/03 - bis 965/64 v. u. Z. regierte. Er erwirbt sich die Freundschaft des Prinzen Jonathan und wurde des Königs Schwiegersohn (1. Sam. 18).Später wird er König von Juda in Hebron (2. Sam. 2. 1. f). Als König unterwirft er die Philister und gliedert die kanäischen Statthalterschaften seinem Staatsgebilde ein. Die von David geschaffene Stellung Jerusalems (Überführung der Bundeslade) und die sich an seine Dynastie knüpfenden messianischen Hoffnungen (2. Sam. 7.) haben die israelitische Religion bis in das Neue Testament hinein stark beeinflußt. Seine Regierung galt Israel und dem Judentum als »goldenes« Zeitalter.

Nach Bromme ist David ein Truppenführer der in Juda, dem größten Landkreis der persischen Provinz Kanaan stationierten Besatzungstruppen und untersteht einem persischen Statthalter.

Ihm gelingt 332 der Staatsstreich und so ensteht das Königreich Israel. Nach Bromme ist David der erste Monarch des neugebildeten Reiches (2. Sam. 12. 20). Seine Machtergreifung führt einen Wechsel der Verhältnisse herbei. Dadurch entsteht u. a. der »neue« Bund.

53. Israel, Israeliten, Kinder Israels. Die semitischen Stämme, die in mehreren Wellen vom 15. bis zum 13. Jh. von Süden und Osten in Palästina eindrangen und bis etwa 1.000 die Herrschaft im Gebirge und der Jesree-Ebene an sich brachten (bis auf das Küstenland).

Der Name Israel (= für den Gott streitet) 1. Mos. 32. 29, begegnet uns zuerst auf einer Siegesstele des Pharao Merenptha. Nach dem Babylonischen Exil (537) werden die Israeliten Juden genannt. Ihre religiöse Geschichte ist eng mit der politischen verwoben.

54. Bromme. Untergang des Christentums. Korrekturen der Welt- und Religionsgeschichte. 5 Bde. Berlin. 1979. Bd. 1. S. 159.

55. Nach Bromme weicht das »alte« jüdische Volk mit der babylonischen Gefangenschaft aus dem Blickfeld der Geschichte. Historisch gilt der Begriff Jude ausschließlich für die Bevölkerung im Bereich des Königreiches Juda. Es erlischt 587 v. u. Z: und zwar nach der Einnahme von Jerusalem durch Nebudkadnezar II. Danach setzt die »babylonische« Gefangenschaft ein und Bevölkerungsteile werden deportiert.

Dies bedeutet - die Korrektheit dieser Recherchen vorausgesetzt - daß der Begriff »Jude« nach der Vertreibung und erst recht im Judäa der Römerzeit falsch angewendet ist. Korrekter müßte man »Israeliter« sagen. Die uns gewohnte Bezeichnung »Jude« geht auf den Evangelist Lukas zurück, der in seiner Apostelgeschichte die Judäer fälschlicherweise Juden nennt.

56. Bromme. Untergang des Christentums. Korrekturen der Welt- und Religionsgeschichte. 5 Bde. Berlin. 1979. Bd. 1. S. 45.

57. Bromme. Untergang des Christentums. Korrekturen der Welt- und Religionsgeschichte. 5 Bde. Berlin. 1979. Bd. 1. S. 45

58. Bromme. Untergang des Christentums. Korrekturen der Welt- und Religionsgeschichte. 5 Bde. Berlin. 1979. Bd. 1.S. 131.

59. Deschner. Abermals krähte der Hahn. Kritische Kirchengeschichte von den Evangelien zu den Faschisten. 1980. S. 99.

60. S. A. Tokarew. Die Religion in der Geschichte der Völker. Köln. Berlin. 1968. S. 490.

61. S. A. Tokarew. Die Religion in der Geschichte der Völker. Köln. Berlin. 1968. S. 491

62. S. A. Tokarew. Die Religion in der Geschichte der Völker. Köln. Berlin. 1968. S. 491.

63. Zitiert nach Wolf. Weltgeschichte der Lüge.

64. Genesis. Kap. 2. 7. - 2.

65. Genesis. Kap. 1. 20 - 27.

66. Bromme. Untergang des Christentums. Korrekturen der Welt- und Religionsgeschichte. 5 Bde. Berlin. 1979. Bd. 2. S. 427.

67. Der Geistliche Hubert Muschalek.

68. Nietzsche.

69. R. Darwin. Die Entwicklung des Priestertums und der Priesterreiche. Faksimiledruck der Ausgabe von 1919.

70. R. Darwin. Die Entwicklung des Priestertums und der Priesterreiche. Faksimiledruck der Ausgabe von 1919. S. 383.

71. R. Darwin. Die Entwicklung des Priestertums und der Priesterreiche. Faksimiledruck der Ausgabe von 1919. S. 384.

72. R. Darwin. Die Entwicklung des Priestertums und der Priesterreiche. Faksimiledruck der Ausgabe von 1919. S. 384.

73. R. Darwin. Die Entwicklung des Priestertums und der Priesterreiche. Faksimiledruck der Ausgabe von 1919. S. 384.

74. R. Darwin. Die Entwicklung des Priestertums und der Priesterreiche. Faksimiledruck der Ausgabe von 1919. S. 384.

75. Zusammengestellt nach den Untersuchungen von Deschner.

76. Deschner. Abermals krähte der Hahn. Kritische Kirchengeschichte von den Evangelien zu den Faschisten. 1980. S. 25.

78. Deschner. Abermals krähte der Hahn. Kritische Kirchengeschichte von den Evangelien zu den Faschisten. 1980. S. 71.

79. Deschner. Abermals krähte der Hahn. Kritische Kirchengeschichte von den Evangelien zu den Faschisten. 1980. S. 71

80. Nach dem Theologe Hermann Raschke ist die Kreuzigung von Jesu eine Entwicklungsform der Kreuzigung des Dionysos. Vergl.Deschner. Abermals krähte der Hahn. Kritische Kirchengeschichte von den Evangelien zu den Faschisten. 1980. S.74.

81. Euripides (ca. 480 - 406) v. u. Z. Bei der Darstellung der Dionysos-Mysterien in seinen Bakchen. Vergl. Deschner. Abermals krähte der Hahn. Kritische Kirchengeschichte von den Evangelien zu den Faschisten. 1980. S. 73.

82. Deschner. Abermals krähte der Hahn. Kritische Kirchengeschichte von den Evangelien zu den Faschisten. 1980. S. 64.

83. Deschner. Abermals krähte der Hahn. Kritische Kirchengeschichte von den Evangelien zu den Faschisten. 1980. S. 67.

84. Deschner. Abermals krähte der Hahn. Kritische Kirchengeschichte von den Evangelien zu den Faschisten. 1980. S. 40.

85. Der Begriff »Synoptiker« wird 1774 durch Gries-

bach geprägt, wegen ihrer teilweisen Übereinstimmung in der Zusammengehörigkeit = Synopsis.

86. Wolf. Weltgeschichte der Lüge. S. 8

87. Deschner. Abermals krähte der Hahn. Kritische Kirchengeschichte von den Evangelien zu den Faschisten. 1980. S. 57.

88. Deschner. Abermals krähte der Hahn. Kritische Kirchengeschichte von den Evangelien zu den Faschisten. 1980. S. 61

89. Deschner. Abermals krähte der Hahn. Kritische Kirchengeschichte von den Evangelien zu den Faschisten. 1980. S. 63 unter Bezug auf den Theologe Bauer.

90. Deschner. Abermals krähte der Hahn. Kritische Kirchengeschichte von den Evangelien zu den Faschisten. 1980. S. 98.

91. Deschner. Abermals krähte der Hahn. Kritische Kirchengeschichte von den Evangelien zu den Faschisten. 1980. S. 103.

92. Deschner. Abermals krähte der Hahn. Kritische Kirchengeschichte von den Evangelien zu den Faschisten. 1980. S. 115.

93. Deschner. Abermals krähte der Hahn. Kritische Kirchengeschichte von den Evangelien zu den Faschisten. 1980. S. 123.

94. Deschner. Abermals krähte der Hahn. Kritische Kirchengeschichte von den Evangelien zu den Faschisten. 1980. S. 77

95. Deschner. Abermals krähte der Hahn. Kritische Kirchengeschichte von den Evangelien zu den Faschisten. 1980. S. 92.

96. Unter dem Gnostizismus versteht man eine zusammenfassende Bezeichnung einer Reihe spätantiker religiöser Bewegungen und eine Reihe von altkirchlichen Sekten.
Ihre Originalhandschriften sind bislang fast nur aus Zitaten der sie bekämpfenden Kirchenväter bekannt. Neuerdings wurden umfangreiche gnost. Originalhandschiften entdeckt.
1945/46 werden in der Stadt Nag Hammadi in der ägyptischen Provinz Kera am westlichen Ufer des Nils 13 gnostische Papyrus-Codicees in koptischer Sprache gefunden, wohl der Rest einer gnostischen Bibliothek. Sie sind wahrscheinlich im 4. Jh. geschrieben und gehen auf griechische Vorlagen zurück. Sie sind zur Erforschung des Gnostizismus von Bedeutung.
Zu ihnen gehören u. a. das Evangelium des Thomas, das »Evangelium der Wahrheit« und das »Evangelium des Philippus«, sowie der Brief an Rhegonos über die Auferstehung. Vergl. dazu. W. C. van Unnik. Evangelien aus dem Nilsand (aus dem Holländischen 1960). K. Rudolph. Gnosis und Gnostizismus. In: Theol. Rundschau 34. 1969.
Die Ursprünge des Gnostizismus sind umstritten. Dennoch werden gnostische Tendenzen bereits im Urchristentum deutlich (Johanneische Schriften) und erreichen im 2. Jh. ihren Höhepunkt, zumal die Rechtgläubigkeit damals noch fließend ist. Die maßgeblichen Gnostiker stammen aus dem Orient. Saturnil wirkte in Rom; Basilides in Alexandrien, Valentin (ebenfalls) in Rom. Die alte Kirche überwand den Gnostizismus durch das Alte Testament und das im Kampf abgegrenzte Neue Testament durch eine feste Organisation (monarchistisches Bischofsamt) und durch die Aufnahme der antiken geistlichen und politischen Kultur.

98. J. Greber. Der Verkehr mit der Geisterwelt Gottes. Seine Gesetze und sein Zweck. 1983. S.16.

99. Schubert. Die Kultur der Griechen im Altertum. 1980. S. 176. Vergl. Apg. 23. 8.

100. S. A. Tokarew. Die Religion in der Geschichte der Völker. Köln. Berlin. 1968. S. 497.

101. Apg. 26. 5

102. S. A. Tokarew. Die Religion in der Geschichte der Völker. Köln. Berlin. 1968. S. 498.

103. Schubert. Die Kultur der Griechen im Altertum. 1980. S. 170.

104. Bromme. Untergang des Christentums. Korrekturen der Welt- und Religionsgeschichte. 5 Bde. Berlin. 1979. Bd. 4. S. 54

105. Ölberg. Bergkette bei Jerusalem mit mehreren Anhöhen. Sie beginnt im Norden der Stadt, verläuft dann östlich von ihr und fällt südlich des Dorfes Silwan ins Kidrontal ab. In der christlichen Kunst wird oft auf das Gebet Christi auf dem Ölberg hingewiesen; der Realitätsgehalt ist umstritten.

106. Bromme. Untergang des Christentums. Korrekturen der Welt- und Religionsgeschichte. 5 Bde. Berlin. 1979. Bd. 4. S. 54.

107. Der Jüdische Krieg wird von Josephus Flavius in seinen Altertümern beschrieben.

108. Schubert. Die Kultur der Griechen im Altertum. 1980. S. 167/173.

109. Bromme. Untergang des Christentums. Korrekturen der Welt- und Religionsgeschichte. 5 Bde. Berlin. 1979. Bd. 4. S. 33.

110. Schubert. Die Kultur der Griechen im Altertum. 1980. S. 107/173.

111. Bromme. Untergang des Christentums. Korrekturen der Welt- und Religionsgeschichte. 5 Bde. Berlin. 1979. Bd. 4. S. 32.

112. Bromme. Untergang des Christentums. Korrekturen der Welt- und Religionsgeschichte. 5 Bde. Berlin. 1979. Bd. 4. S. 51.

113. Schubert. Die Kultur der Griechen im Altertum. 1980. S. 165.

114. Josephus Flavius. Jüdischer Krieg. 1. Kap. 33. 2. - 4.

115. Bromme. Untergang des Christentums. Korrekturen der Welt- und Religionsgeschichte. 5 Bde. Berlin. 1979. Bd. 4.

116. Deschner. Abermals krähte der Hahn. Kritische Kirchengeschichte von den Evangelien zu den Faschisten. 1980. S. 145.

117. Vergl. Walter Bienert. Der älteste christliche Jesusbericht von Josephus. Halle. 1945.

118. Altertümer. XVI. 3. 3.

119. Wolf. Weltgeschichte der Lüge. S. 124.

120. Kammeier. Heft 4. S. 22.

121. Zu nennen ist die Ur-Evangelien-Theorie. Dann folgt die Traditionshypothese, d. h. hier nimmt man ein mündliches Evangelium an. Ihr folgt die Benutzungshypothese. Dann folgt die Griesbach'sche Hypothese von 1789. Er erkennt in Matthäus den ersten Evangelist. Er habe ohne Benutzung älterer Quellen aus seinen Erinnerungen geschöpft und dann seine Erkenntnisse aufgeschrieben.
Der nächste Synoptiker ist Lukas, der das Evangelium des Matthäus als Vorlage kennt und benützt. Dann folgt die Hypothese des Philologen Lachmann aus dem Jahr 1835. Er nimmt an der Entstehungsreihenfolge eine Korrektur vor, indem er die Griesbach'sche These auf den Kopf stellt. Für seine Ansicht sprechen sich 1883 die Forscher Chr. H. Wilke und Chr. H. Weiße aus. Dann gibt es eine »Zwei-Quellen-Theorie«, deren Urheber H. J. Holtzmann ist.
Vergl. dazu Holtzmann. Die synoptischen Evangelien und ihr geschichtlicher Charakter. 1863. Bzw. Lehrbuch der historisch-kritischen Einleitung in das Neue Testament. 1885. Vergl. Paulus, das als neue Auflage des Commentars zu betrachtende exegetische Handbuch über die drei ersten Evangelien. 1830 - 33. 1. Band. Gebler. »Ist es erlaubt, in der Bibel und sogar im Neuen Testament Mythen anzunehmen (aus Gelegenheit einer Recens. von Bauers. Mythol. In: Journal auserlesener theologischer Literatur). Ergänzend: Der einzig mögliche Beweisgrund zu einer Demonstration des Daseins Gottes. Kant. 1763.
Hier ist auf eine umfangreiche Spezialliteratur zu verweisen.

122. De Wette. Kritik der mosaischen Geschichte. Einl. S. 10 ff.

123. David Friedrich Strauß in seiner Vorrede.

124. Die wichtigsten Aussagen von Kammeier sind:

1. Die Evangelien sind das einheitliche Gemeinschaftserzeugnis einer dichterischen Aktion des hohen Mittelalters. Sie stehen literaturgeschichtlich mit den damaligen Volkssagen (z. B. Faustbuch, Till Eulenspiegel, Legende aurea) auf einer Linie.

2. Die Evangelien sind keine natürlich entstandenen Traditionsniederschläge. Es ist eine Tendenzdichtung, die als historische Biographie getarnt ist. Einen historischen Jesus gibt es nicht; die auf ihm begründete Religion ist eine Fiktion.

3. Der Zweck der Fälschung liegt darin, der Masse die Notwendigkeit eines bevorzugten Priesterstandes klarzumachen. d. h. den christlichen Glauben als durch die Autorität eines »Jesus« historisch begründet und durch einen Priester ausgelegt - erscheinen zu lassen.

4. Dieser römisch-katholischen Priesterschaft wird eine Führungsaufgabe zugewiesen. Verbunden damit ist ein elitäres Führungsdenken. Das Christentum schließt von Anfang an eine geistige Bevormundung ein. (Anm. das ist eine Schwachstelle in der Kammeierschen Argumentation, denn das gleiche tun bereits antike Religionsformen).

5. Es geht um die Realisierung machtpolitischer Ansprüche; es geht nicht um Religion und / oder Nächstenliebe.

125. D. F. Strauß. Das Leben Jesu. kritisch beleuchtet. 2 Bde. Tübingen. 1835. Einleitung S. 12.

126. Toland. Anonym (1698). vergl. Lelend's Abriß deistischer Schriften. Übers. von Schmidt. 1. Th. S. 83 ff.

127. Vergl. Kant's moralische Interpretationen. Religion innerhalb der Grenzen der bloßen Vernunft, drittes Stück. Nr. VI.

128. Deschner. Abermals krähte der Hahn. Kritische Kirchengeschichte von den Evangelien zu den Faschisten. 1980. S. 44.

129. Deschner. Abermals krähte der Hahn. Kritische Kirchengeschichte von den Evangelien zu den Faschisten. 1980. S. 48

130. Brockhaus. Ausgabe 17. Band. 8. S. 408.

131. Pausianus. 23. 6.

132. Friedrich Pfister. Der Reliquenkult des Altertums. 1. HB. Das Objekt des Reliquienkultes. Gießen. Religionsgeschichtliche Versuche und Vorarbeiten. V. Bd. S. 314.

133. Kammeier. Heft. 1. S. 59. vergl. Matth. 6. 9.- 15. und Lk. 11. 1. - 14.

134. Feine. Jesus Christus. 1930. S. 23.

135. Zitiert nach Kammeier.

136. Kenyon. S. 254.

137. Kammeier. Heft 4. S. 32.

138. Fascher. S. 80.

139. Deschner. Abermals krähte der Hahn. Kritische Kirchengeschichte von den Evangelien zu den Faschisten. 1980. S. 100.

140. Deschner. Abermals krähte der Hahn. Kritische Kirchengeschichte von den Evangelien zu den Faschisten. 1980. S. 101.

141. Deschner. Abermals krähte der Hahn. Kritische Kirchengeschichte von den Evangelien zu den Faschisten. 1980. S. 103.

142. Deschner. Abermals krähte der Hahn. Kritische Kirchengeschichte von den Evangelien zu den Faschisten. 1980. S. 103.

Christl. Judenhaß

1. Die Juden werden 1614 aus Frankfurt am Main vertrieben. Hier besteht bis zum Ende des 18. Jh. für sie ein Grußzwang. Sobald ein Christ einem Jude auf der Straße zurief: »Mach Mores, Jud«, hatte dieser den Hut zu ziehen.

2. Deschner. Abermals krähte der Hahn. Kritische Kirchengeschichte von den Evangelien zu den Faschisten. 1980. S. 463.

3. Tatsächlich berichtet das AT nur von 2 Prophetenmördern. Vergl. Deschner. Abermals krähte der Hahn. Kritische Kirchengeschichte von den Evangelien zu den Faschisten. 1980. S. 444.

4. Maslowski. Das theologische Untier. S. 253.

5. Adolf Hitler. Mein Kampf. 1944. München. Zentralverlag der NSDAP. Franz Eher. Nachfolger. 922-926. Auflage.

6. Adolf Hitler. Mein Kampf. 1944. München. Zentralverlag der NSDAP. Franz Eher. Nachfolger. 922.-926. Auflage.

7. Deschner. Abermals krähte der Hahn. Kritische Kirchengeschichte von den Evangelien zu den Faschisten. 1980. S. 443

8. Deschner. Abermals krähte der Hahn. Kritische Kirchengeschichte von den Evangelien zu den Faschisten. 1980. S. 449

9. Dazu Otto v. Corvin. »... die anderen Bischöfe meinten, es rapple ihrem Kollegen unter der Mütze ... denn von seiner Oberhoheit schienen die anderen nichts zu wissen«

10. Deschner. Abermals krähte der Hahn. Kritische Kirchengeschichte von den Evangelien zu den Faschisten. 1980. S. 451.

11. Deschner. Abermals krähte der Hahn. Kritische Kirchengeschichte von den Evangelien zu den Faschisten. 1980. S. 448.

12. Deschner. Abermals krähte der Hahn. Kritische Kirchengeschichte von den Evangelien zu den Faschisten. 1980. S. 553.

13. Deschner. Abermals krähte der Hahn. Kritische Kirchengeschichte von den Evangelien zu den Faschisten. 1980. S. 454.

14. Deschner. Abermals krähte der Hahn. Kritische Kirchengeschichte von den Evangelien zu den Faschisten. 1980. S. 454.

15. Conciliorum oecumenicorum decreta. Freiburg. 1962. S. 200.

16. Conciliorum oecumenisorum decreta. Freiburg. 1962. S. 242.

17. Noch heute hängt in der Deggendorfer Kirche zur Erinnerung an den dortigen Judenmord vom 30. September 1337 eine Bildtafel mit der Unterschrift: »... Die Juden werden von den Christen aus rechtmäßigen gottgefälligem Eifer ermordet und ausgestreuet. Gott gebe das von diesem Höllengeschmeiß unser Vaterland jederzeit befreyt bleibe« (Im Sommer 1961 hat man die Unterschrift übermalt); die Schande bleibt.

18. Deschner. Abermals krähte der Hahn. Kritische Kirchengeschichte von den Evangelien zu den Faschisten. 1980. S. 454.

19. P.E. Lapide. Rom und die Juden. Freiburg. 1976. S. 31.

20. Deschner. Abermals krähte der Hahn. Kritische Kirchengeschichte von den Evangelien zu den Faschisten. 1980. S. 453.

21. Deschner. Abermals krähte der Hahn. Kritische Kirchengeschichte von den Evangelien zu den Faschisten. 1980. S. 460.

22. G. Denzler. Im Namen Gottes. Belastendes Material aus der Kirchengeschichte. Stuttgart. 1973. S. 23.

23. Deschner. Abermals krähte der Hahn. Kritische Kirchengeschichte von den Evangelien zu den Faschisten. 1980. S. 457.

24. Zitiert nach Deschner.

25. Deschner. Abermals krähte der Hahn. Kritische Kirchengeschichte von den Evangelien zu den Faschisten. 1980. S. 454.

26. G. Denzler. Im Namen Gottes. Belastendes Material aus der Kirchengeschichte. Stuttgart. 1973. S. 24.

27. Deschner. Abermals krähte der Hahn. Kritische Kirchengeschichte von den Evangelien zu den Faschisten. 1980. S. 459.

28. Rahner-Vorgrimler. Kleines Konzilskompendium. 359. Erklärung über das Verhältnis der Kirche zu den nichtchristlichen Religionen.

29. Deschner. Abermals krähte der Hahn. Kritische Kirchengeschichte von den Evangelien zu den Faschisten. 1980. S. 461.

30. Zitiert nach Schindler.

31. Maslowski. Das theologische Untier. S. 180.

32. Maslowski. Das theologische Untier. S. 180.

33. Maslowski. Das theologische Untier. S. 181.

34. Vergl. Oberndorfer. Joh. Kurzer und klarer Bericht von der Natur und den Ursachen der ungerischen Krankheit, wie dieselbige recht erkennet, ordentlich und eyngentlich currirt werden möge, sampt angehängter Präservation. Frankfurt am Main. 1607.

35. Lammert. S. 29.

36. Lammert. S. 39

37. Vergl. Schickfuß. Schles. Chronik. Leipzig. 1625. 1. Buch. S. 168 - 171.

38. Vergl. Nicolaus Opol. (gest. 1682), in seinen Jahrbüchern der Stadt Breslau.

39. Duhr (1913) S. 101.

40. Duhr (1913) S. 103.

Das Christentum im Spiegel der historischen Kritik Fälschungen und Legenden

1. Wolf. Weltgeschichte der Lüge. B. 4. 5. verb. Auflage. Leipzig. 1937. Hier: S. 118 und 145.

   Sein Buch ist nationalsozialistisch gefärbt. Im Vorwort zur ersten Auflage sagt, er: »... mir geht es darum, zu zeigen, daß die Weltgeschichte ein Kampf der Nichtarier gegen die Arier ist, wobei die Hauptwaffen der äußeren und inneren Feinde in Schein, Heuchelei und Lüge bestehen«.

   Man hat ihn zum Katholikenhasser abgestempelt, der die Jugend vergiftet. Im Vorwort zu seiner 5. Auflage stellt er heraus: »... die Menscheitsapostel haben mich mehr als drei Jahrzehnte verfolgt ... noch im Januar 1934 sprach mir der Vatikanische »Osservatore Romano« in einer Besprechung der »Geschichte der katholischen Staatsidee« den letzten Rest des Christentums ab«.

   Für ihn ist die Theokratie eine Herrschaft der Lüge und des Teufels, der die Maske Gottes trägt (a. a. O. S. 21). So ist nicht verwunderlich, wenn ihm die Geistlichkeit Streicheleinheiten versagt.

2. G. Denzler. Im Namen Gottes. Belastendes Material aus der Kirchengeschichte. Stuttgart. 1973.

3. Deschner. Abermals krähte der Hahn. Kritische Kirchengeschichte von den Evangelien zu den Faschisten. 1980. S. 393.

4. G. v. Hoensbroech. Das Papsttum in seiner sozialkulturellen Wirksamkeit. Leipzig. 1906. S. 180.

5. I. v. Döllinger. Der Papst und das Konzil. S. 246.

6. Kahl. Das Elend des Christentums oder Plädojer für eine Humanität ohne Gott. rororo. Aktuell. 1093. Reinbek (Hamburg) 1969. S. 64.

7. G. Denzler. Im Namen Gottes. Belastendes Material aus der Kirchengeschichte. Stuttgart. 1973. S. 10.

8. Vladimir Dedijer. Das jugoslawische Auschwitz und der Vatikan. Freiburg i. B. Vorwort des Herausgebers. 1989. S. VII.

9. H. Kühner. Das Imperium der Päpste. Kirchengeschichte. Weltgeschichte. Zeitgeschichte von Petrus bis heute. 1977. S. 128.

10. G. v. Hoensbroech. Das Papsttum in seiner sozialkulturellen Wirksamkeit. Leipzig. 1906. S. VI.

11. Otto v. Corvin. Pfaffenspiegel. Leipzig. 1845. S. 200.

12. Politische Fähigkeiten bewies er im Zusammenhang mit den Einfällen der Hunnen und Vandalen. Möglicherweise war er an der Spitze einer Gesandschaft in Mantua, wo der Hunnenkönig Attila zur Umkehr bewegt wurde; ein Ereignis, das später zielbewußt zur Ausgestaltung der Legende benutzt wurde. Geschichtlich rekonstruierbar sind die Vorgänge nicht (mehr). Der Papst hat Rom vor der völligen Zerstörung durch die Vandalen Geiserichs gerettet. Vergl. Hans Kühner. Das Imperium der Päpste. S. 46 / 47.

13. G. v. Hoensbroech. Das Papsttum in seiner sozialkulturellen Wirksamkeit. Leipzig. 1906. S. VII.

14. I. v. Döllinger. Der Papst und das Konzil. S. IV.

15. I. v. Döllinger. Der Papst und das Konzil. S. 224.

16. Wolf. Weltgeschichte der Lüge. S. 426.

17. So der Theologe Carl Schneider.

18. Wolf. Weltgeschichte der Lüge. S. 127.

19. Wolf. Weltgeschichte der Lüge. S. 136.

20. Hase. Polemik. S. 75.

21. Otto v. Corvin. Pfaffenspiegel. Leipzig. 1845. S. 173.

22. Otto v. Corvin. Pfaffenspiegel. Leipzig. 1845. S. 173.

23. Christus (grch. »Der Gesalbte). Die Übersetzung des hebr. Messias, sowohl im grch. Alten wie im Neuen Testament. Die Bezeichnung »Gesalbter« wird im Neuen Testament Priestern und **Fürsten beigelegt. Im Neuen Testament ist Christus der Würdename, der Jesus v. Nazareth, den von Gott Aufgeweckten (Apg. 2. 36), als dem im Alten Testament verheißenen Messias kennzeichnet; er wird bereits in den Apostelbriefen zum Eigenname.**

24. Wolf. Weltgeschichte der Lüge. S. 84 / 85.

25. G. Denzler. Im Namen Gottes. Belastendes Material aus der Kirchengeschichte. Stuttgart. 1973. S. 11.

26. Detlef Nielsen.

27. Matth. 72. 24. Joh. 18. 31.

28. Lk. 2. 40. ff.

29. Zitiert nach dem Großen Brockhaus. 17. Ausgabe. S. 455 ff.

30. Maslowski. Das theologische Untier. S. 195.

31. Anton Mayer. »Der zensierte Jesus«. Soziologie des Neuen Testamentes. Verlag Walter. Olten und Freiburg i.B. 1982 /83.

32. Buch 18. 200.

33. Buch 15. 44.

34. Joachim Günther in seiner Besprechung zum Buch von Gerhard Stubbe (Hrsg.) Wer war Jesus v. Nazareth? Berlin. 11. 2. 1973.

35. Zitiert nach dem großen Brockhaus. 17. Ausgabe. S. 455 ff.

36. D. F. Strauß. Das Leben Jesu. kritisch beleuchtet. 2 Bde. Tübingen. 1835. S. 35.

37. Tert,. Apol. c. 21 und 23.

38. Deschner. Abermals krähte der Hahn. Kritische Kirchengeschichte von den Evangelien zu den Faschisten. 1980. S. 22.

39. Deschner. Abermals krähte der Hahn. Kritische Kirchengeschichte von den Evangelien zu den Faschisten. 1980. S. 13.

40. Deschner. Abermals krähte der Hahn. Kritische Kirchengeschichte von den Evangelien zu den Faschisten. 1980. S. 382.

41. D. F. Strauß. Das Leben Jesu. kritisch beleuchtet. 2 Bde. Tübingen. 1835. S. 39.

43. Wolf. Weltgeschichte der Lüge. S. 86.

44. Luk. 3. 23.

45. Am dritten Tag geht Chairea am frühen Morgen zum Grab der Kallirhoe. Er ist voll Verzweiflung, aber siehe: »... der Stein ist weggewälzt und der Eingang zum Grab ist frei. Vor Schreck wagt es Chairea nicht, das Grab zu betreten. Auf das Gerücht hin eilen die Leute herbei. Sie sind voll Furcht, bis endlich einer hineingeht und das Wunder bemerkt. Die Tote ist fort und das Grab leer. Nun tritt Chaireas ein und findet das Wunder bestätigt.«

46. Arthur Drews. Philosoph. Geb. 1. 11. 1865 in Uetersen, gest. 19. 7. 1935 in Achern. Seit 1898 Professor an der TH Karlsruhe. Er bestreitet unter dem Einfluß des theologischen Radikalismus in seinem Buch »Die Christusmythe« (1909 / 11) die historische Existenz von Jesus. Hauptwerke:

- Die Entstehung des Christentums aus dem Gnostizismus. 1924.

- Die Bedeutung der Geschichtlichkeit Jesu. 1926.

47. Johann Gottlieb Fichte. Philosoph. Geb. am 19. 5. 1752 in Rammenau (Lausitz) gest. 29. 1. 1814 in Berlin. Er studiert (zuerst) Theologie und wird dann mit den Lehren Kants vertraut (1790 lernt er Kants Philosophie kennen). Sein anonymer »Versuch einer Kritik aller Offenbarung« (1792) wurde lang als religionsphilosophische Schrift Kants gehalten, bis 1793 als »die Religion innerhalb der Grenzen der bloßen Vernunft« erschien.

Fichte wird 1794 Professor in Jena. 1799 wegen eines Begleitaufsatzes zu einer Abhandlung F. K. Forbers entlassen (= Atheismusstreit). 1805 wird er Professor in Erlangen. 1810 wird er der erste gewählte Rektor der Universität von Berlin.

Religionsgeschichtlich steht Fichte zunächst dem Spinozismus nahe und kommt dann im Zusammenhang mit Kant zum Rigorismus, der die natürliche Welt als Material der Pflichterfüllung auffaßt, zu einer Gleichsetzung Gottes mit der sittlichen Weltordnung. Er setzt sich für eine allgemeine deutsche Nationalerziehung ein.

48. Feuerbach. Das Wesen des Christentums. 1841. Wir haben sein Hauptwerk vor uns. Er begreift Gott als ein vom Menschen gemachtes Wesen, auf das der Mensch zum Zweck der eigenen Glückseligkeit und Luststeigerung seine menschlichen Ideale, Nöte und Wünsche projizierte.

49. The resurrection of Jesus consedered by a moral philosopher. 1744 Leland. 1. S. 350.

50. Thomas Wollston. Six Discourses of the miracles of Saviour. Einzeln herausgegeben (1727). Nebst zwei Verteidigungsschriften aus den Jahren 1729 / 30.

51. Schröckh. Kirchengeschichte seit der Reformation. 6. Th. S. 191.

52. In Lessings Beiträgen zur Geschichte und Literatur das Fragment im 3. Beitrag S. 155 ff. und im 4. Beitrag das erste Fragment S. 265. und das zweite S. 288 (hier grundsätzlich gegen die geoffenbarte Religion gerichtet). In Lessings 4. Beitrag das dritte und vierte Fragment. S. 366 und 384, und die von Schmidt 1787 herausgegebenen übrigen und ungedruckten Werke in der Wolfenbüttelschen Fragmentisten. Er greift auch das Neue Testament an. In Lessings 4. Beitrag das fünfte Fragment über die Auferstehungsgeschichte und das Fragment über den Zweck Jesu und seiner Jünger, von Lessing besonders herausgegeben. 1778.

Der Tenor dieser Aussagen ist: die Wunder und Blendwerke dienen lediglich den Herrschern und Priestern dazu, ihre Gesetze in Vollzug zu setzen. Er greift das mosaische Wirken an.

53. Vergl. dazu die umfassenden Arbeiten von Kammeier.

54. Paulus. Das Leben Jesu. Heidelberg 1828. 2. Bde. Paulus erkennt in Jesus einen weisen und tugendhaften Menschen, der keine Wunder, sondern Taten vollbringt. Als literarischer Vorläufer von Paulus kann Barth genannt werden (vergl. seine Briefe über die Bibel im Volkston, seit 1782 hrsg.).

55. Venturini ist der Verfasser der natürlichen Geschichte des großen Propheten von Nazareth (seit 1800). Von der Tendenz her geht es darauf hinaus, im Leben Jesu alles natürlich hinzustellen.

56. Eichhorn. Recension der übrigen, noch ungedruckten Werke der Wolfenbüttler Fragmentisten, in Eichhorns allgemeiner Bibliothek. 1. Bd. 1. und 2. Stück. er verneint eine unmittelbar-göttliche Einwirkung in der alttestamentlichen Urgeschichte. Die mythologischen Forschungen eines Heyne hatten seinen Gesichtskreis so erweitert, daß er einsah, wie eine solche Einwirkung entweder allen Völkern in ihrer Urzeit zugeschrieben, oder allen abgesprochen werden müsse.

57. D. F. Strauß. Das Leben Jesu. kritisch beleuchtet. 2 Bde. Tübingen. 1835. Strauss ist überzeugter Katholik und sagt: »... Christi übernatürliche Geburt, seine Wunder, seine Auferstehung und Himmelfahrt bleiben ewige Weisheiten« (Vorrede). Sein Buch wäre »weder von Ketzereifer noch Fanatismus getragen, sondern das ernsthafte Bemühen, eine der »fortschreitenden« Bildung angepaßte Lebensgeschichte Jesu zu schreiben«.

58. Arthur Drews. »Die wahre göttliche Komödie«.

59. Er beruft sich auf den Prophet Ezechiel: »... die Tür wird verschlossen sein und nicht aufgemacht werden« (vergl. Otto v. Corvin. S. 85).

60. Otto v. Corvin. Pfaffenspiegel. Leipzig. 1845. S. 85.

61. Joh. 2. 4.

62. Otto v. Corvin. Pfaffenspiegel. Leipzig. 1845. S. 87.

63. Otto v. Corvin. Pfaffenspiegel. Leipzig. 1845. unter Bezug auf Lucas. 1. 37.

64. Maslowski. Das theologische Untier. S. 47.
65. Grch. Petros. aramäisch Kephas (beides = Fels). Beiname des Simon, eines Fischers aus Bethesia in Galiläa.
66. Matthäus-Evangelium 81. 19. Vergl. H. Kühner. Das Imperium der Päpste. Kirchengeschichte. Weltgeschichte. Zeitgeschichte von Petrus bis heute. 1977. S. 25.
67. Brockhaus 17. Ausgabe.
68. Mk. 1. 29. ff.
69. Apg. 12.
70. Gal. 2. 11. ff.
71. Mk. 14. 66. ff.
72. Vergl. Josephus Flavius. Jüdischer Krieg. II. 17. 2.
73. Dem römischen Kaiser Nero wird vereinzelt »Cäsarenwahnsinn« vorgeworfen. Beispielsweise als er im Jahr 64 mehrere Stadtbezirke Roms niederbrennen ließ oder in seiner Verhaltensweise gegenüber Andersdenkenden.
74. Lk. 24. 31.; 1. Kor. 15. 5.
75. Deschner. Abermals krähte der Hahn. Kritische Kirchengeschichte von den Evangelien zu den Faschisten. 1980. S. 244.
76. Vergl. Apg. 18. 3.; Apg. 22. 3. und Gal. 1. 13. ff.
77. Bruno Bauer. Evangelischer Theologe und Publizist. Am 6. 9. 1809 in Eisenburg (Thüringen) geboren. Am 15. 4. 1882 in Rixdorf bei Berlin als Inhaber eines Gemüseladens verstorben. 1842 wird ihm die Lehrbefugnis wegen seiner Kritik an den Evangelien entzogen. Sie entstammen seiner Ansicht nach dem Selbstbewußtsein der Verfasser; der »Urevangelist« sei der Schöpfer des Christentums. Die Geschichtlichkeit der Person von Jesus Christus wird von ihm bestritten. Hauptwerke:
   • Kritik an der evangelischen Geschichte des Johannes (1840).
   • Kritik an der evangelischen Geschichte der Synoptiker. 3. Bde. (1841 / 42).
   • Die Apostelgeschichte. 1850.
   • Der Ursprung des Christentums aus dem römischen Griechentum. 1877.
78. Deschner. Abermals krähte der Hahn. Kritische Kirchengeschichte von den Evangelien zu den Faschisten. 1980. S. 168.
79. Clem. Röm. ad Corinth. I. 5. p. 98 k.
80. Pfister. S. 278.
81. Cap. 1. - 3. Pfister. S. 268.
82. Wolf, Hans-Jürgen. Hexenwahn. Hexen in Geschichte und Gegenwart. Historia Verlag. Dornstadt. 1989.
83. Weizäcker.
84. Kammeier. Heft II.
85. Erzbischof Bengsch in seiner Ansprache zum Berliner Bistumstag.
86. J. Grenber. Der Verkehr mit der Geisterwelt Gottes. Seine Gesetze und sein Zweck. 1983. Einleitung.
87. Er sagt: » ... bekanntlich haben es schon viele unternommen, einen Bericht über die vollbeglaubigten Begebenheiten, die sich bei uns zugetragen haben, so abzufassen, wie sie uns von den ursprünglichen Augenzeugen und Dienern des Wortes überliefert wurden ... so habe denn auch ich mich entschlossen, nachdem ich allen Tatsachen von Anfang an sorgfältig nachgeforscht habe, alles für Dich hochgeschätzter Theophilus, nach der geschichtlichen Reihenfolge niederzuschreiben« (Vergl. Grebner. S. 7).
88. J. Grebner. Der Verkehr mit der Geisterwelt Gottes. Seine Gesetze und sein Zweck. 1983. S. 9.
89. J. Grebner. Der Verkehr mit der Geisterwelt Gottes. Seine Gesetze und sein Zweck. 1983. S. 9.
90. Dies bestätigt u. a. Dr. Eugen Huehn in seinem Hilfsbuch zum Verständnis der Bibel: » ... wer von uns nur sein geglättetes Neues Testament kennt, wird es nie für möglich halten, daß viele tausend verschiedener Lesearten existieren.

   Die Verhältnisse liegen nach kundiger Schätzung so, daß mehr Verschiedenheiten als Worte des Textes im Neuen Testament enthalten sind. Bei diesem Sachverhalt würde sich die Kirche heutzutage nicht in geringe Verlegenheit versetzt sehen, wollte sie das Dogma von der wörtlichen Inspiration der Bibel aufrecht erhalten« (zit. nach Grebner).
91. Vergl. Fußnote 128.

   Kammeier macht m. E. den Fehler, aus der Vergleichung der biblischen Texte herauszulesen, daß sie eine mehr oder weniger unverhüllte Bestallungsurkunde einer Priesterschaft dokumentieren.

   Dies spricht gegen eine mittelalterliche Fälschung, denn wir haben eine längst in der Antike gepflogene Sache vor uns. Schon damals schieben sich Priesterkasten zwischen angenommene Götter und Menschen, leiten daraus Schutzrechte ab und beginnen, dem Individuum Sünden einzureden und sie dafür zu bestrafen.
92. Zitiert nach den Arbeiten von Kammeier.
93. Deschner. Abermals krähte der Hahn. Kritische Kirchengeschichte von den Evangelien zu den Faschisten. 1980. S. 125.
94. Hieroymus. Lat. Kirchenlehrer. Geb. Strido (Dalmatien) um 347, gest. 30. 9. 419 in Bethlehem oder 420. Nach dem Großen Brockhaus haben wir den kenntnisreichsten und fruchtbarsten aller lat. Kirchenväter vor uns. Asketisch veranlagt, bereist er den Osten und geht nach Rom. Von dort vertrieben, ließ er sich als Klostervorsteher in Bethlehem nieder und kämpfte hier gegen die Origenisten und Pelagianer. Seine größe Leistung liegt in der Übersetzung der Bibel (= Vulagata) und ihrer Kommentierung.

   Außerdem verfaßte er Streitschriften, Mönchsbiographien und die erste christliche Literaturgeschichte »De viris illstribus« (lat. = Berühmte

Männer) und pflog einen ausgedehnten Schriftwechsel. Sein »heiliger« Tag ist der 30. 9.

95. Verum nonesse quod variat etiam maledicorum testimonio conprobatur.

96. Deschner. Der gefälschte Glaube. S. 19. J. + Erg. Fußn. 120.

97. Wolf, Hans - Jürgen. Hexenwahn und Exorzismus. Frankfurt. 1981.

98. Deschner. Abermals krähte der Hahn. Kritische Kirchengeschichte von den Evangelien zu den Faschisten. 1980. S. 144.

99. Didache (= grch.»Lehre«). Lehre der zwölf Apostel, die älteste erhaltene christl. Kirchenordnung, aus der ersten Hälfte des 2. Jh. (Mit dem Katechismus der »Zwei Wege«).

100. Deschner. Abermals krähte der Hahn. Kritische Kirchengeschichte von den Evangelien zu den Faschisten. 1980. S. 144.

101. Als der Kirchenlehrer der ersten 6 Jahrhunderte. Nach Gregor d. G. (gest. 604) gibt es für lange Zeit keinen Kirchenvater mehr«. Vergl. I. v. Döllinger. Der Papst und das Konzil. S. 15.

102. I. v. Döllinger. Der Papst und das Konzil. S. 222.

103. Bellarmin rühmt sich bei dieser Gelegenheit, dem Papst aus der Klemme geholfen zu haben. Sixtus läßt das Hauptwerk Bellarmins, die Kontroversen, auf den Index setzen, weil Bellarmin in ihnen nur auf die indirekte, aber nicht auf die direkte Weltherrschaft des Papstes abhebt. Er hätte also selbst Grund gehabt, über den rechthaberischen Akt des Papstes verärgert zu sein.

Kardinal Azzolini schlägt vor, die Autobiographie von Bellarmin zu unterschlagen, damit der Lapsus der Sixtinischen Bibelübersetzung unbekannt bleibt.

104. I. v. Döllinger. Der Papst und das Konzil. S. 236.

105. I. v. Döllinger. Der Papst und das Konzil. S. 229.

106. I. v. Döllinger. Der Papst und das Konzil. S. 192.

107. Wolf, Hans-Jürgen. Hexenwahn und Exorzismus. Frankfurt. 1981. S. 346.

108. Visitations- und Konsistorialordnung aus dem Jahr 1571. Art. 11.

109. Vergl. Kammeier. Heft 1.

110. So der Theologe Lietzmann.

111. S. A. Tokarew. Die Religion in der Geschichte der Völker. Köln. Berlin. 1968. S. 471.

112. Zunächst auf dem Konzil von Florenz. Bulle »Cantata Dominio« vom 4. Februar 1442. Dann auf dem Konzil von Trient. 4. Sitzung vom 8. April und dann auf dem Vatikanischen Konzil. 3. Sitzung vom 24. April 1870.

113. Wolf. Weltgeschichte der Lüge. S. 138.

114. Leo XIII. in der Enzyklika »providentissimus Deus«. 1893.

115. B. Bruaner. Die hl. Schrift. Gottes Wort oder Menschenwort?« Was gilt uns heute noch die Bibel? In. Petrusblatt. Katholische Kirchenzeitung für das Bistum Berlin. 1. / 66.

116. Vergl. seine Enzyklika »Divino afflante«. 1943.

117. Lacordaire. gest. 1861.

118. Bischof Ketteler. Ca. 1850.

119. Der Theologe P. Werle. Vergl. Kammeier. Heft 1. S. 7.

120. Karl-Heinz Deschner. Der gefälschte Glaube. Eine Kritik des Unfehlbarkeitsdogmas und anderer christlicher Glaubenslehren. 1980. S. 22.

121. Marcus. 16. 16.

122. 12. Joh. 20. 29.

123. Deschner. Abermals krähte der Hahn. Eine kritische Kirchengeschichte von den Evangelien bis zu den Faschisten. Neuauflage. 1980. S. 133.

124. Brockhaus. Enzyklopädi. 17. Ausgabe. Bd. II. Wiesbaden 1967. Vergl. hierzu das Kapitel »Bibel« von Seite 675 - 681.

125. Alighiero Tondi, »... ein solcher Kichenmann ist untragbar für den Lehrkörper der Gregoriana«. Er wird verworfen und verliert sein Lehramt. An einem 21. April gelingt ihm die Flucht aus dem Vatikan. Er sagt: »... das Haus, in das ich geflohen war, wurde von der politischen Partei umstellt. Im Auftrag der Jesuiten sollte ich in ein Irrenhaus gebracht werden. Die beste Lösung um mich mundtot zu machen und die vielen Dinge, die mir im Verlauf meiner 16-jährigen Zugehörigkeit zum Orden der Jesuiten bekannt geworden waren, als wertlos hinzustellen«.

Daraufhin wird er von der Vatikanischen Presse diffamiert, auf der Straße angefallen und von Klerikern mit dem Tod bedroht. Er wendet sich dem Kommunismus zu und geht nach Ostdeutschland.

126. D. F. Strauß. Das Leben Jesu. kritisch beleuchtet. 2 Bde. Tübingen. 1835. Dr. der Philosophie und Repentent am evangelisch-theologischen Seminar zu Tübingen. Mit köngl. Württembergischen Privilegium gegen den Nachdruck. Tübingen. 1835.

Strauss bleibt nicht allein mit seinen Ansichten. Weitere Träger seiner Gedanken sind: der Theologe Bauer, der Bremer Pastor Kalthoff, der Karlsruher Philosoph Drews, Friedrich Pszillas und 1960 der Dachauer Theologe Leonhard Roth. Hinzu kommen Kammeier und Bromme und in jüngster Zeit vor allem Karlheinz Deschner, der »Voltaire des 20.Jh.«.

127. J. Grebner. Der Verkehr mit der Geisterwelt Gottes. Seine Gesetze und sein Zweck. 1983. Selbsterlebnisse eines katholischen Geistlichen 7. Auflage. 1983.

Johannes Grebner. Das Neue Testament. Aus dem Griechischen neu übersetzt und erklärt. 1966. Zu seiner Person: Johannes Grebner wird am 2. Mai 1873 in Wenigerath (Kreis Bernkastel) geboren. 1900 wird er zum Priester geweiht. 1914 hat er eine Vision, »... denn er sah in einem Film Tausende halbverhungerter Kinder vor sich ... ein Finger deutete auf ihn und sprach: »... das ist Deine Arbeit«. 1923 hat er eine weitere Offenbarung: derzufolge verläßt er 1925 die katholische Kirche und arbeitet für den von ihm gegründeten Hilfsbund. 1929 wandert er nach Amerika aus, läßt sich in New York nieder und gründet eine Kirche.

Während einer spiritistischen Sitzung soll ihm ein bewußtloser Junge klargemacht haben, daß die ursprüngliche Lehre Christi im Lauf der Zeit gefälscht worden sei. Er habe sogar die vorgenommenen Fälschungen des Neuen Testamentes angegeben: so schreibt er seine eigene Bibel. Er stirbt am 31. März 1944 als Wunderheiler.

128. Wilhelm Kammeier war Amateurhistoriker. Vor dem Zweiten Weltkrieg ist er in Hannover Rechtsanwalt. Er nimmt am Krieg teil und gerät in Gefangenschaft. Später zieht er mit seiner Frau nach Arnstadt (Thüringen). Als er den dritten Teil seiner Arbeiten über die Fälschung des Urchristentums veröffentlichen will, werden DDR-Behörden auf ihn aufmerksam. Es beginnt ein Kesseltreiben; man entzieht ihm die Arbeits- und Lebensmöglichkeiten. Kammeier verhungert 1959. »... so sehr fürchtete man diesen Mann« (Zit. nach Roland Bohlinger).

Im Zusammenhang mit meiner Untersuchung ist auf das Heft 3 seiner Arbeiten zu verweisen. Hier geht er ausführlich auf die einzelnen Theorien der Evangelien ein.

- Heft 1. Die handschriftlichen Überlieferungen im Neuen Testament. 1939.
- Heft 2. Das mündliche Evangelium.
- Heft 3. Der Kampf um den geschichtlichen Kern der Evangelien. 1941.
- Heft 4. Der einheitliche Ursprung der Evangelien. 1942 / 43.

129. Bromme. Untergang des Christentums. Korrekturen der Welt- und Religionsgeschichte. 5 Bde. Berlin. 1979.

Erich R. Bromme, geb. 10. 8. 1906 in Großbockedra (Thüringen). 1926 - 30 Studium der Geschichte und der alten Geschichte. 1932 zum Dr. phil.in Jena promoviert. Seit 1970 hält er Vorträge über die Reiselegenden von Jesus und über seine Forschungsergebnisse aus der Entschlüsselung der Bibel.

1975 legt er das Buch »Fälschung und Irrtum in Geschichte und Theologie« vor. Doch entscheidend ist seine 5-bändige Arbeit über den Untergang des Christentums. Bromme sagt darin: »... mit der Entschlüsselung der hl. Schrift habe ich Neuland betreten. Den Fortgang meiner Arbeiten begleitete ständiges Umdenken, Überbordwerfen liebgewonnener Anschauungen und ihr Ersetzen durch neue Erkenntnisse ... bis schließlich anstelle von Glaube und Auslegung das stichhaltige Wissen stand«.

»... so bin ich mir im Klaren, daß meine Untersuchungen Ablehnung und Angriffe seitens derer geben wird, die erkennen, daß das, was sie als unantastbare Wahrheit aufgefaßt haben, in Wirklichkeit eine Vielzahl von Irrtümern ist. Ich fordere alle Historiker, Theologen und sonstigen Fachleute zur sachlichen Widerlegung meiner Forschungsergebnisse auf«.

Er fühlt sich verpflichtet, da mit Verstand und Logik die Sonde der Kritik anzusetzen, wo der Glaube über Jahrhunderte eine exakte Forschung verhindert hat. Vergl. Bromme. Bd. 1. S. 20.

Die Geistlichkeit sieht ihm nicht tatenlos zu. Ein Geistlicher hat ihm bereits während seiner Vorträge bescheinigt: »... er werde ja sehen, daß ihn Gott zur ewigen Höllenstrafe verdammen werde«.

Unmittelbar nach dem Erscheinen seines 5-bändigen Werkes hängt ihm der Klerus ein Strafverfahren um den Hals. Seine Argumente sind nicht widerlegt.

130. David Friedrich Strauss im Vorwort seines Buches.

131. Trinität. (lat. = trinitas, die Dreiheit), Dreifaltigkeit. In der christlichen Glaubenslehre die Lehre von der Dreiheit der göttl. Personen (Vater, Sohn und Heiliger Geist). Sie wurde aufgrund der Aussagen des NT über Jesus als Sohn Gottes und ewigen Logos und über den Geist, dessen Sendung Jesus nach Joh. 14. verhieß. Die Dreiheit in der Einheit wurde im 3. Jh. gegen die Monarchianer festgelegt. Die Einheit in der Dreiheit besteht darin, daß die drei Personen ihrer göttlichen Natur oder Substanz nach ein einziger Gott sind. Sie sind in ihrer Gleichwesenheit auch gleich ewig in einer sich gegenseitig durchdringenden Lebenseinheit (Perichorese).

Das Dogma der Trinität wurde auf den ökumenischen Konzilien von Nikaia I. (325) und Konstantinopel I. (381) festgelegt; es ist der östlichen und westl. - Kirche gemeinsam.

133. Der christliche Bannfluch spricht für sich: ».... verflucht seist Du immer und überall; verflucht bei Tag und Nacht zu jeder Stunde, wenn Du schläfst und wenn Du wachst; verflucht, wenn Du fastest und wenn Du issest und trinkst; verflucht sei deine Rede und Dein Schweigen; verflucht seist Du drinnen und draußen ; auf dem Feld und auf dem Wasser; verflucht von dem Wirbel deines Hauptes bis zu den Sohlen der Füße. Deine Augen sollen blind, deine Ohren taub, dein

Mund stumm werden; die Zunge soll in Deinem Gaumen stocken; deine Hände sollen sich nicht bewegen, noch Deine Füße gehen. Verflucht seien alle Glieder Deines Körpers, stehend, liegend seien sie von jetzt an immer verflucht; und so mögen deine Lichter bei der Erscheinung des Herren am Tage des Gerichts ausgelöscht werden. Dein Begräbnis geschehe mit den Hunden und den Eseln; deinen Leichnam mögen die gefräßigen Wölfe verzehren; der Teufel mit seinen Engeln sei Dein Begleiter immerdar«.

Es ist bemerkenswert, auf welches Niveau sich der christliche Geist erniedrigt.

Schon vor dem Einsetzen des Christentums setzte man vor die Tür der Gebannten eine Totenbahre zum Zeichen, daß der Gebannte (auch) bürgerlich tot sei. Er konnte keine Rechtssachen mehr vor Gericht führen, nicht Zeuge sein und kein Gut zum Lehen geben. Die Leichen von Exkommunizierten wurden wie die eines Hundes verscharrt.

134. G. v. Hoensbroech. Das Papsttum in seiner sozial-kulturellen Wirksamkeit. Leipzig. 1906. S. 152.

135. G. v. Hoensbroech. Das Papsttum in seiner sozial-kulturellen Wirksamkeit. Leipzig. 1906. S. 153

136. H. Kühner. Das Imperium der Päpste. Kirchengeschichte. Weltgeschichte. Zeitgeschichte von Petrus bis heute. 1977. S. 55.

137. G. v. Hoensbroech. Das Papsttum in seiner sozial-kulturellen Wirksamkeit. Leipzig. 1906. S. 59.

138. So wie es beispielsweise Xystus III. laut der Gesta bezüglich seiner Unschuld der von Bassian gegen ihn erhobenen Anklage der Unzucht getan haben soll» (vergl. G. v. Hoensbroech. Das Papsttum in seiner sozial-kulturellen Wirksamkeit. Leipzig. 1906. S. 60.).

139. G. v. Hoensbroech. Das Papsttum in seiner sozial-kulturellen Wirksamkeit. Leipzig. 1906. S.53 Joh. Jos. Ignaz v. Döllinger. Die Papst-Fabeln des Mittelalters. Ein Beitrag zur Kirchengeschichte. 2. Aufl. Stuttgart. 1891.

140. Die Sage ist: Seit dem Jahr 1155 hatte man zahlreiche Leichen in den Feldern Kölns ausgegraben und sie der Schar des hl. Ursula zugeordnet; man fand Grabsteine und deutete sie. Einer hatte die Aufschrift: »... Cyriakus Papa Romanus qui cum gaudio suscepit sacras virgines et cim iisdem reversus martyrium suscepit et S. Alina V.«.

Dieses Fragment schickt der Abt Gerlach an Elisabeth, »... sie sollte durch ihre hellseherischen Fähigkeiten per Vision entscheiden, ob die Inschrift glaubhaft sei. Sie deutet:

»... als Ursula mit den Jungfrauen nach Rom kam, hatte Cyriakus bereits ein Jahr und 11 Wochen als der 19. Papst regiert. In der Nacht empfing er eine göttliche Weissagung, seinem Amt zu entsagen und mit den Jungfrauen fortzuziehen, da der Märtyrertod seiner und ihrer harrte. Er legte danach seine Würde in die Hände der Kardinäle (Anm. welche es damals noch nicht gab!) und ließ den Antherus statt seiner erheben. Der römische Klerus aber empfand über die Abdankung des Cyriakus solchen Verdruß, daß man seinen Namen aus der Reihe der Päpste gestrichen hat«.

G. v. Hoensbroech. Das Papsttum in seiner sozial-kulturellen Wirksamkeit. Leipzig. 1906. S. 55.

141. So verschiedene Dominikaner wie Vincenz v. Beauvais und Thomas v. Chantinpres (auch Zistersienser). Martin Polonus erwähnt dies ebenfalls, wenngleich von ihm mehrere Irrtümer ausgehen.

142. (um 1330). ».... Want er liues daz babesthum und die würdigkeit wider der Cardinal willen, und fur mit den XI tüsing megden gen Colen, und wart gemartet. darumb die cardinal sinen namen abe der bebiste buche« (vergl. Oberrheinische Chronik. Hrsg. S. A. Grieshaber. 1850. S. 5.)

143. Er bedrängt die Juden Roms, sät als gehässiger Aristokrat überall Haß und Streit. Getragen von schrankenlosem Hochmut, Maßlosigkeit und Machtgelüsten ... hinzu kommt seine pathologische Eitelkeit und Rachsucht ... mit ihm versinkt die Achtung vor dem Papsttum. Er verkündet das erste, alle hundert Jahre zu begehende Jubeljahr. Zu seinen Ruhmestaten gehört die Exkommunikation von Philipp d. Schönen.

Hans Kühner konstatiert: »... am Ende blieb nur noch der Hohlraum seiner eingebildeten Macht« (a. a. O. S. 212).

144. Vergl. Joh. Jos. Ignaz v. Döllinger. Die Papst-Fabeln des Mittelalters. Ein Beitrag zur Kirchengeschichte. 2. Aufl. Stuttgart. 1891.

145. Baronius ist der Auffassung, die Sage sei als Satyre auf den Papst Johann VII. entstanden. Andere bringen sie in Verbindung mit der Herrschaft der Theodora und Marozia (Rom). Der Jesuit Sechhii äußert in Rom, dies wäre eine von den Griechen ausgegangene Verleumdung. Leo Allatius denkt an eine falsche Prophetin im 9. Jh. und Leibnitz meint in seiner Kirchengeschichte, es könne sich durchaus um einen »falschen« Bischof gehandelt haben ... der ein Weib gewesen ... und während einer Prozession ein Kind geboren habe«.

Noch 1843 verfaßt der niederländische Professor Kist eine Schrift, in der er den Nachweis führen will, daß es wirklich eine Päpstin Johanna gegeben hat. Er wird von seinem Landsmann, Prof. Wending (Warmond) widerlegt.

146. Wir haben einen französischen Dominikaner vor uns. Geb. Ende des 12. Jh. und 1261 verstorben. Er schreibt um die Mitte des 13. Jh. die Chronik von den sieben Gaben des hl. Geistes. Hierin erwähnt er die Päpstin Johanna in einer Notiz die er in einer Chronik gefunden zu haben behauptet.

147. Er schreibt eine synchronistische Geschichte der Päpste und Kaiser anhand kritiklos übernommener biographischer Notizen; diese Schrift übt einen erheblichen Einfluß auf die Denkweise des Mittelalters aus. Die Einrückung in seinen Text ist wohl in der Zeit von 1278 bis 1312 erfolgt.

148. Die unter den Namen Martinus Minorita, Hermannus Januensis und Hermannus Gigas in zahlreiche Handschriften einfließet.

149. Joh. Jos. Ignaz v. Döllinger. Die Papst-Fabeln des
Mittelalters. Ein Beitrag zur Kirchengeschichte. 2.
Aufl. Stuttgart. 1891. S. 19.

150. Joh. Jos. Ignaz v. Döllinger. Die Papst-Fabeln des
Mittelalters. Ein Beitrag zur Kirchengeschichte. 2.
Aufl. Stuttgart. 1891. S. 22.

151. Joh. Jos. Ignaz v. Döllinger. Die Papst-Fabeln des
Mittelalters. Ein Beitrag zur Kirchengeschichte. 2.
Aufl. Stuttgart. 1891. S. 22.

152. Joh. Jos. Ignaz v. Döllinger. Die Papst-Fabeln des
Mittelalters. Ein Beitrag zur Kirchengeschichte. 2.
Aufl. Stuttgart. 1891. S. 22.

153. Unter ihnen Trithemius, Felix Hemmerlin, Cocci-
us Sabellicus, Pico de Mirandola, der Kardinal
Domenico Jacobazzi, Hadrian von Utrecht (später: Papst Hadrian VI.). Deutsche, Italiener, Franzosen und Spanier.

154. Joh. Jos. Ignaz v. Döllinger. Die Papst-Fabeln des
Mittelalters. Ein Beitrag zur Kirchengeschichte. 2.
Aufl. Stuttgart. 1891. S. 27.

155. Seit Paschalis II. (1099) wird der Gebrauch erwähnt, daß der neue Papst bei seiner feierlichen
Inthronisation sich auf zwei alten steinernen und
durchbrochenen Sesseln niederließ. Man nannte
sie »phorphyreticae«, weil sie aus einer hellrötli-
chen Steingattung waren. Sie waren aus altrömi-
scher Zeit und kamen dann wohl in das Oratorium
S. Sylvesters neben den Lateran.

Hier pflegte sich der Papst erst auf den rechts
stehenden zu setzen, wobei ihm ein Gürtel mit
sieben Schlüsseln und Siegeln anvertraut wurde.
Zugleich wurde ihm ein Stab in die Hand gegeben
... den er dann dem Prior von St. Laurenz aushän-
digte. Dieses Sitzen hatte die Bedeutung des Be-
sitzergreifens«. Es war ein reiner Zufall, daß die
Steine durchbrochen waren.

Der Volkswitz beginnt sich zu regen und man
meint, der Stuhl sei nur darum durchbrochen, damit man die Gewißheit erlangt, daß der Daraufsit-
zende auch ein Mann sei. Daraus resultiert fast
zwangsweise, warum die Prüfung notwendig ist;
eben weil einmal ein Weib Papst gewesen sei«.

Zum erstenmal findet sich die Sage, daß der neugewählte Papst auf einem durchbrochenen Stuhl
saß, damit man sich von seiner Virilität überzeugen konnte, in den Visionen des Dominikaners
Robert d' Usez, der 1296 in Mainz stirbt.

Bereits 1405 weist aber Jacopo d' Agnola di Scar-
peria in einem Schreiben an den Grieche Emanuel
Chysolaros nach, die Sache sei eine unsinnige Fabel des Volkes.

Dagegen der Schwede Laur. Banck, der die Feierlichkeiten bei der Erhebung von Innocenz X. ausführlich beschrieben hat, allen Ernstes versichert:
»... es verhalte sich wirklich so, die Untersuchung,
ob der Papst männlichen Geschlechtes sei, sei der

Zweck der Zeremonie«. Damals aber war der Gebrauch der durchbrochenen Stühle längst - und
zwar seit dem Tod Leos X. - verschwunden.

Aber: Giampietro Valeriano Bolzani, einer der
literarischen Höflinge Leos X. überzeichnet. In
einer an den Kardinal Hippolyth de Medici gerichteten, in Rom mit einem päpstlichen Privilegium gedruckten Rede von der Geschlechterprü-
fung jedes neugewählten Papstes mit neuen
fabelhaften Umständen ausmalte. Die Sache gehe
öffentlich in der Emporkirche der Laterankirche
vor den Augen des versammelten Volkes vor sich,
sie werde dann von einem Geistlichen ausgerufen
und in ein Protokoll eingetragen«.

156. Ap. Wolf. Lection. Memorab. ed. 1671. p. 177.

157. Joh. Jos. Ignaz v. Döllinger. Die Papst-Fabeln des
Mittelalters. Ein Beitrag zur Kirchengeschichte. 2.
Aufl. Stuttgart. 1891. S. 224.

158. Graf v. Hoensbroech sagt dazu: »... die konstantinische Schenkung, die geräumige und unerschöpfliche Schatzkammer, aus der man je nach Bedürfnis politische und andere Befugnisse herausziehen
konnte«. (a. a. O. S. 11).

159. Nach der Anlage des Textes lagen dem Fälscher
(den Fälschern), die Farben der klerikalen Kleidung, die Titel und Ehrenbezeugungen am Herz.
Der Verfasser der Schenkung legt Wert darauf,
daß den römischen Klerikern das Recht zusteht,
ihre Reitpferde mit weißen Decken zu behängen.
Darum (wohl) meldet Gregor d. G. dem Erzbischof von Ravenna: »... der Klerus zu Rom wolle
durchaus nicht zugeben, daß der Gebrauch von
Pferdedecken (= mappulae) den Geistlichen in
Ravenna gestattet wird«.

160. H. Kühner. Das Imperium der Päpste. Kirchengeschichte. Weltgeschichte. Zeitgeschichte von Petrus bis heute. 1977. S. 53.

161. H. Kühner. Das Imperium der Päpste. Kirchengeschichte. Weltgeschichte. Zeitgeschichte von Petrus bis heute. 1977. S. 53.

162. Der erste Byzantiner, der sie erwähnt, ist Balsam-
on, der als Patriarch von Antiochien 1180 gestorben ist.

163. G. v. Hoensbroech. Das Papsttum in seiner sozial-
kulturellen Wirksamkeit. Leipzig. 1906. S. 88.

164. Wir sehen es (auch) daran, daß von 685 bis 741
zehn Päpste aufeinanderfolgen, die, bis auf einen,
teils Syrier (Johann V., Sergius, Sinius, Constantin, Gregor III.), teils Griechen (Konon, Johann
VI. und VII.) waren. Der einzige Römer unter
ihnen ist Gregor II.

165. Karl d. G. wird erklärt, daß er als ein »neuer«
Konstantin durch seine Schenkung der Kirche
zwar das Ihrige gegeben, aber noch mehr von den
alten kaiserlichen Schenkungen zu restituieren habe.

»... daß er eine so umfassende Schenkung gemacht
haben soll, bei der ihm vom Reich nur ein kleines

Stückchen geblieben wäre, ist unverständlich. Es ist jedoch erklärbar, wenn man die bereits zweimal gedruckte und zugleich erdichtete Urkunde vergleicht, die sich für das Paktum oder für die Verschreibung Pipins ausgibt und die den wirklichen geographischen Umfang der Schenkung, mit der Aufzählung von mehreren Städtenamen vergleicht, so beschreibt, wie ihn der Biograph Hadrians angibt.

Daraus wird deutlich, wie Karl verleitet worden ist, ein Versprechen zu geben, das letztlich unausführbar ist; weshalb er den sich stets erneuernden Forderungen der Päpste beharrlich Widerstand leistet und das Verlangen entgegensetzt, daß Rom seine Rechtstitel auf die einzelnen Gebiete nachweise« (Ignaz v. Döllinger. S. 31).

166. I. v. Döllinger. Der Papst und das Konzil. S. 32.

167. Das Ganze ist rasch entlarvt. So erhebt Gregor VII. (1073 - 1085) Ansprüche auf Sardinien - das ihm ja nach der fingierten Schenkung schon längst gehörte - und hebt hervor: »... daß die Sardinier bisher mit dem päpstlichen Stuhl in keinem Verkehr gestanden haben, viel mehr durch die Nachlässigkeit seiner Vorgänger, wie er meint, demselben fremder geworden sei, als die Völker am äußersten Ende der Welt«. (Ignaz. v. Döllinger. S. 32).

Papst Gregor d. G. behauptet 1081: »... Nach Ausweis der im Archiv der Peterskirche aufbewahrten Urkunde habe Karl d. G. ganz Gallien der römischen Kirche zinspflichtig gemacht und ihr zudem ganz Sachsen geschenkt«. Damit kann er nur die im 10. oder 11. Jh. geschmiedete Urkunde gemeint haben.

168. Wolf. Weltgeschichte der Lüge. S. 127.

169. H. Kühner. Das Imperium der Päpste. Kirchengeschichte. Weltgeschichte. Zeitgeschichte von Petrus bis heute. 1977.

170. Brockhaus. Enzyklopädie in 20 Bänden. Wiesbaden 1970. Bd. 10. S. 477 ff.

171. R. Darwin. Die Entwicklung des Priestertums und der Priesterreiche. Faksimiledruck der Ausgabe von 1929. S. 251.

172. Catholic Enric / Neuyork. IV. 523. Enric of Bibl. Theol. Ecoles Literature (Neuyork) II. 575 - 581.

173. Deschner. Abermals krähte der Hahn. Kritische Kirchengeschichte von den Evangelien zu den Faschisten. 1980. S. 357.

174. Josepf Mc. Cabe. The Evolution of Christian Doctrine.

175. Deschner. Abermals krähte der Hahn. Kritische Kirchengeschichte von den Evangelien zu den Faschisten. 1980. S. 378.

176. Deschner. Abermals krähte der Hahn. Kritische Kirchengeschichte von den Evangelien zu den Faschisten. 1980. S. 507.

177. Deschner. Abermals krähte der Hahn. Kritische Kirchengeschichte von den Evangelien zu den Faschisten. 1980. S. 510.

178. So sagt der Dominikaner Johannes Quidort von Paris, Magister der dortigen theol. Fakultät (gest. 1306) in seinem Buch »Von der königlichen und päpstlichen Gewalt« über die Konstantinische Schenkung: »... sie sei unrechtmäßig, da nach Meinung der Rechtsgelehrten ein Kaiser sein Reich nur mehren und nicht teilen darf«.

179. Im christlichen Mittelalter wird ihm vorgeworfen, er habe Heilige geschändet, Kindern das zuckende Herz aus dem Leib gerissen und schwangeren Müttern den Leib aufgeschnitten.

180. G. v. Hoensbroech. Das Papsttum in seiner sozial-kulturellen Wirksamkeit. Leipzig. 1906. S. 68.

181. G. v. Hoensbroech. Das Papsttum in seiner sozial-kulturellen Wirksamkeit. Leipzig. 1906. S. 90.

182. H. Kühner. Das Imperium der Päpste. Kirchengeschichte. Weltgeschichte. Zeitgeschichte von Petrus bis heute. 1977. S. 151.

183. H. Kühner. Das Imperium der Päpste. Kirchengeschichte. Weltgeschichte. Zeitgeschichte von Petrus bis heute. 1977. S. 152.

184. Gottfried, ein in Bamberg ausgebildeter deutscher Kaplan und Notar der drei hohenstaufischen Herrscher Konrad, Friedrich und Heinrich IV., der zuletzt als Kanonikus in Viterbo lebt, meint dies in seinem Urban II. gewidmeten »Pantheon«.

185. »... Konstantinus habe mit den kaiserlichen Insignien Rom mit seinem Ducatus und das Imperium der Sorge der Päpste für immer überlassen ... darauf haben sie das Tribunal des Kaisertums errichtet, es auf die Deutschen übertragen und pflegen die Gewalt des Schwertes in der Krönung zu bewilligen« (G. v. Hoensbroech. Das Papsttum in seiner sozial-kulturellen Wirksamkeit. Leipzig. 1906. S. 102).

186. »... daß er alle Rechte, die zuerst der Kaiser Konstantin der römischen Kirche bewilligt hätten, schützen und erhalten zu wollen, ohne jedoch anzugeben, worin denn diese nun im wirklich bestehe« (G. v. Hoensbroech. Das Papsttum in seiner sozial-kulturellen Wirksamkeit. Leipzig. 1906. S. 107).

187. »... es wäre ein Irrtum, daß Konstantin dem römischen Stuhl zuerst die weltliche Gewalt gegeben habe; vielmehr hat Christus selbst dem Petrus und dessen Nachfolger beide Gewalten, die priesterliche und königliche, und die Zügel beider Reiche, des irdischen und himmlischen, übergeben. Konstantin habe also nur eine unrechtmäßig besessene Gewalt in die Hände der legitimen Besitzer zurückgegeben ... und sie von ihnen zurückerhalten«.

G. v. Hoensbroech. Das Papsttum in seiner sozial-kulturellen Wirksamkeit. Leipzig. 1906. S. 103.

188. G. v. Hoensbroech. Das Papsttum in seiner sozial-kulturellen Wirksamkeit. Leipzig. 1906. S. 101.

189. G. v. Hoensbroech. Das Papsttum in seiner sozial-kulturellen Wirksamkeit. Leipzig. 1906. S. 120.
190. Ap. Martena. apl. Coll. II. 556.

191. Gregovorius. VII. S. 545. Vergl. G. v. Hoensbroech. Das Papsttum in seiner sozial-kulturellen Wirksamkeit. Leipzig. 1906. S. 71.
192. Wolf. Weltgeschichte der Lüge. S. 128.

193. I. v. Döllinger. Der Papst und das Konzil. S. 227.

194. I. v. Döllinger. Der Papst und das Konzil. S. 36.

195. I. v. Döllinger. Der Papst und das Konzil. S. 37.

196. I. v. Döllinger. Der Papst und das Konzil. S. 45.

197. I. v. Döllinger. Der Papst und das Konzil. S. 47.

198. I. v. Döllinger. Der Papst und das Konzil. S. 131.

199. I. v. Döllinger. Der Papst und das Konzil. S. 133.

200. I. v. Döllinger. Der Papst und das Konzil. S. 134.

201. I. v. Döllinger. Der Papst und das Konzil. S. 135.

202. I. v. Döllinger. Der Papst und das Konzil. S. 140.

203. R. Darwin. Die Entwicklung des Priestertums und der Priesterreiche. Faksimiledruck der Ausgabe von 1929. S. 399.

Moraltheologie auf Abwegen

1. Burchard. Compen. Theol. moralis. S. 118.
2. Das 4. Laterankonzil (1215) unter Innocenz III. bestimmt: ».... jeder Gläubige beiderlei Geschlechts soll, nachdem er zu den Jahren der Unterscheidung gelangt ist, alle seine Sünden einmal im Jahr gewissenhaft seinem zuständigen Priester beichten ... und soll trachten, die ihm auferlegte Buße nach Kräften zu erfüllen ... sonst soll er zu Lebzeiten vom Betreten der Kirche abgehalten werden und nach dem Tod des christlichen Begräbnisses entbehren. Deshalb soll dieses heilsame Gesetz in allen Kirchen verkündet werden, damit niemand Blindheit und Unkenntnis vorschützen kann.

   Der Priester soll bei der Beichte verschwiegen und vorsichtig sein, damit er wie ein erfahrener Arzt Wein und Öl über die Wunden des Verletzten gießen kann; sorgsam erforsche er die Umstände des Sünders und der Sünde, aus welcher er ersieht, welchen Rat er ihm geben und welches Heilmittel er gegenüber dem Kranken anwenden muß«.
3. Z. B. ».... ist es einem ketzerischen Geistlichen erlaubt, einen sterbenden Religionsgenossen zu trösten? Das hl. Offizium hat auf die Frage, ob

dies Krankenschwestern in Krankenhäusern erlaubt sei, geantwortet: »... nein, sie sollen sich dabei passiv verhalten ... denn einen ketzerischen Geistlichen herbeirufen, damit er seine Kulthandlungen vornehme, heiße nichts anderes, als etwas von ihm zu verlangen, was er ohne Sünde nicht tun darf« (Entscheidung vom 15. März 1848).
4. Er sagt, aus drei Gründen kann man dem Nächsten zeitliches Übel wünschen:
   - Erstens zu seiner Besserung.
   - Zweitens insofern sein Glück zum Schaden der Allgemeinheit ist.
   - Drittens zur Aufrechterhaltung der göttlichen Gerechtigkeit.

   Daraus folgert Liguori: »... deshalb dürfen wir Türken und Kirchenfeinden den Tod wünschen, auch wenn wir voraussetzen müssen, daß sie durch den zeitlichen Tod in die ewige Verdammnis geraten«.
5. Der heilig gesprochene Karl Borromeo, Erzbischof von Mailand, hat die (praktische) Einrichtung ersonnen, bei der der Beichtvater in einem abgedunkelten Raum auf einem Stuhl sitzt, und das Beichtkind vor dem Stuhl kniend, diesem seine Sünden in das Ohr flüstern mußte.
6. G. v. Hoensbroech. Das Papsttum in seiner sozial-kulturellen Wirksamkeit. Leipzig. 1906. S. 19.
7. Sie weist folgende Überschriften aus:
   - Von den menschlichen Handlungen und ihrer moralischen Beschaffenheit.
   - Von den Privilegien.
   - Von der Sünde.
   - Vom Unterschied zwischen Todsünde und läßlicher Sünde.
   - Von den theologischen Tugenden (Glaube, Liebe, Hoffnung).
   - Von der Tugend der Religionen.
   - Von der Gotteslästerung.
   - Von der Tugend Gottes.
   - Von der Simonie.
   - Von der Feindesliebe.
   - Von der Mitwirkung zur Sünde Anderer.
   - Vom Gerichtsvollzieher.
   - Von den Feld - und Waldhütern.
   - Vom Arzt und seinen Pflichten.
   - Von der Tötung und der Fehlgeburt.
   - Vom Kriege.
   - Von den Unzuchtssünden (Simonie / Bestialität).
   - Von der heimlichen Schadloshaltung.
   - Von der Hinterziehung der Steuern und Zölle.
   - Von der Vermeidung der Militärpflicht.
   - Von den Verträgen Minderjähriger, Ehefrauen und Entmündigter.

8. So den
   - Absoluten Tutiorismus.
   - Gemäßigten Tutiorismus.
   - Probabilierismus.
   - Gleichgewichtsprobabilierismus.
   Diese werden einzeln untergliedert, so in die:
   - spekulative und praktische Probabilität.
   - die sich auf ein Recht oder eine Tatsache beziehende Probabilität.
   - die innere und äußere Probabilität.
   - die absolute und relative Probabilität.
9. In seiner »Theologica mentis et cordis«.
10. 1869 sagt der Mainzer Bischof Ketteler: »... es fällt mir gar nicht ein, jeden einzelnen Satz und jede Ansicht Gurys für die allein Richtige zu halten«.
    Vergl. Augustin Keller. Die Moraltheologie des Jesuiten Pater Gury als Lehrbuch am Priesterseminar des Bistums Basel. Aarau 1869. S. 380 (die erste Auflage war in zehn Tagen vergriffen).
11. Theologica christiana dogmatico-moralis. Romae. 1749 . 51.
12. Ein Kaplan hat geschrieben: »... ein 25-jähriges Mädchen leidet seit vier Jahren an einem Kitzel ihrer Geschlechtsteile, der sie veranlaßt, diesen Reiz durch unnatürliche Berührungen zu stillen. Gewöhnlich macht sich der Kitzel 2 - 3 x täglich bemerkbar. Das Lustgefühl dauert jedesmal etwa drei Minuten. Die Frage, wodurch dieser Kitzel entstanden ist, erregt bei ihr große Gewissensverängstigung. Ihr früherer Beichtvater glaubte, die Sache käme von der Leidenschaft des Mädchens. Ein anderer meinte, es wäre ein krankhafter Zustand, obwohl, wie sie sagt, daß es keine Flechte wäre ... ich bitte Sie anzugeben, aus welcher Ursache dieser Kitzel entstanden ist«.
13. P. Carl Dilgskron. Leben des hl. Bischofs und Kirchenlehrers Alfonsus Maria de Liguori. Regensburg. 2. Bde. 1887.
    Johannn Joseph Ignaz v. Döllinger und Franz Heinrich Reusch. Geschichte der Moralstreitigkeiten in der römisch-katholischen Kirche seit dem 16. Jh. Mit Beiträgen zur Geschichte und Charakteristik des Jesuitenordens. Aufgrund ungedruckter Aktenbestände bearbeitet. 3. Bde. Nördlingen 1888 (?).
    Lebensbeschreibung des hl. Alphons. Hrsg. Otto Grisler. Pfarrer in Lengnau. Schweiz. Druck und Verlag K & N Benzinger. Einsiedeln. Schweiz. 1887.
    Liguori und die Liguiorianer. In: Haucks »Realenzyklopädie für protestantische Theologie und Kirche«. III. Auflage. Bd. 11. S. 489 - 501. Leipzig. 1902.
    Die Jeuiten im Spiegel ihrer eigenen Sexualethik. Auszüge aus der Moraltheologie. Das ist eine gottgefällige Lehre von den Sitten des Heiligen Dr. Alphons Maria de Liguori und deren Gefahr für die Sittsamkeit und den Bestand der Völker. Nach

Robert Graßmann. Stettin. Neu hrsg. von Heinrich Borninger. Dresden A. 16. 1937.
Alphonsus Maria de Liguori. Theologia moralis. Editio secunda. Ratisbonae (= Regensburg) 1879 - 1881. Bd. I.-VIII.
Gury. Compendium theol. moralis. Ratisbonae 1868. Neu 1890.
Gury. Casus conscientiae. Ratisbonae 1865. Neu 1891.
Debreyne. Moechialogie ou traité des péchés contre les 6 et 9 commendements du décalogue. Brüssel. 1853. (Moechialogie = das Wissen um Ehebruch und Buhlschaft).

14. G. v. Hoensbroech. Das Papsttum in seiner sozialkulturellen Wirksamkeit. Leipzig. 1906. Die ultramontane Moral. 31.- 40. Tsd. Volksausgabe.
15. Vor allem im »Opusculum contra Graecos« (aus dem Libellus des Bonacursius entnommen). Von den pseudoisidorischen Papstbriefen gab bereits Bellarmin (De Rom 2. 14) zu, darin seien einige Irrtümer eingeschlichen, und diese seien nicht unbestritten.
    Er muß Natalis Kirchengeschichte gekannt haben und er hätte sich von der Unechtheit dieser Briefe überzeugen können. Gleichwohl sagt er in der Dissertation (Moral n. 115): »...daß die dogmatischen Dekrete des Papstes unfehlbar sind, haben sehr viele Päpste ausdrücklich erklärt. Auch in der Berita werden die pseudoisidorischen Papstbriefe fleißg zitiert.
    Döllinger hat sich in einer Erklärung vom 28. März 1871 erboten nachzuweisen, daß die in den beiden Hauptwerken und Lieblingsbüchern der heutigen moraltheologischen Schulen und Seminaren, der Moraltheologie des hl. Alphons Liguori (speziell in dem darin befindlichen Traktat über den Papst) und der Theologie des Jesuiten Peronne angeführten Beweisstellen für die Unfehlbarkeit des Papstes größtenteils falsch, erdichtet und entstellt sind.
    Zusammen mit Reusch hat er sich das Verdienst erworben, die Zitate Liguoris einer exakten Prüfung zu unterziehen. Das Ergebnis ist für den Kirchenlehrer vernichtend.
16. Hermann Busenbaum wird 1600 in Nottelen (Westfalen) geboren. Er war Lehrer der Theologie in Köln, später Rektor am Jesuiten-Kolleg in Hildesheim und Münster. Seine Schriften werden wegen der in ihnen enthaltenen Unflätigkeiten in Paris öffentlich durch einen Henker - zusammen mit anderen - verbrannt.
    Die zweite Auflage seines Moralwerkes erschien 1753 - 55 in Neapel in zwei Bänden unter dem veränderten Titel »Theologia moralis concinnata a. R. P. Alphonso de Liguori ... per appendices in medullam P. H. Busenbaum. Ed. II. in pluribus melius explicata, uberius locupleta ... didacta. Benedicto. XVI.
    So sagt Cretenay - Joly: »... die Lehre Liguoris ist

identisch mit der der Theologen der Gesellschaft Jesu«. Der Jesuit Montezon unterstreicht: »... denn wenn dabei die Jesuiten auch nicht ausdrücklich genannt werden, so betrifft das Urteil doch unmittelbar ihre Theologie, die der ehrwürdige Bischof zu der seinigen gemacht hat«.

17. Die Jesuiten im Spiegel ihrer eigenen Sexualethik. Einleitung. S. 3.

18. Die Jesuiten im Spiegel ihrer eigenen Sexualethik. S. 12.

19. P. Carl Dilgskron. S. 338.

20. In der Schrift »de justa probitione librorum nocuare lectionis«

21. Papst Leo XIII. in einem Schreiben vom 28. August 1879.

22. G. v. Hoensbroech. Das Papsttum in seiner sozialkulturellen Wirksamkeit. Leipzig. 1906. S. 392.

23. »decretum super dubio an constet de miraculis« (3. Dezember 1829).

24. In der Heiligsprechungsbulle vom 26. Mai 1839.

25. In den Dekreten vom 11. März und 7. Juni 1871 wird gesagt: »... in diesen unseren Tagen rühmen die Völker so sehr die Weisheit und ist die Kirche so voll seines Lobes, daß die meisten Kardinäle der römischen Kirche, fast alle Bischöfe der gesamten Welt, die Generaloberen der religiösen Orden, die Theologen berühmter Lehranstalten, hochgeachtete Kollegiaststifte und gelehrte Männer aus allen Kreisen ... Bittschriften eingereicht haben, in denen sie gemeinsam den Wunsch aussprachen, daß Liguori durch den Titel eines »Lehrers der Kirche« ausgezeichnet werde. Wir wollen und befehlen, daß alle Bücher, Kommentare, Werke und Schriften des Kirchengelehrten Liguori öffentlich auf Gymnasien, Kollegien, in Vorlesungen, Disputationen, Predigten usw. zitiert, vorgelesen und benutzt werden« (Graf. v. Hoensbroech. S. 72).

26. »super confessio tituli Doctoris«.

27. Sir. 39. 13. - 14.

28. In seinem Zimmer in Villa sah man die Blutspuren noch 1780 (vergl. Dilgskorn. I. S. 138).

29. Exkurs. Damit steht Liguori freilich in einer probaten Tradition. Die Bußgürtel sind uralt und damals genauso sinnlos wie heute. Das berühmte Beichtkind des P. Avila, Sancia Carigla, trägt ein härenes Bußkleid, das vom Hals bis zu den Knieen reicht. Die hl. Rosa v. Lima einem mit Nadeln durchflochtenen Bußgürtel um die Lenden. Der hl. Petrus von Alcantara hat eine große eiserne und durchlöcherte Platte auf den Schultern, die ihm das Fleisch zerriß. Vom hl. Aloysius erzählt man, er habe sich oft dreimal bis auf das Blut gegeißelt. Wie sagten doch schon die »alten« Griechen; nur in einem gesunden Körper könne sich ein gesunder Geist entfalten.

30. Die Jesuiten im Spiegel ihrer eigenen Sexual-Ethik. S. 4.

31. Nach den Akten n. 525 und Giattini p. 87 hat er sich von seinem 36. Lebensjahr an nur dreimal rasieren lassen. Einmal auf Befehl des Bischofs, dann als er zum Bischof geweiht wurde und als er von Ferdinand IV. zur Tafel gezogen wurde.

32. Zum Thema Reinlichkeit: Im mittelalterlichen Spanien wurden selbst entsagungsvolle Gläubige unter die Heiligen der römischen Kirche aufgenommen (= consecriert)= (kanonisiert), deren Verdienst darin bestand, sich nie gewaschen zu haben. Nicht etwa wegen der damit verbundenen Unsauberkeit, sondern weil sie es nicht ertragen konnten, sich nackt zu sehen.

Vergl. Max von Boehn. Spanien. Geschichte. Kultur. Kunst. Askanischer Verlag. Berlin. 1924.

33. G. v. Hoensbroech. Das Papsttum in seiner sozialkulturellen Wirksamkeit. Leipzig. 1906. S. 72.

34. In einem Brief an eine Nonne aus dem Jahr 1772 (Raccolta. 1. 122).

35. Die Jesuiten im Spiegel ihrer eigenen Sexualethik. S. 6/7.

36. Die Jesuiten im Spiegel ihrer eigenen Sexualethik. S. 17.

37. Tractatus de justicia. Diss. 3. cap. 3. Bei Gousset. Justification. p. 3.

38. In einem Breve der Redemptoristen Dujardin und Jaques, die eine französische Ausgabe der Werke Liguoris besorgt haben.

39. Er bezieht sich auf Zweideutigkeiten, die besagen, daß soiche rechtens seien, wenn ein »gerechter« Grund vorhanden ist.

40. Die Jesuiten im Spiegel ihrer eigenen Sexualethik. S. 48 (Unter Bezug auf Ignaz v. Döllinger).

41. Prof. Friedrich. Tagebuch des Vatikanischen Konzils. 1873. S. 308.

42. Vergl. Ritum Congregatione. Card. Odesalco Relatore. Nucerina Paganorum. Canziationes B. Alphonsi M. de Liguori. Nova Positio super miraculis. Rom. 1829 (enthält ein Gutachten je eines Arztes über die beiden Wunder).

43. Im wesentlichen folge ich der »Theologie moralis« und der »Homa apostolicus«. Basis ist die erste Auflage des Redemptoristen Haringer.

44. G. v. Hoensbroech. Das Papsttum in seiner sozialkulturellen Wirksamkeit. Leipzig. 1906. S. 141.

45. So der Jesuit Laymann.

46. So der Jesuit Sanchez.

47. Deppen. S. 57.

48. Harenbergs phragmatische Geschichte des Ordens der Jeuiten. Bd. 2. cap. 7. Abschnitt 12, 437. S. 1412.

49. Vergl. Hist. generale de la Comp. de. Jes. Tom. II. pag. 290.

50. Der Jesuit Leonhard Leß in seinem Buch »De justicia et jure«. Nr. 41. pag. Nr. 35.

51. ebda (Jesuit Leonhard). vergl. Les provinciales, ou lettres ecrites par Lonis de Montalte. Tome. II. 1. 6. sect. 3. pag. 387.

Vergl. Reverendi in Christo patris Jacobi Marelli

amores ... hat nämlich der Ritter von Lang zu Ansbach aus dem königl. Archiv zu München ein Werkchen heraugegeben, daß gedachten Jesuiten als einen der ärgsten Knabenschänder dargestellt, den man, statt aller Strafe, lediglich in ein anderes Collegium versetzte« (Deppen. S. 52).

52. Vergl. Vorläufige Darstellung des heutigen Jesuitismus in Deutschland. Berlin. Nicolaus Nicolai (?) 1786. Vergl. Deppen. S. 53.

53. Jarrige: Les Jesuites sur Pechafaud pour plusieurs crimes capitéaux qu'la ont commis etc. Par Pierre Jarrige, ca devant Jesuite, profes du quatieme vou etc. Touche le imprime a Leiden. 1676. (Vergl. Deppen. S. 59).

54. Jarrige. S. 57.

55. Jarrige. S. 61. Vergl. Adelung. Geschichte des jesuitischen Ordens. Vergl. Ritter von Lang. Reverendi in Christo petris Jacobi Matelli amores. Und wegen der jesuitischen Unzuchten vor allem Wolfs Geschichte der Jesuiten.

56. Vergl. »Historie de Magdaleine Bavent, Religieuse du Monastere de Saint Louis de Louviers«. Paris 1652. Und vor allem: »Bekenntnisse der Magdaleine Bavent, einer Nonne im Kloster Saint Louis in Louviers, mit ihrer allgemeinen und testamentarischen Beichte, worin sie die Greueltaten, Gottlosigkeiten und Gotteslästerungen bekannt hat, die sie sowohl im besagten Kloster als auch auf dem Sabbat begangen hat«. Aus dem franz. übersetzt von Dieter Walter. Berlin. 1980. Auf ihn beziehen sich meine Ausführungen.

57. Walter, Bekenntnisse. S. 7.

58. Walter, Bekenntnisse. S. 47.

59. Walter, Bekenntnisse. S. 69.

60. Walter, Bekenntnisse. S. 138.

61. Walter, Bekenntnisse. S. 13

62. Walter, Bekenntnisse. S. 138.

63. Das Leben und die Memoiren des Scipio von Ricci, Bischof von Pistoja, Reformator des Catholizismus in Toskana unter der Regierung Leopolds ... nach eigenhändigen Manuskripten dieses Prälaten und anderer berühmter Männer des vorigen Jahrhunderts bearbeitet, und mit rechtsgültigen Urkunden aus den Archiven des Herrn Commandeur Lap. v. Ricci zu Florenz versehen. Von Herrn v. Potter. Aus dem Französischen. Stuttgart. 1826.

64. Siehe Fußnote 63.

65. »Bezeugung der Aufführung der P. P. des heiligen Dominikaners, bei uns Nonnen zu Sankt Katharina von Pistoja. 1775 dem Großherzog Leopold überreicht. Unterschrieben: Ich Schwester A. T. Mertine, manua properia. Ich Schwester B. Perracini, manua properia. Ich Schwester M. C. Bambi, (manua properia). Ich Schwester G. Poggiani (m.p.). Ich Schwester C. G. Botti (m.p.).«

66. Das Verbot trägt das Datum vom 6. und 10. September 1774.

67. Ricci's Brief trägt das Datum vom 25. Juni 1781

68. Auf bischöflichen Befehl und unter seinem Auftrag wurde vom 25. bis zum 30. Juni ein allgemeines Verhör durch den Pater Philipp Baldi im Katharinenkloster zu Prato, welches ein Dominikanerkloster ist, das aus 13 Chornonnen, 13 Layenschwestern und 5 Zöglingen besteht, abgehalten, um zu entdecken, ob Ketzerey, schlechte Gebräuche, Sittenlosigkeit und andere Untugenden einheymisch seyen. Deshalb wurden sämtliche Frauen, einzeln und zusammen befragt ... ihre Aussagen niedergeschrieben und von jeder Einzelnen unterzeichnet ... woraus folgende Resultate hervorgingen«.

69. Zum Einzelverhör der beiden Beschuldigten. Beisitzerinnen sind die Schwestern Caeculia Antonia Salvi, jetzt Priorin des Klosters, die Schwestern Emarella Dragoni, Sindika (?.). Die Originalarbeiten sind bei Potter verarbeitet.

70. Ungerechtigkeiten und Grausamkeit der römischen Kirche im neunzehnten Jahrhundert: Erzählung von Rafaelo Ciocci. Altenburg bei Pierer (wohl zwischen 1835 - 1845 erschienen) Vergl. Otto. v. Corvin. S. 286 - 287.

71. Chiniqui. Der Priester, die Frau und die Ohrenbeichte. Barmen.1889.

72. Matth. 18.18. Matth. 61. 19.»was immer ihr gebunden haben werdet, auf der Erde, wird gebunden sein im Himmel«. »... was immer ihr gelöset haben werdet auf der Erde, wird gelöset sein im Himmel«.

Joh. 20. 22. »... empfanget den heiligen Geist, welchen ihr die Sünden erlassen werdet, denen sind sie erlassen und denen, denen sie ihr behalten werdet, denen sind sie erhalten.

73. In seinem Herrschaftsbereich fand 418 das Konzil von Karthago statt. Dort wird festgeschrieben, daß Adam und Eva durch ihre Sünde sterblich geworden sind und daß die Kinder zu taufen seien« (Maslowski. Das theologische Untier. S. 27).

74. Otto v. Corvin. Pfaffenspiegel. Leipzig. 1845. S. 304.

75. ● Wenn jemand sagen sollte, die Beichte aller Sünden, die die Kirche beobachtet, sei unmöglich und nur eine menschliche Überlieferung, der sei verflucht.

    ● Wenn jemand leugnen sollte, daß das Sakrament der Beichte nach dem göttlichen Recht eingesetzt sei ... und behauptet ... dies wäre eine menschliche Erfindung .. der sei verflucht.

    ● Wenn jemand sagen sollte, im Sakrament der Buße sei es zur notwendigen Vergebung der Sünden nach dem göttlichen Recht nicht notwendig .. der sei verflucht.

76. Der Redemptorist Müller schreibt: »... so groß ist die Gewalt des Priesters, daß selbst des Himmels Urteil seiner Entscheidung unterworfen ist. Gott spricht zum Priester: »... dieser Mensch ist ein Sünder ... er hat mich schwer beleidigt, und ich

könnte ihn aburteilen ... allein ich überlasse die Aburteilung dir. Ich werde ihm verzeihen, sobald du ihm Verzeihung gewährst ... ich werde ihm die Tore des Himmels öffnen, sobald du ihn befreit hast von den Ketten der Sünde und der Hölle.

Der Priester kann antworten: »in der Tat Herr, wenn ich ihm vergebe, so ist mein Arm so stark wie deiner, denn ich breche die Ketten der Sünde. Meine Stimme donnert wie die Deinige, denn sie sprengt die höllischen Bande. Mein Wort macht ihn von deinem Feind zu einem Freund. Die Macht im Himmel und auf Erden. Ein irdischer Richter hat die große Gewalt, aber er kann doch nur einen, der fälschlich angeklagt ist, für unschuldig erklären. Der katholische Priester hat die Gewalt, den Schuldigen zum Unschuldigen zu machen«.

77. Z. B. den 1900 in Paderborn erschienenen »Kinder-Beichtspiegel«.

78. So der Jesuit Eskobar.

79. So der Jesuit Laymann.

80. Escobar. Theol. mor. Tract. V. Exam. II. Cap. V. n. 110. pag. 608.

81. Die Jesuiten im Spiegel ihrer eigenen Sexualethik. S. 28.

82. Er bezieht sich auf folgendes Märchen: »... um ihre Tugend zu schützen, ließ sie der Vater bei sich im Bett schlafen. Als ihm aber - im Schlafe - der Samenerguß erfolgte, floß der Same an ihre Gebärmutter, und das Mädchen wurde schwanger«.

83. Escobar. Theol. mor. Exam. II. Cap. VI. n. 41. pag. 13.

84. So der Jesuit Layman.

85. Entnommen aus: Alfons Maria de Liguori. Bd. IV. Seite 201 - 203. Bzw. Gury. Casus conscientitatione. Ratisbonae. 1865. S. 595 - 596. de sponsalibus Cas. X. n. 869 - 870.

86. Zitiert nach Maslowski.

87. Er ermächtigt eine hohe Anzahl von kirchlichen Beamten, die Angaben der infolge der Ohrenbeichte und im Beichtstuhl »gefallenen« Frauen entgegenzunehmen. Man versucht es zuerst in Sevilla. Gleich nach der Veröffentlichung des Edikts war die Zahl derjenigen, die sich an ihr Gewissen gebunden fühlten und eine Anzeige erstatteten in der vorgeschriebenen Frist zu erfassen. Es stellte sich heraus, daß die Zahl der Priester, die die Keuschheit ihrer Beichtkinder verletzt hatten, so groß war, daß man unmöglich alle bestrafen konnte. Die Untersuchung wurde aufgegeben; d. h. die Schuldigen gingen frei aus.

Napoleon I. ließ 1807 eine ähnliche Untersuchung im Rheinland zwischen Köln und Aachen vornehmen. Sie wurde von dem Staatsrat Le Clerq und dem Professor Sall geleitet, doch aus dem gleichen Grund abgebrochen.

88. »Alle Priester, sie mögen eine Rangstufe einnehmen, welche sie wollen, die irgend jemand, sei es

während der sakramentalen Beichte, sei es vorher, sei es unmittelbar danach, sei es bei Gelegenheit der Beichte oder unter ihrem Vorwand, oder auch ohne diesen im Beichtstuhle, oder an einem anderen der zum Beichthören bestimmten Ort oder unter Vortäuschung den einer Beichte gewählten Ort, zur Unlauterkeit anreizen oder anstiften, sei es durch Worte, Zeichen, Winke, Berührungen oder durch einen Zettel ... verfallen den festgesetzten Strafen«.

89. Vergl. Liguori. Theologia moralis. Bd. V.S. S. 766 und 767.

● Der Beichtvater soll zur Anzeige gebracht werden, wenn er nach dem Beginn und vor dem Abschluß einer Beichte eine Frau oder ein Mädchen unzüchtig erregt.

● Der Beichtvater soll zur Anzeige gebracht werden, wenn er während der Beichte Dinge einfließen läßt, aus denen erkannt werden muß, daß er sie des geschlechtlichen Reizes (wegen) erwähnt.

● Der Beichtvater soll zur Anzeige gebracht werden, wenn er der beichtenden Frau eine Karte zusteckt, die sie später lesen soll .. und mittels der (er sie) zur Unzucht reizt.

● Der Beichtvater soll zur Anzeige gebracht werden, wenn er unmittelbar nach der Beichte der Beichtenden sagt: ».. erwarte mich gleich nachher ... und nach kurzer Zwischenzeit kommt und sich geschlechtlich mit ihr abgibt (!).

● Der Beichtvater soll zur Anzeige gebracht werden, wenn er eine Beichtende nach angehörter Beichte schimpflich berührt.

90. Man soll den Beichtvater **nicht** anzeigen:

● wenn eine weibliche Person um die Entgegennahme einer Beichte nachsucht und der Beichtvater im Verlauf der Unterredung in Versuchung gerät, sie geschlechtlich zu erregen (= zur Unzucht reizt).

● Wenn sich der Beichtvater beim Sakrament der Beichte geschlechtlich erregt, nachdem sich die Beichtende zurückgezogen hat ... oder

● wenn er sagt: »... erwarte mich etwas später ... und er danach Unzüchtigkeiten mit ihr vornimmt oder sie zu solchen reizt.

● Desgleichen braucht ein Beichtvater nicht angezeigt zu werden, der mit einer Frau darin übereinkommt, daß er sich um die Dienstboten zu täuschen, krank stellt und jener begibt sich zu ihr ins Haus, um eine Sünde zu begehen.

● Desgleichen soll er nicht angezeigt werden, wenn seine Berührungen nur verzeihlich unanständig sind.

91. Vergl. Liguori. Theologie moralis. Bd. V. S. 734.

● Ganz frei von einer Anzeige soll der Beichtvater bleiben, wenn er an einem anderen Tag mit

einer Frau an einem **nicht** zur Beichte dienenden Ort, also außerhalb der Kirche, zusam-
menkommt, und hier zur geschlechtlichen Unzucht schreitet.

- Alle sagen, daß die (der) Beichtende über die
  Worte des Beichtvaters, deren Verbreitung
  ihm Schaden bringen könnte, durch die Fesseln des natürlichen Geheimnisses zu schweigen gehalten ist.

92. Vergl. Liguori. Theologie moralis. Bd. V. S. S. 781.
»judices non facile eredunt cuique mulierulae ac-
cusanti« (= die Richter glauben nicht leicht einem jeden beliebigen Weiblein). Gury beantwortet die Frage, ob denn Weiber, die einen Priester
wegen Reizung zur Unzucht anklagen, leicht
Glauben geschenkt werden dürfe, mit Nein (Gury.
Comp. Th. moralis. II. S. 596).

93. Gury. Comp. Th. Moralis. II. S. 953.

94. Nach den Ausführungen des Jesuiten Benzi.

95. Otto v. Corvin. Pfaffenspiegel. Leipzig. 1845. S.
242.

96. Otto v. Corvin. Pfaffenspiegel. Leipzig. 1845. S.
243.

97. Maslowski. Das theologische Untier. S. 299.

98. Mehr solcher Beispiele sind zu entnehmen aus den
Analecta ecclesiastica, einer römischen Monatsschrift, geleitet vom Hausprälat Leos. XIII. Felix
Cadena und aus der Analecta juris Pontifici, einer
päpstlich - amtlichen Veröffentlichung. Hier G. v.
Hoensbroech. Das Papsttum in seiner sozial-kulturellen Wirksamkeit. Leipzig. 1906. S. 146.

Heilige Krankheiten ... im Labyrinth des Exorzismus

1. Hier nur eine Auswahll der einschlägigen Litera-
tur:
   - A. Allen. Dämonische Besessenheit in der Ge-
     genwart und wie man davon befreit wird. Le-
     onberg. 1954.
   - J. C. Blumhardt. Blumhards Kampf. Nach sei-
     nen eigenen Aufzeichnungen. ö. J. (Muß aber
     zwischen 1840 - 50 liegen).
   - J. Görres. Christliche Mystik. Bd. IV. 1842.
   - K. T. Oesterreich. Die Besessenheit. Langen-
     salza. 1921.
   - F. Zündel. Joh. Chr. Blumhardt. Zürich. 1882.

2. Vergl. Katalog » Verblendung, Sektierer und
Schwärmer in und um Zürich«, Ausstellung im
Wohnmuseum Bärengasse vom 13. August bis En-
de Oktober«. 1980. Vorwort.

3. Mk 1. 25;Lk. 4. 35; Mk. 16. 17.

4. W. C. van Dam. Dämonen und Besessene. S. 7.

5. Walter, Bekenntnisse. S. 15.

6. Walter, Bekenntnisse. S. 12.

7. 2. Moses. 12. 23; 2. Sam. 24. 16.

8. 4. Moses. 21. 6.

9. **1. Version:**

»... vor der Schöpfung existieren der Satan und die
Engel. Sie haben, wie Moses berichtet, Frauen
verführt und mit ihnen zusammen Riesen erweckt.
Diese kommen bei einer späteren Sintflut um und
werden zu bösen Geistern, die die Menschen angreifen«. Vergl. 1. Hen. 15. 8. - 9.

2. Version:

»... die gefallenen Engel verführen die Menschen
und bringen ihnen Gesetzlosigkeit, Blutvergießen
und Okkultismus bei. Dies macht die Sintflut als
Strafe notwendig (Vergl. 1. Henoch 40. 7. 65. 6)
Nach Henoch hat dieser Fall schon vor der Schöp-
fung stattgefunden. Eva wird von dem gefallenen
Engel Gadreel verführt (vergl. 1. Henoch. 69. 1.).
Dies ist ein Widerspruch.

10. Vergl. Aser 6. 9.; Sim. 4.9. und 6.6.; Levi 18. 12.;
Seb. 9. 9.; Napth. 3. 3.

11. Tobit 2. 10. und 18. 20.

12.
    - Es sind Geister verstorbener Riesen:
    - Gott hatte als er am 6. Schöpfungstag die
      Menschen schuf, noch einige Seelen übrig.
      Das Eintreffen Satans hinderte ihn daran, ih-
      nen rechtzeitig Körper zu geben.
    - Gott hat einen Teil der Turmbauer von Babel
      zur Strafe in Geister und Nachtgespenster ver-
      wandelt.
    - Die Dämonen stammen von Disteln, Vampy-
      ren und Dornen ab.
    - Es sind Geister vestorbener schlechter Men-
      schen, die sich während ihres Lebens nicht vor
      Gott beugen wollten«.
    Vergl. W. C. van Dam. Dämonen und Besessene.
    S. 23.

13. Chull. 68 a.

14. Lk. 4. 38. 39.

15. Lk. 8. 1. Mk. 16. 9.

16. W. C. van Dam. Dämonen und Besessene. S. 68.

17. W. C. van Dam. Dämonen und Besessene. S. 68.

18. Mk. 1. 21. 28; Lk. 31. 37.

19. Mk. 5. 1 - 20; Mt. 8. 28 - 34; Lk. 8. 36 - 39.

20. W. C. van Dam. Dämonen und Besessene. S. 50 ff.

21. W. C. van Dam. Dämonen und Besessene. S. 74.

22. W. C. van Dam. Dämonen und Besessene. S. 87.

23. W. C. van Dam. Dämonen und Besessene. S. 88.

24. W. C. van Dam. Dämonen und Besessene. S. 89.

25. Vergl. Const. Apost. VIII. 29.

26. W. C. van Dam. Dämonen und Besessene. S. 95.

27. Binterim. Die vorzüglichsten Denkwürdigkeiten
der kath. Kirche. Mainz. 1838. VII. Band II. Teil
S. 267. Hier finden sich weitere Beispiele.

28. W. C. van Dam. Dämonen und Besessene. S. 96.

29. W. C. van Dam. Dämonen und Besessene. S. 100.

30. W. C. van Dam. Dämonen und Besessene. S. 101.

31. Mt. 16. 18.

30. Maslowski. Das theologische Untier. S. 36.

31. W. C. van Dam. Dämonen und Besessene. S. 101.

32. Mt. 16. 18.

33. In seinen Tischreden. Oesterreich S. 181 und E. Michaelis. Geisterreich und Geistermacht. Bern. o. J. S. 41.

34. In der zweiten Auflage seines Beichtbüchleins von 1526.

35. Einige berühmte Exorzismusbücher sind:
- Compendio dell arte exorcistica. Menghi. 1606.
- Practica exorcisticarum. Poliodorus. 1606.
- Complementum artis exorcistiae. Vicecomes. 1606.
- Jugum ferrum Liciferi. Gomez. 1676.
- Manuale exorcistarum. Brognolo. 1720.
- Gran Dizionario infernale. Pigue. 1871.
- DeL ivre des grands exorcismes et benedictiones. Abbeé Julio. 1908.

36. Rituale Romanorum: Römisches Ritenverzeichnis. Auf Befehl des höchsten Pontifex, Paul V. herausgegeben unter Fürsorge anderer Päpste geprüft und angepaßt den Vorschriften des Codex Iuris Canonici in Vollmacht Unseres Heiligsten Herrn Papst Pius XII. gedruckt und vermehrt. Erste Ausgabe nach der Urschrift.In der vielsprachigen Druckerei des Vatikans im Jahre des Herrn. 1954.

37. G. v. Hoensbroech. Das Papsttum in seiner sozial-kulturellen Wirksamkeit. Leipzig. 1906. S. 69.

38. Rituale ecclesiasticus ad usum Clericorum ord. S. Francisis ref. Prof. Antoniae Bavaricae. Franz Xaver Lohbauer. München. 1851.

39. Hans - Jürgen Wolf. Hexenwahn und Exorzismus. Frankfurt a.M. 1980 S. 564.

40. Maslowski. Das theologische Untier. S. 155.

41. Abschnitt II. des Rituale Romanorum in der neuen Fassung. Erstes Kapitel. Richtlinien zur Beschwörung des bösen Geistes.

42. Vergl. 2. Kapitel der Sammlung im Rituale Romanorum von 1954.

43. Maslowski. Das theologische Untier. S. 159.

44. Winklhofer. Traktat vom Teufel. S. 159.

45. Bichlmeyer. Urchristentum und katholische Kirche. 1924.

46. G. v. Hoensbroech. Das Papsttum in seiner sozial-kulturellen Wirksamkeit. Leipzig. 1906. S. 68.

47. Otto Hophan. Die Engel. Luzern. 1958.

48. Nicolas Aubin. Geschichte der Teufel von Loudun ... oder die Besessenheit der Ursulinerinnen vor der Verdammung und Bestrafung von Urban Grandier. Pfarrer derselben Stadt. Berlin. 1981.

49. Das Dokument trägt die Unterschrift des Bischofs und das Datum vom 22. Oktober 1629.

50. Nicolas Aubin. Geschichte der Teufel von Loudun ... oder die Besessenheit der Ursulinnen von der Verdammung und Bestrafung von Urban Grandier. Pfarrer derselben Stadt. Berlin. 1981.

51. G. v. Hoensbroech. Das Papsttum in seiner sozial-kulturellen Wirksamkeit. Leipzig. 1906. S. 77.

52. Johann Gaßner ist ein katholischer Priester, der später Pfarrer in Klosterle (Schwaben) wird. Er stirbt 1779. Im Zeichen der Zeit unterscheidet er (noch) zwischen Liebes- und Gifthexerei (maleficorum amaorium und maleficium veneficium).

53. W. C. van Dam. Dämonen und Besessene. S. 137.

54. Barbara Juliana Freifrau von Krüdener. Geb. Baronin von Viettinghoff. Geb. 1766 in Riga und gestorben 1824 in Karasbugar/Krim. Frau v. Krüdener verbringt eine ihrer Herkunft entsprechende Jugend; Reisen in Europa, Aufenthalt in Paris, mit 18 Jahren standesgemäße Heirat mit dem russischen Gesandten von Venedig.

Als »Bekehrte« sammelt sie rasch eine Gemeinde um sich und wird eine der ersten Prophetinnen, denn bis dahin haben Frauen in der religiösen Bewegung wenig zu sagen. Frau von Krüderer vertritt einen Pietismus, der stark zum Mystizismus neigt. Auf der anderen Seite hilft sie in den Kriegsjahren den Armen materiell.

Der Zustrom ist überwältigend. Die Ersten und Letzten Europas drängen sich zu ihren jeweiligen Versammlungen, was die Obrigkeit veranlaßt, sie über die Grenze abzuschieben. Ein eigentliches Emigrantenschicksal bleibt ihr dank hoher Freundschaften, wie mit Alexander I. und der Königin Louise von Preußen erspart. Sie erwartet vor ihrem Tod die Wiederkehr des Herrn. Sie stirbt, aus Petersburg vertrieben, am 14. Dezember 1824 in Südrussland.

Jung - Stilling, ein Freund Lavaters und ein zurückhaltender Pietist, sagt von ihr: »... Frau v. Krüderer ist eine weitgeförderte Christin, ihre Liebe zum Herrn ist stärker als der Tod. Sie wirkt erstaunlich und lebt wie eine Heilige; allein hat sie sich durch eine verdächtige Schwärmerei verführen lassen und verschiedene Irrtümer angenommen«.

55. Ursula Kündig erhält 16 Jahre, Conrad Moser und sein Vater Johannes, sowie Peter je 8 Jahre, Susanne sechs Jahre, Magdalena Jägglin zwei und Magdalena Moser sechs Monate Zuchthaus.

56. Peter Maslowski wird am 25. April 1893 in Berlin geboren. Er besucht das dortige Lessing - Gymnasium. Er studiert Geschichte und Philosopie an der Humboldt - Universität. Später arbeitet er in der KPD. Während dieser Zeit entsteht seine Schrift »Gotteslästerung«. Er tritt 1919 aus der Kirche aus und wird in einen Gotteslästerungsprozeß verwickelt. In der Zeit der Weimarer Republik sehen wir ihn als Reichstagsabgeordneten (1982 - 30) auf dem Feld der Innen - und Kulturpolitik tätig. Er war Mitglied des Strafrechtsausschusses.

57. Felicitas Goodman ist keine Katholikin. Sie errichtet 1980 in New Mexiko ein Institut zur Erforschung religiöser Ausnahmezustände und ist die

Verfasserin eines Buches über das Zungenspre-
chen. Im November 1979 kommt die Antropolo-
gin nach Deutschland, besucht das Grab von Anneliese Michel, lernt die Beteiligten kennen und
erhält von der katholischen Verteidigerin, Marianne Thora, die Gerichtsakten. Sie bestehen aus
800 Seiten an Berichten, Briefen, Zeugenaussagen, Gutachten der Psychiater, ihren Plädojers
und die Urteile. Außerdem nimmt sie den Schriftwechsel zu den Teufelsaustreibenden Priestern
auf. Renz stellt ihr einige Tonbänder zur Verfügung.

58. Fürsprach ist der vor allem Prof. Dr. Georg Siegmund aus Fulda, der sich auf einen Bericht in der
Zeitschrift »Bild der Wissenschaft«, Heft 2. 1978.
S. 112. beruft: »... Exorzismus ist nicht eine Sache
der Vergangenheit«. 1976 wurde einem Mädchen
in Würzburg die bösen Geister so gründlich ausgetrieben, daß es dabei starb. Goodmann meint,
dieses Klischeeurteil entlarvt zu haben.
Vergl. Felicitas D. Goodmann. Anneliese Michel
und ihre Dämonen. S. 302.

59. Felicitas D. Goodman. Anneliese Michel und ihre
Dämonen. S. 302.

60. Felicitas D. Goodman. Anneliese Michel und ihre
Dämonen. a.a.0.

61. Felicitas D. Goodman. Anneliese Michel und ihre
Dämonen. S. 263.

62. Felicitas D. Goodman. Anneliese Michel und ihre
Dämonen. S. 129.

63. Felicitas D. Goodman. Anneliese Michel und ihre
Dämonen. S. 132.

64. Hans-Jürgen Wolf. Hexenwahn und Exorzismus.
Frankfurt a. M. 1980. S. 588.

65. Prof. Ferdinand Holböck. Salzburg. Vorwort. J.
Goodmann. Anneliese Michel und ihre Dämonen.
Stein am Rhein. 1980. S. 7.

66. J. Ratzinger. Dogma und Verkündigung. München. 1973. Vergl. Felicitas D. Goodmann. Anneliese Michel und ihre Dämonen. S. 10.

67. K. Rahner. Besessenheit. Theologische Aspekte.
In: Lexikon für Theologie und Kirche. 2. Bd. Freiburg 1958. Sp. 298 - 299.

68. Prof. Dr. Georg Siegmund aus Fulda in der Einführung seines Büchleins. »Der Exorzismus in der
katholischen Kirche«. Hierbei handelt es sich um
eine Übersetzung des authentischen lateinischen
Textes nach der von Pius XII. erweiterten und
genehmigten Fassung. Es erscheint 1891 im Christiana - Verlag. Die kirchliche Druckerlaubnis
wird am 20. März 1981 vom bischöflichen Ordinariat Fulda erteilt.

69. Veröffentlicht im »Osservatore Romano«. Die
Übersetzung wird von dem Mainzer Kardinal
Volk durchgesehen und in der DZ 1978 (Nr. 16. S.
22) veröffentlicht.

70. K. Heim. Jesus der Herr. S. 116.

71. W. C. van Dam. Dämonen und Besessene. S.237.

72. W. C. van Dam. Dämonen und Besessene. S.179.

73. W. C. van Dam. Dämonen und Besessene. S.109.

74. W. C. van Dam. Dämonen und Besessene. S.123.

75. W. C. van Dam. Dämonen und Besessene. S.136.

76. Petrus. 5. 8. f.

77. Lk. 22. 31.

78. Vergl. Egon v. Petersdorff. Dämonen, Hexen,
Spritisten, Mächte der Finsternis. Einst und jetzt.
Eine Dämonologie aller Zeiten. Wiesbaden. 1960.
2 Bde.

79. W. C. van Dam. Dämonen und Besessene. ein
Pfarrer der Niederländischen Reformierten. Er ist
der Autor des Buches »Dämonen und Besessene«.
Die Dämonen in Geschichte und Gegenwart und
ihre Austreibung«. Aschaffenburg 2. Auflage.
1975. Er wird 1926 in den Niederlanden geboren,
studiert von 1945 bis 1949 in Utrecht Theologie
und wird erst Religionslehrer, dann Gemeinde-
pfarrer in Geldrop, einem Vorort von Eindhoven.

80. Rodewyk, geb. 4.12 1894 in Köln - Mühlheim.
Gymnasialstudien von 1914 - 1918. Soldat und Offizier. 1981 Eintritt in die Gesellschaft Jesu. Theologische Studien in Bonn, Insbruck und Valken-
burg. Nach der Priesterweihe praktischer
Seelsorger. Von 1932 - 38 Leiter des Aloysiuskol-
legiums in Godesberg, später Rektor der St. Agnes - Schule in Hamburg. Während des Zweiten
Weltkrieges arbeitet er als Seelsorger im Lazarett-
dienst (Trier). Sein Interesse gilt der Hagiogra-
phie; der Erforschung der Jungfrau Maria, die es
nie gegeben hat. Zu seinen Büchern über den
Exorzismus. Vergl. das Literaturverzeichnis.

81. Hans-Jürgen Wolf. Hexenwahn und Exorzismus.
Frankfurt a. M. 1980. S. 587.

82. Felicitas D. Goodman. Anneliese Michel und ihre
Dämonen. S. 82.

83. Er soll auf elterlichen Wunsch Priester werden. Er
wird jedoch Handwerker und kommt zum Kriegsende im amerikanische Gefangenschaft. Er wird
am Juni 1945 entlassen, besucht ab Herbst 1946
die Bauhandwerkerschule in München und legt im
Sommer 1948 die Meisterprüfung ab. Daraufhin
übernimmt er den väterlichen Betrieb.

84. Felicitas D. Goodman. Anneliese Michel und ihre
Dämonen. S. 34.

85. Felicitas D. Goodman. Anneliese Michel und ihre
Dämonen. S. 35.

86. Felicitas D. Goodman. Anneliese Michel und ihre
Dämonen. S. 69.

87. Felicitas D. Goodman. Anneliese Michel und ihre
Dämonen. S. 33.

88. Felicitas D. Goodman. Anneliese Michel und ihre
Dämonen. S. 90.

89. Felicitas D. Goodman. Anneliese Michel und ihre
Dämonen. S. 36.

90. Dies wird aus einer Protokollaussage vom Pfarrer
Habiger (Oktober 1976) deutlich: »... ich gab den
Eheleuten Michel den Rat, mit ihrer Tochter zu

einem Facharzt zu gehen, um sie untersuchen zu lassen«.
Vergl. Felicitas D. Goodman. Anneliese Michel und ihre Dämonen. S.63.

91. Felicitas D. Goodman. Anneliese Michel und ihre Dämonen. S. 38.

92. Felicitas D. Goodman. Anneliese Michel und ihre Dämonen. S. 58.

93. Dr. Lüthi wehrt sich in seinem Verhör am 9. Februar energisch dagegen, je dergleichen gesagt zu haben.«... es sei nochmals betont, daß ich Fräulein Michel weder zu einem Jesuitenpater oder zu entsprechenden kirchlichen Stellen verwiesen habe«.
Vergl. Felicitas D. Goodman. Anneliese Michel und ihre Dämonen. S. 59.

94. Felicitas D. Goodman. Anneliese Michel und ihre Dämonen. S. 235.

95. Bei der Öffnung der Leiche wird festgestellt, daß das Gehirn in Ordnung war.

96. Felicitas D. Goodman. Anneliese Michel und ihre Dämonen. S. 109.

97. Felicitas D. Goodman. Anneliese Michel und ihre Dämonen. S. 111.

98. Zu Pfarrer Alt. 1937 in Eppelborn (Saar) geboren. Er wird in Deutschland und den Niederlanden als Pfarrer ausgebildet. Später arbeitet er in Bonn bei der Jugendseelsorge. 1977 kommt er nach Aschaffenburg als Kaplan zur St. Agatha-Kirche. Er ist Wünschelrutengänger und gesteht sich selbst ein: »... ich habe telepathische Fähigkeiten und die Fähigkeit der Vorahnung«.
Außerdem gelangt er in den Genuß von Visionen. In der Weihnachtszeit 1975 sieht er plötzlich den »leidenden und lebenden Christus am Kreuz, während eine Stimme ruft:»Für Dich«. Später sieht er eine von strahlendem Glanz umgebene Frauengestalt, die die gleichen Worte spricht. Nach der Lehre der römisch- katholischen Kirche kann es sich hier nur um die Jungfrau Maria gehandelt haben!

99. Die beiden Ulmer Psychiater Dr. Alfred Lungershausen und Dr. Gerd Klaus Köhler, die auf Vorschlag der Verteidigerin, Frau Marianne Thora und zugleich im Auftrag des Gerichts im März 1978 ein Gutachten über ihn verfassen.

100. Felicitas D. Goodman. Anneliese Michel und ihre Dämonen. S. 121.

101. Felicitas D. Goodman. Anneliese Michel und ihre Dämonen. S. 212.

102. Felicitas D. Goodman. Anneliese Michel und ihre Dämonen. S. 73.

103. Felicitas D. Goodman. Anneliese Michel und ihre Dämonen. S. 100.

104. Felicitas D. Goodman. Anneliese Michel und ihre Dämonen. S. 113.

105. Felicitas D. Goodman. Anneliese Michel und ihre Dämonen. S. 114.

106. Felicitas D. Goodman. Anneliese Michel und ihre Dämonen. S. 115.

107. Hans-Jürgen Wolf. Hexenwahn und Exorzismus. Frankfurt a. M. 1980. S. 595.

108. Felicitas D. Goodman. Anneliese Michel und ihre Dämonen. S. 117.

109. Vergl. dazu seine Bemühungen im Exorzismusfall »Schwester Magda«, einer Krankenschwester aus Trier in den Jahren 1940 / 41.

110. Felicitas D. Goodman. Anneliese Michel und ihre Dämonen. S. 122.

111. Zu Renz, Geb. 1911 in Hinterweiler (Tettnang). Er besucht das Gymnasium des Ordens der Salvatorianer und studiert an der Ordens-Philosophieschule Klausheide und dann an der philosophisch-theologischen Hochschule in Passau. Hier wird er 1938 zum Priester geweiht. Dann wird er für 15 Jahre Missionar in China. Nach seiner Rückkehr arbeitet er als Seelsorger in verschiedenen bayerischen Gemeinden. 1965 übernimmt er die Pfarrei Schippach. 1976 wird er abgerufen. Was das psychologische Gutachten anbelangt. Vergl. Felicitas D. Goodman. Anneliese Michel und ihre Dämonen. S. 124.

112. Maslowski. Das theologische Untier. S. 259.

113. Die erste Sitzung erfolgt am Nachmittag des 24. September 1975. Sie beginnt um 16.00 Uhr und geht bis etwa 21.30. Vergl. Felicitas D. Goodman. Anneliese Michel und ihre Dämonen. S. 128.

114. Felicitas D. Goodman. Anneliese Michel und ihre Dämonen. S. 144.

115. Felicitas D. Goodman. Anneliese Michel und ihre Dämonen. S. 155.

116. Felicitas D. Goodman. Anneliese Michel und ihre Dämonen. S. 162.

117. Felicitas D. Goodman. Anneliese Michel und ihre Dämonen. S. 162.

118. Felicitas D. Goodman. Anneliese Michel und ihre Dämonen. S. 180.

119. Felicitas D. Goodman. Anneliese Michel und ihre Dämonen. S. 181

120. Felicitas D. Goodman. Anneliese Michel und ihre Dämonen. S. 210.

121. Alt in einem Brief an Bischof Stangl. vom 24. Juni. Vergl. Felicitas D. Goodman. Anneliese Michel und ihre Dämonen. S. 215.

122. Felicitas D. Goodman. Anneliese Michel und ihre Dämonen. S. 215.

123. Felicitas D. Goodman. Anneliese Michel und ihre Dämonen. S. 217.

124. Felicitas D. Goodman. Anneliese Michel und ihre Dämonen. S. 218.

125. Hans-Jürgen Wolf. Hexenwahn und Exorzismus. Frankfurt a. M. 1980. S. 588.

126. Felicitas D. Goodman. Anneliese Michel und ihre Dämonen. S. 17.

127. Hans-Jürgen Wolf. Hexenwahn und Exorzismus. Frankfurt a. M. 1980. S. 594.

128. Felicitas D. Goodman. Anneliese Michel und ihre Dämonen. S. 222.

129. Felicitas D. Goodman. Anneliese Michel und ihre Dämonen. S. 223.

130. Felicitas D. Goodman. Anneliese Michel und ihre Dämonen. S. 226.

131. Felicitas D. Goodman. Anneliese Michel und ihre Dämonen. S. 227.

132. Maslowski. Das theologische Untier. S. 264.

133. In einem Telefongespräch, das der Pfarrer Alt am 7. September mit Rodewyk geführt hat, erwähnt dieser: »... ich habe die Anzeichen zusammengestellt, die ich selbst beobachtet habe. Nach allem, was ich darüber weiß, handelt es sich um einen klassischen Fall der Besessenheit«.

134. Felicitas D. Goodman. Anneliese Michel und ihre Dämonen. S. 235.

135. Felicitas D. Goodman. Anneliese Michel und ihre Dämonen. S. 235.

136. Felicitas D. Goodman. Anneliese Michel und ihre Dämonen. S. 236.

137. Felicitas D. Goodman. Anneliese Michel und ihre Dämonen. S. 241.

138. Felicitas D. Goodman. Anneliese Michel und ihre Dämonen. S. 242.

139. Hans-Jürgen Wolf. Hexenwahn und Exorzismus. Frankfurt a. M. 1980. S. 598.

Simonie und Nepotismus

1. Simonie (nach Magus) im katholischen Kirchenrecht der vorsätzliche Austausch geistiger oder geistlich-weltlichen Gutes gegen Vermögenswerte oder geistigen, geistlich-weltlichen und, soweit verboten, auch weltlichen Gutes untereinander. Simonistische Rechtsakte sind ungültig und ziehen Kirchenstrafen nach sich.

Im Früh- und Hoch-Mittelalter hat das Rechtsinstitut der Eigenkirche zu starken simonistischen Mißbräuchen geführt, die dann als kirchliche Rechtfertigung des Investuturstreites dienten. Die letzten institutionellen Reste der Simonie sind erst Ende des 19. Jh. durch Leo XIII. beseitigt worden.
Nepotismus (nlat. zu lat. nepos = Enkel oder Neffe) Vetternwirtschaft. Bevorzugung der eigenen Verwandten durch Fürsten bei der Verleihung von Würden und Ämtern. Ein päpstlicher Nepotismus ergab sich aus der Verbindung mit der weltl. Herrschaft im Kirchenstaat im 10. Jh. und in der Renaissance (Schaffung erblicher Fürstentümer für die päpstlichen Nepoten aus Gebieten des Kirchenstaates). Seit der Reform des 16. Jh. geht diese Form von Nepotismus zurück. Den politischen Nepotismus verbot Pius V. (1567), die Ausstattung der Nepoten mit Ämtern (Kardi-nal-Nepot), Geld, Titeln, dauerte jedoch lange fort, bis ihn Innocenz XIII. untersagte. Vereinzelte Fälle reichen bis in das 20. Jh.

2. Letztlich begründet sich die Simonie auf eine Bibelstelle. Apostelgeschichte, die hier (sinngemäß) in der Übersetzung von Luther wiedergegeben ist. Vergl. dazu das Buch von Albert Dresdner. Kultur- und Sittengeschichte der italienischen Geistlichkeit im 10. und 11. Jh. Breslau. 1890.

3. Urban II. definiert in einem Brief an die Geistlichen und das Volk von Bergamo (April / Juni 1089) bei Löwenfeld ep. pont. ineod. Nr. 128 S. 62) die Simonisten als solche, die durch einen Kaufpreis ein Versprechen in der Absicht getan haben, kirchliche Ehren oder Ämter zu erkaufen. Silvester II. sieht in dem einen Simonist, der durch die Gabe des hl. Geistes um einen Preis kauft und / oder weitergibt. Petrus Damiani rechnet die Erkaufung und das Erkaufenlassen geistlicher Stimmen auf den Synoden und die Bestechung an geistlichen Gerichten dazu.

Vergl. Dresdner. Kultur und Sittengeschichte. S. 35.

4. I. v. Döllinger. Der Papst und das Konzil. S. 109.

5. Dresdner. Kultur und Sittengeschichte. S. 61.

6. I. v. Döllinger. Der Papst und das Konzil. S. 107.

7. Dresdner. Kultur und Sittengeschichte. S. 42.

8. Dresdner. Kultur und Sittengeschichte. S. 80.

9. In einer Wiener Handschrift. Hist. eccl. 29. fol. 64. aus dem Jahr 13. Jh.

10. G. v. Hoensbroech. Das Papsttum in seiner sozial-kulturellen Wirksamkeit. Leipzig. 1906. S. 124.

11. Wolf. Weltgeschichte der Lüge. S. 169.

12. Atto Verc. de press. eccl. II. Copp. II. 35.

13. Urk. Heinrichs. Hrsg. v. Joppi. In: MJÖG. I. 296.

14. Wolf. Weltgeschichte der Lüge. S. 171.

15. Dresdner. »... was diese Vorwürfe angeht, so halte ich es in der Tat nicht für unmöglich, daß bei der Wahl von Reformpäpsten, als Hildebrand Leiter der Reformpartei war, Bestechungen des Volkes vorgekommen sind«.
Dresdner. Kultur- und Sittengeschichte S. 53.

16. Z. B. Die der päpstlichen Gesandten am 1. August 1067 in Mailand. Siehe: Verfügung des B. Mainard v. Selva Candida und des Kardinalpriesters Johannes. Bei Mutar. Scr. IV. 32; besser bei Pflugk - Hartung. Ital. 427.

17. Dresdner. Kultur - und Sittengeschichte. S. 51.

18. Otto v. Corvin. Pfaffenspiegel. Leipzig. 1845. S. 154.

19. Beispielsweise der Patriarch Poppo von Aquileija, der als Verbündeter seines Amtsgenossen von Grado und eines Freundes, des Herzogs (v. Venedig) in Grado Einlaß begehrt. Er wird abgewiesen und plündert daraufhin das Gebiet.

20. I. v. Döllinger. Der Papst und das Konzil. S. 107.

21. Dresdner. Kultur und Sittengeschichte. S. 130.

22. Dresdner. Kultur und Sittengeschichte. S. 88.

23. Vergl. Schönneshöfer, B. »Geschichte des Bergischen Landes«. Elberfeld. 1895 S. 112. ff.
Köln ist keinesfalls isoliert zu betrachten. Ähnlich ist es in Trier, Mainz, Bremen, Magdeburg und Salzburg.Es umfaßt außerdem die Bistümer Utrecht, Lüttich, Münster, Paderborn, Metz, Verdun, Straßburg, Speyer, Basel, Brixen, Augsburg, Würzburg, Bamberg, Passau, Fulda, Hildesheim, Verden, Osnabrück, Halberstadt, Merseburg, Eichstätt und Naumburg.

24. Dresdner. Kultur und Sittengeschichte. S. 154 / 155.

25. Dresdner. Kultur und Sittengeschichte. S. 101.

26. Deshalb finden wir in der späteren kirchlichen Gesetzgebung Maßregeln, die das Mindestalter zu den diversen Weihen festsetzt. So erlaubt die Bestimmung eines venetianischen Konzils aus dem Jahr 1040, die Erlangung des Presbyterates, bzw. Diakonates erst vom 30. bzw. 24. Lebensjahr an. Die Ostersynode von 1059 und ein Konzil von Melfi unter Urban II. verordnen ziemlich übereinstimmend, daß vor 14 - 15 Jahren niemand Subdiakon, vor 24 - 25 Jahren und vor 30 Jahren Presbyter werden darf.

27. Dresdner. Kultur und Sittengeschichte. S. 93.

28. Dresdner. Kultur und Sittengeschichte. S. 104.

29. Luitprand hist. Otto. 10 scr. III. 343.

30. I. v. Döllinger. Der Papst und das Konzil. S. 263.

31. H. Kühner. Das Imperium der Päpste. Kirchengeschichte. Weltgeschichte. Zeitgeschichte von Petrus bis heute. 1977. S. 173.

32. Wolf. Weltgeschichte der Lüge. S. 132.

33. H. Kühner. Das Imperium der Päpste. Kirchengeschichte. Weltgeschichte. Zeitgeschichte von Petrus bis heute. 1977. S. 180.

34. H. Kühner. Das Imperium der Päpste. Kirchengeschichte. Weltgeschichte. Zeitgeschichte von Petrus bis heute. 1977. S. 181.

35. Gräbner. The dark Age. S. 169.

36. Treveyan G. M. England in the Age of Wicleffe. London. 1910.

37. Otto v. Corvin. Pfaffenspiegel. Leipzig. 1845. S. 159.

38. Zitiert nach Otto v. Corvin.

39. H. Kühner. Das Imperium der Päpste. Kirchengeschichte. Weltgeschichte. Zeitgeschichte von Petrus bis heute. 1977. S. 239.

40. Vergl. J. H. A. Ebrad. Kirchen- ud Dogmengeschichte.

41. Otto v. Corvin. Pfaffenspiegel. Leipzig. 1845. S. 162.

42. H. Kühner. Das Imperium der Päpste. Kirchengeschichte. Weltgeschichte. Zeitgeschichte von Petrus bis heute. 1977. S. 255.

43. M. Creighton. 3. Bd. S. 121 seines 1892 erschienen Buches »The Papacy during the Period of the reformation«. 44. Otto v. Corvin. Pfaffenspiegel. Leipzig. 1845. S. 164.

45. Joseph Barth. Vergl. H. Kühner. Das Imperium der Päpste. Kirchengeschichte. Weltgeschichte. Zeitgeschichte von Petrus bis heute. 1977. S. 261.

46. H. Kühner. Das Imperium der Päpste. Kirchengeschichte. Weltgeschichte. Zeitgeschichte von Petrus bis heute. 1977. S. 264.

47. H. Kühner. Das Imperium der Päpste. Kirchengeschichte. Weltgeschichte. Zeitgeschichte von Petrus bis heute. 1977. S. 263.

48. H. Kühner. Das Imperium der Päpste. Kirchengeschichte. Weltgeschichte. Zeitgeschichte von Petrus bis heute. 1977. S. 270.

49. H. Kühner. Das Imperium der Päpste. Kirchengeschichte. Weltgeschichte. Zeitgeschichte von Petrus bis heute. 1977. S. 272.

50. H. Kühner. Das Imperium der Päpste. Kirchengeschichte. Weltgeschichte. Zeitgeschichte von Petrus bis heute. 1977. S. 276.

51. Zöckler. Handbuch der theologischen Wissenschaften. II. S. 201.

52. H. Kühner. Das Imperium der Päpste. Kirchengeschichte. Weltgeschichte. Zeitgeschichte von Petrus bis heute. 1977. S. 276.

53. Dresdner. Kultur und Sittengeschichte. S. 159.

54. Rydberg. Magic of the Middle Age. p. 62.

55. Vergl. das von der römischen Ablaßkongregation am 31. Januar 1893 als für diese Fragen authentisch erklärte Buch von Behringer: »Ablässe, Wesen und Gebrauch«. Paderborn. 1893.

56. G. v. Hoensbroech. Das Papsttum in seiner sozialkulturellen Wirksamkeit. Leipzig. 1906. S. 179.

57. Otto v. Corvin. Pfaffenspiegel. Leipzig. 1845. S. 96

58. Otto v. Corvin. Pfaffenspiegel. Leipzig. 1845. S. 112.

59. Otto v. Corvin. Pfaffenspiegel. Leipzig. 1845. S. 105.

60. Maslowski. Das theologische Untier. S. 65.

61. Vergl. F. Baum in seiner Kirchengeschichte. München 1889. S. 254.

62. Otto v. Corvin. Pfaffenspiegel. Leipzig. 1845. S. 105.

63. Hans- Jürgen Wolf. Schwarze Kunst. Eine illustrierte Geschichte der Druckverfahren. Dornstadt. 1988.

64. Dieser Ablaßbrief ist ausgestellt von H.Johannes von Ystein, Doktor der Theologie vom Orden der Zistersienser, für Friedrich Schulen, einen Priester der Nürnberger Sebalduskirche.

67. G. v. Hoensbroech. Das Papsttum in seiner sozialkulturellen Wirksamkeit. Leipzig. 1906. S. 88

68. Vergl. dazu das Buch »Gueranger (ein Benediktinerabt). Bedeutung, Ursprung und Priviligien der Medaille des hl. Benedikt.

69. Entscheidung der hl. Ablaßkongregation vom 29. März 1886.

70. G. v. Hoensbroech. Das Papsttum in seiner sozialkulturellen Wirksamkeit. Leipzig. 1906. S. 91.

71. Otto v. Corvin. Pfaffenspiegel. Leipzig. 1845. S. 106.

72. Otto v. Corvin. Pfaffenspiegel. Leipzig. 1845. S. 107.
73. Otto v. Corvin. Pfaffenspiegel. Leipzig. 1845. S. 100 / 101.
74. Otto v. Corvin. Pfaffenspiegel. Leipzig. 1845. S. 111.

Reformen

1. Aus der Schrift »Über die Anrufung der Heiligen« 1126. Aber wahrscheinlich später, denn sie beinhaltet Punkte, die sich auf den Antichrist beziehen und deshalb wohl als Exkurs zu dieser Schrift zu vestehen sind. Das würde sie in die Mitte des 12. Jh. datieren.
2. Vergl. Daniel Specklin in der Straßburger Stadtbibliothek aufbewahrten Handschrift »Collectanae inusum Chronisi Argent. (1230).
3. Erbkam. S. 1.
4. De praestigiis daemonum. Cap. 23. deutsche (Frankfurter) Ausgabe von 1568. S. 208 und 209.
5. Ohle. S. 21.
6. Chr. Rhamm »Hexenglaube- und Prozesse«. S. 53.
7. Zitiert nach Otto v. Corvin. Pfaffenspiegel. Leipzig. 1845.
8. 25 Jahre später wird ein Revisionsprozeß geführt, der ihre Unschuld zutage fördert. Papst Calixt III. (gest. 1458) widerruft das kirchliche Urteil und Benedikt XV. /gest. 1922) nimmt Johanna am 16. Mai 1920 unter die Heiligen auf, womit das kirchliche Unrecht einen phantasievollen Abschluß erhält. Überdies; ein klassisches Beispiel für die jederzeitige Revidierbarkeit klerikaler Ansichten und somit gegen das Dogma der Unfehlbarkeit.
9. Sie berufen sich auf den Italiener Lälius Socinus (1525 - 1562) und seinen Neffen Faustus Socinus (1539 - 1604).
10. Auf der 1623 gegründeten Universtität Altorf im Landgebiet der Freien Reichsstadt Nürnberg.
11. G. v. Hoensbroech. Das Papsttum in seiner sozialkulturellen Wirksamkeit. Leipzig. 1906. S. 65.
12. G. v. Hoensbroech. Das Papsttum in seiner sozialkulturellen Wirksamkeit. Leipzig. 1906. S. 64.
13. G. v. Hoensbroech. Das Papsttum in seiner sozialkulturellen Wirksamkeit. Leipzig. 1906. S. 64.

Blinde Intelligenz ... der »schwarze« Papst und die Jesuiten

Jünger der Finsternis

1. So wird der General des Ordens wegen seines erheblichen Einflusses auf die kuriale Politik genannt. Der Orden ist eine Nachbildung der kirchlichen Hierarchie; der General ist für die Ordensmitglieder was der Papst für die Christen ist. Wie der Jesuit bedingungslos seinem General gehorcht, ebenso blind sollen die Christen dem

Papst gehorchen. Wir haben eine bemerkenswerte Parallele im organisatorischen Aufbau der Essener von Qumran, die die Frühgeschichte des Christentums beeinflußt haben.
2. Otto v. Deppen. Demagogie der Jesuiten durch die Urteile ausgezeichneter Personen und die eigenen Schriften der ordensmitglieder bewiesen; ein politisch-historischer Versuch, allen Fürsten uns Völkern, ganz vorzüglich dem deutschen Bunde gewidmet. Altenburg (1826). S.63.
Hier ein Auszug aus der jesuitischen Literatur:
- Maffai. J.P.: de vita et moribus Ignatii Lojolae Libri III. Romae. 1585.
- Vulpio. J.R.: idem liber ex optimis editionibus repraesentatus. Accesit de D. Ignatii Lojolas gloria singularis. Jos. Roelle Vulpio auctore. Patav. 1727.
- Lithi (Chr. Som. i. e. Sim. Stenii) Vita Ignatii Lojolae, qui religionem Clericorum Societatis Je1qsu institut, ante aliquod annos descripta a Pet. Ribadeneira, nunc in honorem totius Societatis brevisssimis ut issimis scholiis illustrata. 1598.
- La vie de S. Agnace fondateur de !a Compagnie de Jesus et de Peres Jac. Lainez et Franc. de Borgia. Tournay. 1613.
- Hane. Ph.Fr.: Leben und Thaten Ignatii Lojolae, berühmten Stifters des Jesuitenordens, nebst einer Vorrede Erdmann Neumeisters. Rostock. 1721.
- Hasenmüller. E.: Historia Jesuitarii Ordinis. Das ist: gründliche und ausführliche Beschreibung des jesuitischen Ordens und ihrer Societät, darinnen von dem Stifter dieser Gesellschaft, ihrem Namen, Graden, Dignitäten und unterschiedlichen Aemtern; auch wie sie gewachsen und zugenommen, desgl. von ihrem Leben, Gelübden, Privilegien und Freiheiten usw. gehandelt wird, anfänglich in lateinischer Sprache beschrieben, und ins Teutsche gebracht durch Melchior Leporinum. Frankfurt. 1594.
- Ribadeneira. P.: Catalogus Scriptorum Societas Jesu. Antwerpen. 1613.
- Hospiniani. R.: Historia Jesuitica, sive de origine, regulis, constituonibus, privilegiie, incrementiis, progressu et propagantione Ordinis Jesuitarum. Item de eorum dolis, fraudibus, imposturis, nefariis, facinoribus, crentis consiliis, falsa quoque, seditiosa et sanguinolenta doctrina. Tiguri. 1619.
- Alegambe. Ph.: Bibliotheca Scriptorum Societas Jesu. Romae. 1676.
- Nadasi. J.: annus dierum momorabilium Soc. Jesu. Antwerpen. 1665.
- Tanneri. M.: Societas Jesu ad sanguiniis et vitae profusionem miitans in Europa, Africa,

Asia et America, contra Gentiles, Mahometanos, Juacos, Haetericos, impios, pro Deo, fide, ecclesia, pietate; sive vita et morres eorum, qui ex Societate Jesu in causa fidei et virtutis propagnatae, violenta morte toto orbe sublati sunt. Pragae. 1775.

- Morale practique des Jesuits, óu elle est representee en plusieurs Histories arrivees dans toutes les parties du monde. VIII. Tomes Amsterdam. 1746.

- Imagines Praepositorum Generalium Societatis Jesu delinaetae et areis formis expressae ab Arnoldo van Westberbout, addita perbrevi uniuscujusque vitae descritione a Nic. Galeotti. Editio secunda auctios et emendatior. Romae. 1751.

- Harenberg. J. Chr. Phragmatische Geschichte des Ordens der Jesuiten seit ihrem Ursprunge bis auf die gegenwärtige Zeit. 2. Bde. Halle. 1760.

- Historie impartiale de jesuits dupuis leur etablissement jusque a leur premiere expulsion. 2. Tomes. 1768. Deutsch: Geschichte der Jesuiten, von ihrer Entstehung an bis zu ihrer ersten Vertreibung. Aus dem Französischen. Frankfurt und Leipzig. 1769.

- Versuch einer neuen Geschichte des Jesuiten-Ordens von dessen ersten Stiftung bis auf die gegenwärtige Zeiten. Berlin und Halle. 1769 und 1770.

- Erinnerungen von der Jesuiten-Practiken, bei Anlaß des im Jahre 1595 an Heirich IV. tentierten Königsmordes. a.d. Franz. 1607.

- Bedenken an den König in Frankreich über die Jesuiten Aussöhnung und Wiedereinkommung in Frankreich. Heidelberg. 1607.

- Bedenken an die königl. Majestät in Frankreich, über der Jesuiten bei deroselben gesuchten Aussöhnung. Aus dem Franz. 1603.

- Wahrhafter Bericht, was sich in der Stadt Trojes in Frankreich bei der von den Jesuiten daselbst gesuchten Einkommung von 1603-1611 zugetragen. Aus dem franz. Mit einem Mandat der Generalstaaten gegen diesen Orden vermehrt.

- Arrest oder Endurteil des Königl. Parlaments zu Paris, wider das Buch Joan Marianae, eines Jesuiten, welches den 29. May 1610 durch den Scharfrichter vor der Thumb-Kirchen daselbst öffentlich verbrannt worden, nebst der theol. Facultät zu Paris Bedenken und Censur von gedachter Jesuiten-Lehr ... Item Parlamentsurtheil wider Franc Revaillac. Straßburg. 1610.

- Bericht (kurzer) welcher Gestalt dem Abt Du Bois, durch die Jesuiten weil er wider ihre blutige Schriften zu Paris öffentlich gepredigt,

sey zugesetzt worden. Aus dem Französischen verteutscht. Straßburg. 1610.

- Erinnerungen (treuherzig), an die wohlverordneten Herren des Königl. Parlaments zu Paris, in welcher mit unwidertreiblichen Gründen dargethan und erwiesen wird, daß an der verrätherischen Mordthat König Heinrichs des Großen niemand anders, als die jesuitische Societät ... schuldig sey. Aus dem Französischen verteutscht. Straßburg. 1610.

- Der weltberühmten Universität zu Paris treuherzige Erinnerung an Königl. Wittib und Regentin ... wegen der Jesuiten und ihrer Lehre. Aus dem zu Paris gedruckten Exemplare verdeutschet. 1610.

- Geheimniß und Ceremonien, welche die Jesuiten gebrauchen, wenn sie einen einfältigen Menschen dahin bewegt, daß er sich zum Mörder an Königen brauchen zu lasse, begeben und entschlossen. Aus dem Franz. 1610.

- Von der Jesuiten-Sekte, besonders in Frankreich. Hanau. 1611.

- Cottonis.P.: Erklärungs-Schreiben an die Königl. Wittib und Regentin in Frankreich, in welchem er zu beweisen und darzuthun sich unterstehet, daß der Jesuiten-Lehre, dem im Jahre 1415 im Concilio zu Costnitz ergangenem Decret gemäß sey. Aus dem Parisischen Exemplar verteutscht. Straßburg. 1610.

- Antwort (kurze) auf das Parisischen Jesuiten P. Cottonis Erklärung, so er neulich an die Königin von Frankreich geschrieben und drucken lassen, darinn er seinen Orden wegen der Lehre von Königs-Morden zu entschuldigen unterstanden. 1610.

- Agricolae. Ign. Historia Provincinae Societatis Jesu Germaniae superrioris, ab anno 1540 ad 1609. Pars I. et II. aug. Vind. 1727-29.

- Flotti. A.: Historiae Provinciae Jes. seu Pars III. Germaniae superioris. ab anno 1601 da 1610. id. 1734

- Schmidt. J.: Histroca Societas Jesu Provincinae Bohemiae ab anno 1555 ad annum 1615.

- Fabricius. G. Freundschaftliches Sendschreiben, worin die wieder das höchste Interesse Sr. Churfürstl. Durchlaucht von Cöln von den Jesuiten in dem Estendischen Jurisdictionsstreit gespielten Streiche entdeckt werden. 1751.

- Fünf Sendschreiben eines Layen an seinen Freund, einen Weltgeistlichen über das während der Jesuitenepoche ausgestreute Unkraut, verschiedene merkwürdige deutschgeistliche Geschichtsumstände enthaltend. 1785.

- Darstellung (vorläufige) des heutigen Jesuitismus, der Rosenkranzerey, Prolelytenmaxtherie und Religionsvereinigung. Deutschland. 1786.

- Jacobs. I. Königs von England Rede, die er anno 1605 im Parlament gehalten. Beschreibung der wider ihn angestellten Verrätherey. Hamburg. 1606.

- Sendschreiben Königl. Majestät in Großbritannien wider alle Recusanten, Jesuiten ... in England. Aus dem Englischen. Straßburg. 1616.

- Liebe der Messalina, gewesener Königin von Albion, worin der heimliche Betrug mit dem Prinzen von Wallis und mit der französischen Ligue aufgedeckt wird. Die andere Edition nach dem englischen Original verbessert und vermehrt. Leiden. 1690.

- Eines polnischen Edelmannes Anrede an die Großen in Polen, die Ruhe und Einigkeit des Königreiches durch Wegschaffung derer Jesuiten zu befördern betreffend, anfangs in polnischer Sprache geschrieben, nachgehends in die Lateinische und Französische, nun aber ins Teutsche übersetzt und mit Erläuterungen vermehrt. 1727.

- Henrici. J.: Hochwichtiger Rathschlag und Bedenken von Hintertreibung der blutdürstigen gefährlichen Anschläge der Jesuiten, so sie wider alle Regimenter und Polyceyen immerdar suchen und vornehmen; sonderlich wie dieselbige im Königreich Polen von ihnen verborglich geführt, nunmehr aber menniglichen vor Augen gestellt und hintertrieben werden sollen. Frankfurt. 1632.

- Geschichte der Jesuiten in Portugal, unter der Staatsverwaltung des Marquis von Pombal. Aus Handschriften und sicheren Nachrichten herausgegeben und mit Anmerkungen begleitet. Von Chr. Gottl. v. Murt. 2. Theile. Nürnberg 1987 und 1788.

- Hochverrath (der Portugiesische) und Prozeß der verurtheilten und hingerichteten Personen, wie ihn der Hof selbst öffentlich bekannt machen lassen. Nebst dem Dekret des Cardinals Saldanha (?) 1759.

- Irrthümer (die Gottlosen und Aufrührerischen), welche die Geistlichen von der Gesellschaft Jesu den hingerichteten Missetähern beigebracht, und unter dem portugiesischen Volk auszubreiten getrachtet haben, nebst ihrer Widerlegung aus den geistlichen und weltlichen Rechten. Auf Befehl des Königs publiciert. 1760.

- Wohlgemeinte Warnung an alle christlichen Potentaten und Obrigkeiten wider des Papstes und seiner Jesuiten hoch gefährlichen Lehr und Practiken ...

- Osiander. L.Warnung vor der Jesuiter blutdürstigen Anschlägen und bösen practiken,

durch welche sie die reine evangelische Lehr auszutilgen ud des Antichrists tyrannisch Joch der Christenheit wiederum aufzubringen, sich unterstehen. Tübingen. 1585.

- Jesuiter-Spiegel, darin der Jesuiter Antichristliche Lehr und blutgieriger Geist, aus ihrenm eigenen Schriften zu erkennen, unnd wird zugleich die jesuitische Apologia an König von Frankreich, wie Conrad Vötters Antwort wider den unschuldigen Luther und des Maynhofers Prädicanten Spiegel, alles unterschiedlich abgefertigt 1601.

- Jesuiter vorhabender Gesang und noch andauernder Klag. d. i. wozu sie jederzeit ihre Klocke gegossen haben, damit sie dermaligst zu einer gleichlautenden Harmony und vielgesuchter Monarchy gelangen möchten. Allen christfriedlichliebenden Potentaten zum Unterricht durch eine unpassionierte Röm. Cathol. Ordensperson in Italienischer Sprache geschrieben, jetzo ins Deutsche übersetzt. 1620.

- Conversation, ob die Jesuiter zwyen Studenten, einem Catholischen und einem Calvinisten, ob die Jesuiter an allerlei Empörungen im Römreich, und sonderlich in Böhmen schuldig seyen. Prag. 1620.

- Anklag wider die Jesuiten als Friedensstörer und geschworne Feinde des Heil. Röm.Reichs; oder treu-meinende Erinnerung, was wegen der Jesuiten jetziger Zeit sowohl von Papisten als Evangelischen Ständen zu beratschlagen sey; durch Philoxenus Melander. 1632.

- Jesuitische Practiken. d.i. Bericht von allerlei heimlichen Händeln und abscheulichen Thaten der Jesuiten nebst Anzeigungen, wie ihre Gebäude, Collegia, Kirchen, Gefängnis, Schätze ... beschaffen seyen. Aus dem Latein an den Tag gegeben durch Liborium Longinum Tirolensium. Frankfurt. 1633.

- Jesuitischer Vogelheerd oder Erläuterung der Frage: ob christlich- evangelische Eltern mit guten und unverletzten Gewissen ihre Kinder den Jesuitern zu unterweisen übergeben können? Warnemünde. 1663.

- Voyer. A.: la Tyrannomanie Jesuitique. 1648.

- La morale de Jesuites, extraite fidellement de leurs livres, imprimez avec la permission et l 'approbation des superieurs de leur Compagnie, par un Docteur de Sorbonne. a. Mons. 1667.

- Busenbaum. H.: Medulla Theologiae moralis. Lugd. 1686.

- Paseul. B.: Die Sittenlehre und Politique der Jesuiten, verfassend die XVIII. Brief der Provinciales. Mit Anmerkungen. 1740.

- Sendschreiben eines Portugiesischen aus Lissabon an einen seiner Freunde in Rom über das von den Jesuiten an den regierenden Papst Klemens XIII. übergebene Memoire. Mit Anmerkungen. 1759.

- Rede Sr. Eminenz des Cardinals Carl Adalbert Guido Boni Cavalchini, decanus des hl. Collegiums, welcher er in der Congregation des heiligen Offici wegen der Vertreibung der Jesuiten aus Spanien gehalten hat. Aus dem Lat. übersetzt. Halle. 1769.

- Sammlung der merkwürdigsten Schriften, die Aufhebung des Jesuiter-Ordens betreffend. 5.Stücke. 1773-82.

- Leben des Papstes Clemens XIV. Ganganelli. Aus dem Französischen des Herrn Caracioli übersetzt. 2.Aufl. Frankfurt. 1776.

- Merkwürdige Nachrichten von den Jesuiten in Weißpreußen. Aus dem Ital. 2. Aufl. Frankfurt und Leipzig. 1786.

- Jesuitarische Praktiken, das ist: Gründlicher Bericht über allerley heimlichen verborgenen Händeln, Practiken und abscheulichen Thaten der Jesuiten. Frankfurt. 1633.

- Gefährliche Anschläge der Jesuiten wider könig- und fürstliche Personen. Hanau. 1611.

- Extraits des Assertiationes dangereuses et perniceuses en tout genre, que les soi-disans Jesuites ont, dans tous les temps et perseverament soutenues, enseighnees et publiees dansleurs Livres, avec l 'approbation de leurs Superieurs et Generaux. Verifies et collationes par les commisaires du Parlament, en executions de l'Arrete de la Cour du 31.Aout 1761 et Arret du 3. Septembre siuvant, sur les livres Theses, Cahiers composes, dictes et publies par les soi-dissans Jesuites, et autresactes authentiques. A. Paris. 1762.4.

- Fides Jesu et Jesuitarum, hoc est collation doctrinae Domini et Salvatoris nostri Jesu, cum doctrina Jesuitarum, collecta ex. S. Litteris, Patrum Scriptis, ac Jesuitarum Libris, et per fidei articulos disposita. Item juramentum Papae IV. continents capita pontifica religionis, cum confutatione ejusdem, per Donatum Gotvisum Trivonensem cum praefatione Joan. Marbachiie. Christlingae. 1573.8.

- Vargas (Alph. de) Relacio ed reges et Principes Christianos, de stratagematis et sophismatis politicis societas Jesu ad monarchiam orbis terrarum sibi conficiendam. 1636.4.
Das gleiche deutsch unter dem Titel: Erzählung der Ränke, Betrügereien und politischen Griffe der Jesuiten ... nebst Lucii Cornel. Europaei Monarchie der Solipsorum, das ist, der Jesuiten, und Deutung derer verborgenen Nahmen: beides aus dem verbesserten lateinischen Exemplare übersetzt. 1675.4
- Rodingi (Guil. Hassi) contra impias Scholas

Jesuitarum et eos, qui suos pueros ipsis informandos commitunt, ad Christianos homines oratio. Heidelberg. 1575.

- Franzii (Wolfg). Oratio de Jesuitarum cruentis machinationibus adversus principes a Romano Pntifice alieniores etc. habita anno 1611. Witteb. 1612.8

- Les Jesuites mis sur l èchataut pour plusiers crimes capiteaux par eux commis dans la Province de Guienne, avec la reponse aux calomnies de Jaques Beaufes. Leiden 1648.8.

- Die Jesuiten erklären die Aufhebung ihres Ordens für null, suchen den chatolizismus unter allerlei gestalten zu verbreiten, und vermehren sich vorzüglich in Rußland. In der Berliner Monatsschrift Jahrgang 1785 (April) S.378.

- Das Evangelium der Jesuiten. Leipzig. 1822.

- Die Jesuiten und ihr Benehmen gegen geistliche und weltliche Regenten ... von Ernst Freidmann (?). Grimm a. Bei Göschen-Beyer. 1825.

- Extraits des assertins dangereuses et pernicieuses en tout genre, que les soi-disans Jesuites ont, dans les tem(p)s et perseverrament soutennes-dans leurs livres, avec lápprobation de leurs superieurs etc. collationes par lex commisaires du parlament, en exekution de arrete de la cour du 31. Aout. 1761 - sur les livres, theses, cahiercomposes-par les Jesuits. a. Paris. 1762.

- Allgem. Moden-Zeitung für 1825. Nr. 70 (Pans Wörterbuch derMode) Vergl. dort den Artikel »Jesuiten«.

- Eckartshausen v.: Aufrufung und Warnung an die Großen der Welt, sich vor der Gefahr zu sichern, die durch das falsche System der heutigen Aufklärung und durch die kecken Annamßungen s.g. Philosophen ff. den Thronen der Staaten und dem Christentum den gänzlichen Verfall droht. 1792.

- Phragmatische Geschichte der vornehmsten Mönchsorden. Bd.9. Leipzig. 1782.

- Die geistlichen Uebungen. Exerzitia spiritualis. Ignatii Lojolae Romae. 1548.

- Nicolai (?). Vorläufige Darstellung des heutigen Jesuitismus Deutschlands. Berlin. 1786.

- De auctoritate et potentia romani pntificis ac de rebus feliciter gesties victoriae que Clementis ejus nominis octavi summi pontifices de Henrico quarto ... rege gloriose triumphatis.

- Keller. J.G.G.E.: Theologi ad Ludovicum XIII. Galliae etc. regem admonitio, qua breviter ac nervose demonstratur, Galliam foede et turpiter impium foedes inissis, et injustem bellum hoc tempore contra Catholicos movissesalvaque religione prosequi non posse. Aug. Vind. 1625.

- Suarez. defensio fidei cathol. et post, adversus anlicanae sectae errores. Köln 1614.
- Becan. Controversia anglicana de postetate regis et pontificis.Mainz. 1612 (Anglikanische Streitfrage über die Mahct des Königs und Priesters (Papstes).
- Busenbaum.H.: Medulla theologiae moralis, facili ac perspicua methodo resolv. casus conscient, ex variie probatisque auctoribus concinnata. 1652.
- Santarell, A.: Tractatus de haeresi, schismate, apostasia et sollicitat. In sacramento poentientiae et de postestate summi pontificis in his delictis puniendia. Romae. 1625.

3. G. Denzler. Im Namen Gottes. Belastendes Material aus der Kirchengeschichte. Stuttgart. 1973. S. VI.

4. Opera. Tom. II.p. 21. Regensburg. 1738

5. G. v. Hoensbroech. Das Papsttum in seiner sozialkulturellen Wirksamkeit. Leipzig. 1906. S.36

6. Rene-Fülöp-Miller. S. 25.

7. Der Jansenismus ist eine der größten Bewegungen der nachtridentinischen katholischen Theologie, vor allem in Frankreich. Wir haben einen vielgestaltigen Begriff vor uns.

Er geht von Augustinismus des Jansenismus aus, der, an den großen Gandenstreit (Molinismus, Thomismus, Bajus) anknüpfend, mit seinem Freund J.Duvergier de Haurane unter starker Betonung der august. Gnadenlehre einen Kompromiß suchte zwischen dem extremen Augustinismus und dem schol. Rationalismus, zwischen Calvinismus und der herkömmlichen katholischen Lehre.

Aus der jansenistischen Gandenlehre entstand in Frankreich eine weite Kreise umfassende Reformbewegung von großem sittlichen Ernst. Ihr Führer Pascal zog im Kloster Port Rojal (bei Versailles) viele große Geister an sich. 1665 werden kirchlicherseits 5 Sätze von ihnen als häretisch verurteilt. 1713 erging die Bulle »Unigenetus« gegen den Oratorianer P. Quesnel, einer der scharfsinnigste Verteidiger des Jansenismus. An dieser Bulle schieden sich im scharfen Kampf die Jansenisten in Akzeptanten und Appelanten. Viele der letzten flohen in der Verfolgung durch die Regierung in die Niederlande und gründeten die schismatische Utrechter Kirche.

Politisch stellte der Jansenismus das geistliche über die Welt; das ließ ihm zwar die Möglichkeit, sich gegen die römische Kurie auch auf staatl. (= gallikanische) Hilfe zu stützen. Doch weil er den Gallikanismus als eine in der Wurzel politische Einfügung der Kirche in das System des absoluten Staates ablehnt, geriet er in den Gegensatz zum franz. Königtum, das seiner äußeren Untergang besiegelt. Trotzdem waren seine Auswirkungen

beträchtlich (Ausweisung der Jesuiten 1764; und ein bis in die Gegenwart fortwirkender Antiklerikalismus).

8. Blaise Pascal. Franz. Religionsphilosoph, Mathematiker und Physiker. (1623-1662).

Pascal zieht sich später in das Kloster Port Rojalden Mittelpunkt des Jansenismus - zurück und unterwirft sich dort - trotz schwerer Erkrankungen - harten Bußübungen. Er widmet sich theol. Studien und religiösen Meditationen. Er eröffnet die Polemik gegen die Jesuiten in 4. Brief einer in Brieform dargestellten Streitschrift. Vor allem griff er die jesuitische Kasuistik an. Wegen seiner Krankheit konnte Pascal eine geplante Schrift zur Verteidigung des Christentums nur bruchstückhaft ausführen.

Pascal wird als der größte religiöse Denker des neuzeitl. Frankreich angesehen. Der Weltversöhnung des Christentums seiner Zeit stellte er eine neue religiöse Unbedingtheit gegenüber. Nach ihm ist der Glaube nicht ruhender Besitz, sondern immer neu zu erwerbende Paradoxie.

Obwohl selbst Naturwissenschaftler, war er im Religiösen der große Gegenspieler des naturwissenschaftlichen Rationalismus und Optimismus. Er überführte die physik. und astronomischen Sachkenntnisse in ein Erschrecken der Seele über die menschliche Verlorenheit und bestimmte nach dem Vorbild des Augustiners das »Herz« als das eigentliche und höchste Organ des religiösen Urteilskraft (logique du cour).

Wie die Glaubensinhalte P. sich in fortwährender Unruhe bewegen, so auch sein Begriff des Menschen. Er deutet ihn als ein aus Größe und Nichtigkeit gemischtes Wesen, dessen ird. Kultur eine einzige Flucht aus dem Innewerden seiner selbst ist. Seine eigentliche Würde könne er nur durch Bewußtwerden seiner Nichtigkeit erreichen.

9. Otto v. Deppen. Demagogie der Jesuiten durch die Urteile ausgezeichneter Personen und die eigenen Schriften der ordensmitglieder bewiesen; ein politisch-historischer Versuch, allen Fürsten uns Völkern, ganz vorzüglich dem deutschen Bunde gewidmet. Altenburg (1826). S. 26

10. Vergl. Phragm. Geschichte der vornehmsten Mönchsorden. Leipzig. 1782.

11. Tondi. Die geheime Macht der Jesuiten. S.6.

12. G. v. Hoensbroech. Das Papsttum in seiner sozialkulturellen Wirksamkeit. Leipzig. 1906. S. 218.

13. I. v. Döllinger. Der Papst und das Konzil. S. 217.

14. Verordnung des Ordensgenerals Aquaviva. Monum. Germ.paed. 5.S.12 ff.

15. Otto v. Deppen. Demagogie der Jesuiten durch die Urteile ausgezeichneter Personen und die eigenen Schriften der ordensmitglieder bewiesen; ein politisch-historischer Versuch, allen Fürsten uns Völkern, ganz vorzüglich dem deutschen Bunde gewidmet. Altenburg (1826). S. 121. Vergl.

Chalotais. Compte rendu des constituiones des Jesuites.

16. Secretis monitis. Unter der Überschridt: Wie es anzufangen sei, um die Gunst der Fürsten zu erlangen. Vergl. Otto v. Deppen. S. 54.

18. Fr. Xaver Wernz. Jud. Decretalium. Romae. 18998. 1.S.13.

19. Tondi. Die geheime Macht der Jesuiten. S. 128

20. Johannes Scherr. Deutsche Kultur- und Sittengeschichte. S. 277.

21. Rud. Cornely. Das Jesuitengesetz und der Nostand des deutschen Reiches. Stimmen aus Maria-Laach. Freiburg i.B. 1873. S.18 ff.

22. Peter Roh. Die Grundirrtümer unserer Zeit. 4.Aufl. 1869.S.61 ff.

23. Otto v. Deppen. Demagogie der Jesuiten durch die Urteile ausgezeichneter Personen und die eigenen Schriften der ordensmitglieder bewiesen; ein politisch-historischer Versuch, allen Fürsten uns Völkern, ganz vorzüglich dem deutschen Bunde gewidmet. Altenburg (1826). S.63.

24. Otto v. Deppen. Demagogie der Jesuiten durch die Urteile ausgezeichneter Personen und die eigenen Schriften der ordensmitglieder bewiesen; ein politisch-historischer Versuch, allen Fürsten uns Völkern, ganz vorzüglich dem deutschen Bunde gewidmet. Altenburg (1826). S.6

25. Otto v. Deppen. Demagogie der Jesuiten durch die Urteile ausgezeichneter Personen und die eigenen Schriften der ordensmitglieder bewiesen; ein politisch-historischer Versuch, allen Fürsten uns Völkern, ganz vorzüglich dem deutschen Bunde gewidmet. Altenburg (1826). S.2

26. Vergl. Phragmatische Geschichte der vornehmen Mönchsorden. Leipzig. 1782. Bd.9.S.208.

27. Otto v. Deppen. Demagogie der Jesuiten durch die Urteile ausgezeichneter Personen und die eigenen Schriften der ordensmitglieder bewiesen; ein politisch-historischer Versuch, allen Fürsten uns Völkern, ganz vorzüglich dem deutschen Bunde gewidmet. Altenburg (1826). S.4

28. Otto v. Deppen. Demagogie der Jesuiten durch die Urteile ausgezeichneter Personen und die eigenen Schriften der ordensmitglieder bewiesen; ein politisch-historischer Versuch, allen Fürsten uns Völkern, ganz vorzüglich dem deutschen Bunde gewidmet. Altenburg (1826). S.7/8.

29. Otto v. Deppen. Demagogie der Jesuiten durch die Urteile ausgezeichneter Personen und die eigenen Schriften der ordensmitglieder bewiesen; ein politisch-historischer Versuch, allen Fürsten uns Völkern, ganz vorzüglich dem deutschen Bunde gewidmet. Altenburg (1826). S.27.

30. Otto v. Deppen. Demagogie der Jesuiten durch die Urteile ausgezeichneter Personen und die eigenen Schriften der ordensmitglieder bewiesen; ein politisch-historischer Versuch, allen Fürsten uns Völkern, ganz vorzüglich dem deutschen Bunde gewidmet. Altenburg (1826). S. 63.

31. Otto v. Deppen. Demagogie der Jesuiten durch die Urteile ausgezeichneter Personen und die eigenen Schriften der ordensmitglieder bewiesen; ein politisch-historischer Versuch, allen Fürsten uns Völkern, ganz vorzüglich dem deutschen Bunde gewidmet. Altenburg (1826). S. 43.

32. Seabra da Sylvia, recueil chronoloquie. Tome I. cap.7. 252.pag.260.

33. Epistola ad Patres Fratres Societ. 5.prov. Aquitaniae. eddit. Iprensis. 1611.

34. Er sagt: »... ich verachte die Jesuiten allzusehr, als daß ich ihre Schriften lesen sollte. Ein schlechtes Herz verdunkelt bei mir alle Fähigkeiten des Geistes. Vergl. Otto v. Deppen. S.38.

35. Mémories concernat Christine, reine du Sude.pag. 295. Tome II.

36. Vergl. Hume. Geschichte von England. Bd.5.4.Cap.3.S.114. Vergl. Otto v. Deppen. S.171. Vergl. Person. Martyrologium catholicum s. relatio de aliquibis martyribus in Anglia. Madrid. 1590.

37. Zitiert nach Otto v. Deppen.

38. In: Beitrag zur Geschichte der Jesuiten in Ostindien. S.111.

39. In einer Bittschrift der Stände der Jesuiten von Kärnten und Steiermark vom Jahr 1599 an den deutschen Kaiser. In: Hanaueri relat persecutionis, qua in Styria etc. furore Jesuitarum instuta est. pag. 8-24. Bzw. Lucius Jesuitengeschichte. 4.Cap. 7.S.819 und 840.

40. H. Kühner. Das Imperium der Päpste. Kirchengeschichte. Weltgeschichte. Zeitgeschichte von Petrus bis heute. 1977. S.351.

41. Das Leben und die Memoiren des Scorpio v. Ricci. Bischof von Pistoja ... Stuttgart. 1826. S.19.

42. Katechismus der Jesuitenmoral. Ernst Bergmann. Faksimile-Verlag. Bremen. Forschungsreihe Historische Faksimiles. Abteilungen Bünde und Orden/Jesuiten. Unveränderter Nachdruck der Ausgabe. Leipzig. 1936.S.7/9.

43. Zitiert nach dem Jesuiten Alighiero Tondi.

44. Tondi. Die geheime Macht der Jesuiten. S. 129.

45. Tondi. Die geheime Macht der Jesuiten. S. 137.

46. Tondi. Die geheime Macht der Jesuiten. 1.Auflage. Jena. 1960. S.175.

47. Tondi. Die geheime Macht der Jesuiten. 1.Auflage. Jena. 1960. S.14

48. Tondi. Die geheime Macht der Jesuiten. 1.Auflage. Jena. 1960. S.16.

49. Längin. S.111.

50. Riezler. S.168.

51. Es handelt sich um eine religiöse Bewegung des 16.Jh. in Spanien. Sie strebt nach mystischer Vereinigung mit Gott durch Visionen und Extasen und nach einer Reform der Kirche. Vor der Inquisition seit 1529 beobachtet, verlieren sich die Alumbrados zu Beginn des 17.Jh. im Quietismus.

52. Otto v. Deppen. Demagogie der Jesuiten durch

die Urteile ausgezeichneter Personen und die eigenen Schriften der ordensmitglieder bewiesen; ein politisch-historischer Versuch, allen Fürsten uns Völkern, ganz vorzüglich dem deutschen Bunde gewidmet. Altenburg (1826). S. 16.

53. Otto v. Deppen. Demagogie der Jesuiten durch die Urteile ausgezeichneter Personen und die eigenen Schriften der ordensmitglieder bewiesen; ein politisch-historischer Versuch, allen Fürsten uns Völkern, ganz vorzüglich dem deutschen Bunde gewidmet. Altenburg (1826). S. 35.

54. Es handelt sich um eine 1360 gegründete und 1668 aufgehobene italienische Lainegenossenschaft zur Krankenpflege und Totenbeerdigung. Die Jesuatinnen waren eine ital. Genossenschaft, die von 1367-1872 tätig war.

55. Vergl. Tursellini. Vita S. Xaverii 1.5. Imago primi seculi Societas jesu. etc. VIII.11.pag.388.

56. Vergl. Phragmatische Geschichte der vornehmen Mönchsorden. Leipzig. 1782.

57. Rene-Fülöp-Miller. S.2.

58. Im Brief des hl. Ignatius über die Tugend des Gehorsams. Epistolae S.P.N.Ignatii. de virtute oboedientiae, ad scholasticos Conimbricenses vom 26.Mai 1553.

59. Tondi. Die geheime Macht der Jesuiten. S. 158.

60. In der »Epistula de virtute oboendientiae« vom 26.Mai 1553.

61. Rene-Fülöp-Miller. S.16

62. Vergl. Philippson. Westeuropa im Zeitalter Philipp II. Berlin. 1882. S.24 ff.

63. Hans-Jürgen Wolf. Hexenwahn und Exorzismus. Frankfurt a. M. 1980.

64. Mannhardt. Verrat um Gottes Lohn. Hintergründe des Diktates von Versailles. Schulddokumente neuzeitlicher Konfessionspolitik. Forschungsreihe Historische Faksimiles. Abteilungen Flugschriften der Weimarer Zeit/Versailler Vertrag/Kirchenkampf. Unveränderter Nachdruck der Ausgabe. Dresden. 1938.

65. Imago primi Saeculi Societas Jesu. Antwerpen. 1640.S.18 f.

66. Längin. S.112.

67. 1570 in Fulda und Eichsfeld, 1574 in Mainz, etwas später in Westfalen, Paderborn und Münster; 1586 unter dem Fürstbischof Julius II in Würzburg und Bamberg.

68. Vierdot. Bd.2. S.56.

70. Bergmann. Katechismus der Jesuitenmoral. Ernst Bergmann. Faksimile-Verlag. Bremen. Forschungsreihe Historische Faksimiles. Abteilungen Bünde und Orden/Jesuiten. Unveränderter Nachdruck der Ausgabe. Leipzig. 1936. S.28.

71. Zitiert nach Bergmann.

72. Böhmer S.140.

73. **Dazu einige Beispiele**
Kindesaussetzung ist erlaubt
Es ist zuweilen erlaubt, geborene Kinder auszuset-

zen, wenn es zur Vermeidung großer Schande nötig ist; man muß aber Vorsicht anwenden, daß das Kind nicht erfriert und daß es vorher getauft wird. Ihm ist ein Zettel beizufügen, denn mit der Gefahr der Schande ist eine Mutter nicht verpflichtet, ein Kind zu erhalten, und kann es in der angegebenen Weise aussetzen.
Quelle: Paul Laymann. Theol. amor. comp. Mainz. 1673. S.708

Diebstahl ist erlaubt
»... wenn Jemand bedürftig ist, und ein anderer so viel überflüssig hat, daß der Reiche dem Armen zu helfen verpflichtet ist, so kann der Arme heimlich und in guter Weise (= ocullto et bono) das Eigentum des Reichen nehmen, ohne zu sündigen.
Quelle: Longuet, Propositiones dictées dans le collége du Jesiuts d'Amiens. 1654/55. Praec.7.quaest.11.

Meuchelmord ist zu entschuldigen
Es ist erlaubt, einen ungerechten Angreifer zur Verteidigung seines Lebens und der gesunden Glieder mit Anwendung gerechter Notwehr zu töten ... deshalb ist es Geistlichen und Mönchen ebenso gestattet .. so darf der Mönch den Abt, der Sohn den Vater, der Diener den Herrn und der Vasall den Fürsten töten.
Quelle: Leon Lesius. De just. et jure. Paris 1628. S.93.
Auf Gottes Befehl darf man einen Unschuldigen töten und Hurerei treiben.
Quelle: Petrus Alagona. Summae theol. comp. 1620. Ex prima. S.244.

74. Vergl. dazu:
- Ellendorf. Moral und Poltik der Jesuiten. Darmstadt. 1840.
- Jacob Grätzer. Doctrina moralis Jesuitarum. Die Moral der Jesuiten, quellenmäßig aus ihren Schriften, von einem Katholiken. Celle. 1874.

  Die erste Aufalge seines Werkes erschien unter dem Titel »Blüten der Jesuitenmoral, in ihren Gärten gesammelt und den gebildeten Katholiken, besonders den Priestern gewidmet, von einem Katholiken. Celle. 1873.
- Jesuitenmoral. Ein Album für Freunde der frommen Väter. Zusammengestellt nach mehr als 300 Stellen aus jesuitischen Kasuisten. Leipzig.1854.
- Rymen-Serkau. Die Verworfenheit der jesuitischen Sittenlehre, quellenmäßig bearbeitet. Berlin. 1904.
- Katechismus der Jesuitenmoral.G. v. Hoensbroech. Das Papsttum in seiner sozial-kulturellen Wirksamkeit. Leipzig. 1906. S.14.

75. Santarell.A.: Tractatus de haeresi, schismate, apostasia et sollicat. In. sacramenta poenti poententia et de postestate summi pontificis in his delictis punienda. Romae. 1625.

613

76. Vergl. Extrait du livre d'Antoine Santarelles dans de Mercure. Jes. pag. 835. Auch dieses Buch wird in Paris vom Henker verbrannt.

77. Compte rendu de constituiones des Jesuites. Par M. Louis-rené des Caradeux de la Chalotais, procureur general du roi au paelem, de Bretagne etc. en execution de l'arret de la cour du 17.Auot. precedent; nouv. edit. 1762.pag.87 und 90.

78. Compte rendu de constitutiones. S.90.

79. Otto v. Deppen. Demagogie der Jesuiten durch die Urteile ausgezeichneter Personen und die eigenen Schriften der ordensmitglieder bewiesen; ein politisch-historischer Versuch, allen Fürsten uns Völkern, ganz vorzüglich dem deutschen Bunde gewidmet. Altenburg (1826). S.112.

80. Otto v. Deppen. Demagogie der Jesuiten durch die Urteile ausgezeichneter Personen und die eigenen Schriften der ordensmitglieder bewiesen; ein politisch-historischer Versuch, allen Fürsten uns Völkern, ganz vorzüglich dem deutschen Bunde gewidmet. Altenburg (1826). S.114. Vergl. Franz Suarez. defensio fidei. cathol. 1614. Nr.14.

81. Mariani ibid. rege et regis institutione. lib.I.Cap.III.

82. Busenbaum med. Theol. mor. L.III. Tract. IV. D.V. et VIII. Praec. n.X.

83. Der erste Satz ist, daß die weltlichen Fürsten keine Gewalt über die in ihren Ländern wohnenden Geistlichen haben, weder nach göttlichem noch (nach) nemschlichem Recht.
Quelle: Jacobus Gretzer. Opera. 1738-1763. VII. S.450
Die Geistlichen stehen **nicht** unter der Gerichtsbarkeit des Königs.
Quelle: Jacobus Gretzer. Opera. 1738-1763. VII. S.468.
Die Geistlichen brauchen den Staatsgesetzen **nicht** zu gehorchen, wenn sie der kirchlichen Immunität ihrem Stand oder den 37 Kirchengesetzen entgegengesetzt sind.
Quelle: Joh. Petr. Gury. Comp. theol. mor. 1868. S.43.
Die Geistlichen sind verpflichtet, die bürgerlichen Gesetze zu beachten, soweit dieselben **nicht** den hl. Kanons widersprechen oder mit der Heiligkeit des geistlichen Standes unvereinbar sind.
Quelle: V.Hammerstein. Kirche und Staat. Freiburg. 1883. S.177 ff.

84. Jeder Getaufte ist dem Papst mehr untertan als irgendein irdischer Herrscher.
Quelle: Matteo Liberatore. La chiesa e lo Stato. Neapel. 1871. S. 34.
Die Kirche kann die bürgerlichen Gesetze und die Urteilssprüche der weltlichen Gerichte korrigieren und annulieren, wenn sie dem geistlichen Wohl zuwider sind.
Quelle: Matteo Liberatore. La chiesa e lo Stato. Neapel. 1871. S. 43.

Und wahrhaftig: wie kann ein Herrscher von seinen Völkern Respekt und Gehorsam im Namen Gottes verlangen, wenn er selbst Gottes Gebot verachtet und seinen Befehl mit den Füßen tritt? Seien wir überzeugt: Treulosigkeit erzeugt Treulosigkeit und eine Regierung, die rebellisch gegen die Kirche ist, wird Untertanen haben, die gegen sie selbst rebellisch sind.
Quelle: Matteo Liberatore. La chiesa e lo Stato. Neapel. 1871. S. 225.

Die Katholiken sind mehr Untertanen des Papstes, insofern er das Haupt der Kirche und ihr geistiger Fürst ist, als ihres Königs und Kaisers, insofern er ein weltlicher Fürst ist.
Quelle: Matteo Liberatore. La chiesa e lo Stato. Neapel. 1871. S.358.

Der Staat ist der Jurisdiktionsgewalt der Kirche unterworfen, kraft welcher die Zivilgewalt der kirchlichen wahrhaft untertan und zum Gehorsam verpflichtet ist.
Quelle: Fr. Xaver Wernz. Jus. decret. Rom. 1898. I. S.15 ff.

Die Kirche hält fest an dem Satz, daß im Fall eines durch gütlichen Vergleich nicht beizulegenden Konflikt zwischen Kirche und Staat nicht diesem, sondern der Kirche der Vorrang zuerkannt und ihre Gesetze beachtet werden müssen.
Quelle: Christian Pesch. Die christliche Staatslehre nach den Grundsätzen der Enzyklika vom 1.November 1885. S.50 ff.

Außerdem könne ein weltlicher Eid jederzeit durch eine kirchliche Autorität gelöst werden; durch die Gewalt des Papstes und durch die der Bischöfe.
Quelle: Lehmkuhl. Theol. mor. Aufl. Freiburg. 1910. I.n. 568 ff.

86. Einen Tyrann darf jeder Bürger eines unterdrückten Staates erlaubterweise umbringen.
Quelle: Ad. Tanner. Theol. scholast. 1627. III. 1237.

87. Joh. Mariana. De rege. 1605. S.56

88. Joh. Mariana. De rege. 1605. S.64.

90. Andr, Philopater. resp. quad. Elisab. Ed. 1595. S.106 f.

91. Graf v. Hoensbroech. S. 60

92. Laurentius. Instit. jur. ecclas. Freiburg. 1903. S.648.

93. De Lura. Instit. iuris eccles. publici. Rom. 1901. I. S.143,145 f. 261 ff.

94. J.H. Wenig. Über die kirchliche und politische Inquisition. 1875. S.74.

95. Am 1.Dezember 1554 erwidert die Sorbonne ein jesuitisches Dekret. Vergl. Mercure Jesuite. pag.278.

96. Vergl. Mercure Jesuite.

97. Vergl. Thuani hist. sui temps lib.37.pag432. Hist generale de la comp. de Jes. I.art.5.pag118. gene-

rale de la Comp. de jes. Tome I. art.14.pag.302. etc.

98. Otto v. Deppen. Demagogie der Jesuiten durch die Urteile ausgezeichneter Personen und die eigenen Schriften der ordensmitglieder bewiesen; ein politisch-historischer Versuch, allen Fürsten uns Völkern, ganz vorzüglich dem deutschen Bunde gewidmet. Altenburg (1826). S.74

99. Joh. Marina. De rege. 1605. S.53.

100. Otto v. Deppen. Demagogie der Jesuiten durch die Urteile ausgezeichneter Personen und die eigenen Schriften der ordensmitglieder bewiesen; ein politisch-historischer Versuch, allen Fürsten uns Völkern, ganz vorzüglich dem deutschen Bunde gewidmet. Altenburg (1826). S.114/115.

101. n.n.

102. Les. Jes. crim. part.II. pag.227/230. relation of all such things as passed at the exekution of Garnet. pag.224. The arraigument of H.Garnet pag. 173/219.

103. Vergl. Allgemeine katholisch-christliche Sittenlehre oder wahre Glückseligkeitslehre aus hinreichenden Gründen der göttlichen Offenbarung und der Philosophie für die obersten Schulen der pfalz-bayerischen Lyceen auf höchsten churfürstlichen Befehl verfaßt von Ben. Sattler. 2.Bd. München. 1790.

104. Car.Ant. Casnedi. Crisis theol. 1711.1..2 S.178.

107. de justicia et jure. Nr.41. pag.84. Vergl. Otto v.Deppen S.50.

108. De jisticia et jure. Nr.41. pag 84. Vergl. Otto v.Deppen. S.50.

109. Theol. moral. tract. 5 exempl. 5.Nr.120.

110. Theol. mor. tract. 5 exempl. 5. Nr.35.

111. Les provinciales, ou lettres ecrites par Louis de Montalte. Tome.II.1.6.sect. 3.pag. 387.

112. »Wem der Zweck erlaubt ist, dem sei auch das Mittel erlaubt, welches durch seine natürliche Beschaffenheit zu diesem Zwecke führt«.
Quelle: Jac. Illsung. Arbor scientiae. 1693. S.153.

113. Thom. Tamburini. Opera. Mainz. 1692. S.205.

114. Zitiert nach Graf v.Hoensbroech.

115. Ferd. de Castro-Palao. Opus. mor. Lyon. 1631-1638. Pars. 1. Tract. 21.disp. 3.punct.3.

116. »Von ihm selbst hören wir, daß er den Entschluß gefaßt hatta, um sich einer Stelle im Himmel zu versichern, indem er glaubte, daß diese Belohnung allen Mitgliedern der Gesellschaft Jesu ... durch die Prohphezeiung des hl. Franziskus Borgia versprochen worden sei, nur deswegen, weil sie Jesuiten geworden wären«.

117. Potter. Das Leben und die Memoiren des Scipio v.Ricci. S.21.

118. Scipio v. Ricci. Bischof v. Pistoja und Prato. Persönliche Aufzeichnungen aus seinem Privatarchiv. S.8/9.

119. Das Leben und die Memoiren des Scipio v.Ricci. Bischof v. Pistoja, Reformator des Chatolicismus in Toscana unter der Regierung Leopolds. Nach eigenhändigen Manuscripten dieses Prälaten und anderer berühmter Männer des vorigen Jahrhunderts bearbeitet und mit rechtmäßigen Urkunden aus den Archiven des Herrn Commandeur von Ricci zu Florenz versehen, von Herrn v.Potter. Erster Band. Aus dem Französischen. Stuttgart. 1826.
Vergl. Potter. Das Leben und die Memoiren des Scipio v.Ricci. S.21.

Ricci wird am 9. Januar 1741 in Florenz geboren und ist der dritte Sohn des Senators Franz v.Ricci und Maris Louisa, der Tochter des Bettina Ricasoli, Baron von Trapola und Rocca Guicciardini, Hauptmann der Schweizergarde, des Großherzogs von Toskana. Das Geschlecht der Ricci läßt sich bis um das Jahr 1100 zurückführen.

Er verliert früh den Vater und wird mit 15 Jahren nach Rom geschickt, um bei den Jesuiten Studien zu betreiben: »... er wird im Schoß des Ordens erzogen«. Die Beeinflussung erfolgt vor allem durch die Geschichtsprofessoren Boscowick, Lazzeri und Benevenuti. So ist es kein Wunder, wenn er sich entschließt, selbst Jesuit zu werden.

Dann rufen ihn im Sommer 1758 die Eltern nach Florenz zurück. Dann geht er auf die Universität von Pisa, absolviert den theologischen Exkurs bei Benediktinermönchen auf Monte-Cassino. Sein Lektor ist der Pater Buonamici. 1766 wird er zum Priester geweiht und fast gleichzeitig Kanonicus und Auditor bei der Nunciatur von Toskana. Er beschäftigt sich mit dem Studium der Kirchengeschichte, der Kirchenväter und der Konzilien.

1772 erbt er die Güter des Corso di Ricci, eines Kanonikers und Bußpredigers von der Kathedrale von Florenz, einem Verwandten seines Vaters. Durch diese Erbschaft kommt Ricci in eine nahe Verbindung mit dem letzten General der Jesuiten.

Ricci geht 1775 nach Rom, um der Feierlichkeit der Erhebung des neuen Papstes beizuwohnen. Dann kehrt er nach Neapel zurück. Später wird er zum Generalvikarius des Erzbsichofs von Florenz ernannt. Er bekommt den Auftrag, den Plan für eine geistliche Akademie zu entwerfen. Eine bedeutende Gelegenheit gab Riccis Schicksal bald eine andere Wendung. Es war Ippolitis, des Bischofs von Pistoja Tod. Er stirbt 1779 und Ricci wird sein Nachfolger. Daraufhin geht er nochmals nach Rom, um die kanonische Institution zu empfangen. Ricci wird am 24. Juni 1780 zum Bischof von Pistoja und Prato gewählt.

Er unterhält einen Schriftverkehr mit dem letzten Jesuitengeneral bis zu dessen Tod.

120. In den Papieren von Ricci wird ein Aktenstück gefunden. Es stimmt mit dem in italienischer ud lateinischer Sprache bekannt gemachten Bericht »Die Lebensgeschichte und (die) Handlungen Clemens XIV. (Storia della vita, azioni e virtu di Clemente XIV.) überein, die 1778 in Florenz gedruckt werden.

121. Die Berichte über seine Krankheit und seinen Tod, die durch den spanischen Gesandten nach Madrid geschickt werden, liefern den Beweis, daß man Ganganelli vergiftet hat. Ich folge dem: »... umständlichen Bericht, die letzte Krankheit und den Tod des Papstes Clemens XIV. betreffend ... durch den spanischen Gesandten an seinen Hof geschickt«.

123. Am 2.Juli schreibt der General an seinen Verwandten, den Kanoniker Ricci, um sein Leidwesen zu bezeugen. Er führt aus:

»... die Ungewißheit wegen der Zeit, in der mich Gott zu sich nehmen wird, und die Gewißheit, daß dieses, wegen meines hohen Alters und der großen Dauer meiner vielen Leiden ... nicht mehr lang ausbleiben kann ... so schreibe ich folgende Protestation nieder:

- Zuerst versichere ich und erkläre ich, daß die Gesellschaft Jesu keinen Grund, auch nicht den kleinsten - zur Aufhebung des Ordens gegeben hat ... ich erkläre dies mit der moralischen Gewißheit, die ein Oberer haben kann, der genau von dem unterrichtet ist, was in seinem Orden vorgeht.

- Ich erkläre, daß ich nicht den mindesten Grund der Veranlassung zu meiner Verhaftung gegeben habe ... ich verzeihe denen, die mir Schaden und Kummer zugefügt haben, indem sie der Gesellschaft schadeten und ihre Mitglieder mit Härte behandelten ... ich bitte den Herrn, mir meine Sünden zu verzeihen ... mit diesem Gefühl im Herzen will ich sterben«.

Vergl. dazu die: »... sehr richtige Abschrift eines eigenhändigen Schreibens des seligen Don Laurentius Ricci, letzten General der Jesuiten, das man nach seinem Tod auffand. Dieses Papier wurde, nachdem er das letztemal das hl. Abendmahl erhalten hatte (am 19.11.1775) wiederholt ... von ihm anerkannt und bestätigt.

Darin kommt zum Ausdruck, daß er am 17.August 1775 in das englische Kollegium gebracht wird. Dann wird er in einen kleinen Korridor eingeschlossen und dann beginnt sein Prozeß. In der Nacht vom 23. auf den 24.September bringt man ihn in die Engelsburg. Der erste gegen ihn geführte Prozeß erfährt eine Wiederholung und ist um die Mitte des Monats Januar 1774 beendet. Ricci will den Grund zu seiner Verhaftung erfahren und bittet um seine Freilassung: »... er sei bereits 71 Jahre alt, kränklich und unschuldig«. Im Januar

1774 (also 8 Monate später) bekommt er eine abschlägige Antwort und im Juli 1775 wird der gegen ihn geführte Prozeß öffentlich in Rom beaknnt.

Der Tod des Erzgenerals wird dem Kanoniker Ricci durch dessen dienenden Bruder in der Engelsburg mitgeteilt. Darüber hat sich ein schriftlicher Bericht erhalten. Er trägt das Datum vom 1.Oktober 1775 und ist von Maria Orlandi unterzeichnet.

124. ● Er läßt sich bei seiner Heiligkeit, dem Papst Pius VI. für die besondere Aufmerksamkeit bedanken, die er in der Engelsburg gehabt hat.

● Er möchte in der Kirche Jesu aus christlicher Liebe begraben werden.

● Er bittet darum, möglichst viele Seelenmessen für ihn zu lesen ... er will dem Kanoniker Don Scipio Ricci als Andenken ein silbernes Kruzifix überlassen ... das sich noch in der Engelsburg befindet.

125. Unter dem Dokument, das die Verteilung seiner letzten Habe betrifft, steht als Fußnote:

»... der Herr Vicekommandant wird gebeten, alles, was sich an Schokolade vorfindet, anzunehmen ... der Herr Major Pescatori wird gebeten, alles, was sich von Zucker, Kaffee, Wein, Tabak samt Schachteln und Tassen vorfindet, anzunehmen ... man wird dem Herrn Ammannati sechs seidene Schnupftücher und vierundzwanzig baumwollene geben ... dem Exjesuit den Standuhr von Messing, den adeligen Überrock, die Kastorweste, die wollenen Strümpfe und Handschuhe, die feinen Hemden, die Handtücher und die Barbierschärpe ... dem Soldaten Paselini sechs Tücher. Man überläßt es dem Herrn Vicekommandanten, die anderen Kleinigkeiten nach Gutdünken zu verteilen«.

126. Potter. Das Leben und die Memoiren des Scipio v. Ricci. Anmerkung S.132.

127. Ricci sagt dazu: »... der Urheber dieser verfluchten und gotteslästerlichen Tat hat sich vor den Augen der Welt verborgen ... allein er wird der Gerechtigkeit des Schöpfers nicht entgehen, von dem ich wünsche, daß sie ihm noch im Leben zuteil wird«.

Vergl. Potter. Das Leben und die Memoiren des Scipio v.Ricci. S.27.

128. So schreibt der Abt von Bellegarde mehrfach an Scipio v. Ricci. Z.B. am 2.März 1775 von Paris aus: »... wir erwarten nicht, daß die Wahl auf den Kardinal Braschi fällt ... ich fürchte, daß er mehr Politiker als Geistlicher sein wird«.

Oder am 22.Dezember 1777: »... man zeigt uns von mehreren Stellen an, daß der Papst den Entwurf einer Bulle geschickt hat, die sich auf die Ausrottung der Jesuiten bezieht und in der man die Ex-Jesuiten als Schismatiker und im Bann stehende Widerspenstige behandelt«.

Oder am 7.Dezember 1779: »... daß ... die Jesuiten der Kollegiatskirche zu Lüttich die Aufhebungsbulle verachten, ihre Kleidung bleibehalten, Novizen aufnehmen und außerdem die Jugend nicht nur in Unwissenheit erziehen, sondern in einer solchen Sittenverderbnis, daß man berichtet, die größte Zahl ihrer Schüler sei unter den Händen von Chirurgen, um sie von den schändlichen Krankheiten, die Folgen schrecklicher Ausschweifungen sind ... geheilt zu werden«.

129. Potter. Das Leben und die Memoiren des Scipio v. Ricci. S.28.
130. Duhr (1900) Vorspann und S.22/23.

132. Duhr (1900) S.490.

133. Melchior Leonhard. Zwei Predigten über die Hexe von Endor. 1599.
134. Neue Auserlesene und wohlbegründete Hexen-Predigt ... durch Herrn Samsonium. Riga. 1662.
135. P. Canisius. de Maria V. incomparabilii. 1577. S.667. Vergl. P.Rieß (SJ) Petrus Canisius. 1863.
136. In: Julius Costa Rosetti. De spiritur Societas Jesu. Freib. 1888. p.258.

Der Zölibat im Spiegel der Kritik

1. Zitiert nach Ernst Leistner. Wie das Volk über die Pfaffen spricht. Neuer Kloster- und Pfaffenspiegel. Enthaltend; Sprichwörter, geschichtliche Aussprüche von Volksredensarten über Klöster und geistliche Orden, Rom und Klerisei, Pfaffen, Mönche und Nonnen sowie deren Leben und Treiben. Lahr. 1877. S. 77, 154 und 186.
2. Sal. 7. 17.
3. Luc. 17. 34 - 36.
4. Auszug aus der Grundlagenliteratur.:
   - Rodericus Fernandus de Santa Ella: dialogus contra impugnatorum coelibatus, et castitis Presbyterorum ad Sixtum IV.
   - Guiliemus Saigner (lat. Saginetus; er lebt um 1420) ließ mit der Hand abschreiben: »Lamentation coelibatum Sacerdotum«. Oder »Dialogus Nicenae constitiones & naturae re conquerentis«. Es handelt sich um ein von Johann Gerson widerlegtes Gespräch.
   - Justus Jonas: defensio conigio sacerdotali wider Johann Faber. Württemberg. 1523.
   - Philippus Melanchthon: defensio, conjugii Sacerdotum. gerichtet an den König von England (vermutlich um 1530 - 40).
   - Magistri Nostri (er nannte sich Gottfried Boussat): de continentia sub hac que quaestiones Papa possit Sacerdoto dispensare nubat? Paris M.D.V. (»...ein sehr rares Traktätlein«).
   - Probertus Arc. von Oristagini; pro tuendo sacro colibatur axomia Catholicum. Parisiis. 1545.
   - P. Kilian Leib (ein Augustiner): coelibatu atque castimonia epistola. 1547.
   - Johann Anton Delphinus; de matrimonis & coelibatu contra horum temporum impios & haereticos homines ... zu Camerino. 1553.
   - Thomas Campegius: die coelibatu Sacerdotum non abrogando. Venetiis. 1554.
   - Petrus Martyr; defensio ad Ricardi Smithei duos libellos de coelibatu Sacerdotum & votis Monasticis. Basel. 1559.
   - Franciscus Turrianus; de coelibatu. Venetiis. 1563.
   - Johannes von Lugdena; disputatio de coelibatu Sacerdotum exhibitia. 1563.
   - Martin Cromer: de coniugio & coelibatu Sacerdotum. Cöln. 1564.
   - Susannis Tract. de coelibatu sacerdotum non abrogando. Ventiis. 1565.
   - Claudius Espencäus: de continentia Lib. Vi. Parisi. 1565.
   - Michael von Medina: de Sacrorum hominum continentia libri V. Venetiis. 1568.
   - Franciscus von Guzmann: de sacris Ministris Altaris & coelibatu. Venetie. 1569.
   - Ambrosius von Pisa: de abstinantia & continentia, seu de Jeunio & ciborumdelectu et de Apostolica coelibatu. Cöln. 1579.
   - Franciscus Agricola; de coniugio coelibatu Sacerdotum. Cöln. 1581.
   - Ambrosius Catharinus: de coelibatu adversus ipium Erasmus. siena. 1581.
   - Eduardus Coßinus: de coelibatu Sacerdotum wider Joseph Hall. Pseudodekanus von Wignon zu St. Omer. 1619.
   - Johann Ulrich Preziger. Antiforesus sive, disputi de coelibatu & votis. Tübingen. 1623.
   - Georgius Calixtus: Tractatus de coniugio Clericorum. Helmstädt 1631; bzw. Frankfurt 1653. »Die Protestanten rühmen das Werk des Calixtus über jedes andere Buch in dieser Materie«.
   - Michael Alford. Britannia illustrata, sive lucii, Helenae, Constantinii patria & fides cum appendice de tribus hodie controversis de Paschate Britanicorum, de Clericorum neptis & cum Britania coluerit Romanorum Ecclesiam. Antwerpen. 1641.
   - Heinrich Müller: coniugii Clericorum patrocinium. Rostock. 1665, bzw.Frankfurt. 1667.
   - Johann Adam Osiander: Examen de coelibatu Clericorum. Tübingen. 1664.
   - Warton: Historie des Cölibates. London. 1688.
   - Gotthart Günther: historica cleromagniae ad concilium usque Niceanum. Lipsiae. 1701.

- Löscher Historie des römischen Hurenregiments. Leipzig. 1704. Zweite Auflage. Historie der mittleren Zeiten als ein Licht aus der Finsternis. 1725.

- Christiani Lupi: de latinum Episcorum & Clericorum continentia. Venedig 1725. (wohl eine Dissertation).

- Emanuel von Schelstraten: de coniugio Sacerdotum. Es ist die dritte deren aus dem Werk des berühmten »Acta Orientalis Ecclesia contra Lutheri haeresin«. pag. 839. seg.Romae. 1739 einverleibten Dissertation.

- Joseph Biner: de coelibatu Clericorum. Sie steht im 5. Theil seines »Apparatus eruditionis ad Jurisprudentiam praetertim Ecclesiasticum«. pag. 30 der Augsburgischen Edition. von 1751.

- Über den Ursprung des Cölibats von P. D: Franciscus Dugnani Chr. Reg. Sie steht im VIII. Theil der neuen Sammlung der gelehrten und philosophischen Werke. Venedig. 1751.

- Natali Alexandro: de historia Paphnuthi cum Canone III. concilianda & de Sacerdotum Ministorum coelibatu (eine Dissertation). Sie befindet sich im 12. Bd. des Theologischen Thesaurus. Venedig. 1763.

- »... dazu kommt ein ungenannter Autor mit dem Titel: »... Von den Nachtheilen des Cölibats... erstlich im Jahr 1765. Im neapolitanischen gedruckt... hernach im 1766. Zu Venedig von Antonio Graziosi unter dem Titel: »Vom Cölibate oder Reformation ... der Römischen Clerisei theologisch - politischer Tractat«. Von C.C.S. R.

- Die Notwendigkeit, den Gebrauch der katholischen Kirche, die Geistlichen ihres Standes niemals oder gar schwerlich zu entlasten. Eine italiänische Handschrift ins Deutsche übersetzt. Rom und Florenz. 1775.

- Polemische Historie des heiligen Zölibats. Von dem Ex - Jesuiten Zacharias. Auszugsweise übersetzt von Joh. Christ. Dreyssig. Bamberg und Würzburg. 1781.

(Gegenwärtige Schrift ist eine freie Übersetzung des französischen Werkes, das 1772 in Douay unter dem Titel »Avantages du Mariage et combien it est necessaire et salutaire aux pretres et aux aveques de ce temps d'epouser une fille Chretinne« erschien. Der Verfasser ist der Kleriker der Kollegiatskirche in Douay (Forges). Das Buch wird noch im Jahr seines Erscheinens in das Verzeichnis der verbotenen Bücher aufgenommen. Der Autor wird verfolgt und muß auf lange Zeit sein Vaterland verlassen.

Die deutsche Übersetzung läßt einzelne Teile weg und ergänzt andere, so daß es eigentlich als Neuprodukt zu verstehen ist. Der Übersetzer ist ein 70 - jähriger Greis. Er war lange Beichtvater an einer deutschen Domkirche. Seine lange und traurige Erfahrung von den mannigfachen Übeln, die der Zölibat der Geistlichkeit, in der Kirche, in dem Staate, in den Familien, für die Geistlichen selbst und bei ihren Nebenmenschen anrichtet ... zu sammeln gehabt hat. Der heiße Wunsch, die Quelle solcher Übel zu stopfen und der Trieb, etwas Gutes in der Kirche Gottes zu stiften, haben ihn zur Abfassung dieser Schrift bewogen).

- Über den ehelosen Stand der Römisch - katholischen Geistlichkeit. Von einem katholischen Priester zu Westphalen. Göttingen. 1782.

- Dringende Vorstellungen an Menschlichkeit und Vernunft um Aufhebung des ehelosen Standes der katholischen Geistlichkeit. 1782 (anm. das Buch stammt vermutlich von Westenrieder aus Münster).

- Polemische Historie des Heiligen Cölibates, welche einigen zu diesen Zeiten herausgekommenen Schriften entgegengesetzt wird. Ein Werk des Abtes Franz Anton Zaccarias. Auszugsweise aus dem Italienischen von Johann Christoph Dreyssig. Königlich - Preußischem Regierungs - Referendarius. Mit Erlaubnis der Obern. Bamberg und Würzburg. Im Verlag bey Tobias Göbhardt. Universitäts - Buchhändlern. 1781.

- Danksagungsschreiben der gesamten katholischen Geistlichkeit an seine kaiserliche Majestät Joseph II. für die Verweigerung der Priesterehe. 1787.

- Freimüthige Gedanken über die Priesterehe als Grundlage einer höchst nothwendigen Reformation der katholischen Geistlichkeit, in einer nähern Beleuchtung der neuesten fürstbischöflichen Consistorialverfügung wider die unenthaltsamen Kleriker des Regensburger Kirchensprengels. Von einem bayrischen Professor der Theologie. 1796.

- Bitte an die Fürsten Deutschlands über die Aufhebung des Cölibats ihrer katholischen Geistlichkeit. Deutschland.1801.

- Unterricht für das katholische Volk in Deutschland ... über die Aufhebung der Ehelosigkeit seiner Priester. Deutschland. 1803.

- Wirz. Helvetische Kirchengeschichte. Zürich. 1808.

- Huber Fridolin. Freimüthige Darstellung der Ursachen des Mangels an katholischen Geistlichen. Ein Gutachten der theol. Fac. zu Landshut. Mit kritischen Anmerkungen begleitet von Dr. Friedr. Huber. Rotweil (das Gutachten stammt vom 17. Juni 1816).

- Beiträge zur Geschichte der katholischen Kirche im 19. Jh. in Beziehung auf die neuesten Verhältnisse derselben gegen die römische Kurie. Heidelberg. 1818.

- Freimütige Darstellung des Mangels an katholischen Geistlichen, nebst den sichersten Mitteln zur Abhülfe. Ein Gutachten der theologischen Fakultät. Landshut. Mit Anmerkungen herausgegeben von D. Fridolin Huber. Pfarrer in Deißlingen. Rotweil. 1818.

- Versuch einer Beantwortung der Frage, ob die Aufhebung des Cölibats überhaupt zu gegenwärtiger Zeit insbesondere zweckmäßig sei, und ob Ständeversammlungen befugt seien, in dieser Angelegenheit mitzusprechen? Untersucht auf Veranlassung eines in der Württembergischen Ständeversammlung gemachten Antrages auf die Aufhebung des Gesetzes. Ulm. 1824.

- Denkstück für die Aufhebung des den katholischen Geistlichen vorgeschriebenen Cölibates. Mit drei Aktenstücken. Freiburg im Breisgau. 1828.

- C. J. Hefele. Die Entwicklung des Cölibates und die kirchliche Gesetzgebung über denselben, sowohl bei den Griechen als bei den Lateinern. In: Hefele. Beiträge zur Kirchengeschichte. I. Tübingen. 1864.

- G. Bickel. Der Zölibat, eine apostolische Anordnung. In: Zeitschrift für katholische Theologie II. S. 26 / 64. 1878.

- Der Priester - Zölibat. Von Franz v. Holtzendorff. Berlin. 1875. In: Deutsche Zeit- und Streitfragen. Flugschriften zur Kenntnis der Gegenwart. Jahrgang IV. Heft 63. Berlin. 1875.

- F. X. Funk. Coelibat und Priesterehe im christlichen Abendland. Kirchengeschichtliche Abhandlungen und Untersuchungen. I. Paderborn. 1897.

- E.G. Fehrle. Die kultische Keuschheit im Altertum. Gießen. 1910.

- H. Böhmer. Die Entstehung des Zölibats. Geschichtliche Studien. Albert Hauck zum 70. Geburtstag dargebracht. Leipzig. 1916.

- H. Koch. Ad huc virgo. Mariens Jungfrauschaft und Ehe in der altkirchlichen Überlieferung bis zum Ende des 4. Jh. Tübingen. 1929.

- Virgo Eva, Virgo Maria. Neue Untersuchungen über die Lehre von der Jungfrauschaft und der Ehe Mariens in der älteren Kirche. Berlin. 1937.

- O. Vasella. Über den Konkubinat des Klerus im Spätmittelalter. In: Melangers Chr. Gilliard. Paris. 1944. S. 269 ff.

- O. Vasella. Reform und Reformation in der Schweiz. Münster. 1958.

- O. Nussbaum. Kloster, Priestermönch und Privatmesse. Bonn. 1961.

- P. Hermann. Condition de petre. Mariage ou celibat. Paris. 1963.

- Celibaatscrisis. Suggeties van een priester. Den Haag. 1963.

- B. Kardinal Alfrink. Over het priesterliyk celibaat. In Analecta voor het Arrtbisdom. 66. (1963). S. 166 - 181.

- E. Schillerbeeck. Der Amtszölibat. Eine historische Besinnung. Düsseldorf 1967.

- Fritz Leist. Zum Thema Zölibat. Bekenntnisse von Betroffenen. München. 1973.

- B. Köttling. Der Zölibat in der Alten Kirche. Münster (Westf.). 1968.

5. Z.B. Ratherius Veron. de contentu canonum. Petrus Damian, opusc. VI. 26 und vor allem »Liber gomorrhianus«. Bernhardus (?) Claravallensis serm. de Convers ad clericos c. 2022 de laudibus V. M. homill. IV. de consid. 1000 c. 5. serm 33. Nicolaus de Clemanglis de corrupto ecclesiae statu. Der Brief Alexanders IV. an den Erzbischof von Straßburg aus dem Jahr 1207 in »Aventi annales«. Bojorum 1. VII. c. 7. Die Schriften des Gerohus von Reigersberg, Matthäus von Krakau (identisch mit dem von Paris), Petrarca, Trutheim, Savonarola, Geiler von Keysersberg, Gerson, Petrus d'Ailly, Dietrich von Riem, Johannes von Salesbury, Hemmerlin, Achilles de Gratis und andere Schweizer in Hottingers Kirchengeschichte. Hinzu kommen zahlreiche Schriften, die sich kritisch zum Thema äußern; vor allem sind die Insider-Publikationen von Interesse.

6. Dringende Vorstellungen an Menschlichkeit und Vernunft (1782). S. 165.

7. v. Holtzendorff S. 9.

8. Theiner. Die katholische Kirche in Schlesien. S. 66.

9. Theologische Quartalsschrift (Tübingen) 1821. Heft 1. S. 43 / 44.

10. Augustin Theiner, der Verwalter des päpstlichen Geheimarchives wird (auch) in einem anderen Zusammenhang bekannt. Während des Vatikanischen Konzils gelangt er in den Verdacht, die Bischöfe der Opposition mit Quellen »gegen die Lehre von der Unfehlbarkeit« versorgt zu haben. Er wird daraufhin abgesetzt. Man vermauert die Verbindungstüren zwischen seiner Wohnung und den Archiven.
Theiner wird seiner Professur enthoben und daraufhin Dorfpfarrer. Schließlich lebt er in großer Armut als Sekretär an der Breslauer Universitätsbibliothek. Es ist naheliegend, daß er (auch) der Verfasser des Buches »Die Gebrechen der katholischen Kirche in Schlesien« ist, das sich gleichfalls kritisch mit diesem Thema auseinandersetzt.

11. Die Kirche hat das Theiner'sche Buch weitgehend aufgekauft und vernichtet. Per Zufall bekam ich es

in die Hände. Theiner stellt erdrückende Beweise über die Verführung von Kindern, sadistische Praktiken, Abtreibungen, Unzuchtskampagnen hinter Klostermauern, Eifersuchtsszenen und Lustmorde zusammen.

12. Hardiun Concil. T. XI. p - 1.p. 930.

13. Theiner. Die Gebrechen der katholischen Kirche in Schlesien. S. 67 / 68.

14. Deschner. Abermals krähte der Hahn. Kritische Kirchengeschichte von den Evangelien zu den Faschisten. 1980. S.200.

15. Deschner. Abermals krähte der Hahn. Kritische Kirchengeschichte von den Evangelien zu den Faschisten. 1980.

16. MIZ. Materialien und Informationen zur Zeit. Nr. 4 / 81. Dezember. 10. Jahrg.

17. Dringende Vorstellungen an Menschlichkeit und Vernunft (1782). S. 190.

18. Dringende Vorstellungen an Menschlichkeit und Vernunft (1782). S. 200.

19. Über den ehelosen Stand. (1782). S. 279.

20. Dringende Vorstellungen an Menschlichkeit und Vernunft (1782). S. 477.

21. Über den ehelosen Stand. (1782) S. 24.

22. Caveus ad ann. 1125. Vol. II. P. 263.

23. Augustin Theiner. Bd. 1. S. 133.

24. Schillebeeck. S. 25.

25. Köttling. Der Zölibat in der Alten Kirche. S. 8.

26. Köttling. Der Zölibat in der Alten Kirche. S. 35.

27. Schillebeeck. S. 47. Anm. Dieses Zugeständnis paßt nicht zu seinen sonst kritischen Anmerkungen.

28. Schließlich geht die Kirchenleitung einen fragwürdigen Kompromiß ein, indem sie schweigend das Huren der Geistlichen duldet. Doch selbst bei diesem zwielichtigen Geschäft heischt sie nach ihrem Vorteil. Man gestattet den Priestern das Halten von Konkubinen unter der Voraussetzung, daß sie jährlich beim Bischof eine Taxe hinterlegen. Vergl. Conc. London. 1108 und Lateran 1215 c. 14. Später müssen die Konkubinen dem Bischof abgekauft werden. Vergl. u. a. Wirtz in seiner Helvetischen Kirchengeschichte. Th. 4. Bd. 1. S. 247.

29. Innerhalb des kanonischen Rechts gibt es eine Bestimmung, die zum Inhalt hat, daß die unehelichen Kinder der Priester aus dem kirchlichen Vermögen zu unterhalten sind. Meine diesbezügliche Anfrage beim Bistum Limburg blieb unbeantwortet.

30. c. 3. n. 16.

31. Im Freiburger Kirchenlexikon von Wetzner und Welte steht unter dem Stichwort Zölibat: »... das Priesterzölibat liegt in der Virginität der Kirche. Die jungfräuliche Kirche will ein jungfräuliches Priestertum haben. Der von der Jungfrau geborene Hohepriester Christus hat die Kirche gegründet und in ihr an die Stelle der fleischlichen Generation die jungfräuliche gesetzt. Die Virginität

gehört spezifisch zum Priestertum. In diesem Prinzip ist die Basis aller Zölibatsgesetze zu suchen«.

32. Gehalten am 10. Dezember 1561 in einem Geheimkosistorium während des Tridentinischen Konzils.

Im übrigen fordert bei dieser Gelegenheit Ferdinand I. und Maximilian II. die Aufhebung des Zölibats. Sie werden durch namhafte Bischöfe unterstützt (Hildung von Merseburg, Julius Pflug von Naumburg, Friedrich Nausea von Wienerisch - Neustadt und Georg Wiccelius erstellen ein positives - gegen den Zölibat gerichtetes Gutachten. Auch der Erzbischof von Salzburg versammelt seine Bischöfe (Passau, Freisingen, Regensburg und Brixen). Auf einer Synode wird beschlossen, »...man soll auf dem Konzil für die Priesterehe eifern«.

33. Schillebeeck. S. 79

34. Mundt. Italienische Zustände. 1859. S. 16. vergl. Rumpf. Kirchenglaube und Erfahrung.

35. Über den ehelosen Stand. (1782) S. 196.

36. Deschner. Abermals krähte der Hahn. Kritische Kirchengeschichte von den Evangelien zu den Faschisten. 1980. S.200

37. Deschner. Abermals krähte der Hahn. Kritische Kirchengeschichte von den Evangelien zu den Faschisten. 1980.

38. MIZ. Materialien und Informationen zur Zeit. Nr. 4. 81. Dezember. 10 Jahrgang.

39. Harduin. Concil. T. XI. P. 1. p. 930.

40. Theiner. Die Gebrechen der katholischen Kirche in Schlesien. S. 67 / 68.

41. Deschner. Abermals krähte der Hahn. Kritische Kirchengeschichte von den Evangelien zu den Faschisten. 1980. S. 200

42. Caveus ad. ann. 1125. Vol. II. p. 263.

42. c. 63.

44. Cons. Elis. c. 71.

45. Benedikt XIV. »de synodo diocesan«. lib. XIII n. 24 und 21 es. Aug. Vindel 1767. p. 424.

46. C. 27; vergl. C. 33.

47. Augustin Theiner. Bd. 1. S. 93 / 94.

48. Conc. Ancyr. c. 16 und 17.

49. Um Jovinian ranken sich viele Legenden. Es soll sich um einen legendären christl.König gehandelt haben. Ein Engel habe ihn wegen seines Hochmutes im Bad seiner Kleider beraubt und sich an seine Stelle gesetzt. Von seinen Angehörigen und seinem Volk nicht erkannt, sei Jovinian erst nach langer Zeit der Buße und Einkehr wieder in sein Amt eingesetzt worden. A. Weselski führt die Erzählung samt der parallelen Salomo - Legende auf die bibl. Geschichte von König Nebudkadnezar (Buch Daniel 3. 31 - 4. 34), den Zug der Stellvertretung durch ein höheres Wesen auf Traditionen zurück. Wir haben ein Märchen vor uns. Inwieweit Parallelen zwischen diesem und dem Kirchenkritiker Jovinian bestehen ist ungeklärt.

50. Jovinian reagiert gegenüber dem späteren Kirchenvater Hieronymus wie folgt:

»... aber wozu sind unsere Zeugungsglieder geschaffen, wozu sind wir vom Schöpfer so gebaut, daß wir gegenseitig Verlangen empfinden und uns nach der naturgemäßen Vereinigung sehnen? So wie der hintere Kanal des Leibes und der Kanal, durch den der Kot des Unterleibes fortgeschafft wird, von den Augen entfernt und auf dem Rücken angebracht ist ... so ist der Teil, der sich unter dem Bauch befindet, von Gott geschaffen, um den Flüssigkeiten und Getränken, mit denen die Gefäße des Körpers bewässert sind, einen Ausfluß zu verschaffen. Auf das, was die Geschlechtsorgane selbst, den Bau der Zeugungsteile zwischen Mann und Frau betrifft ... will ich in Kürze antworten ... Wenn wir aufhören der Wollust zu frönen, tragen wir diese Glieder vergebens mit sich herum. Wie es das Geschäft der Zähne ist, das Zerkaute in den Magen hinabzuschicken ...und der kein Verbrechen begeht, der seiner Frau ein Stück Brot gibt, so können auch, wenn es das Geschäft der Zeugungsglieder ist ... daß sie immer in Ordnung sind, fremde Kräfte meine Schlaffheit ersetzen, und der nächste Beste mag dann sozusagen den brennenden Durst meiner Frau löschen (»ex uxoris, ut ita dixerim ardentissiman gulam, fortuida, libido retsiagut«).

Was will da der Apostel, der zur Keuschheit auffordert, wenn sie gegen die Natur ist? Warum schwellen sich dir nicht die Brüste, erweitern sich nicht die Lenden, steigt dir nicht der Busen? Vergeblich hast du die männlichen Glieder, wenn du nicht Umarmungen der Weiber genießt. Laßt uns Christi nachahmen, der Zeugungsglieder hatte«. Vergl. Augustin Theiner. Bd. 1. S. 216 /217.

51. Man wird ein wenig an den Christus unterstellten Satz: »viele werden in Schafskleidern zu euch kommen« (Matth. 7. 15-16) erinnert.

52. Neben dem ihm verhaßten Jovinian auch Auxentius ,Germianator, Plotinus, Genialis, Martianus, Januarius und Ingeniosus.

53. Augustin Theiner. Bd. 1. S. 219.

54. Das weitere Schicksal Jovinians ist ungeklärt. Kaiser Honorius erläßt 412 ein Gesetz gegen einen Gleichnamigen, in dem befohlen wird: »... denselben wegen sakrilegischer Zusammenkünfte außerhalb der Stadt mit Geißeln, an denen bleierne Kugeln befestigt sind, auszupeitschen und ihn daraufhin auf die Insel Boas in Dalmatien zu schikken«. Es ist unbekannt, ob die Personen identisch sind.

55. Augustin Theiner. Bd. 1. S. 219.

56. Augustin Theiner. Bd. 1. S. 228.

57. Vigilantius Calagurris, dem ehemaligen Calohorra. Er widmet sich dem Lehrstand. 395 schickt ihn Sulpicilis Severus an Paulinus, den Bischof von Nola. Von dort zurückgekommen, übernimmt er das Amt eines Priesters und verwaltet es in Barce-

lona. 396 reist er nach Palästina. Hier lernt er Hieronymus kennen und schätzen. Später entwikkelt sich daraus eine tiefgreifende Kontroverse.

58. Zitiert nach Augustin Theiner. Bd. 1.

59. Zimmermann J. G. Über die Enthaltsamkeit. Frankfurt und Leipzig. 1785.

60. In Ägypten wird es durch den Mönch Pachomius begründet. In Armenien fördert es Eustachius, der Bischof von Sebate. In Asien wirkt Basilius d. G. In Italien wird das Mönchs(un)wesen vor allem durch Athanasius bekannt und gefördert. Pachomius gebietet in seinem Koster über 1.400 Mönche und führt über 7.000 weitere die Aufsicht. In der Stadt Oxyrych leben 10.000 Mönche und 20.000 Nonnen.

61. Augustin Theiner. Bd. 1. S.98.

62. Augustin Theiner. Bd. 1 S. 302.

63. Augustin Theiner. Bd. 1 S. 303.

64. Augustin Theiner. Bd. 1 S. 102.

65. Augustin Theiner. Bd. 1 S. 114.

66. Epiphanii ep. ad. Johannem Hierosylm. opp. t. II. p. 312 et Dionys Petavius. Paris. 1622.

67. Theod. Philozh. c. 5. 1165.

68. De virginib. lib. III. c. 7. p. 219. Bzw. Augustin Theiner. Bd. 1 S. 197.

70. Synesius (gest. 420) Spiridion. Bischof von Trimythius auf der Insel Cypern. Eustachius, Bischof von Sebaste. Sein Vater war Eulalius, der Bischof von Cäsarena und Kappedonien. Dessen Vater war Gregor von Hazianz. Schon hier erkennt man sich den anbahnenden Ämterschacher innerhalb der Kurie. Er weitet sich in der Folgezeit zu einem Krebsgeschwür aus.

71. Hilarius, der Bischof von Poitiers, war verheiratet und zeugte die Tochter Abra. vergl. Oudini, Commentraius de scriptoribus Ecclesiae antiquis. Lipsiae. 1723.

72. Augustin Theiner. Bd. 1 S. 270.

73. Innocenz I. (402 - 417). Die Leier ist die alte: »Priester und Leviten sollen mit ihren Frauen keinen Geschlechtsverkehr pflegen«. Vergl. Concilia Rotomagnesis Privinciae opera Guilemi Besin. Rotomagi. 1727.

74. Augustin Theiner. Bd. 1 S. 299.

75. 7 der Beschlüsse der Synode von Elvira. Eine der ersten Vorschriften in der sich der apostolische Stuhl über Gebühr Machtvollkommenheiten einräumt und sich dadurch auf das Pferd der Illusionen setzt.

76. Augustin Theiner. Bd. 1 . S. 285.

77. Er schreibt dies an Eustachius. Vergl. Augustin Theiner. Bd. 1 S. 290 / 291.

78. Gregor. Tur. de. gloria Confessorum. c. 66. op. de. Theodor Ruinart. Liut. Paris. 1699. f. p. 956 und 957.

79. Can. 14.

80. Vergl. At. Hos. 6. 14.

81. Sal. 7. 17.

82. Luk. 17. 34 - 36.

83. Justinian I. (527-565) Geb. 11.5.483 in Tauresium, gest. am 4.11.565 in Konstantinopel. Er tritt später mit Autorität als Herr der Kirche auf. Er bekämpft Häretiker und Heiden (Schließung der Universität Athen im Jahr 529). 553 beruft er das 5. ökumenische Konzil nach Konstantinopel ein. Verurteilung der »Drei Kapitel«. Er zwingt den Papst Vigilius zum Kompromiß. In Prokop von Caesarena findet Justinian seinen Lobredner und Tadler.

84. Augustin Theiner. Bd. 1 S. 309.

85. Augustin Theiner. Bd. 1 S. 310.

86. Augustin Theiner. Bd. 1

87. Augustin Theiner. Bd. 1 S. 313.

88. Justinian II. (Rhinotmetos, grch. mit abgeschnittener Nase). Er regiert 685-95 und von 705-711. Geb. um 670, gest. 711 in Siope. Ein Sohn von Konstantin IV. (691/92) hält er ein Konzil ab. (Trullanum oder Quinisextum), das in der Verurteilung westlicher Bräuche (Sabbatfasten, Zölibat) die wachsende Trennung zwischen der westlichen und östlichen Kirche zeigt. Später wird Justinius II. aufgrund einer gegen ihn gerichteten Millitärrevolte nach Cherson verbannt. Später wird er mit seinem Sohn Tiberios ermordet.

89. 3. Canon der Trullianischen Synode von 692.

90. 6. Canon der Trullianischen Synode von 692.

91. 17. und 18. Canon der Trullianischen Synode von 692.

92. 48. Canon der Trullianischen Snyode von 692.

93. 13. Canon der Trullianischen Synode von 692.

94. Augustin Theiner. Bd. 1 S. 320.

95. Augustin Theiner. Bd. 1 S. 322.

96. Augustin Theiner. Bd. 1 S. 388.

97. Einige Kirchenväter behaupten, daß Paulus eine Tochter namens Petronilla und einen Sohn gehabt hat. Immer wieder ist man um den Nachweis bemüht, daß die Apostel verheiratet sind. Dazu kommt, daß einige der alten Schriftsteller dieser Auffassung zustimmen. Zu ihnen gehören die sog. »Ambrosianer«, die meinen, daß alle Apostel, Johannes und Paulus ausgenommen, Frauen hatten. Der andere ist der hl. Basilius, der aufzeigt, daß nicht einmal diese beiden auszunehmen sind. Aber zwei im Gegenteil, und einer von ihnen von höherem Alterthum, der andere in der Geschichte versiert und ein großer Kritikus, sind für die Keuschheit der Apostel, außer dem hl.Petrus. Der erste ist Tertullian und der andere ist der hl. Hieronymus. Sicher scheint zu sein, daß Petrus eine Frau hatte«.
Vergl. Clemens Alexandrinus. Lib. III. cap. II. cap 30) »... und er hat Kinder gehabt«. Von einer Tochter erzählt der hl. Augustin (Contra Adimant cap. XVII. p. 5.) daß der Vater sie von der Gicht befreit habe, setzet aber hinzu, daß man dieses in Apocrisis lese ...«.

Dazu eine weitere Kostprobe: »... drey Töchter giebt Polycrates dem hl. Phillipinus; viere Proculus. Nur zwey von ihnen sagt Polycrates, wären zu Hiereopolis begraben; von allen vieren setzet Proculus das Grab hinzu. Jungfern nennt Sie Polycrates; Clemens hält sie für verheiratet, Niecephor giebt ihnen den Namen Prophetinnen. Von dieser Ehe schweigen die anderen. Papiars redet von den Töchtern des Philippus, aber sagt nicht von welchen. Wie sollten wir hernach auf solche Zeugnisse gründen können? Der P. Combesis, um aus der Verwirrung zukommen, glaubte, daß sich in die Eusebischen Texte ein Irrtum eingeschlichen habe ... und daß man einen der sieben Diaconen lesen müsse ...«.
Vergl. Polemische Historie. (1782). S. 24.

98. 1. Kor. 7. 32.

99. Tours. Agde. Olerda. Arles, Toledo und Rouen.

100. Papst Leo I. (460-461) in einem Schreiben an Anastasius von Thessalonien. Vergl. Augustin Theiner. Bd. 1 S. 333.

101. Beschluß der Synode von Agde in Languedoc (506).vergl. den 28. Canon.

102. 2. Canon der Snyode von Herda.(524).

103. Konzil von Arles. Manis. t. VIII. 631.

104. Augustin Theiner. Bd. 1 S. 345.

105. Augustin Theiner. Bd. 1 S. 367.

106. Leo I. (460-461); Hilarius (461-465); Gregor I.(590-605) und Martin (649-654).

107. Augustin Theiner. Bd. 1 S. 356.

108. Papst Gregor I. (590-605) in einem Brief an den Subdiakon Petrus in Sizilien.

109. Papst Gregor I. (509-605) in einem Brief an den Notarius Pentaleon.

110. Papst Gregor I. (590-605) in einem Schreiben an den Bischof Januarius von Cagliarsi.

111. Vergl. dazu meine Ausführungen i. n: Hans-Jürgen Wolf. Hexenwahn. Hexen in Geschichte und Gegenwart. Dornstadt. 1989.

112. Weisung des Papstes Gregor II. an Bonifazius. Vergl Cap. 12.

113. Bonifazius. »... Adversus Bojore« 1. III. c. 8. p. 254.

114. Vergl. den 7. Canon.

115. So enthalten beispielsweise die Kapitularien Karlmanns aus dem Jahr 742, Kanons 2, 6 und 7 und Pipins (744) can. 3 und 8. Verordnungen, welche aus Synoden übertragen sind.

116. Uldarici Episcopi, Augustani pro conjugio, clericorum ad Nicolaum primum. Romanorum Pontificem epistola ...

117. n. 12. - 16. »... monasterio prellorum, qua in quibusdam locis lupanaria poitus vidnetur esse, quem Monastreia«.

118. Epost. LXXXV. In: Codice Carolina ap. Cennion in Monumentis dominat. Pontif. t. 1. p. 519.

119. Synode von Aachen. Can. 17.

120. Synode von Aachen. Can. 18.

121. Synode von Aachen. Can. 22.

122. Caspar Bruschius. Chronologie Monasterior. Germaniae. Sulbaci. 1682. t. 4.

123. Vergl. Apend ad Monumenta Histor. Monaster. Benedictor. Aug. Vindel. 1724.

124. Augustin Theiner. Bd. 1 S. 448

125. Nach dem Zeugnis Gregor v. Tours. lib. V. can. 41. p. 257.

126. Nach dem Zeugnis Gregor v. Tours. lib. IX. cap. 2. 36. p. 589.

127. tibiparrabo insidias ad desideria mulierum.

128. Augustin Theiner. Bd. 1 S. 396.

129. Friedrich Gramlich (892-910) zeugt mit einer vornehmen Frau drei Söhne. Theobald Gramlich (892-927/28) wird wegen seines schändlichen Umgangs mit einer Frau beiseite geschafft. Gieselfried Breitblat (1044-1048) ist in seinen Amtshandlungen ebenso geschickt wie wollüstig.
Vergl. Chron. Senon. lib. II. c. 18. ap. d'achery t. II. p. 617.

130. Augustin Theiner. Bd. 1 S. 465.

131. Fulconis. Gesta Abbat. Leobins. cap. 12. apud d'Achery Spicil. t. II. p. 734.

132. Vergl. Friedrich Wharton. In: Anglica Sacro: Vergl. Dringende Vorstellungen (1782). S. 94.

133. Unterschriften liegen aus den Städten London, York und »colonia londonensium« vor, deren Namen noch zweifelhaft ist: ein Priester und ein Diakon...«.

134. Augustin Theiner. Bd. 1 S. 177.

135. Augustin Theiner. Bd. 1 S. 384.

136. Vergl. Can. 67.

137. Vergl. Can. 5.

138. Beispielsweise de »Canones de remidiis peccatorum«.

139. Augustin Theiner. Bd. 1 S. 443.

140. Dringende Vorstellungen an Menschlichkeit und Vernunft (1782). S. 92.

141. Papst Gregor II. cap. 1 und 2 während eines 721 in Rom gehaltenen Konzils.

142. »... diese Sitte erfaßte alle Schichten des Klerus und läßt sich bei Diakonen, Bischöfen, Mönchen und Päpsten nachweisen«. Ziziert nach Dresdner.

143. Dresdner. Kultur und Sittengeschichte. S. 309.

144. Beispielsweise »de canones remidiis peccatorum«.

145. Seit 945 Bischof von Vercelli. (gest. 960).

146. Er ist zu Beginn des 10. Jh. im Lüttich'schen, das damals zu Lothringen gehört, geboren, dann wird er Mönch im Kloster Laubes (Bistum Lüttich). Er erwirbt sich Kenntnisse und zeichnet sich durch rednerisches Talent aus. Als Jüngling trägt man ihm die Abtei St. Amand an. Hilduin, ein gelehrter Priester aus Lüttich, nimmt ihn mit nach Italien. Sein unbeugsamer Charakter und seine mönchische Strenge, mit der er das sittliche Verderben abzustellen sucht, machen ihn verhaßt. In der allgemeinen Aufruhr muß er 956 Lüttich verlassen. 961 zieht er mit Otto nach Italien und stirbt 974 in Namur. Er verfaßt zwei Bücher »Von der Verachtung der Kirchengesetze«.

147. Dresdner. Vergl. Vercelli. II. Seit 945 Bischof von Vercelli. verstorben. 960.

148. Damiani wird 1002 in Ravenna geboren; seine Eltern sind arm. Die Mutter will ihn aussetzen, wird aber von der Frau eines Priesters abgehalten (was vermutlich eine Legende ist). Die Eltern sterben früh. Nun übernehmen die ältere Brüder die Erziehung. Er hütet Schweine und bekommt auf Umwegen eine schulische Ausbildung in Ravenna, Facena und Parma. Hier wird er Lehrer und gewinnt zunehmend Anklang.

149. Augustin Theiner. Bd. 1 . S. 153.

150. Opuscul. 51. De vita eremitica et probatis p. 729-35; Vergl. Augustin Theiner. Bd. 1

151. Alexandri II. epist. ad lucenses bei Fiorentini Memorie della gran Contessa Mathilda. Dokument n. 8. p. 29-32.

152. Augustin Theiner. Bd. 1 S. 78.

153. Augustin Theiner. Bd. 1 S. 23.

154. Augustin Theiner. Bd. 1 S. 75

155. Damiani in einem Schreiben an den Bischof Cunibert von Turin (um 1068).

156. Vergl. Memoiren Bibliothek. IV. Serie. Alexander der Sechste und sein Hof. Von Joh. Burchardus. Nach dem Tagebuch seines Zeremonienmeisters Burchardus. Hrsg. von Ludwig Geiger. Stuttgart. S. 11.

157. Papst Gregor I. (d. G.) Der 64. Papst in der Kirchengeschichte. Er kommt 30 - jährig als Prätor nach Rom und verfügt über einen riesigen Land-

besitz, der bis Sizilien reicht. Teilweise stiftet er ihn für Klostergründungen, teils für wohltätige Zwecke. Unter dem Papst Pelagius II. wird er Nuntius in Konstantinopel. Widerstrebend nimmt er die päpstliche Würde an und wird am 3. September 590 zum Bischof von Rom geweiht. Wegen seiner theologischen Schriften wird er zu den vier großen lateinischen Kirchenvätern gezählt.

Gregor I. betont die Unauflöslichkeit der Ehe. Viele Kirchenzeremonien stammen aus seiner Epoche (Ewiges Licht, brennende Kerzen am Tag). Zudem erteilt er den Befehl (!), die päpstlichen Bullen von der Geburt Christi an zu datieren, was sachlich unmöglich ist. Der Papst stirbt am 12. März 604 und wird in der Peterskirche begraben.

158. Augustin Theiner. Bd. 1 S. 356.

159. Papst Martin I. Der 74. Papst in der Kirchengeschichte. Geboren in Todi (Umbrien). Er ist gleichfalls Nuntius in Konstantinopel. Er hält im Oktober 649 die von Theodor I. (642-649) vorbereitete Lateransynode ab. Aufgrund politischer Auseinandersetzungen mit Konstanz II. wird er später im Lateran gefangengenommen und nach Naxos gebracht. »Man brachte ihn in ein Gefängnis, wo er 93 Tage schmachtete«.

Er wird der Verschwörung des Kaisers angeklagt, für schuldig befunden und zum Tod verurteilt. Auf die Fürbitte des Patriarchen Paulos III., entgeht er dem Henker. Im Frühjahr 654 deportiert man ihn nach Cherson in Südrußland, wo er am 16. September 655 stirbt. Seine Leiche gelangt erst spät nach Rom. Er war ein Papst der Verbannung, was von den prokatholischen Kirchenhistorikern gern unter den Tisch gekehrt wird.

160. Papst Nikolaus I. der 105. Papst in der Kirchengeschichte. Geboren am 24. April 858. In Anwesenheit des Kaisers Ludwig II. zum Nachfolger des Papstes Benedikt III. (855-858) gewählt. Er setzt sich unerschütterlich für die sittlichen Grundsätze des Christentums ein. Besonders beharrlich agiert er gegen die Maitresse des Königs Lothar II. Walrada. 867 wird er abgesetzt; er stirbt am 13. November 867.

161. Papst Formosus. Der 111. Papst in der Kirchengeschichte. Geboren im Jahr 816 als Sohn eines römischen Bürgers. Er wird am 6. Oktober 891 zum Papst erhoben und stirbt am 4. April 896. Um ihn rankt sich die Legende mit der makabren Leichenschändung. Man erklärt den Toten nachträglich für abgesetzt, da er sich eines Meineides schuldig gemacht habe. Seine Leiche wird in den Tiber geworfen, doch wieder herausgefischt. Die Leichenteile werden (später) ehrenvoll in St. Peter beigesetzt.

162. Papst Sergius II. Der 101. Papst in der Kirchengeschichte. Fünfter Papst aus dem Hause Colonna. Er besteigt im Januar 844 den römischen Bischofsstuhl, ohne jedoch dem Kaiser den Treueeid geleistet zu haben. Unter seiner Regierung blüht der Handel mit kirchlichen Ämtern. Der Papst verfällt dem Nepotismus und ernennt seinen »räuberischen« Bruder zum Bischof. Der Papst stirbt am 27. Januar 847 in Rom.

163. Papst Bonifazius VI. Der 112. Papst in der Kirchengeschichte. Wegen seiner Unwürdigkeit wird er schon vorab (von Johannes VII.) seines Priesterstandes enthoben. Seine Wahl ist nach wie vor umstritten. Er gelangt ausschließlich mit der bewaffneten Unterstützung des Pöbels an die Macht. Er stirbt am 26. April 896, möglicherweise an einem Gichtanfall; möglicherweise an einem Giftanschlag. Seine Gebeine ruhen im Vatikan.

164. Augustin Theiner. Bd. 1 S. 485.

165. Papst Johann IX. Der 126. Papst in der Kirchengeschichte. Eigentlich Alexander, Sohn der mächtigen Herrscherin Marozia. Sein Vater soll der Papst Sergius III. gewesen sein. Im März 931 gelangt er auf den päpstlichen Thron. Er läßt seinen Halbbruder Johannes (den Papst Johannes) in einen Kerker werfen und ihn im Dezember 935 umbringen. Flodoard beschreibt sein Pontifikat so: »... ohne Gewalt, des Glanzes bar, nur mit geistlichen Dingen beschäftigt«.

166. Papst Leo III. der 127. Papst in der Kirchengeschichte. Er stammt aus dem Orden der Benediktiner und gelangt am 3. Jnaur 936 auf den Stuhl Petri. Leo stirbt am 13. Juli. 939.

167. Papst Johann XII. Der 131. Papst in der Kirchengeschichte. Eigentlich Oktavian. Sohn Alberichs II. er wird früh zum Geistlichen bestimmt. Kaum 18 - jährig besteigt er im Dezember 955 den Stuhl Petri und nennt sich Johannes XII. Er übt zunächst die weltliche und geistliche Herrschaft über Rom aus. Unter ihm wird der Lateran zum Bordell umfunktioniert. Schließlich flüchtet er mit dem Kirchenschatz. Auf der vom Kaiser einberufenen Synode in der Peterskirche (6. November 963) wird Johannes wegen seiner zahlreichen Verbrechen angeklagt, abgesetzt und verurteilt. Die Versammlung wählt Leo VII. zum neuen Papst. Später kehrt der Verjagte zurück und übt Rache an seinen Gegnern. Später wird er bei einem Ehebruch ertappt und erschlagen.

168. Der Kaiser läßt einen Lasterkatalog zusammenstellen. Wir lesen darin:
- Er habe Kirchenraub begangen und mit der Witwe des Rainer, Stephana, seines Vaters Konkubine, mit Anna und seiner Mutter Unzucht getrieben.
- Er habe aus dem hl. Palast ein Hurenhaus gemacht.
- Er habe seinem geistlichen Vater, Benedikt, die Augen ausstechen lassen und er habe außerdem einen Kardinal-Subdiakon entmannt.

169. Die Chroniken berichten: »... schwerlich würde der Papst der verdienten Züchtigung entgangen sein, wäre er nicht in einer Nacht, als er in der

Nähe Roms mit einer Ehefrau der Lust frönte, vom Teufel (wie sich Luitbrand ausdrückt), d. h. von ihrem Ehemann, so stark an der Schläfe getroffen worden, daß er acht Tage darauf, ohne das Abendmahl genommen zu haben, verstorben sei«.

170. Papst Johann XIII. Der 134. Papst in der Kirchengeschichte. Er gilt als Sohn eines Bischofs und Theodora d. J., der Schwester Marozias. Er wird am 1. Oktober 965 einmütig zum Papst gewählt, regiert selbstherrlich und wird kurz danach bei einem Aufstand von den Römern gefangengenommen, kann jedoch fliehen. Er krönt den jungen Otto II. zum Kaiser 968 erhebt er die Lieblingsstiftung Ottos, Magdeburg, zum Erzbistum und stattet es mit Privilegien aus. Der Papst stirbt am 6. September 972.

171. Papst Johann XIV. Der 137. Papst in der Kirchengeschichte. Er gilt als Sohn eines Priesters. Zunächst sehen wir ihn als Bischof von Pavia. Er wird im Dezember 983 auf den päpstlichen Stuhl gehoben. Er wird von der unter Bonifazius VII. (984 - 985) stehenden Gegenpartei eingekerkert. Am 20. August 984 verbunkert er sich·in der Engelsburg und wird (möglicherweise) vergiftet.

172. Bonifazius VII. Der 138. Papst der Kirchengeschichte. Er gelangt im Juni 974 gewaltsam auf den päpstlichen Thron, nachdem er den Papst Benedikt VI. in einem Kerker erwürgen ließ.

Schon nach sechs Wochen muß er vor dem Kaiser Otto II. aus Rom fliehen; er geht mit dem Kirchenschatz nach Konstantinopel. Als er die Nachricht vom Tod des Kaisers erfährt, eilt er 984 nach Rom zurück, um erneut den päpstlichen Stuhl zu besteigen. Der Papst Johannes XIV. ließ er in die Engelsburg werfen, wo dieser nach vier Monaten verhungerte oder einem Giftanschlag erlegen ist. Bonifazius ein Jahr später, im Juli 985, ermordet. Sein Leichnam wird von Spießen durchbohrt. Man schleift ihn an den Füßen durch die Straßen und läßt ihn zerfetzt auf dem Marktplatz liegen.

173. Papst Leo IX. Der 152. Papst in der Kirchengeschichte. Eigentlich Bruno, Graf von Egisheim und Dagsburg. Der Vetter Heinrichs II. Geboren am 21. Juni 1002 in Egisheim (Elsaß). Mit 24 Jahren ist er Bischof von Toul. Er wird auf dem Wormser Reichstag im Dezember 1048 mit der Hilfe des Kaisers Heinrich III. zum Papst gewählt. Die Krönung findet am 12. Februar 1049 im Lateran statt. Er ist viel unterwegs und wendet sich scharf gegen die Mißstände im Klerus. Leo gerät 1053 bei Civata in die Gefangenschaft von Normannen. Einen Monat vor seinem Tod- am 19. April 1054 kehrt er nach Rom zurück. Wir haben einen der bedeutendsten Päpste vor uns; er wird bald danach als Heiliger verehrt.

174. Akten der Synode, die ein gewisser Anselm, ein Mönch aus Rheims und ein Zeitgenosse unter dem Namen »Itenearium noni Papae a Roma in Gallia« verfaßt hat (Sigbertus Gembacensis de scriptoribus ecclesiat c. 152 p. III. ed. Alb. Fabrici). Am korrektesten findet man diese Darstellung bei Mabillon. Acta SS. O. S. B. t. VI. p. I. p. 624-638. Venetiis. 1738.

175. Man behauptet, man habe in Mantua die Leiche des Longinus gefunden, der Christus in die Seite gestochen haben soll. Außerdem findet man eine kleine Büchse, mit der man das christliche Blut aufgefangen haben will. Weil der Papst Prioritätsansprüche geltend macht, entsteht die Rangelei.

176. Papst Stephan IX. Der 154. Papst in der Kirchengeschichte. Eigentlich Friedrich, ein Sohn Gozelos I. des Herzogs von Lothringen. Kardinal und Abt von Monte Cassino. Er wird vier Tage nach Tod Victors II. (am 2. August 1057) unter dem Namen Stephan IX. zum Papst gewählt. Er arbeitet an der Verbesserung der Kirchenzucht und sagt vor allem der Priesterehe den Kampf an. Mit Unterstützung von Damiani will er die Reform vorantreiben. Selbst zum Nepotismus neigend, überträgt der Papst seinem Bruder Gottfried die Verwaltung des Herzogtums Spoleto und der Mark Ancona. Der Papst stirbt am 29. März 1058 auf einer Reise in Florenz und wird in der Kirche S. Reparate beigesetzt.

177. Augustin Theiner. Bd. 1 S. 72.

178. Dresdner S. 371.

179. Hans - Jürgen Wolf. Hexenwahn. Hexen in Geschichte und Gegenwart. Dornstadt. 1989.

180. Dresdner. S. 331.

181. Augustin Theiner. Bd. 1 S. 1.

182. Papst Clemens II. Der 150. Papst in der Kirchengeschichte. Eigentlich Graf Suidger von Morsleben aus Sachsen. Er ist seit 1040 Bischof von Bamberg, bevor er als erster von vier aufeinanderfolgenden deutschen Päpsten auf die Veranlassung Heinrich III. am 24. Dezember 1046 zum Papst gewählt wird. Papst Clemens II. krönt einen Tag später Heinrich zum Kaiser (eine Hand wäscht die andere!).

Der Papst erläßt im Januar 1047 Strafbestimmungen gegen die Simonie. Am 9. Oktober 1047 stirbt er unerwartet im Kloster des hl. Thomas in Aposella bei Pesaro, als er sich auf einer Reise nach Deutschland befindet. Möglicherweise wird er unter Benedikt IX: (1033 - 1055) vergiftet. Clemens liegt im Dom von Bamberg begraben.

183. Papst Damasus II. Der 151. Papst in der Kirchengeschichte. Zuvor ist er Bischof von Brixen. Er stammt aus einem fränkisch - bayerischen Adelsgeschlecht und gelangt gleichfalls mit Unterstützung von Heinrich III. auf den päpstlichen Stuhl. Er kann zunächst nicht in Rom einziehen, weil es von dem Gegenpapst belagert ist (Benedikt IX). Er stirbt nach 23 Regierungstagen. Vielleicht er-

liegt er einem Fieber; die Todesursache ist ungeklärt. Seine Leiche ruht in San Lorenzo fuori le
mura.

184. Vergl. Fußn. 165.

185. Auf seinem Weg nach Süden begegnet ihm Hugo,
der Abt von Cluny und dessen Mönch Hildebrand.
Der Mönch rät davon ab, nach Rom zu ziehen und
merkt an, daß Leo kein apostolischer Hirte sei,
wenn er auf den kaiserlichen Befehl hin den
päpstlichen Stuhl einnehme. Das Unmögliche passiert: Bruno legt die Abzeichen seiner Würde ab
und eilt in einem einfachen Gewand nach Rom.

Vergl. Bonizo lib. ad. amicum ap. Oefele. t. II. p.
83.

Anm. sollte sich die Begebenheit wirklich so abge-
spielt haben, so erkennen wir schon hier den Konflikt um die Investitur. Vergl. Fußn. 195.

186. vergl. Bonizo lib. ad. amicum. ap. Oefele. t. II. p.
83.

187. Papst Victor II. Der 153. Papst in der Kirchengeschichte. Er stammt aus der Familie der Grafen
von Hirschberg. Ein Verwandter des Kaisers und
ein Mann von strenger Tugend. Er wird auf Betreiben Hildebrands am 13. April 1055 zum Papst
erhoben. Seit 1042 hat er das Amt des Bischofs
von Eichstätt inne. Er wendet sich scharf gegen
die Priesterehe, gegen Simonie und die Entfremdung des Kirchengutes.Im Oktober 1056 finden
wir ihn am Sterbelager des Kaisers in Bodfeld, den
er Ende Oktober (28.) in Speyer beisetzt. Im November des gleichen Jahres krönt der Papst den
ihm anvertrauten Kaisersohn Heinrich IV. im
Dom von Aachen. Auf der Rückreise nach Italien
stirbt Papst Victor - am 28. Juli 1057 - in Arezzo
und wird in St. Maria Rotunda in Ravenna beigesetzt.

188. Papst Benedikt X. Der 155. Papst in der Kirchengeschichte. Eigentlich ein tusculanischer Graf mit
dem Beinamen Mincio. Er gelangt mit der Hilfe
des römischen Adels im April 1058 auf den
päpstlichen Stuhl. Er wird vom Kardinalkollegium
(den sog. Reformkardinälen) nicht anerkannt, an
deren Spitze Petrus Damiani steht.

Papst Nikolaus II. verdrängt seinen Nebenbuhler
mit Waffengewalt aus Rom. Auf der Synode von
Sutri (Januar 1059) wird Benedikt abgesetzt und
gebannt. Er stirbt 1072 in einem Kloster. Gregor
VII.läßt ihn in allen Ehren begraben.

189. Papst Nikolaus II. Der 156. Papst in der Kirchengeschichte Eigentlich Gerhard von Burgund. Bischof von Florenz und am 6. Dezember
1058 von der Reformpartei zum Papst erhoben.
Nach der Flucht des Benedikt wird Nikolaus
II. feierlich am 24. Januar 1059 gewählt. Unter
ihm wird das sog. Kardinalskollegium installiert. Er wendet sich scharf gegen die Priesterehe. Nikolaus II. gelingt es, den Mailänder
Erzbischof seiner Sonderrechte zu berauben.

Er zwingt ihn, sich Rom zu unterwerfen: Papst
Nikolaus stirbt am 27. Juli 1061.

190. Augustin Theiner. Bd. 1 S. 49.

191. Sie ist zahlreich besucht. Darunter befinden sich;
Adelmann von Brescia, Cunibert von Turin, Gise-
linus von Asti, Otto von Novara, Opizo, der Bischof von Lodi, Gregor von Vercelli und Benzo
von Alba.

192. Papst Alexander II. Der 157. Papst in der Kirchengeschichte. Eigentlich Anselmo da Baggio. 1057
wird er Bischof von Lucca. Mit der Hilfe von
Hildebrand und der kirchlichen Reformpartei, unter Ausschaltung des deutschen Königs, besteigt
Anselmo am 1. Oktober 1061 als Alexander II. den
päpstlichen Thron. 27 Tage danach erhebt man
Honorius II. zum Gegenpapst, der bis ins Jahr
1072 regiert. Bevor es zum unvermeidlichen
Kampf zwischen dem deutschen König und dem
Papst kommt, stirbt Alexander am 24. April 1073.

193. Papst Honorius II.(Gegenpapst) Eigentlich Cada-
lus von Parma. 1010 bei Verona geboren. Er
stammt aus einer reichen veronesischen Familie
und wird bereits als Kind Mitglied des Domkapi-
tels seiner Vaterstadt. Mit 18 Jahren tritt er zu den
Klerikern über und wird 1045 zum Gegenpapst
des Alexanders II. erhoben. Zweimal versucht er,
Rom mit der Gewalt von Waffen einzunehmen.
1064 läßt ihn die Kaiserin Agnes fallen und anerkennt Alexander II. als rechtmäßigen Papst. Honorius II. stirbt 1072.

194. Papst Gregor VII. Der 158. Papst der Kirchengeschichte. Er wird um 1020 / 52 in Sona (Toskana)
geboren, in Rom erzogen, und geht als Mönch
nach Cluny. Er besteigt am 22. April 1073 den
Stuhl Petri. Er wendet sich scharf gegen die Simonisten und die Ehen der Priester. Er belegt einige
deutsche Bischöfe mit dem Bann und erläßt das
Investiturdekret. Es besagt (in Kürze), daß nicht
der Kaiser, sondern der Papst die Konzilien einberuft. Der 12. Artikel bestimmt, daß der Papst
den Kaiser absetzen kann und der 14. Artikel hebt
hervor, daß der Papst von niemand gerichtet werden kann.

Die Machtprobe ist vorbereitet. Kaiser Heinrich
setzt daraufhin Gregor auf der Wormser Reichs-
synode ab (1076) und befiehlt, in Rom einen neu-
en Papst zu wählen. Greogor reagiert unerbittlich,
denn er fällt über Heinrich die Exkommunikation
und läßt seine Absetzung verkünden. Gleichzeitig
wird er mit dem Interdikt belegt. Letztlich soll es
zu einer Begegnung in Canossa gekommen sein.
Hier trifft der Abgekanzelte mit dem Papst zusammen, der sich auf einer Reise nach Augsburg befindet. Am 18. Januar 1077 wird der päpstliche
Bann gelöst, doch zu einem späteren Zeitpunkt
wieder erneuert.

Daraufhin erhebt der Kaiser seinen Kanzler in
Italien, den Erzbischof Wibert von Ravenna, zum
Gegenspieler. Mit ihm erobert er Rom und läßt

sich am 31. März 1084 von ihm zum Kaiser krönen. In der Zwischenzeit verschanzt sich Gregor VII. in der Engelsburg, wird dort aber von den Römern vertrieben.

Einsam und verbannt stirbt Gregor VII. am 25. Mai in Salerno, wo er begraben wird. Unter ihm hatte die »alte« Kirche den Höhepunkt ihrer Macht erreicht.

195. Investitur (= lat. Einkleidung). Einsetzung des Bischofs oder eines hochgestellten Klerikers in sein Amt. Ende des 9. Jh. setzen Laien die Bischöfe und Äbte in die Ämter ein. So überträgt der König den Bischöfen durch die Übergabe eines Stabes und Ringes die Regalien (die weltlichen Güter und Rechte) und damit auch die geistlichen Amtsrechte. 1059 verbietet die Kirche die Investitur durch Laien; folglich kommt es zum Investiturstreit. Das Bestreben der Kirche war es, die weltlichen Rechte von den geistlichen zu trennen.

Mit dem Wormser Konkordat vom 23. September 1122 wird der Investiturstreit beendet. Darin verzichtet der Kaiser auf die Einsetzung und die Wahl der Bischöfe und Äbte. Das 1123 abgehaltene Laterankonzil bestätigt die Wormser Beschlüsse und behandelt mehrere Kirchenreformen. Entgültig ist es der Kirche damit gelungen, in geschickten Schachzügen die weltliche Führung zu überlisten.

196. Die Hildebrandschen Wunder sind in der Kanonisationsbulle nicht aufgeführt, lassen sich aber rekonstruieren:

- Er erkrankte sehr. Als ihn seine Nichte besuchte und sich nach ihrer Besorgnis erkundigte, berührte er ihre Halszierde und fragte sie ob sie heiraten wolle. Daraufhin genaß er vollständig, verlor aber die Gabe der Tränen, die er vordem hatte.

- Er erkrankte abermals. Da erschien ihm die seligste Jungfrau und schlug ihm mit der umgekehrten Hand auf den Bauch. Daraufhin wurde er so schwach, daß er nicht mehr atmen konnte. Am Wochenende erschien sie wieder und fragte, ob er denn jetzt genug Schmerzen gelitten hätte. Gregor VII. sagte daraufhin: »... wie es Dir gefällt, gütigste Jungfrau«. Sodann bestrich sie seinen Leib mit sanfter Hand ... und die Krankheit wich von ihm.

- Einmal wusch er sich die Hände. Das Wasser wurde weiß wie Milch. Ein Kranker, der es trank, wurde daraufhin gesund.

Vergl. Paul Bernried ap. Bolland. T. 4. Mia. p. 118 und 26 / 29.

Ergänzend sei darauf hingewiesen, daß in der Breslauer Diözese eine Messe zu seinen Ehren gelesen wurde, bei der man die gesamte Geistlichekeit aufgerufen hat, seinen Geist aufzunehmen. In Österreich wird am 7. Mai 1774 befohlen, diese Lektion nicht mehr vorzutragen.

Im Kapitel über die Heiligen und den Reliquien-

hader habe ich mehrere solcher Kabinettstückchen zusammengestellt.

197. Opp. Tom. 1. ep. 16. p. 15. Gregor VII. rd. 1584. Vergl. Acta vaticana Baronicum Muratori scriptorii. Ital. Tom. 3. Muratori scriptor. rel. Italic. Tom. 4. Pagi critics in Ann. Baroni Pucellini dissert utrum. S. Ambrosius clero. mediol. permiserit et subere virgini possent. Epist. Cleric cameracensium ad Remeses pro uxoribus suis. Mabil. Annal. Benedikt.

198. Hildebrand = Höllenbrand. So genannt nach dem Buch »Wie das Volk über die Pfaffen spricht«. vergl. Fußn. 1.

199. Augustin Theiner. Bd. 1 S. 172.

Darin liegt ein Widerspruch, denn auch das Christentum ist ein modifizierter Götzendienst. Nicht Gott war es, der die Menschen geschaffen hat, sondern die Menschen haben sich ihre Götter selbst geschaffen. Es ist ein fundamentaler Unterschied.

200. Siegbert von Gemblours. vergl. Augustin Theiner. Bd. 1 S. 173.

201. Papst Lucius sitzt lediglich von 1181 - 1185 auf dem päpstlichen Thron. Vergl. Augustin Theiner. Bd. 1 S. 387.

202. vergl. Hottinger. hist. eccl. sec. XVI. p. IV. c. 7. p. 1023. Neugart hist. episc. Const. T. 1. p. 460.

203. Augustin Theiner. Bd. 1 S. 174.

204. Augustin Theiner. Bd. 1 S. 208.

205. Augustin Theiner. Bd. 1 S, 180.

206. Augustin Theiner. Bd. 1

207. Augustin Theiner. Bd. 1 S. 196.

208. Augustin Theiner. Bd. 1 S. 201.

209. Augustin Theiner. Bd. 1 S. 252.

210. Er ist erst Scholastikus in Trier, dann Bischof von Vercelli.

211. Augustin Theiner. Bd. 1 S. 271.

212. Polemische Historie (1791) S. 349.

213. Über den ehelosen Stand (1782) S. 246.

214. Papst Calixtus II. der 163. Papst in der Kirchengeschichte. Eigentlich Guido Graf von Burgung. Er ist seit 1088 Erzbischof von Vienne und wird am 2. Februar in Cluny zum Papst erhoben. Schon im Oktober 1119 bannt Calixtus auf der Synode von Rheims den Kaiser Heinrich und geht 1120 nach Rom. Sein Gegenpapst ist Gregor VII. den damals die Normannen in Sutri festgenommen haben. Sie

übergeben ihn Calixtus, der ihn für den Rest seines Lebens einsperren läßt. Calixtus stirbt am 13. Dezember 1124 und wird im Lateran beigesetzt.

215. Augustin Theiner. Bd. 1 S. 345.

216. vergl. 4. Canon des 1130 in Clermont gehaltenen Konzils. Vergl. Augustin Theiner. Bd. 1 S. 345.

217. Papst Innocenz II. der 165. Papst in der Kirchengeschichte. Eigentlich Gregorio Papareschi, ein gebürtiger Römer. Er wird am 14. Februar 1130 von 20 Kardinälen nach dem Tod von Honorius II. zum neuen Papst gewählt. Einige Stunden später wählen 21 Kardinäle (die Mehrheit) Petrus Pierlone zum Papst, der sich Anaklet II. nennt. Innocenz flieht daraufhin nach Frankreich. Wenngleich Anaklet 1139 stirbt, wird in Victor IV., sogleich ein neuer Gegenpapst ausgerufen, der sich nach einigen Monaten Innocenz II. unterwirft. Innocenz wird von Roger II. von Sizilien gefangengenommen. Knapp vor seinem Tod erheben sich die Römer gegen die päpstliche Herrschaft. Inmitten dieser Wirren stirbt Innocenz II. am 24. September 143 und wird im Lateran beigesetzt.

218. Papst Lucius III. der 172. Papst der Kirchengeschichte. Eigentlich Ubaldo Allucingoli, ein in Lucca geborener Zistersiensermönch. Er wird 1141 Kardinal von Ostia.Am 1.September 1181 wird er zum Papst erhoben. Er kann sich jedoch wegen der republikanischen Revolten nur einige Monate in Rom halten. Er beschließt 1184 die Einführung der Inquisition. Lucius verstirbt am 25. November 1185 während der Vorbereitung zu einem Kreuzzug in Verona, wo er begraben ist.

219. Augustin Theiner. Bd. 1 S. 349.

220. Papst Eugen II. Der 168. Papst in der Kirchengeschichte. Eigentlich Bernhard Paganelli, ein Italiener aus Montemagno bei Pisa. Er wird am 15. Februar 1145 zum Papst gewählt, muß aber unmittelbar darauf Rom verlassen und wird erst außerhalb der Stadt im Kloster Farfa konsekriert. In der Regel hält sich der Papst in Viterbo auf.

Außerdem sehen wir ihn in Paris, Rheims und Trier. Er sorgt für einige Reformen in Kirchen und Köstern. Unter dem Schutz von Friedrich Barbarossa kann er 1152 endgültig nach Rom zurückkehren. Eugen III. stirbt am 8. Juli 1153 in Tivoli und wird im Vatikan beigesetzt. Papst Pius IX. spricht ihn 1872 selig.

221. Die Sitten schildert der Verfasser der »historia calamitarum Salisburgensis ecclesiae«, ein Archidiakon aus Salzburg. Der Veranstalter der Synode ist der Erzbischof von Salzburg, Konrad.

222. Augustin Theiner. Bd. 1

223. Augustin Theiner. Bd. 1 S. 409.

224. Augustin Theiner. Bd. 1 S. 410

225. Raumer. Hohenstaufen. Th. 6. S. 558.

226. Augustin Theiner. Bd. 1 S. 455.

227. Vergl. can. 18.

228. Augustin Theiner. Bd. 1 S. 421.

229. p. II. c. 3.

230. c. 10.

232. Vergl. Bullarium Franciscam t. II. p. 326 - 328.

233. tit. S.laurentii in Lucina.

234. Annales Ecclesiae Wirgonmensis. Bei Wharton t. 1. S. 507 und 508.

235. Annales Dominicanor Collmarres ad. bei Ustris. Script. rer, germ. t. II. p. 30.

236. Augustin Theiner. Bd. 1 S. 479.

237. Augustin Theiner. Bd. 1 S. 479.

238. Rubeus ist bei Triplaix in der Grafschaft Cambridge geboren und lebt nach Studien auf den Stammgütern seines Geschlechts. Seine Schrift stammt aus der Zeit um 1280.

239. Augustin Theiner. Bd. 1 S. 482.

240. Geboren in Bagnara in der Toskana. Mitglied der Franziskaner seit 1243, nachher General des Ordens, dann zum Kardinal erhoben und 1274 verstorben. Vergl. seine Schrift »de praelatis malis«.

241. vergl. Fußn. 240.

242. Chronic. Senosiens. lib. V. c. 1. d' Achery, spicil. t. II. n. 645 und 659.

243. vergl. Fußn. 240.

244. De libri IV. sententiarium. Er hat in Bologna, Rheims und Paris studiert und wird 1159 Bischof von Paris. Er stirbt 1164.

245. Albert d. G. geb. in Lauingen, studiert in Padua, lehrt in Paris und Köln, wird Provinzial des Dominikanerordens und 1260 Bischof von Regensburg. Nach drei Jahren legt er sein Amt nieder - er ist bereits über 80 Jahre alt - und stirbt unter den Kölner Dominikanern.

246. Geb. 1224 zu Roccasicca im Neapolitanischen. Dominikaner, Schüler von Albert, Lehrer in Paris und in weiteren italienischen Städten. Geb. 1274.

247. Augustin Theiner. Bd. 1 S. 499.

249. Normalerweise Durantus. Bischof von Mende in Lageudoc (seit 1296)

249. Tractatus de modo celebrandi concilio generalis. P. II. Rubr. 10. fol. 159. c. 2.

250. Tractatus illustrius in utraque tum Pontifici tum Ecclastici juris facultate Jurisconsultorum des postetate ecclesiastica. Venetiis. 1584.

251. De mulierum aviditate fallacies, stultioquio. Opp. t. VII. p. 524 - 526.

252. Z. B. erläßt Bonifazius VIII. eine Verfügung gegen den Bischof von Botonia in Spanien. Vergl. c. 2.

253. Augustin Theiner. Bd. 1 S. 595.

254. c. 8. Vergl. Augustin Theiner. Bd. 1 S. 601.

255. c. 32. und c. 116.

256. Augustin Theiner. Bd. 1 S. 605.

257. Vergl. die Artikel »de vita honestate cleric« und »de choabitat, clericor et mulierum«.

258. Augustin Theiner. Bd. 1 S. 621.

259. Er ist seit 1356 Vorsteher des berühmten Collegiums Novarra in Paris. Archidiakon zu Bajeux, Dechant und Rouen und Erzieher des Königs Karl V. 1377 wird er Bischof von Liseux und verwaltet das Amt mit Ruhm bis 1382. Vergl. Biographie universelle ancienne et moderne t. XXII. p. 62. sq. Paris. 1822.

260. Papst Urban V. Der 201. Papst der Kirchengeschichte. 1309 in Grisac (Langeudoc) geboren; den Quellen zufolge ein sittelstrenger kluger Mann. Seit 1361 Abt im Kloster der Benediktiner von St. Victor in Marseille. Er wird am 28. September 1362 zum Papst erhoben. Auf Drängen der hl. Brigitta v. Schweden, Petrarcas und des Kaisers Karl IV. entschließt sich Urban, Avignon zu verassen und 1367 nach Rom zurückzugehen.
Er versucht, die Stadt wieder zum Zentrum des Christentums zu machen und greift scharf bei Mißständen ein. Urban bricht 1307 (wieder) nach Frankreich auf, um nach Avignon zu gehen. Nach einer kurzen Krankheit stirbt er am 19. Dezember in Avignon, wie die Heilige es prophezeit hatte. Pius IX. spricht ihn 1870 selig.

261. Er ist Lehrer am Martinskollegium von Oxford und Pfarrer in Luttersworth.

262. Augustin Theiner. Bd. 1 S. 624.

263. Synod. Benevent. p. 175.

264. Papst Urban VI. Der 203. Papst der Kirchengeschichte. Erzbischof von Bari. Am 8. April 1378 von den Kardinälen zum Papst erhoben. Als Gegner jeglicher Simonie und Verweltlichung des Klerus geht er rücksichtslos, ja tyrannisch, selbst gegen Kardinäle vor. Dies führt (schon) im August 1378 zu einem Aufruhr und zum Abfall von 13 französischen Kardinälen. Sie erklären Urbans Wahl für ungültig. Sie sind der Meinung, daß er

geisteskrank und amtsunfähig sei. Darum wählen sie Clemens VII. zum Gegenpapst, womit das große abendländische Schisma beginnt. Clemens bezieht seine Residenz in Avignon.
1385 verschwören sich mehrere Kardinäle gegen den tyrannischen Urban; sie wird rechtzeitig entdeckt. Er läßt 5 Kardinäle grausam foltern und hinrichten. Wiederholt soll er den Henkern zugerufen haben: »... martert so, daß ich ihr Schreien höre«. Dabei spaziert er in seinem Garten herum und laß in seinem Brevier. Bei einem Zug nach Neapel stürzt er vom Pferd und erleidet schwere Verwundungen. Krank wird er nach Rom gebracht, wo er 72 - jährig am 15. Oktober 1387 stirbt.

265. Vergl. Historia sui temporis. lib. 1. c. 33. p. 36. Argentinae. 1609.

266. Der Bayrischen Geschichten drittes und viertes Buch. Heinrich Zschocke. Bd. 2. Aarau. 1815. S. 372.

267. »maxime earum maritis invitis aut absentibus«.

268. Augustin Theiner. Bd. 1 S. 633.

269. »... mit dem Beinamen von Langenstein, Lehrer der Theologie und Vizekanzler der Pariser Universität, dann Lehrer der Theologie, Astronomie und anderer Wissenschaften an der Wiener Universität. Er stellt 1381 ein Gutachten über die Reformation der Kirche aus und stirbt 1397.

270. Gebürtig in Niem im Bistum Paderborn. Seit 1378 (bis 1410) in der Kanzlei unter 5 Päpsten angestellt, dann Bischof von Verden und Chambria. gest. 1471 in Konstanz.

271. Papst Gregor XII. Der 206. Papst der Kirchengeschichte. Um 1325 in adeliger Familie geboren, wird der sittenstrenge Mann 1390 lateinischer Titularpatriarch von Konstantinopel und 1404 zum Kardinalpriester von S. Marco ernannt. Am 30. November 1406 besteigt er den päpstlichen Thron. Gregor wird auf dem Konzil von Konstanz abgesetzt, um das Schisma ein Ende zu bereiten. Als Kardinalbischof von Porto und päpstlicher Legat stirbt er als 80 - jähriger Greis am 18. Oktober 1417 in Recanati und findet dort im Dom seine letzte Ruhestätte.

272. Matthäus, Geb. in Prag, wegen seiner Studien und seines Lehramtes in Paris und Krakau, einmal der »Pariser« und einmal der »Krakauer« genannt (de Cracoviae). Zudem ist er Lehrer der Theologie in Heidelberg, dann Bischof von Worms und geistlicher Rat von König Rupert, der ihm 1406 geschäftlich nach Rom folgt und der ihn 1409 auf das Konzil von Pisa schickt. Er stirbt 1410.

273. Augustin Theiner. Bd. 1 S. 641.

274. Besondere Bedeutung erlangen Pater d' Ailly (geb 1350), gest. 1425. und Johann Charlier (geb. 1363, Gest. 1429).

275. Gerson, Johannes. Eigentlich Jean Charlier. Französischer Theologe. Geboren am 14. 12. 1363 in Gerson bei Rheims, gest. 12. 7. 1427 in Lyon. Seit 1395 Kanzler der Sorbonne. Verfechter - vor allem auf dem Konzil von Konstanz - die These von der Überordnung eines allgemeinen Konzils über den Papst (Konziliarismus). Er neigt in der Theologie mehr zur Mystik als zur Scholastik. Sein Hauptwerk ist die »mystica theologia« aus dem Jahr 1408.

277. Vergl. Fußn. 287.

278. Augustin Theiner. Bd. 1 S. 695.

279. Piccolomini. Adelsgeschlecht aus Siena, das mit Enea Silvio Piccolomini (= Papst Pius II.) 1464 erlosch. Der Name geht auf zwei Nebenlinien über:
- Allesandro, ital .Philosoph und Dichter. Geb.in Siena, 13. 6. 1508. gest. ebda. war ein Mitglied der Accademia degli Intronati,lehrte Moralphilosophie in Pavia (1540-60), übersetzte die ersten sechs Bücher der Aenis (1544), kommentierte Horaz (um 1574), übersetzte und kommentierte die Poetik und die Rhetorik des Aristoteles (1575). Seine Lustspiele »Amor constance« (1536) und »Alessandro« (1545) bleiben im Rahmen der Renaissancekommödien.

  Sein in der Jugend verfaßter, später von ihm verworfener Dialog »Raffaele« oder »Dialoge della bella creanza delle donne« (1539). dt. »Gespräche über die feine Erziehung der Frauen«, ist von kulturhistorischem Interesse. In seinen Sonetten verschmilzt Piccolomini petrarkische Elemente mit horazischen Motiven.

- Johann Norbert Graf Piccolomini. Kaiserl. General. Geb. um 1651. verstorben am 9. 11. 1689 in Albanien.

281. Dies berichtet Gabriel Fiamma. vergl. Polemische Historie (1782).S. 311.

282. Dringende Vorstellungen (1782) S. 79.

283. Augustin Theiner. Bd. 1 .

284. Augustin Theiner. Bd. 1 S. 464.

285. Vergl. Friese. Beiträge zur Reformationsgeschichte von Polen und Littauen. Th. 2. Bd. 1. Breslau. 1786.

286. Augustin Theiner. Bd. 1 S. 676.

287. So genannt nach dem Städtchen im Kirchensprengel von Chalons in der Champagne. Er ist Schüler von Gerson. Seit 1386 Lehrer der Theologie in Paris, um 1393 Rektor der Universität, eine zeitlang Geheimschreiber von Benedikt XII. in Avignon, dann Kanoniker und Schatzmeister der Kirche von Lengres, Kantor und Archidiakonus von Lesieux (gest. um 1440).

288. Papst Benedikt XIII. Der 198. Papst in der Kirchengeschichte. Eigentlich Jaques Fournier. Um 1285 in Saverdun in der Langedouc (Südwestfrankreich) geboren. Er tritt in den Orden der Zistersienser, wird 1317 Bischof von Pamier, 1326 Bischof von Mirepoix und 1327 Kardinalpriester von Santa Prisca. Am 20. Dezember 1334 wird er von den Kardinälen im Bischofspalast von Avignon zum Papst erhoben. Er bemüht sich um eine Reform der Kirche und wäre gern nach Rom zurückgekommen. Er ist in dieser Richtung wenig erfolgreich, gibt den Plan auf und beginnt mit dem Bau des Papstpalastes in Avignon. Hier stirbt Benedikt am 25. April 1342. Die Zistersienser verehren ihn als Seligen.

289. Augustin Theiner. Bd. 1 S. 688.

290. Dringende Vorstellungen an Vernunft und Menschlichkeit. (1782). S. 123.

291. Besonders reich ist Hämmerlin in seinen Schilderungen von der Verdorbenheit des Mönchstums. Felix Hämmerlin (geb. 1389 in Zürich und gest. nach 1457), Chorherr von Zürich und Zofingen. Probst von Solothurn. vergl. seine Ausführungen in dem Buch »de pecunis pro praebanda«.

292. Johann Busch, Probst der regilierten Augustinerchorherren aus Sultau in der Nähe von Hildesheim und gleichzeitig Visitor von Magdeburg.

293. Busch. lib. II. c. 23. pag. 929.

294. Vergl. Küchenbuch des altbayrischen Klosters Benediktbeuren ... vom Pater Küchenmeister 1714 unter dem Titel :» Absonderliche Anmerkungen, so in unserer Klosterküche das ganze Jahr hindurch zu beobachten sind«.

295. Leistner. Wie das Volk über die Pfaffen spricht. S. 137

296. Leistner. Wie das Volk über die Pfaffen spricht. S. 77, 123, 154, und 186.

297. Leistner. Wie das Volk über die Pfaffen spricht. S. 192.

298. Leistner. Wie das Volk über die Pfaffen spricht. S. 197.

299. Leistner. Wie das Volk über die Pfaffen spricht. S. 197.

300. Augustin Theiner. Bd. 2. S. 753.

301. Vergl. Götting'sches Museum von C. Meiner und L. T. Spittler. Hannover.

302. Vergl. Westenrieder. L. Historischer Kalender für das Jahr 1801.

303. Johannes Burchardus wird zwischen 1440 - und 1450 in Haßloch bei Straßburg (Elsaß) geboren und früh zum Geistlichen bestimmt. Er studiert jedoch nicht Theologie, sondern Jurisprudenz und wird 1471 Doktor der Rechte und im gleichen Jahr

Straßburger Bürger. 1479 sehen wir ihn als Kanoniker an der St. Thomaskirche.

1481 siedelt er nach Rom. 1490 hält er sich einige Zeit im Elsaß auf, um einen Rechtsstreit der Nonnen zu Hohenburg zu regeln. Auch in Rom beschäftigt er sich mit der Klärung von Rechtsstreiten für seine Landsleute. Bereits am, 29. November erhält er durch den Gönner Agostino Patrici das Amt eines Schreibers am päpstlichen Zeremonialamt. Dafür bezahlt er 450 Golddukaten.

Später wird er Zeremonienmeister. In dieser Stellung empfängt er Benefizien. Ursprünglich beträgt sein Gehalt 5 Dukaten pro Monat. Er steigert seine Einkünfte kontinuierlich. 1489 ist er Vorsteher der Bittschriftenabteilung. Während der Regierung von Alexander VI. festigt er seine Stellung, denn als Günstling des Papstes fallen größere Beträge für ihn ab.

Pius II. bestätigt ihn in seinem Amt als Zeremonienmeister. Unter Julius II. steigt sein Ansehen derart, daß er bei der Besetzung eines Kirchenamtes bei der Thomaskirche (Straßburg) den Humanist Jacob Wimpheling verdrängen kann. Schließlich wird er »Referendar der Spenden«. Er sollte noch zum Kardinal erhoben werden, was aber durch seinen Tod »in ziemlicher Art«, am 16. Mai 1506 verhindert wird.

Er beginnt mit den Tagebuchaufzeichnungen am 25. September 1483. Erst sind die Notizen kurz und werden dann ausführlicher. Vor allem aber geht er auf lokalpolitische Dinge in der Zeit von Alexander VI. ein. In seiner Berichterstattung fehlen die letzten Lebensmonate von Alexander VI. Es ist noch ungeklärt, ob die Krankheit des Verfassers oder die Ungnade des Papstes dahintersteckt; eventuell auch eine Zurücksetzung gegenüber seinem Kollege Bernhardino Gutteri.

In Bezug auf die Glaubwürdigkeit seiner Aufzeichnungen sind kaum Zweifel zu erheben. Eine Originalhandschrift existiert nicht mehr und scheint früh vernichtet worden sein. Nur ein kleiner Teil des Originals vom August 1503 bis zum Mai 1506 ist im Vatikanischen Archiv enthalten. Die Abschriften, die den früheren Ausgaben zugrundeliegen oder gelegt worden sind, ist die sog. Handschrift Chigi, die im Auftrag des späteren Papstes Alexander VII. veranstaltet wird und die Münchener Handschrift, die von Panvinio 1565 nach dem Original erstellt wird. Dazu kommen die sog. »Pariser Manuskripte«, die dem Ende des 16. oder dem Beginn des 17. Jh. zu-zurechnen sind. Auszüge erscheinen mehrfach, u. a. von Leibnitz, Eccard und dem Italiener Genarelli.

304. Papst Anaklet II. (ein Gegenpapst). Eigentlich Petrus Pierleoni. Er entstammt einer reichen, ursprünglich jüdischen Familie aus Rom, die die gregorianische Partei maßgeblich unterstützte. In Paris, wo er seine Studien absolvierte, wurde er zusammen mit Ludwig VI. von Frankreich erzogen

und trat später in das Kloster von Cluny ein. 1120 wird er von Calixtus II. zum Kardinalpriester erhoben. Wenige Stunden nach der Wahl von Innocenz II. (1130 - 1143), der in der Eile von nur 16 Kardinälen gewählt wird, erhebt die Mehrheit Petrus Pierleoni (14. November 1130) als Anaklet II. zum Statthalter Gottes. Er konnte sich bis zu seinem Tod am 25. Januar 1138 in Rom behaupten. Anaklet war klug und von tadelloser Lebensführung, er wurde jedoch von seinen Gegnern bedenkenlos diffamiert« (so ein pro - katholischer Schreiber).

305. Vergl. Arnuphius de schis. Innocentium II. et Petrum Antipapam a. 3. c. 4. ap. d' Archey spicileg T. II - Bower. Th. 7. S. 164.

306. Vergl. Christian Fichtinger. Lexikon der Heiligen und Päpste. Prisma Verlag. Göttingen. 1980.

307. Papst Johannes XXIII. (Konzilspapst). Eigentlich Baldasarre Cossa, Kardinaldiakon von S. Eustachin. Er wird nach dem Tod von Alexander V. gegen den in Avignon residierenden Benedikt XIII. und den in Rom herrschenden Papst Gregor VII. am 17.5.1410 in Bologna zum Papst erhoben.

Um 1360 aus adeligem Geschlecht in Neapel geboren, war er ursprünglich Matrose und Soldat. Er kommt unter Bonifazius IX. an die Kurie. Von Natur aus ehrgeizig und skrupellos, erlangt er bald darauf die Kardinalswürde (1402). Als Johannes XXIII. durch den König Ladislaus von Neapel aus Rom vertrieben wird, geht er notgedrungen auf die Forderung des deutschen Kaisers Sigismund ein, ein (allgemeines) Konzil in Konstanz einzuberufen. Als das Konzil alle drei Päpste zum Abdanken zwingen will, sucht sich Johannes am 20.März 1451 mit Hilfe Herzog Friedrichs von Tirol durch eine abenteuerliche Flucht zu retten. Dadurch will er das Konzil sprengen. Sigismund vereitelt dies, läßt Johannes absetzen und gefangennehmen. 1419 geht Johannes zu Martin V. und unterwirft sich nach dem Scheitern neuer Intrigen kniend am 13.Mai. Als Kardinalbischof von Tusculum stirbt er am 22.Dezember 1419 in Florenz. Cosimo von Medici hat ihm ein prächtiges Grabmahl errichtet.

308. Bower. Th. 9. S. 143. acla. conc. apud. Labbeé T. XVI. p. 178 - 192.

309. Papst Leo X. der 218. Papst in der Kirchengeschichte. Eigentlich Giovanni de' Medici, als zweiter Sohn des Lorenzo il Magnifico am 11.Dezember 1475 in Florenz geboren und früh zum geistlichen Stand bestimmt. Mit 14 Jahren wird er von seinem Vater zum Kardinal erhoben und mit reichen Pfründen ausgestattet. Nach dem Sturz seiner Familie im Juni 1494 flieht er nach Bologna und bereist daraufhin Deutschland, Frankreich und die Niederlande, wo er sich mit Erasmus von Rotterdam befreundet.

Als Gegner des Papstes Alexander VI. (1492 - 1503) konnte sich Giovanni de' Medici erst nach dessen Tod in Rom entfalten. Julius II. (1503 -

631

1513) bestellt ihn zum päpstlichen Legat von Bologna und der Romagna. Als Befehlshaber des spanisch - päpstlichen Heeres, das die Franzosen aus Italien vertreiben sollte, gerät Giovanni nach der verlorenen Schlacht von Ravenna in Gefangenschaft. Er kann nach Mailand fliehen. Bis zu seiner Wahl zum Papst Leo X. am 11.März 1513 regiert er zusammen mit seinem Bruder Giulio in seiner Heimatstadt Florenz.

Leo X. um Frieden bemüht, war nicht sonderlich erfolgreich. Als Oberhaupt des Hauses Medici neigt er zum übertriebenen Nepotismus und verbindet die Politik von Florenz mit der von Rom. Er gilt als unzuverlässig und doppelzüngig. Schließlich sollte er das Opfer einer Verschwörung werden. Der Anschlag wird rechtzeitig entdeckt und er läßt einige Kardinäle foltern. Der Anstifter wird am 23. Juni nachts im Kerker erwürgt. Den weltlichen Vergnügungen zugetan, vernachlässigt der Papst die Durchführung der dringenden Kirchenreformen.

In seine Zeit fällt die Aktivität Luthers. »Der Lebemann auf dem Papstthron und seine Berater erkannten deren Ernst und die Tragweite der Ereignisse im fernen Deutschland nicht«. Die Bannbulle »Decret Romanorum Pontificem« vom 3.Januar 1521 gegen die Reformatoren kann der Entwicklung keinen Einhalt mehr gebieten«.

310. Jovinus vita Leo X. Varillas Anécdotes de Florence óu historie secréte de la Maison de Medici. T. VI. p. 257. Bayle iniquit beschuldigt ihn des Atheismus. Vergl. Bower. Th. 10. S. 90.

311. Papst Felix V. (Gegenpapst). Eigentlich Graf Amadeus VIII. von Savoyen. Er wird auf dem Konzil von Basel am 5.November 1439 zum 39. Gegenpapst erhoben. Er war der letzte Gegenpapst, konnte sich jedoch nicht durchsetzen.

Nach 1449 dankt Felix V. ab, weil ihm Nikolaus V. einen ehrenvollen Rücktritt ermöglicht. Er erhält den Titel eines Kardinals von Sabina und, neben der lebenslangen Pension den ersten Rang im hl. Kollegium. Als päpstlicher Legat für Savoyen stirbt er am 7.November 1451 in Genf.

312. Papst Calixtus III. der 163. Papst der Kirchengeschichte. Eigentlich Guido, Graf von Burgund, mit den Capetingern und Saliern verwandt. Als Erzbischof von Vienne (seit 1088) sucht er mit Hilfe gefälschten Urkunden den Vorrang vor Arles zu erreichen. Er wird am 2.Februar 1119 in Cluny zum Papst erhoben. Im Oktober 1119 bannt Calixtus III. den Kaiser Heinrich auf der Synode von Rheims und geht 1120 nach Rom. Den Gegenpapst Gregor VII., nehmen die Normannen in Sutri gefangen und übergeben ihn Calixtus.

Dieser Papst ist im Zusammenhang mit dem Investiturstreit von Bedeutung, denn unter seinem Pontifikat wird er beendet (Wormser Konkordat 23.September 1122). Kaiser Heinrich IV. verzichtet auf die Einsetzung und Wahl der Bischöfe und Äbte. Der Papst gestattet im Gegenzug die Anwe-

senheit des Kaisers bei der Wahl der reichsunmittelbaren Bischöfe und Äbte, sowie deren Belehnung mit den Regalien durch den Kaiser.

Calixtus stirbt am 13.Dezember 1124 und wird im Lateran beigesetzt.

313. Die Familie Borja stammt aus dem spanischen Städtchen Xativa bei Valenzia. Sie siedelt sich später in Borja an und erscheint 1238 bewaffnet unter den Fahnen des Don Jayme. Domingo und Francina de Borja haben einen Sohn namens Alonzo. Er wird 1378 in Xativa geboren. Später erhält er eine gelehrte Ausbildung und wird Professor der Jurisprudenz. Außerdem gilt er als hervorragender Rechtsgelehrter. Er wird mit geistlichen Würden belehnt und so aus seinem kleinen Dorf und ländlichen Verhältnissen gerissen. Seine Beziehungen zum König Alfons von Neapel werden fester. Schließlich wird er sein Geheimschreiber. Er bewährt sich in vielen Geschäften und geht im Auftrag von Alfonso nach Rom. Hier erwirbt er sich die Gunst des Papstes.

314. Papst Nikolaus V. (Gegenpapst). Eigentlich Pietro Rainalducci. Ein Minorit und der letzte kaiserliche Gegenpapst. Er wird am 12.Mai 1328 auf Betreiben Ludwigs IV. von Bayern in Aracoli vom Volk gewählt. Er war 5 Jahre verheiratet, bevor er sich dem Orden der Minderen Brüder des hl. Franz von Asissi anschloß. Er wird am 22.Mai in St. Peter zum Papst ernannt. Nikolaus, der wenig Anklang findet, zieht mit dem Kaiser nach Pisa und unterwirft sich am 25.August 1330 in Avignon seinem Gegner Johannes XXII. Dieser nimmt ihn in Haft, in der er am 16.Oktober 1333 verstirbt.

315. Vergl. Memoiren Bibliothek. IV. Serie. 3. Bd.

316. Ein Sohn seiner Schwester Catharina, die mit Juan de Mila verheiratet ist.

317. Ein Sohn seiner Schwester Isabella.

318. Vergl. Memoiren Bibliothek. IV. Serie. 3. Bd. S. 9.

319. Papst Pius II. Der 211. Papst in der Kirchengeschichte. Eigentlich Enea Silvio de Piccolomini, der 1405 in dem nach ihm benannten Piacenza (früher: Corsignano) bei Siena geborene Humanist verficht den Konziliarismus und wird von der Basler Synode 1442 zum Frankfurter Reichstag entsandt. Kaiser Friedrich III. krönt ihn zum Dichter und ernennt ihn zum Sekretär der kaiserlichen Kanzlei. 1445. empfängt er die Weihe zum Priester. Er hält an der Wiener Universität Vorträge über antike Dichter. Seine Verdienste um das sog. »Wiener Konkordat« und den »Aschaffenburger Fürstentag« bringen ihm 1447 das Bistum Triest ein. Zwei Jahre später kommt das Bistum Siena dazu.

1456 erlangt er die Kardinalswürde von S. Sabina. Seine Hauptaufgabe sieht er in der Bekämpfung der Türken, ja er will sich selbst an die Spitze eines

Kreuzfahrerheeres stellen. Von einem starken Gichtleiden geplagt, reist der Papst nach Ancona, wo seine und eine kleine venetianische Flotte in See stechen soll. Er stirbt kurz vor der Abreise (15.August 1464). Pius II. war ein Freund des Kardinals Nikolaus von Ceus und gilt als einer der bedeutendsten Päpste der Renaissance.

320. Vergl. Georg Wilhelm Böhmer. Magazin für Kirchenrecht. Die Kirchen- und Gelehrtengeschichte Göttingens. 1787. Bd. 1. S. 62.

321. epist. ad. Joannem Freund. op. omn. p. 572; faetor, plenus sum, stomachatus auum, nauseam mibi Venus fecit. Tum quoque ed illud verum est, languescere vires meas. Canis aspersus sum, aridi nervi parebo. Sed. Hereule; parum mibi est in castitate. Nempe magis de Venus fugitat, quàm ego illeamn horreo.

322. Augustin Theiner. Bd. 2. S. 719.

323. Augustin Theiner. Bd. 2. S. 696.

324. Papst Paul II. der 212. Papst der Kirchengeschichte. Eigentlich Pietro Barbo. 1418 in Venedig geboren. Er sollte ursprünglich Großkaufmann werden, doch sein Onkel Papst Eugen IV. bestimmt ihn für die geistliche Laufbahn. Er besteigt am 30. August 1464 als Paul II. den Stuhl Petri. Er sollte die Türkenkriege fortführen, binnen dreier Jahre ein Konzil einberufen und unter Ausschluß von Nepoten die Zahl des Kardinalskollegiums auf 24 Mitglieder beschränken.

Er löst sein Versprechen nicht ein und zieht sich dadurch die Mißgunst der Anderen zu. Er beherrscht die lateinische Sprache nicht. Seine Gegner bezeichnen ihn als Barbar, als Feind der Wissenschaft und Künste. Er gilt als Begründer der päpstlichen Antikensammlung. Er ist ein Widersacher von Hus. Unter Paul II. kommen die ersten Buchdrucker nach Rom; so gilt er als Begründer der vatikanischen Druckerei. Er mißachtet (dringende) Kirchenreformen und führt stattdessen für alle 25 Jahre das sog. Jubeljahr ein. Am 26.Juni 1471 stirbt er unerwartet.

325. Vergl. Memoiren. Bibliothek: IV. Serie. 3. Bd. S. 25.

326. Papst Sixtus. Der 213. Papst der Kirchengeschichte. Eigentlich Francesco della Rovere. 1414 in Celle bei Savona als Kind verarmter Adeliger geboren, wird er früh in ein Minoritenkloster gesteckt. Später ist er Professor an den Universitäten Padua, Bologna, Siena und Perugia. Rovere erkauft am 9.August 1417 durch Versprechungen seine Wahl zum Papst und pflegt einen übertriebenen Nepotismus. Unter ihm entstehen in Rom die ersten Bordelle (»Milchzins«).

Duellanten seiner Leibgarde müssen sich unter seinem Fenster schlagen, während er ihnen den Segen erteilt. Er stimmt der Wiedereinführung der Inquisition in Aragonien zu. Unter ihm ent-

steht die Sixtinische Kapelle. Er führt das Fest der Empfängnis Mariens ein. Sixtus IV. stirbt am 12.August 1484.

327. Vergl. Memoiren Bibliothek. IV. Serie. 3. Bd. S. 29.

328. Vergl. Memoiren Bibliothek. IV. Serie. 3. Bd. S. 28.

329. Vergl. »la vie du papa Alexandre VI. et sons fils Cesar Borgia«. Amsterdam. 1732. Guicciardini istoria d'Italiana. Venezia fol. I. 381. seq. Muratori annali d'italiana. T. X. Lucca 1764. p. 34. seq. Bower. Th. 9. S. 354 / 383 ff.

331. Vergl. Memoiren Bibliothek. IV. Serie. 3. Bd. S. 75.

332. Verkleinerungsform von Giovanna. Sie wird 1442 geboren und stirbt, nachdem sie dreimal (1470 / 1480 und 1486) verheiratet wird, 1518. »... sie hatte in ihrem Alter genügend Zeit, um die Sünden ihrer Jugend durch Frömmigkeit zu büßen«.

333. Vergl. Memoiren Bibliothek. IV. Serie. 3. Bd. S. 32.

334. »... der neue Mann ist ein groß Gemüths und großer Klugkeit fürsichtiglich und (von) weltwitzigkeyt. In seiner Jugend ist er zu der lernung in der hohen schul zu Bonania gestanden und wuchs in ruhm und tugent, im lobe der lernung und in solcher geschicklichkeit in allen Dingen also auf, daß er durch den bapst Calixtum den dritten seiner Mutter bruder zu einem cardinal gemacht war und ein(e) offenbar anzaigung seiner tüchtigkeit und schickerlichkeit ... was (er) da noch jüngere und in die zal und versammlung der hochwirdigen und übertrefflichen cardinal gekommen war und die stat eines Vizekanzlers erlangt. Aus erfahrung und erkündung dieser Ding aller ist er billich vor andern zu gubernierung und leytung sant Peters Schifflein zuvordern gewesen ... und wiewohl er von angesycht ein herrlich man ist, so meret doch sein lob erstlich seyn hyspanisch nation. Zum andern Valenta und zum dritten sein durchleichtiges geslecht. Er ist ein Nachfolger bapst Calixti seines Vaters seliger gedechnus in schriftlicher weisheit, erfahrung in kunst und aufrichtigem Leben. In ime ist holdseligkeit, glaubwirdigkeit, heilperer rat, gotesdienstlichkeit und kuntschaft aller der ding, die zu einer solchen wirdigkeit und in die höe solcher oberheit erhebt. Wir hoffen, daß er dem gemaynen christlichen Stand fürderlich und nutzper sein und durch die wütenden anfelle des wallwegs und über die hohen und geferlichen merfelsen wandern und den begerten fußsteig in der himmlischen glori ergreifen kann«.

Zit. nach Vergl. Memoiren Bibliothek. IV. Serie. 3. Bd. S. 35.

335. Zit. nach Burchardus.

336. Vergl. Memoiren Bibliothek. IV. Serie. 3. Bd. S. 35.

337. Zeitgenossen berichten: »... sein einziger Gedanke war, seine Kinder groß zu machen; anderes kümmerte ihn nicht«. Auch sonst bildete das Leben des Papstes einen krassen Gegensatz zu dem eines geistlichen Hirten. Der französische Kardinal Peraudy ruft aus: »... wenn ich an das Leben des Papstes und an das einiger Kardinäle denke, so schaudert mir vor dem Aufenthalt bei der Kurie. Wenn Gott nicht seine Kirche reformiert, so will ich nichts mehr davon wissen«. Ein Venezianer bemerkt: »... dieser neue Papst erlaubt sich Außerordentliches und Unerträgliches«.

338. »... am Montag, 17.November 1494, zog Karl VIII. von Frankreich mit der größten triumphalen Ehre in Florenz ein ... und brachte verschiedene Vertragspunkte mit den Florentinern zum Abschluß ... in diesen Tagen erließ er zur Würdigung seines Zuges nach Rom in Florenz ein offenes Schreiben, daß er bekanntmachen ließ. Es hat folgenden Wortlaut:

»... Karl von Gottesgnaden, König der Franken, aller Christgläubigen ... Liebe zum katholischen Glauben und ewiges Heil in Gott ... in häufiger, aufmerksamer und sorgenvoller Erwägung der zahllosen Schäden und Nachteile, Niederlagen, Gemetzel, der Verwüstung und Verheerung zahlloser Städte und christlicher Völker und all der vielen greulichen Schandtaten, die die höchst unflätigen Türken, unaufhörlich im christlichen Blut tobend, seit 50 Jahren ... vollbracht haben, und im Eifer nach der Sitte unserer Voreltern, des allerchristlichen Frankenkönigs, soviel Verbrechen, denen die ruchlosen Türken der christlichen Religion beständig bedrohen, nach Kräften zu begegnen und ihre blutgierige Wut mit allen Mitteln zu unterdrücken, so haben Wir, nachdem es dem Allerhöchsten gefallen hat, unserem Reich und (seinen) Ländern seinen Frieden zu geben und uns deren ruhige Herrschaft, und vorgenommen, um die Türckheit zurückzuschlagen und das hl. Land und die anderen Gebiete, die sie den christlichen Fürsten und Völkern genommen, wieder zu erobern, die eigene Person und Mühen wie die Mittel nicht zu schonen ... ja, wir haben sogar beschlossen, mit Gottes Hilfe, dessen Sache die unsere ist, und unter dem höchsten Schutz des Oberpriesters und Hirten der Christenheit ... dies heilige Werk in treuer Frömmigkeit und tapferen Mutes in Angriff zu nehmen ... doch weil das Königreich Sizilien, das Neapolitanische genannt, durch unsere Voreltern den Händen der Ungläubigen und der anderen Feinde der römischen Kirche und des apostolischen Stuhles entrissen und der Kirche zurückerstattet wurde, worüber diese unsere Eltern 24 Investuren erhalten haben ... d. h. 22 von verschiedenen Päpsten, die beiden anderen von ehrwürdigen Generalkonzilien ... und weil es endlich zum Angriff auf die höchst verruchten Türken besonders durch den Hafen von Valonia und einige andere Orte und leichten Zugang ge-

währen kann; so gedenken wir es mit Gottes Unterstützung zurück zuerobern ... damit es uns ein sicherer Schutz sein kann. Daher gedenken wir auch nicht dem erhabenen Rom ... oder auch den Ländern der römischen Kirche irgendwelchen Schaden anzufügen; vielmehr die Stadt unversehrt zu bewahren ... um so den Zustand, die Ehre gehen will, noch zu erhöhen. Da wir aber unseren Zug durch Rom nehmen müssen, so richten wir an den heiligen Vater in Christo und Herrn Alexander ... und an sein Kardinalskollegium (usw). das Ansuchen und die dringliche Aufforderung, daß sie zum Mindesten in der gleichen Weise, wie sie unseren Feinden und Gegnern alle mögliche Gunst nd Hilfe erwiesen, so auch Uns und den Unsern freien Ein- und Rückweg ... sowie den Ankauf der nötigen Lebensmittel gewähren möchte. Sollte Uns und den Unsern aber der Hin- und Rückweg sowie der feste Durchzug und Ankauf der Lebensmittel gegen schuldigen Preis verweigert werden, so werden wir trotzdem mit allen unseren Kräften versuchen, einen Weg zu finden und zwar mit allen uns zur Verfügung stehenden Mitteln«.

Unterschrieben unter Anhängung unseres königlichen Siegels. Gegeben. Florenz, den 22. November im Jahr des Herrn 1494 unserer Regierung das 12.

339. Der Papst läßt den königlichen Gesandten mitteilen: »... sie könnten ihrem König nach Belieben melden, daß er nicht gewillt sei, ihm Durchzug und Lebensmittel zur Verfügung zu stellen«.

Nun spitzt sich die Lage zu und Burchardus berichtet: »... am Donnerstag, 18.Dezember, wurde die ganze Habe des Papstes zum Abzug verpackt, ausgenommen nur das Bett und die tägliche Kredenz; ferner die Paramente aus der Sakristei der apostolischen Kapelle, die ganze Palasteinrichtung und die päpstliche Habe in die Engelsburg geschickt; alle Kardinäle waren zur Abreise gerüstet, beschlagene Pferde und Maulesel standen bereit«.

340. Girolamo Savonarola. Geb. 21.September 1452. Er bekommt eine gute Erziehung und entschließt sich 1474 Mönch zu werden. Zunächst geht er nach Bologna, später nach Ferrara und dann tritt er in San Marco (Florenz) als Prediger auf. Erst seit dem Ende der 80- er Jahre tritt er in die vordere Reihe der Kritiker.

Er hat eine Vision, derzufolge sich der Himmel öffnete und ihm dabei die künftigen Leiden der Kirche offenbar wurden. Durch den ihm Erschienenen wird er aufgefordert, das Geschaute dem Volk zu verkünden. Erst tut er dies an dem abgeschiedenen Ort San Geminiano bei einfachen Bauern. Er sagt: »... die Kirche wird gezüchtigt und erneuert werden«. Dann kehrt er nach Florenz zurück. Hier predigt er unter einem erheblichen Volkszulauf. Erst jetzt wird die Kirchenführung auf ihn aufmerksam.

341. Dienstag. 10.April 1498 kommen Nachrichten nach Rom, es sei am vergangenen Samstag ein Feuer auf dem Hauptplatz von Florenz vorbereitet gewesen, um eine Feuerprobe zu vollziehen. »Die Sache war jedoch nicht zur Ausführung gekommen ... einige hatten den Verdacht, daß vielleicht der eine oder andere der Brüder einen Zauber bei sich hatte, entweder in der Kutte oder sonstwo, der sie vor der Macht des Feuers unverletzt bewahre, so ließen die Herren zwei neue Kutten nebst Zubehör machen und sie den Brüdern zustellen, damit sie gegen die alten ausgetauscht werden. Bruder Francesco erbot sich sogar, nackt durch das Feuer zu gehen ... es kommt zu Ausflüchten, man möchte mit dem Bild des Gekreuzigten durch das Feuer gehen .. sonst nicht ... man möge mit dem Leib des Herrn durch das Feuer gehen ... sich aber sonstfalls keinesfalls dieser Gefahr aussetzen. Darauf erschien ein großer Unwille und Verdacht«.

»... am Montag, 9.April, stürmt das Volk des Abends mit großem Ungestüm zum Marcuskloster, wo Savonarola wohnte. Seine Mönche hattes es gut verschanzt und waren mit Bombarden und anderen Geschützen versehen, die sie auf das Volk richteten. Dieses erzwang sich Eintritt ins Kloster, wobei auf einer Seite fünf und auf der anderen drei getötet wurden ... ein leiblicher Bruder Savonarolas und zwei andere ... andere nahmen sie gefangen und warfen sie in das Gefängnis«.

342. Vergl. Memoiren Bibliothek. IV. Serie. 3. Bd. S. 61.

343. Sie hat - gekürzt - folgenden Wortlaut:

»... Bischof Alexander, Knecht der Knechte Gottes, zu künftigem Gedächtnis: unter den vielfachen Sorgen, die uns das Apostolische Amt auferlegt, liegt uns dies besonders am Herzen, der alle Christgläubigen es verdanken mögen, wenn während des bevorstehenden Jubeljahres die von den römischen Päpsten, unseren Vorgängern und von uns zur Sühne früherer Sünden gewährten Abschlüsse reichlicher erteilt werden ... es soll den Christgläubigen rascher verschafft werden, daß sie der Ablässe besser und leichter teilhaftig werden und dank dem Allerhöchsten die Belohnung der ewigen Seligkeit erlangen können ... es steht ein Jubeljahr bevor, an dem alle Christgläubigen, die irgendwelcher, auch der schwersten Vergehen schuldig sind, bei aufrichtiger Reue und Beichte durch den Besuch der Basiliken und Kirchen Roms ... sowie ihrer Hauptaltäre willen den höchsten Ablaß erreichen können ... von ganzem Herzen wünschen wir den Seelen dem Schöpfer zu gewinnen ... und daß Jubeljahr mit besonderer Frömmigkeit gefeiert werde, daß sie von allen Seiten persönlich vorbeikommen nach Rom, um die hl. Apostel Petrus und Paulus zu verehren ... damit nun niemand in Unwissenheit oder Zweifel gerate,

welche und wieviel Kirchen zur Erlangung des vollen Ablasses besucht werden müssen und an wieviel Tagen gewillt durch den Ausspruch unserer Erklärung gebührend vorzusorgen, kraft apostolischer Autorität und aus sicherer Wissenschaft durch den Wortlaut dieses Schreibens an alle und jede Christgläubigen beiderlei Geschlechts überall in der Welt die Verkündigung und Erklärung:

Das Jubeljahr beginnt an der Vigile und mit den ersten Vespern des bevorstehenden Geburtstagsfestes U. H. J. Ch. Zu dieser Zeit werden wir die Pforte der Peterskirche in Anwesenheit des Kardinalskollegiums sowie eine große Menge von Prälaten, Geistlichkeit und Volk eigenhändig öffnen ... und auch die Pforten anderer Kirchen und deren Hauptaltäre von den Römern und den in Rom weilenden und wohnenden dreißig, von den Fremden und Auswärtigen 15 Tage lang hintereinander oder in Zwischenräumen einmal täglich besucht werden ... diejenigen, die unterwegs aufgehalten werden ... bei aufrichtiger Reue und Beichte den gleichen vollsten Ablaß erhalten sollen ... als wenn sie selbst nach Rom gekommen wären ... damit alle Christgläubigen des vollsten Ablasses leichter teilhaftig werden können ... haben wir in St. Peter Pönitentiare bestimmt, denen wir das volle und freie Recht übertragen haben, aufgrund eines besonderen ausführlichen Schriftstückes sie in solchen Fällen zu absolvieren, zum größeren Seelenheil und zu mehreren Bequemlichkeit der Christgläubigen, die sich nicht so leicht an uns wenden können.

Von dem Wunsch beseelt, in väterlicher Liebe, soweit mit Gottes Hilfe möglich ist, die Seelen aus dem Fegefeuer zu holen, die durch die Gnade mit Christus vereint aus diesem Leben geschieden sind, und die bei ihren Lebzeiten dazu gekommen wären, sich solchen Ablaß zu versichern, geht unser Wille und Gewähr. Um das Heil dieser Seelen kräftiger zu fördern ... wenn Verwandte und Freunde oder andere Gläubige aus Pietät für die Seelen im Fegefeuer während des Jubiläumsjahres beim frommen Besuch der genannten Kirchen auf Anordnung der erwähnten Pönitentiare irgendein Almosen für die Reparatur von St. Peter in die Truhe niederlegen ... so wird derselbe vollste Ablaß den Seelen im Fegefeuer ... zur völligen Befreiung von ihren Strafen zuteil ... so mögen die Christgläubigen sich bereit machen ... ihren Wandel zu verbessern, sich ihren Übeltaten zu enthalten, dem Herrn Genugtuung gegen den Schmerz der Reue, den Geist der Demut, das Opfer der Zerknirschung mit Hilfe von Almosen und Pilgerfahrten ... auf daß sie würdig wären ... um nach der Beichte die glorreichsten und hl. Apostel selbst als Mittler beim Herrn zu haben und vollsten Ablaß und Versöhnung mit unserem Erlöser zu erlangen und dank göttlicher Barmherzigkeit, durch die Bitten und Verdienste der Apostel und Heiligen und durch ihre guten Werke«.

»Es sei aber ganz und gar niemandem gestattet, dies Blatt unserer Verkündigung zu entkräften ... oder in vermessener Weise zuwider (zu)handeln. Wer aber einen solchen Versuch unternimmt, den soll der Zorn des allmächtigen Gottes und der hl. Apostel Petrus und Paulus zu gewärtigen haben«.

Gegeben zu Rom bei St. Peter. Im Jahr der Fleischwerdung des Herrn. 1499. 20.Dezember unseres Pontifikates im 8. A. Draco. Johannes Mutiensis. Registriert im apostolischen Sekretariat«. P. Duba.

344. Vergl. Memoiren Bibliothek. IV. Serie. 3. Bd. S. 291 / 294.

345. »... am Samstag, 12. August, fühlte sich der Papst am Morgen unwohl. Nach der Vesperstunde, zwischen 6 und 7 Uhr, trat Fieber ein, das dauernd blieb. Am 15.August wurden ihm 13 Unzen Blut entzogen und das dreitägige Fieber kam hinzu. Am Donnerstag, 17. August, 9 Uhr vormittags, nahm er Medizin. Am Freitag, den 18., zwischen 9 und 10 Uhr morgens, legte er dem Bischof Gamboa von Garnola die Beichte ab, der dann vor ihm die Messe laß; nach seiner Kommunion gab er dem im Bett liegenden Papst das Sakramente der Eucharistie. Der Papst sagte darauf, es gehe ihm schlecht. Zur Vesperstunde verschied er nach der letzten Ölung ... Cesare erschien während der ganzen Krankheit und auch beim Tod nicht beim Papst, und auch dieser gedachte selbst in der Krankheit nicht mit dem kleinsten Wörtchen Cesares oder Lucrezias.

Ein Sakristeidiener und ein päpstlicher Diener wuschen den Papst. Sie zogen ihm Altargewänder an und einen weißen Rock, den er zu Lebzeiten noch nie getragen hatte, darüber ein Chorhemd. Sie legten ihn in ein Vorzimmer zum Sterbesaal auf eine Bahre; die Kardinäle der Stadt hatten noch keine Mitteilung erhalten. (Dann beschreibt Burchardus die Details der Aufbewahrung, die ich hier übergehe). Das Gesicht des Papstes wurde immer entstellter und schwärzer, so daß er bald aussah wie der dunkelste Neger, vollständig fleckig, die Nase geschwollen, der Mund ganz breit, die Zunge wie doppelt, so daß sie über die Lippen hervorquoll ... der Mund ganz offen, Kurz: so entsetzlich, wie noch nie jemand etwas ähnliches sah oder zu kennen erkärte.

Die beiden Zimmermeister hatten den Sarg zu eng und zu kurz gemacht. Sie legten ihm die Mitra an die Seite, bedeckten ihn mit einem alten Teppich und halfen mit den Fäusten nach, damit er in den Sarg ginge, ohne Fackeln und sonstige Beleuchtung, ohne einen Priester oder eine Person, die sich um seinen Leib kümmerte. So erzählte mir Herr Chrispolit von St. Peter«.

346. Vergl. Memoiren Bibliothek. IV. Serie. 3. Bd. S. 42.

347. Vergl. Memoiren Bibliothek. IV. Serie. 3. Bd. S. 37 / 38.

348. Vergl. Memoiren Bibliothek. IV. Serie. 3. Bd. S. 40.

349. Vergl. Memoiren Bibliothek. IV. Serie. 3. Bd. S. 41.

350. Vergl. Memoiren Bibliothek. IV. Serie. 3. Bd. S. 44

351. Burchardus berichtet: »... am Morgen des 27.Juli 1501 ... am folgenden Donnerstag bzw. an diesem Wochenende, bereitete der Papst eine Abreise vor. Davor übergab er seine Kammer, den ganzen Palast die laufenden Geschäfte seiner Tochter Lucrezia, die während seiner Abwesenheit die päpstlichen Gemächer bewohnte. Auch gab er ihr den Auftrag, die an ihn gerichteten Briefe zu öffnen ... «.

352. Vergl. Memoiren Bibliothek. IV. Serie. 3. Bd. S. 44.

353. Vergl. Memoiren Bibliothek. IV. Serie. 3. Bd. S. 49.

354. Burchardus berichtet: »... am Mittwoch, 14.Juni 1497, speisten Cesare und Juan Borgia ... die liebsten Söhne des Papstes im Haus der Frau Vanozza ... nach der Mahlzeit, als es Nacht geworden war, trieb Cesare seinen Bruder zur Rückkehr in den apostolischen Palast ... kurz danach wurde er ermordet. Der Leichnam wurde an jener Stelle neben oder bei dem Hospital des hl. Hieronymus der Slavonier auf dem Weg, wo es von der Engelsbrücke geradewegs zur Kirche der hl. Maria del Popolo geht, neben dem Brunnen, da wo der Straßenschmutz von den Karren gewöhnlich in das Wasser geschüttet wird, in den Fluß geworfen ... als am nächsten Morgen der Herzog nicht in seinen Palast zurückkehrte, gerieten die vertrauten Diener in Unruhe, und einer von ihnen meldete den späten Ausgang des Herzogs und Cesares in der Frühe dem Papst. Er war darüber bestürzt, er redete sich zunächst ein, der Herzog vergnüge sich irgendwo mit einem Mädchen und scheue sich deshalb, am hellen Tag das Haus zu verlassen ... hoffe aber, daß er zurückkommen werde ... als auch dies nicht geschah, wurde der Papst von einem tödlichen Schreck ergriffen.

Daraufhin wird ermittelt:

»... es war gegen 2 Uhr nachts, als zwei Männer aus dem Gäßchen neben dem Hospital auf den öffentlichen Weg beim Fluß heraustraten; sie schauten sich vorsichtig um, ob jemand vorbeikame und verschwanden, als sie niemand sahen, wieder in dem Gäßchen. Nach einer kleinen Weile kamen zwei andere hervor, hielten gleichfalls Umschau und gaben, als sie niemand entdeckten, den Genossen ein Zeichen. Nun erschien ein Reiter, der auf einem Schimmel hinter sich den Leichnam hatte ... der Zug begab sich zu der Stelle, wo man den Kehrricht in den Fluß wirft ... dann packte der eine die Leiche an den Händen und Armen der andere an den Füßen und Schenkeln, zogen sie vom Pferd herunter und schleuderten sie mit aller Kraft und Macht in den Fluß ... dann warf der Reiter noch einen Blick auf den Fluß und fragte, als er den Mantel der Leiche auf dem Wasser schwimmen sah, seinen Begleiter, was man dort Schwarzes schimmern sehe »... worauf er einen Stein auf das Kleidungsstück warf, damit es in der Tiefe unterginge. Hierauf verschwanden die fünf«.

Der Berichterstatter wird gefragt, warum er dieses Verbrechen nicht gleich zur Anzeige gebracht habe. Er gibt die Antwort: »... ich habe in meinen Lebtagen an jeder Stelle in den verschiedensten Nächten wohl hundert Leichen in den Fluß werfen sehen, ohne daß sich einer darum gekümmert hätte ... deswegen habe ich dieser Sache keine weitere Bedeutung beigemessen«.

355. Nun werden die Fischer von Rom zusammengerufen und ihnen unter der Zusicherung einer großen Belohnung für ihre Mühe das Auffinden der Leiche aufgetragen. 300 Fischer und Schiffer kamen zusammen, die mit ihren Gerätschaften das Flußbett durchsuchten und einen Mann auffischten; noch vor der Vesperstunde fanden sie den Herzog in der vollständigen Kleidung ... unter dem Gürtel hatte er noch die Brieftasche mit 30 Dukaten. Er war durch neun Wunden verletzt, eine am Hals durch die Kehle, die anderen acht am Kopf, Körper und Schenkeln. Der Herzog wurde auf ein Schiff gelegt, in die Engelsburg gefahren und entkleidet; der Leichnam wurde gewaschen und mit fürstlichen Gewändern bekleidet ... am Abend dieses Tages wurde der Leichnam des Herzogs von der Engelsburg nach der Kirche der hl. Maria del Popolo gebracht, unter Voranritt von etwa 120 Fackelträgern und allen Palastprälaten. Unter lautem Weinen und Wehklagen schritten sie alle ohne Ordnung einher. Der Leichnam wurde öffentlich und prunkvoll auf einer Bahre getragen und sah mehr wie ein Schlafender, denn wie ein Toter aus. In der genannten Kirche wurde er zur Gruft bestattet, wo er ruht bis auf den heutigen Tag!

»... als der Papst erfuhr, der Herzog sei ermordet und wie Unrat in den Fluß geworfen und darin aufgefunden worden, befiel ihn ein heftiger Schmerz ... er verschloß sich in seiner Kammer und weinte bitterlich«.

356. Vergl. Memoiren Bibliothek. IV. Serie. 3. Bd. S. 50

357. »... am Abend des 28.Oktober 1497 mußte der Sekretär des Papstes, Bartholomeo Florido, ehemals Erzbischof von Consenza, dem nämlich in der Engelsburg alle Ehren, Würden, Ränge und Benefizien entzogen worden waren, sämtliche Gewänder ablegen. Über sein Hemd wurde ihm anstelle des Überrockes eine Kutte aus grobem weißem Doppeltuch gezogen, die eine halbe Spanne breit über die Kniee hing; er bekam ein paar Schu-

he aus derbstem Leder, einen fast bis auf die Erde reichenden Mantel aus grünem Tuch, rauh und doppelt, und eine grobe weiße Mütze. In die Hände gab man ihm ein ziemlich großes hölzernes Kruzifix. In diesem Aufzug wurde er aus der Kammer, in der er bis dahin gefangen gehalten worden war, in die Grabstätte des Kaisers Hadrian gebracht ... die ihm zum lebenslangen Gefängnis bestimmt war ... er erhielt ein Brevier, eine Bibel und die Briefe des hl. Petrus.

Außerdem bekam er ein Faß Wasser, drei Laib Brot, einen Becher Öl und eine Lampe zur Beleuchtung. Daraufhin wurde er auf Lebenszeit eingeschlossen. Der Papst hatte (... wie ich hörte) den Befehl gegeben, daß der Burgkastellan oder sein Stellvertreter den Gefangenen täglich oder alle drei Tage besuchen ... und ihm Wasser und Brot für den Unterhalt und Öl zur Beleuchtung zuteilen solle. Der allmächtige Gott möge mit aller Barmherzigkeit und Milde dem Ärmsten in seiner Einsamkeit gnädig die Gabe der Geduld einflößen und gewähren, damit er seine Seele retten könne«.

358. »... am Sonntag, den 28. Juli 1498, wird vor den Portiken der Peterskirche eine große und geräumige Tribüne aufgeschlagen. Darauf wurden 180 Maranen zur Aussöhnung mit ihrem Glauben zugelassen. Sie wurden über den »rechten« Glauben belehrt. Nach der Predigt baten sie um Verzeihung und Absolution ... dennoch wurde ihnen eine Strafe auferlegt ... sie mußten in einem bestimmten überzogenen Gewand je zwei und zwei in die Peterskirche gehen, um dort zu beten, von da aus ging es in der gleichen Ordnung zur Kirche des Klosters St. Maria sopra Minerva, wo jeder das Gewand ablegen und von dort nach Hause zurückkehren konnte. Der Papst erteilte ihnen den Segen. Das Gewand hatte folgendes Aussehen; über der Alltagskleidung rote und pfaublaue Tücher, die über den Schultern vor Brust und Rücken bis zu den Schenkeln hinunterhingen, mit einem gelben Kreuz von vier Fingern Breite und der Länge des Tuches ... später hingen die Mönche diese Tücher zum Gedächtnis des Aktes in der Kirche auf«.

359. »... gestern (am 16. Februar) machte Donna Lukrezia, die Tochter des Papstes, einen Spaziergang in der Vigne, stürzte zu Boden, wurde ohnmächtig und hatte infolgedessen eine Fehlgeburt eines weiblichen Kindes, mit dem sie schwanger ging«.

360. »... am Abend des 21. November wurde ein päpstlicher Musiker namens Thomasius aus Forli mit seinen Genossen gefangengenommen und in der Engelsburg eingekerkert. Dieser war mit einem vergifteten Brief, den er in ein Rohr gesteckt hatte, nach Rom gekommen, um ihn dem Papst zu überreichen ... hätte er ihn genommen, so wäre er vergiftet worden, so daß er rettungslos nach wenigen Tagen oder Stunden tot umgefallen wäre ... hier wurde ein Portalwächter des päpstlichen Palastes bestochen ... beide wurden ermordet«.

361. »... in der Nacht von Sonntag auf Montag hatte der Edelmann, Ritter Juan Chervillon aus Katalonien, ehemals Kapitän der päpstlichen Soldaten, der mit vielen Feindschaft lebte, in dem Haus des Edelmannes Elisäus de Pignatello aus Neapel, eines Johanniterritters, ein Mahl bestellt (einer seiner Freunde war der Kardinal Sforza): er wußte um seine Feindschaften und ermahnte ihn, an diesem Abend das Haus nicht zu verlassen. Trotzdem verließ er es ... so trat er, mit einem Schwert bewaffnet, gegen ein Uhr nachts aus dem Haus ... es kamen zwei Männer heran ... sie sprangen auf ihn los, der eine versetzte ihm mit einem Dolch oder mit einem Schwert zwei Stöße in die Brust; der andere schlug ihm mit einem Hieb das Haupt ab ... beide flohen ... andere fanden Juan Chervillon an der Mauer liegen, den Kopf ein Stück weiter auf der Erde.

Von den Tätern keine Spur. So endete der arme Chervillon eines bitteren Todes; seine Leiche wurde alsbald von seinen Dienern nach der Kirche der hl. Tranportsortina gebracht und ohne Pomp bestattet«.

362. »... in den ersten Tagen des 20. Juni legte der Papst auf drei Jahre den Juden jährlich den 20. und dem Klerus den 10. Aufgrund des folgenden päpstlichen Schreibens auf:

»... Bischof Alexander, Knecht der Knechte Gottes, zu künftigem Gedächtnis. Wie sehr sich Unsere Überlegung erstreckt auf die Vermehrung des Vorteils aller Kirchen ... wie aber dennoch gegen unsere Gepflogenheit und Absicht die schwere Not der Zeit und das grausame Wüten der ruchlosen Türken, der Feinde des Namens Christi ... das sieht jener höchste und erhabene Prüfer der Herzen. Wir sind in großer Unruhe und beraten uns ... da die Not des christlichen Gemeinwesens und die Verteidigung des orthodoxen Glaubens drängt ... denn die ruchlosen Türken, die Feinde des Namens Christi, täglich nach christlichem Blut dürsten und bedacht, auf alle Weise die Länder der Christen ihrer Tyrannei und höchst einfältigen Sekte zu unterwerfen ... haben wir im vergangenen Jahr eine machtvolle Seeflotte und ein gewaltiges Landheer gerüstet, um den Staat, die Länder und Gebiete unserer lieben Söhne ... haben verschiedene Einfälle in den Staaten unternommen und viele tausend Leute in Gefangenschaft und jammervolle Sklaverei gesteckt ... zahlreiche Dörfer und Ortschaften mit Feuer und Schwert vernichtet ... verschiedene (See)-städte mit Waffengewalt genommen, wobei alle Christen, die Mönche, Nonnen und Priester und die schwangeren Weiber mitsamt ihrer Leibesfrucht aufs grausamste hinschlachteten und andere in die härteste Sklaverei schleppten, die Tempel unseres Heilands befleckten und zerstörten ... wenn dem nicht rasch begegnet wird, wie es die Sache erfor-

dert, ist zu fürchten, daß diese ruchlosen Türken, gebläht vom Sinnesstolz im Anblick der katholischen Könige, Fürsten und Staaten ... den Christen noch größeren und unersetzlicheren Schaden zufügen.

Wir als Statthalter Jenes auf Erden, der zum Heil der Welt vom höchsten Himmelsthron herabgestiegen ist und nicht davor schreckte, Menschengestalt anzunehmen und den Tod zu erleiden ... wenn die katholischen Könige und Fürsten diesem Wahnsinn und Wüten nicht rasch entgegentreten, werden die Verluste wahrscheinlich von Tag zu Tag größer werden.

Wir sind bereit zur Verteidigung des Glaubens ... sogar persönlich an dieser heiligen und hochnotwendigen Expedition teilzunehmen, und, falls erforderlich, das eigene Blut zu vergießen. Da aber zur Bewältigung dieser gewaltigen Aufgabe unser und der Kirche Vermögen nicht ausreicht ... so bestehen wir nach reiflicher Überlegung auf Rat und Zustimmung der Kardinäle kraft apostolischer Autorität (... dann folgt eine langatmige Aufzählung, die ich übergehe).

Dieser Zehnte ist einzusammeln, zu erheben und innerhalb einer bestimmten Frist ... gegen die Zuwiderhandelnden, Ungehorsamen und Widerspenstigen oder wissentlich Betrügenden und die, die diesen nicht ungeteilt entrichten ... welchen Standes, Grades, Ranges und Ansehens sie seien ... soll das Urteil und die Strafe der Exkommunikation eintreten«.

Gegeben zu Rom bei St. Peter im Jahr der Fleischwerdung des Herrn, 1500. am 1. Juni, im 9. Jahr unseres Pontifikates.

363. »... am Dienstag, den 18. August, wurde Alphons von Aragonien, der nach einer neuerlichen Verwundung in den Neuen Turm über den päpstlichen Keller im Hauptgarten des Vatikans gebracht und sorgfältig bewacht worden war, nachmittags um vier Uhr in seinem Bett erdrosselt, da er an seinen Wunden nicht sterben wollte ... die Ärzte des Verstorbenen und ein Buckeliger, die ihn gewöhnlich gepflegt hatten, wurden verhaftet«.

364. »... am selben Tag und fast zur selben Stunde wurde Lucas de Dulcibus, der Kämmerer des Kardinals della Rovere und dem Magister des Bullenregisters, auf seinem Maultier vor der Wohnung des römischen Bürgers Domenico de Massimi tödlich verwundet und ihm das Glied abgeschnitten von einem Theatiner, dessen Frau er sich als Konkubine gehalten hatte«.

365. »... am Dienstag, 6. Juli 1501, wurde eine spanische Dirne, Ludovica, die ihr Quartier beim Weißen Brunnen hatte, verhaftet, sofort der Folter unterworfen und binnen drei Stunden aufgeknüpft. Sie bestahl ihre Besucher aus Leibeskräften und hatte verschiedene erdolchen lassen«.

366. »... am Montag, den 27.Juli ... bzw. an diesem Wochenende, bereitete der Papst eine Reise vor. Vor der Abreise aus Rom übergab er seine Kammer, den ganzen Palast und die laufenden Geschäfte seiner Tochter Lukrezia, die während seiner Abwesenheit die päpstlichen Gemächer bewohnte. Auch gab er ihr den Auftrag, die an ihn gerichteten Briefe zu öffnen«.

367. »...am Mittwoch, 6.Juli, früh neun Uhr, wurde ein Kleriker aus der Diözese Basel, namens Hieronimus, mit der Schandmütze auf eine hölzerne Leiter gestellt, die an der Segenssäule auf den Treppen von St. Peter vor dem Audienzpalast angelehnt war. Er hatte gestanden, er habe 11 Bittschriften mit den Namen der Kardinäle Pallavicini und St. Giorgio unterzeichnet und datiert ... auch habe auch die des Kammerklerikers hinzugesetzt, als ob sie von diesem zu den Weihen zugelassen worden sei«.

368. »... am Abend des letzten Oktober 1501 veranstaltete Cesare Borja in seinem Gemach im Vatikan eine Gelage von 50 erhabenen Dirnen, Kurtisanen genannt, die nach dem Mahl mit den Dienern und anderen Anwesenden tanzten. Zuerst in ihren Kleidern und dann nackt. Nach dem Mahl wurden die Tischleuchter mit den brennenden Kerzen auf den Boden gestellt und ringsherum Kastanien gestreut, die die nackten Dirnen herumkriechend aufsammelten, wobei der Papst, Cesare und Lukrezia zuschauten. Schließlich wurden Preise ausgesetzt, seidene Unterröcke, Barette, Schuhe usw. für die, welche den Akt am häufigsten vollziehen konnten. Das Schauspiel fand öffentlich im Saal statt ... an die Sieger wurden Preise verteilt«.

369. »Ein aus Deutschland stammender Brief war dem Kardinal Ferrari in die Hände gefallen und vermutlich dem Papst vorgelesen worden. In ihm stand u. a.:
»... dieser Verräter der Menschheit, der sein ganzes mit Unzucht und Raub beflecktes Leben mit dem Betrug von Menschen verbracht hat, wird nie eine gerechte Handlung begehen, es sei denn, daß er dazu gezwungen wird ... du mußt dem Kaiser und den übrigen Fürsten des römischen Reiches das Verderbnis auseinandersetzen, daß von diesem verrufenen Untier zur Vernichtung des christlichen Gemeinwesens ausgegangen ist; die abscheulichen Schandtaten erzählen, die in der Verachtung Gottes und zum Verderb der Religion begangen werden, so scheußlich und ungeheuerlich ist, daß sie auch auf das abgebrüteste Gemüt Eindruck machen. Das sollst du in den öffentlichen Fürstenversammlungen erzählen ... die Zeiten seien da, in denen der von den Propheten oft geweissagte Antichrist ... mit Gold gehts zum Vatikan, um die Geheimnisse des Glaubens zu erkaufen; da steht der Minister Verbrecher, als Verkäufer der Benefizien der Kardinal ... um die Habsucht des Pontifex zu sättigen ... nur die Reichen und Wohlhabenden werden zugelassen, die Ärmeren mit lauten Schimpfwörtern ausgeschlossen; alles sei

beim Papst käuflich ... es ginge fast über seine Kraft, von den Rauben, Morden, Schändungen und Inzesten zu berichten ... wer möchte nicht davor schaudern, die entsetzlichen Ungeheuerlichkeiten an Ausschweifungen aufzuzählen, die bereits offenkundig in seinem Haus, mit Verachtung der Scham vor Gott und den Menschen begangen werden ... all die Schändungen, die Gemeinheiten an Knaben und Mädchen, all den Huren im Palast Petri, die Kupplerscharen und-wettbewerbe, die Bordelle und Hurenhäuser ... man habe vor dem Papst und seinen Kindern als Zuschauer das öffentliche Schauspiel einer Stute zum Besten gegeben, auf die man brünstige Hengste losließ ... die päpstlichen Soldaten haben alles mit Raub, Schändung, Mord und Blut besudelt ... sein brudermörderischer Sohn versteckt sich nach der Türkensitte unter einer Hurenbande.
O, entsetzliche Sach- und Zeitlage. Welche Entartung von der altberühmten Heiligkeit der höchsten Päpste? Welcher Verfall der Gerechtigkeit? Kaum je wird die Nachwelt glauben, daß ein solcher Brand von dieser Fackel der Menschlichkeit auf die Völker sich ausgebreitet habe ... möchten doch endlich die Fürsten der wankenden Religion zu Hilfe kommen, das schwankende Schifflein Petri aus dem Sturm in den Hafen zurückzusteuern ... damit die Guten in Zukunft leben und ihr Eigentum in Sicherheit genießen können«.
Der Brief stamt aus Tarent von dem königlichen Lager und trägt das Datum vom 15.November 1501. Gerichtet war er an den Herrn Silvio Savelli beim »durchlauchtigsten römischen König«.

370. »... aber einer von ihnen zückte den Dolch und bedrohte den Kardinal; wenn er ihm nicht die Schlüssel und das Geld des Papstes gebe, werde er ihn erstechen und ihn aus dem Fenster werfen. So gab der erschrockene Kardinal die Schlüssel heraus. Sie drangen nun nacheinander in den Raum hinter dem Zimmer des Papstes und nahmen alles Silber, das sie fanden, sowie zwei Kasetten mit etwa 100.000 Dukaten ... außerdem hatten Diener den toten Papst bestohlen«.

371. Vergl. Memoiren Bibliothek. IV. Serie. 3. Bd. S. 298.

372. Vergl. Memoiren Bibliothek. IV. Serie. 3. Bd. S. 299.

373. Papst Julius II. Er gilt als einer der »gewaltigen« Päpste der Renaissance, war jedoch eher Staatsmann denn Priester. Sein Bestreben gilt der Rückgewinnung des zersplitterten Kirchenstaates. 1512 ruft er das 5. Allgemeine Laterankonzil zusammen. Er beschäftigt Bramante, Michelangelo und Raffael. Vom Volk wird er öfters der »Schreckliche« genannt. Der Feldherr auf dem Thron Petri stirbt am 21.Februar 1513. Julius II. gründet die Schweizer Garde.

374. Augustin Theiner. Bd. 2.

375. Papst Paul III. Der 221. Papst in der Kirchengeschichte. Eigentlich Alessandro Farnese. 1468 in

Rom oder Carino bei Viterbo geboren. Unter Alexander VI. beginnt sein steiler Aufstieg, da Allesandros Schwester Guilia, genannt La Bella, die Maitresse des Borja - Papstes ist. Dieser ernennt ihn 1492 zum Generalschatzmeister der römischen Kirche und erhebt ihn ein Jahr später zum Kardinaldiakon von SS. Cosma e Damiano. Erst 1519 wird er zum Priester geweiht. Er hat vier uneheliche Kinder. Zwei davon werden von Papst Julius II. legitimiert. Paul II. war ein Kind der Renaissance und förderte vor allem Michelangelo, der zu dieser Zeit die Kuppel der Peterskirche schuf. Paul III. bestätigt am 27.September 1540 den Orden der Jesuiten und unter ihm wird das Allgemeine Konzil von Trient eröffnet. Die wichtigsten dogmatischen Beschlüsse dieser Versammlung sind:

- Die Tradition (= Überlieferung) gilt weiterhin neben der Bibel als Glaubensquelle.

- Die Festlegung der Canons (= Verzeichnis) der hl. Schrift.

- Lehre von der Erbsünde, den Sakramenten und der Rechtfertigung.

Wegen schwerer Zerwürfnisse mit dem Kaiser Karl V. wird das Konzil nach Bologna verlegt und am 14.September 1549 schließlich vom Papst aufgehoben. Paul III. 1542 läßt die römische Inquisition neu organisieren, die streng gegen Irrlehren vorgehen sollte - aber verkennt, daß sie selbst einer solchen aufsitzt. Paul neigt zum übertriebenen Nepotismus. Seinen Sohn Pier Luigi macht er zum Bannerträger der Kirche; er wird 1547 von kaiserlichen Verschwörern aus dem Leben geschafft. Am 10.November 1549 stirbt der Farnesepapst. Noch in der letzten Stunde quälte ihn die Reue, der Gedanke an seine Kinder; er könnte ruhiger sterben, meinte er, wenn er nie Vater geworden wäre. Tizian hat Paul II. in mehreren Gemälden festgehalten.

376. Vergl. Fußn. 373.

377. Papst Innocenz X. der 237. Papst in der Kirchengeschichte. Eigentlich Giambattista Pamfili, am 6.Mai 1574 in Rom geboren. Nuntius in Spanien, seit 1627 Kardinalpriester von S. Eusebio. Berühmt wurde Innocenz durch Donna Olympia Maldachini, der Witwe seines Bruders, die den Papst beherrschte. Die Römer verhöhnen ihn darum. Vergeblich protestiert Innocenz gegen die Bestimmungen des Westfälischen Friedens, der am 24.Oktober 1648 zum Nachteil der Katholiken geschlossen wird. Durch die Bulle »Cum occasione impressionis libri« vom 31.Mai 1653 verurteilt der Papst den Jansenismus in Frankreich.

Der häßliche, mißtrauische und launenhafte Papst stirbt am 7. Januar 1655, wobei Olympia alles zusammenraffte, dessen sie habhaft werden konnte. Als es um die Bezahlung eines Sarges für den Toten ging, wollte sie nichts davon wissen und

bezeichnete sich als mittellose Witwe. Tagelang blieb der Tote unbestattet, bis er ein armseliges Grab erhielt. Velasquez hat ein meisterhaftes Portrait von ihm geschaffen.

378. Augustin Theiner. Bd. 3. S. 393. ff.

379. Papst Gregor XV. der 235. Papst in der Kirchengeschichte. Eigentlich Allesandro Ludovisi, Sohn des Grafen Pompeo Ludovisi. Am 9.Januar 1554 in Bologna geboren. Er studiert bei den Jesuiten Philosophie und Theologie. 1575 wird er Dr. 1612 wird er Erzbischof. Am 9.Februar 1621 wählt ihn das Kardinalkollegium zum Nachfolger von Paul V.

Gregor XV., schon alt und kränklich, überläßt den erheblichen Teil seiner Geschäfte seinem 25- jährigen Neffe Ludivico Ludovisi, den er zum Kardinal erhebt. Beide widmen sich im besonderen der Stärkung und Durchführung der Gegenreformation. 1622 gründen sie die Kongregation »Propagande Fidei«, die Zentralbehörde für missionarische Belange. Für künftige Papstwahlen erläßt Gregor die Bestimmungen einer geheimen Stimmzettelwahl und ein Verfahren zur Verhinderung einer Selbstwahl. Am 8.Juli 1623 stirbt Gregor XV. im Quirinal. Er ruht seit dem Ende des 17. Jh. in St. Ignazio.

380. Bullarium magnum ed. Luxemburg. Tom. o. 48. n. 31. Tom. III. p. 484 n. 34.

381. Auch: Dionysios von Ryckel. So genannt nach seinem Geburtsort, einem kleinen Flecken im Bistum Lüttich. Er wird von seinen Zeitgenossen als Heiliger angesehen.

382. Constit. LVII. c. 4.

383. Augustin Theiner. Bd. 3. S. 944.

384. Leistner. Wie das Volk über die Pfaffen spricht.

385. Merkwürdig ist das 1519 zusammengetragene und 1524 in Landshut gedruckte Werk »Omnus ecclesiae«, dessen Verfasser der Bischof Johann von Chiemsee ist.

386. Luther stimmt der Arbeit und vor allem der Vorgehensweise Karstadts nicht zu. Er berichtigt seine Auffassung in der Schrift »Von den Geistlichen und (den) Klostergelübden«.

387. Augustin Theiner. Bd. 2. S. 823.

388. Vergl. Beiträge zur Reformationsgeschichte in Polen und Littauen. Von Christ. Gottl. Friese. T. 2. 2. Bd. Breslau. 1786.

389. Papst Hadrian VI. Der 219. Papst in der Kirchengeschichte. Eigentlich Hadrian Florensz. Als Sohn armer Eltern am 2.März 1459 in Utrecht geboren. Er studiert an der Universität Löwen, lehrt mit Erfolg Theologie von 1491 bis 1507. Er gilt als Erzieher und späterer Ratgeber von Kaiser Karl V.. 1517 wird er zum Kardinal erhoben und am

9.Januar 1522 in Abwesenheit zum Papst erhoben. Als der Ausländer in Rom eintraf, waren die Römer wenig begeistert. Zum Reichstag von Nürnberg (1522 - 1523) entsendet er einen Legat, der die Durchführung des Wormser Edikts fordert. Luther verfaßt ein Phamplet gegen Hadrian. Am 14.September stirbt er, der, wie ein Kritiker sagte: »... ein Brandopfer des römischen Hohnes war«. Sein Grabmahl befindet sich in der Kirche Santa Maria dell' Anima, wo die Inschrift angebracht ist: »... wehe, wieviel kommt es darauf an, in welche Zeit auch des trefflichsten Mannes Wirken fällt«.

390. Augustin Theiner. Bd. 3. S. 842.

391. Vergl. Jac. Hottinger. Geschichte der Eidgenossen während der Zeit der Kirchentrennung. Abt. 1.

392. S. Wirtz. Helvetische Kirchengeschichte. Th. 4. Bd. 1. S. 247.

393. Augustin Theiner. Bd. 3. S. 837.

394. Augustin Theiner. Bd. 3. S. 840.

395. Litaneie Germanorum. S. Patriot. Archiv für Deutschland. 7. Bd. Mannheim und Leipzig. 1787.

396. Zitiert nach Augustin Theiner.

398. Vergl. Georgii Wicelli via regia. Helmsdorff. p. 160.

399. »formula reformationis«. Juni 1548.

400. Augustin Theiner. Bd. 3. S. 902/877.

401. Augustin Theiner. Bd. 3. S. 902.

402. Dringende Vorstellungen an Vernunft und Menschlichkeit (1782). S. 169.

403. Dringende Vorstellungen an Vernunft und Menschlichkeit (1782). S. 181.

404. Dringende Vorstellungen an Vernunft und Menschlichkeit (1782). S. 181.

405. Hilding von Merseburg, Julius Pflug von Naumburg, Friedrich Nausea von Wienerisch - Neustadt und Georg Wiccelius erstellen ein positives Gutachten. Auch der Erzbischof von Salzburg versammelt seine Bischöfe (Passau, Freisingen, Regensburg und Brixen). Auf einer Synode wird beschlossen, man solle auf dem Konzil für die Priesterehe eifern.

406. Sess. VIII. c. 4.

407. Nach der Entscheidung des jeweiligen Bischofs bedeutet dies; Streichung des 3. Teils der Einkünfte. Verlieren aller Einkünfte, Verlust der Pfründe und ggf. Exkommunikation.

408. Augustin Theiner. Bd. 3. S. 877.

409. Augustin Theiner. Bd. 3. S. 941.

410. Augustin Theiner. Bd. 3. S. 978.

411. Papst Gregor XV. Eigentlich Allesandro Ludovisi, geb. 9.1.1554 in Bologna. Gestorben 8.7.1623. Der Papst kauft seiner Familie für über eine Million Gold - Skudi zwei Herzogtümer. Er übergibt im wesentlichen die Regierungsgeschäfte seinem 25-jährigen Kardinal - Nepoten Ludovico Ludovisi. Hauptaufgabe ist die Stärkung der katholischen Liga. Dem Papst lag viel an einer religiösen Erneuerung. Im engen Zusammenhang hiermit stand die Gründung der »propaganda fide«, der Kongregation für die Missionen.
Papst Gregor hat einen Erlaß gegen die Hexen erlassen (20.3.1623), womit er die einst von Innocenz VIII. legalisierten Hexenverfolgung einen neuen erschreckenden Auftrieb gab (»... ein bedenkliches Zeichen in einer religiös fanatisierten Zeit und im diametralen Widerspruch zu den eigenen Tendenzen religiöser Erneuerung, wie sie dem Papst vorschwebten«).

412. Augustin Theiner. Bd. 3. S. 983.

413. tit. 16. c. 3.

414. Augustin Theiner. Bd. 3. S. 1021.

415. Dringende Vorstellungen an Vernunft und Menschlichkeit (1782). S. 308/309.

416. Dringende Vorstellungen an Vernunft und Menschlichkeit (1782). S. 289.

417. Fatuas illas mulericulas vanissima quadam honestatis umbra ludificantes. Vergl. Augustin Theiner. Bd. 3. S. 943.

418. Augustin Theiner. Bd. 3. S. 943.

419. Dringende Vorstellungen an Vernunft und Menschlichkeit (1782). S. 333.

420. Vergl. Oberdeutsche allgem. Literaturzeitung von 1802. St. 56.

421. Augustin Theiner. Bd. 2. S. 785.

422. Augustin Theiner. Bd. 2. S. 761. Unter Bezug auf eine Privatarbeit von Friedrich II.

423. Papst Paul V. Eigentlich Camillo Borghese. Geb. 17.9.1552 in Rom und verstorben 28.1.1621. In sein Pontifikat fällt, nach Konstituierung der protestantischen Union und der katholischen Liga unter Maximilian I. v. Bayern, der Ausbruch des 30-jährigen Krieges mit seinen Vorspielen; dem Prager Fenstersturz und den grauenhaften Massenmorden, die der spanische Gouverneur von Mailand, Don Lorenzo Suarez de Figueroa, Herzog von Feria, durch die Katholiken des Veltlin an den dortigen Protestanten anrichten ließ.

424. Augustin Theiner. Bd. 3. S. 1031.

425. In: Monitor Ecclesiasticus 84 (1959). ff. Doc. cathol. 57. 1960.
426. Schillebeeck. S. 37.

Zum Teufel mit dem Teufel

1. Vergl. Thomas und Gertrude Sartory. In der Hölle brennt kein Feuer. München. 1968.
Stuhr. Die Religionssysteme der heidnischen Völker des Orients. Meiner. Kritische Geschichte der Religion. 1806.
Julius Lippert. Allgemeine Geschichte des Priestertums. 1. Bd. Berlin. 1883.
2. Lippert. Allgemeine Geschichte des Priestertums S. 47.
3. Lippert. Allgemeine Geschichte des Priestertums S. 1.
4. Joh. Müller. Geschichte der amerikanischen Urreligion. Basel. 1855.
5. Maslowski. Das theologische Untier. S. 29.
6. Gerd v. Haßler. Rätselhaftes Wissen. Fackelträger. 1977.
7. Zitiert nach Lippert. Allgemeine Geschichte des Priestertums.
8. Bromme. Untergang des Christentums. Korrekturen der Welt- und Religionsgeschichte. 5 Bde. Berlin. 1979.
9. Otto v. Corvin. Pfaffenspiegel. Leipzig. 1845. 27. Auflage S. 89 und 92.
10. Otto v. Corvin. Pfaffenspiegel. Leipzig. 1845. Aus der Vorrede zur 1. Auflage. Leipzig. 1845.
11. vergl. Caspar Schott. »Magia universalis naturae et artis«. 1657.
12. Lenormant. S. 71.
13. Lenormant. S. 39.
14. Rene - Fülöp - Miller. S. 85.
15. Zoroaster. »... der Erfinder der Zauberkunst soll Zoroaster gewesen sein ... ob er ein Persianer oder ein Chaldäer, ob er ein Sternseher oder Sterndeuter, oder ob er ein Urheber der natürlichen oder teuflischen Zauberey gewesen sey, in welchen Zeiten er gelebt, darin können sich die Gelehrten nicht übereinstimmen«.
»... Francisis hat aus vielen Schriftstellern die Orakel des Zoroaster zusammengetragen. Man findet in selben nur eine Stelle, welche könnte als Zauberkunst ausgelegt werden: »... wenn du einen irdischen Geist siehest hinzu nahen, so opfere einen Stein, und schreie Mnizurim«.
»Wiero sagt: »...etliche meynen, daß Zabolus und Xamalxis die Zauberkunst erfunden haben sollen. Irenäus nennt den Teufel Zabulos. Daher soll auch der Name Rübezahl gekommen seyn«.
Der Erfinder der Zauberkunst soll Zoroaster gewesen sein, aber, andere machen zum Urheber derselben den Cham, andere den Namrod oder

den Assur. Wenn der Ursprung zweifelhaft ist, ist das Zeugnis verdächtig«.
16. Tel. Jer. Charige II. 1. folg. 77 d.
17. Hansen. S. 31.
18. Längin. S. 23.
19. Hansen. S. 65.
31. Die Römer haben ihre berühmteste Zaubergestalt, die Medea, der griechischen Mythologie entnommen. Ihre Taten und Verwandlungen werden in Ovids Metamorphosen beschrieben:
»es haben die zitternden Berge;
Erschüttert bewegte sich die heulende Erde.
Der Toten Schatten steiget aus zerspaltenen Gräbern.
Ich ziehe durch Lieder den Mond gehorsam vom Himmel«.
»... ich sahe die Hexen fliegend durch nächtliche Schatten.
Umirren. Federn bedeckten den runzelnden Körper.
Virgil beschreibt es so:
»... es ziehn vom Himmel den Mond die zauberische(n) Lieder.
Ulysses Gesellen verwandlet Cice in Tiere.
Im kühlen Wiesen singend zersprengt sie die Schlangen«.
Führet die Daphne nach Haus ihr meine Gesänge.
In Knoten geschlungen bind ich dreimal farbige Bänder.
Und um den Opfertisch trag ich ringsum zauberische Bilder.
Mit Harz vermenget brenne ich den heiligen Lorbeer.
Wie oft sah ich die Hexe aus Gräbern verstorbener Seelen.
Blaß fürgehen durch (die) kraft der Pontischen Kräuter...
»Verlachest du auch die nächtlich träumenden Bilder?
Die Zauberer und die Wunder der erschreckenden Geister?
Und die auf Besen und Gabeln fahrenden Hexen?
Verachtest Du die Thessalischen Gespenster?
32. Gesetz Nr.14. Tafel. VII.
33. »Nullis vero criminalibus implicanda sunt remidia humanis quaestia corporisbus, aut in agrestibus locis, de naturis adhibita suffragia« Cod. Theod. 9. 16. 3.) vergl. das Gesetz des Sulla; de veneficiis & ficariis.
34. De Nat. Deor. n. 31.
35. 3. Buch Moses. 24. 16.
37. 4. Buch Moses. 15. 30.
38. 3. Buch Moses. 20. 27.
39. Deuteremonium C. XVIII. und XX.
40. vergl. Jellinek. I. 149. M. Gaster. Journal of the

royal asiatic Society. 1893. S. 1893. vergl. Blau. Das altjüdische Zauberwesen. Straßburg. 1898.

41. Talmud Baba Mezia. 58 b.
42. Vergl. Vincenz v. Beauvais. Speculum hist. L. 27. c. 91.
43. Rosskoff. Geschichte des Teufels. S. 151.
44. Vergl. Rufium I. 123 - 132.
45. Vergl. Rufium I. 454 - 57.
46. Rosskoff. Geschichte des Teufels. S. 205.
47. Landau S. 96.
48. Winklhofer. S. 29.
49. Röm. 5. 12.
50. 2. Kor. 4. 4. Ephes. 2. 1. Tim. 2. 26.
51. Luc. 8. 12; Kor. 4. 4.
52. 1. Kor. 5. 5.
53. 1. Tim. 1. 20.
54. Apostelg. 26. 18; Kol. 1. 13.
55. 2. Kor. 2. 11; 14.2. Tim. 2. 26.
56. Matth. 13. 25 - 39.
57. 2. Thess. 2. 9-10.
58. Rosskoff. S. 288; 1. Kor. 15. 26; Hebr. 2. 14.
59. Winklhofer. S. 33.
60. Rosskoff. Geschichte des Teufels. S. 238.
61. Tertull. Apol. c. 13.
62. Tertull ad Marcion III. 18. De coc. c. 3. 11. De idol. c. 2.
63. Paed. II. 1. 174.
64. Maslowski. Das theologische Untier. S. 52.
65. Vergl. Clemens Alex. Strom. 5. S. 650.
66. G. v. Hoensbroech. Das Papsttum in seiner sozial-kulturellen Wirksamkeit. Leipzig 1906. S. 71.
67. G. v. Hoensbroech. Das Papsttum in seiner sozial-kulturellen Wirksamkeit. Leipzig 1906. S. 71.
68. Schindler S. 3.
69. Winklhofer. S. 24.
70. Maslowski. Das theologische Untier. S. 51.
71. Maslowski. Das theologische Untier. S. 55.
72. Maslowski. Das theologische Untier. S. 56.
73. Vergl. Ubbiente dell' Osa. S. 97.
74. Petrus Apokalypse Kap. 12. / 13.
75. Vergl. Wright Thomas. St. Patricks Purgatory. London. 1844. S. 119.
76. Liber Visionum. Vergl. Wilmans in den Monumenta germaniae historica Scriptores. I. XI.
79. Vergl. Josef Rudwin. Der Teufel in den deutschen geistlichen Spielen des Mittelalters und der Reformationszeit. Göttingen. 1915.
80. Vergl. B. Kaiser. Geschichte des Volksschulwesens in Württemberg. 1895.
81. Schwager (1782) S. 24.
82. Schwager (1782) S. 24.
83. Vergl. Neujahrsblatt des Frankfurter Geschichts- und altertumsvereins. 1861. S. 40.
84. Dr. Martin Luthers ausführliche Erklärung des Epistel an die Galater anno 1531 aus dem Latei-

nischen ins Deutsche übersetzt von Justus Menius. Halle - Magdeburger - Ausgabe. VII.
85. Vergl. Nachlese aus Luthers Schriften. In Martin Luthers Werke. Mainz. 1827. XI. S. 633.
86. Schwager (1782) S. 24.
87. G. v. Hoensbroech. Das Papsttum in seiner sozial-kulturellen Wirksamkeit. Leipzig 1906. S. 73.
88. G. v. Hoensbroech. Das Papsttum in seiner sozial-kulturellen Wirksamkeit. Leipzig 1906. S. 84.
89. G. v. Hoensbroech. Das Papsttum in seiner sozial-kulturellen Wirksamkeit. Leipzig 1906. S. 93.
90. G. v. Hoensbroech. Das Papsttum in seiner sozial-kulturellen Wirksamkeit. Leipzig 1906. S. 94.
91. G. v. Hoensbroech. Das Papsttum in seiner sozial-kulturellen Wirksamkeit. Leipzig 1906. S. 94.
92. Maslowski. Das theologische Untier. S. 36.
93. G. v. Hoensbroech. Das Papsttum in seiner sozial-kulturellen Wirksamkeit. Leipzig 1906. S. 75.
94. Maslowski. Das theologische Untier. S. 36.
95. Maslowski. Das theologische Untier. S. 31.
96. G. v. Hoensbroech. Das Papsttum in seiner sozial-kulturellen Wirksamkeit. Leipzig 1906. S. 84.
97. Rosskoff. Geschichte des Teufels. S. 286.
98. Wetzer und Welte. Kirchenlexikon. Bd. V. S. 284 ff.
99. In: Mercellini palingenii Stellati Zodiacus vita. L. X. 1. 57. Erste Ausgabe 1531.
100. Catechismus romanus ex decreto Concilii Tridentinii. Bielefeld und Leipzig. 1867. S: 56.
101. In: Marcellini Paligenii Stellati Zodiacus vita. L. X. 1. 57. Erste Ausgabe 1531.
102. Rusca, A. De inferno et statu daemonum ante exitium libri quinque. Mailand. 1621.
103. Vergl. Mew, The Hal. S. 324 - 325.
104. Recherches sur la nature de feu de l'enfer et du lieu il est situe par. M. Swinden, traduit de l'anglais par M. Bion. Amsterdam. 1757.
105. G. v. Hoensbroech. Das Papsttum in seiner sozial-kulturellen Wirksamkeit. Leipzig 1906. S. 81.
106. G. v. Hoensbroech. Das Papsttum in seiner sozial-kulturellen Wirksamkeit. Leipzig 1906. S. 81.
107. Maslowski. Das theologische Untier. S. 244.
108. In: Dialogus. Dis. XII. 40.
109. Maslowski. Das theologische Untier. S. 244.
110. Alois Winklhofer. Traktat über den Teufel. Frankfurt a. M. 1962. Vergl. Maslowski. Das theologische Untier. S. 241.
111. Papst Paul VI. am 12. November 1972 während einer Generalaudienz. Vergl. Maslowski. Das theologische Untier. S. XIX.
113. Landau S. S. 97.

Die Zaubermelodie der Kirche
Im Bann des »ewigen« Aberglaubens

1. Alphons Victor Müller. Die hochheilige Vorhaut
   Christi in Kult und Theologie der Papstkirche.
   Berlin. 1907. Vorwort.
2. Otto v. Corvin. Pfaffenspiegel. Leipzig. 1845. S. 62.
3. Otto v. Corvin. Pfaffenspiegel. Leipzig. 1845. S. 86.
4. Müller. Die hochheilige Vorhaut Christi. S. 114.
5. Friedrich Pfister, der Reliquienkult im Altertum.
   1. Hb. Das Objekt des Reliquienkultes. Gießen.
   1909. In: Religionsgeschichtliche Vorarbeiten und
   Versuche. V. Band S. 240. Vergl. G. Rauschen.
   Die Legende Karl. d. G. im 11. u. 12.Jh. Publikationen der Gesellschaft für rhein. Geschichtskun-
   de. VIII. 1890.
6. R. Darwin. Die Entwicklung des Priestertums und
   der Priesterreiche. Faksimiledruck der Ausgabe
   von 1929. S. 245.
7. Acta Apostolorum. XXVIII. 31.
8. Die Abschrift befindet sich 1468 im Besitz des in
   Venedig ansässig gewordenen deutschen Druk-
   kers Johannes von Speyer (= de Spiro), der sie
   vervielfältigt.
9. Deschner. Abermals krähte der Hahn. Kritische
   Kirchengeschichte von den Evangelien zu den Faschisten. 1980. S. 355.
10. Eusebius. V. 2.
11. passio St. Agnetis virginis et martyriis.
12. Paul Englisch. Geschichte der erotischen Litera-
    tur. Stuttgart. 1927. S. 98.
13. Deschner. Abermals krähte der Hahn. Kritische
    Kirchengeschichte von den Evangelien zu den Fa-
    schisten. 1980. S. 351.
14. Deschner. Abermals krähte der Hahn. Kritische
    Kirchengeschichte von den Evangelien zu den Fa-
    schisten. 1980. S. 351.
15. Zitiert nach Deschner. Abermals krähte der
    Hahn. Kritische Kirchengeschichte von den Evan-
    gelien zu den Faschisten. 1980.
16. Vergl. Legende aurea des Jacobus de Vorangine.
    Aus dem lat. übers. von R. Benz. 8. Aufl. 1975;
    Hans Hümmeler. Helden und Heilige. Die Ge-
    schichte ihres wahren Lebens. Dargestellt für je-
    den Tag des Jahres. Ausgabe 1979. 579. - 593. Tsd.
17. Deschner. Abermals krähte der Hahn. Kritische
    Kirchengeschichte von den Evangelien zu den Fa-
    schisten. 1980. S. 359.
18. Deschner. Abermals krähte der Hahn. Kritische
    Kirchengeschichte von den Evangelien zu den Fa-
    schisten. 1980. S. 358.
19. R. Darwin. Die Entwicklung des Priestertums und
    der Priesterreiche. Faksimiledruck der Ausgabe
    von 1929. S. 252.
20. R. Darwin. Die Entwicklung des Priestertums und
    der Priesterreiche. Faksimiledruck der Ausgabe
    von 1929. S. 252.
21. Kurze Aufzählung der in der Schatzkammer und
    im Innern des Liebfrauen - Münsters zu Aachen
    enthaltenen Reliquien und Sehenswürdigkeiten.
22. Obgleich Lucas Cranach die sog. »Wittenberger«
    Heiligtümer nach plastischen Arbeiten aus dem
    14. - 16. Jh. fertigte, gibt er sie doch in seiner
    eigentümlichen Manier wieder. Der Titel heißt:
    »Die zaigung des hochlobwirdigen heiligtums der
    Stifftskirchen aller hailigen zu Wittenberg«.
    Am Ende: Gedruckt in der Churfürstlichen Stat
    Wittenbergk. Anno fünfhundert und neun ... Im
    Ganzen besaß das Stift 1509 5005 Partikel. Das
    Heiltumsbuch wird nachgedruckt. Die zweite Auf-
    lage enthält eine Zueignung des Buchdruckers
    Georg Rhau an seine Töchter Anna Weissgerber,
    Christiana, Otilia und Margaretha: »... so befinde
    ich keinen besseren Weg- , dann so ich euch die
    Artikel unseren Christen Glaubens- furlegte, vnd
    verstehen lerete. So dann die Kinder, aller wege
    am besten behalten, vnd lange zu gedencken pfle-
    gen, was sie von jiten Elltern hören und lernten,
    hab ich für gut angesehen, das ich etliche Exem-
    plaria dieses Büchlins, für euch drücken lies -
    welches ich aus vielen unser lieben Beter - Büchlin
    zusammengetragen hab«.
    Außerdem hat sich das Heiltumsbuch der Stifts-
    kirche von Halle erhalten:
    Vorzeichnis vnd / zeigung des hochlob / widrigen
    heiligthumbs / der Stifftskirchen der heiligen Sanct
    Moritz vnd Marien Magdalenen / zu Halle. Am
    Ende. Gedruckt vnd der löblichen stadt halle!
    Nach Christi Unseres hern geburt Fünfftzehnhun-
    dert vnd Im Zewennigsten Jhara.
23. Redlich. Kardinal Albrecht und das neue Stift in
    Halle. S. 260.
24. Gelenius. de admiranda sacra etcivilii magnitudi-
    ne. Coloniae. 1645.
25. R. Darwin. Die Entwicklung des Priestertums und
    der Priesterreiche. Faksimiledruck der Ausgabe
    von 1929. S. 257.
26. Deschner. Abermals krähte der Hahn. Kritische
    Kirchengeschichte von den Evangelien zu den Fa-
    schisten. 1980. S. 357.
27. Otto v. Corvin. Pfaffenspiegel. Leipzig. 1845. S. 91.
28. Vergl. Röhricht und H. Meisner. Deutsche Pilger-
    reisen nach dem hl. Land. 1880. S.35.
29. Otto v. Corvin. Pfaffenspiegel. Leipzig. 1845. S.89.
30. Müller. Die hochheilige Vorhhaut Christi. Vor-
    wort.
31. Marangoni. Istoria dell ... Sancta Santorum. 1747.
    S.32.
32. Müller. Die hochheilige Vorhaut Christi. S. 6.
33. Bericht des Pater Jubaru: »La porte de bronze
    s'ouvre en frottant sur le marbre avec la sonorite
    d'un chloche. On apercoitalors un coffre armoire
    á deux compartiments superposés. Il est sculpté de
    rosaces et de moulures; en haut se lisent graveé
    dans le bois une incriptionde Loen III. (795 - 816)
    et une autre incription peinte plus moderne:
    Sancta santorum. C'est l'arche de cyprés dont fait

mentionJean Diacr; elle est ausso bien con serveé qu'au temps de Charlemagne. On retire avec grand soin des charniéres d'un cote,les longs clous d'airain nullement oxydés; le compardiment inférieur est ainsi ouvert sans qu'on touche aux serrures qui ferment ses battants.dans saprofandeur se découvre aux serrures qui ferment ses battants.Dans saprofandeur se découvre unamas de sachets sans noms apparents, qualques casettes en boiset en ivoire,und pyxide en cristal de roche. Sans nous attarder á examiner nos ouvrans la compartiment suprérieur. Tout le trésor montré il y a quatre siecles par Leon X. doit entre encore lá. Cesont quinze á vingt coffrents, qualques uns d'ivoire la polupart d'argent.Il y a des objects tres antiques, uné énorme croix d'or massif orneé de pierreries. des broderies d'une conservation étonnante ...«.

Vergl. Etudes religieuses.Paris. 905.Band 104. S. 721 - 731.

35. Müller. Die hochheilige Vorhhaut Christi. S. 13 (Anmerkung).

36. Vergl. Toleti. SJ. Commentarii in prima XII. capitula Sacro - santi Evangelii secundem Lucam. Rom. 1600. S. 180 Annotatio XXXI: Questiones et Responsiones par Anasthasius (Ende 13. Jh.), Migne P. Gr. Bd. 89, col. 799 ... zur Quaestio 145; Theopylact (um 1150), cap. II. vergl. Müller. Die hochheilige Vorhhaut Christi. S. 22.

37. Prälat Marangoni. Istoria dell ... Sancta Sanctorum. Rom. 1747.

38. Müller. Die hochheilige Vorhhaut Christi. S. 28. / 29.

39. Paul Englisch. Geschichte der erotischen Literatur. Stuttgart. 1927. S. 93.

40. Vergl. Fr. A. Specht. Geschichte des Unterrichtswesens von den ältesten Zeiten bis zur Mitte des 13.Jh. Stuttgart. 1885; O. Pilitz. Die Dramen der Roswitha von Gandersheim. Leipzig. o. J.; K. A. Die Werke der Roswitha. Nürnberg. 1857. Creiznach. Geschichte des neuen Dramas. 2. Auflage 1911, I.

41. Avertissement tres utile ... Ouvres francaises de Calvin. Ed. Jacob. Paris 1842. S. 141.

42. Commentarii in Evang. historium Coloniae. 1601. t. 3. Tractat XXXVI. p. 230 et ss.

43. G. v. Hoensbroech. Das Papsttum in seiner sozialkulturellen Wirksamkeit. Leipzig 1906. S. 85.

44. Vergl. die 14. Betrachtung.

45. G. v. Hoensbroech. Das Papsttum in seiner sozialkulturellen Wirksamkeit. Leipzig 1906. a.a.O.

46. Müller. Die hochheilige Vorhhaut Christi. S. 42.

47. Summa theologiae. Venedig. 1718. Bd. III. S. 654. Tractatus de Mysteriis Christi Dissertation V.

48. Lettere ecclesiatiche. Venedig. 1781. S. 79.

49. Johannes Ferrandus. Disquisitio Reliquieare. Lyon. 1647. S. 7. und 12. Sein Buch wird am 4.September 1646 vom Ordensgeneral der Gesellschaft Jesu, Caraffa, approbiert.

50. De Canonziatione Sanctorum. Rom. 1749 tom. IV. pag. 803.

51. Müller. Die hochheilige Vorhhaut Christi. S. 86.

53. Otto v. Corvin. Pfaffenspiegel. Leipzig. 1845.

54. G. v. Hoensbroech. Das Papsttum in seiner sozialkulturellen Wirksamkeit. Leipzig 1906. S. 85.

55. Ian Wilson. Eine Spur von Jesus. Herkunft und Echtheit des Turiner Grabtuches. Freiburg. 1980.

56. Otto v. Corvin. Pfaffenspiegel. Leipzig. 1845.

57. Otto v. Corvin. Pfaffenspiegel. Leipzig. 1845. S. 94.

58. Theiner. Schlesien. S. 244.
Vergl. Die Jesuiten und ihr Benehmen gegen Geistliche und weltliche Fürsten. Grimma. 1825.

59. A la Coque?, de la Coque?

60. Bullar. Rom. Luxemburg T. I. p. 79. Raynaldus ad ann. 1237. n. Acta Sanct. T. II. Octobr. p. 654.

61. Baronius in annotta. ad. sum. martyrol. Rom.

62. Historia mirabilis quatour haeresiarchum ordinis Praedicatorum de observantia ap. Bernenses combustorum an. 1519. cum figuris. Bzw. Ludwig Wirz. Helvetische Kirchengeschichte. Theil 3. Zürich 1810. S.389 - 402.
Einen ähnlichen Pfaffenbetrug findet man in Feßlers Rückblicken auf seine 70- jährige Pilgerschaft. Breslau. 1824. S. 140 ff.

63. Wolfgang Brückner. Die Verehrung des hl. Blutes in Valldürn, Volkskundlich soziologische Untersuchungen zum Strukturwandel barocken Wallfahrens. 1958. Als 5. Bd. der Veröffentlichung der Geschichte und des Kunstvereins; Aschaffenburg e. V. (das grundlegende Werk zu diesem Thema).
Vergl. »650 Jahre Wallfahrt Walldürn«. Hrsg. Pater Assion. Karlsruhe 1980. (insbesond. wegen des Aspruches von Bürgermeister Hollerbach).

64. Vergl. Götzinger. Dr. Ernst. Reallexikon der deutschen Altertümer. Leipzig. 1881. S.772.

65. Darwin. Die Entstehung der Priesterreiche. S. 265.

66. Darwin. Die Entstehung der Priesterreiche. S. 294.

67. Darwin. Die Entstehung der Priesterreiche. S. 294.

68. Vergl. Anselm'sche Chronik. Hrsg. Stierling. 3. Bd. 369 und 4. Bd. S. 1.

69. David Hume. History of England.II. Gräbner, The Dark Ages. S. 19.

70. Hans-Jürgen Wolf. Hexenwahn und Exorzismus. Frankfurt a. M. 1980. S. 285.

71. Hans-Jürgen Wolf. Hexenwahn und Exorzismus. Frankfurt a. M. 1980. S. 286.

72. Otto v. Corvin. Pfaffenspiegel. Leipzig. 1845. Aus der Vorrede zur dritten und vierten Auflage.

Die Unfehlbarkeit im Spiegel der Kritik

1. Der Erzbischof Georges Darboy hält das Konzil für eine frivole Sache und spricht von einer Räubersynode.

2. A. B. Hasler. Wie der Papst unfehlbar wurde. Macht und Ohnmacht eines Dogmas. Mit einem

Geleitwort von Hans Küng. München. 1979. (Vorwort).

3. Der gefährlichste Angriff auf die Unfehlbarkeit ist vermutlich das Buch, das unter dem Pseudonym »Janus« mit dem Titel »Der Papst und das Konzil« von dem Münchener Kirchengeschichtsprofessor Ignaz von Döllinger verfaßt ist. Es kommt bereits am 26.November - direkt nach seinem Erscheinen - auf den Index. Widerlegt ist es darum nicht!

4. Der Bischof Dupanloup in seinem Tagebuch.

5. Buchmann. Unfreie und freie Kirche in seinen Beziehungen zur Sklaverei, zur Glaubens- und Gewissenstyrannei und zum Dämonismus. Bresslau. 1873. S. 67.

6. »Die Galiläer und Eboniten, die Entsagung signalisieren und in Armut als fromme Christen leben, verehren Gott lediglich in der Form eines Menschen, der bei seiner Taufe mit göttlichen Kräften ausgestattet worden ist und als Messias wiederkommen werde, um ein »neues« irdisches Reich aufzurichten.
Die Gnostiker stellen mehr den Gegensatz zwischen Gut und Böse heraus. Dazu kommen die Montanisten, wilde überspannte Schwarmgeister, die sich neuer Offenbarungen rühmen und ihren Namen von dem Phrygier Montanus ableiten. Hinzu gesellen sich die Manichäer. Dazu die Doketisten, Saballianer, Modaliten, Patripassianer, Novatianer, Meletianer und weitere«.

7. Zitiert nach Buchmann. Die freie und unfreie Kirche.

8. Idem ad Scapulum. c. 2.

9. Buchmann. Die freie und unfreie Kirche. S. 101.

10. Lac. divinus V. 20 ed. Nicl. Lenglet Dufresnoy. Paris. 1748. T. I. 412.

11. Buchmann. Die freie und unfreie Kirche. S. 107.

12. Buchmann. Die freie und unfreie Kirche. S. 143.

13. Buchmann. Die freie und unfreie Kirche. S. 102 /103.

14. Buchmann. Die freie und unfreie Kirche. S. 128.

15. Er sagt in 16 seiner Abhandlung: »... du siehst also, der Zwang ist nicht immer zu verwerfen; es kommt alles darauf an, wozu man gezwungen wird. Zum Guten oder zum Schlechten«.

16. So auch einige der sog. »Sprichwörter«:
- Sprichwörter XXIX. 19: »Der widerspenstige Knecht wird durch die Worte nicht gebessert«.
- Sprichwörter XXIII. »... Du schlägst ihn mit der Rute und befreist seine Seele«.
- Sprichwörter XIII. »... wer den Stock spart, haßt seinen Sohn«.

17. Buchmann. Die freie und unfreie Kirche. S. 126.

18. Hier handelt es sich aller Voraussicht um eine Legende. Solche Schlüsselerlebnisse sind in der Kirchengeschichte nicht selten. Luther und Adolf Hitler treffen bei ähnlichen Vorkommnissen ähnliche Entscheidungen.

19. In einem Brief an seinen Jugendfreund Vincentius erklärt er: »... meine anfängliche Meinung war nicht, daß irgend Jemand durch Zwang dem Chistentum zuzuführen sei. Meiner Ansicht nach sollte über die Lehre, vernünftige Vorstellung und Beweisführung nicht hinausgegangen werden, um verstellten Übertritten vorzubeugen«.
Vergl. Buchmann. Die freie und unfreie Kirche. S. 132.

20. Im Jahr 390 spielt sich in Mailand (Kathedrale) eine merkwürdige Szene ab. Mit dem kaiserlichen Purpur angetan, hat sich Theodosius dorthin begeben. Angekommen, wird ihm der Eintritt in das Gotteshaus vom Erzbischof Ambrosius verwehrt. Der Kaiser gab zu, daß er sich der Menschentötung und des Ehebruchs schuldig gemacht hat. Er soll Buße tun. Er hat die Wahl zwischen dem Verlust des kirchlichen Rechts und der öffentlichen Kirchenbuße, die er von nun an mit großer Pünktlichkeit und Selbstverleugnung leistete. Nach acht Monaten wurde er (wieder) zur kirchlichen Gemeinschaft zugelassen.

21. Maslowski. Das theologische Untier. S. 26.

22. Vergl. grundsätzlich H. Kühner. Das Imperium der Päpste. Kirchengeschichte. Weltgeschichte. Zeitgeschichte von Petrus bis heute. 1977. Werner Classen Verlag. 1977. Hier S. 54 / 55.

23. I. v. Döllinger. Der Papst und das Konzil. S. 22.

24. So gegen den Machiäismus, den Pelagianismus, den Priszillianismus und vor allem gegen den neu auftretenden Monophysitismus, den der Archimandrit Eutyches aus Konstantinopel verkündete, indem er erklärte, Christus habe nur eine einzige und keine menschliche Natur. Eutyches vertrat seine Thesen auf der »Räubersynode« von Ephesus. Der Monophysitismus verbreitete sich von Byzanz bis nach Ägypten, verursachte schwere Unruhen und bildete in der Folgezeit eine stete Bedrohung für Rom.
Zitiert nach H. Kühner. Das Imperium der Päpste. Kirchengeschichte. Weltgeschichte. Zeitgeschichte von Petrus bis heute. 1977. S. 47.

25. H. Kühner. Das Imperium der Päpste. Kirchengeschichte. Weltgeschichte. Zeitgeschichte von Petrus bis heute. 1977. S. 49.

26. In einem Edikt von 445 läßt er Valentin mitteilen: »... nachdem durch das Verdienst des hl. Petrus, der der erste ist im Kranz der Bischöfe, durch die Würde der Stadt Rom und den Beschluß der hl. Synode, der Vorrang des Apostolischen Stuhles festgestellt ist, wage fürderhin niemand, dieses Ansehen mit dreisten Ansprüchen anzutasten. Dann erst wird die Kirche überall Bestand haben, wenn sie die Gesamtheit als Herrn und Meister anerkennt«.

27. »Diese Tatsache kann selbst mit noch so geschickten Interpretationen nicht aus der Welt geschafft werden. Die historische gesicherte Tatsache, daß Honorius I. vom Konstantinopolum in aller Form

als Ketzer verurteilt wird, weil er nach den Vorstellungen dieses Konzils ein Häretiker war, muß nachdrücklich gegen sämtliche Versuche, die über ihn verhängte Sentenz zu verharmlosen, betont werden«.

Georg Kreuzer. 1975.

Seit der Mitte des 17.Jh. verhindert die römische Kurie während mehr als 200 Jahren die Publikationen des »Liber Diurnus Pontificem Romanorum«, dessen Formular 84 das Anathem über den Papst Honorius ausspricht. Noch heute ist nicht zu sehen, wie die Verurteilung mit einem damaligen Glauben an die päpstliche Unfehlbarkeit zu verneinen wäre.

28. Werke von drei Theologen aus der Zeit zwischen den Konzilien von Ephesus (431) und Chalcedon (541).

29. I. v. Döllinger. Der Papst und das Konzil. S. 68.

30. Mohammed wird 570 u. Z. in Mekka - einer alten Kultstätte - geboren, in der man zu antiken Zeiten Hobal, den Sonnengott der Araber, verehrt hat. Hier nehmen die Priester der Koreisch das Monopol des angenommenen Verkehrs mit den Göttern in die Hände. Die Mitglieder dieser Gesellschaft verrichten alle im Zusammenhang mit dem Kult stehenden Handlungen. Diesem Geschlecht entspringt Mohammed; er wird einer der erfolgreichsten Religionsstifter. Wie die Geburt Jesu, so sind auch die Anfänge seines Lebens im Dunkel der Geschichte verwoben. Als er zum erstenmal die Augen öffnet, soll er gerufen haben: »Allah ist groß«. Da ist kein Gott außer Allah und ich bin sein Prophet«.

Mohammed erkennt den Nachteil des Polytheismus. Er bekennt sich zum Monotheismus und begründet eine kleine Gemeinde. Er erlangt starke Anfeindungen seitens anderer religiöser Gemeinschaften ist insoweit mit den Anfängen des Christentums vergleichbar. Mohammed zieht im Juli 622 mit Anhängern nach Medina und errichtet hier eine Moschee, die zum ersten Heiligtum der Sekte wird. Von dieser »Hedschra« genannten Auswanderung Mohammeds an datieren die Bekenner des Islam ihre Zeitrechnung. Mohammed schreibt seine Offenbarungen und Gebote nieder, woraus der Koran entsteht.

Mohammed hat als Ziel wohl ein arabisches Priesterkönigtum im Auge. Er stirbt 632. Unter dem Kalif Abu Bekr (632 - 634) fallen den Bekennern des Islam die volkreichen Städte Damaskus und Bosra in die Hände. Unter Omar (634 - 644) werden Palästina, Syrien und ein Teil des persischen Reiches und Ägypten erobert. Um diese Zeit wird in Jerusalem an der Stätte des salomonischen Tempels eine Moschee erbaut. Unter dem Kalif Othman (644 - 655) unterwerfen die Mohammedaner den Rest des persischen Reiches und dringen zum Indus vor. Unter Moawijah (656 - 679) brechen sie in das byzantinische Reich und belagern »sieben Jahre lang« Konstantinopel.

698 zerstören sie Karthago unter Walid I. (705 - 714) und Mauretanien, setzen von Gibraltar nach Spanien über, unterjochen Andalusien, zerstören das Reich der Westgoten und dringen bis nach Spanien vor. Hier war es, wo in der sieben Tage anhaltenden Schlacht bei Tours und Poitiers 732 der Frankenfürst Karl sich den Beinamen »Martell« (= der Streithammer) erwarb ... er befreite das Abendland von der wohl größten Gefahr seines Bestehens, indem er eine religiöse Variante (vorerst) zurückdrängte.

Das Christentum hat in dieser Religionsform seinen potentiellen Gegner gefunden u. a. darum die widersinnigen Kreuzzüge installiert.

31. Buchmann. Die freie und unfreie Kirche. S. 120.

32. Procopius. Hist. arcana.c. 28.

33. Buchmann. Die freie und unfreie Kirche. S. 141.

34. Buchmann. Die freie und unfreie Kirche. S. 121.

35. A. B. Hasler. Wie der Papst unfehlbar wurde. Macht und Ohnmacht eines Dogmas. Mit einem Geleitwort von Hans Küng. München. 1979. S. 4 / 5.

36. Zitiert nach I. v. Döllinger. Der Papst und das Konzil.

37. Eine zur Regierung erforderliche Kurie, geistliche Behörden, Kongregationen, ein unterwürfiges Heer eigener Beamten (die Priester in allen Abstufungen) und umfassenden Kirchengesetze gibt es nicht. Tausend Jahre später wird seitens der römisch - katholischen Kirche kein wirklicher Versuch unternommen, eine Sammlung grundsätzlicher Canons zusammenzustellen. Man beschränkt sich im Wesentlichen auf Flickschusterei.

38. I. v. Döllinger. Der Papst und das Konzil. S. 16.

39. Zitiert nach I. v. Döllinger. Der Papst und das Konzil.

40. »Du bist Petrus der Fels, und auf diesen werde ich meine Kirche bauen, und die Pforten der Hölle werden sie nicht überwältigen ... ich werde Dir das Schlüsselreich des Himmels geben. Was immer Du auf Erden binden wirst, wird auch im Himmel gebunden sein«.

41. »... weide meine Lämmer, weide meine Schafe«.

42. »Theologen ohne eindeutige Zeugnisse der göttlichen Tradition gelten zwar für den Aufweis der damals scholastischen Meinungen, können aber von keiner Bedeutung sein, wo es um die Gewißheit des göttlichen Glaubens geht«.

So der Erzbischof Conolly von Halifax in der Konzilsaula.

43. A. B. Hasler. Wie der Papst unfehlbar wurde. Macht und Ohnmacht eines Dogmas. Mit einem Geleitwort von Hans Küng. München. 1979. S. 134.

44. A. B. Hasler. Wie der Papst unfehlbar wurde. Macht und Ohnmacht eines Dogmas. Mit einem Geleitwort von Hans Küng. München. 1979. S. 134.

45. Zitiert von I. v. Döllinger. Der Papst und das Konzil.

46. I. v. Döllinger. Der Papst und das Konzil. S. 24.

47. I. v. Döllinger. Der Papst und das Konzil. S. 20.

48. Zitiert nach I. v. Döllinger. Der Papst und das Konzil. .

49. I. v. Döllinger. Der Papst und das Konzil. S. 39.

50. »... alle griechischen Bischöfe, die vorher auf der Seite des Photius standen, mußten die Formel unterschreiben, bevor sie zum Konzil zugelassen wurden. Nachher reute sie es, die Unterschriften geleistet zu haben; sie stahlen das Dokument mit den Unterschriften. Ob eine solche Unterschriftensammlung große Beweiskraft für die päpstliche Unfehlbarkeit hat, weiß ich nicht«.

51. Am 26.Januar des Jahres 880 annulieren die päpstlichen Legaten im Namen des Papstes Johannes VIII. (872 - 882) das 4. Konzil von Konstantinopel und lassen es aus der Liste der ökumenischen Konzilien streichen. Erst zum Ende des 11. Jh. wird es durch einen Kanonisten (wieder) aufgenommen. Erst mit dem Ende des 16.Jh. wird der Titel »8. ökumenisches Konzil« für das 4. Konstantinopolum (wieder) üblich.
Vergl. A. B. Hasler. Wie der Papst unfehlbar wurde. Macht und Ohnmacht eines Dogmas. Mit einem Geleitwort von Hans Küng. München. 1979. S. 122.

52. In Wirklichkeit kam das Unionsdekret unter politischem Druck zustande. Der damalige byzantinische Kaiser brauchte die päpstliche Hilfe gegen die Türken, die Byzanz einzunehmen drohten. Wegen dieser Pression auf die orientalischen Mitglieder der Kirchenversammlung wurde Florenz in der Folgezeit nicht mehr zu den ökumenischen Konzilien gezählt.

53. A. B. Hasler. Wie der Papst unfehlbar wurde. Macht und Ohnmacht eines Dogmas. Mit einem Geleitwort von Hans Küng. München. 1979. S. 8.

54. I. v. Döllinger. Der Papst und das Konzil. S. 139.

55. A. B. Hasler. Wie der Papst unfehlbar wurde. Macht und Ohnmacht eines Dogmas. Mit einem Geleitwort von Hans Küng. München. 1979. S. 139.

56. Deschner. Abermals krähte der Hahn. Kritische Kirchengeschichte von den Evangelien zu den Faschisten. 1980. S. 439.

57. Er sagt: »... die Sklaven und Sklavinnen sollen nicht übermütig werden ... sie sollen umso emsiger dienen und dies für eine Ehrensache halten, desto zahlreicher sie der Freiheit, die von Gott kommt, teilhaftig werden. Sie sollen es nicht darauf anlegen, durch die Gemeindekasse losgekauft zu werden«.

58. H. Kühner. Das Imperium der Päpste. Kirchengeschichte. Weltgeschichte. Zeitgeschichte von Petrus bis heute. 1977. S. 136.

59. Buchmann. Die freie und unfreie Kirche. S. 31.

60. Muratori. Antiquitates ital. Mediol. 1738. T. 1. pag. 763.

61. Conc. Toletan an. 675 c.6.

62. Buchmann. Die freie und unfreie Kirche. S. 35.

63. lib. III. tit. 13.

64. Historia Miscella Bonum ad ann. 1256.

65. Buchmann. Die freie und unfreie Kirche. S. 65.

66. Buchmann. Die freie und unfreie Kirche. S. 90.

67. Buchmann. Die freie und unfreie Kirche. S. 68.

68. Märtyrer, Martyrer (grch. Zeuge). Kirchengeschichte: der Christ, der bis in den Tod an seinem durch Verfolgung bedrohten Glauben festhält (= Blutzeuge). Anfänglich bezeichnete M. die Zeugen des Lebens Jesu, die Apostel. Um 100 wurde der Begriff auf alle Christen übertragen, die trotz Verfolgung ihren Glauben bezeugt hatten (Offb. Joh. 2. 13); im 2. Jh. wurde die Bezeichnung auf diejenigen eingeschränkt, die im Unterschied zu den Bekennern (Confessor) für ihr Bekenntnis den Tod erlitten hatten.
Das Martyrium gilt als in der Kraft des hl. Geistes vollendet, die Aussprüche der M. gelten daher als von Gott eingegeben. Die Todestage der M. wurden bereits im 2. Jh. u. Z. gefeiert. Seit dem 3. Jh. werden die M. als himmlische Führsprecher und Heilige verehrt.
Die kirchliche Anerkennung als M. läßt sich begrifflich nicht auf die ersten christl. Jahrhunderte beschränken; sie umfaßt sich im weitesten Sinne alle um ihres Glaubens willens getöteten Christen.

69. Dazu ein Beispiel: »... Magister Spalatino zeigte Dr. Martino 1538 an, wie ein Mägdlein zu Altenburg bezaubert wäre, daß sie Blut weinete...«. Daraufhin sprach Dr. Martinus: »... da sollte man mit solcher zur Strafe eilen. Die Juristen wollen zuviel Zeugnisse und Beweisungen haben, verachten die öffentlichen. Ich habe dieser Tage einen Ehehandel gehabt, da das Weib wollte den Mann mit Gift umbringen, daß er Eidechsen von sich gebrochen und, das sie peinlich befragt, hat nicht wollen bekennen. Denn solche Zauberinnen sind gar stumm und verachten die Pein; der Teufel läßt sie nicht reden. Solche Taten aber geben Zeugnis genug, daß man sie soll billig hart bestrafen, zum Exempel, damit andere abgeschreckt werden von solch teuflischen Benehmen«.
Im Frühjahr 1526 predigt Luther über Ex. 22. 18 und vertritt die Auffassung, daß man die Hexen töten soll. »... es ist ein sehr gerechtes Gesetz, daß man die Hexen töten soll ... ich selber habe etliche gesehen ... man töte sie nur«.
Bemerkenswert ist zudem die luther'sche Auffassung, daß man arme und blödsinnige Kinder, die er für Wechselbälge und Teufelskinder ansieht, ertränken solle.

70. Zur kirchlichen Zinsfrage gibt es zwei interessante Bücher:
- Carolus Molianeus: Commerciorum et usuarum reditumque pecunia. Paris 1555. Das Lesen dieses Werkes wurde streng untersagt; selbst der Generalinquisitor darf nach der von

Clemens 1602 erlassenen »Constitutio sedis apostolocae auctoritae«, die spezielle Erlaubnis des Papstes dazu.

- Carolus Molianeus: consilium super commodis et incommodis novae sectae seu facitiae religionis Jesuitarum. 1605 unter dem Titel »Commentari ad edictum Henrici II.« erschienen. Die noch greifbaren Exemplare werden von den Jesuiten aufgekauft. Es ist eine interessante Arbeit über den Wucher in der Kurie.

71. Buchmann. Die freie und unfreie Kirche. S. 60.

72. Wir sehen dies aus einem 313 in Illiberis abgehaltenen Konzil, das die wegen Wucher überführten Laien nur dann nachsichtig behandelt werden sollen, wenn sie Besserung geloben. Wenn sie in ihrer Unbilligkeit verharren, wird die Ausschließung aus der kirchlichen Gemeinschaft über sie verhängt.

Conc. Elib. an 305. c. 20.

Noch das zweite Konzil von Lyon belegt, daß Staaten und Kommunen, die den Wucher gestatten, mit dem Interdikt belegt werden und daß notorische Wucherer des Testierrechts beraubt seien.

Vergl. Lugd. II. c. 26. aus dem Jahr 1274.

Das Konzil von Ravenna aus dem Jahr 1317 erneuert die Strafe gegen Wucherer und legt ihnen die Verpflichtung auf, wegen des künftig guten Verhaltens Kautionen zu hinterlegen.

(Conc. Ravenat IV. Rubr. 15. Mansi XXV. 613).

Ein Beschluß der Synode von Vaux aus dem Jahr 1368 verfügt, daß diejenigen Richter erkommuniziert sein sollten, die Schuldner zur Zinszahlung oder von der Rückforderung derselben anhalten.

(Conc. Vaurensec. c. 120 Mansi, XVI. 538).

Clemens V. erläßt 1312 auf dem Konzil von Vienne eine bemerkenswerte Verordnung. Danach werden Wucherer zur Vermeidung kirchlicher Zensuren zur Herausgabe der Rechnungsbücher verpflichtet. Wenn sie hartnäckig behaupten, das Zinsnehmen sei nicht sündhaft, werden sie als Ketzer bestraft. Diese Verordnung befindet sich im Corpus jur. can. Clem. Lex de usuris, V. 5.

73. Buchmann. Die freie und unfreie Kirche. S. 52.

74. 63 Beschwerden von insgesamt 100 gegen den Klerus gerichteten Beschwerden.

75. Buchmann. Die freie und unfreie Kirche. S. 60.

76. Dabei werden gegen Pfand Darlehen verabreicht. Da dieses verzinst werden mußte - und dies wiederum den kirchlichen Vorstellungen **nicht** entsprach, nach denen die Zinserhebung Wucher ist, werden diese Institute von den Theologen verdammt, von den Päpsten aber mit der Erklärung in Schutz genommen, daß, da die Zinsen nur zur Deckung der Verwaltungskosten bestimmt seien, die »labes usuaris« nicht vorhanden sei. Der erste Erlaß über die kirchlichen Leihämter stammt aus dem Jahr 1467 und rührt von Papst Paul II. her.

77. Kühner. Das Imperium der Päpste. S.16.

78. Vita Lebuini. In. Analecta Bollandia. Bd. 34 / 35. Paris. 1915 / 16. S. 325 - 327. Bzw. P. Prinz. Klerus und Krieg im frühen Mittelalter. Stuttgart. 1871.

79. Läpple. Kirchengeschichte in Dokumenten. 100. Düsseldorf. 1967.

80. Otto v. Corvin. Pfaffenspiegel. Leipzig. 1845. S. 134.

81. Otto v. Corvin. Pfaffenspiegel. Leipzig. 1845. S. 135.

82. Lib. VI. ep. 4. ann. 1078.

83. Otto v. Corvin. Pfaffenspiegel. Leipzig. 1845. S. 147.

84. I. v. Döllinger. Der Papst und das Konzil. S. 379

85. I. v. Döllinger. Der Papst und das Konzil. S. 103.

86. A. B. Hasler. Wie der Papst unfehlbar wurde. Macht und Ohnmacht eines Dogmas. Mit einem Geleitwort von Hans Küng. München. 1979. S. 7.

87. I. v. Döllinger. Der Papst und das Konzil. . S.105.

88. Er stellt heraus:

- Die römische Kirche sei die Mutter der anderen.

- Widersprüche bedürfen der päpstlichen Zustimmung.

- Konzile bedürfen der päpstlichen Zustimmung.

- Widersprüche müssen durch das Prinzip beseitigt werden, daß die geringere Autorität der größeren zu weichen hat.

89. I. v. Döllinger. Der Papst und das Konzil. S. 106.

90. I. v. Döllinger. Der Papst und das Konzil. S. 110.

91. I. v. Döllinger. Der Papst und das Konzil. S. 48.

92. Hampe. S. 39.

93. Hampe. S. 54.

94. Hampe. S. 39.

95. Pfliegler. Dokumente zur Geschichte der Kirche.

96. Wolf. Weltgeschichte der Lüge. S. 133.

97. Denzler. Belastendes Material zur Kirchengeschichte. S.27.

98. So der Kardinal Zarabella.

99. So der Kanzler Gerson.

100. I. v. Döllinger. Der Papst und das Konzil. S. 88.

101. I. v. Döllinger. Der Papst und das Konzil. S. 65.

102. I. v. Döllinger. Der Papst und das Konzil. S. 58.

103. I. v. Döllinger. Der Papst und das Konzil. S. 68.

104. I. v. Döllinger. Der Papst und das Konzil. S. 61.

105. I. v. Döllinger. Der Papst und das Konzil. S. 79.

106. Otto v. Corvin. Pfaffenspiegel. Leipzig. 1845. S. 143.

107. I. v. Döllinger. Der Papst und das Konzil. S. 96.

108. »Das geist- und oft willenlose Heer der Gläubigen sieht das zwar, läßt aber fast alles mit sich geschehen. Es läßt sich ermorden und mordet selbst, es läßt sich erniedrigen und erniedrigt sich, es wird verhört und verhört andere, es wird verhöhnt und verhöhnt andere, es wird beschimpft und beschimpft andere, es läßt sich zu Verbrechen bewegen, verängstigen und verunsichern. Um einer Handvoll Despoten zu Willen zu sein, werden ganze Völker hin- und hergeschoben. Dies allein ist der Macht der Religion zuzuschreiben; wobei es um den Glaube letztendlich nicht geht«.

109. I. v. Döllinger. Der Papst und das Konzil. S. 100.

110. I. v. Döllinger. Der Papst und das Konzil. S. 152.

111. I. v. Döllinger. Der Papst und das Konzil. S. 105.

113. So der Kardinal Tudeschi.

114. I. v. Döllinger. Der Papst und das Konzil. S. 84.

115. I. v. Döllinger. Der Papst und das Konzil. S. 105.

116. I. v. Döllinger. Der Papst und das Konzil. S. 110.

117. Er läßt durch seinen Legat Chieregatti der deutschen Nation mitteilen: »... allerdings seien am römischen Hof seit Jahren viele Abscheulichkeiten vorgekommen und man habe alles zum Bösen verkehrt ... vom Papst habe sich das Verderben über die Prälaten verbreitet«.
Vergl. I. v. Döllinger. Der Papst und das Konzil. S. 191.

118. Ein Zeitgenosse hält fest: »... er sei eigens nach Rom gegangen und habe sich Eintritt in die verschiedenen geistlichen Körperschaften verschafft ... habe aber nirgends einen auch im Leben wirklich anständigen religiösen Mensch finden können«.
Vergl. I. v. Döllinger. Der Papst und das Konzil. S. 187.

119. I. v. Döllinger. Der Papst und das Konzil. S. 106.

120. I. v. Döllinger. Der Papst und das Konzil. S. 140.

121. I. v. Döllinger. Der Papst und das Konzil. S. 139.

122. I. v. Döllinger. Der Papst und das Konzil. S. 192.

123. I. v. Döllinger. Der Papst und das Konzil. S. 203.

124. I. v. Döllinger. Der Papst und das Konzil. S. 212.

125. I. v. Döllinger. Der Papst und das Konzil. S. 196.

126. I. v. Döllinger. Der Papst und das Konzil. S. 164.

127. I. v. Döllinger. Der Papst und das Konzil. S. 176.

128. I. v. Döllinger. Der Papst und das Konzil. S. 179.

129. Hans - Jürgen Wolf. Hexenwahn: Hexenwahn in Geschichte und Gegenwart. Dornstadt. 1989.

130. I. v. Döllinger. Der Papst und das Konzil. S. 181.

131. Die Franziskaner bezeichnen den Papst Johann XXIII. der Häresie, da das: »... was durch die Schlüssel der Weisheit im Glauben und in den Sitten von den Päpsten einmal definiert worden sei, nicht durch ihre Nachfolger in Zweifel gezogen werden kann«.
I. v. Döllinger. Der Papst und das Konzil. S. 207.

132. In der Bulle »Cum ex apostolatus officio« von 1558.

133. I. v. Döllinger. Der Papst und das Konzil. S. 185.

134. I. v. Döllinger. Der Papst und das Konzil. S. 235.

135. I. v. Döllinger. Der Papst und das Konzil. S. 265.

136. I. v. Döllinger. Der Papst und das Konzil. S. 219.

137. I. v. Döllinger. Der Papst und das Konzil. S. 220.

138. I. v. Döllinger. Der Papst und das Konzil. S. 230.

139. Hepta Romana: oder die Lehre von der Unfehlbarkeit des Papstes. Zeitgemäß beleuchtet und gewürdigt von R. R. Rudis. Zweite unveränderte Auflage mit Prolog und Epilog. Druck und Verlag von Georg Joseph Manz. 1869. S. 29.

140. Professor Dr. Paul Matussek, Leiter der Forschungsstelle für Psychopathologie und Psysiotherapie bei der Max-Planck-Gesellschaft erklärt am 10.September 1975 im Zusammenhang eines Gutachtens: »das unterbreitete Material läßt auf eine abnorme Persönlichkeit schließen«.
(Vergl. dazu die Ausführungen von A. B. Hasler. Wie der Papst unfehlbar wurde. Macht und Ohnmacht eines Dogmas. Mit einem Geleitwort von Hans Küng. München. 1979.).

141. A. B. Hasler. Wie der Papst unfehlbar wurde. Macht und Ohnmacht eines Dogmas. Mit einem Geleitwort von Hans Küng. München. 1979. S. 14.

142. Otto v. Corvin. Pfaffenspiegel. Leipzig. 1845. S. 196.

143. R. Darwin. Die Entwicklung des Priestertums und der Priesterreiche. Faksimiledruck der Ausgabe von 1929. S. 371.

144. Syllabus. I.14. 57.

145. Syllabus. 15. 18.

146. Syllabus. 80.

147. R. Darwin. Die Entwicklung des Priestertums und der Priesterreiche. Faksimiledruck der Ausgabe von 1929. S. 374.

148. G. Denzler. Im Namen Gottes. Belastendes Material aus der Kirchengeschichte. Stuttgart. 1973. S. 45.

149. Deschner. Abermals krähte der Hahn. Kritische Kirchengeschichte von den Evangelien zu den Faschisten. 1980. S. 483.

150. R. Darwin. Die Entwicklung des Priestertums und der Priesterreiche. Faksimiledruck der Ausgabe von 1929. S. 372.

151. Dies ist besonders delikat, weil der polnische Graf Ladislaus Kulczychi in mehreren Depeschen an den italienischen Außenminister Visconti Venosta behauptet, daß der Dominikanergeneral Filippe Maria Guidi ein Sohn des Papstes sei. Kulczycki konnte dies wissen, denn er lebte seit 1855 in Rom und gehörte seit 1862 zur päpstlichen Familie. Er war eng mit dem Archivpräfekt Augustin Theiner befreundet.

Auch Prof. Denzler bringt 1976 die Nachricht von diesem päpstlichen Sohn zur Sprache.

152. Den der hl.Klara von Montefalco. (um 1275 - 1308).

153. Man erzählt sich folgende Anekdote: »... der Papst habe auf einem Spaziergang einem Paralythischen zugerufen: »... erhebe Dich und wandle«. Der arme Teufel hat es versucht und ist gestürzt«. Dies hat den Vizegott sehr verstimmt.
Vergl. A. B. Hasler. Wie der Papst unfehlbar wurde. Macht und Ohnmacht eines Dogmas. Mit einem Geleitwort von Hans Küng. München. 1979. S. 92.

154. Prof. Dr. Paul Matussek von der Forschungsstelle für Psychopathologie und Psiotherapie bei der Max - Planck -Gesellschaft erklärt am 10.September 1975: »... das unterbreitete Material läßt auf eine abnorme Persönlichkeit schließen«.

155. I. v. Döllinger. Der Papst und das Konzil. S. 255.

156. I. v. Döllinger. Der Papst und das Konzil. S. 273.

157. A. B. Hasler. Wie der Papst unfehlbar wurde. Macht und Ohnmacht eines Dogmas. Mit einem Geleitwort von Hans Küng. München. 1979. S. 88.

158. I. v. Döllinger. Der Papst und das Konzil. S. 253.

159. ● Die Päpste können die Grenzen ihrer Gewalt nicht überschreiten. Sie können nach Gutdünken Kaiser und Könige absetzen, ja ganze Reiche und Nationen verschenken.

● Es ist eine Verwirrung, den Protestanten die gleichen politischen Rechte wie den Katholiken zuzugestehen. Zwang und Unterdrückung sind - so lehren es die Väter der Gesellschaft Jesu und deren Gönner, eine heilige Pflicht, wenn man die Macht dazu hat.

● Die Freiheit der Meinungsäußerung erzeugt Sittenlosigkeit und die Pest der Gleichgültigkeit ... diejenigen befinden sich in einem Irrtum, welche die Versöhnung des Papstes mit der mordernen Zivilisation für wünschenswert halten«.
Vergl. A. B. Hasler. Wie der Papst unfehlbar wurde. Macht und Ohnmacht eines Dogmas. Mit einem Geleitwort von Hans Küng. München. 1979. S. 273.

160. A. B. Hasler. Wie der Papst unfehlbar wurde. Macht und Ohnmacht eines Dogmas. Mit einem Geleitwort von Hans Küng. München. 1979. S. 17.

161. A. B. Hasler. Wie der Papst unfehlbar wurde. Macht und Ohnmacht eines Dogmas. Mit einem Geleitwort von Hans Küng. München. 1979. S. 150.

162. Letztendlich bleiben etwa 20% der Bischöfe der feierlichen Konzilssession fern, weil ihre Bedenken nicht ausgeräumt waren.

163. Viva i'Italia. Morte al papa. Morte al Petri. Al Fiume il Porco. Al trevere la carogna.

164. Weber. Kardinäle und Prälaten. S. 273.

165. A. B. Hasler. Wie der Papst unfehlbar wurde. Macht und Ohnmacht eines Dogmas. Mit einem Geleitwort von Hans Küng. München. 1979. S. 20.

166. Vor allem die Kardinäle Maria Guidi und Gustav Adolf Hohenlohe - Schillingsfürst, Antonio Maria Panebianco, Giuseppe Barardi, Angelo Qualia, Camilio Di Petro De Silvestri und Domenico Carafa.

167. Vergl. Koblenzer Laienadresse, Bonner Adresse, Stellungnahme katholischer Mitglieder des Zollparlaments.

168. usque ad effg effusionem sanguinis.

169. Er schreibt am 27.Dezember an seinen Kollegen in Tübingen, Professor Johann Kuhn: »... je länger ich hier bin, desto deutlicher sehe ich, daß meine Berufung als Consultor Concilii ein unehrliches Spiel zugrunde liegt. In Wirklichkeit weiß ich nicht, was ich hier zu schaffen habe. Ich glaube, die schlauen Jesuiten lachen sich eins ins Fäustchen über den Tübinger Professor, der hier so hübsch lahmgelegt ist«.

170. A. B. Hasler. Wie der Papst unfehlbar wurde. Macht und Ohnmacht eines Dogmas. Mit einem Geleitwort von Hans Küng. München. 1979. S. 52.

171. So zum Kardinal Liugio Bilio.

172. A. B. Hasler. Wie der Papst unfehlbar wurde. Macht und Ohnmacht eines Dogmas. Mit einem Geleitwort von Hans Küng. München. 1979. S. 102.

173. Er zieht Parallelen zur Geschichte des Konzils von Trient; bzw. den Arbeiten von Sarpi.

174. The letters and diaries of John Henry Newman. Edited at the Birmingham oratory with notes and

introductiones by Charles Stephan Dessain. London. 1961.

175. Der päpstliche Almosenmeister Francois Xavier de Merode, der päpstliche Hofprediger, Luigi Puecher - Pasavalli sind eindeutige Gegner des Dogmas. In diesem Zusammenhang sind Guilielmo Audisio, Rechtslehrer an der Universität von Rom und Kanoniker von St.Peter zu erwähnen, die gleichfalls zu den Gegnern zählen.

176. Die große Ausgabe der Konzilsakten von Mansi druckt einige Dokumente nicht ab und verschweigt so einen für die Kirche peinlichen Tatbestand. Der Wiener Nuntius Serafino Vantunelli stellt 1883 fest, daß es den drei Bischöfen Stephan Pankovics von Munkács, Smiciklas von Kreutz und Alexander Bonnaz von Csasnad und Temesvár gelungen ist, sich stets vor einer schriftlichen Erklärung zu drücken.

177. A. B. Hasler. Wie der Papst unfehlbar wurde. Macht und Ohnmacht eines Dogmas. Mit einem Geleitwort von Hans Küng. München. 1979. S. 177.

178. Hans - Jürgen Wolf. Schwarze Kunst. Eine illustrierte Geschichte der Druckverfahren. Frankfurt 1981 und Dornstadt 1988. Das Buch stellt eine Ergänzung zu meinen kirchlichen Untersuchungen dar.

179. So noch vor dem Konzil an den Bischof Johann Baptist Greith.

180. A. B. Hasler. Wie der Papst unfehlbar wurde. Macht und Ohnmacht eines Dogmas. Mit einem Geleitwort von Hans Küng. München. 1979. S. 172.

181. 1869. Spalte 75.

182. A. B. Hasler. Wie der Papst unfehlbar wurde. Macht und Ohnmacht eines Dogmas. Mit einem Geleitwort von Hans Küng. München. 1979. S. 31.

183. Hepta Romana: oder die Lehre von der Unfehlbarkeit des Papstes. Zeitgemäß beleuchtet und gewürdigt von R. R. Rudis. Zweite unveränderte Auflage mit Prolog und Epilog. Druck und Verlag von Georg Joseph Manz. 1869.

184. Hepta Romana: oder die Lehre von der Unfehlbarkeit des Papstes. Zeitgemäß beleuchtet und gewürdigt von R. R. Rudis. Zweite unveränderte Auflage mit Prolog und Epilog. Druck und Verlag von Georg Joseph Manz. 1869. S. 7

185. Heiden. Türken und Jude, Neuheiden und Pharisäer und die Schriftgelehrten des Muckertums.

186. Hepta Romana: oder die Lehre von der Unfehlbarkeit des Papstes. Zeitgemäß beleuchtet und gewürdigt von R. R. Rudis. Zweite unveränderte Auflage mit Prolog und Epilog. Druck und Verlag von Georg Joseph Manz. 1869. S. 21.

187. Hepta Romana: oder die Lehre von der Unfehlbarkeit des Papstes. Zeitgemäß beleuchtet und gewürdigt von R. R. Rudis. Zweite unveränderte Auflage mit Prolog und Epilog. Druck und Verlag von Georg Joseph Manz. 1869. S. 33.

188. Ignaz v. Döllinger am 1.März 1887 an den Erzbischof in München, Anton von Streichele. J. J. Ignaz v. Döllingers Briefe und Erklärungen über die Vatikanischen Dekrete von 1869 - 1887. Hrsg. von F. H. Reus. Darmstadt. 1968. Nachdruck. S. 141.

189. Bismarck und die Nationalliberalen sehen in der Zentrumspartei nach dem Konzil noch mehr als vorher den Sammelpunkt der großdeutschen und preußenfeindlichen Gegnerschaft gegen das kleindeutsche Reich.

190. Kanzlerparagraph, Verbot des Jesuitenordens, Oberaufsicht über alle Schulen, Bedingungen für die Anstellung katholischer Geistlicher. Einführung der pflichtgemäßen Zivilehe.

191. Dreyfuß, jüdischer Abkunft, wird im Dezember 1894 von einem Militärgericht in einem völlig regelwidrigen Verfahren des Landesverrates zugunsten des Deutschen Reiches für schuldig befunden und zu lebenslänglicher Deportation auf die Teufelsinsel Cayenne (Franz. Guyana) verurteilt. Seit die Beweise gegen Dreyfuß sich als konstruiert und gefälscht herausstellen, wird die Affaire zunehmend zur politischen Streitfrage zwischen der klerikal und antisemitisch eingestellten Rechten und der politischen Streitfrage. Es folgt eine schwere Staatskrise. Sie endet mit dem Sieg des »bloc republicain« der Linken (Radikale und Sozialisten) und führt in den Jahren 1899 - 1909 zur Trennung von Staat und Kirche in Frankreich.

192. Non abbiamo paura delle pubblicita dei documenti.

193. Brief Sapenuero vom 18.August 1883 an verschiedene Kardinäle. Acta Leonis. III. 259/273/260.

194. Er findet ein geschicktes Hintertürchen und sagt: »... die Kirche sei auf die messianische Heilserfüllung ausgerichtet und habe die Erwartung auf das göttliche Reich gleichsam instituionalisiert. Aus dieser Situation will er die Entstehung der Dogmen erklären. Diese seien so zu verstehen, aus der Anpassung an die variablen Bedingungen von Ort und Zeit. Da die Kirche gezwungen wurde, sich auf eine »veränderte« Endzeit einzustellen, habe sie sich ein Lehrsystem, eine hierarchische Struktur, sakramentale Riten und Dogmen geschaffen.

Loisy sieht das Wesen des Christentums nicht in einem festen Kern, sondern im Werden, so daß Raum für neue Entwicklungen geschaffen wird (Loisy). So würden die Dogmen jeweils nur den neuesten Stand der Entwicklungen markieren. Dies bedeutet jedoch, daß bei einer wesentlichen Änderung der wissenschaftlichen Einsicht eine neue Interpretation der alten Formel notwendig wird.

195. A. B. Hasler. Wie der Papst unfehlbar wurde. Macht und Ohnmacht eines Dogmas. Mit einem Geleitwort von Hans Küng. München. 1979. S. 215.

196. Ulrich Stutz. Der Geist des Kodex Iuris canonici. Eine Einführung in das auf Geheiß Pius X. verfaßte und von Papst Benedikt XI. erlassene Gesetzbuch der katholischen Kirche. Stuttgart, 1918. S. 50.

197. Dr. Georg Müller. Das neue Rechtsbuch der katholischen Kirche. 1928.

198. Im Herrn ermahnen wir die geliebten Söhne des Sodalitum Pianum, die sich um die katholische Sache hochverdient gemacht haben, fortzufahren für Gottes Kirche und den heiligen Stuhl, den guten Kampf zu kämpfen gegen die inneren und äußeren Feinde«. Disquisitio.38. Brief des Sarto-Papstes vom 8.Juli 1912.

199. Charles, Arles, Charlotte, Lotte, Jerome, Ringer, Amie usw.

200. Emile Poulet: Catholicisismes, democratie et socailisme. 495.

201. Faschismus. ital. fascismo, die von B. Mussolini in Italien 1922 zur Macht geführte politische Bewegung und ihr bis 1945 ausgeübtres Herrschaftssystem.

Von den politischen Gegnern wurde der Name zum Sammelbegriff für nationalistische Bewegungen mit autoritär-hierarchischem Aufbau, antiliberalerm antidemokratischer und anitparlamentarischer Grundrichtung erweitert, wie sie in einigen europäischen Ländern bestanden. Sie standen im scharfen Gegensatz zur Sozialdemokratie und zum Kommunismus und waren auf die Errichtung autoritärer oder totalitärer Staatsordnungen mit nationalistischen Ideologien ausgerichtet. Die politischen Gegner dieser Bewegung sammeln sich im Antifaschismus.

202. A. B. Hasler. Wie der Papst unfehlbar wurde. Macht und Ohnmacht eines Dogmas. Mit einem Geleitwort von Hans Küng. München. 1979. S. 205.

203. Francis Simon. Infallibity and the Evidence. Springfield. 1968.

204. A. B. Hasler. Wie der Papst unfehlbar wurde. Macht und Ohnmacht eines Dogmas. Mit einem Geleitwort von Hans Küng. München. 1979. S. XV.

205. Zitiert nach A. B. Hasler. Wie der Papst unfehlbar wurde. Macht und Ohnmacht eines Dogmas. Mit einem Geleitwort von Hans Küng. München. 1979. S. 204.

206. I. v. Döllinger. Der Papst und das Konzil. a. a. O.

207. G. v. Hoensbroech. Das Papsttum in seiner sozialkulturellen Wirksamkeit. Leipzig 1906. S. 6.

208. Joseph v. Görres. Kirche und Staat nach Ablauf der Kölner Irrung. 1842.

209. Hepta Romana: oder die Lehre von der Unfehlbarkeit des Papstes. Zeitgemäß beleuchtet und gewürdigt von R. R. Rudis. Zweite unveränderte Auflage mit Prolog und Epilog. Druck und Verlag von Georg Joseph Manz. 1869. S. 24.

210. Buchmann. Die freie und unfreie Kirche. S.39.

Ein Volk, ein Krieg, ein Glaube

1. Vergl. Fußn. 171.

2. Vergl. Fußn. 47.

3. Tondi. »Bekenntnisse«. S. 83.

5. Alighiero Tondi. Bekenntnisse S. 39. und 49. Ders. »Die geheime Macht der Jesuiten«. Leipzig und Jena. 1.Auflage. 1960. S.5.

6. Zitiert nach Tondi »Bekenntnisse«.

7. Deschner. Abermals krähte der Hahn. Kritische Kirchengeschichte von den Evangelien zu den Faschisten. 1980. S. 10 /11.

8. Vergl. H. Misella. Gott mit uns. Die deutsche katholische Kriegspredigt. 1914 - 1918. München. 1968.

9. Wolf. Hans-Jürgen. Hexenwahn. Hexen in Geschichte und Gegenwart. Dornstadt. 1979.

10. Deschner. Abermals krähte der Hahn. Kritische Kirchengeschichte von den Evangelien zu den Faschisten. 1980. S. 514.

11. »... die christlichen Staaten haben aufgehört ... die menschliche Gesellschaft ist wieder heimisch geworden und gleicht einem von der Erde gebildetem Körper, der auf den göttlichen Hauch wartet. Er belebt selbst dürre Gebeine ... es sind die politischen Gewalten, Parlamente, Wahlurnen und Zivilehen. Nicht nur dürre, sondern stinkende Gebeine sind die Universitäten ... so groß ist ihr Gestank ... der von ihnen verderblichen und pestilenzischen Lehren ausgeht. Aber sie können wieder zum Leben erweckt werden, wenn sie auf Gottes Wort hören, d. h. wenn sie das göttliche Gesetz annehmen ... das ihnen vom höchsten Doktor, dem Papst verkündet wird«.

Vergl. I. v. Döllinger. Der Papst und das Konzil. S. 274 unter Bezug auf einen Aufsatz in der »Civilta«.

12. »... die politischen Tugenden der Kirche sind nicht mit dem von ihr gepriesenem Evangelium in Einklang zubringen« (Vergl. Tondi »Bekenntnisse«) S. 49.

13. Dazu einige Beispiele:

   • Gregor VII. exkommuniziert Boreslaw, den polnischen König und zudem den deutschen König Heinrich IV. Er setzt ihn Kraft »seines« apostolischen Amtes ab.

   • Alexander III. exkommuniziert Friedrich I.

   • Gregor IX. (und während des 1. Konzil von Lyon) Innocenz IV. exkommunizieren Friedrich II.

   • Clemens III. erklärt ihn seiner Reiche für verlustig.

   • Pius IV. macht das gleiche mit der damaligen englischen Königin, wobei er gleichzeitig ihre Untertanen vom Treueeid entbindet.

- Das erste Konzil von Lyon (1245) exkommuniziert die die gegenüber dem abgesetzten Kaiser Friedrich II. im Gehorsam verharren.
Es zeigt sich eine Eskalationspolitik. Das Konzil von Konstanz setzt eine zweimonatige Kerkerstrafe fest, die über alle Gegner des Konzils verhängt werden soll. »... selbst wenn es Könige und Kaiser wären«. Vergl. Tondi »Bekenntnisse«. S. 49.
Das 3. Laterankonzil spricht im 27. Canon die Untertanen jener Fürsten, die Ketzer begünstigen, vom Eid der Treue los. Das 4. Laterankonzil setzt die gleiche Strafe für die Herrscher fest, die die Ketzer nicht aus ihrem Reich vertreiben.
Ein weiteres Beispiel haben wir in dem Dialog zwischen Eduard I., dem König von England und Philipp dem Schönen, dem König von Frankreich, die beide zur Bestreitung der Kriegskosten Kirchengüter in Anspruch nehmen. Der damalige Papst Bonifazius VIII. lehnt sich dagegen auf und bekräftigt in mehreren Bullen, daß die kirchliche Gewalt der weltlichen überlegen sei. In diesem Zusammenhang entstehen die Bullen »Rem non novam« (3.September 1302) und »Unam Sanctam« (18.November 1302). Der Kirchenmann geht soweit, selbst eine bewaffnete Macht für sich zu beanspruchen, ... falls er dieses für angebracht halte».

14. I. v. Döllinger. Der Papst und das Konzil. S. 280.
15. Deschner. Abermals krähte der Hahn. Kritische Kirchengeschichte von den Evangelien zu den Faschisten. 1980. S. 502.
16. Deschner. Abermals krähte der Hahn. Kritische Kirchengeschichte von den Evangelien zu den Faschisten. 1980. S. 495.
17. Deschner. Abermals krähte der Hahn. Kritische Kirchengeschichte von den Evangelien zu den Faschisten. 1980. S. 505.
18. Deschner. Abermals krähte der Hahn. Kritische Kirchengeschichte von den Evangelien zu den Faschisten. 1980. S. 505.
19. Deschner. Abermals krähte der Hahn. Kritische Kirchengeschichte von den Evangelien zu den Faschisten. 1980. S. 501.
20. Deschner. Abermals krähte der Hahn. Kritische Kirchengeschichte von den Evangelien zu den Faschisten. 1980. S. 508.
21. Deschner. Abermals krähte der Hahn. Kritische Kirchengeschichte von den Evangelien zu den Faschisten. 1980. S. 509.
22. Deschner. Abermals krähte der Hahn. Kritische Kirchengeschichte von den Evangelien zu den Faschisten. 1980. S. 510.
23. G. Denzler. Im Namen Gottes. Belastendes Material aus der Kirchengeschichte. Stuttgart. 1973. S. 18.
24. Deschner. Abermals krähte der Hahn. Kritische Kirchengeschichte von den Evangelien zu den Faschisten. 1980. S. 519.
25. Deschner. Abermals krähte der Hahn. Kritische Kirchengeschichte von den Evangelien zu den Faschisten. 1980. S. 513.
26. Deschner. Abermals krähte der Hahn. Kritische Kirchengeschichte von den Evangelien zu den Faschisten. 1980. s. 513.
27. G. Denzler. Im Namen Gottes. Belastendes Material aus der Kirchengeschichte. Stuttgart. 1973. S. 17.
28. W. Lamers. Chronik oder die Geschichte der zwei Staaten. Ausgewählte Quellen zur deutschen Geschichte des Mittelalters. 16. Darmstadt. 1961. S. 507.
29. G. Denzler. Im Namen Gottes. Belastendes Material aus der Kirchengeschichte. Stuttgart. 1973. S. 20.
30. W. E. Schwarz. Der Briefwechsel Maximilians I. mit Pius V. Paderborn. 1869. S. 187-188.
31. G. Denzler. Im Namen Gottes. Belastendes Material aus der Kirchengeschichte. Stuttgart. 1973. S. 21.
32. G. Denzler. Im Namen Gottes. Belastendes Material aus der Kirchengeschichte. Stuttgart. 1973. S. 33.
33. Innocenz X. läßt melden: »... niemand, und hätte er sie auch mit einem Eid versprochen, sie zur Beachtung dieser Friedensschlüsse und Satzungen verpflichtet«. Vergl. I. v. Döllinger. Der Papst und das Konzil. S. 279.
34. Buchmann. Die freie und unfreie Kirche. S. 74.
35. Buchmann. Die freie und unfreie Kirche. S. 79.
36. I. v. Döllinger. Der Papst und das Konzil. S. 274. Innocenz III. erkennt darin eine Verminderung des apostolischen Stuhles und belegt ihre Urheber, die englischen Barone, mit dem Bann.
37. In seinem Schreiben an die deutschen Erzbischöfe »Pacem Westphalicum ecclesiae nunquam probavit« (= die Kirche hat diesen Frieden niemals genehmigt«).
38. I. v. Döllinger. Der Papst und das Konzil. S. 275.
39. I. v. Döllinger. Der Papst und das Konzil. S. 278.
40. In der Accolation vom 22. Juni 1868 heißt es: »... kraft unserer Apostolischen Autorität verwerfen und verdammen wir die angeführten neuen österreichischen Gesetze im allgemeinen und im Besonderen. Alles, was in diesen gegen die Rechte der Kirche von der österreichischen Regierung oder von untergebenen Behörden verordnet, getan oder wie immer verhängt worden ist. Wir erklären sie für nichtig und immer ungültig. Die Urheber derselben aber, besonders die sich Katholiken zu sein rühmen ... ermahnen und beschwören wir, der Zensuren, Strafen und der geistlichen Strafen zu gedenken, die nach der Apostolischen Konstitution und den Dekreten der ökumenischen Konzilien denjenigen treffen, der die Rechte der Kirche verletzt«.

Vergl. I. v. Döllinger. Der Papst und das Konzil. S. 278.

654

41. Deschner. Abermals krähte der Hahn. Kritische Kirchengeschichte von den Evangelien zu den Faschisten. 1980. S. 358.

42. In seinem Buch »Fifty years in the Church of Rome«. S. 715.

43. Während er mit seiner Familie einer Theatervorstellung beiwohnt, wird er von einem in die Loge dringenden Schauspieler (John Wilkens Booth) niedergeschossen und stirbt am nächsten Morgen. Der erkrankte Staatsminister Seward wird in seinem Bett überfallen und durch Messerstiche verletzt. Vergl. dazu:

- Benn Pimann (der Protokollführer des Verhörs). The Association of President Lincoln and the Trial of the Conspirators. Washington. 1865.

- Burke McCarty. The supressed Truth about the Association of Abraham Lincoln. Written and compoled by Burke McCarty. Ex- Romanist. Washington. 1922.

Die Verhöre ergeben, daß Mörder und Mittelsmänner fanatische Katholiken waren. Das Hauptquartier befand sich in dem von katholischen Priestern oft besuchten Boardinghaus bei einer Katholikin, Frau Mary Surrat.

Vergl. Deschner. Abermals krähte der Hahn. Kritische Kirchengeschichte von den Evangelien zu den Faschisten. 1980. S. 368.

44. Deschner. Abermals krähte der Hahn. Kritische Kirchengeschichte von den Evangelien zu den Faschisten. 1980. S. 368.

45. Der Papst sagt: »... der Gehorsam gegen eine weltliche Regierung kommt erst an zweiter Stelle ... (und) ... daß keine der Regierung geleisteten Eide gehalten zu werden brauchen, die den Interessen der Kirche zuwiderlaufen ... wie Gott über den Menschen steht, so steht die Kirche über dem Staat«.

Vergl. I. v. Döllinger. Der Papst und das Konzil. S. 359.

46. Darin: »... es ist unrecht, die Gesetze der Kirche zu brechen, um Verordnungen der weltlichen Behörden zu folgen. Stehen die Bestimmungen eines Staates im Widerspruch mit dem Erlassen der Kirche, oder schädigen oder stellen sie die Autorität des Papstes in Frage, so ist es die Pflicht eines jeden Katholiken, sich ihnen zu widersetzen«.

47. So der New Yorker Generalvikar Preston während einer am Neujahrstag 1888 gehaltenen Predigt.

48. Um seine Stellung zu festigen, beruft er sich auf folgendes Dekret: »... wir gebieten Allen, welche es angeht, unserem Apostolischen Gesandten als die erste Macht anzuerkennen ... ihnen in allen Dingen Hilfe, Gehorsam und Unterstützung zu leisten und in Ehrfurcht ihre heilsamen Verordnungen und Befehle entgegenzunehmen. Alle Urteile oder Strafen, die sie über diejenigen fällen und verhängen, die sich ihrer Autorität widersetzen, sollen von uns bestätigt werden ... Kraft der Uns von Gott verliehenen Autorität werden wir für ihre unverletzliche Bestrafung sorgen, bis genügend Genugtuung erlangt ist, gleichviel ob diese gegen Verfassungen, apostolische Vorschriften oder irgendeine Verordnung verstößt«.

49. Tondi. Bekenntnisse. S. 55.

50. Tondi. Bekenntnisse. S. 55.

51. Tondi. Bekenntnisse. S. 57.

52. Tondi. Bekenntnisse.

53. A. Rhodes. Der Papst und die Diktatoren. Der Vatikan zwischen Revolution und Faschismus. Wien. Graz. Köln. 1980. Er verweist auf neuere Quellen. Es sind vor allem Unterlagen des Auswärtigen Amtes (Bonn), die 1945 von den Aliierten unversehrt in Beschlag genommen wurden und jetzt zugänglich sind. Hinzu kommen verschiedene Dokumente des »British Foreign Office« aus der Zeit von 1922 - 45.

Hinzu kommen neuere Nachrichten der Vatikanischen Veröffentlichungen »Actes et Documents du saint Siege relativs a la seconde Guerre Mondiale«, die seit 1966 erscheinen. Außerdem verweist er auf Unterlagen des Barons Diego v. Bergen in den Aktenbündeln des A.A. V. Bergen war 22 Jahre Gesandter beim Heiligen Stuhl.

54. A. Rhodes. Der Papst und die Diktatoren. Der Vatikan zwischen Revolution und Faschismus. Wien. Graz. Köln. 1980. Rhodes proklamiert: »... Pius XI sammelte frühzeitig in Warschau politische Erfahrungen ... diese sollten für den Rest seines Lebens seine Haltung gegenüber dem Kommunismus bestimmen« (a. a. O. S. 14).

55. Achille Ratti entscheidet sich früh für das Priestertum. 1920 kehrt er nach diplomatischen Tätigkeiten nach Italien zurück und bekommt das Bistum Mailand anvertraut. Nach mehreren Wahlgängen kommt er mit 65 Jahren zur päpstlichen Würde und nennt sich Pius XI.

Rhodes neigt (auch hier) zur Polemik und betont: »... er (der Papst) soll schon als Kind Ernst, praktisches Urteilsvermögen, Geduld, Überlegung und Entschiedenheit auf sich vereinigt haben«. Wir erkennen die alte Lied. Gewöhnliche Menschen werden nachträglich ob ihres menschlichen Titels glorifiziert.

56. Graf v. Salis, der britische Botschafter beim Vatikan, schreibt über ihn: »... alles wird von der Angst des Papstes vor dem russischen Kommunismus beherrscht ... man hat Angst, daß die Sowjets nach Westeuropa vordringen könnten«.

Vergl. Foreign Office. Vatican relativs with Italy. Annual Report. 25.Oct. 1922.

57. A. Rhodes. Der Papst und die Diktatoren. Der Vatikan zwischen Revolution und Faschismus. Wien. Graz. Köln. 1980. Rhodes: »... der neue Papst war 65 Jahre alt, stattlich, mit einem runden Schädel ... hinter goldgefaßten Brillengläsern blitzten kleine durchdringende Augen« (a.a.O.S. 14).

58. Der Diplomat Baron Beyens schreibt in seinem Buch : »Vier Jahre in Rom«. »... als er Papst wurde, hörte man nur noch das eine Wort »Obbediere« (= gehorchen) ... er befahl instinktiv ... und wurde sich dessen offensichtlich nicht bewußt«.

59. Seine Finanzverwaltung wird mit der des hl. Franz v. Asissi in Beziehung gesetzt. Sir Odo Rusell, der britische Vertreter beim Vatikan, sagt dazu: »... es wäre leicht der Schluß zu ziehen, daß seine Heiligkeit die Finanzen in einer Art verwaltet, die an den hl. Franz v. Asissi erinnert«.
Vergl. F. O. 371 (12199. Sir O. Rusell and Sir A. Chamberlain vom 18.Oktober 1927).

60. Zitiert nach Tondi. »Bekenntnisse«.

61. A. Rhodes. Der Papst und die Diktatoren. Der Vatikan zwischen Revolution und Faschismus. Wien. Graz. Köln. 1980. S. 181

62. F. O. 371/12582. Depesche von Sir O. Rusell vom 28.Dezember 1926. Er sagt: »... daß es für ihn eine Quelle der Freude sei, in den Berichten der sowjetischen Behörden zu lesen, daß die römische Kirche noch immer das bedeutendste Hindernis für den Fortschritt der revolutionären Ideen bilde«.

63. A. Rhodes. Der Papst und die Diktatoren. Der Vatikan zwischen Revolution und Faschismus. Wien. Graz. Köln. 1980. S.112.

64. Tondi erkennt die Unzulänglichkeit der römisch - katholischen Kirche und wendet sich von seiner Professur an der Gregoriana- und seiner Beteiligung von jesuitischen Ränken ab. Daraufhin wird er von der Kirche verworfen und soll auf Betreiben von Jesuiten in ein Irrenhaus gebracht werden. Er nennt in seinen beiden daraufhin erscheinenden Büchern viele konkrete Details, als daß man ihnen den Wahrheitsgehalt absprechen könnte. U. a. weist er nach, in wieweit vatikanisches Kapital an weltlichen Unternehmen beteiligt ist und daß unter dem Deckmantel der römisch- katholischen Kirche eine regelrechte Spionage und Propagandatätigkeit entfaltet wird, die auf eine Missionierung des Ostens ausgerichtet ist. Langfristig soll erreicht werden, die Regierungen hinter dem Eisernen Vorhang zu stürzen«.
Vergl. Tondi »Bekenntnisse« S. 27.

65. Antwort von Pater Leon Hudon. Sekretär an der Päpstlichen Hochschule (= Gregoriana). Vergl. Tondi »Bekenntnisse. S.24.

66. A. Rhodes. Der Papst und die Diktatoren. Der Vatikan zwischen Revolution und Faschismus. Wien. Graz. Köln. 1980. S. 112.

67. A. A. Beziehungen des Vatikans zu England (Geheim). Depesche von Brockdorff - Rantzau. 29.August 1927.

68. A. Rhodes. Der Papst und die Diktatoren. Der Vatikan zwischen Revolution und Faschismus. Wien. Graz. Köln. 1980. S.114.

69. 1923 gelangt per Zufall ein Zirkular des Zentralkomitees der Ukraine in die Hände Hogdsons, des britischen Geschäftsträgers in Moskau. Es beinhaltet Anweisungen, wie man sich gegenüber der Religion zu verhalten hat. Sie wird in diesem Umfeld für nicht weniger gefährlich wie Alkohol und Prostitution bezeichnet.

70. A. Rhodes. Der Papst und die Diktatoren. Der Vatikan zwischen Revolution und Faschismus. Wien. Graz. Köln. 1980. S. 118.

71. Man bezieht sich auf Enthüllungen, die sich in den Memoiren von Kardinal Tisserants befinden, wonach ein gewisser Dr. Petacci, der Vater von Mussolinis Maitresse, an das Krankenlager des Papstes gelangt sein soll, um ihm eine tödliche Injektion zu verabreichen«.

72. Bernhard Wall. Bericht über den Vatikan. Weidenfeld. 1956.

73. A. Rhodes. Der Papst und die Diktatoren. Der Vatikan zwischen Revolution und Faschismus. Wien. Graz. Köln. 1980. S.119.

74. Vor allem im Rheinland und in Westfalen, unter der Führung von P. Reichensperger, C.F. v. Savigny, H. v. Malleinkrodt und dem Bischof E.V. Ketteler.

75. In der Frankfurter Nationalversammlung bildet sich 1848 ein interfraktioneller katholischer Verein unter J.v. Radowitz, im preußischen Landtag 1852 eine katholische Fraktion mit 62 Abgeordneten unter der Führung von August Reichensperger, die unter dem Namen »Zentrum« besteht und 1862 aufgerieben wird.

76. Man proklamiert das Prinzip des Rechtsstaates, das der religiösen Freiheit, die alle Konfessionen umfassen soll ... doch bleiben die Nichtkatholiken stets in der Minderheit. Man streitet darüber, ob man sich zu einer rein katholischen Partei (Berliner Richtung) oder auf eine überkonfessionelle politische Partei auf christl. Grundlage (Kölner Richtung) einigen soll.
Vergl. C. V. Cramer. Bücherkunde zur Geschichte der katholischen Bewegung in Deutschland im 19.Jh. 1927.

77. Kaas, Ludwig, kath. Theologe und Politiker. Geb. am 23.5.1881 in Trier, gest. ebda. 1924 Domkapitular. Frühzeitig Mitglied des Zentrums, war er 1919 Abgeordneter in der Nationalversammlung. 1920-33 im Reichstag, wo er besonders in außenpolitischen Fragen hervortrat. Von 1928-33 war er Vorsitzender des Zentrums und in dieser Funktion seit 1930 eine Stütze der Regierung von Brüning.

Die Politik v. Papens lehnt er ab und trug zu ihrem Scheitern bei. Im März 1933 söhnte er sich mit v. Papen aus, stimmte dem Ermächtigungsgesetz für Hitler zu und ging anschließend nach Rom, um den Abschluß des Reichskonkordates (1933) herbeizuführen.

Kaas blieb in Rom, wo er als wirklicher Apostol. Protonotar und Sekretär der Kardinalskongregation von St. Peter lebte. In dieser Eigenschaft unterstanden ihm archäologische Ausgrabungen unter St. Peter.

Zit. nach dem Großen Brockhaus. 17. Ausgabe. Bd. 9. S. 583.

78. »Als 1870 die Unfehlabrkeit eingeführt wurde, nahm die Kirche auf einer höheren Ebene jene geschichtlichen Entscheidungen voraus, die heute auf der politischen Ebene gefällt werden; für die Autorität und gegen die Diskussion, für den Führer und gegen das Parlament. Die Grundlage einer christlichen Politik der deutschen Katholiken«.

In: Die Schildgenossen. Katholische Zweimonatszeitschrift. 13.Jahrg. (1933/34). S. 48.

79. Michael Schmaus. Begegnungen zwischen katholischem Christentum und nationalistischer Weltanschauung, Reich und Kirche. Eine Schriftenreihe. 4. Münster. 1943. S.42.

80. A. B. Hasler. Wie der Papst unfehlbar wurde. Macht und Ohnmacht eines Dogmas. Mit einem Geleitwort von Hans Küng. München. 1979. S.218.

81. MIZ. (Materialien und Informationen zur Zeit). 4/81. S.2.

82. Vergl. Fußn. 87.

83. Führende Mitglieder der DAP waren um diese Zeit der Schriftsteller D. Eckart, der Ingenieur G. Feder, der Reichswehroffizier E. Röhm, später treten A. Rosenberg und J. Streicher bei.

84. 1889 als Sohn eines Zollbeamten im österreichischen Braunau am Inn geboren. Er besucht die Realschulen von Linz und Steyr; die Reifeprüfung besteht er nicht. 1908 wird er Bauhilfsarbeiter und geht als Zeichner nach Wien, 1913 nach München, 1914 rückt er freiwillig in ein bayerisches Infanterieregiment. Gegen Kriegsende erblindet er an Giftgas und wird im Lazarett von Pasewalk geheilt. Weil er darin eine »göttliche« Fügung sieht, beschließt er, Politiker zu werden.

Wir haben eine Parallele zu Martin Luther - und anderen - den ein starkes Gewitter vom »rechten« Glauben überzeugt hat.

Hitler versucht sich als Schriftsteller und schreibt im Völkischen Beobachter gegen die Regierung Stresemanns. Durch seinen Eifer im Münchener Bürgerbräukeller, wo er ausruft: »... die nationale Revolution ist ausgebrochen«, leitet er eine folgenschwere Entwicklung ein.

So wird am 9.November 1923 ein Marsch auf die Feldherrnhalle inszeniert. Hitler läßt sich drei Tage nach dem gescheiterten Putsch festnehmen. Am 26.Februar 1924 stellt er sich dem sog. Volksgericht in München. Am 1. April 1924 verurteilt ihn der Jesuitenzögling Hans Frank zu der geringst möglichen Strafe »5 Jahre Festungshaft bei Anrechnung der Untersuchungshaft mit Aussicht auf Bewährung«. Daraufhin kommt er in die Festung bei Landsberg am Lech.

85. Dieses Programm war eine agitatorisch geschickte Kombination von populären Formeln, wie sie damals vor allem in der politisch rechten üblich waren (Anschluß Österreichs, Erwerbung von Kolonien). Gleichberechtigung Deutschlands im Internationalen Bereich), mit sozialistischen Forderungen (Einzug der Kriegsgewinne, Bodenreform, Enteignung von Boden für gemeinnützige Zwecke).

86. Seit 1933 ist Frank bayerischer Justizminister, seit Dezember 1934 Reichsjustizminister und seit 1939 Generalgouverneur in Polen.

87. 1879 als Sohn katholischer Eltern in Werl/Westfalen, geboren, wurde er von 1912 bis 1915 Militärattache in Mexiko und Washington, danach Stabschef der Vierten Türkischen Armee in Palästina und von 1921 bis 1932 Abgeordneter des Zentrums im preußischen Landtag.

Papen wettert bereits in seiner Regierungserklärung gegen den Bolschewismus und betreibt eine leicht durchschaubare Winkelpolitik. Das Kabinett Papen faßt am 3.Juni 1932 den Beschluß, Hindenburg um die Auflösung des Reichstages zu bitten. Am nächsten Tag unterzeichnet der Reichstagspräsident das Auflösungsdekret, weil die Zusammensetzung des Reichstages »dem politischen Willen des deutschen Volkes nicht mehr entspricht«.

Am 20.Juni 1932 bestellt Hindenburg v. Papen durch ein Notdekret zum Reichskommissar in Preußen. Die nächste Reichstagswahl bringt die NSDAP mit 230 Mandaten und 38% der Stimmen erstmals an die Spitze. Nach dem Wahlsieg drängt sich die Ernennung Hitlers förmlich auf.

V.Papen bereitet in den Jahren 1943 bis 1938 als deutscher Botschafter in Wien die nationalsozialistische Machtergreifung in Österreich vor. Nach der Annexion Österreichs erhält er von Hitler das Goldene Parteiabzeichen. Beim Nürnberger Kriegsverbrecherprozeß 1946 wird der inzwischen zum päpstlichen Kammerherr avisierte v. Papen freigesprochen und erhält von einem westdeutschen Gericht am 9.April 1962 wieder seine Pension zuerkannt.

89. Zudem steht in der Germania: »... der alles überragende Leitstern der Tagung war, die katholischen Massen in der ganzen Welt aufzurufen und zu sammeln im Kampf gegen die Gottlosenbewegung. Das, was in Rußland vor sich geht, ist Satanswerk, das nicht ernst genommen werden kann und das mit allen Mitteln von jedem Katholik bekämpft werden muß. Die Gottlosigkeit wird scheitern, wenn die Katholiken aller Nationen ohne Rücksicht ... sich zusammentun und in geschlossener Phalanx das Werk des Teufels ausrotten ... die Kirche ist eine streitende Kirche. Nochmals. Es gilt zu kämpfen mit dem ganzen Einsatz der Persönlichkeit. Jeder muß auf dem Platz sein, wohin er gehört.

».So gesprochen während der 2. Internationalen Christ - Königs - Tagung in Berlin. 28.August 1932.

657

90. MIZ. (Materialien und Informationen zur Zeit). 4/81.

91. MIZ. (Materialien und Informationen zur Zeit). 4/81 S. 5.

92. Germania. Bd. Juli/August 1932.

93. In seinem Buch »Hitlers Weg«, Stuttgart. 1932.

94. »... ich habe die NSDAP immer korrekt behandelt und mich deshalb wiederholt über ministerielle Anweisungen ... und über die Anschauungen der Zentrumsfraktion der Kölner Stadtverordnetenversammlung hinweggesetzt. Ich habe der NSDAP die städtischen Sportplätze zur Verfügung gestellt und ihnen gestattet, Hakenkreuzfahnen an die Städtischen Flaggenmasten zu hissen«.

Schon im Winter 1932/1933 betont der Katholik Adenauer: »... daß die NSDAP unbedingt führend in der Regierung vertreten sein müsse«.

96. Sein Gespräch findet möglicherweise mit Mrsg. Pizzardo, einem Unterstaatssekretär, statt.

97. Nach einer Aussage von F. B. Conrad (Wien).

99. Vergl Gerhard Binder. Irrtum und Widerstand. Die deutschen Katholiken in der Auseinandersetzung mit dem Nationalsozialismus. München. 1968. Vergl. V. Cramer. Bücherkunde zur Geschichte der katholischen Bewegung in Deutschland im 19.Jh. 1927.

100. Interessante Bücher sind dazu:

- Garry Allen. »Die Insider«. VAP - Verlag. Wiesbaden. 1971

- Die Rockefeller - Papiere. VAP - Verlag. Wiesbaden. 1978.

- Des Griffin »Die Herrscher«. VAP - Verlag. Wiesbaden. 1980.

- »Die Absteiger«. VAP - Verlag. Wiesbaden. 1981.

- Eustache Mullins. »Die Bankiersverschwörung«. Verlag für ganzheitliche Forschung. Wobbenbühl. 1980.

- Hans Pfeifer. »Die Brüder des Schattens«. Roland Untersax - Verlag. Zürich. 1982 und vor allem:

- So wurde Hitler finanziert. Das verschollene Dokument von Sidney Warburg über die internationalen Geldgeber des Dritten Reiches. Hrsg. und eingeleitet von Ekkehard Griecksch. Verlag Diagnosen. 1983.

  Die englische Version ist vom Markt verschwunden. 1933 folgt eine Übersetzung ins Niederländische und erscheint als Buch in der Van Holkema und Warendorffs Verlagsgesellschaft AG (Amsterdam). Kurz danach zieht es der Verlag als Fälschung zurück. Von der holländischen Ausgabe gibt es nur noch wenige Exemplare. Der Übersetzer J. G. Schoup wird ermordet. Später wird die Existenz Sidney Warburgs bestritten.

101. »... ein ausführlicher Überblick über die öffentliche Verschuldung Europas zeigt eine Summe von 5 343 Millionen Dollar jährlich an Zinsen und Tilgungszahlungen. Die Finanzen Europas sind so in Anspruch genommen, daß sich die Regierungen fragen mögen, ob nicht ein Krieg mit all seinen schrecklichen Aussichten der Aufrechterhaltung eines so kostspieligen Friedens vorzuziehen sei. Wenn die militärischen Vorbereitungen in Europa nicht in einem Krieg enden, können sie zu einem Bankrott der Staaten führen ... sie weisen auf bevorstehende wirtschaftliche Revolutionen hin«. Zitiert nach »So wurde Hitler finanziert«. a. a. O. S.13.

102. Die Rotschilds und Warburgs finanzieren die russische Revolution. Ein Mitglied der Familie Warburg übernimmt die Kosten, die Lenin und Trotzky 1918 in Stockholm verursachen (nach der Selbstbiographie des Colonel Ely Garrison und nach einem Bericht des Marinegeheimdienstes der Vereinigten Staaten).

Zitiert nach »So wurde Hitler finanziert«. a. a. O. S. 27.

1920 manipulieren die Bankiers an der Londoner Börse gleichzeitig die alten Zaren - Rubel, die Keremnsky und Koltschakrubel, je nachdem die Bewegung der alliierten Truppen, die Kotschalk halfen.

Zitiert nach »So wurde Hitler finanziert«. a.a. O. S. 28.

103. Sidney Warburg »So wurde Hitler finanziert« S.57.

104. Sidney Warburg »So wurde Hitler finanziert« S.62. Wortführer waren Carter und Rockefeller. In diesem Zusammenhang kommt es zur Beauftragung des Bankiers Warburg.

105. Carter und Rockefeller waren sich einig, daß es nur wenig Mittel gab, um Deutschland aus dem finanziellen Würgegriff Frankreichs zu befreien. Am geeignetsten schien eine innerdeutsche Revolution. (Sidney Warburg »So wurde Hitler finanziert« S. 64). Man zog (auch) eine Gruppe der Kommunistischen Internationale in Betracht, sah aber den Nachteil, daß damit die Macht der Sowjets in Europa verstärkt würde. Zitiert nach Sidney Warburg »So wurde Hitler finanziert« S. 64.

106. Im Tausch dafür sollte Frankreich für den Fall eines deutschen Angriffs amerikanische und englische Hilfe zugesagt werden. Freilich unter der Prämisse der höchsten Vertraulichkeit. Hitler durfte von dieser Absicht nichts erfahren.

Zit. nach Sidney Warburg »So wurde Hitler finanziert«

107. Sidney Warburg »So wurde Hitler finanziert« S. 44.

108. Sidney Warburg »So wurde Hitler finanziert« S. 51.

109. Anthony C, Sutton. Vergl. sein Buch »Wallstreet on the Rise of Hitler«. 1936 wird Opel von den

Nationalsozialisten Steuerfreiheit eingeräumt, damit General Motors die Produktionsanlagen erweitern kann.

110. Sidney Warburg »So wurde Hitler finanziert« S. 152.

111. Sie sind in den Protokollen und Berichten über Hearings der Regierung der Vereinigten Staaten zu finden, die von verschiedenen Senats- und Kongreßausschüssen in den Jahren 1982 bis 1946 veröffentlicht worden sind. Z. B.

- House Succomitee to Onvestigate Nazi propaganda (1934) Kongreßausschluß zur Untersuchung der Nazipropaganda.

- Der Bericht über Kartelle. Hrsg. vom House Tempory National Economic Comitee (Vorläufiger Nationaler Wirtschaftsauschuß des Kongresses. 1941), sowie vom Senat Subcommitee on War Mobilization (Senats. Unterausschuß für Mobilmachung. 1946).

112. Sidney Warburg war der Sohn einer der größten Bankiers in den Vereinigten Staaten des Firmeninhabers im Bankhaus Kuhn, Loeb & Cie. (New York). Er hat das Bekenntnis der persönlichen Mittäterschaft abgelegt. Er übergab J. G. Schoup das Manuskript mit seinen persönlichen Aufzeichnungen über seine drei Gespräche mit Hitler, mit der Bitte um Übersetzung.

Er sagt: »... mein Bericht ist nicht mehr als eine treue Wiedergabe von den Gesprächen, die ich mit dem kommenden Mann Europas, Adolf Hitler, geführt habe ... ich will das Verbrechen eines Systems herausstellen, das die Welt regiert.

Zit. nach Sidney Warburg »So wurde Hitler finanziert« S. 63.

113. Sidney Warburg »So wurde Hitler finanziert« S. 152.

114. »... das Finanzieren der Nazi - Partei ist ein Kapitel für sich. Ich habe nie öffentlich darüber gesprochen, aber im Interesse Deutschlands könnte dies notwendig werden, um aufzudecken, wie dieselben Bankiers im Herbst 1931 den amerikanischen Botschafter Sacket gegen meine Regierung zugunsten der Nazipartei zu beeinflussen suchten«.

Brüning in einem Brief an den Herausgeber der »Deutschen Rundschau«. Dr. Rudolf Fechel. Heft. 7. Juli 1947.

115. Sidney Warburg »So wurde Hitler finanziert« S. 147.

116. Sidney Warburg »So wurde Hitler finanziert« S. 44.

117. Sidney Warburg »So wurde Hitler finanziert« S. 50.

118. Sidney Warburg »So wurde Hitler finanziert« S. 65.

119. Sidney Warburg »So wurde Hitler finanziert« S. 82.

120. Sidney Warburg »So wurde Hitler finanziert« S. 65.

121. Sidney Warburg »So wurde Hitler finanziert« S. 66.

122. Sidney Warburg »So wurde Hitler finanziert« S. 69.

123. Sidney Warburg »So wurde Hitler finanziert« S. 68.

124. Sidney Warburg »So wurde Hitler finanziert« S. 68.

125. Sidney Warburg »So wurde Hitler finanziert« S. 69.

126. Sidney Warburg »So wurde Hitler finanziert« S. 70.

127. Die Bankiers wurden gebeten, 10 Schecks á 1 Million Dollar auszustellen, ausgeschrieben auf den Markt - Gegenwert und verteilt auf zehn deutsche Städte. Die Schecks sollten dann auf zehn verschiedene Namen ausgeschrieben sein und an v. Heydt, der mit nach Amsterdamm fahren sollte, abgehoben werden.

Zit. nach Sidney Warburg »So wurde Hitler finanziert« S. 78.

128. Im Oktober 1931 wendet sich Hitler mit einem Bettelbrief an Warburg und trägt vor: »... unsere Bewegung wächst über ganz Deutschland mit einer Geschwindigkeit, die hohe Anforderungen an die finanzielle Organisation stellt. Ich habe den Betrag, der mir durch Sie vermittelt wurde, zum Ausbau der Partei verbraucht und sehe jetzt, daß ich in absehbarer Zeit festsitzen werde, wenn keine neuen Einkünfte gefunden werden. Ich verfüge nicht etwa wie unsere Feinde, die Kommunisten und Sozialdemokraten, über die großen finanziellen Quellen von Regierungen, sondern bin ausschließlich auf die Beträge aus der Partei angewiesen. Von dem Betrag, den ich erhalten habe, ist nichts mehr übrig«.

Er möchte hinterfragen, wieviel an weiterer Unterstützung möglich sei. Zit. nach Sidney Warburg »So wurde Hitler finanziert« S. 88.

129. Sidney Warburg »So wurde Hitler finanziert« S. 96.

130. Sidney Warburg »So wurde Hitler finanziert« S. S. 97.

131. Sidney Warburg »So wurde Hitler finanziert« S. 98.

132. Sidney Warburg »So wurde Hitler finanziert« S. 98.

133. Sidney Warburg »So wurde Hitler finanziert« S. 100.

134. Sidney Warburg »So wurde Hitler finanziert« S. 101.

135. Sidney Warburg »So wurde Hitler finanziert« S. 101.

136. Sidney Warburg »So wurde Hitler finanziert« S. 104.

137. Sidney Warburg »So wurde Hitler finanziert« S. 105.

138. Sidney Warburg »So wurde Hitler finanziert« S. 108.

139. Sidney Warburg »So wurde Hitler finanziert« S. 112.

140. Sidney Warburg »So wurde Hitler finanziert« S. 131.

141. Sidney Warburg »So wurde Hitler finanziert« S. 117.

142. Sidney Warburg »So wurde Hitler finanziert« S. 133.

143. Sidney Warburg »So wurde Hitler finanziert« S. 134.

144. Sidney Warburg »So wurde Hitler finanziert« S. 128.

145. Sidney Warburg »So wurde Hitler finanziert« S. 139.

146. Er sagt: »... was sind Sittlichkeit und Moral genau genommen? Wir Christen glauben daran, unseren Nächsten zu lieben, während diese Leute (die Nationalsozialisten) dies herzlich wenig zu tun scheinen ... sie möchten eine neue Dreifaltigkeit von Blut, Volk und Boden«.
Vergl. A. Rhodes. Der Papst und die Diktatoren. Der Vatikan zwischen Revolution und Faschismus. Wien. Graz. Köln. 1980. S. 142.

148. A. A. Beziehungen des Heiligen Stuhles zu Deutschland. Bd. 4.

149. A. Rhodes. Der Papst und die Diktatoren. Der Vatikan zwischen Revolution und Faschismus. Wien. Graz. Köln. 1980. S. 143.

150. Sidney Warburg »So wurde Hitler finanziert« S. 102.

151. Bereits sechs Wochen nach der Machtergreifung wird in Karlsruhe der päpstliche Nuntius von Deutschland, Mrsg.Orsenigo, zu einem Essen eingeladen. Der Gastgeber, der badische Ministerpräsident - ein überzeugter Katholik - erscheint dazu in Schutzhaft und wird nach dem Essen in ein Gefängnis gesteckt.

152. Die Kirche greift nie bestehende Institutionen an, auch nicht wenn sie zu verurteilen sind. Sie zieht es vor, abzuwarten, bis sie zusammenbrechen und hofft auf die Wirksamkeit einer höheren Gerechtigkeit. Vermutlich ist dies ein Aspekt ihrer damaligen Haltung gegenüber der NSDAP.
Vergl. L'Nouvelle. vom 14.September 1933.

»... da sehen wir die Methodik des Vatikans; unnachgiebig mit den Ruhigen und Vernünftigen, aber nachgiebig gegen die Hochfahrenden und Skrupellosen. Im vergangenen Jahrhundert belohnte der Papst seinen Verfolger Bismarck mit der höchsten päpstlichen Auszeichnung, dem Christusorden. Heute schüttelt er neuen Helden die Hand. Die Zentrumspartei wurde vom Vatikan im Stich gelassen«.

So der polnische offizielle »Kurjer Peranny« am 19.Juli 1933.

153. Franz v. Papen. Der Wahrheit eine Gasse. Paul List Verlag. 1952.

154. A. Rhodes. Der Papst und die Diktatoren. Der Vatikan zwischen Revolution und Faschismus. Wien. Graz. Köln. 1980. S. 151.

155. Depesche. F. O. von Mr. Gainer. 16.November 1934.

156. A. Rhodes. Der Papst und die Diktatoren. Der Vatikan zwischen Revolution und Faschismus. Wien. Graz. Köln. 1980. S. 164. Hier ist der vollständige Wortlaut des Briefes abgedruckt.

157. H. Roth. Katholische Jugend in der Nazi-Zeit. Altenberg. 1959.

158. Leider haben sich die Original - Dokumente nicht erhalten. Im September 1944, als die alliierten Armeen gegen das zerschlagene Reich vordringen, werden alle Dokumente bezüglich der Sittlichkeits - Prozesse auf Befehl der SS vernichtet.
Vergl. den Brief von dem Franziskanerbruder Willigis an Herrn Engelhardt vom 17.Februar 1961.

159. A. Rhodes. Der Papst und die Diktatoren. Der Vatikan zwischen Revolution und Faschismus. Wien. Graz. Köln. 1980. S. 161.

160. A. Rhodes. Der Papst und die Diktatoren. Der Vatikan zwischen Revolution und Faschismus. Wien. Graz. Köln. 1980. S. 155.

161. A. Rhodes. Der Papst und die Diktatoren. Der Vatikan zwischen Revolution und Faschismus. Wien. Graz. Köln. 1980. S. 169

162. RF. O. 371/19938 vom 15.April 1935.

163. A. Rhodes. Der Papst und die Diktatoren. Der Vatikan zwischen Revolution und Faschismus. Wien. Graz. Köln. 1980. S. 166.

164. F.O. 371/19938. Diese Vorfälle berichtet der Generalkonsul St. Clair Gainer aus München. 17.Mai.1935.

165. Am Rand sei erwähnt, daß in der nationalsozialistischen Zeitung »Die Sonne« geschrieben steht, daß die Großmutter des Papstes eine holländische Jüdin namens Lippmann gewesen sei.
Vergl. A. A. Pol. I.Beziehungen des hl. Stuhles zu Deutschland. Bd. 2. Telegramm von Bergens vom 21.August 1937. F.O.371/19938.

166. A. Rhodes. Der Papst und die Diktatoren. Der Vatikan zwischen Revolution und Faschismus. Wien. Graz. Köln. 1980. S. 170.

167. A. Rhodes. Der Papst und die Diktatoren. Der Vatikan zwischen Revolution und Faschismus. Wien. Graz. Köln. 1980. S. 170.

168. A. Rhodes. Der Papst und die Diktatoren. Der Vatikan zwischen Revolution und Faschismus. Wien. Graz. Köln. 1980. S. 144.

169. A. Rhodes. Der Papst und die Diktatoren. Der Vatikan zwischen Revolution und Faschismus. Wien. Graz. Köln. 1980. S. 144.

170. Vergl. Angelo Martzini »Il Cardinale Faulhabere l'Enzyklika Mit brennender Sorge«. Archivum Historiae Pontificae. 2. 1964.

171. A. Rhodes. Der Papst und die Diktatoren. Der Vatikan zwischen Revolution und Faschismus. Wien. Graz. Köln. 1980. S. 146. Vergl. Hitlers Table Talk. 1941. London. 1953.

172. F.O.371/216692. Jahresbericht für 1937 von Sir Henderson an Mr. Chamberlain vom 10.Januar 1938.

173. Gefangenschaft des Papstes. Wartburg. Vergl. Oggi. 19.September 1983. Der deutsche Diplomat von Kessel: »... der Papst und die Juden«. Die Welt 6.April 1962, Kessel sagt in diesem Zusammenhang: »... Hitler wäre wie ein von Jägern umstellter Wolf zu jedem hysterischen Exzess oder zu jedem Verbrechen fähig gewesen«. Vergl. Gunther Levy: »Die katholische Kirche und das Dritte Reich«. Piper. 1965.

174. Bundesarchiv Koblenz. Reichskanzlei. Aktenbündel 4311/15040.

175. Kirchlicher Anzeiger für die Erzdiözese Köln. Stück.1. 1.Januar 1937. 77. Jahrgang. Hirtenwort zur Abwehr des Bolschewismus.

176. Die deutschen Bischöfe:

Adolf Kardinal Betram. Erzbischof von Breslau.

Michael Kardinal Faulhaber. Erzbischof von München.

Karl Joseph Kardinal Schulte. Erzbischof von Köln.

Jacobus. Erzbischof von Bamberg.

Kaspar. Erzbischof von Paderborn.

Konrad. Erzbischof von Freiburg.

Joseph Damian. Bischof von Fulda.

Wilhelm Berning. Bischof von Osnabrück.

Ludwig. Bischof von Speyer.

Franz Rudolf. Bischof von Trier.

Matthias. Bischof von Würzburg.

Johannes Baptista. Bischof von Rottenburg.

Michael Buchberger. Bischof von Regensburg.

Antonis. Bischof von Limburg.

Joseph Freudendorfer. Bischof von Augsburg.

Maximilian. Bischof von Ermland.

Josepf. Bischof von Aachen.

Konrad Graf v. Preysing. Bischof von Berlin. Zugleich Apostolischer Administrator vom Meißen.

Graf Clemens von Galen. Bischof von Münster.

Joseph Godehard Machens. Bischof von Hildesheim.

Alber. Bischof von Münster.

Michael. Bischof von Eichstätt.

Simon Konrad Landersdorfer. Bischof von Passau.

Johannes Dietz. Koajutor von Fulda.

Franziskus Harzt. Prälat der freien Prälatur Schneidemühl.

Prälat Dittert. Generalvikar des preuß. Anteils der Erzdiözese Prag.

Prälat Nathan. Generalvikar des preuß. Anteils der Erzdiözese Olmütz.

Vorstehendes Hirtenwort ist am Sonntag, den 3.Januar, in allen heiligen Messen unverkürzt (mit Einschluß der Namen der unterzeichneten Bischöfe) zu verlesen. DAS ERZBISCHÖFLICHE GENERALVIKARIAT.

177. 1946 schreibt Johann Neuhäuser das Buch »Der Kampf des Nationalsozialismus gegen die katholische Kirche und der kirchliche Widerstand. 2. Auflage. 16. - 30.Tausend. Verlag. Katholische Kirche Bayerns.

Kardinal Faulhaber verfaßt dazu ein Vorwort und führt darin aus: »... wer den weltanschaulichen Kampf der beiden letzten Jahrzehnte nicht miterlebt hat, kann sich nur schwer eine Vorstellung davon machen, mit welcher Verlogenheit und Gehässigkeit der Kampf der nationalsozialistischen Bewegung und Partei gegen die kirchlichen Stellen geführt worden ist. Soweit die Angriffe auf die kirchliche Glaubens- und sittenlehre und kirchliche Einrichtungen abzielten, durften die Wächter nicht schweigen.

Freilich sind die Kundgebungen der Bischöfe weit verstreut und schwer zu sammeln (Anm. Es gibt inzwischen Autoren, die sich dieser Mühe unterzogen haben; sie beweisen das Gegenteil), das dezidierte Zuarbeiten der Bischöfe zum Nazi - Regiment) ... Prälat Neuhäuser, der Verfasser dieses Buches, war mehr als vier Jahre im Lager Dachau, hat also die Kampfmethoden der satanischen Bewegung aus nächster Nähe miterlebt und ist ohne Zweifel der berufene Mann, der über die versunkene Zeit Zeugnis ablegen kann... es ist etwas Unheimliches um das kurze Gedächtnis der Menschen. Nach kaum drei Jahren können sie sich kaum noch erinnern«.

(Anm. Faulhaber macht es sich zu leicht; schließlich hat er das Hirtenwort mitunterzeichnet, das den Nazis den Segen gegeben hat).

178. Das Evangelische Deutschland. Kirchliche Rundschau für das Gesamtgebiet der deutschen Evangelischen Kirche. Nr. 34. Berlin. 20.August 1933. X.Jahr.

179. Sidney Warburg »So wurde Hitler finanziert« S. 110/112.

180. Vergl. Preradovich/Stingl. Gott segne den Führer. Die Kirchen im Dritten Reich. Eine Dokumentation von Bekenntnissen und Selbstzeugnissen. Druffel Verlag. 1985.

181. Preradovich/Stingl. Vorwort. Preradovich/Stingl. Gott segne den Führer. Die Kirchen im Dritten Reich. Eine Dokumentation von Bekenntnissen und Selbstzeugnissen. Druffel Verlag. 1985.

182. Preradovich/Stangl. Vorwort. Prevadoovich/Stingl. Gott segne den Führer. Die Kirchen im Dritten Reich. Eine Dokumentation von Be-

kenntnissen und Selbstzeugnissen. Druffel Verlag. 1985.

183. Galen, altes westf. Adelsgeschlecht. 1138/46 erstmals bezeugt. Es wurde 1665 in den Reichsfreiherrn- und, 1803 in den preußischen Grafenstand erhoben.
Clemens August Graf, Kardinal. Geb. Dinklage. 16.3.1878, gest. Münster 22.3.1946. Dem Großen Brockhaus zufolge: »... tat er während des nationalistischen Regimes nachdrücklich gegen dessen Kirchen- und Rassenpolitik auf, wie seit 1945 gegen die Willkür der Besatzungsmächte.
Vergl. H. Portmann. Dokumente um den Bischof von Münster (1948). Ders. Kardinal v. Galen (1559) 1959). Reinhold Schmidt. Der Kardinal und das 3.Reich. Legende und Wahrheit über den Kardinal Klemens August von Galen. Hrsg. Deutscher Freidenkerverband. Ortsgruppe Münster. September 1978.

184. Daß auch CDU - Mitglieder die Vergangenheit falsch einschätzen, wird u.a. bei Dr. Franz Wuermling (ehem. Familienminister) deutlich, der vorgeschlagen hat, v. Galen zum 50. Todestag (22.März 1976) in Anbetracht seines furchtlosen Kampfes für die Menschenrechte und die Gewissensfreiheit gegen die totalitäre Naziherrschaft ein Denkmal zu setzen.
Zit. nach Westfälischen Nachrichten. Münster. 18.10.1975.

185. Reinhold Schmidt. Der Kardinal und das 3. Reich. S. 11.

186. Christoph Bernhard von Galen. Geb. Haus Bisping (Krs. Münster/Westf.) am 12.10.1606. Gest. Ahaus 19.9.1678, seit 1650 Bischof von Münster. Seit 1661 zugleich Administrator des Stiftes Corvey. Seine kirchlichen und politischen Ansprüche setzt er mit Entschlossenheit und Waffengewalt durch (= Kanonen - Bischof), so im Krieg gegen die Stadt Münster 1655 - 61. Als fürstlicher Heerführer zog er 1644 gegen die Türken, 1665 und 1672 gegen die Niederlande und eroberte 1676 das Stift Bremen. 1668 besetzt er die Grafschaft Bentheim.

187. Aus. Nicht Lob nicht Furcht. Das Leben des Kardinals von Galen. Nach unveröffentlichten Briefen und Dokumenten. Von Prof. Max Bierbaum. Verlag Regensburg. Münster. 1966. S. 199 ff.

188. Zitiert nach Heinrich Portmann: »Kardinal von Galen«. Wer hört nicht die Nazi - Argumente »Raus mit den Juden«.

189. Vollständig abgedruckt im »Kirchlichen Amtsblatt für die Diözese Münster. Jahrg. 73. Nr. 25.

190. Preradovich/Stangl. Vorwort. Prevadoovich/Stingl. Gott segne den Führer. Die Kirchen im Dritten Reich. Eine Dokumentation von Bekenntnissen und Selbstzeugnissen. Druffel Verlag. 1985.

192. So der Jesuit Robert Albrecht. Zit. nach Tondi »Bekenntnisse« S. 95.

193. Faulhaber. Michael von (1913) Kardinal.

Faulhaber war eines der sieben Kinder des Bäckermeisters Faulhaber in Heidenfeld. Die an sich bürgerliche Familie läßt sich im Gebiet der oberen Bleichach, nordöstlich von Würzburg, bis zum Jahr 1303 zurückverfolgen. Die Stammreihe beginnt mit Kaspar Faulhaber, 1637, Bauer, Wirt und Bürgermeister in Oberbleichfeld.
Geb. Klosterheidenfeld (Unterfranken) am 5.3.1868. gest. München 12. 6.1952. Er wurde 1892 Priester, 1903 Prof. der alttestamentlichen Exegese in Straßburg, 1911 Bischof von Speyer, 1917 Erzbischof von München-Freising. 1921 Kardinal. Faulhaber war ein als Kirchenfürst und Prediger hervorragender Führer des bayerischen Katholizismus, zugleich ein energischer Verteidiger der kathl. Lehre der Kirche.
Anm. Dies ist eine Tendenzbewertung, denn sie berücksichtigt nicht Faulhabers Leistungen für den Nationalsozialismus.

194. Deschner. Abermals krähte der Hahn. Kritische Kirchengeschichte von den Evangelien zu den Faschisten. 1980. S. 536.

195. Zitiert nach MIZ. (Materialien und Informationen zur Zeit).

196. Zitiert nach MIZ. (Materialien und Informationen zur Zeit).

197. In einem Vademecum für katholische Soldaten mit der Imprimatur des bischöfl. Ordinariates Münster (Graf v. Galen) vom 8.11.1938.

198. Sonderausgabe. Kirchliches Amtsblatt der Kirchenprovinz Sachsen. Nr.9 Magdeburg, am 12. April 1933. 65.Jahrg. Geburtstag des Herrn Reichskanzler ... «.

199. Tondi. »Bekenntnisse«. S. 34.

200. In seiner Familie erzählt man, daß Eugenio, als er sechs Jahre alt war, in seinem Schlafzimmer einen kleinen Altar aufrichtete, den er mit Blumen, Kerzen und Heiligenbildern schmückte ... auf seinem Schulweg pflegte er immer bei der Kapelle am Wegesrand kurze Zeit für ein Gebet zu verweilen ... schon als Kind fällt sein tiefer, leicht abwesender Blick auf«.
Vergl. A. Rhodes. Der Papst und die Diktatoren. Der Vatikan zwischen Revolution und Faschismus. Wien. Graz. Köln. 1980. S. 186.
Sein Biograph, Carlo Falconi, berichtet, daß der Papst seine Mahlzeiten regelmäßig mit drei Dörrpflaumen abschloß. Carlo Falconi. I. Papi Ventisimo secolo.

201. Domenico Tardini. Memoirs of Pius XII. Newmann press. 1961.

202. A. Rhodes. Der Papst und die Diktatoren. Der Vatikan zwischen Revolution und Faschismus. Wien. Graz. Köln. 1980. S. 186.

203. So der französische Schriftsteller Henri Bordeaux.vergl. A. Rhodes. Der Papst und die Diktato-

ren. Der Vatikan zwischen Revolution und Faschismus. Wien. Graz. Köln. 1980. S. 187.

204. So Mister Kirkpatrick, ein britischer Geschäftsträ-
ger beim Vatikan. F. O. 371/17759. 20. März 1933.

205. F.O. 371/ 30174. Mrs. Osborne and Mr. Nicols.
13.Juni 1941.

206. A. Rhodes. Der Papst und die Diktatoren. Der
Vatikan zwischen Revolution und Faschismus.
Wien. Graz. Köln. 1980. S. 189.

207. Rhodes bringt ein plastisches Beispiel: »... als er
etwas gegen das deutsche Bombardement sagen
wollte, ließ er sich zu folgendem Geistesblitz herab: »... es gibt Wirbelstürme, die beim Licht des
hellen Tages wie auch bei dunkler Nacht, Feuer,
Gewalt, Zerstörung und ein Blutbad über hilflose
Menschen bringen«.
Eine Radioansprache vom 29.Juni 1941, gehalten
von Pius XII. enthält einen Absatz, der die Ach-
senmächte befriedigte: ».... gewiß, es fehlt mitten
im Dunkel des Gewitters nicht an Lichtblicken,
die das Herz zu großen, heiligen Erwartungen
erheben; großmütige Tapferkeit zur Verteidigung
der Grundlagen der christlichen Kultur und zuver-
sichtliche Hoffnungen auf ihren Triumph«.
Vergl. A.A. Büro des Staatssekretärs. Vol. 3. Bericht von Menhausen (12.September 1941).

208. A. Rhodes. Der Papst und die Diktatoren. Der
Vatikan zwischen Revolution und Faschismus.
Wien. Graz. Köln. 1980. S. 205. vergl. Osservatore
Romano. 8.Februar 1904.

209. So Weizäcker vom deutschen Außenamt.

210. Pius XII. schreibt dem hochgeehrten Herrn Adolf
Hitler, Führer und Kanzler des Deutschen Reiches: »... zu Beginn unseres Pontifikates wünschen
wir Ihnen zu versichern, daß Wir stets um das
geistliche Wohlergehen des Volkes besorgt sein
werden, das Ihrer Obsorge anvertraut ist.
Wir beten zu Gott dem allmächtigen, daß er Ihnen
jene wahre Glückseligkeit gewähren möge, die aus
der Religion kommt. Wir erinnern uns mit großem
Vergnügen der vielen Jahre, die Wir als Nuntius
in Deutschland verbracht haben, als wir alles in
Unserer Macht stehende taten, um harmonische
Beziehungen zwischen Kirche und Staat aufzurichten. Nun, da die Verantwortung Unserer pa-
storalen Tätigkeit Unsere Möglichkeiten vermehrt
hat, wie viel inbrünstiger beten Wir nun, um unser
Ziel zu erreichen. Möge der Wohlstand des Deutschen Volkes und sein Fortschritt in jeglicher Hinsicht mit Gottes Hilfe den gewünschten Erfolg
bringen. Gegeben an diesem 6.Mai 1939 zu Rom
in St. Peter, im ersten Jahr unseres Pontifikates«.
Hitler hat dieses Schreiben nicht beantwortet.

211. Konstantin, Prinz v.Bayern. Pius XII. Ein Helfer.
Ein Lebensbild. Christiana Verlag. Stein am
Rhein. S.138.

212. Konstantin. Prinz v. Bayern. Pius XII. Ein Helfer.
Ein Lebensbild. Stein am Rhein. Einleitung.

213. Konstantin. Prinz v. Bayern. Pius XII. Ein Helfer.
Ein Lebensbild. Stein am Rhein. Einleitung

214. Konstantin. Prinz v. Bayern. Pius XII. Ein Helfer.
Ein Lebensbild. Stein am Rhein. Geleitwort.

215. Konstantin. Prinz v. Bayern. Pius XII. Ein Helfer.
Ein Lebensbild. Stein am Rhein. S. 406.

216. Darin läßt er wissen: » ...übt unser göttlicher Erlöser auch eine sichtbare, ordentliche Leitung
über seinen Leib aus, durch seine Stellvertreter
auf Erden ... er ist es (Christus), der, wenn auch
unsichtbar, die Katholiken der Kirche leitet und
erleuchtet«.
Vergl. Acta Apostolica Sedis. 1943. S.210/216.

217. Prinz Konstantin v. Bayern ist Wittelbacher und
absolviert u.a. die Klosterschule in Ettal, wo er das
Abitur macht.

218. Konstantin. Prinz v. Bayern. Pius XII. Ein Helfer.
Ein Lebensbild. Stein am Rhein.

219. So einer der Anführer der halbfaschistischen
Heimwehr während einer Rede in Linz.

220. Dollfuß, Engelbert. Österr. Politiker. Geb. Texing
(Niederösterreich) 4.10.1892 (ermordet) Wien
25.7.1934, war Sekretär des niederösterr. Bauern-
bundes und seit 1927 Kammeramtsdirektor. 1931
wird er Generaldirektor der Eisenbahnen und
bald darauf im Kabinett O. Ender und K. Buresch
Landwirtschaftsminister und im Mai 1932 Bundeskanzler und Außenminister. Er bekämpfte, in
enger Anlehnung an Italien, energisch den Anschluß an Deutschland. Das Parlament ließ er
nach dessen »Selbstausschaltung« (März 1933)
nicht wieder einberufen. Er schlug den sozialde-
mokratischen Februaraufstand (1934) nieder, gestaltete die Verfassung auf autoritärer und christl.
ständ. Grundlage neu. Sozialdemokraten und Nationalsozialisten wurden ausgeschaltet, die christ.
- soziale Partei zur Selbstauflösung veranlaßt. D.
fiel als Opfer eines nat.- soz. Putschversuches im
Bundeskanzleramt.

221. A.A. Pol. Beziehungen des Vatikans zu Österreich. Bd. I. Depesche von Bergens. 31.Oktober
1933.

222. A.A. Pol. II. Beziehungen des Vatikans zu Österreich. Bd. I. Depesche von der deutschen Gesandschaft in Wien. Dezember.1935.

223. A. Rhodes. Der Papst und die Diktatoren. Der
Vatikan zwischen Revolution und Faschismus.
Wien. Graz. Köln. 1980. S. 126.

224. A. Rhodes. Der Papst und die Diktatoren. Der
Vatikan zwischen Revolution und Faschismus.
Wien. Graz. Köln. 1980. S. 128, vergl. Baldur v.
Schirach. Ich glaubte an Hitler.

225. A. Rhodes. Der Papst und die Diktatoren. Der
Vatikan zwischen Revolution und Faschismus.
Wien. Graz. Köln. 1980. S. 130.

226. A. Rhodes. Der Papst und die Diktatoren. Der
Vatikan zwischen Revolution und Faschismus.
Wien. Graz. Köln. 1980. S. 131.

227. Schussnig, Kurt (von) Österreich. Geb. 14.12.1897 in Riva (Gardasee). Er wurde nach der Ermordung von Dollfuß Bundeskanzler. Er leitet von 1934 - 38 das Außenministerium. Er bemüht sich, stets die Unabhängigkeit Österreichs zu sichern. In der Fortsetzung der Politik von Dollfuß suchte er durch die Pflege guter Beziehungen zum faschist. Italien, die Unabhängigkeit seines Landes geg. dem nationalsozialistischen Deutschland zu stärken.

Später bekannte er sich zur »Politik des deutschen Weges« und am 12.2.1938 schließt er in Berchtesgaden mit Hitler ein Abkommen. Die unmittelbar darauf von ihm kurzfristig angeordnete Volksabstimmung über die österr. Unabhängigkeit, wurde von Hitler als Bruch des Abkommens ausgelegt und war der Anlaß für den deutschen Einmarsch (12.3.1938). Am 11.3.1938 sieht sich Schussnig zum Rücktritt gezwungen. Er war bis Kriegsende in Haft, zuletzt in einem KZ. 1945 geht er in die Vereinigten Staaten und wird 1948 Prof. in St. Louis.

228. MIZ. (Materialien und Informationen zur Zeit). 4/81. S.7

229. Die einzige Ausnahme macht der Bischof von Linz, der die Gesamtlage realistisch beurteilt.

230. Feierliche Erklärung. Unterzeichnet. Wien. am 18. März 1938 von: Heftner, Th. Innitzer, Pawlikowski, Waitz, Memelauer, Gföllner. Es handelt sich um die Erzbischöfe von Wien und Salzburg, wie um die Bischöfe von Klagenfurt, Gurk, Graz-Seckau, St. Pölten und Linz.

231. Gesetzblatt der Deutschen Evangelischen Kirche. 1938. Ausgegeben zu Berlin, den 15.März. Ausgabe A. Kundgebung. Wien. den 12.März 1938. Die Superintendenten Beyer, Eder, Heizelmann, Zwernemann.

232. Thüringer Kirchenblatt und Kirchlicher Anzeiger. Gesetz- und Nachrichtenblatt der Thüringer Evangelischen Kirche. Kanzleiabkündigung. Eisenach, den 14.März 1938. Der Landeskirchenrat. Sasse.

233. Evangelischer Oberkirchenrat A. und H. B. in Wien. 17.März 1938. Diese Erklärung ist im Gottesdienst am Sonntag, den 20.März 1938 in allen evangelischen Kirchen zu verlesen. Ferner ist das Begrüßungstelegramm zu verlesen, das an den Führer und Reichskanzler Adolf Hitler gerichtet wurde.

234. Wien den 13.März 1938. Dr. Robert Knauer.

235. Thüringer Kirchenblatt und Kirchlicher Anzeiger. Gesetz- und Nachrichtenblatt der Thüringer Evangelischen Kirche. Nr. 6a. 1938. Aufruf des Landesbischofs der Thüringer Evangelischen Kirche zur deutschen Wahl am 10.April 1938. Eisenach, den 21.März 1938. Heil Hitler. Sasse. Landesbischof.

236. Deutsch evangelische Korrespondenz (dek) Berlin, den 30.März 1939. 37.Jahrg./13.

Die Hauptleitung hat an den Führer und Reichstagskanzler während seines Wiener Aufenthaltes am 15.März folgenden Drahtgruß übermittelt: »... getreu seiner Losung; evangelisch bis zum Sterben, deutsch bis in den Tod hinein, an die Arbeit in Deutschösterreich«, huldigt dem Begründer des Großdeutschen Reiches bei seinem siegreichen Einzug in die Hauptstadt der alten Ostmark ... des Evangelischen Bundes«.

237. Gesetzblatt der Deutschen Evangelischen Kirche. 1938. Ausgegeben zu Berlin, den 2.April. Nr.8 Ausgabe A (Reich). Der Leiter der Deutschen Kirchenkanzlei. Präsident Dr. Werner.

238. Gesetzblatt der Deutschen Evangelischen Kirche. 1938. Ausgegeben zu Berlin, den 2.April Nr.8. Ausgabe A (Reich). Der Leiter der Deutschen Kirchenkanzlei. Präsident Dr. Werner.

239. Das Evangelische Deutschland. Kirchliche Rundschau für das Gesamtgebiet der Deutschen Evangelischen Kirche. Nr. 15. Berlin. 10.April 1938. 15.Jahr.

240. Burckhardt Schneider. Der Friedensapell Pius XII. vom 24. August 1939. Archivum Historiae Pontificae 6/1968.

241. A.A. Büro des Staatssekretärs v. Bergen. 21.Februar 1942.

242. Mrsg. Borognoni, der Nuntius am Quirinal, sagt zu Graf Ciano, daß für die nächsten 6 Monate keine Gefahr bestehe, da Deutschland nicht die Absicht habe Polen anzugreifen. Innerhalb dieser Zeit könne alles auf diplomatischen Weg geebnet werden. Die einzige Gefahr, sagt Ciano, sei daß Polen etwas Dummes unternähme und Hitler provoziere«.

Vergl. A. Rhodes. Der Papst und die Diktatoren. Der Vatikan zwischen Revolution und Faschismus. Wien. Graz. Köln. 1980. S. 197.

243. A. Rhodes. Der Papst und die Diktatoren. Der Vatikan zwischen Revolution und Faschismus. Wien. Graz. Köln. 1980. S. 201.

244. A. Rhodes. Der Papst und die Diktatoren. Der Vatikan zwischen Revolution und Faschismus. Wien. Graz. Köln. 1980. S. 203.

245. Zitiert nach Tondi. »Bekenntnisse«.

246. Die Rede wird vom Osservatore Romano unter der Überschrift »Die Leiden des polnischen Volkes infolge Nationalität und Rasse. Die schwermütige Größe und die Hoffnungen der kleineren Nationen«. 1943 veröffentlicht.

247. A. Rhodes. Der Papst und die Diktatoren. Der Vatikan zwischen Revolution und Faschismus. Wien. Graz. Köln. 1980. S. 254.

248. Deschner. Abermals krähte der Hahn. Kritische Kirchengeschichte von den Evangelien zu den Faschisten. 1980. S. 556.

249. Deschner. Abermals krähte der Hahn. Kritische Kirchengeschichte von den Evangelien zu den Faschisten. 1980. S. 556.

250. Er sagt gegenüber dem apostolischen Legat Godfrey: »... ich bin sehr bestürzt über diesen Empfang und kann der Bezeichnung des Herrn Pawelic als Staatsmann seitens des Vatikans nicht beipflichten. In meinen Augen ist er ein Königsmörder. Es ist unglaublich, daß seine Heiligkeit einen solchen Mann empfangen will«. Vergl. F.O. 371/30174. Zusammenkunft zwischen Mr. Eden und Mrsg. Godman vom 23.Mai 1941. Desgleichen von Mr. Osborne an Mr. Nicols vom 13.Juni 1941.

251. So ein Telegramm der deutschen Gesandtschaft in Agram von 1941. Vergl. Carlo Falconi. Le Silence de Pie XII. (Editions du Rocher). 1965.

252. kroat. = Aufstand. Eine radikale Organisation in Kroatien, die 1929 nach der Errichtung der Königsdiktatur ensteht. Sie kämpft für ein unabhängiges Kroatien und steht unter dem Einfluß des italienischen Faschismus. Mit Grausamkeit verfolgt die Bewegung Juden und orthodoxe Christen (meist Serben). Sie trieb damit viele Menschen in die von Tito geführte Partisanenbewegung. Seit 1945 arbeiten Überlebende und Neugewonnene vom Exil aus gegen das kommunistische Jugoslawien.

253. Die »Enzyklopädie Britannica« sagt dazu: »... das Massaker unter den Serben während des Zweiten Weltkrieges wird in seiner Grausamkeit von den Massenvernichtungen polnischer Juden übertroffen. Man schätzt die Opfer auf etwa 700.000; 1/10 der Bevölkerung.

254. A. Rhodes. Der Papst und die Diktatoren. Der Vatikan zwischen Revolution und Faschismus. Wien. Graz. Köln. 1980. S. 285.

256. A. Rhodes. Der Papst und die Diktatoren. Der Vatikan zwischen Revolution und Faschismus. Wien. Graz. Köln. 1980. S. 217.

257. A. Rhodes. Der Papst und die Diktatoren. Der Vatikan zwischen Revolution und Faschismus. Wien. Graz. Köln. 1980. S. 310.

258. A. Rhodes. Der Papst und die Diktatoren. Der Vatikan zwischen Revolution und Faschismus. Wien. Graz. Köln. 1980. S. 217.

259. Actes des Dokumentes du Saint Siecle. Vol. 5. pag. Nr. 62.

260. A. Rhodes. Der Papst und die Diktatoren. Der Vatikan zwischen Revolution und Faschismus. Wien. Graz. Köln. 1980. S. 219.

261. Dies wird während einer Radioansprache vom 29.Juli 1941 deutlich, die Pius XII. gehalten hat. Vergl. A.A. Pol. III. Büro des Staatssekretärs. Vol.3. Bericht von Menhausen. 12.September 1941.

262. F.O. 371/29486.

263. A. Rhodes. Der Papst und die Diktatoren. Der Vatikan zwischen Revolution und Faschismus. Wien. Graz. Köln. 1980. S. 223.

264. Aus der Zeitung »Mattini Mattino«. Ncapcl. 13.März 1930.

265. Tondi. »Die geheime Macht der Jesuiten«. S. 36.

266. Tondi. »Die geheime Macht der Jesuiten«. S.37.

267. Tondi. »Die geheime Macht der Jesuiten«. S.37.

268. Tondi. »Die geheime Macht der Jesuiten«. S.38.

269. Heinrich Townsend, der Sprecher des Rates der Freien Kirchen, sagt 1944: »... daß der Vatikan zu unglaublichen Verbrechen geschwiegen hat und nennt an Beispielen:

  ● Der Vatikan habe den Faschismus unterstützt und Musollini mit Weihwasser besprengt und ihn zudem einen Mann Gottes genannt.

  ● Der spanische Bürgerkrieg wurde durch die Kirche ausgelöst.

  ● Der Vatikan habe sich seit 1940 nicht eindeutig von der deutschen Invasion distanziert.

  ● Der Vatikan habe nichts gegen die Vernichtung der Juden unternommen (vergl. A. Rhodes. Der Papst und die Diktatoren. Der Vatikan zwischen Revolution und Faschismus. Wien. Graz. Köln. 1980. S. 9). **Dieser Tugendspiegel läßt sich über Jahrhunderte zurückverfolgen und untermauert die wirklichen Absichten der kurialen Politik. In Rom geht es nicht um den »rechten« Glauben, sondern um die Festigung politischer Machtverhältnisse.**

270. A. Rhodes. Der Papst und die Diktatoren. Der Vatikan zwischen Revolution und Faschismus. Wien. Graz. Köln. 1980. S. 294.

271. A.A. III. Judenfrage. Stellungnahme des Heiligen Stuhles. Depesche von Bergens. 20.September 1938.

272. Gunter Levy wirft sich zum Hauptankläger auf. Ein deutscher Jude, der 1939 das Land verließ und nach Palästina, später in die USA gegangen ist. Er ist der Autor des Buches »The Catholic Church and the third Reich«. Darin führt er aus, daß der Vatikan schon Ende 1942 grundlegende Kenntnisse von den Vergasungen und Vernichtungen der Ostpolen besessen hat. Er belegt es mit folgenden Dokumenten:

  ● Dr.Joseph Müller, ein Abwehroffizier unter Canaris (der eng mit Kardinal Faulhaber befreundet ist).

  ● Dr. Hans Globke, Katholik im Innenministerium, der sich mit Rassenfragen beschäftigt hat.

  ● Schließlich der SS - Führer Gerstein, der sich als Spezialist freiwillig zur Waffen SS meldete in der Hoffnung, daß man ihn in ein polnisches Konzentrationslager versetze.

273. Zitiert nach A. Rhodes. Der Papst und die Diktatoren. Der Vatikan zwischen Revolution und Faschismus. Wien. Graz. Köln. 1980.

274. Depesche von Lord Halifax vom 19.November 1942. F.O.371/30922. Vergl. Jules Issac. The Teaching of Contempt: the Christian Roots of Anti-Semitism«.

275. A.A. Pol.III. Actes Repertorium. Bericht von der deutschen Legation. Budapest. 25.Januar 1934. Bericht von R.S.H.S. Obersturmführer Mylius.

276. La Parochia. April.1964.

277. U.S. Diplomatics Papers. 1943. III. S.776.

278. Tittmanns Bericht über die Erwiderung durch den Vatikan. Vergl. A. Rhodes. Der Papst und die Diktatoren. Der Vatikan zwischen Revolution und Faschismus. Wien. Graz. Köln. 1980. S.301.

279. J. Nobecourt. Le Vicaire et l'Histoire.

280. A. Rhodes. Der Papst und die Diktatoren. Der Vatikan zwischen Revolution und Faschismus. Wien. Graz. Köln. 1980. S. 302.

281. Vergl. dazu den ausführlichen Bericht Robert A. Graham. Papst Pius XII. und die Juden von Ungarn im Jahr 1944, als King Lecture überreicht an die U.S. Catholis Historical Society.

282. U.S. State Departement. F.R.U.S. Diplomatic Papers 11912 und 740.00116 European War. 1939. Ausgeführt von G.O. Kent. Pius XII. and Germany. American Historical Review. 70. 1964.

283. A.A.Pol. III. Akten Repertorium p. 0031. Ungarn 29.Juni 1944.

284. Pincah's E. Lapide in seinem Buch »The Last Tree Pope and the Jews«.

285. Mr. Taylor hat mehrfach Unterredungen im Auftrag Roosevelts mit dem Papst. So am 20.September 1942 und am 26. des gleichen Monats.

286. A. Rhodes. Der Papst und die Diktatoren. Der Vatikan zwischen Revolution und Faschismus. Wien. Graz. Köln. 1980. S. 223.

287. Actes et Documents du Saint Siecle.F.I. ebda. 25-26.

288. F.O. 371/37538. Depesche von Mr. J. Bowker (10.Mai 1943).

289. F.O. 371/33412. Sir S. Hoare an Mr. Eden (28.Oktober 1942).

290. A.A. Abteilung Inland. 17.Bd. R.S.S.H.A. Bericht vom 22. Januar 1943.

291. Ribbentrop zu Bergen: »... es gibt Anzeichen, daß der Papst seine traditionell neutrale Haltung aufgeben könnte, um einen gegen Deutschland gerichteten (politischen) Standpunkt einzunehmen. Sie haben ihn darüber zu informieren, daß in diesem Fall Deutschland über die erforderlichen Machtmittel für eine Vergeltung verfügt«. Vergl. A.A.Pol. III. Büro des Staatssekretärs Bd. 6. (24.Januar 1943.).

292. In einem persönlichen Brief Mr. Osbornes (12.Januar) an den britischen Außenminister Lord Halifax: »... heute morgen habe ihm der Papst gesagt, daß der deutsche Generalstab das NS-Regime beseitigen und es durch eine verhandlungsfähige Regierung ersetzen wolle ... der Papst gebe diese Angelegenheit als Zwischenhändler weiter. Die Sache sei absolut vertraulich zu behandeln«. Vergl. A. Rhodes. Der Papst und die Diktatoren. Der Vatikan zwischen Revolution und Faschismus. Wien. Graz. Köln. 1980. S. 204.

293. A. Rhodes. Der Papst und die Diktatoren. Der Vatikan zwischen Revolution und Faschismus. Wien. Graz. Köln. 1980. S. 204.

294. A. Rhodes. Der Papst und die Diktatoren. Der Vatikan zwischen Revolution und Faschismus. Wien. Graz. Köln. 1980. S. 204.

295. A. Rhodes. Der Papst und die Diktatoren. Der Vatikan zwischen Revolution und Faschismus. Wien. Graz. Köln. 1980. S. 215.

296. Hitler sagt: »... das alliierte Diplomatenpack hole ich aus dem Vatikan heraus ... wir führen dort einen Krieg«. Vergl. Helmut Heiber ed. Hitlers Lagebesprechungen. 1961. Stuttgart. S. 329. Bzw. Allen Bullock. Hitler. Eine Studie der Tyrannei.

297. A. Rhodes. Der Papst und die Diktatoren. Der Vatikan zwischen Revolution und Faschismus. Wien. Graz. Köln. 1980. S. 298.

298. Osservatore Romana. Vergl. A. Rhodes. Der Papst und die Diktatoren. Der Vatikan zwischen Revolution und Faschismus. Wien. Graz. Köln. 1980. S. 240.

299. Vergl. A.A.Pol. III. des Staatssekretärs. Bd. 3. Von dem Verbindungsmann der deutschen Informatoinsstelle. III. in Prag (16.Juli 1941).

300 A.A.Pol.I. Amt Ausland. Bzw. Abw. III. (12. Juli 1941).

301. A.A. Pol. III. Büro des Staatssekretärs. Telegramm von Bergens (11.Dezember 1941).

302. Die Begründung ist so einleuchtend wie falsch: »... der Einfall der Japaner auf Pearl Harbour«.

303. Calcani sagt: »... wir können nicht außerhalb des Kampfgetümmels stehen, wie der hl. Stuhl ... zwar bete der Papst für die Polen und Belgier, nicht aber für die Italiener ... das Geschehen in Neuseeland sei ihm wichtiger als das hiesige«. Vergl. F.O. 371/44230 Depesche von Mr. Osborne. (13.Mai.1944).

304. Tondi »Bekenntnisse« S. 44

305. Tondi »Bekenntnisse« S. 95.

306. Tondi »Bekenntnisse« S. 45.

307. Deschner. Abermals krähte der Hahn. Kritische Kirchengeschichte von den Evangelien zu den Faschisten. 1980. S. 541.

308. Dazu einige Beispiele. Sie stammen aus dem Buch. V. Preradovich / Stingl. Gott segne den Führer. Die Kirchen im Dritten Reich. Eine Dokumenta-

tion von Bekenntnissen und Selbstzeugnissen. Druffel Verlag. 1985.

- »... in Vergangenheit und Gegenwart trägt die Kirche mit an der schweren Last und dem harten Geschick, die unserem Volk auferlegt sind. Ebenso blickt sie hoffnungsvoll in die Zukunft, wenn die Zeichen der Zeit darauf deuten, daß ein Umschwung zum Besseren kommt. Wir sehnen uns aus der Tiefe deutscher Not, nach dem deutschen Aufstieg ... so begrüßt es die Kirche auf das Freudigste, daß jetzt die Staatsgewalt Maßnahmen trifft zur Reinigung und Erneuerung unseres Volkslebens und zur Erhaltung der Ehrfurcht vor dem, was unserem Volk bleiben muß ... immer ist daran zu denken, daß der Dienst der Kirche allein im Volke gilt und daß sie ohne allen Unterschied der Partei eine Heimat sein will«.

Quelle: **Thüringer Kirchenblatt und Kirchlicher Anzeiger. Gesetz- und Nachrichtenblatt der Thüringer Evangelischen Kirche. Nr.6. 1933. »Ein Wort zur Zeitlage«. Eisenach, den 15.März 1933. der Landeskirchenrat D. Reichardt.**

- »... während diese Zeilen geschrieben werden, versammelt sich der Reichstag gemeinsam mit dem Reichspräsident und der Reichsregierung an historisch geweihter Stätte, am Grab zweier großer preußischer Könige in der Potsdamer Gedächtniskirche zur feierlichen Eröffnungssitzung. Ein Symbol für die Wende der Zeit ... die Welt sieht heute mit höchster Spannung auf Deutschland... die Zeiten sind vorbei, wo wir uns von Fremden vorschreiben lassen mußten, wie wir unser Haus im Innern einzurichten haben«.

Quelle: **Allgemeine Evangelisch-Lutherische Kirchenzeitung. Nr. 12. Leipzig. 24.März 1933. 66. Jahrg. Wochenschau.**

- »... wir fügen uns den Tatsachen. Wir sehen sie als ein gottgewolltes Geschehen an und sind uns einig in dem innigen Wunsch, daß es den neuen Leitern unseres Vaterlandes gelingen möge, unser Volk nach langer Leidenszeit wirtschaftlich zu einer besseren Zukunft, politisch zu neuem Ansehen, seelisch zum Frieden und zur Zufriedenheit zu führen und der allgemeinen Not zu steuern...«.

Quelle: **Kirchliches Amtsblatt der evangelisch-lutherischen Kirche im Lübeckischen Staate. Nr. 29. 20.April 1933. Veröffentlicht auf Beschluß des Landeskirchenrates vom 5.April 1933 (Der Landeskirchenrat).**

- Deutschland ist erwacht ... damit ist geschehen, was die deutsche evangelische Kirche ihrem Wesen entsprechend auch in der schweren Zeit deutscher Erniedrigung erahnt und erstrebt hat. Wir denken mit Beschämung an die Zeit zurück, in der internationalistischer Marxismus das deutsche Volk aufrufen und erziehen durfte, in welcher deutsche Art ge-

schmäht und deutsches Christentum verächtlich gemacht wurde ... jede Religion wurde als »Opium für das Volk« bezeichnet. Sitte und Sittlichkeit schwanden dahin, die Korruption nahm überhand«.

Quelle: **Landeskirchliches Amtsblatt. Herausgeben vom Braunschweigischen evangelisch-lutherischen Landeskirchenamt. Stück 4. Wolfenbüttel den 5.Mai 1933. XXXVI.Jahrgang. Aufruf der Kirchenregierung an die braunschweigische evangelisch-lutherische Landeskirche (Tagebuch Nr. 10077 vom 2.Mai 1933).**

- »... unser Volkstum ist uns von Gott gegeben, es hochzuhalten ist zweifach Pflicht in einer Lage wie der gegenwärtigen. Christentum und Deutschtum sind seit mehr als einem Jahrtausend eng miteinander verwachsen ... durch deutsche Art hat das Christentum sein besonderes Gepräge erhalten und ist gerade dadurch auch für andere so wertvoll geworden und überdies ein starkes Band unter und mit den anderen evangelischen Deutschen des Auslandes. Die Kirche ruft zum Kampf und zum Einsatz mit aller Kraft für die immer völligere Durchdringung des Volkslebens mit dem Geist des Evangeliums auf ... die Kirche tritt ein für Freiheit und Recht des eigenen Volkes«.

Quelle: **Königsberger Kundgebung (1927). Wolfenbüttel, den 2.Mai 1933. Die braunschweigische evangelisch-lutherische Landeskirche. Die Kirchenregierung D. Bernewitz, Dr. Bresnut Holland, Dr. Niemann Bebenroth.**

- Deutschland: »... Reichskanzler Adolf Hitler hat dem Senat der Technischen Hochschule Stuttgart mitgeteilt, daß er bittet von seiner Ernennung zum Ehrendoktor absehen zu wollen, da er grundsätzlich Ehrendoktortitel nicht anzunehmen gedenke«.

Quelle: **Allgemeine Evangelisch-Lutherische Kirchenzeitung. Nr.19. Leipzig. 12.Mai 1933. 66. Jahrg.**

- Kardinal Bertram an Hitler. Zusammenarbeit von Staat und Kirche in Zukunft, zum Abschluß des Konkordates, WTB Berlin 24.Juli (Telegr) »... der Vorsitzende der Fuldaer Bischofskonferenz, Kardinalbischof Bertram, hat an den Reichskanzler folgendes Schreiben gerichtet:

»... Hochverehrter Herr Reichskanzler; Anerkennung und Dank aus Anlaß des Abschlusses des Reichskonkordates im Namen der in der Fuldaer Bischofskonferenz vereinigten Oberhirten auszusprechen, ist der Zweck dieser Zeilen. Der Episkopat aller Diözesen Deutschlands hat, wie die öffentlichen Kundgebungen erwiesen, soweit er nach der Neugestaltung der politischen Verhältnisse durch Eure Exzellenz Erklärungen ermöglicht wurde, sogleich die aufrichtige und freudige Bereitwilligkeit ausgesprochen, nach bestem Können zusammenzuarbeiten mit der jetzt waltenden Regierung, die die Gewährleistung von christlicher Volkserziehung, die Abwehr der Gottlosigkeit und Unsittlichkeit ... als Leitstern ihres Wirkens ausgestellt hat. Daß die harmonische Zusammenarbeit von Kirche und Staat zur Erreichung des hohen Zieles im Reichskonkordat feierlichen Ausdruck und feste, klare Grundlinien gefunden hat, ist insbesondere, nächst der Weisheit des Heiligen Stuhles, dem staatsmännischen Weitblick und der Tatkraft der Reichsregierung zu verdanken ... in tiefer Verehrung Eurer Exzellenz ganz ergebener A. Card. Bertram«.

Quelle: Kölnische Zeitung. Montag 24.Juli 1933. Abendausgabe und Handelsblatt mit den heutigen Börsenkursen. Nummer 397.

● An den Herrn Reichskanzler. Die Sächsische Kirchensynode, die am 24.August in Magdeburg zusammengetreten ist, entbietet dem Kanzler und Führer des Deutschen Reiches dankbar ehrerbietige Grüße. Die Synode ist entschlossen ... am Neuaufbau unseres Volkes seinen Dienst zu tun. Die Synode verspricht dem Führer, nach ihren Kräften dafür zu sorgen, daß die Kirche der Provinz Sachsen nach dem Willen des Führers das Ihre tut. Das Reich der Lutherprovinz steht freudig und bedingungslos hinter dem Führer. Sie, Herr Reichskanzler, haben uns gerufen. Wir stehen an unserer Stelle und geloben Ihnen Treue. Gott segne Sie und Ihre Arbeit für Deutschland. Sieg Heil. Der Präses. Dr. Noack.

Quelle: Sonderausgabe. Kirchliches Amtsblatt der Kirchenprovinz Sachsen. 30. Magdeburg. am 25. August 1933. 65.Jahrg. Kundgebungen der Provinzialsynode am 24. August 1933.

● Wir sind uns der Verantwortung bewußt, die wir vor Gott, unserer Kirche und unserem Volk tragen. Der Auftrag des Führers, Adolf Hitler, in das deutsche Volk die lebendigen Kräfte des Glaubens zu tragen, ist der Inhalt unseres Wollens. Von diesem Willen ist die Synode in vollster Einmütigkeit beseelt«.

Wir verlangen von jedem evangelischen Christ, daß er sich aus Gründen evangelischen Glaubens heraus rest- und bedingungslos dem neuen Staat Adolf Hitlers zur Verfügung stelle. Deutschland soll leben! Heil unserer Kirche. Heil Hitler!.

In dem Neubau des deutschen Staates unter der Führung von Adolf Hitler kann die evangelische Kirche nicht fehlen! Der Unterbau eines lebendigen Gottglaubens ist für das deutsche Volk eine der wesentlichen Voraussetzungen für eine große Zukunft. Die Synode ist von der Gewißheit durchdrungen, daß Gott unserem Volk den Führer geschenkt hat. Die

Synode erbittet für alle Öffentlichkeitsarbeit den Segen Gottes«. Heil Hitler.

Quelle: An die evangelischen Gemeinden der Provinz Sachsen.

● Der Landeskirchenrat hat folgendes Gesetz beschlossen:

1. Als Pfarrer, Hilfspfarrer oder als Beamter der Thüringer Evangelischen Kirche oder einer Kirchengemeinde darf nur einberufen werden, wer die Gewähr bietet, daß er rückhaltlos für den nationalen Staat eintritt. Nicht berufen werden darf, wer nichtarischer Abstammung oder wer mit einer Person nichtarischer Abstammung verheiratet ist.

2. (nur Auszug): »... ein kirchlicher Amtsträger arischer Abstammung, der mit einer Person nichtarischer Abstammung verheiratet ist, wird entlassen. Eisenach, den 12.September 1933. Der Landesbischof Dr. Reichardt.

Quelle: Thüringer Kirchenblatt und kirchlicher Anzeiger. Gesetz und Nachrichtenblatt der Thüringer Evangelischen Kirche. Nr.12. 1933. Gesetz vom 12.September 1933 über die Stellung der kirchlichen Amtsträger zur Nation.

● Der erste Kirchentag im neuen Deutschland, im Dritten Reich, ist zusammengetreten. Entsprechend der äußeren Wandlung im Volk und Staat trägt er auch ein anderes Aussehen. Mit tiefem Dank gegen den allmächtigen Gott und Herrn gedenken wir der großen Umwälzung, die Er unserem Volk auf politischem und völkischem Boden geschenkt hat. Er hat uns in der Person unseres Kanzlers Adolf Hitler den Mann geschenkt, der unser Volk zu neuem Werden als den Führer weisen soll. Wir als Glieder der Evangelischen Kirche Deutschlands wissen uns mit ihm zutiefst verbunden und geloben ihm in dieser feierlichen Stunde treue Gefolgschaft. Wir bekennen uns zu seiner Führung.

»... unserem hochgeehrten Herrn Reichsstatthalter SS - Obergruppenführer Friedrich Hildebrandt bringen wir als Vertreter des evangelischen Kirchenvolkes Lübecks und als freie deutsche Männer unseren ehrerbietigen Gruß und unsere aufrichtige Huldigung dar«.

Quelle: Kirchliches Amtsblatt der evangelisch-lutherischen Kirche im Lübeckischen Staate. Nr.33. 19.September 1933. Der Vorsitzende des Kirchenausschusses. Senator Dr. Böhmker, eröffnete die erste Sitzung des neugewählten Landeskirchentages am 28.August 1933 mit der obigen Ansprache.

● Die nationalsozialistische Revolution hat Deutschland aus einem Trümmerfeld umgeschaffen in fruchtbares Ackerland. Aus ungeordneten Menschenmassen, aus einer babylonischen Verwirrung von Parteien, Gruppen und Grüppchen, zerrissen in Haß und Neid, entwirrte sich das deutsche Volk. Eine neue Ordnung entstand aus Blut und Boden.

Alte Feinde, die unter der Führung der Gottlosenbewegung gegen die Kirche anrannten, sind zu Boden geschlagen ... das große Erneuerungswerk unter unserem Führer Adolf Hitler. Das erkennt und bekennt die evangelische Kirche mit Freudigkeit. Darum grüßt sie heute mit tiefem Dank die nationalistische Bewegung, den Führer und Volkskanzler Adolf Hitler. Ein neues Blatt evangelischer Kirchengeschichte ist aufgeschlagen. Wir wollen nach allem Kampf in Aufrichtigkeit einander die Hand reichen zum gemeinsamen neuen Werk.

Heinrich Oberheid.

Evangelisches Konsistorium der Rheinprovinz.

Koblenz. 10.Oktober 1933.

Vorstehendes Grußwort des Herrn Bischofs. Dr. Heinrich Oberheid, ist am Sonntag 18, Sonntag nach Trinitatis, den 15.Oktober 1933, in allen Gottesdiensten den Gemeinden in feierlicher Form bekanntzumachen.

Quelle: Kirchliches Amtsblatt der Rheinprovinz. Nr.32. Ausgegeben Koblenz 12.Oktober 1933. Sonderausgabe. Der Bischof des evangelischen Bistums. Köln - Aachen. Z.Zt. Koblenz. 10. Oktober 1933.

- Aufruf an die evangelischen Gemeinden Thüringes. »... wie Adolf Hitler allein durch den Glauben an die Macht der ewigen Kräfte und durch die opferbereite Gefolgschaftstreue seiner Anhänger Deutschlands vor dem Untergang in Bürgerkrieg und Chaos gerettet hat, so wagt er es heute, im Glauben an das göttliche Recht zum Kampf für den Frieden und die Versöhnung der Völker aufzurufen. Schuldige Dankespflicht gegen Gott und Adolf Hitler treibt uns, uns feierlich und einmütig hinter den Mann zu stellen, der unserem Volk und der Welt gesandt ist, die Macht der Finsternis zu überwinden«.

Im politischen Bekenntnis des deutschen Volkes zu seinem ihm von Gott gesandten Führer soll sich triumphierend der Glaube an die Siegkraft des Heilands der Völker erhalten«. Eisenach, den 25.Oktober 1933. Landeskirchenrat D. Reichardt: Landesbischof.

Quelle: Thüringer Kirchenblatt und kirchlicher Anzeiger. Gesetz und Nachrichtenblatt der Thüringer Evangelischen Kirche. Nr.21. 1933.

- »... unser Volk dankt seinem Führer ... er darf gewiß sein, daß wir Kirchenvolk in unbeirrt entschlossener, in freudiger Treue zu ihm stehen, und daß die Entscheidung so fallen wird, wie er und die deutsche Regierung aus einer Geschlossenheit stärkster charaktervoller Kraft und einheitlichem Willen sie erwarten. Die Treue zu diesem Führer wird dem Kirchenvolk wahrlich nicht schwer gemacht. In staatsmännischer Weisheit hat er uns aus dem tiefen sittlichen Empfinden zugleich allem um

wirkliche Wohlfahrt bemühten Völkern Dienste geleistet, deren Größe eine objektive Geschichtschreibung später die höchste Anerkennung nicht versagen wird.

»... wer Gerechtigkeit für sein Volk will, muß Gott fürchten und auf seine Güte hoffen. So stehen wir - noch enger verpflichtet, noch zuverlässiger, noch treuer zu unsrem Führer, denn wir treten mit ihm vor Gott. Gott wird die Treue segnen«.

Quelle: Das evangelische Deutschland. Kirchliche Rundschau für das Gesamtgebiet der deutschen Evangelischen Kirche. Nr.45. Berlin. 5.November 1933. X.Jahr. Die Stunde Deutschlands.

- Adolf Hitler hat das große Einigungswerk vollendet. Ergreifend war es doch, wie Hitler in seinen Reden zur Wahl den deutschen Arbeiter beschwor. Echt konsrevative Gedankengänge des Revolutionärs Hitler. Theoretisch gelehrt und gepredigt haben es viele, durchsetzt in der harten Welt der Wirklichkeit hat es nur einer. Und ihm wollen wir danken«.

Quelle: Allgemeine Evangelisch-Lutherische Kirchenzeitung. Nr.47. Leipzig. 24.November 1933. 66.Jahrg. Wochenschau.

- »... am 30.Januar jährt sich zum erstenmal der historische Tag, an dem Adolf Hitler vom Reichspräsident mit der Führung des deutschen Volkes betraut wurde. Dankerfüllt blickt die Nation auf dieses Ereignis und auf die damit verbundene Wendung des deutschen Schicksals zurück. Der Dank des Volkes ist auch der Dank der Kirche. Mit inniger Fürbitte gedenkt sie am 30.Januar des Volkskanzlers, dessen Glaube und Tatkraft Deutschland vor dem Zusammenbruch und dem bolschewistischen Chaos bewahrt und dem Volk neuen Lebensmut gegeben und der Kirche neue Möglichkeiten erschlossen hat. Am ersten Jahrestag der deutschen Wende vereinigt sich die Deutsche Evangelische Kirche mit dem gesamten Volke zu einem Gelöbnis, auf dem vom Führer gewiesenen Weg in Treue fortzuschreiten und durch ihre Verkündigung und ihre Arbeit mit ganzer Kraft mitzuhelfen am Bau der neuen Volksgemeinschaft«.

Quelle: Das Evangelische Deutschland. Kirchliche Rundschau für das Gesamtgebiet der Deutschen Evangelischen Kirche. Nr.4. Berlin. 28. Januar 1934. XI.Jahr. Zum 30.Januar.

- In steter Treue umgibt die evangelische Kirche Führer und Volk mit ihren Gebeten. Am 19.August werden Volk und evangelische Kirche im Vertrauen und Treue dem Führer ihr »Ja« geben. Die kirchlichen Führer sind verpflichtet, die Kundgebung mahnend rechtzeitig zur Kenntnis aller evangelischen Volksgenossen zu bringen. Berlin, den 15.August 1934. Der Reichsbischof Ludwig Müller. Der

Rechtsverwalter der deutschen Evangelischen Kirche. Jäger.

Quelle: Gesetzblatt der deutschen Evangelischen Kirche. Teil 1. 1934. Ausgegeben zu Berlin, den 15.August 1934. Nr.49. Kundgebung der Deutschen Evangelischen Kirche zur Abstimmung des 19.August 1934.

- Es wird angeordnet, entweder am Sonntag, den 27.Januar, im Hauptgottesdienst, oder, wo es angebracht ist, in einem besonderen Dankgottesdienst am 30.Januar der Berufung unseres Führers in sein hohes Amt besonders zu Gedenken. Vokkers. An sämtliche Herren Pfarrer, Hilfs- und Vakanzprediger.

Quelle: Evangelisch - lutherischer Oberkirchenrat. Oldenburg. 25.Januar 1953.

- Aus München ging am 15.Januar folgendes Telegramm an den Führer: »... das Landeskirchenamt der evangelisch - lutherischen Kirche in Bayern entbietet dem Führer und Kanzler zur Heimkehr der Saar die ehrerbietigsten Grüße und spricht ihm herzliche Glückwünsche zu diesem großen und unter Führung Gottes errungenem Erfolg aus. Meiser. Landesbischof.

Quelle: Allgemeine Evangelisch-Lutherische Kirchenzeitung. Nr.4. Leipzig. 25.Januar 1935. 68. Jahrg.

- »Heil, meine Führer«. Gez. Meiser. Landesbischof.

Quelle Allgemeine Evangelisch-Lutherische Kirchenzeitung. Nr.13. Leipzig. 29.März 1935. 68.Jahrg.

- Gott mit uns! »Mit Gott für König und Vaterland, so stand es auf unseren Koppelschlössern; und das ist wahrlich für viele der Frontkämpfer keine blose Zierde ihres Waffenrocks oder ihrer Kanone gewesen, sondern in mancher entscheidenden Stunde wurde uns dies Wort zu einem Gebet, das uns die Kraft zu neuem Einsatz gab, das uns zu einem neuen Gang in den Tod vorbereitete ... es ist die größte und stolzeste Stunde unserer ereignisreichen Gegenwart gewesen, als der Führer und Kanzler am Vorabend des Heldengedenktages die Wiedereinführung der allgemeinen Wehrpflicht verkündete«.

Quelle Glaube und Heimat. Monatsblatt für das evangelische Haus. Hrsg. vom Volksdienst der Thüringer evangelischen Kirche. Nr.6. Jena, im Juni 1935. 12. Jahrg. Feldgottesdienst.

- Bayern. 87 Namen zählt die Ehrenliste der bayer. evangelischen Pfarrerschaft, die zum Freikorps Epp gehörten und mit ihm den letzten und schwersten Gang für das Volk und Vaterland wagten. 127 heute evangelische bayerische Pfarrer taten im ganzen in den verschiedenen Freicorps Dienst, darunter zwei Mitglieder des Landeskirchenrates. Der Herr Landesbischof selbst war von den Spartakisten als Geisel verhaftet. Keine Stadt in Deutschland weist wohl eine solche Opferbereitschaft in Deutschlands tiefster Schmach nach«. (Bayer. Kirchenvorsteherblatt Nr.6).

Quelle: Allgemeine Evangelisch-Lutherische Kirchenzeitung. Nr. 27. Leipzig. 5.Juli 1935. 68.Jahrgang.

- »Darum betet die Kirche zu dem allmächtigen Gott, daß er alle aufbauenden Kräfte im Volk zum opfernden Einsatz für die Gemeinschaft des Volkes segnen und des Führers großes und schweres Werk zum Heil unseres Volkes und Reiches geraten lasse«.

Die Kirche betet zu Gott, daß er Führer und Volk durch alle Anfechtung Not und Gefahr gnädig geleite und unseren Willen erwecke, zur Erfüllung seiner Gebote, frei von uns selbst ihm und den Brüdern zu dienen im heiligen Schmuck.

Und der Herr unser Gott sei uns freundlich und fördere das Werk unserer Hände. Ja, das Werk unserer Hände wolle er fördern. Berlin, den 25.Januar 1936. Der Reichskirchenausschuß. Zoellner.

Quelle: 1936. Gesetzesblatt der Deutschen Evangelischen Kirche. Ausgabe A (Reich). Ausgegeben zu Berlin, den 25.Januar 1936. Nr.2. Wort an die Gemeinden zum 30.Januar 1936.

- »... mit dem 30.Januar ist etwas ausgebrochen, was in keiner Epoche der deutschen Geschichte zuvor gewesen ist, daß alle Kräfte, aller Fleiß, alle Opferwilligkeit dieses Volk zur Bewältigung einer Aufgabe mobil gemacht werden konnten. Das deutsche Volk ist erst sehr spät in der Geschichte ein Staat geworden. Jahrhunderte erst, nachdem ringsum große Nationalstaaten entstanden waren. Was andere Völker längst besaßen war für uns Deutsche Hoffnung, Sehnsucht und Traum. Wenn dieses Volk so oft in seiner Geschichte zerrissen, zersplittert, ohnmächtig, eines wider die anderen, aus Wunden blutend, dennoch Taten des Geistes und des Krieges vollbracht hat, dann ist es nicht auszudenken, was es bedeutet, daß es nun als eine Nation alle geistigen und alle physischen Mittel in geschlossener Wucht seines Willens an ein einziges Ziel setzen kann. Da kann eine Wehrmacht entstehen, wie aus der Erde gestampft, da kann die Geißel der Arbeitslosigkeit weichen wie ein böser Traum, da können Ketten der Knechtschaft, die man mit List und Tücke für ein Jahrhundert schmieden wollte, zerbrechen und zerfallen, da können die Augen eines Volkes mit neuer Hoffnung in die Zukunft blicken und die Kräfte seines Willens sich zu neuen Taten stählen. Darum bedeuten die Fackeln des 30. Januar Zeitwende in der Geschichte des deutschen Volkes«.

Darum gedenken wir als Christen am 30.Januar mit freudigem Herzen an die Wende in der Geschichte unseres Volkes, bekennen und geloben treue Pflichterfüllung, echte Vaterlandsliebe, Opferbereitschaft. Wer für sein Vaterland und den Führer wirklich vor Gottes Augen Angesicht betet, wird gern und freudig seine Pflicht tun. Wir Christen wissen, was wir an unserem Volke haben und was der 30.Januar in seiner Geschichte bedeutet«.

Liz. Dr. Schütz. Garnisionskirche. Potsdam.

Quelle: Das Evangelische Deutschland. Kirchliche Rundschau für das Gesamtgebiet der Deutschen Evangelischen Kirche. Nr.5. Berlin. 26. Januar 1936. XIII. Jahr.

* Vor der ganzen Welt gilt es, freudiges Zeugnis abzulegen, daß Adolf Hitler Deutschland ist und Deutschland Adolf Hitler ist«. der Landesbischof Sasse.

Quelle: Thüringer Kirchenblatt und kirchlicher Anzeiger. Gesetz und Nachrichtenblatt der Thüringer Evangelischen Kirche. Nr.6. 1936. Reichstagswahl.

* Die Evangelische Kirche hat ihre Treue zum Volk und Führer nie verleugnet.

Die Kirchenführer der Grenzgebiete.

Landesbischof Diehl,Speyer.

Alle Glieder der protestantischen Kirche der Pfalz stehen wie bisher, so auch am 29.März und in der Zukunft - in unerschütterlicher Treue und Opferbereitschaft - hinter dem Führer in der Gewißheit, damit Gottes Willen zu erfüllen«. Landesbischof Paulsen. Kiel.

Die Landeskirche der Nordmark wird zur Reichstagswahl am 29.März ihre Dankbarkeit und Treue gegen den Führer bekunden. Gott segne den Führer und den Tag, da das ganze Volk den Dank für solche Führung kundgeben kann und wird«.

Der altpreußische Kirchenausschuß:

Wir bitten alle Beteiligten, die dieses Opfer freudig bringen und damit zubeweisen, daß die deutsche evangelische Christenheit mit ganzem Herzen für Volk und Führer einsteht«.

Der Landeskirchenausschuß und sämtliche Provinzialkirchenausschüsse der evangelischen Kirche der Altpreuß. Union. Dr. Eger.

Quelle: Das Evangelische Deutschland. Kirchliche Rundschau für das Gesamtgebiet der Deutschen Evangelischen Kirche. Nr.12. Berlin., den 22.März 1936. XIII. Jahr.

* Nachdem das tödliche und zersetzende Gift des Bolschewismus sich in allen Völkern auszuwirken begonnen hat, nachdem alle Völker der Erde dem Todfeind aller gottgeschaffenen irdischen Ordnung in ihrer eigenen Mitte begegnen, ist das Ringen des deutschen Volkes schicksalhaft geworden für die kommende

Geschichte aller christlichen Völker der Erde. Es handelt sich im Kampf um den Bolschewismus wahrhaftig nicht nur um Deutschland. Hielte Deutschland nicht als festes Bollwerk stand, so würden die Wogen des gott- und christusfeindlichen Bolschewismus sicherlich nicht nur Deutschland unter sich begraben. Das deutsche Volk muß gleichzeitig Hort und Bürge des Christentums bleiben. Hie Christentum! Hie Bolschewismus! Mit dem Schicksal Deutschlands wird gleichzeitig das Schicksal der gesamten Christenheit entschieden«.

Dr. Zoellner.

Quelle: Gesetzblatt der deutschen Evangelischen Kirche. 1937. Ausgegeben zu Berlin., den 24.März 1936. Nr.11 Ausgabe A (Reich). Aufruf vom 20.März 1963: An die Christen aller Völker.

* Zum Geburtstag des Führers.

Am Sonntag wird es keine evangelischen Gemeinde geben, die nicht in ihren Gottesdiensten des Führers und Reichskanzler anläßlich seines Geburtstages (20.April) in heißer Fürbitte gedenkt. Dankbarkeit, Vertrauen, Mitarbeit seien die stets erneuernde Gabe an den Führer, der in seinem verantwortungsschweren Amt der Treue des gesamten Volkes gewiß sein darf«.

Quelle: Das Evangelische Deutschland. Kirchliche Rundschau für das Gesamtgebiet der Deutschen Evangelischen Kirche. Nr. 16. Berlin, den 19.April 1936. XIII.Jahr.

* Dr. Berning besichtigt die Strafgefangenenlager vom Emsland. Der Bischof hielt eine Ansprache an die Gefangenen, in der er die durch den Glauben auferlegte Pflicht zum Gehorsam und zur Treue gegenüber dem Volk und Staat besonders hervorhob. Zum Schluß seiner Ansprache brachte er ein dreifaches »Sieg Heil« auf Führer und Vaterland aus«.

Quelle: Kölnische Volkszeitung. Samstag, den 4.Juli 1936. Staatsrat Bischof.

* »... als evangelische Christen schließen wir alle Gedanken, die uns an diesem Tag bewegen in der Fürbitte für den Führer und seine Mitarbeiter zusammen. Wir haben es im letzten Jahr besonders eindringlich erlebt, wie der Kampf des Führers gegen den Bolschewismus ist. Die Deutsche Evangelische Kirche steht in diesem Kampf von ihrem Auftrag her in vorderster Linie. Gott, der Ewige und Allmächtige, schütze und leite auch fernerhin unser Volk und seinen Führer auf allen Wegen«.

Berlin, den 23.Januar 1937. Der Reichskirchenausschuß. Zoellner.

Quelle: Gesetzblatt der deutschen Evangelischen Kirche. 1937. Ausgegeben zu Berlin. , den 26.Januar 1937. Nr.3.

* Rundblick vom Kirchenturm.

»... die Frömmigkeit steht im schärfsten Gegensatz zu jeder Gottlosigkeit, wie sie vom Bolschewismus gepredigt und außer in Rußland vor allem im roten Spanien in die Wirklichkeit umgesetzt wird«.

Quelle: Der Evangelische Beobachter. Hrsg. vom Evangelisch-Sozialen Preßverband für die Provinz Sachsen. Halle (s). Universitätsring 12. Nr.20 a. Halle/Saale, den 30.Januar 1937. 3.Jahrg.

- Die Tat der Kirche besteht (auch) darin, daß sie den Gottglauben festigt, rein und machtvoll verkündet und im Gebet für Volk und Führer beharrt«.

Quelle: Deutsche Evangelische Korrespondenz. (dek) Berlin. 3.Februar 1937. 36.Jahrg. 5. Dank dem Führer.

- Nach dem Parteitag

»... daß in der gesamten nationalistischen Bewegung eine starke religiöse Verantwortung lebendig ist. Die Parolen für das nächste Jahr hat der Reichsparteitag gegeben. Wir wollen an die Arbeit gehen und unser Teil dazu beitragen, daß diese Parolen verwirklicht werden«.

Quelle: Der Evangelische Beobachter. Nr.10 b Halle (Saale), den 18.9.1937. 4.Jahrg.

- Zum 30. Januar schreibt das Sonntagsblatt aus Bayern folgende Sätze, denen wir von Herzen zustimmen:

- »... heute vor 5 Jahren übernahm Adolf Hitler die Führung des Deutschen Reiches. Mit Dank an alle bisher erfahrene Gottesgüte und treuer Fürbitte begehen wir als evangelische Christen diesen Gedenk- und Feiertag unseres Volkes. Darum betet die Kirche zu dem allmächtigen Gott, daß er alle aufbauenden Kräfte im Volk segne und des Führers großes und schweres Werk zum Heil unseres Volkes und Reiches geraten lasse.

Quelle: Lutherische Kirche. Halbmonatszeitschrift. Erlangen. 1.Februar. Jg.1938.

- Der Führer wies den Weg.

»... wir dürfen zum Ausdruck bringen, daß wir uns mit dem Führer auch in religiöser Bewegung verbunden wissen. Seine Frömmigkeit soll dem ganzen Deutschen Volk Wegweisung und Richtschnur sein. Der Führer sagte: »... ich möchte in dieser Stunde den Herrgott bitten, daß er auch in den folgenden Jahren unserer Arbeit und unseres Handelns, unserer Einsicht und Entschlußkraft seinen Segen geben möge, daß er uns ebenso vor jedem falschen Hochmut, wie vor jeder feigen Unterwürfigkeit bewahre, daß er uns den geraden Weg finden lassen möge, den seine Vorsehung dem deutschen Volk zugedacht hat, und daß er uns stets den Mut gebe, das rechte zu tun und niemals zu wanken und zu weichen vor keiner Gewalt und unter keiner Gefahr. Es lebe die nationalistische Bewegung, es lebe die

nationalistische Armee, es lebe unser deutsches Reich«.

Quelle: Der Evangelische Beobachter. Nr.21. Halle (Saale), den 22.2.1938. 4.Jahrgang.

- Der Führer in Klagenfurt.

Der Fürstbischof Dr. Hefter danke dem Führer und Reichskanzler dafür, daß er wieder Glück in sein Land bringe ... der Bürgermeister überreichte dem Führer die Ehrenbürgerschaftsurkunde und gelobte den Einsatz der Kärntner Bevölkerung«.

Quelle: Deutsche Evangelische Korrespondenz. (dek) Berlin. 6.April 1938. 37.Jahrg./14.

- betreff: zum 10.April 1938.

»... wir danken unserem Gott für die Gnade, daß er durch die befreiende Tat des Führers uns das Großdeutsche Reich geschenkt hat. Wir wissen uns freudigen Herzens unserem Führer verpflichtet und wollen ihm auch am heutigen Tag unseren Dank beweisen durch die Tat«.

Quelle: Amtsblatt für die vereinigte protestantische Kirche der Pfalz. Amtlich herausgegeben vom Landeskirchenrat in Speyer. Speyer am Rhein. Nr. 2. 7.April 1938.

- Allmächtiger Gott, nimm auch ferner Volk und Führer in Deinen Schutz und segne sie aus dem Reichtum Deiner Gande, damit uns Friede und Einigkeit allezeit beschert sei«. Berlin, den 30.März 1938.

Quelle: Allgemeine Evangelisch-Lutherische Kirchenzeitung. 14. Leipzig. 8.April 1938. 71.Jahrgang.

- Die evangelische Kirche in Deutsch - Österreich zur Tat des Führers:

»... Gott hat an dem deutschen Vok und unserer Heimat ein großes Wunder getan. Der Führer des deutschen Volkes hat es aus schwerer Drangsal befreit. Wir danken dem Führer für seine große Tat. Wir geloben ihm Treue. Wir sind bereit, als deutsche evangelische Kirche mit Leid und Freud unserem Volk unlösbar verbunden, an seinem Aufbau mitzuwirken aus der Kraft des Evangeliums. Das ganze Deutsche Volk bekennt sich am 10.April freudig zu ADOLF HITLER und zu seinem Werk, dem eigenen freien Großdeutschland. JA!

- Zum 10.April.

».... wenn Gott einem Volk hat helfen wollen ... wir haben wieder ein Großreich der Deutschen; wir haben einen deutschen Führer, zu dessen Werk sich Gott der Herr selbst durch seinen Segen bekennt und das gesamte deutsche Volk durch sein »Ja« bekennen wird. Herrgott, halte Deine Hand über unseren Führer und segne ihn, wie Du ihn bisher gesegnet hast aus dem Reichtum Deiner Gnade«.

Quelle: Das Evangelische Deutschland. Kirchliche Rundschau für das Gesamtgebiet der Deutschen Evangelischen Kirche. Nr.15. Berlin. 10.April 1938. 15.Jahr.

- Dieser Sonntag war eine lebendige Bezeugung dieses Satzes aus dem Aufruf des Leiters der Deutschen Evangelischen Kirchenkanzlei: »In dem Ja zum größeren Deutschland und zu der Tat des Führers ist die evangelische Kirche einig .. wir wollen dem Herrn unserem Gott danken, daß er uns diese seltene Stunde erleben ließ .. wir wollen unsere Kräfte zur Abwehr des Bolschewismus stärken«.

Quelle: Deutsche Evangelische Korrespondenz. (dek) Berlin. 13.April 1938. 37.Jahrg.15.

- Verordnung betreffend den Treueeid der Geistlichen und der Kirchenbeamten der Evangelischen Kirche der altpreußischen Union vom 20.April 1938.

  »... aus der Erkenntnis, daß auch im Kirchendienst Amtsträger nur sein kann, wer in unverbrüchlicher Treue zu Führer, Volk und Reich steht wird folgendes verordnet:

Es ist durch folgenden Eid zu bekräftigen:

1. ich werde dem Führer des Deutschen Reiches und Volkes, Adolf Hitler, treu und gehorsam sein, die Gesetze beachten und meine Amtspflichten gewissenhaft erfüllen, so wahr mir Gott helfe«.

4. Wer sich weigert, den in 1 vorgeschriebenen Treueeid zuleisten wird entlassen.

Berlin, den 20.April 1938. Der Präsident des Evangelischen Oberkirchenrates. Dr. Wener.

Quelle: Gesetzblatt der deutschen Evangelischen Kirche. 1937. Ausgegeben zu Berlin. , den 23.April 1938. Nr.10.

- Wenn die Evangelische Kirche den Eid der Treue zum Oberhaupt des Staates zu einer verbindlichen Ordnung für alle Amtsträger macht ... so bedeutet dies die innerste Verbundenheit mit dem Dritten Reich und mit dem Mann der diese Gemeinschaft geschaffen hat und verkörpert. Der Treueeid der kirchlichen Amtsträger bedeutet, daß die Evangelische Kirche freudig die daraus folgende Pflicht gegen Volk und Reich und gegen den Führer Adolf Hitler auf sich nimmt. Ein Treueeid auf den Führer liegt jenseits aller Verschiedenheit kirchlicher Anschauungen. Er bedeutet die persönliche Bindung an den Führer unter feierlicher Aufrufung Gottes.

Quelle: Gesetzblatt der deutschen Evangelischen Kirche. Nr.12. Tag der Ausgabe. Berlin, den 14.Mai 1938 Ausgabe B (Altpreußen).

- Eine römische Stimme zum Atheismus.

- Pater Dr. Brettle nimmt zur Frage des Atheismus Stellung und sagt: »... das Wesen des Nationalsozialismus, wie ich ihn kennen und lieben gelernt habe, war in seinen führenden Männern immer Ordnung, Dienst am Volk, Ehre, Treue, Arbeit, Tugend, Opferbereitschaft für die geheiligsten Ideale unserer Nation, die ihre Sprache nur durch Blut und Boden einen besonderen Charakter geben kann. Das alles sind christliche Werte, die bei uns faßt immer gepredigt worden sind.

  In diesen Tages des Umbruchs haben mich viele Menschen gefragt, wie ich als Seelsorger es mit der Liebe Christi vereinbaren könnte, daß die Juden überall abgelöst würden. Ich habe darauf geantwortet, daß die Ablösung schon immer im Plan der göttlichen Vorsehung lag. Niemand hat sie in die verschiedenen Länder Europas gerufen. Sie selbst kamen als Gäste und drängten sich dann wahrhaftig nicht immer durch tüchtige Leistungen an die Spitze«.

Quelle: Junge Kirche. Halbmonatsschrift für reformatorisches Christentum. 6.Jahrg. Heft.9. Göttingen. 1.Mai 1938.

Diese Beispiele lassen sich fortsetzen. Ich verweise auf die einschlägige Literatur. Das klerikale Agieren dokumentiert moralische Doppelbödigkeit und politisches Wollen.

310. Tondi. »Die geheime Macht der Jesuiten« S. 31.

311. Tondi. »Die geheime Macht der Jesuiten« S. 69.

312. Tondi. »Die geheime Macht der Jesuiten« S. 83.

Literaturverzeichnis[*]

Aallen, W. C. A Critical and Exegetical Commentary on the Gospel According to Matthew. Edinburgh. 1912.

Abt, A. Die Apologie des Apuleius von Madaure und die antike Zauberei. Gießen. 1907.

Ackermann, H. Entstehung und Klärung der Botschaft Jesu. 1961.

Adam, A. Antike Berichte über die Essener. 1972.

Adelung Geschichte der menschlichen Narrheit. 1785.

Adolph, W. Unveröffentlichte Borman-Akten über den Kirchenkampf. Wichmann Jahrbuch. 1954. Verfälschte Geschichte. Antwort an Rolf Hochmuth. Norus-Verlag. Berlin. 1963. Hirtenamt und Hitlerdiktatur. Berlin. 1965.

Agricola(e) , Fr. de coniugio coelibatu Sacerdotum. Cöln. 1581.

Agricolae, Ign. Historia Provinciae Societatis Jesu Germaniae super ioris, ab anno 1540 ad 1609. Pars I. et II. aug. Vind. 1727-29.

Albrecht Der Notenwechsel zwischen dem Heiligen Stuhl und der deutschen Regierung. Matthias Grunewald. Mainz. 1965.

Alegambe, Ph. Bibliotheca Scriptorum Societas Jesu. Romae. 1676.

Alfano, G. B. Vita di Gesú . Neapel. 1961.

Alford, M. Britannia illustrata, sive lucii, Helenae, Constantinii patria & fides cum appendice de tribus hodie controversis de Paschate Britanicorum, de Clericorum neptis & cum Britania coluerit Romanorum Ecclesiam. Antwerpen. 1641.

Alfrink, B. (Kardinal) Over het priesterliyk celibaat. In Analecta voor het Artbisdom. 66. (1963). S. 166-181.

Allen, A. Dämonische Besessenheit in der Gegenwart und wie man davon befreit wird. Leonberg. 1954.

Allgem. Moden-Zeitung für 1825 Nr. 70 (Pans Wörterbuch der Mode)Vergl. dort den Art. »Jesuiten«.

(*)
Nächst den unmittelbar sich beziehenden Werken sind in dieser Bibliographie nur solche aufgeführt, die in einem bestimmten historischen Zusammenhang (politischmoralisch) zum Papsttum stehen. Hier geht es nur um solche Quellen, für die das Papsttum die Hauptverantwortung trägt: wie Ketzerverfolgungen, Inquisition. Kreuzzüge und Hexenverfolgungen. Zum letztgenannten verweise ich auf die Bibliographie in meinem Buch »Hexenwahn-Hexen in Geschichte und Gegenwart«, die zur Ergänzung herangezogen werden soll. Im übrigen verweise ich auf die umfassenden Bibliographien in den einzelnen Standardwerken die entscheidenden Entwicklungen des Papsttums seit dem ersten Vaticanum verweise ich auf die vollständige Bibliographie im Werk von August Bernhard Hasler.
Ich danke Sigrid für das Zusammenstellen der Unterlagen .

Allwohn, A. Das heilende Wort. Niederl. Übers. »Her Genezende Woord«. Nijkerk. 1959.

Altmeyer, K. A. Katholische Presse unter der NS-Diktatur. Die katholischen Zeitungen und Zeitschriften Deutschlands in den Jahren 1933-1945. Berlin. 1962.

Andresen, K. Die Kirchen der alten Christenheit. Stuttgart. 1971.

Anisimov, A. F. The Shaman"s Tent of the Events and the Origin in the Shamanistic Rite. In: Studies in Siberian Shamanism. Henry N. Michael. Ed. Toronto. 1963.

Anklag wider die Jesuiten als Friedensstörer und geschworene Feinde des Heil. Röm. Reichs; oder treumeinende Erinnerung, was wegen der Jesuiten jetziger Zeit sowohl von Papisten als Evangelischen Ständen zu beratschlagen sey; durch Philoxenus Malander. 1632.

Antwort (kurze) auf das Parisischen Jesuiten P. Cottonis Erklärung, so er neulich an die Königin von Frankreich geschrieben und drucken lassen, darinn er seinen Orden wegen der Lehre von Königs-Morden zu entschuldigen unterstanden. 1610.

Aretin, K. O. v. The papacy and the modern World. Weidenfeld and Nicholson. London. 1970. Dt. Papsttum und moderne Welt. 1970.

Arnold, G. Unpartheiische Kirchen- und Ketzergeschichte. 1700.

Arrest oder Endurteil des Königl. Parlaments zu Paris, wider das Buch Joan Marianae, eines Jesuiten, welches den 29. Mai 1610 durch den Scharfrichter vor der Thumb-Kirchen daselbst öffentlich verbrannt worden, nebst der theol. Facultät zu Paris Bedenken und Censur von gedachter Jesuiten-Lehr... Item Parlamentsurtheil wider Franc Revaillac. Straßburg. 1610.

Augstein, R. Jesus Menschensohn. 1972.

Auhofer, H. Aberglaube und Hexenwahn Heute. Freiburg/Basel/Wien. 1960.

Bailey, D. Sh. Homosexuality and the western Christian tradition. London. 1955.

Baludicci, C. Priester, Magier, Psychopathen.

Bankhofer, H. Gespenster, Geister, Aberglauben. 1974.

Bantle, F. X. Unfehlbarkeit der Kirche in Aufklärung und Romantik. Eine dogmengeschichtliche Untersuchung für die Zeit der Wende vom 18. zum 19. Jh. Freiburger Theologische Studien, 103). Freiburg. 1976.

Bardt, C. F. Ausführungen des Plans und Zwecks Jesu. In Briefen an wahrheitssuchende Leser. 1784.

Bartholomäus, W. Glut der Begierde. Sprache der Liebe. Unterwegs zur ganzen Sexualität. München.

Bartholomäus, W. Unterwegs zum Lieben. Erfahrungsfelder der Sexualität. München.

Baschwitz, K. Der Massenwahn. 3. Auflage. 1932.

Baschwitz, K. Hexen und Hexenprozesse. 1963. Niederl. übers. »Heksen en Heksenprocessen. Amsterdam. 1964.

Baudissin, Graf W. W. F. Geschichte des alttestamentlichen Priestertums. 1889.

Bauer, B. Kritik an der evangelischen Geschichte des Johannes. 1840.

Bauer, B. Kritik an der evangelischen Geschichte der Synoptiker. 1841/42.

Bauer, B. Die Apostelgeschichte. 1850.

Bauer, B. Der Ursprung des Christentums aus dem römischen Griechentum. 1877.

Bauer, J. Rechtsverhältnisse der katalanischen Klöster.

Bauer, M. Die deutsche Frau in der Vergangenheit. 1907.

Bauer, M. Das Geschlechtsleben in der deutschen Vergangenheit. 5. Auflage.

Bauer, W. Rechtsgläubigkeit und Ketzerei im ältesten Christentum. 1934.

Bauernfeind, O. Die Worte der Dämonen im Markusevangelium. Stuttgart. 1926.

Bauernfeind, O. Die Apostelgeschichte. Leipzig. 1939.

Baumann, H. Schöpfung und Urzeit des Menschen im Mythus der afrikanischen Völker. Berlin. 1936.

Bautz, J. Die Hölle. 2. Auflage. 1905.

Beauvoir, S. de: Das andere Geschlecht. Sitte und Sexus der Frau. 1961.

Becan Controversia anglicana de postestate regis et pontificis. Mainz. 1612 (Anglikanische Streitfrage über die Macht des Königs und Priesters (= Papstes)).

Becker, C. L. Der Gottesstaat der Philosophen des 18. Jh. Dt. 1946

Becker, M. Die Chancen Gottes. 1971.

Beckwith, B. P. Religion, Philosophy and Sciences. New York. 1971.

Bedenken an die königliche Majestät in Frankreich, über der Jesuiten bei derselben gesuchten Aussöhnung. Aus dem Franz. 1603.

Bedenken an den König von Frankreich über die Jesuiten Aussöhnung und Wiedereinkommung in Frankreich. Heidelberg. 1607.

Behringer, Fr. Die Ablässe. Ihr Wesen und ihr Gebrauch. Paderborn. 1893.

Beissel, S. Geschichte der Verehrung Marias in Deutschland während des Mittelalters. 1909.

Beiträge zur Geschichte der katholischen Kirche im 19. Jh. in Beziehung auf die neuesten Verhältnisse derselben gegen die römische Kurie. Heidelberg. 1818.

Bekenntnisse der Magdalaine Bavent ... einer Nonne im Kloster Saint Louis in Louviers, mit ihrer allgemeinen und testamentarischen Beichte, worin sie die Greueltaten, Gottlosigkeiten und Gotteslästerungen bekannt hat, die sie sowohl im besagten Kloster als auch auf dem Sabbat begangen. Aus dem Franz. übersetzt von Dieter Walter. Berlin. 1980.

Beckker, B. De betoverde weereld. 4. Bde. 1691. Ot. Die bezauberte Welt. 1693.

Bekker Onanie. 1710.

Bellonici, M. Lukrezia Borgia. Rom. 1952.

Benn, G. Dein Körper gehört Dir. 1968.

Bergmann, E. Katechismus der Jesuitenmoral. Historische Faksimiles. Abteilungen Bünde und Orden/ Jesuiten.

Bericht (kurzer) welcher Gestalt dem Abt Du Bois, durch die Jesuiten, weil er wider ihre blutige Schriften zu Paris öffentlich gepredigt, sey zugesetzt worden. Aus dem Französischen verteutscht. Straßburg. 1610.

Bernhart, J. Der Vatikan als Weltmacht. Paul List. München. 1951.

Bernsdorf, W. Soziologie der Prostitution. In: H. Giese (Hrsg.). Die Sexualität des Menschen. Handbuch der medizinischen Sexualforschung. 1953.

Beumann, H. (Hrsg.) Heidenmission und Kreuzzugsidee in der deutschen Ostpolitik des Mittelalters. Darmstadt. 1963.

Bichlmeyer Urchristentum und katholische Kirche. 1924.

Bickel, G. Der Zölibat, eine apostolische Anordnung. In. Zeitschrift für katholische Theologie. II. S. 26/64. 1878.

Biedenfeld, F. v. Ursprung, Aufleben, Größe und Herrschaft, Verfall und jetzige Zustände sämtlicher Mönchs- und Klosterfrauenorden im Orient und Occident. 2. Bde. 1837-39..

Bieder, W. Die Vorstellung von der Höllenfahrt Jesu Christi, Zürich. 1949.

Bielmeier, J. Abschied von Trient. Regensburg. 1969.

Bietenhard, H. Die himmlische Welt im Urchristentum und Spätjudentum. 1951.

Bihlmeyer-Tüchler Kirchengeschichte. Paderborn. 1962.

Binchy, D. A. Church and State in Modern Italy. 1870-1913.

Binder, G. Irrtum und Widerstand. Die deutschen Katholiken in der Auseinandersetzung mit dem Nationalsozialismus. München. 1968.

Biner, J. de coelibatu Clericorum. Sie steht im 5. Theil seines »Apparatus eruditionis ad Jurisprudentiam praetertim Ecclesiasticum«. pag. 30 der Augsburgischen Edition. 1751.

Binterim, A. J. Die vorzüglichsten Denkwürdigkeiten der Chr. Katholischen Kirche. Mainz. 1838.

Bischoff, E. Die Kabbala. 2. Auflage. 1917.

Bitte an die Fürsten Deutschlands über die Aufhebung des Zölibats ihrer katholischen Geistlichkeit. Deutschland. 1801.

Blank, J. Der Christus des Glaubens und der historische Jesus. In: Ein Mann aus Galiläa. 1971.

Blanke, F. Kirchen und Sekten. Zürich. 1955.

Blau Das altjüdische Zauberwesen. Straßburg. 1898.

Bloch, M. Geschichte der Entwicklung der Kabbala. 1894.

Blumenberg, H. Einleitung zu: Giordano Bruno. Das Aschermittwochsmahl. 1969.

Blumhardt, J. C. Blumhardts Kampf. Nach seinen eigenen Aufzeichnungen o. J. (muß aber zwischen 1840-50 liegen).

Böcher, O. Dämonenfurcht und Dämonenabwehr. 1970.

Böhm, A. Epoche des Teufels. Ein Versuch. 1955..

Böhmer, G. W. Magazin für Kirchenrecht. Die Kirchen- und Gelehrtengeschichte Göttingens. 1787. Bd. 1.

Böhmer, H. Die Entstehung des Zölibats. Geschichtliche Studien. Albert Hauck zum 70. Geburtstag dargebracht. Leipzig. 1916.

Böhm, A. Epoche des Teufels. Niederl. Übers. »De Eeuw van de Duivel«". Gravenhage. 1956..

Bölsche, W. Die Abstammung des Menschen. 1905.

Bohlen, C. B. Geschichte der Erotik. Das Heyne Sachbuch Nr. 64. 4. Auflage. 1967.

Bohn, M. v. Die Mode. Menschen und Mode im Mittelalter. 1925.

Bohne, R. Das katholische System. Zürich/Einsiedeln/Köln. 1972.

Bolkestein, M. H. Het Verborgen Rijk. Het Evangelie naar Marcus. Nijwerk. 1954.

Bonifatius, P. Satan, der Widersacher Gottes. 1972.

Bonnet, H. Reallexikon der ägyptischen Religionsgeschichte. 1952.

Bornemann, E. Lexikon der Liebe. 1. Bd. 1968.

Borsenius, P. Im Zeichen der drei Ringe. München. 1966.

Borst, A. Die Katharer. Stuttgart. 1953.

Bols, K. Papstgeschichte als Problem historischer Theorie und Methode. Miscellen. In. Zeitschrift für Bayerische Landesgeschichte. Bd. 33. Heft 3. München. 1970.

Bossi, E. Gesú Christo nella storia, nella Biblia, nella mitologia. Bellenzone. 1935.

Boudroit, W. Die altgermanische Religion in der amtlichen kirchlichen Literatur. Bonn. 1928.

Bousset, W. Der Antichrist in der Überlieferung des Judentums, des Neuen Testaments und der alten Kirche. 1895.

Bousset, W. Apothegama-Studien zur Geschichte des ältesten Mönchtums. 1923.

Bousset, W. Religion des Judentums. Hrsg. H. Grossmann. 3. Auflage. 1926.

Boulaeze Thesaurus und vollständige Geschichte vom glorreichen Sieg des Corpus Christi über den bösen Geist Beelzebub in Laon. 1566.

Bovet, Th. Die Angst vor dem lebendigen Gott, Niederl. Übers. »Overwinning op de Angst«. Amsterdam. 1952.

Braun, Th. Keine Priesterheirat. 1878.

Brenner, F. Geschichtliche Darstellung der Verrichtung und Ausspendung der Eucharistie von Christus bis auf unsere Zeit. Bamberg. 1824.

Brieger, Th. Das Wesen des Ablaß am Ausgang des Mittelalters. 1897.

Brik, H. Th. Das Rätsel der Schöpfung. 1977.

Brillenberg, G. De Rol van het Demonische. Kampen. 1961.

Eromme Untergang des Christentums. Korrekturen der Welt-und Religionsgeschichte. 5 Bde. Berlin. 1979.

Bruaner, B. Die hl. Schrift. Wort Gottes oder Menschenwort? Was gilt uns heute noch die Bibel? In: Petrusblatt. Katholische Kirchenzeitung für das Bistum Berlin. 1/66.

Brückner, W. Die Verehrung des hl. Blutes in Walldürn. Volkskundlich soziologische Untersuchung zum Strukturwandel barocken Wallfahrens. 1958.

Buchheim, H. Glaubenskrise im Dritten Reich. Stuttgart. 1953.

Buchmann Freie und unfreie Kirche in seinen Beziehungen zur Skaverei, zur Glaubens-und Gewissenstyrannei und zum Dämonismus. Breslau. 1873.

Budensieg, R. Johann Wiclif und seine Zeit. 1885.

Bücher, K. Die Frauenfrage im Mittelalter. 1910.

Bühler, J. Klosterleben im deutschen Mittelalter. 1923.

Bulst, W. Das Grabtuch von Turin. Zugang zum historischen Jesus. Der neue Stand der Forschung. 1978.

Bultmann, R. Das Urchristentum. 1962.

Buonaiuti, E. Geschichte des Christentums. Bern. 1948.

Buonaiuti, E. Die exkommun izierte Kirche. 1966.

Burrows, M. Mehr Klarheit über die Schriftrollen. 1958.

Busenbaum, H. Medulla theologiae moralis, facili ac perspicua methodo resol. casus conscient, ex variee probatisque auctoribus concinnata. 1652.

Busenbaum, H. Medualla Theologiae moralis. Ludg. 1686.

Butler, C. Das 1. Vatikanische Konzil. München. 1916.

Calixtus, G. Tractatus de coniugio Clericorum. Helmstädt. 1631, bzw. Frankfurt 1653 (Anm. »Die Prostestanten rühmen das Werk des Calixtus über jedes andere Buch in dieser Materie«.

Campbell, H. J. The Plaesure Areas. 1973; Dt. Der Irrtum mit der Seele. 1973.

Campegius, Th. di coelibatu Sacerdotum non abrogando. Venetiis. 1554.

Campion, E. Lod Acton and the Vatican Council. Sidney. 1975..

Carové, F. W. Vollständige Sammlung der Zölibatsgesetze für die katholischen Weltgeistlichen von den ältesten bis auf die neuesten Zeiten. Mit Anmerkungen. 1833.

Caspar, E. Primatus Petri. Weimar. 1927.

Caspar, E. Geschichte des Papsttums. 2. Bde. Tübingen 1930-1933.

Catharinus, A. de coelibatu adversus ipium Erasmus. Siena. 1581.

Cathrain , V. (SJ) Moralphilosophie. Leipzig. 1924.

Cathrain, V. (SJ) Die Aufgaben der Staatsgewalt und ihre Grenzen. Freiburg. 1882.

Cavendish, R. Die Schwarze Messe. Frankfurt. 1967.

Celibaatscris Suggesties van een priester. Den Haag. 1963.

Chamberlin, E. R. Unheilige Päpste. 1969.

Chardin, Th. de. Das Auftreten des Menschen. 1964.

Charpentier, J. Die Templer. Stuttgart. 1965.

Charroux, R. Verratene Geheimnisse. 1967.

Chiniqui Der Priester, die Frau und die Ohrenbeichte. Barmen. 1889.

Christiani, L. Présence de Satan dans la monde moderne. Paris. 1959.

Clauss, M. Die Beziehungen des Vatikans zu Polen während des Zweiten Weltkrieges. Böhlau/Köln. 1979.

Clemen, C. Religionsgeschichte Europas. Bd. 1. Heidelberg. 1926.

Cobben, J. J. Johannes Wier. 1960.

Collas, G. F. Geschichte der Flaggelanten. 1. Bd. 1913.

Congar, Y. M. J. Die Lehre von der Kirche. Von Augustinus bis zum Abendländischen Schisma. Handbuch der Dogmengeschichte. 3. Freiburg. i. B. 1971.

Conrad, W. Der Kampf um die Kanzeln. Topelmann. Berlin. 1957.

Conversation ob die Jesuiter zweyn Studenten, einem Katholischen und einem Calvinisten, ob die Jesuiter an allerlei Empörungen im Röm. Reich, und sonderlich in Böhmen schuldig seyen. Prag. 1620.

Conzemius, V. Katholizismus ohne Rom. Die altkatholische Kirchengemeinschaft. Zürich/Einsiedeln/Köln. 1969.

Cooper, W. M. Flagellation and the Flagellants. London. 1896.

Corte, N. Unser Widersacher der Teufel (Der Christ in der Welt. 5. Reihe) 5. Bd. 2. Aufl. Aschaffenburg. 1962.

Couchoud, P. L. Il mistero di Gesú. Mailand. 1945..

Corvin O. v. Paffenspiegel. 1. Ausg. Leipzig. 1845.

Corvin, O. v. Die Geißler. 3. Aufl. 1891.

Coßinus, E. de coelibatu Sacerdotum wider Joseph Hall. Pseudodekanus von Wignon. zu St. Omer. 1619.

Cottonis, P. Erklärungs-Schreiben an die Königl. Wittib und Regentin in Frankreich, in welchem er zu beweisen und darzuthun sich unterstehet, daß der Jesuiten-Lehre, dem im Jahre 1415 im Concilio zu Costnitz ergangenem Decret gemäß sei. Aus dem Parisischen Exemplar verdeutscht. Straßburg. 1610.

Cramer, V. Bücherkunde zur Geschichte der katholischen Bewegung im 19. Jh. 1927.

Craveri, M. La vita di Gesú. Das Leben des Jesus von Nazareth. 1970.

Creighton, M. The Papacy during the Period of the Reformation.

Cremer. H. Weissagung und Wunder im Zusammenhang der Heilsgeschichte. 1900.

Crespet, P. Deux livres de la haine de Satan et de malins esprits contre l"homme. Paris. 1590.

Cromer, M. de coniugo & coelibatu Sacerdotum. Köln. 1564.

Cunow, H. Ursprung der Religion und des Gottesglaubens. Berlin. 1913.

Dalmann, G. Orte und Wege Jesu. 1924.

Dam, W. C. v. Dämonen und Besessene. Die Dämonen in Geschichte und Gegenwart und ihre Austreibung. Aschaffenburg. 2. Aufl. 1975.

Damiani, P. Liber Gomorrhianus. (um 1070).

Daniel-Rops, H. Die Kirche im Frühmittelalter, Innsbruck. 1953.

Danilou, J. Th Scrolls and Primitive Christianity. New York. 1962.

Danksagungsschreiben der gesamten katholischen Geistlichkeit an seine kaiserliche Majestät Joseph II. für die Verweigerung der Priesterehe. 1787.

Darstellung (vorläufige) des heutigen Jesuitismus, der Rosenkreuzerei, Proletytenmaxthesalvaque religione prosequi non posse. Aug. Vind. 1625.

Darwin, R. Ch. B. Die Entwicklung des Priestertums und der Priesterreiche oder Schamanen, Wundertäter und Gottmenschen als Beherrscher der Welt. Ein Warnruf an alle freiheitsliebenden Völker. 1929.

Darwin, C. Die Entstehung der Arten. 1976.

Das Evangelium der Jesuiten Leipzig. 1822.

Dausch, P. Die drei älteren Evangelien. Bonn. 1913.

De auctoritate et potentia romani pontificis ac de rebus feliciter geistis victoriae que Clementis ejus nominis octavi summi pontifices de Henrico quarto... rege gloriose triumphatis.

Dedijer, V. Jasenovac, das jugoslawische Auschwitz und der Vatikan. Freiburg. 1988/89.

Dee, J. Ein wahrer und getreulicher Bericht über das, was sich lange Jahre hindurch zwischen Dr. Dee und einigen Geistern zutrug. 1659.

Die katholische Kirche in Utrecht In der theol. Quartalszeitschrift Jahrg. 1826 1. und 2. Heft Tübingen. (wichtig wegen der jesuitischen Ränke, die die Trennung der Utrechter Kirche von Rom bewirkt haben).

Die Notwendigkeit den Gebrauch der katholischen Kirche, die Geistlichen ihres Standes niemals oder gar schwerlich zu entlasten. Eine italienische Handschrift ins Deutsche übersetzt. Rom und Florenz. 1775..

Delacour, J. B. Vom ewigen Leben. 1974.

Delacour, J. B. Agage Satan. Das Brevier der Teufelsaustreibung. Genf. 1975.

Delphinus, J. A. de matrimonis & coelibatu contra horum temporum & haereticos homines... zu Camerino. 1553.

Dempf, A. Sacrum Imperium. Darmstadt. 1954.

Denkstück für die Aufhebung des den katholischen Geistlichen vorgeschriebenen Zölibates. Mit drei Aktenstücken. Freiburg i. Breisgau. 1828.

Denzler, G. Im Namen Gottes. Belastendes Material aus der Kirchengeschichte. In: Wille Gottes. Stuttgart. 1973.

Denzler, G. Das Papsttum und der Amtszölibat. 2 Bde. In: Päpste und Papsttum. Stuttgart 1973-1976.

Denzler, G. Das Papsttum in der Diskussion. Sammelband. Regensburg. 1974.

Denzler, G. Papsttum heute und morgen. Sammelband. Regensburg. 1975.

Deppen O. v. Demagogie der Jesuiten durch die Urtheile ausgezeichneter Personen und die eigenen Schriften der Ordensmitglieder bewiesen; ein politisch-historischer Versuch, allen Fürsten und Völkern, ganz vorzüglich dem deutschen Bunde gewidmet. Altenburg (1826).

Der Priester-Zölibat Von Franz v. Holtzendorff. Berlin. 1875. In. Deutsche Zeit und Streitfragen. Flugschriften zur Kenntnis der Gegenwart. Jahrg. IV. Heft 63. Berlin. 1875.

Der weltberühmten Universität zu Paris treuherzige Erinnerung an Königl. Wittib und Regentin... wegen der Jesuiten und ihrer Lehre. Aus dem zu Paris gedruckten Exemplare verdeutscht. 1610.

Deschner Mit Gott und den Faschisten. Vatikan und Faschismus. Stuttgart. 1965.

Deschner Das Keuz mit der Kirche. Eine Sexualgeschichte des Christentums. 1974.

Deschner Kirche des Un-Heils. 1974.

Deschner Der gefälschte Glaube. Eine Kritik des Unfehlbarkeitdogmas und anderer christlichen Glaubenslehren. 1980.

Deschner Abermals krähte der Hahn. Kritische Kirchengeschichte von den Evangelien zu den Faschisten. 1980.

Deussen, P. Allgemeine Geschichte der Philosophie mit besonderer Berücksichtigung der Religionen. 2. Aufl. Leipzig. 1919.

Dhorme, E. Les religions de Babylonie et d" Assyrie. Paris. 1945.

De Waal Papst Benedikt XI. Hamm. 1915.

Deurlein, E. Der deutsche Katholizismus. 1933.

Dibelius, M. Die Geisterwelt im Glauben des Paulus. 1909.

Dieckhoff, A. W. Der Ablaßstreit. Dogmengeschichtlich dargestellt. 1886.

Die Herzjesuandacht nach theologischen und historischen Gründen geprüft von Herrn Halerbruck. Pfarrer zu Gleidsbrunn. Aftersturz bei Caspar Wermuth. 1782.

Die Jesuiten erklären Die Aufhebung ihres Ordens für null, suchen den Chatolizismus unter allerlei Gestalten zu verbreiten, und vermehren sich vorzüglich in Rußland. In der Berliner Monatsschrift. Jahrgang 1785 (April, S. 378).

Die Jesuiten und ihr Benehmen gegen Geistliche und weltliche Regenten... von Ernst Freidmann (?). Grimma. Bei Göschen-Beyer. 1825.

Diefenbach, J. Der Hexenwahn vor und nach der Glaubensspaltung in Deutschland. 1886 Neudruck. 1978.

Dietrich, E. L. Das Judentum im Zeitalter der Kreuzzüge. In: Saculum. Freiburg i. B. 1952.

Dilgskron, P. C. Leben des hl. Bischofs und Kirchenlehrers Alfonsus Maria de Liguori. Regensburg. 2. Bde. 1887.

Di Maria, S. Die Muttergottes in San Damiano (Hauteville ?). Schweiz 1979.

Dinkler, E. Die Petrus-Rom-Frage. In: Theologische Rundschau. Tübingen. 25, 1959 und 27, 1916.

Do Duca, J. M. Die Geschichte der Erotik. 1965.

Doebert, H. Das Charisma der Krankenheilung. Hamburg. 1960.

Dölger, F. J. Der Einfluß des Origenes auf die Beurteilung von Epilepsie und Mondsucht. Antike und Christentum. IV. 1934.

Döllinger, J. I. v. / Reusch, H. R. Geschichte der Moralstreitigkeiten in der römisch-katholischen Kirche seit dem 16. Jh. Mit Beiträgen zur Geschichte und Charakteristik des Jesuitenordens. Aufgrund ungedruckter Aktenbestände bearbeitet. 3 Bde. Nördlingen. 1888.

Döllinger, . J. I. v. Beiträge zur Sektengeschichte des Mittelalters. 2 Bde. 1890.

Döllinger, J. I. v. Die Papst-Fabeln des Mittelalters. Ein Beitrag zur Kirchengeschichte. 2. Aufl. Stuttgart. 1891.

Döllinger, J. I. v. Das Papsttum (Neubearbeitung des »Janus«. Der Papst und das Concil) durch F. Friedrich. München. 1892.

Dorries, H. Konstantin der Große. Stuttgart. 1958.

Dolezol, Th. Adam zeugte Adam. Abstammung und Urgeschichte des Menschen . 1979.

Donmershausen, W. Die Umwelt Jesu. Politik und Kultur in neutestamentlicher Zeit. 1987.

Dopatku, U. Das Spiegelbild der Götter. 1975.

Dover, K. J. Homosexualität in der griechischen Antike. 1983.

Dresdner, A. Kultur- und Sittengeschichte der italienischen Geistlichkeit im 10. und 11. Jh. Breslau. 1890.

Drews, A. Die Entstehung des Christentums aus dem Gnostizismus. 1924.

Drews, A. Die Bedeutung der Geschichtlichkeit Jesu. 1926.

Dreyer, M. Der Teufel in der deutschen Dichtung des Mittelalters. Diss. Rostock. 1884.

Dringende Vorstellungen an Menschlichkeit und Vernunft um Aufhebung des ehelosen Standes der katholischen Geistlichkeit. 1782 (Anm. das Buch stammt vermutlich von Westenrieder/Münster).

Duchesne, L. Liber pontifikalis. Paris. 1955-1957.

Dumeige, C. /Bacht, H. Geschichte der ökumenischen Konzilien. Mainz. 1963-1975.

Durant, W. Kulturgeschichte der Menschheit. 7. Bd. Caesar und Christus o. J.

Düntzer, H. Die Sage von Doktor Faust. 1846.

Dvornik, F. Byzanz und der römische Primat. Stuttgart. 1966.

Eberle, A. Vom Teufel besessen. In: Medical-Tribune. Beilage. 1975. Nr. 15.

Ebert, H. Der verlorene Gott. 1971.

Eckartshausen, v. Aufrufing und Warnung an die Großen der Welt, sich vor der Gefahr zu sichern, die durch das falsche System der heutigen Aufklärung und die kecken Anmaßungen so. g. Philosophen ff. den Thronen der Staaten und dem Christentum den gänzlichen Verfall droht. 1792.

Edersheim, A. The Life and Times of jesus the Messiah. 1883.

Edey, M. A. Vom Menschenaffen zum Menschen. 1977.

Ehrenreich, B. Hexen, Hebammen und Krankenschwestern. München. 1975.

Ehrlich, P. Die Bevölkerungsbombe. 1971.

Eines polnischen Edelmannes Anrede an die Großen in Polen, die Ruhe und Einigkeit des Königreiches durch Wegschaffung derer Jesuiten zu befördern betreffend, anfangs in polnischer Sprache geschrieben, nachgehends in die Lateinische und Französische, nun aber ins Deutsche übersetzt und mit Erläuterungen vermehrt. 1727.

Einzinger, J. M. M. Dämonologie oder systematische Abhandlung von der Natur und Macht des Teufels. 1775.

Eitrim, S. Some Notes on the Demonology in the New Testament. 1950.

Ellendorf Moral und Politik der Jesuiten. Darmstadt. 1840.

Erdmann, K. Die Entstehung des Kreuzzugsgedankens. Darmstadt. 1965.

Erinnerungen von der Jesuiten-Praktiken , bei Anlaß des im Jahre 1595 an Heinrich IV. tendierten Königsmordes. a. d. Französischen. 1607.

Erinnerungen (treuherzige) an die wohlverordneten Herren des Königl. Parlaments zu Paris, in welcher mit unwidertreiblichen Gründen dargetan und erwiesen wird, daß an der verräterischen Mordthat König Heinrichs des Großen niemand anders, als die jesuitische Societät ... schuldig sei. Aus dem Französischen verteutscht. Straßburg. 1610.

Erman, A. Die Religion der Ägypter. 1934.

Ernst-Allermann, C. Teufelsaustreibungen. Die Praxis der katholischen Kirche im 16. und 17. Jh. Bern. 1972.

Espencäus, Cl. de continentia Lib. VI. Parisi. 1565.

Extreits des Assertiationes dangereuses et perniceuses en tout genre, que les soi-disans Jesuites ont, dans tous les temps et perseverament soutenues, ensieghnees et publiees dansleurs Livres, avec l" approbation de leurs Superieurs et Generaux, Verifies et collationes par les commisaires du Parlament, en executions de l"Arrete de la Cour du 31 Aout. 1761 et Arret du 3. Septembre siuvant, sur les livres Theses, Cahiers composes, dictes et publies par les soi-dissans Jesuites, et autresactes authentiques. A. Paris. 1762. 4.

Faber, R. Der Vatikan. Goldmann Verlag. 1968.

Fabricius, G. Freundschaftliches Sendschreiben, worin die wider das höchste Interesse Sr. Churfürstl. Durchlaucht von Köln von den Jesuiten in dem Estendischen Jurisdiktiosnstreit gespielten Streiche entdeckt werden. 1751.

Felder, H. Jesus von Nazareth. Ein Christusbuch. 1938.

Flacke, O. Der letzte Gott. Das Ende des theologischen Denkens. 1961.

Faulhaber Deutsches Ehrgefühl und katholisches Gewissen. München. 1925..

Fehrle, E. G. Die kultische Keuschheit im Altertum. Gießen. 1910.

Fenner, F. Die Krankheiten im Neuen Testament. 1930.

Feuerbach Das Wesen des Christentums. 1841.

Ferrandus, J. Disquisitio Reliquiare. Lyon. 1647.

Feussi, I. Das Institut der Gottgeweihten Jungfrauen. Sein Fortleben im Mittelalter. 1917.

Feyerabend, S. Theatrum Diabolorum. 1569.

Fichte, J. G. Versuch einer Kritik aller Offenbarung. 1792.

Fichtiger , Chr. Lexikon der Heiligen und Päpste. Prisma Verlag. Göttingen. 1980.

Fides Jesu et Jesuitarum , hoc est collation doctrinae Domini et Salvatoris nostri Jesu, cum doctrina Jesuitarum, collecta ex. S. Litteris, Patrum Scriptis, ac Jesuitarum Libris, et per fidei articulos disposita. Item juramentum Papae IV. continents capita pontifica religionis, cum confutatione cum praefatione. Joan. Marbachii. Christingae. 1573. 8.

Fiebig, P. Antike Wundergeschichten zum Studium der Wunder des Neuen Testaments. 1911.

Fiebig, P. Rhabbinische Wundergeschichten des neutestamentlichen Zeitalters. 1911.

Findeisen, H. Schamane dargestellt am Beispiel der Besessenheitspriester nordeurasischer Völker. Zürich. 1957.

Finke, H. Ungedruckte Dominikanerbriefe des dreizehnten Jahrhunderts. 1891.

Fischer, J. Die Gynäkologie bei Dioskurides an Plinius. Wien. 1927.

Flade, P. Das römische Inquisitionsverfahren in Deutschland bis zu den Hexenprozessen. 1902.

Florenza, F. P. Die Abwesenheit Gottes als ein theologisches Problem. In: Hörgl. u. Rauh. Grenzfragen des Glaubens. Zürich. 1967.

Flavius, J. De bello iudaico libri. 6. Buch. 9. 3. dt. Geschichte des Jüdischen Krieges. 1977.

Flotti, A. Historiae Provinciae Jesu. Seu Pars III. Germaniae superioris ab anno 1601 da 1610 id. 1734.

Förg, L. Die Ketzerverfolgung in Deutschland unter Gregor IX. 1932.

Förstermann, E. Die christlichen Geißlergesellschaften. 1828.

Foertsch, E. Im Namen der heiligen Inquiistion. Die Vernichtung der Lutheraner in Spanien. 1970.

Fohrer, G. Erzähler und Propheten im Alten Testament. 1988.

Ford, C. S. /Beach, F. A. Formen der Sexualität. Das Sexualverhalten bei Mensch und Tier. 1968.

Forel, A. The Sexual Question. 1931.

Frank, P. S. Begriffsanalytische und begriffsgeschichtliche Untersuchung zum »englischen Leben« im frühen Mönchtum. Heft 26. d. Beitr. z. Geschichte des alten Mönchtums und des Benediktinerordens. 1964.

Frankfort, A. Ancient Egyptian Religion. New York. 1948.

Franz, A. Kirchliche Benediktionen im Mittelalter. I. II. 1908.

Franzii, W. Oratio de Jesuitarum cruentis machinationibus adversus principes a Romano Pontifice alienniores etc. habita anno 1611. Witteb. 1612. 8.

Frazer Folklore in the Old testament. Bd. 1. London. 1919.

Frazer, J. Der goldene Zweig. Das Geheimnis von Glauben und Sitten der Völker. Leipzig. 1928.

Freiberger, L. Die Kirche der Zukunft wird in den Händen der Laien liegen. 1971.

Freimütige Darstellung des Mangels an katholischen Geistlichen, nebst den sichersten Mitteln zur Abhülfe. Ein Gutachten der theologischen Fakultät. Landshut.

Mit Anmerkungen herausgegeben von D. Fridolin Huber. Pfarrer in Deißlingen. Rottweil. 1818.

Freimütige Gedanken über die Priesterehe als Grundlage einer höchst notwendigen Reformation der katholischen Geistlichkeit, in einer näheren Beleuchtung der neuesten fürstbischöflichen Consistorialverfügung wider die unenthaltsamen·Kleriker des Regensburger Kirchensprengels. Von einem bayrischen Professor der Theologie. 1796.

Friedberg, E. Aus deutschen Bußbüchern. Ein Beitrag zur Kulturgeschichte. 1868.

Friedberg, E. Sammlung der Aktenstücke zum ersten VatiKanischen Koncil mit einem Grundrisse der Geschichte desselben. 2. Bde. Tübingen. 1871-1876.

Friedenthal, R. Ketzer und, Rebell. Jan Hus und das Jahrhundert der Revolutionskriege. 1972.

Friedrich, J. Geschichte des Vatikanischen Konzils. 3 Bde. Bonn. 1887. Neudruck. Hildesheim. 1971.

Friedrich , R. Medizin von Morgen. Niederl. Übersetzung »Geneeskunde in Opmars«. Antwerpen.

Friedlander, S. Pius XII. and the Third Reich. Knopf. New York. 1966.

Friese, 6. Chr. Beiträge zur Religionsgeschichte in Polen und Littauen. 2 Bde. Breslau. 1786.

Freie Religion Monatsschrift für religiöse Selbstbestimmung. 1980.

Fuhrmann, H. Einfluß und Verbreitung der pseudoisidorischen Fälschungen. Von ihrem Auftauchen bis in die neue Zeit. 3 Bde. Stuttgart. 1972-1974.

Funk, F. X. Coelibat und Priesterehe im christlichen Abendland. Kirchengeschichtliche Abhandlungen und Untersuchungen. I. Paderborn. 1897.

Fuchs, E. Illustrierte Sittengeschichte vom Mittelalter bis zur Gegenwart. 1921.

Fuchs, E. Die Weiberherrschaft in der Geschichte der Menschheit. 1913.

Fünf Sendschreiben eines Layern an seinen Freund, einen Weltgeistlichen, über das während der Jesuitenpoche ausgestreute Unkraut, verschiedene merkwürdige deutschgeistliche Geschichtsumstände enthaltend. 1785

Fürstauer, J. Eros im alten Orient.

Gauß, J. Ost und West in der Kirchen-und Papstgeschichte des 11. Jh. Zürich. 1967.

Gefährliche Anschläge der Jesuiten wider könig-und fürstliche Personen. Hanau. 1611.

Geheimniß und Ceremonien welche die Jesuiten gebrauchen, wenn sie einen einfältigen Menschen dahin bewegt, daß er sich zum Mörder an Königen brauchen zu lassen, begeben und entschlossen. Aus dem Franz. 1610.

Geiger, A. Kirchengeschichtlicher Überblick. Freiburg. 1963.

Geiger, Th. Maria im Kampf mit dem Drachen. Erfahrungen eines Exorzisten. 1935.

Gerdemann, W. /Winfried, H. Christenkreuz und Hakenkreuz. Kath. Tat-Verlag. Köln. 1931.

Geschichte der Jesuiten in Portugal , unter der Staatsverwaltung des Marquis von Pombal. Aus Handschriften und sicheren Nachrichten herausgegeben und mit Anmerkungen begleitet. Von Gottl. v. Murt. 2. Theile. Nürnberg 1789 und 1787.

Görer, A. F. Papst Gregorius VII. und sein Zeitalter. 1859.

Giovanetti, A. Der Vatikan und der Krieg. Köln. 1962.

Glaser, H. Eros in der Politik. 1967.

Gnägi, A. Katholische Kirche und Demokratie. Zürich/Einsiedeln/Köln. 1970.

Goekel, H. Die Messias Legitimation Jesus. Er überlebte Golgatha. 1982.

Goguel, M. La vie de Jesus. Paris. 1912.

Göpfert, F. A. Moraltheologie. 2. Bde. 1897.

Görres, J. v. Christliche Mystik. Bd. IV. 1842.

Görres, J. v. Kirche und Staat nach Ablauf der Kölner Irrung. 1842.

Götzinger, E. Reallexikon der deutschen Altertümer. Leipzig. 1881.

Gomez Jugum ferrum luciferi. 1676.

Gontard, F. Die Päpste. Regenten zwischen Himmel und Hölle. München. 1959.

Goodmann, F. D. Disturbances in the Apostolic Church: A Trance-Based Upheaval in Yucatan. Three Field Studies in Religious Experience. Felicit as D. Goodman, Jeanette H. Henney, and Ester Pressel. New York. 1974.

Goodmann, F. D. Triggering of the Altered States of Consciousness as Group from Yucatan. Confinia Psychiatrice. 1980 (in press).

Graef, H. Maria, eine Geschichte der Lehre und Verehrung. 1964.

Grätzer, J. Doctrina moralis Jesuitarum. Die Moral der Jesuiten, quellen aus ihren Schriften, von einem Katholiken. Celle. 1874.

Die erste Auflage seines Werkes erschien unter dem Titel »Blüten der Jesuitenmoral, in ihren Gärten gesammelt und den gebildeten Katholiken, besonders den Priestern gewidmet, von einem Katholiken. Celle. 1873.

Graf, A. Geschichte des Teufelsglaubens. 1893.

Granderath, Th. Geschichte des Vatikanischen Konzils von seiner ersten Ankündigung bis zu seiner Vertagung. Nach den authentischen Dokumenten dargestellt. Hrsg. v. Kirch. 3 Bde. Freiburg i. Br. 1903-1906.

Grebner, J. Das Neue Testament. Aus dem Griechischen neu übersetzt und erklärt. 1966.

Grebner, J. Der Verkehr mit der Geisterwelt Gottes. Seine Gesetze und sein Zweck. 1983.

Gregovorius, F. Geschichte der Stadt Rom im Mittelalter. 3 Bde. Basel. 1953-1957.

Griesler, O. (Hrsg.) Lebensbeschreibung des hl. Alphons. Schweiz. Druck und Verlag K&N Benzinger. Einsiedeln. 1887.

Grönbold, G. Jesus in Indien. Das Ende einer Legende. 1985.

Gröne, H. Der Ablaß. 1863.

Gröne, H. Tezel und Luther oder Lebensgeschichte und Rechtfertigung des Ablaßpredigers und Inquisitors Dr. Johann Tezel. 1860.

Grundmann, H. Religiöse Bewegungen im Mittelalter. 1935.

Grunewald, M. Der Notenwechsel zwischen dem Heiligen Stuhl und der Regierung. Mainz. 1956.

Grützmacher, L. Pachomius und das älteste Klosterleben. 1896.

Grundmann, H. Ketzergeschichte des Mittelalters. In: Die Kirche in ihrer Geschichte. Bd. 2. Göttingen. 1967.

Grundmann, H. Religiöse Bewegungen im Mittelalter. Darmstadt. 1970.

Grundmann, W. Jesus der Galiläer und das Judentum. 1940.

Grupp, G. Kulturgeschichte des Mittelalters. 2 Bde. 1907.

Gschwind, P. Die Priesterehe und der Zölibatszwang. 1875.

Guardini, R. Von Heiligen Zeichen. 1927.

Günther, G. historica cleromagniae ad concilium usque Niceaneum. Lipsiae. 1701.

Guggenheim Geschichte der Jesuiten bis zur Aufhebung ihres Ordens. 1540-1773. Frankfurt am Main. 1847.

Guha, A. A. Sexualität und Pornographie. 1971.

Guignebert, C. Gesú. Turin. 1950.

Guillemain, B. La Cour Pontificale d'Avignon. 1309-1376. Paris. 1966.

Gurian, W. Der Kampf um die Kirche im Dritten Reich. Luzern. 1936.

Gury Casus conscientiae. Ratisbonae. 1865.

Gury Compendium theol. moralis. Ratisbonae. 1868. Neu: 1890.

Gury-Ballerini (SJ) Compendium theologiae moralis. Romae. 1882.

Guzmann, Fr. v. de sacris Ministris Altaris & coelibatu, Venetiie. 1569.

Haag, H. Biblische Schöpfungslehre und kirchliche Erbsündenlehre. Katholisches Bibelwerk. 1966.

Haag, H. Ellinger, K. Lang, B. Limbeck, M. Teufelsglaube. Tübingen. 1974.

Haag, H. Abschied vom Teufel. Einsiedeln. 1978

Häring, B. Das Gesetz Christi. Moraltheologie. Dargestellt für Priester und Laien. 3. Bd. 7. Aufl. 1963.

Haidacher, A. Geschichte der Päpste in Bildern. Heidelberg. 1965.

Haller Geschichte der Päpste. Darmstadt. 1962.

Haller, J. Das Papsttum. Idee und Wirklichkeit. Erstausgabe. 3 Bde. Stuttgart 1934-45; Nachdruck 5 Bde. München. 1965.

Hammer, J. Als Jesus lebte. 1943.

Hammers, A. J. /Rosin , U. Die Parapsychologie im Urteil deutscher Theologen.

Hammers A. J. Parapsychologie und Theologie. Europäische Hochschulschriften. Reihe XXIII. Bd. 47. Herbert Lang, Bern, Peter Lang. Frankfurt a. M. 1975.

Hane, Ph. F. Leben und Thaten Ignatii Lojolae, berühmten Stifters des Jesuitenordens, nebst einer Vorrede Erdmann Neumeisters. Rostock. 1721.

Hansen, J. Quellen und Untersuchungen zur Geschichte des Hexenwesens und der Hexenverfolgung im Mittelalter. Neudruck 1963.

Harenberg, J. Chr. Phragmatische Geschichte des Ordens der Jesuiten seit ihrem Ursprunge bis auf die gegenwärtige Zeit. 2 Bde. Halle. 1760.

Harnack, A. Das Mönchtum, seine Ideale und seine Geschichte. 3. Aufl. 1886.

Harnack, A. v. Das Wesen des Christentums. 1900.

Harnack, Th. Der Kampf gegen die Dämonen. In: Die Mission und Ausbreitung des Christentums in den ersten drei Jahrhunderten". Berlin. 1915.

Hasenmüller, E. Historia Jesuitarii Ordinis. Das ist gründliche und ausführliche Beschreibung des jesuitischen Ordens und Ihrer Soceität, darinnen von dem Stifter dieser Gesellschaft, ihrem Namen, Graden, Dignitäten und unterschiedlichen Ämtern; auch wie sie gewachsen und zugenommen, desgl. von ihrem Leben, Gelübden, Privilegien und Freiheiten usw,. gehandelt wird, anfänglich in lateinischer Sprache beschrieben, und ins Deutsche gebracht durch Melchior Leporinum. Frankfurt. 1594.

Hasler, A. B. Wie der Papst unfehlbar wurde. Macht und Ohnmacht eines Dogmas. Mit einem Geleitwort von Hans Küng. München. 1979.

Haßler, G. v. Rätselhaftes Wissen. Fackelträger. 1977.

Hauck, F. Das Evangelium des Markus. 1931.

Hays, H. R. Mythos Frau. Das gefährliche Geschlecht. 1969.

Hecker, J. F. K. Volkskrankheiten des Mittelalters. 1865.

Heer, F. Die dritte Kraft. Frankfurt. 1959.

Heer, F. Sieben Kapitel aus der Geschichte des Schreckens. Zürich. 1946.

Heer, F. Der Glaube Adolf Hitlers. Bechtle. 1968.

Heer, F. Kreuzzüge. Gestern. Heute. Morgen? Luzern/Frankfurt. 1969.

G. Heer, F. Asbchied von Höllen und Himmeln. München/Eßlingen 1970.

Hefele, C. J. Die Entwicklung des Zölibates und die kirchliche Gesetzgebung über denselben, sowohl bei den Griechen als bei den Lateinern. In: Hefele. Beiträge zur Kirchengeschichte. I. Tübingen. 1864.

Hefele, Leclerc, H. Historie des concils 8 Bde. Paris-1907-1921.

Heiber, H. Hitlers Lagebesprechungen. Stuttgart. 1962.

Heiler, F. Altkirchliche Autonomie und päpstlicher Zentralismus. München. 1941.

Heiler, F. Alfred Loisy, der Vater des katholischen Modernismus. München. 1947.

Heiler, F. Erscheinungsformen und Wesen der Religionen. 1916.

Henrion, M. R. A. Allgemeine Geschichte der Mönchsorden. Dt. 1845.

Hepta Romana Oder die Lehre von der Unfehlbarkeit des Papstes. Zeitgemäß beleuchtet und gewürdigt von R. R. Rudis. 2. unveränderte Auflage mit Prolog und Epilog. Druck und Verlag von Georg Joseph Manz. 1869.

Hermann, F. Symbolik der Religionen der Naturvölker. 1961.

Hermann, H. Ein unmoralisches Verhältnis. Düsseldorf. 1974.

Hermann. K. J. Das Tuskulanerpapsttum. In: Päpste und Papsttum. Stuttgart. 1973.

Hermann, P. Condition de petre. Mariage ou celibat. Paris. 1963.

Heussi, K. Der Ursprung des Mönchtums. 1936.

Heussi, K. Kompendium der Kirchengeschichte. Tübingen. 1960.

Heidel, A. The Babylonien Genesis. The Story of the Creation. 1951.

Henrici, J. Hochwichtiger Ratschlag und Bedenken von Hintertreibung der blutdürstigen gefährlichen Anschläge der Jesuiten, so wie wider alle Regimenter und Polyceyen immerdar suchen und vornehmen; sonderlich wie dieselbige im Königreiche Polen von ihnen verborglich geführt, nunmehr aber menniglichen vor Augen gestellt und hintertrieben werden sollen. Frankfurt. 1632.

Hernegger, R. Macht ohne Auftrag. Olten/Freiburg. 1963.

Heisterbach , C. v. Dialogus magnus visionum et miraculorum. Hrsg. v. Strange. 1851.

Herbig, R. Pan, der griechische Bocksgott. 1949.

Hermann, H. Papst Wojtyla. Der heilige Narr. 1983.

Hermanns, M. Schamanen-Pseudoschamanen. Erlöser und Heilbringer. 1970.

Herter, H. Böse Dämonen im griechischen Volksglauben. Rhein. Jahr. f. Volkskunde. 1950. 1.

Heußi, K. War Petrus in Rom. Stuttgart/Göttingen. 1936. **Heußi, K.** War Petrus wirklich ein römischer Märtyrer? Stuttgart/ Göttingen. 1937.

Hilgenfeld, A. Die Ketzergeschichte des Urchristentums. Darmstadt. 1966.

Hiem, K. Jesus, der Herr.

Hietmüller, W. Im Namen Jesus. 1903.

Hilpisch, St. Die Doppelklöster. Entstehung und Organisation. 1928.

Hinschius, P. Die Orden und Kongregationen der katholischen Kirche in Preußen. 1874.

Historie der Magdalaine Bavent ... Religieuses du Monastere de Saint Louis de Louviers. Paris. 1762.

Historie impartiale de jesuits dupuis leur etablissement jusque a leur premiere expulsion. 2 Thomas. 1768. deutsch: Geschichte der Jesuiten, von ihrer Entstehung an bis zu ihrer ersten Vertreibung. Aus dem Französischen. Frankfurt und Leipzig. 1769.

Historische Notizen ... über die Besetzung der bischöflichen Stühle. Heidelberg. 1821.

Hitler, A. Mein Kampf. 1944. Zentralverlag der NADAP. Franz Eher Nachf. 922. -926. Aufl.

Hochheimer Bauer, Bürger, Prinz. Giese und Jäger. Sexualität und Verbrechen. Beiträge zur Strafrechtsreform. 1963.

Hochverrtah (der Portugisische)und Prozeß der verurteilten und hingerichteten Personen, wie ihn der Hof selbst öffentlich bekannt machen lassen, nebst dem Dekret des Cardinals Saldanha (?). 1759.

Hoensbroech, G. v. Das Papsttum in seiner sozial-kulturellen Wirksamkeit. 1906.

Hörmann, K. Lexikon der christlichen Moral. 1969.

Hofmann, M. F. G. Lebensbeschreibung des Ablaßpredigers D. Johann Tezel. 1844.

Hoffmann, H. Gottesfriede und Treuga Dei. Stuttgart. 1964.

Holl, A. Jesus in schlechter Gesellschaft. 3. Aufl. 1971

Holtzmann Lehrbuch der historisch-kritischen Einleitung in das Neue Testament 1885.

Holtzmann D. Die synoptischen Evangelien und ihr geschichtlicher Charakter. 1863.

Holtzmann, O. War Jesus Estatiker? 1908.

Hommel, J. Umkämpfter Glaube. Ein Beitrag zur Religionsphilosophie. 1971.

Hophan, O. Die Engel. Luzern. 1958.

Horneffer, A. Der Priester, seine Vergangenheit und Zukunft. 2 Bde. 1912.

Hory-Broszat, V. Der kroatische Ustascha-Staat.

Hospiniani, R. Historia Jesuitica, sive de origine, regulis, constantuonibus privilegii, incrementiis, progressu et propagantione Ordinis Jesuitarum. Item de eorum dolis, fraudibus, imposturis, nefariis, facinoribus, crentis consilis, falsa quoque, seditiosa et sanguinolenta doctrina. Tiguri. 1619.

Housse, H. Die Faustsage und der historische Faust. Luxemburg. 1862.

Howell, F. C. Der Mensch der Vorzeit. 1975.

Huber, Fr. Freimüthige Darstellung der Ursachen des Mangels an katholischen Geistlichen. Ein Gutachten der theol. Fac. zu Landshut. Mit kritischen Anmerkungen begleitet von Dr. Friedr. Huber. Rottweil (das Gutachten stammt vom 17. Juni 1816).

Huber, Fr. Vollständige Beleuchtung der Denkschrift über das Verfahren des römischen Hofes bei der Ernennung des General-Vikars, Freiherrn von Wessenberg, zum Nachfolger im Bistum Konstanz und zu dessen Verwesung. Nebst einem Anhange über die Eigenschaften eines Bischofs nach Paulus 1. Timoth. 3. 1-7. Rotweil. 1891.

Hümmeler, H. Helden und Heilige. Die Geschichte ihres wahren Lebens. Dargestellt für jeden Tag des Jahres. 1979. 579. -593. Tsd.

Hunke, S. Glaube und Wissen. 1979.

Huxley, A. Haeven and Hell. London. 1955..

Iersel, B. M. v. Jezus, Duivel en Demonen, in Engelen en Duivels, Annalen van het Thijmgenootschap. April. 1968.

Ilges-Schmid Hochverrat des Zentrums am Rhein. Berlin. 1934.

Imagines Praepositium Generalium Societatis Jesu delinaetae et areis formis expressae ab Arnoldo van Westberbout, addita perbrevi uniuscujusque vitae descritione a Nic. Galeotti. Editio secunda actios et emendatior. Romae. 1751.

Irthümer (die Gottlosen und Aufrührerischen) , welche die Geistlichen von der Gesellschaft Jesu den hingerichteten Missetätern beigebracht und unter dem portugiesischen Volk auszubreiten getrachtet haben, nebst ihrer Widerlegung aus den geistlichen und weltlichen Rechten. Auf Befehl des Königs publiziert. 1760.

Jacobs I. Königs von England Rede, die er anno 1605 im Parlament gehalten. Beschreibung der wider ihn angestellten Verrätherey. Hamburg. 1606.

Jam Die katholische Kirche als Gefahr für den Staat. Leipzig. 1936.

Janssen, J. Geschichte des deutschen Volkes seit dem Ausgang des Mittelalters.

Jansen, M. Papst Bonifazius IX. und seine Beziehungen zur deutschen Kirche. 1904.

Jedin, H. Geschichte des Konzils von Trient. 4 Bde. Freiburg. 1951-1975.

Jellinek, A. Beiträge zur Geschichte der Kabbala. 1851.

Jeremias, J. Jerusalem zur Zeit Jesu. Göttingen. 1958.

Jeremias, J. Unbekannte Jesusworte. 1963.

Jesuitenmoral. Ein Album für Freunde der frommen Väter. Zusammengestellt nach mehr als 300 Stellen aus jesuitischen Kasuisten. Leipzig. 1854.

Jesuitische Praktiken, d. i. Bericht von allerlei heimlichen Händeln und abscheulichen Taten der Jesuiten nebst Anzeigungen, wie ihre Gebäude, Collegia, Kirchen, Gefängnis, Schätze... beschaffen seien. Aus dem Latein an den Tag gegeben durch Liborium Longinum Tirolensium. Frankfurt. 1633.

Jesuiter-Spiegel darin der Jesuiter Antichristlicher Lehr und blutgieriger Geist, aus ihren eigenen Schriften zu erkennen, und wird zugleich die jesuitische Apologia an König von Frankreich, wie auch Conrad Vötters Antwort wider den unschuldigen Luther und des Maynhofers Prädicanten Spiegel, alles unterschiedlich abgefertigt. 1601.

Jesuiter vorhabender 6esang und noch andauernder Klag, d. i. wozu sie jederzeit ihre Glocke gegossen haben, damit sie dermaligst zu einer gleichlautenden Harmony und vielgesuchter Monarchy gelangen möchten. Allen christfriedlich liebenden Potentaten zum Unterricht durch eine passionierte Röm. Cathol. Ordenperson in italienischer Sprache geschrieben, jetzo ins Deutsche übersetzt. 1620.

Jesuitischer Vogelheerd oder Erläuterung der Frage; ob christlich evangelische Eltern mit gutem und unverletztem Gewissen ihre Kinder den Jesuitern zu unterweisen übergeben können? Warnemünde, 1663.

Jone, H. Katholische Moraltheologie. 15. Aufl. 1953.

Jong, H. W. M. de Doemonische Ziekten in Babylon en Bijbel. 1959.

Jungnitz, I. Materialien zur Exorzistenfrage (Fall Klingenberg) Bischöfliches Ordinariat. Mainz. 1978.

Jonas, J. defensio conigio sacerdotali wider Johann Faber. Württemberg. 1523.

Juhl, E. Im Ringen mit Satans Reich. 1926.

Junker, D. Die deutsche Zentrumspartei und Hitler. Stuttgart. 1969.

Kahl, J. Das Elend des Christentums oder Plädoyer für eine Humanität ohne Gott. Hamburg.1969.

Kahl, J. Der Mißbrauch der Säuglingstaufe. Zit. b. K. Ahlheim. Der manipulierte Glaube. 1971.

Kahn, F. Unser Geschlechtsleben. 21. Auflage. 1973.

Kaiser, A. Giordano Bruno. In: K. Deschner (HRSG.) Das Christentum im Urteil seiner Gegner. 1. Bd. 1969.

Kaiser, B. Geschichte des Volksschulwesens in Württemberg. 1885.

Kanmeier, W. Heft 1. Heft 2. Heft 3. Heft 4.

Kant, I. Allgemeine Naturgeschichte und Theorie des Himmels. 1755..

Kant, I. Einzig möglicher Beweis einer Demonstration des Daseins Gottes. 1763.

Die handschriftlichen Überlieferungen im Neuen Testament. 1939. Das mündliche Evangelium. Der Kampf um den geschichtlichen Kern der Evangelien. 1941. Der einheitliche Ursprung der Evangelien. 1942/43.

B. Kant, I. Die Religion innerhalb der Grenzen der bloßen Vernunft. 1793.

Kardiner, A. Sex and Morality. New York. 1954.

Karpff Warnung eines Jugendfreundes vor dem gefährlichsten Jugendfeind oder Belehrung über geheime Sünden. Ihre Folgen, Heilung und Verhütung.

Kastein, J. Eine Geschichte der Juden. Hamburg. 1931.

Katechismus der Jesuitenmoral Vergl. Graf v. Hoensbroech. Das Papsttum in seiner sozial-kulturellen Wirksamkeit. Leipzig. 1906.

Kavanaugh, J. A Modern Priest Looks in his Church. 1967. Dt. Protest aus Liebe. Ein moderner Prediger klagt seine unzeitgemäße Kirche an. 1969.

Kees, H. Der Götterglaube im alten Ägypten. 1945.

Keller, A. Die Moraltheologie des Jesuiten Pater Gury als Lehrbuch am Priesterseminar des Bistums Basel. 1869.

Keller, E. Les congregations religieuses en France. 1880.

Keller, H. Reclams Lexikon der Heiligen und biblischen Gestalten. Stuttgart. 1970.

Keller, J. G. G. E. Theologi ad Ludovicum XIII. Galliae etc. regem admonitio, qua breviter ac nervose demonstratur, Galliam foede et turpiter impium foedes inissis, et injustem bellum hoc tempore contra Catholicos movisseJesuitarum et eos, qui suos pueros ipsis informandos commitunt, ad Christianos homines oratio. Heidelberg. 1575.

Keller, W. Und die Bibel hat doch recht. Forscher beweisen die historische Wahrheit. 1960.

Kenyon, E. E. De Wonderbare Naam van jezus. 1962.

Kern, L. Die Flagellanten. In: Festschrift G. Schnürer. 1930.

Kern , O. Über die Anfänge der hellenistischen Religion. Berlin. 1902.

Kerner, J. Geschichten Besessener neuerer Zeit. 1834.

Kerner, J. Nachrichten von dem Vorkommen des Besessenseins. 1836.

Ken, H. Jesus lebte in Indien. 1983/84.

Kertelge, Kersten. Die Wunder Jesu im Markusevangelium. Eine redaktionsgeschichtliche Untersuchung. 1970.

Ketter, P. Christus und die Frauen. 1933.

Khaynach Der Separatismus und die Karawane Lojolas. Düsseldorf. 1935.

Kindliman, S. Die Eroberung von Konstantinopel als politische Forderung des Westens im Hochmittelalter. Zürich. 1969.

Kinsey, A. C. Das sexuelle Verhalten der Frau. 1970.

Kinsey, A. C. Pwneroy, W. B. /Martin, C. E. Das sexuelle Verhalten des Mannes. 1970.

Kittredge, G. Witchcraft in Old and New England. New York. 1956.

Klausner, J. Jesus of Nazareth. 3. Auflage. 1947.

Klausner, J. Jesus v. Nazareth. Seine Zeit, sein Leben und seine Lehre. (übers. aus dem Hebräischen)3. Aufl. Jerusalem. 1952.

Klein, Th. Geschichte Jesu. 1876.

Klostermann, E. Das Markusevangelium. Tübingen. 4. Aufl. 1950.

Knaut, H. Das Testament des Bösen. 3. Auflage. 1979.

Knoll, A. M. Katholische Kirche und scholastisches Naturrecht. Zur Frage der Freiheit. 1962.

Kober, F. Die körperliche Züchtigung als kirchliches Strafmittel gegen Kleriker und Mönche. In: Theol. Quartalsschrift. 1875..

Köberle, A. Die Welt des Übersinnlichen. Hindernisse oder Hilfe auf dem Weg zum Glauben. In. Neue Zeitschrift f. system. Theologie und Religionsphilosophie. 1971.

Koch, G. Fravenfrage und Ketzertum im Mittelalter. Die Frauenbewegung im Rahmen des Katharismus und Waldesertums und ihre sozialen Wurzeln. (12. -14. Jh). 1962.

Koch, H. Ad huc virgo. Mariens Jungfrauschaft und Ehe in der altkirchlichen Überlieferung bis zum Ende des 4. Jh. Tübingen. 1929.

Koch, K. E. Besessenheit. Berghausen 2. Aufl. o. J.

Koch, K. E. Seelsorge und Okkultismus. Berghausen. 7. Aufl. o. J.

Koch, K. E. Der Okkultismus. Berghausen o. J.

Koch, K. E. Der Spiritismus. Berghausen. 2. Aufl. 1961.

Koch, K. E. Unter der Führung Jesu. Berghausen. o. J.

Koehler, F. Geist und Wunder. Eine Auseinandersetzung zwischen Glaubenschaft und Wissenschaft. 1927.

Köhler, O. Bewußtseinsstörungen im Katholizismus. Frankfurt. 1972.

König, E. E. Ausgeburten des Menschenwahns.

Koenigswald, F. R. v. Begegnungen mit dem Vormenschen. 1955.

Koetschau, P. Des Origenes acht Bücher gegen Celsus. 1926/27. Bibliothek der Kirchenväter. Bd. 52 und 53.

Köttling, B. Der Zölibat in der alten Kirche. In: Schriften der Gesellschaft z. Förderung der Westf. Wilhelm. Universität zu Münster. Heft 61. 1988.

Köttling, B. Die Beurteilung der zweiten Ehe in Antike und Christentum. Diss. Bonn. 1940.

Knecht, A. System des Justianäischen Kirchenvermögensrechts. 1922.

Konstantin, Prinz v. Bayern Pius XII. Ein Helfer. Ein Lebensbild. Stein am Rhein.

Krafft, W. Ausführliche Historie vom Exorzismus. 1750.

Kropp, A. Ausgewählte koptische Zaubertexte. Brüssel. 1930/31.

Kühn, H. Erwachen und Aufstieg der Menschen. 1966.

Kühner, H. Index Romanus. Auseinandersetzung oder Verbot? Nürnberg. 1963.

Kühner, H. Neves Papstlexikon von Petrus bis Paul VI. Frankfurt. 1965..

Kühner, H. Der Deutschritter-Orden ohne Heiligenschein. In: Werkhefte. Heft 4 und 5. München. 1968.

Kühner, H. Gezeiten der Kirche in zwei Jahrtausenden. Zürich/Würzburg. 1970.

Kühner, H. Tabus der Kirchengeschichte. Nürnberg. 1971.

Kühner, H. Die römisch-katholische Kirche als konservative Großmacht im 19. und 20. Jh. In: Rekonstruktionen des Konservatismus. Freiburg 1972.

Kühner, H. Ketzer-Opfer-Denker. Ein Abriß (Sonderdruck der Nationalzeitung Basel). Basel. 1975.

Kühner, H. Antisemitismus der Kirche. Genese. Geschichte und Gefahr. Zürich. 1976.

Kühner, H. Das Imperium der Päpste. Kirchengeschichte. Weltgeschichte. Zeitgeschichte. Von Petrus bis heute. 1977.

Küng, H. Strukturen der Kirche. Freiburg/Basel/Wien. 1963.

Küng, H. Die Kirche. Freiburg/Basel/Wien. 1969.

Küng, H. Unfehlbar? E Anfrage. Einsiedeln/Zürich/Köln. 1970.

Küng, H. Wahrhaftigkeit. Zur Zukunft der Kirche. Freiburg/Basel/Wien. 1970.

Künneth, W. Das Wunder als apologetisch-theologisches Problem. 1931.

La Barre, Weston The Ghost Dance. The Origins of Religion. Garden City. New York. 1970.

Lacarriere, J. Les hommes ivres de Dieu. 1961. Dt. Die Gott-Trunkenen. 1967.

Laehr, G. Die Konstantinische Schenkung in der abendländischen Literatur des Mittelalters. Diss. Königsberg. 1926.

Längin, G. Die biblischen Vorstellungen vom Teufel und ihr religiöser Werth. 1890.

Läpple, A. Auferstehung. Tod und ewiges Leben. Der Glaube vom Leben nach dem Tod . 1985.

Lama, R. Papst und Kurie in ihrer Politik nach dem Weltkrieg. 1925.

Lammers, W. Chronik oder die Geschichte der zwei Staaten. Ausgewählte Quellen zur Geschichte des Mittelalters. 16. Darmstadt. 1961.

685

Lampe H. S. Die Darstellung des Teufels in den geistlichen Spielen Deutschlands. Von den Anfängen bis zum Ende des 16. Jh. Diss. München. 1963.

Lampenhausen, H. v. Aszetische Heimatlosigkeit. 1930.

Landau, M. Hölle und Fegefeuer. 1909.

Längin, G. Die biblischen Vorstellungen vom Teufel und ihr religiöser Wert. 1890.

La morale de Jesuits , extraite fidellement de leurs livres, imprimezavec la permission et l" approbation des sußerieurs de leur Compagnie, par un Docteur de Sorbonne. a. Mons. 1667.

Lanczkowski, G. Heilige Schriften. Stuttgart. 1956.

Landmann, S. Jesus die Juden. Oder die Folgen einer Verstrickung? 1987.

Langemann Der Kampf des Papsttums gegen das protestantische deutsche Kaisertum. Leipzig. 1891.

Lapide, P. E. The last three Popes and the Jews. Souvenir Press. 1967.

Lapide. P. E. Rom die Juden. Freiburg. 1976.

Lautbacher, K. Die Essäer. 1857.

La vie de S. Agnace fondateur de la Compagnie de Jesus et de Peres Jac. Lainez et Franc. de Borgia. Tournay. 1613.

Lea, H. Ch. Geschichte der Inquisition im Mittelalter. 3 Bde. Bonn. 1905-13.

Lea, H. C. A History of Sacerdotal Celibacy in the Christian Church. 1907.

Leben des Papstes Clemens XIV. Ganganelli. Aus dem Französischen des Herrn Caracioli übersetzt. 2. Auflage. Frankfurt. 1776.

Lechler, A. Der Dämon im Menschen. Stuttgart o. J.

Lecler, J. Geschichte der Religionsfreiheit. 1965.

Lehmann, J. Jesus-Report. Protokoll einer Verfälschung. 1970.

Lehmann, J. Die Kreuzfahrer. München. 1976.

Lehmann, J. Moses, der Mann aus Ägypten. 1983.

Lehmann, J. Das Geheimnis des Rabbi J. Was die Urchristen versteckten, verfälschten und vertuschten. 1985.

Leib, K. (ein Augustiner): coelibatu atque castimonia epistolae. 1547.

Leipoldt, J. Schenute von Atripe und die Entstehung des nationalägyptischen Christentums. 1903.

Leipoldt, J. Jesus und die Frauen. 1921.

Leist, F. Der Gefangene des Vatikans. Strukturen päpstlicher Herrschaft. München. 1971.

Leist, F. Der sexuelle Notstand der Kirchen. 1972.

Leist, F. Zum Thema Zölibat. Bekenntnisse von Betroffenen. 1973.

Leistner, E. Wie das Volk über die Pfaffen spricht. Neuer Kloster-und Pfaffenspiegel. Enthaltend: Sprichwörter, geschichtliche Aussprüche und Volksredensarten über Klöster und geistliche Orden, Rom und Klerisei, Pfaffen, Mönche und Nonnen, sowie deren Leben und Treiben. Lahr. 1877.

Lembert, R. Das Wunder bei den römischen Historikern. 1905.

Lenhardt, L. Das Franz-Brentano Gutachten über die Päpstliche Infallibität. In: Archiv f. mittelrhein. Kirchengeschichte. 1955.

Lenzmann, J. Dt. Wie das Christentum entstand. 1974.

Leonhard. R. W. Wer wirft den ersten Stein? 1969.

Leroi-Gourhan, A. Les religions de la préhistorique. Paris. 1964.

Les Jesuites mis sur echataut pour plusiers crimes capiteaux par eux commis dans la Province de Guienne, avec la reponse aux calomnies de Jaques Beaufes. Leiden. 1648. 8.

Levy, G. Die katholische Kirche und das Dritte Reich. Piper. München. 1965..

Levy-Brühl La mythologie primitive. Paris. 1935.

Lewinsohn, r. (Morus) Eine Weltgeschichte der Sexualität. 1965..

Lewis, H. Sp. Das mystische Leben Jesu. 1975.

Licht, H. Sittengeschichte Griechenlands. 2. Aufl. 1960.

Liebe der Messalina gewesener Königin von Albion, worin der heimliche Betrug mit dem Prinzen von Wallis und mit der französischen Ligue aufgedeckt wird. Die andere Edition nach dem englischen Original verbessert und vermehrt. Leid . 1690.

Lippert, J. Allgemeine Geschichte des Priestertums. 2 Bde. 1883.

Liguori, A. M. d. Theologia moralis. Editio secunda. Ratisbonae. 1879-1881.

Lithi (Chr. Som. i. e. Sim. Stenii) Vita Ignatii Lojolae, qui religionem Clericorum Societatis Jelsque institut, ante aliquod annos descripta a Pet. Ridbadeneira, nunc in honorem totius Societatis brevissimus ut issimis scholiis illustrata. 1598.

Llewellyn, P. Rome in the dark ages. London. 1917.

Llorca, B. La inquisicion en Espana. 2. Aufl. 1946.

Löbsack, Th. Die Biologie und der liebe Gott. 2. Aufl. 1969.

Löbsack, Th. Wunder, Wahn und Wirklichkeit. 1976.

Loelens, M. Die Klerikerehe in der Gesetzgebung der Kirche. 1968.

Löscher Historie des römischen Hurenregiments. Leipzig. 1704. Zweite Auflage. Historie des mittleren Zeiten als ein Licht aus der Finsternis. 1725.

Loewenisch, W. Die Geschichte der Kirche. Siebenstern. München. 1948.

Loewenisch, W. Der moderne Katholizismus vor und nach dem Konzil. Witten. 1970.

Lohbauer, F. X. Rituale ecclesiasticus ad usum Clericorum ord. S. Francisis ref. Prof. Antoniae Bavaricae. München. 1851.

Lüscher, A. Im Bannkreis des Aberglaubens und der Zauberei. 4. Aufl. 1943.

Lucius, P. E. Der Essenismus in seinem Verhältnis zum Judentum. 1881.

Lucke, E. Torquemada und die spanische Inquisition. Wien/Leipzig. 1926.

Lugdena, J. v. disputatio de coelibatu Sacerdotum exhibitia. 1563.

Lupi, Chr. de latinum Episcorum & Clericorum continentia. Venedig. 1725 (vermutlich handelt es sich um eine Dissertation).

Maag, V. Der Antichrist als Symbol des Bösen. In: Das Böse (Studien aus dem C. Jung-Institut. Zürich XIII). Zürich. 1961.

Maccoby, H. König Jesus. Die Geschichte eines jüdischen Rebellen. 1982.

Madaule, J. Das Drama von Albi. Der Kreuzzug gegen die Albingenser und das Schild Frankreichs. Olten/Freiburg. 1964.

Maffai, J. P. de Vita et moribus Ignatii Lojolae Libri, III. Romae. 1585.

Magistri Nostri (er nannte sich Gottfried Boussat): de continentia sub hac que quaestiones papst possit Sacerdoto dispensare nubat? Paris. M. D. V. (»... ein sehr rares Traktätlein«).

Magri, F. Christo. La Vie, la dottrina, le opera nella storia e nella critica. Mailand. 1945..

Maier, H. Revolution und Kirche. Freiburg. 1965.

Maisch, H. Inzest. 1968.

Maisonneuve, H. Etudes sur les Origenes de l"Inquisition. Paris. 1942.

Malinowski, B. Geschlecht und Verdrängung in primitiven Gesellschaften. 1962.

Malinowski, B. Magie, Wissenschaft und Religion. 1973.

Mannhardt, W. Roggenwolf und Roggenhund. Danzig. 1865.

Mannhardt, W. Die Korndämonen. Berlin. 1868.

Mannhardt, W. Wald-und Feldkulte. Berlin. 1875-1878.

Mannhardt Verrat um Gottes Lohn. Hintergründe des Diktates von Versailles. Schulddokumente neuzeitlicher Konfessionspolitik. Dresden. 1983. Forschungsreihe Historische Faksimiles. Abteilungen Flugschriften und Weimarer Zeit/Versailler Vertrag/Kirchenkampf.

Manns, P. (Hrsg.)Die Heiligen in ihrer Zeit. Mainz. 1966.

Mantegazza, P. Die Geschlechtsverhältnisse des Menschen. 9. Auflage.

Manteuffel, T. Die Geburt der Ketzerei. Wien/Frankfurt/Zürich. 1965..

Maple, E. Hexensabbat. Schwarze Kunst im Spiegel der Jahrtausende. 1978.

Marcuse, L. Obszön. Geschichte einer Entrüstung. 1962.

Marschall, W. Karthago und Rom. Die Stellung der nordafrikanischen Kirche zum Apostolischen Stuhl in Rom. In: Päpste und Papsttum. Stuttgart. 1971.

Martyr, P. defensio ad Ricardi Smithei duos libellos de coelibatu Sacerdotum & votis Monasticis. Basel. 1559.

Masters, R. E. L. Die teuflische Wollust. 1968.

Maßmann, H. F. Die deutschen Abschwörungs-, Glaubens, Beicht-und Bettelformeln vom 8. -12. Jh. In: Bibliothek d. ges. dt. Nationalität. 7. Bd.

Maudaule, J. Das Drama von Albi. der Kreuzzug gegen die Albingenser und das Schicksal Frankreichs. Olten/Freiburg. 1964.

Mauther, F. Der Atheismus und seine Geschichte im Abendland. Neudr. 1989.

Mayer, A. Der zensierte Jesus. Soziologie des Neuen Testaments. Verlag Walter. Olten und Freiburg i. Br. 1882/83.

Mayer, H. E. Geschichte der Kreuzzüge. Stuttgart. 1968.

Mazaheri, A. So lebten die Muselmanen im Mittelalter. 1957.

Medina, M. v. de Sacrorum hominum contientiae libri V. Venetiis. 1568.

Meiner Kritische Geschichte der Religion. 1806.

Melanchthon, Ph. defensio, conjugii Sacerdotum, gerichtet an den König von England (vermutlich um 1540-40).

Melchers, E. Das große Buch der Heiligen. München. 1979.

Menghi Compendio dell arte exorcistiae. 1606.

Mensching, G. Das Wunder im Glauben und Aberglauben der Völker. 1957.

Mensching, G. Der Irrtum in der Religion. 1969.

Merkwürdige Nachrichten von den Jesuiten in Weißpreußen. Aus dem Italienischen. 2. Auflage. Frankfurt und Leipzig. 1786.

Meyer, E. Ursprung und Anfänge des Christentums. 1924.

Meyer, J. Trilogie altindischer Mächte und Feste der Vegitation. 1937.

Michaelis, E. Geisterreich und Geistermacht. Bern. o. J.

Mirbt, C. Die Publizistik im Zeitalter Gregors. VII. 1894.

Mirbt, C. Quellen zur Geschichte des Papsttums und des römischen Katholizismus. Tübingen. 1924.

Mirbt, C. /Aland, K. Quellen zur Geschichte des Papsttums und des römischen Katholizismus. Bd. 1. Von den Anfängen bis zum Tridentinum. Tübingen. 1967.

Misch, J. Die Elite Gottes. Heilige zwischen Wahn und Heldentum. 1978.

Mischo, J. Psychologische Aspekte der Besessenheit. Zeitschrift für Parapsychologie u. Grenzgebiete der Psychologie. 13. 2. 1971. S. 69-94.

Mischo, J. Interdiszipläre diagnostische und psychologische Perspektiven bei Fällen von »dämonischer« Besessenheit. Concilium. 11. 3. 1975.

Misella, H. Gott mit uns. Die deutsche katholische Kriegspredigt. 1914-1818. München. 1968.

Mislin, H. Die Abstammungslehre. In: der Mensch mit den Tieren. 1965.

Mitscherlich, A. Auf dem Weg zur vaterlosen Gesellschaft. 1963.

Mode, H. Fabeltiere und Dämonen. Die phantastische Welt der Mischwesen. Leipzig. 1977.

Mohler, L. Kirchengeschichte. Bonn. 1927.

Molianeus, C. Commerciorum et usuarum reditumque pecunia. Paris. 1555.

Molianeus, C. Consilium super commodis et incommodis novae sectae seu facitiae religionis. Jesuitarum. 1605.

Montalembert, Ch. F. de. Le moins d"Occident depuis Saint Benoit jesque à Saint Bernard. 7 Bde. 5. Aufl. 1874-1877.

Morale practique des Jesuits óu elle est represente en plusieurs Histories arrivees dans toutes les parties du monde. VIII. Tomes. Amsterdam. 1746.

Morin, G. Mönchtum und Urkirche. 1922.

Morton. R. S. Geschlechtskrankheiten. Tabuierte Infektionen. 1969.

Moser Geschichte der päpstlichen Nuntien in Deutschland. 2 Bde. Frankfurt und Leipzig. 1788.

Mühr, A. Das Kabinett Gottes. 1971.

Müller, A. Beiträge zum künftigen deutsch-katholischen Kirchenrecht; oder staats-und kirchenrechtliche Erörterungen des großherzogl. -weimarschen Gesetzes vom 7. Oktober 1823, die Verhältnisse der katholischen Kirchen und Schulen betreffend mit besonderer Berücksichtigung der darwider versuchten Ausstellungen. Neustadt a. d. Orla. 1825.

Müller, A. v. Die hochheilige Vorhaut Christi in Kult und Theologie der Papstkirche. Berlin. 1907.

Müller, G. Die Lehre des hl. Augustinus von der Paradiesehe und ihr ihre Auswirkungen in der Sexualethik des 12. und 13. Jh. bis Thomas v. Aquin. 1954.

Müller, H. coniugii Clericorum patrocinium. Rostock. 1665. bzw. Frankfurt. 1667.

Müller, H. Katholische Kirche und Nationalsozialismus. München. 1965..

Müller, J. Geschichte der amerikanischen Urreligion. Basel. 1855..

Müller. K. Ehelosigkeit aller Getauften in der alten Kirche. 1927.

Müller, M. Lectures on the origin and growth of religion. London. 1901.

Mundt Italienische Zustände. 1859.

Mynarek, H. Herren und Knechte der Kirche. 1973.

Nadasi, J. annus dierum memorabilium. Soc. Jesu. Antwerpen. 1665.

Natali Alexandro: de historia Paphnuthi cum Canone III. concilianda & de sacerdotum Ministorum coelibatu (eine Dissertation). Sie befindet sich im 12. Bd. des Theologischen Thesaurus. Venedig. 1763.

»... dazu kommt ein ungenannter Autor mit dem Titel:« ... Von den Nachteilen des Zölibats ... erstlich im Jahr 1765. Im Neapolitanischen gedruckt ... hernach im 1766. Zu Venedig von Antonio Graziosi unter dem Titel: »Vom Zölibate oder Reformation ... der Römischen Clerisei theologisch-politischer Tractat«. Von C. C. S. R.

Neander, J. A. W. Das Leben Jesu Christi in seinem geschichtlichen Zusammenhang. 1837.

Neding, L. Geschichte der Klostergründungen der frühen Merowingerzeit. 1935.

Neuhäuser, J. Der Kampf des Nationalsozialismus gegen die katholische Kirche und der kirchliche Widerstand. 2. Auflage. 16. - 30. Tsd. Verlag. Katholische Kirche Bayerns.

Neumann, K. J. Kaiser Julians Bücher gegen die Christen. 1880.

Nichten und Neffen... ... die Athener Regierung läßt Sex-Skandale untersuchen, in die Bischöfe der Staatskirche verwickelt sind. In: Der SPIEGEL. 1978. 41. S. 185 ff.

Nicolai, N. Vorläufige Darstellung des heutigen Jesuitismus in Deutschland. Berlin. 1786.

Nigg, W. Das ewige Reich. Geschichte einer Sehnsucht und einer Enttäuschung. 1944.

Nigg, W. Das Buch der Ketzer. 1949.

Nigg, W. Vom Geheimnis der Mönche. 1953.

Nigg, W. Der christliche Narr. Zürich. 1956..

Nichols, P. Die Politik des Vatikans. Bergisch-Gladbach. 1969.

Noack, B. Satanaes und Soteria. Kopenhagen. 1948.

Nolte, J. Dogma in Geschichte. Versuch einer Kritik des Dogmatismus in der Glaubensdarstellung (Ökumenische Forschungen II. Soteriologische Abteilung). Bd. 3. Freiburg/Basel/Wien. 1970.

Noonan, J. T. Empfängnisverhütung. Geschichtliche Beurteilung in der katholischen Theologie und im kanonischen Recht. 1969.

Notovitch, N. La vie inconnue de Jesus Christ. 1894. Dt. Die Lücke im Leben Jesu. 1894.

Nowack, M. Eheliche Praxis. Kirchliche Lehre. 1966.

Nussbaum, O. Kloster, Priestermönch und Privatmesse. Bonn. 1961.

Obendieck, H. Satanismus und Dämonie in Geschichte und Gegenwart. 1928.

Obermayr, V. Bildergalerie klösterlicher Mißbräuche. 1784.

Obermeier, S. Starb Jesus in Kaschmir? Das Geheimnis seines Lebens und Wirkens in Indien. 2. Aufl. 1983.

Oberndorfer, J. Kurzer und klarer Bericht von der Natur und den Ursachen der ungarischen Krankheit, wie dieselbige recht erkennet, ordentlich und eigentlich currirt werden möge, sampt angehängter Präservation. Frankfurt am Main. 1607.

Oberthür, D. F. Meine Ansichten von der Bestimmung der Domcapitel und von dem Gottesdienste der Kathedralkirchen. Würzburg. 1826.

Oesterley, W. O. E. The Jews and Judaism during the Greek Period. London. 1942.

Osterreich, K. T. Die Besessenheit. Langensalza. 1921.

Ohlig, K. H. Braucht die Kirche einen Papst? Düsseldorf. 1973.

Oldenburg, Z. Die Kreuzzüge. Traum und Wirklichkeit eines Jahrhunderts. Frankfurt 1967.

Olliver, C. W. An Analysis oft Magic and Wirtschaft. London. 1928.

Oristagini, Pr. A. v. pro tuendo sacro colibatur axomalia Catholicum. Parisiis. 1545.

Osiander, L. Warnung vor der Jesuiter blutdürstigen Anschlägen und bösen Practiken, durch welche sie die reine evangelische lehr auszutilgen und des Antichrists tyrannisch Joch der Christenheit wiederum aufzubringen, sich unterstehen. Tübingen. 1585.

Osiander, J. A. Examen de coelibatu Clericorum. Tübingen. 1664.

Oswald, A. O. E. Die Darstellung des Teufels in der christlichen Kunst. 1931.

Oudini Commentarius de scriptoribus Ecclesiae antiquis. Lipsiae. 1723.

Palacky, F. Documenta Joannis Hus vitam, doctrinam, causam in Constantinensi concilio actam illustratia. Prag. 1869.

Palina, F. Dummheit als gesellschaftliches Phänomen. Homo stultus Wien. 1972.

Pannenberg, W. Jesu Geschichte und unsere Geschichte. In: Radius. 1960.

Pannenberg, W. Grundzüge der Christologie. 1964.

Panneton, G. Der Himmel. Innsbruck. 1961.

Panneton, G. Die Hölle. 1963.

Papen, F. v. Der Wahrheit eine Gasse. Paul List Verlag. 1952.

Parkes, J. Antisemitismus. München. 1964.

Parpert, F. Der monastische Gedanke. 1966.

Paseul, B. Die Sittenlehre und Pilitique der Jesuiten, verfassend die XVII. Brief der provinciales. Mit Anmerkungen. 1740.

Pastor, L. v. Geschichte der Päpste. 22 Bde. Freiburg. 1885 ff.

Paulus, H. E. G. Das Leben Jesu als Grundlage einer reinen Geschichte des Urchristentums. 3 Bde. (1. bd. 1928).

Paulus, N. Geschichte des Ablasses im Mittelalter vom Ursprung bis zur Mitte des 14. Jh. 1922-23.

Paulus Das Leben Jesu. Heidelberg. 2 Bde. 1828.

Paulus, N. Geschichte des Ablasses im Mittelalter. 1921-1923.

Perecin Das Vatikanische Concil und die Priesterehe. 1870.

Pereira, A. Von der Macht der Bischöfe. Frankfurt und Leipzig. (Bamberg) übersetzt 1773.

Pernoud, R. Die Kreuzzüge in Augenzeugenberichten. Düsseldorf. 1961.

Petersdorff, A. Dämonen, Hexen, Spiritisten und Mächte der Finsternis. Einst und Jetzt. Eine Dämonenlehre aller Zeiten. Wiesbaden. 2 Bde. 1960.

Pfeifer, H. Die Brüder des Schattens. Roland-Untersax-Verlag. Zürich. 1982.

Pfeiffer, W. M. Transkulturelle Psychiatrie. Stuttgart. 1917.

Pfeiffer, W. M. Rites of the Catholic Church as Revised by the Second Vatican Ecumenic Council (Original: Rituale Romanorum 1614). New York. 1976.

Pfister, F. Der Reliquienkult des Altertums. 1. Hb. Das Objekt des Reliquienkultes. Gießen. Religionsgeschichtliche Versuche und Vorarbeiten. V. Bd.

Pfister, O. Das Christentum und die Angst. 1944.

Phragmatische Geschichte der vornehmsten Mönchsorden. Bd. 9. Leipzig. 1782.

Pilbeam, D. Die Abstammung von Hominoiden und Hominiden. In: Spektrum der Wissenschaft. 1984. 5.

Pilitz, O. Die Dramen der Roswitha von Gandersheim. Leipzig. o. J.

Pisa, A. v. de abstinantia & continentia, seu de Jeunio & ciborumdelectu et de Apostolica coelibatu. Köln. 1579.

Plack, A. Die Gesellschaft und das Böse. Eine Kritik der herrschenden Moral. 1967.

Planck Geschichte der christlich.-kirchlichen Gesellschaftsverfassung. Hannover 1805.

Roggio Bracciolini Liber facetiarum. Straßburg 1513.

Pokorny, P. Kirche und Mächte. In. Communion Viatorum. 1959.

Polemische Historie des heiligen Zölibats. Von dem Ex-Jesuiten Zacharias. Auszugsweise übersetzt von Joh. Christ. Dreyssig. Bamberg und Würzburg. 1781.

(Gegenwärtige Schrift ist eine freie Übersetzung des französischen Werkes, das 1772 in Douay unter dem Titel »Avantages du Mariage et combien et aux it est necessaire et salutaire aux pretres et aux aveques de ce temps d »epouser une fille Chretinenne« erschien. Der Verfasser ist der Kleriker der Kollegiatskirche in Douay (Forges). Das Buch wird noch im Jahr seines Erscheinens in das Verzeichnis der verbotenen Bücher aufgenommen. Der Autor wird verfolgt und muß auf lange Zeit sein Vaterland verlassen.

Die deutsche Übersetzung läßt einzelne Teile weg und ergänzt andere, so daß es eigentlich als Neuprodukt zu verstehen ist. Der Übersetzer ist ein 70jähriger Greis. Er war lange Beichtvater an einer deutschen Domkirche. Seine lange und traurige Erfahrung von mannigfachen Übeln, die der Zölibat der Geistlichkeit, in der Kirche, im Staate, in den Familien, für die Geistlichen selbst und bei ihren Nebenmenschen anrichtet ... zu sammeln gehab hat. Der heiße Wunsch, die Quellen solcher Übel zu stopfen und der Trieb, etwas Gutes in der Kirche Gottes zu stiften, haben ihn zur Abfassung dieser Schrift bewogen.

Polemische Historie des Heiligen Zölibates welche einigen zu diesen Zeiten herausgekommenen Schriften entgegengesetzt wird. Ein Werk des Abtes Franz Anton Zaccarias. Auszugsweise aus dem Italienischen von Johann Christop Dreyssig, Königlich-Preußischem Regierungs-Referendarius. Mit Erlaubnis der Obern. Bamberg und Würzburg. Im Verlag bei Tobias Göbhardt. Universitäts-Buchhändlern. 1791.

Portmann, H. Dokumente um den Bischof von Münster. 1948.

Portmann, H. Kardinal von Galen. 1959.

Poschmann, B. Der Ablaß im Licht der Bußgeschichte. 1948.

Potter v. Leben und Memoiren des Scipio v. Ricci, Bischof von Pistoja, Reformator des Katholicismus in (der) Toskana unter der Regierung eopolds ... nach eigenhändigen Manuskripten dieses Prälaten und anderer berühmter Männer des vorigen Jahrhunderts bearbeitet, und mit rechtsgültigen Urkunden aus den Archivbeständen des Herrn Commandeur v. Ricci zu

Florenz versehen. Aus dem Französischen. Stuttgart. 1826.

Pottmeyer, H. J. Unfehlbarkeit und Souveränität. Die päpstliche Unfehlbarkeit der ultramontanen Ekklesiologie des 19. Jh. Tübinger Theologische Studien. Bd. 5. Mainz. 1975.

Pranaitis, I. B. Christo i christiani nel talmud. Rom. 1939.

Prawer, J. Die Welt der Kreuzfahrer. Wiesbaden. 1974.

Praz, N. Liebe, Tod und Teufel. Die schwarze Romantik. 1963.

Preime, H. Die Frau in den altfranzösischen Fabilaux. 1901.

Preisigke. S. F. Die Gotteskraft der frühchristlichen Zeit (Schriften des Papyrusinstitutes Heidelberg). 6, 1922.

Preradovich/Stingl. Gott segne den Führer. Die Kirchen im Dritten Reich. Eine Dokumentation von Bekenntnissen und Selbstzeugnissen. Druffel-Verlag. 1985.

Preuschen, E. Mönchtum und Serapiskult. 1903.

Preuss, H. Die Vorstellungen vom Antichrist im späten Mittelalter bei Luther und in der konfessionellen Polemik. 1906.

Preziger, J. U. Antiforesus sive, disputi de coelibatu 8 votis. Tübingen. 1623.

Prince, D. Das Austreiben der Dämonen. o. J.

Prinz, P. Klerus und Krieg im frühen Mittelalter. Stuttgart. 1871.

Purdy, W. A. Die Politik der katholischen Kirche. Gütersloh. 1966.

Rahn, O. Kreuzzug gegen den Gral. Die Tragödie des Katharismus. Stuttgart. 1964.

Rahner, K. Besessenheit. Theologische Aspekte. In. Lexikon für Theologie und Kirche. 2. Bd. Freiburg. 1958.

Rahner-Vorgrimler Kleines Konzilskompendium. 359. Erklärung über das Verhältnis zu den nichtchristlichen Religionen.

Ranke, v. Die römischen Päpste. Freiburg. 1933.

Ranke, L. v. Die römischen Päpste in den letzten vier Jahrhunderten. 3 Bd. Wiesbaden. 1957.

Ratzinger, J. Dogma und Verkündigung. München. 1973.

Rauth, F. Das sittliche Leben des Menschen im Licht der vergleichenden Verhaltensforschung. 1969.

Rede Sr. Eminenz des Cardinals Carl Adalbert Boni Cavalchini, decanus des hl. Collegiums, welcher er in der Congregtaion des hl. Offici wegen der Vertreibung der Jesuiten aus Spanien gehalten hat. Aus dem Lat. übersetzt. Halle. 1769.

Rawson, Ph. (Hrsg. Confort, H.) Weltgeschichte der erotischen Kunst des Ostens. 1969.

Redlich, Kardinal Albrecht und das neue Stift in Halle.

Reich, W. Die Entdeckung des Organs. Die Funktion des Orgasmus. Sexualökonomische Grundprobleme der biologischen Energie, . 1972.

Reimarius, H. S. Abhandlungen von den vornehmsten Wahrheiten der natürlichen Religion. 6. Auflage, 1719.

Reimarius, H. S. Von Duldung der Deisten. Fragment eines Ungenannten. 1774.

Reinhold, G. Der alte und der neue Glaube. Wien. 1911.

Reiss, L. Doppelmoral, Freizügigkeit, Enthaltsamkeit. Verhaltensmuster der Sexualität. 1970.

Rengstorf, K, H. Das Evangelium des Lukas. Göttingen. 1962.

Rest, J. Illuminierte Ablaßurkunden aus Rom und Avignon aus der Zeit von 1282-1364. In: Abhandlungen a. d. Gebiet d. mittl. u. neueren Geschichte u. i. Hilfswissenschaften. 1925. S. 147 ff.

Rhodes, A. Der Papst und die Diktatoren. Der Vatikan zwischen Revolution und Faschismus. Wien/Graz, Köln. 1980.

Ribadeneira, P. Catalogus Scriptorum Societas Jesu. Antwerpen. 1613.

Richter, J. Bildergalerie klösterlicher Mißbräuche. 1913.

Riciotti, G. Vita de Ges »Christo. Vatikanstadt. 1948.

Riess, C. Erotisches Lesebuch. 1969.

Ries, J. Kirche und Keuschheit. Die geschlechtliche Reinheit und die Verdienste der Kirche um dieselbe. 1922.

Risco, V. Satans, Historia del Diablo. Barcelona. 1956.

Ritzer, E. Eheschließung. Formen, Riten und religiöses Brauchtum in den christlichen Kirchen des ersten Jahrhunderts. 1951.

Robertson, A. The origin of Christiany. London. 1954.

Rock, J. Geburtenkontrolle. Vorschläge eines katholischen Arztes. 1964.

Rodericus Fernandus de Santa Ella dialogus contra impugnatorum coelibatus, et castitis Presbyterorum ad Sixtum. IV.

Rodewyk, A. Dämonische Besessenheit heute. Pattloch Verlag. Aschaffenburg. 1964.

Rodewyk, A. Die dämonische Besessenheit. Aschaffenburg. 1966..

Röhr, J. Der okkulte Kraftbegriff im Altertum. 1923.

Röhricht, Meisner, H. Deutsche Pilgerreisen nach dem hl. Land. 1880.

Ronner, W. Die Kirche und der Keuschheitswahn. 1971.

Rosa, P. de Gottes erste Diener. Die dunkle Seite des Papsttums. 1989.

Roscher, H. Papst Innocenz III. und die Kreuzzüge. Göttingen. 1968.

Rosenberg, A. Praktiken des Satanismus. 1965.

Rosenow, E. Wider die Pfaffenherrschaft. 1904/o5.

Rosskoff, G. Geschichte des Teufels. 1869.

Rost, H. Die katholische Kirche, die Führer in der Menschheit. Eine Kultursoziologie. 1949.

Roth, H. Katholische Jugend in der Nazi-Zeit. Daten und Dokumente. Altenburg. Düsseldorf. 1959.

Rothenberg, F. S. Theologische Fremdwörter. Wuppertal. 1965.

Rudeck, W. Geschichte der öffentlichen Sittsamkeit in Deutschland. 1897.

Rudis, R. R. vergl. Hepta Romana.

Rudolph, K. Gnosis und Gnostizismus. In: Theol. Rundschau. 34. 1969.

Rudwin, J. Der Teufel in den deutschen geistlichen Spielen des Mittelalters und der Reformationszeit. Göttingen. 1915..

Runciman, St. Geschichte der Kreuzzüge. 3 Bde. München. 1957-1960.

Ruska, A. de inferno et statu daemonum ante exitium libri quinque. Mailand. 1621.

Russel, B. Warum ich kein Christ bin. 1968.

Russwurn, J. (Iru) Im Heiligtum der Klosterzelle. 1933.

Rymen-Serkau Die Verworfenheit der jesuitischen Sittenlehre, quellenmäßig bearbeitet. Berlin. 1904.

Sacerdote, G. Cesare Borghia. Mailand. 1950.

Saigner, G. (lat. Saginetus; er lebt um 1420) ließ mit der Hand abschreiben:»Lamentation coelibatum Sacerdotum«. Oder »Dialogus Nicenae constitiones & naturae re conquerentis«. Es handelt sich um ein von Johann Gerson widerlegtes Gespräch.

Salibi, K. Die Bibel kam aus dem Lande Asir. Eine neue These über die Ursprünge Israels. 1983.

Salvatorelli Die Politik des heiligen Stuhles nach dem Krieg.

Sammlung der merkwürdigsten Schriften , die Aufhebung des Jesuiter-Ordens betreffend. 5 Stücke. 1773-82.

Sanger, W. The History of Prostitution. New York. 1937.

Santarell, A.. Tractatus de haresi, schismate, apostasia et sollicitat. In sacramento poentientiae et de postetate summi pontificis in his delictis puniendia. Romae. 1625.

Sarpi, P. Von dem Kirchengute. Aus dem Italienischen übersetzt von Steel (?). Frankfurt und Leipzig. 1786.

Sartory, T. Fragen an die Kirche. Probleme des Christen in der Gegenwart. 1965..

Sartory, Th. u. G. In der Hölle brennt kein Feuer. 1968.

Sartory, Th. Gibt es noch Teufelsaustreibungen? Interview im STERN 3. (1969).

Savramis, D. Theologie und Gesellschaft. 1971.

Seeber, D. A. Paul. Papst im Widerstreit. 2. Aufl. 1972.

Seeberg, E. Die Apologie der heiligen Katharina. 1924.

Seeberg, R. Luthers Anschauung von dem Geschlechtsleben und der Ehe und ihre geschichtliche Stellung. In: Luther Jahrbuch. 1952.

Seligmann, K. Das Weltreich der Magie. 1948.

Semmler, J. S. Abfertigung der neuen Geister und alten Irrthümer in der Lohmannischen Begeisterung nebst theologischem Unterricht von den leiblichen Beziehungen des Teufels und Bezauberungen der Christen. 1759

Sendschreiben Königl. Majestät in Großbritannien wider alle Recusanten, Jesuiten ... in England. Aus dem Englischen. Straßburg. 1616.

Sendschreiben eines Portugiesischen aus Lissabon an einen seiner Freunde in Rom über das von den Jesuiten an den regierenden Papst Klemens XIII. übergebene Memoire. Mit Anmerkungen. 1759.

Senestrey, I. v. Wie es zur Definition der päpstlichen Unfehlbarkeit kam. Tagebuch vom 1. Vatikanischen Konzil. Hrsg. und kommentiert von K. Schatz (Frankfurter Theologische Studien, 24). Frankfurt am Main. 1977.

Seppelt, F. X. Geschichte der Päpste von den Anfängen bis zur Mitte des 20. Jh. 5 Bde. München. 1954-1959.

Seppelt, F. X. Papstgeschichte. München. 1964.

Sethe, K. Urgeschichte und älteste Religion der Ägypter. 1930.

Smolitsch, I. Russisches Mönchtum. 1953.

Söderberg, H. La religion des Cathares. Uppsala. 1949.

So wurde Hitler finanziert ... das verschollene Dokument von Sidney Warburg über die Internationalen Geldgeber des Dritten Reiches. Herg. und eingeleitet von Ekkehard Grieksch. Verlag Diagnosen. 1983.

Spee, Fr. v. Cautio criminalis, seu de Processibus contra saga. liber. 1631.

Specht, Fr. A. Geschichte des Unterrichtswesens von den ältesten Zeiten bis zur Mitte des 13. Jh. Stuttgart. 1885.

Speicher, G. Die großen Tabus. 1969.

Spesz, A. Okkultismus und Wunder. 1929.

Spies, J. Historia von D. Johann Fausten, dem weitbeschreiten Zauberer und Schwarzkünstler. 1587.

Sprecher, M. Ehemalige Priester erzählen. Wir wählten die Ehe. In: ELLE (Basel) 1973. 12. S. 87 ff.

Suarez defensio fidei cathol. et post, adversus anlicanae sectae errores. Köln. 1614.

Süßmuth, H. Heiliger Krieg. Barriere des Friedens. In: Seaculum. Freiburg. 4. 1971.

Suhl, A. Der Wunderbegriff im Neuen Testament. 1980.

Susannis Tract de coelibatu sacerdotum non abrogando. Venetiis. 1565.

Sutton, A. C. Wallstreet on the Rise of Hitler.

Szasz, Th. S. Die Fabrikation des Wahnsinns. 1974.

Schadewaldt, H. Der Medizinmann bei den Naturvölkern. 1968.

Schaller, C. B. Unsere nächsten Verwandten. 1968.

Schamoni, W. Das wahre Gesicht der Heiligen. München. 1950.

Schamoni, W. Auferweckung vom Tode. Aus Heiligsprechungsakten übersetzt. 1968.

Scheible, J. Das Kloster. 1845.

Scheller, W. Ich will mich nicht rächen. Ein Gespräch mit dem umstrittenen Theologieprofessor Hubertus Mynarek. In: Badische Zeitung vom 19. 11. 1973. Nr. 276. S. 12.

Schelstraten, E. v. de coniugio Sacerdotum. Es ist die dritte deren aus dem Werk des berühmten »Acta Orientalis Ecclesia contra Lutheri haeresin«. pag. 839. seg. Romae. 1739 einverleibten Dissertation.

Schenger, H. Antisexuelle Propaganda. Sexualpolitik der Kirche. 1969

Schickfuß Schlesische Chronik. Leipzig. 1625.

Schille, G. Die urchristliche Wundertradition. Ein Beitrag zur Frage nach dem irdischen Jesus. 1967.

Schillebeek, E. Der Amtszölibat. Eine historische Besinnung. Düsseldorf. 1967.

Schlager Wiener Skizzen aus dem Mittelalter.

Schlatter, A. Der Evangelist Matthäus. 1929.

Schlatter, A. Erläuterungen zum Neuen Testament. 5. Aufl. 1936.

Schlecht, I. Andrea Zamometic und der Basler Konzilsversuch vom Jahre 1482. 1903.

Schmidlin, J. Papstgeschichte der neuesten Zeit. 4 Bde. München. 1933-1939.

Schmidt, J. Historica Societas Jesu Provincinae Bohemiae ab anno 1555 ad annum 1615.

Schmidt Der Ursprung der Gottesidee. Münster. 1912.

Schmidt, K. D. Grundriß der Kirchengeschichte. Göttingen. 1979.

Schmidt, K. L. Der Rahmen der Geschichte Jesu. Literaturkritische Untersuchungen zur ältesn Jesus-Überlieferung. 1964.

Schmidt, R. Der Kardinal und das 3. Reich. Legende und Wahrheit über den Kardinal Klemens August v. Galen. Hrsg. deutscher Freidenkerverband. Ortsgruppe Münster. September. 1978.

Schmiedel, P. W. Die Person Jesu im Streite der Meinungen der Gegenwart. Vortrag. Gehalten bei der 17. Hauptversammlung des schweizerischen Vereins für Freies Christentum zu Chur. Am 11. 6. 1906.

Schmitz, A. L. Das Weiße und das Rote Kloster. In. Die Antike. 1927.

Schmitz, E. H. Sie predigten Liebe - aber Kain war immer dabei - (In Vorbereitung).

Scimitz, E. H. Dämonen im Dschungel der Dummheit. 1984.

Schmitz, E. H. Wunder im Wandel (In Vorbereitung)

Schmitz, H. J. Die Bußbücher und die Bußdisziplin der Kirche. Nach handschriftlichen Quellen dargestellt. 1883.

Schnabel, F. Die katholische Kirche in Deutschland. Freiburg. i. B. 1965.

Schnackenburg Artikel in L. Th. K. Sp. 294 ff.

Schneegans, K. Die Geißler. Namentlich die Geißelfahrt nach Straßburg. 1349. 1840.

Schneider, C. Geistesgeschichte des antiken Christentums. 2 Bde. 1954.

Schnitzer, K. Die Darstellung der Hölle in der erzählenden Dichtung der Barockzeit. Wien. 1961.

Schönfeldt, S. Kulturgeschichte des Herrn. 1969.

Scholz, P. Götzendienst und Zauberwesen bei den alten Hebräern. 1877.

Schopen, E. Geschichte des Judentums im Abendland. Bern/München. 1961.

Schottmüller, K. Der Unterganag des Tempelordens. 2 Bde. 1887.

Schroeder, O. Aufbruch und Mißverständnis. Zur Geschichte der reformkatholischen Bewegung. Graz/Wien. 1967.

Schubert Die Kultur der Griechen im Altertum.

Schubert, H. v. Geschichte der christlichen Kirche im Frühmittelalter. 2 Bde. 1921.

Schubert, K. War Jesus ein Essener? Fehlinterpretationen der Handschriftenfunde am Toten Meer. 1956.

Schubert, K. Die Qumran-Essener. Texte der Schriftrollen und Lebensbild der Gemeinde. 1973.

Schürer, E. Zur Vorstellung der Besessenheit im Neuen Testament. In: Jahrb. Prot. Theol. 1892.

Schürer, E. Geschichte des jüdischen Volkes im Zeitalter Jesu Christi. 1809.

Schultz, J. Was ist das eigentlich: Gott? 1969.

Schulze, W. A. Ein Bischof sei eines Weibes Mann. In: Kerygma und Dogma. 1958.

Schubart, W. Religion und Eros. 1966.

Schulte, A. Die Fugger in Rom. 1495-1523. Mit Studien zur Geschichte des kirchlichen Finanzwesens jener Zeit. 1904.

Schulte, W. Was kann der Arzt und Psychiater zu Johann Chr. Blumhardt, zur Krankheit der Besessenheit sagen? In: Ev. Theol. 9. 1949. 1950.

Schwaiger, G. Geschichte der Päpste. München. 1964.

Schwarzer, A. 374 Frauen bekennen sich vor der Öffentlichkeit: Wir haben abgetrieben. In: STERN 1971, 24, S. 16 ff.

Schweitzer, A. Geschichte der Leben-Jesu-Forschung. 1966.

Stadler, J. Vollständiges Heiligenlexikon. Augsburg. 1858-62.

Stählin, G. Die Apostelgeschichte. Göttingen. 1962.

Stark Zentrumsherrschaft und Jesuitenpolitik. München. 1932.

Staufer, E. Theologie des neuen Testaments. Genf. 1945.

Steidle, B. Die Kirchenväter. Regensburg. 1939.

Steingießer, F. Das Geschlechtsleben der Heiligen. 1901.

Steinhäuser, G. R. Heimkehr zu den Göttern. Chronoauten durchbrechen die Zeitmauer. 1971.

Steinhäuser, G. R. Das Geheimnis der sterbenden Sterne. 1972.

Steinhäuser, G. R. Jesus Christus-Erbe der Astronauten. 1973.

Steinlein, St. Astrologie, Sexualkrankheiten und Aberglaube in ihrem inneren Zusmamenhang. München und Leipzig. 1925.

Steinmann, A. Die Apostelgeschichte. Bonn. 1934.

Stemvoort, P. A. v. Und in ihrem Herzen blieben sie blind. Dichtung und Wahrheit in den neutestamentlichen Apokryphen. 1956.

Stern, B. Geschichte der öffentlichen Sittsamkeit in Rußland. 1907/08.

Steuer, A. Die Gottes- und Logoslehre des Tatianus. 1893.

Stockums, W. Das Priestertum. 1934.

Stolberg, Fr. L. Geschichte der Religion Jesu Christi. Wien. 1825.

Stoll, O. Das Geschlechtsleben in der Völkerpsychologie. 1908.

Strack, Billerbeck Kommentar zum Neuen Testament aus Talmud und Midrasch. 1922-1928.

Strahtmann, H. Das Evangelium nach Johannes. Göttingen. 1959.

Struker Die Kundgebungen Papst Benedikt XV. zum Weltfrieden. Freiburg. 1917.

Stuhr Die Religionsysteme der heidnischen Völker des Orients.

Stutz, U. Der Geist des Kodex Iuris canonici. Eine Einführung in das auf Geheiß von Pius X. verfaßte und von Papst Benedikt XI. erlassene Gesetzbuch der katholischen Kirche. 1918.

Tanneri, M. Societas Jesu ad sanguiniis et vitae profusionem militans in Europa, Africa, Asia et America, contra Gentiles, Mahometanos, Juaeos, Haetericis, impios, pro Deo, fide, ecclesia, pietate; sive vita et morres eorum, qui ex Societate Jesu in causa fidei et virtutis propagnatae, violenta morte toto orbe sublati sunt. Pragae. 1775.

Taylor, G. R. Sex in History. 1953. Dt. Im Garten der Lüste. Herrschaft und Wandlungen der Sexualität. 1970.

Taylor, V. Th Gospel according. St. Mark. London. 1952.

Theiner, J. A. Die katholische Kirche in ihren Gebrechen, dargestellt von einem katholischen Geistlichen. 2. Aufl. Altenburg. 1827.

Theiner, J. u. A. Die Einführung der erzwungenen Ehelosigkeit bei christlichen Geistlichen und ihre Folgen. Ein Beitrag zur Kirchengeschichte. 1893.

The resusection of Jesus by a moral philosopher. 1744. Leland.

Tillig, P. Die religiöse Deutung der Gegenwart. 1968.

Titius, A. Über die Heilung von Dämonischen im Neuen Testament. In: Festschrift für Bonwetsch. 1918.

Tokarew, S. A. Die Religion in der Geschichte der Völker. Leipzig/ Köln/Berlin. 1968.

Toleti (SJ) Commentarii in prima XII. capitula Sacrosanti Evangelii secundem Lucam. Rom. 1600.

Tondi, A. Die geheime Macht der Jesuiten. Jena. Leipzig. 1960.

Tractatus illustrius ... in utraque tum Pontifici tum Ecclesiatici juris facultate Iurisconsultorum de potestate ecclesiatici. Venetiis. 1584.

Trede, Th. Wunderglaube im Heidentum und in der Alten Kirche. 1901.

Trever, J. C. Das Abenteuer von Qumran. Die erregende Geschichte der Schriftfunde vom Toten Meer. 1967.

Treveyan, G. M. England in the Age of Wicleffe. London. 1910.

Turcotti, A. Vita politica di Gesu(1. Bd) Turin. 1879-1880.

Turrianus, fr. de coelibatu. venetiis. 1563.

Tyrell, G. Das Christentum am Scheidewege. München/Basel. 1959.

Über den ehelosen Stand der Römisch-katholischen Geistlichkeit. Von einem katholischen Priester zu Westphalen. Göttingen. 1782.

Über den Ursprung des Cölibats von P. D. Franciscus Dugnani Chr. Reg. Sie steht im VIII. Theil der neuen Sammlung der gelehrten und philosophischen Werke. Venedig. 1751.

Uhlhorn, G. Die christliche Liebestätigkeit. 2. Aufl. 1959.

Ullerstam, L. Die sexuellen Minderheiten. 1965.

Ullmann, W. Die Machtstellung des Papsttums im Mittelalter. Graz/Wien/ Köln. 1970.

Unnik, v. Evangelien aus dem Nilsand (Aus dem Holländischen) 1960.

Unterricht für das katholische Volk in Deutschland ... über die Aufhebung der Ehelosigkeit seiner Priester. Deutschland. 1803.

Vorgas (Alph. de) Relacio ed reges et Principes Christianos, de stratagematis et sophismatis politicis societas Jesu ad monarchium orbis terrarum sibi conficiendam. 1636. 4. Das gleiche Deutsch unter dem Titel: Erzählung der Ränke, Betrügereien und politischen Griffe der Jesuiten ... nebst Lucii Cornel. Europaei Monarchie der Solipsorum, das ist, der Jesuiten, und Deutung derer verborgenen Nahmen beides aus dem verbesserten lateinischen Exemplare übersetzt. 1675. 4.

Varnhagen, H. Zur Geschichte der Legende der Katharina von Alexandria. 1891.

Vasella, O. Über den Konkubinat des Klerus im Spätmittelalter. In: Melangers Chr. Gilliard. Paris. 1944. S. 269 ff.

Vasella. O. Reform und Reformation in der Schweiz. Münster. 1958.

Vatikan intim Beweise höchsten Verderbens. In. Der SPIEGEL. 1974. 44, S. 158 ff.

Venturini, K. H. Natürliche Geschichte des großen Propheten von Nazareth. 4 Bde. (1. bd.) 1806.

Versuch einer Beantwortung der Frage, ob die Aufhebung des Zölibats überhaupt zu gegenwärtiger Zeit insbesondere zweckmäßig sei, und ob Ständeversammlungen befugt seien, in dieser Angelegenheit mitzusprechen? Untersucht auf Veranlassung eines in der Württembergischen Ständeversammlung gemachten Antrages auf die Aufhebung des Gesetzes. Ulm. 1824.

Versuch einer neuen Geschichte des Jesuitenordens von dessen ersten Stiftung bis auf die gegenwärtigen Zeiten. Berlin und Halle. 1769 und 1770.

Viller, M. u. Rahner, K. Aszese und Mystik in der Väterzeit. 1933.

Villeneuve, R. Le diable dans l'art. Paris. 1967.

Vincke, J. Zur Vorgeschichte der spanischen Inquisition. 1941.

Virgo Eva , virgo Maria. Untersuchungen über die Lehre von der Jungfrauschaft und der Ehe Mariens in der älteren Kirche. Berlin. 1937.

Vögtle, A. Das öffentliche Wirken Jesu auf dem Hintergrund der Qumran-Bewegung. 1958.

Völter, D. Der Ursprung des Mönchtums. 1900.

Vogel, L. Die göttliche Waffenrüstung gegen die Geister der Bosheit. Zürich. 4. Auflage. 1958.

Von der Jesuiten-Sekte besonders in Frankreich. Hanau. 1611.

Voyer, A. la Tyrannomanie Jesuitique. 1648.

Vries, J. de Keltische Religionen. 1961.

Vulpio, J. R. idem liber ex optimis editionibus repraesentatus. Accesit de D. Ignatii Lojolas gloria singularis. Jos. Roelle Vulpio auctore. Patav. 1727.

Waach, M. M. Weiblicher Ordensberuf und Kleris. In: E. Hesse (Hrsg.) Jungfräulichkeit und Zölibat. 1964.

Waal, A. de Das heilige Jahr. 2. Aufl. 1900.

Waas, A. Geschichte der Kreuzzüge. 2 Bde. Freiburg. 1956.

Wagemann, J. Entwicklungsstufen des ältesten Mönchtums. 1929.

Wagner, S. Die Essenerforschung im 19. Jh. Diss. Leipzig.

Wahrhafter Bericht , was sich in der Stadt Trojes in Frankreich bei der von den Jesuiten daselbst gesuchten Einkommung von 1603-1611 zugetragen. Aus dem Franz. Mit einem Mandat der Generalstaaten gegen diesen Orden vermehrt.

Walker, K. Die andere Wirklichkeit. Zürich/Stuttgart. 1964.

Wall, B. Bericht über den Vatikan. Weidenfeld. 1956.

Waltermann, L. Rom. Platz des hl. Offiziums. Nr. 11. Graz/Wien/Köln. 1970.

Walterscheid-Giertah Kirchengeschichte. Kevelaer. 1961.

Warner, M. Maria Geburt. Triumpf, Niedergang, Rückkehr eines Mythos. 1982.

Warton Historie des Zölibates. London. 1688.

Washburn, S. L. Die Evolution des Menschen. In: Spektrum der Wissenschaft. 1979. 8.

Weber, K. J. Deutschland oder Briefe eines in Deutschland reisenden Deutschen. 4 Bde. 1826-1828.

Weber, K. J. Demokritos oder hinterlassene Papiere eines lachenden Philosophen. 12 Bde. 1832-40.

Weber, K. J. Die Möncherei oder geschichtliche Darstellung der Klosterwelt. 3 Bde. 2. Aufl. 1834.

Weinel, H. Die Wirkungen des Geistes und der Geister im nachapostolischen Zeitalter bis auf Irenäus. Tübingen. 1899.

Weinhold, K. Die deutschen Frauen im Mittelalter. 2 Bde. 1882.

Weinmann, J. G. Soll der Zölibat der katholischen Geistlichen ferner fortbestehen oder soll er aufgehoben werden? Tübingen. 1820.

Weinreich, O. Antike Heilungswunder. Untersuchungen zum Wunderglauben der Griechen und Römer. 1909.

Weinreich, D. Memekrates, Zeus und Salomoneus. Religionsgeschichtliche Studien zur Psychopathologie des Gottmenschentums in Antike und Neuzeit. 1953.

Weinzierl, E. (Hrsg.) Die päpstliche Autorität im katholischen Selbstverständnis des 19. und 20. Jh. Forschungsgespräche des Internationalen Forschungszentrums für Grundfragen der Wissenschaften. Salzburg. 11. Forschungsgespräch. Salzburg-München. 1970.

Weinzierl, E. Der Modernismus. Beiträge zu seiner Erforschung. Graz/Wien/ Köln. 1974.

Weiss, B. Das Leben Jesu. 1902.

Weizäcker, C. F. v. Biologische Basis der Glaubenserfahrung. 2. Aufl. Weinheim. 1978.

Welch, A. C. Prophet and Priest in Old Israel. New York. 2. Aufl. 1953.

Wendland, J. Der Wunderglaube im Christentum. 1910.

Wendland, J. Der Teufel in der Literatur. 1935.

Wendt, H. H. Die Apostelgeschichte. 9. Aufl. 1913.

Werminghoff, A. Verfassungsgeschichte der deutschen Kirche im Mittelalter. In: Grundriß der Geschichtswissenschaft. Leipzig. 1907.

Wesseley, J. E. Die Gestalten des Todes und des Teufels in der darstellenden Kunst. 1876.

Westermarck, E. A. Christianity and Moral . 1939.

White, E. /Browm, D. Die ersten Menschen. 1977.

Wickler, W. Sind wir Sünder. Zürich. 1969.

Wickler, W. Die Biologie der Zehn Gebote. 1971.

Wier, J. Von Verzauberungen, Verblendungen, auch sonst viel mancherlei gegenüber des Teufels. Basel. 1565.

Wilson, I. Eine Spur von Jesus. Herkunft und Echtheit des Turiner Grabtuches. Freiburg. 1980.

Winckler, H. Die babylonische Weltschöpfung. 1907.

Winkenhauser, A. Die Apostelgeschichte. Regensburg. 1951.

Winklhofer. A. Traktat über den Teufel. Frankfurt- 1961.

Winter, V. A. Versuche zur Verbesserung der katholischen Liturgie. Prüfung des Werthes und Unwerthes unserer liturgischen Bücher. Landshut. 1814.

Winterer, H. Zur Priesterehe in Spanien bis zum Ausgang des Mittelalters. In: Zeitschrift d. Savigny-Stiftung für Rechtsgeschichte. Kanonische Abteilung. 1966.

Wirz, L. Helvetische Kirchengeschichte. Theol. 3. Zürich. 1801.

Wirz, P. Exorzismus und Heilkunde auf Ceylon. Bern. 1941.

Witte, J. Die ostasiatischen Kulturreligionen. Leipzig. 1922.

Witz, Ch. A. Keine Lücke im Leben Jesu. Antwort auf die Schrift von Nik. Notowitsch. Wien. 1895.

Wohlenberg, G. Das Evangelium des Marcus. Leipzig. 1910.

Wohlgemeinte Warnung an alle christlichen Potentaten und Obrigkeiten wider des Papstes und seiner Jesuiten hoch gefährlichen Lehr und Praktiken...

Wolf, H. J. Hexenwahn. Hexen in Geschichte Gegenwart. Dornstadt. 1989.

Wolf, H. J. Schwarze Kunst. Eine illustrierte Geschichte der Druckverfahren. 3. Auflage. Dornstadt. 1988.

Wolf, H. J. Geschichte der prostitution. Käufliche Liebe damals und heute (in Vorbereitung)

Wolf, H. J. Okkultismus und Aberglaube (in Vorbereitung).

Wolff, H. Jesus - der Mann, die Gestalt Jesu in tiefenpsychologischer Sicht. 3. Aufl. 1977.

Wolf, H. Jesus als Psychotherapeut. Jesu Menschenbehandlung als Modell moderner Psychotherapie. 6. Aufl. 1985.

Wollschläger, H. Die bewaffneten Wallfahrten gen Jerusalem. Geschichte der Kreuzzüge. Zürich. 1973.

Wood, B. Caselli, G. Die Welt des Urmenschen. 1976.

Wollston, T. Six discourses of the miracles of Saviour. Einzeln hrsg. 1727. Nebst zwei Verteidigungsschriften aus dem Jahr. 1727.

Wrede, W. Das Mesiasgeheimnis in den Evangelien, zugleich ein Beitrag zum Verständnis des Marcusevangeliums. Göttingen. 1901.

Wulf, J. Martin Borman. Hitlers Schatten. Gütersloh. 1962.

Wyneken, G. Abschied vom Christentum. 1963.

Wynen, A. Die päpstliche Diplomatie. Freiburg. 1922.

Zacharias, G. Satanskult und Schwarze Messe. Ein Beitrag zur Phänomenologie der Religion. 1. Aufl. 1964. 2. Aufl. 1979.

Zahn, Th. Das Evangelium des Lukas. 4. Aufl. 1920.

Zahrndt, H. Die Sache mit Gott. 1966.

Zahrndt, H. Es begann mit Jesus v. Nazareth. 3. Aufl. 1969.

Zenz, E. Ein Opfer des Hexenwahns. Das Schicksal des Dr. Dietrich Flade aus Trier. Spee-Verlag. Trier. 1977.

Ziegler, J. G. Die Ehelehre der Pönitentialsummen von 1200 bis 1350. Eine Untersuchung zur Geschichte der Moral-und Pastoraltheologie. 1956.

Zimmermann, H. Das dunkle Jahrhundert. Graz/Wien/Köln. 1971.

Zimmermann, J. A. Johann Jospeh Gaßner, der berühmte Exorzist. 1878.

Zimmernann, J. G. Über die Enthaltsamkeit. Frankfurt und Leipzig. 1785.

Zinnhobler, R. Pius IX. in der katholischen Literatur seiner Zeit. Ein Baustein zur Geschichte des Triumphalismus. In. Konzil und Papst. Sammelband. München/Paderborn/Wien. 1975.

Zipfel, F. Kirchenkampf in Deutschland. Berlin. 1965.

Zündel, F. Pfarrer Joh. Chr. Blumhardt. Zürich. 1882.

Zumkeller, A. Das Mönchtum des hl. Augustinus. 1950.

Phantasievolle Dessertkreationen

LORENZA DE' MEDICI STUCCHI

DOLCI

Das große Buch der Süßspeisen

Dolci – Das große Buch der Süßspeisen.
Italiens Köche gelten als die Besten der Welt. Besonders berühmt sind ihre Süßspeisen und Kuchen, ihr Eis und ihre glasierten Früchte – die „Dolci". Daß diese
internationalen Köstlichkeiten für deutsche Hausfrauen und Hobbyköche auch
machbar sind, will dieses prachtvolle Koch- und Backbuch zeigen. Über 600
Rezepte und 300 farbige Abbildungen.

Erschienen im Schuler-Verlag

Rom, Castel Sant Angelo (= Engelsburg). 135 u. Z. als Grabmal für Kaiser Hadrian begonnen; im Mittelalter Fluchtburg der Päpste. Ansicht. Kupferstich, um 1650, von Matthäus Merian.

Eingeblendet:
Lorenzo Ricci (1703-1775), der letzte Ordensgeneral der Societas Jesu vor der Aufhebung. Der Papst war über die Widerstandslosigkeit Riccis überrascht; auf die Frage, ob er das Auflösungsbreve annehme, soll Ricci gesagt haben: »was der Papst beschließe, müsse jedem

heilig sein«. Ricci wurde verhaftet und dem sadistisch veranlagten Geistlichen Amalfi übergeben. Ricci ist im Keller der Engelsburg gestorben.

Inzwischen ist erwiesen, daß das berücksichtigte Breve der Aufhebung »Dominus ac Redemptor« als Diktat des spanischen Botschafters festgesetzt wurde und daß Klemens XIV. einfach seine Unterschrift dazu gegeben hat; war der billige und vorläufige Triumph über den Orden.